Karl Adolf Scherer

100 Jahre Olympische Spiele

W0174500

Harenberg

Karl Adolf Scherer

100 Jahre Olympische Spiele

Idee, Analyse und Bilanz

Harenberg

Die Abbildungen auf dem Umschlag (von links nach rechts)

Vitali Sheherbo (1992), Mark Spitz (1972), Pietro Dorando (1908), Sonja Henie (1936), Ben Johnson und Carl Lewis (1988), Alberto Tomba (1988), Frederick Winters (1904), Franziska van Almsick (1992), Ulrike Meyfarth (1984)

Redaktion und Produktion Claudia Berke, Klaus zu Klampen und Uwe Lippik

Printed in Spain

ISBN 3-611-00497-9

Inhalt

»Go for the Gold«: Immer wieder haben einzelne Sportler die Olympischen Spiele durch herausragende Leistungen geprägt – so auch Carl Lewis, der erfolgreichste Leichtathlet (achtmal Gold und einmal Silber) unserer Zeit.

Prolog

An den ersten Olympischen Spielen moderner Zeitrechnung 1896 in Athen nahmen 295 Sportler teil. Hundert Jahre später ist die Starterzahl mit rund 10 000 Athleten und Athletinnen und 5000 Begleitern limitiert. Aus einer Handvoll Journalisten, die 1896 die Ereignisse in Griechenland beobachteten, sind 15 000 geworden. Als das Internationale Olympische Komitee (IOC) am 23. Juni 1894 in Paris als private und unabhängige Organisation zur Wiedereinführung Olympischer Spiele gegründet wurde, war der Sport eine Angelegenheit gesellschaftlicher Minderheiten; diese internationalisierten den sportlichen Wettkampf, und die Spiele selbst sorgten für Regeln, an die sich im Fairplay, das damals schon ein Begriff war, Menschen und Mannschaften hielten oder wenigstens zu halten bemühten.

Die olympische Bewegung mit dem IOC als dem gesetzgeberischen Parlament und den Sommer- und Winterspielen als dem feierlichen Höhepunkt dieser Philosophie, Ideologie oder gar Religion wurde zum sozialpolitischen Phänomen des 20. Jahrhunderts. In meinem 1974 erschienenen Buch »Der Männerorden«, der bis heute einzigen Historiographie des IOC, schrieb Willi Daume im Vorwort: »Das IOC ist wahrscheinlich die einzige Organisation von Weltrang, die in diesem Jahrhundert die gestellte Aufgabe voll und ganz erfüllte.«

An dieser Feststellung hat sich nichts geändert. Die fundamentalen Prinzipien des IOC, Gefäß auch für die Spiele, sind hundert Jahre lang beibehalten worden. Kein anderes Komitee – nicht einmal die Nobelstiftung – kann auf eine ähnliche Prinzipientreue verweisen. Von den 400 Mitgliedern, die seit 1894 das IOC bildeten, wurden nur vier wegen Unwürdigkeit wieder ausgeschlossen.

Trotz zweier Weltkriege, dem Terroranschlag der Palästinenser auf die Israelis im olympischen Dorf von München 1972, trotz zahlreicher politischer Erpressungen und trotz der Zeiten des kalten Krieges mit den Boykotts von Montreal 1976, Moskau 1980 und Los Angeles 1984 hat es in hundert Jahren 23 Sommer- und 17 Winterspiele gegeben.

Die Zahl der olympischen Wettbewerbe stieg von 42 im Jahre 1896 auf 271 im Jahre 1996. Die Zahl der Olympiakomitees, die vom IOC anerkannt sind, beläuft sich auf 197, die der mit ihm verbundenen anderen sportlichen Organisationen auf 106 (Stand Juli 1995).

Lebte das IOC 65 Jahre lang von der Hand in den Mund, stieg der Umsatz durch Fernsehen und Vermarktung seit 1960 von null auf zwei Milliarden Dollar am Ende des Säkulums. Der zweite Präsident des IOC, der geniale Gründer Pierre de Coubertin (*1863, †1937), verbrauchte sein Vermögen, um zu seinen olympischen Zielen zu gelangen, der siebte Präsident, Juan Antonio Samaranch, der in seinem Lebensstil äußerst bescheiden ist, hat eine jährliche Aufwandsentschädigung von knapp einer Million Schweizer Franken.

Vom ersten Tag an war die olympische Bewegung politisch; den unpolitischen Sport hat es nie gegeben. Schufen einst menschliche Sehnsüchte und Größe das olympische Imperium mit seiner Kultur, so bewahrt es sich heute durch die Macht des Geldes. Wenn man will, sind die hundert olympischen Jahre eine Chronik individueller Tugenden ebenso wie eine ›chronique scandaleuse‹. Sie sind ein Spiegelbild der Welt, in der wir leben.

Trotz all diesem ist die Geschichte der modernen olympischen Bewegung mit ihren Spielen ein antikes Heldenepos; in ihm vermischen sich die Mythen des klassischen Altertums mit ihrem Maß, ihrer Anmut und ihrem Wohllaut mit den Sagen der germanischen Götterwelt, die voller Schweiß, Streitlust und Kampfgetümmel sind. Was Ende des 19. Jahrhunderts an olympischer Phantasie und Philosophie wiedergeboren wurde und im Fest der Spiele gipfelt, war und ist das Ergebnis eines Brainstorming unterschiedlichster Rechenexempel, Gefühlsaufwallungen, Vorstellungen und Ideen – Irrtümer und Fehldeutungen eingeschlossen.

Wenn man will, sind die 100 olympischen Jahre eine Chronik individueller Tugenden ebenso wie eine ›chronique scandaleuse‹.

Die Olympischen Spiele wurden im Verlauf eines Jahrhunderts Wettkampf auf den Ebenen Kult, Pop-art, Politik, Zerstreuung und Industrie. Avery Brundage hat 1964 den Olympismus als die Religion des 20. Jahrhunderts bezeichnet und die Sportstadien mit den Kirchen dieser Religion verglichen. Ein Irrtum?

In nichts irren ist Sache der Götter; irren ist menschlich. Antike Geisteskoryphäen wie Theognis, Hieronymus, Sophokles, Euripides, Cicero und Seneca der Ältere haben es so oder ein bißchen anders gesagt. Der Nachwelt wurde damit Prokura für Irrtümer erteilt, und die Olympier haben sie gerne wahrgenommen: Aus dem minus mal minus wurde plus. Was die Olympischen Spiele angeht, so trugen Fehler, Mißdeutungen und falsche Interpretationen erst zum grandiosen Gelingen bei. Die Summe der Irrtümer macht sogar mit die Faszination der Spiele aus. Hier findet sich ihr höchster Reiz.

Die alten Griechen haben neben vielen anderen Festivitäten von Körper und Geist die Olympischen Spiele für Professionals erfunden. Sie waren ein heidnisches Fest, das mit religiöser Inbrunst gefeiert wurde. Laiendarsteller hatten da nichts zu suchen. Besonders angesehen war der Olympiateilnehmer mit dem betuchtesten Sponsor, und populär derjenige, der mit mehr Geld von Olympia heimkehrte als er im Portemonnaie hingetragen hatte. Der letzte Olympiasieger der Antike war – 385 n. Chr. – ein Faustkämpfer und Barbar vom Rande des hellenischen Kulturkreises herkommend, Varazdetes mit Namen, was schon alles besagt (auch wenn er später König in Armenien wurde).

Es war der Irrtum vieler Freunde Pierre de Coubertins, die Spiele bei ihrer Wiedereinführung nur für Amateure vorzuschreiben. Coubertin selbst hat sich nie

»Wir haben 60 Jahre ohne das Fernsehen gelebt, und die Spiele werden weitere 60 Jahre ohne das Fernsehen auskommen.«

Avery Brundage

Illusionen hingegeben und schon sehr früh vom Markt und vom Tempel gesprochen. Er kannte seine Pappenheimer. Der Markt ist heute größer als er jemals war, die antiken Spiele einbezogen, und das ist eine Rechnung über 2171 Jahre.

Die Geschichte der modernen Olympischen Spiele, und um die geht es hier, wiegt leicht an Jahren, doch schwer an Ereignissen. Ein Säkulum ist zu beschauen. Die olympische Bewegung Coubertins ist ein wenig älter. 1895/1995 liegen in der Mitte. 1894 wurde die Wiedereinführung der Spiele beschlossen, 1896 die ersten der Neuzeit in Athen ausgerichtet. Die hundert Jahre sind komplett. Dieses Buch will sie auferstehen lassen.

Die Griechen haben Olympia, die Briten den Sport und die Franzosen die Internationalität des Wettkampfes erfunden. Die Deutschen führten das Turnen als eine gefährliche Weltanschauung vor. Die Amerikaner, gerade weil sie dem Professionalismus stark huldigen, haben den Amateur puristisch geprägt. Aus vielen Wurzeln wuchs der olympische Baum.

Man darf es auch so sagen: Aus vielen Mißverständnissen ist der große Wurf entstanden, und man kann Coubertin sogar dahin übersetzen, daß ohne den Deutsch-Französischen Krieg von 1870/71 niemals die Spiele der Moderne entstanden wären. Denn der Franzose litt wie die meisten seiner Landsleute unter der Niederlage von Sedan, der Gründung des deutschen Kaiserreiches am 18. Januar 1871 im Spiegelsaal von Versailles und dem Frieden von Frankfurt, der in Deutschland den Gründerzeitboom auslöste und Frankreich ein Trauma bescherte. Mit den Olympischen Spielen, wahrhaftig einem Geniestreich, wollte Pierre de Coubertin die depressive Jugend seines Frankreichs wiedererstarken. Rebroncer la France, schrieb er. So einfach ist manchmal Weltgeschichte.

Die Briten, stolzer noch als die Spanier, sagten Ende des 19. Jahrhunderts apodiktisch: Gentlemen nehmen kein Geld für Sport. Arbeiter waren bei der Regatta von Henley noch 1924 nicht zugelassen. Daß der amerikanische Millionär und Olympiasieger John Kelly sen. damals nicht auf der Themse rudern durfte, lag allerdings nicht daran, daß er einmal Maurer war, sondern an Differenzen der Veranstalter mit dem Kelly-Club Vesper Boat Philadelphia, der sich mit den Amateurregeln schwertat. Wir sprechen von John Kelly, dem legendären Bauunternehmer aus Philadelphia, dem Vater von Grace Kelly oder Gracia Patricia von Monaco, die wiederum Mutter des Prinzen Albert ist, der Bob fährt und alle möglichen anderen Sportarten betreibt und dazu Mitglied des IOC ist, wie es sein Vater Rainier 1950 war und danach (!) sein Großvater Pierre. Das ist Geschichte in Geschichten oder Geschichte in Gestalten – so wie der Autor Historiographie versteht.

Wirrungen hier, Irrungen da. Wie schrieb der Maghrebiner Gregor von Rezzori 1960: »Die Olympischen Spiele sind eine abgelebte Sache des 19. Jahrhunderts.« Welcher Irrtum! Der Größte unter den großen Olympiern sagte zur selben Zeit emphatisch Lächerliches. Originalton Avery Brundage: »Wir haben 60 Jahre ohne das Fernsehen gelebt, und die Spiele werden weitere 60 Jahre ohne das Fernsehen auskommen.« Mon dieu!

Wie irrlichterte Willi Daume durch die Amateurwelt, als er 1967 am Nationalen Olympischen Komitee für Deutschland (NOK) vorbei die Stiftung Deutsche Sporthilfe gründete, weil das NOK seinen Sportlern keine soziale Hilfe angedeihen lassen durfte. Fünf Jahre später war Daume dabei, als das IOC in Sapporo dem Österreicher Karl Schranz wegen eines Verstoßes gegen die Amateurregel die Olympiateilnahme verweigerte. So nahm bei der Deutschen Sporthilfe die linke Hand, was die rechte dann ausgab.

Unvergessen ist der erste Fall von Menschenjagd im Olympiastadion. 1913 wurde ein legendärer Zehnkämpfer, der Amerikaner indianischer Geburt James Thorpe, seiner beiden Goldmedaillen von Stockholm 1912 beraubt, weil er einmal für ein paar lumpige Dollars Baseball gespielt hatte. Ein amerikanischer Funktionär, James Edward Sullivan, hatte dies herausgefunden und meldete es den Organisatoren der Spiele, die wiederum das IOC informierten: Thorpe kein Amateur und unwürdig des Sieges! Nach Sullivan, dem Häscher, wurde später (1930) die höchste Auszeichnung benannt, die alljährlich einem amerikanischen Sportler zuerkannt wird, der durch Erfolg und Haltung und im Sinn des Amateurgedankens am meisten für seinen Sport getan hat. Das war 16 Jahre nach Sullivans Ableben.

Als der siebte IOC-Präsident Juan Antonio Samaranch 1983 Thorpe rehabilitierte und in seine alten olympischen Rechte einsetzte, war dieser schon 30 Jahre tot. Der österreichische Skirennläufer Karl Schranz lebte wenigstens noch, als Samaranch ihn in die olympische Familie zurückholte.

Es gibt eine Reihe von merkwürdigen Fällen. 1960 zeichneten die Olympier einen Dänen aus, der sich zu Tode gedopt hatte. 1952 verweigerten die Olympia-Ausrichter in Helsinki dem Schweden Ingemar Johansson die Silbermedaille, weil er im Boxfinale des Superschwergewichts gegen den Sieger Edward Sanders aus den USA »nicht sein Bestes gab«. Johansson hatte einfach keine Lust, sich von Sanders krankenhausreif schlagen zu lassen. Samaranch, immer wieder Samaranch, sorgte dafür, daß Johansson 30 Jahre später sein Silber doch noch erhielt. Zu diesem Zeitpunkt aber wußte man einiges mehr, und dies ist denkwürdig genug: Sanders, der nach seinem Olympiasieg sofort zu den Berufsboxern wechselte, starb nach einer K.-o.-Niederlage in seinem neunten Profikampf am 21. Dezember 1954 an einer Gehirnblutung. Johansson, der als Amateur nicht sein Bestes gegeben hatte, wurde 1959 Boxweltmeister aller Klassen, als er Floyd Patterson ausknockte, der – man sollte es nicht vergessen – 1952 Olympiasieger im Mittelgewicht gewesen war.

Das Buch ist vollgepackt mit solchen Trouvaillen. Das IOC als Veranstalter der Spiele mußte oft den Kopf für Begebenheiten hinhalten, die ihm Fachverbände eingebrockt hatten. Im Fall des großen finnischen Läufers Paavo Nurmi spielten Schweden und Deutsche sich die Rechnungen zu, und die Spesen zahlte der Olympiasieger. Das Regelwerk des Weltverbandes der Ringer, der FILA, gestattete 1932, daß Wolfgang Ehrl aus München fünf Siege erkämpfte (darunter einen über den italienischen Goldmedaillengewinner Giovanni Gozzi), ungeschlagen blieb und dennoch nur Zweiter wurde. Nach allen späteren Regeln wäre Ehrl Olympiasieger geworden.

Besser als Ehrl war der schwedische Dressurreiter Gehnäll Persson dran. 1948 wurde er nach dem Mannschaftssieg der Schweden als Hochstapler entlarvt, ritt er doch als Offizier, wo er nur Unteroffizier war. Nach dem Regelwerk des Internationalen Reiter-Verbandes (FEI) war dies ein glatter Verstoß gegen die Zulassung, durften doch nur Offiziere an internationalen Reitwettbewerben teilnehmen.

Die Schweden, die dies sehr wohl wußten, hatten Persson für die Zeit der Spiele pro forma in den Rang eines Offiziers erhoben. Die Sache kam angeblich heraus, als der an seine Dienstmütze gewöhnte Persson mit der Kopfbedeckung eines Feldwebels in das Dressur-Viereck einritt. Die schwedische Siegermannschaft wurde disqualifiziert, aber es erhob sich – dank Olympia – ein Sturm der Entrüstung. Der Offiziersparagraph wurde von der FEI gestrichen, und der Feldwebel Persson konnte 1952 und 1956 dann doch noch Olympiasieger mit der schwedischen Mannschaft werden.

Und Nurmi? Der war mit neun Goldmedaillen schon gesegnet, als er den Leichtathletikführern Sigfrid Edström aus Schweden und Karl Ritter von Halt aus München auffiel. Nurmi war sehr wohl ein früher Erwerbsläufer, der mit Spikes sein Geld verdiente. Ein Mensch mit solcher Lebenseinstellung ging Edström und Halt gegen den olympischen Strich. Auf dem Weg zu seiner möglicherweise zehnten Goldmedaille – im Marathonlauf von Los Angeles 1932 – wurde er jählings gestoppt, wegen Spesenvergehens vom Leichtathletik-Weltverband IAAF zum Berufsläufer erklärt und von den Spielen ausgeschlossen. Zwar lief er daheim als »nationaler Amateur« noch zwei Jahre weiter, war aber im Grunde geächtet, was seinen Ruhm, aber nicht sein Geld mehrte. 1952 entzündete er im Olympiastadion von Helsinki als letzter Läufer der Olympia-Stafette das Feuer an. Trotz des allgemeinen Beifalls gab es damals noch Olympier, die ihm diese späte Wiedergutmachung nicht gönnten. Der Schweizer IOC-Kanzler Otto Mayer bezeichnete Nurmis Auftreten als »Brüskierung des IOC«. Genug dieser Beispiele.

Die Spiele, ihre Akteure, das IOC und die olympische Bewegung als der überhöhte Unterbau weckten und wecken weiter ganz unterschiedliche Empfindungen. Der Schriftsteller Rudolf Hagelstange hat den zahlreichen olympischen Kritikern den »Protestneid des Körperproletariats der Ungeschickten« vorgeworfen. Der damals 47 Jahre alte Adolf Hitler, der immerhin den Spielen von Berlin die Chance eines gigantischen Medienereignisses verschaffte, nannte die Mitglieder des IOC verächtlich »Wackelgreise«. Neun Jahre später war er tot, aber der olympische Gedanke lebendiger denn je.

Die Politik. Das IOC hat immer welche gemacht. Coubertin gestattete Ungarn und Iren die Teilnahme in Athen 1896 und verkündete die olympische Geopolitik,

Die Politik. Das IOC hat immer welche gemacht.

mit der die staatliche Souveränität außer Kraft gesetzt wurde. Farbige waren 1904 in St. Louis unerwünscht und starteten doch. 1912 gab es ein schlimmes protokollarisches Gerangel mit Böhmen, Ungarn und Österreichern beim Einmarsch der Nationen. Coubertin schloß die Kriegsverlierer von 1918 nicht von den Spielen aus, ließ aber zu, daß sie nicht nach Antwerpen 1920 und Chamonix und Paris 1924 eingeladen wurden. Präsident Sigfrid Edström handelte 1948 ebenso.

Als die Sowjets 1952 vor den Olympiatoren standen, fest entschlossen, das IOC zu usurpieren, sagten die bürgerlichen Olympier mit ihrer Noblesse ja zu den kommunistischen Eindringlingen. Die Amerikaner benutzten den sowjetischen Einmarsch in Afghanistan als Bestrafung des olympischen Gastgebers Moskau 1980: Boykott der Spiele. Die Sowjets zahlten es den Amerikanern heim, als sie 1984 nicht in Los Angeles erschienen.

Es kam dann, was kommen mußte: die Erkenntnis, daß die Einheit der olympischen Bewegung oberstes Gebot der bald 200 Länder mit einem NOK sein muß. 1988 in Seoul und Calgary, 1992 in Albertville und Barcelona und 1994 in Lillehammer feierte Olympia sportliche und politische Triumphe, und aus dem Boykott-Präsidenten Samaranch wurde ab Mitte der 80er Jahre der Weltsportführer Nummer eins.

Die Präsidenten des IOC standen immer für die große Politik im Sport. Der Grieche Demetrius Bikelas war ein Paladin Coubertins, zurückhaltend bis zur Unselbständigkeit. Pierre de Coubertin, der die Geschicke des IOC 31 Jahre lenkte, betrachtete sein Wort als Gesetz. Die Struktur des IOC hat ein Jahrhundert überstanden. Gibt es ein besseres Zeugnis für seinen Geist? Der Belgier Henri de Baillet-Latour, weicher in den Konturen, setzte auf Weltläufigkeit und Diplomatie und hatte an seiner Seite den harten Schweden Sigfrid Edström, der in der Exekutive seit 1921, dann als Präsident 1946 bis 1962 als exzellenter Technokrat des Sports jedem Fachverband sagen konnte, wohin es geht mit der olympischen Entwicklung.

Der Amerikaner Avery Brundage war als Millionär der letzte Amateur an der IOC-Spitze, der mit »The Games must go on« von München 1972 der olympischen Überlebensstrategie die Jahrhundertformel schenkte. Der Ire Lord Killanin war ein Übergang – gescheit genug, seine Grenzen zu kennen und alles Biegen dem Brechen vorzuziehen. Juan Antonio Samaranch ersetzte das Primat der Politik durch jenes des Geschäfts. Statt mit politischen Großmächten paktiert er mit nur noch einer Potenz: dem Fernsehen. Über die Television bekam Samaranch seine Vision von der olympischen Bewegung, von der angesichts des Jahres 2000 zu sagen wäre, daß sie eine faszinierende Weltbewegung ist.

Karl Adolf Scherer

Dank

Am Ende bleibt zu danken. Zu danken jenen Persönlichkeiten, die meine Gedankenwelt von Kindheit an beflügelt, die mir Zeichen gegeben, den Mut gestärkt und die Zweifel zerstreut haben. Da war der Vater, der den Siebenjährigen 1936 am Bahnhof von Bad Kreuznach auf die Schultern nahm, als der Olympiasieger Konrad Frey heimkehrte. Dann Frey selbst, der 1940 mein Turnlehrer war. Jakob Kiefer, ein anderer Turner, faszinierte den jungen Journalisten beim Olympiatraining für Helsinki. Deutsche Ringermeister aus der Heimat ließen mich Einblick nehmen in ihre ganz spezielle Welt. Bedeutenden Sportführern kam ich nahe: Ritter von Halt, Willi Daume, Josef Neckermann, Willi Weyer, Avery Brundage, Mike Killanin oder Juan Antonio Samaranch. Der Schriftsteller Rudolf Hagelstange vermittelte mir einen Begriff von Olympismus.

Es halfen mir die dynamische Olympierin Liselott Diem und das türkische IOC-Mitglied Suat Erler. Von Berthold Beitz sprang der Funke über. Wie sehr haben mich Georg Baron von Schilling und der Darmstädter Gymnasiallehrer Karl-Wilhelm Leyerzapf ermutigt, Männer aus dem Schwimmerlager.

Kollegen sind zu nennen: Richard Kirn, Gudio von Mengden, Walter Umminger, Heinz Vogel und Karlheinz Vogel, Werner Schneider, Theo Bourquin, Vernon Morgan, Edgar Joubert oder Gaston Meyer. Der Publizist und Verleger Alfons Gerz (* 1913, † 1995), Gründer und Gestalter der Agentur Sport- Informations-Dienst (SID), gab mir in 36 Jahren die Chance, tief in die olympische Welt einzutauchen; ich berichtete von neun Sommer- und neun Winterspielen und von 39 Sessionen des IOC; dazu kommen um die 60 Welt- und Europameisterschaften im Fußball, in der Leichtathletik, im Schwimmen, Ringen und Gewichtheben. 1960 und 1964 war ich 120 Tage unterwegs, um von den gesamtdeutschen Olympia-Ausscheidungen zu berichten.

In Rom 1960 begegnete ich Bodo Harenberg, und seitdem blieb eine geistige Verbindung, die dazu geführt hat, daß ich dieses Buch schreiben durfte, das er verlegt, er, der nimmermüde Ermunterer, dem ich Dank sage und jenen tiefen Respekt zolle, den er meinem Text entgegengebracht hat.

1896 Athen

5. bis 15. April 1896
Dauer **11 Tage**
Teilnehmer **295 (nur Männer)**
Länder **13**
Sportarten **10**
Entscheidungen **42**
Zuschauerzahl **750 000**
Schirmherr **König Georg I. von Griechenland**

Die Wiederbelebung der olympischen Idee

Die Rechnung war ganz einfach und sie ging auf. Die Deutschen hatten das Turnen, die Briten den Sport, die Griechen die Tradition und die Franzosen den olympischen Geist. Am Ostersonntag 1896, es war der 5. April, begann im weißen Marmorwunder des Stadions von Athen mit der Eröffnung der ersten Olympischen Spiele moderner Zeitrechnung die Internationalisierung des Sports und die Verwirklichung einer kulturpolitischen Bewegung rund um den Erdball.

Der olympische Gedanke war nicht neu, er war auch nicht vergessen worden, er hatte nur anderthalb Jahrtausende geruht. 1511 Jahre sollten zwischen dem letzten Olympiasieg der Antike und dem ersten Olympiasieg der Moderne vergehen. Der französische Edelmann Pierre de Coubertin (*1863, †1937), ein umfassend gebildeter Mensch, wurde zum Erneuerer der Olympischen Spiele, zum Renovateur, wie die Franzosen richtig sagten und sagen.

Coubertin war fasziniert vom Bewegungskult und übertrug seine Begeisterung auf die seiner Mitstreiter. Mit humorloser Arroganz, soldatischer Disziplin, pädagogischer Besessenheit, gallischem Raffinement und brillanter Intelligenz ausgestattet, brachte Coubertin alle Eigenschaften eines Heilsbringers mit. Zudem wußte nur er ganz allein, was er mit seiner olym-

Athener Olympiastadion am Eröffnungstag: Der Neubau hält sich mit seiner langgestreckten Hufeisenform und den engen Kurven an das klassische Vorbild. Das Stadion besitzt mehr als 70 000 Sitzplätze.

Die erfolgreichsten Sportler von Athen

Name	Sportart	G	S	B
1. Carl Schuhmann GER	Turnen, Ringen, Gewichtheben	4	–	1
2. Hermann Weingärtner GER	Turnen	3	2	2
3. Alfred Flatow GER	Turnen	3	1	–
4. Paul Masson FRA	Radsport	3	–	–
5. Fritz Hofmann GER	Turnen, Leichtathletik	2	1	2
6. Robert Garrett USA	Leichtathletik	2	1	1
7. Thomas Burke USA	Leichtathletik	2	–	–
Ellery Clark	Leichtathletik	2	–	–
Edwin Flack AUS	Leichtathletik	2	–	–
Alfred Hajos HUN	Schwimmen	2	–	–
John Pius Boland GBR	Tennis	2	–	–
Conrad Böcker GER	Turnen	2	–	–
Gustav Felix Flatow GER	Turnen	2	–	–
Georg Hilmar GER	Turnen	2	–	–
Fritz Manteuffel GER	Turnen	2	–	–
Karl Neukirch GER	Turnen	2	–	–
Richard Röstel GER	Turnen	2	–	–
Gustav Schuft GER	Turnen	2	–	–

Medaillenspiegel Athen 1896

Land	G	S	B
1. USA	11	6	2
2. GRE	10	19	18
3. GER	7	5	3
4. FRA	4	5	2
5. GBR	3	3	1
6. HUN	2	1	3
7. AUT	2	0	3
8. AUS	2	–	–
9. DEN	1	2	4
10. SUI	1	2	–

pischen Kampagne bezweckte, die er 1892 begann. Sein Wissen war Macht.

Am 25. November 1892 sprach Pierre de Coubertin im Amphitheater der Pariser Sorbonne von einem auszurichtenden internationalen Sportfest als einer dem Frieden und der Völkerverständigung dienenden olympischen Veranstaltung. Als Deuter der eigenen Sache hat der Franzose später diesen 25. November 1892 als olympischen Startschuß ausgegeben. Tatsächlich wurden die Olympischen Spiele der Moderne im Rahmen eines Leibeserzieherischen Internationalen Kongresses am 23. Juni 1894 wiederum in der Sorbonne durch Beschluß zum Leben erweckt, wenn auch noch nicht nach Athen vergeben. Dies geschah später und gegen den Willen Coubertins, der die neue olympische Zeitrechnung 1900 in Paris beginnen lassen wollte.

Der Respekt vor der antiken Größe Griechenlands mit seinen alten Spielen, die über tausend Jahre währten (776 v. Chr. bis 385 n. Chr), ließ die Delegierten des Pariser Kongresses von 1894 gegen Coubertin argumentieren und die ersten Olympischen Spiele schon 1896 nach Athen vergeben. Der von Coubertin vorgeschlagene Vier-Jahres-Rhythmus wurde allerdings akzeptiert wie Paris als nächster Austragungsort.

Das am 23. Juni 1894 gegründete Internationale Olympische Komitee (IOC) wurde als Festgestalter verstanden; seine Grundstruktur stammt von Coubertin und hat sich in ihren fundamentalen Prinzipien über hundert Jahre erhalten.

Mit der Vergabe der Spiele an Athen kam das IOC den Intentionen des griechischen Königshauses entgegen, das mit dieser olympischen Feier das Nationalbewußtsein seines Volkes zu stärken gedachte. Erst 1829 hatten sich die Griechen von der 373jährigen türkischen Fremdherrschaft befreit. König Georg I., Däne von Geburt und seit 1863 auf dem Thron, und sein Sohn, Kronprinz Konstantin, der in Coubertins Alter war, fanden dann auch einen begeisterten Widerhall in ihrem Volk, mit dem die finanzielle Ausstattung der Spiele gesichert werden konnte. 300 000 Goldmark kamen durch Sammlungen herein, und der in Alexandria lebende griechische Millionär Georg Averoff stiftete aus seiner Privatschatulle das marmorne Olympiastadion in seiner ganzen Pracht.

Wenn man sich klar macht, daß es bis 1896 kein sportliches Fest dieser Art und Größenordnung in der Welt gegeben hatte, kann man ungefähr ermessen, was die Veranstalter in den elf Tagen der Wettkämpfe geleistet haben. Es waren dank Georg und Konstantin wahrhaft königliche Spiele, die ein Maß setzten.

Zu diesem Zeitpunkt kannte man nur drei internationale Fachverbände im Sport, die der Turner, der Ruderer und der Eisläufer, und der Eislauf war kein Thema in Athen. Alle anderen Organisationen waren nationale Zusammenschlüsse. Idealistische Fortschrittsgläubige waren noch emsig

Olympische Spiele 1896 in Athen: Die Vorderseite des Programmhefts zeigt eine Frau in griechischer Landestracht mit dem Siegeskranz. Die Jahreszahl 776 (l. o.) erinnert an die ersten Olympischen Spiele, die 776 v. Chr. stattgefunden haben.

IOC-Mitglieder in Athen 1896 (v. l.): Gebhardt (Deutschland), Coubertin (Frankreich), Guth-Jarkovsky (Böhmen), Bikelas (Griechenland), Kemeny (Ungarn), Butowski (Rußland), Balck (Schweden).

bemüht, über die Grenzen der sportlichen Privatsphäre hinauszukommen.

Aus 13 Ländern erschienen 295 Sportler – nur Männer – in Athen und ermittelten in zehn Sportarten 42 Olympiasieger. Die Amerikaner reisten ebenso wie die Briten, Franzosen oder die Deutschen als Privatiers an. Die deutschen Turner mußten sich sogar als Vaterlandsverräter beschimpfen lassen, die einer französisch inspirierten internationalen Sache dienten. Die Ungarn demonstrierten Eigenstaatlichkeit, obwohl sie Bürger der k.u.k.-Donaumonarchie waren. Nächst den Griechen stellten die Deutschen die zahlenmäßig stärkste Mannschaft der Spiele.

Bei der Eröffnungsfeier wurde die Hymne des Spyros Samaras gesungen, die zur olympischen Erkennungsmelodie werden sollte. Kanonenschüsse erdröhnten und Friedenstauben flogen auf. Die 77 000 Zuschauer erschauerten vor der Größe des Ereignisses. Die Amerikaner erwiesen sich als die erfahrensten Wettkämpfer und gewannen die meisten Goldmedaillen. Der Deutsche Carl Schuhmann stellte sich als Weltklasseathlet vor: ein Allrounder mit vier Goldmedaillen und einer bronzenen. Vieles war schon so, wie es in den nächsten 96 Jahren auch sein sollte.

Georg I. gab am Tag nach den Spielen ein königliches Frühstück. 260 der Teilnehmer sollen gekommen sein, zur Freude des hohen Gastgebers, der zehn Jahre später noch einmal Olympische Spiele erleben sollte. Am 5. März 1913 wurde Georg von einem Geistesverwirrten auf offener Straße in Saloniki erschossen. Mit dem griechischen Monarchen starb einer der frühen Träger des modernen Olympismus.

Pierre de Coubertin schwärmte bei des Königs Abschiedsparty von den nächsten Olympischen Spielen 1900 in Paris, die »größer und besser« werden sollten. Wie es sich später herausstellte, sollte er mit seiner Prognose voll daneben liegen.

Die olympische Familie

Demetrius Bikelas erster IOC-Präsident

Der Begriff »olympische Familie« wurde vom siebten Präsidenten des IOC, von Juan Antonio Samaranch, geprägt. Diese Familie bestand allerdings auch schon zu Zeiten der Spiele in Athen. Die Urzelle war der Herrenclub, der Männerorden. 16 Mitglieder gehörten dem Gründungskomitee des IOC an, an dessen Spitze Pierre de Coubertin stand.

An dritter Stelle erschien der erste IOC-Präsident Demetrius Bikelas (* 1835, † 1908). Der griechische Pädagoge, Diplomat und Turnerführer war schon 59 Jahre alt, als er

Citius – Altius – Fortius
Der olympische Leitspruch Citius – Altius – Fortius (Schneller – Höher – Stärker) stammt nicht von Pierre de Coubertin, sondern von dem französischen Pädagogen Père Henri Didon (* 1840, † 1900), der diese Formel 1890 gebrauchte, als er Prior am Collège Arcueil in Paris war. Coubertin hat Didons Bemerkung einfach übernommen.

nach dem Protokoll die olympische Führung übernahm. Tatsächlich war Bikelas nur Coubertins Strohmann – ein liebenswürdiger Mensch und alles andere als eine Kämpfernatur.

Der russische General Alexander von Butowski, die Nummer vier in der IOC-Hierarchie, leitete die Militärschulen im Zarenreich. Lord Odo Ampthill brachte den englischen Adel ein, Clarence Herbert das Fachwissen der Amateur Athletic Association (AAA), der ältesten Sportorganisation der Welt. Ferenc Kemeny aus Ungarn demonstrierte die sportpolitische Eigeninitiative der Magyaren, Jiri Guth-Jarkovsky die der Böhmen. Coubertins »goldener Rahmen des IOC« waren die Italiener Graf Palli und der Herzog von Andria Caraffa sowie der Belgier Graf Maxime de Bousies. Der Neuseeländer Leonard A. Cuff und der Argentinier José Benjamin Zubiaur repräsentierten »Übersee«.

Der Schwede Viktor Gustaf Balck (* 1844, † 1928) war nach einem Urteil des schwedischen Publizisten Wolf Lyberg der »Vater des schwedischen Sports«. Ohne seine Zustimmung geschah nichts in der olympischen Bewegung seines Landes. Der hochdekorierte Soldat, zuletzt Generalmajor, war eine absolute Führungspersönlichkeit.

Gustaf Balck diente dem IOC bis 1921 und war – was Fachwissen im Turnen und im Wintersport anging – Coubertin überlegen. Die Olympischen Spiele 1912 in Stockholm gelten als »seine« Spiele. Der Amerikaner Milligan Sloane (* 1894, † 1925) war ein Freund Coubertins.

Der Berliner Willibald Karl August Gebhardt (* 1861, † 1921), Initiator des ersten deutschen Olympiakomitees, brachte den deutschen Sport auf den richtigen Weg. Daß ihn Coubertin nachträglich ins Gründungskomitee des IOC berief, war das Eingeständnis eigener Nachlässigkeit in der Behandlung der Deutschen im Vorfeld des Leibeserzieherischen Kongresses von 1894 .

In der von Coubertin vorgegebenen Reihenfolge bestand das IOC bis 1896 aus folgenden Mitgliedern:

1. Pierre de Coubertin (Frankreich)
2. Ernest Callot (Frankreich)
3. Demetrius Bikelas (Griechenland)
4. Alexander von Butowski (Rußland)
5. Viktor Gustaf Balck (Schweden)
6. William Milligan Sloane (USA)
7. Jiri Guth-Jarkovsky (Böhmen)
8. Ferenc Kemeny (Ungarn)
9. Lord Odo Ampthill (England)
10. Clarence Herbert (England)
11. José Benjamin Zubiaur (Argentinien)
12. Leonard A. Cuff (Neuseeland)
13. Graf Palli (Italien)
14. Graf Maxime de Bousies (Belgien)
15. Herzog von Andria Caraffa (Italien)
16. Willibald Karl August Gebhardt (Deutschland)

Präsident Bikelas war der erste, der wieder aus dem IOC ausschied (1897); nur drei Jahre war er dabei. An der Session in Athen 1896 nahm nur der harte Kern des IOC teil: Coubertin, Bikelas, Butowski, Balck, Guth-Jarkovsky, Kemeny und Gebhardt.

Das olympische Sommerprogramm von 1896 bis 1996

Sportart	Zeitraum	Frauen	ausgefallen
Leichtathletik	1896–1996	1928–1996	–
Gewichtheben	1896–1996	–	1900, 1908, 1912
Ringen	1896–1996	–	1900
Fechten	1896–1996	1924–1996	–
Sportschießen	1896–1996	1900–1996	1904, 1928
Radsport	1896–1996	1984–1996	–
Turnen	1896–1996	1928–1996	1932 (Frauen)
Schwimmen	1896–1996	1912–1996	–
Tennis	1896–1924	1900–1924	1928–1984
	1988–1996	1988–1996	–
Rudern	1900–1996	1976–1996	1896
Bogenschießen	1900–1996	1904–1996	1906, 1912, 1924–1968
Reiten	1900–1996	1952–1996	1904, 1906, 1908
Polo	1900–1936	–	1904, 1906, 1912, 1928 und 1932
Segeln	1900–1996	1900–1996	1904, 1906
Wasserball	1900–1996	–	1906
Fußball	1900–1996	1996	1932
Rugby	1900–1924	–	1904, 1906, 1912
Kricket	1900	–	ab 1904
Croquet	1900	–	ab 1904
Golf	1900–1904	1900–1904	ab 1906
Boxen	1904–1996	–	1906, 1912
Basketball	1904–1996	1976–1996	1906–1932
Lacrosse	1904–1908	–	1906, ab 1912
Roque	1904	–	ab 1906
Motorbootrennen	1908	–	ab 1912
Hockey	1908–1996	1980–1996	1912, 1924
Jeu de Paume	1908	–	ab 1912
Rackets	1908	–	ab 1912
Moderner Fünfkampf	1912–1996	–	–
Feldhandball	1936	–	ab 1948
Kanusport	1936–1996	1948–1996	–
Judo	1964–1996	1992–1996	1968
Volleyball	1964–1996	1964–1996	–
Hallenhandball	1972–1996	1976–1996	–
Tischtennis	1988–1996	1988–1996	–
Badminton	1992–1996	1992–1996	–
Baseball	1992–1996	–	–
Softball	–	1996	–

Die erste Programm-Kommission

Vier Sportarten 100 Jahre dabei

Die erste Programm-Kommission des Internationalen Olympischen Komitees, die sich zu diesem Zeitpunkt freilich noch nicht so nannte, war besser als jede nachfolgende in den nächsten 100 Jahren. Auf der Session 1894 in Paris legte die Kommission für die Olympischen Spiele konkret folgende Sportarten fest:

- Boxen
- Eislauf
- Fechten
- Leichtathletik
- Radsport
- Reiten
- Ringen
- Sportschießen
- Turnen

Ballsportarten waren erwünscht, doch wurden keine festgelegt. Es gab dann 1896 Tennis. Eislauf mußte bis 1908 zurückgestellt werden (und stand dann für immer auf dem Programm der Winterspiele). Wegen Professionalismus schied Tennis von 1928 bis 1980 aus, kam aber als Demonstrationswettbewerb 1984 und schließlich ganz offiziell 1988 wieder.

Leichtathletik, Fechten, Turnen und Schwimmen stehen 1996 genau 100 Jahre auf dem Programm. Vorsitzender der Programm-Kommission von 1896 war im übrigen der Grieche Demetrius Bikelas, dessen Verdienste um die olympische Bewegung immer ein wenig übersehen werden.

Leichtathletik

Erster Olympiasieger der Moderne

Der erste Olympiasieger der Moderne wurde der Amerikaner James Brendan Connolly, der am 6. April 1896 den Dreisprung gewann. Der letzte Olympiasieger der Antike war 1511 Jahre zuvor der armenische Boxer Varazdetes gewesen.

Connolly entstammte einer armen irisch-amerikanischen Familie in South Boston (Massachusetts). Er war Student der Harvard Universität und schon 30 Jahre alt, als er von den Olympischen Spielen hörte.

In den Sprungwettbewerben zählte er zu den besten amerikanischen Athleten, hatte aber keinen nationalen Titel gewonnen (und sollte auch keinen mehr gewinnen). Als er von der Universität keine Freistellung für die zweimonatige Europareise erhielt, exmatrikulierte er sich selbst, fuhr mit dem Schiff sechzehneinhalb Tage von New York nach Neapel, von dort mit der Eisenbahn nach Brindisi, dann wieder mit dem Schiff nach Korfu und weiter per Bahn nach Athen. Am 5. April 1896 kam er an, 24 Stunden später war der Dreisprung-Wettbewerb angesetzt.

Im Wettbewerb führte der Franzose Alexandre Tuffère mit 12,70 m, als Connolly an der Reihe war. Der Amerikaner deponierte seine Mütze auf der Höhe von 13,50 m, eine Marke, die er überspringen wollte und die er dann mit 13,71 m auch übersprang. Er bestritt dann noch am

James Brendan Connolly: Der Amerikaner erreichte im Dreisprung 13,71 m und wurde der erste Olympiasieger von Athen.

7. April den Weitsprung, wo er Dritter mit 6,11 m wurde, und den Hochsprung, den er als Zweiter mit 1,65 m beendete. 1900 nahm er, inzwischen Journalist, noch einmal an Olympischen Spielen teil und wurde in Paris mit 13,97 m Zweiter im Dreisprung.

Nach dem Ersten Weltkrieg wurde Connolly als Novellist bekannt. Eine Honorarprofessur von Harvard lehnte er später ab, nahm aber 1949, im Alter von 83 Jahren, den Harvard-Doktorhut an. Der erste Olympiasieger moderner Zeitrechnung starb am 20. Januar 1957 im Alter von 91 Jahren.

Leichtathletik

Keine Weltrekordler am Start

In Athen wurden zwölf Leichtathletik-Wettbewerbe ausgetragen. In elf von ihnen – eine Ausnahme war der Marathonlauf – wurden inoffizielle Weltrekorde geführt; sie wurden in der Hauptsache von britischen Journalisten und Universitätssportlern registriert.

Robert Garrett: Der Amerikaner gewann das Kugelstoßen und den Diskuswurf; im Weitsprung wurde er Zweiter, im Hochsprung belegte er den dritten Platz.

US-Meister 1896 in der Leichtathletik

Disziplin	Name	Leistung
100 y	Bernie Wefers	10,2
220 y	Bernie Wefers	23,0
440 y	Thomas Burke	48,8
880 y	Charles Kilpatrick	1:57,6
Meile	George Orton CAN	4:27,0
10 Meilen	Hirath Gray	58;32,2
120 y Hürden	W. B. Rogers	16,2
220 y Hürden	Joe Buck	25,4
Hindernislauf	George Orton CAN	10:58,4
3 Meilen Gehen	S. Liebgold	24:24,2
Hochsprung	C. U. Powell	1,76
Weitsprung	Edgar Bloss	6,69
Stabhochsprung	F. W. Allis	3,18
Kugelstoßen	George Gray CAN	13,54
Hammerwerfen	James Mitchell IRL	40,32

1896 gab es nur zwei Organisationen, die Bestleistungen hätten anerkennen können: die Amateur Athletic Association (AAA) mit Sitz in London, die 1866 gegründet worden war, und die Amateur Athletic Union (AAU) der USA mit Büro in New York, die seit 1889 bestand. Die Deutsche Sportbehörde für Athletik, der Vorläufer des Deutschen Leichtathletik-Verbandes, wurde erst am 30. Januar 1898 gebildet. Der Weltverband für Amateur-Leichtathletik (IAAF) konstituierte sich während der Olympischen Spiele 1912 in Stockholm. Er gab 1913 in Berlin die erste offizielle Weltrekordliste heraus, nachdem Maße, Gewichte und Anlagen genormt sowie die Paragraphen einer Wettkampfordnung verabschiedet worden waren.

Erst 1972 haben sich Leichtathletik-Statistiker aus 43 Ländern darauf geeinigt, die Weltrekorde mit dem Jahr 1860 beginnen zu lassen. Demnach ist der Brite William Dealtry der erste Weltrekordler überhaupt. Er lief am 29. Februar 1860 in Eton die Meile in 4:40,0 min. Bis zum 3. April 1863 kamen nur Briten (einschließlich der Iren) in den Genuß von inoffiziellen Weltrekordanerkennungen; an diesem Tag lief der Amerikaner Louis Bennett, genannt »Hirschfuß«, in London die zehn Meilen in 51:26,0 min und legte in der Stunde 18 590 m (Stundenweltrekord) zurück. Immerhin dauerte es bis 1877, ehe ein Amerikaner in den USA einen Weltrekord erzielte. Horace Lee erreichte am 26. Mai 1877 über 100 yards 10,0 sec.

Die IAAF begann 1913 mit der Anerkennung von offiziellen Weltrekorden, wobei sie noch keine klaren Vorstellungen über die Zeitnahme hatte. Sie gab dabei Leistungen ihren Segen, die schon Jahre zurücklagen. Und so steht als erster offizieller Weltrekordler in der IAAF-Liste der Amerikaner Bernie Wefers, der am 30. Mai 1896 in New York die 200 yards in 21,2 sec gelaufen war.

Was deutsche Leichtathleten angeht, so waren Berliner Sprinter vom SC Nordwest mit 48,2 sec über 4x100 m die ersten inoffiziellen Weltrekordler (20. September 1896); auch die ersten offiziellen Weltrekordler waren 4x100-m-Läufer: Otto Röhr, Max Herrmann, Erwin Kern und Richard Rau. Sie erzielten 42,3 sec im Zwischenlauf der Olympischen Spiele 1912 in Stockholm.

In einem individuellen Wettbewerb wurde der Olympiasieger im Tauziehen von 1906, der Frankfurter Wilhelm Dörr (* 1881, † 1955), 1907 inoffizieller Weltrekordler im Diskuswerfen (43,86 m) und der 1000-m-Läufer Georg Mickler aus Berlin erster offizieller Weltrekordler (2:32,3 min am 22. Juni 1913). Dörr wurde später ein bekannter Sportjournalist (vor allem Golf). Der Charlottenburger Mickler fiel als Soldat im Ersten Weltkrieg.

Als die olympischen Leichtathletik-Wettbewerbe in Athen mit dem Dreisprung am 6. April 1896 begannen, konnten die griechischen Organisatoren lediglich auf die Erfahrungen von Briten und Amerikanern zurückgreifen. 1864 hatte es zwischen den Universitätssportlern von Oxford und Cambridge den ersten Wettkampf gegeben. Seit 1866 kannte man die Meisterschaften von England, seit 1876 die der USA. 1891 hatte der New York AC einen Leichtathletik-Klubkampf mit 11:0 gegen den London AC gewonnen und in Deutschland waren vom Berliner Cricket Club zwei Meisterschaften ausgetragen worden. Das war alles.

Kugelstoßen: Im Unterschied zu heute wurde aus einem viereckigen »Ring« gestoßen. Der Grieche Miltiades Gouskos wurde in Athen Zweiter.

Von den vor den Olympischen Spielen in Athen 1896 registrierten inoffiziellen Weltrekordlern war keiner in Griechenland. Das Olympiastadion ließ aufgrund der nach antikem Vorbild gestalteten wunderschönen, aber wettkampffeindlichen Anlagen keine Höchstleistungen zu. Hinzu kam, daß nur wenige Athleten wirkliche Wettkampferfahrung auf hohem Niveau besaßen.

Welt- und Olympiarekorde der Leichtathletik im Vergleich

Wettbewerb	WR	Jahr	Name	OR	Name
100 m	10,8	1891	Luther Carey USA	11,8	Thomas Burke USA
	10,8	1895	Louis Atcherley GBR		
	10,8	1895	Harry Beatton GBR		
400 m	48,5	1889	Lennox Tindall GBR	54,2	Thomas Burke USA
	48,5	1895	Edgar Bredin GBR		
800 m	1:53,4	1895	Charles Kilpatrick USA	2:10,0	Edwin Flack AUS
1500 m	4:16,8	1895	Michel Soalhat FRA	4:33,2	Edwin Flack AUS
110 m Hürden	15,4	1895	Steven Chase USA	17,6	Thomas Curtis USA
Hochsprung	1,97	1890	George Rowden GBR	1,81	Ellery Clark USA
	1,97	1895	Mike Sweeney USA		
Weitsprung	7,21	1894	John Mooney IRL	6,35	Ellery Clark USA
Stabhochsprung	3,58	1891	Richard Dickinson GBR	3,30	William Hoyt USA
Dreisprung	15,26	1895	Matthew Roseingreve IRL	13,71	James Connolly USA
Kugelstoßen	14,32	1893	George Gray CAN	11,22	Robert Garrett USA
Diskuswerfen	35,74	1895	Erik Eriksson SWE	29,15	Robert Garrett USA

100-m-Lauf, zweiter Vorlauf (v. l.): Launceston Elliott (GBR), Thomas Curtis (USA), der in vielen Olympiapublikationen wegen seines Tiefstarts irrtümlich für Thomas Burke gehalten wird, Eugen Schmidt (DEN), George Marshall (GBR) und Alexandros Chalkokondylis (GRE)

Leichtathletik

Mit Tiefstart zur Goldmedaille

Bei den 100-m-Läufen sorgten die Amerikaner Francis Lane, Thomas Burke und Thomas Curtis für Aufsehen. Sie praktizierten den damals in Europa noch unbekannten, in den USA aber schon seit zehn Jahren angewandten Tiefstart, den Crouchstart (»Start auf allen vieren«).

Burke gewann dank dieser Technik das Finale in 12,0 sec, nachdem er als Sieger des dritten Vorlaufs den olympischen Rekord auf 11,8 sec gebracht hatte. Lane war als Gewinner des ersten Vorlaufs auf den Olympiarekord von 12,2 sec gekommen; Curtis hatte ihn eingestellt, doch trat der dritte Tiefstarter zum Finale nicht an, weil er sich für die 110 m Hürden schonte, die er dann auch gewann.

Für die Europäer galt Burke als Erfinder des Tiefstarts. Dieser Irrtum hielt sich lange. Tatsächlich war der Crouchstart aber von dem Amerikaner Charles Hitchcock Sherrill (* 1867, † 1936) erfunden worden. Sherrill wurde 1887 US-Meister über 100 yards in 10,4 sec und war Jahresweltbester über 220 yards (Kurve) mit 22,4 sec. Neben Sherrill gehörten in jener Zeit Wendell Baker, Charles Wood, Luther Carey, Milroy Crowe und vor allem Victor Schifferstein zu Sprintern der Extraklasse.

Tiefstart-Erfinder Sherrill hielt sich auf seine Entdeckung einiges zugute. Später organisierte er den amerikanischen Hochschulsport, der in der Hauptsache aus Leichtathletik bestand und war Mitbegründer der American Olympic Association (1895).

Der Yale-Student Sherrill wurde Rechtsanwalt in New York und Justitiar einer Kunstsammlung. Er heiratete in eine reiche Familie ein, wirkte von 1909 bis 1911 als Botschafter der Vereinigten Staaten in Argentinien und von 1922 bis 1923 als Diplomat in der Türkei. Im Ersten Weltkrieg kommandierte er als General die Nationalgarde des Staates New York und lebte Anfang der 30er Jahre in Frankreich. Von 1922 bis zu seinem Tod am 25. Juni 1936 in Paris war er Mitglied des Internationalen Olympischen Komitees. Im Vorfeld der Olympischen Spiele 1936 in Berlin traf er am 24. August 1935 mit Adolf Hitler in München zusammen. Er wollte Hitler olympisch »aufklären«.

Sherrill also war der Erfinder des Tiefstarts – nicht Burke. Der 100-m-Olympiasieger von 1896 wurde später Rechtsanwalt und Mitarbeiter des Boston Journals und der Boston Post. Er starb, 53 Jahre alt, am 14. Februar 1929.

Leichtathletik

Ein Grieche siegt im Marathon

Alle Leichtathletik-Wettbewerbe auf den engen Anlagen des Olympiastadions wurden übertroffen von einem Ereignis, bei dem sich schnell Dichtung und Wahrheit mischten: dem Marathonlauf. Vergessen waren der Tiefstarter Thomas Burke, der Australier Edwin Flack, der die 800 m und 1500 m gewann, die beiden amerikanischen Doppelsieger Ellery Clark (Hochsprung und Weitsprung) und Robert Garrett (Kugelstoßen und Diskuswerfen) und der Dreispringer James Brendan Connolly.

Garrett, Sohn einer reichen Bankiers-Familie in Baltimore, sollte auch noch 1900 in Paris Medaillen gewinnen und mit jeweils zweimal Gold, Silber und Bronze in die Statistik eingehen. Der Australier Edwin Flack lebte und trainierte in London. Die Firma, für die er arbeitete, bestand auch noch hundert Jahre später und war für das IOC als Wirtschaftsprüfer tätig: Price Waterhouse & Company in London.

Doch nun der Marathonlauf. Ein Freund Pierre de Coubertins, der Philologe Michel Bréal (* 1832, † 1915), Teilnehmer am Kongreß von 1894 in Paris, hatte die Idee, und die griechischen Veranstalter griffen sie auf. So kam es zum 42-km-Lauf von Marathon ins Athener Olympiastadion.

Die Griechen hatten die Strecke von der Brücke in Marathon bis Athen zweimal laufen lassen. Den ersten Wettkampf hatte Charilaos Vasilakos in 3:18:00 h gewonnen, im zweiten Lauf war Spyridon Louis aus Maroussion Fünfter geworden. Bis auf den Ungarn Gyula Kellner (* 1871, † 1940) hatte keiner der vier Ausländer Erfahrung in Dauerläufen auf welligen Straßen mit Höhenunterschieden und unübersichtlichen Kurven. Kellner hatte in Budapest einmal einen Versuch über 40 km gewagt.

Der unerfahrene Franzose Albin Lermusiaux, drei Tage vorher Olympiadritter über 1500 m geworden, übernahm schnell die Führung und lag nach 20 km unter dem Triumphbogen des Dorfes Karavati an der Spitze. Kurz danach verließen ihn die Kräfte. Auch eine alkoholische Einreibung eines Freundes, der ihn auf dem Fahrrad begleitete, nutzte nichts. Als der Australier Flack ihn überholte, gab er auf. Flack wiederum kollabierte 3 km vor dem Ziel schon innerhalb der Stadtgrenze von Athen. Im Umkleideraum des Olympiastadions erholte er sich sehr schnell, als man ihm einen mehrstöckigen Eierlikör einflößte.

Reitende Boten hatten mittlerweile Flacks Führung gemeldet und damit Entsetzen bei den griechischen Zuschauern ausgelöst. Um so größer war dann die Überraschung, als nach 2:58:50 h nicht der Australier, sondern Spyridon Louis am Stadioneingang erschien. Tausende schrien: »Ein Grieche, ein Grieche!«

König Georg und Kronprinz Konstantin der Griechen stürmten auf die Bahn und geleiteten Louis die letzten Meter zum Ziel. Acht Minuten später erschienen kurz hintereinander Charilaos Vasilakos und Spyridon Belokas, zwei weitere Griechen, sowie der Ungar Kellner. Da Kellner aber gesehen hatte, daß Belokas eine kurze Wegstrecke mit einer Kutsche gefahren war, wurde seinem Protest stattgegeben und er auf den dritten Platz gesetzt.

Spyridon Louis: Der Sieger des Marathonlaufs von 1896 war 1936 bei den Spielen in Berlin als Ehrengast zugegen und erschien in Landestracht.

Marathonlauf: Die Zuschauer feiern die Ankunft des griechischen Siegers Spyridon Louis.

Wer war Spyridon Louis? Geboren am 12. Januar 1873 in Maroussion, war er ein Schafhirte, der in der Armee diente und später, als sich sein Ruhm verflüchtigt hatte, Postbote wurde. Für die Weltöffentlichkeit wurde er 1936 wiederentdeckt, als ihn das Organisationskomitee der Olympischen Spiele 1936 als Ehrengast nach Berlin einlud. Diese Geste stand im Zusammenhang mit dem olympischen Fackellauf von Olympia nach Berlin, der Erfindung Carl Diems. Spyridon Louis, damals 63 Jahre alt, erschien in Nationaltracht und überreichte Hitler einen Lorbeerkranz von den heiligen Stätten Olympias.

Vier Jahre später, 1940, starb er, im selben Jahr wie Gyula Kellner und Lermusiaux. Flack war schon 1935 gestorben. Nur der Olympiazweite Vasilakos wurde älter als seine Konkurrenten. Er starb 1963 im Alter von 86 Jahren.

Was bleibt nun als Erkenntnis dieses ersten Marathonlaufs der modernen Sportgeschichte? Die drei Medaillengewinner kamen keineswegs aus dem Nichts, sondern waren trainierte Läufer. Doch auch die Wahrheit ist interessant genug.

Die erste Marathonfrau

Melpomene, die Muse der Tragödie

Daß heute Frauen Marathon laufen, gehört zu den Selbstverständlichkeiten des Sports. Vor hundert Jahren war dies verboten. Als die Griechen 1896 den Marathonlauf in das olympische Programm aufnahmen und sozusagen Probeläufe von Marathon nach Athen stattfinden ließen, war dieser nur für Männer gedacht. Frauen? Ausgeschlossen. Der Fall war klar. Doch eine leidenschaftliche Griechin, von der wir nur den Vornamen Melpomene wissen, soll die 42 km lange Strecke von Marathon nach Athen im März 1896 in viereinhalb Stunden zurückgelegt haben.

Wahr oder nur gut erfunden? Da Melpomene eine der griechischen Musen war – die Muse der Tragödie – sieht die Sache nach Erfindung aus, zumal die Zeit von 4:30 h für eine doch wohl untrainierte Frau unwahrscheinlich ist.

Anders sieht es aus mit Stamathia Roviti, der 35jährigen Griechin und Mutter von sieben Kindern, die am 11. April 1896 in 5:30 h die Marathonstrecke zurückgelegt hat. Die Zeitnahme fand auf folgende Weise statt: Stamathia ließ sich ihren Laufbeginn in Marathon (8:00 Uhr) auf einem Zettel von Bürgern bestätigen und sprach nach ihrer Ankunft in Athen zwei Polizisten an, die ihr bescheinigten, daß es nunmehr 13.30 Uhr sei.

Stamathias Leistung sprach sich herum. Der Generalsekretär der Olympischen Spiele von Athen, Philemon Timoleon, empfing die Läuferin, blieb aber skeptisch, obwohl er ihre zerschundenen Füße begutachtete. Stamathia Rovitis Überlegung, mit dieser Leistung auf sich und ihren schweren sozialen Stand aufmerksam zu machen, war sicherlich nicht falsch, doch ihre Hoffnung, der König werde einem ihrer Kinder Hilfe zuteil werden lassen, erfüllte sich nicht.

Turnen

Deutsche Turner »auf zum Streite«!

Die deutsche Turn- und Sportbewegung war mangels internationaler Verbindung ohne Vertretung beim Leibeserzieherischen Kongreß 1894 in Paris geblieben, hatte aber von der Bedeutung der Versammlung erfahren. Am 13. Dezember 1895 wurde im Hotel »Zu den vier Jahreszeiten« in Berlin das »Komitee für die Beteiligung Deutschlands an den Olympischen Spielen zu Athen« gegründet.

Treibende Kraft und erster Generalsekretär des Komitees war der Chemiker und Heilkundler Dr. Willibald Karl August Gebhardt (*1861, †1921). Als Galionsfigur wurde der Sohn des Reichskanzlers und Preußischen Ministerpräsidenten Chlodwig Fürst zu Hohenlohe-Schillingsfürst, Erbprinz Philipp Ernst genommen.

Gebhardt war ein Rufer in der Wüste. Zwar gab es freundschaftliche Beziehungen zwischen dem olympischen Gastgeber Griechenland und der deutschen politischen Führung. Aber in der Leitung der damals mächtigen Deutschen Turnerschaft herrschte eine starke Aversion gegen Frankreich, und der olympische Gedanke wurde als ein französischer Geistesblitz abgelehnt. Noch am 28. Dezember 1895 stellte der Vorsitzende der Deutschen Turnerschaft, Dr. Ferdinand Goetz, in einem Brief an Gebhardt fest: »Die bekannt gewordenen Tatsachen über das Verhalten des französischen Leiters des Festes machen es mit der Ehre eines deutschen Mannes unverträglich teilzunehmen. Ich kann nur bedauern, daß

Alfred Flatow: Der Deutsche wird Olympiasieger im Barrenturnen.

Ihr Komitee für die dem deutschen Volke angetane Schmach ein Gefühl nicht hat.«

Die Griechen hatten die Deutschen eingeladen, doch Goetz und seine Turner hielten dies nur für einen Trick Coubertins, dem sie, ohne ihn zu kennen, Deutschfeindlichkeit unterstellten. Mit Hilfe des Erbprinzen Philipp Ernst gewann Gebhardt einige Gönner, die durch Spenden eine deutsche Olympia-Expedition ermöglichten.

Am 13. März 1896 wurden die Olympiateilnehmer nominiert; es waren elf Turner, drei Leichtathleten (von denen einer dann

Hermann Weingärtner: Der deutsche Turner gewann sieben Medaillen. An den Ringen wurde er Zweiter hinter dem Griechen Ioannis Mitropoulos.

Tennis-Olympiasieger wurde), fünf Radsportler und zwei Ruderer. Die beiden Ruderer kamen jedoch nicht zum Einsatz, weil eine Regatta wegen schlechten Wetters nicht gestartet werden konnte.

In Athen ohne nennenswerte Konkurrenz, gewannen die deutschen Turner unter Anleitung von Fritz Hofmann (*1871, †1927), der die Turn-Kommandos gab, fünf Gold-, drei Silber- und drei Bronzemedaillen. Hier ihre Namen: Conrad Böcker, Alfred Flatow, Gustav Felix Flatow, Georg Hilmar, Fritz Manteuffel, Karl Neukirch, Richard Röstel, Gustav Schuft, Carl Schuhmann und Hermann Weingärtner. Weingärtner (*1864, †1934) war wohl der vielseitigste Turner.

Der redegewandte Pädagoge Fritz Hofmann, der auch ein guter Leichtathlet, Ruderer und Eisläufer war, gewann insgesammt fünf Medaillen (2-1-2); er soll es zudem gewesen sein, der in Deutschland die kurze Sporthose auch für die Turner durchgesetzt hat. Er war in schwieriger Zeit der rechte Mann für den damals anders gedachten Slogan: »Turner auf zum Streite!«

Nach ihrer Rückkehr aus Athen widerfuhr den deutschen Turnern manche Unbill; einige von ihnen wurden aus der nationalbewußten Deutschen Turnerschaft ausgeschlossen.

Zu diesen Verfemten gehörten die beiden Juden Alfred Flatow und dessen Cousin Gustav Felix Flatow. Von den Nationalsozialisten später verfolgt, emigrierten die beiden Olympiasieger in die Niederlande. Sie wurden aber während des Zweiten Weltkriegs verhaftet und in das Konzentrationslager Theresienstadt gebracht. Dort starb Gustav Felix Flatow am 29. Januar 1945 im Alter von 70 Jahren an einem Hungerödem. Alfred Flatow (*1869, †1945) wurde in Auschwitz umgebracht.

Turnen, Ringen, Gewichtheben

Multitalent Carl Schuhmann

Deutschlands erster Amateurathlet von Weltgeltung war der aus Westfalen stammende Carl Schuhmann. Obwohl er nie mit einem anderen deutschen Ringer gekämpft hat und der 1891 gegründete Deutsche Athleten-Verband (DAV), der Vorgänger des Deutschen Ringer-Bundes (DRB), nichts von seiner Existenz wußte, wurde Schuhmann am 11. April 1896 der erste Olympiasieger im Ringen.

Der nur 1,63 m große und geschätzte 68 kg schwere Carl Schuhmann war – und das nicht nur im Hinblick auf die damalige Zeit – ein einmaliges Bewegungstalent. Er war absolute Weltklasse im Turnen, im Weitsprung, im Gewichtheben und im Ringen. Erst Jahre nach seinem Tod 1946 ist der Nachwelt die Bedeutung Schuhmanns klar geworden.

Die Lebensgeschichte Schuhmanns ist die Beschreibung des Leistungssports vor der Jahrhundertwende. Schuhmann wurde am 12. Mai 1869 in Münster geboren und wuchs in Köln auf. Dort war er von 1886 bis 1889 Mitglied des Allgemeinen Turnvereins. Im Alter von 19 Jahren gewann er 1888 beim Gau-Turnfest in Köln den Turnerischen Zwölfkampf. Diesen Erfolg wiederholte er beim Harkortbergfest in Wetter an der Ruhr, wo er auch im Hochsprung und im Ringen siegte. 1889 erhielt er beim Deutschen Turnfest in München eine »lobende Anerkennung«.

Um 1890 ging Carl Schuhmann von Köln nach Berlin, wo er als Goldschmied arbeitete. In dieser Zeit entwickelte er sich zu einem Turner der deutschen Spitzenklasse, was Weltniveau bedeutete. 1894 wurde er in Breslau Sechster im Turnfest-Mehrkampf, 1895 in Rom – mit vier ersten Plätzen an den Geräten – Vierter im Mehrkampf. Der Wettkampf-Standard der Turner war in jener Zeit weitaus höher als derjenige anderer Sportler, ausgenommen vielleicht die Ruderer.

Mit Berliner Turnern reiste Schuhmann 1896 nach Athen. Dort gewann er drei Goldmedaillen im Turnen und eine bronzene Medaille im beidarmigen Stoßen des Gewichthebens. Im Weitsprung wurde er Siebter mit 5,70 m. Obwohl er mit 68 kg für einen Schwerathleten sehr leicht war, meldete er sich auch für das Ringerturnier, in dem der Ungar Momcsillo Topavicza, der Engländer Launceston Elliott (vor allem ein guter Gewichtheber und in dieser Sportart auch Olympiasieger im Ein-Hand-Wettbewerb) sowie die beiden Griechen Stefanos Christopoulos und Georgios Tsitas seine Gegner waren. Gerungen wurde auf dem Rasen des Olympiastadions.

Schuhmann erwies sich als gewandter Athlet, der seine Stämmigkeit als Hebel und seine Geschicklichkeit als Schwung einsetzte. In der ersten Runde gab Topavicza gegen Christopoulos auf. Schuhmann warf Elliott auf die Schultern. Tsitas war kampffrei. In Runde zwei verlor Christopoulos gegen Tsitas entscheidend. Schuhmann blieb kampffrei, weil Topavicza, Elliott und Christopoulos mit je einer Niederlage ausgeschieden waren. Damit stand das Finale Schuhmann gegen Tsitas fest, und Schuhmann gewann vorzeitig. Mit vier Goldmedaillen und einer bronzenen war er der erfolgreichste Athlet der ersten Olympischen Spiele moderner Zeitrechnung.

Nach Athen trat Schuhmann nur noch im Turnen an. Er wurde 1898 und dann

Carl Schuhmann: Der erfolgreichste Teilnehmer der ersten Olympischen Spiele der Moderne holte fünf Medaillen. Er wurde Sieger im Pferdsprung, am Barren und am Reck; außerdem gewann er das Ringen im griechisch-römischen Stil und eine Bronzemedaille im beidarmigen Stoßen des Gewichthebens.

noch einmal 1903, damals schon 34 Jahre alt, Deutscher Turnfestsieger. 1908 verabschiedete er sich mit einem 38. Platz in der Turnerischen Mehrkampfwertung vom Deutschen Turnfest.

Zu dieser Zeit lebte Carl Schuhmann allerdings schon in England, wo er neben seinem Beruf als Goldschmied auch Turnlehrer der German Gymnastic Society war. Im Ersten Weltkrieg wurde er auf der Insel Man interniert, von wo die deutschen Heimkehrer 1919 auch das Amateurboxen mitbrachten. Von 1919 bis 1939 war Schuhmann Turn- und Wanderwart der Charlottenburger TG. 1936 wurde er als Ehrengast zu den Olympischen Spielen geladen. Er starb am 24. März 1946 in Berlin.

Schwimmen

Alfred Hajos siegt auf offener See

Wie sehr alles noch in den Anfängen steckte, wurde besonders im Schwimmen deutlich. Die olympischen Entscheidungen wurden in der Zea-Bucht von Phaleron, in der Nähe des Hafens von Piräus, ausgetragen: auf offener See, in sehr kaltem Wasser (13 °C Außentemperatur) und auf nur geschätzten Distanzen. Alle vier Wettbewerbe fanden an einem Tag statt, am 11. April 1896.

Alfred Hajos: Der Doppelsieger im Schwimmen (sitzend links) mit der ungarischen Mannschaft

Die zwei Tage später angesetzten Ruder-Entscheidungen mußten wegen des hohen Wellengangs und des immer stärker werdenden Windes sogar abgesagt werden.

Die Schwimmer wurden zusammen mit dem Starter in einem Boot auf das Meer hinausgefahren und mußten auf die Küste zuhalten, wo eine rote Fahne das Ziel markierte. 40 000 Zuschauer sollen am Ufer gestanden haben. Die ganze Veranstaltung dauerte von morgens zehn bis nachmittags vier Uhr.

Doppelsieger Alfred Hajos hat über die 100 m berichtet: »Das Wasser war eiskalt und drückte auf die Brust. Bis kurz vor dem Ziel war nichts entschieden. Als ich meinen zweiten Wind bekam, konnte ich den Wettstreit gewinnen. Über die Zeit wollen wir schweigen.«

Bei dem danach ausgetragenen Langstreckenwettbewerb war Alfred Hajos fast 19 Minuten im Wasser – die geschlagenen Konkurrenten noch länger.

Der Ungar hatte sich vor dem Start zum Schutz vor der Kälte dick mit Fett eingerieben: »Dennoch bekam ich einen Schock, als ich vom Boot ins Wasser sprang. Ich hielt das Schwimmen im offenen Meer für gefährlich, beruhigte mich aber, als die Startboote dann neben uns herfuhren und uns zur Küste geleiteten. Ich hatte einfach Angst vor einem Krampf.«

Hajos siegte mit zweieinhalb Minuten Vorsprung. Zwischen den Entscheidungen über 100 m und den geschätzten 1200 m gab es den 500-m-Wettbewerb, den der Österreicher Paul Neumann (* 1875, † 1932) in Abwesenheit von Hajos gewann. Neumann wanderte noch im selben Jahr in die Vereinigten Staaten aus und wurde 1897 US-Meister im Schwimmen über die Distanz von einer halben Meile.

Der am 1. Februar 1878 unter dem Namen Alfred Guttmann geborene Hajos war Jude. Er ließ sich schon während seiner Aktivenzeit taufen. Als 24jähriger stand er 1902 in der ungarischen Fußball-Nationalmannschaft.

1924 erhielt Hajos, inzwischen ein angesehener Architekt, die Silbermedaille des IOC im olympischen Kunstwettbewerb für den Bau des Nationalbades auf der Margareteninsel in Budapest. Gold wurde in dieser Ausschreibung nicht vergeben. Sein acht Jahre jüngerer Bruder Henrik holte sich 1906 in Athen olympisches Gold mit der ungarischen 4x250-m-Schwimmstaffel. Alfred Hajos starb 1955, Henrik 1963.

Tennis: Im Endspiel des Herren-Doppels schlägt das deutsch-irische Duo Friedrich Traun/John Boland die griechische Paarung Kasdaglis/Petrokokkinos.

Tennis

Deutsch-irisches Paar gewinnt Doppel

Er war Olympiasieger im Tennis, Deutschlands erster Rekordmann im 1000-m-Lauf (2:50,2 min/1895) und erster Sechs-Meter-Weitspringer ohne Brett. Die 6,00 m, die Deutschlands Leichtathletik-Statistiker als ersten Rekord feiern, sprang er 1897 auf einer Urlaubsreise in Baden-Baden: Friedrich Adolph Traun, geboren am 29. März 1876 als Sohn einer Hamburger Patrizierfamilie, war ein Gentleman-Sportler.

Durch seine guten Leistungen im Mittelstreckenlauf wurde er mit dem Berliner Carl Galle bekannt, deutscher Rekordmann im 3000-m-Lauf und später in Athen Olympiavierter über 1500 m. Galle soll Traun zur Reise nach Griechenland überredet haben, die dieser, mit einem Tennisschläger im Gepäck, über Rom, Brindisi und Korfu per Bahn, Schiff und wieder per Bahn absolvierte. Als Vorlaufdritter über 800 m schied Traun vorzeitig aus.

Ob nun im Stadion selbst, in einem Gasthaus oder in einer Apotheke das Treffen zwischen Traun und dem irischen Oxford-Studenten John Pius Boland (* 1870, † 1958) stattgefunden hat, wissen die Historiker nicht genau. Boland, den ein griechischer Kommilitone auf das olympische Tennisturnier aufmerksam gemacht hatte, holte sich den gut Englisch sprechenden Traun als Doppelpartner, und so wurde das irisch-deutsche Paar am 9. April 1896 Olympiasieger. Am 11. April ließ Boland den Sieg im Einzel folgen. Der Ire wurde später ein bekannter Rechtsanwalt, der als Politiker für die Unabhängigkeit seines Landes kämpfte.

Friedrich Adolph Traun hielt sich später längere Zeit in den Vereinigten Staaten auf, kehrte aber nach Deutschland zurück, wo er am 11. Juli 1908 in einem Hamburger Hotel tot aufgefunden wurde. Er starb, erst 32 Jahre alt, wahrscheinlich als Bigamist und von eigener Hand.

1900 Paris

20. Mai bis 28. Oktober
Dauer **162 Tage**
Teilnehmer **1077 (1066 Männer, 11 Frauen)**
Länder **21**
Sportarten **14**
Entscheidungen **97**
Zuschauer **200 000 (geschätzt)**
Schirmherr **Handelsminister Alexandre Millerand**

Olympische Spiele 1900 in Paris: Das Titelblatt des Programmhefts wirbt für die Fechtwettkämpfe in den Disziplinen Florett, Degen und Säbel.

Das Chaos der 162 Tage

Vier Jahre nach den königlichen Spielen von Athen erlebte die olympische Bewegung in Paris das Chaos der 162 Tage. Für einen Patrioten wie Pierre de Coubertin bedeuteten diese II. Olympischen Spiele der Moderne eine schmerzliche persönliche Niederlage, die einzugestehen sein Stolz freilich nicht zuließ.

Es ist den Griechen, Amerikanern und Deutschen zu danken, daß die Idee der erneuerten Spiele überlebte. Schweizer Schützen haben erst nach Jahrzehnten

Weltausstellung in Paris: Eröffnung durch Staatspräsident Emile Loubet

erfahren, daß ihr erster Platz bei einem internationalen Wettbewerb in Paris ein Olympiasieg war. Die 1955 gestorbene Amerikanerin Margaret Abbott hat bis zu ihrem Tod nicht gewußt, daß sie in Paris das olympische Golfturnier gewonnen hat. Sie hielt es für einen zufälligen internationalen Wettbewerb.

Coubertin war seiner Zeit weit voraus, während seine französischen Landsleute in olympischen Fragen indes weit hinter dem Mond lebten. Es gab zwar die schon 1887 gegründete Union der Französischen Sportgemeinschaften (USFSA), es gab den Racing Club de Paris mit eigenem Vereinsgelände, es gab Coubertin und es gab den USFSA-Funktionär Ernest Callot, der sogar erster Schatzmeister des Internationalen Olympischen Komitees gewesen ist. Aber es gab keine olympische Organisation.

Coubertin, der weder seinen Landsleuten in den Sportvereinen noch speziell den Parisern in olympischen Fragen traute, hatte die Olympischen Spiele der Weltausstellung als Messeteil zugeordnet. Der Messedirektor Daniel Merillon, für den Coubertin ein Phantast ohne Realitätsbezug war, betrachtete die Sportler als Aussteller oder Konsumenten. So war er durchaus geneigt, auch den Eislauf in das Programm seiner Weltausstellung zu nehmen, weil auch Eisenwaren in Paris angeboten wurden. Und dazu gehörten Schlittschuhe.

So zu einem Teil der Weltausstellung degradiert, verdienten die Olympischen Spiele nicht ihren Namen. Die sportlichen Entscheidungen begannen am 20. Mai mit den Wettbewerben im Segeln und endeten erst am 28. Oktober 1900 mit dem Rugby-Finale Frankreich gegen Deutschland. In 14 Sportarten gab es 97 Olympiasieger.

Daß nicht das IOC unter Coubertin bei allen Entscheidungen das Sagen hatte, sondern die Manager der Weltausstellung, geht schon daraus hervor, daß für die Sieger der internationalen Wettbewerbe Materialien und Geldpreise von 50 Goldmark an aufwärts ausgeschrieben waren. Die Besatzung der französischen Zwölf-Tonnen-Yacht »Esterel« erhielt für ihren Olympiasieg umgerechnet 1000 Goldmark – damals eine ungeheure Summe, die in etwa dem Jahreslohn eines deutschen Arbeiters entsprach.

Die politischen Stellen in den USA wie auch in Deutschland wußten um das sportliche Angebot der Pariser Weltausstellung. So erhielten die Rugbyspieler des elitären Frankfurter Sportclubs von 1880 von der

Medaillenspiegel Paris 1900

Land	G	S	B
1. FRA	29	41	32
2. USA	20	14	19
3. GBR	17	8	10
4. BEL	8	7	5
5. SUI	6	2	1
6. AUS	4	–	4
7. GER	3	2	2
8. DEN	2	3	2
9. ITA	2	2	–
10. HUN	1	3	2

Pierre de Coubertin: Auf dem Weg zu den Wettkampfstätten im Bois de Boulogne und Bois de Vincennes benutzte Coubertin ein Motorcycle.

Reichsregierung in Berlin den freundlichen Auftrag, »auf einem Turnier der Pariser Weltausstellung die deutschen Farben zu vertreten«.

Über die Spiele von 1900 urteilte der ungarische Historiker Ferenc Mezö, der für sein Geschichtswerk »Sechzig Jahre Olympische Spiele« mit dem olympischen Orden des IOC ausgezeichnet worden ist: »Olympia spielte neben der Weltausstellung eine zweitrangige Rolle; die Spiele betrachtete man als Nebenprogramm, und deshalb zogen sie sich derart in die Länge, daß zwischen dem ersten und dem letzten Kampftag mehr als fünf Monate verstrichen.«

Über die am 15. April 1900 eröffnete Weltausstellung schrieb Die Deutsche Rundschau: »Die Pariser Weltausstellung ist die Schlußfeier des neunzehnten Jahrhunderts und nicht die festliche Eröffnung des zwanzigsten… Sie will einen Überblick über die Errungenschaften des abgelaufenen Jahrhunderts geben, das in seinen Anfängen das Jahrhundert der Philosophie, der Geschichtsschreibung und der Musik war, dann aber zum Jahrhundert der Naturwissenschaften, der Industrie und des Handels wurde. Das Verlangen, zu zeigen, wie herrlich weit wir es gebracht haben, drängt sich überall hervor und läßt uns die Keime des Neuen und Werdenden nur mühsam entdecken.«

Die »Keime des Neuen und Werdenden« – im olympischen Sport wurden sie sehr wohl entdeckt. Die Amerikaner brachten ihre besten Leichtathleten an den Start, und die Namen Alvin Kraenzlein, Walter Tewksbury, Maxey Long, Irving Baxter, Myer Prinstein, Richard Sheldon und Ray Ewry behielten einen legendären Klang. Frankreichs Fechter begannen ihre olympische Erfolgsserie; die Schweizer schossen so sicher wie einst ihr Tell, im Tennis war die Elite von Wimbledon zu finden.

Pierre de Coubertin erfuhr erst im Jahr nach den Spielen, wieviel Sportler(innen) in Paris gestartet waren und wieviel Olympiasieger(innen) es gegeben hatte. Unliebsame Vorfälle wollte er diplomatisch gar nicht erst zur Kenntnis nehmen oder untersuchen. »Ich fürchte«, sagte Coubertin, »ein Freund könne dahinter stecken, der in meiner Achtung dann gesunken wäre.«

Die zahlenmäßig stärksten Teams stellten Frankreich (884 Starter), Großbritannien (103), Deutschland (78) und die USA (74). Die Franzosen gewannen die meisten Medaillen vor den USA und Großbritannien. Belgier, Schweizer und Australier lagen noch vor den Deutschen, deren siebter Platz im Gesamtklassement der Medaillengewinner der schlechteste in der olympischen Geschichte bleiben sollte.

Eine dominierende deutsche Rolle wäre so kurz nach dem Deutsch-Französischen Krieg von 1870/71, der mit der Niederlage Frankreichs und der Gründung des deutschen Kaiserreichs am 18. Januar 1871 im Spiegelsaal von Versailles geendet hatte, allerdings auch nicht unbedingt glücklich gewesen. Denn die Franzosen hatten weder die Deutschen in Paris noch den Verlust von Elsaß-Lothringen vergessen. Die heimliche Losung der Patrioten in Paris war: »Nicht darüber reden, aber immer daran denken.«

Die erfolgreichsten Sportler von Paris

Name	Sportart	G	S	B
1. Alvin Kraenzlein USA	Leichtathletik	4	–	–
2. Konrad Stäheli SUI	Schießen	3	–	1
3. Ray Ewry USA	Leichtathletik	3	–	–
4. Irving Baxter USA	Leichtathletik	2	3	–
5. Walter Tewksbury USA	Leichtathletik	2	2	1
6. Emil Kellenberger SUI	Schießen	2	1	–
Charles Bennett GBR	Leichtathletik	2	1	–
Hubert van Innis BEL	Bogenschießen	2	1	–
9. Hugh Lawrence Doherty GBR	Tennis	2	–	1
Reginald Frank Doherty GBR	Tennis	2	–	1

Die Weltausstellung, die von 48 Millionen Besuchern bestaunt worden sein soll, hob das Selbstbewußtsein der Franzosen, deren Staatspräsident Emile Loubet die Eintracht der Völker pathetisch beschwor. Die war notwendig wie eh und je, denn es gab den Burenkrieg in Südafrika, den Boxer-Aufstand in China und das deutsche Flottenbau-Programm, mit dem Alfred von Tirpitz das Kräfteverhältnis zwischen Großbritannien und Deutschland zugunsten der Deutschen veränderte. Für die Europäer waren das Ende des Mahdi-Aufstandes im Sudan und der Frieden im Spanisch-Amerikanischen Krieg genau so ferne Ereignisse, wie die am 10. Dezember 1899 in Paris verkündete die Unabhängigkeit Kubas.

Die olympische Familie

Nieder mit Preußen! Vive la France!

Bis zu den Spielen in Paris hatten drei Sessionen des IOC stattgefunden. Der Gründungsversammlung 1894 in Paris folgte die zweite Sitzung 1896 in Athen und die dritte 1897 in Le Havre. »Ich wählte Le Havre, weil das IOC noch nicht groß genug war, um in Paris vorgeführt zu werden«, erläuterte Pierre de Coubertin seine Einladung in die Hafenstadt an der Seine-Bucht des Ärmelkanals. Für die Weltstadt Paris mit ihren damals schon drei Millionen Einwohnern war das IOC also nach Coubertins Einschätzung zu unbedeutend.

Ende des Jahres 1899 gehörten dem IOC schon 21 Mitglieder an; vom 16köpfigen Gründungskomitee waren der erste Präsident Demetrius Bikelas aus Griechenland, der englische Lord Odo Ampthill und der italienische Herzog von Andria Carafa wieder ausgeschieden. Weil nur wenige dieser 21 IOC-Mitglieder ihr Erscheinen bei den Spielen angekündigt hatten, verzichtete Coubertin auf die Einberufung einer Vollversammlung. Er hatte – vom Magistrat der Stadt ignoriert und von den Veranstaltern der Weltausstellung nur belächelt – auch wenig zu bieten, nicht einmal eine Eröffnungsfeier.

Die Olympiateilnehmer aus dem Ausland informierten sich über das Büro der Weltausstellung oder über die USFSA, die für die Leichtathletikwettbewerbe eingeladen

Die deutsche Turner-Mannschaft (v. l.): Stehend Carl Wiegand, Adolf Tannert, Gustav Felix Flatow, Fritz Hofmann, Hugo Peitsch, Fritz Manteuffel, sitzend Franz Abbé und Georg Genserowsky

Olympische Kongresse

1894 Paris
78 Delegierte
9 Länder
37 Sportvereinigungen

1897 Le Havre
60 Delegierte
10 Länder
4 IOC-Mitglieder

1905 Brüssel
205 Delegierte
21 Länder
15 IOC-Mitglieder

1906 Paris
60 Delegierte
10 Länder
5 IOC-Mitglieder

1913 Lausanne
100 Delegierte
9 Länder
3 IOC-Mitglieder

1914 Paris
140 Delegierte
29 Länder
20 IOC-Mitglieder
29 NOKs

1921 Lausanne
78 Delegierte
23 Länder
24 IOC-Mitglieder
22 NOKs
15 Int. Federationen

1925 Prag
94 Delegierte
24 Länder
27 IOC-Mitglieder
24 NOKs
17 Int. Federationen

1930 Berlin
125 Delegierte
34 Länder
31 IOC-Mitglieder
29 NOKs
19 Int. Federationen

1973 Varna
307 Delegierte
81 Länder
60 IOC-Mitglieder
81 NOKs
26 Int. Federationen

1981 Baden-Baden
622 Delegierte
143 Länder
81 IOC-Mitglieder
143 NOKs
28 Int. Federationen

1994 Paris
2377 Delegierte
192 Länder
87 IOC-Mitglieder
191 NOKs
48 Int. Federationen

hatte. Die Amerikaner beispielsweise bestimmten von sich aus An- und Abreise und suchten sich auch ihre Quartiere in Pariser Hotels, in Neuilly oder in Versailles. Wortführer der Amerikaner war der erste Olympiasieger der Moderne, der Dreispringer James Brendan Connolly (S. 15).

Die deutsche Mannschaft reiste zu verschiedenen Terminen an und ab. Mit insgesamt 78 Athleten war sie die drittstärkste Mannschaft nach den Franzosen und Briten; die Amerikaner folgten dahinter. Da Leichtathletik und Turnen in die zweite Hälfte des Juli fielen, erschien die umfangreichste deutsche Gruppe kurz vor dem französischen Nationalfeiertag (14. Juli) in Paris und nahm Quartier in einer Unterkunft namens Bastion 90 am Boulevard Massenat.

Dort gingen, wie man zu spät merkte, auch französische Soldaten ein und aus. So fanden denn die deutschen Leichtathleten und Turner Sprüche wie folgenden an den Wänden der Bastion: »Cochons! – A bas la Prusse! Vive la France!« (Schweine! – Nieder mit Preußen! Es lebe Frankreich). Das Bett des Turnerführers Fritz Hofmann hatte man sogar mit Exkrementen beschmiert. Um sich nicht der Lächerlichkeit preiszugeben, verschwiegen die deutschen Olympiateilnehmer den Vorfall, zuerst in Paris und später auch zu Hause.

In der Mannschaftsführung spielten drei Persönlichkeiten eine Rolle. Willibald Karl August Gebhardt war Delegationsleiter und als Mitglied des IOC in einer Sonderrolle, die ihm freilich wenig nützte, weil es keine Session gab und ein frustrierter Coubertin nicht anzusprechen war. Der 1896 in Athen hoch dekorierte Turnerführer Fritz Hofmann hielt sich bedeckt und mußte dazu noch verkraften, daß sein bester Aktiver, Hugo Peitsch, nur einen 29. Platz im Mehrkampf belegte. Ein rein französisches Kampfgericht hatte die ersten 22 Plätze Franzosen zugeschanzt. Dritter im Führungskreis war der Sprinter und Hockeyspieler Kurt Doerry (* 1874, † 1947), später der erste deutsche Sportjournalist von Geist und Geltung. Ein Hockey-Länderspiel, vier deutsche Meisterschaften und neun deutsche Rekorde in den Laufdistanzen von 50 bis 500 m sowie über die Hürden waren Doerrys sportliche Bilanz. 1896 und 1900 hatte Doerry an den Olympischen Spielen teilgenommen. Er war Deutschlands erster olympischer Berichterstatter und im übrigen ein gut dotierter Redakteur des Scherl-Verlages in Berlin. 1904 gab er das erste Leichtathletiklehrbuch heraus. In Athen 1896 schied er im Vorlauf, in Paris 1900 im Zwischenlauf über 100 m verletzt aus.

Gebhardt, Hofmann und Doerry verschonten die deutsche Öffentlichkeit mit den Vorfällen in der Bastion 90. Das IOC-Mitglied Gebhardt schrieb allerdings später einen Brief an Coubertin, der entsetzt war, weil er davon wirklich nichts gewußt hatte. Die sich anschließende Korrespondenz zwischen Gebhardt und Coubertin trübte das deutsch-französische Verhältnis auf höchster IOC-Ebene; es blieb belastet bis zu Coubertins Rücktritt 1925.

Der erste Sponsor

US-Team trägt Spaldings Kleidung

Der erste Sponsor in der Geschichte des Sports, nicht nur der Olympischen Spiele, war der Amerikaner Albert Goodwill Spalding (* 1850, † 1915), allgemein nur als A. G. Spalding bekannt. Zwischen 1878 und 1891 gehörte er zu den besten Baseballspielern der USA. Später war er Schütze und in diesem Sport 1900 Olympiateilnehmer bei den Spielen von Paris.

Zu diesem Zeitpunkt gehörten ihm einige Zeitungen und ein Unternehmen der Sportartikelbranche. Von 1900 bis 1904 war Spalding Präsident des amerikanischen Olympiakomitees. 1900, 1904, 1908 und 1912 rüstete er mit seinen Artikeln die Olympiamannschaften der USA aus. Er besaß Verträge, die Amerikas Olympioniken zwangen, seine Produkte zu tragen.

Leichtathletik

Amerikaner holen 39 Medaillen

Was wäre das Kernstück der Olympischen Spiele, die Leichtathletik, in Paris ohne die Amerikaner gewesen? In den 23 Wettbewerben gab es 16 Siege für die USA, 13 Silbermedaillen und 10 Bronzemedaillen. In weitem Abstand folgten die Briten, die wieder einige Iren in ihren Rei-

Die Weltmeister bis 1900

In nur sechs Sportarten gab es im 19. Jahrhundert schon Welt- und Europameisterschaften und dementsprechend Titelträger.

Eiskunstlauf

Jahr	Weltmeister
1896	Gilbert Fuchs GER
1897	Gustav Hügel AUT
1898	Henning Grenander SWE
1899	Gustav Hügel AUT
1900	Gustav Hügel AUT

Jahr	Europameister
1891	Oskar Uhlig GER
1892	Eduard Engelmann AUT
1894	Eduard Engelmann AUT
1895	Tibor von Fölvary HUN
1898	Ulrich Salchow SWE
1899	Ulrich Salchow SWE
1900	Ulrich Salchow SWE

Eisschnellauf

Jahr	Weltmeister
1891	Joseph Donohue USA
1893	Jaap Eden NED
1895	Jaap Eden NED
1897	Jack McCulloch CAN
1898	Peter Östlund NOR
1899	Peter Östlund NOR
1900	Edvard Engelsass NOR

Jahr	Europameister
1892	Franz Schilling AUT
1893	Rudolf Ericsson SWE
1895	Alfred Naess NOR
1896	Julius Seyler GER
1897	Julius Seyler GER
1898	Gustav Estlander FIN
1899	Peter Östlund NOR
1900	Peter Östlund NOR

Gewichtheben

Jahr	Weltmeister
1898	Wilhelm Türk AUT

Jahr	Europameister
1896	Hans Beck GER
1897	Wilhelm Türk AUT
1898	Frans de Haes BEL
1900	Frans de Haes BEL

Radsport

Jahr	Weltmeister Sprint
1893	Arthur Zimmermann USA
1894	August Lehr GER
1895	Jaap Eden NED
1896	Harvey Reynolds IRL
1897	Edwin Schräder DEN
1898	Paul Albert GER
1899	Tommy Summergill GBR
1900	Didier Nauts BEL

Jahr	Weltmeister Steher
1893	Laurence Meintjes RSA
1894	Wilhelm Henie NOR
1895	Matthieu Cordang NED
1896	Ferdinand Ponscarme FRA
1897	Edward Gould GBR
1898	Albert John Cherry GBR
1899	John Nelson USA
1900	Louis Bastien FRA

Ringen

Jahr	Europameister
1898	Georg Hackenschmidt EST

Rudern

Jahr	Europameister Einer
1893	Edouard Lescrauwaet BEL
1894	Jean Gresset FRA
1895	Friedrich Mueller BEL
1896	Ben Longchamp SUI
1897	Joseph Deleplanque BEL
1899	Louis Prevel FRA
1900	Louis Prevel FRA

Jahr	Europameister Doppelzweier
1898	FRA
1899	BEL

Jahr	Europameister Vierer m. St
1893	SUI
1894	FRA
1895	FRA
1896	FRA
1897	BEL
1898	BEL
1899	BEL
1900	–

Jahr	Europameister Zweier m. St.
1894	BEL
1895	FRA
1896	BEL
1897	BEL
1898	FRA
1899	FRA
1900	–

Jahr	Europameister Achter
1893	FRA
1894	FRA
1895	FRA
1896	FRA
1897	BEL
1898	BEL
1899	BEL
1900	–

Sportschießen

Jahr	Weltmeister Freie Pistole
1900	Konrad Röderer SUI

hen hatten, mit viermal Gold, dreimal Silber und zweimal Bronze.

Die Universitäten Yale, Princeton, Pennsylvania, Syracuse und Michigan sowie die legendären Clubs New York AC und Chicago AA schickten ihre besten Athleten, unter ihnen zahlreiche Landesmeister und Weltrekordler. Alvin Kraenzlein und die anderen machten die als »Leichtathletik-Amateur-Weltmeisterschaften« im Bois de Boulogne ausgeschriebenen olympischen Wettbewerbe zu einem Ereignis.

Frank Jarvis erreichte im Vorlauf über 100 m mit 10,8 sec Weltrekord, Walter Tewksbury stellte ihn im Zwischenlauf ein. Maxey Long (*1878, †1959) war ein Superstar über 400 m, Weltbester der Jahre 1897, 1898, 1899 und 1900, im letzten Jahr mit der unglaublichen Weltrekordzeit von 47,8 sec. In Paris siegte er in 49,4 sec. Über 800 m gewann der Brite Alfred Tysoe Gold, aber den Olympiarekord entführte der Amerikaner David Hull in die USA. Hull war im Vorlauf 1:59,0 min gelaufen. Irving Knott Baxter (*1876, †1957), der die seltene Kombination Hochsprung/Stabhochsprung beherrschte und dazu auch ein guter Springer aus dem Stand war, triumphierte im Hochsprung mit erstaunlichen 1,90 m vor dem Iren Patrick Leahy, der mit 1,78 m als Zweiter fast 20 cm unter seinem irischen Rekord blieb. Baxter gewann in Paris zu den beiden Goldmedaillen im Hoch- und Stabhochsprung noch drei Silbermedaillen in den Sprüngen aus dem Stand; er konnte einfach seinen Landsmann Ray Ewry nicht schlagen, der in seiner olympischen Karriere, die ihm bis 1908 insgesamt zehn Goldmedaillen bescheren sollte, nie besiegt wurde.

Zu Irving Baxter ist noch zu sagen, daß er Nachfahre von Sioux-Indianern war;

seine Hautfarbe fiel in Paris auf. Nach seinem Olympiasieg im Stabhochsprung trat er zwei Tage später in einer inoffiziellen Revanche gegen seine Landsleute Bascom Johnson, Charles Dvorak und Daniel Horton an. Horton gewann mit 3,45 m vor Dvorak (3,40 m), der als erster überhaupt mit einem Bambusstab sprang. Diese drei hatten es abgelehnt, an einem Sonntag zu starten, und der 15. Juli 1900, an dem Baxter mit 3,30 m gewonnen hatte, war ein Sonntag gewesen.

Leichtathletik

Ein Kanadier aus New York

Eine der interessantesten Sportler der Jahrhundertwende war der Kanadier George Washington Orton (* 1873, † 1958), der in Paris das Hindernislaufen über 2500 m gewann und zu einem dritten Platz über 400 m Hürden kam. Orton, der später Arzt wurde, studierte in New York und Philadelphia. Er startete für den Toronto Lacrosse Club, für den New Yorker AC und auch für die Pennsylvania State University.

Orton war ein exzellenter Wettkämpfer. Er lief nie Weltrekord, in keinem Laufwettbewerb stand er jemals an der Spitze der Jahresweltbestenliste.

Mit den Mitgliedern des New York AC reiste er 1900 nach Frankreich, wo er – obwohl Kanadier – für die USA startete. Das wunderte damals niemanden, weil Orton nicht nur ein vielseitiger, sondern auch ein sehr aktiver Läufer in den Vereinigten Staaten war. Zwischen 1892 und 1901 gewann er 16 US-Meisterschaften: sechs über die Meile, eine über zehn Meilen, sieben im Hindernislaufen und zwei in Cross-Wettbewerben.

Nach dem Abschluß der Leichtathletikwettbewerbe am 22. Juli 1900 gaben die Franzosen ein Bankett für die Olympiateilnehmer, obwohl danach noch Olympiasieger in anderen Sportarten ermittelt wurden. Hier sorgte George Washington Orton für seinen olympischen Nachruhm. Der Kanadier hatte Trinksprüche in verschiedenen Sprachen gelernt und brachte sein Können nun an den Mann. Er dankte den Franzosen in Französisch, rief den Deutschen »Prosit« zu und ließ die Italiener hochleben. Das animierte die Gastgeber zu dem Schrei »Vivent les Etats-Unis!« Denn die Amerikaner waren die Sieger von Paris und ihr Sprecher ein Kanadier.

Hürdenläufe im Bois de Boulogne: Die 110 m und die 200 m gewann der Amerikaner Alvin Kraenzlein, über 400 m siegte sein Landsmann Walter Tewksbury.

Leichtathletik

Kraenzleins Rekord blieb unerreicht

Er fluchte, rauchte, spuckte und war auch sonst ein Rüpel. Der amerikanische Olympiasieger Alvin C. Kraenzlein, 1876 in Wien geboren und schon 1928 in Wilkes-Barre in Pennsylvania gestorben, gewann 1900 die Goldmedaillen über 60 m, 110 m Hürden, 200 m Hürden und im Weitsprung. Von 1897 bis 1899 holte er sich insgesamt sieben amerikanische Meisterschaften, davon vier (100 yards, 120 yards und 220 yards Hürden und Weitsprung) im Jahr 1899, was für ihn die Reise nach Paris bedeutete. Die Zahl der von ihm im Trikot der Chicago AA oder des New York AC aufgestellten Weltrekorde betrug sechs.

Glück hatte Kraenzlein im olympischen Weitsprung, als der nach dem Vorkampf führende Jude Myer Prinstein (7,17 m) aus religiösen Gründen am Tag des Finales nicht startete und von Kraenzlein um einen Zentimeter übertroffen wurde. Kraenzleins Individualrekord von vier Goldmedaillen in der Leichtathletik bei einem olympischen Fest (ohne Staffel) wurde nie übertroffen.

Nach seiner sportlichen Karriere wurde Kraenzlein Trainer und von der Deutschen Sport-Behörde, dem Vorgänger des Deutschen Leichtathletik-Verbandes, als Reichstrainer verpflichtet. Kraenzlein sollte die deutsche Leichtathletikmannschaft auf die Olympischen Spiele 1916 in Berlin (die dann nicht stattfanden) vorbereiten. Der Erste Weltkrieg beendete seine kurzfristige Arbeit im Grunewaldstadion in Berlin.

In diesem Zusammenhang ist interessant, daß es eine Studienkommission der Deutschen Sport-Behörde war, die auf einer Amerikareise 1913 Kraenzlein verpflichtete. Dieser hochkarätigen Reisegesellschaft gehörten an: Carl Diem (* 1882, † 1962), Walter von Reichenau (* 1884, † 1942), Martin Berner (* 1887, † 1915) und Josef Waitzer (* 1884, † 1966). Diem war damals schon der Generalsekretär des Organisationskomitees für die Olympischen Spiele 1916. Generalfeldmarschall von Reichenau zählte zu den Förderern der Leichtathletik und des Hochleistungssports bei den Soldaten. Er war selbst aktiv und gehörte zum Internationalen Olympischen Komitee von 1938 bis zu seinem Tod in Poltawa (Sowjetunion) während des Krieges. Dr. Martin Berner, der 1915 in Serbien fiel, galt als Steuermann der Deutschen Sport-Behörde im Sinne Diems. Josef Waitzer wurde, läßt man Kraenzlein außen vor, Deutschlands erster Reichstrainer, als dieses Amt 1925 eingeführt wurde – diesmal im Hinblick auf die Spiele 1928 in Amsterdam.

Alvin C. Kraenzlein: Der vierfache Olympiasieger von Paris 1900 (60 m, 110 m Hürden, 200 m Hürden und Weitsprung) war vor dem Ersten Weltkrieg kurze Zeit Trainer der deutschen Leichtathleten.

Leichtathletik

Marathonsieg dank guter Ortskenntnis

Michel Théato wurde nur 42 Jahre alt, doch kurz vor seinem frühen Tod erfuhr er noch, daß er am 19. Juli 1900 nicht einen Dauerlauf »Rund um Paris«,

Marathonlauf: Mit einem Radfahrer als Schrittmacher bestreitet der Franzose Emile Champion das Rennen, in dem er hinter seinem Landsmann Michel Théato den zweiten Platz belegt.

sondern den olympischen Marathonlauf gewonnen hatte. Ob dies dem Mann, dessen Beruf die Nachwelt nicht einmal kennt, irgend etwas bedeutete, ist nicht bekannt.

Théato war 23 Jahre alt, als die Olympischen Spiele in Paris stattfanden. In der Großstadt kannte er sich aus. Er habe die Straßen von Paris als Ausfahrer eines Bäckers kennengelernt, mutmaßen einige Historiker. Fest steht, daß der Franzose ein trainierter Dauerläufer war und sich an Wettbewerben mit Geldpreisen beteiligte.

Zum Zeitpunkt der Olympischen Spiele von Paris war er vermutlich arbeitslos. Die französischen Publizisten Guy Lagorce und Robert Parienté haben Théato zum clubeigenen Gärtner von Racing Paris gemacht, aber dies war er bestimmt erst lange nach seinem Olympiasieg.

Bei dem Rennen, ausgetragen bei 32 °C Hitze, war Théato der Konkurrenz überlegen. Zwar führte lange Zeit der Schwede Ernst Fast (* 1881, † 1969), der schließlich Dritter wurde, aber am Ende im Bois de Boulogne, wo die Leichtathletik-Wettbewerbe stattfanden, war Théato deutlich vorne. Mehrere amerikanische Teilnehmer sagten später, sie seien in falsche Straßen eingewiesen worden, und Théato habe nur wegen seiner guten Kenntnis der City von Paris gewonnen. Aber den Vorwürfen folgten keine Beweise.

Der Amerikaner Arthur Newton, der als Fünfter ins Ziel kam (über eine Stunde nach Théato), war der Meinung, er habe gewonnen. Ein Landsmann von ihm beschuldigte die Konkurrenz, Fahrräder benutzt zu haben. Beim Marathonlauf hielt man alles für möglich; er war eben nicht überschaubar. Tatsache ist, daß eine Reihe von Begleitern der Läufer mit dem Fahrrad unterwegs war, und daß auch zwischendurch auftauchende »Hasen« die olympischen Marathonläufer in den Windschatten nahmen. Was letzlich zählt: Théato ist der Goldmedaillengewinner – kein anderer.

Schwimmen: Start zum 200-m-Hindernisschwimmen auf der Marne

Schwimmen

Jarvis – überall rund, doch sehr wendig

Der Engländer John Arthur Jarvis (* 1872, † 1933), von Beruf Bäcker, war ein exzellenter Dauerschwimmer und seiner Zeit weit voraus. Er beherrschte perfekt das sogenannte »Hand-über-Hand-Schwimmen«, den Vorläufer des erst später entdeckten Crawl (Kraul). Trotz seiner Körperfülle war der schwergewichtige Jarvis äußerst wendig. Zeitgenossen bezeichneten ihn als »überall rund«.

In Asnierès erwies sich Jarvis der Konkurrenz als haushoch überlegen. Mit der Stömung der Marne schwimmend, gewann er die Wettbewerbe über 1000 und 4000 m. Über 1000 m lag er 1:13,4 min vor dem Zweiten, dem sehr guten Österreicher Otto Wahle. Über die Langdistanz verschaffte er sich einen Vorsprung von 10:31,4 min vor dem Ungarn Zoltan von Halmay (* 1881, † 1956), der bei vier Olympischen Spielen dreimal Gold, fünfmal Silber und einmal Bronze gewinnen sollte.

Jarvis, der im übrigen auch ein ruhmreicher Kopfweitspringer (S. 47) war, startete noch einmal olympisch 1906 in Athen. Er erzielte in seiner Heimat zahlreiche Weltrekorde, obwohl es zu seiner Glanzzeit noch keine genormten Bassins oder vorgeschriebenen Bahnlängen gab: Überträgt man die 4000-m-Ergebnisse von Paris-Asnières auf ein heutiges 1500-m-Freistilrennen, dann hätte Jarvis in diesem imaginären Vergleich einen Vorsprung von 3:57 min!

Rugby

Frankfurter Team im Endspiel

Am olympischen Rugby-Turnier nahmen drei Mannschaften teil. Die Engländer waren favorisiert, verloren aber im ersten Spiel gegen Gastgeber Frankreich mit 8:27. Damit standen die Franzosen im Endspiel gegen Deutschland.

Die kaiserlichen Farben vertrat die Mannschaft des elitären Sport-Club Frankfurt 1880 e.V., der auf eine 20jährige Tradition in diesem fußballähnlichen Sport zurückblicken konnte. Schon 1876 hatte man englischen Schülern, die auf einer Wiese in Ginnheim im Norden Frankfurts Rugby spielten, Technik und Taktik des Spiels abgeschaut.

Hermann Stasny (* 1867, † 1927) wurde zum Bahnbrecher des Rugby in Deutschland. Über seinen Verein knüpfte er Kontakt mit dem englischen Spitzenverein Blackheath FC. Die Engländer kamen nach Frankfurt, die Frankfurter reisten nach London. In den 90er Jahren des letzten Jahrhunderts war Hermann Stasny ein hervorragender Stürmer, spielte aber seltsamerweise nicht in dem Team, das im Olympiafinale von Paris stand. Am 14. April 1896 kämpften sieben britische Internationale in der Rugby-»Fünfzehn« des Blackheath FC, der in Frankfurt gegen den SC 1880 spielte. Im Gastgeberteam bewährten sich vier zukünftige Olympiateilnehmer.

Bekannt für ihr gutes Rugby erhielten die Frankfurter von der Regierung in Berlin – und nicht vom »Komitee für die Beteiligung Deutschlands an den Olympischen Spielen in Paris« – den Auftrag, »auf einem Turnier der Pariser Weltausstellung die deutschen Farben zu vertreten«. Das taten die Frankfurter am 28. Oktober 1900. Bei Halbzeit führten die Deutschen völlig überraschend mit 14:5, erlahmten dann aber und verloren mit 17:27. Daß sie damit Olympiazweite geworden waren, erfuhren sie erst später.

Rudern

Siebenjähriger Junge jüngster Sieger

Niemand kennt seinen Namen, niemand weiß, was aus ihm geworden ist. Der jüngste Olympiasieger aller Zeiten ist ein französischer Junge, der als Steuermann in ein holländisches Ruderboot gesetzt wurde und dieses zur Goldmedaille gelenkt hat. Aussagen verschiedener Chronisten stimmen darin überein, daß er etwa sieben Jahre alt gewesen ist.

Wie kam der französische Junge in das holländische Goldboot? Die olympischen Ruderwettbewerbe fanden auf der Seine

Rudern: Antoine François Brandt und Roeloef Klein mit ihrem siebenjährigen Steuermann

Die jüngsten Olympiasieger

Alter[1]	Name	Jahr	Sportart
7–	Unbekannter französischer Junge	1900	Rudern (Steuermann)
13/283	Klaus Zerta GER	1960	Rudern (Steuermann)
14/9	Giorgio Cesana ITA	1906	Rudern (Steuermann)
14/95	Bernard Malivoire FRA	1952	Rudern (Steuermann)
14/163	Franciscus Hin NED	1920	Segeln
14/173	Günther Tiersch GER	1968	Rudern (Steuermann)
14/222	Hans Bourquin SUI	1928	Rudern (Steuermann)
14/309	Kusuo Kitamura JPN	1932	Schwimmen
15/130	Carl Goßler GER	1900	Rudern (Steuermann)
15/296	Yasuji Miyazaki JPN	1932	Schwimmen

1) Jahre/Tage

Olympiateilnahme der Frauen bei Sommerspielen

Jahr	Teilnehmer	Frauen	(%)	Sportarten
1896	295	-	(-)	-
1900	1077	11	(1,0)	Golf, Tennis
1904	554	8	(1,4)	Bogenschießen
1906	884	7	(0,8)	Tennis
1908	2055	43	(2,0)	Bogenschießen, Eiskunstlauf, Segeln, Tennis
1912	2504	57	(2,3)	Schwimmen, Tennis
1920	2676	69	(2,6)	Schwimmen, Tennis
1924	3075	136	(4,4)	Fechten, Schwimmen, Segeln, Tennis
1928	2971	263	(8,8)	Fechten, Leichtathletik, Schwimmen, Segeln, Turnen
1932	1331	134	(10,0)	Fechten, Leichtathletik, Schwimmen
1936	3980	328	(8,2)	Fechten, Leichtathletik, Schwimmen, Segeln, Turnen
1948	4062	385	(9,5)	Fechten, Kanusport, Leichtathletik, Schwimmen, Turnen
1952	5867	517	(8,8)	Fechten, Kanusport, Leichtathletik, Reiten, Schwimmen, Segeln, Turnen
1956	3342	384	(11,5)	Fechten, Kanusport, Leichtathletik, Reiten, Schwimmen, Turnen
1960	5348	610	(11,4)	Fechten, Kanusport, Leichtathletik, Reiten, Schwimmen, Turnen
1964	5140	683	(13,3)	Fechten, Kanusport, Leichtathletik, Reiten, Schwimmen, Segeln, Turnen, Volleyball
1968	5531	781	(14,4)	Fechten, Kanusport, Leichtathletik, Reiten, Schwimmen, Turnen, Volleyball
1972	7147	1299	(18,2)	Bogenschießen, Fechten, Kanusport, Leichtathletik, Reiten, Schwimmen, Turnen, Volleyball
1976	6085	1251	(20,6)	Basketball, Bogenschießen, Fechten, Handball, Kanusport, Leichtathletik, Reiten, Rudern, Schwimmen, Turnen, Volleyball
1980	5343	1088	(20,3)	Basketball, Bogenschießen, Fechten, Handball, Hockey, Kanusport, Leichtathletik, Reiten, Rudern, Schwimmen, Turnen, Volleyball
1984	7078	1620	(22,9)	Basketball, Bogenschießen, Fechten, Handball, Hockey, Kanusport, Leichtathletik,Radsport, Reiten, Rudern, Schwimmen, Turnen, Volleyball
1988	9581	2476	(25,7)	Basketball, Bogenschießen, Fechten, Handball, Hockey, Kanusport, Leichtathletik, Radsport, Reiten, Rudern, Schwimmen, Tennis, Tischtennis, Turnen, Volleyball
1992	9367	2708	(28,9)	Badminton, Basketball, Bogenschießen, Fechten, Handball, Hockey, Judo, Kanusport, Leichtathletik, Radsport, Reiten, Rudern, Schwimmen, Segeln, Tennis, Tischtennis, Turnen, Volleyball

zwischen der Bineau-Brücke und Asnières statt; gerudert wurde an zwei Tagen. Die Holländer kamen mit drei Booten in das Finale. In den Vorläufen steuerte Hermanus Gerardus Brockmann sowohl den holländischen »Zweier mit« als auch den Achter. Im Finale am 27. August 1900 mußte er sich aber für ein Boot entscheiden. Brockmann saß im Achter, der Bronze gewann.

Im Zweier mit Steuermann gab der siebenjährige Pariser Junge den Ton zum Olympiasieg an. Die beiden Ruderer von Minerva Amsterdam, Antoine François Brandt und Roeloef Klein, ließen sich zwar mit ihrem Anonymus ablichten, vergaßen aber, seinen Namen zu notieren.

Golf

Abbott holt Gold ohne es zu merken

Die erste amerikanische Olympiasiegerin war die Golferin Margaret Abbott (*1878, †1955). Die 22 Jahre alte Dame aus Chicago war 1899 mit ihrer Mutter nach Paris gekommen und frönte hier dem Nichtstun. Am 3. Oktober 1900 gewann sie das Golfturnier, weil sie – so sagte sie später – »die richtige Kleidung an diesem Tag trug«. Ihre Mutter, die Verlegerin und ambitionierte Autorin Mary Ives Abbott, belegte 18 Schläge hinter ihrer Tochter den siebten Platz. Nach ihrem Sieg sagte die selbstbewußte junge Dame: »Die Französinnen haben keine Ahnung vom Golf.« Margaret Abott wiederum hatte keine Ahnung, daß sie Olympiasiegerin geworden war. Nach Angaben des amerikanischen Historikers David Wallechinsky soll sie ohne Kenntnis dessen gestorben sein.

Tennis

Zwei Gentlemen geben sich die Ehre

Als Hugh Lawrence Doherty im Alter von nur 43 Jahren am 21. August 1919 starb, veröffentlichte die Londoner Times folgenden Nachruf: »Doherty war ein großer Tennisspieler, viele sagen, daß er der größte unter ihnen war. Er und sein Bruder sorgten für eine Überlegenheit in diesem Spiel, wie wir es seither nicht mehr erlebten. Aber diese Überlegenheit war nur eine seiner Stärken – es gab Dinge, die wir mehr schätzten. Es gab im Zusammenhang mit ihm nie das, was wir als unliebsame Zwischenfälle bezeichnen. Er war zu sehr Sportsmann, als daß er sich jemals einen ihm nicht zustehenden Vorteil verschafft hätte – er war auch zu kühl, um irgend etwas zu tun, was er später hätte bedauern müssen. Niederlagen von seiner Hand verloren ihre Härte, weil er seine Gegner schätzte; und wurde er selbst geschlagen, so akzeptierte er das mit ähnlicher Noblesse. Er spielte ein englisches Spiel in jenem Geiste, mit dem ein Engländer glaubt, daß es gespielt werden sollte. Er war ein typischer Engländer. Wir sind stolz darauf, ihn unseren Landsmann genannt zu haben.«

Hugh Lawrence Doherty (* 1875, † 1919) wurde in Paris Olympiasieger im Einzel und im Doppel mit seinem älteren Bruder Reginald Frank Doherty (* 1872, † 1910); dazu kam eine Bronzemedaille im Mixed mit der amerikanischen Meisterin Marion Jones. Hugh Lawrence hatte bis dahin vier Doppeltitel in Wimbledon gewonnen. Im Einzel setzte seine Siegesserie erst 1902 ein und dauerte ununterbrochen bis 1906. Insgesamt gewann er 14 Wimbledontitel und drei US-Meisterschaften.

Er und sein Bruder Reginald Frank sorgten allerdings dafür, daß dem olympischen Tennisturnier für alle Zeiten eine mindere Qualität bescheinigt wurde, gemessen an Wimbledon. Als die Doherty-Brüder in Paris bereits im Halbfinale des Herrenwettbewerbs aufeinandertreffen sollten, ließ der ältere dem jüngeren Bruder kampflos den Vortritt mit der Begründung, der Wettbewerb sei nicht so wichtig. Im Olympiafinale schlug dann Hugh Lawrence seinen Landsmann Harold Mahoney, Wimbledonsieger von 1896, mit 6:4, 6:2 und 6:3.

Bruder Reginald Frank wurde Dritter, kam aber ebenfalls zu einer zweiten Goldmedaille (nach der ersten im Herrendoppel) im Mixed mit Charlotte Cooper (* 1870, † 1966). Die Engländerin, damals 29 Jahre alt, gewann dazu das Einzel, dessen Finale am 11. Juli 1900 stattfand. Sie ist damit die erste Olympiasiegerin der Moderne. Vor ihrem Olympiasieg hatte sie schon dreimal Wimbledon (1895, 1896 und 1898) gewonnen und sollte auch noch 1901 sowie 1908 dort erfolgreich sein. Ein Damendoppel gab es in Paris nicht; dieser Wettbewerb wurde bei Olympischen Spielen erstmals 1920 in Antwerpen ausgetragen.

So holten zwei englische Gentlemen und Lady Cooper die vier olympischen Goldmedaillen im Tennis. Während Charlotte Cooper, geborene Sterry, 96 Jahre alt wurde, starben die Doherty-Brüder sehr früh; beide litten an Schwindsucht.

Reginald Frank Doherty: Sieger im Mixed (mit Charlotte Cooper) und im Herren-Doppel mit seinem Bruder Hugh Lawrence Doherty, der das Einzel gewann und im Mixed Bronze holte

1904
St. Louis

1. Juli bis 23. November
Dauer **146 Tage**
Teilnehmer **554 (546 Männer, 8 Frauen)**
Länder **12**
Sportarten **17**
Entscheidungen **102**
Zuschauer **250 000 (geschätzt)**
Schirmherrin **Alice Roosevelt (Tochter von Präsident Theodore Roosevelt)**

Olympische Spiele 1904 in St. Louis: Das offizielle Programm der Weltausstellung (World's Fair), die sich über vier Monate erstreckt.

Die Fehler von Paris einfach wiederholt

In Detroit baute Ford schon 78 000 Autos im Jahr, Theodore Roosevelt (*1858, †1919) war 26. US-Präsident und auf dem Mississippi-Missouri fuhren noch die Raddampfer, als St. Louis die Weltausstellung ausrichtete. Im Rahmen dieser Expo fanden vom 1. Juli bis zum 23. November 1904 die III. Olympischen Spiele statt. Wieder waren die Spiele nur ein Anhängsel und kein Ereignis für sich. Die Fehler von 1900 in Paris wurden einfach wiederholt.

Die Olympier hatten ihre großartige Idee, aber noch immer keinen organisatorischen Unterbau. Dem internationalen Sport fehlten Strukturen. In den USA bestimmten die Universitäten im Osten des Kontinents, was Sport zu sein hatte. Wer sonst noch nach Hochleistung strebte, konnte sich im Glücksfall der Chicago AA oder dem New York AC anschließen. Einwanderer aus Europa hatten Turnvereine nach deutschem Vorbild gegründet.

Das IOC bewegte sich auf unbekanntem Terrain und verließ sich auf die Amerikaner, »die den Sport bei der Weltausstellung schon richten werden« – dies jedenfalls hatte der Chef des Olympischen Organisationskomitees von St. Louis, James Sullivan, kühn behauptet. Der Historiker David Wallechinsky schreibt in seinem amerikanischem Standardwerk (1984–88): »Präsident Roosevelt hatte sich für St. Louis ausgesprochen, und der Wechsel von Chicago war ein ärgerlicher Fehler. Die Organisatoren von St. Louis waren noch weniger kompetent als die Veranstalter von Paris. Die meisten Europäer schenkten sich die Spiele, selbst Baron de Coubertin nahm sie nicht wahr. Die Wettbewerbe verteilten sich auf viereinhalb Monate, einige wurden nur von Amerikanern bestritten.«

An den Spielen nahmen Sportler aus zwölf Ländern teil, doch wurden Österreicher, Schweizer und Australier von Athleten vertreten, die in den USA lebten oder mit anderen Teams anreisten – wie der Schweizer Turner Adolf Spinnler mit der deutschen Mannschaft. Für Großbritannien starteten zwei Iren, von denen der Zehnkampf-Olympiasieger Thomas Kiely, damals schon 34 Jahre alt, großen Wert auf seine Herkunft legte. Engländer waren in St. Louis nicht zu finden.

Aus dem Wust von Wettbewerben filterten die Olympier später diejenigen heraus, die sie den Spielen zurechneten. Dabei ist im nachhinein festzustellen, daß es zwar olympische Wettkämpfe in 17 Sportarten gab, aber im Freistilringen, Bogenschießen, Radsport, Basketball, Tennis und Roque nur Amerikaner an den Start gingen.

Den Olympischen Spielen fehlte ganz einfach eine Programmstruktur. Zwar hatte das IOC schon 32 Mitglieder, aber kaum jemanden, der eine genaue Vorstellung darüber besaß, wie man ein Olympiaprogramm gestaltet. Vier Olympier hatten zwar einen gewissen technischen Überblick über den Stand der Sportarten, doch waren sie ent-

Medaillenspiegel St. Louis 1904

Land	G	S	B
1. USA	80	86	72
2. GER	5	4	6
3. CUB	5	3	3
4. CAN	4	1	1
5. HUN	2	1	1
6. AUT	1	1	1
7. GRE	1	–	1
SUI	1	–	1
9. IRL	1	–	–
10. GBR	–	–	1

Eröffnung der Weltausstellung am 30. April 1904: Mehr als 200 000 Menschen nehmen an den Feierlichkeiten teil. Der Sport ist nur ein lästiges Anhängsel dieser Mammutveranstaltung.

weder zu sehr Politiker oder Idealisten, die in ihr Land wirken wollten. Gemeint sind der Berliner Willibald Karl August Gebhardt, der Ungar Ferenc Kemeny, der Böhme Jiri Guth-Jarkovsky und der englische Reverend R. S. de Courcy Laffan, der mit St. Louis nichts im Sinn hatte, aber dann als Generalsekretär des Organisationskomitees der Olympischen Spiele von 1908 in London wegweisende Arbeit leistete.

Im Rahmen der Weltausstellung von St. Louis hat es 390 verschiedene sportliche Entscheidungen gegeben, die jede für sich einen Olympiasieger meldete. Vergleicht man die 390 registrierten Siege mit den 257 Entscheidungen, die es als Rekord bei den Olympischen Spielen 1992 in Barcelona gegeben hat, dann ist diese Zahl nicht nur inflationär, sondern ganz einfach gigantisch. Schließlich einigten sich die Veranstalter und das IOC darauf, 102 Olympiasieger von St. Louis als solche anzuerkennen.

Selbst innerhalb bestimmter Sportarten gab es noch Unsicherheiten über die Zuordnung einzelner Disziplinen. So erschien ein Dreikampf aus drei leichtathletischen Disziplinen in St. Louis völlig falsch in der Sparte Turnen. Tauziehen, heute eine selbständige Sportart, wurde einmal der Leichtathletik, dann wieder der Schwerathletik (Gewichtheben oder Ringen) und manchmal dem Turnen zugeordnet. Gegenüber Paris 1900 entfielen in St. Louis Sportarten wie Schießen, Reiten, Polo, Segeln, Rugby, Kricket und Croquet.

Die Diskussion darüber, was offiziell »olympisch« oder nur olympischer Demonstrationswettbewerb war, ist nie abgeschlossen worden. Rudern wurde anerkannt, weil mit dem kanadischen Achter ein ausländisches Team am Start war. Radsport dagegen, nur von Amerikanern bestritten, verdiente nicht die olympischen Weihen. Man tut damit einem Mann wie Marcus Hurley sicherlich weh, der mit vier Goldmedaillen einer der ganz großen Wettkämpfer war.

Die erfolgreichsten Sportler von St. Louis

Name	Sportart	G	S	B
1. Anton Heida USA	Turnen	5	1	–
2. Marcus Hurley USA	Radsport	4	–	–
3. George Eyser USA	Turnen	3	2	–
4. James Lightbody USA	Leichtathletik	3	1	–
Charles Daniels USA	Schwimmen	3	–	–
6. Archie Hahn USA	Leichtathletik	3	–	–
Harry Hillman USA	Leichtathletik	3	–	–
Ray Ewry USA	Leichtathletik	3	–	–
Ramon Fonst CUB	Fechten	3	–	–
10. Burton Downing USA	Radsport	2	3	1

Theodore Roosevelt

St. Louis machte deutlich, daß der internationale Sport noch in seinen Anfängen steckte. Grenzüberschreitende Wettkämpfe wurden ohne ein festes Regelwerk durchgeführt, private Absprachen waren maßgebend. In nur acht Sommersportarten gab es bis 1904 schon Welt- und/oder Europameisterschaften (S. 31). Weltmeisterschaften bestanden im Radsport (seit 1893), Gewichtheben (1898), Sportschießen (1900), Turnen (1903) und Ringen (1904); Europameisterschaften wurden im Wasserspringen (1889), Gewichtheben (1896), Ringen (1898) und Schwimmen (1901) ausgetragen. Die Offenen Britischen Golfmeisterschaften (seit 1860) und das Tennisturnier von Wimbledon (seit 1877) bestimmten in diesen Sportarten den Weltmaßstab.

Ungeklärt war weiterhin die Rolle der Frau im Sport, obwohl Frauen schon 1900 Olympiamedaillen gewannen.

Farbige nahmen erstmals in St. Louis an Olympischen Spielen teil, und George Poage (Bronze über 400 m Hürden) und Joseph Stadler (Silber und Bronze in Sprüngen aus dem Stand) gewannen auch sofort Medaillen. Im Marathonlauf starteten mit den Zulu-Kaffern Lentauw und Yamasami zwei Exoten, die zum Zeitpunkt der Spiels als Arbeiter einer südafrikanischen Messegesellschaft in St. Louis weilten. Eine gleichzeitig organisierte anthropologische Schau im Rahmen der Weltausstellung ließ die Olympier in den Verdacht geraten, rassistisch zu sein. Dies waren sie gewiß nicht, wie die Teilnahme von Poage, Stadler, Lentauw und Yamasami am offiziellen Wettbewerb beweist.

Orden, Pokale und Ehrenzeichen

In der100jährigen Geschichte des IOC gab es mehrere Auszeichnungen, Orden, Pokale und Trophäen; zeitweilig vergab das IOC fünf dieser Olympia-Ehrungen. Übrig geblieben sind der olympische Pokal und der olympische Orden, der früher als olympisches Diplom bekannt war.

Der **olympische Pokal** wurde 1906 von Pierre de Coubertin gestiftet und ist gedacht für eine Einrichtung oder eine Organisation, die der olympischen Idee Tribut gezollt hat und wegweisende Gedanken in der Pädagogik entwickelt. Zu deutschen Pokalgewinnern zählen die Deutsche Turnerschaft (1909), die Deutsche Hochschule für Leibesübungen in Berlin (1932) und die Nationalsozialistische Freizeit-Organisation »Kraft durch Freude« (1939), zu bekannten internationalen Einrichtungen das Weltkomitee YMCA, die Organisation der Panamerikanischen Spiele oder die Helms Foundation in den USA.

Der **olympische Orden** (früher **olympisches Diplom**) wird seit 1905 an Persönlichkeiten verliehen, die sich in Wort, Schrift und Tat um die olympische Bewegung verdient gemacht haben. Zu den knapp 900 ausgezeichneten Männern und Frauen gehören auch 41 Deutsche (S. 80).

Den **Fearnley-Pokal**, benannt nach dem norwegischen IOC-Mitglied Thomas Fearnley (von 1927 bis 1950), erhielten von 1951 bis Ende der 60er Jahre renommierte Vereine und Sportklubs.

Die **Mohammed-Taher-Trophäe**, gestiftet von dem ägyptischen IOC-Mitglied Mohammed Taher (von 1934 bis 1968), wurde herausragenden Amateur-Athleten verliehen.

Die **Alberto-Bonacossa-Trophäe** des italienischen Grafen, der von 1925 bis 1953 IOC-Mitglied war, konnte nur Nationalen Olympischen Komitees verliehen werden. Aufgrund der Bildung der gesamtdeutschen Mannschaft 1956 in Cortina d'Ampezzo und Melbourne erhielten das NOK für Deutschland und das NOK der DDR diese Trophäe 1958.

Bis 1920 wurden besondere Trophäen dreier Monarchen (Zar Nikolaus, Kaiser Wilhelm II. und Kaiser Franz-Josef) verliehen und danach ins olympische Museum in der Villa Mon Repos gestellt.

Der erste Ordensträger

Olympisches Diplom für Roosevelt

Der erste Ordensträger in der olympischen Geschichte war Theodore Roosevelt (* 1858, † 1919), 26. Präsident der USA (1901 bis 1909). Der Freund Pierre de Coubertins spielte vor seiner Präsidentschaft als Historiker eine Rolle in der amerikanischen olympischen Bewegung. Roosevelt unterstützte als gebürtiger New Yorker die Bestrebungen des New York AC und der US-Olympier William Milligan Sloane und James E. Sullivan. Er setzte sich – damals bereits US-Präsident – für St. Louis als Olympiaort (1904) ein und schickte seine Tochter Alice zur Eröffnungsfeier. Als Pierre de Coubertin 1904 das olympische Diplom (seit 1975 olympischer Orden) erfand, wurde Theodore Roosevelt als erster damit ausgezeichnet (1905).

Die Namensfindung

Taufe des IOC erst 1901 in Paris

Das Internationale Olympische Komitee (IOC) feierte am 23. Juni 1994 in der Pariser Sorbonne zwar seinen Geburtstag, aber auf den Namen IOC ist es erst am 21. Mai 1901 im Haus des Automobilclubs von Frankreich in Paris getauft worden. Zur Bewältigung seiner Aufgaben trat das IOC 1894 unter dem Namen »Internationales Komitee für die Olympischen Spiele« an. 1897 reduzierten Journalisten diesen langen Titel auf Internationales Olympisches Komitee, und der schwedische Journalist Wolf Lyberg nennt auch ein Datum: 1. August 1897.

Es dauerte dann vier Jahre bis zur 4. Vollversammlung 1901 in Paris, als im Protokoll der Sitzung (an der zwölf IOC-Mitglieder teilnahmen) das Komitee sich auf ein Kürzel einigte: CIO = Comité International Olympique (französisch) oder IOC = International Olympic Committee (englisch). Außerdem wurde für die Mitgliederversammlung der Terminus Session eingeführt.

Die olympische Familie

Spiele in St. Louis ohne Coubertin

Nach den Spielen von Paris übte sich Pierre de Coubertin in der Kunst der olympischen Schadensbegrenzung. Auf den beiden folgenden Vollversammlungen des IOC, die 1901 und 1903 in Paris stattfanden, erreichte er erneut nur unsicheres Terrain. Da Chicago dem IOC Geldgeschenke in Form eines olympischen Organisationsetats von 200 000 Dollar angeboten hatte, wurde diese Stadt für 1904 als Olympiaort ausgerufen. Den ersten Ärger gab es, als der olympische Sprecher der Amerikaner, der AAU-Präsident James Sullivan, für Buffalo plädierte; den zweiten sofort darauf, als der amerikanische Präsident Theodore Roosevelt sich für St. Louis aussprach, das für 1904 als Ausrichter der Weltausstellung vorgesehen war. So wurden die Spiele Chicago genommen und St. Louis vermittelt, was John Kieran von der New York Times so kommentierte: »Der Fehler von Paris 1900 wurde wiederholt.«

Pierre de Coubertin, von allen Freunden verlassen, ließ die Dinge laufen. Zwar hatte das IOC im Jahre 1903 schon 32 Mitglieder, aber kaum jemanden, der den Überblick besaß. Coubertins amerikanischer Gewährsmann war der prominente Geschichtsprofessor William Milligan Sloane, ein Intellektueller von der Ostküste. Der schon 53 Jahre alte Sloane hielt die Messe-Manager in St. Louis bestenfalls für seßhaft gewordene Trapper.

Die drei anderen amerikanischen IOC-Mitglieder neben Sloane waren Theodore Stanton, James Hazen Hyde und Caspar Whitney. Stanton, Berichterstatter der Associated Press (AP), und Hyde, ein schwerreicher Philanthrop, lebten beide in Paris; der Entdecker und Schriftsteller Whitney interessierte sich nur für College-Football. Coubertin setzte die 6. Vollver-

Organisationskomitee der Spiele von 1904 (v. l.): Henry Garneau, Harry McMillan, John. J. O'Connor, James E. Sullivan und Walter H. Lininger

sammlung des IOC vom 20. bis 22. Juni 1904 in London an, wo er sofort einen neuen Fehlschlag programmierte. Er bestand darauf, daß die nächsten Olympischen Spiele 1908 in Rom abgehalten würden. Den Spielen von St. Louis blieb Coubertin fern. Er zog es vor, zu den Bayreuther Festspielen zu reisen.

Der Berliner Willibald Karl August Gebhardt und der ungarische Pädagoge Ferenc Kemeny, beide Gründungsmitglieder des IOC, wurden von Coubertin für die Zeit der Olympischen Spiele in St. Louis zu seinen Stellvertretern ernannt. Es waren die beiden ersten Olympier, die Coubertin durch Beförderung auszeichnete.

Mit Gebhardt reiste wieder einmal der Turnerführer Fritz Hofmann. Den besten Bericht über St. Louis hat der Rekordläufer und spätere Präsident der Deutschen Sport-Behörde, Johannes Runge (* 1878, † 1950), geschrieben: »Die Aschenbahn, Länge eine Drittelmeile, ist das einzige, was ich loben kann. Alle übrigen Einrichtungen sind sehr mäßig. Am übelsten sieht es im Umkleidelokal aus. Solch einen Raum auswärtigen Athleten, die eine lange See- und Landreise nicht gescheut haben, anzubieten, finden wir einfach skandalös.«

Über das »Inside Inn«, das Hotel, in dem alle Athleten wohnten, bemerkte Runge: »Hotel ist eigentlich zuviel gesagt, großer Holzstall hätte besser gepaßt. Ein ungeheures Holzhaus ohne jeden Schmuck mit 5000 Einbett- und 2500 Zweibettzimmern. Die Zimmer sind schauerlich.«

Die deutsche Olympia-Expedition kostete insgesamt 26 000 Goldmark. Zwei Gruppen reisten per Schiff und Bahn via New York und Chicago nach St. Louis, die Turner mit der »Patricia«, die übrige Mannschaft mit der »Deutschland«.

Mit 21 Aktiven stellte Deutschland die drittstärkste Olympiamannschaft nach den USA (533 Teilnehmer) und Kanada (41). In der Medaillenwertung kam Gebhardts Team auf den zweiten Rang hinter den USA. Die Franzosen nahmen St. Louis nicht zur Kenntnis, obwohl die bekanntesten Sportler nicht wie Coubertin auch nach Bayreuth reisten.

Archie Hahn: Der Amerikaner wird Olympiasieger über 60, 100 und 200 m.

Leichtathletik

Nur fünf Medaillen für Nichtamerikaner

Von den 25 olympischen Leichtathletik-Wettbewerben gewannen die Amerikaner 23, wobei sie 70 von 75 möglichen Medaillen holten. Bewundert wurden der Sprinter Archie Hahn (* 1880, † 1955), der Mittelstreckler James Lightbody (* 1882, † 1953), der Allround-Springer Myer Prinstein (* 1880, † 1925) und die Werfer Ralph Rose (»Elefantenbaby«), John Flanagan und Truxton Hare, die für eine rein amerikanische Unterhaltung sorgten.

Der »Milwaukee Meteor« Archie Hahn gewann in St. Louis die 60 m, 100 m und die 200 m, letztere in einer Zeit (21,6 sec), die bis 1932 olympischer Rekord war. Hahn siegte auch noch 1906 über 100 m und kam damit auf vier Goldmedaillen. Lightbody

Martin Sheridan: Der Amerikaner gewinnt den Diskuswurf im Stichkampf gegen seinen Landsmann Ralph Rose. Zuvor hatten beide Werfer 39,28 m erzielt.

fügte seinen drei Erfolgen in St. Louis (800 m, 1500 m mit Weltrekord und 2500 m Hindernis) noch einen weiteren 1906 hinzu (1500 m) und kam außerdem auf zwei zweite Plätze (1904 über zwei Meilen und 1906 über 800 m). Später lebte Lightbody in Deutschland. Als Mitglied des Berliner SC wurde der populäre Wettkämpfer 1910 und 1911 jeweils deutscher Meister über 800 und 1500 m.

Weltrekordmann Myer Prinstein, ein Jude, holte sich im Weitsprung die ihm 1900 in Paris entgangene Goldmedaille, die Alvin Kraenzlein mit 7,18 m (gegen die 7,17 m von Prinstein) gewonnen hatte. Prinstein war zwar am Samstag (Sabbat) gesprungen, jedoch aus religiösen Gründen nicht am Sonntag, als Kraenzlein die Siegesweite von 7,18 m erreichte.

Prinsteins Rekorde waren außergewöhnlich: 1900, 1904 und 1906 gewann er vier Goldmedaillen sowie eine silberne im Weit- und Dreisprung; hinzu kamen zwei Weltrekorde im Weitsprung, vier US-Meisterschaften und zwei Weltjahresbestleistungen.

John Flanagan (* 1873, † 1938) hatte das besondere Talent mit allem, was Gewicht hatte, weit zu werfen. Dreimal wurde er Olympiasieger im Hammerwerfen. Seine Niederlage im Gewichtwerfen gegen den Kanadier Etienne Desmarteau (* 1873, † 1905) empfand Flanagan als Schmach. Der Koloß Desmarteau, ein Polizist aus Montreal, war ohne Erlaubnis seiner Dienststelle nach St. Louis gereist und deshalb entlassen worden. Nach seinem Sieg wurde die Entlassung einfach vergessen, denn er war Kanadas erster Goldmedaillengewinner überhaupt. Ein Jahr nach seinem Erfolg starb Desmarteau im Alter von nur 32 Jahren an Typhus.

Der sehr bekannte All-American-Footballspieler Thomas Truxton Hare (* 1878, † 1956) war 1900 Olympiazweiter im Hammerwerfen hinter John Flanagan geworden. In St. Louis ging Hare dem in Irland geborenen New Yorker Polizisten Flanagan aus dem Weg und wollte sich den Sieg in der US-Version des Zehnkampfs sichern. Dieser Zehnkampf bestand aus 100 yards, 1 Meile, 120 yards Hürden, 880 yards Gehen, Hochsprung, Weitsprung, Stabhochsprung, Kugelstoßen, Hammerwerfen und Gewichtwerfen. In diesem Mehrkampf wurde er aber nur Dritter hinter dem für Großbritannien startenden Iren Thomas Kiely und dem Amerikaner Adam Gunn.

Desmarteau und Kiely waren die einzigen nicht-amerikanischen Leichtathletik-Sieger von St. Louis. Der Grieche Nicolaos Georgantas (Dritter im Diskuswerfen), der Ire John Daly (Zweiter im 2500-m-Hindernislauf) und der Deutsche Paul Weinstein (Dritter im Hochsprung) nahmen den Amerikanern die übrigen drei Medaillen.

Paul Weinstein aus Halle (* 1878, † 1965) war 1902, 1903 und 1906 deutscher Meister im Weitsprung sowie 1903, 1905 und 1906 im Hochsprung. Sein jüngerer Bruder Albert wurde 1908 Olympiateilnehmer bei den Spielen in London und 1910 deutscher Hochsprungmeister.

Leichtathletik

Dreimal Gold für Harry Hillman

Der Amerikaner Harry Hillman (* 1881, † 1945) war einer der großen amerikanischen Leichtathleten, der seine Ausnahmestellung in St. Louis mit drei Goldmedaillen

Harry Hillman (r.): Der dreifache Goldmedaillengewinner der Spiele von St. Louis holt 1908 in London (Abb.) über 400 m Hürden Silber hinter Charles Bacon (l.) aus den USA.

Marathonlauf: Sieger Thomas Hicks (mit Schärpe) und Felix Carbajal (2. v. l.), der Vierter wird

dokumentierte. Er siegte über 400 m (49,2 sec), 200 m Hürden (24,6 sec) und 400 m Hürden (53,0 sec). Hillman war ein Vegetarier; seinen Mitmenschen empfahl er, rohe Eier zu schlucken. Er plädierte schon 1905 für Sport als Ausgleich zur Arbeit und erkannte als erster die Symptome des Streß, ohne aber die entsprechende Bezeichnung dafür zu finden.

Hillman, ein Selfmademan ohne Hochschulausbildung, war für den New York AC viermal US-Meister geworden; er lief zudem mehrere Weltrekorde, von denen einige aber wegen falscher Hürdenstellung oder Hindernishöhe nicht anerkannt wurden. Weil in seiner besten Zeit die 400 m oder 440 yards Hürden in den USA selten gelaufen wurden, stand er nie an der Spitze der damaligen Weltbestenliste. Bei den Olympischen Spielen 1908 in London wurde er in 55,3 sec Olympiazweiter hinter seinem Landsmann Charles Bacon, der mit 55,0 sec Weltrekord lief.

Seine sportliche Laufbahn beendete Hillman am 24. April 1909, als er zusammen mit Lawson Robertson den Weltrekord über 100 yards im Dreibeinlaufen auf unglaubliche 11,0 sec verbesserte. Beim Dreibeinlaufen wurden zwei Beine eines Paares zusammengebunden.

Leichtathletik

Spaßvogel stiehlt Sieger die Show

Staub, 32 °C Hitze und eine bucklige Strecke mit vielen Windungen machten den Marathonlauf von St. Louis zu einer schrecklichen Tortur. Am Start waren alle Amerikaner, die ihre Klasse schon bewiesen hatten oder sie noch beweisen sollten.

Einer von ihnen war der Spaßvogel Fred Lorz aus New York, der nach 19 km ein Auto bestieg, sich an die zweite Stelle des Feldes fahren ließ und die letzten 10 km dann wieder lief. Lorz überholte Thomas Hicks und wurde nach 3:13 h von den Zuschauern als Sieger gefeiert.

Die Schirmherrin der Spiele, die Präsidententochter Alice Roosevelt, ließ sich mit ihm zusammen fotografieren, während dem tatsächlichen Olympiagewinner Hicks, der nach 3:28:53 h eintraf, kaum noch Beachtung geschenkt wurde. Die Folge war eine »lebenslange Sperre« für Lorz durch den amerikanischen Verband, die allerdings nur sechs Monate dauerte, denn der Boston-Marathon von 1905 wurde von Fred Lorz gewonnen.

Aber Lorz war nicht der einzige Problemfall des St.-Louis-Marathon. Der Sieger Hicks, ein gebürtiger Engländer, der 1965 im Alter von 88 Jahren starb, wurde während des Rennens zweimal gedopt, was damals nicht verboten war. In einem Hicks begleitenden Auto hatte sein Betreuer allerlei Mittel parat.

Der zweitplazierte Albert Corey, ein Veteran vom Paris-Marathon 1900, war ein naturalisierter Franzose; der Dritte, der Amerikaner Andrew Newton, hatte bei den Spielen in Paris den fünften Platz belegt. Der Vierte, der Kubaner Felix Carbajal, wollte zuerst mit langer Hose starten (er hatte nur eine). Da schnitt ihm ein Amerikaner die Hosenbeine ab.

Drei Boston-Marathon-Sieger gaben auf: Sam Mellor (Sieger 1902), John Lordon (1903) und Michael Spring (1904). 1904 war Hicks in Boston Zweiter geworden. Den Zulu Lentauw jagten zwischendurch Hunde in ein Kornfeld. Carbajal aß unterwegs Birnen und bekam Magenkrämpfe; da er allein lief, ließ er sich von Zuschauern die Richtung weisen.

Leichtathletik

Sechs Medaillen für »Elefantenbaby«

Als der Kalifornier Ralph Waldo Rose nach St. Louis kam, war er erst 19 Jahre alt, wog aber 107 kg und maß 1,98 m. Für seine Zeit sprengte er die üblichen Maße von Schwergewichtlern. Schnell hatte er einen Spitznamen: »Elefantenbaby«.

Er gewann sechs olympischen Medaillen (dreimal Gold, zweimal Silber und einmal Bronze) und überraschte durch seine komplexen Fähigkeiten: er war Weltspitzenklasse im Kugelstoßen, Diskuswerfen, Hammerwerfen und im Handhaben von Wurfgewichten. In seiner kurzen, aber intensiven Laufbahn stellte der viermalige US-Meister fünf Weltrekorde im Kugelstoßen auf, so auch in St. Louis mit 14,81 m. Nach seiner überraschenden Niederlage 1912 in Stockholm gegen den schon 34 Jahre alten Patrick McDonald hörte man nichts mehr von Ralph Waldo Rose. Er starb, nur 28 Jahre alt, am 16. Oktober 1913 an Diphtherie.

Turnen

Alle Turner sprachen Deutsch

Julius Lenhart, Wilhelm Weber, Adolf Spinnler, Ernst Mohr, Otto Wiegand, Otto Steffen, John Bissinger und Hugo Peitsch – die Namen sagen alles: Turnen war in St. Louis eine deutsche Sache. Die hier angeführten Athleten erkämpften die ersten acht Plätze in einem turnerischen Sechskampf. Lenhart war zwar Österreicher, Spinnler Schweizer, Steffen und Bissinger Amerikaner, aber Deutsch sprachen sie alle. Und so verstanden sie auch ohne weiteres das olympische Programmheft im Turnen, das in Deutsch gehalten war.

Die deutsche Turner-Mannschaft: Riegenführer Fritz Hofmann (vorn) mit (v. l.) Adolf Spinnler, Wilhelm Weber, Hans Busch, Hugo Peitsch, Wilhelm Lemke, Otto Wiegand, Ernst Mohr und Adam Weber

Julius Lenhart: Der gebürtige Österreicher startet in St. Louis für die Turngemeinschaft Philadelphia, die den Mehrkampf gewinnt.

Lenhart (* 1875, † 1962) hielt sich um die Jahrhundertwende eine Zeitlang in den Vereinigten Staaten auf. Er startete in St. Louis für die Turngemeinschaft Philadelphia, eine deutsche Vereinsgründung, die mit ihrer Mannschaft die Mehrkampfwertung für die USA gewann. Später kehrte er in seine Heimat Österreich zurück und starb in Wien.

Spinnler, ein Schweizer, lebte in Esslingen, als sich die deutschen Turner für die III. Olympischen Spiele rüsteten. Mit seinen württembergischen Kameraden fuhr er nach St. Louis, wo er als Deutscher galt. Spinnler blieb in den Vereinigten Staaten, ließ sich zum Tenor ausbilden und kehrte in den 30er Jahren in die Schweiz zurück, wo er 1951 als 72jähriger starb.

Spinnler gewann vor Julius Lenhart und Wilhelm Weber einen Vierkampf, der aus Übungen am Barren, Reck, Längspferd und Seitpferd bestand.

Seltsamerweise nahmen an den separaten Geräteübungen nur Amerikaner teil, Anton Heida von der TG Philadelphia und George Eyser vom gastgebenden Turnverein Concordia St. Louis sammelten allein elf von 16 ihnen möglichen Medaillen. Auch Heida und Eyser sprachen Deutsch.

Schwimmen

Deutsche Siege im künstlichen Teich

Die Schwimmwettbewerbe fanden in einem künstlichen Teich auf dem Gelände der Weltausstellung statt. Gestartet wurde von einem Floß, das sich bei großer Belastung unter Wasser drücken ließ. Trotzdem fanden sich die Ungarn Zoltan von Halmay und Geza Kiss, der Österreicher Otto Wahle und die deutschen Spitzenkönner Emil Rausch, Georg Zacharias, Walter Brack, Georg Hoffmann, Alfred Braunschweiger und Otto Hooff gut zurecht. Die Deutschen gewannen vier Gold-, drei Silber- und drei Bronzemedaillen, die Ungarn zwei Goldmedaillen sowie eine silberne und eine bronzene. Besser waren nur die Amerikaner, die allerdings in zwei Wettbewerben ganz unter sich blieben.

Emil Rausch (* 1882, † 1954) wurde Olympiasieger über 880 yards und eine Meile; über 220 yards holte er Bronze. Der Berliner war ein Pionier des Schwimmsports. Er gewann 1901 eine Europameisterschaft über 1500 m Freistil, fünfmal den Kaiserpreis im Dauerschwimmen sowie neun deutsche Meisterschaften im geschlossenen und offenen Wasser (Ostsee).

Ein anderer Berliner, Georg Zacharias (* 1884, † 1953), holte sich in St. Louis Gold über 440 yards Brust und Bronze über die 100 yards Rücken. Mit 8:30,6 min über 400 m Brust war er der erste offizielle Weltrekordschwimmer in seiner Sportart. Von ihm stammen auch interessante Berichte aus St. Louis. So verwies er auf die Gastfreundschaft der vielen Deutsch-Amerikaner, die ihren Landsleuten einen begeisterten Empfang bereiteten und sich auch während der Spiele um die Gäste kümmerten.

Der dritte deutsche Olympiasieger war Walter Brack, Berliner vom Jahrgang 1880, der die 100 yards Rücken gewann und über die Viertelmeile Brust hinter Zacharias den zweiten Platz belegte. Um den Sieg gebracht wurde der als Schwimmer und Springer gleich gute Georg Hoffmann. Im Turmspringen siegte George Sheldon (USA), weil er besser eintauchte, aber bei seinen Übungen kaum Schwierigkeiten demonstrierte. Hoffmann hatte die schwierigeren Sprünge, die er aber schlechter zu Wasser brachte. Ein Protest der deutschen Mannschaftsführung wurde vom AAU-Präsidenten Sullivan abgelehnt, der Partei für seinen Landsmann ergriff. Internationale Kampfgerichte gab es noch nicht.

Für die amerikanischen Zuschauer war der interessanteste Wettbewerb der Kopfweitsprung, der nur in St. Louis olympisch, aber in Nordamerika bis 1940 populär war. Bei diesem Wettbewerb wurde von einem Block kopfvorwärts abgesprungen und unter Wasser bewegungslos eine möglichst große Distanz zurückgelegt. Durchbrach der Kopf oder ein anderer Körperteil die Wasseroberfläche, wurde gemessen.

In St. Louis wurde William Dickey mit 19,05 m Olympiasieger, keine schlechte Leistung, aber auch keine besonders gute. Der Favorit Charles Pyrah hatte kurz vorher 19,20 m erreicht, wurde aber mit 14,02 m nur Fünfter. »Völlig außer Form«, sagte er nachher angesichts seiner Leistung.

Der englische Olympiasieger im Dauerschwimmen von 1900, John Arthur Jarvis, fehlte in St. Louis. Jarvis hatte 1904 in England mit 22,98 m die nationale Meisterschaft gewonnen, aber den Landesrekord von Henry Taylor, der den Spielen ebenfalls fernblieb, nicht erreicht (24,05 m). 1930 stellte Arthur Beaumont (USA) den letzten Weltrekord mit 26,16 m auf. Seit 1946 wird dieser Wettkampf auch in den USA nicht mehr ausgetragen.

Emil Rausch: Der Berliner gewinnt zweimal Gold und einmal Bronze in den Kraulwettbewerber.

Golf

Sieger singt und geht auf Händen

Golf war nur zweimal im Programm der Spiele ausgeschrieben, 1900 und 1904. Während die Siegerin von Paris, Margaret Abbott (S. 36), bis zu ihrem Tod nicht gewußt haben soll, daß sie Olympiasiegerin geworden war, wußte beim Golfturnier in St. Louis 1904 jeder, daß es sich um die Olympischen Spiele handelte.

In St. Louis waren nur Amateure zugelassen. Offene britische Golfmeisterschaften gab es seit 1860 und die offenen amerikanischen seit 1895. Man wußte also genau zwischen Amateur und Professional zu unterscheiden. Nur drei Amateure wurden zwischen 1860 und 1904 britische Meister im Berufsspielerwettbewerb.

Der amerikanische Meister Chandler Egan war haushoher Favorit, als es in St. Louis um den Sieg ging, aber der bis dahin unbekannte George Lyon aus Kanada gewann im Finale mit 3:2. George Lyon hatte, bevor er Golf entdeckte, Baseball, Tennis und Kricket gespielt. Als er von Toronto nach St. Louis reiste, war er 48 Jahre alt. Während des Golfspiels entspannte er sich mit Handständen, sang Lieder und erzählte der Konkurrenz Witze. Zur Siegerehrung »ging« er auf Händen. 1908 reiste er nach London. Aber dort fand gar kein Golfturnier statt. Lyon starb 1934 im Alter von 78 Jahren. Mit 77 hat er noch Golf gespielt.

1906 Athen

22. April bis 2. Mai
Dauer **11 Tage**
Teilnehmer **884 (877 Männer, 7 Frauen)**
Länder **20**
Sportarten **11**
Entscheidungen **77**
Zuschauerzahl **900 000**
Schirmherr **Kronprinz Konstantin von Griechenland**

Olympischer Bastard setzt neue Impulse

Erst viel später wurde die Bedeutung der Olympischen Spiele von 1906 in Athen erkannt, die als Zwischenspiele in die Geschichte eingegangen sind, keine Numerierung erfuhren und in den Ruf eines olympischen Waisenkindes, wenn nicht gar eines Bastards gerieten.

Nach den mißglückten Veranstaltungen in Paris 1900 und in St. Louis 1904 befand sich die olympische Bewegung in einer Identitätskrise. Pierre de Coubertin hatte 1894 hoch gespielt und mit der olympischen Premiere 1896 in Athen gewonnen, weil die Bevölkerung zu gewinnen gewesen war. In völliger Verkennung der französischen und amerikanischen Möglichkeiten hatte er dann auf die falschen Pferde gesetzt. Sport war eine britische Sache, Turnen eine deutsche, Olympia eine griechische. Der französische Esprit Coubertins wurde als hoffärtig empfunden. Geistreich waren Coubertins Reden, aber realitätsfern.

Der Hamburger Journalist L. C. May schrieb 1935 in einem historischen Rückblick: »Die griechische Einladung, den vierjährigen Turnus zu durchbrechen und eine zehnjährige Jubiläumsfeier in Athen 1906 durchzuführen, wurde nach anfänglichem Widerstreben angenommen. Je eher die schlechten Erinnerungen mit neuen Eindrücken überdeckt wurden, desto besser mochte sich die zukünftige Entfaltung des großen Werkes gestalten.«

Eine deutsch-griechische Allianz, die von britischen Sportführern wohlwollend beobachtet wurde, drängte Coubertin an den Rand der Ereignisse. Die drei deutschen IOC-Mitglieder Dr. Willibald Karl August Gebhardt, Graf Talleyrand-Perigord und Prinz zu Salm-Horstmar ließen den Franzosen lapidar wissen, daß »alle zwei Jahre internationale Wettkämpfe stattfinden und zwar abwechselnd in Athen und anderen großen Städten der Kulturstaaten, derart, daß alle vier Jahre diese Olympischen Spiele in der griechischen Hauptstadt gefeiert werden«.

Gleichzeitig reklamierten die drei Olympier aus Deutschland die Spiele des Jahres 1908 für Deutschland. Das war nun genau das letzte, was sich Coubertin vorstellen konnte, geschweige denn wünschte.

Als Ausrichter der IV. Spiele moderner Zeitrechnung hatte Coubertin Rom als Austragungsort im Auge: »Ich wünschte mir Rom, weil die Olympischen Spiele nach der Rückkehr aus dem nüchternen, praktischen Amerika nur dort mit der prächtigen, aus Kunst und Geist gewebten Toga bekleidet werden konnten, in die ich sie von Anfang an hüllen wollte.«

Es wurde dann nichts mit der Toga aus Kunst und Geist. Die Römer hatten überhaupt keine olympischen Ambitionen. Sie gaben die Spiele Coubertin zurück, obwohl es einen formellen Beschluß des IOC, die Spiele in Rom austragen zu lassen, überhaupt nicht gegeben hatte. Coubertins Überzeugung, die Olympier könnten nur über Griechenland, Frankreich, dem neuen Land Amerika und Italien den richtigen Weg in die Zukunft finden, war bereits als Vergabe des Festes angesehen worden. So war das damals.

Vor den Zwischenspielen in Athen meinte der britische Degenfechter William Grenfell Desborough, der kurz darauf der 26. Lord Desborough of Taplow wurde, England könne vielleicht die Olympischen Spiele des Jahres 1908 ausrichten. England konnte. Lord Desborough, der in Athen eine

Medaillenspiegel Athen 1906

Land	G	S	B
1. FRA	15	9	16
2. USA	12	6	5
3. GRE	8	13	13
4. GBR	8	11	6
5. ITA	7	6	3
6. SUI	5	4	2
7. GER	4	6	4
8. NOR	4	1	–
9. AUT	3	3	2
10. SWE	2	5	7

Die erfolgreichsten Sportler von Athen

Name	Sportart	G	S	B
1. Louis Richardet SUI	Schießen	3	1	–
2. Francesco Verri ITA	Radsport	3	–	–
Enrico Bruna ITA	Rudern	3	–	–
Giorgio Cesana ITA	Rudern	3	–	–
Emilio Fontanella ITA	Rudern	3	–	–
Max Decugis FRA	Tennis	3	–	–
7. Martin Sheridan USA	Leichtathletik	2	2	–
Gustav Casmir GER	Fechten	2	2	–
Konrad Stäheli SUI	Schießen	2	2	–
10. Leon Moreaux FRA	Schießen	2	1	2

Athener Olympiastadion: Die Arena, die der griechische Millionär Georg Averoff 1896 für die Spiele gestiftet hatte, ist auch 1906 Schauplatz der Wettkämpfe. Das Zappeion, der Rundbau hinten rechts, dient den Teilnehmern als Unterkunft.

Silbermedaille gewann, brachte den Briten eine weitere Gabe mit nach Hause: die nächsten Spiele.

Das war des Guten (oder auch des Schrecklichen) zuviel für Pierre de Coubertin. Er maulte. Der 8. Vollversammlung des IOC in Athen blieb er in der folgerichtigen Ahnung kommender persönlicher Niederlagen fern. Der spätere Kanzler Otto Mayer (* 1900, † 1970) wertete die Protokolle des IOC in seinem Buch »Quer durch die olympischen Jahre« (A travers les anneaux olympiques) mit der Bemerkung aus: »Coubertin hat geschmollt und sich nicht in der griechischen Hauptstadt gezeigt.«

Dabei hätte Coubertin sehr viel lernen können. Athen gab 1906 der olympischen Bewegung neue Impulse. Das wunderschöne, marmorne Stadion von 1896, kunstvoll eingebettet in die Stadtlandschaft der griechischen Metropole, faszinierte Athleten wie Zuschauer, auch wenn die Laufbahn mit ihren zu engen Kurven Höchstleistungen verhinderte.

In jenen Tagen entstand in Athen das, was erst 80 Jahre später der Spanier Juan Antonio Samaranch mit dem Begriff »olympische Familie« treffend umriß. Vielleicht sagt diese späte Erkenntnis mehr über Pierre de Coubertins genialen Wurf aus als die nach 1906 einsetzende sportliche Erfolgsentwicklung der Spiele.

Der bereits erwähnte Hamburger Historiograph L. C. May umriß die Atmosphäre der Spiele so: »Alle Teilnehmer waren in einem Tempelbau, dem Zappeion, gemeinsam untergebracht. Man hatte in die Seitengänge Verschläge eingebaut und so äußerst einfache Unterkunftsstätten geschaffen. Die verschiedenen Mahlzeiten, die im Grunde nur eine unendliche Variation der Hammelfleischzubereitung boten, wurden in dem großen Hauptsaal eingenommen. Trotz oder vielleicht gerade wegen der Primitivität der Anlagen durchwehte die Tempelsäulen stets das hohe Lied des echten Kameradschaftsgeistes.«

War man, vor allem Coubertin zuliebe, viele Jahre geneigt, die olympischen Zwischenspiele herablassend zu würdigen, so bedeuteten sie für Coubertin, obwohl er abwesend war, den Durchbruch. Das Programm war gestrafft und nur im Sportschießen noch überbordend. Der Gedanke des olympischen Dorfes hatte erste, noch schwache Ausprägungen. Der zufälligen Teilnahme wirkten die ersten damals noch nicht so genannten Qualifikationen entgegen. Die Amerikaner hatten offiziell eine Olympiamannschaft aufgestellt.

Die Franzosen hörten nicht auf Coubertin, dessen Einfluß im eigenen Land immer überschätzt worden ist, und solidarisierten sich mit den gastgebenden Griechen. Als Lohn für ihre olympische Einstellung gewannen sie die meisten Medaillen vor den USA, Griechenland, Großbritannien, Italien, der Schweiz und Deutschland. Die Deutschen nahmen an den Zwischenspielen mit 50 Sportlern teil, obwohl nur die

Marathonlauf: Der kanadische Sieger William Sherring wird bei der Ankunft im Stadion auf der letzten Runde vom griechischen König Georg und dem Kronprinz Konstantin begleitet.

wenigsten wirkliche Klasse besaßen. Noch galt Coubertins Wort, daß die Teilnahme wichtiger sei als der Sieg. Das änderte sich bald. Athen 1906 stand mitten in diesem Wandlungsprozeß.

Die Olympischen Spiele begannen ihre Eigendynamik zu entwickeln. Die Engländer (für 1908) und die Schweden (für 1912) nahmen Erfahrungen mit nach Hause, die sie bei den vorangegangenen Spielen nicht hatten gewinnen können. Auch andere Länder lernten von den Athener Spielen, darunter Deutschland mit dem nun aktiv werdenden Carl Diem, der sich als Mannschaftsbetreuer (Leichtathletik) und als Berichterstatter für den Scherl-Verlag in Berlin erste Einblicke verschaffte.

Die Kernpunkte der olympischen Bewegung

1905 in Brüssel wurde erstmals versucht, einen olympischen Gedanken, eine Idee, eine Ideologie, ein Ziel unter dem Sammelbegriff Olympismus zu entwickeln. Der deutsche Philosoph Hans Lenk (* 1935), 1960 Olympiasieger im Rudern (Achter), hat in praxisorientierter Theorie folgende elf Punkte formuliert, die das ausdrücken, was die olympische Bewegung von der Gründung bis heute ausmacht:

- Kultisch-religiöse Feier
- Künstlerische und geistige Gestaltung
- Elitegedanke und Chancengleichheit
- Höchstleistung und Wettkampf
- Sportlichkeit (Fairplay, Fairneß) und Ritterlichkeit
- Rhythmus der Spiele, Tradition und Waffenruhe
- Internationalität, Nationalismus, Völkerverständigung und kulturelle Vielfalt
- Gemeinschaft aller Sportarten
- Amateurgedanke
- Unabhängigkeit
- Antikes Vorbild und neuzeitliche Form

Lenks elf Punkte haben unter Punkt 9 und 10 Veränderungen erfahren, doch stimmen die anderen Positionen mit der Wirklichkeit überein. Einer der maßgeblichen Visionäre der olympischen Bewegung, der Deutsche Willi Daume, IOC-Mitglied von 1956 bis 1991, hat über die olympische Bewegung gesagt: »Die Krise ist ihr Normalzustand.« Und die vielen Veränderungen im Lauf des Jahrhunderts umschrieb Daume einmal treffend so: »Das ist eine Reparatur am Auto während der Fahrt.«

Die unerwünschte Session

London statt Rom durchgesetzt

Pierre de Coubertin hat die Zwischenspiele von Athen 1906 nicht gewollt. Infolge dieser Haltung hat er sie und auch die 8. Session des IOC nicht zur Kenntnis genommen. Die Vollversammlung hat allerdings eine der bedeutsamsten Entscheidungen in der Frühzeit der olympischen Bewegung gefällt: Die Verschiebung der Spiele von 1908 von Rom nach London.

Am 23. März 1903 hatte sich Rom um die Olympischen Spiele 1908 beworben und als Veranstalter ein Budget von 500 000 Schweizer Franken ausgewiesen. Auf der IOC-Session in London fand am 22. Juni 1904 eine Diskussion darüber statt, wer 1908 die Spiele ausrichten sollte, weil neben Rom auch Berlin seine Ansprüche angemeldet hatte. Als sich ein knappes Ergebnis abzeichnete, verzichtete Berlin mit dem Hinweis auf eine Kandidatur für 1912. Eine Wahl wurde daraufhin abgesagt und Rom als Olympiaort bestätigt. Noch am 22. Juni 1904 wurde der italienische Botschafter in London informiert, der wiederum Prinz Colonna für die königliche Familie und die italienische Regierung unterrichtete.

Zwei Jahre hörte das IOC nichts von Rom. Anfang 1906 brach das Organisationskomitee der römischen Spiele, das nie einen Bericht vorgelegt hat, zusammen.

Acht IOC-Mitglieder (von 25), die zu den Zwischenspielen nach Athen gekommen waren, nahmen deshalb das Angebot des britischen Olympiafechters William Henry Grenfell (*1855, †1945) an und übertrugen London die Spiele. Grenfell, im übrigen Olympiazweiter mit dem britischen Degenteam 1906, wurde wenig später Lord Desborough und Großbritanniens maßgeblicher Olympialenker, zudem noch Mitglied des IOC. Lord Desborough machte die Londoner Spiele zu einem großen Erfolg.

Pierre de Coubertin, der die Athener Zwischenspiele immer als Bastard bezeichnet hatte, nahm die Athener Session nicht zu Kenntnis und schwieg sich auch über die Verlegung der Olympischen Spiele von Rom nach London aus. Er fühlte sich bis auf die Knochen blamiert.

Über die Session berichtete niemand. Es gibt keine Protokolle, und der Mann, der die Session geleitet hat – im Auftrag von Coubertin – der Italiener Graf Brunetta d'Usseaux hat sein Wissen mit ins Grab genommen. Er starb schon 1919 und niemand hat in seinem Nachlaß auf olympische Korrespondenz geachtet.

Leichtathletik

Paul Pilgrim – drei Starts, drei Siege

Für die Entwicklung der Leichtathletik war Athen von großer Bedeutung. Die Spiele ermöglichten nach den Wirren von Paris 1900 und St. Louis 1904 einen recht guten Überblick über das Kräfteverhältnis in der Welt.

Zum erstenmal schickten die Amerikaner eine Mannschaft, deren Mitglieder sich zu qualifizieren hatten. Aber auch hier gab es Ausnahmen; eine davon war der damals 23 Jahre alte Paul Pilgrim vom New York AC. Er reiste auf eigene Kosten nach Athen, weil er nicht in das US-Team aufgenommen worden war. Dabei war Pilgrim schon 1904 in St. Louis Olympiasieger gewesen, als er mit dem New York AC einen Mannschaftslauf über vier Meilen gewonnen hatte. Ohne einen amerikanischen Titel galt Pilgrim jedoch als ein Niemand in der US-Leichtathletik.

Um so größer war die Überraschung, als Pilgrim die 400 und 800 m gewann. Über 800 m siegte er vor dem Favoriten James Lightbody (*1882, †1953), der mit drei Goldmedaillen und einer silbernen von den Spielen in St. Louis gekommen war. Drei Olympiastarts und drei Siege 1904 und 1906 – Pilgrim war ein wahrer Olympier.

Durch viele Wettkämpfe geschult, holte sich Myer Prinstein vom Irish-American AC in New York zum Abschluß seiner olympischen Karriere mit dem Sieg im Weitsprung (7,20 m) seine vierte Goldmedaille. Er schlug den berühmten Iren Pete O'Connor, der es 1901 auf den Weltrekord von 7,61 m gebracht hatte, aber in Athen nur die Weite von 7,02 m erreichte.

O'Connor hielt sich jedoch mit Gold im Dreisprung schadlos. Vor der Siegerehrung holte der Ire die britische Flagge vom Mast und zog selbst die grüne irische Fahne auf, obwohl er Mitglied der britischen Mannschaft war.

Mit seinem Landsmann Cornelius Leahy, der im Dreisprung Zweiter wurde, gewann noch ein zweiter Ire eine Goldmedaille. Leahy siegte im Hochsprung; zwischen 1898 und 1910 stand Leahy neunmal an der Spitze der Jahresweltbestenliste im Hochsprung, zweimal im Dreisprung, und 1907 wurde er US-Meister im Hochsprung. Niemals mehr waren irische Springer so erfolgreich wie in Athen.

Eine außergewöhnliche Begabung für Sprung und Wurf war der Amerikaner Martin Sheridan (*1881, †1918), der in seiner olympischen Karriere (1904, 1906 und 1908) insgesamt neun Medaillen gewann (fünf goldene, drei silberne und eine bronzene), fünf davon in Athen. 1905, 1907 und 1909 wurde Sheridan All-Around-Meister der USA; die All-Around-Championships waren der Vorläufer des Zehnkampfs.

Von insgesamt 21 Olympia-Wettbewerben in der Leichtathletik gewannen die Amerikaner elf. Die anderen Goldmedaillen

Pete O'Connor

Cornelius Leahy

Tauziehen: Die deutsche Mannschaft gewinnt vor 40 000 Zuschauern die Goldmedaille gegen die favorisierten Griechen.

gingen an Irland und Schweden (je 2) sowie an Großbritannien, Kanada, Frankreich, Griechenland, Finnland und Ungarn.

Bester deutscher Leichtathlet war der Geher Hermann Müller (* 1885, † 1947), der die Silbermedaille im 3000-m-Wettbewerb gewann und mit 36 Jahren 1921 die zweite deutsche 50-km-Meisterschaft für sich entscheiden konnte – 15 Jahre nach den Zwischenspielen von Athen.

Leichtathletik

Für welches Land startet Duncker?

John Vincent Duncker – manchmal auch Vinzenz genannt – lief Weltrekorde, wurde siebenmal deutscher Meister, stand für Südafrika 1909 an der Spitze der Jahresweltbestenliste über 120 und 440 yards Hürden, studierte in Dresden und arbeitete in Johannesburg. 1906 war er Olympiateilnehmer in Athen, die Frage ist nur: Für welches Land?

Duncker, 1884 als Nachfahre holländischer Einwanderer in Südafrika geboren, kam als 20jähriger nach Deutschland und begann ein Ingenieurstudium in Dresden. Zuerst startete er für den Mittweidaer BC, in dessen Trikot er am 5. August 1905 in Berlin mit 10,8 sec einen Weltrekord lief, der als deutscher 100-m-Rekord anerkannt wurde; später bestritt er Wettkämpfe für den Dresdener SC.

Zu den sechs Leichtathleten, die von der Deutschen Sport-Behörde für Athletik als Olympiastarter nominiert und zudem mit Reisekosten versehen wurden, gehörte auch Duncker. In Athen gewann der Südafrikaner vom Dresdener SC eine Bronzemedaille

über 110 m Hürden (16,3 sec). Es siegte Robert Leavitt (USA) mit 16,2 sec vor dem zeitgleichen Briten Alfred Healey. Im 100-m-Lauf gab Duncker im Zwischenlauf auf, über 400 m verzichtete er nach einer Niederlage gegen den späteren Olympiasieger Paul Pilgrim (USA) auf den Hoffnungslauf, der den Zweitplazierten der Vorläufe vorbehalten war.

Deutsche Meisterschaften holte Duncker 1905 (110 m Hürden in 16,2 sec), 1906 (100 m, 400 m und 110 m Hürden) und 1907 (100 m in 11,0 sec; 400 m in 56,0 sec und 110 m Hürden in 16,0 sec). 1908 kehrte der Meisterläufer nach Südafrika zurück, stand aber nicht in der südafrikanischen Olympiamannschaft von 1908. Ein Jahr später verabschiedete sich Duncker vom Spitzensport, als er die 120 yards Hürden in 15,2 sec und die 440 yards Hürden in 57,2 sec zurücklegte. Die 57,2 sec vom 31. März 1909 waren Weltrekord.

Tauziehen

Mit Ruck und Zuck an einem Strang

Daß deutsche Turner, Ringer, Gewichtheber und sogar Jongleure in den Gründerjahren der olympischen Bewegung an einem Strang ziehen konnten, macht der Gewinn der Goldmedaille im Tauziehen deutlich. Tauziehen war einst eine populäre und weit verbreitete Sportart, die auch die Zuschauer anzog.

Was 1906 in Athen geschah, schildert ein anonymer Zeitgenosse: »Deutschland hatte in der Gesamtheit einen guten Erfolg. Besonders gefeiert wurde der Fechter Gustav Casmir, der mit dem Florett und dem Säbel zwei Gold- und zwei Silbermedaillen gewann, aber den Höhepunkt bildete doch ein Sieg im Tauziehen. Neben Deutschland war Griechenland bis zur Entscheidung gelangt. Aus dem Hafen Athens hatten die Griechen die stärksten Männer aufgeboten, acht Riesen an Gestalt und Gewicht. Sie sollten die deutsche Mannschaft wie Strohhalme umreißen. Mehr als 40 000 Zuschauer freuten sich auf das neckische Spiel. Sportler und Turner zogen auf Deutschlands Seite einmütig an einem Strang. Kommandos faßten die Kräfte zusammen und stoßartig wechselten Ruck und Zuck miteinander ab. Unter den heftigen Angriffen wurden den Griechen die Knie weich. Unter den entsetzten Augen der Zuschauer wurden die griechischen Riesen über die Linie gezogen. Nach der ersten Enttäuschung bereitete das griechische Volk den deutschen Siegern einen brausenden Triumph, der bis in die späten Nachtstunden in der Stadt in Liedern und Heilrufen fortgesetzt wurde. Ein Abglanz altgriechischer Heiterkeit lag über diesen Bildern und vergoldete manche Unvollkommenheit mit einem verklärenden Schein.«

Jede Zeit hat ihre besonderen Sieger, und die Goldmedaillengewinner im Tauziehen erlangten in Deutschland eine Popularität vergleichbar der einer Spitzenmannschaft im Fußball. Tauziehen war schon 1900 (Sieger: Schweden) sowie 1904 (USA) olympischer Wettbewerb gewesen und sollte es nach 1906 noch dreimal sein: 1908 in London (Sieger Großbritannien), 1912 in Stockholm (Sieger Schweden) und 1920 in Antwerpen (Sieger Großbritannien).

Für Deutschland zogen 1906 an einem Strang: Wilhelm Born (24 Jahre alt) aus Karlsruhe, ein Ringer; Wilhelm Dörr (24) aus Frankfurt, ein Werfer der Extraklasse; Carl Kaltenbach (23) aus München, ein Leichtathlet; Joseph Krämer (27) aus Ückendorf-Gelsenkirchen, Turner und Ringer; Wilhelm Ritzendorf (28) aus Berlin, Turner; Heinrich Rondi (28) aus Düsseldorf, Ringer und Gewichtheber; Heinrich Schneidereit (21) aus Köln, Gewichtheber; Julius Wagner (23) aus Reutlingen, Leichtathlet.

Wilhelm Dörr (* 1881, † 1955) sollte 1907 Weltrekordmann im Diskuswerfen und später ein renommierter Sportjournalist werden. Heinrich Rondi wurde 1906 und 1907 Europameister im Gewichtheben sowie 1907 auch Weltmeister. In Athen gewann er eine Bronzemedaille im Stemmen und kam auch als Ringer mit einem Europameistertitel 1906 und als WM-Zweiter 1907 zu Ehren. 1909 wurde Rondi (* 1877, † 1948) Dritter der deutschen Schwergewichtsmeisterschaften im Ringen.

Schneidereit, der 1916 als 32jähriger in Frankreich den Soldatentod fand, holte sich in Athen noch zwei bronzene Medaillen im Heben, wurde 1906 auch noch Weltmeister im Stemmen und stellte mehrere Weltrekorde auf. Julius Wagner (* 1882, † 1952) erzielte 1906 und 1907 im Speerwerfen zwei deutsche Rekorde – den zweiten schon als Mitglied für die Sport-Gesellschaft Stadt Bern. Nach einem Studium in München betätigte sich Wagner als Verleger. 1924 gab er in seinem nach ihm benannten Verlag ein Standardwerk über die Olympischen Spiele 1924 in Paris heraus, »ein Erinnerungswerk unter dem Patronat des Schweizerischen Olympischen Komitees«, dessen Vizepräsident der deutsche Olympiasieger damals war.

Das Buch wurde von dem kurze Zeit bestehenden Deutschen Sportbund – nicht zu verwechseln mit der 1950 gegründeten gleichnamigen Organisation – als Geschenk empfohlen. Julius Wagner konnte schon bald eine Auflage von 60 000 Stück melden. Ein Bestseller!

Carl Kaltenbach: Der 23jährige Münchner Leichtathlet ist einer der acht Deutschen, die im Tauziehen siegen.

Schwimmen

Gottlob Walz reist mit Sprungbrett

Um völlig zu begreifen, was sich an einem Aprilmorgen des Jahres 1906 auf dem Stuttgarter Bahnhof ereignete, muß man Gottlob Walz vorstellen.

Walz, geboren am 29. Juni 1881, war damals ein bekannter Mann und dazu ein Unikum. Von der Figur her hätte er ein stämmiger Leichtgewichtsboxer sein können, und nur wenig ließ darauf schließen, daß er einer der besten Wasserspringer der Welt war. Bis zu seiner Abreise nach Athen, die bis Triest mit dem Zug und weiter mit dem Schiff erfolgte, hatte er vier Europameisterschaften, fünf deutsche Meisterschaften und einmal (1905) den Kaiserpreis gewonnen. Der Kaiserpreis war das Nonplusultra in dieser Erfolgsliste.

In dem nur unwesentlich älteren Wilhelm Fink (* 1875, † 1925) hatte Walz einen Lehrer und Freund. Fink war der Erfinder der Schwäbischen Springerschule, die beim Verein SB Schwaben Stuttgart das Wasserspringen revolutionierte. Er stand in der Gunst des Herzogs Albrecht von Württemberg (* 1865, † 1939), der ein bedeutender Heerführer im Ersten Weltkrieg werden sollte. Mit der Gunst war natürlich auch Geld verbunden.

Der schwäbische Tüftler Walz traute nur sich und sonst niemand. Weil er nichts dem Zufall überlassen wollte, hatte er sich ein

Gustav Casmir (2. v. l.): Der vierfache Medaillengewinner von Athen 1906 hier mit den deutschen Fechtern (v. l.) Müller, Jacob Erckrath de Bary, Talman, Thomson, Moos

Sprungbrett gebaut, das etwa sechs Meter lang war. Mit diesem Ungetüm erschien der zukünftige Olympiateilnehmer auf dem Stuttgarter Bahnhof. Nur mit diesem Eigenbau wollte er in Athen springen. Also stieg er mit dem Brett in den Zug – die Bahnbeamten ließen ihn gewähren. In Athen wurde Walz Olympiasieger im Kunstspringen und zwei Jahre später in London noch einmal Olympiadritter.

Eine sicherlich ebenso schillernde Figur des internationalen Schwimmsports war Otto Sochaczewsky, genannt Scheff. Während seiner Studienzeit in den USA nannte er sich kurzentschlossen Sheff und wurde unter diesem Namen auch einmal US-Meister über 880 yards Freistil. Der am 12. Dezember 1889 geborene Österreicher war erst 16 Jahre alt, als er das Athener Meeresschwimmen über 400 m vor Henry Taylor, dem britischen 1500-m-Olympiasieger und Weltrekordmann, gewann. Scheff schwamm bei seinem Goldmedaillengewinn auf Zuruf aus einem Begleitboot, in dem der österreichische Journalist Felix Graf saß.

Scheff startete auch 1908 in London (Dritter über 400 m). Er erzielte vier Weltrekorde und wurde nach dem Ersten Weltkrieg zum Präsident des Österreichischen Schwimm-Verbandes gewählt. Otto Scheff starb 1956.

Fechten

Familie Casmir beherrscht Planche

Mit Gustav Casmir (* 1872, † 1910) wurden Deutschlands Fechter olympisch erstmals zur Kenntnis genommen. Der Berliner startete schon 1904 in St. Louis, blieb aber trotz geringer internationaler Beteili-

Erwin Casmir: Der 48fache deutsche Meister als Präsident des Deutschen Fechter-Bundes in Helsinki 1952 mit (v. l.) Sohn Norman Casmir, Julius Eisenacker, Lilo Allgeyer und Erwin Kroggel

gung ohne Medaille. Das änderte sich zwei Jahre später in Athen »schlagartig« im wahrsten Sinne des Wortes. Gustav Casmir gewann zwei Gold- und zwei Silbermedaillen. Er siegte im Einzelwettbewerb »Säbel auf drei Treffer« und im Mannschaftswettbewerb dieser Säbelart. Dazu kamen die zweiten Plätze im Florett- (Einzel) und Säbelfechten (Mannschaft). Im Gegensatz zu seinem Neffen Erwin Casmir konnte Onkel Gustav nicht deutscher Meister werden; zu seiner Zeit gab es noch keine nationalen Titelkämpfe.

Erwin Casmir (* 1895, † 1982) war das größte Allroundtalent des deutschen Fechtsports. Er gewann zwischen 1920 und 1952 – zuletzt im Alter von 57 Jahren – bei deutschen Meisterschaften 48 Titel, davon 23 in Einzelwettbewerben. 1928 in Amsterdam holte er sich Silber im Florettfechten und 1936 in Berlin zwei Bronzemedaillen mit der Mannschaft (Florett und Säbel). Seine deutschen Titel verteilen sich recht gleichmäßig auf Florett (8), Degen (7) und Säbel (8). Von 1934 bis 1937 und von 1949 bis 1957 war er Präsident des Deutschen Fechter-Bundes.

Erwin Casmirs Sohn Norman nahm an den Olympischen Spielen 1952 in Helsinki teil; 1953 und 1956 war er deutscher Florettmeister. Mit ihm endet die Familiengeschichte der fechtenden Casmirs.

Sportschießen

Schweizer Schützen treffsicher wie Tell

Zu Beginn des 20. Jahrhunderts hatten die Schweizer einen legendären Ruf im Sportschießen mit dem Gewehr. Sie schossen – nimmt man die goldenen Ergebnisse der Olympischen Spielen von 1900 und 1906 – so genau wie ihre eidgenössische Sagengestalt Wilhelm Tell.

Der Schweizer Alfred Grütter (* 1860, † 1937), Olympiasieger in Athen, erfuhr erst sehr viel später, daß er schon in Paris 1900 Goldmedaillengewinner geworden war. Gewußt hatte er nur, daß er an einem Wettkampf teilgenommen hatte.

Grütter stand 1906 im Gold-Team mit Konrad Stäheli (* 1866, † 1931), Jean Reich (* 1873, † 1950), Louis Richardet (* 1864, † 1923) und Marcel Meyer de Stadelhofen

Sportschießen: Der Schweizer Konrad Stäheli (r.) mit Emil Kellenberger beim Eidgenössischen Schützenfest 1901 in Luzern

(* 1878, † 1973), der 95 Jahre alt wurde. 1906 sammelten die Schweizer zehn Medaillen (fünf goldene, drei silberne und zwei bronzene) und schlugen die Franzosen, die Gesamtsieger der Zwischenspiele, mit 10:9 Medaillen im Direktvergleich der besten Sportschützen.

In seiner olympischen Karriere brachte es Konrad Stäheli auf acht Medaillen (5–2–1). Louis Richardet, der erfolgreichste Medaillensammler in Athen, rangiert dahinter mit einer Gesamtausbeute von fünf goldenen und einer silbernen.

1908 London

27. April bis 31. Oktober
Dauer 193 Tage
Teilnehmer 2055 (2012 Männer, 43 Frauen)
Länder 23
Sportarten 25 (mit Eiskunstlauf)
Entscheidungen 113 (mit Eiskunstlauf)
Zuschauerzahl 300 000
Schirmherr König Edward VII. von Großbritannien

Olympische Spiele 1908 in London: Die Titelseite des Tagesprogramms verweist auf die Wettkämpfe der Leichtathleten im neuerbauten Stadion in Shepherd's Bush.

White City: Der schwenkbare Aussichtsturm des benachbarten Messegeländes bietet einen prächtigen Blick auf das Stadion.

Britisches Fest mit Heimvorteil

Die IV. Olympischen Spiele der Neuzeit, die am 27. April 1908 begannen und nach 193 Tagen am 31. Oktober 1908 endeten, waren die ersten, die den künftigen Qualitätsmaßstab anlegten, aber auch alle späteren Untugenden in sich vereinten.

Die Gastgeber taten für sich das Beste und für die Gäste nur das Notwendige. Es war ein britisches Fest mit Heimvorteil. Das Mutterland des Sports drückte der olympischen Bewegung seine Regeln auf.

Bei der Vorbereitung der Londoner Spiele setzten Lord Desborough und Reverend Laffan neue Maßstäbe. Es begann damit, daß man die englischen Sportverbände um ihre Zustimmung in der Frage der Übernahme der Spiele bat. Nach der positiven Entscheidung, die vorausgesetzt worden war, ging es um den Bau eines repräsentativen Stadions und um die Regularien der Spiele.

Im Bezirk Shepherd's Bush entstand White City mit 68 000 Sitzplätzen. Hier fand am 13. Juli 1908 nicht nur die Eröffnungsfeier mit König Edward VII. statt, sondern neben den leichtathletischen Wettkämpfen auch die der Schwimmer, da man den Innenraum in ein Schwimmbassin verwandeln konnte.

In der Frage der Maße und Gewichte fiel vor den Spielen eine für die olympische Zukunft maßgebliche Entscheidung. Die Engländer führten für die Spiele das metrische System ein, ein Entschluß, der Selbstüberwindung verlangte. Er wurde aber dadurch erleichtert, daß beispielsweise im Schwimmen die Meter-Distanzen auf das Fuß- und Yards-System bis hin zur Meile verlängert werden konnten, wenn dies von den Aktiven gewünscht wurde. In das Detail verliebt, legten die Briten auch für jede Sportart Regeln fest, fixierten die Anweisungen in Protokollen und gaben schließlich sogar Regelbücher heraus. Dies war ein Segen für die olympische Bewegung. Pierre de Coubertin ließ in seiner Bewunderung für den britischen Sportgeist die Gastgeber gewähren; er selbst hatte im

Die erfolgreichsten Sportler von London

Name	Sportart	G	S	B
1. Melvin Sheppard USA	Leichtathletik	3	–	–
Henry Taylor GBR	Schwimmen	3	–	–
3. Benjamin Jones GBR	Radsport	2	1	–
4. Martin Sheridan USA	Leichtathletik	2	–	1
Oscar Swahn SWE	Schießen	2	–	1
6. Ray Ewry USA	Leichtathletik	2	–	–
George Larner GBR	Leichtathletik	2	–	–
Eric Lemming SWE	Leichtathletik	2	–	–
Gaston Alibert FRA	Leichtathletik	2	–	–
Jenö Fuchs HUN	Fechten	2	–	–
Albert Helgerud NOR	Schießen	2	–	–
Charles Kingsbury GBR	Radsport	2	–	–
Paul Radmilovic GBR	Schwimmen, Wasserball	2	–	–
Thomas Thornycroft GBR	Motorbootrennen	2	–	–
Bernard Redwood GBR	Motorbootrennen	2	–	–
Arthur Gore GBR	Tennis	2	–	–

Medaillenspiegel London 1908

Land	G	S	B
1. GBR	56	50	39
2. USA	23	12	12
3. SWE	8	6	11
4. FRA	5	5	9
5. GER	3	5	5
6. HUN	3	4	2
7. CAN	3	3	10
8. NOR	2	3	3
9. ITA	2	2	–
10. BEL	1	5	2

IOC niemand, der auf diesem Gebiet hätte Bahnbrechendes leisten können.

In der gerühmten Splendid isolation hatte sich in England eine in Vereinen, Gesellschaften und Verbindungen gegliederte Sportstruktur entwickelt, die über die Olympischen Spiele 1908 Eingang in den internationalen Sport fand. So waren zwischen 1676 und 1903 nicht weniger als 32 sportliche oder sportverwandte Organisationen entstanden, die ihre Meisterschaften ausrichteten und damit auch Regeln kannten. Hier waren die Briten der übrigen Welt weit voraus. Die Ringer beispielsweise, die schon 1896 olympiawürdig waren, legten erst 1938 ein internationales Regelwerk schriftlich vor. In London konnten die Gastgeber auf gute Erfahrungen verweisen, weil es u. a. schon folgende Zusammenschlüsse gab: Bogenschießen (seit 1676 und 1861), Kricket (1787), Laufen (1858), Leichtathletik und Schießen (1860), Fußball (1863), Schwimmen (1869), Rugby (1871), Segeln (1875), Radsport (1878), Eislauf (1879), Boxen (1880), Hockey (1886), Tennis (1888, Wimbledon seit 1877), Fechten (1902) oder Skisport (1903).

Mit den englischen Sportregeln wurde zugleich die Amateurfrage angesprochen, wobei konservative Kräfte ebenso wirksam wurden wie liberale. Normalerweise galt die Regel, daß nur Gentlemen Sport trieben und nicht Leute, die Geld für ihre Leistung kassierten. Immerhin wurde schon 1908 deutlich gemacht, daß es den »bona-fide-Amateur« geben müsse, jenen Sportler also, der sich selbst die Olympiawürde bescheinigte. Auf eine Kontrolle verzichteten die Engländer. Dieser Amateur auf Treu und Glauben kam acht Jahrzehnte später noch einmal ins Gespräch, als das IOC unter Juan Antonio Samaranch den Athleten-Kodex (Athlete's Code) einführen wollte. Bevor dieser Kodex zum Tragen kam, war er von der Kommerzialisierung überholt. Schon 1988 in Seoul zählten Tennismillionäre zu den Olympiateilnehmern.

Im Stadion von Shepherd's Bush nahm auch eine ganz andere Entwicklung ihren Anfang: Die Flaggen der teilnehmenden

Eröffnungsfeier: In der Loge umrahmt vom Hochadel König Edward VII. und Königin Alexandra von Großbritannien mit dem Prinzenpaar von Wales

Eröffnungsfeier: Einmarsch der Nationen

Länder wehten über den Rängen; es gab zum erstenmal den Einmarsch der Nationen, die vom Schirmherrn der Spiele begrüßt wurden. Der italienische Graf Brunetta d'Usseaux, froh darüber, die Spiele von Rom nach London transferiert zu haben, stiftete den sogenannten Pallas-Athene-Pokal für die erfolgreichste Mannschaft der Spiele (Großbritannien gewann ihn). Brunetta wurde damit, wie man freilich erst später erkannte, zum Urheber der Nationenwertung bei den Spielen. Ein Olympier also war der Erfinder der umstrittenen Medaillen- und Punktspiegel.

Freilich: nicht alles geriet zum besten. Die Schweden und US-Amerikaner vermißten ihre Flaggen im Stadion. Viele Ausländer verstanden trotz schriftlicher Unterlagen nicht die Regeln und wunderten sich über die britischen Kampfrichter, die allein im Innenraum des Stadions und an den übrigen Wettkampfstätten das Sagen hatten. Die Iren mußten weiter zum Ruhme der Briten starten, den Finnen wurde keine eigene Flagge zugestanden, weil sie Bürger des Russischen Reiches waren.

Die Amerikaner protestierten gegen die Teilnahme des Indianers Tom Longboat für Kanada, weil dieser in den USA zum Professional erklärt worden war (Longboat lief Marathon, gab aber auf). Die Amerikaner zogen ihre 400-m-Läufer aus dem Endlauf zurück, weil ihr Landsmann J. B. Carpenter im ersten und später annullierten Finale disqualifiziert worden war. Die Franzosen wüteten, als ihr Radsportler Maurice Schilles in zwei Wettbewerben disqualifiziert wurde, was sie als »absurd« bezeichneten.

Trotz allem: London veranstaltete bahnbrechende Spiele. 2055 Sportler aus 23 Ländern nahmen teil; mit dem Eiskunstlauf gab es 113 Entscheidungen, von denen die Briten allein 56 gewannen, die USA 23 und die Schweden acht.

Der deutsche Sport trat bescheiden auf. Die Mannschaft – sie bestand aus 84 Teilnehmern (ohne Frauen) – war nur die achtgrößte. In der Medaillenwertung erschien sie auf dem fünften Platz. Der deutsche Sport befand sich in einer Struktur- und Organisationskrise. Carl Diem räumte im nachhinein entscheidende Fehler ein, so zu späte Anreise, falsche Unterbringung, ungewohntes Essen. In Wirklichkeit aber hatten die Verantwortlichen in einigen Sportarten die falschen Leute nach London geschickt. Zudem gab es – trotz Carl Diem – keinen deutschen Sportführer von Charisma.

Die olympische Familie

Teilnahme ist wichtiger als Sieg

Nach den Zwischenspielen von Athen 1906 versuchten die IOC-Mitglieder auf der 9. Vollversammlung im Mai 1907 in den Haag wieder Verantwortung zu übernehmen. Pierre de Coubertin vertraute zwar den Briten als zuverlässigen Organisatoren, unterstützte aber die Bemühungen, IOC-Kommissionen für Turnen, Fechten, Reiten und Schwimmen einzusetzen. Diese sollten die britischen Kampfrichter bei den Spielen in London unterstützen.

Die 10. Session am Ort der Spiele verlief dagegen wieder enttäuschend. Coubertin verzichtete auf ein Protokoll; die Tagesordnung gestaltete er nach Belieben. In den Räumen des Königlichen Sportclubs ließ er sich als Wächter des Olympismus feiern. Über die Bewerber für die künftigen Olympischen Spiele, darunter Berlin und Stockholm, wurde nicht gesprochen.

Am 19. Juli 1908 fand in der St. Paul's Kathedrale ein Gottesdienst statt. Der Bischof von Pennsylvania hielt die Predigt und sagte dabei sinngemäß, daß das Siegen nicht so wichtig sei wie die Olympiateilnahme an sich.

Diese Formulierung wäre weiter nicht bekannt geworden, hätte sie Coubertin nicht am 24. Juli auf einem Bankett mit Lord Desborough wiederholt. An jenem Tag sagte Coubertin (auf Französisch): »L'important dans ces olympiades, c'est moins d'y gagner que d'y prendre part.« Dies heißt genau: »Der Sieg ist weniger wichtig als die Teilnahme.« Daraus wurde, ungenau verkürzt, das Schlagwort: »Teilnehmen ist wichtiger als Siegen.«

Hochsprung: Harry Porter aus den USA gewinnt mit 1,905 m die Goldmedaille.

Während der Spiele starb am 20. Juli der erste Präsident des IOC, Demetrius Bikelas, in seiner Heimatstadt Athen. Die olympische Welt erfuhr die Todesnachricht erst sehr viel später; so wurde Bikelas' in London nicht gedacht. Ende des Jahres zählte das IOC 36 Mitglieder.

Die olympische Familie

Sir Theodore Cooke legt Regeln fest

Der erste Journalist, der in der olympischen Bewegung eine besondere Rolle spielte, war Sir Theodore Andrea Cooke (* 1867, † 1928). Er stand dem britischen Olympiakomitee nahe und erarbeitete nach der Übernahme der Olympischen Spiele 1908 für London die ersten internationalen Wettkampfregeln. Sein 1907 vorgelegtes Papier umfaßte 190 Seiten. Es entschied unter anderem, daß 1908 die Meter-Distanzen bei den Spielen obligatorisch sein würden – ein Entgegenkommen für die Gäste. Pierre de Coubertin fand dann auch Lob für die Briten und besonders für Cooke, der 1909 ins IOC berufen wurde. In diesem blieb er bis 1915, trat dann aber aus, als die IOC-Führung unter Coubertin es ablehnte, die deutschen IOC-Mitglieder (Venningen, Sierstorpff, Arnim-Muskau) als Angehörige des Kriegstreibers Deutschland aus dem IOC auszuschließen.

Leichtathletik

Qualifikationen sind die Ausnahme

Obwohl Sportler und Sportführer auf die Erfahrungen von vier Olympischen Spielen zurückblicken konnten, war die Aufstellung von Mannschaften, ihre mentale Vorbereitung und die Betreuung vor Ort reine Glückssache. Qualifikationen gab es kaum; selbst in den USA wurde das Ausleseprinzip in der Leichtathletik immer noch den Universitäten im Osten des Landes überlassen. In Deutschland wurde geradezu geschludert. Der 26jährige Carl Diem, der gerade den Vorsitz in der Deutschen

Sportbehörde für Athletik übernommen hatte, konstatierte als Beobachter in London nachher entschuldigend: »Man hatte die Einwirkungen des Londoner Klimas und der ungewohnten englischen Küche nicht in Betracht gezogen.«

In Frankreich hatte man alle Sportler aufgeboten, die sich gemeldet hatten – 220 insgesamt. Nur die Briten stellten eine größere Mannschaft (721). In der Sportzeitung L'Auto (Vorgängerin von L'Equipe) wurden alle olympischen Nachrichten übermittelt, und so durften die Olympiastarter plötzlich lesen: »Französische Athleten, die für die Olympischen Spiele vorgesehen sind, treffen sich morgen 7.45 Uhr am Gare du Nord. Bitte pünktlich sein!« Zu denen, die pünktlich eintrafen, gehörten der 19jährige Jean Bouin und der ein Jahr jüngere Géo André.

Bouin schied am 13. Juli über 1500 m als Vorlaufzweiter hinter dem britischen Weltrekordmann Harold Wilson aus, der auf dieser Distanz als erster unter vier Minuten blieb. Am 14. Juli zeigte Bouin dann seine Stärke und wurde im 3000-m-Mannschaftslauf Vorlaufschnellster in 14:53,0 min. Am Abend ging der junge Franzose in eine Bar in Soho, kam mit Briten in Streit und verbrachte eine Nacht auf der Polizeistation am Piccadilly Circus. Als die französische Mannschaft am 15. Juli die Bronzemedaille im Mannschaftslauf gewann, befand sich Jean Bouin auf der Heimreise. Wegen fehlender Disziplin hatte man ihn nach Hause geschickt.

Der 18jährige Géo André verzichtete auf Eskapaden. Mit einer Bestleistung von 1,79 m war er nach London gekommen. Viermal verbesserte er seine Marke, mit 1,80 m, 1,83 m, 1,85 m und schließlich 1,88 m, was die Silbermedaille bedeutete. Niemals mehr sprang er höher, wurde aber in anderen Übungen wie 400 m flach und Hürden sowie 110 m Hürden ein absoluter Spitzenläufer. 1920 in Antwerpen wurde er mit Frankreichs 4x400-m-Staffel noch einmal Bronzemedaillengewinner. 1924 bei den Olympischen Spielen in Paris sprach er den olympischen Eid. Am 4. Mai 1943 starb Géo André als Mitglied der Résistance im Kampf gegen Deutschland.

Ebenfalls im Kampf gegen Deutschland fiel am 29. September 1914 Jean Bouin. Nur zwei Jahre überlebte er seinen Silbermedaillengewinn im 5000-m-Lauf von Stockholm 1912 und um nur ein Jahr seinen Stundenweltrekord von 1913.

Forrest Smithson: Um seine technische Überlegenheit zu demonstrieren, ließ sich der Sieger über 110 m Hürden in einem gestellten Lauf mit der Bibel in der Hand ablichten.

Leichtathletik

Briten und USA wetteifern um Gold

Zwölf Tage lebten die Spiele von London besonders intensiv. Das waren die Tage vom 14. bis 25. Juli, als im White City Stadion die Leichtathletik-Wettkämpfe abgewickelt wurden. Getreu dem freilich umstrittenen Wort des irischen Dramatikers und Satirikers George Bernard Shaw (* 1856, † 1950), »daß Engländer im sportlichen Wettkampf auf legale Weise nicht geschlagen werden können«, entwickelte sich ein erbitterter Zweikampf zwischen den Briten und Amerikanern, den die Gäste aus Übersee mit 35 Medaillen (16–10–9) gegen 17 (7–7–3) der Gastgeber deutlich gewannen. Dank zweier Goldmedaillen des Speerwerfers Eric Lemming folgten die Schweden schon auf Rang drei.

Die Amerikaner hatten freilich ihre Nöte, konnten sie doch die 100, 200 und 400 m nicht gewinnen. Der Südafrikaner Reginald Walker (100 m) war genau so eine Überraschung wie der Kanadier George Kerr (200 m). Über 400 m freilich nutzten die Briten ihren Heimvorteil, auch wenn der schon 26 Jahre alte Schotte Wyndham Halswelle, ein Veteran des Burenkrieges,

400-m-Lauf: John Carpenter (USA) siegt im ersten Endlauf vor seinem Konkurrenten Wyndham Halswelle (GBR), den er aber behindert haben soll. Nach Annullierung des Rennens treten die Amerikaner zum Wiederholungslauf nicht an, und Halswelle holt Gold im Alleingang.

Favorit gegen die Amerikaner war. Leutnant Halswelle war im Vor- und Zwischenlauf mit 49,4 und 48,4 sec die besten Zeiten gelaufen, verlor aber die Entscheidung durch das Teamwork der ins Finale vorgestoßenen Amerikaner John Carpenter, William Robbins und John Taylor. Die Engländer, die ihre Amerikaner kannten, hatten bei diesem Endlauf alle 20 yards einen Beobachtungsposten an die Bahn gestellt. Carpenter gewann in ganz hervorragenden 47,8 sec, wurde aber disqualifiziert, weil er Halswelle behindert haben sollte. Außerdem wurde der Lauf annulliert und zwei Tage später neu angesetzt. Wegen des Ausschlusses von Carpenter traten die beiden anderen Amerikaner nicht mehr an, und Halswelle wurde im Alleingang (50,0 sec) Olympiasieger.

Zu den umjubelten Siegern der Amerikaner zählte Melvin Winfield Sheppard (* 1883, † 1942), der die 800 m (in der Weltrekordzeit von 1:52,8 min), die 1500 m und mit drei Landsleuten die olympische Staffel (auch Schwellstaffel genannt) gewann, der Standspringer Ray Ewry (USA), der seine Goldmedaillen Nummer neun und zehn erkämpfte, die Hürdenläufer Forrest Smithson und Charles Bacon, die beide Gold mit Weltrekorden eroberten, und der Marathonläufer Johnny Hayes, der nach der Disqualifikation von Dorando Pietri zum Sieger ausgerufen und von seinen Landsleuten auf einem den Kampfrichtern entwendeten Tisch durch das Stadion getragen wurde.

Eine ganz besondere Imagepflege betrieb der aus Portland in Oregon stammende Hürdler Forrest Custer Smithson, der für den renommierten Multnomah AC startete. Smithson (* 1881, † 1963) lief in London der Konkurrenz einfach davon. Er legte fast fünf Meter zwischen sich und die plazierten John Garrels und Arthur Shaw, denen er mit 15,0 sec auch noch den Weltrekord (15,2 sec) nahm.

Um seine technische Überlegenheit zu beweisen, posierte er mit einer Bibel in der linken Hand Hürdenlauf in Vollendung; dies geschah nicht in einem Wettkampf, sondern nur für den Fotografen. Als das Bild rund um die Welt ging, wurde Forrest Smithson zu einem Übermenschen stilisiert, dabei war alles nur ein Gag.

Zu den 13 Ländern, deren Leichtathleten in London Medaillen gewannen, zählte auch Deutschland. Hanns Braun aus München wurde Dritter über 800 m. Die olympische Staffel (200, 200, 400, 800 m) mit Arthur Hoffmann, Hans Eicke, Otto Trieloff und Hanns Braun wurde hinter den USA Zweiter, wobei Braun die abschließenden 800 m gegen Olympiasieger Sheppard und den ungarischen Olympiavierten Ödon Bodor lief.

In der US-Staffel gewann John Taylor als erster Farbiger eine olympische Goldmedaille. Taylor, der aus Philadelphia stammte, starb schon am 2. Dezember 1908 an Typhus, den er sich als praktizierender Arzt geholt hatte. Er wurde nur 24 Jahre alt.

Leichtathletik

Marathon-Drama um Dorando Pietri

Der Italiener Dorando Pietri (*1882, †1942) war klein, mager, glutäugig und vor allem unbekannt, als er in London am Marathonlauf teilnahm. Als er ihn als schließlich disqualifizierter Sieger beendet hatte, war er weltberühmt und bis zu seinem Tod eine lebende Legende. Pietris Verdienst liegt darin, daß er wie kein anderer den Marathonlauf zu einem Faszinosum gemacht hat.

Das kam so: London gestaltete den Dauerwettbewerb bereits zu einem Spektakel, als es die Strecke festlegte. Gestartet wurde vor Schloß Windsor, von wo aus man eine Strecke von 26 Meilen vermessen hatte, einschließlich jener 385 yards, die noch innerhalb des White City Stadions bis zur Ziellinie vor der königlichen Loge zurückzulegen waren. Diese Distanz von 42,263 km wurde künftig allen olympischen Marathonwettbewerben zugrunde gelegt.

Die englischen Läufer, unter starkem Erfolgsdruck gestartet, übernahmen sich und spielten bald keine Rolle mehr. Nach der Hälfte der Strecke wurde die Sache ernst, als der Südafrikaner Charles Hefferon im Vorderfeld auftauchte und der Pastetenbäcker Pietri aus Carpi in Kalabrien noch frisch und munter wirkte.

Marathonlauf: Übereifrige Funktionäre (r. Sir Arthur Conan Doyle) helfen dem total erschöpften Dorando Pietri über die Ziellinie. Der Italiener wird nach dem Rennen disqualifiziert.

Bei Kilometer 22,5 übernahm Hefferon die Spitze und hatte bei Kilometer 30 einen Vorsprung von fast vier Minuten vor dem nun an zweiter Stelle liegenden Pietri. Als Hefferon, der großen Durst hatte, Champagner zu sich nahm, bekam er Magenkrämpfe und verlor schnell seinen Vorteil. Pietri sah den führenden Hefferon plötzlich vor sich, legte einen Zwischenspurt ein und überholte Hefferon noch vor dem Stadion. Dieses erreichte er allerdings im Zustand schwindender Sinne. Die Aschenbahn betrat er glasigen Auges, wußte nicht, wohin es ging. Er wurde schließlich richtig eingewiesen, fiel dann aber mehrmals hin. Es sah so aus, »als könne Pietri in Anwesenheit der Königin auf der Bahn sterben«, hieß es im offiziellen Bericht. In dem Augenblick, als der zweite Läufer – zum Entsetzen der Zuschauer nicht der Südafrikaner Hefferon, sondern der schmächtige Amerikaner Johnny Hayes – das Stadion betrat, stürzte Pietri zum fünftenmal.

Jack Andrew, der britische Organisator des Marathonlaufs, half nun Pietri über die Ziellinie; andere Kampfrichter unterstützten ihn dabei. Die Folge war, daß man Pietri wegen Inanspruchnahme fremder Hilfe disqualifizierte; Diskussionen wurden gar nicht erst geführt. Der 22 Jahre alte Hayes, Angestellter des Warenhauses Bloomingdale in New York, war ein unpopulärer Sie-

Marathonlauf: Johnny Hayes, nach der Disqualifikation Pietris zum Sieger erklärt, wird von seinen amerikanischen Mannschaftskameraden auf einem Tisch durchs Stadion getragen.

ger, aber interessant genug, später in schnell arrangierten Professionalrennen gegen Pietri anzutreten. Hier erschien dann auch der Onondaga Tom Longboat, der vor James Thorpe der erste indianische Weltklasseathlet war.

Dorando Pietri indes, der nach seinem Kollaps auf einer Tragbahre in die Umkleidekabinen gebracht worden war, erholte sich bald. Er vertrat sogar die Meinung, er wäre auch ohne Hilfe ins Ziel gekommen, was fast alle Beobachter bezweifelten. Über Nacht zu einer Berühmtheit geworden, zeigte sich Pietri am nächsten Tag im Stadion. Königin Alexandra empfing ihn und überreichte ihm einen Erinnerungspokal. Daß er in der Tat ein Marathonläufer von Klasse war, bewies er in zwei Rennen in New York, die am 25. November 1908 sowie am 15. März 1909 stattfanden und die er beide gewann. Doch da war er schon Berufsläufer.

200-m-Lauf: Der Kanadier Robert Kerr (M.) siegt vor den Amerikanern Robert Cloughen (l.) und Nathaniel Cartmel.

Leichtathletik

100-m-Sieger kam aus den Kolonien

Am 22. Juli 1908 schrien sich 49 000 Zuschauer in Shepherd's Bush in Rage. Nicht der Kanadier irischer Abstammung Robert Kerr und nicht der Amerikaner James Rector gewannen die 100 m, sondern der bis dahin so gut wie unbekannte 19jährige Südafrikaner Reggie Walker. Bei den südafrikanischen Meisterschaften war Walker nur Zweiter geworden und nicht für die Spiele nominiert worden. Seine Fans aber sammelten das Reisegeld für den armen Jungen aus Durban.

In London nahm Walker an den englischen Meisterschaften teil und verlor gegen den Olympiafavoriten Robert Kerr (beide 10,0 sec über 100 yards). Englands damals legendärer Trainer Sam Mussabini, der 1924 dann mit Harold Abrahams Erfolg haben sollte, nahm sich des jungen Walker an. Im Endlauf rettete Walker nach einem glänzenden Start den halben Meter Vorsprung bis ins Ziel.

Die Briten feierten den Südafrikaner Reggie Walker wie einen der ihren. Daß er aus den Kolonien kam, spielte keine Rolle. James Rector, Zweiter der US-Meisterschaften, gewann Silber, Kerr, der sich vorher die 200 m gesichert hatte, rettete Bronze.

1909 lief Walker in Berlin und erreichte noch einmal 10,8 sec vor Richard Rau, dem deutschen Sprinterstar. Danach wechselte Walker zu den Professionals und verschwand aus dem olympischen Blickfeld. Er starb schon 1914 im Alter von 25 Jahren.

Leichtathletik

Zehn Goldmedaillen für Ray Ewry

In den Sprüngen aus dem Stand war der Amerikaner Raymond (Ray) Ewry in seiner fast zehnjährigen Karriere unschlagbar. Bei den Spielen 1900 in Paris, 1904 in St. Louis, 1906 in Athen und abschließend 1908 gewann er zehn olympische Goldmedaillen – kein anderer Athlet und keine Athletin haben diese Zahl erreicht. Als Ewry 1908 abtrat, hielt er die Weltrekorde in den drei Wettbewerben aus dem Stand: Weitsprung mit 3,47 m, Hochsprung mit 1,65 m und Dreisprung mit 10,58 m.

Ray Ewry, den sie wegen seiner außerordentlichen Beweglichkeit in den Vereinigten Staaten den »Gummimenschen« nannten, wurde am 18. Oktober 1873 in Lafayette (Indiana) geboren. Mit fünf Jahren erkrankte er an spinaler Kinderlähmung und schien für den Rest seines Lebens an den Rollstuhl gefesselt, als seine Beine para-

Ray Ewry: Mit zehn Goldmedaillen ist der Amerikaner der erfolgreichste Athlet der Olympischen Spiele.

lysiert blieben. Autogenes Training verhalf ihm zur Wiederherstellung der Muskelfunktionen in den Beinen; Ewry trainierte wie besessen, um aus dem Rollstuhl zu kommen. Im Alter von 20 Jahren stellte er fest, daß er in Sprüngen aus dem Stand besser war als stets gesunde Gleichaltrige.

Das Springen ohne Anlauf war um die Jahrhundertwende ein beliebter Sport, weil auf engstem Raum auszutragen. Ewry trat dem New York AC bei und war an der Olympiateilnahme interessiert, als er von den Spielen in Paris hörte. Dort gewann er 1900 alle drei Wettbewerbe aus dem Stand, wiederholte dieses Kunststück 1904 in St. Louis und siegte 1906 und 1908 in den beiden verbliebenen Übungen, nachdem man den Dreisprung-Wettbewerb gestrichen hatte. Ewry war von dem eigenen Können so fasziniert, daß er sogar einen Weitsprung aus dem Stand rückwärts kreierte. Dabei erreichte er 2,82 m, was als Weltrekord gelten darf. Der Mann mit den zehn olympischen Goldmedaillen starb am 27. September 1937 im Alter von 63 Jahren.

Ray Ewry war eine Ausnahmeerscheinung, doch es gab in seiner Zeit ganz starke Konkurrenz. Da war der wie Ewry sehr sehnige und hagere Grieche Konstantin Tsiklitiras, ferner gab es die amerikanischen Brüder Platt und Ben Adams, deren Landsmann John Biller und den farbigen US-Springer Joseph Stadler. 1913 verlor Ewry seinen Weltrekord im Standhochsprung an den Amerikaner Leo Goehring (1,67 m), die beiden anderen behielt er.

Nach dem Ersten Weltkrieg gab es die Sprungwettbewerbe aus dem Stand nicht mehr. Immerhin sind Vergleiche mit sozusagen zeitgenössischen Leistungen möglich. 1980 kam der Schwede Rune Alenen im Hochsprung ohne Anlauf auf 1,89 m. 1962 wurden für den Norweger Johann Evandt 3,63 m im Weitsprung aus dem Stand registriert.

Leichtathletik

Der Speerwerfer mit dem goldenen Arm

Der Schwede Eric Lemming (* 1880, † 1930) war Soldat, Klavierspieler, Speerwerfer, Idol der Männer und Liebling der Frauen. Wie später nur noch die Finnen hat er das Speerwerfen personifiziert. Er stellte zehn Weltrekorde auf und gewann vier olympische Goldmedaillen mit diesem Gerät; zwischen 1898 und 1913 stand er zwölfmal an der Spitze der Jahresweltbestenliste. Als Kugelstoßer, Tauzieher und Fünfkämpfer holte er sich noch drei olympische Bronzemedaillen. Für seine stolzen schwedischen Landsleute war er der Speerwerfer mit dem goldenen Arm.

In Athen 1906 gewann er das Speerwerfen mit 53,90 m; das war sein Weltrekord Nummer fünf. Dazu gab es die drei genannten Bronzemedaillen und einen vierten Rang im Diskuswerfen, denn Eric Lemming hielt nicht sehr viel vom Zuschauen.

In London 1908 blieb Lemming im Diskuswerfen unplaziert, holte sich aber die beiden Goldmedaillen im Speerwerfen, wobei es die Konkurrenz mit Mittelgriff gab und jene in der freien Griffwahl. Lemming warf in beiden Stilarten gleich weit und gewann klar vor der Konkurrenz.

Bei den Olympischen Spielen in Stockholm 1912 siegte Eric Lemming im klassischen Wettbewerb, wurde aber beidhändig nur Vierter, weil er links zu schwach war. Mit 42 Jahren (1922) warf er den Speer noch 55,10 m weit. Seine Bestleistung erzielte er 1912 im Alter von 32 Jahren, als er 62,32 m erzielte

Er gewann 25 schwedische Meisterschaften und nahm – mit Paris 1900 – an vier Olympischen Spielen teil. Es wären fünf gewesen, wenn er 1904 nach St. Louis hätte fahren können. Dort hätte er allerdings im Diskuswerfen antreten müssen, weil es damals das olympische Speerwerfen noch nicht gab. Als Lemming 1930 nach einer Herzattacke im Alter von nur 50 Jahren starb, betonten die Ärzte, daß sein früher Tod nicht im Zusammenhang stehe mit seinen sportlichen Anstrengungen.

Eric Lemming: Der schwedische Speerwerfer holt bei drei Olympischen Spielen (1906, 1908 und 1912) vier Gold- und drei Bronzemedaillen.

Boxen

Olympiasieger Gunn war 38 Jahre alt

Das Amateurboxen steckte 1908 international noch in den Kinderschuhen, hatte aber schon eine Basis in Großbritannien, wo auf ein Vierteljahrhundert an Erfahrung zurückgeblickt werden konnte. Die Briten gewannen 14 von 15 Medaillen, ein zweiter Rang ging an den Australier Reginald Baker (Mittelgewicht), der zudem ein Wasserspringer war.

Immerhin war das Boxturnier besser besetzt als das erste in St. Louis, wo es dem Amerikaner Oliver Kirk mangels Konkurrenz gelang, das Bantam- und Federgewicht hintereinander zu gewinnen.

In London war der Federgewichtler Richard Gunn (* 1870, † 1961) eine Ausnahmeerscheinung. 1894 bis 1896 war er britischer Meister gewesen, hatte dann aber wegen seiner großen Überlegenheit keine Konkurrenten mehr gefunden.

Im Alter von 38 Jahren wagte Gunn für die Olympischen Spiele ein Comeback, schaffte erneut das Limit und schlug drei Gegner (im Finale seinen Landsmann Charles Morris). Der Olympiasieg war sein letzter Fight. In 15 Jahren soll Gunn nur einen Kampf verloren haben.

Schwimmen

Deutsche Springer sammeln Siege

Im Schwimmen, das in einem künstlichen Bassin inmitten des White City Stadions stattfand, gab es einige wenige Supersieger. Der 24jährige Charles Daniels aus den USA verabschiedete sich als Olympiasieger über 100 m Freistil mit Weltrekord (1:05,6 min); seine olympische Sammlung bestand danach aus fünf Gold-, einer silbernen und

Wasserball: Im Finale schlägt Großbritannien das belgische Team 9:2. Dritter wird Schweden.

zwei Bronzemedaillen. Der Brite Henry Taylor (* 1885, † 1951) übertraf ihn in der Londoner, aber nicht in der olympischen Gesamtwertung. Taylor gewann die 400 m, die 1500 m und mit seinen Kameraden die 4x200 m Freistil. Er erzielte Weltrekorde über 1500 m und – indem er 109 m weiterschwamm – auch über die Meile. Nach den Spielen von 1912 und 1920 hatte er vier Gold-, eine silberne und drei Bronzemedaillen angehäuft, also insgesamt acht Medaillen (wie auch Daniels).

Im Rückenschwimmen wurde Arno Bieberstein als Goldmedaillengewinner Nachfolger von Walter Brack, dem Olympiasieger von 1904. Bieberstein von Hellas Magdeburg erzielte in London Weltrekord. In seiner Spezialdisziplin war er jahrelang ungeschlagen und als Meister von Österreich und auch Ungarn ein renommierter Athlet. Deutscher Meister konnte er nicht werden, weil damals die 100 m Rücken als Meisterschaftswettbewerb noch nicht ausgetragen wurden.

Total war der deutsche Triumph im Brettspringen. Albert Zürner vom Verein Stern Hamburg gewann vor Kurt Behrens von Hellas Magdeburg und Gottlob Walz von Schwaben Stuttgart. Walz war 1906 mit eigenem Brett nach Athen gereist und dort Olympiasieger geworden.

Zürners olympische Leistungen sind bemerkenswert: Vom Brett gewann er 1908 in London Gold und wurde 1906 sowie 1912 jeweils Vierter; 1912 holte er sich Silber vom Turm. Kurt Behrens lehrte zwischen 1910 und 1921 als Trainer des New York AC die Amerikaner des Brettspringen. 1912 wurde er Olympiadritter. Das war jener Wettkampf, in dem vier Deutsche die gesamte Konkurrenz distanzierten: Paul Günther aus Hannover vor Hans Luber aus München, Behrens und Zürner.

Die Londoner Olympiateilnehmer Bieberstein, Zürner und Behrens starben nach Unfällen, Bieberstein 1918 mit 32 Jahren, Zürner 1920 mit 30 Jahren und Behrens 1928 mit 42 Jahren.

Bogenschießen

Wimbledonsiegerin gewinnt Silber

Sie war, wie der Tennis-Feuilletonist Ulrich Kaiser einmal schrieb, »eine Sage aus der großen Zeit der Königin Victoria«. Charlotte »Lottie« Dod (* 1871, † 1960) gewann fünfmal das Dameneinzel des Turniers von Wimbledon.

Geboren am 24. September 1871 in Bebington in der Grafschaft Ceshire, war sie 15 Jahre und neun Monate alt, als sie 1887 erstmals nach Wimbledon kam und sofort gewann. Wie ein Mann schlug sie

Die ältesten Olympiasiegerinnen

Alter[1]	Name	Jahr	Sportart
53/277	Sybil Newall GBR	1908	Bogenschießen
45/23	Lydia Howell USA	1904	Bogenschießen
45/14	Liselott Linsenhoff FRG	1972	Reiten
43/13	Winifred McNair GBR	1920	Tennis
42/246	Doreen Wilber USA	1972	Bogenschießen
41/78	Ilona Elek HUN	1948	Fechten
40/212	Linda Thom CAN	1984	Sportschießen
39/354	Raissa Smetanina EUN	1992	nordischer Skisport
38/15	Virginie Heriot FRA	1928	Segeln
37/259	Sylvi Saimo FIN	1952	Kanusport

1) Jahre/Tage

Schmetterbälle und nahm den Ball oft volley. 1988 wiederholte sie den Erfolg. Sie machte dann zwei Jahre Tennispause, siegte erneut 1891, 1892 und 1893.

Im zarten Alter von 22 Jahren trat sie vom Tennis zurück. Der Teenager wurde eine couragierte Frau, zeigte, was Emanzipieren heißt, ohne den Begriff »Gleichberechtigung« zu kennen. Charlotte Dod vertrieb sich ihre Freizeit mit Eiskunstlauf, Bogenschießen, Hockey und Golf. Mehrmals stand sie in der Hockey-Nationalmannschaft Englands. 1904 wurde sie britische Meisterin im Golf. Da war sie 33 Jahre alt und schon eine Wimbledon-Legende.

Historiographen erinnern daran, daß es Charlotte Dod war, die als Teenager einen nur wadenlangen Rock beim Tennisspiel trug, während die ältere Konkurrenz knöchelbedeckt anzutreten pflegte. Außerdem gefiel es ihr, eine Mütze aufzusetzen, die im Kricket Mode war.

Diese Lottie Dod erschien, nunmehr schon 36 Jahre alt, bei den Olympischen Spielen in London. Sie startete im Bogenschießen, das in einer Doppelrunde ausgetragen wurde. Geschossen wurde aus einer Distanz von 60 und 50 yards Entfernung; dabei kam sie auf 642 Punkte und zur olympischen Silbermedaille.

Sie verlor nur gegen ihre britische Konkurrentin Sybil Fenton Newall, deren dritter Vorname Queenie sie als Schützenkönigin schlechthin auswies.

Es gehört zu den Geheimnissen von Legenden, daß die olympische Silbermedaille der Wimbledonsiegerin Charlotte »Lottie« Dod in so gut wie allen Stories über das berühmte Tennisgirl fehlt und einfach übersehen wurde.

Lotties letzte Spielleidenschaft war das Bridge; sie starb im Alter von 89 Jahren in London. William Dod (* 1867, † 1954), der Olympiasieger 1908 im Bogenschießen, war ihr Bruder.

Lottie Dod (l.): Die fünffache Wimbledonsiegerin gewinnt im Bogenschießen die Silbermedaille hinter Sybil Newall.

Eiskunstlauf

Geglückte Premiere auf der Prinzenbahn

In der Abteilung Eisenwaren der Pariser Weltausstellung von 1900 waren auch Schlittschuhe zu finden gewesen, und beinahe hätte es schon bei den II. Olympischen Spielen Wettbewerbe im Eislaufen gegeben. Aber die Franzosen waren damals noch nicht so weit wie die Briten, die schon Ende des 19. Jahrhunderts über die Eisbahn »Prince's Skating Rink« verfügten.

Es lag also nahe, Eiskunstlaufwettbewerbe für die Spiele 1908 auszuschreiben. Herren-Europameisterschaften gab es seit 1891, Weltmeisterschaften kannte man seit 1896 bei den Herren, seit 1906 bei den Damen und seit 1908 bei den Paaren. Londons Olympia-Organisatoren stocherten also nicht im Nebel, als sie das Wagnis unternahmen olympische Eiskunstlaufwettbewerbe auszurichten.

In London gewannen Ulrich Salchow (Schweden), Madge Syers (Großbritannien), Anna Hübler/Heinrich Burger (Deutschland) sowie in einem Spezial-Herrenwettbewerb Nikolai Panin (Rußland). Sie waren die besten Eisläufer ihrer Zeit.

Salchow (* 1877, † 1949) umrahmte seinen Olympiasieg mit neun Europa- und zehn Weltmeisterschaften in einem Zeitraum von 16 Jahren. Madge Syers (* 1881, † 1917), mit ihrem Mann Edgar auch Olympiadritte im Paarlauf, war 1906 und 1907 Weltmeisterin. 1902 war sie schon Zweite der Herren-Weltmeisterschaft hinter Ulrich Salchow gewesen, weil es damals noch keine gesonderte Damenkonkurrenz gab. In den Ergebnislisten erschien dann allerdings der Name ihres Mannes.

Madge Syers, die eigentlich Florence Madelina hieß, war ihrer Zeit weit voraus. Sprünge kannte sie freilich noch nicht; die erste »Springerin« unter den Damen war 1920 die Olympiadritte Theresa Weld aus den USA, die für ihre »unweibliche Hüpferei« sogar getadelt wurde.

Was das deutsche Paar angeht, so war Heinrich Burger (* 1881, † 1942) dreimal deutscher Einzelmeister und zweimal mit Anna Hübler (* 1885, † 1976) Paarlaufmeister. Burger gewann zudem drei Silbermedaillen bei Welt- und Europameisterschaften im Herrenwettbewerb und – mit Anna Hübler – die Paarlauf-Weltmeisterschaften 1908 in St. Petersburg und 1910 in Berlin. Die Wege der Münchener trennten sich danach.

Eine ungewöhnliche Persönlichkeit war der Russe Nikolai Kolomenkin, genannt Panin. Der Russe war zaristischer Beamter in St. Petersburg und entstammte der damals berühmten Petersburger Eislaufschule. 1903 war er einmal Vizeweltmeister hinter Salchow gewesen, 1904 EM-Dritter und 1908 EM-Zweiter hinter dem Österreicher Ernst Herz, der in London fehlte. Weil

Ulrich Salchow: Der zehnfache Weltmeister gewinnt 1908 in London die Goldmedaille im Eiskunstlauf.

Kolomenkin Angst hatte, seinen gut besoldeten Posten wegen der langen Abwesenheit zu verlieren, reiste er unter dem Künstlernamen Panin nach London. Als er in der Bewertung seiner Pflichtfiguren mit 2:3 gegen Salchow unterlag, quittierte er den Wettkampf und trat nur noch zu einem Figurenlaufen an, das er auch gewann. 1912 tauchte er bei den Olympischen Spielen in Stockholm als Sportschütze auf und belegte mit der russischen Mannschaft einen vierten Platz. Zu diesem Zeitpunkt war er schon 40 Jahre alt. Panin, wie er sich später auch offiziell nannte, starb 1956.

1912 Stockholm

5. Mai bis 22. Juli 1912

Dauer **77 Tage**
Teilnehmer **2504 (2447 Männer, 57 Frauen)**
Länder **28**
Sportarten **13**
Entscheidungen **106**
Zuschauerzahl **327 000**
Schirmherr **König Gustaf von Schweden**

Olympische Spiele 1912 in Stockholm: Das offizielle Plakat in bestem Jugendstil

Perfekte Spiele mit würdigem Rahmen

Die Olympischen Spiele von Stockholm lagen bei den Schweden in den besten, weil würdigen Händen. Auf dem Fundament von London 1908, das seine Bauweise von Athen 1896 und 1906 bezogen hatte, errichteten die Skandinavier das umfassende olympische Gebäude, in dem bis heute gewohnt wird. Alles was in Stockholm in den 77 olympischen Tagen geschah, war sinnvoll, herzlich und bewegend. Die Spiele lebten in und mit dieser Stadt, die damals 350 000 Einwohner zählte.

Europa lag in Frieden. Schwedens König konnte sich seinen Gästen widmen, diese sich wiederum ihren Aufgaben. Olympia pulsierte. Pierre de Coubertin, überzeugt von seiner Idee, doch häufig von Selbstzweifeln geplagt, erschrak zutiefst, als der Hofprediger des Königs »das menschenfreundliche Werk dem gütigen Walter einer höheren Macht« unterstellte.

Göttlicher Segen, wenn man dies sagen darf, lag über diesen Spielen, die in ihrer Vorbereitung, Durchführung und Ausstrahlung der Vollendung nahekamen. Zwar griffen auch 1912 schon machtgierige Politiker ins olympische Getriebe, um die Spiele für ihre Zwecke zu nutzen, aber die Olympier von damals besaßen noch jene Noblesse, die Schlimmeres verhinderte.

Die Kosten der Spiele wurden mit rund 840 000 Kronen angegeben. Das Olympiastadion kostete noch einmal die gleiche Summe. 26 Arbeitsgruppen und 13 für die ausgeschriebenen Sportarten zuständigen Organisationskomitees erarbeiteten ein Programm, das den interessierten Ländern – es schickten schließlich 28 ihre Sportler – schon 1911 zugesandt werden konnte. Die Schweden ließen von Anfang an keinen Zweifel daran, daß diese Spiele nicht irgendwo unterkriechen mußten, sondern ein Ereignis für sich sein sollten. Die besondere Beziehung der Schweden zum Sport spielte dabei eine ganz große Rolle. Das Beispiel von Stockholm ermunterte die olympische Welt.

Als die Sportler aus den verschiedenen Ländern in Stockholm eintrafen, bildeten sie ohne medienwirksame Vorankündigung so etwas wie eine olympische Familie. Die Russen schickten junge Sportler, meist Offiziere der zaristischen Armee, mit einem Kriegsschiff, auf dem diese auch wohnten. Die Amerikaner reisten mit dem Luxusliner »Finland«, auf dem es eine Korkbahn für die Läufer gab, Fangnetze für die Geräte der Werfer und Gruben für die Springer. Die US-Mannschaft war 174 Sportler stark.

Der große Erfolg der Spiele von Stockholm ist von den Olympiabeobachtern vieler Länder untersucht worden; es gab unterschiedliche, aber keine widersprüchlichen Beurteilungen:

- Es waren Spiele der kurzen Wege.
- Die Organisation war perfekt, obwohl es in vielen Sportarten noch keine festen Regeln und Strukturen gab.
- Erstmals beteiligten sich Athleten aus allen fünf Erdteilen.
- Die Emanzipation der Schwimmerinnen war ein Meilenstein in der Geschichte des Frauensports.

Eröffnungsfeier:
Einmarsch der schwedischen Mannschaft

- Die Überlegenheit der amerikanischen Leichtathleten imponierte, besonders der Mehrkämpfer James Thorpe.
- Das Zusammentreffen von so bedeutenden olympischen Persönlichkeiten wie Coubertin, Baillet-Latour, Sigfrid Edström, Viktor Balck, Carl Diem, Avery Brundage und Ritter von Halt – als Organisatoren, Aktive oder Verbandsführer.
- Das Auftauchen des finnischen Läufers Hannes Kolehmainen, der vier Medaillen gewann.
- Die Gründung internationaler Sportfachverbände.
- Die Durchsetzung olympischer Formeln gegenüber den zunehmenden sportpolitischen Ansprüchen.
- Die Zulassung von Finnen, Ungarn und Tschechen mit eigenen Mannschaften und damit die Verkündung einer politischen Geographie des Sports.

Dennoch gab es auch in Stockholm Anlaß zur Aufregung. Das Verbot des Boxens erregte Engländer und Amerikaner. Die Unsicherheiten in der Bewertung von Staffelläufen aufgrund noch wenig erprobter Wechselmarken führten zu merkwürdigen Entscheidungen wie den Disqualifikationen der USA und Deutschlands, die vorher Weltrekorde erzielt hatten. Die Uneinigkeit in der Bewertung von Übungen erregte den Unmut der Turner.

Unflätiges kam aus dem wieder einmal abseits stehenden deutschen Turnerlager, das sich seines 1908 zuerkannten olympischen Pokals, der von Pierre de Coubertin 1906 für besondere olympische Leistungen gestiftet worden war, keinesfalls als würdig erwies. Der Vorsitzende der Deutschen Turnerschaft, der damals bereits 86 Jahre alte Dr. Ferdinand Goetz (er starb 1915) erklärte unter dem rauschenden Beifall seiner Mitstreiter: »Zum Teufel mit den ganzen Olympischen Spielen.«

Aber nicht nur Goetz wetterte gegen den grenzüberschreitenden, völkerverbindenden Gedanken der Olympier. Auch Carl Diem hatte ganz eigene Ansichten, die er freilich zwei Jahrzehnte später nicht mehr wahrhaben wollte. Diem verwahrte sich gegen die Gleichberechtigung von Luxemburg und den USA bei der Aufstellung einer Mannschaft und widersprach der Auffassung von Pierre de Coubertin und seiner Freunde, daß die Ungarn, die Tschechen (als Böhmen) und die Finnen sehr wohl das Recht hätten, mit eigenen Mannschaften an den Spielen teilzunehmen. Weil die Staats-

Medaillenspiegel Stockholm 1912

Land	G	S	B
1. SWE	24	24	17
2. USA	24	19	19
3. GBR	10	15	16
4. FIN	9	8	9
5. FRA	8	5	3
6. GER	5	13	7
7. ITA	5	1	2
8. RSA	4	2	–
9. NOR	4	1	5
10. CAN	3	2	3
HUN	3	2	3

Die erfolgreichsten Sportler von Stockholm

Name	Sportart	G	S	B
1. Hannes Kolehmainen FIN	Leichtathletik	3	1	–
Vilhelm Carlberg SWE	Schießen	3	1	–
3. Alfred Lane USA	Schießen	3	–	–
4. Johan Hübner SWE	Schießen	2	1	1
5. Eric Carlberg SWE	Schießen	2	1	–
Ake Lundeberg SWE	Schießen	2	1	–
7. insgesamt 13 Olympiateilnehmer mit je zwei Goldmedaillen				

kanzleien in Wien (wegen der Tschechen und Ungarn) und in St. Petersburg (wegen der Finnen) Demarchen beim IOC unternahmen, erklärte Präsident Coubertin: »Das Grundgesetz der modernen Olympischen Spiele basiert auf zwei Formeln: all games – all nations. So ist es eben eine Tatsache, daß das IOC, welches in dieser Sache die höchste Gewalt besitzt, daran nichts ändern kann. Und ich füge hinzu, daß eine Nation nicht unbedingt ein unabhängiger Staat sein muß und daß es eine Geographie des Sports gibt, die möglicherweise von der politischen abweicht.« Als er dies sagte, ahnte er nicht, was er damit heraufbeschwor. Coubertin stand über den Dingen, die sich unter ihm bewegten, schnell und immer schneller.

Zielfotografie: Kampfrichter auf Gestellen überwachen den Zieleinlauf.

Die Spiele von Stockholm verkündeten schon die neue Zeit mit elektronischer Zeitnahme, Zielfotografie, Bahneneinteilung, verdeckter Punktwertung und überbordendem Nationalismus. Als die Russen im Trostrundenspiel des olympischen Fußballturniers mit 0:16 Toren gegen Deutschland unterlagen, wollte man sie nicht mehr zurück nach St. Petersburg nehmen. Die Amerikaner dominierten in der Leichtathletik, die Skandinavier im Ringen, die Deutschen im Schwimmen, ein Südafrikaner im Straßenfahren, die Schweden im Reiten, die Engländer im Fußball und im Rudern.

Eine medienpolitische Aktion der Deutschen wurde freilich verheimlicht. Auf Kosten des Deutschen Reichsausschusses für Olympische Spiele reiste ein Dutzend deutscher Berichterstatter, die sich damals noch nicht Sportjournalisten zu nennen wagten, in die schwedische Hauptstadt. Sie sollten sich auf Berlin 1916 vorbereiten, auf die Spiele, die dann wegen Ausbruchs des Ersten Weltkriegs nicht stattfanden.

Olympischer Kunstwettbewerb: Siegerbeitrag von Giovanni Pellegrini in der Sparte Malerei

Die olympische Familie

Olympiasieger Pierre de Coubertin

Im Internationalen Olympischen Komitee hatte sich nach den Spielen von London einiges geändert. Von den 16 Gründungsmitgliedern waren nur noch fünf in Amt und Würden, und von 72 bis 1911 berufenen Olympiern hatten sich bis Stockholm 31 wieder verabschiedet. Mit dem Schweden Clarence von Rosen (* 1867, † 1955), dem Belgier Henri Graf de Baillet-Latour, den Ungarn Graf Geza Andrassy und Julius von Muzsa sowie dem deutschen General Graf Egbert Hoyer von der Asseburg (* 1847, † 1909) waren starke Persönlichkeiten nachgerückt.

Clarence von Rosen sorgte im internationalen Pferdesport für klare Strukturen, wie das Programm von Stockholm schon auswies. 1921 gründete er den Weltverband FEI, dessen Präsident er bis 1935 war. Baillet-Latour wurde Coubertins Nachfolger, die beiden Ungarn kümmerten sich um innere Strukturen des IOC. Der preußische Kavalleriegeneral à la suite des Kaisers, der sportbegeisterte von der Asseburg, sorgte nicht nur für die Übernahme der Olympischen Spiele 1916, die in Berlin ausgetragen werden sollten, sondern auch dafür, daß man sich in der Reichshauptstadt an den Gedanken gewöhnte, ein kostspieliges Olympiastadion zu bauen.

Der General, der ein großer Förderer der deutschen Leichtathletik war, schaffte dann auch sehr schnell 2,25 Millionen Mark herbei. Er starb, erst 62jährig, wenige Tage vor der Eröffnung der 10. Vollversammlung des IOC vom 27. Mai bis 2. Juni 1909 in Berlin. Die gute Atmosphäre dieser Session, für die Asseburg gesorgt hatte, war bis nach seinem Tod spürbar.

Im Hinblick auf Stockholm 1912 wurde die Amateurfrage zwar aufgeworfen, aber nicht gelöst. Viele machten sich darüber Gedanken, nur Coubertin nicht. Dafür wurde aber das olympische Programm auf 13 Sportarten und 106 Wettbewerbe gestrafft. Zwar hatten die Schützen noch viel zu viele Entscheidungen (18), die Radsportler dafür keine Bahnwettbewerbe. Boxen fiel mangels skandinavischem Interesse aus. Eiskunstlauf hielten die Schweden für eine Sache des Wintersports und für den Sommer nicht geeignet.

Ja, und da war noch etwas: die olympischen Kunstwettbewerbe. Coubertin hatte »als Vermählung von Körper und Geist, Sport und Kultur« Wettbewerbe mit Medaillenvergabe in Musik, Architektur, Lyrik (Literatur), Malerei und Bildhauerei schon für 1908 angeregt, war aber erst für 1912 zum Ziel gekommen. Obwohl er sich darüber im klaren war, daß es schwer sein würde, ein gerechtes Urteil zu fällen, bestand er auf dieser Art »Documenta«. Das Ergebnis war niederschmetternd, wenn auch für ihn persönlich ein großer Erfolg.

Von 15 möglichen Medaillen in fünf Kunstbereichen konnten nur sechs vergeben werden; mehr Arbeiten wurden nicht eingereicht. Die im Bereich Literatur eingesandte Arbeit eines französisch-deutschen Lyriker-Duos »Ode an den Sport« mit der Eingangszeile »O, Sport! Du Göttergabe. Du Lebenselixier!« sollte angeblich von George Hohrod (Frankreich) und Martin Eschbach (Deutschland) sein, war aber von Pierre de Coubertin. Er erhielt dafür die Goldmedaille. Es war die einzige Arbeit in diesem Wettbewerb. Mit seiner freundlicherweise als Mystifikation umschriebenen Täuschung wollte Coubertin die notwendige Verständigung zwischen Frankreich und Deutschland wortgewaltig und pathetisch demonstrieren. Der Fall blieb ein Kuriosum.

Interessant bei diesem ersten Kunstwettbewerb, dem noch sechs bis 1948 folgen sollten: Der Sieger im Bereich Bildhauerkunst, der Amerikaner Walter Winans (*1852, †1920), war in Stockholm auch Silbermedaillengewinner im Mannschaftswettbewerb des Schießens auf den laufenden Hirsch. Er belegte als 60jähriger hinter dem 64jährigen Oscar Swahn den zweiten Platz. Winans hatte im Kunstwettbewerb einen Traber modelliert. Der Trabersport war nicht olympisch.

Olympische Kunstwettbewerbe von 1912 bis 1948

Jahr	Ort	Bereiche (Wettbewerbe)	G	S	B
1912	Stockholm	Baukunst - Literatur - Musik - Malerei - Bildhauerei (5)	5	1	-
1920	Antwerpen	Baukunst - Literatur - Musik - Malerei - Bildhauerei (5)	3	5	3
1924	Paris	Baukunst - Literatur - Musik - Malerei - Bildhauerei (5)	3	4	6
1928	Amsterdam	Baukunst - Literatur - Musik - Malerei - Bildhauerei (13)	9	10	10
1932	Los Angeles	Baukunst - Literatur - Musik - Malerei - Bildhauerei (9)	8	9	6
1936	Berlin	Baukunst - Literatur - Musik - Malerei und Graphik - Bildhauerei (15)	9	12	11
1948	London	Baukunst - Literatur - Musik - Malerei und Graphik - Bildhauerei (14)	8	11	13

Der erste Ausschluß

Manuel Quintana warb nur für sich

Der erste Olympier, der wegen Verstoßes gegen die Regeln der Bewegung aus dem IOC ausgeschlossen wurde, war 1910 der Argentinier Manuel Quintana jr., Nachfahre des spanischen Dichters gleichen Namens. Quintana war 1907 als Nachfolger des argentinischen IOC-Gründungsmitgliedes José Zubiaur ins IOC berufen worden, hatte aber danach nicht für das IOC gewirkt, sondern nur für sich selbst. »Er hat nur für sich Reklame gemacht«, sagte der Brite Sir Howard Vincent, der von 1901 bis 1907 IOC-Mitglied war. »Sein Auftreten bei den Olympischen Spielen in London 1908 war nicht olympisch«, meinte Sir Howard, der Ende der 80er Jahre Chef der Londoner Polizei war und 1910 auf der Session in Luxemburg den Ausschluß Quintanas durchsetzen konnte.

Später folgten noch drei Ausschlüsse: 1936 traf es den Amerikaner Ernest Lee Jahncke, 1964 Prinz Albert von Lüttich und 1991 den Amerikaner Robert Helmick. Die Gründe: Jahncke (IOC-Mitglied seit 1927) hatte wegen der Nationalsozialisten einen US-Boykott der Berliner Spiele 1936 gefordert und damit eine Absprache innerhalb des IOC ignoriert. Prinz Albert fehlte dreimal unentschuldigt bei Sessionen – und dies im kurzen Zeitraum von nur fünf Jahren. Der Jurist Robert Helmick, ein Mann der Fachverbandsbürokratie, hatte sein olympisches Insiderwissen an Geschäftsunternehmen verkauft.

Leichtathletik

US-Boys holen 40 Medaillen

Für die Amerikaner zählte bis zum Zweiten Weltkrieg bei Olympischen Spielen nur die Leichtathletik; alle anderen Wettbewerbe waren Beiwerk. So kümmerte es sie nicht, daß Schweden (24–24–17) vor den USA (24–19–19) bei einem Unentschieden in der Zahl der Goldmedaillen die Nationenwertung gewann. In der Leichtathletik sicherten sich die Yankees 40 von 90 möglichen Medaillen. Wenn sie aufrechneten, dann nur mit diesen Ehrenplätzen.

Interessant war freilich, daß eine amerikanische Meisterschaft keine Garantie für eine Goldmedaille war. In den Einzelwettbewerben kamen von den US-Meistern des Olympiajahres in 19 vergleichbaren Konkurrenzen nur drei auch zum Olympiasieg (Harry Babcock im Stabhochsprung, Patrick McDonald im Kugelstoßen und Matt McGrath im Hammerwerfen); zwei US-Meister holten Silbermedaillen (Melvin Sheppard über 800 m und Abel Kiviat über 1500 m). Der Rest verletzte sich, war außer Form oder wurde ganz einfach geschlagen. Hannes Kolehmainen aus Finnland, der Star der Spiele, brachte übrigens einen US-Titel (von 1912) mit nach Stockholm, jenen über fünf Meilen, einer Distanz, die man mit den 10 000 m vergleichen kann.

Überraschend gut war der Sprinter Ralph Craig, der im Finale drei der sieben Fehlstarts verursachte und über 200 m den Favoriten Donald Lippincott knapp niederhielt. Der Farbige Howard Drew, US-Meister über 100 yards, verletzte sich an der Achillessehne und wurde nicht – wie Sensationsreporter fälschlich meldeten – von einem Konkurrenten in der Umkleidekabine eingesperrt und damit am Erscheinen zum 100-m-Lauf gehindert.

Daß der erst 20 Jahre alte James Meredith die 800 m in Weltrekordzeit gewann (vor dem Favoriten Melvin Sheppard), war eine Überraschung. Der Münchener Hanns Braun (* 1887, † 1918) belegte in diesem Lauf – als einziger Europäer gegen sechs Amerikaner und einen Kanadier – den

400-m-Endlauf: Charles Reidpath (M.) aus den USA siegt vor dem Deutschen Hanns Braun (r.).

sechsten Platz in inoffiziell gestoppten 1:53,1 min. Diese Zeit wäre deutscher Rekord gewesen, hätte man die im Ausland erzielte Leistung anerkannt. So blieben die 1:54,9 min von Braun aus dem gleichen Jahr bestehen. Braun, der im Ersten Weltkrieg den Fliegertod über Frankreich fand, war eine der ganz großen Erscheinungen der deutschen Leichtathletik. 1909, 1911 und 1912 war er englischer Meister über 880 yards, in Stockholm dann fünf Tage nach den 800 m Olympiazweiter über 400 m – in einem Wettkampf gegen fünf Amerikaner. Es war das erste Rennen, das in Bahnen gelaufen wurde, um Rempeleien zu verhindern.

Ein anderer Deutscher, der Eimsbütteler Hochspringer Hans Liesche (* 1891, † 1979), schlug den amerikanischen Weltrekordmann und ersten Zwei-Meter-Bezwinger George Horine, wurde aber seinerseits von Alma Richards bezwungen, einem 22 Jahre alten Mormonen aus Parowan in Utah. 1913 wurde Richards US-Meister im Hochsprung und 1915 der erste amerikanische Zehnkampfmeister überhaupt. Im Hochsprungwettbewerb von Stockholm enttäuschte der US-Meister John Johnstone, der mit einer Bestleistung von 1,98 m angereist war und als Sechster gerade noch 1,85 m überquerte.

Hans Liesche, der viermal deutscher Meister im Hochsprung war, aber nie deutscher Rekordmann (auch nicht mit den 1,91 m von Stockholm), stellte einen ganz besonderen »Rekord« auf. Auf seinen letzten Versuch über 1,93 m (die Richards schon geschafft hatte), wartete Liesche wegen des allgemeinen Lärms im Stadion neun Minuten. Ein schwedischer Kampfrichter verlor dann aber die Geduld und drängte Liesche »zur Eile«, wie ein Reporter schrieb.

Leichtathletik

Hannes Kolehmainen mit vier Medaillen

Mit Hannes Kolehmainen brachten die Finnen ihren ersten bedeutenden Läufer heraus, dessen Nachruhm noch größer gewesen wäre, hätte es nicht kurz darauf Paavo Nurmi gegeben. Tatsächlich war Kolehmainen (* 1889, † 1966) ein überragender Wettkämpfer, der trotz seiner Olympiaerfolge, Weltrekorde und Meisterschaften das Pech hatte, daß der Erste Weltkrieg die Spiele von 1916 in Berlin verhinderte. Zu diesem Zeitpunkt befand sich der 27jährige Finne im Zenit seines Könnens; als 30jähriger wurde er schließlich 1920 bei den Spielen in Antwerpen Olympiasieger im Marathonlauf.

In Stockholm gewann Johannes Pertti Kolehmainen, wie er mit vollem Namen hieß, drei Goldmedaillen und eine silberne. Im Cross-Wettbewerb der Mannschaften

Hannes Kolehmainen: Der dreifache Goldmedaillengewinner aus Finnland führt im 10 000-m-Lauf.

waren seine finnischen Kameraden nicht stark genug, ihm auch noch hier zu Gold zu verhelfen. Kolehmainen lief in der schwedischen Hauptstadt sechs Rennen in neun Tagen, wobei er, wenn man alle Zeiten addiert, sich insgesamt 2:45:12 h in einem Wettkampf befand.

Kolehmainen kam aus Kuopio, wo er am 9. Dezember 1889 geboren wurde. Er war 1,68 m groß und meist um die 60 kg schwer. Er lief leichten Schritts, kannte schon Tempowechsel, verfügte über ein Finish und beherrschte auch die Kunst des Alleingangs. Kolehmainen war nahezu perfekt.

In Stockholm gewann er die 5000 m im Endspurt gegen Jean Bouin aus Frankreich, die 10 000 m und den 8000-m-Cross im Solo von der Spitze und stellte im 3000-m-Mannschaftslaufen mit 8:36,8 min einen Weltrekord auf. Dieses nützte dem finnischen Team freilich nichts, weil es als Vorlaufzweiter hinter den USA ausschied. Neben den drei Goldmedaillen (5000 m, 10 000 m, Cross) gab es die Silbermedaille im Cross-Mannschaftswettbewerb. Die vierte Goldmedaille folgte schließlich 1920 in Antwerpen im Marathonlauf.

Kolehmainen lief insgesamt sechs Weltrekorde, führte zehnmal die finnische Jahresbestenliste über 1500, 5000 und 10 000 m an und wurde achtmal amerikanischer Meister (1913–18). Anteil an den zahlreichen Erfolgen hatte sein älterer Bruder Willie Kolehmainen, der als Trainer Erfahrungen in den Vereinigten Staaten gesammelt hatte.

Als Hannes Kolehmainen 1920 abtrat, war sein Nachfolger schon da: Paavo Nurmi, von dem amerikanische Journalisten schrieben, er habe Finnland »auf die Weltkarte gelaufen«.

Leichtathletik

James Thorpe König der Athleten

Ein Konkurrent hat dies in den Tagen nach Stockholm geschrieben, als James Thorpe noch der Olympiasieger im Fünf- und Zehnkampf war: »Kein anderer außer Thorpe hätte den Sieg im Zehnkampf verdient. Das ist über allen Zweifel erhaben. Er stand so überlegen über uns Mitkonkurrenten, daß wir es lebhaft bedauert hätten, wenn ihm irgendeine Übungsart mißlungen

James Francis Thorpe: Der Amerikaner, hier beim Kugelstoßen, gewinnt den Fünf- und den Zehnkampf.

wäre. Wir bewunderten ihn, wir verehrten ihn wegen seiner erstaunlichen Vielseitigkeit. In ihm, dem Indianer Thorpe, sollen wir das Ziel unseres Strebens erblicken.«

Karl Halt hat dies 1912 notiert, später Karl Ritter von Halt, Mitglied des Internationalen Olympischen Komitees von 1929 bis zu seinem Tod 1964. In Stockholm war Halt im Fünf- und Zehnkampf gegen Thorpe angetreten, wobei er im Fünfkampf aufgeben mußte und im Zehnkampf den achten Platz erreichte.

Auch der spätere IOC-Präsident Avery Brundage war bei den Spielen von Stockholm Thorpes Konkurrent. Brundage wurde im Fünfkampf Fünfter, im Zehnkampf blieb er nach Aufgabe unplaziert.

Wer war dieser James Thorpe, der aus dem Nichts kam, ins Nichts stürzte und dessen sportliche Ehre erst posthum wiederhergestellt wurde?

James Francis Thorpe, indianisch-irischer Abstammung, wurde am 28. Mai 1888 auf einer Farm im Oklahoma-Territorium geboren. Sein indianischer Name lautete Wa-Tho-Huck, was soviel bedeutet wie »Stolzer Pfad«. Seinen Zwillingsbruder Charles verlor er mit acht Jahren, seine indianische Mutter mit zwölf, seinen irischen Vater, einen Schmied, mit 15 Jahren. Aufgezogen wurde er auf einer Indianerschule in Haskell und Carlisle. Für Carlisle spielte er Football, Baseball und Basketball. Als er sich 1912 für die Spiele in Stockholm als Mehrkämpfer qualifizierte, war er selbst in Leichtathletikkreisen völlig unbekannt. Amerikanischer Meister war er nie gewesen und sollte auch nie einer werden.

Es gab keine Übung, die Thorpe nicht schnell zu beherrschen wußte. Exzellent waren seine Leistungen im Hoch- und Weitsprung sowie im Hürdenlauf. In Stockholm bestritt er vier Wettbewerbe an sechs Tagen, dabei wurde er Erster im Fünfkampf, Vierter im Hochsprung, Siebter im Weitsprung und Erster im Zehnkampf (hier mit einem Weltrekord, der Verwunderung auslöste). Im Fünfkampf war er in vier von fünf Übungen der Beste, im Zehnkampf in fünf. Im Hochsprung kam er einmal auf 1,95 m, und nach den Spielen besiegte er über 110 m Hürden den Olympiasieger Fred Kelly in 15,0 sec. Der schwedische König sagte zu Thorpe: »Sie sind der größte Athlet der Welt.«

Zehn Monate später war er disqualifiziert. Am 6. Februar 1913 traf beim Organisationskomitee der Olympischen Spiele von Stockholm ein Brief des Olympiakomitees der USA ein, unterschrieben von James E. Sullivan (* 1860, † 1914), dem damals mächtigsten Mann im amerikanischen Amateursport. In diesem Schreiben wurde mitgeteilt, daß Thorpe wegen Professionalismus seiner Amateureigenschaft verlustig gegangen sei.

Weil er 1911 in den Sommerferien für Geld Baseball gespielt habe, sei er nicht würdig gewesen, an Olympischen Spielen teilzunehmen. Die beiden von Thorpe gewonnenen Goldmedaillen stünden dem Norweger Ferdinand Bie (Fünfkampf) und dem Schweden Hugo Wieslander (Zehnkampf) zu. Am 26. Mai 1913 wurde Thorpe auch von dem Internationalen Olympischen Komitee auf Lebenszeit disqualifiziert – es konnte nach Sullivans Brief nicht anders handeln.

Thorpe, der schon als Athlet nicht viel vom Training gehalten hatte, arbeitete auch im Leben nicht gerne. Er wurde schnell vergessen. 1932 wurde er in Los Angeles als Straßenkehrer aufgespürt und von dem amerikanischen Vizepräsidenten Charles Curtis, damals Schirmherr der Spiele, als Ehrengast eingeladen.

Danach verschwand Thorpe erneut von der Bildfläche. Als er am 28. März 1953 in

Lomita starb – er wurde nur 64 Jahre alt –, begannen einige Amerikaner mit der Rehabilitation Thorpes. 1973 wurde er in den USA posthum reamateurisiert, 1975 von dem damaligen US-Präsident Gerald Ford als »einer der größten Athleten, den die Welt erlebt hat«, charakterisiert. 1983, am dreißigsten Todestag des Indianers, setzte IOC-Präsident Juan Antonio Samaranch den Mehrkämpfer Thorpe in seine alten olympischen Rechte ein.

Der erste Funktionär

Sullivan – Purist des Amateurgedankens

Der Prototyp des Sportfunktionärs, im Guten wie im Schlechten, war der Amerikaner James Edward Sullivan (* 1860, † 1914). Von der eigenen Bedeutung jederzeit überzeugt und ein entschiedener Vertreter des Amateursports, gründete er 1889 die Amateur Athletic Union (AAU).

Mal mehr, mal weniger an der Seite von Professor William Milligan Sloane (*1850, †1928), war er ein Verfechter der olympischen Sache in den USA und wurde der erste Generalsekretär (1896–1900) des aus der AAU hervorgegangenen Olympiakomitees der USA.

Sullivan vertrat den Amateurgedanken in seiner strengsten Form; er war ein Purist. So war er es auch, der dafür sorgte, daß man seinem Landsmann James Thorpe wegen Verstoßes gegen die Amateurregeln die beiden olympischen Goldmedaillen von Stockholm 1912 aberkannte. Er informierte 1913 das OK der Spiele von Stockholm (und das wiederum das IOC). Dabei war Sullivan alles andere als ein vorbildlicher Amateur: Er zwang 1912 seine Athleten in die Kleidung, die ein Freund von ihm, der Industrielle A. G. Spalding, produziert hatte. Der Mann, der damit alle späteren Verträge mit Sponsoren vorwegnahm, wusch seine nicht saubere Amateurweste mit Thorpe weiß.

16 Jahre nach seinem Tod stiftete die AAU die James-E.-Sullivan-Trophäe für den amerikanischen Sportler, der im Sinne des Amateurgedankens am meisten für seinen Sport in einem Jahr getan hat. Der erste Preisträger war 1930 der Golfspieler Robert Tyre (Bobby) Jones (* 1902, † 1971), der zu den Legenden seines Sports zählt.

Leichtathletik

Wurfwettbewerbe mit links und rechts

Die Inflation von Wurfwettbewerben nahm in Stockholm ihr Ende. Steinstoßen und Gewichtwerfen waren schon früher aus dem Olympiaprogramm gefallen. In Stockholm wurden zum letztenmal die beidarmigen Wettbewerbe im Kugelstoßen, Diskus- und Speerwerfen ausgetragen. Die Veranstalter unterschieden bis dahin zwischen best- und beidarmigen Würfen. Außerdem gab es noch das Speerwerfen im freien Stil, bei dem jeder Griff erlaubt war. Vorher hatte es auch noch das statuarische Diskuswerfen gegeben – nachempfunden den antiken Statuen; man warf von einem geneigten oder schrägen Piedestal oder Sockel.

Ein überragender Sockelwerfer war der Finne Verner Järvinen (* 1870, † 1941). 1906 wurde er Olympiasieger im antiken Stil und 1908 noch einmal Olympiadritter. Bronze gewann er 1906 im heute üblichen Diskuswerfen. Verner Järvinen hatte vier Söhne, Akilles, Kalle, Yrjö und Matti, von denen zwei sich ebenfalls in die olympischen Siegerlisten eintragen sollten. Akilles wurde 1928 und 1932 Olympiazweiter im Zehnkampf, Matti 1932 Olympiasieger im Speerwerfen. Kalle nahm 1932 in Los Angeles am olympischen Kugelstoßen teil und wurde Achter. Dies zu den Järvinens.

Zurück zur Wurf-Inflation bei Olympischen Spielen: Martin Sheridan, ein Amerikaner, profitierte am meisten von ihr. Bei drei Olympischen Spielen sammelte er fünf Goldmedaillen und eine silberne; da er zudem schnell war, holte er sich aus den Standsprüngen noch zwei silberne Medaillen und eine bronzene. Der Schwede Eric Lemming (* 1880, † 1930), ein exzellenter Speerwerfer (zehn Weltrekorde), kam auf vier Gold- und drei Bronzemedaillen (unter Einbeziehung eines dritten Platzes im Tauziehen 1906).

Lemming erlebte in Stockholm übrigens eine große Überraschung. Als Sieger im bestarmigen Werfen erzielte er Weltrekord mit 60,64 m vor Juho Saaristo (Finnland) mit 58,66 m. Das war am 6. Juli 1912. Drei Tage später erreichte Saaristo als Goldmedaillengewinner im beidarmigen Werfen mit der rechten Hand 61,00 (neuer Welt-

Georg Gerstacker

rekord) und mit der linken 48,42 m, was eine Gesamtweite von 109,42 m ergab. Lemming wurde in diesem Wettbewerb medaillenloser Vierter, weil er mit seinem schwächeren Arm nur auf 40,26 m kam.

In jener Zeit war Lemming (S. 65) mit seinem schwächeren Arm im übrigen so stark wie die deutschen Speerwerfer mit ihrem besseren Arm – dies als kleine Anmerkung. In Stockholm belegten im bestarmigen Speerwerfen die deutschen Teilnehmer folgende Plätze: Josef Waitzer (1925 erster Reichstrainer der Leichtathleten) mit 43,71 m Rang 19, Karl Halt (der spätere Ritter von Halt) mit 41,99 m Rang 22 und Paul Willführ mit 41,05 m Rang 23.

Ringen

Zehnstündiger Kampf ohne Sieger

Der erste Olympiasieger im Ringen des griechisch-römischen Stils war 1896 in Athen der Deutsche Carl Schuhmann gewesen. Nach den kärglichen Turnieren 1904 in St. Louis und 1908 in London und einem »Zwischenhoch« in Athen 1906 wurden die Spiele von 1912 ein Erfolg für die Ringer. 171 Aktive aus 18 Ländern, ein unglaublicher Teilnahmerekord, rangen in Stockholm in fünf Gewichtsklassen. Zwar hatte es bis dahin schon 13 Welt- und auch 13 Europameisterschaften gegeben, aber nicht eine einzige Regel, die von Kampf zu Kampf angewendet worden wäre. In Stockholm waren die Skandinavier unschlagbar, denn auch die Kampfrichter waren Skandinavier. Allgemeine Wettkampfregeln und eine internationale Jury kannte man nicht. So wurden vor Ort einige Vorschriften formuliert, auf die sich die Ringer kurzfristig einzustellen hatten. Diese Regeln sahen eine Kampfdauer von einer Stunde vor.

Ringen: Alfred Asikainen (l.) aus Finnland und der Este Martin Klein

Für eine gute Attacke wurde ein Punkt gegeben. Für einen Angriff, bei dem der Gegner zu Fall gebracht wurde, waren zwei Punkte vorgesehen. Ein Wettkampf konnte beliebig lang um jeweils 30 Minuten verlängert werden, wenn sich durch dieses Punktsystem keinerlei Unterschiede zwischen den beiden Kontrahenten ergaben.

Das Ergebnis dieser Regeln? Im Mittelgewicht rangen der Este Martin Klein, der freilich für Rußland startete, und der Finne Alfred Asikainen geschlagene zehn Stunden und 15 Minuten; der Kampf wurde dann ohne einen Sieger abgebrochen. Klein wurde Zweiter, Asikainen Dritter.

Als sich im Halbschwergewicht der Finne Ivar Böhling und der Schwede Anders Ahlgren neun Stunden ohne Pause (aber auch ohne Punktgewinn) bekämpften (obwohl sie sich dabei wohl manchmal nur scharf in die Augen schauten), bestanden die Kampfrichter auf einem Abbruch ohne Gewinner und vergaben keine Goldmedaille; beide Ringer erhielten Silber.

Die vier Olympiasieger von Stockholm hießen Kaarlo Koskelo (Finnland), Eemeli Väre (Finnland), Claes Edvin Johansson (Schweden) und Yrjö Saarelo (Finnland); sie alle waren Kraftsportler der Extraklasse und keine Zufallssieger. Daß das Ringen dennoch in den Anfängen steckte, zeigte sich in der Einteilung der Gewichtsklassen. Das Federgewicht mit der oberen Grenze von 60 kg war die leichteste Klasse.

Der Nürnberger Ringer Georg Gerstacker, (* 1889, † 1949), der später auch Weltrekordmann im Gewichtheben war, wog meist nur um die 52 kg, mußte aber in Stockholm gegen acht Kilogramm schwerere Konkurrenz antreten. Gerstacker hatte in Stockholm neun Kämpfe zu bestreiten; er stand insgesamt 6:53 h auf der Matte (im Freien). Im Finale verlor er gegen Koskelo, weil er vorher 2:13 h gegen den Finnen Otto Lasanen gekämpft (und gesiegt) hatte und stark ermüdet war.

Georg Gerstacker war mit seiner Silbermedaille Deutschlands erfolgreichster Ringer. Hätte es in jener Zeit (1912–24) schon das Bantam- oder Fliegengewicht gegeben, wäre Gerstacker mit größter Wahrscheinlichkeit dreimal Olympiasieger geworden (1912, 1920 und 1924), aber es gab diese Kategorie noch nicht; zudem fehlte Deutschland bei den Spielen 1920 und 1924. Georg Gerstacker, ein Phänomen an Kraft und Gewandtheit, wurde 1924 im Alter von 35 Jahren Ringer-Europameister im Bantamgewicht.

Radsport

Zeitfahren in der Mittsommernacht

Das Straßenrennen von Stockholm war erst das dritte in der Geschichte der Spiele. 1896 hatte der Grieche Aristides Konstanidis über 87 km gewonnen und 1906 der Franzose Fernand Vast über 84 km. Doch 1912 kannten die Veranstalter keine Hemmungen: In einem Einzelzeitfahren, das im Abstand von zwei Minuten gestartet wurde, mußten 320 km um den Mälarensee zurückgelegt werden.

In der hellen schwedischen Mittsommernacht wurde um 02.00 Uhr der erste Fahrer auf die Strecke gelassen. Der letzte Starter, die Nummer 123, ging demnach um 06.06 Uhr auf den Kurs. Es war eine mörderische Sache, und dennoch kamen 94 Fahrer ins Ziel.

Als zweiter Starter trat der damals erst 23 Jahre alte Südafrikaner Rudolph Lewis (* 1888, † 1933) an. Schon nach 35 km hatte er niemanden mehr vor sich und gewann in einer bravourösen Alleinfahrt nach 10:42:39 h. Dies entspricht einem Stundenmittel von 30 km – eine starke Leistung. Zweiter wurde mit etwas über acht Minuten Rückstand der Brite Fredrick Grubb, der sich in der Mannschaftswertung ebenfalls Silber holte. Die Schweden nutzten den Heimvorteil und gewannen den Mannschaftstitel.

Ein ziemlich genauer Rennbericht hat festgehalten, daß Lewis nach 120 km einen Vorsprung von 11:30 min herausgefahren hatte, den er bis zur 200-km-Marke auf stolze 17:00 min ausbaute. Bis zum Ziel schrumpfte der Vorsprung dann auf etwas über acht Minuten zusammen. Der letzte Fahrer, der ins Ziel kam, benötigte viereinhalb Stunden mehr als Lewis.

Prinz Friedrich Karl von Preußen: Der Sohn von Kaiser Wilhelm II. gehört mit Sigismund Freyer, Wilhelm Graf von Hohenau und Ernst-Hubertus Deloch zur deutschen Mannschaft, die beim Preis der Nationen die Bronzemedaille holten.

Reiten, Moderner Fünfkampf

Prinz von Preußen und General Patton

Prinz Friedrich Karl von Preußen ritt in Stockholm im Preis der Nationen für Deutschland, kam aber mit der Streichnote nicht in die offizielle Wertung. Der Prinz, der seine eigenen Sportlehrer hatte, war in jener Zeit ein sehr guter Fechter, Reiter, Schwimmer und auch Boxer. An dem erstmals ausgeschriebenen Modernen olympischen Fünfkampf durfte er aber nicht teilnehmen, »weil dieser zu gefährlich ist«, wie es in einer Hausmitteilung des Vaters, Kaiser Wilhelm II., hieß.

Der zierliche Friedrich Karl war in jener Zeit ein in deutschen Sportkreisen gern gesehener Gast. So wurde einhellig begrüßt, daß der Olympiateilnehmer Friedrich Karl von Preußen den olympischen Orden des IOC erhielt, der bis dahin erst einmal, nämlich 1909, an einen Deutschen vergeben worden war, an Ferdinand Graf Zeppelin. Der Erbauer des Luftschiffes hatte auch in olympischen Kreisen einen guten Namen.

Im Modernen Fünfkampf, an dem Friedrich Karl nicht teilnehmen durfte, startete indes ein Amerikaner, der damals Offizier in West Point war und im Zweiten Weltkrieg einer der bedeutendsten Generale werden sollte: George Smith Patton (* 1885, † 1945). Patton wurde Fünfter in dem von

Der olympische Orden wurde unter dem Titel »olympisches Diplom« 1904 von Pierre de Coubertin geschaffen und 1905 erstmals – an den amerikanischen Präsidenten Theodore Roosevelt (* 1858, † 1919) – verliehen. 1974 wurde das Diplom in Orden umbenannt.
Mit dem olympischen Orden werden Persönlichkeiten geehrt, die sich um die olympische Bewegung verdient gemacht haben. Von 1909 bis 1995 erhielten 41 Deutsche diese Auszeichnung.

Deutsche Ordensträger

Jahr	Name	Tätigkeit
1909	**Ferdinand Graf von Zeppelin** * 1839, † 1917	Luftschiff-Konstrukteur; Freund der olympischen Bewegung
1912	**Prinz Friedrich Karl von Preußen** * 1893, † 1917	Olympiateilnehmer 1912
1938	**Leni Riefenstahl** * 1902	Regisseurin Olympiafilm 1936
1956	**Carl Diem** * 1882, † 1862	Pädagoge
1971	**Rudolf Hagelstange** * 1913, † 1984	Schriftsteller
1972	**Otl Aicher** * 1922, † 1991	Designer
1976	**Walter Wülfing** * 1901, † 1986	Sportführer
1981	**Herbert Kunze** * 1908	Sportführer
	Max Danz * 1908	Sportführer
1982	**Albert Riethausen** * 1926	Fotograf
	Ulrich Wehling * 1952	Olympiasieger
1983	**Manfred Ewald** * 1926	Sportführer
	Erhard Georg Friedrich Höhne * 1909, † 1986	Sportführer
1984	**Siegfried Brietzke** * 1952	Olympiasieger
	Horst Dassler * 1936, † 1987	Sportartikelhersteller
	Günter Sabetzki * 1915	Sportführer
1985	**Hermann Janssen** * 1900	Sportführer
	Erich Honecker * 1912, † 1994	Politiker
1986	**Max Rinkenburger** * 1919, † 1988	Sportführer
	Liselott Diem * 1906, † 1992	Pädagogin
	Bernhard Baier * 1912	Sportführer
	Georg Wieczisk * 1922	Sportführer
1987	**Rudolf Hellmann** * 1926	Sportführer
1988	**Josef Neckermann** * 1912, † 1992	Olympiasieger und Sportführer
	Reiner Klimke * 1936	Olympiasieger
	Karl Adolf Scherer * 1929	Journalist
	Manfred von Brauchitsch * 1905	Sportführer
	Katarina Witt * 1965	Olympiasiegerin
1990	**Horst G. Schreiber** * 1930	Sportführer
1991	**Günter Heinze** * 1923	Sportführer
1992	**Willi Daume** * 1913	Sportführer
	Franz Lotz * 1910, † 1924	Sportwissenschaftler
1993	**Georg Wilh. Prinz von Hannover** * 1913	Pädagoge
	Willi Ph. Knecht * 1929	Journalist
1994	**Richard von Weizsäcker** * 1920	Politiker
1995	**Werner Göhner** * 1928	Sportführer
	Fritz Wagnerberger * 1937	Sportführer
	Claus Hess * 1933	Sportführer
	Heinz Kempa * 1933	Sportführer
	Klaus Kotter * 1934	Sportführer
	Manfred Donike * 1934	Sportmediziner

Coubertin erfundenen, durchgesetzten und von den Schweden beherrschten Mehrkampf aus Schießen, Schwimmen, Fechten, Reiten und Laufen. Wäre Patton ein besserer Schütze gewesen, hätte er den Modernen Fünfkampf gewonnen. Aber ihm wurde eine »Fahrkarte«, ein Totalverfehlen der Scheibe im Pistolenschießen, angelastet. Patton vertrat zwar die Meinung, er habe zweimal in dasselbe Loch getroffen, aber er konnte dies nicht beweisen. So bekam er im Schießen die Platzziffer 21, was ihm alle Chancen nahm, obwohl er im Schwimmen Siebter, im Fechten Vierter, im Reiten Sechster und im Laufen Dritter wurde (unter 32 Startern).

Patton war im Zweiten Weltkrieg der Befehlshaber der 3. Amerikanischen Armee. Er verunglückte am 21. Dezember 1945 bei Mannheim tödlich mit seinem Kommandowagen. Begraben wurde er auf dem amerikanischen Soldatenfriedhof in Luxemburg.

Zum Reiten und Modernen Fünfkampf in Stockholm bleibt noch folgendes zu sagen: Bis auf den Mannschaftswettbewerb in der Dressur wurden alle noch heute gültigen Wettbewerbe durchgeführt. Die Schweden waren mit sechs Medaillen (4–1–1) am erfolgreichsten. Die Deutschen mit vier Medaillen (0–3–1) und die Franzosen mit drei Medaillen (1–1–1) lagen dahinter. Der deutsche Militaryreiter Friedrich Leopold Harry von Rochow (*1881, †1945) gewann zwei Silbermedaillen. Seltsamerweise ritt der Olympiazweite im Jagdspringen, Rabod Wilhelm von Kröcher, nicht in der deutschen Mannschaft, die im Preis der Nationen die Bronzemedaille gewinnen konnte. Im Modernen Fünfkampf wurde der Oberleutnant Gösta Malcolm Lilliehöök (*1884, †1974) erster Olympiasieger. Wäre er im Waldlauf über 4000 m nur fünf Sekunden langsamer gewesen, hätte der Goldmedaillengewinner Gösta Asbrink geheißen, der Silber erhielt.

Schießen

Mit 64 Jahren ältester Sieger

Vater und Sohn Swahn stellten in der Geschichte der Olympischen Spiele ganz besondere Rekorde auf. Senior Oscar Gomer Swahn (* 1847, † 1927) wurde 1912 in Stockholm mit 64 Jahren der älteste Olympiasieger aller Zeiten und 1920 in Antwerpen mit 72 Jahren auch der älteste Medaillengewinner überhaupt. Mit Junior Alfred Gomer Swahn (* 1879, † 1931) – der Sohn überlebte den Vater nur um vier Jahre – stand der Senior 1908 und 1912 in zwei schwedischen Goldmedaillenteams. Daß Oscar Swahn 1908 seinen olympischen

Einstand mit 60 Jahren feierte, sei der Ordnung halber noch vermerkt. Es war eine Premiere mit Gold. Oscar Swahn, mit seinem weißen Rauschebart nicht zu übersehen, schoß stets in seinem bequemen Überzieher und mit Hut. Vater (3-1-2) und Sohn (3-3-3) gewannen zusammen sechs Gold-, vier Silber- und fünf Bronzemedaillen. Beider Spezialität war das Schießen auf den laufenden Hirsch.

Die ältesten Olympiasieger

Alter[1]	Name	Jahr	Sportart
64/257	Oscar Swahn SWE	1912	Sportschießen
64/1	Galen Spencer USA	1904	Bogenschießen
63/239	Robert Williams USA	1904	Bogenschießen
59/111	Everard Endt USA	1952	Segeln
59/23	William Northam AUS	1964	Segeln
58/192	Jerry Milner GBR	1912	Sportschießen
58/78	Allen Whittey GBR	1924	Sportschießen
57/44	Johan Anker NOR	1928	Segeln
56/211	Paul Smart USA	1948	Segeln
56/194	William Thompson USA	1904	Bogenschießen

1) Jahre/Tage

Schwimmen

Emanzipation der Schwimmerinnen

Pierre de Coubertin hatte keine Frauen bei seinen Spielen sehen wollen – er übersah sie dann auch, als sie kamen. 1900 in Paris waren es zwölf, 1904 in St. Louis acht, 1906 in Athen sieben und 1908 in London 36. In Stockholm waren es schon 57, und die Emanzipation der Schwimmerinnen erregte allgemeines Aufsehen. Es gab einen Freistilwettbewerb über 100 m, die entsprechende Staffel und das Turmspringen.

Engländerinnen, Schwedinnen, Deutsche und Österreicherinnen – seltsamerweise nicht die Französinnen und Amerikanerinnen – profitierten von der Suffragetten-Bewegung der Emmeline Pankhurst (* 1858, † 1928) in England, die seit 1903 mit Mitteln des gewaltlosen Widerstands die politische Gleichberechtigung in der »Women's Social and Political Union« durchzusetzen versuchte. Im liberalen Schweden nahmen sich die Schwimmerinnen die Freiheit, ihren Körper zu zeigen, zu einem Zeitpunkt, als man in den bürgerlichen Bädern noch hochgeschlossen züchtig ins Wasser ging. Die Schwimmwettbewerbe der Damen in Stockholm wurden gegen die Coubertinsche Richtung ein Markstein in der Geschichte des Frauensports.

Der Fall der Australierin Fanny Durack (* 1892, † 1956) ist geradezu beispielhaft. Sie hatte im Vorfeld der Spiele einige Weltrekorde – vor allem auf den Yards-Distanzen – aufgestellt. Da aber die Herren über die Entsendung zu den Spielen entschieden, wurde Fanny Durack nicht berücksichtigt. Ihre Leistungen machten keinen Eindruck. Als jedoch einige Freunde Geld für sie sammelten, durfte sie nach Stockholm reisen, was damals ein aufwendiges Unternehmen war. Ihre Begeisterung war so groß, daß sie gleich im Vorlauf mit 1:19,8 min einen Weltrekord kraulte. Im Halbfinale besiegte sie dann die favorisierte Engländerin Daisy Curwen, die bis dahin schnellste Schwimmerin der Welt. Das Finale fand dann ohne Daisy Curwen statt, die sich einer Blinddarmoperation unterziehen mußte.

Die damals schon recht starken Engländerinnen gewannen dann auch ohne Daisy Curwen die 4x100 m in Weltrekordzeit vor Deutschland. Hier schwamm mit Grete Rosenberg aus Hannover die Bahnbrecherin im Deutschen Reich. Sie gewann von 1912 bis 1922 acht deutsche Einzel- und zwei Staffelmeisterschaften. Als Grete Rosenberg (* 1896, † 1979) Staffel-Silber in Stockholm gewann, war sie 15 Jahre alt. Für sie, Louise Otto (damals auch erst 15), Wally Dressel (19) und Hermine Stindt (24) hatte das deutsche Olympiakomitee extra eine Anstandsdame mitgeschickt.

Oscar Gomer Swahn

Schwimmen: Die britische 4x100-m-Freistilstaffel mit ihrer Trainerin

Paoa Duke Kahanamoku

Bei den Herren teilten sich die Deutschen (3), Amerikaner (2), Kanadier (2), Schweden (2), Australier (1) und Briten (1) die Goldmedaillen. Der Kanadier George Ritchie Hogdson, ein unbekümmerter 18jähriger, gewann die 400 und 1500 m. Er brachte das Kunststück fertig, im 1500-m-Wettbewerb drei Weltrekorde zu schwimmen, einen über 800 m, den zweiten über 1500 m und den dritten über die Meile, als er 109 m weiter schwamm.

Über 100 m Rücken zeigte der amerikanische Olympiasieger Harry Hebner (* 1891, † 1968) den Wechsel-Armschlag, der bis dahin unbekannt war. Zweiter wurde hier der fast zwei Meter große Otto Fahr (* 1892, † 1969) aus Cannstatt, der später ein Großunternehmen (Landwirtschaftsmaschinen) aufbaute und wegen seiner technischen Leistungen Ehrensenator der Universitäten Tübingen und Stuttgart (TH) wurde. Der Brustschwimmer Walter Bathe (* 1892, † 1959) aus dem schlesischen Goldberg gewann die 200 und 400 m Brust.

Die interessanteste Figur im Schwimmstadion war jedoch der Hawaii-Amerikaner Paoa Duke Kahanamoku, dessen Mutter im Palast der Prinzessin Ruth eine Bedienstete war. Als sie am 24. August 1890 den späteren Schwimm-Olympiasieger zur Welt brachte, nannte sie ihn neben seinen anderen Namen Paoa Kahin Makoe Hulikohoa auch noch Duke nach dem Herzog von Edinburgh, einem Sohn der Königin Victoria, der gerade in Honolulu weilte.

Duke war ein phantastischer Schwimmer, aber kein Herzog und auch kein Fürst, obwohl er in Auftreten und Haltung von bemerkenswertem Adel war. Paoa (* 1890, † 1968) sollte in seiner olympischen Laufbahn von 1912 bis 1924 insgesamt drei Gold- und zwei Silbermedaillen gewinnen – und dies, obwohl die ursprünglich für 1916 vorgesehenen Spiele wegen des Ersten Weltkriegs ausfielen. In Hollywood gab man ihm später einige Statistenrollen.

Tennis

Turnier zeitgleich mit Wimbledon

Da die Tennis-Freiluft-Wettkämpfe in Stockholm zur selben Zeit stattfanden wie Wimbledon, wurde das Olympiaturnier eine Enttäuschung. Mit Charles Winslow (Südafrika), Marguerite Broquedis (Frankreich), Charles Winslow/Harold Kitson (Südafrika) und Dora Köring/Heinrich Schomburgk (Deutschland) gewannen bekannte Spieler, aber keine, die durch einen Wimbledon-Titel geadelt gewesen wären.

Im Mixed-Finale passierte der Schwedin Sigrid Fick ein böses Mißgeschick, als sie beim Ausholen mit dem Schläger ihrem Partner Gunnar Setterwall voll ins Gesicht traf, was diesen völlig aus der Fassung brachte. Köring/Schomburgk gewannen mit 6:4 und 6:0. Der Leipziger Schomburgk (* 1885, † 1965) war zehnmal deutscher Meister und schon 1908 Olympiateilnehmer.

Die Sandspezialistin Dora Köring gewann in Stockholm noch Silber (nach Dreisatz-Niederlage im Einzel gegen die Französin Broquedis) und holte vier deutsche Meisterschaften. Sie kam im Alter von 64 Jahren beim Luftangriff auf Dresden am 13. Februar 1945 ums Leben. Die deutsche Medaillensammlung komplettierte Oskar Kreuzer (* 1887, † 1968) mit Bronze im Einzel. Kreuzer gewann elf deutsche Meisterschaften und stand 1913 im Halbfinale von Wimbledon (Dreisatz-Niederlage gegen den Australier S. N. Doust).

Besser besetzt war das olympische Hallenturnier 1912. André Gobert (Frankreich), 1911 Wimbledonsieger im Doppel, gewann das Einzel, in dem der Neuseeländer Anthony Wilding (* 1883, † 1915) nur Dritter wurde. Wilding gewann viermal in Folge Wimbledon (1910, 1911, 1912 und 1913).

Marguerite Broquedis: Bewegungsstudien der französischen Goldmedaillengewinnerin im Rasentennis

1920 Antwerpen

20. April bis 12. September
Dauer **146 Tage**
Teilnehmer **2676 (2600 Männer, 76 Frauen)**
Länder **29**
Sportarten **24 (mit Eishockey und Eiskunstlauf)**
Entscheidungen **158**
Zuschauerzahl **350 000**
Schirmherr **König Albert von Belgien**
Eidsprecher **Victor Boin (Fechten)**

Olympische Spiele 1920 in Antwerpen: Im Hintergrund des Plakats die Silhouette Antwerpens mit der Liebfrauenkathedrale, dem Wahrzeichen der Stadt

Erste Spiele nach Kriegsende

Der Erste Weltkrieg hatte die Welt verändert. Die USA waren zur politischen Weltmacht aufgestiegen, die Sowjetunion begann eine Sonderrolle zu spielen. Europäische Dynastien wie die Romanows, die Habsburger und die Hohenzollern hatten abgedankt. Sieger und Besiegte suchten noch ihre Standorte. Der Völkerbund nahm seine Tätigkeit auf und wollte »den internationalen Frieden und die internationale Sicherheit gewährleisten«, ein idealistisches Unterfangen ohne Realitätsbezug zu den Verträgen von Versailles oder St. Germain-en-Laye, mit denen Deutschland und Österreich die mindere politische Rolle vorgegeben wurde. Es gab revolutionäre Umtriebe in Deutschland, den Aufstand gegen die britische Kolonialherrschaft in Indien durch Mahatma Gandhi und die Verkündung der Prohibition in den USA. Lenin rief die Kommunistische Internationale (Komintern) aus. In Belgien fanden die Olympischen Spiele statt; es sollten die schlechtesten nicht werden.

Jedem Einsichtigen, und dazu gehörten auch die Deutschen, war klar, daß die Vergabe der Spiele an Antwerpen, an die Stadt eines Landes, in das deutsche Truppen 1914 unter Mißachtung der Neutralität einmarschiert waren, eine deutsche Olympiateilnahme unmöglich machte. Coubertin, vom sicheren Port der Schweiz aus Rat gebend, verlagerte die olympische Verantwortung vom IOC auf den Gastgeber Antwerpen. Die Belgier brauchten die Deutschen nicht und dies taten sie auch nicht. Der deutsche Sport, den es im Sinne einer nationalen Bewegung überhaupt nicht mehr gab, suchte nach einer neuen Identität und diese war nicht über Olympia zu finden.

Trotz der amerikanischen Zurückhaltung, trotz der vom Krieg mitgenommenen Sieger Frankreich und Großbritannien, trotz des Fernbleibens der Deutschen, der Österreicher und der Ungarn wurden die Spiele in Antwerpen ein Erfolg für die olympische Familie. Dies lag daran, daß die Skandinavier sich sportlich in den Vordergrund schoben, ganz vornan die Finnen, die sich mit 15 Olympiasiegen einen Platz auf der olympische Weltkarte erkämpften.

Medaillenspiegel Antwerpen 1920

Land	G	S	B
1. USA	41	27	28
2. SWE	19	20	24
3. GBR	15	15	13
4. FIN	15	10	9
5. BEL	14	11	10
6. NOR	13	7	8
7. ITA	13	5	5
8. FRA	9	19	13
9. NED	4	2	5
10. DEN	3	9	1

Die erfolgreichsten Sportler von Antwerpen

Name	Sportart	G	S	B
1. Willis Lee USA	Schießen	5	1	1
2. Nedo Nadi ITA	Fechten	5	–	–
3. Hubert van Innis BEL	Bogenschießen	4	2	–
4. LLoyd Spooner USA	Schießen	4	1	1
5. Carl Osburn USA	Schießen	4	1	1
6. Otto M. Olsen NOR	Schießen	3	2	–
7. Paavo Nurmi FIN	Leichtathletik	3	1	–
8. Dennis Fenton USA	Schießen	3	–	1
9. Morris Fisher USA	Schießen	3	–	–
Joseph Jackson USA	Schießen	3	–	–
Karl Frederick USA	Schießen	3	–	–
Ole Lilloe-Olsen NOR	Schießen	3	–	–
Edmond van Moer BEL	Bogenschießen	3	–	–
Edouard Cloetens BEL	Bogenschießen	3	–	–
Norman Ross USA	Schwimmen	3	–	–
Ethelda Bleibtrey USA	Schwimmen	3	–	–

Einmarsch der Nationen: Im Vordergrund die Mannschaften von Brasilien, Kanada und Chile

Paavo Nurmi, Hannes Kolehmainen, Vilho Tuulos, Wilhelm Pörhöla, Eero Lehtonen, Elmar Niklander oder Jonni Myyrä bei den Leichtathleten, die Ringer Oskar Friman oder Eemeli Väre sowie das Eiskunstlaufpaar Jakobsson zeigten Finnlands breite Sportpalette.

Pierre de Coubertin hat später den Spielen von Antwerpen einen besonderen Stellenwert eingeräumt; dies hatte er als oberster Olympier auch zu tun. Antwerpen zeigte allein durch das Zustandekommen des Festes, daß die olympische Bewegung stärker war als die Politik, die nichts unversucht gelassen hatte, die Gräben, die der Weltkrieg zwischen den Völkern gezogen hatte, noch zu vertiefen.

1919 hatte es die Interalliierten Spiele in Paris gegeben, die Olympiade der Entente. Coubertin hat zu diesem Fest Stellung bezogen: »Die Interalliierten Spiele waren zu dem Zweck erdacht worden, die Truppen der verschiedenen Armeen, die aus vielfachen Gründen noch nicht demobilisiert und in ihre Heimat zurückbefördert worden waren, auf eine gesunde und angenehme

Jonni Myyrä: Der Finne gewinnt 1920 und 1924 die Goldmedaille im Speerwerfen.

Art in ihrer freien Zeit zu beschäftigen.« Vergessen wir das Militär-Olympia. Die großen Medaillensammler der Spiele von Antwerpen waren der amerikanische Sportschütze Willis Lee (sieben Medaillen, darunter fünf goldene), der italienische Fechter Nedo Nadi, der belgische Bogenschütze Hubert van Innis, Finnlands junger Paavo Nurmi und die amerikanische Schwimmerin Ethelda Bleibtrey (*1902, †1978), die drei Goldmedaillen gewann und dabei vier Weltrekorde aufstellte.

Von Weltrekorden war überhaupt sehr oft die Rede. Ihre offizielle Anerkennung im Schwimmen und in der Leichtathletik hatte nicht einmal ein Jahrzehnt vorher begonnen, und die beiden Weltfachverbände FINA und IAAF suchten noch nach einer weltumspannenden Ordnung.

Es gab verschiedene Maße und Gewichte, umstrittene Umrechnungen und unbekannte Vorgaben (beispielsweise im Hürden- und Hindernislauf). Der Ungar Ferenc Mezö, ein olympischer Historiker von Rang, schrieb Mitte des 20. Jahrhunderts von 13 olympischen Rekorden, die in Antwerpen aufgestellt worden seien – es waren mindestens dreimal so viele.

Was in Antwerpen auffiel, aber nicht besonders störte, war die Betonung des Militärischen im Sportschießen, im Reiten und im Modernen Fünfkampf. Überall Uniformen, überall Soldaten. Nicht weniger als 21 Olympiasieger gab es im Schießen (im Bogenschießen noch einmal zehn). Unter den 16 Olympiateilnehmern, die mehr als drei Goldmedaillen gewonnen haben, befanden sich neun Schützen (sieben Amerikaner und zwei Norweger).

In Antwerpen wurde erstmals die olympische Flagge aufgezogen. Beim Einmarsch der Nationen durfte Griechenland erstmals an der Spitze erscheinen, zum erstenmal wurde auch der olympische Eid gesprochen, zufällig von einem Mann, der später als Sportjournalist der Vorsitzende des Internationalen Sportpresse-Verbandes AIPS werden sollte. Zudem wurde der Chef de Mission eingeführt.

Die Belgier begeisterten sich für ihre Spiele, hatten aber kein Geld, sich die teuren Eintrittskarten zu kaufen. So fanden die meisten Wettbewerbe vor leeren Tribünen statt; eine rühmliche Ausnahme gab es nicht. Die Organisation ließ zudem zu wünschen übrig; aber die Olympier waren bislang nur zweimal verwöhnt worden: 1908 in London, wo es freilich sehr parteiische, weil nur britisch ausgebildete Kampfrichter gegeben hatte, und 1912 in Stockholm. Dazwischen lag der Erste Weltkrieg, der für einen Wertewandel gesorgt hatte. Der von dem legendären Finnen Hannes Kolehmainen gewonnene Marathonlauf

Die Jahresweltbesten in der Leichtathletik 1916

Disziplin	Name	Leistung
100 m	Olav Rustad NOR	10,7
200 m	Carmel Smith USA	21,6
400 m	James Meredith USA[1)2)]	47,4
	Binga Dismond USA	47,4
800 m	James Meredith USA[1)2)]	1:52,2
1500 m	Louis Windnagle USA	3:57,0[3)]
5000 m	Sture Lagerman SWE	15:02,0
10 000 m	Sture Lagerman SWE	32:03,9
3000 m Hindernis	John Zander SWE[1)2)]	9:58,4
110 m Hürden	Robert Simpson USA	14,6
400 m Hürden	Walter Hummel USA	54,8
Hochsprung	Frank Maker USA	1,95
Weitsprung	Harry Worthington USA[1)]	7,32
Dreisprung	Curt Enhörning SWE	14,75
Stabhochsprung	Sherman Landers USA	3,88
Kugelstoßen	Arlie Mucks USA	14,67
Diskuswerfen	Armas Taipale FIN[1)2)]	47,41
Speerwerfen	Urho Peltonen FIN[1)2)]	64,35
Hammerwerfen	Patrick Ryan USA[1)2)]	56,86
Zehnkampf	Einar Albinsson SWE	[4)]
4x100 m	USA	43,0
4x400 m	USA	3:19,0

1) Olympiateilnehmer 1912; 2) Olympiateilnehmer 1920; 3) geschätzte Zwischenzeit bei Meilenrennen; 4) Wertung mit heute nicht vergleichbar

Die UdSSR-Meister 1920

Die ersten sowjetischen Meisterschaften in der Leichtathletik fanden 1920 statt. Die Siegerleistungen waren bescheiden und erreichten keinen internationalen Standard.

Disziplin	Name	Leistung
100 m	Alfred Birzin	11,6
400 m	Vassili Archipov	54,4
1500 m	Lev Brandt	4:28,5
5000 m	Nikolai Botsharov	17:12,4
10 000 m	Alexei Dobytshin	37:32,5
110 m Hürden	Alfred Birzin	17,2
Hochsprung	Sergei Nazaretov	1,60
Weitsprung	Alfred Birzin	6,02
Stabhochsprung	Arnold Polle	2,90
Kugelstoßen	Antoni Cezlik	10,27
Diskuswerfen	Anton Kibdil	34,72
Speerwerfen	Andrei Schevdrevits	41,19

Nur Birzin hatte 1920 bessere Leistungen: 100 m 11,4 und 100 m Hürden 17,1. Die Frauen kannten noch keine Meisterschaften.

hätte beinahe nicht stattgefunden, weil die Streckenlogistik den Langstreckenläufern nicht ausreichend schien. Aber die Ansprüche wurden zurückgeschraubt.

Antwerpen sah die Amerikaner als die großen Medaillensammler vor Schweden, Großbritannien, Belgien, Finnland, Italien, Norwegen und Frankreich. Die gastgebenden Belgier stellten die meisten Teilnehmer vor Frankreich, den USA, Schweden, Großbritannien und Norwegen, alle mit Teams von 200 und mehr Mitgliedern. In Antwerpen überlebte der Olympismus.

Die olympische Familie

IOC feiert stilles Jubiläum

Godefroy de Blonay

Sigfrid Edström

Graf Clarence von Rosen

Als sich das Internationale Olympische Komitee im Frühjahr 1919 zu seiner 17. Vollversammlung, der ersten nach dem Krieg, in Lausanne zusammenfand, wurde still ein Jubiläum gefeiert, ein silbernes (wenn man eine Ehe als Maßstab nimmt). Das IOC war 25 Jahre alt.

Obwohl die olympische Bewegung durch den Weltkrieg paralysiert war, hatte sich viel ereignet. Der Sitz des IOC war offiziell am 15. April 1915 von Paris nach Lausanne verlegt worden; es war ein geschickter Deal zwischen Coubertin und seinem Schweizer Freund Godefroy de Blonay gewesen, denn damals bestand die (niemals realisierte) Regel, daß der Sitz des IOC sich stets am Ort der künftigen Olympischen Spiele zu befinden habe. Das wäre nach 1912 Berlin (im Hinblick auf die nicht stattgefundenen Spiele von 1916) gewesen.

Coubertin hatte 1918 den Botschafter von San Salvador in Paris (manche meinen, er sei auch nur Generalkonsul gewesen), Exzellenz P. J. de Mattheu, als Vertreter für die Region Zentralamerika in das IOC berufen. Der britische Journalist und Schriftsteller Sir Theodore Andrea Cooke (* 1867, † 1928) hatte es nach Auffassung von Coubertin an »Takt und Mäßigung« fehlen lassen. Sir Cooke hatte dem IOC brüsk den Rücken gekehrt, weil dieses die deutschen Mitglieder Freiherr von Venningen, Graf Adalbert von Sierstorpff und Adolf Graf von Arnim-Muskau als »Angehörige des Volkes der Kriegstreiber« nicht ausgeschlossen hatte. Sir Cooke demissionierte 1915.

Als Pierre de Coubertin 1919 Bilanz zog, hatte das IOC – ihn eingeschlossen – noch 46 Mitglieder, von denen aber im selben Jahr noch acht ausschieden. Nach der 17. Vollversammlung in Lausanne kamen dann jedoch 13 neue Mitglieder in den Olymp. Die Vergabe der Olympischen Spiele an Antwerpen 1920 war keineswegs das Ergebnis reiflicher Überlegungen, sondern die Folge der von Coubertin ins Spiel gebrachten Protokolle der 16. Session des IOC in Paris 1914, als sich Antwerpen und Budapest um die Spiele 1920 vorsorglich beworben hatten. Coubertin widersprach allerdings nicht, als sich Lyon noch 1919 für das kommende Jahr als Olympiakandidat stark machte. Das IOC entschied sich jedoch für Antwerpen.

Unter den 13 neuen in Antwerpen vorgestellten IOC-Mitgliedern befand sich mit dem damals schon 50jährigen Schweden Sigfrid Edström ein Mann, der unter allen Olympiern bis zum heutigen Tag mit seinem universalen sportlichen Fachwissen der bedeutendste Technokrat war.

Edström organisierte nach Antwerpen den olympischen Kongreß von 1921 in Lausanne, in dessen Rahmen die 19. IOC-Vollversammlung stattfand. Selbst einst ein Weltrekordsprinter (auch wenn es damals offizielle Weltrekorde noch nicht gab), vereinheitlichte Edström Maße und Regeln der Leichtathletik. Er war nicht nur Mitbegründer des Weltverbandes IAAF, sondern auch dessen erster Präsident (1912). Er führte die Bahneneinteilung und den Wurfkreis ein, ließ die Geräte normen und legte die Kriterien für die Anerkennung von Weltrekorden fest. Den Ringern und Gewichthebern verhalf er zu eigenen Weltfachverbänden. Er propagierte das schwedische Sportabzeichen, zu dem Carl Diem 1913 das deutsche Pendant schuf.

Edström gehörte dem Organisationskomitee der Spiele von Stockholm 1912 an, gründete 1920 das Schwedische NOK und führte Schwedens Olympiamannschaften von 1920, 1924, 1928, 1932 und 1936. 1921 leitete er diktatorisch den olympischen Kongreß, auf dem er den Weltfachverbänden zu einem ersten Selbstverständnis verhalf, ohne die Dominanz des IOC in Frage zu stellen. 1921 wurde er in die IOC-Exekutive berufen und blieb in ihr bis 1952 (von 1942 ab als kommissarischer IOC-Präsident, ab 1946 als offizieller). Edström starb 1964 im Alter von 93 Jahren. Sein berühmtestes Wort über die olympische

Olympiafahne: In Antwerpen versammeln sich die Sportler beim Einmarsch der Nationen erstmals unter der von Coubertin entworfenen Flagge mit den fünf Ringen.

Bewegung zeichnet ihn als Realisten aus: »Zu verlangen, daß die Völker einander lieben, ist eine Art Kinderei; sich gegenseitig zu achten, ist keine Utopie, aber um sich achten zu können, muß man sich zunächst kennenlernen. Dazu führt das olympische Geschehen.«

Zurück zu 1920: Im IOC wurden die deutschen Mitglieder als Unpersonen behandelt. Von den 16 Gründungsmitgliedern des Jahres 1894 gehörten nur noch vier zum Komitee. In Antwerpen bestand das IOC aus 51 Mitgliedern. Noch fünf Jahre sollte das IOC ohne deutsche Mitglieder auskommen. Coubertin hatte allein das Sagen; zu den Freunden, auf die er manchmal hörte, zählten der Schweizer Baron de Blonay, der schwedische Graf von Rosen, sein designierter Nachfolger Graf Baillet-Latour sowie die ungarischen Edelmänner Andrassy und Muzsa – und von jetzt an, Sigfrid Edström.

Das olympische Symbol

Eine Fahne mit fünf Ringen

Nur einmal, soviel wir wissen, ist Pierre de Coubertin als Designer hervorgetreten: 1913, als er die olympische Fahne mit den fünf olympischen Ringen auf weißem Grund entwarf und anfertigen ließ. Das unverwechselbare Logo, ein genialer Entwurf, wurde bei Olympischen Spielen zum erstenmal 1920 in Antwerpen gehißt.

Gesehen wurde die Fahne schon früher. Am 5. April 1914 wehte sie an einem Mast im Chatly-Stadion von Alexandria. Angelo Bolanaki (* 1877, † 1963) hatte sie aufziehen lassen; als Mitglied des IOC hatte er an diesem Tag die ersten Afrikanischen Spiele beginnen lassen wollen, doch diese, als sie nicht zustande kamen, in eine 20-Jahr-Feier des IOC umgewandelt.

Der willensstarke Sportpolitiker Bolanaki hatte Coubertin die Fahnenhissung abgetrotzt. Als der Grieche, der die meiste Zeit seines Lebens in Alexandria verbrachte, 1963 in Lausanne starb, hatte er einen Weltrekord aufgestellt: Er war 53 Jahre Mitglied des IOC gewesen.

Die Fahne mit den fünf olympischen Ringen wehte also zuerst auf olympischem Neuland, dann in den Tagen der 16. Session des IOC 1914 in Paris (13. bis 23. Juni 1914). Am Schlußtag feierte das IOC seinen 20. Geburtstag.

Coubertin hat die Fahne 1913 in Paris anfertigen lassen. Über seinen Entwurf sagte er damals: »Die fünf Ringe, blau, gelb, schwarz, grün und rot, repräsentieren die fünf Erdteile und in Zukunft den Olympiagedanken in fruchtbarer Rivalität. Die sechs Farben (einschließlich des weißen Grundes) stellen alle Nationalfarben dar. Blau und Gelb für Schweden, Blau und Weiß für

Amerikanische Olympiamannschaft: Abfahrt der US-Athleten in New York mit der Princess Matoika

Griechenland, die Dreifarbigkeit für die französischen, englischen, amerikanischen, deutschen, belgischen, italienischen und ungarischen Farben, Gelb und Rot für Spanien, benachbart den Einführungen von Brasilien und Australien, des alten Japan und des jungen China. Man sieht, daß es sich um ein wahres internationales Emblem handelt.« Pierre de Coubertin hat sich später nicht mehr zu seiner Fahne geäußert. Protokolle über sie gibt es nicht. So wucherten die Spekulationen.

1992 ist von deutscher Seite versucht worden, Coubertin den Vorwurf des Plagiats anzuhängen. Im Jahre 1896 hatte die Firma Dunlop in einer Anzeige für ihre Produkte geworben und vor den Schriftzug Dunlops fünf ineinander verschlungene Gummireifen plaziert, an denen sich vier schwebende Engelchen mit Turban für Asien, schwarzer Hautfarbe für Afrika, indianischem Kopfschmuck für Amerika und Blondhaar für Europa festhalten. 1888 hatte der englische Tierarzt John Boyd Dunlop (* 1840, † 1921) den pneumatischen Reifen für das Fahrrad erfunden und 1889 seine Firma gegründet. Zwischen der Dunlop-Anzeige und Pierre Coubertins Fünf-Ringe-Entwurf liegen 17 Jahre. Der Plagiatsvorwurf ist weit hergeholt. Dunlops fünf Reifen sind längst vergessen, Coubertins fünf Ringe das wohl bekannteste internationale Symbol.

Eine olympische Fahne hatten möglicherweise schon 1896 die Griechen im Stadion gehißt. Es war ein blaues Kreuz auf weißem Grund. Beachtet wurde sie allerdings nicht. Es war der deutsche Sporthistoriker Professor Norbert Müller aus Mainz, ein vom IOC anerkannter Spezialist, der 1993 auf diese Fahne aufmerksam machte.

Die US-Mannschaft

Die Meuterei auf der Matoika

Die Verbandsträger des olympischen Sports der USA verstanden sich immer als Ehrenamtliche, auch wenn sie im Berufsleben vielleicht großartige Geschäftsleute waren wie der erste Präsident des United States Olympic Committee, der Sportartikelhersteller A. G. Spalding (S. 30). Mit Fingerspitzengefühl hatten es diese Sportführer niemals besonders. Der Höhepunkt falscher Logistik wurde 1920 erreicht. Nicht nur daß der damalige Komitee-Präsident Gustavus T. Kirby der amerikanischen Armee und Marine die Nominierung von Olympiastartern erlaubte, er selbst charterte den Armeetransporter »Princess Matoika« für die Reise über den Atlantik.

Der Publizist John Kieran von der New York Times schrieb süffisant: »Wie jeder weiß, sind solche Transportschiffe nicht gerade die höchste Stufe an Luxus und Bequemlichkeit.« Zwei Tage nach dem Ablegen in New York kam es auf hoher See zu dem, was Kieran als »Meuterei auf der Matoika« bezeichnete: »Die Athleten waren aufgrund des Matratzenlagers und der schlechten Verköstigung geneigt, Kirby und den ihn begleitenden Richter Barton Sumter Weeks, Mitglied des Internationalen Olympischen Komitees für die USA, über das Deck und über Bord zu jagen.«

Der Krach setzte sich in Antwerpen fort, als die Mannschaft in einer Schule untergebracht wurde. Das bewog den damals 32jährigen Dreispringer Daniel Ahearn, dessen zwei Weltrekorde von 15,39 und 15,52 m schon elf und neun Jahre zurücklagen und dessen acht US-Titel auch längst Vergangenheit waren, sich ein Hotel zu suchen. Als er in der Schule vermißt wurde, veranstalteten Kirby und Weeks ein Tribunal. Die Folge: Die Athleten drohten mit Streik und Boykott der Spiele. »Sie können das nicht tun«, sagte Richter Weeks, wie John Kieran überliefert hat. »Sie können nicht die Leute betrügen, die Sie hierher geschickt haben. Sie müssen starten. Das Komitee muß weiter arbeiten. Was wollen Sie tun, wenn das Komitee aufgibt?« Die klassische Antwort: »Ein besseres bekommen!« Ahearn blieb zunächst gesperrt.

Aber dann kam es doch so, wie es meist kommt. Die Funktionäre gaben nach, die

Die US-Meister in Antwerpen

Disziplin	US-Meister 1920	Antwerpen 1920
100 yards/100 m	Loren Murchison	Olmpiasechster
220 yards	Charles Paddock	Olympiazweiter
440 yards	Frank Shea	Olympiavierter
880 yards	Earl Eby	Olympiazweiter
1500 m/Meile	Joy Ray	verletzt
110 m Hürden	Harold Barron	Olympiazweiter
400 m Hürden	Frank Loomis	Olympiasieger
Hindernislauf	Patrick Flynn	Olympiazweiter
Weitsprung	Solomon Butler	verletzt
Hochsprung	John Murphy	Olympiafünfter
Dreisprung	Sherman Landers	Olympiafünfter
Stabhochsprung	Frank Foss	Olympiasieger
	Edwin Meyers	Olympiadritter
Kugelstoßen	Patrick McDonald	Olympiavierter
Diskuswerfen	Augustus Pope	Olympiadritter
Hammerwerfen	Patrick Ryan	Olympiasieger
Speerwerfen	Milton Angier	Olympiasiebter
Gewichtwerfer	Patrick McDonald	Olympiasieger
Fünfkampf	Brutus Hamilton	Olympiasechster
Zehnkampf	Brutus Hamilton	Olympiazweiter

Die US-Mannschaftsführung (v. l.): General Sage, Brandt Whitlock, Gustavus T. Kirby, Commander Mayor, Norman Ross (mit Fahne), der 1920 drei Goldmedaillen im Schwimmen gewinnt, und Aileen Riggin, die Siegerin im Kunstspringen

Start zum 10 000-m-Lauf: Nurmi (6. v. l.) siegt vor dem Franzosen Joseph Guillemot.

Athleten starteten, weil sie dies im Grunde ihres Herzens auch wollten. Daniel Ahearn wurde Sechster. Zwei US-Athleten, die mit der Meuterei auf der »Matoika« und der Revolte in Antwerpen nichts zu tun hatten, wurden allerdings von den Spielen ausgeschlossen. Zwei von der Armee und Marine ausgewählte Boxer, die auf der »USS Frederick« nach Belgien gekommen waren, wurden als Professionals entlarvt. Sie hatten schon für Geld gekämpft.

Joseph Guillemot: König Albert gratuliert dem Franzosen für seinen Sieg über 5000 m.

Leichtathletik

Guillemot vor Nurmi und umgekehrt

Die Leichtathletik war wie immer Mittelpunkt der Spiele. Hannes Kolehmainen (Marathon-Gold), der 23jährige Paavo Nurmi mit den ersten drei seiner später neun Goldmedaillen, der Sprinter Charles Paddock, der Stabhochspringer Frank Foss mit dem Weltrekord von 4,09 m und der britische Mittelstreckler Albert George Hill als Gewinner der 800 und 1500 m waren bejubelte Stars.

Paddock imponierte durch seinen Zielsprung, mit dem er seine Rennen zu gewinnen pflegte, aber über 200 m wurde er von seinem US-Landsmann Allen Woodring geschlagen. Es ging überhaupt manches drunter und drüber in den Stadionkonkurrenzen. Die Amerikaner, die während des Ersten Weltkriegs ihre Meisterschaften weitergeführt hatten, erlitten einige Niederlagen. Diese wurden allerdings nicht immer als solche empfunden, weil die Europäer wenig über das Leistungsvermögen der Amerikaner wußten und diese wiederum die Standards der Europäer nicht kannten.

Interessant war natürlich das Auftreten Nurmis. Er verlor die 5000 m am 17. August gegen Joseph Guillemot. Der Franzose, der als Soldat im Ersten Weltkrieg eine Gasvergiftung erlitten hatte, trug zum Erstaunen der Ärzte sein Herz rechts. Die 10 000 m am

20. August gewann Nurmi gegen Guillemot; am 23. August holte er im Geländelauf über 8000 m die Einzel- und Mannschaftswertung. Da Finnland an einem 3000-m-Mannschaftslaufen nicht teilnahm, entging Paavo Nurmi möglicherweise eine weitere Medaille.

Leichtathletik

Schwarzer Tag für die Amerikaner

In der Leichtathletik wurde der 18. August 1920 zu einem schwarzen Tag für die Amerikaner. Von fünf Entscheidungen gewannen sie nur eine, und die ging an den Hammerwerfer Patrick Ryan (* 1887, † 1964). Dieser Ryan war ein gebürtiger Ire aus Pallasgreen in Limerick, der schon 1902 Meister seines Landes im Hammerwerfen hatte werden können. 1910 wanderte Ryan in die USA aus.

Er kam zur New Yorker Polizei, erhielt 1912 die US-Staatsbürgerschaft und konnte erst 1920 als 33jähriger erstmals an den Spielen teilnehmen. Zu diesem Zeitpunkt war er schon sieben Jahre Weltrekordmann mit 57,77 m und hätte 1904, 1906, 1908 und 1912 eine Olympiachance gehabt. Er hatte es aber abgelehnt, als Ire in der britischen Mannschaft zu starten.

Für die Amerikaner gab es Niederlagen über 110 m Hürden, im Weitsprung und im Kugelstoßen. Der in Kanada geborene, aber in Kalifornien aufgewachsene Earl Thomson (* 1895, † 1971) wurde überlegen Olympiasieger über die Hürden und später ein bekannter Sportlehrer an der amerikanischen Marine-Akademie in Annapolis. Im Weitsprung verletzte sich der Jahresweltbeste Solomon Butler (USA) im ersten Sprung (Achillessehnenriß), und es gewann der Schwede William Petersson mit schwachen 7,15 m. In diesem Zusammenhang wäre auch des deutschen Weitspringers Karl Hornberger (* 1900, † 1988) zu gedenken, der 1920 ein beständiger Sieben-Meter-Mann war, aber nie eine Olympiachance haben sollte, weil Deutschland von den Spielen 1920 und 1924 ausgeschlossen blieb. Im Kugelstoßen war Ville Pörhöla (Finnland) eine Klasse für sich. Im fünften Leichtathletik-Wettbewerb dieses 18. August siegte der Italiener Ugo Frigerio (* 1901, † 1968) im 10 000 m Gehen. Der noch 1932 olympisch aktive Frigerio darf als Erfinder der Zuschauer-Animation gelten. Er war der erste Athlet, der sich selbst Beifall klatschte.

Earl Thomson: Der Kanadier siegt über 110 m Hürden vor den Amerikanern Harold Barron und Frederick Murray.

Leichtathletik

Irische Werfer und New Yorker Cops

Zwischen 1850 und 1900 ist ein Drittel der Bevölkerung Irlands ausgewandert. Der Exodus von mindestens 700 000, wenn nicht gar einer Million Iren auf die Britische Insel, in die USA und nach Kanada war die Folge von Hungersnöten und Armut. Die bäuerliche Struktur des Landes konnte die Menschen nicht ernähren.

Unter den Auswanderern, die vor der Jahrhundertwende in New York an Land gingen und dort auch gleich blieben, befanden sich viele junge Leute, die in ihrer Heimat den Kraftsport ausgeübt hatten – hauptsächlich Hammerwerfen, aber auch Kugelstoßen und das Gewichtwerfen mit dem 25,4 kg schweren Vierkantstein.

Diese sportlich gestählten jungen Leute, deren Nachfahren wiederum die traditio-

Patrick Ryan: Neben der Goldmedaille im Hammerwerfen holt der für die USA startende Ire Silber im 1920 letztmals ausgetragenen Gewichtwerfen.

nellen Kraftleistungen fortführten, fühlten sich als Ordnungshüter berufen und suchten Anstellung bei der Polizei. Es waren Leute, die nicht lange fackelten, sondern beherzt zugriffen.

Es gehört zu den olympisch merkwürdigen Vorgängen, daß zwischen 1900 und 1924 nicht weniger als acht New Yorker Polizisten irischer Abstammung 24 olympische Medaillen gewannen: 13 goldene, neun silberne und zwei bronzene. Es handelt sich um die Olympiasieger Martin Sheridan (*1881, †1918), John Flanagan (*1873, †1938), Matthew McGrath (*1878, †1941), Patrick McDonald (*1878, †1954), Patrick Ryan (*1887, †1964), und Thomas Kiely (*1869, †1935) sowie um die Medaillengewinner Dennis Horgan (*1871, †1922) und James Mitchell (*1864, †1921).

Ob nun als Bürger ihrer alten Heimat Irland oder als Einwohner der USA stellten diese acht Werfer 38 Weltrekorde im Kugelstoßen, Diskus-, Hammer- und Gewichtwerfen sowie im Allround-Mehrkampf auf. Dazu kommen nach einer Auflistung der Amateur Athletic Union (AAU) der USA insgesamt 83 amerikanische Leichtathletikmeisterschaften.

Interessante Zahlen, aber auch interessante Leute. John Flanagan, der 1896 in die USA einwanderte und schon 1900 für die Vereinigten Staaten Olympiasieger im Hammerwerfen wurde (erneut 1904 und 1908), verbesserte 19mal (!) den Weltrekord, zuletzt am 24. Juli 1909 mit 56,19 m im Alter von 41 Jahren und 196 Tagen. Kein anderer Weltrekordwerfer ist jemals älter gewesen.

Matthew McGrath, nach Flanagan Weltrekordmann mit 57,10 m (1911), wäre 1912 auch mit dem schlechtesten seiner sechs Würfe noch Olympiasieger geworden. 1924 wurde er in Paris als 46jähriger noch Olympiazweiter.

Patrick Ryans 57,77 m aus dem Jahr 1913 überstanden als Weltrekord 25 Jahre, als amerikanischer Rekord 40 Jahre. Der Kugelstoßer und Gewichtwerfer Patrick McDonald besiegte 1912 das »Elefantenbaby« Ralph Waldo Rose und wurde 1920 als Gewichtwerfer mit 42 Jahren und 26 Tagen der älteste Leichtathletik-Olympiasieger aller Zeiten. Thomas Kiely, der Mehrkämpfer, stellte einen Weltrekord im Hammerwerfen auf.

Dennis Horgan, den man für tot hielt, wurde 1908 Olympiazweiter im Kugelstoßen. Als New Yorker Polizist war Horgan bei der Schlichtung eines Streits niedergestochen und schwer verletzt worden. Irrtümlich wurde sein Tod gemeldet. Er war schon 37 Jahre alt, als er in London Silber gewann. Nach Erreichen des Pensionsalters ging der ehemalige Kugelstoß-Weltrekordmann nach Irland zurück.

Philip Noel-Baker

Leichtathletik

1920 Silbermedaille, 1959 Nobelpreis

Philip Noel-Baker, ab 1977 Baron of the City of Derby, entstammte einer Londoner Quäkerfamilie. Er studierte an der Quaker University in Philadelphia sowie kurzzeitig auch in Paris und in München; schon 1914 war er Professor in Oxford. Als überzeugter Pazifist war er Sanitäter im Ersten Weltkrieg und später – als hochrangiger Politiker – Mitglied der britischen Friedensdelegation in Versailles und Sekretär beim Völkerbund in Genf. 1945 war er Staatssekretär im britischen Außenministerium und von 1947 bis 1950 Vorsitzender der Labour Party. 1959 wurde er mit dem Friedensnobelpreis ausgezeichnet. Von

1960 bis 1976 erwarb er sich Verdienste als Präsident des UNESCO-Rates für Sport.

Zur Zeit der Spiele von Antwerpen hielt sich Noel-Bakers Popularität in Grenzen. In seiner Heimat stand er, was den Sport anging, im Schatten der gleichaltrigen Läufer Arnold Jackson und Albert George Hill, die 1912 und 1920 jeweils die 1500 m bei den Olympischen Spielen gewannen. In beiden Endläufen wurde Philip Noel-Baker nach bravourösen Rennen Sechster und Zweiter. Hill hat sich später bei Noel-Baker für die hervorragende Führungsarbeit in Antwerpen bedankt.

Während seiner 36 Jahre währenden Parlamentskarriere fügte er seinem Namen den Mädchennamen seiner Frau hinzu. Noel-Baker – Jahrgang 1889 wie Jackson und Hill – starb am 8. Oktober 1982 in London. Den Nobelpreis erhielt er für seine Abrüstungsbemühungen nach beiden Weltkriegen. Er ist der einzige olympische Medaillengewinner mit dieser Auszeichnung.

Ethelda Bleibtrey: Mit drei Goldmedaillen im Freistil ist die Amerikanerin die erfolgreichste Teilnehmerin der Spiele von Antwerpen.

Schwimmen

Ethelda Bleibtrey und die Hawaiianer

Während der Internationale Leichtathletik-Verband Frauen-Wettbewerben auch nach dem Weltkrieg noch ablehnend gegenüberstand und die Frauen damit zwang, sich eigene Organisationsstrukturen für den Leistungssport zu geben, hatte der Weltschwimmverband FINA gegen Schwimmerinnen nichts einzuwenden.

So wurde eine 18jährige Amerikanerin deutscher Abstammung, Ethelda Bleibtrey (*1902, †1976) zum Schwimmstar der Spiele, als sie die 100 m Freistil, die 300 m Freistil und die 4x100 m Freistil jeweils in Weltrekordzeiten gewann, wobei sie auch den 100-m-Vorlauf in Weltrekordzeit hinter sich brachte (1:14,4 min und 1:13,6 min). Die amerikanischen Damen gewannen von sieben möglichen Medaillen sieben.

Bei den Herren fielen die exotischen Hawaiianer in der amerikanischen Mannschaft auf. Paoa Duke Kahanamoku (S. 82) und Pua Kela Kealoha gewannen drei Goldmedaillen und eine silberne; Fred Kahele wurde zweimal Vierter. Der Festlands-Amerikaner Norman Ross holte sich Gold über 400 und 1500 m Freistil. Thor Henning, ein »alter Schwede«, der schon 1912 in Stockholm zu Medaillen gekommen war, sicherte sich über 200 und 400 m Brust die Silbermedaillen.

Ja, und da war noch die Amerikanerin Aileen Riggin, die am 29. August 1920 im Alter von 14 Jahren und 117 Tagen das Kunstspringen gewann, ein Kind noch. Vier Jahre später holte sie noch einmal eine Silbermedaille im Kunstspringen und dazu – ganz außergewöhnlich – noch eine Bronze-

Aileen Riggin: Die 14jährige Amerikanerin gewinnt das Kunstspringen.

medaille im 100-m-Rückenschwimmen. Aileen Riggins nur wenig ältere Konkurrentin Helen Wainwright, in Antwerpen ebenfalls erst 14 Jahre alt, wurde Zweite im Kunstspringen und holte sich 1924 in Paris die zweite Silbermedaille im 400-m-Freistilschwimmen.

Turnen

Zampori und Torres setzen Maßstäbe

Für das Geräte- oder Kunstturnen, das seit 1896 im olympischen Programm zu finden war, setzten 1920 der Italiener Giorgio Zampori und der Franzose Marcos Torres die ersten wirklichen Maßstäbe. Beide waren in Antwerpen schon 32 Jahre alt. Ihre ersten olympischen Erfahrungen hatten sie 1912 gemacht, Zampori als Vierter und Torres als Siebter des Mehrkampfes.

Trotz der schon sieben Jahrzehnte zurückliegenden Anfänge im turnerischen Spitzensport gab es keine genauen Regeln und trotz der vielen Verbände und Organisationen keine vorgeschriebenen Wettkampfstrukturen. In Frankreich entwickelte sich das Turnen anders als in der Schweiz, Österreich oder Deutschland. Die Italiener arbeiteten ebenso separat wie die Tschechen oder Slowaken, die erst später (1918 bis 1992) zusammengingen. Es gab das bürgerliche und das Arbeiterlager, und im Nordösterreichischen Turngau wurde 1888 sogar ein Arierparagraph eingeführt. Die Europäische Turnfederation (FLG) von 1897, Vorläufer des Internationalen Turnerbundes (ITB oder französisch: FIG) hatte wenig Einfluß auf eine grenzübergreifende internationale Entwicklung. Zwar gab es – offensichtlich angeregt durch die olympischen Turnwettbewerbe von 1896 und 1900 – schon 1903 ein sogenanntes Internationales Turnfest, das später als Weltmeisterschaft gehandelt wurde, aber von der FIG kontrollierte Weltmeisterschaften sollten erstmals 1934 ausgerichtet werden.

Zieht man die internationalen Turnfeste von Antwerpen (1903), Bordeaux (1905), Prag (1907), Luxemburg (1909), Turin (1911) und Paris (1913) als weltmeisterliche Wertung heran, dann waren vor dem Ersten Weltkrieg Franzosen und Tschechen die überragenden Turner.

Die Deutschen verweigerten sich mehr oder weniger dem internationalen Vergleich und bestanden auf ihren Deutschen Turnfesten als dem Maß aller Dinge. Sie blieben den inoffiziellen Weltmeisterschaften fern. In Deutschland wurden die Leistungen der großen ausländischen Turner überhaupt nicht zur Kenntnis genommen. So wurde auch das Aufkommen der Italiener und Schweizer nicht bemerkt.

Turnen: Bodenvorführung der belgischen Mannschaft

Der aus Algerien stammende Franzose Joseph Martinez, 1900 in Paris Olympiasiebter in einem Elfkampf, gewann von 1903 bis 1911 zehn Welttitel und kam einmal auf den zweiten Platz. Von seinen Landsleuten hatten auch Joseph Lux mit drei Weltmeisterschaften, Marcel Lalue mit vier Weltmeisterschaften, Pierre Payssee als Doppel-Olympiasieger von 1906 und Weltmeister von 1905, Georges Charmoille als Reck-Weltmeister (1907) und zweimaliger Olympiadritte von 1906 sowie der schon genannte Marcos Torres einen ausgezeichneten Ruf. Torres holte sich bis 1919 sieben erste und zwei zweite Plätze bei den Weltmeisterschaften.

Einer der härtesten Konkurrenten der Franzosen war der Tscheche Josef Czada, der sechs Weltmeisterschaften gewann und seine Karriere 1920 in Antwerpen mit einem vierten Olympiarang (Mannschaft der Tschechoslowakei) beendete.

Giorgio Zampori (* 1887, † 1965), der bei den Weltmeisterschaften von 1909, 1911 und 1913 viermal Gold, einmal Silber und viermal Bronze gewonnen hatte, setzte als Olympiasieger der Spiele von 1912, 1920 und 1924 (jeweils mit der Mannschaft) sowie 1920 (Kür-Vierkampf) das Zeichen für Italiens Aufbruch.

Gewichtheben

Erst nicht olympisch und dann doch

Gewichtheben war 1896, 1904 und 1906 olympische Sportart; 1900, 1908 und 1912 erschien es nicht im olympischen Programm. Auf der 17. IOC-Session in Paris 1914 stand deshalb die olympische Zulassung von Gewichtheben auf der Tagesordnung. Am 17. Juni 1914 wurde der Punkt Gewichtheben zum erstenmal behandelt und die Wiederhereinnahme dieses Sports in das olympische Programm für 1916 mit 47:35 Stimmen abgelehnt.

An der Abstimmung beteiligten sich nicht nur die IOC-Mitglieder (41 von 48 waren anwesend), sondern auch Delegierte von Internationalen Federationen, außer den nicht angereisten Vertretern des Kraftsports. Mit den Sprechern von anderen Interessengruppen gab es zwischen 166 und 199 Stimmberechtigte. Davon nahmen jedoch nur 82 Delegierte an der Abstimmung über das Gewichtheben teil.

Vier Tage später revidierte der Pariser olympische Kongreß die Entscheidung und nahm Gewichtheben in das Olympia-Programm auf. Gewichtheben erschien dann 1920 in Antwerpen wieder im Ablauf und blieb für immer olympisch.

Gewichtheben

Moderner Kraftsport noch am Anfang

Es gibt zwei Eckdaten in der Geschichte des modernen Gewichthebens: Dies sind der 9. August 1919 in München und die Tage vom 23. bis 28. August 1920 in Antwerpen. In München fanden die deutschen Meisterschaften statt, die ersten nach dem Weltkrieg, in Antwerpen die ersten Olympiawettbewerbe mit dem Versuch einer gerechten Mehrkampfwertung.

Die Meisterschaften in München waren ein grandioser Erfolg. Großen Anteil daran hatte die neue Weltrekord-Scheibenhantel des Nürnberger Fabrikanten Wilhelm Berg, erfunden von dem Frankfurter Sportlehrer Franz Veltum (* 1868, † 1944). Antwerpen war eher ein Mißverständnis, als man einarmige Übungen mit dem beidarmigen Stoßen kombinierte.

Franz Veltum hatte am 15. Januar 1911 seine Erfindung der Stange mit dem Leerlauflager, auf die Scheiben unterschiedlichen Gewichts geschoben werden konnten, während eines Hallensportfestes in Frankfurt erstmals testen lassen. Es war der Beginn des freien Umsetzens und damit des modernen Kraftsports.

In Antwerpen hing man noch dem heute nicht mehr gebräuchlichen Stemmen an. Der Vergleich der deutschen Rekordler von 1919 mit den Olympiabesten von 1920 im allein komparablen beidarmigen Stoßen ergibt folgendes Bild:

Beidarmiges Stoßen im Vergleich

Klasse	Deutscher Meister 1919		Olympiasieger 1920	
60 kg	Karl Junger	100,0 kg	Frans de Haes BEL	95,0 kg
67,5 kg	Philipp List	110,0 kg	Alfred Neuland EST	110,0 kg
75 kg	Jean Kurz	120,0 kg	Pietro Bianchi ITA	107,5 kg
82,5 kg	Hermann Schwindt	115,0 kg	Ernest Cadine FRA	135,0 kg
+ 82,5 kg	Karl Mörke	150,0 kg	Filippo Bottino ITA	115,0 kg

Die Leistungen von List, Kurz und Mörke sowie von Cadine waren zu jener Zeit Weltrekorde. Der einzige Gewichtheber, der in München und in Antwerpen startete, war der Schweizer Fritz Hünenberger, der in München lebte. Hünenberger (* 1897, † 1976) wurde in München deutscher Fünfkampfmeister, in Antwerpen Olympiazweiter im Dreikampf und 1921 Europameister. Hünenberger gehört zu den großen Pionieren des modernen Gewichthebens. Auf dem Höhepunkt seiner Karriere wurde er 1924 von Charles Rigoulot, dem französischen Nationalheros, in einer olympischen Entscheidung geschlagen.

Fechten: Der Italiener Nedo Nadi (l.) holt in Antwerpen fünf Goldmedaillen und ist hinter dem Schützen Willis Lee (5-1-1) der erfolgreichste Teilnehmer der Spiele.

Fechten

Zwei Belgier und die AIPS

In der belgischen Fechtermannschaft, die im Degenwettbewerb die Silbermedaille hinter Italien gewann und in der Finalrunde Frankreich, Portugal, die Schweiz und die USA besiegte, standen zwei außerordentliche Persönlichkeiten.

Die eine war Paul Anspach, der auf vier Olympischen Spielen (1908, 1912, 1920 und 1924) zwei Goldmedaillen, zwei silberne und eine bronzene erkämpfte, wobei der Höhepunkt mit den Degen-Olympiasiegen 1912 im Einzel- und Mannschaftswettbewerb erreicht wurde. Der Pfeifenraucher Anspach (* 1882, † 1981) wurde 99 Jahre alt. Er war 42, als er 1924 in Paris seine letzte Silbermedaille gewann.

Die andere herausragende Figur war Victor Boin (* 1886, † 1974). Er ging nicht nur als erster Sprecher des olympischen Eides (1920 bei der Eröffnungsfeier in Antwerpen) in die Sportgeschichte ein, sondern vier Jahre später auch als Gründer des Internationalen Sportpresse-Verbandes (AIPS), dessen erster Präsident er wurde.

Als Journalist hatte Boin ebenso respektvolle Bewunderer wie als aktiver Sportler im Wasserball (Silber 1908 und Bronze 1912), Fechten (Silber mit der Degenmannschaft 1920), Schwimmen, Eiskunstlauf, Fliegen und Motorradrennsport. Später wurde Boin auch zum Präsidenten des Nationalen Olympischen Komitees von Belgien gewählt.

Sportschießen

Trotz Weltkrieg sind Waffen wieder »in«

Man hätte in Antwerpen – so kurz nach dem Krieg – eigentlich annehmen dürfen, daß das Sportschießen nicht gerade »in« gewesen sei. Aber genau das Gegenteil war der Fall.

Es gab nicht weniger als 21 olympische Wettbewerbe, neun davon mit dem so bezeichneten Militärgewehr. Selbst 1900 bei den Spielen in Paris, 1908 in London und 1912 in Stockholm hatte es nicht so viele Entscheidungen mit Gewehr und Pistole (Revolver) gegeben.

Antwerpen war sozusagen eine olympische Schützen-Orgie. Die Amerikaner lagen mit 13 Gold-, vier Silber- und sechs Bronzemedaillen an der Spitze vor Norwegen (5-2-4), Schweden (1-6-3), Dänemark (1-2-0) und Brasilien (1-1-1).

Nicht weniger als 21 Amerikaner gewannen im Schießen eine Goldmedaille, allen voran Willis Augustus Lee (* 1888, † 1945), der es auf sieben Medaillen – darunter fünf goldene – brachte. Unter den Athleten, die mindestens drei Goldmedaillen bei den Spielen in Antwerpen aufhäuften, befanden sich sieben amerikanische und zwei norwegische Schützen.

Die Überbetonung der waffentechnischen Übungen innerhalb des Olympiaprogramms fiel dann selbst dem IOC auf. 1924 wurden die Wettbewerbe von 21 auf zehn zurückgenommen.

Bogenschießen

Sechsmal Gold für Hubert van Innis

Der Belgier Hubert van Innis wurde 95 Jahre alt. Als er am 25. November 1961 starb, lag der Gewinn seiner sechsten und letzten Goldmedaille im Bogenschießen um 41 Jahre zurück.

Kein anderer Jägersmann mit Pfeil und Bogen war erfolgreicher als Hubert van Innis, der 1900 in Paris als 34jähriger und 1920 in Antwerpen, nun schon 54 Jahre alt, sechs Gold- und drei Silbermedaillen in den verschiedensten Wettbewerben im Bogenschießen gewann.

Hubert van Innis hätte in seiner langen Laufbahn alle Olympiarekorde brechen können, aber 1904 fehlten die Belgier in St. Louis; 1908 starteten zwar belgische Sportler in London, aber keine Bogenschützen. 1912 war Bogenschießen nicht olympischer Wettbewerb, und 1916 fielen die Spiele aus.

Tennis

»Die Göttliche« Suzanne Lenglen

Wer von Suzanne Lenglen (*1899, †1938) spricht, redet von vielem, nur nicht von ihren beiden Olympiasiegen 1920. Sie gewann das Einzel mit 6:3 und 6:0 gegen die Engländerin Dorothy Holman sowie das Mixed an der Seite des routinierten Max Decugis (*1882, †1978) mit 6:4 und 6:2 gegen Kathleen McKane/Max Woosnam, die beide später auch verschiedene Titel in Wimbledon errangen.

Suzanne Lenglen war die einzige Tochter eines Unternehmers, der von seinen Zinsen lebte, und ein Superstar, im Sport wie in der Gesellschaft. Der Vater führte ein großes Haus, sie füllte es mit Raffinesse und Geist. Dunkelhaarig mit einem faltigen Gesicht, in dem dunkle Augen tief leuchteten und ein roter Mund glänzte, emotionalisierte sie Dichter wie Claude Anet und motivierte Modeschöpfer wie Jean Patou, der auch die Filmschauspielerin Pola Negri ausstaffierte. Suzanne Lenglen trug Stirnbänder und Kopftücher passend zu ihrem Tenniskleid. Sie nahm Ballettunterricht und »tanzte« auf den Sandplätzen. Die französischen Journalisten nannten sie »die Göttliche«.

Alles an Suzanne Lenglen war Bewegung, Dynamik, Nervosität und Elan. Dabei war die Französin aus Compiègne keine Schönheit im Sinne griechischer Bildhauer; ihre Nase war viel zu mächtig, wenn auch in der bildlichen Darstellung immer ein unverkennbares Markenzeichen.

Suzanne Lenglen gewann in ihrer Laufbahn in Wimbledon sechs Einzel-, sechs Doppel- und drei Mixed-Titel; in Paris je zwei Einzel-, Doppel- und Mixed-Titel. Dazu kam das, was die Franzosen ihre Hartplatz-Weltmeisterschaften nannten (um Wimbledon und die Briten zu ärgern): insgesamt zehn Gewinne, den ersten 1914, als sie gerade 15 Jahre alt war.

Zwischen 1919 und 1924 war sie so gut wie unschlagbar. Ihre Emotionalität grenzte oft an Hysterie. Wenn sie gegen die Ameri-

Suzanne Lenglen: Die sechsfache Einzelsiegerin von Wimbledon gewinnt das Damen-Einzel und das Mixed sowie eine Bronzemedaille im Damen-Doppel.

kanerin Helen Wills spielte, deren geschliffene Sportlichkeit und edle Arroganz sie bis zur Weißglut reizte, ging es auf Leben und Tod. Helen Wills wurde vier Jahre nach Lenglen ebenfalls Olympiasiegerin. Sie siegte bei den Spielen von Paris 1924 im Einzel und im Doppel. Suzanne Lenglen starb schon 1938 an Krebs. Helen Wills überlebte sie um ein halbes Jahrhundert.

Beim Olympiasieger Kanada spielte mit Frank Frederickson ein Mann, der später Aufnahme in die Ruhmeshalle des Eishockeys in Toronto fand wie auch der Amerikaner Frank Moose Goheen. Was auch noch bemerkenswert ist: Der Tscheche Karel Hartmann, mit Bronze dekoriert, wurde zwei Jahre später für ein Jahr Vizepräsident des Eishockey-Weltverbandes.

Eishockey

Kanada und USA eine Klasse für sich

Es war das IOC, das dem Internationalen Eishockey-Verband LIHG/IHF nach der Beendigung des Ersten Weltkrieges eine Überraschung bescherte. Die Aufnahme von Eishockey in das Programm der Sommerspiele von Antwerpen war eine Sensation und wohl nur deshalb möglich, weil viele Olympier wegen der kurzen Anlaufzeit für die Veranstaltung den Überblick verloren hatten.

Das olympische Eishockeyturnier fand vom 23. bis 29. April 1920 mit folgenden sieben Mannschaften statt: Kanada, USA, Tschechoslowakei, Schweden, Belgien, Schweiz und Frankreich. England, das nicht mehr wie vor dem Ersten Weltkrieg auf die importierten Kanadier zurückgreifen konnte, paßte.

Der Olympiastart der Kanadier und Amerikaner erwies sich als Überfall aus Übersee. Kanada und die USA waren formell überhaupt noch keine LIHG/IHF-Mitglieder; sie wurden dies dann am 26. April auf dem 8. Verbandstag der LIHG/IHF. Gleichzeitig wurden die kanadischen Eishockey-Regeln akzeptiert, nach denen freilich schon seit drei Tagen gespielt worden war. An diesem 26. April schlugen die Kanadier die Amerikaner 2:0 (0:0); es war das vorweggenommene Endspiel.

In Antwerpen spielte eine Zweiklassengesellschaft. In drei Spielen mit drei Siegen erzielten die Kanadier 29:1 Tore, den Gegentreffer schoß ein Schwede. Die Amerikaner gewannen dreimal und verloren einmal – gegen Kanada. Sie kamen auf 52:2 Tore; die beiden Gegentore stammten vom 0:2 gegen Kanada. Die Bronzemedaille ging an die Tschechoslowakei nach einem 1:0 gegen Schweden.

1924 Chamonix

24. Januar bis 5. Februar 1924
Dauer **12 Tage**
Teilnehmer **294 (281 Männer, 13 Frauen)**
Länder **16**
Sportarten **5**
Entscheidungen **14**
Schirmherr **Staatspräsident Alexandre Millerand**
Eidsprecher **Camille Mandrillon (Skipatrouillenlauf)**

Olympische Winterspiele 1924 in Chamonix: Olympia-Urkunde, die den Siegern der »Internationalen Wintersportwoche« nachträglich ausgehändigt wurde

Erste Winterspiele am Montblanc

Die Olympischen Winterspiele, wie die Sportwelt sie heute kennt, wurden vom Internationalen Olympischen Komitee rückwirkend am 6. Mai 1926 auf der 25. Session in Lissabon beschlossen. Ihre verzögerte Einführung, die 1924 schließlich verschämt unter falscher Etikette erfolgte, ist die Geschichte von drei Jahrzehnten Halbherzigkeit, die von Pierre de Coubertin wenn nicht unterstützt, so doch stillschweigend geduldet wurde.

Die Gründe für diese Halbherzigkeit haben vor allem ihre Wurzeln in der international völligen Bedeutungslosigkeit des Skisports bis zum Ersten Weltkrieg und der Beschränkung des Eislaufs auf Norwegen, Schweden, Finnland, Rußland, Deutschland, Österreich, Ungarn, Böhmen, USA und Kanada. Die Holländer interessierten sich nur für den Teilaspekt Eisschnellauf.

Dennoch erschien der Eislauf schon 1894 bei der Gründungsversammlung des IOC in Paris als wünschenswerte Sportart bei zukünftigen Olympischen Spielen. Eislaufwettbewerbe waren auch für 1900 geplant, doch mangels Erfahrung der Pariser Organisatoren nicht realisiert worden. Dies machten die Engländer dann 1908 besser, als Eiskunstlauf-Wettbewerbe in das Sommerprogramm rückten. Die Schweden, die sich um diese Zeit als Erfinder des Wintersports sehr wichtig nahmen, unterliefen die britischen Bemühungen und strichen die Eiskunstlauf-Wettbewerbe am 7. Februar 1910 aus dem Olympiaprogramm der Stockholmer Spiele von 1912. Für die Schweden hatten die Nordischen Spiele (auch Skispiele genannt) absolute Priorität, die sie erhalten wollten.

Unabhängig von der schwedischen Olympiapolitik forderte jedoch der italienische Graf Eugène Brunetta d'Usseaux, schon 1906 Sprecher des IOC in Athen, auf der Budapester Session 1911 die Ausschreibung olympischer Wintersportwettbewerbe für

Die erfolgreichsten Sportler von Chamonix

Name	Sportart	G	S	B
1. Clas Thunberg FIN	Eisschnellauf	3	1	1
2. Thorleif Haug NOR	nordischer Skisport	3	–	–
3. Julius Skutnabb FIN	Eisschnellauf	1	1	1
4. Jacob Tullin Thams NOR	nordischer Skisport	1	–	–
Gillis Grafström SWE	Eiskunstlauf	1	–	–
Herma Planck-Szabo AUT	Eiskunstlauf	1	–	–
Helene Engelmann AUT	Eiskunstlauf	1	–	–
Alfred Berger AUT	Eiskunstlauf	1	–	–
Charles Jewtraw USA	Eisschnellauf	1	–	–
Eduard Scherrer SUI	Bobsport	1	–	–
Alfred Neveu SUI	Bobsport	1	–	–
Alfred Schläppi SUI	Bobsport	1	–	–
Heinrich Schläppi SUI	Bobsport	1	–	–
Duncan Munro CAN	Eishockey	1	–	–
Beattie Ramsay CAN	Eishockey	1	–	–
Harry Watson CAN	Eishockey	1	–	–
Reginald Smith CAN	Eishockey	1	–	–
Albert McCaffery CAN	Eishockey	1	–	–
Cyrl Salter CAN	Eishockey	1	–	–
Harold McMunn CAN	Eishockey	1	–	–
Jack Cameron CAN	Eishockey	1	–	–
Ernest Collet CAN	Eishockey	1	–	–

Das olympische Winterprogramm von 1924 bis 1998

Disziplin	Männer	Frauen	ausgefallen
nordischer Skisport	1924–1998	1952–1992	–
Eiskunstlauf[1)]	1924–1998	1924–1998	–
Eisschnellauf	1924–1998	1960–1998	–
Bobsport	1924–1998	–	1960
Eishockey[2)]	1924–1998	1998	–
Skeleton	1928–1948	–	1932, 1936
alpiner Skisport	1936–1998	1936–1998	–
Biathlon	1960–1998	1992–1998	–
Rennrodeln	1964–1992	1964–1992	–
Curling	1998	1998	–

1) außerdem bei Sommerspielen mit Herren und Damen 1908 und 1920; 2) außerdem bei den Sommerspielen 1920

Medaillenspiegel Chamonix 1924

Land	G	S	B
1. NOR	4	7	6
2. FIN	4	3	3
3. AUT	2	1	–
4. USA	1	2	1
5. SUI	1	–	1
6. CAN	1	–	–
SWE	1	–	–
8. GBR	–	1	2
9. BEL	–	–	1
FRA	–	–	1

1912 und praktischerweise die Verwandlung der Nordischen Spiele in Olympische Winterspiele. Er wurde dabei von dem deutschen IOC-Mitglied Graf Adalbert von Sierstorpff unterstützt, der aus dem oberschlesischen Grottkau stammte und den Wintersport kannte.

Sierstorpffs Engagement ging so weit, daß er für 1916 (mit Berlin als Olympia-Gastgeber) olympische Skiwettbewerbe auf dem Feldberg im Schwarzwald plante. Einen entsprechenden Vorschlag machte der Deutsche Ski-Verband auf einer Sitzung der Internationalen Ski-Kommission im Februar 1914 in Oslo.

Einen Internationalen Ski-Verband gab es damals noch nicht. Die FIS ist eine Gründung der olympischen Wegbereiter und ein Kind von Chamonix 1924.

Obwohl Coubertin Winterspiele ablehnte, wurde auf der 16. Session des IOC in Paris, die am 23. Juni 1914 (20. Jahrestag der IOC-Gründung) endete, das deutsche Winter-Olympia gutgeheißen. Der Erste Weltkrieg verhinderte die Premiere, aber aufzuhalten war die Entwicklung nicht. 1920 in Antwerpen gab es im Rahmen der Sommerspiele wieder Eiskunstlauf und zu vieler Leute Überraschung auch Eishockey, was freilich nur die Beteiligten wirklich interessierte. Zwangsläufig mußte sich das IOC mit dem Wintersportgedanken weiter befassen. Dies geschah auf einer Arbeitstagung, die dem olympischen Kongreß vom Juni 1921 in Lausanne vorgeschaltet war. Als Sprecher der Wintersport-Anwälte aus Frankreich, Norwegen, Schweden, Kanada, den USA und der Schweiz legte der Franzose Albert Megroz der IOC-Vollversammlung die Einführung Olympischer Winterspiele für 1924 nahe und bot auch gleich Frankreich als Ausrichter an. 1923 nannten die Franzosen Chamonix als Austragungsort der olympischen Wettbewerbe für Skisport, Eislauf und Eishockey; der Bobsport kam noch dazu.

Das IOC zögerte allerdings immer noch, seinen Segen zu geben. Die Franzosen durften nur eine »Internationale Wintersportwoche« ausschreiben. Dies taten sie – mit großem Erfolg, wenn man bedenkt, daß der Wintersport als ein überschaubares Großereignis überhaupt kein Begriff war und erst Inhalt und Form bekommen mußte.

Viererbob: Im Ziel die Mannschaft Italiens. Sieger wird die Schweiz mit Eduard Scherrer, Alfred Neveu, Alfred Schläppi und Heinrich Schläppi vor Großbritannien und Belgien.

Was nach Chamonix sportpolitisch passierte, war Kosmetik. Das IOC beschloß 1925 die endgültige Einführung der Winterspiele im Vierjahres-Rhythmus und anerkannte rückwirkend 1926 die Wintersportwoche von Chamonix als die ersten Olympische Winterspiele.

Chamonix, am Fuße des Montblanc in 1050 m Höhe gelegen, war 1924 ein im Wachstum begriffener Kurort mit 3500 Einwohnern, der kurzfristig ein Eisstadion, eine Skischanze und eine Natur-Bobbahn baute. 294 Sportler aus 16 Ländern nahmen an den Winterspielen teil. Norweger und Finnen waren die großen Sieger; für die Schweden (mit einer Goldmedaille für den Eiskunstläufer Gillis Grafström) wurde Chamonix eine Katastrophe.

Den alpinen Skisport gab es noch nicht. Rodeln war keine olympische Disziplin. Deutschlands Sportler waren noch nicht zugelassen. Der IOC-Beschluß, die Winterspiele jeweils an das Land zu vergeben, das die Sommerspiele ausrichtete, erwies sich schon 1928 als nicht anwendbar: 1928, als Amsterdam der sommerliche Gastgeber war, sprangen die Schweizer mit St. Moritz ein.

Die olympische Familie

Die deutsche Frage wird vertagt

Die 21. Session des IOC, die vom 7. bis 12. April 1923 in Rom die Olympier mit zahlreichen Problemen beschäftigte, hatte der deutschen Frage noch einmal ausweichen können. Die Gewißheit, daß nach den Spielen von Antwerpen 1920 auch 1924 in Paris eine deutsche Teilnahme ausgeschlossen sein würde, machte der Mehrheit des IOC aber nunmehr ein schlechtes Gewissen.

Pierre de Coubertin hatte den wieder aktiv gewordenen Carl Diem hören lassen, daß ein Auftreten des deutschen Wortführers in Sachen Olympia bei der Vollversammlung in Rom (ein »zufälliges und kein offizielles«, wie Coubertin betonte) die Rückkehr der Kriegsverlierer in den Schoß der olympischen Familie möglicherweise beschleunigen würde. Es ist über diese Einladung Coubertins an Diem viel spekuliert worden, vor allem in Deutschland, und man hat Diem Respekt dafür gezollt, daß er diese Einladung nicht angenommen hat.

Dabei wird Diem aber zuviel der Ehre angetan, denn er hat nie die Chance einer Absage gehabt. Als 1960 IOC-Kanzler Otto Mayer die olympischen Protokolle auswertete, schrieb er zur 21. Session: »Nach einer langen Diskussion und der Feststellung, daß die Situation im Augenblick nicht geändert werden könne, erklärte Coubertin die deutsche Frage für vertagt.« Otto Mayer stellte weiter fest, daß die Einladung an die Herren Carl Diem und Mallwitz, »nach Rom zu kommen und sich halbamtlich beim IOC vorzustellen, aufgegeben worden war«. Man wartete ab, kommentierte Mayer.

Die Nennung des Namens Mallwitz ist interessant, wird dieser doch von allen deutschen Historikern, die sich mit Olympia befassen, verschwiegen. Der Doktor Arthur Mallwitz (* 1880, † 1968) aus Halle war 1907 deutscher Meister im Hochsprung und 1906 erster deutscher Rekordmann im Speerwerfen gewesen. 1923 hatte er einen guten Ruf als Sportarzt und auch deshalb, weil er sich um Kriegsversehrte kümmerte.

Das IOC kam dann in den folgenden zwölf Monaten von Diem und Mallwitz ab. 1924 wurden Theodor Lewald und Oskar Ruperti für Deutschland ins IOC geholt, ein Vorgang, der im Falle Lewald volles Verständnis, im Falle Ruperti großes Erstaunen bei Insidern auslöste.

Lewald (* 1860, † 1947) stieg schon 1927 – noch vor Rückkehr der deutschen Sportler in die olympische Arena – in die IOC-Exekutive auf.

Ruperti (* 1877, † 1958), den Zeitgenossen als einen Menschen von »schönem Ernst« bezeichneten, spielte im IOC keine Rolle, obwohl er alles mitbrachte, was ihn ein halbes Jahrhundert später für eine olympische Spitzenkraft geradezu prädestiniert hätte: Er war Rennruderer, Präsident eines Fachverbandes (Deutscher Ruder-Verband), Absolvent englischer Hochschulen und Industriemanager in der Chemie (Aral, Guano, Ammoniak). Schon 1929 verließ Ruperti wieder das IOC.

Nachzutragen bleibt, daß zwei der drei deutschen IOC-Mitglieder, die zu Beginn des Ersten Weltkriegs im Olymp äußerst aktiv waren, 1919 auf ihr Mandat verzichteten. Graf Adalbert von Sierstorpff, der sich für Winterspiele eingesetzt hatte, starb 1922 in Eltville. Adolf Graf von Arnim-Muskau – bei seinem Verzicht 1919 erst 44 Jahre alt – lebte noch bis 1931. Freiherr Karl von Venningen Ullner zu Diepurg war 1914 in Frankreich gefallen.

Die Sieger der Königsdisziplin

Vor der Einführung der Olympischen Winterspiele 1924 hatte der Skisport nur einen Jahres-Höhepunkt: Die Holmenkollen-Spiele in Oslo. Dort war von 1879 an die Nordische Kombination die Königsdisziplin. In der präolympischen Zeit (1879 bis 1923) gab es folgende Sieger, allesamt Norweger:

1879 Jan Hauge
1881 Asmus Vetlesen Brekke
1883 Torjus Hemmestveit, Mikael Hemmestveit
1884 Richard Blichfeldt
1886 Mikael Hemmestveit
1887 Peter Lillehagen
1888 Torjus Hemmestveit
1889 Per Gröttumsbraten
1890 Johan Antonson
1891 Jonas Holmen
1892 Svein Sollid
1893 Ingemar Sverre
1894 Hans Johansen
1895 Victor Thorn
1896 Sigurd Svensen
1897 Morten Hansen
1899 Paul Braaten
1900 Aksel Refstad
1901 Olaf Tandberg
1902 Olag Bjaaland
1903 Karl Hovelsen
1904 Per Bakken
1905 Thorveld Hansen
1906 Johsal Grini
1907 Oeistein Mithus
1908 Albert Larsen
1909 Thorveld Hansen
1910 Lauritz Bergendahl
1911 Johan Kristoffersen
1912 Lauritz Bergendahl
1913 Lauritz Bergendahl
1914 Lauritz Bergendahl
1915 Lauritz Bergendahl
1916 Günnar Gravlid
1917 Otto Aasen
1918 Otto Aasen
1919 Thorleif Haug
1920 Thorleif Haug
1921 Thorleif Haug
1922 Harald Oekern
1923 Johan Gröttumsbraten

Nur harte Währung

Schweizer Franken statt Dinar

Über Geld wurde im IOC immer gesprochen, anfangs freilich nur im Zentrum der Bewegung. Die IOC-Mitgliedschaft kostete einen Beitrag, der nicht alljährlich, aber sehr häufig verändert wurde. 1922, als man bei 50 Schweizer Franken als Jahresbeitrag angekommen war, meldete sich der jugoslawische Pädagoge Franjo Bucar zu Wort, der 1920 in das IOC gewählt worden war (und darin saß bis 1947). Bucar machte auf der 22. Session des IOC 1923 in Rom den Vorschlag, jedes IOC-Mitglied möge in der Landeswährung bezahlen. Der Schweizer Franken war ihm zu teuer, doch dem IOC war wohl der Dinar zu billig. Bucars Vorschlag wurde abgelehnt. Später durfte dann auch noch in Französischen Francs bezahlt werden. Der Dollar war als Mitgliedsbeitrag nie eine IOC-Währung.

Mitte der 50er Jahre betrug das Mitgliedshonorar 250 Schweizer Franken. Auf der 51. Session des IOC 1955 in Paris stellte Präsident Avery Brundage erregt fest: »Wir haben ein Einkommen von 31 000 Schweizer Franken, geben aber in diesem Jahr 45 000 Schweizer Franken aus. Das geht nicht. Wir können die Dinge nicht so laufen lassen.«

Als Brundage von den schwedischen Ausrichtern der olympischen Reiterspiele 1956 nicht weniger als 15 000 Schweizer Franken für das IOC haben wollte, weigerte sich der schwedische OK-Chef Bo Ekelund und bot 5000 Franken an, zahlte später aber dann 10 000 Franken.

Jacob Tullin Thams: Der Norweger gewinnt das Spezialspringen vor seinem Landsmann Narve Bonna und dem Amerikaner Anders Haugen.

Skisport

Ein Denkmal für Thorleif Haug

Gestählt durch die Konkurrenz im eigenen Land und geprüft über Jahre durch die großen Wettkämpfe am Holmenkollen und in Lahti erwiesen sich Norweger und Finnen in Chamonix als die überragenden nordischen Skiläufer. Bei den 1925 in Johannisbad in der Tschechoslowakei beginnenden Wettkämpfen, die rückwirkend als Nordische Ski-Weltmeisterschaften geführt wurden, setzten sie ihre Erfolgsserie fort.

Die Holmenkollen-Spiele in Oslo (seit 1883) und die Salpausselkä-Spiele in Lahti (seit 1908) hatten Norwegern und Finnen einen Erfahrungsvorsprung gegeben, den auch die Schweden mit ihren Nordischen Spielen nicht kompensieren konnten; lediglich im Skispringen, damals noch Sprunglauf genannt, hatten die Tschechoslowaken einige Athleten, die an die Klasse der Skandinavier heranreichten.

Die Ergebnisliste von Chamonix macht die Überlegenheit der Skandinavier deutlich. Im 18-km-Langlauf belegten Norweger (1, 2, 4, 5), Finnen (3, 7, 11) und Schweden (6, 8, 9, 10) die ersten elf Plätze. Als bester Nichtskandinavier lag der Italiener Ernesto Colli als Zwölfter schon 12:01 min hinter dem Olympiasieger Thorleif Haug zurück. Im 50-km-Langlauf schob sich dieser Colli als bester Mitteleuropäer auf den neunten Rang vor, 16:18 min hinter dem unschlagbaren Haug. Die Norweger belegten die ersten vier Ränge. In der Nordischen Kombination war der Tschechoslowake Josef Adolf als Sechster beachtlich gut, denn neben den vier Norwegern lag nur ein Schwede vor ihm und kein Finne. Im Sprunglauf wurde der Schweizer Armand Girardbille Achter hinter vier Norwegern, zwei Schweden und dem Amerikaner Anders Haugen, einem gebürtigen Norweger.

Thorleif Haug, geboren 1894 in Arkvisla in der Nähe von Drammen und dort schon 1934 gestorben, war eine absolute Ausnahmeerscheinung in seiner Zeit. Sechsmal gewann er den 50-km-Langlauf bei den Holmenkollen-Spielen und dreimal den Königspokal in der Nordischen Kombination. 1946 – zwölf Jahre nach seinem Ableben – errichteten die Norweger ihm in Drammen ein Denkmal.

Was Haug nicht mehr erfuhr: Er hatte nur seine drei Goldmedaillen (18 km, 50 km und Nordische Kombination) zu Recht bekommen; die bronzene Medaille im Sprunglauf war ihm aber zu Unrecht verliehen worden. 1974 wurde entdeckt, daß ein Rechenfehler der Wettkampfleitung Haug auf den ihm nicht zustehenden dritten Platz gesetzt hatte, der dem US-Norweger Anders Haugen zustand. Haugs Tochter überreichte 50 Jahre nach der Olympia-Entscheidung von Chamonix dem bis dahin viertplazierten Haugen die Bronzemedaille.

Erster Olympiasieger im Sprunglauf wurde übrigens der Norweger Jacob Tullin Thams (* 1898, † 1954). Er war nicht nur – seltsam genug für einen Skimenschen – Matrose, sondern als ein Freund der See 1936 dann Olympiazweiter im Segeln (8-m-Klasse) auf der Kieler Förde.

Olympiateilnahme der Frauen bei Winterspielen

Jahr	Teilnehmer	Frauen	(%)	Sportarten
1924	294	13	(4,4)	Eiskunstlauf
1928	495	27	(5,4)	Eiskunstlauf
1932	306	22	(7,1)	Eiskunstlauf
1936	755	80	(10,5)	alpiner Skisport, Eiskunstlauf
1948	713	77	(10,8)	alpiner Skisport, Eiskunstlauf
1952	732	109	(14,9)	alpiner Skisport, Eiskunstlauf, nordischer Skisport
1956	818	132	(16,7)	alpiner Skisport, Eiskunstlauf, nordischer Skisport
1960	655	144	(22,0)	alpiner Skisport, Eiskunstlauf, Eisschnellauf, nordischer Skisport
1964	1186	200	(16,8)	alpiner Skisport, Eiskunstlauf, Eisschnellauf, nordischer Skisport, Rennrodeln
1968	1293	212	(16,4)	alpiner Skisport, Eiskunstlauf, Eisschnellauf, nordischer Skisport, Rennrodeln
1972	1232	217	(17,6)	wie 1968
1976	1128	228	(20,2)	wie 1968
1980	1067	234	(21,9)	wie 1968
1984	1278	276	(21,6)	wie 1968
1988	1445	317	(21,9)	wie 1968
1992	1808	490	(27,1)	wie 1968
1994	1737	522	(30,1)	wie 1968

Eiskunstlauf

Wiener Geschichten von Kufenartisten

Von den Eiskunstläufern Gillis Grafström, Andrée Joly, Pierre Brunet und Sonja Henie wird später noch detailliert berichtet. Sie gehörten in Chamonix genau so zu dem bunten Völkchen der Kufenartisten wie diejenigen, von denen hier die Rede zu sein hat.

Die Olympiasiegerin Herma Planck (* 1902, † 1986) war eine geborene von Szabo und ungarischen Geblüts, startete aber immer für Österreich. 1922, 1923 und 1924 war sie unter dem Doppelnamen Planck-Szabo Weltmeisterin. Nach der Scheidung 1924 heiratete Herma einen Herrn Jaross und wurde unter dem neuen Doppelnamen Jaross-Szabo zwischen 1925 und 1927 noch viermal Weltmeisterin (zweimal im Einzelwettbewerb und zweimal im Paarlauf mit dem Österreicher Ludwig Wrede). Als sie 1927 bei der Weltmeisterschaft in Oslo gegen Sonja Henie verlor, hing sie die Schlittschuhe an den berühmten Nagel. Der von ihr verlassene Ludwig Wrede (* 1894, † 1965) mußte sich eine neue Partnerin suchen. Er fand sie in Melitta Brunner, mit der er noch drei WM-Medaillen (zweimal Silber, einmal Bronze) gewinnen und 1928 Olympiadritter werden konnte. Schöne Wiener Geschichten also.

Herma von Szabo-Planck-Jaross war eine Cousine von Helene Engelmann (* 1898, † 1983), die als 14jährige 1913 mit Karl Mejsnik die Paarlauf-Weltmeisterschaft in Stockholm gewann. 1914 wurde sie mit demselben Herrn WM-Zweite und dann 1922 mit Alfred Berger (* 1894, † 1966) ebenso Weltmeister wie – zum krönenden

Helene Engelmann/Alfred Berger: Das österreichische Paar gewinnt 1924 Gold im Eiskunstlauf.

Abschluß – 1924 Olympiasieger und Weltmeister. Berger wurde später ein bekannter Wiener Unternehmer (Gartenbau).

Helene Engelmann war die Tochter von Eduard Engelmann, der 1909 die nach ihm benannte Kunsteisbahn in Wien erbaut hatte. Auf diese Idee war der Ingenieur gekommen, als er nach besseren Trainingsgelegenheiten suchte. Eduard Engelmann, Europameister im Eiskunstlauf 1892 und 1894, gilt als Pionier des Kunsteisbahnbaus. Um den Kreis zu schließen: Helene Engelmann war die Schwägerin des zweimaligen Olympiasiegers Karl Schäfer (* 1909, † 1976). Wien und der Eiskunstlauf!

In Chamonix 1924 startete auch das Ehepaar Jakobsson, das für Finnland Silber im Paarlauf gewann. Ludowika Antje Margarete Jakobsson, eine 1884 in Potsdam geborene Eilers, hatte 1912 den Finnen Walter Jakobsson geheiratet. Beider internationale Karriere begann 1910 mit WM-Silber und setzte sich fort mit den Weltmeisterschaften 1911, 1914 und 1923, den zweiten WM-Plätzen 1912, 1913 und 1922, dem Olympiasieg 1920 in Antwerpen und dem Olympia-Silber 1924 in Chamonix. Mit einem fünften Rang bei der dritten Olympiateilnahme 1928 beschlossen die Jakobssons ihre ungewöhnlich lange Karriere. Ludowika war zu diesem Zeitpunkt 44, Ehemann Walter 46 Jahre alt.

Auch die Amerikanerin Theresa Weld-Blanchard (* 1893, † 1978) nahm an drei Olympischen Spielen teil (jeweils im Einzel- und Paarlauf). Als Olympiadritte 1920 baute sie Sprünge in ihr Programm ein – eine Pioniertat, die nicht allen Kampfrichtern gefiel. 1924 wurde sie Vierte, 1928 Zehnte. Im Paarlauf mit Nathaniel Niles belegte sie die Ränge vier, sechs und neun. 40 Jahre lang, von 1923 bis 1963, war sie die Verlegerin der Zeitschrift Skating Magazine.

Eisschnellauf

Modusänderung für Kufenflitzer

Eine der klügsten Entscheidungen der Internationalen Eislauf-Union (ISU), wenn nicht die umsichtigste überhaupt in ihrer Geschichte, war der Beschluß, bei den Olympischen Spielen Medaillen in den einzelnen Streckenwettbewerben und nicht in der Gesamtwertung zu vergeben – zum Unterschied der bei Welt- und Europameisterschaften üblichen Praxis. Damit wurden die bis dahin weniger bekannten Eissprinter aus dem Dunkel geholt und auch Mittelstrecklern eine bessere Chance gegeben.

Langdistanzler waren bis dahin international bevorteilt gewesen.

Wenn auch nicht ganz vom Anfang an, also seit 1889 (WM) und 1891 (EM), so doch bald nach Einführung dieser Männer-Meisterschaften wurde die Platzziffer und danach die Punktwertung zur Ermittlung der Sieger und Plazierten herangezogen. Dieser Modus galt auch bei den Frauen, für die 1936 die Welt- und 1966 die Europameisterschaften sowie 1960 die Olympiawettbewerbe eingeführt wurden.

Das Bild des internationalen Eisschnelllaufs wurde durch die Olympischen Spiele farbiger. Die Amerikaner stellten von Beginn an rasante Sprinter, auch wenn die Skandinavier die Szene weiter beherrschten. Nach dem Zweiten Weltkrieg sorgten die Sowjets mit ihrem Alma-Ata-Effekt für einen Schock, dann kamen die Holländer auf, und auch die Deutschen spielten eine Rolle. Bei den Frauen dominierten anfangs die starken Läuferinnen der UdSSR, später die Holländerinnen und zuletzt die Amerikanerinnen und die Deutschen.

In kaum einer anderen Wintersportart haben die Olympischen Spiele so belebend gewirkt wie im Eisschnellauf. Seltsamerweise ist in den sieben Jahrzehnten olympischen Eisschnellaufs kaum auf diese Tatsache hingewiesen worden.

Der erste Eisschnellauf-Olympiasieger wurde am 26. Januar 1924 der Amerikaner Charles Jewtraw, ein 23jähriger Einwohner von Lake Placid. Er gewann die 500 m, startete auch über 5000 m (13.) und über 1500 m (8.). Nach den Spielen nahm er eine Stelle in New York als Sportartikelverkäufer bei der Firma Spalding an. An Weltmeisterschaften hat er nie teilgenommen.

Charles Jewtraw: Der Amerikaner wird in Chamonix Olympiasieger im Eisschnellauf (500 m).

1924
Paris

4. Mai bis 27. Juli 1924
Dauer **85 Tage**
Teilnehmer **3075 (2939 Männer, 136 Frauen)**
Länder **44**
Sportarten **18**
Entscheidungen **131**
Zuschauerzahl **674 000**
Schirmherr **Staatspräsident Gaston Doumergues**
Eidsprecher **Géo André (Leichtathletik)**

Olympisches Dorf: Einfache Baracken dienen den Sportlern als Unterkunft.

Olympische Sommerspiele 1924 in Paris: Olympiaplakat mit einem Speerwerfer vor der Weltkugel und der Silhouette der französischen Hauptstadt

Olympia besinnt sich auf das Wesentliche

In der olympischen Geschichte hat das Jahr 1924 nicht nur wegen der Einführung der Olympischen Winterspiele eine besondere Bedeutung. Die Olympier begannen sich auf das Wesentliche zu besinnen. In Paris stieg die Zahl der teilnehmenden Mannschaften auf 44, die 3075 Teilnehmer entsandten. Mit dem erstmaligen Auftreten von Ecuador, der Iren mit einer eigenen Mannschaft (bisher starteten sie für Großbritannien), von Lettland, Litauen, Mexiko, dem Team der Philippinen und von Uruguay wurde die Internationalität vergrößert. Die Sportler von Argentinien, Haiti, Jugoslawien, Polen, Portugal Rumänien und Uruguay stellten erstmals Medaillengewinner, so daß nun 36 Länder im Medaillenspiegel der Nationen auftauchten.

Die Zurücknahme der Sportarten auf 18 und der Olympiawettbewerbe auf 131 tat den Spielen gut. 1908 in London hatte es 24 Sportarten gegeben, und 1920 in Antwerpen waren in 154 Wettbewerben Medaillen verteilt worden. Zudem versuchten die Franzosen trotz bestehender wirtschaftlicher Schwierigkeiten die Athleten gemeinsam unterzubringen. Um das Colombes-Stadion waren gut eingerichtete Baracken gebaut worden; sie waren der erste Schritt zum olympischen Dorf, das dann 1932 die Amerikaner in Los Angeles erstellten.

Pierre de Coubertin, der für 1925 seinen Rücktritt als IOC-Präsident angekündigt hatte, feierte mit einigem Recht die Pariser Spiele als einen Erfolg der französischen Bemühungen, das mißlungene Olympia von 1900 vergessen zu machen. Er schrieb »vom edlen Sportgeist, der unter den von allen Enden der Welt auf die olympischen Kampfplätze von Paris herbeigeeilten Kämpen herrschte. Allen denjenigen, die Gelegenheit hatten, sich ihnen zu nähern und in ihrer Mitte zu leben – statt sie von weitem zu betrachten oder nach dem Hörensagen zu beurteilen, wie gewisse übelgelaunte

Medaillenspiegel Paris 1924

Land	G	S	B
1. USA	45	27	27
2. FIN	14	13	10
3. FRA	13	15	10
4. GBR	9	13	12
5. ITA	9	3	5
6. SUI	7	8	10
7. NOR	5	2	3
8. SWE	4	13	12
9. NED	4	1	5
10. AUS	3	1	2

oder verbitterte Kritiker es taten – drängt sich die wohltätige Macht sportlicher Kameradschaft junger Leute auf, so verschieden auch ihr geistiger Zustand oder ihr Volksideal sein mögen.«

Die Spiele von 1924, ob in Chamonix oder in Paris, paßten gut in den Rahmen des französischen Anspruchs auf politische Vorherrschaft in Europa. Die überfallartige Besetzung des Ruhrgebietes am 11. Januar 1923 durch französische und belgische Soldaten wegen angeblicher Verzögerung der deutschen Reparationszahlungen trübte die Stimmung auf dem alten Kontinent. Amerikaner und Briten, denen das französische Vorgehen überhaupt nicht gefiel, zwangen Paris zum Einlenken. Ein bei den Spielen zutage tretender Chauvinismus der Franzosen brachte vor allem die Amerikaner in Wallung. Es war der Schweizer Baron Godefroy de Blonay, seit 1921 Vizepräsident des IOC, der nach Paris schrieb: »Ohne in allzu rosigen Farben wünschenswerte Resultate zu malen, ohne die gewisse Gefahr zu verkennen, künftig 40 und mehr Nationen zusammenzuführen und schließlich, ohne zu verhehlen, daß einige bedauerliche Zwischenfälle und wenig sympathische Pressemanöver vorgefallen sind, bleibt nichtsdestoweniger die erfreuliche Tatsache, daß bei diesem Fest die beteiligten Nationen ein bleibendes und ehrenvolles Andenken davongetragen haben.«

Was der Schweizer de Blonay, ein Freund Coubertins, mit »bedauerlichen Zwischenfällen« andeutet, war die Unfähigkeit der Franzosen, Leistungen der Konkurrenz zu respektieren. Der dritte Platz in der Medaillenwertung hinter den weit enteilten Amerikanern (45–27–27) und den starken Finnen (14–13–10) schien den Gastgebern (13–15–10) unzureichend.

Da die Deutschen fehlten, suchten sich die Franzosen andere Feindbilder. Deutschland war immer noch von den Spielen ausgeschlossen, obwohl Bulgarien, Österreich, die Türkei und Ungarn nach dem Ausschluß von 1920 wieder teilnehmen durften. Für den deutschen Sport, der mittlerweile wußte, daß er 1928 wieder zur olympischen

Die erfolgreichsten Sportler von Paris

Name	Sportart	G	S	B
1. Paavo Nurmi FIN	Leichtathletik	5	–	–
2. Ville Ritola FIN	Leichtathletik	4	2	–
3. Roger Ducret FRA	Fechten	3	1	–
4. Johnny Weissmuller USA	Schwimmen, Wasserball	3	–	1
5. Vincent Richards USA	Tennis	2	1	–
Ole Lilloe-Olsen NOR	Schießen	2	1	–
7. Clarence Houser USA	Leichtathletik	2	–	–
Harold Osborn USA	Leichtathletik	2	–	–
Lucien Gaudin FRA	Fechten	2	–	–
Morris Fisher USA	Schießen	2	–	–
Adolph van der Voort van Zijp NED	Reiten	2	–	–
Armand Blanchonnet FRA	Radsport	2	–	–
Leon Stukelj YUG	Turnen	2	–	–
Ethel Lackie USA	Schwimmen	2	–	–
Albert White USA	Wasserspringen	2	–	–
Helen Wills USA	Tennis	2	–	–
Hazel Wightman USA	Tennis	2	–	–

Eröffnungsfeier: Der französische Leichtahtlet Géo André spricht den olympischen Eid.

Radioreporter im Stadion Colombes während des Marathonlaufs: Über das Telefon geben Streckenposten den Rennverlauf durch, so daß die Zuschauer im Stadion und die Hörer vor den Rundfunkgeräten das Rennen mitverfolgen können.

Familie zählen würde, war der erzwungene Verzicht die rechte Motivation für Amsterdam. Paris war im olympischen Bereich nicht nur der Abschied von Coubertin, sondern auch der von den Anfängen der Spiele.

In Paris zeigte sich der Leistungssport auf bis dahin nicht erlebter Höhe. Zwar würden Insider der olympischen Bewegung erst 1932 vom Ausbruch des Hochleistungssports sprechen, aber Paris 1924 setzte die ersten Signale.

Mit dem finnischen Laufwunder Paavo Nurmi, dessen Trainingsmethoden erst in den 30er Jahren Allgemeingut der Langstreckler wurden, hatten die Spiele ihren überragenden Athleten und zugleich die Symbolfigur für den unaufhaltsamen Fortschritt. Dennoch zeigte sich in manchen Sportarten, daß man erst am Anfang der Entwicklung zum Leistungssport stand. Die Fachverbände, denen das IOC in technischen Fragen die Verantwortung übertragen hatte – eine Folge des olympischen Kongresses von 1921 in Lausanne – waren oft noch überfordert.

In der Leichtathletik konnten Hürdler keinen Weltrekord laufen, wenn sie ein Hindernis umwarfen. Über 110 m wurde der Olympiadritte George Guthrie wegen des Reißens von drei Hürden disqualifiziert, aber dann seltsamerweise auf den sechsten (und letzten) Platz gesetzt. Der Hochsprung-Olympiasieger Harold Osborn drückte beim Überqueren der Latte diese gegen die Ständer; daraufhin beschloß die IAAF, die Latte zwischen die Sprungständer zu legen. Im Gewichtheben gab es wie 1920 in Antwerpen noch ein- und beidarmige Übungen, die zu einem unausgegorenen Mehrkampf summiert wurden.

Bei den Schwimm-Staffeln durften in den Vorläufen schwächere Athleten eingesetzt werden, die dann allerdings keine Medaille erhielten, wenn sie im Finale fehlten. So erging es dem Amerikaner Richard Howell, der im Halbfinale über 4x200 m mit seinen amerikanischen Landsleuten Weltrekord mit 9:59,4 min (erstmals unter zehn Minuten) erzielte. Im Endlauf mußte er Johnny Weissmuller Platz machen, mit dem die US-Krauler dann den zweiten Weltrekord mit 9:53,4 min aufstellten.

Im Turnen konnten Ersatzleute starten, durften aber beim Ausfall eines gesetzten Athleten nicht einspringen. Die Tschechoslowaken kamen so mit Sicherheit um eine Medaille, denn in der Mehrkampf-Einzelwertung belegten ihre besten Gerätekünstler die Plätze zwei (Robert Prazak), drei (Bedrich Supcik), fünf (Miroslav Klinger) und sechs (Ladislav Vacha), doch ein Turner war ausgefallen.

Der erste Technokrat

Organisationstalent Franz Reichel

Der erste Technokrat des internationalen Sports war ohne Zweifel Franz Reichel (* 1871, † 1932) – dies allerdings zu einer Zeit, als man diesen Begriff noch nicht kannte. Reichel war ein Freund Pierre de Coubertins, und dieser bediente sich der organisatorischen Talente des Elsässers.

Reichel war maßgeblich beteiligt an der Organisation des olympischen Kongresses 1894 in Paris und als Generalsekretär des Französischen Olympischen Komitees unter der Präsidentschaft Coubertins dessen Vorarbeiter. 1891 war Reichel französischer Crossmeister (Waldlauf), 1900 dann Olympiasieger mit Frankreichs Rugbyteam. Er trat auch als Boxer, Fechter, Hockeyspieler, Flieger und Rennfahrer in Erscheinung.

Als Journalist schrieb Reichel auch über sich selbst. Während der Olympischen Spiele 1924 gründete er mit Freunden den Internationalen Sportpresse-Verband AIPS, dessen erster Präsident er bis zu seinem Tod 1932 war. Zu seinen wichtigsten Ämtern zählte auch die Präsidentschaft im Internationalen Hockey-Verband (FIH) von 1926 bis 1932. Unter seiner FIH-Leitung wurde das Damenhockey organisiert. Auch saß er im Organisationskomitee der Winterspiele von Chamonix 1924. Als zeitweilig bezahlter Sportfunktionär hatte Franz Reichel keine Chance, Mitglied des IOC zu werden, in dem er aufgrund seiner Fähigkeiten als technischer Allrounder durchaus einen Platz verdient gehabt hätte.

Leichtathletik

Fünfmal Gold für Laufwunder Nurmi

Mit fünf Goldmedaillen war Paavo Nurmi (* 1897, † 1973) nicht nur der erfolgreichste Athlet der Spiele, sondern auch der populärste und am meisten bewunderte. Er gewann am 10. Juli 1924 innerhalb einer Stunde die Goldmedaillen im 1500- und 5000-m-Lauf. Der Start zum 5000-m-Lauf erfolgte genau 26 Minuten nach dem Ende des 1500-m-Rennens; beide Wettbewerbe beendete der Finne mit olympischem Rekord: die 1500 m stark überlegen, die 5000 m vor seinem alten Rivalen Ville Ritola mit zwei Zehntelsekunden Vorsprung. Dazu kamen die Goldmedaillen im 10-km-Geländelauf (Einzel und Mannschaft), der als »Hitzeschlacht von Colombes« in die olympische Geschichte eingegangen ist, und im 3000-m-Mannschaftslaufen.

Paavo Nurmi: Zu Beginn des 5000-m-Laufs liegt der spätere Sieger noch hinter dem Schweden Edvin Wide und dem Finnen Ville Ritola.

Für die 10 000 m hatten die Finnen ihren Star nicht gemeldet. Sie sahen in Ritola den Favoriten, der ihnen auch ohne Nurmi den Sieg bescherte.

Nurmi war 1924 auf dem Höhepunkt seines Könnens. Im Geländelauf nahm er dem zweiten, dem großen Ritola, fast anderthalb Minuten ab. 23 der 38 Läufer gaben wegen der großen Hitze auf. »...und Nurmi ging seine müden Schuhe auszuziehen«, schrieb der deutsche Reporter Willy Meisl. Das war nach dem Mannschaftslaufen über 3000 m und der fünften Goldmedaille (S. 153).

Harold Abrahams (3. v. l.): Der Brite gewinnt die 100 m vor dem Amerikaner Jackson Scholz und dem Neuseeländer Arthur Porritt.

Doch trotz Nurmi tauchten in Paris auch andere Leichtathleten mit Charisma auf. Der britische 100-m-Olympiasieger Harold Maurice Abrahams (* 1899, † 1978) gab Europa den Glauben an seine Sprinter zurück. Abrahams, der später niemals mehr ein großes Rennen gewann, wurde ein bekannter Radio-Kommentator, Jurist, Journalist und Statistiker, der mit zu den Förderern des Guinness-Buchs der Rekorde gehörte. Er war Präsident des Britischen Leichtathletik-Verbandes.

1924 hatte Abrahams auch mit 7,38 m einen britischen Weitsprungrekord aufgestellt, der 32 Jahre bis 1956 Bestand hatte. Da er aber in Paris nicht weitspringen wollte, schrieb er einen Brief an die AAA (unter anderem Namen) – und er wurde prompt nur über 100 m, 200 m (Olympiasechster) und 4x100 m (Olympiazweiter) eingesetzt. Später gab er zu, daß er 1924 jener Briefschreiber gewesen sei, der den Verband vor dem Weitspringer Harold Abrahams gewarnt habe. Abrahams war dann in den 80er Jahren eine der Hauptfiguren des mit zahlreichen Oscars ausgezeichneten Films »Chariots of Fire« (Stunde des Siegers), den Regisseur Hugh Hudson gedreht hatte. »Chariots of Fire« wurde von der Oscar-Jury 1982 zum besten Film des Jahres gewählt.

In diesem Film tauchen auch die Olympiasieger Jackson Scholz (200 m) und Eric Liddell (400 m) auf. Der Amerikaner Scholz wurde später ein bekannter Autor von Sportstories und Boulevard-Geschichten. Eric Liddell, ein Schotte aus Edinburgh, wurde Pfarrer und ging als Missionar nach China. Er starb 1945 in japanischer Internierung. Der 800-m-Olympiasieger Douglas Lowe (England), gewann Gold an seinem 22. Geburtstag und wiederholte seinen Olympiaerfolg 1928.

Der Amerikaner Harold Osborn (* 1899, † 1975), der insgesamt 18 amerikanische Meisterschaften gewinnen sollte, siegte im Hochsprung und im Zehnkampf; später stellte er einen Weltrekord (1,68 m) im Hochsprung aus dem Stand auf. Im Gehen klatschte sich Ugo Frigerio aus Italien immer noch Beifall. Der 21jährige Amerikaner Frederick Tootell holte Gold im Hammerwerfen. So verhinderte er, daß ein Mann, der sein Vater hätte sein können, sein Landsmann Matthew McGrath, mit 45 Jahren noch einmal Olympiasieger werden konnte.

Und dann muß noch von Robert Le Gendre (* 1898, † 1931) gesprochen werden. 1920 war der Student aus Georgetown schon Olympiavierter im Fünfkampf (Weitsprung, Speerwerfen, 200 m, Diskuswerfen und 1500 m) geworden. Dabei sprang er ganz gewöhnliche 6,505 m weit. Vier Jahre später in Paris stellte er innerhalb dieses Mehrkampfs mit 7,765 m einen neuen Weitsprung-Weltrekord auf, der ihm zwar den ersten Platz in dieser Übung einbrachte, aber weiter keinen Vorteil; Le Gendre wurde schließlich Dritter. Im Weitsprung war er nicht gemeldet worden; den gewann der Amerikaner William DeHart Hubbard – verdientermaßen muß man sagen, denn er war nicht nur sechsmal hintereinander US-Meister (1922 bis 1927), sondern stand auch viermal (1923, 1925,

1926 und 1927) an der Spitze der Weltjahresbestenliste. 1925 erzielte Hubbard mit 7,89 m auch Weltrekord.

Robert Le Gendre wurde ein vielversprechender Filmschauspieler, starb aber schon 1931 an Tuberkulose.

Leichtathletik

Zwei Außenseiter im Marathonlauf vorn

Interessantes gab es wieder einmal im Marathonlauf. Zu aller Überraschung gewann der schon 35 Jahre alte Albin Stenroos (* 1889, † 1971) aus Finnland. Stenroos hatte seinen letzten Marathonlauf 1909 bestritten und als Zweiter beendet. 1912 hatte er olympisches Silber in der finnischen Cross-Mannschaft und Bronze im 10 000-m-Lauf geholt. Der Holzarbeiter (im Sommer) und Nähmaschinenverkäufer (im Winter) war noch gegen Hannes Kolehmainen und schon gegen Paavo Nurmi gelaufen; dreimal hatte er an der Spitze der finnischen Jahresbestenliste gestanden – das war allerdings vor 1916. In Paris setzte sich Stenroos nach 19,5 km an die Spitze, baute ständig seinen Vorsprung aus und gewann mit sechs Minuten Vorsprung vor dem Italiener Romeo Bertini, der ebenfalls ein Außenseiter war.

Erst dahinter kam mit dem Amerikaner Clarence DeMar (* 1888, † 1958) aus Boston einer der ganz Großen der Zunft. DeMar war noch ein Jahr älter als Stenroos und kannte nur zwei Leidenschaften: den Dauerlauf und die Bibelpredigt. Den legendären Boston-Marathon, dessen Streckenlänge allerdings variierte, hatte er vor seiner Haustür erlebt und Geschmack daran bekommen. 1911 gewann er den Boston-Marathon zum erstenmal, dann nach einer Pause von elf Jahren noch insgesamt siebenmal, was Rekord bedeutet. Zum letztenmal siegte er in seiner Heimatstadt 1930, als er schon 42 Jahre alt war. 1912 belegte Clarence DeMar einen zwölften Platz bei den Olympischen Spielen, 1920 fehlte er. 1924 kam dann die Bronzemedaille. Der Amerikaner war ein Läufer der Klasse von 2:40 h; seine Spitzenzeiten bis herunter auf 2:18:10,0 h erzielte er auf Strecken von nur 39 km und bei ständigem Rückenwind. 1928 in Amsterdam errang er den 27. Platz.

Laufwettbewerb im Stadion von Colombes: Zeitgenössisches Aquarell aus der französischen Zeitschrift L'Illustration, die in großem Umfang von den Spielen berichtet

Der Brite Samuel Ferris, der 1932 Olympiazweiter hinter dem Sieger Juan Carlos Zabala aus Argentinien werden sollte, belegte in Paris Platz sechs und 1928 in Amsterdam Platz acht. Yüri Lossmann (Estland), der Silbermedaillengewinner von 1920, wurde er in Paris Zehnter. Der Olympiasieger von 1928, Boughera Mohamed El Quafi, sammelte olympische Erfahrungen mit einem siebten Rang. Der 1899 geborene Algerier war Kolonialsoldat in der Französischen Armee und später Automechaniker. Er verarmte und wurde 1959 bei einem Familienstreit umgebracht.

Albin Stenroos: Der Finne siegt im Marathonlauf vor dem Italiener Romeo Bertini und dem Amerikaner Clarence DeMar.

Schwimmen

Der Mann, der Tarzan war

Johnny Weissmuller war einer der größten Schwimmer aller Zeiten. Bei den Olympischen Spielen 1924 und 1928 holte er fünf Goldmedaillen in Freistil-Wettbewerben und eine bronzene Medaille im Wasserball, doch diese Leistung trat völlig hinter seiner Filmrolle als Tarzan zurück. Zwischen 1929 und 1950 war Weissmuller die Idealfigur des sich von Baum zu Baum schwingenden weißen Dschungelhelden, der unter Tieren im Urwald aufgewachsen ist. Der Abenteuer-Schriftsteller Edgar Rice Burroughs hatte diese Kultfigur 1912 erfunden, die 1918 von Hollywood vereinnahmt wurde.

Als Schwimmer war Weissmuller untadelig und 1924 sowie 1928 in allen olympischen Rennen unbesiegt. In Paris gewann er die 100 und 400 m Freistil sowie mit seinen US-Kameraden auch die 4x200 m. In Amsterdam 1928 wiederholte er seine Siege über 100 und 4x200 m. Er schwamm als erster die 100 m unter einer Minute, dies sowohl auf einer 25-m-Bahn wie auch auf der schwierigeren 50-m-Bahn. Er stellte in seiner Amateurkarriere 67 Weltrekorde auf, von denen 26 auch offiziell anerkannt wurden, gewann 52 amerikanische Meisterschaften und war als 36jähriger im Jahr 1940 über 100 yards mit 48,5 sec schneller als er es jemals als Amateur mit Weltrekord (51,0 sec im Jahre 1927) gewesen war.

Bei einer Größe von 1,90 m und rund 85 kg Gewicht besaß er eine Idealfigur für den Kraulsprint, den er so unnachahmlich beherrscht hat. Weissmuller war zudem der erste Schwimmer, der sich einen Masseur, einen Trainer und einen Manager leistete. William Bachrach war der Mann hinter Weissmuller, der alles für ihn tat, ihn nur nicht vor sich selbst schützen konnte. Denn auch dies war der Mann, der Tarzan war: ein großer Junge, der nie erwachsen wurde – ein liebenswerter Egoist, der in fünf Ehen scheiterte, trotz des vielen Geldes als Türsteher in Las Vegas arbeitete und schließlich geistig umnachtet und verarmt starb.

Weissmullers Biographie wurde der Hollywood-Kosmetik unterzogen, deshalb ein paar Wahrheiten, anstelle der Legenden: Geboren wurde Weissmuller am 2. Juni 1904 in Szabadfalu (Freidorf) in der Nähe von Klausenburg, das damals zu Ungarn gehörte, heute aber rumänisch ist. Seine Eltern Elisabeth und Peter Weißmüller, die ihren Sohn nur Hansi riefen, wanderten 1907 über Wien in die USA aus. Der Vater arbeitete als Bergmann. Der Sohn geriet beim Illinois Athletic Club unter die Schwimmer und an William Bachrach. Als er 1932 seine Hollywood-Karriere begann, war aus Weißmüller schon Weissmuller geworden und der tote Vater zu einem österreichischen Marineoffizier aufgestiegen.

1929 nach seinem fünften Olympiasieg arbeitete Weissmuller, der mit seinem Körper und seiner sportlichen Ausstrahlung stark auf Frauen wirkte, für eine Trikotagenfirma, die sich auf Badeanzüge spezialisiert hatte – die BVD Underwear Company.

Schwimmen: Die drei herausragenden Schwimmer der 20er Jahre; (v. l.) Andrew Boy Charlton (Australien), Johnny Weissmuller (USA) und Arne Borg (Schweden)

Fotos von ihm gelangten in die Hände eines MGM-Talentsuchers, der Weissmuller zum Film holte. 1932 spielte er im ersten seiner elf oder 19 Tarzan-Filme – die Zahl ist niemals genau ermittelt worden; der letzte kam jedenfalls 1950 in die Kinos. Alle seine Tarzan-Nachfolger in der Film-Metropole scheiterten an der naiven Selbstdarstellungskunst von Weissmuller – so auch Buster Crabbe, Hermann Brix und Glenn Morris, alle drei ebenfalls olympische Medaillengewinner.

Als Dressman erhielt Weissmuller rund 500 Dollar die Woche, als Tarzan kam er in fast zwei Jahrzehnten auf drei Millionen Dollar. Das Geld zerrann ihm unter den Händen. Aber für ihn und für viele seiner Freunde hatte sich durch Olympia und Hollywood der amerikanische Traum erfüllt. Am 22. Januar 1984 starb Johnny Weissmuller, fast 80 Jahre alt, in Acapulco.

Johnny Weissmuller: Der spätere Tarzan-Darsteller inmitten seiner weiblichen Fans

Schwimmen

Kanalschwimmerin holt drei Medaillen

Nicht genug des Ruhms von Johnny Weissmuller, hatten die Amerikaner noch vor dem Tarzan eine Nationalheldin. Gertrud Ederle, Tochter eines New Yorker Metzgers, gehörte der US-Mannschaft im Freistilschwimmen an und gewann in Paris Bronze über 100 und 400 m Freistil sowie Gold in der 4x100-m-Staffel.

Ihr ganz großer Tag sollte freilich erst noch kommen: Am 6. August 1926 durchschwamm die 19jährige in 14 Stunden und 31 Minuten als erste Frau den Ärmelkanal von Frankreich nach England.

Die Leistung war eine Weltsensation. Als Gertrud Ederle nach New York heimkehrte, bereiteten ihr zwei Millionen Menschen eine Konfetti-Parade.

Gertrud Ederle erkrankte später. Sie erlitt mehrere Nervenzusammenbrüche und wurde taub; sie erholte sich aber wieder. Ihr Schicksal rührte die Amerikaner, es gab Spenden. Später hörte man, daß sie als Pädagogin behinderten Kindern half.

Johnny Weissmuller bei den Männern, Gertrud Ederle bei den Damen – das war freilich noch nicht alles im olympischen Schwimmen 1924 in Paris. Die hawaiianischen Brüder Duke und Samuel Kahanamoku, wurden im Kraulsprint hinter Weissmuller Zweiter und Dritter. Weissmuller hielt den Schweden Arne Borg und den Australier Andrew Boy Charlton über 400 m nieder, Charlton wiederum gewann die 1500 m in der Weltrekordzeit von 20:06,6 min.

Der Weltrekord von 1:12,2 min über 100 m Freistil, den Mariechen Wehselau aus Honolulu im Vorlauf aufgestellt hatte, nutzte ihr nichts: Im Finale wurde sie in 1:12,4 min Zweite. Elisabeth Becker-Pinkston gewann Gold vom Brett und Silber vom Turm; 1928 holte sie sich dann auch Gold vom Turm. Zusammen mit ihrem Mann Clarence Pinkston, den sie in Paris kennengelernt hatte, kam dieses Springer-Ehepaar auf drei Gold-, zwei Silber- und zwei Bronzemedaillen (1920 bis 1928).

Und noch etwas: Beim Wasserball-Dritten USA spielten zwei Freistil-Goldmedaillengewinner – Johnny Weissmuller und Wallace O'Connor (4x200 m)

Rudern

Maurer, Millionär und Olympiasieger

Vom Rudern muß die Rede sein, da sich 1924 legendäre Gestalten in die Riemen legten. Da war einmal der Brite Jack Beresford (* 1899, † 1977), der nur 72,5 kg wog, aber einer der bedeutendsten Ruderer aller Zeiten war.

1924 gewann Beresford den Einer. 1920 hatte er Silber in dieser Konkurrenz geholt. Es folgten Silber im Achter (1928), Gold im Vierer ohne Steuermann (1932) und noch einmal Gold (1936) im Doppelzweier. 1940 hätte der damals 41jährige Mann aus Chiswick an der Themse an seinen sechsten Olympischen Spielen teilnehmen können. 1949 zeichnete ihn das Internationale Olympische Komitee mit dem olympischen Orden aus.

Gertrud Ederle: Die Amerikanerin 1926 bei den Vorbereitungen zur Durchschwimmung des Ärmelkanals. Zum Schutz vor der Kälte wird sie dick mit Fett eingerieben.

Rudern: Wie bereits 1920 gewinnen John B. Kelly und Paul Costello die Goldmedaille im Doppelzweier.

Von ähnlichem Schlag wie Beresford war der Amerikaner Paul Costello, zufällig auch 1899 geboren. Der Mann aus Philadelphia wurde dreimal Olympiasieger im Doppelzweier – 1920 und 1924 mit John B. Kelly, 1928 mit Charles McIlvaine. Mit Costello ist der Name Kelly gefallen. John Brendan Kelly (* 1890, † 1960) hatte 1920 den Einer vor Beresford gewonnen; die beiden trennten nach 7:35 min nur eine Sekunde im Ziel. Es folgten die Goldmedaillen im Doppelzweier 1920 und 1924. In Antwerpen gewann Kelly die beiden Goldmedaillen an einem Tag. Er war ein Ausnahmeathlet.

Als Maurer hatte Kelly in seiner Heimatstadt begonnen, stieg zum Bauunternehmer auf und wurde Millionär. Er war Mäzen des Vesper Boat Club Philadelphia, eines ruhmreichen amerikanischen Amateurvereins, und Vater von John Kelly jun. (* 1927, † 1978) und der Schauspielerin Grace Kelly, der späteren Fürstin Gracia Patricia von Monaco (* 1929, † 1982). Kelly jun. wurde 1956 Olympiadritter im Einer und war kurze Zeit Präsident des Olympiakomitees der USA; er starb beim Jogging.

Was den Patriarchen John Brendan Kelly betrifft, so muß mit einer Legende aufgeräumt werden. Zwar war er einmal Maurer, aber deshalb nicht von der Henley-Regatta 1920 in London ausgeschlossen worden. Tatsächlich hatte man Kelly nicht zu den Rennen in Henley zugelassen. Der Grund waren Differenzen der Veranstalter mit dem Kelly-Club Vesper Boat Philadelphia, der sich mit den Amateurregeln schwer tat. In Henley galten Arbeiter (»Leute, die mit der Hand tätig sind«) nicht als Gentlemen, waren also nicht startberechtigt. Auf Kelly sen. hatten die Briten diesen Passus allerdings nicht angewandt.

Boxen

Menschenfresser Roger Brousse

Boxen gehörte schon 1904 (allerdings nur mit Amerikanern), 1908 und 1920 zum olympischen Programm. Geradezu eine Spezialität für leicht erregbare und auch sonst nicht zimperliche Menschen, gab es bei diesen drei Turnieren einige Merkwürdigkeiten.

In St. Louis durfte Miles Burke gegen George Finnegan um Gold boxen, obwohl er 1,2 kg Übergewicht in der Kategorie bis 47,6 kg hatte. Es geschah auch in St. Louis, daß sich ein Boxer, Carroll Burton, im ersten Kampf von einem Freund vertreten lassen wollte, was auffiel. 1908 in London meldete sich der Wasserspringer Reginald Baker (AUS) auch für das Boxturnier – und wurde Zweiter. Das waren eben noch Zeiten!

Boxen: Im Fliegengewicht gewinnt der Amerikaner Fidel LaBarba (l., hier im Kampf gegen den Italiener Castellenghi) die Goldmedaille.

1920 wurde der deutschstämmige Albert Schneider nur deshalb Olympiasieger im Weltergewicht, weil die Kanadier den in Cleveland geborenen Faustkämpfer einbürgerten. Schneider gewann den Titel in der Verlängerung gegen den Briten Alexander Ireland; der beste Amerikaner wurde Dritter.

Diese Merkwürdigkeiten waren jedoch Lappalien gegen die Vorfälle, die sich 1924 im Vélodrome d'Hiver in Paris in und um den Boxring abspielten. Kritiker der olympischen Boxszene schrieben: »Das ist das Ende des Boxens, das ist das Ende der Olympischen Spiele. Das ist das kulturelle Ende Frankreichs.«

Was war geschehen?

▷ **Fall 1:** Der Amerikaner Joe Lazarus, K.-o.-Sieger über den Schweden Oscar Andrén, wurde zum Verlierer erklärt, weil er angeblich kurz vorher nach dem Trennkommando noch geschlagen hatte.

▷ **Fall 2:** Der britische Kampfrichter T. H. Walker wurde nach der Disqualifikation des italienischen Boxers Giuseppe Oldani eine Stunde lang am Verlassen des Ringes gehindert. Erboste Italiener bewarfen ihn mit Geldstücken und schlugen ihn mit Spazierstöcken. Erst der 120 kg schwere Ringer-Olympiasieger von 1908, der Ire George O'Kelly, verhalf dem Referee in die Umkleidekabine.

▷ **Fall 3:** Nach dem Sieg des Belgiers Jean Delarge über den Argentinier Hector Mendez konnte der Ring eine halbe Stunde nicht mehr benutzt werden, weil wütende Argentinier »Mendez, Mendez« brüllten und Delarge am Verlassen der Arena hinderten.

Boxen: John Fields (USA), der Sieger im Federgewicht

▷ **Fall 4:** Der Franzose Roger Brousse wurde von dem Argentinier Gallardo beschuldigt, ihm in die Schulter gebissen zu haben, doch die Jury reagierte nicht.

▷ **Fall 5** war dann der Gipfel: Im Viertelfinale standen sich der bereits genannte Franzose Brousse und der Brite Harry Mallin gegenüber. Mallin (* 1892, † 1969), ein Polizist aus London, war schon 1920 Olympiasieger geworden und hatte bis zum Kampf gegen Brousse in den 16 Jahren seiner Karriere alle seine Fights gewonnen. Mallin wurde von Brousse in Brust und Schulter gebissen. Als Mallin, den alle Beobachter als Sieger gesehen hatten, mit den Stimmen eines Italieners und eines Belgiers (gegen das Votum eines Südafrikaners) zum Verlierer gegen Brousse erklärt wurde, zeigte er dem Referee seine Bißwunden. Der winkte allerdings ab. Wer sich jedoch angesprochen fühlte, war der Schwede Söderlund, ein Mitglied der Jury. Er sorgte dafür, daß Brousse disqualifiziert wurde, was allerdings erst bekannt wurde, als Mallin später im Finale stand. Die Hölle brach los. Die französischen Zuschauer waren aufgebracht und schrien die beiden Finalisten nieder – unglücklicherweise war Mallins Opponent auch ein Brite. Mallin gewann den Kampf.

Die britischen Journalisten, noch nie um schöne Vergleiche verlegen, machten Roger Brousse zum »Menschenfresser« und schrieben von dem »Beefeater« Brousse, der »zuerst argentinisches Fleisch und dann gute Ware von Old England sich ausgewählt hat«.

Fechten

Ivan Osiier achtmal dabei

Fechten war bis in die 70er Jahre ein Sport, der auch noch von Damen und Herren bestritten werden konnte, die sich in der Midlife-crisis befanden. Alle Rekorde an sportlicher Langlebigkeit brach dabei der Däne Ivan Osiier (* 1888, † 1965), der 1908 als 19jähriger bei den Olympischen Spielen in London erschien, weitere sechs Olympiateilnahmen folgen ließ und 1948 am selben Olympiaort auch Abschied nahm. 1912 in

Stockholm holte er sich hinter dem Belgier Paul Anspach die Silbermedaille im Degenfechten, doch auch im Florett- und Säbelfechten stand er seinen Mann.

Seine Frau Ellen Ottilia Osiier (* 1890, † 1962) kam als 33jährige 1924 nach Paris, wo das erste olympische Florett-Turnier der Damen ausgeschrieben worden war. Ellen Osiier gewann ohne Niederlage bei 80:34 Treffern. Ihr Ehemann wurde in Paris »nur« Siebter im Florettfechten .

Tennis: Vincent Richards (USA) gewinnt Gold im Einzel und Herren-Doppel sowie Silber im Mixed.

Tennis

Exklusiver Abschied für Jahrzehnte

Tennis war von 1896 bis 1924 ein integrierter Bestandteil des olympischen Programms. Für die weltbesten Tennisspieler hatte Wimbledon (Herren seit 1877, Damen seit 1884) den Vorrang, die US Open (Herren seit 1881, Damen seit 1887) dagegen noch lange nicht die Bedeutung wie heute. Die Meisterschaften von Deutschland (seit 1892), von Frankreich (international erst seit 1925) und von Australien (seit 1905) standen sogar in der Wertigkeit hinter dem olympischen Tennisturnier zurück.

Wegen der Sonderrolle, die Tennis beanspruchte, gerieten das Internationale Olympische Komitee und der 1913 gegründete Internationale Tennis-Verband (ILTF) im Grundsätzlichen aneinander. Es ging um den Status der Spieler. Waren sie Amateure, Demi-Professionals oder Vollprofis? Nach dem Ersten Weltkrieg war die Situation vereinfacht gesagt diese: Es wurde Geld gezahlt, aber von Spielern im Sinne von Amateuren gesprochen. Tennis stand olympisch auf der Kippe und fiel dann nach 1924 in das olympische Totenreich.

Paris 1924 war der Abschied für Jahrzehnte. Dort spielte, sieht man einmal von den fehlenden Suzanne Lenglen (Frankreich) und William Tatum Tilden (USA) ab, eine Elite, die das Feinste vom Feinen darstellte. Im Herreneinzel verlor Wimbledonsieger Jean Borotra im Halbfinale gegen seinen französischen Landsmann Henri Cochet in vier Sätzen. Cochet unterlag im Finale in fünf Sätzen dem Amerikaner Vincent Richards (* 1903, † 1959). Der Dritte der französischen Musketiere, René Lacoste, war im Viertelfinale mit 3:6 im fünften Satz gegen Richards ausgeschieden.

Im Dameneinzel siegte Helen Wills (USA). Die Wimbledonsiegerin Kathleen McKane (Großbritannien) wurde Dritte. Die Amerikaner Richards/Frank Hunter, gerade in Wimbledon siegreich, holten sich die Doppel-Goldmedaille; bei den Damen taten dies Helen Wills/Hazel Wightman. Im Mixed hießen die Olympiasieger Hazel Wightman/Norris Williams.

Dazu einige Anmerkungen: Borotra gewann Wimbledon 1924 und 1926 im Einzel, dazu dreimal im Doppel und einmal im Mixed. Cochet siegte in Wimbledon 1927 und 1929. Der als Doppelspieler geschätzte Richards triumphierte einmal in Wimbledon und viermal bei den US Open (im Doppel). Helen Wills, die Tochter eines Arztes, war achtmal in Wimbledon und siebenmal bei den US Open im Einzel erfol-

Helen Wills: Olympiasiegerin bei den Damen im Einzel und Doppel

greich. Die offenen Meisterschaften von Frankreich holte sich die Amerikanerin viermal. Ihr Wimbledon-Rekord wurde erst 1990 von Martina Navratilova mit neun Einzelsiegen übertroffen; für die US Open besteht er immer noch.

»Miss Pokerface«, wie Helen Wills wegen ihrer gespielten Gleichgültigkeit auf dem Tennisplatz genannt wurde, war eine der größten Persönlichkeiten des weißen Sports. Auch die 1924 schon 37 Jahre alte Hazel Wightman hatte es in sich. Die geborene Hotchkiss aus Healdburg in Kalifornien, die 1912 den späteren Tennis-Präsidenten der USA, George W. Wightman, heiratete, siegte in Wimbledon nur einmal – im Doppel mit Helen Wills 1924. Auf amerikanischem Boden war sie zwischen 1909 und 1928 aber eine wahre »Hausnummer« mit insgesamt 16 Siegen bei den US Open: vier im Einzel, sechs im Doppel und sechs im Mixed. Die betuchte Amerikanerin, die wegen ihrer Schmetterbälle am Netz gefürchtet war, stiftete 1923 den Wightman Cup, um den bis 1974 amerikanische und britische Tennisdamen spielten. Hazel Wightman, die Doppel-Olympiasiegerin von 1924, starb 1974.

Von Frank Hunter ist zu berichten, daß er vier Doppeltitel in Wimbledon gewann. Hazel Wightmans Mixed-Partner Norris Williams (* 1891, † 1968) überlebte als 21jähriger 1912 den Untergang des Luxusschiffes »Titanic«.

Auf den Vollversammlungen des IOC 1925 in Prag und 1926 in Lissabon setzte sich der Internationale Tennis-Verband mit seiner halbprofessionellen Einstellung nicht durch. Der weiße Sport verschwand für genau 64 Jahre aus dem olympischen Programm, ehe er – bis dahin wie aussätzig behandelt – 1984 in Los Angeles als Demonstrationswettbewerb wieder auftauchte (Sieger: Stefan Edberg aus Schweden und Steffi Graf aus Deutschland).

1988 in Seoul und 1992 in Barcelona gab es dann wieder Olympiasieger. Im Einzel waren es Miloslav Mecir (Tschechoslowakei) und Steffi Graf 1988 sowie Marc Rosset (Schweiz) und Jennifer Capriati (USA) 1992.

1928
St. Moritz

11. bis 19. Februar 1928
Dauer **9 Tage**
Teilnehmer **495 (468 Männer, 27 Frauen)**
Länder **25**
Sportarten **6**
Entscheidungen **13**
Zuschauerzahl **39 832**
Schirmherr **Bundespräsident Edmund Schulthess**
Eidsprecher **Hans Eidenbenz (nordischer Skisport)**

Olympische Winterspiele 1928 in St. Moritz: Das offizielle Plakat mit der Olympiafahne und der Flagge des Gastgebers vor dem Alpenpanorama

Wintersport bleibt Sache der Norweger

Bevor überhaupt die Winterspiele sich so nennen durften, hatten die Schweizer das II. Winter-Olympia auszurichten. Schon 1925 waren dem IOC als Austragungsort Davos, Engelberg und St. Moritz vorgeschlagen worden. 1926 erhielt St. Moritz den Zuschlag; der Kurort hatte vor allem bei Briten und Amerikanern einen guten Ruf – und dies spielt beim IOC immer eine Rolle. Zudem hatte die Kurverwaltung Beziehungen zu den Skisportlern und den Bobfahrern; schon 1884 war die künstliche Schlittenbahn Cresta Run gebaut worden.

Bei den Spielen gaben die Norweger der gesamten Konkurrenz Unterricht im Skisport, auch wenn sie im 50-km-Langlauf alle drei Medaillen an die Schweden abtreten mußten. In den vier Konkurrenzen des nordischen Skisports gingen acht Medaillen an die Norweger, besagte drei an die Schweden und eine an den Tschechoslowaken Rudolf Burkert. Der Sudetendeutsche, der 1983 als 78jähriger Rentner in Garmisch-Partenkirchen starb, holte Bronze im Sprunglauf.

Im Eisschnellauf gewann Ivar Ballangrud die erste seiner vier Goldmedaillen. Wegen eines Föhneinbruchs, der die Temperaturen am 14. Februar 1928 innerhalb von vier Stunden um 22 °C ansteigen ließ, mußten die 10 000 m abgebrochen und ersatzlos gestrichen werden.

Norwegens Stellung als führende Wintersportnation festigte auch Sonja Henie, die ihre erste Goldmedaille im Eiskunstlauf

Die erfolgreichsten Sportler von St. Moritz

Name	Sportart	G	S	B
1. Johan Gröttumsbraten NOR	nordischer Skisport	2	–	–
Clas Thunberg FIN	Eisschnellauf	2	–	–
3. Bernt Evensen NOR	Eisschnellauf	1	1	1
4. Ivar Ballangrud NOR	Eisschnellauf	1	–	1
5. Per Erik Hedlund SWE	nordischer Skisport	1	–	–
Alf Andersen NOR	nordischer Skisport	1	–	–
Gillis Grafström SWE	Eiskunstlauf	1	–	–
Sonja Henie NOR	Eiskunstlauf	1	–	–
Andrée Joly FRA	Eiskunstlauf	1	–	–
Pierre Brunet FRA	Eiskunstlauf	1	–	–
William Fiske USA	Bobsport	1	–	–
Nion Tocker USA	Bobsport	1	–	–
Charles Mason USA	Bobsport	1	–	–
Clifford Gray USA	Bobsport	1	–	–
Richard Parke USA	Bobsport	1	–	–
Jennison Heaton USA	Skeleton	1	–	–
Charles Delahay CAN	Eishockey	1	–	–
Frank Fisher CAN	Eishockey	1	–	–
Louis Haudson CAN	Eishockey	1	–	–
Norbert Müller CAN	Eishockey	1	–	–
Herbert Plaxton CAN	Eishockey	1	–	–
Hugh Plaxton CAN	Eishockey	1	–	–
Roger Plaxton CAN	Eishockey	1	–	–
John Porter CAN	Eishockey	1	–	–
Frank Sullivan CAN	Eishockey	1	–	–
Joseph Sullivan CAN	Eishockey	1	–	–
Ross Taylor CAN	Eishockey	1	–	–
David Trottier CAN	Eishockey	1	–	–

Medaillenspiegel St. Moritz 1928

Land	G	S	B
1. NOR	6	4	5
2. USA	2	2	2
3. SWE	2	2	1
4. FIN	2	1	1
5. FRA	1	–	–
CAN	1	–	–
7. AUT	–	3	1
8. TCH	–	–	1
SUI	–	–	1
BEL	–	–	1
GER	–	–	1
GBR	–	–	1

St. Moritz: Der Kurort im Oberengadin hat sich durch den Bau neuer Sportanlagen auf die Spiele vorbereitet.

Sonja Henie: Die Norwegerin gewinnt in St. Moritz die erste ihrer drei Goldmedaillen im Eiskunstlauf.

gewann – diesmal unangefochten, denn sechs der sieben Kampfrichter setzten sie auf den ersten Platz. Bei der Weltmeisterschaft 1927 in Oslo hatten nur die drei norwegischen Kampfrichter Sonja Henie den ersten Rang zuerkannt und sie damit zur Weltmeisterin gemacht. Der österreichische und der deutsche Punktrichter hatten für die zehn Jahre ältere Herma Planck-Szabo aus Wien gestimmt. Da keiner dieser fünf Referees von 1927 als wirklich unparteiisch gelten konnte, verfügte die ISU, daß ab 1928 nur ein Kampfrichter pro Land eingesetzt werden durfte. Dabei ist es dann bis heute geblieben.

Der bereits erwähnte Cresta Run war Schauplatz des Skeleton-Wettbewerbs, den der 24jährige Amerikaner Jennison Heaton vor seinem zwei Jahre jüngeren Bruder John Rutherford Heaton und dem Earl of Nortesk (Großbritannien) gewann. Skeleton ist ein geradezu männermordender Zeitvertreib, bei dem die Fahrer mit dem Kopf voran auf einem Mini-Schlitten die Eisbahn hinabfegen. Der Skeleton-Olympiasieger wurde dann als Steuermann des Fünferbobs USA II noch Silbermedaillengewinner.

Was seinen Bruder John Rutherford Heaton anging, so wurde dieser 1932

Olympiadritter im Zweierbob in Lake Placid und – im Skeleton – 1948 noch einmal Olympiazweiter. In der Addition erkämpfte sich J. R. Heaton während seiner 20jährigen Eisbahnkarriere zwei Silbermedaillen und eine bronzene.

Der Olympiasieger von St. Moritz im Vierer-/Fünferbob, der Amerikaner William Mead Fiske, war erst 16 Jahre alt, als er seine erste Goldmedaille gewann. 1932 folgte die zweite.

Die olympische Familie

Graf Baillet-Latour neuer IOC-Präsident

Im IOC hatte sich nach den Spielen von Paris einiges verändert. Zwischen 1924 und 1927 waren 21 Herren neu in das IOC gekommen, von denen fünf aber schon ein Jahr später wieder ausgeschieden waren. Als die Olympischen Spiele von Amsterdam begannen, gehörten dem IOC 57 Mitglieder aus 42 Ländern an.

Merkwürdigerweise stellten Brasilianer und Italiener jeweils drei Mitglieder. Deutschland war dabei mit Theodor Lewald, der sich schon 1904 für die deutsche olympische Sache engagiert hatte, und dem Doktor Oskar Ruperti aus Hamburg, Ölmanager und Präsident des Deutschen Ruder-Verbandes.

Im Hintergrund war schon Karl Ritter von Halt aufgetaucht, der als Sportwart der Leichtathleten seinen ersten großen Auftritt in Amsterdam haben sollte und die sehr geringen Chancen des Funktionärs Carl Diem, Mitglied des IOC zu werden, vollends zunichte machte. Diem galt in jener Zeit als bezahlter Verbandsträger, was ihm den olympischen Adel in der Denkweise der IOC-Exekutive nahm, die zu diesem Zeitpunkt aus den Puristen Godefroy de Blonay (Schweiz), Sigfrid Edström (Schweden), Graf Melchior de Polignac (Frankreich), Charles Hickock Sherrill (USA), General Reginald John Kentish (Großbritannien) und Theodor Lewald bestand. Über allen thronte der neue Präsident Graf Henri de Baillet-Latour (Belgien).

Baillet-Latour, Jahrgang 1876, war 1925 IOC-Präsident geworden. Er hatte Vermögen und zudem reich geheiratet; das Geschlecht seiner Frau reichte bis Wallenstein zurück. Mit dem späteren König Albert I. war er zur Schule und nach dem Studium in den diplomatischen Dienst der Belgier gegangen. 30jährig wurde er Mitbegründer des belgischen Olympiakomitees; er begleitete eine belgische Mannschaft 1906 nach Athen und auch die nächste 1908 nach London. 1920 stand er in der Führung des Organisationskomitees der Spiele von Antwerpen.

Als Pierre de Coubertin 1925 in Prag seinen angekündigten Rücktritt wahr machte, befand sich Baillet-Latour in keiner beneidenswerten Lage. Coubertin war erst 62 Jahre alt und im Vollbesitz seiner geistigen Kräfte, aber er war durch Inflation und Großzügigkeit ein armer, wenn auch kein bettelarmer Mann geworden. Er mußte sich beschränken, zumal seine Frau stark über die Ausgaben wachte.

Da dies sehr viele IOC-Mitglieder nicht wußten, weil damals über Vermögensverhältnisse nicht gesprochen wurde (und alle IOC-Mitglieder alles selbst bezahlten und keinen Pfennig Spesen erhielten), wollten bei der Wahl am 28. Mai 1925 im Rathaus von Prag eine Reihe von IOC-Mitgliedern Coubertin im Amt halten und verweigerten Baillet-Latour ihre Stimme.

Graf Henri de Baillet-Latour (l.): Als Nachfolger von Coubertin leitete der Belgier von 1925 bis 1942 die Geschicke des IOC.

Im ersten Wahlgang, bei dem 27 anwesende Olympier ihre Stimmzettel abgaben und 13 Wahlbriefe geöffnet wurden, ergab sich folgendes Abstimmungsverhältnis: Baillet-Latour 17 (damit keine Mehrheit), Coubertin 11, de Blonay 6, Graf Clary (Frankreich) 4, de Polignac 1, eine Stimme

Jährlicher IOC-Mitgliedsbeitrag

1896–1911
nach Belieben
1911–1922
25 Sfrs.
1922–1928
50 Sfrs.
1928–1938
200 Sfrs.
1938–1966
250 Sfr.
ab 1966 frei

ungültig. Im zweiten Durchgang (ohne die Briefe und nach der erneuten Verzichterklärung Coubertins) kam Baillet-Latour auf die komfortable Mehrheit von 19 Stimmen. Seine Berufung galt bis 1933. Der Schweizer Offizier A. G. Berdez aus Lausanne wurde zum IOC-Sekretär (nicht Generalsekretär) berufen.

Baillet-Latour ließ 1926 feststellen, daß das IOC 18 Internationale Fachverbände zur Mitarbeit auffordern könne und bezifferte die Zahl der anerkannten Nationalen Olympischen Komitees auf 52.

1927 kam das Thema »Verdienstausfall« auf. Athleten, voran die Fußballspieler, wollten Geld. Graf de Baillet-Latour, der in allen Fragen mehr Offenheit als sein Vorgänger Coubertin wünschte und für mehr Mitsprache der olympischen Kollegen plädierte, mußte erkennen, daß er mit seinen zahlreichen Sitzungen seine Freunde überforderte. Diese beklagten sich über die vielen Reisen.

Und dies waren die Reisen der Exekutive in den Jahren 1925 bis 1928: Mai 1925 Prag, September 1925 Lausanne, November 1925 Paris, März 1926 Paris, Mai 1926 Lissabon, Juli 1926 Den Haag, Januar 1927 Brüssel, April 1927 Monaco, August 1927 Paris, Oktober 1927 Lausanne, Februar 1928 St. Moritz und Juli 1928 Amsterdam. Alles auf eigene Kosten und ohne Spesen!

Eisschnellauf

Clas Thunberg sammelt Gold

Der Finne Clas Thunberg, der Schrecken der Norweger, holte in St. Moritz seine Goldmedaillen Nummer vier und fünf. Damit beendete er seine olympische Eisschnellauf-Karriere, ohne dies allerdings schon zu wissen. Der Welt- und Europameister hätte auch 1932 noch eine Medaillenchance bei Olympia gehabt, wenn die Amerikaner bei der ISU und dem völlig desinteressierten IOC nicht in Lake Placid den Massenstart durchgesetzt hätten, den ein feinnerviger Stilist wie Thunberg schon aus ästhetischen Gründen ablehnen mußte. Die Amerikaner aber liebten die Rauferei auf dem Eis, den Ellenbogeneinsatz und die Rempelei als Ausdruck männlichen Sports. Thunberg zeigte es der Eisschnellaufwelt, indem er 1932 noch einmal Europameister wurde und dann auf Lake Placid verzichtete, wo nicht nur die Olympiawettbewerbe stattfanden, sondern auch die Vierkampf-Weltmeisterschaft.

Thunberg war im übrigen wohl der erste Eisschnelläufer, der die Vorteile einer Hochgebirgsbahn erkannte, sich auf die dünne

Clas Thunberg: Der finnische Eisschnelläufer, fünffacher Goldmedaillengewinner bei Olympischen Spielen, demonstriert sein Können den Journalisten.

Luft einzustellen wußte und entsprechend gut war, wenn in Davos zu Wettkämpfen gerufen wurde. Der eigensinnige Finne wurde später ein erfolgreicher Bauunternehmer und glühender Patriot im Kampf gegen den Kommunismus. Zu seinen fünf olympischen Goldmedaillen (drei in Chamonix, zwei in St. Moritz) kamen noch eine silberne und eine bronzene. Außerdem holte er fünf Welt- und vier Europameisterschaften im Vierkampf, sieben Weltrekorde über 500 und 1000 m und im Vierkampf, sowie insgesamt 30 Streckensiege bei Welt- und Europameisterschaften zwischen 1922 und 1932. Als 41jähriger ließ er 1935 seine internationale Karriere ausklingen.

Der ältere Skutnabb, sein großer Konkurrent von 1924, der 1928 noch einmal Silber über 5000 m gewann, startete international ebenfalls noch im hohen Alter. Als 39jähriger erschien er 1928 bei der WM in Davos, genau 14 Jahre nach seinem Auftauchen als WM-Debütant 1914 in Oslo – und damals war er schon 25 Jahre alt.

In St. Moritz kam Skutnabb möglicherweise noch um Gold, weil wegen eines Föhneinbruchs, der die Temperatur auf 25 °C ansteigen ließ, die 10 000 m ersatzlos gestrichen wurden.

Gillis Grafström: Der Schwede gewann 1920, 1924 und 1928 die Goldmedaille im Eiskunstlauf.

Eiskunstlauf

Ästhet und Künstler Gillis Grafström

Europameisterschaften bedeuteten ihm nichts, an den Weltmeisterschaften nahm er nur dreimal teil und gewann sie 1922, 1924 und 1929; sein Maß waren die Olympischen Spiele. Der Eiskunstläufer Gillis Grafström (* 1893, † 1938) war ein Individualist feinster Prägung. Der Schwede fühlte sich auserwählt und zu Höchstem berufen. 1920, 1924 und 1928 wurde er Olympiasieger im Eiskunstlauf. Als er – schon 38jährig – 1932 mit der vierten Goldmedaille seinen olympischen Abschied nehmen wollte, wurde er von dem Österreicher Karl Schäfer geschlagen, der 16 Jahre jünger war.

Der in Stockholm geborene Grafström war als Lyriker, Maler und Graphiker ein vielseitiger Künstler; er blieb zeitlebens seinen schwedischen Landsleuten fremd, obwohl gerade die Skandinavier die Introversion gut kennen. Nach dem Gewinn der dritten Goldmedaille (1928 in St. Moritz) ging Grafström zum Architekturstudium nach Berlin und blieb danach in Deutschland, wo er am 14. April 1938 in Potsdam starb. Dort wurde er auch begraben.

In seiner sportlichen Karriere erfand er mehrere Sprünge und verfeinerte alle möglichen Techniken. Er verlangte aber von sich selbst bei seinen Darbietungen stets Ästhetik. Sein Outfit war entsprechend, die Kleidung meist dunkel, von klassischem Zuschnitt. Gillis Grafström entzog sich allen gängigen Vorstellungen so weit, daß die schwedischen Sporthistoriker, die 1987 ihr grandioses Standardwerk »Sverige och OS« herausbrachten, nur Allgemeinplätze über Grafström sammelten. Die Briten John Rodda/Lord Mike Killanin haben Grafström 1976 in ihrem Buch »The Olympic Games« als erste ein olympisches Denkmal gesetzt.

1928 Amsterdam

17. Mai bis 12. August 1928
Dauer **119 Tage**
Teilnehmer **2971 (1708 Männer, 263 Frauen)**
Länder **46**
Sportarten **15**
Entscheidungen **122**
Zuschauerzahl **667 000**
Schirmherrin **Königin Wilhelmina der Niederlande**
Eidsprecher **Henri Denis (Fußball)**

Olympische Sommerspiele 1928 in Amsterdam: Das offizielle Plakat zeigt im Hintergrund das Olympiastadion mit dem markanten Leuchtturm. Der Architekt Jan Wils erhielt für seine Leistung eine Goldmedaille im Ressort Baukunst der olympischen Kunstwettbewerbe.

Medaillenspiegel Amsterdam 1928

Land	G	S	B
1. USA	22	18	16
2. GER	10	7	14
3. FIN	8	8	9
4. SWE	7	6	12
5. ITA	7	5	7
6. SUI	7	4	4
7. FRA	6	10	5
8. NED	6	9	4
9. HUN	4	5	–
10. CAN	4	4	7

Olympisches Fest mit viel Atmosphäre

Dank der Schweizer und der Holländer wurden die Olympischen Spiele des Jahres 1928 zu einem Fest von Kult, Kunst und Kapital. Die Addition dieser drei Qualitäten ergab olympischen Sinn. Den Olympia-Organisatoren in St. Moritz und in Amsterdam stand das Trachten nicht nach neuen Rekorden, wohl aber nach einer soliden Organisation und einem wahren Fest freundschaftlicher Begegnungen zwischen den Sportlern verschiedenerer Rassen, Religionen und Regimen.

Kein Land war aus politischen Gründen mehr ausgeschlossen. Das IOC hatte erreicht, daß es bei diesen Spielen um Wiederversöhnung und nicht um Revanche ging. Nationaler Stolz war dennoch überall erkennbar. Der deutsch-österreichische Publizist Willy Meisl diagnostizierte deshalb bereits eine Krise der olympischen Idee, zumal die Holländer mit den Spielen ein Geschäft zu machen gedachten, und das IOC tatenlos zuschaute, wie mit Amateuren Unterhaltung für die Massen betrieben wurde.

Vier Jahre nach Paris, das noch im Zeichen immer wieder aufbrechender Kriegsnachwehen gestanden hatte, zeigte sich der internationale Sport als ein die Massen anziehendes gesellschaftspolitisches Phänomen. Die Winterspiele in St. Moritz stellten im Rahmen der Urlaubs- und Touristikwerbung für die Schweiz eine bislang nicht bekannte Chance dar, die man weidlich nutzte. In Amsterdam wurde der Anfang des Kommerzes im Sport sichtbar; dies war freilich leicht, weil es bis dahin keine vergleichbaren Großveranstaltungen wie Fußball-Weltmeisterschaften oder Leichtathletik-Europameisterschaften gegeben hatte und Sportereignisse wie Wimbledon, Automobilrennen, die Tour de France und internationalen Wettkämpfe im Turnen, Fechten, Schwimmen, Gewichtheben oder Ringen nur für eine bestimmte Klientel interessant waren. Mit den ersten populären Olympiasiegern wie Paavo Nurmi oder Johnny Weissmuller – von den professionellen Schwergewichtsboxern einmal abgesehen – entwickelte sich ein Kult um die Sache, die jene Stars so meisterlich betrieben.

Kultur bewiesen die Holländer beim Bau des Olympiastadions von Amsterdam, mit dem die Idee einer olympischen Stadt verwirklicht wurde. Der Architekt Jan Wils erhielt für seine Leistung die Goldmedaille im Ressort Baukunst der olympischen Kunstwettbewerbe, die damals ausgeschrieben waren. Dem schnörkellosen Rundbau der Hauptanlage mit dem schlanken Leuchtturm folgte, ob gewollt oder zufällig, Werner March mit dem Olympiastadion von Berlin 1936, das damit weder als faschistisch noch als nationalsozialistisch apostrophiert werden kann, wie es manchmal getan wird. Auch das von March entworfene Reichssportfeld in Berlin hat seine

Eröffnungsfeier: Der holländische Fußballspieler Henri Denis leistet den olympischen Eid an der Flagge seines Landes vor den Vertretern der teilnehmenden Nationen.

Ursprünge in Amsterdam. Wie Wils erhielt auch March eine olympische Goldmedaille für Baukunst. Auch die Integration der Stadt Amsterdam in das olympische Geschehen und die Ausschmückung des Stadions waren gelungen.

Was das Kapital angeht, so trat die amerikanische Getränkefirma Coca-Cola als erster olympischer Sponsor im Weltmaßstab auf, wenn auch gezielt in der Hauptsache für die US-Mannschaft. Der Souvenirhandel machte die ersten bedeutenden Geschäfte. Olympia-Briefmarken wurden gehandelt. Sonderzüge deutscher Schlachtenbummler fuhren in die Niederlande. Zum erstenmal in der olympischen Geschichte bildeten sich Schlangen vor den Verkaufsstellen für Eintrittskarten. »Ausverkauft« tauchte erstmals im olympischen Vokabularium auf. Die teure Logistik begann eine Rolle zu spielen. So waren Deutschlands Leichtathleten in einem Hotel in Zandvoort untergebracht und mußten an die Wettkampfstätten chauffiert werden.

Amsterdam konnte nur zwei Olympiarekorde für die Spiele melden: Es nahmen 46 Länder teil, zwei mehr als 1924 in Paris. Die Zahl der Frauen stieg von 136 auf fast das Doppelte (263). Die Gesamtzahl der Teilnehmer sank aber von 3075 in Paris auf 2971. Nur 131 Olympiasieger in 15 Sportarten wurden ermittelt. Es waren alles in allem überschaubare Spiele.

Die Amerikaner stellten erneut die stärkste Olympiamannschaft, doch ihre 22 Goldmedaillen sollten in der Geschichte der Spiele das drittschlechteste Ergebnis (nach 1896 und 1906, jeweils in Athen) bleiben. Deutschlands Wiedereintritt in das olympische Geschehen wurde mit dem zweiten Platz in der Medaillenwertung zwar nicht gerade zu einem Paukenschlag, aber zu einem schönen Erfolg.

Sportler aus 28 (von 46) Ländern stellten Olympiasieger – das war ein erstaunlicher Anteil und der Beweis für die olympische Leistungsbereitschaft. Die zahlenmäßig stärksten Mannschaften stellten die Vereinigten Staaten (249), die Niederlande (246), Frankreich (234), Deutschland (223) und Großbritannien (211).

Abordnung der deutschen Mannschaft: Die Deutschen – nach 1912 erstmals wieder bei Sommerspielen vertreten – entsenden 223 Sportler nach Amsterdam.

Die erfolgreichsten Sportler von Amsterdam

Name	Sportart	G	S	B
1. Georges Miez SUI	Turnen	3	1	–
2. Lucien Gaudin FRA	Fechten	2	2	–
3. Hermann Hänggi SUI	Turnen	2	1	1
4. Eugen Mack SUI	Turnen	2	–	1
5. Percy Williams CAN	Leichtathletik	2	–	–
Raymond Barbuti USA	Leichtathletik	2	–	–
Ödon Terstyanski HUN	Fechten	2	–	–
Carl Friedrich Freiherr von Langen-Parow GER	Reiten	2	–	–
Charles Ferdinand Pahud de Mortanges NED	Reiten	2	–	–
Henry Hansen DEN	Radsport	2	–	–
Johnny Weissmuller USA	Schwimmen	2	–	–
George Kojac USA	Schwimmen	2	–	–
Albina Osipovich USA	Schwimmen	2	–	–
Martha Norelius USA	Schwimmen	2	–	–
Peter Desjardins USA	Wasserspringen	2	–	–

Der Olympiakritiker Willy Meisl stellte nach einem Vergleich der Olympiateilnehmer mit den Medaillengewinnern fest: »Daß durchaus nicht immer die reichsten Völker am besten abschneiden, beweist schon unsere bisherige Erfahrung. Sie zeigt, daß gerade arme Nationen oft sehr sporttüchtig sind. So hat das kleine, arme Finnland verhältnismäßig weit bedeutendere Erfolge erkämpfen können als das Reich der Dollarmilliarden, die USA, als das große Deutschland und als das sportgewohnte England, von Frankreich, Italien und anderen Großmächten gar nicht erst zu reden.«

Die Hereinnahme von Frauen-Wettbewerben in das Leichtathletik-Programm, die das IOC eigenverantwortlich beschlossen hatte, wurde über Gebühr von den Feministinnen gefeiert. Es wurde dabei übersehen, daß die Frauen schon seit 1900 bei Olympischen Spielen um Medaillen gekämpft hatten, und zwar im Segeln, Tennis, Golf, Bogenschießen, Eiskunstlauf, Schwimmen und Fechten.

Die Winterspiele in St. Moritz, die den Gastgebern nur eine Bronzemedaille (im Eishockey) einbrachten, waren ein Jubelfest der Norweger. Die Schweden holten auf und machten gegenüber Chamonix Boden gut. Von den 25 teilnehmenden Ländern, darunter auch Deutschland, erschienen schon zwölf im Medaillenspiegel. Auch Winter-Olympia war, um beim Hauptthema des Kapitels zu bleiben, im Geschäft.

Arbeiter-Olympiaden

Spartakiade contra »bürgerliche« Spiele

Zwischen 1913 und 1939 versuchten Sozialisten und Kommunisten der bürgerlichen olympischen Bewegung die der Arbeiterschaft entgegenzustellen. Den Konkurrenzunternehmen des IOC war jedoch kein Erfolg beschieden.

Die wichtigsten Organisationen des internationalen Arbeitersports waren die Zen-

10 000-m-Lauf (v. l.): Ville Ritola (Silber), Paavo Nurmi (Gold) und Edvin Wide (Bronze)

trale der internationalen Arbeiterschaft für Turnen und Sportbewegung (1913 bis 1920), die Luzerner Sportinternationale, (LSI, 1920 bis 1928) und die Sozialistische Arbeitersport-Internationale (SASI, 1928 bis 1939). Folgende Arbeiter-Olympiaden wurden ausgerichtet:

- **1925** (31. Januar bis 2. Februar) Winterspiele der I. Internationalen Arbeiter-Olympiade in Schreiberhau/Riesengebirge (Deutschland)
- **1925** (22. bis 25. Juli) I. Internationale Arbeiter-Olympiade in Frankfurt am Main
- **1931** (5. bis 8. Februar) Winterspiele der II. Internationalen Arbeiter-Olympiade in Mürzzuschlag (Österreich)
- **1931** (19. bis 26. Juli) II. Internationale Arbeiter-Olympiade in Wien
- **1937** (18. bis 21. Februar) Winterspiele der III. Internationalen Arbeiter-Olympiade in Johannisbad/Riesengebirge (Tschechoslowakei)
- **1937** (25. Juli bis 1. August) III. Internationale Arbeiter-Olympiade in Antwerpen

Der sowjetische Führungsanspruch in der kommunistischen Welt wurde im internationalen Arbeitersport durch die Gründung der Roten Sportinternationale (RSI) am 22. Juli 1921 in Moskau deutlich. Das Konkurrenzunternehmen zur sozialistischen Sportbewegung löste sich aufgrund allgemeiner Erfolglosigkeit im Juni 1937 auf. Ausgerichtet wurden drei Spartakiaden:

- **1928** Winterspartakiade in Oslo Sommerspartakiade in Moskau
- **1931** Sommerspartakiade in Berlin (nach Beginn verboten) und in Moskau offiziell beendet
- **1937** RSI-Sportler nehmen an der III. Arbeiter-Olympiade der SASI in Antwerpen teil

Auf der 37. Session 1937 in Warschau beschäftigten sich die Olympier mit der bevorstehenden III. Arbeiter-Olympiade, die von den Kommunisten unterwandert werden sollte (was denn auch geschah). IOC-Präsident de Baillet-Latour berichtete. Daraufhin erklärte der IAAF-Präsident Sigfrid Edström, zugleich Exekutivmitglied des IOC, daß der Leichtathletik-Weltverband jeden Athleten auf Lebenszeit disqualifizieren werde, der bei der Arbeiter-Olympiade in Antwerpen antrete.

Arbeiter-Olympiaden: Nach Frankfurt am Main werden Sommerspiele auch noch in Wien (1931) und Antwerpen (1937) ausgetragen.

Aus Rücksicht auf Sozialisten und Kommunisten haben Historiker diese Tatsache bei der Aufarbeitung des (kommunistischen) Arbeitersports nach 1945 stets verschwiegen.

Die olympische Bewerbung

13 Fragen an Olympiakandidaten

Von 1928 bis 1964 wurden vom IOC an die Olympiakandidaten nur 13 Fragen gestellt und mit den Buchstaben des ABC aufgelistet. Hier sind sie:

a Welches Kunstprogramm schlagen Sie vor?

b Die Sommerspiele dauern 15 Tage, die Winterspiele 10 Tage. Welchen Zeitraum schlagen Sie vor?

c Existiert in Ihrer Stadt eine Organisation, die erfahren genug ist, Olympische Spiele auszurichten?

d Über welche sportlichen Einrichtungen verfügen Sie, die für die Spiele in Frage kommen? Gedacht wird an Stadien,

Arenen, Schwimmbäder und Trainingsanlagen. Die Anlagen müssen möglichst dicht beieinander liegen und ein olympisches Dorf einschließen. Ein Stadtplan mit den entsprechenden Anlagen ist einzureichen.

e Wenn die Anlagen nicht den Anforderungen genügen, wo und wann werden Sie die notwendigen Einrichtungen schaffen?

f Haben Sie die offiziellen Berichte der letzten Spiele gelesen und sind Sie bereit, den Erfolg Ihrer Spiele zu garantieren?

g Gibt es in Ihrem Land ein Gesetz, eine Regel oder das Gewohnheitsrecht, unter die die Olympischen Spiele gestellt werden können? Allen vom IOC anerkannten Nationalen Olympischen Komitees muß die Teilnahme freigestellt sein.

h Welche Art von olympischem Dorf wird vorgeschlagen? Wo wird es stehen?

i Wie werden die Spiele finanziert?

j Listen Sie bitte die Einwohnerzahl der Stadt, die klimatischen Bedingungen mit Höchst- und Niedrigsttemperatur, Regen und Höhenlage auf.

k Welche Unterkünfte schlagen Sie für die Besucher vor?

l Welche internationalen Veranstaltungen haben schon in Ihrer Stadt stattgefunden?

m Sollten die Spiele in Ihrer Stadt ausgerichtet werden, welche Garantien geben Sie für die Einhaltung der olympischen Regeln?

Douglas MacArthur

Die olympische Familie

General MacArthur liebt Leichtathletik

Generalmajor Douglas MacArthur (* 1880, † 1964) war 47 Jahre alt, als er für zwei Jahre die Präsidentschaft im Olympischen Komitee der USA übernahm. In dieser Eigenschaft führte er die amerikanische Olympiamannschaft auf der »SS Roosevelt« von New York nach Amsterdam. Was ihn außer seinem militärischen Rang für dieses Amt befähigte, war wohl seine Leidenschaft für die Leichtathletik.

Obwohl die Amerikaner in Amsterdam nun wirklich nicht sehr stark auftrumpften, wie schon der Medaillenspiegel der Gesamtwertung ausweist, stellte Douglas MacArthur in einem Bericht an den amerikanischen Präsidenten Calvin Coolidge (1923 bis 1929) euphorisch, aber völlig danebenliegend fest: »Nichts paßt besser zu unserem nationalen Erfolg als unsere sportlichen Erfolge. Nichts ist charakteristischer für den Geist des amerikanischen Volkes als sein Geist für die Athletik.«

Zu denen, die MacArthurs Bemerkung als »aufgeputzt« empfanden, gehörte Avery Brundage, der 1929 sein Nachfolger als Präsident des Olympiakomitees wurde und von dem noch viel zu berichten ist.

Generalmajor Douglas MacArthur wurde 1930 Chef des amerikanischen Generalstabes, 1935 Militärbefehlshaber auf den Philippinen, 1937 Feldmarschall und 1941 nach Pearl Harbor Oberbefehlshaber in Fernost. 1945 nahm er die japanische Kapitulation entgegen und leitete danach die Kriegsverbrecherprozesse gegen die japanische Führungsschicht. Mit großem Einsatz von See- und Luftstreitkräften brachte er 1950 die entscheidende Wende im Koreakrieg, wurde jedoch von US-Präsident Harry S. Truman in Pension geschickt, als er nach Chinas Eingreifen in den Konflikt Atombomben werfen wollte. »American Caesar«, so der Titel einer MacArthur-Biographie von William Manchester (1979), starb 1964.

Leichtathletik

Lord Burghley nimmt alle Hürden

Zwar gewannen die Amerikaner neun der 27 Leichtathletik-Wettbewerbe, aber die gepriesenen Sieger von Amsterdam waren sie nicht. Einen hohen Grad an Popularität erreichten der Kanadier Percy Williams, Sieger über 100 und 200 m, und ein Mann von Adel aus England, Lord David George Brownlow Cecil Burghley (* 1905, † 1981), später auch als Marquess of Exeter bekannt.

Es gab in Amsterdam viele Überraschungen, wenn nicht gar Sensationen. Paavo Nurmi gewann zwar die 10 000 m, wurde aber nur Zweiter über 5000 m (hinter seinem ewigen Rivalen Ville Ritola) und über 3000 m Hindernis (hinter Toivo Loukola). In diesem Wettbewerb war Loukola ein ausgewiesener Spezialist und kein Anfänger wie Nurmi (S. 153).

Lord Burghley (M.): Der Sieger über 400 m Hürden wurde später Marquess of Exeter und war von 1946 bis 1976 Präsident des Weltverbandes der Leichtathletik.

Die US-amerikanischen Meister über 100 m (Frank Wykoff) und 200 m (Charles Borah), die bei den Titelkämpfen die Meterdistanzen gelaufen waren, spielten nicht die erwartete Rolle; Charles Borah erreichte nicht einmal den Endlauf.

Der 400-m-Weltrekordmann Emerson Spence, der 1928 auf 47,0 sec gekommen war, durfte nur in der Staffel antreten (die Gold gewann), weil er bei den Olympia-Ausscheidungen das Finale für einen Vorlauf gehalten und mit angezogener Handbremse gelaufen war. So gewann Raymond Barbuti den Endlauf, in dem auch noch der Fünfte, der Deutsche Harry Storz, hätte siegen können.

Im Weitsprung trafen fünf Olympiasieger aufeinander: Edward Hamm (USA), der den Wettkampf gewann, William DeHart Hubbard (USA), der Sieger von 1924, und Ed Gordon (USA), der 1932 gewinnen sollte; außerdem waren der aktuelle Dreisprung-Goldmedaillist Mikio Oda (Japan) und der zukünftige Dreisprung-Sieger (1932), Chuhei Nambu (Japan), im Wettbewerb.

Im Kugelstoßen kam der Deutsche Emil Hirschfeld als Weltrekordmann (15,79 m) und damit als Favorit nach Amsterdam. Er wurde mit 15,72 m Dritter hinter dem neuen Weltrekordmann John Kuck (15,87 m) aus den USA und Hermann Brix (USA), der später sein Glück als Film-Tarzan (und Nachfolger von Johnny Weissmuller) versuchen sollte.

Was den Zehnkampf angeht, so hätte Akilles Järvinen, einer aus der großen finnischen Sportlerfamilie, die Goldmedaille (gegen seinen Landsmann Paavo Yrjölä) gewonnen, wenn es damals schon die verbesserten Punktwertungen gegeben hätte. So mußte sich der Springertyp Järvinen 1928 wie dann auch 1932 (gegen den Amerikaner James Bausch) mit dem zweiten Platz begnügen.

Die Briten hatten neben dem erneuten 800-m-Olympiasieger Douglas Lowe, der

Akilles Järvinen: Der Finne gewinnt in Amsterdam die Silbermedaille im Zehnkampf hinter seinem Landsmann Paavo Yrjölä.

den kranken Otto Peltzer nicht zu fürchten brauchte, ihre besondere Freude an Lord Burghley. 1924 hatte der Student am Trinity College in Oxford seine olympische Premiere in Paris gehabt und war im Vorlauf über 110 m Hürden ausgeschieden. In Amsterdam gewann er die 400 m Hürden in 53,4 sec vor den Amerikanern Frank Cuhel und Morgan Taylor, von denen Taylor mit 52,0 sec der Weltrekordmann war.

Burghleys Sieg war keine Überraschung, hatte er doch seit 1925 siebenmal an der Spitze der britischen Jahresbestenliste über 120 yards/110 m und 440 yards/400 m Hürden gestanden – und sollte dort bis 1932 noch siebenmal zu finden sein. 1926 waren seine 55,0 sec über 440 yards Hürden auch Jahresweltbestzeit.

Burghley wurde 1931 Parlamentsabgeordneter und 1933 Mitglied des IOC. Von 1946 bis 1976 war er Präsident des Weltverbandes der Leichtathletik (IAAF). 1948 wurde er Präsident des Organisationskomitees für die Olympischen Spiele in London. Nachdem er 1964 in Tokio die Wahl um die Präsidentschaft im IOC gegen Avery Brundage verloren hatte, trennte er in der IAAF die gesamtdeutsche Leichtathletik-Mannschaft – ein Jahr bevor dies auch das IOC für die Olympiamannschaft tat.

In Los Angeles 1932 wurde Burghley noch einmal Olympiavierter im 400-m-Hürdenlauf, wobei er mit 52,2 sec Bestleistung erzielte. Eine Silbermedaille in der 4x400-m-Staffel seines Landes verschönte den olympischen Abschied. Zum Bild des untadeligen Sportsmannes gehören auch die beiden Siege in den Hürdenwettbewerben bei den Commonwealth-Spielen 1930.

Dem Gedanken des Fairplay huldigte Burghley bei der Eröffnungsfeier der Spiele in Los Angeles. Als er sah, daß sein amerikanischer Konkurrent Morgan Taylor die Fahne seines Landes beim Einmarsch der Nationen tragen würde, trat er ebenfalls zur Parade an. Die britische Mannschaftsführung hatte ihm die Strapazen ersparen wollen, weil die 400-m-Hürdenvorläufe unmittelbar danach anstanden.

Burghley starb 1981 nur wenige Wochen nach dem olympischen Kongreß von Baden-Baden, an dem er noch teilgenommen hatte. Der Lord liebte den Kurort am Fuße des Schwarzwalds über alles.

Leichtathletik

Kanadier Williams im Sprint vorn

Er war der nette Junge von nebenan, der Schwiegersohn, den sich Mütter wünschen. Percy Williams (*1908, †1982) wurde als einer unter 86 Sprintern aus 33 Ländern registriert, die in Amsterdam die 100 m liefen. International hatte er noch keinen Namen, und nur im High-School-

100-m-Endlauf (v. l.): Robert McAllister (USA), Frank Wykoff (USA), Jack London (GBR, Silber), Percy Williams (CAN, Gold), Georg Lammers (GER, Bronze) und Wilfred Legg (RSA)

Bereich von Vancouver galt er als Talent. Sein Trainer Robert Granger glaubte allerdings an ihn und reiste ihm auf einem Frachter nach Europa nach. Kanadische Offizielle hatten erklärt, junge Athleten wie Williams brauchten keinen Heimtrainer am Olympiaort.

Favoriten über 100 und 200 m waren die amerikanischen Meister Frank Wykoff und Charles Borah, die sich mit 10,6 und 21,4 sec auf den extra eingeführten Meter-Distanzen in den Staaten durchgesetzt hatten. Auch der »Fliegende Polizist«, Robert McAllister aus New York, wurde als goldverdächtig gehandelt.

Dazu kamen der aus Guyana stammende Farbige Jack London, der für Großbritannien startete und als erster Europäer mit Startblöcken hantierte, und die Deutschen Ernst Geerling und Richard Corts, die mit 10,4 sec auf schnellen Bahnen in Deutschland den Weltrekord über 100 m eingestellt hatten. Doch neben Williams war über 100 m der Oldenburger Polizist Georg Lammers die Sensation, der die Bronzemedaille gewann und 1932 Mitglied der deutschen 4x100-m-Staffel war, die mit 40,6 sec Weltrekord lief.

Robert Granger baute Williams, der am 19. Mai 1928 seinen zwanzigsten Geburtstag feierte, zur richtigen Stunde auf. Der nur 57 kg wiegende Kanadier blieb in allen seinen Rennen locker und leicht. Vor dem 100-m-Finale hatten er, McAllister, der Südafrikaner Wilfred Legg und London 10,6 sec erreicht. Im Finale führte Williams vom Start bis ins Ziel. Lammers hielt wie im Semifinale Wykoff nieder, blieb aber knapp hinter London.

Im 200-m-Lauf galt der Deutsche Helmut Körnig (*1905, †1972) nach seinem Olympiarekord von 21,6 sec im Zwischenlauf als Favorit. Er verkrampfte aber im Finale, das wiederum Williams gewann, wenn auch nur in 21,8 sec bei Gegenwind. Körnig wurde Dritter und bekam wie auch Lammers, Hubert Houben und Corts noch Silber über 4x100 m. Die Kanadier mit Williams wurden disqualifiziert; es gewannen die Amerikaner.

Williams gelang 1930 ein Sieg bei den Empire Games (100 yards in 9,9 sec) und im selben Jahr ein 100-m-Weltrekord von 10,3 sec in Toronto. Noch 1931 war er ein Spitzenläufer mit 9,7 sec über 100 yards. Bei den Olympischen Spielen 1932 in Los Angeles schied er aber – kaum noch beachtet – im Vorlauf über 100 m aus.

Ethel Catherwood: Die Kanadierin gewinnt mit 1,59 m den Hochsprung.

Leichtathletik

Endlich Wettkämpfe für Frauen

Mit den Frauen taten sich die Leichtathleten schwer. Als Leichtathletinnen 1928 erstmals an Olympischen Spielen teilnehmen durften, lagen die ersten bekannten Resultate des weiblichen Geschlechts im Laufen, Springen und Werfen schon gut ein Vierteljahrhundert zurück. Niemand fühlte sich für die Damen verantwortlich, nicht einmal die Damen selbst. Als der Weltverband der Leichtathleten, die IAAF, 1913 in Berlin gegründet wurde, war nur von den Herren die Rede.

1919 machte sich der Sportführer Johannes Runge (*1878, †1949) als Vorsitzender der Deutschen Sportbehörde für Athletik Gedanken über Frauen-Wettbewerbe und

Die Leichtathletik-Weltrekordlerinnen von 1921 bis 1928

Jahr	Ort	Name	Ergebnis
100 m			
1922	Prag	Marie Mejzlikova TCH	13,6
1922	Paris	Mary Lines GBR	12,8
1923	Prag	Marie Mejzlikova TCH	12,8
1925	Frankfurt	Emmy Haux GER	12,7
1925	Leipzig	Leni Schmidt GER[1)]	12,4
1925	Wiesbaden	Leni Junker GER[1)]	12,2
1927	Stuttgart	Gertrud Gladitsch GER	12,1
1928	Chicago	Elizabeth Robinson USA[1)]	12,0
1928	Halifax	Myrtle Cook CAN[1)]	12,0
800 m			
1922	Birmingham	Phyllis Hall GBR	2:43,0
1922	Mamaroneck	Lucille Godbold USA	2:35,8
1922	Paris	Georgette Lenoir FRA	2:30,4
1922	London	Mary Lines GBR	2:26,6
1925	London	Edith Trickey GBR	2:26,6
1925	London	Gladys Lane GBR	2:24,8
1925	London	Edith Trickey GBR	2:24,0
1927	Breslau	Lina Radke GER[2)]	2:23,8
1928	Stockholm	Inga Gentzel SWE[2)]	2:20,4
1928	Brieg	Lina Radke GER[2)]	2:19,6
Hochsprung			
1921	Caen	Elise Constant FRA	1,47
1922	Torquay	Sophie Elliott-Lynn GBR	1,47
1922	Monte Carlo	Ivy Lowman GBR	1,47
1923	Leonia	Elizabeth Stine USA	1,48
1923	London	Ivy Lowman GBR	1,48
1923	London	Hilda Hatt GBR	1,48
1923	London	Hilda Hatt GBR	1,50
1924	London	Elise van Truyen BEL[3)]	1,51
1925	London	Phyllis Green GBR	1,51
1925	London	Phyllis Green GBR	1,52
1926	London	Phyllis Green GBR	1,55
1926	Regina	Ethel Catherwood CAN	1,58
1927	Pietermaritzburg	Marjorie Clark RSA	1,58
1928	London	Marjorie Clark RSA[3)]	1,60
1928	Halifax	Ethel Catherwood CAN[3)]	1,60
Diskuswerfen			
1923	Paris	Yvonne Tembouret FRA	27,39
1924	Paris	Lucie Petit FRA[4)]	27,70
1924	Brüssel	Lucie Petit FRA[4)]	28,32
1924	London	Violette Gouraud FRA	30,10
1924	Paris	Lucienne Velu FRA[4)]	30,22
1925	Warschau	Halina Konopacka POL[4)]	31,23
1925	Warschau	Halina Konopacka POL[4)]	33,40
1926	Warschau	Halina Konopacka POL[4)]	34,15
1926	Warschau	Halina Konopacka POL[4)]	34,90
1926	Braunschweig	Milly Reuter GER[4)]	38,28
1926	Braunschweig	Milly Reuter GER[4)]	38,34
1927	Warschau	Halina Konopacka POL[4)]	39,18

1) Olympiateilnehmerinnen 1928: Robinson Gold, Schmidt und Cook im Endlauf, Junker Zwischenlauf-Fünfte; 2) Olympiateilnehmerinnen 1928: Radke Gold, Gentzel Bronze; 3) Olympiateilnehmerinnen 1928: Catherwood Gold, Clark Fünfte, van Truyen Siebzehnte; 4) Olympiateilnehmerinnen 1928: Konopacka Gold, Reuter Vierte, Velu Zehnte, Petit Zwanzigste

die Einführung gesonderter Frauen-Abteilungen in den deutschen Leichtathletikvereinen. Der deutsche Rekordläufer und Olympiateilnehmer (1904 und 1906) sorgte dafür, daß schon 1920 deutsche Meisterschaften für Frauen ausgerichtet wurden, drei Jahre früher als beispielsweise in den Vereinigten Staaten.

Dank einer französischen Initiative entstand 1921 die Federation Sportive Feminine Internationale (FSFI), die 1921 und 1922 die sogenannten Frauen-Olympiaden in Monte Carlo und danach 1922 in Paris, 1926 in Göteborg, 1930 in Prag und 1934 in London die Frauen-Weltspiele ausrichtete. Bei der Olympiade gab es zehn und elf Wettbewerbe, bei den Weltspielen schließlich zwölf. Ohne die FSFI und die IAAF zu fragen, schrieben die Olympier für Amsterdam fünf Konkurrenzen aus. Das war natürlich sehr wenig.

Zu diesem Zeitpunkt schälten sich die heute noch üblichen Frauenwettbewerbe heraus. Ab der Jahrhundertwende wurden alle möglichen Laufdistanzen und in den Wurfübungen alle möglichen Gewichte ausprobiert. Im Hochsprung gab es den Versuch über die Kordel oder die Latte, mit oder ohne Sprungbrett. Im Weitsprung, ab 1912 bekannt, hat sich die Regel nicht verändert.

Als treue Mitglieder der FSFI fehlten bei den Olympiawettbewerben in Amsterdam die Britinnen, die mit Eileen Edwards (100 m), Gladys Lunn (800 m) und Phyllis Green (Hochsprung) über drei Weltklasseathletinnen verfügten. Bei den deutschen Teilnehmerinnen, die in Lina Radke-Batschauer die Goldmedaillengewinnerin über 800 m stellten, machte sich fehlende internationale Wettkampferfahrung bemerkbar.

Die Kanadierinnen, die über 100 m drei Damen im Sechserfinale hatten, besaßen in der Hochspringerin Ethel Catherwood, genannt »Saskatoon Lily«, ein ausgesprochenes Show-Talent. Ethel Catherwood wurde der erste Publikumsliebling in der Geschichte der Frauen-Leichtathletik. Sie schlug die Weltrekordhalterin Carolina Gisolf aus Holland. Auf die Frage, ob sie das Angebot akzeptiere, nach Hollywood zu gehen, gab sie die Antwort: »Bevor ich zum Film gehe, nehme ich Gift.« Sie heiratete später einen amerikanischen Arzt.

Interessant ist, daß die Kanadierin Fanny Rosenfield, Zweite über 100 m und Olympiasiegerin in der Staffel, auch die 800 m lief und als Fünfte ins Ziel kam. Sie erreichte 2:22,4 min, eine Superzeit. Bei den Amerikanerinnen zeigte sich, daß sie noch nicht die rechte Übersicht hatten. Ihre 100-m-Meisterin Elta Cartwright, immerhin schon mit 12,4 sec gestoppt, schied vorzeitig aus und lief nicht einmal in der Silber-Staffel über 4x100 m. Die 16jährige Betty Robinson, eine Schülerin aus Illinois, behielt dafür die Nerven. Die Weltrekordlerin im Speerwerfen, Margaret Jenkins, auch US-Meisterin 1928, kam nach Amsterdam und mußte dann am Diskuswerfen teilnehmen, weil Speerwerfen nicht ausgeschrieben war. Sie wurde so nur Neunzehnte.

Eine, die als Favoritin kam und als Goldmedaillengewinnerin ging, war die Polin Halina Konopacka (Diskuswerfen). Hier hätten Milly Reuter und Grete Heublein aus Deutschland die anderen Medaillen gewinnen sollen, wurden aber Vierte und Fünfte. Die Konopacka (* 1900, † 1989), insgesamt 18mal polnische Meisterin, war schon 1926 Siegerin der Weltspiele und wurde es noch einmal 1930.

Lina Radke: Im 800-m-Lauf läßt die Karlsruherin im Finish die Japanerin Kinue Hitomi (l.) hinter sich. Damit holt Deutschland erstmals bei Olympischen Spielen eine Goldmedaille in einem Leichtathletik-Wettbewerb.

Leichtathletik

Eine Frau bricht Bann der Männer

Der 2. August 1928 ist ein historisches Datum für die deutsche Leichtathletik«, schrieb 1968 Ekkehard zur Megede in seiner »Geschichte der olympischen Leichtathletik«, deren Qualität sich über alle Jahre hinweg gehalten hat und als Standardwerk gelten darf. »An diesem Tag wurde endlich jener Bann gebrochen, gegen den die deutschen Männer vergeblich angekämpft hatten.« Karoline Radke, geborene Batschauer, wurde am 2. August 1928 die erste deutsche Leichtathletik-Olympiasiegerin, als sie die 800 m gewann. Die Männer folgten erst acht Jahre später mit dem Kugelstoßer Hans Woellke, der am 2. August 1936 in Berlin Gold gewann.

Der 800-m-Lauf der Frauen war viele Jahre terra incognita. Skandinavierinnen wagten 1914 die ersten Versuche. Die Britinnen Mary Lines, Edith Trickey und Gladys Lane brachten mit Leistungen unter 2:30 min Konturen in den Prozeß der Weltrekorde. Edith Trickeys 2:24,0 min über 880 yards aus dem Jahre 1925 wurden von Karolina Batschauer, die aber immer nur Lina gerufen wurde, am 7. August 1927 bei den deutschen Meisterschaften in Breslau auf 2:23,8 min verbessert. Mit der Hereinnahme der 800 m ins olympische Programm von Amsterdam brach ein großes Durcheinander aus. Die FSFI boykottierte die Spiele, deren Programm ihr nicht umfangreich genug erschien; so blieben die FSFI-treuen Britinnen daheim.

Im Vorfeld wurden drei 800-m-Weltrekorde gelaufen, aber von der Öffentlichkeit gar nicht zur Kenntnis genommen. Es handelte sich um die 2:20,4 min und 2:19,2 min von Inga Gentzel (Schweden) und die 2:19,6 min von Lina Batschauer, die inzwischen geheiratet und von Karlsruhe zu ihrem Mann nach Breslau gezogen war. Es wunderte sich also niemand, als die

Marie Dollinger

2:22,4 min von Marie Dollinger, einer anderen Deutschen, im ersten Vorlauf der Olympischen Spiele als neuer Weltrekord ausgerufen wurden. Die Leistung der erst 17jährigen Marie Dollinger aus Langenzenn bei Nürnberg war schlichtweg eine Sensation: 1927 noch unbekannt, 1928 gerade noch in die Olympiamannschaft aufgenommen und Weltrekord beim ersten Start mit Sieg über Inga Gentzel. Im Finale spielte dann Lina Radke ihre Erfahrung aus und gewann in einem langgezogenen Spurt in der nun wirklich neuen Weltrekordzeit von 2:16,8 min, die bis 1934 Bestand haben sollte. Marie Dollinger kam als Siebte in 2:23,0 min ins Ziel.

Nach Lina Radkes Sieg wurde das Deutschlandlied gespielt und die Flagge des Reiches hochgezogen. Im Innenraum des Stadions standen die Goldmedaillengewinnerin und Karl Ritter von Halt nebeneinander. Lina Radke trug noch ihre Wettkampfkleidung: schwarze Turnhose und das mit dem dunklen Schmuckstreifen verzierte Shirt. Eine Stirnlocke des Bubikopfes ragte wie immer über das rechte Auge. Ritter von Halt (* 1891, † 1964), damals Sportwart der Deutschen Sportbehörde für Leichtathletik, hatte respektvoll die Olympiamütze abgenommen – eine anrührende Szene für einen großen Augenblick. Tausende deutscher Schlachtenbummler sangen das Deutschlandlied mit. Unter den Zuschauern befand sich auch ein 15jähriger Knabe in Begleitung seines Vaters: Willi Daume. 30 Jahre später war er »der behutsame Lotse des deutschen Sports«, wie der Schriftsteller Rudolf Hagelstange einmal gesagt hat.

Lina Radke, am 8. Oktober 1903 in Karlsruhe geboren, startete für den Karlsruher FV, als sie 1927 zwei deutsche Rekorde über 800 m (2:28,8 und 2:23,7 min) erzielte. Nach ihrer Heirat zog sie nach Breslau und wurde als Mitglied des traditionsreichen VfB Breslau Olympiasiegerin. 1929 (Geburt eines Sohnes), 1930 und 1931 stand sie im Schatten von Marie Dollinger, die dreimal die deutsche 800-m-Meisterschaft gewann und dabei 1930 und 1931 Lina Radke auf den zweite Platz verwies. 1932 wurde der 800-m-Lauf in Deutschland nur noch gelegentlich ausgeschrieben; für über zwei Jahrzehnte entfielen die deutschen Meisterschaften in diesem Wettbewerb.

Als 1930 die Frauen-Weltspiele in Prag stattfanden, hoffte Lina Radke auf eine Berufung durch den Verband, doch dieser lehnte ab, als Lina Radke für sich und ihren Mann, der ihr Trainer war, Spesen verlangte. 1934, als die Nationalsozialisten bereits das Sagen hatten, wurde die 30jährige Lina Radke-Batschauer noch einmal für die vierten (und letzten) Frauen-Weltspiele in London aktiviert. Dort gewann sie noch einmal eine Bronzemedaille und stellte dabei mit 2:16,8 min genau die Zeit ein, die sechs Jahre zuvor Weltrekord und Olympiasieg bedeutet hatten. Die Siegerin Zdena Koubkova aus der Tschechoslowakei, die mit 2:12,4 min Weltrekord gelaufen war, wurde später disqualifiziert (sie war keine Frau). Gold und Weltrekord gingen an Marta Wretman aus Schweden (2:13,8 min).

Im Krieg verlor Lina Radke ihre gesamte Habe, kehrte über Wittenberg in die alte Heimat zurück und starb dort am 14. Februar 1983.

Leichtathletik, Schwimmen

Die Pioniere der Deutschen

Weniger streng als die Olympier verhielten sich die Sportführungen in Schweden, der Schweiz und Österreich, als es darum ging, den deutschen Sport wieder in den internationalen Vergleich einzubeziehen. Schon 1921 gab es einen Leichtathletik-Länderkampf Schweiz–Deutschland (51:77) in Basel, 1922 folgte in Arosa ein Länderkampf im Schwimmen, den Deutschland mit 84:50 Punkten gewann. An den ersten Europameisterschaften im Schwimmen, die 1926 in Budapest stattfanden, nahm eine deutsche Mannschaft teil und kehrte mit fünf Europameistern und insgesamt zwölf Medaillen heim.

Zu den Bahnbrechern jener Zeit, die den guten Ruf des deutschen Leistungssports über die Grenzen trugen, gehörte der Krefelder Sprinter Hubert Houben (* 1898, † 1956), der Mittelstrecken-Weltrekordmann Otto Peltzer (* 1900, † 1970) und der Schwimmer und Wasserballspieler Erich Rademacher (* 1901, † 1979).

Houben und Rademacher gewannen 1923 bei den Schwedischen Kampfspielen ihre Wettbewerbe gegen hochklassige Konkurrenz. Houben schlug zudem in der für Deutsche olympialosen Zeit die besten US-Sprinter, lief einmal in Kopenhagen Weltrekord über 100 yards (9,5 sec) und rettete für sich eine olympische Silbermedaille 1928 bei den Spielen in Amsterdam, als er schon am Ende seiner Karriere in der 4x100-m-Staffel lief.

Otto Peltzer wurde 1926 in London englischer Meister über 880 yards vor dem Doppel-Olympiasieger Douglas Lowe in der Weltrekordzeit von 1:51,6 min und stellte im selben Jahr im Kampf gegen Paavo Nurmi in Berlin den 1500-m-Weltrekord in Berlin auf 3:51,0 min. Bei der Siegerehrung sangen 20 000 Zuschauer begeistert das Deutschlandlied. Es waren die Tage des nationalen Aufbruchs im deutschen Sport. Amsterdam rief.

Einer, den die Deutschen voll auf ihrer olympischen Rechnung für 1928 hatten, war der Magdeburger Erich Rademacher, auch Ete genannt, ein Unikum, ein Idol, ein Reißer, ein von Fans umjubelter Superstar, wie ihn Deutschland in jener Zeit brauchte. Es machte nichts, daß Erich Rademacher als Favorit die 200 m Brust gegen den Japaner Yoshiyuki Tsuruta verlor, er holte sich dafür die Goldmedaille als Deutschlands Wasserball-Torwart.

Als Wasserballspieler kam er 1932 in Los Angeles noch einmal zur Silbermedaille, aber da neigte sich seine unvergleichliche Laufbahn schon dem Ende zu. Erich Rademacher hatte sehr viel für das Renommee des deutschen Sports getan, vor allem in der Zeit der Isolierung. Er war Europameister 1926 und 1927 über 200 m Brust sowie im Wasserball EM-Dritter 1926 und EM-Zweiter 1931. Er gewann 35 deutsche Meisterschaften für seinen weltberühmten Verein Hellas Magdeburg und wurde 1926 als Sieger auf einer USA-Reise gefeiert. Er stellte neun Weltrekorde und 19 deutsche Rekorde auf. Weil er den Sport von der heiteren Seite nahm, wurden ihm die Siege gegönnt und die Niederlagen gerne verziehen. Wenn man ihm und seinem Tagebuch glauben darf, das er in den 60er Jahren manchmal einem Journalisten zeigte, dann hat er in seiner Laufbahn von 1916 bis 1933 genau 999 Siege errungen (und den tausendsten nicht mehr angestrebt).

Erich Rademachers jüngerer Bruder Joachim (*1906, †1970) stand immer im Schatten des älteren, obwohl er wie Erich 1928 auch Olympiasieger und 1932 dann

Die deutsche 4x100-m-Staffel (v. l.): Helmut Körnig, Hubert Houben, Friedrich Wichmann und Richard Corts. In dieser Besetzung lief Deutschland am 3. Juni 1928 in Berlin Weltrekord (40,8 sec). In Amsterdam holte die Staffel mit Georg Lammers (für Wichmann) die Silbermedaille.

Erich Rademacher: Der Magdeburger wird hinter dem Japaner Yoshiyuki Tsuruta Zweiter über 200 m Brust. Als Torwart der deutschen Wasserballer holt er 1928 Gold und 1932 Silber.

Wasserball: Die deutsche Mannschaft (Abb.) schlägt im Finale die Ungarn nach Verlängerung mit 5:2.

Olympiazweiter im Wasserball werden konnte. Außerdem wurde er über 4x200 m Freistil mit Deutschland 1926 und 1927 Europameister, wobei er einmal an einem Weltrekord beteiligt war.

Erich Rademachers Sohn Ulrich, 1935 geboren, war 1955 und 1957 deutscher Hallenmeister im Brustschwimmen (200 m) und Teilhaber an 37 deutschen Rekorden mit seinem Verein Bremer SC 1885 – ein echter Rademacher also.

Es ist bezeichnend, daß Hilde Schrader vom 1. Magdeburger Damen-Schwimm-Verein nach ihrem Olympiasieg über 200 m Brust in Amsterdam, einen Tag nach Erich Rademachers Silber, als »die Rademacherin« bezeichnet wurde.

Reiten

Ein Freiherr reitet für Deutschland

Zur nationalsozialistischen Erbauung und zwecks Erhöhung des Selbstwertgefühls der Deutschen ließ der Reichsminister für Volksaufklärung und Propaganda, Joseph Goebbels, im zweiten Kriegsjahr 1940 den Film »... reitet für Deutschland« drehen. Regisseur war Arthur Maria Rabenalt, Hauptdarsteller Willy Birgel, einer der großen UFA-Stars und der Typ des Herrenreiters. Denn um einen Reiter ging es und mit ihm um die deutsche Geltung nach dem Ersten Weltkrieg. Vorbild für den Film war der Landwirtssohn und Leutnant der Ulanen, Carl Friedrich Freiherr von Langen, ein perfekter Reiter seiner Zeit.

Und dies ist die Geschichte des Freiherrn von Langen, am 25. Juli 1887 auf Gut Parow bei Stralsund geboren. Zu Beginn des Ersten Weltkriegs erlitt von Langen infolge einer Infektion eine Lähmung, die ihn für Jahre an den Rollstuhl fesselte. Der Leutnant wurde ausgemustert. An Reiten war überhaupt nicht mehr zu denken. Mittels Heilgymnastik, die er mit seinem starken Willen zu Gesundung durch autogenes Training unterstützte, lernte er wieder gehen und kam 1922 auch wieder in den Sattel seiner geliebten Pferde.

1923 ritt der Freiherr wieder Turniere, wobei er keinen Unterschied zwischen Military, Dressur und Jagdspringen machte: Er war ein Allrounder. 1924, 1927 und 1928 gewann er das Deutsche Springderby in Hamburg. In der deutschen Olympiamannschaft von 1928 war er der einzige Zivilist unter lauter Offizieren und keineswegs ein Medaillenfavorit, zu lange war er mit seinen Kameraden von internationalen Turnieren ausgeschlossen gewesen.

Bis Amsterdam waren im Reiten 16 olympische Entscheidungen seit 1900 gefallen; zehn davon hatten die Schweden gewonnen, zwei die Holländer, je eine Belgier, Franzosen, Italiener und Schweizer. Zu Pferde war ein Deutscher noch nicht Olympiasieger geworden. Von denen, »die für Deutschland ritten«, durfte keiner so vermessen sein, mit Gold zu rechnen.

Und sie waren die deutschen Olympiateilnehmer:

- **Military:** Rolf Lippert aus Leipzig auf Flucht, Bruno Neumann aus Königsberg auf Ilja und Walter Feyerabend aus Warthen in Ostpreußen auf Alpenrose (Neumann und Feyerabend waren Angehörige der Kavallerieschule Hannover).
- **Jagdspringen:** Eduard Krüger aus München auf Donauwelle, Freiherr von Langen aus Parow auf Falkner und Richard Sahla aus Hannover auf Correggio.
- **Dressur:** von Langen auf Draufgänger, Hermann Linkenbach aus Barmen auf Gimpel und Eugen Freiherr von Lotzbeck aus München auf Caracalla.

Dressur und Military fanden in Hilversum statt, das Jagdspringen im Olympiastadion. In der Großen Vielseitigkeitsprüfung gewannen die Holländer beide Wettbewerbe; in der Einzelprüfung holte Bruno Neumann Bronze. Die deutsche Mannschaft schied durch eine Verletzung von Alpenrose unter Walter Feyerabend aus.

Die Sensation ereignete sich dann in der Dressur. Favoriten waren die Schweden, hatten sie doch von den neun Individual-Medaillen seit 1912 acht gewonnen. Unter den 29 Startern aus 12 Ländern aber machten die Deutschen einen ganz hervorragenden Eindruck, zumal Linkenbach und von Lotzbeck zwei Pferde von Berufsreitern ins Viereck führten.

»Der Autopark vor dem Stadion zeigte, daß dreiviertel der Zuschauer aus Deutschland herübergekommen waren«, schrieb Hauptmann Th. Schelle von der Kavallerieschule Hannover in seinen Erinnerungen, und er hielt auch fest: »Schon während Herr von Langen ritt, gab es nur eine Stimme: ›Das ist der Sieger‹!« So war es auch. Freiherr von Langen, 41 Jahre alt, gewann eindeutig, und sein Sieg wurde sympathisch aufgenommen. Draufgänger war damals auf dem Höhepunkt seines Könnens.

Da Hermann Linkenbach auf dem sechsten und Freiherr von Lotzbeck auf dem elften Rang einkamen, ging der erstmals bei Olympischen Spielen ausgetragene Mannschaftswettbewerb ebenfalls an Deutschland. Langen war Doppel-Olympiasieger. Der Berichterstatter Schelle lieferte gleich eine plausible Erklärung für den deutschen Dressursieg nach: »Von den 29 Dressurpferden waren zwölf deutsche, manche andere noch von deutschen Hengsten im Ausland gezogene.«

Carl Friedrich von Langen auf Falkner: Die Lebensgeschichte des Freiherrn, der in Amsterdam auf Draufgänger die Dressur gewann, wurde mit Willy Birgel in der Hauptrolle verfilmt.

Im Jagdspringen, das am Schlußtag der Olympischen Spiele im Olympiastadion stattfand, wurde der Münchener Polizist Eduard Krüger, Hauptmann der Bayerischen Schutzpolizei, als bester des deutschen Teams Neunter in der Einzelwertung (zwei Fehler). Mit vier Fehlern blieb Richard Sala ebenso unplaziert wie Freiherr von Langen auf einem müde wirkenden Falkner mit acht Fehlern. Mit insgesamt 14 Fehlern wurde die deutsche Mannschaft Siebte – vor ihr lagen Spanien, Polen, Schweden, Frankreich, Italien und Portugal.

Der Freiherr aus Parow setzte seine Karriere nach Amsterdam fort. Er kam aber um eine zweite Olympiateilnahme, da Deutschland 1932 aus Kostengründen keine Reiter nach Los Angeles schickte. Carl Friedrich Freiherr von Langen stürzte am 25. Juli 1934, an seinem 47. Geburtstag, bei einem Geländeritt in Döberitz so unglücklich, daß

Rolf Lippert: Der Leipziger gehört mit Bruno Neumann und Walter Feyerabend zur deutschen Military-Mannschaft, die nach Verletzung von Feyerabend ausscheidet. Es siegen die Niederlande vor Norwegen und Polen.

er von seinem Pferd tödlich verletzt wurde und am 3. August 1934 in Potsdam starb.

Bei den Olympischen Spielen 1936 in Berlin siegten andere Reiter für Deutschland. Der Freiherr aus Parow wurde allerdings nicht vergessen, was jedoch weniger mit dem UFA-Film als vielmehr mit seiner Beliebtheit zu tun hatte. In der DDR freilich wurde der Gutsherr als Unperson behandelt. Erst nach der Wiedervereinigung wurde im Oktober 1992 in Parow ein Gedenkstein für den Mann errichtet, der als erster Deutscher olympische Reitsportgeschichte geschrieben hat.

Boxen

Polizei schlichtet Tumulte am Ring

Die acht Goldmedaillen im Boxen gingen an drei Italiener, zwei Argentinier, einen Holländer, einen Ungarn und einen Neuseeländer. Die Amerikaner spielten mit zwei Silbermedaillen keine Rolle, und diese hätten sie nicht einmal gewonnen, wenn Olympiachef Douglas MacArthur nicht gewesen wäre.

MacArthur war gleich in der ersten Runde des Fliegengewichts gefordert, als der erst 16jährige Hyman Miller gegen den Belgier Marcel Santos zum Verlierer erklärt wurde und nicht zum Sieger, wie die US-Betreuer gemeint hatten. Die Amerikaner verstanden die Boxwelt nicht mehr und wollten mit dem gesamten Team wegen offensichtlichen Betrugs abreisen. NOK-Präsident MacArthur aber beschied die bereits auf den Koffer sitzenden Boxer: »Amerikaner geben niemals auf.«

Der nicht zum Olympiaturnier zählende Kampf argentinischer Fans gegen die

Boxen: Im Fliegengewicht gewinnt der Ungar Antal Kocsis (l.) den Finalkampf gegen den Franzosen Armand Appell (r.).

Helene Mayer (r.): Die »blonde He« zeigt ihr Können in einem Amsterdamer Fechtclub. Bei den Spielen 1928 gewinnt sie die Goldmedaille im Florettfechten.

holländische Polizei war der Tiefpunkt der Veranstaltung. Vorher war der Holländer Lambertus van Klaveren zum Sieger über den Argentinier Victor Peralta erklärt worden, wobei außer den Punktrichtern alle den Argentinier als Gewinner gesehen hatten. Bep van Klaveren wurde später ein solider Professional und 1931 auch Europameister im Leichtgewicht.

Nach dem Mittelgewichtsfinale drohten aufgebrachte Schlachtenbummler den Tschechoslowaken Jan Hermanek auf den Tisch eines Punktrichters zu legen, nachdem sie ihn vorher noch auf den Schultern getragen hatten. Denn nicht Hermanek war zum Olympiasieger erklärt worden, sondern der Italiener Piero Toscani.

Die Polizei leistete Überstunden und Schwerstarbeit. Der bereits erwähnte Zeitzeuge Willy Meisl schrieb über das Boxturnier und zwei Kämpfe: »Der Tscheche Hermanek schlug den Italiener Toscani so klar, daß sogar dieser Sportsmann ihn zum Siege beglückwünschte. Die Punktrichter aber gaben dem Italiener den Sieg. Diese Gewalttat schlug schließlich dem Geduldsfaß den Boden aus . . .«

Neben dieser »Gewalttat« schilderte Meisl auch den Kampf van Klaveren gegen Peralta: »Der Südamerikaner gab in der ersten und dritten Runde seinem Gegner geradezu Boxunterricht.« Peralta aber verlor. Meisl: »Manche Boxer wurden nur von den Punktrichtern besiegt.«

Fechten

»Blonde He« Idol der Jugend

Im Philo-Lexikon von 1936, dem Handbuch des Jüdischen Wissens, erscheint der Name Helene Mayer nicht im Personenregister, dafür aber in der Auflistung von jüdischen Sportlern unter insgesamt zwölf Fechtern, von denen jedoch nur vier als Deutsche bezeichnet werden. Bei Helene Mayer wird die Einschränkung gemacht: »Jüdische Abstammung«.

Helene Mayer, geboren am 20. Dezember 1910 in Offenbach, war 1928 Olympiasiegerin im Florettfechten. 1932 belegte sie in Los Angeles den fünften Rang, 1936 in Berlin, aber das ist dann schon eine andere Geschichte, kam sie noch einmal zur Silbermedaille.

Helene Mayer, von ihren Freunden und den Sportkameraden als »blonde He« bezeichnet, war Jüdin ohne Bindung an ihren Glauben. Blond und mit langen Zöpfen, die sie beim Fechten unter ein breites weißes Stirnband preßte, war sie Ende der 20er Jahre schon als Teenager ein Idol der deutschen Sportjugend. Fotos von ihr gingen um die Welt, denn Helene Mayer war schon 1925 als 14jährige deutsche Meisterin geworden, eine Sensation selbst unter dem Aspekt, daß damals noch ganz wenige Damen Fechten als Wettkampf betrieben.

In Amsterdam kam sie in der Entscheidungsrunde mit acht Damen zu sieben Siegen. Sie triumphierte mit einem Schnitt von 5:1 bei 35:9 Treffern insgesamt. Von ihr geschlagen wurden in der Reihenfolge der schließlich belegten Plätze Muriel Freeman (Großbritannien), Olga Ölkers (Deutschland), Erna Sondheim (Deutschland), Gladys Daniell (Großbritannien), Jenny Addams (Belgien), Margit Dany (Ungarn) und Johanna de Boer (Holland). Gerühmt wurden die Leichtigkeit ihrer Bewegungen und ihre technische Brillanz. In Offenbach gab es damals die besten Fechtlehrer außerhalb Ungarns.

Als Helene Mayer 1929 und 1931 Europameisterin geworden war, dazu bis 1930 sechs deutsche Meisterschaften gewonnen hatte, galt sie in Los Angeles als Olympiafavoritin, war aber indisponiert, als es um die Medaillen ging. Der geradezu sensationellen Niederlage gegen die belgische Europameisterin von 1930, Jenny Addams, ihr bekannt vom Olympiaturnier in Amsterdam, folgten zwei 4:5-Niederlagen gegen Erna Bogen aus Ungarn und Ellen Preis aus Österreich. Da war der abschließende Kampf gegen die Olympiazweite Heather Guinness aus Großbritannien schon bedeutungslos. Am Ende wurde sie Fünfte. Da der deutsche Sport nur Geld für eine Fechterin aufbringen konnte, fehlten Helene Mayer möglicherweise ihre vertrauten Kameradinnen in Los Angeles.

Nach den Spielen von Los Angeles blieb Helene Mayer in den USA, studierte und lehrte zugleich Deutsch am Mills College in Oakland. Sie bekannte sich aber weiter zu ihrem Deutschtum und zu ihren in Königstein im Taunus lebenden Eltern. Aufgrund ihrer jüdischen Abstammung war eine dritte Olympiateilnahme allerdings nicht gesichert. Unter Druck, der von den USA und dem IOC ausging, wurde Helene Mayer in die deutsche Mannschaft für Berlin 1936 berufen, wo sich erneut die besten Florettfechterinnen der Welt nervenzerfetzende Duelle lieferten. Die nunmehr 25 Jahre alte Helene Mayer holte die Silbermedaille hinter Ilona Schacherer-Elek aus Ungarn, die nur gegen die zweite Deutsche, Hedwig Hass, verlor. Die Österreicherin Ellen Preis wurde Dritte, Hass Vierte. Helene Mayer, Preis und Hass trennten bei jeweils 5:2 Siegen nur die Zahl der gesetzten Treffer (33–32–30).

Helene Mayer: 1936 bei den Spielen in Berlin holt die nunmehr 25jährige Silber hinter der Ungarin Ilona Schacherer-Elek.

Helene Mayer, die vier Jahre in den USA geblieben war, wurde 1936 noch Mannschaftsweltmeisterin im Florettfechten (dieser Wettbewerb war nicht olympisch) und zum Abschluß ihrer Karriere 1937 auch Einzel-Weltmeisterin. Danach lebte sie in den USA, wo sie zwischen 1940 und 1948 noch sechs amerikanische Meisterschaften gewann. Schwerkrank kehrte sie 1952 nach Deutschland zurück, wo sie – erst 42jährig – am 15. Oktober 1953 in einem Hospital in Heidelberg an Krebs starb. Ihre Rolle im Dritten Reich war nach dem Krieg Anlaß zu wenig sachlicher Diskussion. Die Juden nahmen ihr den Hitlergruß auf dem Berliner Siegespodium übel, die deutschen Sportfreunde ihre Auswanderung. Dabei war Helene Mayer nur eine von drei Jüdinnen, die ausgerechnet 1936 in Berlin die drei Medaillen im Fechten gewannen.

Fußball

Olympia-Turnier ohne die Besten

Sir Stanley Rous (* 1895, † 1989), der große Vereinfacher im Weltfußball, Präsident des Weltverbandes FIFA von 1961 bis 1974 und davor 27 Jahre lang Generalsekretär des englischen Verbandes, hat 1975 dem IOC-Präsidenten Lord Mike Killanin als Erfahrung seines Funktionärslebens ins Buch der Olympischen Spiele geschrieben: »Es gibt nur zwei große Festivals des Sports, zu denen die gesamte Sportwelt kommt und die auch weltweites Interesse finden: die Olympischen Spiele und die Fußball-Weltmeisterschaft.«

Daß Fußball allerdings nicht gerade der große Knüller im Programm der Olympischen Spiele war (was er bis heute auch nicht ist), deutete Sir Stanley nur an.

Die Ursachen? Englands beste Spieler, schon zur Jahrhundertwende Professionals, interessierten sich in ihrer splendid isolation kaum für den World Cup, wie sie die Weltmeisterschaft nannten, und schon gar nicht für Olympia. Die Olympier wiederum konnten mit englischen Amateuren nichts anfangen. Die Südamerikaner, die 1924 und 1928 das olympische Turnier beherrschten, waren weder das eine noch das andere: keine Amateure und keine Profis.

Der Gang durch die olympische Fußballgeschichte erlaubt den Zeitraffer. 1896 gehörte Fußball nicht zum Programm. 1900 gewann der Upton Park FC, eine britische Mannschaft, gegen eine französische Auswahl, die vorher ein belgisches Team ausgeschaltet hatte. In St. Louis 1904 besiegte der kanadische Club Galt Football zwei amerikanische Mannschaften, von denen die Schüler und Studenten von St. Rose durch ein Eigentor verloren. 1906 in Athen kam Dänemark auf den ersten Platz vor einer Mannschaft von olympischen Schlachtenbummlern, die sich den Namen Smyrna gegeben hatte. Dritter wurde die Stadtmannschaft von Saloniki. Dazu Sir Stanley: »Alles unwichtig.«

Wichtig für den FIFA-Allgewaltigen wurden dann die beiden britischen Olympiasiege 1908 und 1912. Für die deutsche Mannschaft, die 1912 in Stockholm mit ihrer »richtigen« Nationalmannschaft im Olympiaturnier antrat, war die Trostrunde von Bedeutung, weil der Mittelstürmer Gottfried Fuchs (* 1889, † 1972) vom Karlsruher FV beim Sieg über Rußland (16:0) zehn Tore erzielte. Damit stellte er zwar

Fußball: Auslosung der Seitenwahl vor dem Spiel Uruguay – Deutschland durch Schiedsrichter Mohammed Youssef, der den Nürnberger Hans Kalb (r.) später wegen Meckerns vom Platz stellt.

Fußball: Szene aus dem Endspiel Uruguay gegen Argentinien, das Uruguay nach einem Unentschieden (1:1) erst in einem Wiederholungsspiel mit 2:1 für sich entscheidet.

keinen neuen Olympiarekord auf, wie in den acht Jahrzehnten danach allzu gerne berichtet worden ist, sondern den bestehenden Rekord ein.

1908 nämlich hatte Sophus Nielsen ebenfalls zehn Tore beim 17:1 gegen Frankreichs B-Mannschaft erzielt. Im Finale 1908 verlor dann Dänemark 0:2 gegen Großbritannien. 1912 siegte ebenfalls Großbritannien vor Dänemark (und wieder war Sophus Nielsen dabei). Deutschland wurde in Stockholm Siebter (nach Niederlagen gegen Österreich (1:5) und Ungarn (1:3).

Nach dem Ersten Weltkrieg waren die Briten mit dem Amateurstatus, wie ihn das IOC interpretierte, nicht einverstanden. Verdienstausfall war das mindeste, was englische Spieler verlangten. So gewann 1920 Belgien durch Disqualifikation der Tschechoslowaken, die nach einem 0:2-Rückstand mit dem Schiedsrichter und dessen Maßnahmen nicht einverstanden waren und deshalb das Spielfeld verließen. Frankreich, das im Halbfinale gegen die Tschechoslowakei verloren hatte, verzichtete auf das Ausspielen des zweiten und dritten Platzes. Diese Plätze wurden dann von Spanien und Holland eingenommen.

1924 gab es Ärger, als ein Holländer das Finale Uruguay gegen die Schweiz pfeifen sollte. Die Südamerikaner verlangten einen anderen Referee und bekamen ihn in einem Franzosen, der dann den 3:0-Finalsieg Uruguays über die Eidgenossen pfiff. 60 000 Zuschauer waren im Stadion. 5000 standen davor, und verletzten einige aus ihrer Menge, als sie die Eingangstore zu stürmen versuchten.

Ohne England war Uruguay auch 1928 Favorit und gewann, wenn auch erst in der Wiederholung des Finales gegen Argentinien (nach einem 1:1 folgte ein 2:1). Deutschlands Fußballspieler, nach einem 4:0 über die Schweiz wohl etwas überschätzt, verloren gegen Uruguay mit 1:4. Mittelläufer Hans Kalb (* 1899, † 1945) vom 1. FC Nürnberg, eine legendäre Figur, wurde wegen Meckerns vom ägyptischen Schiedsrichter Mohammed Youssef vom Platz gestellt. Es war ein unrühmliches Spiel mit einem unrühmlichen Abgang; später ließen FIFA und IOC eine unrühmliche Entscheidung folgen, als sie Fußball 1932 aus dem Olympiaprogramm nahmen. Hans Kalb, der bei seinem fünfzehnten Länderspiel vorzeitig ausschied, kehrte nie wieder in die Nationalmannschaft zurück.

1932
Lake Placid

4. bis 15. Februar 1932
Dauer **12 Tage**
Teilnehmer **306 (274 Männer, 32 Frauen)**
Länder **17**
Sportarten **5**
Entscheidungen **14**
Zuschauerzahl **78 310**
Schirmherr **Admiral Richard Evelyn Byrd**
Eidsprecher **John Shea (Eisschnellauf)**

Olympische Winterspiele 1932 in Lake Placid: Das offizielle Plakat mit dem falschen Datum (13. statt 15. Februar 1932)

Herzliches Fest in den Adirondacks

Die Winterspiele in Lake Placid, einem freundlichen Ort in den Adirondacks im Staat New York nahe der kanadischen Grenze und Montreal, zählen gewiß nicht zu den wegweisenden Veranstaltungen. Der Kandidat Lake Placid hatte bereits seit 1918 Eisschnellauf-Wettbewerbe und seit 1921 Skikonkurrenzen austragen lassen; zudem konnte sich der Ort auf den Eisschnellauf-Olympiasieger Charles Jewtraw als Bürger der Gemeinde berufen. 1929 hatte Lake Placid den IOC-Zuschlag erhalten. Die Spiele waren ein Fest nach amerikanischem Geschmack, obwohl die Amerikaner noch weniger als die Europäer wußten, wie Winterspiele auszusehen hatten.

Das Bobfahren entbehrte der Erfahrungen von Weltmeisterschaften, denn diese hatten erst viermal seit 1927 stattgefunden, davon im Zweierbob erst einmal (1931).

Im Eisschnellauf ließ der Weltverband zu, daß nach einem Massenstart im Rudel gelaufen wurde, was die Europäer ablehnten. Der große Clas Thunberg aus Finnland reiste erst gar nicht an.

Im Eishockey starteten nur vier Teams, und Deutschland reichte ein 4:1 gegen Polen zur Bronzemedaille.

Im nordischen Skilauf teilten sich Schweden, Finnen und Norweger die Medaillen. Von insgesamt 14 Olympiawettbewerben gewannen die Amerikaner als die großen Sieger sechs: die beiden Bobrennen und vier Eisschnellauf-Wettbewerbe. Die Bobbahn war zu lang und mit ihrer Zick-Zack-Kurve zu schwierig. Hundeschlittenrennen,

Die erfolgreichsten Sportler von Lake Placid

Name	Sportart	G	S	B
1. John Shea USA	Eisschnellauf	2	–	–
Irving Jaffee USA	Eisschnellauf	2	–	–
3. Veli Saarinen FIN	nordischer Skisport	1	–	1
4. Johan Gröttumsbraten NOR	nordischer Skisport	1	–	–
Birger Ruud NOR	nordischer Skisport	1	–	–
Karl Schäfer AUT	Eiskunstlauf	1	–	–
Sonja Henie NOR	Eiskunstlauf	1	–	–
Andrée Brunet FRA	Eiskunstlauf	1	–	–
Pierre Brunet FRA	Eiskunstlauf	1	–	–
Hubert Stevens USA	Bobsport	1	–	–
Curtis Stevens USA	Bobsport	1	–	–
William Fiske USA	Bobsport	1	–	–
Eddie Eagan USA	Bobsport	1	–	–
Clifford Gray USA	Bobsport	1	–	–
Jay O'Brien USA	Bobsport	1	–	–
William Cockburn CAN	Eishockey	1	–	–
Clifford Crowley CAN	Eishockey	1	–	–
Albert Duncanson CAN	Eishockey	1	–	–
George Garbutt CAN	Eishockey	1	–	–
Roy Hunkel CAN	Eishockey	1	–	–
Viktor Lindquist CAN	Eishockey	1	–	–
Norman Malloy CAN	Eishockey	1	–	–
Walter Manson CAN	Eishockey	1	–	–
Kenneth Moore CAN	Eishockey	1	–	–
Romeo Rivers CAN	Eishockey	1	–	–
Harold Simpson CAN	Eishockey	1	–	–
Hugh Sutherland CAN	Eishockey	1	–	–
Stanley Wagner CAN	Eishockey	1	–	–
Alliston Wise CAN	Eishockey	1	–	–

Eröffnungsfeier: Der amerikanische Polarforscher Admiral Richard Evelyn Byrd nimmt im Eisstadion von Lake Placid den olympischen Eid entgegen.

Medaillenspiegel Lake Placid 1932			
Land	G	S	B
1. USA	6	4	2
2. NOR	3	4	3
3. SWE	1	2	–
4. CAN	1	1	5
5. FIN	1	1	1
6. AUT	1	1	–
7. FRA	1	–	–
8. SUI	–	1	–
9. GER	–	–	2
10. HUN	–	–	1

Curling und Damen-Eisschnellauf waren Demonstratioswettbewerbe.

Es waren Winterspiele ganz nach amerikanischem Geschmack, rauh und herzlich. Wirklich international war nur der Eiskunstlauf mit Gold für Österreich (Karl Schäfer), Norwegen (Sonja Henie) und Frankreich (Andrée und Pierre Brunet).

An den Winterspielen nahmen 306 Sportler aus 17 Ländern teil. Wegen Tauwetters wurden die Spiele einfach um zwei Tage verlängert. Die Führung des Internationalen Olympischen Komitees ließ den Dingen ihren Lauf. IOC-Sitzungen waren gar nicht erst angesetzt worden.

Der spätere Olympiasieger John Shea, ein schon bekannter Eisschnelläufer, sprach den olympischen Eid, den der Südpolflieger Richard Evelyn Byrd (*1888, †1957) entgegennahm. Der damals 22 Jahre alte Shea, Sohn eines Lebensmittelhändlers, wurde später Kommunalpolitiker und war 1974 in Wien eine Schlüsselfigur bei der erfolgreichen Bewerbung Lake Placids um die Winterspiele 1980.

Bemerkenswert noch, daß Franklin D. Roosevelt Gouverneur des Staates New York war und Ende 1932 Präsident der USA werden sollte. Er gab seinen Namen dem Olympischen Komitee von Lake Placid. In Einnahmen und Ausgaben sollen die Spiele mit 1,2 Millionen Dollar Kosten in etwa ausgeglichen gewesen sein.

Die olympische Familie

Fachverbände gewinnen an Einfluß

Die Weltwirtschaftskrise, ausgelöst durch den Schwarzen Freitag (25. Oktober 1929) an der New Yorker Börse, ging nicht spurlos am IOC vorüber. Olympia verschwand fast völlig aus dem sportpolitischen Tagesgeschehen. Dabei gab es genug Probleme. Mit den Winterspielen konnten sich immer noch nicht alle Mitglieder anfreunden. Der sogenannte Verdienstausfall für Spitzenathleten bei internationalen Einsätzen war weiter ein Thema. Tennis war aus dem Olympiaprogramm verschwunden. Fußball sollte 1932 nicht ausgeschrieben werden.

Aus Kostengründen – man sprach nur indirekt vom Sparen – wurden Regional- und Kontinentalspiele in allen Ecken der Welt propagiert. Das IOC hatte – auch eine Folge des Präsidentenwechsels – nur wenig Elan. Die 27. Session 1929 mußte von Alexandria nach Lausanne verlegt werden, und dort beschwor man erneut die hohen Ideale des Amateurismus.

Die Spiele 1932 in Los Angeles würden – man wußte es – für die Teilnehmer aus Übersee teuer werden. In Deutschland wurde bei Verbänden, Vereinen, Privatleuten und selbst bei den Spitzensportlern Geld gesammelt. Die Franzosen, deren Land von russischen Immigranten überflutet war, verlangten die Zulassung einer Olympiamannschaft dieser vor den Bolschewisten geflohenen Bürger des ehemaligen Zarenreiches. Ganz naive Sportfunktionäre sprachen von der Einladung einer sowjetischen Olympiamannschaft.

Das schwache IOC förderte das Erstarken der internationalen Fachverbände, die bis 1928 keine bedeutsame Rolle gespielt hatten. Am 10. April 1929 vergab das IOC in Lausanne die III. Winterspiele an Lake Placid. Das unsichere IOC befragte die Wintersport-Fachverbände, und diese entschieden sich gegen die anderen Bewerber Yosemite Valley (gleich zwei Angebote) in Kalifornien, Bear Mountain in New York, Duluth und Minneapolis in Minnesota, Denver in Colorado und das kanadische Montreal.

Auf der 28. Session des IOC in Berlin, die im Mai 1930 im Herrenhaus stattfand, bewarb sich die Reichshauptstadt um die Olympischen Spiele 1936. Die Entscheidung sollte auf der nächsten Vollversammlung 1931 in Barcelona fallen. Dies war dann aber nicht möglich. Als Präsident Baillet-Latour am 26. April 1931 im Rathaus von Barcelona die Häupter seiner Lieben zählte, kam er auf 19, sich selbst mitgezählt. 67 Mitglieder aber hatte das IOC. 48 waren wegen des aufziehenden Spanischen Bürgerkriegs vorsichtshalber daheim geblieben. Die deshalb beschlossene schriftliche Abstimmung ergab am 13. Mai 1931 einen 43:16-Erfolg Berlins über Barcelona, mit dem auch das Recht verbunden war, die Winterspiele 1936 auszurichten.

In der Frage der Teilnahme von Frauen bei Olympischen Spielen machte sich das IOC in Barcelona lächerlich. Es ließ nachträglich Frauen in der Leichtathletik zu und erlaubte Fechterinnen, Turnerinnen und Eiskunstläuferinnen den olympischen Start, ebenfalls nachträglich. Man hätte weinen können.

Völlig ratlos war das IOC, als es erfuhr, die norwegische Eiskunstläuferin Sonja Henie, 1924 schon Olympiateilnehmerin und 1928 Olympiasiegerin, gedenke nach ihrem zweiten Olympiasieg in Lake Placid Berufsläuferin zu werden. Olympia als Sprungbrett für das große Geld! Eine solche Wahrheit überstieg das Begriffsvermögen

Eishockey: Die Begegnungen zwischen Kanada und den USA waren der Höhepunkt des Turniers, an dem nur vier Mannschaften teilnahmen. Nach zwei Spielen und insgesamt drei Verlängerungen werden die Kanadier mit einem 4:3 Olympiasieger. Dritter wird das deutsche Team, das Polen 4:1 schlägt.

der IOC-Mitglieder. Sie reagierten überhaupt nicht. Sonja Henie wurde dann in Lake Placid zum zweitenmal und 1936 in Garmisch-Partenkirchen zum drittenmal Olympiasiegerin. Danach schlug sie eine Profi-Karriere ein.

Im Juni 1932 feierte das IOC den siebzigsten Geburtstag von Pierre de Coubertin. Der Schweizer Staatsrat gab ein Abendessen im Schloß Ouchy in Lausanne. Das Merkwürdige: Coubertin wurde erst am 1. Januar 1933 siebzig Jahre alt.

Noch merkwürdiger die 30. IOC-Session am 28./29. Juli 1932 im Biltmore Hotel in Los Angeles: 18 IOC-Mitglieder waren gekommen. 65 hätten kommen können. Das stärkte die Rolle der Fachverbände. Zu diesem Zeitpunkt hatte das IOC 53 Nationale Olympische Komitees anerkannt und 22 Weltfachverbänden den olympischen Status gegeben.

Eiskunstlauf

Amateure in Europa, Profis in Amerika

Andrée Joly und Pierre Brunet, die heirateten, als sie beide schon über 30 Jahre alt waren, gehörten zu den bedeutendsten Eiskunstläufern aller Zeiten und haben dennoch auf Nachruhm verzichten müssen. Die beiden Pariser, Andrée wurde am 16. September 1901, Pierre am 28. Juni 1902 geboren, nahmen an drei Olympischen Winterspielen teil und gewannen im Paarlauf 1924 eine Bronzemedaille und jeweils die Goldmedaille 1928 und 1932. Pierre wurde im Einzelwettbewerb 1924 Achter und 1928 Siebter, Andrée landete bei den Damen 1924 auf Rang fünf und 1928 auf Rang elf. 1932 starteten sie nicht bei den Einzelwettbewerben.

Paarlauf-Weltmeister wurden die Franzosen 1926, 1928, 1930 und 1932, WM-Zweite 1925. Europameister wurden sie nur einmal, 1932, als sie in ihrer Heimatstadt starten durften. 1933 ging das Ehepaar in die Vereinigten Staaten, bestritt Schaulaufen und arbeitete als Eislauflehrer. Zu ihren wichtigsten Schülern zählten Carol Heiss (Olympiasiegerin 1960, Olympiazweite 1956 sowie Weltmeisterin 1956, 1957, 1958, 1959 und 1960), der Kanadier Donald Jackson (Olympiadritter 1960 und Weltmeister 1962) sowie die Amerikanerin Janet Lynn, die in den 70er Jahren zur Weltspitze gehörte. Damals waren die Brunets schon hochbetagte Trainer.

Beider Sohn, Jean-Pierre Brunet, startete während des Zweiten Weltkriegs als Einzelläufer auch gegen den späteren Olympiasieger Richard Button (Goldmedaille

Bobsport: Der deutsche Zweierbob in der gefürchteten Zick-Zack-Kurve; Sieger des erstmals bei Olympia ausgetragenen Wettbewerbs werden die amerikanischen Brüder Hubert und Curtis Stevens.

1948 und 1952). Der damals 14jährige Button verlor 1943 bei den ostamerikanischen Juniorenmeisterschaften gegen Jean-Pierre Brunet, der bei den Senioren allerdings keine Rolle spielte.

Pierre Brunet starb 1991, Ehefrau Andrée anderthalb Jahre später (1993); sie wurde 92 Jahre alt.

Bobsport

Eagan holt Gold im Boxen und im Bob

Im Bobsport hatte es 1931 mit der Einführung des Zweierbobs und mit der Beschränkung des Großbobs auf vier Mann Besatzung die ersten durchgreifenden Regeln gegeben. Zu den Favoriten der Olympiarennen in Lake Placid gehörten die deutschen Weltmeister Hanns Kilian (Zweier) und Werner Zahn (Vierer). Zahn verunglückte aber im Training und schied mit einem Armbruch aus. Kilian fuhr im Zweier hinterher. Erst im Viererbob kam er in Schwung und schließlich zur Bronzemedaille.

Die 2366 m lange Bahn mit der gefürchteten Zick-Zack-Kurve überforderte ganz offensichtlich die Piloten, die zwar mehrmals neue Bahnrekorde aufstellten, aber den Kurs nie ganz richtig in den Griff bekamen. Im Zweier wurde der erste Bahnrekord mit 2:05,88 min durch das Team Reto Capadrutt/Oscar Geier (Schweiz) gemeldet, der letzte dann durch die Olympiasieger John Hubert Stevens/Curtis Paul Stevens (USA) mit 1:57,68 min. Die Brüder Stevens, Einwohner von Lake Placid, lagen nach dem ersten Durchgang noch 6,32 sec hinter den späteren Zweiten Capadrutt/Geier, fuhren dann aber in den nächsten drei Läufen an den Schweizern vorbei. Das Geheimnis ihre Erfolges lüfteten sie danach: Sie hatten die Kufen ihres Bobs mit der Lötflamme angewärmt. 36 Jahre später führte diese Vorteilsnahme zum Rennrodelskandal von Grenoble. Der dritte der Stevens-Brüder, Francis Paul, fuhr im Viererbob USA II mit Steuermann Henry Homberger und wurde Olympiazweiter.

Bewunderter Pilot der Bobrennen von Lake Placid war indes der nunmehr 20 Jahre alte William Fiske, Gewinner von 1928 in St. Moritz. Mit ihm fuhren Edward Eagan, Jay O'Brien und Clifford Gray, der schon vier Jahre früher dabei gewesen war. Fiske fuhr dreimal Bestzeit, Homberger einmal; der Olympiadritte Kilian war dreimal Dritter und einmal Zweiter.

Die ältesten Olympiasieger der Winterspiele

Alter[1]	Name	Jahr	Sportart
48/357	Jay O'Brien USA	1932	Bobsport
46/298	Franz Kapus SUI	1956	Bobsport
45/40	Clifford Gray USA	1932	Bobsport
43/57	Francis Tylor USA	1948	Bobsport
42/181	Nion Tucker USA	1928	Bobsport
41/339	Hubert Stevens USA	1932	Bobsport
41/103	Franz Kemser GER	1952	Bobsport
40/159	Heinrich Angst SUI	1956	Bobsport
40/23	Eugenio Monti ITA	1968	Bobsport
39/41	Meinhard Nehmer GDR	1980	Bobsport

1) Jahre/Tage

Fiske als der Superstar hatte mit Edward Eagan (*1897, †1967) den Box-Olympiasieger von 1920 im Halbschwergewicht im Schlitten sitzen. Eagan ist der einzige Athlet der Welt, der sowohl bei Sommer- und bei Winterspielen eine Goldmedaille gewonnen hat. Der Sohn armer Eltern aus Denver starb nach einer blendenden Hochschulkarriere als angesehener Rechtsanwalt.

Neben Fiske (*1911, †1940) und Eagan saßen noch der Liedermacher Clifford »Tippy« Gray (*1892, †1941) und der Geschäftsmann Jay O'Brien (*1883, †1940) im Gefährt. Nach ihrem Goldmedaillengewinn sind die vier Athleten niemals mehr zusammen gewesen. Fiske, Gray und O'Brien starben innerhalb eines Jahres, Fiske als Kampfflieger der Royal Air Force über Deutschland, nachdem er sich 1939 als Amerikaner freiwillig zur britischen Luftwaffe gemeldet hatte; er war 29 Jahre alt, als er in einem Lazarett in England seinen Verletzungen erlag.

Der amerikanische Olympiahistoriker David Wallechinsky berichtet von dem Liedermacher Gray, daß dieser gebürtige Engländer so wenig Aufhebens von seinen beiden Olympiasiegen im Bobsport gemacht hatte, daß seine Kinder erst bei seinem Tod vom sportlichen Ruhm ihres Vaters hörten.

1932
Los Angeles

30. Juli bis 14. August 1932
Dauer **16 Tage**
Teilnehmer **1331 (1297 Männer, 134 Frauen)**
Länder **38**
Sportarten **15**
Entscheidungen **126**
Zuschauerzahl **1 247 580**
Schirmherr **Vizepräsident Charles Curtis**
Eidsprecher **George Charles Calnan (Fechten)**

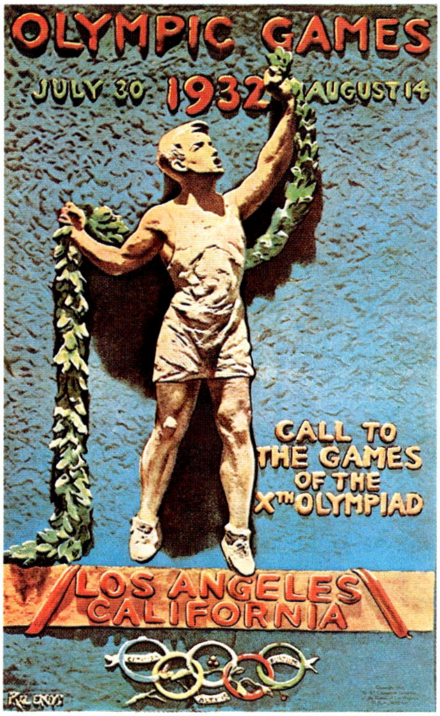

Olympische Sommerspiele 1932 in Los Angeles: Das Olympiaplakat zeigt einen Athleten, der die Völker der Welt zum Wettstreit ruft.

Olympische Spiele in der Traumfabrik

Die X. Olympischen Spiele mit ihrem wintersportlichen Anhängsel fanden 1932 in einem Land statt, das nach dem New Yorker Börsenkrach vom 25. Oktober 1929 und der damit ausgelösten Weltwirtschaftskrise fast lethargisch auf 15 Millionen Arbeitslose hinsteuerte.

Avery Brundage, seit 1928 Präsident des Olympiakomitees der USA, stimmte mit dem Kriminalschriftsteller Ross MacDonald

Los Angeles: Das olympische Dorf (o.) und die mit den Fahnen der 38 teilnehmenden Nationen geschmückte Hauptstraße der kalifornischen Metropole

Die erfolgreichsten Sportler von Los Angeles

Name	Sportart	G	S	B
1. Helen Madison USA	Schwimmen	3	–	–
Romeo Neri ITA	Turnen	3	–	–
3. Istvan Pelle HUN	Turnen	2	2	–
4. Mildred Didriksen USA	Leichtathletik	2	1	–
5. Eddie Tolan USA	Leichtathletik	2	–	–
Ivar Johansson SWE	Ringen	2	–	–
Philippe Cattiau FRA	Fechten	2	–	–
György Piller HUN	Fechten	2	–	–
Xavier Lesage FRA	Reiten	2	–	–
Attilio Pavesi ITA	Radsport	2	–	–
Savino Guglielmetti ITA	Turnen	2	–	–
Yasuji Myazaki JPN	Schwimmen	2	–	–
Hugh Edwards GBR	Rudern	2	–	–

(* 1915, † 1983) überein, der Kalifornien im Titel eines seiner Romane »Küste der Barbaren« genannt hat. Brundage hielt die Kalifornier für kurzbehoste Hinterwäldler, denen noch Anstand beizubringen und Klarheit darüber zu verschaffen war, was Olympische Spiele bedeuten.

Niemals hat der spätere IOC-Präsident begriffen, wie man am 8. April 1923 auf der 22. Session des IOC in Rom diesen Kaliforniern die Olympischen Spiele übertragen konnte. Aber damals, noch unter dem Eindruck des Ersten Weltkriegs, hatten die im IOC dominierenden Europäer den einzigen Bewerber schon deshalb sofort nominiert, weil er am stärksten den Fortschritt propagierte. St. Louis 1904 war längst vergessen. Schließlich störte es Brundage auch nicht mehr, wenn er in Los Angeles immer den Wettermantel ausziehen mußte, den er im kühlen Chicago zu tragen gewohnt war – »It never rains in California«.

Die Amerikaner errichteten in den Baldwin-Hügeln ein olympisches Dorf in Fertigbauweise (das freilich nur den Männern zugänglich war) und führten mit Zielfoto sowie elektronischer Zeitmessung großartige technische Neuerungen ein.

Obwohl mit den Japanern die erste große leistungssportliche Macht aus Asien kam, erschienen nur halb so viele Athleten in Los Angeles wie 1924 in Paris oder 1928 in Amsterdam. Überall fehlte es an Geld. Die Amerikaner stellten mit 337 Teilnehmern jeden vierten Olympioniken.

Die nach den Amerikanern umfangreichsten Mannschaften waren Kanada (120), Japan (118), Deutschland (82, einschließlich fünf in den USA lebender Sportler), Mexiko (72), Großbritannien (71), Frankreich (65), Brasilien (58) und Schweden (54).

Medaillenspiegel Los Angeles 1932

Land	G	S	B
1. USA	44	35	31
2. ITA	12	12	12
3. FRA	11	6	4
4. SWE	10	5	9
5. JPN	7	7	4
6. HUN	6	5	5
7. GER	5	12	7
8. FIN	5	8	12
9. GBR	5	7	5
10. POL	3	2	4

In der sportlichen Wertung nehmen die Spiele von Los Angeles einen besonderen Rang ein. Sie stehen am Anfang des konkreten spitzensportlichen Gedankens. Das lag natürlich an den Umständen. Der Heimvorteil der Amerikaner führte zu harten Olympia-Ausscheidungen in den Vereinigten Staaten.

In Europa konnten nur die allerbesten Sportler auf eine Berufung hoffen. Die 1928 noch so erfolgreichen deutschen Reiter mußten ebenso zu Hause bleiben wie die Hockeyspieler. Sie waren zu teuer für den Deutschen Olympischen Ausschuß.

Dieses »zu teuer« galt auch für die ägyptischen Gewichtheber, die 1931 bei den

Sportler und Stars (v. l.): der Schwimmer Paoa Duke Kahanamoku, die Fliegerin Amelia Earhart, Paavo Nurmi, der Schauspieler Douglas Fairbanks und der deutsche Läufer Arthur Jonath

Europameisterschaften drei von fünf Siegern gestellt hatten und zum Zeitpunkt der Spiele in Los Angeles elf von 24 Weltrekorden hielten.

Brasilien schickte mit seinen Sportlern ein Sortiment Kaffeebohnen, die in Los Angeles verkauft werden sollten, um das Team zu finanzieren.

Die Sensation der Spiele waren im Schwimmen die Japaner, die fünf von sechs Herrenwettbewerben gewannen. Nur Clarence Buster Crabbe (400 m Freistil) durchbrach die Erfolgsserie der Japaner, die über 4x200 m Freistil mit dem neuen Weltrekord von 8:58,4 min die Neun-Minuten-Grenze unterboten und die Amerikaner, die ihren Johnny Weissmuller sehr vermißten, um zehn Körperlängen distanzierten.

Die Schwimmerin Helen Madison aus den USA und der italienische Turner Romeo Neri waren mit je drei Goldmedaillen die erfolgreichsten Olympioniken. Der Star freilich kam aus der Leichtathletik. Mildred Didriksen wurde das nation girl. Die Zahl der Olympiarekorde erreichte astronomische Höhen, auch die addierten Weltrekorde ergaben eine neue olympische Höchstleistung. In der Leichtathletik, im Gewichtheben und im Schwimmen wurden 103 olympische Rekorde und 39 Weltrekorde verzeichnet.

Dabei wurden einige Rekorde gar nicht registriert. Im Schwimmen gab es noch keine Zeitnahme für den Starter einer Staffel. Bei den 3000 m Hindernis ließ man eine Runde zuviel laufen. Im Diskuswerfen blieb ein goldmedaillenverdächtiger Versuch des Franzosen Jules Noel (mit 47,74 m Vierter) unbeachtet, weil die Kampfrichter woandershin blickten. Im Ringen wurde der Italiener Giovanni Gozzi Olympiasieger im Federgewicht (Freistil), obwohl er gegen den Deutschen Wolfgang Ehrl verloren hatte und dieser das Turnier unbesiegt beendete.

Von den 65 IOC-Mitgliedern jener Tage waren nur 18 nach Los Angeles gekommen, wo sie am 28./29. Juli 1932 im Biltmore Hotel, das auch 1984 die Olympier beherbergen sollte, ihre 30. Session abhielten. Beschlüsse wurden nicht gefaßt, außer jenem, sich im nächsten Jahr in Wien treffen zu wollen. Doch was für die Olympiamannschaften galt, traf auch auf die Olympier zu: Sie hatten wenig Geld, und die Reise sowie die Hotelkosten waren aus eigener Tasche zu bezahlen.

Durch Hollywood und seine Stars, durch zahlreiche Empfänge, Gartenfeste und Begegnungen mit Einwanderern, zeigten diese Spiele erstmals Elemente des Entertainment, des Showbusineß und der über den Sport hinaus gehenden Begegnung. Marlene Dietrich kam zur deutschen Mannschaft auf den Wilshire Boulevard, Douglas Fairbanks zeigte sich gerne mit dem als Zuschauer anwesenden Paavo Nurmi; auch die Weltrekordfliegerin Amelia Earhart, die 1937 über dem Pazifik verschwand, war zugegen.

Die Automobilfirmen näherten sich den Sportführern und setzten diese in ihre auf Hochglanz gewienerten Produkte. Das traf den IOC-Präsidenten Graf de Baillet-Latour genauso wie den deutschen Chef-Olympier Theodor Lewald und Carl Diem als Chef de Mission der deutschen Mannschaft. In seinem »Olympischen Tagebuch«, das erst 20 Jahre nach seinem Tod in Gänze veröffentlicht wurde (1982), ging Diem nicht gerade freundlich mit dem IOC um, mit Lewald und Halt, mit Reichstrainer Josef

Waitzer oder Athleten wie Arthur Jonath, Otto Peltzer und Helma Notte (»die mit ihren Spatzenbeinen«). Diem wußte zu diesem Zeitpunkt, daß er nicht mehr in das IOC aufrücken würde, aber ihm große Aufgaben bei der Gestaltung der Olympischen Spiele 1936 in Berlin bevorstünden. Er fühlte sich, gerade 50 Jahre alt, auf dem Höhepunkt seiner Karriere – und in der Tat: er befand sich da.

Bei der Schlußfeier im Coliseum von Los Angeles grüßte die Neue zur Alten Welt hinüber. Los Angeles rief die Jugend der Welt 1936 nach Berlin. Die olympischen Würfel waren gefallen. Nur von einem wußte man in olympischen Kreisen noch nichts: von Adolf Hitler.

Duncan McNaughton: Der Kanadier gewinnt den Hochsprung mit 1,97 m.

Leichtathletik

Überraschungen bleiben aus

Ein Blick in die Weltjahresbestenliste und in die Siegertafel der amerikanischen Meisterschaften in Palo Alto 1932 zeigt, daß in den leichtathletischen Männerwettbewerben bei der Medaillenverteilung der Olympischen Spiele klare Verhältnisse geherrscht haben.

Nach dem Ausfall von Paavo Nurmi, den die IAAF zum Berufsläufer erklärt hatte, war selbst der Sieg über 10 000 m des Polen Janusz Kusocinski (* 1907, † 1940) keine Überraschung, eher die Tatsache, daß er mit 30:11,4 min dicht an Nurmis Weltrekord (30:06,2 min) herankam.

Daß Eddie Tolan (* 1908, † 1967) Doppelsieger über 100 und 200 m wurde und der amerikanische Meister Ralph Metcalfe (* 1910, † 1978) als eigentlicher Favorit nur Zweiter und Dritter werden konnte, kann

200-m-Lauf: Eddie Tolan (USA) siegt vor seinen Landsleuten George Simpson und Ralph Metcalfe. Der Deutsche Arthur Jonath (rotes Brustband) wird Vierter.

Patrick O'Callaghan: Wie bereits 1928 in Amsterdam holt der irische Tierarzt Gold im Hammerwerfen.

nicht als Sensation gewertet werden. Tolan war als US-Meister 1929 (100 yards und 220 yards), 1930 (100 yards) und 1931 (220 yards) ein auslaufendes, aber immer noch starkes Modell, und Metcalfe der noch labile, aber kommende Star.

Ralph Metcalfe verzeichnete Doppelsiege (100 yards und 220 yards) bei den US-Titelkämpfen 1932, 1933 und 1934 sowie zwei weitere Titel 1935 und 1936 über die längere Sprintstrecke. Tolan und Metcalfe liefen im übrigen nicht in der goldenen 4x100-m-Staffel der USA, die mit Robert Kiesel, Emmett Toppino, Hector Dyer und Frank Wykoff in Vor- und Endlauf mit 40,6 und 40,0 sec Weltrekord erreichte.

Daß Robert Tisdall die 400 m Hürden und Patrick O'Callaghan das Hammerwerfen gewann, erfreute die Iren, die international immer um nationale Selbstdarstellung bemüht waren. Der Hochsprungsieg des Kanadiers Duncan McNaughton, der mit 1,97 m gewann (und niemals höher sprang), schmerzte die Amerikaner, hatten doch Georg Spitz, Robert van Osdel und Cornelius Cooper Johnson bei den US-Meisterschaften gemeinsam den Titel geholt und dabei 2,00 m überquert, wobei der Jahresweltbeste Bert Nelson (2,03 m) ausgeschieden war. Spitz als der Olympiafavorit blieb – am Knöchel verletzt – bei 1,90 m hängen, van Osdel und Johnson übersprangen wie der Sieger McNaughton 1,97 m in den sogenannten Zusatzsprüngen zur Ermittlung des Gewinners.

Von den deutschen Leichtathleten, die von Carl Diem nicht sehr stark eingeschätzt und von Reichstrainer Josef Waitzer (* 1884, † 1966) nicht straff geführt wurden, gefielen im Grunde nur der Sprinter Arthur Jonath und der Geher Karl Hähnel. Jonath, 1931 und 1932 deutscher Doppelmeister, wurde Dritter über 100 m, Vierter über 200 m und gewann Silber in der Sprintstaffel mit Helmut Körnig, Fritz Hendrix und Erich Borchmeyer. Jonath und Borchmeyer stellten 1933 mit 10,3 sec den 100-m-

Robert Tisdall beim Training: Der Ire gewinnt die 400 m Hürden vor den Amerikanern Glenn Hardin und Morgan Taylor. Hardin siegt 1936 bei den Spielen in Berlin.

Weltrekord ein. Karl Hähnel (* 1892, † 1966) wurde Vierter im 50 km Gehen; er war neunmal deutscher 50-km-Meister.

Im Speerwerfen wurde Gottfried Weimann hinter drei Finnen Vierter. Diesen Platz erreichten auch die 400-m-Läufer in der Staffel sowie der Kugelstoßer Emil Hirschfeld, der mit der Siegerleistung bei der deutschen Meisterschaft (15,86 m) Zweiter geworden wäre. Dafür imponierten die Zehnkämpfer.

Nicht weniger als 47 olympische Rekorde wurden von den Herren in den leichtathletischen Wettbewerben ein- und aufgestellt. Carl Diem, der von seinen deutschen Teilnehmern nur Arthur Jonath in dieser Olympiarekordliste fand, wußte, daß ihm sehr viel Arbeit für 1936 bevorstand.

4x100-m-Staffel: Die Medaillengewinner auf dem ungewohnten Siegespodest, das in Los Angeles seine Premiere erlebt. Gold geht an die USA, Silber an Deutschland (l.), Bronze an Italien.

Leichtathletik

Lauflegende Nurmi wird gesperrt

Was den Langstreckenlauf angeht, ist kein Name so tief in die allgemeine Vorstellungswelt eingedrungen wie derjenige des Finnen Paavo Nurmi (* 1897, † 1973). Der Schweiger aus Turku, der kaum mit Journalisten sprach, lief 24 Weltrekorde. Neunmal wurde er Olympiasieger, wobei er 1924 in Paris zwei Goldmedaillen innerhalb von 30 Minuten gewann.

Nurmi war Berufsläufer. Er wußte es, denn er wurde schon gemanagt; er »lief Finnland auf die Landkarte«, wie ein amerikanischer Journalist bei Nurmis Start in den USA trefflich formulierte, und kassierte damals wohl 250 000 Dollar für diese politische Großtat.

Wo er auch auftrat, füllte er die Stadien. Er trainierte und lief mit einer Stoppuhr in der Hand, die er zu Beginn der letzten Runde auf den Rasen warf. Weltrekorde schaffte er von 1500 m aufwärts bis 20 km.

1932 wollte er seine unvergleichliche Laufbahn mit dem Olympiasieg im Marathonlauf krönen. Aber am 3. April 1932 wurde sein Amateurstatus vom Internationalen Leichtathletik-Verband (IAAF) aufgehoben. Man informierte die Finnen, die damit gezwungen waren, ihn aus der Olympiamannschaft für Los Angeles zu nehmen. Das IOC hatte mit der Disqualifikation Nurmis nichts zu tun.

Die IAAF – voran ganz offensichtlich Präsident Sigfrid Edström, aber auch der Deutsche Karl Ritter von Halt – wurde 1932 gezwungen, gegen Paavo Nurmi aktiv zu werden. Dem Weltverband waren Spesenrechnungen zugespielt worden, die nur als Startgelder für Nurmi interpretiert werden konnten. Eine dieser Quittungen stammte aus Königsberg.

Nurmi konnte somit an den Spielen in Los Angeles, die am 30. Juli 1932 begannen, nicht teilnehmen. Von seinen Landsleuten zum nationalen Amateur erklärt, lief Nurmi am 26. Juni 1932 in Viipuri die 40,2 km in der glänzenden Zeit von 2:22:03,8 h. Das wären bei der vollen Marathondistanz von 42,195 km etwa 2:29:30 h gewesen. In Los Angeles gewann Juan Carlos Zabala aus

Nurmis Olympiaerfolge

Disziplin	Leistung	Ergebnis
Antwerpen 1920		
5000 m	15:00,0	Silbermedaille
10 000 m	31:45,8	Goldmedaille
Geländelauf	27:15,0	Goldmedaille
Geländelauf-Team		Goldmedaille
Paris 1924		
1500 m	3:53,6	Goldmedaille
5000 m	14:31,2	Goldmedaille
Geländelauf	32:54,8	Goldmedaille
Geländelauf-Team		Goldmedaille
Mannschaftslauf		Goldmedaille
Amsterdam 1928		
5000 m	14:40,0	Silbermedaille
10 000 m	30:18,8	Goldmedaille
Hindernis	9:31,6	Silbermedaille

Argentinien in 2:31:36 h. Niemand weiß, was gewesen wäre, wenn Nurmi hätte starten können. So wuchs seine Legende ins Fabulöse.

1952 trug er, 55 Jahre alt, aber immer noch schlank, als letzter Fackelläufer die olympische Flamme ins Stadion von Helsinki, vor dem ihm Freunde schon ein bronzenes Denkmal errichtet hatten.

Die Legende sagt, daß er 1924 in Paris, als die Finnen ihn nicht die 10 000 m laufen ließen, die sein harter Konkurrent Ville Ritola in 30:23,2 min gewann, auf einem Nebenplatz zur gleichen Zeit auch die 10 000 m gelaufen sei, in 29:58 min. Wie gesagt: eine Legende.

Die Zahl von 24 Weltrekorden ist umstritten, da nicht alle von der IAAF anerkannt worden sind. Dafür fanden Leistungen bei den Gewaltigen der IAAF Gnade, die schlechter waren als die nationalen Rekorde Paavo Nurmis. Es läßt sich also unter Experten trefflich streiten, wie viele Weltrekorde Nurmi zwischen dem 22. Juni 1921 und dem 24. Juli 1931 aufgestellt hat.

In seinem grundlegenden Werk »Die Entwicklung der Leichtathletik-Weltrekorde von den Anfängen bis heute« (1972) verzeichnet der Leichtathletik-Historiker Ekkehard zur Megede 16 von der IAAF anerkannte und elf inoffizielle Weltrekorde Nurmis, die sich teilweise überschneiden oder gegenseitig eliminieren.

Paavo Nurmi: Die finnische Lauflegende war in Los Angeles zum Zuschauen verdammt, nachdem ihn der Weltverband der Leichtathleten zum Berufsläufer erklärt und gesperrt hatte.

Nurmis Weltrekorde

Disziplin	Leistung	Datum	Ort
1500 m	3:53,0	23.8.1923	Stockholm
	3 52,6	19.6.1924	Helsinki
Meile	4:10,4	23.8.1923	Stockholm
2000 m	5:26,3	4.9.1922	Tampere
	5:24,6	18.6.1924	Kuopio
3000 m	8:28,6	27.8.1922	Turku
	8:27,8	10.9.1923	Kööpenhamina
	8:25,4	24.5.1926	Berlin
	8:20,4	13.7.1926	Stockholm
2 Meilen	8:59,6	24.7.1931	Helsinki
3 Meilen	14:08,4	12.9.1922	Stockholm
	14:02,0	19.6.1924	Helsinki
5000 m	14:35,4	12.9.1922	Stockholm
	14:28,2	19.6.1924	Helsinki
4 Meilen	19:18,7	31.8.1924	Kuopio
5 Meilen	24:13,1	31.8.1924	Kuopio
6 Meilen	29:41,2	22.6.1921	Stockholm
	29:07,1	31.8.1924	Kuopio
30 min	9957 m	31.8.1924	Kuopio
10 000 m	30:40,2	22.6.1921	Stockholm
	30:06,2	31.8.1924	Kuopio
10 Meilen	50:15,0	7.10.1928	Berlin
1 Stunde	19 210 m	7.10.1928	Berlin
20 000 m	1:04:38,4	13.9.1930	Stockholm

Der Fall Paavo Nurmi hat viele Facetten, wie man sieht. Nach ihm muß auch der Franzose Jules Ladoumégue (* 1906, † 1973) genannt werden, den schon 1931 der IAAF-Bann traf. Auch Ladoumégue war für Geld gelaufen, unter anderem in der Sowjetunion. Sie war damals verbotenes Terrain für Mitglieder der IAAF, was seine Sperre noch erleichterte. Ladoumégue war 1928 Olympiazweiter über 1500 m und lief in Nurmis letzten Glanzjahren (1930/31) vier Weltrekorde.

Leichtathletik

Zehnkampfhelden früher Jahre

Zu Deutschlands führenden Leichtathleten der 30er Jahre gehört auch der Zehnkämpfer Hans-Heinrich Sievert (* 1909, † 1963). In Los Angeles führte Sievert nach sieben Übungen, verletzte sich aber beim Stabhochsprung am Knöchel. Dies kam damals sehr häufig vor, da man mit den Füßen zuerst im Sandkasten landen mußte.

Sievert wurde schließlich Fünfter hinter dem neuen Weltrekordmann James Bausch aus den USA, dem Finnen Akilles Järvinen, dem Berliner Wolrad Eberle (* 1908, † 1949) und dem geschmeidigen Springertyp Wilson Charles aus den USA, der nach dem ersten Tag in Führung gelegen hatte. Es war ein Kampf wechselnder Spitzenpositionen.

Mit Bausch gewann ein 95 kg schwerer früherer Footballstar aus Kansas City, der 1931 US-Meister im Fünfkampf und 1932 auch US-Meister im Zehnkampf war. Nach der damaligen Wertung, die aus dem Jahr 1912 stammte, verbesserte sich Bausch bei den Olympischen Spielen gegenüber der Landesmeisterschaft um 300 Punkte und erreichte Weltrekord mit 8462 Punkten. Nach der Zehnkampf-Wertung des Jahres 1964 wäre allerdings der Silbermedaillengewinner Akilles Järvinen Olympiasieger geworden und Bausch – noch hinter Wilson Charles – nur Dritter (Eberle Vierter, Sievert Fünfter). Schon 1928 hätte Järvinen mit der später gültigen Punktwertung Olympiagold gewonnen, doch dieses fiel an seinen Landsmann Paavo Yrjöla, der in Los Angeles Sechster wurde.

Wolrad Eberle, ein Sportlehrer, der ein herausragender Speerwerfer und ein für einen Mehrkämpfer guter 1500-m-Läufer war, hatte sich als deutscher Meister im Zehnkampf für Los Angeles empfohlen. 1932 war sein großes Jahr. Aus dem Zweiten Weltkrieg kehrte er versehrt heim und starb schon 1949.

Nach Los Angeles beherrschte Hans-Heinrich Sievert, Sohn eines Bauern aus Schleswig-Holstein, die Zehnkampfszene. Er war, schlank und hochgewachsen, ein Springer-Werfer-Typ mit einem Weitsprung von 7,48 m, einem deutschen Rekord im Diskuswerfen (49,32 m) und einer deutschen Meisterschaft im Kugelstoßen (Bestleistung 15,89 m). 1934 wurde er Europameister im Zehnkampf, 1938 gab er bei der EM auf, nachdem er kurz vorher noch Jahresweltbestleistung erzielt hatte.

Nach der Wertung von 1920 stellte Sievert 1933 und 1934 drei Weltrekorde im Zehnkampf auf, nach der 1964er Wertung allerdings nur einen. An der Spitze der Jahresweltbestenliste stand Sievert 1933, 1934 und 1938 – und dies auch bei der neuen Wertung. Deutscher Meister war er 1931, 1933, 1934 und 1938 im Zehnkampf, dazu 1933 im Diskuswerfen und im Kugelstoßen. Zu addieren sind 1933 in Turin und 1935 in Budapest die Zehnkampfsiege bei den Studentenweltmeisterschaften und der zehnte Platz im Kugelstoßen bei den Olympischen Spielen 1936 in Berlin.

Als Soldat verlor Sievert im Krieg ein Bein. Nach 1945 arbeitete er in Hamburg als Amtsgerichtsrat und galt in den 50er Jahren als möglicher Präsident der deutschen Leichtathletik; er gefiel sich aber besser in der Opposition zu den Funktionären. Er starb – erst 53 Jahre alt – 1963 auf dem Hof seiner Eltern nördlich von Hamburg.

Sievert war ohne Zweifel einer der ganz großen Figuren des internationalen Zehnkampfes, auch ohne olympische Medaille. Er teilte damit das Schicksal seines Vorgängers Karl Halt, der 1913 Jahresweltbester im

Zehnkampf (v. l.): Wolrad Eberle (GER, Bronze), James Bausch (USA, Gold), Wilson Charles (USA, Olympiavierter), Hans-Heinrich Sievert (GER, Olympiafünfter)

Zehnkampf war und auch das seiner Nachfolger Fritz Müller und Ernst Schmidt, die 1939 und 1941 (Müller) sowie 1942 (Schmidt) Weltbeste im Zehnkampf sein sollten. Müller war zudem Weltrekordmann im Fünfkampf, und Ernst Schmidts Sohn Wolfgang wurde später als Diskuswerfer weltberühmt.

Mildred Didriksen: Die 18jährige Amerikanerin ist die herausragende Leichtathletin von Los Angeles. Sie gewinnt den Speerwurf und die 80 m Hürden und holt Silber im Hochsprung.

Leichtathletik

Mildred Didriksen allein gegen alle

Der olympische Sommer 1932 gehörte der 18jährigen Mildred Didriksen aus Port Arthur in Texas. Die Tochter eines eingewanderten norwegischen Seemannes erwies sich als ein sportliches Universalgenie, das nur zweieinhalb Stunden am 4. Juli 1932 für die Legende benötigte.

An diesem Tag gewann sie fünf amerikanische Leichtathletiktitel, qualifizierte sich in drei Wettbewerben für die Spiele in Los Angeles und gewann als Einzelkämpferin die US-Mannschaftsmeisterschaft der Klubs für die Sportabteilung der Angestellten-Versicherungs-Gesellschaft von Dallas, die Employers Casuality Insurance Company.

Um zu verstehen, was sich am 4. Juli 1932 in Evanston in Illinois auf der Anlage der sportlich traditionsreichen Universität abspielte, muß ein wenig zurückgegriffen werden. Amerikanische Leichtathletikmeisterschaften der Frauen gab es seit 1923, doch waren sie stets schlecht beschickt. Die Amateur Athletic Union (AAU) als verantwortliche Organisation gab sich wenig Mühe; sie ließ beispielsweise 1934 die Titelkämpfe ganz ausfallen und schickte nicht eine einzige Leichtathletin nach London, wo die Frauen-Weltspiele stattfanden.

Schon 1930 war Mildred Didriksen US-Meisterin geworden, doch außerhalb der Vereinigten Staaten interessierte dieser

Vorlauf über 80 m Hürden (v. l.): Marjorie Clark (RSA), Betty Taylor (CAN), Simone Schaller (USA), Michi Nakanishi (JPN) und Mildred Didriksen, die den Endlauf vor Evelyne Hall (USA) und Marjorie Clark gewinnt

Titel niemand. Mildred hatte den Baseball-Weitwurf gewonnen und sollte auch 1931 und 1932 in dieser Spezialität wieder siegen, wobei sie 1932 mit 90,12 m einen nie mehr überbotenen Weltrekord aufstellte (1948 wurde der Wettbewerb eingestellt). 1931 holte sich der Teenager zu dem Baseball-Gold noch die amerikanischen Titel über 80 m Hürden (12,0 sec) und im Weitsprung (5,46 m). In Evanston 1932 folgten dann die Meisterschaften Nummer sechs bis zehn: 80 m Hürden (12,1 sec), Hochsprung (1,60 m) und Speerwerfen (42,44 m) – diese drei Wettbewerbe waren zugleich Olympia-Ausscheidungen. Hinzu kamen die Erfolge in den nichtolympischen Disziplinen Baseball-Weitwurf (90,12 m, Weltrekord) und Kugelstoßen (12,05 m).

In Los Angeles gewann sie dann in der Weltrekordzeit von 11,7 sec die 80 m Hürden und das Speerwerfen. Ihre Siegesweite von 43,68 m erzielte sie gleich im ersten Versuch. In diesem Wettbewerb wurde die amerikanische Weltrekordlerin Nan Gindele (46,75 m) mit 37,95 m nur Fünfte. Mildred Didriksen kam noch zur Silbermedaille im Hochsprung, wo sie zusammen mit ihrer Bezwingerin Jean Shiley (USA) ebenfalls Weltrekord mit 1,657 m erzielte. Damit war ihre Leichtathletik-Karriere beendet.

Nach Evanston und Los Angeles eine amerikanische Berühmtheit, ging sie auf Tournee und zeigte ihre Künste im Baseball, wo man ihr nach dem legendären Baseball-Star Babe Ruth (*1895, †1948) ebenfalls den Vornamen »Babe« gab. Sie machte Reklame für Autos, spielte Mundharmonika und heiratete den 129,5 kg schweren Berufsringer George Zaharias, der sie zum Golfspielen ermunterte und ihr Manager in diesem neuen Sport wurde.

In der Saison 1946/47 gewann sie in Serie zwölf große Turniere, darunter die US-Amateurmeisterschaft. Als erste Amerikanerin holte sie sich die British Amateur Open. 1953 erkrankte sie an Darmkrebs, kam aber nach einer Operation noch einmal zum Golfspielen zurück. 1954 gewann sie als Professional die US Open mit zwölf Schlägen Vorsprung – es war das Finale. Sie starb – erst 42 Jahre alt – am 17. September 1956 in Galveston in Texas. Präsident Dwight D. Eisenhower widmete ihr einen Nachruf. Der amerikanische Sport trauerte. Mildred Didriksen hatte in ihrem kurzen Leben Gold und Geld gewonnen. Sie verkörperte den amerikanischen Traum: allein gegen den Rest der Welt.

Ringen

Ein Kohlenträger bezwingt Weltelite

Zu den Millionen Arbeitslosen des Jahres 1929 zählte ein damals 21jähriger Pfälzer Ringer des Arbeiter-Klubs ASV Speyer. Jakob Brendel galt indes als vielversprechendes Talent. Auch beim fränkischen Traditionsverein Sandow Nürnberg 1892 hatte man von diesem Brendel gehört.

Jakob Brendel: Olympiasieger im Bantamgewicht des griechisch-römischen Stils

Einige Vorstandsmitglieder, unter ihnen der Kohlenhändler Hans Röck, machten dem jungen Mann aus der Pfalz eine Offerte. Er würde bei Röck Arbeit finden, und als besondere Draufgabe den Führerschein für Automobile machen dürfen.

1929 wurde Brendel erstmals deutscher Meister, wiederholte diesen Erfolg 1930 und erkämpfte sich bei den Europameisterschaften eine Silbermedaille. 1931 wurde er nur Zweiter der deutschen Titelkämpfe und fiel anfangs 1932 wegen einer Verletzung aus. Die Chance auf eine Olympiateilnahme erschien fast aussichtslos. Eine Nominierung konnte nur über einen Zuschuß von 1000 Reichsmark erfolgen.

Die Gönner des TSV Sandow Nürnberg brachten diese Summe auf und zahlten Brendel dazu noch ein schönes Taschengeld. Der 23jährige fuhr mit dem Lloyd-Dampfer »Europa« nach New York und von dort mit der Bahn nach Los Angeles. Weil seine Förderer an ihn glaubten, glaubte Brendel auch an sich selbst.

Im Bantamgewicht des griechisch-römischen Stils traf er auf die komplette Weltelite. Nach vier Siegen über den Finnen Aatos Jaskari, den Griechen Georgios Zervinis, den schwedischen Favoriten Herman Tuvesson und den Italiener Marcello Nizzola wurde er Olympiasieger.

Jakob Brendel gewann 1936 noch eine olympische Bronzemedaille und verabschiedete sich 1937 mit dem Gewinn der Europameisterschaft im freien Stil. Er starb, viel zu früh, 1964 in seiner Wahlheimat Nürnberg.

Einer, der auch Olympiasieger geworden wäre, wenn es die Regeln erlaubt hätten, war der Münchener Wolfgang Ehrl (* 1912, † 1980). Er wurde im Federgewicht nach fünf Punktsiegen nur Zweiter, weil der Italiener Giovanni Gozzi trotz einer Niederlage gegen Ehrl am Ende weniger Fehlpunkte hatte. Gozzis Olympiasieg zählt zu den heute nicht mehr mit Logik zu erklärenden Ungereimtheiten eines Weltverbandes, der seine Regeln nie in den Griff bekommen hat.

Die fünf deutschen Ringer gewannen in Los Angeles eine goldene (Brendel), zwei silberne (Ehrl und Jean Földeak) und eine bronzene Medaille (Eduard Sperling). Nur der Superschwergewichtler Georg Gehring, 1928 in Amsterdam Olympiadritter, ging leer aus.

Josef Straßberger: Der Olympiasieger von 1928 muß sich 1932 mit Bronze begnügen und gratuliert seinem tschechischen Konkurrenten Jaroslav Skobla (r.), der nach Bronze in Amsterdam in Los Angeles die Goldmedaille holt.

Ringen, freier Stil: Der Deutsche Jean Földeak, der hier den Dänen Jensen am Boden hat, wird Vierter im Weltergewicht hinter Jack van Bebber (USA), Daniel McDonald (CAN) und Eino Leino (FIN).

Gewichtheben

Straßberger stemmt Bier und Gewichte

Josef Straßberger war wie alle Athleten, die sich den Ruf des stärksten Mannes der Welt erworben hatten, ein Gemütsmensch. Seine Karriere begann der Gewichtheber aus dem oberbayerischen Kolbermoor als ein Halbschwergewichtler, der mit 82,5 kg Körpergewicht seine erste deutsche Meisterschaft gewann, dann aber durch gutes Essen und regelmäßiges Biertrinken auf 110 kg und mehr anwuchs. Straßberger (* 1894 , † 1950) war der Urtyp des Schwergewichtshebers, bevor der dynamischere und schlankere Ägypter Saied Nosseir kam.

Straßberger betrat direkt nach dem Ersten Weltkrieg die deutsche Heberbühne. Im Drücken, der in den 20er Jahren beliebtesten Übung, faszinierte er die Zuschauer. Das beidarmige Drücken (1972 nach den Olympischen Spielen von München abgeschafft) war seine Spezialität. Hier holte er sich meist einen solchen Vorsprung im Dreikampf, daß seine Gegner ihn im Reißen und Stoßen, den Übungen, die vor allem Technik verlangten, nicht mehr erreichten.

Um das explosive Stoßen zu perfektionieren, hätte Straßberger mehr trainieren müssen. Aber das war nicht unbedingt sein Fall. Im Trikot des TSV 1860 München oder der Nationalmannschaft war er auch für rein zufällige Besucher einer Heberveranstaltung erkennbar. Er war in seiner Zeit der schwerste Akteur, der zudem Bermudashorts einführte, ohne zu wissen, daß man seine damalige Sporthose heute so nennen würde.

Straßberger hat sehr viel für das Gewichtheben getan. In Amsterdam wurde er 1928 Olympiasieger im Schwergewicht. 1920 war er Welt- und 1921 Europameister gewesen. 1929 wurde er noch einmal Europameister, und danach hielt er es mit dritten Plätzen bei den internationalen Meisterschaften: Bronzemedaille bei den Olympischen Spielen 1932 in Los Angeles und bei den Europameisterschaften 1930, 1931, 1933 und 1934. Erst mit 40 Jahren nahm Straßberger Abschied vom internationalen Wettkampf. Neun Weltrekorde stehen auf seinem Konto. 13 deutsche Meisterschaften, die er zwischen 1919 und 1933 gewann, sind eine Marke an Beständigkeit, die immer wieder erstaunt.

Gemütsmenschen seiner Art gibt es heute kaum noch. Als Straßberger mit der deutschen Olympiamannschaft 1932 auf der »Europa« über den Atlantik fuhr, um an den Spielen in Los Angeles teilzunehmen, hatten die Betreuer für einige Kästen Bier sorgen müssen. Ohne sein bayerisches Getränk wollte der Bierkutscher die Reise nicht antreten. Ob seine ebenfalls auf der »Europa« mitreisenden tschechoslowakischen Konkurrenten Jaroslav Skobla und Vaclav Psenicka mit dem befreundeten Straßberger Bier getrunken haben, wurde nicht bekannt. Bekannt ist nur, daß Skobla vor Psenicka und Straßberger das Schwergewichtsheben in Los Angeles gewann.

Straßberger starb 1950 in München, nur 56 Jahre alt und von der Öffentlichkeit seltsamerweise schon vergessen.

Turnen

Stolze Siegesserie der Italiener

Eine der erstaunlichsten olympischen Siegesserien, diejenige der Italiener von 1920 bis 1932 im Turnen, ist in der Geschichtsschreibung zu kurz gekommen.

Savino Guglielmetti: Goldmedaillengewinner im Pferdsprung (Abb.) und mit der italienischen Mannschaft

Romeo Neri: Mit drei Goldmedaillen (Barren, Mehrkampf Einzel und Mannschaft) ist der Italiener der erfolgreichste Teilnehmer von Los Angeles.

Acht Goldmedaillen gewannen die Italiener, drei davon mit der Mannschaft. Die andere erfolgreiche Nation, die Schweizer (S. 194), holten sieben Medaillen, unter denen sich eine für das Team von 1928 befindet.

Ohne die großen Gerätkünste der Eidgenossen schmälern zu wollen, muß gesagt werden, daß die Italiener in jener Zeit über zahlreiche Individualisten verfügten. Dazu gehören Goldmedaillengewinner wie Romeo Neri, Giorgio Zampori, Ferdinando Mandrini, Mario Lertora, Savino Guglielmetti, Francesco Martino oder Oreste Capuzzo. Zampori (* 1887, † 1965) kam in seiner Laufbahn zu vier Goldmedaillen und einer silbernen, Romeo Neri (*1903, †1961) zu drei Goldmedaillen und einer silbernen. Der sehr viel jüngere Guglielmetti holte 1932 mit 20 Jahren zwei Goldmedaillen, Mario Lertora (* 1897, † 1939) gewann zu seinen beiden Goldmedaillen als 34jähriger noch eine bronzene in der Bodenübung.

An den Weltmeisterschaften jener Jahre, die 1922 in Laibach, 1926 in Lyon und 1930 in Luxemburg ausgetragen wurden, nahmen die Italiener nicht teil; auch die Deutschen und die Schweizer fehlten. Den Jugoslawen, Tschechoslowaken, Ungarn und Franzosen wurde das Feld überlassen. Die Titelausbeute für diese drei Weltmeisterschaften (WM 1922–1926–1930) sieht so aus: Jugoslawien (13–9–4), Tschechoslowakei (10–9–8), Ungarn (1–1–0) und Frankreich (0–2–3).

Ein Ausnahmeathlet war auch der Jugoslawe Leon Stukelj, geboren am 12. November 1898 in Novo Mesto, und von Beruf Rechtsanwalt. 1992 war der Slowene Ehrengast eines Treffens der Gemeinschaft Deutscher Olympiateilnehmer in Kienbaum vor den Toren Berlins; leichtfüßig kam er daher, ein 93jähriger, der einen gelben Lederkoffer mitgebracht hatte, den man ihm 1936 bei den Spielen in Berlin geschenkt hatte.

Stukelj gewann in seiner zweigleisigen Karriere – hier Olympische Spiele, dort Weltmeisterschaften – drei olympische Goldmedaillen, eine silberne und zwei bronzene sowie fünfmal Gold, fünfmal Silber und zweimal Bronze bei den Weltmeisterschaften 1922, 1926 und 1930.

Stukeljs Landsmann Josip Primozic kam olympisch zu Silber und Bronze (1928) sowie zu vier Weltmeisterschaften. Bedrich Supcik aus der Tschechoslowakei wurde Olympiasieger und Weltmeister, der Jugoslawe Peter Sumi »nur« viermal Weltmeister, Ladislav Vacha (* 1899, † 1942) aus der Tschechoslowakei holte sich fünf Olympia- und acht WM-Medaillen. Am Barren war er 1926 Weltmeister und 1928 Olympiasieger. Dazu kamen zwei Weltmeisterschaften mit der tschechoslowakischen Mannschaft.

Schwimmen

Japans Knaben und Fräulein Helen

Die Schwimmwettbewerbe der frühen Olympischen Spiele lebten in der Hauptsache von Individualisten, Exoten und Extrembegabungen. Ihre Namen sind alle schon genannt worden: Zoltan von Halmay, Alfred Hajos, Charles Daniels, Emil Rausch, Duke Kahanamoku, Johnny Weissmuller, John Arthur Jarvis, Henry Taylor,

Fanny Durack und Gertrud Ederle. Von 100 bis 4000 m sowie von 100 yards bis eine Meile gab es alle möglichen Distanzen und Bahnlängen. Die Zahl der erreichbaren Weltrekorde lag bei 85.

Mit dem als Dressman ins Showgeschäft abgewanderten Johnny Weissmuller, der schon als Hollywood-Tarzan im Gespräch war, fehlte in Los Angeles der Superstar im Schwimmen. Der deutsche Rückenmeister Ernst Küppers (* 1904, † 1976), 1928 und 1932 zweimal Olympiafünfter und ein alter Freund Weissmullers, hat die Auffassung vertreten, daß Weissmuller – hätte er noch starten dürfen – erneut Olympiasieger über 100 m Freistil geworden wäre. »Er mußte sich, schon wegen seines Aussehens, gut in Form halten«, sagte Küppers, dessen Sohn Ernst-Joachim (* 1942) die Olympiamedaille gewinnen konnte, die dem Vater versagt blieb (Silber 1964 in der Lagenstaffel in Tokio).

Gegen die Japaner, die in Los Angeles fünf von sechs Herrenwettbewerben gewannen, hätten die Amerikaner Weissmuller dringend nötig gehabt. Die japanischen Knaben, die bis auf den Brustschwimmer Yoshiyuki Tsuruta (28) zwischen 14 und 19 Jahre alt waren, sorgten auf ihre Weise für Ordnung im allgemeinen Tohuwabohu von Metern, Maßen und Minuten. Ihnen half dabei, um die Damen einzubeziehen, das Fräulein Helen Madison (* 1913, † 1970) aus Seattle im US-Staat Washington. In den elf Olympiakonkurrenzen der Herren und Damen gab es – auf die 50-m-Bahn projiziert – 16 Weltrekorde, ein Rekord an Höchstleistungen, der prozentual schon gar nicht und rein zahlenmäßig nie mehr übertroffen werden sollte.

Zum erstenmal trat mit den Japanern ein geschlossenes Schwimmteam auf. Der erst 15jährige Yasuji Miyazaki kraulte die 100 m im Halbfinale in 58,0 sec, womit er

Helen Madison (l.): Die dreifache Goldmedaillengewinnerin im Freistil (100 m, 400 m, 4x100 m) mit der Holländerin Willie den Ouden (M., Silber über 100 m Freistil) und der Amerikanerin Eleanor Garatti-Saville (Bronze)

Die japanische 4x200-m-Staffel (v. l.): Yasuji Miyazaki, Masanori Yusa, Takashi Yokoyama und Hisakichi Toyoda durchbrechen bei ihrem Olympiasieg in 8:58,4 min erstmals die 9-Minuten-Schallmauer.

den Weltrekord von Weissmuller auf der Langbahn übertraf, und gewann das Finale in 58,2 sec vor seinem vier Jahre älteren Landsmann Tatsugo Kawaishi.

Über 400 m belegten die Japaner Tsutomo Oyokota, Takaishi Yokoyama und Noboru Sugimoto die Plätze drei, vier und fünf, geschlagen von dem späteren Tarzan-Darsteller (und damit Weissmuller-Konkurrenten) Clarence Buster Crabbe und dem Franzosen Jean Taris. Yokoyama machte in Los Angeles den Fehler, dreimal voll zu schwimmen: 4:53,2 min im Vorlauf, 4:51,2 min im Zwischenlauf und 4:52,5 min im Endlauf. Bis dahin hatte auf der Langbahn nur Weissmuller 4:52,0 min erreicht. Über 1500 m hieß der Sieger Kusuo Kitamura. Er war 14 Jahre und zehn Monate alt, als er Gold gewann, der jüngste Olympiasieger aller Zeiten im Schwimmen.

Ein wahrer Methusalem war hingegen der 28jährige Yoshiyuki Tsuruta, der erneut Gold über 200 m Brust holte. Masaji Kiyokawa, der 19 Jahre zählte, siegte über 100 m Rücken und wurde später Mitglied des Internationalen Olympischen Komitees. In diesem Wettbewerb gewannen die Japaner alle drei Medaillen, denn Kiyokawa folgten Toshio Irie und Kentaro Kawatsu, die den Amerikaner Robert Dan Zehr und Ernst Küppper schlugen.

Daß die Japaner in der 4x200-m-Freistilstaffel mit dem neuen Weltrekord von 8:58,4 min eine halbe Bahnlänge vor den USA lagen, ist in der Nachbetrachtung keine Überraschung mehr, in Los Angeles war es aber eine Demütigung für die Amerikaner, die gar nicht wußten, wie ihnen geschah. Es war erst der zweite Herrenwettbewerb nach den 100 m Freistil, und man wußte noch nicht, was die Japaner wirklich »drauf« hatten.

Die Amerikaner trösteten sich mit Helen Madison, die drei Goldmedaillen gewann, was das Maximum war. Ihre drei Siegerleistungen über 100 und 400 m Freistil sowie als Schlußschwimmerin der Staffel bedeuteten Langbahn-Weltrekord. Nach der Australierin Fanny Durack war sie die zweite Freistilerin, die von 100 yards bis 1 Meile (die Meter-Distanzen eingeschlossen) alle Weltrekorde gleichzeitig hielt. Eine Filmkarriere für das Fräulein Helen scheiterte allerdings; sie war nur im Wasser wirklich Extraklasse. Als sie mit 57 Jahren an Krebs starb, war nur noch eine Katze bei ihr.

Dafür schaffte eine andere Olympiasiegerin den Sprung ins Showgeschäft, nämlich Eleanor Holm. In Los Angeles gewann sie die 100 m Rücken; sie wollte auch 1936 noch einmal an den Olympischen Spielen teilnehmen, trank aber auf der Überfahrt von New York nach Bremerhaven zuviel Champagner. Sie fiel dem amerikanischen NOK-Präsidenten unangenehm auf, der sie aus dem Team nahm, aber nicht verhindern konnte, daß Eleanor Holm dann auf der Pressetribüne in Berlin auftauchte – eine frühe Skandalreporterin also. Nunmehr bekannt genug, ging sie nach Hollywood. Im Alter lebte sie zurückgezogen als Innenarchitektin in Florida. Der NOK-Präsident, der ihren Ausschluß verfügte, war übrigens Avery Brundage.

Clarence Buster Crabbe: Der Amerikaner auf Bahn 6 beim Start der 400 m Freistil, die er in 4:48,4 min gewinnt.

1936 Garmisch-Partenkirchen

6. bis 16. Februar 1936
Dauer **11 Tage**
Teilnehmer **755 (675 Männer, 80 Frauen)**
Länder **28**
Sportarten **5**
Entscheidungen **17**
Zuschauer **543 155**
Schirmherr **Reichskanzler Adolf Hitler**
Eidsprecher **Willy Bogner (nordischer Skilauf)**

Olympische Winterspiele 1936 in Garmisch-Partenkirchen: Das offizielle Olympiaplakat mit angedeutetem »deutschem Gruß«

Berliner Vorspiel in den Alpen

Am 16. Februar 1936 dankte Adolf Hitler dem Präsidenten des IOC, Graf de Baillet-Latour und den Olympiern in einer Erklärung, die sicherlich Guido von Mengden, der große olympische Vordenker im Dritten Reich, formuliert, aber eben Hitler untergeschoben hat: »Der glanzvolle Verlauf und Abschluß der IV. Olympischen Winterspiele 1936 in Garmisch-Partenkirchen veranlaßt mich, Ihnen, Herr Präsident, und den anderen Mitgliedern des Komitees für Ihre außerordentlich hervorragende Tätigkeit, die so wesentlich die Abhaltung und Durchführung dieser internationalen Veranstaltung ermöglichte, meinen und des deutschen Volkes tiefgefühlten Dank zum Ausdruck zu bringen. Weiter bitte ich Sie, Herr Präsident, diesen Dank und unsere höchste Bewunderung all jenen Mitwirkenden zu übermitteln, die als Kämpfer und Kämpferin bei diesen Olympischen Spielen die Welt durch ihre herrlichen Leistungen in höchster Spannung hielten und mit Begeisterung erfüllten. In aufrichtiger Verehrung bin ich, Herr Präsident, Ihr Adolf Hitler.«

In Garmisch-Partenkirchen wurde Berlin geprobt. Bayerische Folklore dominierte; Hakenkreuzfahnen waren Schmuck. Ein gut gelaunter Hitler traf zur Eröffnung der Spiele, die ihm als Propagandainstrument einfach in den Schoß gefallen waren, am 6. Februar, 10.55 Uhr, mit dem Regierungssonderzug aus München am Olympiaort ein. Dort wurde er, bei lockerem Schnee-

Die Ehrentribüne in Garmisch-Partenkirchen: Hitler und Goebbels verteilen Autogramme an kanadische Eishockeyspieler.

Die erfolgreichsten Sportler von Garmisch-Partenkirchen

Name	Sportart	G	S	B
1. Ivar Ballangrud NOR	Eisschnellauf	3	1	–
2. Oddbjörn Hagen NOR	nordischer Skisport	1	2	–
3. Ernst Baier GER	Eiskunstlauf	1	1	–
4. Erik-August Larsson SWE	nordischer Skisport	1	–	1
5. Elis Wiklund SWE	nordischer Skisport	1	–	–
Sulo Nurmela FIN	nordischer Skisport	1	–	–
Klaes Karppinen FIN	nordischer Skisport	1	–	–
Matti Lähde FIN	nordischer Skisport	1	–	–
Kalle Jalkanen FIN	nordischer Skisport	1	–	–
Birger Ruud NOR	nordischer Skisport	1	–	–
Franz Pfnür GER	alpiner Skilauf	1	–	–
Christl Cranz GER	alpiner Skilauf	1	–	–
Karl Schäfer AUT	Eiskunstlauf	1	–	–
Sonja Henie NOR	Eiskunstlauf	1	–	–
Maxi Herber GER	Eiskunstlauf	1	–	–
Charles Mathiesen NOR	Eisschnellauf	1	–	–
Ivan Brown USA	Bobsport	1	–	–
Alan Washbond USA	Bobsport	1	–	–
Pierre Musy SUI	Bobsport	1	–	–
Arnold Gartmann SUI	Bobsport	1	–	–
Charles Bouvier SUI	Bobsport	1	–	–
Joseph Beerli SUI	Bobsport	1	–	–
James Foster GBR	Eishockey	1	–	–
Carl Alfred Erhardt GBR	Eishockey	1	–	–
Gordon Dailey GBR	Eishockey	1	–	–
James Wyman GBR	Eishockey	1	–	–
James Borland GBR	Eishockey	1	–	–
Archibald Stinchcombe GBR	Eishockey	1	–	–
Edgar Brenchley GBR	Eishockey	1	–	–
John Coward GBR	Eishockey	1	–	–
James Chappell GBR	Eishockey	1	–	–
Alexander Archer GBR	Eishockey	1	–	–
John Davey GBR	Eishockey	1	–	–
John Kilpatrick GBR	Eishockey	1	–	–

Medaillenspiegel Garmisch-Partenkirchen 1936

Land	G	S	B
1. NOR	7	5	3
2. GER	3	3	–
3. SWE	2	2	3
4. FIN	1	2	3
5. SUI	1	2	–
6. AUT	1	1	2
7. GBR	1	1	1
8. USA	1	–	3
9. CAN	–	1	–
10. FRA	–	–	1
HUN	–	–	1

treiben von IOC-Mitglied Karl Ritter von Halt begrüßt, der auch Chef des Organisationskomitees war. Hitler trug die braune Uniform, Halt einen Hut mit Fasanenfeder und einen sehr zivilen Wintermantel. Es war im Hinblick auf die Spiele der Anfang von einem guten Gelingen, nachdem es im Vorfeld einige Probleme gegeben hatte.

Mit der Vergabe der Spiele an Berlin hatte Deutschland zugleich die Aufgabe übernommen, auch die Olympischen Winterspiele auszurichten. 1931 aber hatten die deutschen Olympier noch keinen Wintersportort anzubieten. Am 7. November 1932 waren die damals noch getrennten Gemeinden Garmisch und Partenkirchen als Kandidaten aufgetreten.

Der Mann im Hintergrund war Karl Ritter von Halt. Er übermittelte auch die Bewerbung von Garmisch-Partenkirchen am 8. Juni 1933 auf der 32. Session des IOC in Wien. Da zu diesem Zeitpunkt die sogenannte Judenfrage verbunden mit antisemitischen Pogromen das IOC beunruhigte, mußte Ritter von Halt den Olympiern garantieren, daß 1936 die olympischen Regeln – unter anderem Zulassung von Juden zu den Spielen und ihre Aufnahme in die deutsche Olympiamannschaft – eingehalten würden.

Elf Monate später gab der Ritter auf der 33. Session in Athen diese Zusicherung, und St. Moritz als Ausweichkandidat entfiel für das IOC. Zu diesem Zeitpunkt war längst das Organisationskomitee gegründet worden, dessen Präsident Karl Ritter von Halt in der Doppel-Gemeinde den Berliner Ernstfall probte.

Schon am 10. Oktober 1933 wurde mit dem Bau der großen Olympiaschanze begonnen; es kamen das Kunsteisstadion und die Bobbahn am Rießersee hinzu. Was das Verhältnis zu den jüdischen Bürgern betraf, so handelte Adolf Hitler pragmatisch. In Garmisch-Partenkirchen – die beiden Gemeinden vereinigten sich am 1. Januar 1935 – und Umgebung wurde die Verfolgung der Juden vorübergehend eingestellt; der jüdische Eishockeyspieler Rudi Ball erhielt den olympischen Status. Der von deutschen Emigranten in Europa und den USA initiierte Olympiaboykott der Winterspiele scheiterte ebenso wie der danach besonders in den USA organisierte Widerstand gegen die Spiele in Berlin.

Nicht weniger als 543 155 Zuschauer kamen – vor allem mit der Reichsbahn aus München – zu den Winterspielen. Den Sprunglauf sahen 106 000 Menschen, das Eishockeyturnier verfolgten 200 000 Besucher – alles lauter Rekorde.

Die olympische Familie

Session dauert nur 110 Minuten

In der Geschichte der IOC-Sessionen spielt die 35., die am 11. Februar 1936 im Rathaus von Garmisch-Partenkirchen stattfand, eine besondere Rolle. Sie dauerte nur 110 Minuten, von 17.00 bis 18.50 Uhr. Protokollführer war André Berdez.

Nach der Session fand um 19.00 Uhr ihre Eröffnung statt. Dabei sprachen Ritter von

Halt als Chef des Organisationskomitees, Hans von Tschammer und Osten in seiner Eigenschaft als NOK-Vorsitzender und als Dritter IOC-Präsident Graf Henri de Baillet-Latour. Unter den Ehrengästen befand sich Reichspropagandaminister Dr. Joseph Goebbels. Von den 66 IOC-Mitgliedern waren 15 anwesend.

Drei Punkte machten die kleine Tagesordnung bedeutsam:

- Präsident Graf Henri de Baillet-Latour bereitete den Ausschluß des – nicht anwesenden – amerikanischen IOC-Mitgliedes Ernest Lee Jahncke vor (der dann in Berlin erfolgte).
- Das monegassische IOC-Mitglied Albert Gautier Graf Vignal regte Maßnahmen zum Schutz der olympischen Symbole an; er war der erste, der dies tat.
- Es wurde vorgeschlagen, den in Genf zurückgezogen lebenden Pierre de Coubertin für die Verleihung des Friedensnobelpreises vorzuschlagen (was Ende des Jahres 1936 geschah).

Wie man sieht, haben es auch kurze Sessionen in sich. Garmisch-Partenkirchen ist bis heute die kürzeste aller Vollversammlungen geblieben.

Karl Ritter von Halt (l.): 1936 mit IOC-Präsident Graf Henri de Baillet-Latour bei den Spielen in Berlin

Die olympische Familie

Karl Ritter von Halt lebt für Olympia

Verehrung und Verachtung liegen dicht beieinander. Karl Ritter von Halt, der einstige »Halte-Karl«, wie ihn seine Münchener Vereinsfreunde nannten, hat Freunde wie Gegner gehabt. Unstreitig ist, daß Karl Ritter von Halt (* 1891, † 1964) ein bedeutender Leichtathlet, ein hervorragender Wettkämpfer, ein Olympier hohen Ranges und ein Sportführer von Weltruf war. Daß der mit dem Max-Joseph-Orden für Tapferkeit vor dem Feind im Ersten Weltkrieg und so mit dem persönlichen Adel ausgezeichnete Sohn eines Schlossers aus München sich im Dritten Reich in der Nähe der nationalsozialistischen Machthaber aufhielt, gereichte ihm im Alter zum Nachteil und trübte sein Image in Deutschland, nicht jedoch im IOC. Im Männerorden war er einer der bedeutendsten und geachtetsten Persönlichkeiten.

Als Theodor Lewald, Oskar Ruperti und der Herzog zu Mecklenburg die zweifellos vornehme und äußerst diplomatische deutsche Repräsentanz im IOC bildeten, machte sich Halt in München auf, den deutschen Sport in eine bessere Zukunft zu führen.

Der am 2. Juni 1891 in München geborene Arbeitersohn – mit 18 Jahren ein hochgewachsener, schlanker Motoriker – gehörte zwischen 1911 und 1921 zu den besten Zehnkämpfern der Welt. 1912 war er Olympiateilnehmer (und startete damit gegen Jim Thorpe und Avery Brundage). Er erzielte vier deutsche Rekorde im Steinstoßen, erkämpfte sich fünfmal die deutsche Zehnkampfmeisterschaft und dreimal den Titel im Kugelstoßen, war Meister von Österreich und Sieger bei den Baltischen Spielen 1914.

Als Leutnant im Bayerischen Infanterie-Leibregiment erhielt er beim Einsatz an der Italienfront den Max-Joseph-Orden und durfte sich als 25jähriger Karl Ritter von Halt nennen. 1918 legte er, aus dem Krieg zurückgekehrt, seine Sportlehrerprüfung an

Karl Ritter von Halt: 1912 als Mehrkämpfer Olympiateilnehmer in Stockholm

der Infanterie-Schule in München ab und begann das Studium der Staatswissenschaften. Nach seiner Promotion als Nationalökonom wurde er Angestellter der Aufhäuser-Bank und später der Deutschen Bank, wo er Hermann Josef Abs (* 1901, † 1994) kennenlernte.

Der Bankmensch Halt hatte viel Zeit für den Sport. Er nahm sie sich, wenn er sie brauchte. 1925 wurde er Sportwart der Deutschen Sportbehörde für Athletik, der Vorgängerorganisation des Deutschen Leichtathletik-Verbandes. Gleichzeitig war er ein Förderer des Bob- und Schlittensports sowie des Handballs. 1928 führte Ritter von Halt die deutschen Leichtathleten bei den Olympischen Spielen in Amsterdam, ebenso 1932 bei den Spielen in Los Angeles. 1929, im Alter von 38 Jahren, wurde er Mitglied im IOC.

Halt besaß Charme und auch eine gewisse Geschmeidigkeit, die seine Gegner für Opportunismus hielten. Seinen guten Namen und die Hilfe einiger Freunde in der bayerischen Regierung und in der Finanzgesellschaft nutzte er mit dem Gespür des früheren Athleten und Wettkämpfers für erreichbare Ziele. Utopien waren nicht die Sache des Rechners Halt.

Mit der Vergabe der Olympischen Spiele an Berlin 1936 hatte Deutschland das Recht, auch die Winterspiele 1936 auszurichten. Es war der wintersportkundige Halt, der dem IOC 1933 in Wien vorschlug, Garmisch-Partenkirchen als Ort der Winterspiele zu akzeptieren. Er selbst übernahm den Vorsitz im Organisationskomitee, hielt sich aber als Mitglied im Olympischen Komitee für Berlin eher bedeckt.

Als der Amerikaner Avery Brundage 1936 ins IOC berufen wurde, bildete er mit dem Schweden Edström und Halt sofort ein Triumvirat, das sich bis 1964 – dem Todesjahr von Edström und Halt – die Männerfreundschaft erhielt. Es gab dann noch einige Querverbindungen zum IOC-Präsidenten Baillet-Latour, auch zu Theodor Lewald. Nach 1936 wurde Halt zur alle überragenden olympischen Figur in Deutschland – eine Tatsache, die dem Olympier Carl Diem, der als bezahlter Sportfunktionär trotz seiner großen pädagogischen und sportwissenschaftlichen Verdienste nicht in das IOC berufen werden konnte, überhaupt nicht schmeckte. Eine Bemerkung im Tagebuch von Carl Diem, das er während der Olympischen Spiele 1932 in Los Angeles führte, sagt alles: »Halt lebt in den Höhen der olympischen Götter.«

Im Internationalen Leichtathletik- und im Internationalen Handball-Verband ebenso wie im IOC respektiert, konnte Ritter von Halt auf der Vollversammlung des IOC im Dorchester Hotel in London am 9. Juni 1939 erreichen, daß die Session die Olympischen Winterspiele 1940 erneut an Gar-

Karl Ritter von Halt (r.): 1961 mit den NOK-Mitgliedern Willi Daume (l.) und Carl Diem

misch-Partenkirchen vergab und die für das Jahr 1944 dem italienischen Bewerber Cortina d'Ampezzo zudachte.

Mitten im Krieg hatte Halt drei große Auftritte, den einen bei der Wahl zum Präsidenten des Europakomitees der IAAF in Stockholm, den anderen ebenfalls 1942 nach dem Tode Baillet-Latours anläßlich einer Pressekonferenz in Brüssel; 1944 erschien Halt – seit 1937 Mitglied des Exekutivkomitees des IOC (zusammen mit Edström, dem französischen Grafen Melchior de Polignac, dem Briten Lord Aberdare, dem italienischen Grafen Alberto Bonacossa und Brundage) – bei der 50-Jahr-Feier des IOC in Lausanne. Wenig später war er als Nachfolger des 1943 gestorbenen Hans von Tschammer und Osten und des kommissarisch eingesetzten Arno Breitmeyer der letzte »Reichssportführer« des Dritten Reiches. Er bekleidete dieses Amt, in dem er nichts mehr bewegen konnte, das ihm aber politisch sehr schadete, noch genau 232 Tage, vom 18. September 1944 bis 8. Mai 1945. Danach verschwand er für fünf Jahre in dem Internierungslager Buchenwald, das die sowjetische Besatzungsmacht im Bereich des früheren nationalsozialistischen Konzentrationslagers eingerichtet hatte.

Die zweite olympische Karriere des Ritters begann 1950 nach der Entlassung aus Buchenwald. Er übernahm von dem Herzog zu Mecklenburg (wie Halt noch Mitglied des IOC) die Präsidentschaft des Nationalen Olympischen Komitees für Deutschland und erreichte die Wiederzulassung seines NOKs beim IOC 1951 in Wien. Damit durfte Deutschland 1952 in Helsinki starten. Halt, der 1957 noch einmal in die IOC-Exekutive gewählt wurde, war der erste Olympier, dem diese zweite Berufung in das Präsidium zufiel.

In München, seiner Heimatstadt, richtete er 1959 die 56. Session des IOC aus, wo Tokio die Olympischen Spiele für 1964 übertragen wurden. 1961 übernahm Willi Daume den Vorsitz im NOK und leitete dann allein die gesamtdeutschen Verhandlungen, an denen Halt nicht mehr interessiert war. 1963 in Baden-Baden erlebte Halt während der 60. Vollversammlung des IOC, daß Brundage ihn öffentlich seinen Freund nannte. Zu diesem Zeitpunkt war der Ritter schon ein einsamer Mann, 72 Jahre alt, von dem 50jährigen Daume geschnitten. In Innsbruck 1964 nahm Halt noch einmal an der Session des IOC teil. Dort war Daume bereits die neue olympische Größe in Deutschland, der neue Maßstab.

Am 5. August 1964 starb Karl Ritter von Halt in München – ein Mann, der durch Leistung und Können, gewiß auch Zufall, durch Anpassung und nüchterner Zielstrebigkeit seine persönliche Schneise durch die ideologischen Wälder des Kaiserreichs, der Weimarer Republik, des Dritten Reichs und zuletzt auch der Bundesrepublik Deutschland geschlagen hat.

Alpiner Skisport

Die Anfänge von Abfahrt und Slalom

Der alpine Skilauf steckte noch in den Kinderschuhen, als er 1936 in Garmisch-Partenkirchen olympisch wurde. Seine Anfänge gehen auf den österreichischen

Anfänge des Skisports: Der Einsatz zweier Skistöcke setzte sich erst zu Beginn des 20. Jahrhunderts durch.

Ski-Methodiker Mathias Zdarsky (* 1856, † 1940) und den Briten Sir Arnold Lunn (* 1888, † 1976) zurück. Zdarsky steckte schon 1905 einen Slalom aus, einen Lauf durch Torstangen, der nach Stilnoten bewertet wurde; er gilt als Erfinder des

Die Sieger der Arlberg-Kandahar-Rennen von 1928 bis 1939

Jahr	Abfahrt	Slalom	Kombination
Männer			
1928	Friedrich Schneider AUT	Benno Leubner AUT	Benno Leubner AUT
1929	David Zogg SUI	Karl Neuner GER	Karl Neuner GER
1930	Walter Prager SUI	Emil Walch AUT	Walter Prager SUI
1931	Otto Furrer SUI	W. R. Bracken GBR	Otto Furrer SUI
1932	Otto Furrer SUI	Franz Zingerle AUT Otto Furrer SUI	Otto Furrer SUI
1933	Walter Prager SUI	Hubert Salcher AUT	Walter Prager SUI
1934	Otto Furrer SUI	Otto Furrer SUI	Otto Furrer SUI
1935	Willy Steuri SUI	Hermann Steuri SUI	Arnold Glatthart SUI
1936	Emile Allais FRA	Friedl Pfeifer AUT	Friedl Pfeifer AUT
1937	Willy Walch AUT	Rudi Cranz GER	Emile Allais FRA
1938	-	-	-
1939	James Couttet FRA	Rudolf Romminger SUI	Rudolf Romminger SUI
Frauen			
1928	Liesl Polland AUT	Doreen Elliott GBR	Liesl Polland AUT
1929	A. D. Sale-Barker GBR	Hilde Horn AUT	A. D. Sale-Barker GBR
1930	Inge Lantschner AUT	Inge Lantschner AUT	Inge Lantschner AUT
1931	A. D. Sale-Barker GBR	A. D. Sale-Barker GBR	A. D. Sale-Barker GBR
1932	Hadi Lantschner AUT	Hadi Lantschner AUT	Hadi Lantschner AUT
1933	Nini Zogg SUI	Esme Mackinnon GBR	Esme Mackinnon GBR
1934	Jeannette Kessler GBR	Paola Wiesinger ITA	Jeannette Kessler GBR
1935	Anny Ruegg SUI	Anny Ruegg SUI	Anny Ruegg SUI
1936	G. Schimmelpenninck NED	Gerda Baumgarten AUT	Gerda Baumgarten AUT
1937	Erna Steuri SUI	Christl Cranz GER	Christl Cranz GER
1938	-	-	-
1939	Verena Fuchs SUI	Marion Steedman GBR	Marion Steedman GBR

Die alpinen Skiweltmeister von 1931 bis 1941

Jahr	Abfahrt	Slalom	Kombination
Männer			
1931	Walter Prager SUI	David Zogg SUI	-
1932	Gustav Lantschner AUT	Friedel Däuber GER	Otto Furrer SUI
1933	Walter Prager SUI	Anton Seelos AUT	Anton Seelos AUT
1934	David Zogg SUI	Franz Pfnür GER	David Zogg SUI
1935	Franz Zingerl AUT	Anton Seelos AUT	Anton Seelos AUT
1936	Rudolf Romminger SUI	Rudolf Matt AUT	Rudolf Romminger SUI
1937	Emile Allais FRA	Rudolf Romminger SUI	Emile Allais FRA
1938	James Couttet FRA	Rudolf Romminger SUI	Emile Allais FRA
1939	Helmuth Lantschner GER	Rudolf Romminger GER	Josef Jennewein GER
1941	Josef Jennewein GER	Albert Pfeiffer GER	Josef Jennewein GER
Frauen			
1931	Esme Mackinnon GBR	Esme Mackinnon GBR	Esme Mackinnon GBR
1932	Paola Wiesinger ITA	Rösli Streiff SUI	Rösli Streiff SUI
1933	Inge Lantschner AUT	Inge Lantschner AUT	Inge Lantschner AUT
1934	Anny Ruegg SUI	Christl Cranz GER	Christl Cranz GER
1935	Christl Cranz GER	Anny Ruegg SUI	Christl Cranz GER
1936	Evelyn Pinching GBR	Gerda Baumgarten AUT	Evelyn Pinching GBR
1937	Christl Cranz GER	Christl Cranz GER	Christl Cranz GER
1938	Lisa Resch GER	Christl Cranz GER	Christl Cranz GER
1939	Christl Cranz GER	Christl Cranz GER	Christl Cranz GER
1941	Christl Cranz GER	Celina Seghi ITA	Christl Cranz GER

Stemmbogens. Als alpiner Tourist entdeckte Lunn 1919 in der Schweiz die Abfahrt auf Ski, die er 1921 und 1929 erstmals wettkampfmäßig betreiben ließ. Es war dann der Arlberger Hannes Schneider (*1890, †1955), der in seiner Skischule Zdarsky und Lunn verfeinerte, aber gleichzeitig die ersten alpinen Skiläufer in den Geruch des Professionalismus brachte.

Die FIS, eine seinerzeit eher belächelte Weltorganisation, ließ ab 1931 internationale alpine Meisterschaften zu, die nachträglich den Segen als Weltmeisterschaften bekamen: Mürren 1931, Cortina 1932, Innsbruck 1933, St. Moritz 1934 und noch einmal Mürren 1935. Gleichzeitig betrieb man die olympische Anerkennung, machte aber keinen Unterschied zwischen Skifahrern und Skilehrern, die in Österreich in Hannes Schneider ihren Pionier hatten.

Das IOC, in Fragen des Wintersports nur wenig interessiert und im alpinen Skisportbereich völlig überfordert, ließ Skilehrer nicht zu den Spielen in Garmisch-Partenkirchen zu (wohl aber Turnlehrer an den Gerätewettbewerben 1936 in Berlin) und strich wegen Differenzen mit der FIS die alpinen Wettbewerbe bei den dann ausgefallenen Olympischen Winterspielen 1940, die an Sapporo, Oslo, St. Moritz und schließlich wieder an Garmisch-Partenkirchen vergeben worden waren.

Daß die 1936 in Garmisch-Partenkirchen fehlenden österreichischen und schweizerischen Skilehrer den Olympiaentscheidungen ein völlig anderes Bild gegeben hätten, gehört zu den unausrottbaren Legenden. FIS-Meisterschaften wurden 1936 in Innsbruck ausgetragen, direkt nach den Olympischen Winterspielen. Die Überprüfung von Leistungen zweier Athleten, die in Garmisch-Partenkirchen wie in Innsbruck teilgenommen haben, des Italieners Giangiorgie Sertorelli und der Engländerin Evelyn Pinching, ergeben einwandfrei, daß Garmisch-Partenkirchen weitaus besser und stärker besetzt war als Innsbruck. Die Kombinations-Weltmeisterin Pinching war in Garmisch nur Neunte im gleichen Wettbewerb geworden.

Die Wettbewerbe von damals, Abfahrt und Slalom (FIS-offiziell seit 1934), sind mit denen von heute nicht vergleichbar. Bei der Abfahrt konnten die Fahrer noch einander überholen, und die besten brauchten für das Rennen fünf Minuten. Im Slalom flatterten die Skihosen, und in Garmisch wagte die Kanadierin Diana Gordon-Lennox mit geschientem Arm, mit nur einem Skistock und mit einem Monokel im Auge die Abfahrt. Der Türke Resat Erces benötigte für die Abfahrt 22:44,4 min – 18 Minuten mehr als der Wettbewerbsbeste Birger Ruud aus Norwegen, der in der Kombination schließlich Vierter wurde und sieben Tage später den Sprunglauf gewann.

Über die ersten Olympiasieger im alpinen Skisport, Christl Cranz und Franz Pfnür, und einige Plazierte wie Gustav (Guzzi) Lantschner, Roman Wörndle, Emile Allais, Käthe Grasegger und Lisa Resch wird noch zu reden sein. Von den drei österreichischen Olympiadamen Rosmini, Weikert und Lettner, die im Gegensatz zu den Herren wenigstens in Garmisch-Partenkirchen starteten, ist dagegen nichts mehr zu berichten; sie wurden Siebzehnte, Achtzehnte und Zwanzigste. Österreichs alpine Skimacht der 30er Jahre – eine reine Erfindung.

Gustav Lantschner: 1932 Weltmeister in der Abfahrt für Österreich und 1936 Silbermedaillen-Gewinner für Deutschland in der alpinen Kombination hinter Franz Pfnür

Christl Cranz: Die 24fache deutsche Meisterin wird Siegerin in der alpinen Kombination.

Alpiner Skisport

Christl Cranz und ihre Welt

In einem historischen Entwicklungsprozeß gesehen hatte der alpine Skisport in den 30er Jahren nur einen wirklich großen Namen: Christl Cranz. Die 1914 in Brüssel geborene Deutsche holte sich zwischen 1934 und 1941 vierzehn Weltmeisterschaften in Abfahrt, Slalom und Kombination; dazu kamen noch vier WM-Silbermedaillen. Fast gleichzeitig holte sich Christl Cranz 24 deutsche Meisterschaften in der Kombination, in der Abfahrt und im Slalom. Nur einmal wurde sie bei einer deutschen Meisterschaft geschlagen: 1941 in der Abfahrt durch die Österreicherinnen Hilde Doleschall und Rosemarie Proxauf, die damals Reichsdeutsche waren. Die Dame aus dem Schwarzwald war so überlegen, daß ihre Konkurrentinnen Käthe Grasegger, Hadi Pfeifer oder Lisa Resch, die alle WM-Medaillen gewann, niemals deutsche Meisterin werden konnten.

Zu den Lehrmeistern von Christl Cranz zählte der Österreicher Toni Seelos, der den Skischwung zwischen den Slalomtoren erfand und zwischen 1931 und 1935 viermal Weltmeister und einmal WM-Zweiter war. Christl Cranz, die nach ihrer Heirat Borchers hieß, war eine Nationalsozialistin. Sie hatte nach dem Zweiten Weltkrieg als Pädagogin Berufsverbot – wie im übrigen auch eine andere deutsche Olympiasiegerin von 1936, Gisela Mauermayer (Diskuswerfen). Christl Cranz scheute danach das Auftreten in der Öffentlichkeit, obwohl sie im Deutschen Ski-Verband in der Nachwuchsarbeit tätig war.

Daß es damals zwischen den Skilehrern und den sogenannten Amateuren keinen Leistungsunterschied gab, machten die drei Medaillengewinner der Herren-Kombination deutlich. Franz Pfnür (Gold) war 1934 in St. Moritz Weltmeister im Slalom und WM-Zweiter in Kombination und Abfahrt. Berühmt war sein Urschrei »Bi dui« (Bin durch), wenn er durch die Slalomtore fuhr. Der Franzose Emile Allais (Bronze) war 1935 WM-Zweiter in Kombination und Abfahrt und sollte 1937 und 1938 vier Weltmeisterschaften gewinnen. 1937 holte er im heimischen Chamonix als erster Alpiner überhaupt alle drei WM-Titel.

Der Innsbrucker Gustav Lantschner (Silber), der 1935 die deutsche Staatsbürgerschaft erworben hatte, war 1932 Weltmeister in der Abfahrt für Österreich gewesen, ehe er als Nationalsozialist für Deutschland votierte. Der hochbegabte Kameramann wurde von der Filmregisseurin Leni Riefenstahl für ihre Produktionen (Olympiafilm 1936, »Tiefland«) gewonnen.

Die Lantschners spielten überhaupt in der Skisportgeschichte eine große Rolle. Neben Guzzi gab es den Bruder Otto, der als Filmproduzent arbeitete. Der Cousin Helmuth sollte 1939 Abfahrtweltmeister werden, die Schwester Hedi, Gattin des deutschen Olympiafunktionärs Friedl Pfeifer, wurde Olympiafünfte in der Kombination und die älteste der Geschwister Lantschner, Inge (verheiratete Wersin), war 1933 dreifache FIS-Weltmeisterin gewesen. Die Lantschners und Leni Riefenstahl – ein Kapitel für sich.

Christl Cranz, die in Garmisch bei der Abfahrt stürzte und beim Wiederaufstehen schätzungsweise 20 Sekunden verlor, holte den Rückstand durch zwei überragende Slalomläufe auf. Ob sie ohne Sturz die Abfahrt gegen die Norwegerin Laila Schou-Nilsen gewonnen hätte, ist schwer zu sagen. Es wäre knapp geworden. Die Norwegerin erreichte später Weltrekorde im Eisschnellauf und wurde eine hervorragende Tennisspielerin, dazu Mitglied im Nationalen Olympischen Komitee Norwegens.

1942 und 1943 gab es keine deutschen Meisterschaften im alpinen Skisport, dann aber seltsamerweise wieder 1944 im sechsten Kriegsjahr. Mirl Fischer, spätere Buchner-Fischer, gewann alle drei Titel und war 1952 die große Überraschung bei den Olympischen Spielen in Oslo. Dorthin durfte der Österreicher Engele Haider nicht reisen, der 1944 deutscher Meister im Slalom und in der Kombination und 1952 Trainer der deutschen Skiläufer gewesen war. Als ehemaliger deutscher Besatzungssoldat in Norwegen war Oslo 1952 für ihn verbotenes Terrain. Über diese Abmachungen zwischen dem olympischen Gastgeber Norwegen und den deutschen Gästen wurde in der Öffentlichkeit nicht gesprochen. Haider, um dies nicht zu vergessen, gehörte 1948 der österreichischen Olympiamannschaft in St. Moritz an. Dort belegte er nur die Plätze 17 (Abfahrt). 14 (Slalom) und 13 (Kombination).

Noch nachzutragen bleibt, daß in jenen Pionierzeiten des alpinen Skisports der Österreicher Josef Jennewein (* 1919, † 1943) 1939 und 1941 Skiweltmeister für Deutschland werden sollte. Daß er als 16jähriger an den Olympischen Spielen in Garmisch-Partenkirchen teilgenommen hat, ist ein Gerücht. Jennewein fiel im Krieg – wie auch Roman Wörndle, der Olympiafünfte von Garmisch-Partenkirchen, und Heinz-Rudolf Cranz, der Bruder von Christl.

Emile Allais beim Slalom: Der Franzose holt Bronze in der alpinen Kombination.

Ein norwegisches Dreigestirn

Ruud, Ballangrud und Sonja Henie

Zusammen haben sie neun Gold-, drei Silber- und eine Bronzemedaille gewonnen. Das norwegische Dreigestirn Birger Ruud – Ivar Ballangrud – Sonja Henie

Skispringen: Birger Ruud bei seinem Siegessprung in Garmisch-Partenkirchen

erreichte 1936 den Scheitelpunkt der Leistungshöhe. Alle drei Sportler waren außergewöhnliche Typen.

Der 1911 in Kongsberg geborene Birger Ruud war ein begnadeter Skispringer, der geringe Kraft durch großes Fluggefühl kompensierte. Der Wucht setzte er Eleganz entgegen. Die höchsten Stilnoten gehörten ihm. Birger Ruud war 20 Jahre alt, als er in Lake Placid seine erste Goldmedaille holte. Ein unsicheres Kampfgericht benötigte vier Stunden, um den Sieger im Sprunglauf bekanntzugeben. Als es dies dann tat, wurde der falsche Athlet vorgestellt: Hans Beck, der mit Ruud in Kongsberg trainiert hatte. Aber später stellte sich dann heraus, daß Birger Ruud mit Sprüngen von 66,5 und 69 m sowie der Note 228,1 vor Beck mit 71,5 und 63,5 m sowie 227,0 Punkten gewonnen hatte.

Vier Jahre später in Garmisch-Partenkirchen sprang der Schwede Sven Eriksson zweimal weiter als Ruud, hatte aber die schwächeren Haltungsnoten, so daß der Norweger mit 232,0 gegen 230,5 Punkten erneut siegte, obwohl er mit 75 und 74,5 m zweimal kürzer als Eriksson (76 und 76 m) sprang. Die Ausnahmestellung Ruuds zeigt sich auch darin, daß er 1931 in Oberhof, 1935 in Strbske Pleso und 1937 in Chamonix Weltmeister wurde. Dazu kam eine WM-Silbermedaille 1939 in Zakopane hinter dem damals für Deutschland startenden Österreicher Sepp Bradl. Schon 36jährig holte er sich bei seinen dritten Olympischen Spielen 1948 in St. Moritz noch eine Silbermedaille, als er sich, gerade Trainer der Norweger geworden, anstelle des unerfahrenen George Thrane in die Mannschaft nahm. In St. Moritz gingen alle drei Olympiamedaillen an die Norweger: Petter Hugstedt siegte vor Birger Ruud und Thorleif Schjelderup.

Birger Ruud (l.): Der Norweger gewinnt 1936 nach 1932 zum zweitenmal die Goldmedaille im Skispringen, damals Sprunglauf genannt.

In Garmisch-Partenkirchen aber nahm Ruud auch an der alpinen Kombination teil, erreichte in der Abfahrt mit weitem Abstand die beste Zeit, fiel aber dank einer schwächeren Leistung im Slalom auf den vierten Platz der Kombination zurück. Bei der alpinen Weltmeisterschaft 1935 in Mürren hatte Birger Ruud eine Bronzemedaille in der Kombination gewonnen. Dies zu Birger Ruud, der ein großer Freund der Deutschen war und sich in Garmisch-Partenkirchen besonders wohl fühlte. Mit Sigmund Ruud (* 1907) und Asbjörn Ruud (* 1919) hatte er zwei ebenfalls im Skispringen erfolgreiche Brüder. Sigmund war 1928 Olympiazweiter und 1929 Weltmeister, dazu noch einmal WM-Dritter 1930. Asbjörn holte sich 1938 in Lahti die Sprunglauf-Weltmeisterschaft.

Das Leben der Sonja Henie (* 1912, † 1969) war programmiert bis ins letzte Detail, sehr kurz und letztlich voller Einsamkeit. Der Vater Wilhelm Henie (* 1872, † 1937) war 1894 Radweltmeister der Steher gewesen und wurde der eiskalte Manager der Tochter. Wie viele alten Väter – Wilhelm war 40 Jahre alt, als Sonja geboren wurde – wirkte er nicht nur wie ein Patriarch, er war auch einer.

Wenn auch nicht die jüngste Olympiateilnehmerin aller Zeiten, so war Sonja Henie doch erst elf Jahre und 295 Tage alt, als sie 1924 Letzte der Eiskunstlauf-Konkurrenz der Damen in Chamonix wurde. Danach gewann sie 1928, 1932 und 1936 die Goldmedaillen. Vater Wilhelm, von Beruf Pelzhändler und angeblich der erste Mann mit einem eigenen Auto in Oslo, sah Eiskunstlauf als Showbusineß und Geschäft an. Er genierte sich nicht, schon 1932 davon zu sprechen, daß Sonja ihre olympische Karriere für den Professionalismus nutzen werde, und das zu einem Zeitpunkt, als man Paavo Nurmi den olympischen Status aberkannte.

Als Sonja Henie nach dem dritten Olympiasieg und dem eine Woche darauf folgenden zehnten Titel bei der Weltmeisterschaft tatsächlich ins Lager der Berufsläufer übertrat, war alles bestens für das kleine Mädchen aus Norwegen – inzwischen eine smarte Geschäftsfrau von 24 Jahren – vorbereitet. Ihr Vater hatte gerade den Filmvertrag mit der »20th Century Fox« unterzeichnen lassen, als er starb. Der erste Film »One in a Million« (Eine unter Millionen) wurde ein großer Erfolg, und es folgten neun weitere Hollywood-Streifen. Sonja

Sonja Henie: Mit ihrer dritten Goldmedaille in Folge wird die 23jährige die erfolgreichste Eiskunstläuferin aller Zeiten.

Henie wurde zum Star, hatte alles, was sie brauchte, sogar einen speziellen Schleifer ihrer Schlittschuhe. Sie heiratete zwei Amerikaner, von denen sie sich wieder scheiden ließ. Sie war Hauptdarstellerin eigener Eisrevuen und wurde 1941 Bürgerin der Vereinigten Staaten. Zum Zeitpunkt ihres Todes besaß sie 47 Millionen Dollar, damals eine unvorstellbar hohe Summe.

Sie hatte alles, nur kein Glück. Ihre Ehen waren Katastrophen, ihre letzten Filme Kitsch, ihre Sammlerwut von Antiquitäten und Kunstgegenständen reine Ablenkung. Im Sport (drei Olympiasiege, zehn Welt- und sechs Europameisterschaften) und in der Show war sie der erste Superstar, im Leben dagegen ein Aschenputtel im goldenen Käfig. Sie erkrankte an Leukämie und starb 1969 im Alter von 57 Jahren auf dem Flug von Paris nach Oslo – fern von ihrem dritten Ehemann, dem norwegischen Reeder Niels Omstad.

Ivar Ballangrud (* 1904, † 1969) lief noch als Mittdreißiger Rennen der Sonderklasse.

Maxi Herber und Ernst Baier: Das deutsche Paar gewinnt den Eiskunstlauf vor den Österreichern Ilse und Erik Pausin. Die 15jährige Maxi Herber ist die jüngste Olympiasiegerin der Winterspiele.

Seine olympische Karriere, die drei Spiele umfaßte, beendete er 1936 auf dem Rießersee mit drei Goldmedaillen und einer silbernen. Hier sind die olympischen Leistungen des Norwegers, der zu den größten Eisschnelläufern aller Zeiten zu rechnen ist: 1928 wurde er über 1500 m Dritter und über 5000 m Erster. 1932 schied er über 1500 m im Vorlauf aus, wurde über 5000 m Fünfter und über 10 000 m Zweiter. 1936 siegte er über 500, 5000 und 10 000 m und belegte über 1500 m den zweiten Platz. Vierkampf-Weltmeister wurde er 1926, 1932, 1936 und 1938, Vierkampf-Europameister 1929, 1930, 1933 und 1936. Insgesamt verbesserte er zehn Weltrekorde auf den Strecken 1000, 1500, 3000, 5000, 10 000 m und im Großen Vierkampf.

Bei den Spielen in Lake Placid fand er sich nicht mit dem von den Amerikanern erzwungenen Massenstart zurecht. In Garmisch-Partenkirchen war der 1500-m-Sieg seines sieben Jahre jüngeren Landsmann Charles Mathiesen eine Überraschung. Über 5000 m wurde Mathiesen Siebter, über 10 000 m Vierter. 1938 wurde Ballangruds Bezwinger allerdings Europameister im Vierkampf (und Ballangrud Dritter).

Eiskunstlauf

Mit Schattenlaufen zum Erfolg

Der Altersunterschied betrug 15 Jahre. Der Berliner Architekt Ernst Baier, allerdings ein 1905 geborener Zittauer, war schon 28 Jahre alt, als er mit Maxi Herber, geboren am 8. Oktober 1920 in München, 1934 im Paarlauf deutscher Meister und Weltmeisterschaftsdritter wurde.

Maxi zählte damals erst 13 Lenze, und sie ist bis heute die jüngste Olympiasiegerin der Winterspiele geblieben. 15 Jahre und 127 Tage alt war Maxi Herber, als sie mit Ernst Baier die Goldmedaille in Garmisch-Partenkirchen gewann.

Damals, 1933/34, wurden die beiden herausragenden Einzelläufer zu einem Paar gemacht. Mit Recht meinten die Insider, daß nur in der Gemeinsamkeit die große Chance liege, und sie lag darin. Herber/Baier wurden ein Markenzeichen, erfanden das sogenannte Schattenlaufen, indem sie, ohne einander zu berühren, Figuren und

Bewegungsabläufe synchronisierten. Ihre Erfolge: Olympiasieger 1936, Weltmeister 1936, 1937, 1938 und 1939, Europameister 1935, 1936, 1937, 1938 und 1939. Die Zuschauer bejubelten sie in Paris, London, Prag, Budapest, Berlin und St. Moritz. Zwischen 1934 und 1941 gab es sieben deutsche Meisterschaften: im Einzelwettbewerb brachte es Maxi auf drei Titel (1933, 1934 und 1935), Ernst auf fünf (1934 bis 1938 in Serie). Baier war zudem Olympiafünfter 1932 und Olympiazweiter 1936, so daß die Zahl der internationalen Medaillen (Olympische Spiele, Welt- und Europameisterschaften) mit 20 festzuhalten ist. 1941 heirateten die beiden, als die Amateurkarriere zu Ende und Maxi Herber volljährig war.

Nach dem Krieg ging das Paar zur Revue, aber die Zeit war noch nicht reif für das große Geld. In Garmisch-Partenkirchen wurden beide Eislauflehrer; die Ehe ging auseinander. Die Namen Ernst Baier und Maxi Herber verschwanden aus den Zeitungen. Im Fernsehen traten sie nicht mehr auf. Das Kunstpaar, das nie ein Traumpaar war, fiel der Vergessenheit anheim. Einer ihrer Mentoren, der langjährige Präsident des Deutschen Eissport-Verbandes, Herbert Kunze, sagte einmal, als er nach den Honoraren des Paares bei Schaulaufen im Dritten Reich gefragt wurde: »Ich weiß nur, daß ich Maxi für einen wichtigen Auftritt als Gage einmal einen Pelzmantel aus Leipzig besorgen konnte.«

Die jüngsten Olympiasiegerinnen der Winterspiele

Alter[1]	Name	Jahr	Sportart
15/127	Maxi Herber GER	1936	Eiskunstlauf (Paare)
15/315	Sonja Henie NOR	1928	Eiskunstlauf
16/157	Ann Henning USA	1972	Eisschnellauf
16/264	Yekaterina Gordeyeva URS	1988	Eiskunstlauf (Paare)
17/315	Michela Figini SUI	1984	alpiner Skisport
17/334	Marie-Therese Nadig SUI	1972	alpiner Skisport
17/347	Monika Pflug FRG	1972	Eisschnellauf
18/77	Katarina Witt GDR	1984	Eiskunstlauf
18/128	Marielle Goitschel FRA	1964	alpiner Skisport
18/240	Karin Enke GER	1980	Eisschnellauf

1) Jahre/Tage

Eishockey

Sensationeller Sieg der Briten

Wie war das nun 1936 beim Olympischen Eishockeyturnier? Die Briten wurden Olympiasieger vor Kanada, den USA, der Tschechoslowakei und Deutschland. Deutsche Beobachter sprachen 1936 von einem Zufallssieg der Briten, der österreichische Historiker Erich Kamper davon, daß »zahlreiche gebürtige Kanadier in der britischen Mannschaft mitwirkten«.

Kanadas Vertretung waren die Halifax Wolverines, gut genug für Olympia, aber nicht gut genug für die Briten. 1933 hatten

Eishockey: Die britischen Spieler feiern den Gewinn der Goldmedaille. Zweiter wird Kanada, Bronze geht an die USA.

Eishockey: Szene aus dem Spiel Großbritannien – Japan. Die Briten, in deren Team 14 gebürtige Kanadier spielen, siegen 3:0.

die Kanadier mit den Toronto Nationals die Weltmeisterschaft gegen die USA verloren. Niemand regte sich auf, und dies tat auch kaum jemand 1936. Eishockey war damals eine Randsportart in Europa, wo man wenig wußte von der legendären NHL der Kanadier, der Profi-Liga.

Was aber geschah wirklich in Garmisch-Partenkirchen? Die Briten hatten nicht weniger als 14 gebürtige Kanadier in ihrer Mannschaft, die von keinem anderen geführt wurde als dem späteren Weltverbandspräsidenten John F. Ahearne (*1900, †1987), einem schlitzohrigen Manager. Ahearne kümmerte sich wenig darum, was der Weltverband über die Einbürgerung der Kanadier in Großbritannien dachte, und er reagierte auch nicht auf die Sperre, die von der damaligen LIHG (später: IIHF) über die beiden britischen Olympiaspieler Alex Archer und James Foster, den Torhüter, verhängt wurde.

Ahearne ließ die beiden spielen, und so gewann seine Mannschaft in der Vorrunde gegen Schweden 1:0 und gegen Japan 3:0, in der Zwischenrunde dann gegen Kanada 2:1, wobei Edgar Brenchley schon in der 14. Minute das Siegtor zum 2:1 erzielte. Nach einem 1:1 gegen Deutschland schlugen die Briten Ungarn mit 5:1 und in der damit erreichten Finalrunde die Tschechoslowakei 5:0. Danach genügte den Briten ein 0:0 gegen die USA, um sich als Olympiasieger vorzustellen, denn das 2:1 aus der Zwischenrunde gegen Kanada hatte seine Gültigkeit behalten.

1936 Berlin

1. bis 16. August 1936
Dauer **16 Tage**
Teilnehmer **3980 (3652 Männer, 328 Frauen)**
Länder **49**
Sportarten **20**
Entscheidungen **144**
Zuschauer **3 770 000**
Schirmherr **Reichskanzler Adolf Hitler**
Eidsprecher **Rudolf Ismayr (Gewichtheben)**
Letzter Fackelläufer **Fritz Schilgen (Leichtathletik)**

Olympische Sommerspiele 1936 in Berlin: Das Olympiaplakat mit einem lorbeergekrönten Athleten und dem Siegeswagen auf dem Brandenburger Tor

Die Owens-Spiele vor Adolf Hitler

Die XI. Spiele moderner Zeitrechnung vom 1. bis 16. August 1936 in Berlin waren die Spiele des Amerikaners Jesse Owens. Adolf Hitler saß zwar auf der Ehrentribüne, aber es waren nicht die Spiele des Diktators, sondern die des Sportlers Owens, der als Farbiger in Hitlers Arier-Reich zum alles überragenden Star des olympischen Festes wurde.

Die erfolgreichsten Sportler von Berlin

Name	Sportart	G	S	B
1. Jesse Owens USA	Leichtathletik	4	–	–
2. Konrad Frey GER	Turnen	3	1	2
3. Ria Mastenbroek NED	Schwimmen	3	1	–
4. Alfred Schwarzmann GER	Turnen	3	–	2
5. Robert Charpentier FRA	Radsport	3	–	–
6. Guy Lapébie FRA	Radsport	2	1	–
7. Giulio Gaudini ITA	Fechten	2	1	–
8. Helen Stephens USA	Leichtathletik	2	–	–
Kristian Palusalu EST	Ringen	2	–	–
Franco Riccardi ITA	Fechten	2	–	–
Endre Kabos HUN	Fechten	2	–	–
Heinz Pollay GER	Reiten	2	–	–
Ludwig Stubbendorf GER	Reiten	2	–	–
Kurt Hasse GER	Reiten	2	–	–
Gregor Hradetzky AUT	Kanusport	2	–	–

Die Spiele lagen in der Mitte zwischen Anfang und Ende des Dritten Reiches, drei Jahre nach der Machtübernahme der Nationalsozialisten am 30. Januar 1933 und drei Jahre vor dem Beginn des Zweiten Weltkriegs am 1. September 1939, dem Anfang vom Niedergang des Hitler-Reiches.

Die XI. Spiele waren vom Internationalen Olympischen Komitee den olympischen Repräsentanten der freiheitlich-demokratischen Weimarer Republik übertragen worden, fielen dann aber in die Hände der neuen Machthaber. So wurden sie in einer für die Nachwelt nur schwer begreiflichen Folgerichtigkeit ein Triumph für den Olympismus, für Hitler und für die deutsche Jugend.

Von 1896 an bis 1932 war bei den Olympischen Spielen immer die Politik ein Wettbewerb gewesen; jeder Ausrichter verfolgte bestimmte Absichten. »Diejenigen der internationalen Sportler, die nach Berlin gehen, werden dort nichts anderes sein als Gladiatoren – Gefangene und Spaßmacher des Diktators, der sich bereits als Herr der Welt fühlt«, schrieb Heinrich Mann (* 1871, † 1950) in der Emigration in Paris.

Die US-Amerikaner erwägten einen Boykott der Spiele, aber der spätere IOC-Präsident Avery Brundage (* 1887, † 1975) führte 330 seiner Landsleute in die Reichshauptstadt, und das IOC schloß sein Mitglied Ernest Lee Jahncke aus, weil es mit einem Boykottaufruf in den USA »gegen die olympischen Interessen verstoßen« hatte.

Berlin war nationale Emphase, internationale Ermutigung und olympische Emotion. Im Reich der Hitlerschen Rassentheorien mit dem Arier als Übermenschen

Medaillenspiegel Berlin 1936

Land	G	S	B
1. GER	33	26	30
2. USA	24	20	12
3. HUN	10	1	5
4. ITA	8	9	5
5. FIN	7	6	6
FRA	7	6	6
7. SWE	6	5	9
8. JPN	6	4	8
9. NED	6	4	7
10. GBR	4	7	3

wurde der Farbige Jesse Owens zur tragenden Figur des Berliner Olympiafestes und zum Idol einer Jugend, die sich in ihrer Uniform mit dem Braunhemd Autogramme von Jesse Owens geben ließ.

Berlin setzte Maßstäbe. Da gab es den Olivenzweig und das kleine Eichenbäumchen für den Sieger, den grandiosen olympischen Fackellauf quer durch Europa, den Klang der Olympiaglocke, die Straußsche Hymne oder die Olympiafanfare von Paul Winter, die Filmaufnahmen der Leni Riefenstahl, die ersten Fernsehaufzeichnungen, den monumentalen Steinbau des Stadions, das Gepränge von Fahnen, Uniformen und Paraden, die Amtsketten für die IOC-Mitglieder, die Empfänge für die Gäste, die Hitler, Göring und Goebbels gaben, den alten Husarengeneral Mackensen in seiner schwarzen Galauniform auf der Ehrentribüne, die halben Reichsbahnpreise für Olympiabesucher aus dem In- und Ausland

Der große Rahmen der Olympischen Spiele

Jahr	Ereignis
1896	Eröffnung durch das Staatsoberhaupt Auffliegen der Tauben als Symbol des Friedens Olympische Hymne von Spyros Samaras (*1863, †1917) Medaillen für den Olympiasieger in Silber, für den Zweiten in Bronze; der Dritte erhielt nichts Olympische Fahne (auf weißem Grund die blauen Buchstaben OA für die griechische Bezeichnung Olympische Spiele)
1906	Erste Filmaufnahmen (bekannte Zuschauer)
1908	Medaillen für die ersten Drei (Gold für den Ersten, Silber für den Zweiten, Bronze für den Dritten) Einmarsch der Nationen
1912	Einführung der olympischen Kunstwettbewerbe (bis 1948) Erster Film von einigen Sportarten (Ringen, Leichtathletik, Fußball, Tennis) und Siegerehrungen
1920	Hissung der Olympiafahne von Pierre de Coubertin mit den fünf olympischen Ringen auf weißem Grund Erster olympischer Eid (Olympiateilnehmer)
1928	Erstmaliges Entzünden des olympischen Feuers als Symbol für die Reinheit der Spiele
1936	Olympischer Fackellauf (von Olympia in Griechenland nach Berlin) Olympiafilm von Leni Riefenstahl Erste Fernsehaufnahmen
1938	Leni Riefenstahl erhält den olympischen Orden für ihren Olympiafilm von den Spielen in Berlin
1948	Bei den Spielen von London werden neun Fernsehkameras eingesetzt. Ein Empfang ist im Umkreis von 90 km um London möglich Letztmalig Austragung der Kunstwettbewerbe
1956	Olympische Lizenz für Fernsehen
1958	Die Hymne des Sypros Samaras wird offizielle Olympiahymne.
1960	Das Fernsehen zahlt in Rom 395 000 Dollar Honorar.
1972	Einführung des Eids der Kampfrichter

Eröffnungsfeier: Das Luftschiff »Hindenburg« kreist mit der Olympiafahne über dem Reichssportfeld.

und die deutsche Olympiamannschaft als Sieger in der Medaillen-Gesamtwertung. Aber nicht nur im Äußerlichen setzte Berlin Maßstäbe: Die deutsche Jugend – und dies war der ganz entscheidende Punkt – verinnerlichte Olympia. Die Sportler, die für Deutschland in Berlin die Medaillen gewannen, waren noch in den bürgerlichen Vereinen groß geworden und nicht in der Hitlerjugend, in der SA oder in der SS – wohl hier und da in der Reichswehr.

Der überlegene Sieg der deutschen Mannschaft in der Medaillenwertung (33–26–30) vor den USA (24–20–12), Ungarn (10–1–5) und Italien (8–9–5) – eine Rangfolge, die alle bisherigen Wertungen auf den Kopf stellte – hatte verschiedene Ursachen, nur die eine nicht: die nationalsozialistische sportliche Aufrüstung. Die nämlich gab es überhaupt nicht. Im Gegenteil: Durch die gedanklich durchgespielte, aber noch nicht realisierte politische Gleichschaltung des deutschen Sports gab es mehr Behinderungen als Vorteile.

Der Wiedereintritt in das olympische Geschehen 1928 in St. Moritz, vor allem aber in Amsterdam, hatte in Deutschland eine große Begeisterung geweckt, die aber aufgrund der Zurückhaltung infolge der Wirtschaftskrise bei den Olympischen Spielen 1932 in Los Angeles einen gehörigen Dämpfer bekommen hatte. Die Reiter, die Hockeyspieler, die ideologisch verklemmten Turner, die Radsportler und auch die Fechter hatten 1932 ganz oder teilweise auf eine Olympiateilnahme verzichtet.

Die Frage Teilnahme oder Verzicht aber stellte sich 1936 überhaupt nicht. Sogar die Turner hatten anzutreten, nachdem sie 1934 bereits an den Weltmeisterschaften teilgenommen hatten. Turner, Reiter, Hockeyspieler, Radsportler und Fechter holten 1936 in Berlin allein 14 Gold-, vier Silber- und neun Bronzemedaillen, die den Erfolg über die sieggewohnten Amerikaner möglich machten.

Über Erwarten gut schlugen sich die Leichtathleten und die Ruderer, unter Wert kämpften Ringer und Gewichtheber; im Einklang mit der Papierform befanden sich die Kanusportler, die Boxer, die Schützen, die Segler und die Schwimmer. Daß die deutsche Fußball-Nationalmannschaft im Olympiaturnier mit 0:2 unter den Augen Adolf Hitlers gegen Norwegen verlor, war eine böse Überraschung. Aber 1936 war nicht unbedingt das Jahr des deutschen Fußballs, gab es doch in elf Länderspielen

Olympischer Fackellauf: Ein tschechischer Läufer übergibt die Fackel an einen Deutschen. Nach einer Idee von Carl Diem wurde das Feuer im heiligen Hain von Olympia entzündet und in einer Staffel von 3075 Läufern nach Berlin gebracht.

nur fünf Siege bei zwei Unentschieden und vier Niederlagen.

Die Amerikaner gewannen 14 ihrer 24 Goldmedaillen in der Leichtathletik, obwohl bei ihnen nicht alle Blütenträume reiften. Der 17,40-m-Weltrekordmann im Kugelstoßen, Jack Torrance, wurde mit 15,38 m nur Fünfter, die 4x400-m-Staffel hatte gegen die Briten keine Chance, der Neuseeländer Jack Lovelock schlug ihre 1500-m- und Meilenasse Glenn Cunningham und Archie San Romani, die 80-m-Hürdenläuferinnen spielten keine Rolle, auch die gute Hochspringerin Annette Rogers blieb hinter den Erwartungen. Dafür wurde die 4x100-m-Staffel gewonnen, als die in Führung liegenden deutschen Damen den Stab beim letzten Wechsel verloren.

Die Frankfurterin Tilly Fleischer, eine Metzgerstochter, war im Speerwerfen eine ebenso populäre Olympiasiegerin wie Gisela Mauermayer im Diskuswerfen. Hans Woellke gewann das Kugelstoßen, Gerhard Stöck sensationell das Speerwerfen. Der Weitspringer Luz Long lieferte Jesse Owens einen großen Kampf im Weitsprung. Das war der deutsche Beitrag zur leichtathletischen Erfolgsgeschichte.

Der Koreaner Kee Chung Sohn gewann unter dem Namen Kitei Son für Japan den Marathonlauf, der Japaner Naoto Tajima stieß mit genau 16 m im Dreisprung die Tür zu neuen Horizonten auf, die Finnen holten sich drei Goldmedaillen in den Laufwettbewerben.

Interessant war, daß im Werfen drei Weltrekordler nur jeweils Fünfte wurden: der schon erwähnte Jack Torrance im Kugelstoßen, der Magdeburger Diskuswerfer Willy Schröder und Finnlands großer Speerwerfer Matti Järvinen.

Im Hammerwerfen durfte der inoffizielle Weltrekordmann und Olympiasieger von 1928 und 1932, der irische Tierarzt Patrick O'Callaghan, der 1935 noch 56,95 m geworfen hatte, nicht starten. Die Iren gehörten nicht der IAAF an.

Die Franzosen beherrschten im Radsport das Straßenfahren, die Inder das Hockeyturnier, in dem sie nur den Deutschen als Silbermedaillengewinner ein Tor erlaubten (Indien–Deutschland 8:1), im Schießen erzielte der Norweger Willy Roegeberg 300 von 300 möglichen Ringen (KK-Liegend), die Italiener brillierten im Fechten, im Boxen kamen die acht Klassensieger aus sechs Ländern. Es bleibt zu erwähnen, daß der Schwergewicht-Olympiazweite Guillermo Lovell aus Argentinien, geschlagen von dem Deutschen Herbert Runge, nicht identisch war mit dem Olympiasieger von 1932, seinem Landsmann Santiago Lovell.

Die olympische Familie

Jesse Owens nicht empfangen

Der Superstar der Spiele in Hitlers Reich der Arier war ausgerechnet ein Farbiger: Jesse Owens. Um ihn ranken sich Legenden, auch jene, daß er eben wegen seiner dunklen Haut nicht von Hitler in der Ehrenloge empfangen worden sei. Der Fall erscheint schlüssig, ist aber nie so gewesen.

Zu Hitler wäre zu sagen, daß er zu keiner Minute seines Lebens eine Beziehung zum Sport oder der olympischen Idee gehabt hat, wohl aber zu einer Medienpolitik, die ihm mit den Olympischen Spielen in den Schoß fiel. Als er, der Massenverführer, sich entschlossen hatte, dem deutschen Volk die Spiele darzubieten, war ihm das Beste gerade gut genug. Der verhinderte Architekt Hitler wählte statt Beton, den er haßte, den Stein als Material für das Olympiastadion und ließ Werner March (* 1894, † 1976) gewähren. Dieser Baumeister erhielt dann auch – völlig zu Recht – 1936 die olympische Goldmedaille für Baukunst.

Hitler gab auch Theodor Lewald und Carl Diem freie Hand; die deutschen Sportler waren in der Obhut Hans von Tschammers und Guido von Mengdens, und es gab einen guten Draht zwischen dem Chef der Reichskanzlei, Hans-Heinrich Lammers, und Lewald. Die sogenannte Judenfrage machte in dieser Zeit nicht Hitler zu schaffen, sondern den Männern, die Garmisch-Partenkirchen und Berlin olympisch zu gestalten hatten. Hitler hatte von den olympischen Regeln keine Ahnung; er fühlte sich in Garmisch-Partenkirchen wie in Berlin als Hausherr. Erst, als die Spiele in der Reichshauptstadt begonnen hatten, wurde er darauf aufmerksam gemacht, daß er nur Gast in Olympia war.

Selbst die Beobachter aus dem inneren Kreis der Sportpolitik in Deutschland haben noch Jahre nach den Spielen in Berlin einen Vorgang falsch gedeutet: jene Tatsache, daß Adolf Hitler den Farbigen Jesse Owens nicht empfangen hat. Tatsache ist, daß Adolf Hitler am 2. August 1936 die olympischen Medaillengewinner im Kugelstoßen der Männer – Hans Woellke (Deutschland), Sulo Bärlund (Finnland) und Gerhard Stöck (Deutschland) – und im Speerwerfen der Frauen – Tilly Fleischer (Deutschland), Luise Krüger (Deutschland) und Maria Kwasniewska (Polen) – in seiner Ehrenloge beglückwünscht hat. Bilder davon gingen um die Welt. Hitlers populistische Geste widersprach aber den olympischen Regeln. IOC-Präsident Baillet-Latour ließ dem Reichskanzler durch Lewald und Tschammer ausrichten, daß diese Führerempfänge nicht geduldet werden könnten und zu unterbleiben hätten.

Der Hinweis, der einer Zurechtweisung nahe kam, wurde Hitler noch am 2. August übermittelt. Ab dem 3. August 1936 vermißte man diese Empfänge. Am 3. August aber wurde Jesse Owens Olympiasieger im 100-m-Lauf. Er kam nicht mehr in die Ehrenloge. Ob Hitler ihn empfangen hätte, wenn ihm dieser Handschlag nicht durch Baillet-Latour verboten worden wäre, ist schwer zu sagen. Am 2. August hatte der Farbige Cornelius Cooper Johnson die Goldmedaille im Hochsprung gewonnen und war nicht zum Führer gebeten worden.

Hitler mit IOC-Mitgliedern: Für die Nationalsozialisten waren die Spiele ein willkommenes Propagandainstrument.

Daß die Olympiateilnahme der US-Amerikaner am seidenen Faden hing, ist allerdings unbestritten. Daß sie zustande kam, ist das Verdienst des Puristen Avery Brundage, der am Anfang seiner internationalen Sportkarriere stand. Daß Kommunisten und die mit ihnen stark sympathisierenden Sozialisten die Spiele im Reich der Arier als einen Gewinn für den Nationalsozialismus und für Hitler erkannten und deshalb bekämpften, ist ebenso eine Tatsache, die sich freilich als unerheblich erweisen sollte. Berlin hat einen sehr bedeutsamen Platz in der olympischen Geschichte – allein schon deshalb, weil bis heute niemand zu sagen weiß, ob Adolf Hitler Jesse Owens empfangen hätte, wenn es ihm noch erlaubt gewesen wäre.

Die olympische Familie

Olympia Zeitung sorgt für Novum

Im Medienbereich sorgten die Organisatoren der Berliner Spiele für ein Novum. Sie gaben über 30 Tage im Reichssportverlag die Olympiazeitung (auch: Olympia Zeitung) heraus, die mit Auflagen zwischen 375 000 und 500 000 Stück zum Einzelpreis von 0,20 Reichsmark erschien. Die Nummer 1 datierte vom 21. Juli, die Nummer 30, die letzte, vom 19. August 1936. Auf der Titelseite dieser beiden Editionen war jeweils der Reichssportführer Hans von Tschammer und Osten (* 1887, † 1943) abgelichtet, damals als Vorsitzender des Deutschen Olympischen Ausschusses Deutschlands höchster olympischer Sportführer. Hans von Tschammer und Osten war aber nie IOC-Mitglied gewesen, was er so gerne geworden wäre.

Olympia Zeitung: Titelblatt der Ausgabe anläßlich der Eröffnung der Spiele

Offizielles Organ der XI. Olympischen Spiele 1936 in Berlin

2. AUGUST 1936
NUMMER 13
Preis 20 Pfennig

OLYMPIA ZEITUNG

Die XI. Olympischen Spiele sind eröffnet

ADOLF HITLER

Schirmherr der XI. Olympischen Spiele, betr[illegible] an der Spitze des Olympischen Komitees das Stadion

Herr Hitler, patron of the XIth Olympiad, entering the Stadium followed by the memoers of the I. O. C.

Le fuehrer Adolf Hitler, qui a accepté le haut patronage de la XIe Olympiade fait son entrée au Stade à la tête du Comite Olympique

Chefredakteur – oder wie man damals sagte, Hauptschriftleiter – war der Berliner Rundfunkjournalist Fred Krüger († 1950). Das geschickt aufgemachte, reich bebilderte und stark feuilletonistische Blatt warb politisch, sportlich und touristisch für Deutschland; auch dem internationalen Sport wurde Aufmerksamkeit geschenkt.

Die Schriftsteller Manfred Hausmann (* 1898, † 1986) und Joachim Fernau (* 1909, † 1989) gaben den literarischen Ton an. Für das Sportfachliche standen Hans-Peter Tillenburg, Rudolf Binneböse, Ernst Nebhut, Georg Haller, Hans-Herbert Schoedel, Erwin Riep, Felicitas von Reznicek oder Walter Schiemann zur Verfügung, von denen der 1940 im Krieg gefallene Hamburger Binneböse die mit Abstand besten Beiträge lieferte.

Gemessen an der Qualität der insgesamt 1600 Fotos, von denen das Bild des tschechoslowakischen Turners Alois Hudec an den Ringen (Goldmedaille) auch heute noch preiswürdig wäre, erscheinen die Texte in der Regel schwach.

Einen auch im Format kleineren Vorläufer gab es bereits bei den Winterspielen in Garmisch-Partenkirchen. Zwischen dem 5. und 17. Februar 1936 erschienen 13 Ausgaben, deren Auflage von 20 000 auf schließlich 102 000 stieg. Manfred Hausmann war der Startschreiber dieser ersten gut bebilderten Olympia Zeitung.

Erst 1922 hatte der Berliner Hans Borowik (* 1887, † 1961) in Deutschland die Jahresbestenlisten in der Leichtathletik eingeführt und stand 1936 immer noch auf einsamem Posten.

Im Schwimmen herrschte, was Rekorde anging, das totale Chaos, und bei den Gewichthebern hatte der Pädagoge Heinrich Brunner (* 1883, † 1934) durch Privatinitiative dafür gesorgt, daß ein wenig Ordnung in die Klassen und die Festlegung ihrer Höchstleistungen kam.

Leni Riefenstahl: Die Regisseurin des Olympiafilms mit ihren Kameramännern Hans Ertl und Adolf Gustav »Guzzi« Lantschner (l.), der in Garmisch in der alpinen Kombination die Silbermedaille gewann.

Mit ihren Sporteditionen waren die Verlage Beckmann und Limpert führend. Alfred Petermann in Berlin begann erst mit der Archivierung von Namen, Rekorden und Meisterschaften. Dies muß man wissen, um die Olympiazeitung des Reichssportverlages gerecht beurteilen zu können. Die Firma Reemtsma hatte mit ihren auflagenstarken Olympiabüchern seit 1924 (damals noch über die Schweiz, weil Deutschland in Paris fehlte), mit einigen wenigen Experten Wege gewiesen, die von der kleinen Schar von Tagesjournalisten im Sportbereich nicht ohne weiteres begangen werden konnten. 1912 hatte die deutsche Sportführung auf ihre Kosten junge Journalisten nach Stockholm geschickt, damit sie olympische Kontakte aufnahmen. Diese sollten sie für die Spiele 1916 in Berlin nutzen, die dann nicht stattfanden.

In der Olympiazeitung sind die Größen des Dritten Reiches immer wieder abgebildet. Adolf Hitler ist sehr oft präsent. Daß die Fotografen (und auch die Bildtexter) oft nicht wußten, wer da immer abgelichtet worden ist, wird besonders deutlich, wenn Mitglieder des IOC im Bild sind. Man erkennt sie nicht und bleibt im allgemeinen nichtssagend. Ein Mann wie Peco Bauwens, damals einer der bekanntesten Fußball-Schiedsrichter der Welt, wird in der Zeitung übersehen. Daß sich die IOC-Mitglieder in Berlin wohl fühlten, wird auf vielen Bildern deutlich. Der breiten Öffentlichkeit, nicht nur in Deutschland, blieben sie aber unbekannt.

An der 35. Vollversammlung des IOC in Berlin nahmen 49 Mitglieder teil – ein absoluter Rekord, wie Kanzler Otto Mayer 1960 in der Auswertung der Protokolle feststellt. Die wichtigste Entscheidung war die Vergabe der Olympischen Spiele 1940 an Tokio; die Japaner schlugen dann anschließend sofort Sapporo als Ort der Winterspiele von 1940 vor. Graf Melchior de Polignac griff – als Störenfried längst ausgemacht – wieder die Frage auf, ob Skilehrer an den Olympischen Winterspielen teilnehmen sollten. In Garmisch-Partenkirchen hatte man es ihnen verboten.

Zwei Dinge sind noch nachzutragen, die im Zusammenhang mit den Spielen von Berlin zu sehen sind. Für ihren Olympiafilm erhielt die damals 33 Jahre alte Leni Riefenstahl den olympischen Orden des IOC, und 1938 wurde die Nationalsozialistische Freizeit-Organisation »Kraft durch Freude« (KdF) mit dem olympischen Pokal ausgezeichnet. Damit drückte das IOC den hohen Respekt aus, den es damals vor den Deutschen als Dynamiker der olympischen Bewegung hatte. Zu allen Zeiten hat die Politik die olympische Szene beherrscht.

Der zweite, von den olympisch nie besonders interessierten Sozialisten heruntergespielte Vorgang, war die Vergabe der

Kameramänner am Telefunken-Bildfänger: Das deutsche Fernsehen, das sich noch im Versuchsstadium befindet, beginnt seine ersten Übertragungsversuche.

Olympischen Winterspiele 1940 erneut an Garmisch-Partenkirchen. Dies geschah am 9. Juni 1939, am letzten Tag der 38. IOC-Session in London, einstimmig und völlig demokratisch. Und es war der Ritter von Halt, der in London durchsetzte, daß das IOC künftig Pressekonferenzen veranstaltete. Kanzler Otto Mayer lobte in seinen Aufzeichnungen den Ritter dafür und hielt fest, daß Sigfrid Edström auf der nächsten Session (1946 in Lausanne) auch die erste IOC-Pressekonferenz stattfinden ließ. All das hat mit Berlin 1936 und seiner Olympiazeitung zu tun.

Die olympische Familie

Jüdin Bergmann nicht nominiert

Der Fall der Jüdin Margarete Bergmann, der erst nach dem Krieg aufgeklärt werden konnte, wirft ein seltsames Licht auf die deutsche Sportführung, insbesondere auf die der Leichtathleten. Insidern mußte Margarete Bergmann bekannt sein, der breiten Öffentlichkeit war ihr Name dagegen nicht geläufig. Frauen-Hochsprung war in jener Zeit kein Thema.

Margarete Bergmann wurde am 12. April 1914 in Laupheim als Tochter eines Kaufmanns geboren. Beim FV Ulm 1894 begann sie mit der Leichtathletik, wo ihr Talent im Hochsprung und im Kugelstoßen auch erkannt wurde. Als 17jährige stand sie 1931 erstmals unter den ersten zehn in der deutschen Bestenliste im Hochsprung (1,50 m). 1932 gehörte sie mit erneut 1,50 m und 1933 mit 1,51 m zu den besten deutschen Hochspringerinnen. 1934 studierte sie einen Sommer in England, kehrte aber 1935 zurück und startete für den Bereich Stuttgart im »Reichsausschuß jüdischer Sportler«, der im September 1934 vom Reichssportführer Hans von Tschammer und Osten als Sammlungsorganisation für jüdische Sportler ins Leben gerufen worden war. Mit 1,55 m erzielte Margarete Bergmann für diese jüdische Organisation eine Leistung, die sie für den Olympiakader 1936 interessant machte.

Nun war die Situation 1935/36 komplex. Die damals überragende deutsche Hochspringerin war Dora Ratjen aus Bremen, die nach drei deutschen Meisterschaften erst 1938 als Hermaphrodit von allen Frauenwettkämpfen ausgeschlossen wurde, nachdem sie mit 1,70 m gerade Europameisterin geworden war. 1936 war sie die deutsche Olympiateilnehmerin Nummer eins (in Berlin wurde sie Vierte mit 1,58 m). In zweiter Linie waren 1935 Elfriede Kaun aus Kiel (1,60 m), Sophie Scheibe aus Erfurt (1,56 m), Ilse Niederhoff aus Velbert (1,55 m) und eben Margarete Bergmann mit ihren 1,55 m zu nennen. Als die Jüdin dann am 27. Juni 1936 in Stuttgart 1,60 m überquerte und damit eine Weltklasseleistung erreichte, war sie mit Elfriede Kaun und Dora Ratjen olympiawürdig.

An den Anfang Juli in Berlin stattfindenden deutschen Meisterschaften nahm sie aber »wegen Verletzung nicht teil«, wie die Olympiadritte Kaun später erklärte. In Wirklichkeit hatte die Leichtathletikführung Margarete Bergmann aus dem Verkehr gezogen; sie ließ dann den dritten Startplatz für eine deutsche Hochspringerin bei den Spielen auch frei.

In diesem Zusammenhang ist das »Philo-Lexikon« von 1936 aufschlußreich. In diesem »Handbuch des jüdischen Wissens«, erschienen im Jüdischen Philo-Verlag, heißt es in der dritten Auflage über den Stand des von Juden betriebenen Sports im Dritten Reich: »1934 Ausschluß der jüdischen Sportler aus fast allen deutschen Sportverbänden. Neue Zusammenschlüsse. Der Deutsche Makkabikreis, gegründet 1898, und der Sportbund des Reichsbundes jüdischer Frontsoldaten, gegründet 1933, sind im Reichsausschuß jüdischer Sportler zusammengeschlossen und vom Reichssportführer als alleinige Vertretung des jüdischen Sports in Deutschland anerkannt.«

In einer umfangreichen Statistik listet das »Philo-Lexikon« in 15 Sportarten insgesamt 59 jüdische Spitzensportler deutscher Staatsbürgerschaft von 1890 bis 1936 auf. Darunter werden mit Margarete Bergmann, Helene Mayer und dem Eishockeyspieler Rudi Ball nur drei Olympiakandidaten für 1936 genannt.

Als 1936 die Jahresweltbestenliste erstellt wurde, stand der Name Margarete Bergmann mit den 1,60 m auf dem fünften Platz. Aus den deutschen Statistiken verschwand ihr Name. Margarete Bergmann ging noch 1936 in die Schweiz und von dort mit ihrem späteren Mann in die USA. 1937 wurde sie im Hochsprung mit 1,52 m amerikanische Meisterin, 1938 sogar mit 1,59 m. Mit 11,44 m wurde sie 1937 auch noch US-Meisterin im Kugelstoßen. Daß in der amerikanischen Meisterliste 1939 dann im Hochsprung der Name Alice Coachman erscheint, gehört als Faktenvermittlung in dieses Buch. Alice Coachman wurde 1948 Olympiasiegerin im Hochsprung.

Margarete Bergmann feierte 1964 ihren fünfzigsten Geburtstag bei alten Freunden in Stuttgart, meldete sich auch noch einmal, längst Bürgerin New Yorks, in einem Interview während der Olympischen Winterspiele 1980 in Lake Placid. In Deutschland machten in den 50er und 60er Jahren der Journalist Heinz Vogel und ich auf ihr Schicksal aufmerksam. Die olympischen Sportführer wie Carl Diem und Karl Ritter von Halt haben zu diesem Fall geschwiegen.

Die olympische Familie

Rangell per Brief in den Olymp

Der Finne Johann Wilhelm Rangell, 1912 erster 14-m-Dreispringer seines Landes (aber kein Olympiateilnehmer in Stockholm), war das letzte IOC-Mitglied (und zwar unter der Nummer 183), das durch Briefwahl in den Olymp berufen worden ist. Das geschah zwischen den Sessionen von 1938 auf dem Nil und 1939 in London am 15. September 1938.

IOC-Gründer Pierre de Coubertin hatte sich von Anfang an eingeräumt, selbst Persönlichkeiten ins IOC zu berufen. Er fragte dann später einige Freunde, schließlich seit 1921 das gerade eingerichtete Exekutivkomitee.

Nach 1938 konnte nur noch die Vollversammlung ein Mitglied aufnehmen. Nach dem Schweden Rolf Lyberg wurden insgesamt 110 IOC-Mitglieder zwischen 1896 und 1938 per Brief berufen.

Leichtathletik

25. Mai 1935 – Day of the Days

Für Insider kam Jesse Owens nicht als ein beliebiger Medaillenkandidat nach Berlin, sondern als ein Favorit in drei Einzelwettbewerben. Zwar waren nicht alle seine

Jesse Owens: Mit vier Goldmedaillen ist der Amerikaner erfolgreichster Teilnehmer der Spiele.

Spitzenleistungen präsent, aber die wichtigsten kannte man schon, auch wenn die Informationen recht spärlich waren.

1933 war Jesse Owens Jahresweltbester über 100 yards in 9,4 sec und amerikanischer Meister im Weitsprung mit 7,49 m gewesen. 1934 führte er über 100 yards (9,4 sec) und im Weitsprung (7,81 m) die Spitze der Weltbestenliste an.

1935 kam am 25. Mai der »Tag der Tage« (Day of the Days), als Owens in Ann Arbor beim Aufeinandertreffen der führenden ostamerikanischen Universitäten (Meeting der Big Ten) sechs Weltrekorde an einem Nachmittag aufstellte: Um 15.15 Uhr gewann Owens die 100 yards in der Weltrekordzeit von 9,4 sec; genau 15.25 Uhr absolvierte er seinen einzigen Weitsprung mit 8,13 m (Weltrekord), die 25 Jahre unangetastet bleiben sollten. Um 15.34 Uhr jagte Owens die 220 yards auf gerader Bahn in 20,3 sec herunter, die auch Weltrekord für die etwas kürzere Strecke von 200 m bedeuteten. Die Weltrekorde Nummer fünf und sechs lief er Punkt 16.00 Uhr über die 200 m und 220 yards Hürden mit 22,6 sec (gerade Bahn).

Die Schnellsten der Welt: Mit Helen Stephens (l.) und Jesse Owens stellen die USA sowohl bei den Frauen als auch bei den Männern die Goldmedaillengewinner über 100 m.

Bei den US-Meisterschaften in Lincoln (Nebraska) aber war dann der dunkelhäutige Eulace Peacock als Sieger über 100 m (10,2 sec) und im Weitsprung (8,00 m) die Sensation; Peacock verletzte sich später und verschwand wieder so schnell wie er gekommen war.

1936 gewann Owens die amerikanischen Meisterschaften über 100 m in 10,4 sec und den Weitsprung mit 8,00 m. Nach Berlin kam er also mit den besten Empfehlungen. Owens absolvierte folgendes Programm:

100 m: Vorlauf 10,3 sec, Zwischenlauf 10,2 sec (Rückenwind), Halbfinale 10,4 sec; Finale 10,3 sec.

200 m: Vorlauf 21,1 sec, Zwischenlauf 21,1 sec, Halbfinale 21,3 sec, Finale 20,7 sec.

Weitsprung: 7,74 m – 7,87 m – 7,75 m – ungültiger Versuch – 7,94 m – 8,06 m.

4x100 m: Vorlauf 40,0 sec, Finale 39,8 sec (mit Ralph Metcalfe, Foy Draper und Frank Wykoff).

Jesse Owens lief und sprang in zwei Jahren in die sportliche Unsterblichkeit.

Leichtathletik

Deutsche Frauen im Siegesrausch

In der Frauen-Leichtathletik begab sich zwischen den Spielen von Los Angeles und Berlin Merkwürdiges. Zuständig für die Leichtathletinnen fühlten sich gleich drei internationale Organisationen: das IOC aufgrund der Erfahrungen von 1928 und 1932, die FSFI, zuständig für die beiden Olympiaden 1921 und 1922 sowie für die Frauen-Weltspiele, deren vierte Auflage 1934 bevorstand, und schließlich die IAAF, deren nationale Mitglieder endlich den Zugriff auf die Frauen erwarteten. Die FSFI hatte ein umfangreiches Programm mit zwölf Wettbewerben (1934) entwickelt, dem die Olympier ganze fünf für 1936 entgegensetzten. Die IAAF hielt sich bedeckt und kam dann mit neun Konkurrenzen heraus, als sie 1938 die ersten Europameisterschaften (für Frauen) ausrichtete.

Die deutschen Leichtathletinnen hatten bei den Olympischen Spielen von 1928 und 1932 einige Enttäuschungen erlebt, war man doch bei den Weltspielen in Prag 1930 (fünf Siege in zwölf Wettbewerben) etwas verwöhnt worden. Alle Erwartungen aber wurden bei den IV. Weltspielen am 11. August 1934 in London übertroffen. Die deutschen Damen gewannen neun von zwölf Konkurrenzen: Käthe Krauß die 100 und 200 m, Ruth Engelhard die 80 m Hürden in der Weltrekordzeit von 11,6 sec, Traute Göppner den Weitsprung, Selma Grieme den Hochsprung, Gisela Mauermayer das Kugelstoßen und den Fünfkampf, Lisa Gelius das Speerwerfen und die Sprinterinnen die 4x100 m.

Gisela Mauermayer (* 1913, † 1995) hatte 1934 ein Glanzjahr: Sie stellte einen Weltrekord im Kugelstoßen (14,38 m) und im Fünfkampf (in London) auf. Im Weitsprung erreichte sie 5,63 m, im Hochsprung 1,52 m. Im Diskuswerfen kam sie auf 41,35 m und damit auf den zweiten Platz der deutschen Jahresbestenliste hinter Paula Mollenhauer.

Aber mitten hinein in den deutschen Siegesrausch von London platzten ernüchternde Meldungen. Weil die Amerikanerinnen den Weltspielen ferngeblieben waren, wußte man nichts über die Stärke der Damen von jenseits des Ozeans. Noch mehr geschockt war man, als bekannt wurde, daß die AAU 1934 überhaupt keine amerikanischen Frauenmeisterschaften ausgeschrieben hatte.

Das amerikanische Beispiel, auf Titelkämpfe zu verzichten, machte 1935 Schule in Deutschland. Die Deutsche Sportbehörde für Leichtathletik, die erst 1933 mit Heinrich Voß aus Wuppertal einen Sportwart für Frauen, den ersten überhaupt, bestellt hatte, strich wegen des olympischen Kurzprogramms 1936 in Berlin einfach die 200 m, den Weitsprung, das Kugelstoßen und den Fünfkampf aus dem Wettkampfprogramm, und so gab es auch keine deutschen Meisterschaften in diesen Disziplinen.

Der Siegesrausch von London 1934 verpuffte. Aus den USA kam 1935 die Kunde, daß eine 17jährige Farmerstochter, Helen Stephens, bei den US-Titelkämpfen die 100 m mit Rückenwind in 11,6 sec gelaufen sei. Dies tat man geringschätzig ab, weil alle anderen Resultate nach europäischen Maßstäben bestenfalls Kreisklasse bedeuteten. In Budapest lief zur gleichen Zeit Stella

Diskuswerfen: Sieg für Gisela Mauermayer (GER), hier mit der Kugel

80 m Hürden: Gold für Trebisonda Valla (ITA, 3. v. l.).

Jadwiga Wajs: Die Polin gewinnt die Silbermedaille im Diskuswerfen.

Walasiewicz bei den Studenten-Weltmeisterschaften die 400 m in 55,6 sec, die Weltrekord gewesen wären, hätte man diesen Wettbewerb gekannt.

Berlin kam, und es kamen die Überraschungen. Helen Stephens erwies sich als eine Klasse für sich und gewann die 100 m in 11,5 sec (mit Wind) vor Stella Walasiewicz (11,7 sec) und Käthe Krauß (11,9 sec). Die 80 m Hürden fielen an die Italienerin Trebisonda Valla, deren Landsmännin Claudia Testoni (Vierte) später Weltrekorde lief. Die 4x100 m gingen an die USA, weil die Weltrekordstaffel Deutschlands den Stab fallen ließ, mit zehn Meter beim letzten Wechsel in Führung liegend. Den Hochsprung holte sich die Ungarin Ibolya Csak.

Gisela Mauermayer, sicherlich die dominierende und vielseitigste Weltklasse-Athletin der 30er Jahre, siegte im Diskuswerfen, die Frankfurterin Tilly Fleischer im Speerwerfen. Mit zwei Gold-, zwei Silber- und drei Bronzemedaillen stellten die deutschen Leichtathletinnen die erfolgreichste Mannschaft vor den USA (zweimal Gold) – das große Ziel war erreicht.

Zwei Jahre später in Wien bei den Europameisterschaften wurde es mit fünf Gold-, sechs Silber- und vier Bronzemedaillen übertroffen, denn die übrigen Europäerinnen holten zusammen nur vier Gold-, drei Silber- und fünf Bronzemedaillen. Gisela Mauermayer, die als Aushängeschild des nationalsozialistischen Sports mit ihren Siegen bei Olympischen Spielen, Weltspielen und Europameisterschaften, dazu mit elf Weltrekorden eine Art Legende wurde, bekannte sich auch zum Nationalsozialismus und erhielt nach 1945 Berufsverbot als Lehrerin. Im Alter von 33 Jahren nahm sie das Studium wieder auf, schrieb eine Doktorarbeit über das Leben der Bienen und arbeitete dann viele Jahre als Bibliothekarin: eine Frau, die sich zu allem bekannte, was sie in ihren Leben getan hatte, und dies war im olympischen Sinne nicht wenig.

Leichtathletik

Marie Dollinger vom Pech verfolgt

Marie Dollinger nahm an drei Olympischen Spielen teil und hätte, wenn ihr das Glück hold gewesen wäre, leicht drei Medaillen gewinnen können. Aber sie sollte

4x100-m-Staffel: Die deutsche Staffel liegt auf der Zielgeraden klar in Führung, als beim Wechsel von Marie Dollinger zu Ilse Dörffeldt der Stab (Pfeil) zu Boden fällt. Sieger wird die Staffel der USA vor Großbritannien und Kanada.

nie auf einem Siegespodium stehen. 1928 in Amsterdam lief sie als 17jährige die 800 m, erreichte im Vorlauf mit 2:22,4 min einen Weltrekord, wie man meinte, und wurde im Finale Siebte.

Als sie drei Jahre später mit 2:16,8 min den Weltrekord der Olympiasiegerin Lina Radke-Batschauer einstellte, waren die 800 m wegen angeblicher Überforderung der Frauen wieder aus dem Olympiaprogramm gestrichen. Marie Dollinger hatte sich vorbeugend bereits den Sprintstrecken zugewandt und auf die 800 m verzichtet, obwohl sie in den Jahren 1929, 1930 und 1931 auf dieser Distanz deutsche Meisterin geworden war.

Bei ihren zweiten Olympischen Spielen, 1932 in Los Angeles, wurde sie Vierte über 100 m und Sechste in der Sprintstaffel. Sie mußte allerdings mit drei Werferinnen laufen, weil der deutsche Sport nicht über genügend Geld verfügte, um neben Marie Dollinger noch andere Sprinterinnen nach Kalifornien zu entsenden.

Ihr späterer Mann, Friedrich Hendrix, ein 10,4-sec-Sprinter, kehrte indes mit einer Silbermedaille über 4x100 m aus Los Angeles heim. 1936 bei den Olympischen Spielen von Berlin wurde Marie Dollinger erneut 100-m-Vierte und erlebte in der 4x100-m-Staffel, klar in Führung liegend, wie ihre Kameradin Ilse Dörffeldt den Stab nicht zu fassen bekam. Die Goldmedaille ging an die Staffel der USA, Silber holte Großbritannien, Bronze fiel an Kanada.

So beendete Marie Dollinger, am 28. Oktober 1910 in Langenzenn bei Nürnberg geboren, ihre Laufbahn nach insgesamt sechs deutschen Meisterschaften (100 m 1932, 200 m 1931 und 1933, 800 m 1929, 1930 und 1931) und fünf Weltrekorden (100 m, 800 m und 4x100 m) ihre Karriere ohne olympische Medaille.

Hätte es in den 30er Jahren schon eine Geschlechtskontrolle gegeben, wären Marie Dollinger wohl zwei Bronzemedaillen zugefallen. Stella Walasiewicz (* 1911, † 1980) aus Polen holte 1932 die Goldmedaille und 1936 Silber, hätte aber nicht starten dürfen. Bei ihrem Tod stellte man fest, daß sie keine Frau, sondern ein Mann war.

Marie Dollingers Ehemann Friedrich Hendrix fiel 1941 im Zweiten Weltkrieg. Tochter Brunhilde Hendrix (* 1938), die das Talent der Eltern geerbt hatte, holte 1960 in Rom Silber über 4x100 m (wie ihr Vater) und wurde 1957 deutsche 100-m-Meisterin (wie ihre Mutter).

UdSSR-Meister 1936

Im Olympiajahr 1936 fanden in der UdSSR erst die 10. Landesmeisterschaften in der Leichtathletik statt. Der Rückstand gegenüber der Weltelite war noch immer sehr groß – auch, was den Stand der UdSSR-Rekorde angeht.

Disziplin	Leistung	Meister	Landesrekord
Männer			
100 m	10,7	Pyotr Golovkin	10,6[1)]
200 m	21,6	Robert Lyulko	21,6[1)]
400 m	49,3	Robert Lyulko	48,6[1)]
800 m	2:00,3	Valentin Krainukov	1:56,4
1500 m	4:04,7	Ivan Sokolov	3:57,9
5000 m	15:14,2	Serafim Znamenski	14:38,7
10 000 m	31:45,6	Serafim Znamenski	31:45,6
110 m Hürden	15,5	Andre Fedotov	15,2
400 m Hürden	56,8	Viktor Sheludyakov	56,8
3000 m Hindernis	10:01,7	Viktor Beletski	10:01,7
Hochsprung	1,85	Edmund Roklin	1,93
Weitsprung	6,95	Pyotr Golovkin	7,24[1)]
Dreisprung	14,12	Nikolai Kovtun[2)]	14,66
Stabhochsprung	4,00	Vladimir Dyachkov	4,19
Kugelstoßen	14,68	Alexander Kanaki	15,20
Diskuswerfen	46,04	Nikolai Kutyev	49,76
Speerwerfen	60,66	Viktor Alexeyev	64,70
Hammerwerfen	46,52	Alexander Sheshtel	50,06
Frauen			
100 m	13,0	Valentina Kosareva	12,2
200 m	25,8	Maria Rogoshina	25,8
Hochsprung	1,50	Ludmilla Kulikova	1,55
Weitsprung	5,23	Sinaida Lastovka	5,80
Kugelstoßen	12,39	Sinaida Borisova	13,62
Diskuswerfen	38,45	Sinaida Borisova	40,72
Speerwerfen	39,67	Anna Maslova	39,67

1) Diese Rekorde stammen von Robert Lyulko, einem 1908 in London geborenen Russen; 2) Der 1914 geborene Nikolai Kovtun – siehe Dreisprung – war der erste sowjetische Zwei-Meter-Hochspringer, wurde aber später zur Unperson erklärt und verschwand im GULAG (1939).

Leichtathletik

Ausnahmeläufer Rudolf Harbig

Unter den vielen deutschen Medaillengewinnern befand sich mit dem 4x400-m-Schlußläufer Rudolf Harbig aus Dresden ein Mann, der erst zwei Jahre zuvor, beim Tag des unbekannten Athleten, entdeckt worden war. 1:58,2 min lief er damals über 800 m; 20 Jahre alt war er, kein junger Himmelsstürmer also. Aber der Trainer Woldemar Gerschler (* 1904, † 1982) erkannte in dem Herangewachsenen mit dem kurzen Oberkörper und den langen, sehnigen Beinen das bemerkenswerte Talent.

Rudolf Harbig: Der deutsche Ausnahmeläufer holt in Berlin Bronze mit der 4x400-m-Staffel. 1939 läuft er Weltrekorde über 400 m (46,0 sec) und 800 m (1:46,6 min).

Der Postbote Harbig entwickelte sich gut, aber nicht sensationell. 1936 gewann er seine erste deutsche Meisterschaft, die 800 m in 1:54,1 min. Für die Olympischen Spiele war er über 400 m und auch da nur für die Staffel qualifiziert. Im Finale dieses Wettbewerbs rettete er den kleinen Vorsprung, den Helmut Hamann, Friedrich von Stülpnagel und Harry Voigt hinter den Briten und US-Amerikanern vor den Kanadiern herausgelaufen hatten, ins Ziel. Bronze für Deutschland, vierter Platz für Kanada, beide mit gleicher Zeit: 3:11,8 min.

Rudolf Harbig, dessen Name bald um die ganze Welt gehen sollte, war auf der internationalen Bühne erschienen. 1937 lief er seine ersten deutschen Rekorde (800 und 400 m); 1938 wurde er in Paris Europameister über 800 und 4x400 m. Dabei setzte seine unvergleichliche Siegesserie ein, als er bis zum September 1940 in 55 Rennen von 50 m bis 1000 m als Erster ins Ziel kam. Höhepunkte waren dabei seine 1939 erzielten Weltrekorde über 400 m (46,0 sec) und 800 m (1:46,6 min). Die 1:46,6 min galten trotz der außergewöhnlichen Leistungen eines Paavo Nurmi oder Jesse Owens bis in die 50er Jahre als das Nonplusultra der Weltrekorde in einem olympischen Wettbewerb.

Im dritten Kriegsjahr, 1941, lief Harbig noch zwei Weltrekorde, einen über 1000 m (2:21,5 min) und mit Hans Seibert, Alfred Grau und Ludwig Kaindl den zweiten in der 4x800-m-Staffel (7:30,4 min).

In seiner Laufbahn kamen zusammen: vier Weltrekorde, 14 deutsche Rekorde, eine olympische Bronzemedaille, zwei Europameisterschaften, sieben deutsche Meisterschaften, 17 Länderkämpfe, die Jahresweltbestleistungen 1939 über 400 und 800 m sowie 1940 noch einmal über die Distanz von 800 m (1:47,8 min).

Der am 8. November 1913 in Dresden geborene Harbig fiel am 5. März 1944 bei Rückzugskämpfen in der Ukraine. Der deutsche Leichtathletik-Verband stiftete 1950 den Rudolf-Harbig-Gedächtnispreis. In Deutschland tragen zahlreiche Stadien den Namen dieses außergewöhnlichen Läufers, der 1936 in Berlin eine Bronzemedaille gewann.

Ringen

Johansson kann auch Polizeigriff

Die Zahl der Johanssons, die in schwedischen Olympiamannschaften gestanden haben, umfaßt – allein bei den Herren – 88. Trotz des Eishockeyspielers Sven »Tumba« Johansson und des Boxers Ingemar Johansson nimmt unter den Johanssons einer einen ganz besonderen Rang ein: der Ringer Ivar Johansson, dessen besonderes Kennzeichen ebenso große wie weit abstehende Ohren waren.

Johansson war 40 Jahre alt, als er 1943 seine 22. und letzte schwedische Meisterschaft gewann. Zwischen 1926 und 1944 startete er 19mal (!) und ohne jemals zu fehlen bei den schwedischen Meisterschaften im griechisch-römischen Stil und kehrte mit 13 Siegen, vier zweiten Plätzen und zwei dritten Plätzen heim. Von insgesamt 100 Meisterschaftskämpfen in diesen

19 Jahren verlor er nur fünf; in jener Zeit war es möglich, daß man aufgrund der Turnierregeln auch mit einem Punktsieg ausscheiden oder nur Zweiter werden konnte.

Johansson stammte aus Norrköping, war Polizist und blieb seiner Heimat immer treu. Geboren wurde er am 31. Januar 1903; er starb 76jährig am 4. August 1979. In Schweden war er 1932 Sportler des Jahres, als er in Los Angeles Olympiasieger in beiden Stilarten werden konnte. Zwischen dem 1. und 8. August 1932 bestritt er sieben Kämpfe, die er alle gewann. Innerhalb von 24 Stunden »kochte« er 6,5 kg Körpergewicht ab, um nach dem Gewinn der Goldmedaille im Mittelgewicht des griechisch-römischen Stils (bis 79 kg) sich auch die Goldmedaille im Weltergewicht des Freistils (bis 72 kg) zu holen.

In Berlin startete er, damals bereits 33 Jahre alt, nur im klassischen Stil und wurde zum drittenmal Olympiasieger. Das Pech des Schweden war, daß es in seiner Glanzzeit keine Weltmeisterschaften gab. Zwischen 1931 und 1939 wurde er in beiden Stilarten neunmal Europameister. 1929 war er einmal EM-Dritter und 1930 einmal EM-Zweiter. Nur bei den Europameisterschaften 1926 und den Olympischen Spielen 1928 blieb er unplaziert.

Zu den wenigen Ringern, die ihn einmal schlagen konnten, gehörte der Deutsche Fritz Bräun, wie Johansson Jahrgang 1903. 1926 schlug Bräun den Schweden bei der Europameisterschaft. Bräun war 1924 und 1925 Europameister und von 1931 bis 1934 Reichstrainer im Deutschen Athleten-Bund, zu einem Zeitpunkt also, als Johansson der Welt bester Ringer war.

Ringen

Zwei Goldmedaillen für einen Outsider

Die erstaunlichste Karriere aller Zeiten unter den besten Schwergewichtlern der Welt machte der 1908 geborene Este Kristian Palusalu, der in Berlin als ein Outsider startete, aber als Sieger in beiden Stilarten zum erfolgreichsten Ringer aufstieg. Selbst Insidern war der damals 28jährige kaum bekannt. Nur einmal war er vor den Spielen in Berlin bei einer internationalen Meisterschaft erschienen. 1933 bei den Europameisterschaften in Helsinki, die Kurt Hornfischer gewann, wurde Palusalu nach Niederlagen gegen Hornfischer und den legendären Schweden Carl Westergren Vierter und damit Turnierletzter. 1934 und 1935 hörte man nichts von ihm.

In Berlin begann Palusalu im freien Stil und schlug nacheinander den Tschechoslowaken Josef Klapuch (der trotzdem Zweiter wurde), den Franzosen Robert Herland, den Türken Mehmet Coban, den Schweizer Willy Bürki und den Bronzemedaillengewinner Hjalmar Nyström aus Finnland.

Fünf Kämpfe bestritt Palusalu auch im griechisch-römischen Turnier, in dem ebenfalls Klapuch, Coban und Nyström auftauchten. Palusalu, nunmehr gefürchtet, besiegte den Österreicher Eduard Schöll, den Rumänen Zoltan Kondorossy, den Schweden John Nyman, danach Coban und schließlich auch Kurt Hornfischer, der sich von einer Armverletzung bei einem Weihnachtsturnier 1935 in Heidelberg nicht mehr rechtzeitig erholt hatte. Deutschlands Ringerfreunde haben Hornfischer diese Niederlage übel genommen, war er doch ihr großer Favorit gewesen.

An Erfolge gewöhnt, enttäuschten die deutschen Ringer auf eigener Matte. Reichstrainer Jean Földeak und sein Vorgänger Fritz Bräun hatten die Mattenkünstler lange auf Siegeskurs gehalten. 1933, 1934 und 1935 waren die deutschen Ringer in beiden Stilarten zu sieben Gold-, elf Silber- und fünf Bronzemedaillen bei den Europameisterschaften gekommen, die damals der einzige Maßstab waren. Auch die Nieder-

Kristian Palusalu

Ringen, griechisch-römischer Stil:
Fritz Schäfer (r.) gewinnt im Weltergewicht die Silbermedaille. Gold geht an den Schweden Rudolf Svedberg.

lage des Pfälzers Fritz Schäfer im Weltergewicht des griechisch-römischen Stils gegen den raffinierten Schweden Rudolf Svedberg stand nicht in den Prognosen.

Kristian Palusalu kam nach den Spielen von Berlin 1937 noch zu den Europameisterschaften nach Paris (klassischer Stil) und gewann vor seinem alten Konkurrenten Josef Klapuch und dem Schweden John Nyman. Danach verschwand er von der internationalen Bühne; in Estland hatte er mit Johannes Kotkas (S. 236) einen Nachfolger gefunden.

Von dem Olympiadritten Hornfischer bleibt nachzutragen, daß er neben seinen vier Europameisterschaften von 1932 bis 1943 insgesamt 61 Schwergewichtsturniere bestritten und 45 von ihnen gewonnen hat; 16mal wurde er Zweiter.

369 Kämpfe soll er in seiner Laufbahn bestritten haben. 316 Siege kamen dabei heraus, unter ihnen 256 Schultersiege. Die Bronzemedaille von Berlin war ein Schönheitsfehler. Es hätte Gold sein müssen.

Kadre el Touni

Gewichtheben

Die starken Männer mit dem Fez

Da es im Gewichtheben zwischen 1923 und 1937 keine Weltmeisterschaften gab, erschienen die starken Männer Amerikas immer nur bei Olympischen Spielen. Japaner und Koreaner waren noch nicht so weit, daß sie die Europäer bedrängen konnten. Da wiederum aus Kostengründen die Ägypter bei den Olympischen Spielen in Los Angeles 1932 und den Europameisterschaften 1933 in Essen, 1934 in Genf und 1935 in Paris fehlten, hatten die Kraftsportler keine Ahnung von den internationalen Kräfteverhältnissen.

Einziger Anhaltspunkt waren die Europameisterschaften, an denen die Ägypter hätten teilnehmen dürfen, aber nicht teilnahmen, und die zwischen 1930 und Frühjahr 1936 erzielten Weltrekorde in den olympischen Gewichtsklassen und den Übungen Drücken, Reißen, Stoßen und Dreikampf. Insgesamt wurden 111 Weltrekorde registriert, die an Heber aus neun Ländern gingen, darunter auch an die Sowjets, die olympisch noch abseits standen. Hier die Weltrekorde nach Ländern verteilt: Deutschland 37, Ägypten 36, Österreich 16, Sowjetunion 9, Frankreich 7, Dänemark 3, USA 2 und Tschechoslowakei 1.

Beim Olympiaturnier war das Auftreten der Männer mit dem Fez eine Sensation – trotz ihrer Weltrekorde. Die Ägypter gewannen die Medaillenwertung (2–1–2) vor Deutschland (1–2–2); die Amerikaner, Österreicher und Franzosen stellten noch je einen Olympiasieger. Selten war eine Weltrekordliste so aussagekräftig.

Der erst 21 Jahre alte Kadre el Touni war mit Abstand der beste Heber, sehr zum Leidwesen der deutschen Fans, die gerne Rudolf Ismayr vorne gesehen hätten. Touni aber hob nicht nur Dreikampf-Weltrekord, sondern war auch besser als der Sieger der schwereren Halbschwergewichtsklasse, der Franzose Louis Hostin (372,5 kg). Der Ägypter hob 387,5 kg und lag um 35 kg vor Ismayr. Im Leichtgewicht kamen der Ägypter Mohammed Mesbah und der favorisierte Österreicher Robert Fein auf jeweils 342,5 kg und wurden nach längeren Überlegungen gemeinsam auf den ersten Platz gesetzt, eine salomonische Entscheidung. Im Schwergewicht war der Freisinger Josef Manger der Konkurrenz im Drücken so weit enteilt, daß diese trotz besserer Resultate im Reißen und Stoßen nicht mehr an den Bayern herankam. Manger erzielte mit 410,0 kg einen neuen Weltrekord und löste den Tschechoslowaken Vaclav Psenicka ab, der mit 402,5 kg nur 5 kg unter seinem Weltrekord blieb und Zweiter wurde.

Gewichtheben

Muskelposeur Rudolf Ismayr

Auf dem Höhepunkt seiner Karriere war er ein Weltstar und jedermanns Liebling; später, als er sportlich ausgedient hatte und Pensionär war, besaß er kaum noch Freunde. Rudolf Ismayr zählt zu den schillerndsten Figuren des deutschen Sports. Denn dies war Rudolf Ismayr, geboren am 14. Oktober 1908 im bayerischen Deggendorf: Olympiasieger und Weltrekordmann, Nationalsozialist und Kommunist, Eidsprecher und Eidbrecher, Fachmann und Feuilletonist, Freund der Funktionäre und ihr grenzenloser Verächter, Beamter und Freigeist, Amateur und Professional, Muskel-

Rudolf Ismayr: Der Goldmedaillengewinner von Los Angeles wird in Berlin im Mittelgewicht Zweiter hinter dem Ägypter Kadre el Touni.

poseur und Selbstdarsteller, ein blonder Germane, der gern anders ausgesehen hätte, vor allem aber ein orientierungsloser Olympier.

All dies war Rudolf Ismayr zur gleichen Zeit und nicht nacheinander. Ja, und dann war er so ehrgeizig, daß der Bundesverband Deutscher Gewichtheber ein Alterslimit für Gewichtheber einführen mußte. Rudolf Ismayr hielt sich an der Hantel für die ewige Jugend. Als er 80 Jahre alt wurde, nahm dies kaum noch jemand zur Kenntnis.

Der Gewichtheber Rudolf Ismayr war 1932 Olympiasieger, 1936 Olympiazweiter, 1938 WM-Zweiter, 1931, 1934 und 1935 Europameister und 1933 EM-Zweiter, siebenmal deutscher Meister, zuletzt 1939. Er stellte elf Weltrekorde auf, manche auf Bestellung. In den 30er Jahren wurde die Reichssportführung nervös, wenn Ismayr sich verletzte. Der Olympier Ritter von Halt war sein Mentor und ließ die besten Ärzte kommen, wenn sich Ismayr krank meldete.

In Olympiabüchern jener Zeit machte Ismayr Reklame für Muskelöle. Er schrieb in Fachzeitschriften über die Bedeutung des Sports und besonders des Gewichthebens. Er war in seinem Sport so firm, daß er 1936 die Prognosen für die olympischen Entscheidungen im Gewichtheben stellte. Keiner der deutschen Sportjournalisten konnte ihm hier das Wasser reichen. Er war so unantastbar, daß selbst die Niederlage gegen den Ägypter Kadre el Touni ihm nichts antat. Versuchte er Welt- oder deutsche Rekorde aufzustellen, schrieb er in den Lokalzeitungen selbst die Vorschauen. Er war ein so begabter Mensch, daß seine Kommentare nach dem Zweiten Weltkrieg über Gewichtheber-Ereignisse – stilistisch ebenso geschliffen wie fachmännisch kompetent – für die Leser ein Genuß waren.

Ismayr hätte seine Volkstümlichkeit erhalten können, wenn er nicht zwei Fehler gemacht hätte. Der olympische Eidsprecher von Berlin 1936 schämte sich plötzlich dieses Auftretens, weil er sich auch vom Nationalsozialismus distanzieren wollte. Er ließ sich von den Kommunisten anheuern und zum Agitprop-Funktionär aufbauen. Der demokratischen Sportbewegung warf er Kriegshetze und Faschismus vor. Statt die Gewichtheber in der Bundesrepublik Deutschland zu führen, beschimpfte er sie. Es war in den 50er Jahren sehr schwer, in dem eifernden Ismayr jenen Poseur zu sehen, der einmal das Idol der schwerathletischen deutschen Jugend gewesen war.

Von allen deutschen Olympiasiegern ist Rudolf Ismayr den merkwürdigsten Weg gegangen. Aber auch eine solche Biographie gehört zur olympischen Geschichte.

Turnen

Deutscher Triumph sollte einmalig sein

Die Frage, was gewesen wäre, wenn deutsche Turner sich an den Olympischen Spielen 1928 und 1932 beteiligt hätten, ist immer wieder gestellt worden. Dabei ist aber zu berücksichtigen, daß die Erfahrungen von 1908 und 1912 nicht besonders gut gewesen waren und auch jeder Vergleich bei den Weltmeisterschaften von 1903 bis 1930 fehlte. Die Antwort sind die Experten schuldig geblieben, weil sie für das deutsche Turnen sehr schlecht ausgefallen wäre. Sich vorzustellen, daß Rudolf Kobs oder Kurt Kroetzsch als die besten deutschen Mehrkämpfer der Zeit zwischen

Eugen Mack: Der Schweizer holt in Berlin vier Silbermedaillen (Zwölfkampf Einzel und Mannschaft, Pferdsprung, Seitpferd) und einmal Bronze (Boden).

1920 und 1934 internationale Medaillen gescheffelt hätten, ist geradezu absurd.

Deutsche Gerätemeisterschaften gab es erst ab 1940. Der 1943 vor Stalingrad gefallene Ernst Winter wurde zwar 1934 Weltmeister am Reck, als Deutschlands Turner sich international öffneten, aber der erste überragende deutsche Weltklasseturner, Konrad Frey (* 1909, † 1974), wurde, man muß dies herausstellen, in seiner Heimatstadt Bad Kreuznach von einem Franzosen trainiert, der nach dem Ersten Weltkrieg als Besatzungssoldat an der Nahe geblieben war. Michel Aubry hieß der Mann; 1913 war er Weltmeisterschaftszweiter im Pferdturnen gewesen.

Die Schweizer galten nach den Olympischen Spielen von Los Angeles 1932 als die Herrscher an den Geräten: statisch saubere Abwickler von Schwierigkeiten, ruhiger als die temperamentvolleren Deutschen, auch weniger waghalsig. Freilich war dies alles Auffassungssache. Damals vertrauten die Eidgenossen auf eine ganze Reihe von Weltklasseathleten: Georges Miez, Hermann Hänggi, August Güttinger, Jean Gutweniger, Antoine Rebetez, Eugen Mack, Josef Wilhelm, Edi Steinemann oder Carl Widmer. 1924 in Paris belegten die Schweizer die vier ersten Plätze am Seitpferd.

Georges Miez revolutionierte das Bodenturnen; er erfand eine neue Schwierigkeit nach der anderen. Freiübungen nannte er sie; berühmt sein Spagat im Ein-Bein-Stand. Überhaupt liebte er den Spagat als Kernübung am Boden. Steinemann gehört zu den weiteren Erfindern (Felge). 1934 wurden die Schweizer Mannschaftsweltmeister. In Budapest gewannen sie klar vor der Tschechoslowakei und Deutschland. Sechs der acht Goldmedaillen gewannen sie, Eugen Mack (* 1907, † 1978) vier von sechs Geräten (dazu kam noch eine Goldmedaille mit der Mannschaft). Nur Ernst Winter und der Tschechoslowake Alois Hudec durchbrachen die eidgenössische Erfolgsserie. Hudec gewann (wie auch zwei Jahre später in Berlin) den Wettbewerb an den Ringen.

Und dann kam 1936 in Berlin alles ganz anders. Deutschlands Turner, die bei der WM in Budapest einmal Gold (Winter), einmal Silber (Michael Sandrock am Reck) und zweimal Bronze (Mannschaft und Kurt Kroetzsch am Boden) gewonnen hatten, traten mit einer völlig veränderten Mannschaft an und siegten – einmal und nie wieder – in der Mannschaftswertung vor der Schweiz. Die deutsche Zwölfkampf-Mannschaft bestand aus Alfred Schwarzmann (113,100/1. Platz), Konrad Frey (111,532/3.), Matthias Volz (110,099/7.), Willi Stadel (108,999/8.), Franz Beckert (107,200/15.) und Walter Steffens (106,500/17.). Im Schweizer Team turnten Eugen Mack (112,334/2.), Michael Reusch (110,700/5.), Edi Steinemann (108,633/10.), Walter Bach

Alfred Schwarzmann: Der deutsche Ausnahmeturner, der in Berlin drei Gold- und zwei Bronzemedaillen gewinnt, beendet seine olympische Laufbahn 16 Jahre später bei den Spielen in Helsinki mit einer Silbermedaille am Reck.

Military: Konrad Freiherr von Wangenheim auf Kurfürst (Abb.), Ludwig Stubbendorf auf Nurmi und Rudolf Lippert auf Fasan gewinnen die Mannschaftswertung.

(108,299/11.), Albert Bachmann 107,502/13.) und Georges Miez (107,334/14.)

Eine Addition der Platzziffern ergibt 51 für Deutschland, 55 für die Schweiz; es war auf jeden Fall knapp. Die deutschen Turner gewannen fünf Gold-, eine Silber- und sechs Bronzemedaillen, die Eidgenossen einmal Gold, sechsmal Silber und zweimal Bronze, die Finnen einmal Gold und einmal Bronze. Hudec holte Gold an den Ringen und der schon 37 Jahre alte Leon Stukelj aus Jugoslawien Silber an den Ringen. Konrad Frey wurde mit drei Goldmedaillen und einer silbernen in Berlin erfolgreichster Sportler hinter dem vierfachen Olympiasieger Jesse Owens.

Das Ende der Geschichte ist schnell erzählt. 1938 bei der Weltmeisterschaft in Prag, wo Deutschland aus politischen Gründen fehlte, wurden die Tschechoslowaken Mannschaftsweltmeister vor der Schweiz, aber die Eidgenossen gewannen genau so viele Goldmedaillen wie die Tschechoslowaken und insgesamt zwei Medaillen mehr (12:10). Zwei Medaillen gingen an Jugoslawien. 1948 in London holten sich die Finnen den Olympiasieg in der Mannschaftswertung vor der Schweiz, 1950 die Eidgenossen im heimischen Basel die Weltmeisterschaft vor den Finnen, wobei sie sieben der acht Goldmedaillen behielten. Danach kamen die Sowjets – aber das ist schon eine ganz andere Geschichte.

Reiten

Deutsche gewinnen alle Wettbewerbe

Von sechs Goldmedaillen, die in den drei Wettbewerben der Reiter zu vergeben waren, gewannen die Deutschen sechs. Es war der totale Triumph, einen solchen hatte es bis dahin nicht gegeben. Deutschlands Militärreiter waren auf die Minute ebenso in Topform wie ihre Pferde. Zwischen 1900 und 1932 hatten die Schweden zehn Goldmedaillen gewonnen, die Holländer fünf und die Franzosen drei. Die deutschen Reiter waren auf zwei Goldmedaillen gekommen: 1928 in der Dressur, Einzel (Freiherr von Langen) und Mannschaft. Die übrigen sieben Goldmedaillen gingen an ebenso viele Länder.

Der Einsatz der Reiter der Kavallerieschule Hannover lohnte sich in Berlin. Im Dressurreiten stieg Heinz Pollay (* 1908, † 1979), damals ein Oberleutnant von 28 Jahren, mit seinem aus ostpreußischer Zucht stammenden Pferd Kronos zur Weltspitze auf. Mit dem schon 52 Jahre alten Major Friedrich Gerhard, Leiter des Schulstalles der Kavallerieschule und Silbermedaillen-Gewinner im Einzelwettbewerb, und dem Rittmeister Hermann von Oppeln-

Bronikowski (*1899, †1966) holte sich Pollay die zweite Goldmedaille in der Mannschaftswertung. Im Springreiten war Kurt Hasse (*1907, †1944) auf Tora gegenüber dem Rumänen Henri Rang auf Delfis der schnellere Reiter bei gleicher Fehlerpunktzahl (4). Mit jeweils 20 Fehlerpunkten sicherten Marten von Barnekow (*1900, †1967) und Heinz Brandt (*1907, †1944) der deutschen Mannschaft den Sieg im Preis der Nationen, den Kurt Hasse so glanzvoll vorbereitet hatte.

In der Military gab es Ovationen für einen Reiter, der am vierten von 36 Hindernissen beim Geländeritt stürzte, sich das Schlüsselbein brach und dennoch ans Ziel kam. Auch das Springreiten beendete er trotz eines weiteren Sturzes mit seinem Pferd Kurfürst und bescherte so der deutschen Mannschaft Gold, in der noch der Einzelsieger Ludwig Stubbendorf (*1906, †1941) und Rudolf Lippert (*1900, †1945)

Kurt Hasse auf Tora: Der Deutsche holt Gold im Jagdspringen und im Preis der Nationen mit seinen Mannschaftskameraden Marten von Barnekow auf Nordland und Heinz Brandt auf Alchemist.

ritten. Dieser außergewöhnliche Mann war Konrad Freiherr von Wangenheim, der vier Tage nach seinem Goldmedaillengewinn mit der Mannschaft 27 Jahre alt wurde.

Sie alle waren Soldaten, neun Offiziere. Drei von ihnen fielen im Zweiten Weltkrieg. Einer starb, beim Stauffenberg-Attentat auf Hitler schwer verwundet, am 22. Juli 1944, der fünfte kehrte nicht mehr aus sowjetischer Kriegsgefangenschaft heim. Kurt Hasse fiel als Oberstleutnant eines Panzerkorps 1943 in der Sowjetunion. Ludwig Stubbendorf, Kommandeur einer reitenden Artillerie-Abteilung, starb 1941 am Dnjepr. Rudolf Lippert kam bei Kämpfen seiner Panzerdivision, die er als Generalmajor führte, ums Leben. Er fiel am 1. April 1945, fünf Wochen vor Kriegsende. Heinz Brandt war Stabsoffizier im Führerhauptquartier, als die gegen Hitler gezündete Bombe neben ihm explodierte. Freiherr von Wangenheim starb am 28. Januar 1953 in sowjetischer Kriegsgefangenschaft. Ob sein Tod ein natürlicher infolge von Entbehrungen war, oder Mord oder Selbstmord, ist bis heute nicht geklärt.

Der aus Kronberg im Taunus stammende Marten von Barnekow starb als Pensionär in Sophienreut bei Hof an der Saale. Heinz Pollay nahm 16 Jahre nach seinem doppelten Goldmedaillengewinn von Berlin noch einmal an Olympischen Spielen teil und holte sich 1952 in Helsinki eine Bronzemedaille in der Dressur-Mannschaftswertung zusammen mit Ida von Nagel und Fritz Thiedemann; im Einzelwettbewerb wurde er als bester Deutscher noch einmal Siebter. 1979 starb Heinz Pollay als letzter der neun deutschen Olympiasieger im Reiten von 1936.

Schwimmen

Ein Meisje holt drei Goldmedaillen

Eine 17jährige Holländerin, Hendrika Wilhelmina Mastenbroek, mit Vornamen nur kurz Ria genannt, war mit drei Goldmedaillen und einer silbernen die überragende Schwimmerin der Spiele von Berlin. Sie gewann die 100 m in 1:05,9 min, die 400 m in 5:26,4 min, war Zweite über 100 m Rücken hinter der hohen Favoritin Dina Senff und holte das dritte Gold in der Freistilstaffel. Bei den Europameisterschaften 1934 in Magdeburg war ihr Stern aufgegangen, als sie die 400 m Freistil, die 100 m Rücken und mit den Niederlanden die 4x100 m gewonnen hatte, dazu noch Silber über 100 m Freistil bekam – als 15jährige. Neun Weltrekorde erzielte sie in ihrer Karriere. Trotzdem hielt sich ihr Nachruhm in Grenzen.

Einer, der in Magdeburg ebenfalls schon Gold gewonnen hatte, was in den USA und in Japan niemand interessierte, wurde der Sensationssieger von Berlin. Der Ungar Ferenc Csik (*1913, †1945) holte sich die 100 m Freistil. Seine Zeit von 57,6 sec

Ria Mastenbroek: Die Holländerin gewinnt dreimal Gold in den Freistilwettbewerben (100 m, 400 m, 4x100 m) und einmal Silber (100 m Rücken).

war nicht einmal olympischer Rekord. Ihm folgten drei entsetzte Japaner, der deutsche Rekordmann Helmuth Fischer aus Bremen und dann erst der hohe Favorit Peter Fick aus den USA, der seine gute Form zu Hause gelassen hatte.

Man hat später erzählt, daß die Ungarn im Plattensee das besondere Gefühl für Schnelligkeit und Distanz dadurch bekommen hätten, daß man sie aufforderte, 100 m so schnell wie möglich zu schwimmen und aufzuhören, wenn sie glaubten, genau 100 m zurückgelegt zu haben. Eine Zielmarkierung war beim Training nicht vorhanden.

Ob nun nur gut erfunden oder die Wahrheit: Ferenc Csik holte sich jedenfalls die Goldmedaille und war dann auch noch am dritten Platz der ungarischen 4x200-m-Staffel beteiligt. Er wurde zu einem populären Sportler, wirkte später als Arzt und kam in den Wirren der letzten Kriegstage in seinem Geburtsort Keszthely bei einem Luftangriff ums Leben.

Der 400-m-Olympiasieger Jack Medica aus den USA war ein sehr korpulenter Student, der einsam vor dem Feld herschwimmende Japaner Noboru Terada ein schweigsamer 1500-m-Sieger von 18 Jahren und der 17jährige Adolph Kiefer der allgemein geschätzte Sonnyboy aus Amerika. Kiefer kokettierte damit, daß seine Mutter in Stuttgart und sein Vater im Elsaß geboren worden waren. Er kam oft nach Deutschland, vor allem nach dem Zweiten Weltkrieg, zuletzt noch 1993 nach Stuttgart, wo er die IV. Leichtathletik-Weltmeisterschaften besuchte. In seiner bis in die 40er Jahre dauernden Karriere stellte der überlegene Olympiasieger über 100 m Rücken insgesamt 17 Weltrekorde auf.

Mit den Deutschen hatte es der Amerikaner Marshall Wayne, Sieger im Turmspringen und Zweiter vom Brett. Er flog als Air Force-Pilot Transporte während der Berliner Luftbrücke nach der Abschnürung der Stadt durch die sowjetische Besatzung. Wayne lebte auch eine Zeitlang in Berlin.

Jugend war im übrigen Trumpf im Schwimmen. Die Amerikanerin Marjorie Gestring ist als Gewinnerin im Brettspringen mit 13 Jahren und 268 Tagen die jüngste Olympiasiegerin aller Zeiten, und niemand ist als Medaillengewinnerin jünger gewesen als Inge Sörensen. Sie war zwölf Jahre und 24 Tage alt, als sie Dritte im 200-m-Brustschwimmen werden konnte. Als 14jährige wurde die Dänin 1938 dann Europameisterin.

Die jüngsten Olympiasiegerinnen

Alter[1]	Name	Jahr	Sportart
13/268	Marjorie Gestring USA	1936	Wasserspringen
13/345	Mingxia Fu CHN	1992	Wasserspringen
14/9	Kyoko Iwasaki JPN	1992	Schwimmen
14/41	Krisztina Egerszegi HUN	1988	Schwimmen
14/97	Pokey Watson USA	1964	Schwimmen
14/120	Aileen Riggin USA	1920	Wasserspringen
14/184	Sandra Morgan AUS	1956	Schwimmen
14//250	Nadia Comaneci ROM	1976	Turnen
14/260	Carolyn Wood USA	1960	Schwimmen
14/304	Rosalia Galiyeva EUN	1992	Turnen

1) Jahre/Tage

Kanusport

Olympiasieger baut sonst Orgeln

Der Kanusport – 1880 in den USA erfunden – war schon über 50 Jahre alt, als die Olympier ihn 1934 auf der 33. Vollversammlung in Athen in das Olympiaprogramm für 1936 aufnahmen. Es wurde dabei gar nicht klein angefangen, sondern mit neun Wettbewerben gleich geklotzt. 19 Länder gehörten damals dem Weltverband an. Die Medaillenverteilung in Berlin war entsprechend international: Österreich

Gregor Hradetzky: Der Österreicher gewinnt zwei Goldmedaillen in den Kanuwettbewerben.

3-3-1, Deutschland 2-3-2, Tschechoslowakei 2-1-0, Kanada 1-1-1, Schweden 1-0-1, Frankreich 0-1-0, Holland 0-0-3 und die USA 0-0-1. Daß Österreich erfolgreicher als Deutschland war, überraschte.

Von zwei Olympiasiegern muß hier die Rede sein. Der 1909 geborene Österreicher Gregor Hradetzky gewann im Einerkajak über 1000 m und im Einer-Faltboot über 10 000 m. Unter den Kanurennsportlern jener Zeit war Hradetzky eine schillernde Figur, von Beruf Orgelbauer, von Passion Kanute. Es gehört zu den großen Verdiensten des Sportarchivars Alfred Petermann, daß Hradetzkys grandiose Leistungen über alle Grenzen hinweg festgehalten wurden. Zwischen 1932 und 1941 gewann Gregor Hradetzky neun deutsche Meisterschaften (in Deutschland wurde international gefahren), 19 österreichische, drei polnische, zwei schweizerische, zwei tschechoslowakische und eine ungarische. In Krems geboren, startete Hradetzky für ÖKV Wien, TG München, Polizei Wien, SS Wien und KK Rosenheim. Zweimal war er Europameister. Die beiden olympischen Goldmedaillen aber machten ihn zu der unvergeßlichen Ausnahmeerscheinung.

Der Kanadier Francis Amyot (* 1904, † 1962), der einen Canadier fuhr, war schon 31 Jahre alt, als er auf eigene Kosten nach Berlin kam. Der kanadische Verband und das Olympiakomitee hatten es abgelehnt für den durchaus bekannten Kanu-Veteranen Geld auszugeben. Da nützte es auch nichts, daß man daran erinnerte, Amyot habe drei bekannte kanadische Footballspieler vor dem Ertrinken gerettet, als deren Floß bei einer Wildwasserfahrt gekentert war. Francis Amyot holte sich in Berlin die Goldmedaille im 1000-m-Canadier-Wettbewerb vor dem Tschechoslowaken Bohumil Karlik. Es war zur beschämenden Überraschung des kanadischen Olympiakomitees die einzige Goldmedaille, die Kanada 1936 gewann.

Handball

Olympische Weihe für neues Ballspiel

Das Handballspiel, von dem die Amerikaner einst sagten, es sei eine Mischung aus Fußball und Basketball, ist eine deutsche Erfindung. Der Turnlehrer der Siemenswerke in Berlin, Max Heiser (* 1879, † 1921), entwickelte diese Sportart im Ersten Weltkrieg, der dreimalige deutsche Meister im Weit- und Hochsprung, Carl Schelenz (* 1890, † 1956), und Carl Diem brachten Handball auf den olympischen Weg. Ein sogenanntes Handball-Komitee wurde beim Internationalen Leichtathletik-Verband IAAF angesiedelt (1927), das noch im selben Jahr die Anerkennung von Handball als olympischen Sport beim IOC durchsetzte, ein ganz erstaunlicher Vorgang. Da sich der spätere IOC-Präsident Avery Brundage und der Deutsche Ritter von Halt für

Handball: Szene aus dem Endspiel Deutschland gegen Österreich, das die Deutschen mit 10:6 gewinnen

Handball einsetzten, war die schnelle Anerkennung der neuen Sportart allerdings keine so große Überraschung.

1928 löste sich Handball aus der IAAF. 1930 wurde der Internationale Handball-Verband (FIHA) gegründet und als erster Präsident von Halt gewählt. Schon 1934 hatte die FIHA 26 nationale Mitglieder. Als sicher war, daß 1936 ein olympisches Turnier im Feldhandball mit Elfer-Mannschaften stattfinden würde, sorgte Ritter von Halt dafür, daß es 1935 und noch einmal im April 1936 Schiedsrichter-Lehrgänge gab. Später nannte sich die FIHA in Internationale Handball-Federation (IHF) um. Dank des schwedischen Einflusses kam es 1938 gleich zu zwei Weltmeisterschaften für Männer: eine auf dem Feld und eine in der Halle (mit Siebener-Mannschaften). Das Olympiaturnier von Berlin 1936 blieb allerdings für viele Jahre eine Ouvertüre ohne Nachspiel. Erst 1972 kamen die Handballspieler wieder in das olympische Programm mit einem Hallenturnier.

Deutschland gewann in Berlin vor Österreich, der Schweiz, Ungarn, Rumänien und den USA. Der Sieger bezwang Ungarn in der Vorrunde 22:0 und die USA 29:1. Die Ungarn besiegten in dieser Gruppe die Amerikaner 7:2. In der anderen Gruppe schlug Österreich die Rumänen 18:3 und die Schweizer 14:3. Es folgte das Spiel Schweiz – Rumänien mit 8:6.

Deutschland mußte in der Vierer-Endrunde wieder gegen Ungarn (19:6) antreten, die Österreicher erneut gegen die Schweiz (11:6). Es folgten Deutschland – Schweiz (16:6) und Österreich – Ungarn (11:7). So kam es zum Endspiel Deutschland – Österreich (10:6). Österreich lag allerdings fünf Minuten vor Spielschluß nur 6:8 zurück. Im Kampf um die Bronzemedaille besiegte Ungarn die Schweiz 10:5.

1948 St. Moritz

30. Januar bis 8. Februar 1948
Dauer **10 Tage**
Teilnehmer **713 (636 Männer, 77 Frauen)**
Länder **28**
Sportarten **6**
Entscheidungen **22**
Zuschauerzahl **59 037**
Schirmherr **Bundespräsident Enrico Celio**
Eidsprecher **Bibi Torriani (Eishockey)**

Olympische Winterspiele 1948 in St. Moritz: Offizielles Olympiaplakat

Hotel-Olympia in der Schweiz

»Der Schweiz, als neutrales Land im Herzen Europas für die Wiederaufnahme des Wettkampfbetriebs in der olympischen Familie geradezu prädestiniert, fiel die Ehre zu, dem schon damals größten und bedeutendsten Weltsportereignis frische Impulse zu geben. Keine Überraschung, daß nochmals St. Moritz, 1928 schon Schauplatz der Olympischen Winterspiele, den Auftrag erhielt.« Dies schrieb Hans-Ulrich Landolf, ein Mann der Neuen Zürcher Zeitung (NZZ), in einer Retrospektive, und er bemerkte weiter: »Daß im IOC davon Abstand genommen wurde, Deutschland und Japan nach St. Moritz einzuladen, stieß überall auf Verständnis; erstaunlich war dagegen, daß Italien, im Krieg an der Seite von Nazi-Deutschland, dennoch Gelegenheit zur Teilnahme erhielt. Die Hüter der olympischen Bewegung legten in diesem besonders gelagerten Fall offensichtlich verschiedene Ellen an.«

Der Krieg, das machte St. Moritz deutlich, hatte viele Maßstäbe verrückt. Die Amerikaner erschienen mit zwei Eishockey-Mannschaften, doch da nur ein Team spielen konnte, entschied sich der Internationale Eishockey-Verband mit seinem schweizerischen Präsidenten Fritz Kraatz für die Mannschaft der American Hockey Association (AHA); das Team der AAU und des US-Olympiakomitees wurde abgelehnt. Avery Brundage, der dieses Team favorisiert hatte, erlitt wutschnaubend eine Abstimmungsniederlage. Danach hatte er aber das klammheimliche Vergnügen, daß das AHA-Team nach Erringung des vierten Platzes disqualifiziert wurde.

St. Moritz war trotzdem ein Hotel-Olympia in Ruhe und Frieden bei reduzierten Preisen. Insgesamt sollen knapp 60 000 Besucher die Spiele gesehen haben, aber das muß nicht stimmen. Schweden (4–3–3), Norweger (4–3–3) und die Schweizer (3–4–3) gewannen jeweils zehn Medaillen, die Amerikaner kamen auf neun (3–4–2).

Einige Namen unter den Medaillengewinnern verdienen es, herausgehoben zu werden. Nils Karlsson, genannt »Mora Nisse«, gewann 31jährig und zehn Jahre nach seinem ersten schwedischen Meistertitel den olympischen 50-km-Skimarathon; neunmal siegt er zwischen 1943 und 1953 im Wasa-Lauf. Der Schwede galt zu seiner Zeit als der überragende Langläufer. Birger Ruud holte sich als Trainer der norwegischen Skispringer nach den Goldmedaillen

Medaillenspiegel St. Moritz 1948

Land	G	S	B
1. SWE	4	3	3
NOR	4	3	3
3. SUI	3	4	3
4. USA	3	4	2
5. FRA	2	1	2
6. CAN	2	–	1
7. AUT	1	3	4
8. FIN	1	3	2
9. BEL	1	1	–
10. ITA	1	–	–

Die erfolgreichsten Sportler von St. Moritz

Name	Sportart	G	S	B
1. Henri Oreiller FRA	alpiner Skisport	2	–	1
2. Martin Lundström SWE	nordischer Skisport	2	–	–
3. Nils Östensson SWE	nordischer Skisport	1	1	–
Trude Beiser AUT	alpiner Skisport	1	1	–
Gretchen Frazer USA	alpiner Skisport	1	1	–
Åke Seyffarth SWE	Eisschnellauf	1	1	–
7. insgesamt 33 Sportler mit je einer Goldmedaille				

von 1932 und 1936 noch eine silberne, als er sich selbst noch einmal »aufstellte«.

Der alpine Olympiasieger Henri Oreiller (Frankreich) verunglückte 1962 als Rallyefahrer tödlich. Richard Button ging als Revolutionär in die Eiskunstlaufgeschichte ein; er war einer der ersten großen Selbstdarsteller und machte aus Sport und Kunst eine perfekte Show, mit der dann andere das dicke Geld verdienten (das es für Button später im Fernsehen gab). Der Eisschnelläufer Åke Seyffarth aus Schweden, Olympiasieger über 10 000 m und Zweiter über 1500 m, wurde wie Nils Karlsson durch die ausgefallenen Spiele 1940 und 1944 um weitere Medaillen gebracht.

Die Bobfahrer Felix Endrich (Schweiz) und Max Houben (Belgien) verunglückten später in Ausübung ihres Sports tödlich. Olympiasieger Endrich (Zweierbob) 1953 in Garmisch-Partenkirchen, der Olympiavierte Houben 1949.

Houben war im übrigen einer der ersten Leichtathleten (und dazu ein Sprinter), der sich in den Bob setzte. Als 22jähriger hatte der Belgier in der 4x100-m-Staffel seines Landes gestanden, die 1920 bei den Olympischen Spielen in Antwerpen als Vorlaufvierter ausgeschieden war.

Der Sechste im Winter-Fünfkampf, der nur als Demonstrationswettbewerb stattfand, war der Brite Derek Swithin Allhusen. 20 Jahre später wurde er Olympiasieger in der Military (Mannschaft) und Zweiter in der Einzelwertung.

Eröffnungsfeier: Bibi Torriani, Kapitän des Schweizer Eishockey-Teams, spricht den olympischen Eid.

Die olympische Familie

Nikolaus von Horthy muß gehen

Am Eröffnungstag der 39. IOC-Session 1939 in London wurde der damals 40 Jahre alte Nikolaus von Horthy, Sohn des gleichnamigen ungarischen Reichsverwesers, in das IOC gewählt. Das geschah am 6. Juni in Anwesenheit von Horthy Junior. Am 7. Februar 1948 erklärte Horthy seine olympische Demission. Er tat dies nicht freiwillig, sondern auf Druck.

Als sein Vater 1944 zur Abdankung gezwungen wurde, nachdem ein Sonderfrieden Ungarns mit den Alliierten gescheitert war, wurde er von den Deutschen, an die sich die Ungarn im Zweiten Weltkrieg gebunden hatten, in Bayern interniert. Er ging später ins Exil in den Vatikan und dann nach Portugal.

Horthy Junior war in der vatikanischen Enklave, als das italienische IOC-Mitglied Giorgio Vaccaro, ein ehemals faschistischer General, gebeten wurde, Horthy im Vatikan aufzusuchen und ihm den Austritt aus dem IOC nahezulegen. Dies zu tun, weigerte sich Vaccaro. Horthy demissionierte dann von sich aus. Seine olympische Mitgliedschaft war ohne jede Bedeutung, doch für die Kommunisten in Ungarn so wichtig, daß sie Druck auf das IOC ausübten. Als die IOC-Session in St. Moritz anläßlich der Olympischen Winterspiele 1948 am 8. Februar endete, war Nikolaus von Horthy kein Mitglied mehr.

Nils Karlsson: »Mora-Nisse«, wie ihn seine schwedischen Landsleute nennen, gewinnt den 50-km-Langlauf.

Die olympische Familie

Erste Session nach dem Krieg

Die 40. Session des IOC fand als erste Vollversammlung nach dem Krieg an drei Tagen im September 1946 im Palais Mon Repos in Lausanne statt. Von 51 Mitgliedern waren 17 anwesend, von 13 neu berufenen neun. 16 Olympier waren zwischen 1939 und 1946 gestorben. Präsident Sigfrid Edström verlangte von den Überlebenden einen Mitgliedsbeitrag für das Jahr 1940 und das Jahr 1946.

Skiwettkämpfe wurden für die Olympischen Winterspiele 1948 in St. Moritz festgelegt, bei denen auch Skilehrer zugelassen waren. Dagegen wurden Basketball für Frauen, Bogenschießen, Hockey für Frauen, Rollhockey, Schach, Tischtennis und Volleyball als olympische Sportarten abgelehnt. Das Vermögen des IOC betrug zu dieser Zeit 34 250 Schweizer Franken.

Die erste Angestellte

Lydie arbeitet für vier IOC-Präsidenten

Die erste Angestellte des IOC war die Schweizerin Lydie Zanchi (*1905, †1993). Sie kam 1929 während der 28. Vollversammlung des IOC im Rathaus von Lausanne mit den Olympiern in Berührung. Eigentlich wollte sie nur ihrer Freundin Marie-Louise Fauvenart ein wenig helfen, als diese von ihrem Chef, dem Bürgermeister von Lausanne, für die Session abgestellt worden war.

Die Vollversammlung fand damals in den Repräsentationsräumen der Stadtverwaltung, in der Villa Mon Repos, statt. Im dritten Stock hatte das IOC ein kleines Museum eingerichtet. Der ehrenamtliche Generalsekretär (auch Kanzler genannt) war damals der Militärarzt André Berdez. Bis 1939 arbeitete Lydie Zanchi auf Honorarbasis. Als Berdez 1939 erkrankte (und 1940 starb), wurde Lydie Zanchi fest angestellt. Sie arbeitete unter vier Präsidenten: Baillet-Latour, Edström, Brundage und Killanin. Besonders schätzte sie Edström und Brundage, wie sie als 80jährige gestand. Als herausragende IOC-Mitglieder bezeichnete sie Lord Burghley, Armand Massard, Seeldrayers, der kurze Zeit FIFA-Präsident war, Bolanaki, Graf von Rosen und Francois Pietri.

Als Lydie Zanchi 1993 starb, hatte das IOC über 80 Angestellte.

Alpiner Skisport

Abfahrt und Slalom etablieren sich

Der alpine Skisport, der erst 1934 durch den von den konservativen Skandinaviern beherrschten Weltverband FIS eine gewisse Ordnung mit der Einführung von

Abfahrten, Torläufen und einer daraus entwickelten Kombination erfahren hatte, erlebte innerhalb eines Jahrzehnts eine umwälzende Veränderung.

Als sich die besten Alpinen der Welt 1948 in St. Moritz trafen, gab es für Herren und Damen die Wettbewerbe Abfahrt, Slalom und Kombination. Weltmeisterschaften hatten seit 1941 nicht mehr stattgefunden; internationale Vergleiche waren rar. Immerhin tauchten einige Namen immer wieder in Siegerlisten auf: Karl Molitor, Rolf Olinger, Franz Baumann, Melchior Nolds, Suzanne Thiollière und Micheline Demazière aus der Schweiz, Henri Oreiller, James Couttet aus Frankreich, Zeno Colo, Silvio Alvera sowie Celina Seghi aus Italien, Egon Schöpf, Trude Beiser, Anneliese Schuh-Proxauf und Erika Mahringer aus Österreich. Mirl Buchner-Fischer war der deutsche Star, aber Deutschland war zu den Winterspielen nicht zugelassen.

Es gab dann einige Überraschungen in St. Moritz. Henri Oreiller gewann die Abfahrt mit 4,1 sec Vorsprung vor dem Österreicher Franz Gabl und dem Favoriten Karl Molitor. Oreiller, ein Pistenschreck mit viel Humor, hatte vorher schon erklärt, wer gegen ihn antrete, sei jetzt schon der Verlierer. Ein dritter Platz im Slalom genügte dem Franzosen für den Kombinationssieg. Der Slalom ging an den Schweizer Edi Reinalter. Favorit James Couttet, damals schon 26 Jahre alt, wurde Zweiter (und damit Dritter in der Kombination). Im zweiten Durchgang machte Reinalter alles klar, als er Bestzeit fuhr. Der Italiener Alvera als Spitzenreiter des ersten Durchgangs verlor die Nerven.

Bei den Damen holte sich die erfahrenere Hedy Schlunegger (Schweiz) in der Abfahrt die Goldmedaille vor der Favoritin Trude Beiser (die dann 1952 in Norefjell gewann).

Gretchen Frazer: Die um den Hals geknoteten Zöpfe sind das Markenzeichen der Amerikanerin, die Gold im Slalom und Silber in der alpinen Kombination holt.

Henri Oreiller: Der Franzose gewinnt die Abfahrt und sichert sich mit einem dritten Platz im Slalom auch die Goldmedaille in der Kombination.

Im Slalom spielte Hedy Schlunegger keine Rolle; dort siegte die Amerikanerin Gretchen Frazer aus Vancouver im Bundesstaat Washington. Bereits 1940 hatte sie der amerikanischen Olympiamannschaft angehört (die Spiele fielen dann aus). 1949 war sie schon 29 Jahre alt, und in Europa hatte man nichts von ihr gehört. Gretchen fuhr im ersten Durchgang Bestzeit, mußte dann wegen eines technischen Defekts in der Zeitmeßanlage 17 Minuten auf ihren Start warten und wurde dennoch als Zweitbeste im zweiten Lauf gestoppt. Schneller war in diesem Lauf nur die Schweizerin Antoinette Meyer, die so Silber holte. In der Kombination siegte Trude Beiser vor Gretchen Frazer, Erika Mahringer und Celina Seghi. Danach gab es 44 Jahre lang keine Kombination mehr. Wer damals die Plazierungslisten durchging, entdeckte auf Platz acht des Slaloms eine 15jährige Amerikanerin namens Andrea Mead (S. 221).

Barbara Ann Scott: Die kanadische Weltmeisterin wird ihrer Favoritenrolle gerecht und gewinnt vor Eva Pawlik (AUT) und Jeanette Altwegg (GBR).

Eiskunstlauf

Statt zur Revue ins Waisenhaus

Sonja Henie war als dreimalige Olympiasiegerin längst nicht vergessen und auf dem Höhepunkt ihrer Hollywood-Karriere, als die Kanadierin Barbara Ann Scott (*1924) keinen Zweifel daran ließ, daß sie nach einem Olympiasieg im Eiskunstlauf eine Karriere als Professional einschlagen würde. Die kleine Schöne aus Kanada gewann in St. Moritz Gold und eine Woche danach auch die Weltmeisterschaft in Davos. Zu Hause kassierte sie ein 20 000-Dollar-Auto (bzw. dessen Gegenwert) und ging zur Revue.

Die von ihr geschlagene Olympiadritte Jeanette Altwegg, die 1952 noch Olympiasiegerin werden sollte, ging einen ganz anderen Weg. Jeanette Altwegg, die 1930 als Tochter eines Schweizers mit britischem Paß in Indien geboren wurde, bekam als Kind Malaria. Nach England zurückgekehrt und in Liverpool seßhaft, empfahl ein Arzt dem schwächlichen Kind Sport als Körperertüchtigung. Jeanette entschied sich für den Eiskunstlauf und gegen das Tennisspielen. In dem Schweizer Trainer Jack Gerschwiler, dem Onkel des 48er Olympiazweiten Hans Gerschwiler, fand sie in England einen hervorragenden Pädagogen.

1952, nach dem Olympiasieg, ging Jeanette Altwegg nicht zur Revue wie das damals üblich war, sondern als Betreuerin elternloser Kinder in das Schweizer Pestalozzi-Dorf Trogen. Sie heiratete einen Schweizer Ingenieur namens Marc Wirz, ließ sich aber 1973 scheiden.

1948 London

29. Juli bis 14. August 1948
Dauer **17 Tage**
Teilnehmer **4062 (3677 Männer, 385 Frauen)**
Länder **58**
Sportarten **18**
Entscheidungen **150**
Zuschauerzahl **1 247 283**
Schirmherr **König Georg VI.**
Eidsprecher **Donald Finlay (Leichtathletik)**
Letzter Fackelläufer **John Mark (Leichtathletik)**

Olympische Sommerspiele 1948 in London: Offizielles Olympiaplakat mit dem Diskuswerfer des griechischen Bildhauers Myron vor dem englischen Parlamentsgebäude

Die erfolgreichsten Sportler von London

Name	Sportart	G	S	B
1. Fanny Blankers-Koen NED	Leichtathletik	4	–	–
2. Veikko Huhtanen FIN	Turnen	3	1	1
3. Paavo Altonen FIN	Turnen	3	–	1
4. James McLane USA	Schwimmen	2	1	–
Ann Curtis USA	Schwimmen	2	1	–
6. Humberto Mariles MEX	Reiten	2	–	1
Malvin Whitfield USA	Leichtathletik	2	–	1
8. Harrison Dillard USA	Leichtathletik	2	–	–
Melvin Patton USA	Leichtathletik	2	–	–
Leroy Cochran USA	Leichtathletik	2	–	–
Micheline Ostermeyer FRA	Leichtathletik	2	–	–
Jehan Buhan FRA	Fechten	2	–	–
Aladar Gerevich HUN	Fechten	2	–	–
Walter Ris USA	Schwimmen	2	–	–
William Smith USA	Schwimmen	2	–	–
Vickie Draves USA	Schwimmen	2	–	–
Gert Frederiksson SWE	Kanusport	2	–	–

Neubeginn nach Kriegsschrecken

Nicht einmal drei Jahre nach Beendigung des Zweiten Weltkriegs, der am 8. Mai 1945 in Europa durch die Kapitulation Deutschlands und am 16. August 1945 in Asien durch die Feuereinstellung der Japaner ausgelaufen war, fanden die Olympischen Spiele in London statt.

Die 4000 Teilnehmer aus 58 Ländern und die wenigen ausländischen Besucher kamen in ein Land, das zwar zu den Siegermächten gehörte, aber unter Rohstoffmangel litt, die Lebensmittel noch rationierte und dessen Bürger um Kleider anstehen mußten. Rund 600 000 englische Pfund wurden für die Spiele aufgewandt – das waren umgerechnet 7,2 Millionen DM.

Das alte Wembley-Stadion wurde renoviert und mit einer Laufbahn versehen. Die Anlagen der Empire Messe von 1924 wurden für die Presse hergerichtet, Schulen und Militärlager in Uxbridge und Richmond Park nahmen die Aktiven und ihre Betreuer auf.

Die Briten richteten die Spiele im Geist der Fairneß aus, auch wenn es ihnen insofern politisch leicht gemacht wurde, da das IOC zwar die Kriegsverlierer Deutschland und Japan nicht einlud, dafür aber Österreicher, Ungarn, Bulgaren und Italiener. Die Sowjets blieben nicht ganz unerwartet fern, weil sie sich noch nicht für das bürgerliche olympische Lager entschieden hatten, aber mit den Polen, Ungarn, Tschechoslowaken, Bulgaren und Rumänen erschienen Sportler aus Ländern, die schon unter der kommunistischen Fuchtel litten, doch erst am Beginn des großen Leidens standen.

Die Olympischen Spiele von London fielen in die Zeit der optimistischen Aufbruchstimmung nach den Schrecken des Krieges, dessen materielle Schäden sehr wohl schon sichtbar, doch dessen seelisches und politisches Nachbeben überhaupt noch nicht spürbar war. Die Amerikaner hatten für ihre Rolle als künftige Supermacht noch kein Profil.

Medaillenspiegel London 1948

Land	G	S	B
1. USA	38	27	19
2. SWE	16	11	17
3. FRA	10	6	13
4. HUN	10	5	12
5. ITA	8	12	9
6. FIN	8	7	5
7. TUR	6	4	2
8. TCH	6	2	3
9. SUI	5	10	5
10. DEN	5	7	8

Eröffnungsfeier der ersten Sommerspiele nach Ende des Zweiten Weltkriegs: Tauben werden in die Luft gelassen, damit sie die Botschaft des Friedens in die Welt tragen.

Einige deutsche Besucher der Londoner Spiele, unter ihnen Carl Diem, haben das olympische Ereignis eher kritisch beurteilt und teilweise, wie Diem in seinen Erinnerungen, schlecht zensiert. Diem war 1948 nicht mehr der olympische Halbgott, als der er zwischen 1912 und 1944 aufgetreten war. IOC-Präsident Sigfrid Edström behandelte ihn aus Rücksicht auf die britischen Gastgeber und in Erkenntnis der politischen Veränderungen eher kühl.

Harold Abrahams (*1899, †1978), der Olympiasieger über 100 m von 1924, später als Journalist (Korrespondent der Sunday Times) und Rundfunkreporter tätig, äußert sich in seinem Beitrag über die Spiele von 1948 in dem Standardwerk »The Olympic Games« (von Killanin und Rodda) geradezu emotionslos. Begeisterung kommt bei ihm nur auf, als er die Spiele in der Figur von Fanny Blankers-Koen personifiziert, so wie er meint, daß Paavo Nurmi das Fest von 1924 und Jesse Owens das von 1936 dominiert habe.

Die Amerikaner beherrschten die Spiele mit dem überlegenen Erfolg in der Medaillenwertung vor Schweden, dessen Sportler niemals so erfolgreich waren wie damals, und den Franzosen. Einem Amerikaner ist hier besonders zu gedenken. Harrison Dillard, Jahrgang 1923, hatte als Sprinter und 110 m/120 yards-Hürdenläufer zwischen dem 31. Mai 1947 und dem 26. Juni 1948 nicht weniger als 82 Rennen als Sieger beendet, doch bei den amerikanischen Olympiaausscheidungen in Evanston trat der Mann, der über die Hürden als unschlagbar galt, in das erste Hindernis und gab vor der vierten Hürde auf. Glücklicherweise hatte er auch über die 100 m gemeldet, qualifizierte sich als Dritter und gewann in London in 10,3 sec. Er holte sich dann in der 4x100-m-Staffel der USA noch die zweite Goldmedaille. Ein unbekannter Amerikaner, der noch keine 18 Jahre alte Robert Mathias kam in seinem dritten Zehnkampf zum Olympiasieg.

Im Gewichtheben gewannen die Amerikaner vier Goldmedaillen (unter ihnen der zwergwüchsige Joe di Pietro im Bantamgewicht) und die Ägypter die beiden restlichen Klassen. Zwei Goldmedaillen kamen für die USA im Freistilringen dazu; dafür erlebten die US-Boys im Boxen mit einer einzigen Medaille (Silber) die komplette Katastrophe. Joe Verdeur, ein legendärer Weltrekordmann im Schwimmen, zeigte den besten Butterfly-Stil (Gold über 200 m).

Und sonst? Es passierte noch die unerfreuliche Disqualifikation der schwedischen Dressurreiter, weil Feldwebel Gehnäll Persson vorübergehend zum Offizier befördert worden war, und die weitaus erfreulichere Tatsache, daß die Österreicherin Herma Bauma, schon 33 Jahre alt und 1942 deutsche Meisterin für ihren Verein Danubia Wien, Olympiasiegerin im Speerwerfen wurde.

Fackellauf: Der Cambridge Student John Mark läuft noch eine Runde im vollbesetzten Wembley-Stadion, bevor er das olympische Feuer entzündet.

Die olympische Familie

Deutscher Einfluß immer noch groß

Nach den Olympischen Spielen von Berlin, die nach dem Zweiten Weltkrieg in leichtfertiger Weise von den Jesse-Owens-Spielen in die von Hitler umgetauft wurden, gab es in der internationalen und vor allem olympischen Sportwelt eine deutsche Vorherrschaft. Sie fand darin ihren besonderen Ausdruck, daß nach dem Ausfall von Sapporo und Oslo (oder einem Schweizer Ort) die Gemeinde Garmisch-Partenkirchen für 1940 erneut den Zuschlag für die Olympischen Winterspiele erhielt.

Zwischen 1938 und 1940 ist das IOC von deutschen Sportführern dominiert worden. Weil sich einige Olympier nach 1945 dessen geschämt haben, wurde Geschichtsklitterung betrieben. Den Beweis liefern die drei letzten IOC-Sessionen vor Beginn des Zweiten Weltkriegs, also die 36. in Warschau (7. bis 11. Juni 1937), die 37. auf dem Nil während einer Schiffsfahrt (13. bis 18. März 1938) und die 38. in London (6. bis 9. Juni 1939). Die Hauptrolle spielte dabei Karl Ritter von Halt. Im Warschauer Palais Radzivill setzte sich bei der Neubesetzung der Exekutive ein Triumvirat an die Spitze, das allein bestimmte, was ablief. Als Nachfolger des am 14. Februar 1937 gestorbenen Coubertin-Freundes Baron Godefroy de Blonay wurde der Schwede Sigfrid Edström alleiniger Vizepräsident unter Graf de Baillet-

Einmarsch der Nationen: Die Damen der französischen Mannschaft im modischen New Look von Christian Dior

Theodor Lewald

Walter von Reichenau

Deutsche Mitglieder des IOC

1895–1909	Willibald Karl August Gebhardt
1899–1903	Archambauld Comte de Talleyrand-Perigord
1901–1903	Prinz Eduard Max Vollrath Friedrich zu Salm-Horstmar
1903–1913	Graf Julius Caesar Erdmann von Wartensleben
1905–1909	Graf Egbert Hoyer von der Asseburg
1909–1914	Freiherr Karl von Venningen
1910–1919	Graf Adalbert von Sierstorpff
1913–1919	Graf Adolf von Arnim-Muskau
1924–1938	Theodor Lewald
1924–1929	Oskar Ruperti
1926–1956	Herzog Adolf Friedrich zu Mecklenburg
1929–1964	Karl Ritter von Halt
1938–1942	Walter von Reichenau
1956–1991	Willi Daume
1966–1971	Georg von Opel
1966–1971	Georg Wilhelm Prinz von Hannover
1966–1980	Heinz Schöbel
1972–1988	Berthold Beitz
1981–1991	Günther Heinze
1989	Walther Tröger
1991	Thomas Bach

Vizepräsidenten des IOC

1972–1976	Willi Daume
1984–1988	Berthold Beitz

Mitglieder des Exekutivkomitees des IOC

1927–1937	Theodor Lewald
1937–1945	Karl Ritter von Halt
1957–1963	Karl Ritter von Halt
1972–1976	Willi Daume
1984–1988	Berthold Beitz

Latour. In den Vorstand rückten Avery Brundage (für Edström) und Ritter von Halt (für Theodor Lewald) auf. Das Triumvirat Edström-Brundage-Halt beherrschte nun das Exekutivkomitee, das neben Baillet-Latour noch aus dem Deutschenfreund Graf Melchior de Polignac (Frankreich), Lord Clarence Aberdare (England) und dem Grafen Alberto Bonacossa aus Italien bestand. Als Technischer Ratgeber für die Exekutive wurde der deutsche Sportlehrer, Journalist, Diplomat, Verleger und Manager Werner Klingeberg (*1910, †1982), verpflichtet, eine schillernde und polyglotte Figur. Er war zuständig für die Olympischen Spiele 1940 in Tokio, später auch für Helsinki.

Im Hintergrund wirkte Carl Diem, der in Warschau mit der Herausgabe eines neuen, offiziellen IOC-Magazins, der »Revue Olympique« (Olympische Rundschau), beauftragt wurde, die in dem von ihm gegründeten und vom IOC patronisierten Internationalen Olympischen Institut in Berlin (1938 bis 1944) entstand. Diem gab bis Mitte 1944 insgesamt 24 Nummern dieser Olympischen Rundschau heraus, in der die offiziellen Nachrichten des IOC in Englisch abgedruckt wurden, die damals einzige Form der internationalen Nachrichtengebung durch das IOC. Das alte IOC-Bulletin, das im Januar 1938 mit der Nummer 36 eingestellt wurde, erschien erst wieder mit der Nummer 37 im Oktober 1946.

Diem und Klingeberg waren aufgrund ihrer engen Bindungen an das IOC dann auch Teilnehmer an der 37. Session 1938 auf dem Dampfer »Victoria«, der von Luxor nach Kairo fuhr. Zwischendurch legte das Schiff an historischen Stätten an und ließ die IOC-Mitglieder an Land. Von den beiden deutschen IOC-Mitgliedern Karl Ritter von Halt und Generaloberst Walter von Reichenau verließ der in der Heimat als militärischer Stratege benötigte Reichenau schon am 13. März das Schiff der Olympier. Österreich war gerade Deutschland angegliedert worden, und es gab die Sudetenkrise. Ein Fieseler-Storch landete in der Wüste und brachte Reichenau nach Kairo. Von dort flog der spätere Generalfeldmarschall nach Deutschland. Interessant ist in diesem Zusammenhang, daß Walter von Reichenau erst 1938, also kurz zuvor, ins IOC berufen worden war.

Ritter von Halt war es denn, der auf der 38. Session des IOC im Londoner Dorchester Hotel am 9. Juni 1939 der völlig ratlosen Vollversammlung des IOC für die Ausrichtung der Olympischen Winterspiele 1940 erneut Garmisch-Partenkirchen anbot und sofort den einstimmigen Zuschlag erhielt. Durch die intime Kenntnis der Vorgänge innerhalb des IOC und seine Absprachen mit dem Reichssportführer Hans von Tschammer und Osten war Halt die dominierende Figur der Londoner Session. Außerdem stand ihm wieder Walter von Reichenau zur Verfügung, und dann war da auch noch Werner Klingeberg

Mit Ausbruch des Zweiten Weltkriegs zerstoben dann viele olympischen Träume, aber nicht alle. Bis 1943 gab es noch enge Kontakte Halts mit Edström, der kommissarisch die IOC-Führung nach dem Tod Bail-

Das olympische Exekutivkomitee 1946 (v. l.): Lord Clarence Aberdare, Oberst Pieter Wilhelmus Scharroo, Avery Brundage, Sigfrid Edström, Graf Melchior de Polignac, Graf Alberto Bonacossa; im Hintergrund Kanzler Otto Mayer

let-Latours 1942 übernommen hatte. Der Deutsche war auch 1944 in Lausanne zugegen, als dort in kleinem Kreis das IOC seinen fünfzigsten Geburtstag feierte. Ein Jahr später war von Halt im sowjetischen Internierungslager Buchenwald, dem früheren KZ der Nationalsozialisten, verschwunden. Dort erfuhr er nichts von der ersten Pressekonferenz des IOC am 6. September 1946 in Lausanne und auch nichts von seiner irrtümlichen Todeserklärung, die auf der 40. Session des IOC im Juni 1947 in Stockholm bekanntgegeben wurde.

Halt war es gewesen, der 1939 im Exekutivkomitee des IOC den Vorschlag gemacht hatte, im Anschluß an IOC-Sitzungen Pressekonferenzen abzuhalten. Bis zu diesem Zeitpunkt war dies nach 38 Sessionen und 102 Exekutivsitzungen nicht einmal geschehen. Halts Name (und kein anderer) steht für die Einführung der olympischen Medieninformation, die dann zeitverzögert realisiert wurde.

Für kritische Beobachter des IOC unverständlich, für Insider aber sehr begreiflich, wurde Halt, als er 1950 wieder im Kreis der Olympier auftauchte, mit starkem Beifall empfangen. 1957 wurde er als erster Olympier zum zweitenmal in die IOC-Exekutive berufen. 1963, ein Jahr vor seinem Tod, schied er erst aus dem Präsidium aus.

Die anderen Deutschen? Reichenau starb 1942 in einem Flugzeug, wahrscheinlich an einem Herzinfarkt. Klingeberg arbeitete nach 1945 bei der internationalen Presseagentur UPI und war 1956 noch einmal Attaché der deutschen Olympiamannschaft in Melbourne. Diem reduzierte seine olympischen Ambitionen nach 1945 auf die Deutsche Sporthochschule in Köln; 1957 erhielt er den olympischen Orden des IOC, 1962 starb er in Köln.

Halt, Reichenau, Diem und Klingeberg – sie waren ein olympisches Kapitel für sich.

Die olympische Familie

Triumvirat bestimmt Olympias Schicksal

Vier Tage im August 1945 waren mit einiger Sicherheit die bedeutendsten in der Geschichte des IOC. Vom 21. bis 24. jenes Monats trafen sich in London drei Herren: Sigfrid Edström, Avery Brundage und Lord Aberdare. Dieses Triumvirat, wahrlich die Herrschaft dreier Männer, bestimmte das olympische Schicksal in schwerster Stunde. Gerade war die Atombombe auf Hiroshima abgeworfen worden. Japan hatte kapituliert. Der Zweite Weltkrieg war zu Ende.

Beseelt von grenzenlosem Optimismus und getrieben von einem Sendungsbewußtsein, das vor ihm nur Coubertin ausgezeichnet hatte, übernahm Avery Brundage, damals 57 Jahre alt, die Initiative. Er hielt sich nicht mit Kleinigkeiten auf, leitete ordnend die Vergabe der Olympischen Spiele für 1948 ein und drängte den kommissarischen Präsidenten Edström zur Aktion.

Die drei Herren bildeten das Exekutivkomitee des IOC. Von den Mitgliedern des IOC lebten im Sommer 1945 noch 55. Präsident Baillet-Latour war am 5. Januar 1942 gestorben und Vizepräsident Edström dadurch zum ersten Mann aufgestiegen, denn er war 1937 zum einzigen Vizepräsidenten gewählt worden. Von den Exekutivmitgliedern lebten neben Brundage und Aberdare noch Karl Ritter von Halt (was man nicht wußte), Graf Melchior de Polignac aus Frankreich und der Graf Alberto Bonacossa. Halt war interniert, Graf Polignac als Sympathisant der Vichy-Regierung politisch zu sehr belastet.

Von den 55 IOC-Mitgliedern, die in Zukunft noch eine Rolle spielen konnten, fielen aus: die Japaner Sojeschima, Takaishi und Nagai, die Ungarn von Horthy und von Muzsa, die Chinesen Kung und Wang, der polnische General Ruppert, die Deutschen Halt und Herzog zu Mecklenburg, der Rumäne Plagino, der alte serbische General Svetomir Djukic, der italienische General Vaccaro und der vor den Sowjets geflohene Lette Jan Dikmanis. Zwischen 1940 und 1944 waren zehn IOC-Mitglieder gestorben, oder umgebracht worden. Der Este Joakim Puhk war in einem sowjetischen Lager verschwunden, Bulgariens Botschafter in Berlin, Stefan Tschapratschikow, 1944 noch Gast bei der 50-Jahr-Feier des IOC in Lausanne, war wenig später zu Hause gestorben. Es kümmerte Brundage sehr wenig, daß gegen den Italiener Giorgio Vaccaro Sturm gelaufen wurde. Vaccaro, der von 1933 bis 1939 Generalsekretär des reichen Olympiakomitees Italiens und von 1933 bis 1941 Präsident des Italienischen Fußball-Verbandes (Italien war 1934 und 1938 Weltmeister) gewesen war, blieb bis 1949 im IOC und starb 1951.

Die allgemeine Unsicherheit nach 1945 führte allerdings dazu, daß in der Liste der IOC-Mitglieder beispielsweise die Namen derer, die zu den Völkern der Kriegsverlierer zählten, vorübergehend gestrichen wurden. Doch später stellte man fest, daß nur das IOC per Vollversammlungsbeschluß ein Mitglied ausschließen durfte (und darf).

Es war dann die erste Vollversammlung, die große personelle Entscheidungen fällte. Brundage wurde 1946 Vizepräsident, als man auf der 39. Session vom 4. bis 6. September 1946 in Lausanne Edström offiziell zum Präsidenten erhob. Der holländische Oberst Pieter Wilhelmus Scharroo, seit 1924 im IOC, kam in die Exekutive.

Unter den 13 neuen Mitgliedern, die 1946 ihren olympischen Einstand gaben, befanden sich mit dem Franzosen Armand Massard, dem Prinzen Jean von Luxemburg (später Großherzog) und dem Schweizer Albert Mayer drei hochkarätige Persönlichkeiten. Ein Jahr später kam mit dem Chinesen Tung Schu-Ji der erste Kommunist ins IOC und mit dem Österreicher Manfred Mautner Ritter von Markhof ein Mann aus dem kapitalistischen Lager. Erst zu diesem Zeitpunkt begann man sich im IOC über politische Positionen der Mitglieder Gedanken zu machen.

Die olympische Familie

Altersgrenze sorgt für Zündstoff

Als hätte das IOC keine anderen Sorgen, befaßte es sich während der 42. Session 1948 in London mit der Altersfrage, und dies gleich zweimal im Abstand von 15 Tagen, nämlich am 29. Juli und 13. August. Kanzler Otto Mayer hat die Protokolle bis ins letzte Detail ausgewertet.

Um zu begreifen, weshalb die Altersfrage eine Rolle zu spielen begann, muß erklärt werden, daß bis zu diesem Zeitpunkt jedes IOC-Mitglied auf Lebenszeit gewählt oder berufen wurde, völlig gleichgültig, welches Alter ein Mann bei der Aufnahme in das IOC hatte.

In der Öffentlichkeit war die Altersfrage erst Ende der 30er Jahre besprochen worden. Als Coubertin das IOC gründete, war er 31 Jahre alt gewesen, als Demetrius Bikelas 1894 erster IOC-Präsident wurde, ging er auf die sechzig zu. 27jährig kam Graf de Baillet-Latour ins IOC, 31jährig der deutsche Graf von Wartensleben. Der 1900 ins IOC berufene Graf Clarence von Rosen

Die Jahresweltbesten in der Leichtathletik 1940

Disziplin	Leistung	Name
Herren		
100 m	10,3	Harold Davis USA
200 m	21,1	Norwood Ewell USA2)
400 m	46,7	Charles Belcher USA
800 m	1:47,8	Rudolf Harbig GER1)
1500 m	3:47,9	Walter Mehl USA
5000 m	14:20,6	Bror Hellström SWE
10 000 m	30:06,6	Max Syring GER1)
3000 m Hindernis	9:05,2	Nils Ollander SWE
110 m Hürden	13,7	Fred Wolcott USA
400 m Hürden	51,6	Carl McBain USA
Hochsprung	2,08	Lester Steers USA
Weitsprung	7,78	Patrick Turner USA
Dreisprung	15,68	Gen Ken Kim KOR
Stabhochsprung	4,60	Cornelius Warmerdam USA
Kugelstoßen	17,08	Alfred Blozis USA
Diskuswerfen	51,93	Phil Fox USA
Hammerwerfen	57,71	Karl Storch GER2)
Speerwerfen	75,61	Matti Mikkola FIN
Zehnkampf	3)	William Watson USA
4x100 m	40,6	ITA
4x400 m	3:10,5	USA
Damen		
100 m	12,0	Jean Lane USA
200 m	25,0	Jean Coleman AUS
4x100 m	48,2	GER
80 m Hürden	11,4	Erika Bieß GER
	11,4	Claudia Testoni ITA1)
Hochsprung	1,65	Esther van Heerden RSA2)
Weitsprung	5,92	Erika Junghanns GER
Kugelstoßen	14,04	Gisela Mauermayer GER1)
Diskuswerfen	45,94	Gisela Mauermayer GER1)
Speerwerfen	45,50	Inge Planck GER2)

1) Olympiateilnehmer 1936; 2) Olympiateilnehmer 1948 oder 1952, 3) Wertung nicht vergleichbar

Die Jahresweltbesten in der Leichtathletik 1944

Disziplin	Leistung	Name
Herren		
100 m	10,4	Gerhard Bönnhoff ARG2)
	10,4	Walter Perez URU2)
	10,4	Adelio Marquez ARG
200 m	21,3	Adelio Marquez ARG
400 m	47,8	Denis Shore RSA2)
800 m	1:50,1	Sven Malmberg SWE
1500 m	3:43,0	Gunder Haegg SWE
5000 m	14:09,6	Viljo Heino FIN2)
10 000 m	29:35,4	Viljo Heino FIN2)
3000 m Hindernis	8:59,5	Erik Elmsäter SWE2)
110 m Hürden	14,5	Hakon Lidmann SWE2)
400 m Hürden	53,2	Sixten Larsson SWE
Hochsprung	2,03	John Wilson USA
Weitsprung	7,50	Stig Hakansson SWE
Dreisprung	15,23	Boris Zambrimborz URS
Stabhochsprung	4,57	Cornelius Warmerdam USA
Kugelstoßen	16,57	Earl Audet USA
Diskuswerfen	52,28	Adolfo Consolini ITA2)
Hammerwerfen	55,56	Karl Hein GER1)
Speerwerfen	73,80	Sven Daleflod SWE
Zehnkampf	3)	Sergei Kusnetzov URS
4x100 m	42,5	USA
4x400 m	3:16,6	SWE
Damen		
100 m	11,8	Fanny Koen NED2)
200 m	25,0	Fanny Koen NED2)
4x100 m	48,8	NED
80 m Hürden	11,5	Naomi Simonetto ARG
Hochsprung	1,65	Fanny Koen NED2)
Weitsprung	5,85	Elfriede Brunnemann GER2)
Kugelstoßen	13,58	Tatyana Sevryukova URS
Diskuswerfen	49,88	Nina Dumbadse URS2)
Speerwerfen	44,42	Herma Bauma GER2)

1) Olympiateilnehmer 1936; 2) Olympiateilnehmer 1948 oder 1952, 3) Wertung nicht vergleichbar

aus Schweden war 81 Jahre alt, als er in London an seiner 33. Session des IOC (seit 1901) teilnahm. Der Alexandriner Angelo Bolanaki, der den Rekord mit 53 Jahren IOC-Mitgliedschaft hält, war 86 Jahre alt, als der Tod seinen olympischen Status beendete.

Es war der neuseeländische Arzt Sir Arthur Porritt, 1924 Olympiadritter im 100-m-Lauf, der 1948 das Thema Altersgrenze für IOC-Mitglieder anschnitt. Er hatte, was er niemals laut sagte, bei einigen seiner Kollegen Sklerosen diagnostiziert. Lord Burghley, der britische Olympiasieger, unterstützte seinen Freund Porritt. Burghley, damals 43 Jahre alt und schon 15 Jahre im IOC, nannte als Limit für die olympische Pensionierung 65 oder 70 Jahre. Von den 42 Mitgliedern stimmten 27 im Prinzip für ein altersbedingtes Ausscheiden, 15 dagegen. Eine Kommission sollte nun die Altersgrenze festlegen, eine weitere Arbeitsgruppe Argumente gegen die Begrenzung sammeln; Brundage, damals 60, gehörte dieser Abteilung an.

Als dann Angelo Bolanaki, ein Kenner der olympischen Charta, aus den Statuten las, daß für eine Altersgrenze eine Zwei-Drittel-Mehrheit notwendig, aber mit 27 Stimmen bei 42 abgegebenen nicht erreicht sei (28 Stimmen wären notwendig gewesen), wurde die Diskussion mit einem Vorschlag von Präsident Edström beendet, der ein Limit von 70 Jahren vorschlug; er selbst war zu diesem Zeitpunkt schon 78. Doch die Alterslimitierung sollte nur für zukünf-

Arthur Porritt

tige IOC-Mitglieder gelten. Aber wieder gab es trotz eines Stimmenvorteils für den Edström-Vorschlag keine Mehrheit. Die Sache wurde vertagt, und als man 1949 wieder von vorne anfing, waren plötzlich 22 von 38 abstimmenden IOC-Mitgliedern gegen die Begrenzung. Das Thema kam dann immer wieder einmal auf, zumal das Durchschnittsalter des IOC schließlich um die 60 Jahre lag.

1966 fiel dann doch eine Entscheidung für Altersbegrenzung. Alle nach 1966 ins IOC berufenen Herren hatten mit 72 zu demissionieren. 1985 wurde das Limit von 72 auf 75 Jahre erhöht, und dieses Limit galt dann auch für die Damen, deren erste 1981 in das IOC gelangten (und deren erste 1993 altersbedingt gehen mußte). 1995 wurde die Altersgrenze auf 80 Jahre heraufgesetzt.

Um den Rekord von Angelo Bolanaki mit 53 Jahren IOC-Mitgliedschaft zu brechen, müßte ein 26jähriger ins IOC berufen werden. Jüngstes Mitglied in der 100jährigen IOC-Geschichte war der damals 23jährige Herzog von Sparta, später König Konstantin der Griechen, als er 1963 auf der 60. Session des IOC in Baden-Baden berufen wurde. Der im Exil in England lebende Konstantin verließ aber 1974 wieder den hohen Olymp.

Angelo Bolanaki

Leichtathletik

Fanny Blankers Star der Spiele

Francina Blankers war schon 30 Jahre alt und Mutter zweier Kinder, als sie zwölf Jahre nach Berlin wieder bei Olympischen Spielen erschien. Als sie in London ankam, war sie als die große Allrounderin bekannt, hatte sie doch bis dahin acht Weltrekorde erzielt, fünf davon in jenen nichtolympischen Jahren, als Holland von den Deutschen besetzt war.

Als 18jährige war Francina Koen, so ihr Mädchenname, in Berlin Olympiafünfte im Hochsprung (1,55 m) geworden. Bei den Europameisterschaften 1938 in Wien gewann sie über 100 und 200 m die Bronzemedaillen.

London 1948 wurde zur Krönung ihrer Laufbahn. Die 100 und 200 m gewann sie überlegen, die 80 m Hürden sehr knapp, die 4x100 m für Holland als Schlußläuferin sicher. Zu den 200 m mußte sie allerdings von ihrem Mann und Trainer, dem Sportlehrer Jan Blankers, gezwungen werden; sie fühlte sich nicht stark genug für diesen Wettbewerb, den sie dann mit deutlichem Vorsprung gewann.

Ihre Laufbahn endete 1952 bei den Olympischen Spielen in Helsinki im 80-m-Hürdenfinale, das sie nicht beendete. Wie ihre Karriere von 1936 bis 1952 verlief, zeigt folgende Statistik:

▷ **1936**	
Olympiafünfte Hochsprung	1,55 m
Olympiafünfte 4x100 m	48,8 sec
▷ **1938**	
EM-Dritte 100 m	12,0 sec
EM-Dritte 200 m	24,9 sec
Weltrekord 100 yards	11,0 sec
▷ **1942**	
Weltrekord 80 m Hürden	11,3 sec
▷ **1943**	
Weltrekord 100 m	11,5 sec
Weltrekord Hochsprung	1,71 m
Weltrekord Weitsprung	6,25 m

▷ 1944	
Weltrekord 100 yards	10,8 sec
▷ 1946	
Europameisterin 80 m Hürden	11,8 sec
Europameisterin 4x100 m	47,8 sec
EM-Vierte Hochsprung	1,57 m
▷ 1948	
Olympiasiegerin 100 m	11,9 sec
Olympiasiegerin 200 m	24,4 sec
Olympischer Rekord 200 m (Zwischenlauf)	24,3 sec
Olympiasiegerin 80 m Hürden	11,2 sec
Olympiasiegerin 4x100 m	47,5 sec
Weltrekord 100 m	11,5 sec
Weltrekord 80 m Hürden	11,0 sec
▷ 1950	
Europameisterin 100 m	11,7 sec
Europameisterin 200 m	24,0 sec
Europameisterin 80 m Hürden	11,1 sec
EM-Zweite 4x100 m	47,7 sec
Weltrekord 220 yards	24,2 sec
▷ 1951	
Weltrekord Fünfkampf	
▷ 1952	
Olympiasechste 4x100 m (100 m und 80 m Hürden Aufgabe)	47,8 sec

Fanny Blankers: Die »Fliegende Holländerin« gewinnt in London über 80 m Hürden (o. r.), 200 m (l.), 100 m und 4x100 m.

Das war es also: Vier Olympiasiege, fünf Europameisterschaften und zehn Weltrekorde und der Titel »Fliegende Holländerin«.

Später wurde es ruhig um sie, auch wenn ihr Name immer dann auftauchte, wenn es um die größten Leichtathletinnen aller Zeiten ging. Anläßlich ihres 75. Geburtstags erhielt sie den olympischen Orden. Als Berlin sich zur gleichen Zeit um die Olympischen Spiele des Jahres 2000 bewarb, äußerte Fanny Blankers-Koen Abscheu und sagte: »1936 bin ich als Olympiateilnehmerin von den Nationalsozialisten mißbraucht worden.«

Gewichtheben

Buntes Hebervolk aus den USA

Amerikas Gewichtheber gewannen in London vier Gold- und drei Silbermedaillen sowie eine bronzene. Nur die Ägypter konnten einigermaßen kontern mit ihren beiden Siegern Mahmud Fayad (60 kg) und Ibrahim Shams (67,5 kg) sowie der silbernen Medaille von Appia Hamouda (67,5 kg).

Joe di Pietro: Der nur knapp 1,50 m große Bantam-Gewichtler hebt in London 307,5 kg und siegt vor dem Briten Julian Creus und dem Amerikaner Richard Tom.

Die Amerikaner stellten das bunteste Hebervolk, das je an die olympische Hantel geschritten ist. Die zirkusreifen Muskelmänner des Hantelfabrikanten, Verbandsfunktionärs und Gewichtheberdiktators Bob Hoffmann (* 1898, † 1985) machten Gewichtheben zu einem Erlebnis. Alle Medaillengewinner waren Hoffmann-Artisten und standen als Werbeträger auf seiner Gehaltsliste. Jeder Bewunderer der US-Boys wußte es, aber keiner sprach darüber. Hoffmann, ein sehr humorloser Mensch, wäre gleich mit dem Rechtsanwalt gekommen.

Hoffmann verkaufte das Beste vom Besten im Heben – und dies von 1938 bis 1960. In London 1948 bot er im Bantamgewicht (56 kg) den Muskelzwerg Joe di Pietro auf, dessen Arme so kurz waren, daß sie gerade noch reichten, die Hantel über den Kopf zu stoßen. Ob di Pietro 1,48 m oder gar nur 1,45 m groß war, weiß heute niemand. Ein Westentaschengigant eben, und Gewinner der 56-kg-Kategorie.

Im Mittelgewicht verlor der elegante Pete George, später ein Dentist in der US-Armee, gegen den sanftmütigen, aber bärenstarken Frank Spellman (USA). 1952 gewann dann George die Klasse und wurde 1956 noch einmal Zweiter: ein legendärer Heber, der durch sein Charisma die Fans zum Schweigen oder zur Ovation zwang.

Als Nachfahre polnischer Einwanderer hatte sich Stanley Stanczyk durch das Heben ganz nach vorne gebracht; ein populärer Sportler in den USA, der die Muskelkultur jener Zeit belebte. Im Halbschwergewicht, dem heutigen Leichtschwergewicht, gewann er mit 37,5 kg Vorsprung vor dem Zweiten, Harold Sakata, und der war ebenfalls ein Amerikaner. Sakata wurde später ein Hollywood-Schauspieler für exotische Rollen. In dem James-Bond-Film »Goldfinger« spielte er den Oddjobb. Als Catcher nannte er sich Tosh Tog.

Zurück zu Stanczyk. Als er im Reißen mit 137,5 kg Weltrekord erzielt hatte (und dieser von der Jury anerkannt worden war), ging er zum Oberschiedsrichter und zeigte auf sein Knie, das ein wenig Kreide aufwies; er hatte beim Ausfallreißen mit diesem Knie den Boden berührt (was nicht bemerkt worden war). Der Versuch war somit ungültig; er nahm sich selbst den Weltrekord. Vier Jahre später, Stanczyk war 1952 schon 27 Jahre alt und zehn Jahre im Wettkampfgeschäft, wurde er Zweiter.

Im Schwergewicht (heute: Superschwergewicht) posierte der farbige Modellathlet John Davis, der 1938 schon als 17jähriger Weltmeister geworden war. Davis gewann vor dem Bierbrauer Norbert Schemansky, der 1952 dann die 90-kg-Kategorie gewann und – wieder ins Superschwergewicht aufgestiegen – 1960 und 1964 noch zweimal Olympiabronze holte.

Davis, der später Archivar im Weißen Haus in Washington war, starb ein Jahr vor seinem Mentor Hoffmann.

Reiten

Olympiasieger war nur Feldwebel

Die gute alte Zeit der olympischen Bewegung war voller Vorurteile. 1948 war noch ausgeschlossen, daß ein Feldwebel im Dressurreiten Olympiasieger wurde. Nur reiche Zivilisten und Offiziere durften dies. Gentlemen eben!

Dressur: Der Schweizer Hans Moser gewinnt auf Hummer die Einzelwertung.

Gehnäll Persson

Die Schweden wußten dies genau, und so beförderten sie 1948 für die Dauer der Olympischen Spiele in London den Feldwebel Gehnäll Persson zum Leutnant, zum Offizier auf Zeit. Zusammen mit Gustaf-Adolf Boltenstern jr. und dem legendären Henri Saint Cyr gewann Persson für Schweden die Mannschaftswertung vor Frankreich (André Jousseaume, Jean Saint Fort Paillard, Maurice Buret) und den USA (Robert Borg, Earl Thomson, Frank Henry).

Eine irrtümlich getragene Soldatenmütze statt der Offizierskappe soll Persson entlarvt haben. Die Sache kam jedenfalls heraus, und Schweden wurde disqualifiziert. In den Annalen steht seitdem für 1948 Frankreich als Olympiasieger im Dressur-Mannschaftswettbewerb.

Die Disqualifikation des schwedischen Teams im Jahre 1949 hatte freilich auch etwas Gutes. Es gab einen Sturm der Entrüstung über soviel Arroganz, Borniertheit und Verlogenheit des Weltverbandes.

Es muß freilich dem IOC zugute gehalten werden, daß es im Reiten neben den Olympischen Spielen keine internationalen Meisterschaften gab, also keine Welt- und Europatitelkämpfe, die erst später eingeführt wurden. Diese hätten die Regel schon früher als unsportlich bloßstellen können. Für die nächsten Spiele 1952 war die Offiziersregel abgeschafft.

Gehnäll Persson, 1910 geboren, und auch nach 1948 schon aufgrund seines Alters nicht mehr befördert, wurde dann 1952 in Helsinki und 1956 in Stockholm Olympiasieger mit der schwedischen Dressurmannschaft – mit Gustaf-Adolf Boltenstern und Henri Saint Cyr, die man 1948 mit ihm disqualifiziert hatte.

Persson starb 1976. Als pensionierter Sergeant.

Moderner Fünfkampf: Mit einem ersten Platz im Reiten legte William Grut den Grundstein zum Gewinn des Wettbewerbs.

Moderner Fünfkampf

»Meister Allüberall« namens Grut

Der Schwede William Oscar Guernsey Grut, ein Artillerie-Offizier, war schon 33 Jahre alt, als er Olympiasieger im Modernen Fünfkampf wurde und dies weit überlegen vor seinen Mitstreitern. Im Reiten, Fechten und Schwimmen war er der beste unter 45 Konkurrenten aus 16 Ländern, im Schießen Fünfter und im Geländelauf Achter. Nach vier Wettbewerben war Grut in London so gut, daß er – es wurde nach Platzziffern gewertet – sich im abschließenden Laufen sogar den 34. Rang hätte erlauben können, um immer noch zu gewinnen.

Grut war damals der »Sportler Allüberall«. Bei den Winterspielen in St. Moritz hatte er den zweiten Platz im Winterfünfkampf (10-km-Skilanglauf, Schießen, alpine Abfahrt, Fechten und Reiten) belegt, der allerdings nur Vorführungswettbewerb war.

Das Pech des 1914 als Sohn von Torben Grut (Architekt des Stockholmer Olympiastadions von 1912) geborenen Soldaten Grut war, daß es zu seiner Glanzzeit noch keine Weltmeisterschaften und bei den Olympischen Spielen noch keinen Mannschaftswettbewerb gegeben hat. Da wären ihm weitere Medaillen sicher gewesen.

William Grut wurde später Generalsekretär des Weltverbandes für Modernen Fünfkampf und Biathlon – er war der einzig wahre Experte auf dem Gebiet. Nach ihm, dem Soldaten, kam freilich die Zeit der Zivilisten im Modernen Fünfkampf. Der erste Weltmeister im Modernen Fünfkampf, der kein Soldat war, war der Schwede Lars Hall (*1927, †1991), der 1952 und 1956 Olympiasieger wurde.

Moderner Fünfkampf: William Grut beim Fechten (5. Platz), Schießen (1.), Schwimmen (1.) und Geländelauf (8.)

1952
Oslo

Olympische Winterspiele 1952 in Oslo: Plakat mit der Olympiafahne und der Flagge des Gastgeberlandes

14. bis 25. Februar 1952
Dauer **12 Tage**
Teilnehmer **732 (623 Männer, 109 Frauen)**
Länder **30**
Sportarten **5**
Entscheidungen **22**
Zuschauer **533 413**
Schirmherr **König Hakon VII. von Norwegen**
Eidsprecher **Torbjörn Falkanger (nordischer Skisport)**
Letzter Fackelläufer **Egil Nansen (Enkel des Polarforschers Fridtjof Nansen)**

Winterspiele an der Wiege des Skisports

Das Mutterland des Skisports bewarb sich relativ spät um die Ausrichtung Olympischer Winterspiele. Das lag vor allem daran, daß die Norweger seit 1883 ihre Holmenkollen-Skispiele veranstalteten und nur noch für den Eislauf wirkliches Interesse zeigten. 1935 wurde von dem norwegischen IOC-Mitglied Thomas Fearnley erstmals das olympische Thema angeschnitten. Ein erster Versuch für 1940 – sportpolitisch halbherzig vorgetragen – scheiterte noch 1939 vor Beginn des Krieges. 1947 aber war man gedanklich so weit, sich um die Winterspiele für 1952 zu bewerben. Das tat man auf der 41. Session des IOC am 21. Juni 1947 in Stockholm und gewann gleich mit 18 Stimmen gegen Cortina d'Ampezzo (9) und Lake Placid (1).

Sie strengten sich an, die norwegischen Organisatoren. Langlauf und Skispringen fanden am Holmenkollen, die alpinen Wettbewerbe in Norefjell und Roedkleiva statt. Im traditionellen Bislet-Stadion wurden die Eisschnellauf-Wettbewerbe abgewickelt; der Eiskunstlauf fand für die Pflicht in der Halle (Jordal Amfi) und für die Kür im Freien (Bislet) statt. Die Bobrennen wurden in Frogneseteren und das Eishockeyturnier (mit neun Teams) in fünf verschiedenen Stadien ausgetragen.

Die Gesamtzuschauerzahl betrug 533 413. Obwohl es kein Fernsehen gab, verdienten die Organisatoren 1,5 Millionen Kronen. 730 Journalisten (Presse, Funk und Film)

50-km-Langlauf: Der Finne Eero Kolehmainen gewinnt Silber hinter seinem Landsmann Veikko Hakulinen.

Medaillenspiegel Oslo 1952

Land	G	S	B
1. NOR	7	3	6
2. USA	4	6	1
3. FIN	3	4	2
4. GER[1)]	3	2	2
5. AUT	2	4	2
6. ITA	1	–	1
CAN	1	–	1
8. GBR	1	–	–
9. NED	–	3	–
10. SWE	–	–	4

1) nur BRD

Die deutsche Mannschaft bei der Eröffnungsfeier im Bislet-Stadion: In der ersten Reihe Erika Krafft, Ria Falk, Inge Minor; dahinter (v. l.) Helga Dudzinski, Gundi Busch und Hanni Gehring

waren akkreditiert. 42 Jahre später in Lillehammer waren es 8200 Medienvertreter. Aus dem Osloer Verhältnis von 1:1 Presse-Aktive wurde in Lillehammer 1994 ein solches von 4:1 (für die Presse).

Die Spiele verliefen – noch ohne die Sowjets – in voller Harmonie. Genau wie alle anderen Gäste wurde auch die deutsche Mannschaft, die nur aus Aktiven der Bundesrepublik Deutschland bestand, freundlich empfangen, obwohl die deutsche Besatzung erst sieben Jahre vorher das Land verlassen hatte. Herbert Kunze, Präsident des Deutschen Eislauf-Verbandes, führte die Olympiamannschaft mit dem Gefühl für die Außerordentlichkeit der Situation.

Es war vorher in aller Stille abgesprochen worden, daß ältere Aktive oder Verbandsträger auf Anforderung einen Entnazifizierungsbescheid beizubringen hätten und daß Angehörige der deutschen Besatzungsmacht (1940 bis 1945) keine Olympiateilnehmer sein sollten. Zwischenfälle gab es nicht. Der Präsident des NOK für Deutschland, Karl Ritter von Halt, trat nicht in Erscheinung.

Der norwegische Eisschnelläufer Hjalmar Andersen war mit drei Goldmedaillen der überragende Athlet der Spiele. Ihm stand an Popularität die amerikanische Doppel-Olympiasiegerin im alpinen Skilauf, Andrea Mead-Lawrence, wenig nach. Anderl Ostler als der Gewinner zweier Goldmedaillen im Bobsport markiert das Ende der Schwergewichtler auf Schlitten. Die nordischen Sportler Hallgeir Brenden, Veikko Hakulinen, Eero Kolehmainen, Ragnar Estenstad, Martin Stokken, Heikki Hasu, Simon Slattvik und Arnfinn Bergmann mit Torbjörn Falkanger (Eidsprecher) im Gefolge ließen die Herzen der norwegischen Zuschauer höher schlagen.

Die erfolgreichsten Sportler von Oslo

Name	Sportart	G	S	B
1. Hjalmar Andersen NOR	Eisschnellauf	3	–	–
2. Andrea Mead-Lawrence USA	alpiner Skisport	2	–	–
Anderl Ostler GER	Bobsport	2	–	–
Lorenz Nieberl GER	Bobsport	2	–	–
5. Stein Eriksen NOR	alpiner Skisport	1	1	–
Hallgeir Brenden NOR	nordischer Skisport	1	1	–
Heikki Hasu NOR	nordischer Skisport	1	1	–
Tapio Mäkälä FIN	nordischer Skisport	1	1	–
Othmar Schneider AUT	alpiner Skisport	1	1	–
10. insgesamt 29 Wintersportler mit je einer Goldmedaille				

46. Session in Wien: Die Anerkennung des NOK der Sowjetunion war der wichtigste Beschluß der IOC-Vollversammlung im Mai 1951.

Die olympische Familie

In Wien hängt die Flagge falsch

Im Sitzungssaal der Österreichischen Länderbank hing am 7. Mai 1951, dem ersten Tag der 46. Session des IOC, die olympische Flagge falsch, nämlich senkrecht statt waagerecht. Das norwegische IOC-Mitglied Ole Ditlef-Simonson wies darauf hin und setzte durch, daß für zukünftige Organisatoren olympischer Ereignisse eine Anweisung fixiert wurde zum richtigen Aufhängen der Fahne.

Es ging auch ansonsten sehr viel durcheinander bei der historischen und viel gelobten Session. Auf der Tagesordnung erschienen plötzlich die deutsche und die sowjetische Frage. Zuerst die deutsche Frage: War das NOK für Deutschland (Bundesrepublik) 1950 in Kopenhagen nun anerkannt worden oder nicht? Nein, es war nicht anerkannt worden. Darf der in Wien anwesende Präsident des Nationalen Olympischen Komitees der DDR, Kurt Edel (* 1920, † 1987), gehört werden? Ja, er durfte. Sind die beiden deutschen IOC-Mitglieder Herzog Adolf Friedrich zu Mecklenburg und Karl Ritter von Halt berechtigt für den »neuen deutschen Staat« zu sprechen? Der Belgier Rodolphe William Seeldrayers, mächtiger Vizepräsident des Fußball-Weltverbandes FIFA, bezweifelte dies – die IOC-Mehrheit meinte jedoch Ja.

Kurt Edel, im Auftreten ohne Manieren und im Umgang abstoßend, wollte die Anerkennung des IOC für das am 22. April 1951 gegründete NOK der DDR erreichen (und damit möglichst eine eigene Olympiamannschaft). Dies mißlang, weil beide Teile Deutschlands politisch immer noch von der Wiedervereinigung sprachen und dies auch vor dem IOC-Präsidenten Sigfrid Edström bekundeten. Der Vorschlag, eine gesamtdeutsche Mannschaft für Oslo und Helsinki 1952 zu bilden, wurde angesprochen, aber am 2. September 1951 von der DDR abgelehnt. Da am 7. Mai 1951 das NOK für Deutschland vom IOC anerkannt wurde, war für die DDR die stets geforderte Gleichberechtigung nicht gegeben.

Zusammen mit dem DDR-Antrag auf olympische Anerkennung war am 23. April 1951 ein Telegramm aus Moskau in Lausanne angekommen: Das Allsowjetische NOK bat um seine Bestätigung. Was seit 1945 immer wieder erwartet wurde, war nun eingetroffen. Die Sowjets wollten Einlaß in die bürgerlich-olympische Welt, ohne allerdings offiziell ihren Neigungen zu den Kommunistischen Weltjugendspielen (als einem großen internationalen Flop) offiziell abzuschwören. Mit 31:3 Stimmen wurde die UdSSR in den olympischen Schoß aufgenommen.

Diesem Akt folgte sogleich, noch am selben Tag, ein zweiter von Bedeutung. Am 7. Mai 1951 wurde Konstantin Andrianov (* 1910, † 1988) in das IOC gewählt, als siebter Russe, aber als erster Kommunist.

Diese Wahl verstieß gegen alle geschriebenen und ungeschriebenen Regeln des IOC, denn Andrianov, ein Politruk ohne jede Noblesse, aber mit Sendungsbewußtsein, sprach außer Russisch keine Sprache. Dabei sollten IOC-Mitglieder entweder Englisch oder Französisch sprechen. Nichts, Andrianov brauchte einen Dolmetscher. Er bekam ihn, und die IOC-Mitglieder bekamen einiges zu hören.

Als hätte es das IOC geahnt, hatte es 1948 in London erstmals einen Chefinterpreten bestellt, das ägyptische IOC-Mitglied Mohammed Taher Pascha; 1949 übte dieses Amt Rodolphe William Seeldrayers aus, 1950 Mademoiselle Jocelyn Brunet, 1951 Madame Roulier, 1952 dann Madame Roulier mit dem Italiener Giorgio de Stefani (IOC-Mitglied) und 1952 in Helsinki dann Madame Roulier wieder allein. Ab 1953 – die Polyglotten im IOC hatten nun mehr Einsprachige zu verkraften – gab es dann die Simultan-Übersetzungen.

Alpiner Skisport

Alpen-Schönheiten und Latin Lovers

Zeno Colo (* 1921, † 1993) war der Typ des Latin Lover, sozusagen ein Bilderbuch-Italiener. Der dunkle Mann aus der Toskana, 1952 schon 31 Jahre alt, war ein gelernter Gastronom und beherrschte die Abfahrtswettbewerbe jener Zeit recht souverän. In Norefjell im Noregebirge lag Colo dann auch deutlich vor den Österreichern Othmar Schneider und Christian Pravda. Schneider holte sich den Slalom; der Riesenslalom, der erstmals anstelle der Kombination ausgetragen wurde, ging an den Norweger Stein Eriksen. Dieser wurde 1954 auch noch Skiweltmeister und als Skilehrer in den USA der erste voll durchgestylte Erfolgsmensch. Er machte den alpinen Skisport in den USA zum winterlichen Freizeitereignis Nummer eins. Eriksen arbeitete in Boyne Mount, Michigan, Heavenly Valley, Kalifornien, Aspen, Colorado, Sugarbush, Vermont, Snowmass, Colorado und schließlich in Park City, Utah. Ein Mann für den Schnee, nicht für den Schreibtisch.

Bei den Damen holte Trude Jochum-Beiser den ihr 1948 entgangenen Olympiasieg in der Abfahrt nach; sie siegte neun Hundertstelsekunden vor Annemarie »Mirl« Buchner-Fischer aus Garmisch-Partenkirchen. Die inzwischen 19 Jahre alte Andrea Mead-Lawrence hielt die 1948 gegebenen Versprechungen mit Siegen im Slalom (vor Ossi Reichert aus Sonthofen) sowie im Riesenslalom vor der blonden Dagmar Rom aus Österreich und Mirl Buchner. Die Alpen-Schönheit Dagmar Rom war 1950 Doppel-Weltmeisterin gewesen.

Stein Eriksen: Der Norweger siegt im erstmals ausgetragenen Riesenslalom vor den Österreichern Christian Pravda und Anton Spiß.

Die Siegerinnen im Spezialslalom (v. l): Ossi Reichert (Silber), Andrea Mead-Lawrence (Gold) und Mirl Buchner (Bronze)

Alpiner Skilauf

Drei Medaillen für »Mirl« Buchner

Die Frage ist immer wieder gestellt worden, was gewesen wäre, wenn die 1924 in Ettal geborene Annemarie »Mirl« Buchner, später verheiratete Fischer, 1944 und 1948 eine Olympiachance gehabt hätte. Sie hatte keine, und als sie dann endlich kam, war sie schon 28 Jahre alt. Zwischen 1944 und 1949 hatte sie fünf deutsche alpine Skimeisterschaften in Abfahrt, Slalom und Kombination gewonnen. Sie war Geschäftsfrau und Mutter geworden und hatte immer daran geglaubt, daß es noch einmal Olympische Winterspiele für sie geben werde. Sie fühlte sich, ohne es jemals auszudrücken, als die legitime Nachfolgerin der großen Christl Cranz.

Am 14. Februar 1952 startete sie im Riesenslalom, den sie in Deutschland kaum trainiert hatte, und wurde hinter Andrea Mead-Lawrence aus den USA und der gefälligen Österreicherin Dagmar Rom Dritte. Die Amerikanerin war dabei eine Klasse für sich und siegte mit 2,2 sec Vorsprung vor der Zweiten.

Am 17. Februar 1952 folgte die Abfahrt. Hinter Trude Jochum-Beiser aus Österreich wurde Mirl Buchner Zweite vor der Italienerin Giuliana Minuzzo.

Drei Tage später im Spezialslalom siegte erneut Andrea Mead-Lawrence, obwohl sie im ersten Lauf stürzte (und nur die viertbeste Zeit fuhr). Zweite wurde Ossi Reichert aus Sonthofen, deren Goldlauf erst vier Jahre später kommen sollte. Mirl Buchner kam auf den dritten Platz.

Wegen der Einführung des Riesenslaloms war die alpine Kombination gestrichen worden. Dieser Wechsel im Programm kostete Mirl Buchner wahrscheinlich die Goldmedaille, denn Trude Jochum-Beiser war

Andrea Mead-Lawrence: Trotz eines Sturzes im ersten Lauf des Spezialslaloms gewinnt die Amerikanerin auch diesen Wettbewerb wie schon zuvor den Riesenslalom.

im Slalom (8. Platz) und Andrea Mead-Lawrence in der Abfahrt (17. Platz) erheblich schwächer als die damals sehr populäre Mirl aus Garmisch.

Eiskunstlauf

Gold im Paarlauf für »die Falks«

Zu den Sportlern, an denen sich der Deutsche in der ersten Nachkriegszeit aufzurichten begann, gehörten Ria Baran und Paul Falk. Auf Rollen wie auf Kufen waren beide absolute Weltklasse. 1952 heirateten sie, fortan nannte man sie »die Falks«. 1950 wurden sie die ersten deutschen Europameister der Nachkriegszeit (auf Rollen), 1951 dann Weltmeister auf Kufen wie auf Rollen.

Obwohl das Urteil der Punktrichter nicht einstimmig ausfiel, wurden Ria Baran (* 1922, † 1986) und Paul Falk (* 1921) souverän Olympiasieger, eine große deutsche Tradition fortsetzend.

Nach dem Olympiasieg (vor den Amerikanern Karol und Michael Kennedy), zwei Weltmeisterschaften und zwei Europameisterschaften (jeweils 1951 und 1952) sowie sieben deutschen Meisterschaften auf Kufen gingen die Falks zur Revue. Mit dem gesparten Geld übernahmen sie ein Hotel in Düsseldorf. Auf Rollen holten sie sich vier deutsche Meisterschaften, die erste schon 1941, als Maxi Herber und Ernst Baier ihre letzte deutsche Paarlaufmeisterschaft auf dem Eis gewannen.

Interessant ist, daß 1952 in Oslo keiner der Eiskunstlauf-Olympiasieger alle Preisrichterstimmen auf sich ziehen konnte, obwohl an deren Erfolgen nie ein Zweifel bestand. Dies galt für Richard Button ebenso wie für die Engländerin Jeanette Altwegg, deren Vorsprung aus der damals noch sehr wichtigen Pflicht so groß war, daß ihr nur viertbester Kürvortrag nichts an der Goldmedaille änderte. Die Französin Jacqueline du Bief, damals 21 Jahre alt, war der große Showstar und schließlich Dritte. Dazwischen lag bei den Damen die Amerikanerin Tenley Albright, Tochter eines Arztes, die nach ihrem Olympiasieg 1956 selbst Ärztin wurde.

Ria und Paul Falk: Das deutsche Paar siegt vor Karol und Michael Kennedy aus den USA und den Ungarn Marianna und László Nagy.

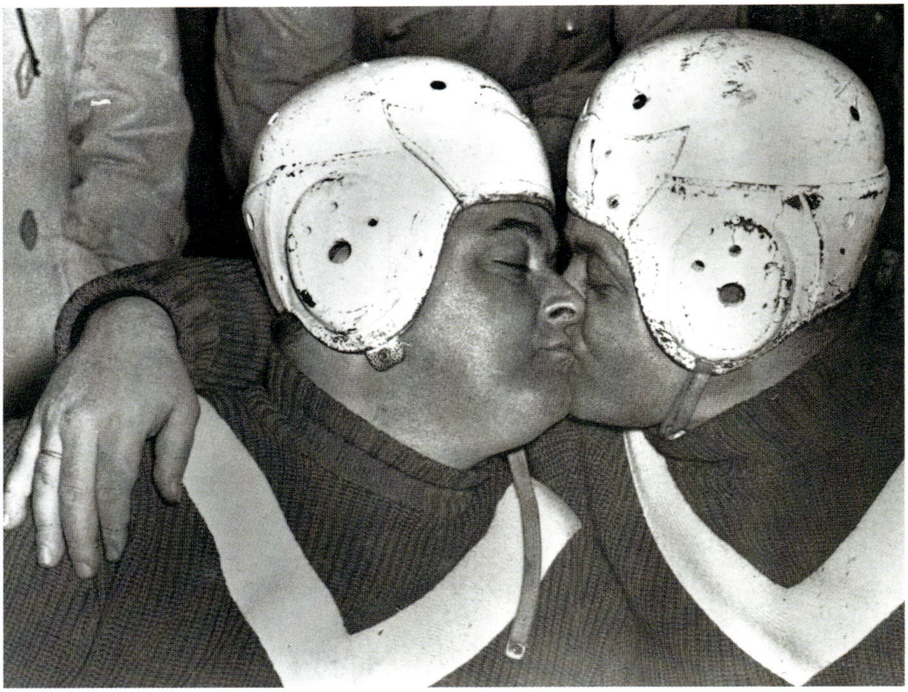

Bobsport: Anderl Ostler (l.) und Lorenz Nieberl, die Sieger im Zweierbob, gewinnen auch im Viererbob die Goldmedaille.

Bobsport

Ostler mit viel Gefühl im Hintern

Anfang der 50er Jahre war der Bobsport noch das Reservat für Naturburschen und tollkühne Männer. Von der Formel 1 im Eiskanal hörte man noch nichts. Mehr oder weniger eine Gaudi-Sportart, kannte der internationale Verband noch keine Limits. Die Fahrer konnten wiegen, was sie wollten, Startzeiten kannte man noch nicht, Konstruktionsvorschriften für die Schlitten, ob Zweier oder Vierer, gab es nicht.

Anderl Ostler (* 1921, † 1988), der Doppelsieger von Oslo, fuhr 1947 sein erstes Bobrennen auf der Olympiabahn am Rießersee oberhalb von Garmisch-Partenkirchen. 1951 wurde er Doppelweltmeister. 1953 dann noch einmal WM-Zweiter in beiden Wettbewerben. Ostler war ein Instinkt-Pilot und behauptete von sich, daß er sein Fahrgefühl im Hintern habe (als Bayer hatte er für Hintern allerdings einen anderen Ausdruck).

Damit es genug Druck im Eiskanal gab, setzte Ostler seinen 130 kg schweren Freund Lorenz Nieberl (* 1919, † 1968) in seinen Zweierbob. Ostler und Nieberl fuhren im Zweier-Wettbewerb in allen vier Durchgängen Bestzeit. Niemals vorher und niemals nachher bei Olympischen Spielen hatte ein Zweierbob einen solchen Vorsprung vor dem Zweiten.

Als in Oslo klar wurde, daß das Gewicht die entscheidende Rolle spielte, setzte der Deutsche Bob- und Schlittensport-Verband drei Schwergewichte hinter Ostler, als die Vierer-Entscheidung eine Woche nach dem Zweierbob-Wettbewerb anstand. Ostlers Team brachte 473,5 kg auf die Waage – das waren 118 kg pro Mann. Nach Oslo wurde das Gewicht einschließlich Bob dann begrenzt.

Ostlers unbefangenes Auftreten in der Öffentlichkeit brachte ihm Sympathien ein und sehr schnell einen hohen Grad an Popularität. Mit ihm endete das Zeitalter der Gaudiburschen im Bobsport, es kamen danach jene Typen, die Düsenjägerpiloten ähnelten – wie der Italiener Lamberto dalla Costa, der im Zweier 1956 Ostlers Nachfolger in Cortina wurde.

Ostlers Sohn Pepi Bader, 1941 geboren, wurde mit dem Piloten Horst Floth zweimal Olympiazweiter, 1968 in Grenoble und 1972 in Sapporo. Aber das ist schon eine ganz andere Geschichte.

Eisschnellauf

Lkw-Fahrer »Hjallis« Mann der Spiele

Am 17. Februar 1952 brachten 24 000 Zuschauer einem 28jährigen Lastwagenfahrer namens Hjalmar Andersen, allgemein »Hjallis« gerufen, stehend Ovationen. Im Bislet-Stadion hatte gerade Hjalmar Andersen, grobknochig und hart im Glauben an sein Können, die 5000 m im Eisschnellauf gewonnen. Mit 8:10,6 min lag er um genau 11 sec vor dem Olympiazweiten Kees Broekman aus Holland.

Einen Tag später holte sich Andersen die zweite Goldmedaille; über 1500 m siegte er allerdings nur mit zwei Zehntelsekunden Vorsprung vor dem Holländer Wim van der Voort. Nach einer Pause von 24 Stunden trat dann Andersen zum dritten Goldlauf an. Über 10 000 m lag er mit 16:45,8 min um nicht weniger als 24,8 sec vor Broekman. Er war der Mann der Spiele.

Andersen war ein großer Allrounder, auch wenn er über 500 m nie so recht in Schwung kam. Dreimal war er Welt- und auch dreimal Europameister im Vierkampf (1950, 1951 und 1952). Zwei Weltrekorde gingen auf sein Konto.

Daß er 1980 von dem Amerikaner Eric Heiden in Lake Placid übertroffen wurde und 1994 in Lillehammer der Norweger Johann Olav Koss (Norwegen) mit ihm gleichzog, ändert nichts an der Ausnahmestellung, die Andersen im Eisschnellauf einmal einnahm.

Hjalmar Andersen: Der Norweger holt drei Goldmedaillen im Eisschnellauf (1500 m, 5000 m, 10 000 m).

1952
Helsinki

19. Juli bis 3. August 1952
Dauer **17 Tage**
Teilnehmer **5867 (5350 Männer, 517 Frauen)**
Länder **69**
Sportarten **17**
Entscheidungen **149**
Zuschauer **1 136 166**
Schirmherr **Staatspräsident J. K. Paasikivi**
Eidsprecher **Heikki Savolainen (Turnen)**
Letzter Fackelläufer **Paavo Nurmi (Leichtathletik)**

Olympische Sommerspiele 1952 in Helsinki: Das offizielle Plakat mit der Bronzestatue der finnischen Lauflegende Paavo Nurmi.

Sowjets erstmals bei Olympia

Die Russen kommen! Das war 1952 kein Schreckens-, sondern ein Freudenruf. Mit ihrer Teilnahme an den Olympischen Spielen in Helsinki beendeten die Sowjets ihre jahrzehntelang gepflegte und nur gelegentlich durchbrochene internationale Isolation im Sport. Damit gaben sie dem Fest der benachbarten Finnen, mit denen sie ein Jahrzehnt zuvor noch im Krieg gelegen hatten, eine besondere Bedeutung.

Eröffnungsfeier: 20 Jahre nach seinem Ausschluß entzündet der 55jährige Nurmi das olympische Feuer.

Die erfolgreichsten Sportler von Helsinki

Name	Sportart	G	S	B
1. Viktor Chukarin URS	Turnen	4	2	–
2. Emil Zatopek TCH	Leichtathletik	3	–	–
3. Maria Gorokhovskaya URS	Turnen	2	5	–
4. Edoardo Mangiarotti ITA	Fechten	2	2	–
Grant Shaginyan URS	Turnen	2	2	–
Nina Bocharova URS	Turnen	2	2	–
7. Ford Konno USA	Schwimmen	2	1	–
8. George Rhoden JAM	Leichtathletik	2	–	–
Harrison Dillard USA	Leichtathletik	2	–	–
Andrew Stanfield USA	Leichtathletik	2	–	–
Marjorie Jackson AUS	Leichtathletik	2	–	–
Christian d'Oriola FRA	Fechten	2	–	–
Pal Kovacs HUN	Fechten	2	–	–
Henri Saint Cyr SWE	Reiten	2	–	–
Hans von Blixen-Finecke SWE	Reiten	2	–	–
Russell Mockridge AUS	Radsport	2	–	–
André Noyelle BEL	Radsport	2	–	–
Yekaterina Kalinchuk URS	Turnen	2	–	–
Katalin Szöke HUN	Schwimmen	2	–	–
Patricia McCormick USA	Schwimmen	2	–	–
Kurt Wires FIN	Kanusport	2	–	–
Yrjö Hietanen FIN	Kanusport	2	–	–

Legenden hatten sich um die Leistungsfähigkeit des sozialistischen Spitzensports sowjetischer Prägung gebildet. Was war Dichtung, was Wahrheit? Was war Desinformatija, was Fakt? Mit dem Erscheinen in Helsinki ließen die Sowjets die Ideen der Komintern, der Weltjugendspiele und aller wie auch immer gearteten internationalen Spartakiaden hinter sich. Nachdem der Aufbau einer antibürgerlichen Weltsportbewegung gescheitert war, blieb nur die zähneknirschende Anpassung an die olympische Familie mit dem Ziel, diese eines Tages zu dominieren. 40 Jahre später war auch diese Hoffnung erledigt.

Für den großen finnischen Olympier Baron Erik von Frenckell (*1888, †1977), OK-Präsident der Spiele und Bürgermeister von Helsinki, war die Teilnahme der Sowjets ein großer Erfolg. Mit 295 Aktiven stellten sie sogar die stärkste Mannschaft unter den 69 Ländern. Die USA kamen mit 286 Athleten und Athletinnen, gewannen aber die meisten Medaillen: 40 Gold, 19 Silber und 17 Bronze. Die Sowjets katapultierten sich auf Platz zwei (22–30–19). Von jetzt an waren sie eine Größe im internationalen Sport, mit der – bei aller Unberechenbarkeit – eben zu rechnen war.

Die Deutschen waren nach Oslo wieder dabei und dies doppelt, obwohl die DDR-Sportler noch fehlten, dafür aber die Saar-

Medaillenspiegel Helsinki 1952

Land	G	S	B
1. USA	40	19	17
2. URS	22	30	19
3. HUN	16	10	16
4. SWE	12	13	10
5. ITA	8	9	4
6. TCH	7	3	3
7. FRA	6	6	6
8. FIN	6	3	13
9. AUS	6	2	3
10. NOR	3	2	–

länder separat erschienen und bei der Eröffnungsfeier wegen des finnischen Alphabets neben Deutschland (Saksa) standen.

Die Deutschen stellten – es wurde in der Heimat sehr gelitten – keinen Olympiasieger, dafür aber einen »Friedensengel«: Die Studentin Barbara Pleyer eilte, von niemanden gehindert, über die Aschenbahn zum Mikrofon, um der Welt während der Eröffnungsfeier eine Botschaft mitzuteilen. Sie wurde letztlich sanft entfernt. Sicherheitsvorkehrungen? Die gab es damals noch nicht. Als der Franzose Jean Boiteux überraschend die 400 m Freistil gewonnen hatte, sprang ein Mann in voller Montur und mit der Baskenmütze auf dem Kopf ins Wasser, um zu gratulieren. Es war der Vater.

Ja, und von welchen Sowjets sprach man in Helsinki, nachdem sich im Olympiastadion die Aufregung darüber gelegt hatte, daß ein wegen Professionalismus 1932 bestrafter Olympiasieger, Paavo Nurmi nämlich, die heilige Fackel des Amateurismus als letzter ins Stadion getragen hatte? Von wem sprach man?

Von Vladimir Kasanzev, der als Hindernisweltrekordler nach Helsinki gekommen war und als Olympiazweiter mit verlorenem Weltrekord heimkehrte, weil es den US-Polizisten Horace Ashenfelter gab. Von Galina Zybina, die das Kugelstoßen gewann, von der Diskuswerferin Nina Romashkova, der ersten Olympiasiegerin der Sowjetunion überhaupt, von dem Elegant an der Gewichtheberhantel Rafael Chimishkyan, von dem Weltrekordsammler Grigori Novak, der im Heben die bitterste Niederlage seines Lebens erlitt, von dem Ringer Johannes Kotkas, der als Este schon Europameister gewesen war.

Man sprach von dem Findelkind Anatoli Bogdanov, das im Sportschießen siegte, von dem Turner Viktor Chukarin, von dem Ruderer Yuri Tukalov, und man sprach auch davon, daß es – zum Beispiel im Schwimmen – schwere Einbrüche für die Sowjets gab.

Für Sensationen sorgten andere Athleten: der Luxemburger Josy Barthel, der die 1500 m gewann, Emil Zatopek und seine Frau Dana mit dem Ehe-Rekord von vier Goldmedaillen, Harrison Dillard, die Jamaikaner Arthur Wint, Herbert McKenley, George Rhoden und Leslie Laing, der »flie-

Einmarsch der Nationen: Die Sowjetunion nimmt in Helsinki zum erstenmal an Olympischen Spielen teil.

gende Pastor« Bob Richards im Stabhochsprung, der elegante Dreispringer Adhemar Ferreira da Silva aus Brasilien, der Zehnkämpfer Bob Mathias und die Doppel-Olympiasiegerin Marjorie Jackson aus Australien – die Leichtathletik hatte ihre großen Tage.

Patricia McCormick (USA) wurde souverän Siegerin im Kunst- und Turmspringen (und wiederholte dieses Kunststück 1956). Ungarns Schwimmerinnen – damals so gut wie niemals mehr – gewannen vier Goldmedaillen und kamen insgesamt auf sieben Medaillen; die Amerikanerinnen holten nur zweimal Bronze.

Und die Deutschen? Sieben Silber- und 17 Bronzemedaillen gewann das Team aus der Bundesrepublik Deutschland. Kein Gold gab es, aber nahe daran waren die deutschen Sprinterinnen über 4x100 m, als sie Weltrekord (45,9 sec) liefen wie der Sieger USA. Mit Silber kehrten heim: die Kugelstoßerin Marianne Werner, der Boxer Edgar Basel, die deutsche Military-Mannschaft, der Turner Alfred Schwarzmann (Reck), der Zweier mit Steuermann und – einer der ältesten im Team – der 38jährige Hammerwerfer Karl Storch.

In einer Rangliste der harmonischsten Olympischen Spiele steht Helsinki mit einiger Sicherheit ganz weit vorne. Daß die Sowjets nicht mit den anderen Olympiateilnehmern im Dorf Otaniemi wohnen durften (und die Moskau-Satrapen sich der Segregation anschlossen), wurde akzeptiert. »Mit der Aufnahme der Sowjets haben wir die olympische Bewegung politisiert«, sagte IOC-Präsident Sigfrid Edström am Ende seiner höchsten Sportkarriere.

Zwischen den USA und der UdSSR war kalter Krieg. Dank der Skandinavier, vor allem der Finnen, wurden die Spiele aus der schlimmen Tagespolitik herausgehalten. Der Koreakrieg war in vollem Gange. Ein alter olympischer Bekannter, Douglas MacArthur (S. 128), nunmehr Oberbefehlshaber der UN-Streitkräfte, wollte den nordkoreanischen Aggressor und seinen Helfer Rotchina sogar mit Atombombenabwürfen bestrafen. Die NATO war gegründet worden. Die Volksrepublik China, olympischem Gedankengut noch ferner als die Sowjets, fehlte in Helsinki.

Das schöne Gelingen des olympischen Festes ließ bei einigen Funktionären den Gedanken aufkommen, die Spiele für immer, wenn nicht in Helsinki, so doch in Skandinavien abzuhalten.

Wechsel an der IOC-Spitze: Sigfrid Edström (l.) gratuliert seinem Nachfolger Avery Brundage.

Die olympische Familie

»Slavery Avery« neuer IOC-Präsident

Was auch alles auf der 48. Session des IOC in der Aula der Universität von Helsinki entschieden (oder auch nicht entschieden) wurde, es stand im Schatten der Präsidentenwahl. Der fünfte IOC-Lenker war zu wählen. Im Vorfeld der Session hatte es einen Brief an die Mitglieder gegeben, in dem Avery Brundage als Nachfolger von Sigfrid Edström vorgeschlagen wurde. Das Exekutivkomitee, zu dem damals Edström, Alberto Bonacossa, Brundage, Pieter Wilhelmus Scharroo, Armand Massard und Exeter gehörten, hatte für Brundage votiert, was allerdings sehr schwierig gewesen sein dürfte, weil Exeter dies ja wohl nicht mitgetragen haben konnte.

Der Belgier Rodolphe William Seeldrayers muckte dann auch auf, als er sibyllinisch »vom besten zu wählenden Mann« sprach. Unterderhand wurde Seeldrayers deshalb als »ewiger Stänkerer« bezeichnet. Der Schweizer Albert Mayer fuhr Seeldrayers mächtig in die Parade. Als Konter schlug Prinz Axel von Dänemark, ein überzeugter Europäer, Lord Burghley als neuen Präsidenten vor. Seine Begründung: »Der IOC-Präsident muß ein Europäer sein.«

Es wurde also abgestimmt. 47 IOC-Mitglieder beteiligten sich an der Wahl. Brundage gewann mit 30:17 Stimmen. Ob er sich ein besseres Ergebnis gewünscht hatte, war nie zu erfahren.

Brundage war zu diesem Zeitpunkt 64 Jahre alt (Exeter-Burghley, der 1964 noch einmal gegen Brundage verlieren sollte, erst 47). Über den Amerikaner hat sein Nachfolger Lord Mike Killanin 1976 folgendes geschrieben: »Mit elf Jahren verwaist, wurde Brundage von Onkel und Tante erzogen. Er graduierte als Ingenieur an der Universität von Illinois in Chicago. Er war ein hervorragender Athlet, Mitglied der Basketball-Mannschaft der Universität und Hochschulmeister im Diskuswerfen. 1912 war er Olympiateilnehmer; dreimal gewann er die amerikanische Mehrkampfmeisterschaft, den Vorläufer des Zehnkampfes in der Leichtathletik. Er gründete 1915 die Avery Brundage Company, die Wolkenkratzer und andere große Bauten in und um Chicago errichtete. Er war schon früh in der Sportverwaltung tätig, Präsident der AAU der USA für sieben Amtszeiten, Präsident des amerikanischen Olympiakomitees über 25 Jahre; er wurde 1936 IOC-Mitglied, 1946 Vizepräsident, 1952 Präsident.«

Ein Mann für das Volk war Brundage nicht. In Chicago nannten sie ihn »Slavery Avery", was so viel bedeutete wie Sklaventreiber Avery. Er war Millionär, lehnte aber Geld im Sport ab. Er bekämpfte die Winterspiele, liebte Deutschland mehr als sein Amerika, das für ihn nur aus dem Teil bestand, der östlich von Chicago liegt. Die Kalifornier bezeichnete er als Barbaren und elende Strandläufer, aber er schenkte San Francisco seine Sammlung asiatischer Kunst, weil die Stadt ihm ein Museum baute. 50 Millionen Dollar soll die Kunstsammlung bei seinem Tod 1975 wert gewesen sein.

Cheting Wang

Die olympische Familie

Vier Olympier müssen gehen

Zur Zeit der Olympischen Spiele in Helsinki gehörten dem IOC 70 Mitglieder an. Vier von diesen wußten es offensichtlich nicht mehr, denn sie traf endlich einmal die ganze Härte der olympischen Regeln (heute: olympische Charta). Weil sie zu oft bei den Vollversammlungen gefehlt hatten, wurde am 27. Juli 1952 ihr Rücktritt per Dekret erklärt. Präsident Edström, offensichtlich von Brundage unterstützt, kannte kein Erbarmen mehr. Aus dem IOC wurden entfernt:

- Graf Fernando Vallellano (Spanien)
- Rachid Saffet Atabinen (Türkei)
- Enrique Barbosa Baeza (Chile)
- Miquel Ydigoras Fuentes (Guatemala)

Vallellano gehörte seit 1931 dem IOC an und hatte 18 Sessionen versäumt. Atabinen, seit 1933 im IOC, war 12mal abwesend. Die erst 1948 berufenen Barbosa und Fuentes hatten fünf- und viermal gefehlt.

Die China-Frage

Rotchina fordert Hinauswurf Taiwans

Politischen Ärger bereiteten in Helsinki die Chinesen dem IOC. Anerkannt war zu diesem Zeitpunkt nur das NOK der Inselrepublik Taiwan, auch Formosa oder Nationalchina genannt. Die Volksrepublik China mit Regierungssitz in Peking beanspruchte für ganz China zu sprechen, also auch für Taiwan, was Widerspruch auslöste. Das finnische IOC-Mitglied Baron Erik von Frenckell erklärte den Helsinki-Start Taiwans für rechtmäßig, wollte aber auch die Rotchinesen teilnehmen lassen.

Zu diesem Zeitpunkt gab es drei chinesische IOC-Mitglieder, die freilich seit 1948 nicht mehr gesehen worden waren: Cheting Wang (im IOC seit 1922), Xiangxi Kong (1939) und Schu-Ji Tung (1947). Wang und Kong optierten für Taiwan, Tung für die Volksrepublik.

Als der volksrepublikanische Botschafter in Stockholm, Cheng Chie-Pai, in der IOC-Session gewaltiges politisches Geschütz auffuhr und den »Hinauswurf« Taiwans sowie die alleinige Anerkennung der VR China forderte, wurde er von Edström aus der Sitzung verwiesen. Eine Abstimmung ergab ein 29:22 für die Teilnahme beider chinesischer Mannschaften.

Die Exekutive legte sich allerdings quer und verlangte eine modifizierte Zulassung dahingehend, daß die VR China ihre Aktiven nur in den Sportarten an den Start

Die UdSSR-Meister in der Leichtathletik

1948 fanden die 20. Meisterschaften der UdSSR in der Leichtathletik statt. Die ersten Titelkämpfe waren 1920 ausgerichtet worden; 1921, 1925, 1926, 1929, 1930, 1932, 1933, 1941 und 1942 fielen sie aus. Bis 1952 hatten die sowjetischen Leichtathleten schon 44 Weltrekorde erzielt, deren Zahl sich freilich stark verminderte, wenn man sie auf die olympischen Wettbewerbe beschränkte. Bei den Männern stand nur der Hindernisläufer Vladimir Kasanzev im Olympiabuch der Weltrekorde.

UdSSR-Meister 1948

Disziplin	Meister	Leistung
Männer		
100 m	Nikolai Karakulov	10,6
200 m	Nikolai Karakulov	21,7
400 m	Yevgeni Bulanchik	49,6
800 m	Alexander Pugachewski	1:53,8
1500 m	Alexander Pugachweski	3:56,6
5000 m	Vladimir Kasanzev	14:39,4
10 000 m	Feodossi Wanin	31:01,2
3000 m Hindernis	Alexander Pugachewski	9:06,4
110 m Hürden	Yevgeni Bulanchik	14,4
400 m Hürden	Timofey Lunyev	54,0
Hochsprung	Yuri Ilyasov	1,96
Weitsprung	Sergei Kusnetzov	7,19
Dreisprung	Hugo Rausberg	14,47
Stabhochsprung	Nikolai Osolin	4,18
Kugelstoßen	Heino Lipp	15,68
Diskuswerfen	Ali Isayev	46,91
Hammerwerfen	Alexander Kanaki	54,87
Speerwerfen	Viktor Alexeyev	64,09
Frauen		
100 m	Zoya Dukovich	12,3
200 m	Zoya Dukovich	25,4
80 m Hürden	Valentina Fokina	11,6
Weitsprung	Alexandra Chudina	5,58
Hochsprung	Galina Ganeker	1,63
Kugelstoßen	Anna Andreyeva	14,44
Diskuswerfen	Nina Dumbadse	50,19
Speerwerfen	Alexandra Chudina	48,92

UdSSR-Meister 1951

Disziplin	Meister	Leistung
Männer		
100 m	Vladimir Sucharev	10,3
200 m	Vladimir Sucharev	21,2
400 m	Yuri Lituyev	48,3
800 m	Pyotr Chevgun	1:51,0
1500 m	Erich Veetusme	3:50,4
5000 m	Nikifor Popov	14:20,8
10.000 m	Ivan Semyonov	30:07,0
3000 m Hindernis	Vladimir Kasanzev	8:49,8[1]
110 m Hürden	Yevgeni Bulanchik	14,2
400 m Hürden	Yuri Lituyev	51,7
Hochsprung	Nikolai Kovtun	2,01
Weitsprung	Sergei Kusnetzov	7,49
Dreisprung	Leonid Cherbakov	15,70
Stabhochsprung	Pyotr Denisenko	4,37
Kugelstoßen	Heino Lipp	16,98
Diskuswerfen	Heino Lipp	52,18
Hammerwerfen	Alexander Kanaki	58,59
Zehnkampf	Heino Lipp	7780
Frauen		
100 m	Nadeshda Knykina	11,7
200 m	Sofia Malshina	24,7
80 m Hürden	Yelena Gokieli	11,3
Weitsprung	Alexandra Chudina	6,11
Hochsprung	Alexandra Chudina	1,68
Kugelstoßen	Anna Andreyeva	15,02[1]
Diskuswerfen	Nina Dumbadse	53,37[1]
Speerwerfen	Natalia Smirnizkaya	53,41[1]

1) WR

bringen dürfe, wo eine Mitgliedschaft in einer Internationalen Federation vorliege. Das war Brundages Geschoß vor den Bug der Kommunisten.

Edström verlangte das Erscheinen des rotchinesischen IOC-Mitgliedes Tung, der dann auch drei Tage später mit einem Dolmetscher kam und erklären ließ, er spreche kein Englisch. Es nützte nichts, daß der schon 81 Jahre alte Edström mit seinem Spazierstock auf den Tisch schlug und voller Wut die beiden Chinesen aus der Aula wies. Tung blieb in Helsinki unter Bewachung des Dolmetschers, die rotchinesischen Sportler kamen nicht (nur ein Taiwanese). 1957 in Sofia, ein Jahr vor seinem Austritt aus dem IOC, sprach Tung wieder gut Englisch, als er seine letzte Vollversammlung besuchte.

Das olympische Comeback

Keine Goldmedaille für die Deutschen

Nach 16jähriger unfreiwilliger Enthaltsamkeit nahmen in Helsinki 241 deutsche Sportler und Sportlerinnen (205 aus der Bundesrepublik und 36 aus dem Saarland) wieder an den Sommerspielen teil. Einige von ihnen, so der Ringer Heini Nettesheim, der Dressurreiter Heinz Pollay, der Turner Alfred Schwarzmann oder der Segler Theodor Thomsen, waren schon 1936 dabei gewesen. Was der deutsche Sport indes brauchte, waren neue Helden (und wenn es die alten wie Schwarzmann waren).

1500-m-Lauf: Der eingangs der Zielkurve in Führung liegende Deutsche Werner Lueg wird Dritter. Es gewinnt Josy Barthel (Nr. 406) aus Luxemburg.

Die deutschen Sportler gewannen sieben Silber- und 17 Bronzemedaillen; eine goldene blieb ihnen versagt. Es sollte noch zwei Jahre dauern, bis es 1954 den Nachkriegs-Urknall mit dem Gewinn der Fußball-Weltmeisterschaft in Bern durch das Sepp-Herberger-Team gab und mit dem Sprinter Heinz Fütterer die Nachkriegs-Europameisterschaften der Leichtathleten für Deutschland erfolgreich begannen.

Von wem ist damals im Sommer 1952 in Deutschland gesprochen worden? Vor allem von dem Schlesier Herbert Klein, der 1950 Europameister im 200-m-Brustschwimmen geworden war und nach drei Welt- und 21 deutschen Rekorden als Olympiafavorit galt. Aber Herbert Klein, der in München eine neue Heimat gefunden hatte, wurde hinter dem Australier John Davies und dem weniger bekannten Amerikaner Bowen Stassforth nur Dritter. Hätte er – wie bei seiner deutschen Meisterschaft 1953 in Nürnberg die 200 m in 2:33,0 min geschwommen – wäre er Olympiasieger geworden. Aber die Vermischung von Brust- und Butterfly-Stil sowie die Unterschiedslosigkeit der Rekordanerkennung bei Leistungen auf Bahnen von 25, 33 oder 50 m Länge hatte zu falschen Prognosen geführt, vor allem bei Deutschlands Schwimmsport-Journalisten. Als Klein am vorletzten Tag der Spiele als letzte Goldhoffnung scheiterte, war klar, daß deutsche Sportler erstmals von Sommerspielen ohne Sieg heimkehren würden. Man mußte sich also mit den Wintersportlern, den Falks und Anderl Ostler, trösten.

Dennoch: Einige deutsche Helden gefällig? Der robuste Frankfurter Heinz Ulzheimer rettete sich im 800-m-Lauf mit Bronze ins Ziel. 1500-m-Weltrekordmann Werner Lueg wurde Dritter in einem Lauf, den der Luxemburger Josy Barthel vor dem Außenseiter Robert McMillen aus den USA gewann. Herbert Schade (*1923, †1994) war der Bronzemann über 5000 m hinter Emil Zatopek und Alain Mimoun. Nach den 4x400 m »saßen wir alle vier staunend auf dem Rasen und schauten zur Anzeigentafel hoch, auf der für den Olympiadritten Deutschland die Wunderzeit von 3:06,6 min stand« (Günther Steines). 3:06,6 min waren Europarekord, und den hatten die beiden 800-m-Läufer Steines und Ulzheimer sowie die 400-m-Asse Karl-Friedrich Haas (Olympiavierter) und Hans Geister gelaufen – hinter dem Sieger Jamaika und dem Favoriten USA.

Der Senior Karl Storch warf als Olympiazweiter den Hammer im Grenzbereich seines Könnens und wurde nur von dem jungen Ungarn Jozsef Csermak übertroffen, der den Weltrekord auf über 60 m verbesserte. Josef Hipp aus Balingen, der so früh sterben sollte, war als Fünfter einer der besten Zehnkämpfer der Welt.

Maria Sander-Domgalla wurde Fünfte über 100 m und Dritte über 80 m Hürden (und hier Anneliese Seonbuchner Vierte). Die deutsche 4x100-m-Staffel mit Ursula Knab, Maria Sander, Helga Klein und Marga Petersen kam in Weltrekordzeit ins Ziel – als Zweite hinter den USA. Um zwei Zentimeter verfehlte Irmgard Schmel-

5000-m-Lauf (v. r.): Herbert Schade (Bronze), Chris Chataway, der kurz vor dem Ziel stürzt, Gaston Reiff, der Sieger von 1948, und Alain Mimoun (Silber). Verdeckt im Verfolgerfeld Emil Zatopek, der das Rennen in 14:06,6 min gewinnt.

zer Weitsprung-Bronze. Dafür sprengte Marianne Werner das sowjetische Dreigestirn im Kugelstoßen mit dem Gewinn der Silbermedaille.

Bei den Boxern flogen dem Mannheimer Edgar Basel die Sympathien zu, als er erst im Finale von Nathan Brooks aus den USA gestoppt wurde, aber Silber behielt. Im Reiten wurde von Fritz Thiedemann gesprochen. Mit dem legendären Meteor wurde er Dritter im Jagdspringen (nach Stechen) und Sechster im Preis der Nationen. Auf Chronist bekam er eine zweite Bronzemedaille im Dressur-Mannschaftswettbewerb.

Kraftprotz Werner Potzernheim (Fliegerrennen über 1000 m) und Straßenfahrer Edi Ziegler holten Bronze – wer kennt noch ihre Namen?

Von dem Turner Alfred Schwarzmann ist an anderer Stelle die Rede (S. 237). Günther Haase wurde Dritter im Wasserspringen vom Turm – und dies vor zwei Amerikanern und zwei Mexikanern, die damals die Szene beherrschten.

Und die Saar? In der kleinen Mannschaft, die ohne Medaille heimkehrte, stand Therese Zenz aus Mettlach; sie fuhr im Einerkajak die 500 m. 1956 und 1960, als sie für Deutschland startete, gewann sie drei Silbermedaillen.

Leichtathletik

Emil Zatopek und Dana Zatopkova

Zatopek und Zatopkova: das war am 24. Juli 1952 der olympische Gipfel. Er, Emil, gewann die 5000 m; sie, Dana, das Speerwerfen. Er, der Schweijk des Sozialismus; sie, die Stalingläubige des Kommunismus – ein Ehepaar, wie es verschiedener nicht sein konnte, und dies (oder gerade weil) sie am selben Tag und im selben Jahr geboren waren: am 22. September 1922.

Extrovertiert die »tschechische Lokomotive«, introvertiert die »Domina des Speerwerfens«, prägten sie 1952 das olympische Leichtathletikbild von Helsinki. Beide haben sehr viel für die Legendenbildung getan, doch war im Grunde nur Emil Zatopek wirklich populär.

Dana Zatopkova, geborene Ingrova, nahm an vier Olympischen Spielen teil: 1948 war sie Siebte, 1952 Erste, 1956 Vierte und 1960 Zweite im Speerwerfen; in Rom war sie schon 37 Jahre alt. 1954 und 1958 war sie Europameisterin, 1954 auch einmal Weltrekordlerin.

Dana Zatopkova und Emil Zatopek: Das tschechische Ehepaar kehrt mit vier Goldmedaillen heim. Dana siegt im Speerwerfen, ihr Mann gewinnt die 5000 und 10 000 m sowie den Marathonlauf.

Das war alles sehr viel, aber doch nichts gegen ihren Ehemann Emil, der 1948 in London die 10 000 m gewann und Silber über 5000 m hinter dem enteilten Gaston Reiff aus Belgien holte. 1952 wurde er dann Olympiasieger über 5000 m, 10 000 m und im Marathonlauf. Er war dreimal Europameister und stellte 16 Weltrekorde von 10 000 m aufwärts bis 30 000 m auf; über 10 000 m war er siebenmal Jahresweltbester (1948 bis 1954).

Emil Zatopek war ein Langstreckler, der beim Wettkampf mit dem Kopf wackelte, grimassierte und immer erschöpft wirkte. »Ein unglaublicher Wille und eine sehr große Aufgeschlossenheit gegenüber seiner Umgebung gehören zum Bild dieses überragenden Läufers, dessen Erfolgsserie in ihrer Art einmalig ist«, schrieb Heinz Vogel (* 1922, † 1994), ein bedeutender Sportjournalist, in seinem Buch »Bahnbrecher der Leichtathletik« (1972).

Von 1941 bis 1957 stand Zatopeks Name in den Bestenlisten der Tschechoslowakei und der Welt. Zu Deutschland hatte er ein besonderes Verhältnis; so war es geradezu symbolisch, daß er 1946 als Sieger der Spiele der Alliierten Armeen in Berlin den ersten großen Sieg schaffte (5000 m in 14:31,0 min) und daß er 1957 im selben Berliner Olympiastadion im Länderkampf gegen Deutschland seine internationale Karriere beendete.

Zatopek hat seinen Olympiasieg im Marathonlauf von Helsinki, der für ihn das vierte Gold war, immer als ein Produkt des Zufalls – gepaart natürlich mit Willenskraft und Talent – hingestellt. Dabei war dieser Erfolg scharf kalkuliert und das I-Tüpfelchen einer ganz auf den großen Schlag hin konzipierten Vorbereitung. 1952 war der 29jährige Sportsoldat auf dem Höhepunkt seiner Karriere. 1956, als er es im Marathonlauf noch einmal versuchte, wurde er Sechster.

Er war ein Individualist in einer sozialistischen Gesellschaft. Zwar gehörte er der Kommunistischen Partei seines Landes an, stand aber zu dem »Prager Frühling« des Alexander Dubček. Er wurde aus der Partei gewiesen, war Offizier und doch immer Privatmann.

Der US-Historiker David Wallechinsky hat es, griffig wie es nur Amerikaner tun können, so gesagt: »Im Gegensatz zu seinem Vorgänger Paavo Nurmi wurde Zatopek von seinen Gegnern genauso geliebt wie von allen Menschen, die das Glück hatten, ihm zu begegnen.«

Was die Gegner angeht, die er meist besiegte, so füllen ihre Namen das Buch des Langstreckenlaufs: Gaston Reiff (Belgien), Willem Slijkhuis (Holland), Erik Ahlden (Schweden), Alain Mimoun (Frankreich), Herbert Schade (Deutschland), Gordon Pirie und Chris Chataway (Großbritannien), Vladimir Kuz und Alexander Anufriyev (UdSSR), Jozsef Kovacs (Ungarn) oder Reinaldo Gorno (Argentinien).

Gewichtheben

Bierbrauer aus USA vor Grigori Novak

Nun waren sie also da, die legendenumwobenen sowjetischen Gewichtheber. Was konnten sie wirklich? 202 Weltrekorde hatten sie zwischen 1918 und 1952 aufgestellt, doch nur 35 waren vom Internationalen Gewichtheber-Verband (damals noch FIHC) anerkannt worden. Waren sie so gut wie ihre Weltrekorde? Nein, das waren sie nicht.

Die ersten internationalen Auftritte nach 1945 endeten zwar nicht mit Fiasken, doch sehr wohl mit Enttäuschungen. Aus Liebe zu den französischen Kommunisten durften die sowjetischen Heber an den Weltmeisterschaften 1946 und 1950 in Paris teilnehmen, doch die Welttitelkämpfe in Philadelphia 1947, Den Haag 1949 und Mailand 1951 blieben ihnen verwehrt. An den ersten Nachkriegs-Europameisterschaften, 1947 in Helsinki, gaben sie ihre Visitenkarte ab, doch fehlten sie wieder 1951 in Mailand. Die Welttitelkämpfe von 1949 in Den Haag und 1950 in Paris waren zugleich Europameisterschaften. Die WM 1946 in Paris hatte noch nicht diese doppelte Qualität.

Wie verwirrend das immer auch gewesen sein mag, folgendes steht fest: 1946 in Paris wurde von den Sowjets nur Grigori Novak Weltmeister, 1950 (ebenfalls in Paris) gab es keinen sowjetischen Sieger, wenn auch vier WM-Zweite; bei den Europameisterschaften wurden 1947 in Helsinki fünf und 1950 in Paris sogar alle sechs Titel gewonnen, aber damals spielten die Europäer weltweit überhaupt keine Rolle im Kraftsport.

In Helsinki 1952 traten die Sowjets in fünf von sieben Gewichtsklassen an. Sie kamen zu drei Gold- und drei Silbermedaillen sowie einer bronzenen, mußten aber auch vier amerikanischen Olympiasiegern gratulieren. Ihr am meisten gelobter und wirklich populärer Athlet, Grigori Novak (* 1919, † 1980), der es zwischen 1940 und 1952 auf nicht weniger als 79 Weltrekorde in den beidhändigen Übungen gebracht hatte, war in Helsinki schon 33 Jahre alt. Er wurde von dem amerikanischen Bierbrauer Norbert Schemansky regelrecht vorgeführt, als dieser den Dreikampf mit dem Weltrekord von 445,0 kg (gegen 410,0 kg von Novak) gewann und dabei den Russen im

Grigori Novak: Der sowjetische Heber wird im Mittelschwergewicht Zweiter hinter Norbert Schemansky aus den USA.

Stoßen, der Königsübung des Dreikampfes, um 32,5 kg (!) distanzierte. Die ersten sowjetischen Olympiasieger hießen Ivan Udodov, Rafael Chimishkyan und Trofim Lomakin, von denen nur Chimishkyan ein eleganter Techniker war.

Helsinki zeigte, daß die Sowjets ihrer eigenen Informationspolitik, die immer eine Desinformation war, zum Opfer gefallen waren. Die Olympischen Spiele bewiesen die Kraft des sowjetischen Sports, aber keineswegs die Überlegenheit der sozialistischen Körperkultur. Den olympischen Krieg, den Moskau damals in Helsinki begann, verlor es letztendlich 1990, auch wenn in diesen vier Jahrzehnten viele Schlachten geschlagen und gewonnen wurden.

Ringen, Gewichtheben

Erst für Estland, dann für die UdSSR

Der 1915 geborene Este Johannes Kotkas, im eigenen Land Nachfolger des legendären Kristian Palusalu, wurde 1938 und 1939 Europameister im Schwergewichtsringen des klassischen Stils, wobei er 1938 in Tallinn und 1939 in Oslo jeweils den Schweden John Nyman auf den zweiten Rang verwies. Nach der Annexion Estlands durch die Sowjetunion im Zweiten Weltkrieg setzte Kotkas seine Ringerkarriere in der Nationalmannschaft der UdSSR fort und wurde 1947 in Prag Europameister, 1952 in Helsinki Olympiasieger und 1953 in Neapel noch einmal Weltmeisterschaftszweiter hinter dem neuen Star Bertil Antonsson aus Schweden. Damals war Kotkas, ein blonder Hüne, schon 38 Jahre alt.

Ringen, freier Stil: Der Amerikaner William Smith (weißes Trikot), hier im Kampf gegen den Iraner Abdullah Moditabavi, wird Sieger im Weltergewicht

Kotkas steht als letzter Ringer in der großen Reihe erfolgreicher Mattenkünstler Estlands. Vor ihm waren – unter der Fahne Estlands Osvald Käpps, Eduard Pütsep, Voldemar Väli und Kristian Palusalu Olympiasieger und dazu Nikolai Karklin, Karl Kullisaar, Albert Kusnets, Rudolf Loo, Olaf Luiga, Voldemar Mägi, August Neo, Edgar Puusep, Voldemar Roolaan und Roman Steinberg Medaillengewinner bei Olympischen Spielen oder Europameisterschaften.

Auch im Gewichtheben spielten die Esten eine bedeutende Rolle mit dem Olympiasieger Alfred Neyland (Neuland), der auch Weltmeister war, mit den Weltmeistern Saul Hallop und Harald Tammer sowie den Weltklasseathleten Alfred Schmidt, Arnold Luhäär, Karl Koiv, Gustav Ernesaks, Eduard Vanaasme, Voldemar Normägi, Albert Ozolins, Albert Puusag, Jan Tome und Kaljo Raag. Die Sportgeschichtsschreibung hat sie schmählich behandelt, aber ihre Namen haben ihre Geltung in verschiedenen Weltrekordlisten behalten. Johannes Kotkas war hier der große Stichwortgeber.

Turnen

Viktor Chukarin schweigt und siegt

Als Viktor Chukarin am 25. August 1984 im Alter von 62 Jahren starb, war er eine Turnlegende. Er steht am Anfang der sowjetischen Olympiageschichte im Wettkampf an den Geräten. In Helsinki 1952 und Melbourne 1956 sammelte Chukarin elf Medaillen, sieben goldene (zwei im Zwölfkampf), drei silberne und eine bronzene. Er war schon 30 Jahre alt, als er in Helsinki ankam, und 35, als er in Melbourne abging. Ein Roboter an den Geräten, der größte Schweiger unter den Introvertierten und doch ein Mensch mit Erlebnissen für mehrere Generationen.

Chukarin wurde 1921 in Mariupol in der Ukraine geboren; dort sah er ein Schauturnen im Stadion der Stadt. Daheim baute er sich mit Spielkameraden ein Reck.

Valeri Steinbach hat 1980 Chukarins Geschichte geschrieben, als die Spiele in Moskau anstanden. Es ist die Geschichte des Sowjetmenschen, wie man sie besser nicht finden kann. Chukarin interessierte sich für den Bergbau, studierte Hüttenwesen und trainierte in der Berufsschule, später im Leistungskader Turnen. 1940 hätte er schon Olympiateilnehmer werden können, aber die Sowjets standen olympisch abseits; zudem fielen die Spiele aus.

Viktor Chukarin: Der überragende Turner sammelt 1952 und 1956 bei Olympischen Spielen elf Medaillen (sieben goldene, drei silberne und eine bronzene).

Als die deutschen Truppen in die Sowjetunion einfielen, meldete er sich freiwillig an die Front. Er kam zur Artillerie und war 20 Jahre alt, als er in deutsche Gefangenschaft geriet. 1945 kehrte er heim nach Kiew, wo seine Mutter lebte. 1948 gewann er die sowjetische Meisterschaft am Barren, 1949 den Zwölfkampf. Er wurde dann Olympiasieger 1952, Weltmeister 1954 und noch einmal Olympiasieger im Mehrkampf 1956. Wäre er beim Bodenturnen nicht eingeknickt (er belegte nur den 29. Platz), wäre er in Helsinki ein Turner vom anderen Stern gewesen. Aber auch so ist seine Bilanz eindrucksvoll: Erster im Zwölfkampf (Einzel und Mannschaft), im Pferdsprung und am Seitpferd, Zweiter am Barren und an den Ringen, Vierter am Reck. Chukarin trat 1957 unbesiegt ab und wurde Turnlehrer in Lwow. Die Tugenden, die der sehr schweigsame Chukarin pries, waren einfach zu behalten: »Selbstdisziplin und Selbstbewußtsein«.

Chukarin war bei seinem Erfolg in Helsinki umgeben von Grant Shaginyan (Zweiter im Zwölfkampf), Valentin Muratov (Vierter), Eugen Korolkov (Sechster), Vladimir Belyakov (ebenfalls Sechster), Josef Berdiyev (Zehnter), Mikhail Perelman (Elfter) und Dmitri Leonkin (78.). Leonkin, man muß es wissen, ging mit einer Bronzemedaille an den Ringen heim. 1956 war Chukarin noch besser als Yuri Titov, Valentin Muratov, Albert Azaryan, Boris Shaklin und Pavel Stolbov: Namen, mit denen Turngeschichte geschrieben wurde.

Turnen

Schwarzmann – der Held am Reck

Es muß einen Grund haben, daß der damalige Präsident des Internationalen Olympischen Komitees, der Ire Lord Mike Killanin, in dem 1976 erschienenen Standardwerk »The Olympic Games« in dem Kapitel »Who's Who« unter den Olympiasiegern Alfred Schwarzmann herausstellt. Killanin bringt 197 Lebensläufe. Schwarzmann ist einer unter 13 Deutschen, sogar der einzige aus der Zeit vor 1945.

Der Grund der Benennung? Nun, er liegt sicherlich darin, daß dieser Schwarzmann für den Briten der typische Deutsche ist, mutig und wagemutig auf der einen Seite, von militärischer Disziplin auf der anderen. Dazu kam seine sportliche Ausstrahlung und die Besessenheit, Turnen als vollendete Leibeskunst vorzuführen.

Schwarzmann war, wenn auch weithin bekannter als Zwölfkampfsieger von Berlin 1936, der Held am Reck. Er war der ewig Wagemutige, der neue Wege ging – und dies noch 1952 als Olympiazweiter im Alter von 40 Jahren. Es tut der Legende um Schwarzmann keinen Abbruch, daß er am Reck 1936 von dem Finnen Aleksanteri Saarvala und Konrad Frey, dem harten Konkurrenten aus Bad Kreuznach, geschlagen wurde. 1952 unterlag er dem Schweizer Jack Günthard und war dabei gleichauf Zweiter mit dem eidgenössischen Reck-Olympiasieger von 1948, Josef Stalder.

Alfred Schwarzmann: Der Zwölfkampfsieger von 1936 gewinnt im Alter von 40 Jahren die Silbermedaille am Reck.

Was Schwarzmanns internationalen Ruf ausmachte, war die Bindung, die er zwischen gleich drei Generationen turnerischer Weltklasse herstellte. Da waren in den 30er Jahren neben Frey und dem Reckweltmeister von 1934, dem Frankfurter Ernst Winter (* 1910, † 1944), vor allem die Finnen Saarvala, Savolainen und Pekarinen. Später kamen die Schweizer Lehmann, Stalder, Studer, Kipfer und Tschabold, der Finne Huhtanen und der schweigsam-geheimnisvolle Russe Viktor Chukarin hinzu. Und in Helsinki sahen die kleinen Japaner Schwarzmann turnen, Männer wie Ono, Takemoto und Uesako.

Schwarzmann stand über allen turnerischen Ideologien. Frey, der einen französischen Lehrer zum Freund hatte, setzte nicht allzu viele Glanzpunkte in seinen Übungen ein; diese aber saßen. Bei allem Schwung war Frey ein Statiker, ein Mensch, der seine Dynamik aus der Ruhe schöpfte. Schwarzmann turnte intuitiver und war trotzdem nie ein Risikofaktor im Mehrkampf. Er beherrschte gleich mehrere Systeme. Er stand den Schweizern ebenso nahe wie den Finnen und den Kraftartisten aus Jugoslawien und der Tschechoslowakei.

Als Schwarzmann nach Helsinki seine Laufbahn beendete, lagen fast 30 Jahre Geräteturnen hinter ihm. In Fürth 1912 geboren, wuchs er in einer Turnerfamilie auf, feierte 1930 seinen ersten Sieg bei Jugendkonkurrenzen und wuchs dann systematisch in die deutsche Spitzenklasse. Nach den Olympischen Spielen von Berlin machte er sein Sportlehrer-Examen und wurde Ende der 30er Jahre als Leutnant Heeressportlehrer in Wünsdorf, dem Zentrum des Spitzensports.

Im Zweiten Weltkrieg diente er als Offizier, war beim Lastensegler-Unternehmen gegen das belgische Panzerfort Eben Emael im Mai 1941 dabei und erhielt das Ritterkreuz. 1945 arbeitete er zuerst als Sportlehrer beim MTV Braunschweig, der sich damals als Anlaufpunkt vieler Spitzenathleten anbot. Er heilte Kriegsverletzungen aus, ging 1948 als Pädagoge nach Goslar und überraschte 1949 die Fachwelt mit der Ankündigung, er werde wieder Spitzensport betreiben.

Auf einer Südamerika-Tournee der Kunstturner nahm Alfred Schwarzmann 1953 Abschied vom aktiven Sport – damals schon sein eigenes Denkmal.

Boxen

Ingemar Johansson im Rückwärtsgang

Das olympische Boxturnier von Helsinki erhielt seine besondere Note erst später, als aus einigen Amateuren Profis wurden. Der Finne Pentti Hämäläinen, Sieger im Bantamgewicht, wurde später Europameister der Berufsboxer im Federgewicht. Im Halbweltergewicht trafen zwei Ideologien aufeinander; es gewann der Amerikaner Charles Adkins gegen den Sowjetmenschen Viktor Mednov. Der Ungar Laszlo Papp, damals erst im Aufstieg, holte sich seine zweite Goldmedaille, der 1956 die dritte und später dann die Professional-Europameisterschaft folgte.

Das Glanzlicht des Turniers setzte der 17jährige Floyd Patterson aus Brooklyn. Im Finale traf er auf den Rumänen Vasile Tita, um den er zuerst leichtfüßig herumtanzte, deswegen vom polnischen Referee verwarnt wurde, und schließlich nach genau 74 Sekunden Tita k. o. schlug. Vier Jahre später war Floyd Patterson Boxweltmeister aller Klassen, als er gegen Archie Moore den vakanten Professionaltitel holte.

Ingemar Johansson: Wie schon sein Trainer Gunnar Nilsson (l.), der 1948 in London boxte, gewinnt auch Johansson die Silbermedaille im Superschwergewicht.

Die Box-Olympiasieger der USA (v. l.): Nathan Brooks (Fliegengewicht), Charles Adkins (Halbweltergewicht), Floyd Patterson (Mittelgewicht), Norvel Lee (Halbschwergewicht) und Edward Sanders (Superschwergewicht)

Box-Olympiasieger, die auch Professional-Weltmeister wurden

Jahr	Name	Olympiasieger	Professional-Weltmeister	Jahr
1920	Frank di Gennaro USA	Fliegengewicht	Fliegengewicht	1927, 1929
1924	Fidel LaBarba USA	Fliegengewicht	Fliegengewicht	1925
1948	Pascual Perez ARG	Fliegengewicht	Fliegengewicht	1954
1984	Maurizio Stecca ITA	Bantamgewicht	Federgewicht	1991
1988	Kennedy McKinney USA	Bantamgewicht	Juniorfedergewicht	1992
1924	John Fields USA	Federgewicht	Weltergewicht	1929
1984	Meldrick Taylor USA	Federgewicht	Weltergewicht	1991
1984	Pernell Whitaker USA	Leichtgewicht	Leichtgewicht	1989
1976	Ray Leonard USA	Halbweltergewicht	Weltergewicht	1979
			Mittelgewicht	1987
1980	Patricio Oliva ITA	Halbweltergewicht	Superweltergewicht	1986
1960	Giovanni Benvenuti ITA	Weltergewicht	Supermittelgewicht	1965
			Mittelgewicht	1967
1984	Mark Breland USA	Weltergewicht	Weltergewicht	1987
1952	Floyd Patterson USA	Mittelgewicht	Superschwergewicht	1956
1976	Michael Spinks USA	Mittelgewicht	Leichtschwergewicht	1981
			Schwergewicht	1985
1988	Henry Maske GDR	Mittelgewicht	Halbschwergewicht	1993
1960	Cassius Clay USA	Halbschwergewicht	Schwergewicht	1964
1972	Mate Parlov YUG	Halbschwergewicht	Halbschwergewicht	1978
1976	Leon Spinks USA	Halbschwergewicht	Schwergewicht	1978
1964	Joe Frazier USA	Superschwergewicht	Superschwergewicht	1968
1968	George Foreman USA	Superschwergewicht	Superschwergewicht	1973
1988	Lennox Lewis CAN	Superschwergewicht	Superschwergewicht	1993

Der Halbschwergewichts-Olympiasieger Norvel Lee, ein Farbiger, hatte fünf Kilogramm abtrainiert, um in dieser Klasse starten zu können (sonst wäre er nicht nach Helsinki mitgenommen worden). Lee war damals schon 27 Jahre alt, besaß einen akademischen Grad und war in seiner Heimat Covington in Kentucky bekannt geworden, als er für die Gleichberechtigung der Farbigen eintrat (und einmal ins Gefängnis ging, als er in einem Bus den für Weiße reservierten Platz besetzte).

Was im Schwergewicht passierte, spottete jeder Beschreibung. Aufgrund der imponierenden Siegesserie des US-Amerikaners Edward Sanders (*1930, †1954) ging im Finale der 18jährige Schwede Ingemar Johansson nur rückwärts, ohne überhaupt einen Schlag zu versuchen. Vom Ringrichter ermahnt und verwarnt, wurde der Schwede schließlich disqualifiziert, »weil er nicht sein Bestes gegeben hat«. Die Silbermedaille wurde ihm vorenthalten, doch erhielt er sie 1982 durch den IOC-Präsidenten Juan Antonio Samaranch. 1959 ist Johansson Schwergewichtsweltmeister der Profis geworden. Wenig Glück hatte dagegen Sanders. In seinem neunten Profikampf erlitt er eine K.-o.-Niederlage und starb am 12. Dezember 1954 an einer Gehirnblutung.

1956
Cortina d'Ampezzo

26. Januar bis 5. Februar 1956
Dauer **11 Tage**
Teilnehmer **818 (686 Männer, 132 Frauen)**
Länder **32**
Sportarten **5**
Entscheidungen **24**
Zuschauerzahl **143 401**
Schirmherr **Staatspräsident Giovanni Gronchi**
Eidsprecherin **Giuliana Chenal-Minuzzo (alpiner Skilauf)**

Olympische Winterspiele 1956 in Cortina d'Ampezzo: Links das offizielle Plakat, rechts der Eisschnelläufer Guido Caroli, der das olympische Feuer entzündet.

Winterspiele in den Dolomiten

Die Winterspiele in Cortina d'Ampezzo brachten das erste Auftreten der unter vielen Mühen zusammengekommenen gesamtdeutschen Mannschaft, die sich in den Dolomiten allerdings eher verschämt versteckte denn selbstbewußt zeigte. Ossi Reichert, schon 1952 mit Silber im Spezialslalom dekoriert, wurde Olympiasiegerin im Riesenslalom. Der Skispringer Harry Glaß, genannt Cherry, holte sich Bronze im Spezialsprunglauf (Skispringen) und damit die erste Olympiamedaille überhaupt für die DDR (was allerdings nur in Deutschland selbst interessierte).

Mehr schon bewegte das erste Auftreten der Sowjets bei den Winterspielen, nachdem sie ihre olympische Visitenkarte bei den Sommerspielen in Helsinki abgegeben hatten. Es lag weniger an der Stärke der Sowjets als vielmehr an der Schwäche der Konkurrenz, daß die UdSSR-Mannschaft mit sieben Gold-, drei Silber- und sechs Bronzemedaillen die stärkste überhaupt war. Sie lag vor Österreich, Finnland, der Schweiz, Schweden, den USA, Norwegen, Italien und Deutschland, die sich die übrigen Goldmedaillen holten.

In einer olympischen Wertigkeit stand Cortina noch unter dem Zeichen der Altvorderen, obwohl sich die neue Zeit schon ankündigte: einmal mit dem Superstar Toni Sailer und zum zweiten mit dem Fernsehen.

Die erfolgreichsten Sportler von Cortina d'Ampezzo

Name	Sportart	G	S	B
1. Toni Sailer AUT	alpiner Skisport	3	–	–
2. Yevgeni Grishin URS	Eisschnellauf	2	–	–
3. Sixten Jernberg SWE	nordischer Skisport	1	2	1
4. Veikko Hakulinen FIN	nordischer Skisport	1	2	–
5. Lyubov Kozyreva URS	nordischer Skisport	1	1	–
Sigge Ericsson SWE	Eisschnellauf	1	1	–
7. Pavel Kolchin URS	nordischer Skilauf	1	–	2
8. Fyodor Terentyev URS	nordischer Skisport	1	–	1
9. insgesamt 40 Olympiateilnehmer mit je einer Goldmedaille				

Medaillenspiegel Cortina d'Ampezzo 1956

Land	G	S	B
1. URS	7	3	6
2. AUT	4	3	4
3. FIN	3	3	1
4. SUI	3	2	1
5. SWE	2	4	4
6. USA	2	3	2
7. NOR	2	1	1
8. ITA	1	2	–
9. GER	1	–	1
10. CAN	0	1	2

Cortina war, obwohl dies die Organisatoren ebenso wenig merkten wie die olympische Familie unter ihrem Oberhaupt Avery Brundage, am Anfang einer Entwicklung, die gut 30 Jahre später die Spiele aus dem Griff der Politik löste und in die Hände des Fernsehens gab.

Die Staatsfirma RAI (Radiofoniche Audizioni Italiano) hatte 1954 mit ihren Sendungen begonnen und war bereit, die Winterspiele original zu übertragen. Dafür zahlte das Organisationskomitee von Cortina der Anstalt über zwei Millionen Mark zur Installierung der notwendigen Anlagen. Von einem TV-Honorar war keine Rede, und die Olympier verschoben eine Fernsehdiskussion auf die Session in Sofia 1957, noch völlig ahnungslos, was auf sie zukommen würde. Brundage sagte: »Wir sind 60 Jahre ohne Fernsehen ausgekommen, und wir werden dies auch noch weitere 60 Jahre tun.« Er erlebte noch seinen Irrtum.

Große Firmen zeigten erstmals olympisches Interesse, obwohl schon 1932 die amerikanische Automobilindustrie ihre Produkte für Werbezwecke zur Verfügung gestellt hatte, damals allerdings nur für die IOC-Führung. In Cortina stellte Fiat zwölf Autos bereit, Olivetti 70 Schreibmaschinen. Engagiert waren auch Alfa Romeo und der Ölmulti Agip.

Eröffnungsfeier: Einzug der US-Mannschaft in den festlich geschmückten Ort

Die olympische Familie

Fraktionen geben den Ton an

Interessengruppen oder (im Terminus der Kommunisten) »Fraktionen« hat es im IOC immer gegeben, die sich darin äußerten, daß sie bestimmte Positionen mit ihren Anhängern besetzten.

Da waren zuerst die Franzosen, zwischendurch ganz kurz die Deutschen mit den Griechen im Verbund (1906), dann die Briten, später die Amerikaner (schon ab 1936 durch Avery Brundage), nach 1945 vorübergehend die Schweizer und ab 1952 die Großmächte, die den kalten Krieg begonnen hatten. Die Bezeichnung Fraktion tauchte allerdings erst 1953 in einem Protokoll auf.

Auf der 49. IOC-Session 1953 in Mexiko wollte Präsident Avery Brundage, halsstarrig wie immer in seinem Leben, kein neues Mitglied in den Vorstand (Exekutiv Board) wählen lassen, obwohl ein Platz frei wurde. Damals gehörten dem Vorstand Brundage, Vizepräsident Armand Massard und die Mitglieder Marquess of Exeter, Prinz Axel von Dänemark, Mohammed Taher Pascha und der Holländer P. W. Scharroo an. Scharroos Amtszeit lief aus.

Als der Filipino Jorge B. Vargas feststellte, daß man gegen die Regeln der Charta verstoße, wenn man kein neues Exekutivmitglied wähle, wurde mit 21:7 Stimmen gegen Brundages Vorschlag entschieden. Vargas schlug den Kubaner Miquel Moenck als Nachfolger Scharroos vor. Da stand der Bulgare Vladimir Stoitscheff auf und führte den Fraktionsbegriff ein. Stoitscheff nannte als Kandidaten für den Vorstand den erst 1951 in das IOC berufenen Konstantin

Andrianov (UdSSR), »damit der sozialistische Block im Exekutiv Board repräsentiert« sei.

Stoitscheffs Vorschlag brachte den Brasilianer Ferreira Santos (seit 1923 im IOC) auf die Palme, und er erteilte dem stets wichtigtuerischen Stoitscheff eine Lektion: »IOC-Mitglieder gehören keinem bestimmten Block an; wir sind eine olympische Familie.« Andrianov trat trotzdem gegen Moenck an und verlor mit 5:27 Stimmen.

Was sonst noch im IOC passierte? Nun, 1953 wollten einige Olympier die Reitwettbewerbe wegen der australischen Verweigerung ganz abschaffen. Nicht überall in der Welt haben die Reiter eben Freunde. Auf der 50. Session in Athen 1954 aber gab es dann die Entscheidung zugunsten von Stockholm – eine gute Lösung, wie sich zeigte.

Die schon damals umstrittene Programm-Kommission des IOC, die sich die Verdünnung des Programms zur Hauptaufgabe gemacht hatte, legte sich mit der Presse an und limitierte die Akkreditionen: 1000 Schreiber, 150 Fotografen und 150 Plätze für Film, Funk und Fernsehen bei den Sommerspielen, 400 Schreiber, 75 Fotografen und 75 Plätze für Film, Funk und Fernsehen bei den Winterspielen. Niemals hat sich das IOC an diese Zahlen gehalten.

Die olympische Anerkennung der DDR wurde in Athen mit 31:14 Stimmen abgelehnt, die der Volksrepublik China am 15. Mai 1954 vollzogen. Ein Jahr später in Paris war dann auch das NOK der DDR genehm unter der Bedingung, daß es eine gesamtdeutsche Mannschaft 1956 in Cortina d'Ampezzo und in Melbourne bzw. Stockholm geben würde.

Auf der 51. Session 1955 in Paris wurden auch die Spiele des Jahres 1960 vergeben. Rom gewann im dritten Durchgang mit 35:24 gegen Lausanne, Squaw Valley setzte sich im zweiten Durchgang mit 32:30 gegen Innsbruck durch.

Squaw Valley, Produkt eines riesigen Ballyhoos der Amerikaner, war damals ein weißer Fleck auf der Landkarte, die Wahl eine absolute Sensation. Das neuseeländische IOC-Mitglied Sir Arthur Porritt, ein Arzt, fragte die Amerikaner: »Gibt es dort Wasser für transportable Toiletten?« So war das damals – 1955 in Paris.

Am 19. November 1956 wurde in Melbourne Willi Daume, 43 Jahre alt, in Abwesenheit ins IOC gewählt.

Toni Sailer: Der »Blitz von Kitz« beim Riesenslalom auf dem Weg zu seiner ersten Goldmedaille.

Alpiner Skisport

Dreimal Gold für Toni Sailer

Zwischen dem 29. Januar und 2. Februar 1956 zeigte ein dunkelhaariger Spenglergeselle aus Kitzbühel, daß im alpinen Skisport endlich der erste Hochleistungsartist gefunden worden war. Alle, die vor Anton (Toni) Sailer die Hänge hinabgerast oder durch eng oder weit gesteckte Tore gewedelt waren, wurden von diesem gerade 20 Jahre alten Beau nachträglich als Dilettanten ausgewiesen. Toni Sailer, der Skikunst

Toni Sailer: Mit dem Gewinn aller drei alpinen Rennen ist der Österreicher der umjubelte Star von Cortina.

und Athletik vereinte, machte aus dem alpinen Skilauf ein sehenswertes Spektakel. Für das Fernsehen kam er zu früh.

Riesenslalom, 29. Januar 1956: Auf dem Kurs Ilio Colli, so benannt nach einem lokalen Skihelden, der sich bei einem Rennen zu Tode gestürzt hatte, holte Sailer sein erstes Gold. Anderl Molterer, ein populärer Österreicher, legte die Strecke in 3:06,3 min zurück, wies aber, weil er seinen Konkurrenten Sailer kannte, jeden Glückwunsch zurück: »Toni ist noch nicht gefahren.« Als dieser gefahren war, hatte Sailer 6,2 sec Vorsprung auf Molterer. 6,2 sec! Bei gleichzeitigem Start hätte Sailer im Ziel 30 m Vorsprung vor Molterer gehabt.

Spezialslalom, 31. Januar 1956: In beiden Durchgängen fuhr Sailer Bestzeit. Die europäische Konkurrenz war so geschockt, daß der Japaner Chiaru Igaya trotz des Rückstandes von vier Sekunden (!) Zweiter wurde. Er nutzte dieses Silber besser als Sailer alles Gold: Igaya wurde für Japan später ein umtriebiges IOC-Mitglied mit starkem Geschäftssinn.

Abfahrt, 2. Februar 1956: Unter den 28 Skiartisten, die von 78 gestarteten ins Ziel kamen, war Sailer erneut die Ausnahmeerscheinung – nicht weil er mit 3,5 sec Vorsprung vor dem Schweizer Bauernsohn Raymond Fellay gewann, sondern weil er nach einem Bruch der Skibindung kurz vor dem Start nicht die Nerven verlor. Hans Senger, ein Landsmann, der die Italiener trainierte, half ihm aus der Klemme. Nach dem Rennen verteilte Sailer die drei Goldmedaillen im Kreis der Familie: eine für die Mutter, eine für den Vater, eine für sich.

Die fünf Tage von Cortina blieben im Grunde der Höhepunkt. Zwar wurde Sailer, der bei diesen Olympischen Spielen auch viermal WM-Gold gewann (hinzu kam die Kombination), noch einmal Abfahrt-Weltmeister 1958 und WM-Zweiter im Slalom, aber 1959 trat er vom aktiven Sport zurück. Die olympischen Puristen waren dem Professional auf der Spur. Sailer, der 1957 in einem Film (»Ein Stück vom Himmel«) mitspielte, hatte trotz Ausbildung nicht genug Talent. Mit 15 Filmen wurde er in Verbindung gebracht (und mit ebenso vielen Schauspielerinnen). Er besang Schallplatten, wirkte in der Skiindustrie und war auch einmal (1964) Teamchef der österreichischen Skifahrer.

Eisschnellauf

Geheimniskrämerei um Alma Ata

Mit Legenden sind psychologische Kriege zu gewinnen. Dies haben, von ständiger Spionenfurcht geplagt, als erste die Sowjets erkannt, die im Leistungssport die Geheimniskrämerei zur perfekten Verdunkelung veredelten. 1951 überraschten sie die Eisschnellaufwelt mit fünf Weltrekorden, die Sofia Kondakova, Maria Isakova, Tatyana Karelina und Olga Akifiyeva auf einer Bahn liefen, die bis dahin unbekannt war und nur Medeo genannt wurde. Erst langsam sickerte durch, daß diese Anlage in 1692 m Höhe über Alma Ata in Kasachstan gebaut worden war und nur dem Spitzensport diente.

Nahes Quellwasser, eine völlig staubfreie Luft und kreiselartig einfallende Winde machten die Bahn äußerst schnell. Später sagten die ersten ausländischen Gäste – das war aber schon Ende der 60er Jahre – man laufe auf dieser Bahn »wie auf gefrorener Butter«.

In über drei Jahrzehnten wurden auf dieser geheimnisvollen und mehrmals durch Unwetter beschädigten Anlage 121 Weltrekorde aufgestellt.

Den ersten Weltrekord auf der Medeobahn gab es durch Sofia Kondakova am 5. Februar 1951 (1000 m in 1:36,8 min). Richtig aufmerksam aber wurde die Sportwelt, als am 6. Januar 1952 Yuri Sergeyev die 500 m in 41,7 sec, Boris Bereshin und Yevgeni Grishin die 1000 m in 1:27,3 bzw. 1:26,4 min liefen. Wenig später folgten weitere Weltrekorde: Boris Shilkov und Valentin Cheykin verblüfften mit 2:13,8 und 2:12,9 min über 1500 m sowie der Langdistanzler Nikolai Mamonov mit 8:03,7 min über 5000 m. Über Nacht hatten die Sowjets Olympiafavoriten für Oslo, aber sie nahmen nicht an den Spielen teil.

Die Hochgebirgsbahn von Alma Ata veränderte mit ihren Weltrekordserien die internationale Eisschnellaufszene und brachte mit dem psychologischen Rückenwind der Medeo-Superleistungen die Sowjets an die Weltspitze.

Als Dimitri Sakunenko (7:54,9 min) und Boris Shilkov (7:45,6 min) den alten 5000-m-Weltrekord 1955 regelrecht zu Konfetti verarbeiteten (beide Läufer blieben als erste unter acht Minuten), war dies ein Schock für die sieggewohnten Norweger.

In Cortina d'Ampezzo gewannen die Sowjets 1956 vier Goldmedaillen in drei von vier Wettbewerben, weil es über 1500 m einen Doppelsieg gab; insgesamt sammelten sie sieben von zwölf Medaillen.

Boris Shilkov (Jahrgang 1927) war ein kraftvoller 5000-m-Triumphator wie ihn die Eisschnellaufwelt bis dahin noch nicht gesehen hatte. Yevgeni Grishin, der Goldmedaillengewinner über 500 und 1500 m, lief so schön, als seien ihm Kufen an die Füße gewachsen. Seine 40,2 sec über 500 m waren Weltrekord.

Eisschnellauf: Yevgeni Grishin wiederholt seinen Doppelerfolg über 500 und 1500 m vier Jahre später bei den Spielen in Squaw Valley.

1956 Stockholm

10. bis 17. Juni 1956
Dauer **8 Tage**
Teilnehmer **158 (145 Männer, 13 Frauen)**
Länder **29**
Sportarten **1**
Entscheidungen **6**
Schirmherr **König Gustaf VI. von Schweden**
Eidsprecher **Henri Saint Cyr (Reiten)**

Olympische Reiterspiele 1956 in Stockholm: Das offizielle Plakat zu den Reiterspielen, die wegen der strengen australischen Einfuhrbestimmungen von den Spielen in Melbourne abgekoppelt wurden.

Reiterspiele ein Volltreffer

Die Trennung der Reiterwettbewerbe von den Olympischen Spielen in Melbourne aufgrund der scharfen Quarantänebestimmungen der Australier brachte dem IOC

Die erfolgreichsten Sportler von Stockholm

Name	G	S	B
1. Henri Saint Cyr SWE	2	–	–
Hans Günter Winkler GER	2	–	–
3. Frank Weldon GBR	1	–	1
4. Petrus Kastenman SWE	1	–	–

Eröffnungsfeier: In Anwesenheit der britischen Königin Elisabeth II. eröffnet König Gustaf VI. von Schweden die Reiterspiele.

nur Glück. Die Wahl Stockholms auf der 50. Session 1954 in Athen war einer jener Volltreffer, die es immer wieder bei Abstimmungen in der olympischen Familie gegeben hat. Stockholm hatte anfangs sechs Konkurrenten, doch Dublin und London zogen vor der Abstimmung zurück. Es blieben neben dem Sieger Stockholm, der gleich im ersten Durchgang die Mehrheit der Stimmen bekam, Paris, Rio de Janeiro, Berlin und Los Angeles. Das Resultat: Stockholm 25, Paris zehn, Rio acht, Berlin zwei und Los Angeles zwei.

In Stockholm starteten 145 Reiter und 13 Reiterinnen aus 29 Ländern. Von der Weltspitze fehlte niemand. Die Schweden gewannen beide Goldmedaillen in der Dressur, die Deutschen holten sich beide Olympiasiege im Springreiten, die Military ging an den Schweden Petrus Kastenman im Einzel und an die Briten im Team. Deutschland brillierte mit zwei Gold- und drei Silbermedaillen sowie einer bronzenen. Im Jagdspringen setzten sich jene Reiter durch, die in den 50er und 60er Jahren den Parcours beherrschten. Hans Günter Winkler (Deutschland), Raimondo d'Inzeo, Piero d'Inzeo (beide Italien), Fritz Thiedemann (Deutschland), Harry White (Großbritannien) und Jonqueres d'Oriola (Frankreich) sammelten in ihrer Karriere nicht weniger als zehn Gold-, vier Silber- und acht Bronzemedaillen.

Eine Besonderheit vermeldete die Dressur. Die Damen Lis Hartel und Liselott Linsenhoff kamen auf die Plätze zwei und drei in der Einzelwertung, und das deutsche Team, das Silber gewann, bestand nur aus Damen (Liselott Linsenhoff, Hannelore Weygand und Anneliese Küppers).

Nach den Olympischen Spielen von London 1948 mit dem unsäglichen Fall Gehnäll Persson (S. 216) hatte im Reiter-Weltverband ein Umdenken stattgefunden. Nicht nur Offiziere oder durch besonderen Adel ausgezeichnete Pferdelenker durften reiten, sondern auch Damen. 1952 wagten sich vier Ladies in die Dressur, darunter die Dänin Lis Hartel, die als Elfjährige an Kinderlähmung erkrankt war, es aber auf einem Pferd zu großer körperlicher Leistung brachte. 1952 und 1956 wurde sie nur von dem Schweden Henri Saint Cyr geschlagen. Es kamen dann auch die Olympiasiegerinnen in der Dressur: 1972 Liselott Linsenhoff, 1976 Christine Stückelberger (Schweiz) und 1980 Elisabeth Theurer (Österreich).

Medaillenspiegel Stockholm 1956

Land	G	S	B
1. SWE	3	–	–
2. GER	2	3	1
3. GBR	1	–	2
4. ITA	–	2	1
5. DEN	–	1	–
6. CAN	–	–	1
SUI	–	–	1

Hans Günter Winkler auf Halla: Obwohl fast führungslos, da ihr 29jähriger Reiter wegen einer Leistenverletzung schwer gehandicapt ist, bewältigt die Stute den zweiten Durchgang ohne Fehler.

Springreiten

Halla trägt Winkler zum Gold

Nicht durch seine sechs Olympiastarts und durch seine fünf Goldmedaillen (plus einer silbernen und einer bronzenen), sondern durch seinen legendären Ritt auf der Stute Halla in Stockholm wurde der damals noch 29 Jahre alte Hans Günter Winkler eine Legende der Springreiterei. Winkler, 1926 in Wuppertal geboren, kam über den Arbeitsdienst zur Wehrmacht und wurde nach der Entlassung aus der Kriegsgefangenschaft Pferdepfleger und Reitlehrer, was damals nach den Regeln des Reiter-Weltverbandes FEI bedeutete, daß Winkler als Berufsreiter galt und damit für Olympia nicht zugelassen war.

1951 kaufte Winkler, der inzwischen auch im Pferdehandel tätig war, die als turnieruntauglich geltende Stute Halla, ein ehemaliges Militarypferd. Unter der gefühlvollen Arbeit Winklers wuchs Halla zu einem der besten Springpferde der Welt heran. Im September 1952 wurde Winkler reamateurisiert und 1954 Weltmeister im Springreiten. 1955 verteidigte er seinen Titel mit Erfolg. So ging er durchaus als Favorit nach Stockholm.

Am 17. Juni 1956, dem Schlußtag der Spiele von Stockholm, standen das Jagdspringen und der Preis der Nationen auf dem Programm. Im ersten Durchgang der Entscheidung, die für beide Wettbewerbe galt, zog sich Winkler eine Verletzung im Leistenbereich zu, die sich später als Muskelriß entpuppte. Winkler konnte nur mit einer Injektion und mit großer Mühe den zweiten Umlauf durchstehen.

Als wüßte Halla um die Situation ihres Reiters, ging sie ohne Schenkeldruck fehlerlos über die Hindernisse. Ein fast bewußtloser Winkler wurde als Doppel-Olympiasieger aus dem Sattel gehoben. Winkler sagte später: »Ich bin fest davon überzeugt, daß Halla fühlte, wie schwer ich verletzt war und daß sie darum mehr als ihre Normalleistung bringen wollte. Halla ist einfach einmalig. Ein solches Pferd werde ich nie mehr bekommen.«

In Rom ritt Winkler auf Halla seine zweite olympische Mannschaftsgoldmedaille heraus, die dritte insgesamt. Die Wunderstute war schon 16 Jahre alt, als sie zum erstenmal fohlte. Pferdefachleute meinten dazu, das wäre ungefähr so, als bekäme eine Frau mit 45 Jahren ihr erstes Baby. Halla brachte dann noch fünf gesunde Fohlen zur Welt.

Springreiten

Ein Denkmal für Meteor

Der große Unterschied zwischen Hans Günter Winkler und seinem großen Konkurrenten Fritz Thiedemann bestand darin, daß der eine ein Städter, der andere ein Landwirt war. Winkler erritt sich Respekt, Thiedemann dagegen Popularität. Zudem besaß der Mann aus Weddinghausen bei Heide in Holstein mit dem 13 Zentner schweren Wallach Meteor ein Pferd, das mindestens genau so viel Bewunderer hatte wie Winklers Halla. In Elmshorn, wo der 1918 geborene Thiedemann lebte, setzten Freunde Meteor ein Denkmal.

Mit Winkler und Alfons Lütke-Westhues wurde Thiedemann Olympiasieger 1956 im Preis der Nationen, und mit Winkler und Alwin Schockemöhle wiederholte er den olympischen Erfolg 1960 in Rom. In den Einzelkonkurrenzen wurde er Vierter 1956 und Sechster 1960. Dazu kam die olympische Bronzemedaille in der Dressur (Mannschaft) 1952. Zu addieren sind der Gewinn der Europameisterschaft im Springreiten 1958 sowie ein zweiter Platz 1953 und ein dritter Rang 1956 bei der Weltmeisterschaft. 1958 zeichneten ihn Deutschlands Journalisten zum Sportler des Jahres aus, womit er auch auf dieser Ebene Winkler erreichte, der diesen Titel 1955 und 1956 gewonnen hat.

Interessant ist in diesem Zusammenhang auch ein Blick in die Liste des deutschen Springreiter-Championats von 1951 bis 1959; es wurde viermal von Thiedemann und fünfmal von Winkler gewonnen, ein anderer Springreiter kam in diesem Zeitraum nicht zum Zuge.

Fritz Thiedemann auf Meteor: Mit einem Gewicht von 13 Zentnern war der braune Holsteiner Wallach für ein Springpferd ungewöhnlich schwer.

Die deutsche Mannschaft im Preis der Nationen (v. l.): Fritz Thiedemann, Alfons Lütke-Westhues und Hans Günter Winkler

1956 Melbourne

22. November bis 8. Dezember 1956
Dauer **17 Tage**
Teilnehmer **3342 (2958 Männer, 384 Frauen)**
Länder **67**
Sportarten **17**
Entscheidungen **151**
Zuschauerzahl **1 143 483**
Schirmherr **Herzog von Edinburgh**
Eidsprecher **John Landy (Leichtathletik)**
Letzter Fackelläufer **Ronald Clarke (Leichtathletik)**

Einmarsch der ungarischen Mannschaft: Aus Protest gegen die blutige Niederschlagung des Ungarnaufstands durch die Sowjets boykottieren die Niederlande, Spanien und die Schweiz die Spiele.

Olympische Sommerspiele 1956 in Melbourne: Das offizielle Plakat beschränkt sich auf die olympischen Ringe und das Stadtwappen.

Medaillenspiegel Melbourne 1956[1)]

Land	G	S	B
1. URS	37	29	32
2. USA	32	25	17
3. AUS	13	8	14
4. HUN	8	10	7
5. ITA	8	8	9
6. SWE	8	5	6
7. GER[2)]	6	13	7
8. GBR	6	7	11
9. ROM	5	3	5
10. JPN	4	10	5

1) inklusive Reiterspiele in Stockholm 2) BRD und DDR

Erstmals Spiele auf südlicher Halbkugel

Die Spiele in Melbourne waren die ersten Boykottspiele, doch man nahm der ganzen Angelegenheit die Spitze, weil die Ächtung gleich von mehreren Seiten kam und nicht einen einzigen Verursacher hatte. Da die olympische Welt gegenüber den Australiern ein schlechtes Gewissen hatte, lobte man den Gastgeber immer wieder. Warum?

In der hundertjährigen Geschichte der Spiele haben diese nur einmal in der südlichen Hemisphäre stattgefunden, eben 1956 in Melbourne. Sydney 2000 fällt schon in eine andere Zeit. Mußten die Australier also stets nach Europa oder Nordamerika reisen, so war diesmal die ganze übrige Welt gezwungen, bis zu Zwei-Tage-Flüge auf sich zu nehmen, wenn man an den Spielen teilnehmen wollte. Es wunderte deshalb nicht, als es keine neuen olympischen Teilnahmerekorde gab.

Was die Aspekte der Ächtung angeht, so bedarf dies einmal – sozusagen innenpolitisch – die Reiter. Wegen der scharfen Quarantänebestimmungen war es unmöglich, die Pferdesport-Wettbewerbe in Australien abzuhalten. So wurden diese nach Stockholm vergeben.

Der erste Boykott wurde dann von Ägypten, dem Irak und dem Libanon beschlossen, weil die Israeli in Zusammenarbeit mit Briten und Franzosen den Sinai besetzten, um den Sueskanal von ägyptischer Blockade freizuhalten. Da die Sowjets den durch die Sueskrise anderweitig beschäftigten Westen für nicht einsatzfähig hielten, schlugen sie den Aufstand der Ungarn gegen die sowjetische Vormundschaft blutig nieder. Die Folge war, daß die Niederlande, Spanien und die Schweiz aus Protest gegen die UdSSR-Invasion den Spielen in Melbourne fern blieben und damit die Australier bestraften, die mit allem wenig zu tun hatten. Als sich die Schweizer doch eines anderen (Besseren?) besannen, war es zu spät. Ihre Sportler konnten nicht mehr rechtzeitig nach Australien geflogen werden.

Da es in Melbourne – sieht man einmal von der bösen Wasserballschlacht zwischen den Sowjets und den Ungarn ab – guten Sport gab, wurden die Melbourne-Spiele nicht mit dem Negativ-Terminus »Boykottspiele« besetzt. Die erste gesamtdeutsche Mannschaft bei Sommerspielen schnitt erfolgreich ab. War es der Skispringer Harry Glaß, der die erste Olympiamedaille für einen DDR-Sportler erkämpfte (Bronze in Cortina), so wurde am 1. Dezember 1956 der gerade 20 Jahre alte Boxer Wolfgang Behrendt der erste Olympiasieger der DDR. Eine weitere Neuerung bestand in der Verwirklichung des Vorschlags eines 17jährigen Chinesen, bei der Schlußfeier alle Teilnehmer durcheinander (und nicht nach Nation) einmarschieren zu lassen.

Manches passierte in Melbourne, was später wohl nicht mehr möglich gewesen wäre. Der 3000-m-Olympiasieger Chris Brasher aus Großbritannien, ein stets rücksichtsloser Läufer, war für drei Stunden disqualifiziert; er wurde aber entlastet, als der Ungar Sandor Rozsnyoi ganz offensichtlich seine Silbermedaille nicht gegen Gold eintauschen wollte. Brasher wurde später Journalist und politischer Korrespondent.

Der Hammerwurf-Olympiasieger Harold Connolly (USA) gab später zu, daß er wegen einer Armschwäche infolge einer Verkrümmung Anabolika eingenommen habe, was damals noch nicht verboten war. War er der erste Anaboliker im Sport? Man weiß es nicht. Der zwischen den Spielen von Helsinki und Melbourne aufgetauchte kanadische Gewichtheber-Weltrekordmann und -Weltmeister Douglas Hepburn (er hob nur ein Jahr, nämlich 1953) dürfte auch Anabolika genommen haben, um seine durch Polio geschwächte Beinmuskulatur zu stärken. Hepburn fehlte in Melbourne, und so gewann der »Kran von Tennessee«, Paul Anderson aus den USA, mit viel Glück, weil er bei gleicher Last mit nur 137,9 kg Körpergewicht leichter war als der bärbeißige Humberto Selvetti aus Argentinien.

Der Boxer Laszlo Papp holte sich seine dritte Goldmedaille. Der Kugelstoß-Olympiadritte Jiri Skobla (*1930, †1978) war der Sohn des Gewichtheber-Olympiasiegers Jaroslav Skobla (*1899, †1959), der 1932 im Schwergewicht gewonnen hatte. Der

Die erfolgreichsten Sportler von Melbourne

Name	Sportart	G	S	B
1. Agnes Keleti HUN	Turnen	4	2	–
2. Larisa Latynina URS	Turnen	4	1	1
3. Viktor Chukarin URS	Turnen	3	1	1
4. Valentin Muratov URS	Turnen	3	1	–
5. Bobby Morrow USA	Leichtathletik	3	–	–
Betty Cuthbert AUS	Leichtathletik	3	–	–
Murray Rose AUS	Schwimmen	3	–	–
8. Dawn Fraser AUS	Schwimmen	2	1	–
Lorraine Crapp AUS	Schwimmen	2	1	–
10. Edoardo Mangiarotti ITA	Fechten	2	–	1

Ruderer John B. Kelly jun., Dritter im Einer, hatte einen berühmten Vater, den Ruder-Olympiasieger von 1920 und 1924, und eine Schwester namens Grace, die Schauspielerin und spätere Monaco-Fürstin Gracia Patricia. Beide, John jun. wie auch Grace, starben früh und nicht im Bett: John beim Joggen, Grace bei einem Autounfall.

»The Olympic Torch«: Die aus Glühbirnen gebildete Fackel wird für die Dauer der Spiele das Wahrzeichen von Melbourne.

Betty Cuthbert: Als Schlußläuferin der australischen 4x100-m-Staffel fängt die 18jährige kurz vor dem Ziel die Britin Heather Armitage ab und sichert sich damit nach den Siegen über 100 und 200 m (Abb.) ihre dritte Goldmedaille.

5000-m-Lauf: Vladimir Kuz, der hier im zweiten Vorlauf das Feld anführt, gewinnt das Finale vor den Briten Gordon Pirie und Derek Ibbotson (Nr. 188). Der Deutsche Herbert Schade (186), in Helsinki noch Dritter, geht diesmal leer aus.

Die große Liebe spielte auch eine Rolle. Zwei Olympiasieger heirateten über den Eisernen Vorhang hinweg nach den Spielen von Melbourne in Kalifornien. Es war die tschechoslowakische Diskuswurf-Olympiasiegerin Olga Fikotova und der schon genannte Goldmedaillengewinner im Hammerwerfen, Harold Connolly. Die Liebe (und Ehe) hielt 19 Jahre. 1975 wurde das Paar geschieden.

Leichtathletik

Zwei Superstars im Sprint

Trotz der australischen Siegesserie im Schwimmen wurden auch die Spiele von Melbourne durch die Leichtathletik geprägt. Im Sprint gab es zwei Superstars.

Der 21 Jahre alte Bobby Morrow, ein gläubiger Christ aus Harlington in Texas, gewann die 100 und 200 m und erlief sich das dritte Gold als Schlußmann der amerikanischen 4x100-m-Staffel, die mit 39,5 sec Weltrekord erzielte. Der körperlich robuste Morrow war der widerstandsfähigste Sprinter der Olympiatage. Diese Robustheit besaß auch die Australierin Betty Cuthbert, die im Alter von 18 Jahren ebenfalls die drei Sprintmedaillen gewinnen konnte und nach einer Pause von acht Jahren ihren vierten Olympiasieg 1964 in Tokio über 400 m schaffte.

Der Ire Ron Delany riß in einem turbulenten Finish Gold über 1500 m an sich, wobei er den Leipziger Klaus Richtzenhain ebenso schlug wie den favorisierten Australier John Landy. Als Nachfolger Emil Zatopeks stellte sich der Russe Vladimir Kuz (*1927, †1975) vor: Gewinner der 5000 und 10 000 m. Zatopek wurde Sechster im Marathonlauf, den der Algerien-Franzose Alain Mimoun gewann.

Der Kölner Martin Lauer, gerade volljährig, wurde Vierter über 110 m Hürden (wie er dies auch 1960 werden sollte) und Fünfter im Zehnkampf, den Milton Campbell (USA) als überlegener Sieger beendete. Campbell lief dabei über 110 m Hürden mit 14,0 sec eine Zeit, die ihm im Einzelwettbewerb eine Bronzemedaille eingebracht hätte. Zum Vergleich: Martin Lauer erreichte 14,5 sec im Einzelwettbewerb und 14,7 sec im Zehnkampf.

Bobby Morrow: Der bullige Texaner (hier beim Start der 200 m) gewinnt alle drei Sprintmedaillen.

Große Popularität erlief sich als 400-m-Olympiazweiter der Nürnberger Karl-Friedrich Haas, der schon 1952 in Helsinki die Bronzemedaille über 4x400 m gewonnen hatte und 400 m Olympiavierter geworden war. Fünfmal war Haas deutscher 400-m-Meister (1952 bis 1956).

Haas heiratete Maria Sturm, damals eine der besten deutschen Hochspringerinnen und zweimal deutsche Meisterin im Fünfkampf (1955 und 1956). Beider Sohn Christian wurde zwischen 1980 und 1987 siebenmal deutscher 100-m-Meister und zweimal auch über 200 m. 16 deutsche Titel: Meisterliches aus Nürnberg.

Schwimmen

Die große Zeit der Australier

Melbourne zeigte Australiens Schwimmer auf dem Höhepunkt ihrer ganz großen Zeit, die zwischen 1954 und 1962 einzuordnen ist. Sie gewannen acht von 13 Goldmedaillen im Schwimmen (nicht gerechnet Wasserspringen und Wasserball) und 14 von 35 möglichen Medaillen. Freilich machten die Spiele deutlich, daß die Amerikaner aufzurüsten begannen und daß die Japaner noch mitzuhalten gedachten.

Dawn Fraser: Die Australierin beginnt ihre einmalige Olympia-Karriere mit einem Sieg in Weltrekordzeit (1:02,0 min) über 100 m Kraul. Bis 1964 sammelt sie vier Goldmedaillen in den Kraulwettbewerben.

Da es zu jener Zeit noch keine Weltmeisterschaften gab, denn diese wurden von der FINA erst 1973 eingeführt, waren die Olympischen Spiele der einzig wahre Weltvergleich. Bei den Herren hatten sich aus dem australischen Nationalteam Jon Henricks, John Devitt, Murray Rose, Gary Chapman, Kevin O'Halloran, David Theile und John Monckton als Weltrekordler im Freistil- und Rückenschwimmen einen Namen gemacht.

Ilsa und Jon Konrads große Zeit sollte erst nach Melbourne kommen. Bei den Damen sprach man von Dawn Fraser, Lorraine Crapp, Faith Leech und Sandra Morgan, auch alle Weltrekordlerinnen im Freistil. Seltsamerweise hatten die Australier damals keine Brust-, Schmetterlings- und Rückenschwimmerinnen von Bedeutung; es gab zu dieser Zeit auch noch keine Lagenstaffel, die Anstrengungen in künstlichen Stilen wie Brust, Schmetterling und Rücken gelohnt hätte. 1960 war es dann schon anders.

Ganz schwach waren in jener Zeit die Kraulsprinter der USA, auch wenn sie in Melbourne hinter drei Australiern die nächsten Plätze – zeitlich weit abgeschlagen – belegten. Daß der Amerikaner George Breen im 1500-m-Vorlauf mit 17:52,9 min Weltrekord schwamm, der erst 1958 von dem damals 14jährigen Jon Konrads gebrochen wurde, störte einen Siegschwimmer wie Murray Rose in Melbourne nicht. Er schlug im Finale in einem Zweikampf mit dem Japaner Tsuyoshi Yamanaka in 17:58,9 min für Gold an. George Breen (18:08,2 min) war mit Bronze zufrieden und dem Weltrekord, den er behielt.

Bei den Damen startete Dawn Fraser , die zum Sportidol ihres Landes wurde, ihre einmalige Olympiakarriere mit dem 100-m-Sieg in Weltrekordzeit, den sie dann 1960 in Rom und 1964 in Tokio erneuerte. Allerdings war ihr Lorraine Crapp über 100 m dicht auf den Fersen und über 400 m sogar klar über, doch klang Crapps Olympiaserie schon 1960 mit Silber über 4x100 m Freistil aus.

Der 21jährige Jon Henricks beendete seine Laufbahn nach Melbourne. Er konnte ein Schwimmbassin »nicht mehr sehen«. Der Gewinn der Goldmedaille über 100 m war sein 56. Sieg in einer dreijährigen Erfolgsserie. Murray Rose, blond und gut aussehend, war Vegetarier. Weil es im olympischen Dorf das ihm gemäße Essen nicht gab, wurde er ausnahmsweise von

Murray Rose: Der erfolgreichste Schwimmer von Melbourne holt in den Freistilwettbewerben dreimal Gold (400 m, 1500 m und 4x200 m).

seinen Eltern betreut. Später ging der Australier zur Universität von Südkalifornien nach Los Angeles. David Theile wurde 1956 und 1960 Olympiasieger im 100 m Rückenschwimmen; zwischendurch schwamm er zwei Weltrekorde: ein Olympier der ganz alten Sorte.

Dawn Fraser ist ein besonderes Kapitel bei den Spielen 1964 gewidmet (S. 307). Hier nur soviel: Sie war das jüngste Kind einer Arbeiterfamilie, die neben ihr noch sieben Söhne und Töchter großzuziehen hatte. Lorraine Crapp, wie Dawn Fraser 1938 geboren, blieb als erste Schwimmerin der Welt unter fünf Minuten über 400 m. Als sie in der 4x100-m-Freistilstaffel als Startschwimmerin 1:03,1 min vorlegte, waren die Amerikanerinnen geschlagen. 1960 in Rom hatte Lorraine Crapp andere Dinge als »gut schwimmen« im Kopf.

Vor dem Abflug nach Europa hatte sie den Arzt Bill Thurlow geheiratet, der auf eigene Kosten nach Rom flog und dort ein Appartement mietete. Als Lorraine Crapp, ohne sich abzumelden, bei ihrem Mann übernachtete, veranstalteten Australiens Verbandsfunktionäre einen Affenzirkus. Die Folge war, daß Lorraine Thurlow-Crapp nur eine müde Staffelschwimmerin abgab und jene 2,4 sec verloren haben soll, die Australien am Sieg über die Amerikanerinnen fehlten.

Schwimmen

Ursel Happes Weg zum Gold

Es war ein weiter Weg zum Gold. Ursel Happe, geborene Krey, erreichte ihr Ziel mit 30 Jahren. Olympiasiegerin im Brustschwimmen wurde sie ohne Sponsoren, ohne Doping und ohne die Hilfe von außen, nur mit der ihr eigenen Energie.

Ursel Krey wurde 1926 in Danzig geboren. Als 16jährige gehörte sie schon zu den besten Brustschwimmerinnen Deutschlands und damit Europas. Aber 1942 war schon im vierten Jahr Krieg. 1945 flüchtete sie vor den Sowjets aus Danzig nach Kiel. Dort traf sie den Mann, der schon in Danzig ihr Trainer gewesen war, den Lehrer Heinz Hoffmann, der sich ebenfalls eine neue Existenz im Westen Deutschlands aufbauen mußte.

1949 gewann Ursula Krey, die immer nur Ursel genannt wurde, ihre erste deutsche Meisterschaft als Mitglied des SV Neptun Kiel. 1950 heiratete die 23jährige und ging mit ihrem Mann nach Dortmund, damals zufällig eine Hochburg des deutschen Schwimmsports. Bis zu ihrem Olympiasieg in Melbourne gewann sie zwölf deutsche

Ursel Happe: Die 30jährige Dortmunderin setzt sich über 200 m Brust gegen ihre durchweg jüngeren Konkurrentinnen durch.

Meisterschaften im Brust- und Butterflyschwimmen, das nach 1952 getrennt worden war, eine Europameisterschaft 1954 im Brust- und eine bronzene EM-Medaille im Butterflywettbewerb; dazu kamen 13 deutsche Rekorde sowie die Olympiateilnahme 1952 in Helsinki und die EM-Teilnahme 1950 in Wien als die ersten internationalen Einsätze.

Vor der Reise nach Australien trainierte sie zweimal am Tag, morgens in aller Frühe, um den normalen Badebetrieb einer öffentlichen Anstalt nicht zu stören, abends nach der Arbeit. Ursel Happe war in jener Zeit eine absolute Ausnahmeerscheinung im Schwimmsport; sie motivierte sich selbst, hatte einen verständnisvollen Ehemann und schwamm einen orthodoxen Bruststil wie keine ihrer Konkurrentinnen. Ihr Überwasserzug war lang, ihr Gleiten geschmeidig. In Melbourne fehlte allerdings die Holländerin Ada den Haan, weil die Niederlande die Spiele boykottierten, aber Ada gewann dann auch 1960 nicht, als sie noch besser war als vier Jahre zuvor.

In den 50er Jahren gab es erst spät die Trennung der Stilarten und das Verbot des Tauchens; außerdem wurde nicht zwischen den Leistungen auf der günstigeren 25-m-Bahn und denen auf der schwereren 50-m-Bahn unterschieden. So wurde der Öffentlichkeit nie bewußt, daß Ursel Happe vor ihrem Olympiasieg vier Weltrekorde über 100 und 200 m Brust aufgestellt hatte. Ihr Olympiasieg in Melbourne in 2:53,1 min – klar vor der Ungarin Eva Szekely (2:54,8 min) und der zweiten deutschen Schwimmerin, Eva-Maria ten Elsen aus Leipzig (2:55,1 min) – war deshalb nicht so sensationell, wie er gemacht wurde.

Außergewöhnlich waren indes ihr für eine Spitzenschwimmerin hohes Alter und ihr Nachkriegsschicksal, das Symbolcharakter hatte für Millionen deutscher Flüchtlinge. Ursel Happes Sieg paßte in die Aufbruchstimmung zum deutschen Wirtschaftswunder, das die deutsche Fußballmannschaft mit ihrem Weltmeisterschaftssieg 1954 in Bern im Sport eingeleitet hatte.

Nach Melbourne beendete Ursel Happe ihre Laufbahn. 1958 wurde ihr Sohn Thomas geboren, der trotz seines Talents im Kraulschwimmen sich für Handball entschied und 1984 in Los Angeles Olympiazweiter wurde.

Gewichtheben

Olympiasieger und Mister Universum

Tommy Kono, einer der bedeutendsten Gewichtheber aller Zeiten, hatte weder Vorbilder noch Nachahmer. Er war ein Unikum und zu gut für diese Welt. Obwohl er Erfolg hatte, gehörte er nicht zu den Erfolgsmenschen. Überall hätte er vorgezeigt werden können, doch er nahm sich stets zurück.

Tommy (eigentlich Tamio) Kono wurde am 27. Juni 1927 als Sohn japanische Eltern auf Hawaii geboren und wuchs in Sacramento (Kalifornien) auf. Mit Vater und Mutter kam er 1941 aufgrund seiner Zugehörigkeit zur Minderheit der »japanischen Amerikaner« nach dem Angriff auf Pearl Harbor in das Internierungslager Tula Lake. Dort lernte der schmächtige, von

Asthma geplagte Tommy das Gewichtheben als Mittel der Körperertüchtigung, das man in den USA damals schon Bodybuilding nannte.

Geprägt vom Leben der Japaner an der Westküste der USA und vom Minderheitenproblem mit all seinen Anpassungsschwierigkeiten, entwickelte der sanftmütige, doch sehr zielstrebige Tommy seine strenge Philosophie vom Überzeugen durch Vorleben und Vordenken.

Kono horchte in seinen Körper, entwickelte Diäten, lebte ganz im Einklang mit der Natur (und war hier einer der ersten Ökologen) und erkannte schon 1948, daß der Leistungssport erst am Anfang seiner Entwicklung stand.

Kono wurde als Leichtgewichtler 1952 Olympiasieger, 1956 ebenfalls Olympiasieger zwei Klassen höher, und zum Abschluß seiner Olympiakarriere 1960 Silbermedaillengewinner im Mittelgewicht. Dazwischen wurde er sechsmal Weltmeister und stellte in vier Gewichtsklassen nicht weniger als 26 Weltrekorde auf.

Er allein bestimmte sein Körpergewicht, das von 67,5 bis 92 kg reichte. Als Bodybuilder gewann er 1954 den World Contest; 1955 und 1957 wurde er als bestgebauter Athlet der Welt »Mister Universum«. Er konnte sich Muskeln antrainieren und sie dann auch wieder »entschärfen«.

Kono gehörte schon 1950 zu den wenigen Amerikanern, die Sportkontakte mit Deutschland suchten und sie auch fanden. Mit dem Autor gab es über Jahre eine enge Verbindung.

Als der diplomierte Sportlehrer 1969 Bundestrainer der deutschen Gewichtheber wurde, war sein Scheitern programmiert. Er setzte sich mit seinen leisen Tönen nicht durch. Als einer der stillsten Olympiasieger, die es jemals gegeben hat, fühlte er sich von seiner lauten Konkurrenz schließlich abgestoßen und als Trainer einem anderen Jahrhundert zugehörig. Er zog sich in die Anonymität zurück.

Tommy Kono: Der erfolgreiche Gewichtheber (1952 Gold im Leichtgewicht, 1956 Gold im Leichtschwergewicht, 1960 Silber im Mittelgewicht) als »Mister Universum«

Gewichtheben

Paul Anderson hat Kragenweite 60

Als der Amerikaner Paul Anderson am 15. August 1994 im Alter von 61 Jahren an Nierenversagen in Vidalia im Staat Georgia starb, verriet der von Mike Meseroles erstellte »1995 Sport Almanac«, daß er eine Kragenweite von 60 gehabt hat. Normalweiten liegen zwischen 38 und 43.

Der 1932 geborene Anderson war in seiner kurzen Karriere als Gewichtheber Weltmeister 1955 und Olympiasieger 1956. Er wog als 21jähriger um die 160 kg und kam bei seinen neun Weltrekorden als erster im Dreikampf über 500 kg. Als er 1955 zur Weltmeisterschaft nach München reiste, benötigte er in den damals noch engen Flugzeugen zwei Sitze, zumal er bei nur 1,76 m Größe so breit wie hoch war.

Paul Anderson: Der »Kran von Tennessee« und der Argentinier Humberto Selvetti heben beide im Dreikampf 500,0 kg, doch Anderson gewinnt, weil er mit 137,9 kg leichter ist als sein Gegner (143,5 kg).

Für die Spiele 1956 in Melbourne machte er Gewicht, wie die Heber sagen. Als der Argentinier Humberto Selvetti (143,5 kg) genau wie Anderson 500,0 kg im Dreikampf zur Hochstrecke brachte, gewann der »Kran von Tennessee« nur wegen seines geringeren (!) Körpergewichts.

Nach Melbourne bildete sich der gläubige Christ Anderson zum Sozialarbeiter aus und widmete sich vor allem verwaisten und verwahrlosten Jugendlichen. 1957, als seine Karriere zu Ende ging, hob er aus dem Kreuz die höchste jemals registrierte Last: 6270 pounds – das sind 2850 kg.

Boxen

Der Profiboxer aus dem Ostblock

Laszlo Papp brach alle Rekorde, die zu seiner Zeit zu brechen waren. Im Boxen wurde er 1948, 1952 und 1956 Olympiasieger, und dieser Rekord wurde auch von dem großen Kubaner Teofilo Stevenson nicht gebrochen. 1949 und 1951 wurde Papp Amateur-Europameister, 1962 auch Professional-Europameister, nachdem ihm die sozialistische ungarische Regierung erlaubt hatte, sein Geld beim Klassenfeind, also im kapitalistischen Ausland, zu verdienen.

Seinen Europameistertitel, den er dem Dänen Chris Christensen abgenommen hatte, verteidigte er bis 1964 sechsmal, darunter auch gegen den Kölner Peter Müller. 1964 wurde er in die Heimat zurückgerufen; er mußte seinen Profititel abgeben, den dann der große Italiener Giovanni Benvenuti, (Olympiasieger von Rom 1960) gewann. Papp betreute fortan die ungarischen Amateurboxer.

Turnen

Gold im Pferdsprung für Helmut Bantz

Die Karriere des Turners Helmut Bantz, eines Pfälzers aus Speyer, ist im Grunde einfach zu beschreiben. 1942 wurde er erstmals deutscher Meister, 1956 Olympiasieger. Dazwischen lagen eine Europameisterschaft am Barren, drei Medaillen bei Welt- und insgesamt fünf Medaillen bei Europameisterschaften. Er gewann 16 deutsche Meisterschaften und bestritt 19 Länderkämpfe, die in seiner Zeit noch etwas bedeuteten; hinzu kamen zwei Olympiateilnahmen (1952 und 1956).

Der Sportlehrer Bantz (Jahrgang 1921), der im Beruf sein Können und Wissen an der Deutschen Sporthochschule in Köln weitergab, war leicht erkennbar: Er trug immer eine Brille. Von 1948 bis 1960 war Bantz die Stütze der deutschen Nationalmannschaft, der er schon als Jugendlicher einmal angehört hatte. 1952 in Helsinki wurde er Vierter mit der deutschen Mannschaft, Siebter am Reck und Neunter im Zwölfkampf, 1956 in Melbourne Erster im Pferdsprung, Fünfter mit der Mannschaft, Sechster am Reck und im Zwölfkampf sowie Achter am Boden. Er konnte überall brillieren.

Den Pferdsprung beendete er punktgleich mit Valentin Muratov aus der Sowjetunion. Interessanterweise waren die deutschen Turner besonders gut im Pferdsprung, denn Theo Wied wurde Vierter, Jakob Kiefer und Robert Klein belegten den siebten Platz.

Bantz, der bereits gegen die Olympiasieger von 1936 angetreten war und schon gegen jene Generation turnte, die 1960 groß herauskam, gewann folgende deutsche Meisterschaften: fünf im Zwölfkampf (die erste 1942), eine am Barren, zwei an den Ringen, vier im Pferdsprung, eine am Boden und drei am Reck.

Helmut Bantz: Der Deutsche siegt im Pferdsprung zusammen mit Valentin Muratov aus der Sowjetunion.

Gesamtdeutsche Mannschaft

Deutsche vereinigt bei Oympia

Das Jahr 1956 wurde zur Geburtsstunde der gesamtdeutschen Mannschaft, die in Cortina ihre Premiere und in Melbourne schon einen gewissen Erfolg feierte. Sie war im Grunde das Ergebnis des Beharrungsvermögens des IOC und einer wahren demokratischen Überzeugung, die darin gipfelte, daß es einmal eine deutsche Wiedervereinigung geben würde, auch wenn diese dann noch 35 Jahre auf sich warten ließ.

Die DDR-Funktionäre sahen, daß sie ihr Ziel der Eigenständigkeit im sportlichen Bereich nur über den Umweg der vorübergehenden Gemeinsamkeit erreichen konnten. So gab es denn auch 1960 und 1964 noch gesamtdeutsche Teams, ehe 1965 aufgrund höherer politischer Einsichten die Trennung erfolgte und die »doppelten Deutschen« (ein Terminus, der vom Autor dieses Buches zum erstenmal in einem Beitrag des Sport-Informations-Dienstes/SID verwandt wurde) auch auf der olympischen Bildfläche erschienen und dort bis 1988 verblieben. In zwei Verhandlungen in Hinterzarten und Berlin wurden 1955 die gesamtdeutschen Mannschaften für Cortina und Melbourne beschlossen.

Das Team für die Winterspiele bestand aus 75 Sportlern, von denen 63 an den Start gingen. 51 Sportler kamen aus der Bundesrepublik Deutschland, zwölf aus der DDR. Entscheidend für die Nominierung war das Leistungsprinzip. Delegationsleiter waren die beiden NOK-Präsidenten Karl Ritter von Halt und Heinz Schöbel.

Als Chef de Mission fungierte Guy Schmidt, der Präsident des Deutschen Ski-Verbandes. Gewonnen wurde eine Goldmedaille (Ossi Reichert aus Sonthofen im Riesenslalom) und eine Bronzemedaille (Harry Glaß aus Klingenthal im Spezialsprunglauf). Fahnenträger war der Bob-Olympiasieger Anderl Ostler.

In der gesamtdeutschen Mannschaft von Melbourne standen nur 159 Aktive, 123 aus der Bundesrepublik und 36 aus der DDR; damals war der Spitzensport der DDR erst im Aufbau. Die Reiterspiele in Stockholm wurden nur von bundesdeutschen Aktiven, insgesamt neun, besucht. Gewonnen wurden 26 Medaillen (6 Gold, 13 Silber, 7 Bronze). Der Boxer Wolfgang Behrendt war der einzige Goldmedaillengewinner aus der DDR; dazu kamen vier Silber- und zwei Bronzemedaillen. Die Dominanz des Westens war klar.

1960
Squaw Valley

18. bis 28. Februar 1960
Dauer 11 Tage
Teilnehmer 665 (521 Männer, 144 Frauen)
Länder 30
Sportarten 5
Entscheidungen 27
Zuschauer 250 000
Schirmherr Vizepräsident Richard Nixon
Eidsprecher Carol Heiss (Eiskunstlauf)
Letzter Fackelläufer Ken Henry (Eisschnellauf)

Olympische Winterspiele 1960 in Squaw Valley: Das offizielle Emblem, ein Stern mit den olympischen Ringen

Winterspiele im »Tal der Indianerin«

Im Jahr 1954, als Marilyn Monroe ihren Joe DiMaggio heiratete, Elvis Presley in Memphis seine erste Platte aufnahm und die Brüder McDonald in Los Angeles ihren ersten Hamburger brieten, machten der New Yorker Rechtsanwalt Alexander Cushing und der Pilot Wayne Poulsen auf Squaw Valley (»Tal der Indianerfrau«) aufmerksam. Bis dahin hatte kaum jemand – ein paar Skisportier ausgenommen – etwas von diesem Tal in Kalifornien an der Grenze zu Nevada gehört. Die Immobilienspekulanten Cushing und Poulsen pushten

Squaw Valley 1960: Siegerehrung vor dem Turm der Nationen

Die erfolgreichsten Sportler von Squaw Valley

Name	Sportart	G	S	B
1. Yevgeni Grishin URS	Eisschnellauf	2	–	–
1. Lidiya Skoblikova URS	Eisschnellauf	2	–	–
3. Veikko Hakulinen FIN	nordischer Skisport	1	1	1
4. Maria Gussakova URS	nordischer Skisport	1	1	–
Sixten Jernberg SWE	nordischer Skisport	1	1	–
Helga Haase GER	Eisschnellauf	1	1	–
Viktor Kosichkin URS	Eisschnellauf	1	1	–
Knut Johannesen NOR	Eisschnellauf	1	1	–
9. Ernst Hinterseer AUT	alpiner Skisport	1	–	1
10. insgesamt 39 Olympiateilnehmer mit je einer Goldmedaille				

innerhalb einer Saison Squaw Valley zum Olympiakandidaten. Das USOC spielte mit, und am 14. Juni 1955 erhielten die Kalifornier mit Squaw Valley in Paris den Zuschlag des IOC. Sie siegten im zweiten Durchgang gegen Innsbruck mit 32:30 Stimmen. Im ersten Versuch waren Garmisch-Partenkirchen und St. Moritz ausgeschieden.

Als Squaw Valley zum Entsetzen des IOC-Präsidenten Avery Brundage und zum Erstaunen der übrigen Welt die Spiele hatte, erlahmte der Schwung der Veranstalter. Brundage, der die Kalifornier schon 1932 geringschätzig als »Beachcomber« (Strandläufer, übertragen Nichtstuer) bezeichnet hatte, machte ihnen Beine.

Trotzdem schafften es die Kalifornier, den Bobsport auszuklammern: Sie bauten einfach keine Bobbahn, und der Weltverband goutierte 1958 die Verweigerung ebenso wie das IOC.

Das Fernsehen spielte noch keine Rolle. Columbia Broadcasting Systems (CBS) zahlten 50 000 Dollar für die TV-Rechte. Aus dem Verkauf der Eintrittskarten wurden knapp 2,1 Millionen Dollar erzielt, bei 250 000 Zuschauern eine ordentliche Zahl. Was damals niemand ahnen konnte, waren die TV-Zuwachsraten. 20 Jahre später – wieder in den USA – waren es 15,5 Millionen Dollar (S. 262).

379 Journalisten aus 25 Ländern waren akkreditiert. Die deutsche Fach-Agentur Sport-Informations-Dienst (SID) hatte ihr Büro in einem gemieteten Wohnwagen.

Entgegen allen Befürchtungen wurden die Winterspiele zu einem großen sportlichen Erfolg. Programmierte Siege waren die Ausnahme. Das Eishockey endete mit einem amerikanischen Triumph, die erste Olympiasiegerin im Eisschnellauf wurde eine Deutsche. Von Georg Thoma sprach man, auch von Helmut Recknagel.

Medaillenspiegel Squaw Valley 1960

Land	G	S	B
1. URS	7	5	9
2. GER[1]	4	3	1
3. USA	3	4	3
4. NOR	3	3	–
5. SWE	3	2	2
6. FIN	2	3	3
7. CAN	2	1	1
8. SUI	2	–	–
9. AUT	1	2	3
10. FRA	1	–	2

1) BRD und DDR

Olympische Fernseh-Honorare

1960	Squaw Valley	50 000 $
1960	Rom	394 000 $
1964	Innsbruck	597 000 $
1964	Tokio	1 500 000 $
1968	Grenoble	2 500 000 $
1968	Mexiko City	4 500 000 $
1972	Sapporo	6 400 000 $
1972	München	7 500 000 $
1976	Innsbruck	10 000 000 $
1976	Montreal	25 000 000 $
1980	Lake Placid	15 500 000 $
1980	Moskau	87 000 000 $
1984	Sarajevo	91 500 000 $
1984	Los Angeles	225 000 000 $
1988	Calgary	309 000 000 $
1988	Seoul	300 000 000 $
1992	Albertville	243 000 000 $
1992	Barcelona	401 000 000 $
1994	Lillehammer	297 000 000 $
1996	Atlanta	456 000 000 $
1998	Nagano	375 000 000 $

Die olympische Familie

56. Session meldet Teilnahmerekord

Nach den Olympischen Spielen von Melbourne fiel das IOC in einen sportpolitischen Tiefschlaf. Die Vollversammlungen von Sofia 1957 und Tokio 1958 waren mit 29 und 26 Mitgliedern nur schwach besucht, und wären in Tokio nur zwei Olympier weniger erschienen, wäre das IOC nicht beschlußfähig gewesen.

IOC-Präsident Brundage machte sich Sorgen. Immer noch mußten die IOC-Mitglieder ihre Reisekosten selbst bezahlen, auch die Hotelunterbringung ging auf ihre Kosten. Der Jahresbeitrag eines IOC-Mitglieds betrug immerhin noch 250 Schweizer Franken.

Der 56. Session 1959 in München kam deshalb eine besondere Bedeutung zu. Seltsamerweise fand sie in der olympischen Öffentlichkeit sehr wenig Beachtung, obwohl sie wegweisende Arbeit leistete. Dazu trug allerdings auch bei, daß der Veranstalter, Karl Ritter von Halt, im Haus des Sports in München nüchterne Büroräume anbot. Für die Delegierten bedeutete dies: weniger Empfänge und Feste, dafür mehr Arbeitssitzungen. Und es gab Teilnahmerekorde zu melden: 53 von 60 IOC-Mitgliedern waren zugegen, und beim Zusammentreffen der IOC-Exekutive mit den Weltfachverbänden am 23. Mai waren die Vertreter von 22 Federationen anwesend; nur die Repräsentanten von Basketball, Kanusport und Eishockey fehlten.

Brundage mußte sich gegen Vorwürfe aus dem kommunistischen Lager verwahren, er sei ein Faschist, Nazi, Imperialist oder Rassist. Die Existenz zweier koreanischer, zweier chinesischer und zweier deutscher Staaten warf Probleme auf, die in ermüdenden Debatten besprochen, aber nicht gelöst wurden – sieht man von dem Beharren auf einer gesamtdeutschen Mannschaft ab.

Tokio als Kandidat für die Sommerspiele 1964 und Innsbruck für die Winterspiele im selben Jahr gewannen gleich im ersten Durchgang die Abstimmung unter den Olympiabewerbern. Die Weltfachverbände, die sich ein Mitspracherecht erkämpft hatten, blamierten sich, als sie nach ihren Favoriten unter den insgesamt sieben Bewerbern (vier für die Sommerspiele, drei für die Winterspiele) gefragt wurden: Von den 22 anwesenden IF-Vertretern fehlten sechs bei der Vorstellung der Kandidaten. Die Leichtathleten setzten die Wiedereinführung des 800-m-Laufes der Frauen durch. Der Weltverband der Sportjournalisten AIPS wurde olympisch anerkannt, doch die Journalisten nicht zu den Sitzungen zugelassen; es ist bis heute so geblieben.

Die Amerikaner hatten Erfolg mit ihrer Weigerung, in Squaw Valley eine Bobbahn zu bauen, und der damals völlig desolate Internationale Bobverband hatte weder eine eigene Meinung noch eine Lobby im IOC, das sogar eine Verlegung der olympischen Bob-Wettbewerbe von Squaw Valley nach Lake Placid ablehnte. Es gab dann eine Weltmeisterschaft 1960 in Cortina d'Ampezzo.

Die Versuche der stalinistischen sowjetischen IOC-Mitglieder Konstantin Andrianov und Alexei Romanov, das IOC zu demokratisieren, wie sie dessen Entmachtung euphemistisch umschrieben, fanden kein Gehör. Die Rassendiskriminierung in Südafrika war ein Tagesordnungspunkt und deutete kommende Schwierigkeiten an, die am 31. Dezember 1963 zum olympischen Ausschluß Südafrikas für 24 Jahre (1964 bis 1988) führten.

Als Herausforderer von Brundage begann sich der Marquess of Exeter (vorher Lord Burghley) zu profilieren, der für die Internationalen Fachverbände einen gewissen Anteil an den olympischen Einnahmen forderte. Der Edelmann dachte an eine Beteiligung an den Gewinnen der Spiele, obwohl

Marquess of Exeter: Der ehemalige Lord Burghley war von 1933 bis 1981 IOC-Mitglied und von 1950 bis 1976 Präsident des Internationalen Leichtathletik-Verbandes (IAAF).

Die führenden Persönlichkeiten des deutschen Sports 1960: Karl Ritter von Halt (l.), Präsident des Nationalen Olympischen Komitees für Deutschland (1951 bis 1961), und sein Nachfolger Willi Daume bei einem Empfang von Bundeskanzler Adenauer

zu diesem Zeitpunkt die Fernseheinnahmen noch keine Rolle spielten. Fünf Jahre später warf Exeter seinen Hut in den Ring, als der Präsident des IOC neu zu wählen war. Brundage gewann wieder, Exeter verlor. Aber er rächte sich, indem er als Präsident des Internationalen Leichtathletik-Verbandes (IAAF) die gesamtdeutsche Mannschaft in seinem Sport trennte und damit das IOC in Zugzwang brachte.

In München hatte Ritter von Halt als olympischer Gastgeber seinen großen Auftritt. Neben ihm stand der ehrgeizige Willi Daume, der 1956 ins IOC berufen worden war, nachdem der Herzog zu Mecklenburg seinen Verzicht erklärt hatte. Halt hatte Daume seinem Freund Brundage vorgestellt und das Entree arrangiert. 1964 starb Halt. Die Trauerrede an seinem Sarg hielt der Bankier Hermann Josef Abs.

Nach der Münchener Session 1959 wurde Daume zum wichtigsten Verfechter der olympischen Idee in Deutschland. Er widersprach noch im selben Jahr seinem Bundeskanzler Konrad Adenauer, der dem NOK für Deutschland empfohlen hatte, auf die Olympiateilnahme 1960 in Squaw Valley zu verzichten.

Stein des Anstoßes: Aus Anlaß ihres zehnjährigen Bestehens hatte die DDR 1959 eine eigene Fahne (Schwarz-Rot-Gold mit Hammer, Zirkel und Ährenkranz) eingeführt, weshalb Brundage am 17. November 1959 nach Daumes Zusage entschied, daß die gesamtdeutsche Mannschaft unter Schwarz-Rot-Gold mit den olympischen Ringen anzutreten habe.

Daumes zweiter olympischer Coup jener Zeit war die Übernahme der olympischen Vollversammlung für das Jahr 1963, als Nairobi absagen mußte. Die Session in Baden-Baden sollte zu einer der wichtigsten in der Geschichte des IOC werden.

IOC in der Diskussion

Sowjets fordern »Demokratie«

Ausgerechnet das undemokratischste aller Nationalen Olympischen Komitees, das Allsowjetische Komitee, forderte 1959 vor der 56. Session eine »Demokratisierung« des IOC. Diese sollte durch die Aufstockung des IOC erfolgen, das damals 64 Mitglieder hatte. Hinzukommen sollten die 115 Präsidenten der NOKs und die 35 Präsidenten der Weltfachverbände.

Entsprechend dem Vorschlag der Sowjets hätte das IOC dann 214 Mitglieder gezählt. Nach dem Vorbild eines Politbüros und Zentralkomitees sollte die IOC-Exekutive aus 50 bis 55 der 214 Mitglieder bestehen und acht bis neun Vizepräsidenten neben einem Generalsekretär haben.

Auf der folgenden IOC-Session 1960 in San Francisco bezeichnete IOC-Präsident Avery Brundage den UdSSR-Vorschlag zur Neuorganisation des IOC als »Amphetamin-Sulfat-Produkt«, also als Doping, und Doping sei verboten. Doch man könne, so Brundage, auf der Session 1961 in Athen über den sowjetischen Vorschlag mit den NOKs und den IFs beraten. Dies geschah: In Athen wurde 1961 der UdSSR-Vorschlag mit 35:7 Stimmen abgelehnt.

Alpiner Skisport

Bogner in den Spuren des Vaters

Die Bogners sind ein Synonym für sportlichen Erfolg, Mode und Film. Vater und Sohn dürfen als wahre Olympier gelten. Willy Bogner sen. (* 1909, † 1977) baute mit seiner Frau 1935 eine Skimodenfirma auf, die der Sohn, ebenfalls mit dem Vornamen Willy (* 1942), zu einem alle Sportarten umfassenden Unternehmen erweiterte. Schon 1985 wurde ein Jahresumsatz von 200 Millionen DM gemeldet.

Die Bogners: Vater und Sohn 1960 beim Hahnenkamm-Rennen in Kitzbühel

Willy Bogner sen. war 1936 Olympiateilnehmer; er sprach in Garmisch-Partenkirchen den olympischen Eid. In der Nordischen Kombination belegte er als bester Deutscher den zwölften Rang – eine bemerkenswerte Leistung, die wenig zur Kenntnis genommen worden ist. Mit seinen Kameraden Friedl Däuber, Herbert Leupold und Toni Zeller wurde er in der 4x10-km-Skistaffel Sechster. Schon 1936 wurde die deutsche Olympiamannschaft mit Bogner-Kleidung ausgerüstet, und dies blieb so bis 1994. Bogner bürgte stets für Geschmack und Qualität.

Fritz Wagnerberger (* 1937), Präsident des Deutschen Ski-Verbandes (1970–78 und ab 1994), Vizepräsident im Nationalen Olympischen Komitee über viele Jahre und Geschäftsführer im Unternehmen Bogner, hat einmal gesagt: »Natürlich ist Ausrüster der deutschen Olympiamannschaft zu sein eine Ehre, aber es ist auch sehr teuer.« Bogner mußte immer das Geld in den Großstadtgeschäften hereinholen.

Willy Bogner jun. folgte seinem Vater als Olympiateilnehmer und im Unternehmen. Er nahm als alpiner Rennläufer an den Olympischen Spielen 1960 in Squaw Valley und 1964 in Innsbruck teil. 1960 wurde er in der Abfahrt Neunter, im Riesenslalom und im Slalom disqualifiziert. 1964 wurde er in der Abfahrt wieder Neunter; den Riesenslalom beendete er nicht.

Neben dem Feingewebten gehörte des Juniors Neigung allerdings dem Filmemachen. Als Kameramann zählte Bogner zur internationalen Extraklasse. Schon 1960 begann er Filme zu drehen. Bei zwei James-Bond-Filmen wirkte er als Co-Autor mit. 1972 war er einer der Kameramänner für den offiziellen Münchener Olympiafilm, 1986 produzierte er den Actionfilm »Feuer und Eis«.

Bei Filmaufnahmen für den später bei den Festspielen in Cannes preisgekrönten Film »Skifaszination« kam es am 12. April 1964 im Schweizer Engadin zu einem tragischen Unfall durch eine Lawine. Bogners Verlobte, die Münchener Skirennläuferin Barbi Henneberger (1960 Olympiadritte und 1964 Olympiafünfte im Slalom) und der amerikanische Abfahrtsspezialist Wallace »Bud« Werner kamen zu Tode. Barbi Henneberger wurde nur 23 Jahre alt, »Bud«

Willy Bogner sen.: In der Nordischen Kombination belegte Bogner 1936 bei den Spielen in Garmisch-Partenkirchen als bester Deutscher den zwölften Rang.

Werner 29. Es gab eine gerichtliche Untersuchung, und Willy Bogner wurde vom Kantonsgericht Chur zu zwei Monaten Haft mit Bewährung verurteilt.

Willy Bogner widmete sich in den folgenden Jahren seinem Bekleidungsunternehmen und seinen filmischen Ambitionen. Im deutschen Sport übernahm er Aufgaben nicht nur im Nationalen Olympischen Komitee, sondern auch in der Stiftung Deutsche Sporthilfe.

Ein kleiner Nachtrag zur Bogner-Story: Willy Bogner sen. war 1936 deutscher Meister in der Nordischen Kombination, Willy Bogner jun. deutscher Meister in der Abfahrt 1960 sowie im Slalom 1961 und 1966. Barbi Henneberger holte sich sieben deutsche Meisterschaften, der Bogner-Vertraute Fritz Wagnerberger fünf Titel. Bogner und Wagnerberger waren beide alpine Studentenweltmeister.

Skisport

Ein Schwarzwälder vor Skandinaviern

Als Deutschlands Sportjournalisten Ende 1960 nach dem Sportler des Jahres gefragt wurden, gaben sie nicht dem 100-m-Olympiasieger Armin Hary die meisten Stimmen, sondern dem olympischen Goldmedaillengewinner in der Nordischen Kombination, Georg Thoma, einem Briefträger aus Hinterzarten im Schwarzwald.

Georg Thoma (*1937), den damals alle meist »Jörgli« nannten, wurde durch seinen Olympiasieg über Nacht ein volkstümlicher Athlet. Ein Star wurde er nie; das hat an der Zeit gelegen, aber auch an ihm. Er blieb sich stets treu, ob als Olympiasieger, Schwarzwaldmeister, Betreiber eines Skilifts, Lehrer an einer Skischule, Versicherungsagent oder Fernsehkommentator.

Dem nordischen Skisport in Deutschland gab er gewaltigen Auftrieb, und darüber hat sich wohl niemand so sehr gefreut wie der Sudetendeutsche Gustl Berauer, der 1939 als Weltmeister in der Kombination die Möglichkeiten der Mitteleuropäer im Kampf gegen die meist überlegenen Skandinavier aufgezeigt hatte.

Bis zu Thomas Olympiasieg hatte es zwölf Weltmeister und sechs Olympiasieger aus Norwegen, Finnland und Schweden gegeben. Der bei den Spielen in Squaw Valley 22 Jahre alte Thoma erwies sich in beiden Übungen der Nordischen Kombination dem norwegischen Favoriten Thormod Knutsen überlegen. Er erreichte in der seinerzeit üblichen Punktwertung als Bester im Springen und Dritter im Langlauf 457,952 von 480 möglichen Punkten.

Georg Thoma: Mit dem Postboten aus Hinterzarten siegt erstmals ein Mitteleuropäer in der Nordischen Kombination

In der Folgezeit wurde Thoma dreimal Holmenkollensieger (1963–65), Olympiadritter (1964) und Weltmeister (1966) in der Kombination. Er gewann zwölf deutsche Meisterschaften (neun in der Kombination und drei im Spezialsprunglauf), nahm an Ski-Marathons teil und bestritt sechsmal den Vasalauf in Schweden.

Daß der Thüringer Helmut Recknagel auf der Normalschanze das Skispringen vor dem Finnen Niilo Halonen und dem Österreicher Otto Leodolter sehr sicher gewann, wurde gebührend gewürdigt, ebenso, daß Heidi Biebl aus Oberstaufen in der Abfahrt eine Sekunde schneller war als die hohe amerikanische Favoritin Penelope (Penny) Pitou und damit die Goldmedaille holte – der große Sieger blieb jedoch Thoma.

Penny Pitou war eine der ersten Athletinnen, die vom »Druck« sprach, an dem sie gescheitert sei. »Die Erwartungen meiner Freunde waren zu hoch«, sagte sie, »Amerika schaute auf mich.« Sie heiratete später den österreichischen Olympiasieger Egon Zimmermann (Abfahrt 1964), doch die Ehe scheiterte. Als Bankerin machte Penny Pitou dagegen Karriere. Ihre Bezwingerin Heidi Biebl leitete später eine Pension und wurde für ihre Schrotkuren bekannt.

Was den Thoma-Clan betrifft, so wurde Georgs Neffe Dieter Thoma (*1939) Skiflugweltmeister 1990 und Mannschafts-Olympiasieger im Skispringen 1994.

Eisschnellauf

Helga Haase siegt auch ohne Trainer

Durch den Einbruch der Sowjets in das internationale Geschehen hatte sich die internationale Eisschnellaufszene nach 1951 stark verändert. Als es in Squaw Valley um die Medaillen ging (zum erstenmal auch für Frauen), waren die Sowjets absolute Favoriten, hatten sie doch bis 1959 vier Europameisterschaften und 15 Weltmeisterschaften gewonnen sowie 41 Weltrekorde aufgestellt. In Squaw Valley verbuchten sie dann auch sechs von acht Goldmedaillen und zwölf von insgesamt 24 Medaillen (6–3–3). Einer der ganz Großen war Yevgeni Grishin (*1931). Er gewann erneut die 500 und 1500 m, letztere wie bereits 1956 in Cortina (damals mit Yuri Michailov) im toten Rennen (diesmal mit dem Norweger Roald Aas). Er hatte nun vier Goldmedaillen und sollte sich noch 1964 eine silberne über 500 m holen. In einer Rangliste der besten Eissprinter aller Zeiten nimmt Grishin sicherlich den ersten Rang vor dem Deutschen Erhard Keller ein, der Olympiasieger 1968 und 1972 werden sollte und ähnlich souverän die Konkurrenz beherrschte. Der Stilist Grishin war zudem sehr beliebt, was man nicht von allen sowjetischen Sportlern sagen konnte, denen die Ausstrahlung ihres charismatischen Landsmannes abging.

Und trotzdem waren die Sowjets mit Squaw Valley nicht zufrieden. Ihnen entging eine fest eingeplante Goldmedaille: die erste, die in Squaw Valley zu vergeben war, diejenige über 500 m der Frauen. Helga Haase (*1934, †1989) gewann sie, die Hausfrau aus Ost-Berlin, die sich damit als erste Olympiasiegerin in die Annalen des Eisschnellaufs eintrug. Sie startete in der gesamtdeutschen Mannschaft, die nicht durchsetzen konnte, daß ihr Trainer und Ehegatte Helmut Haase mit in die USA reisen durfte. Helmut Haase wurde wie anderen Trainern, Funktionären und Journalisten aus der DDR aufgrund der Bestimmung, daß Mitglieder kommunistischer Organisationen keine Visa zu erteilen seien, die Einreise verweigert. Helga Haase lief also ohne den gewohnten Betreuer, und vielleicht lief sie gerade deshalb so gut, weil sie auf diese Weise herausgefordert worden war. In 45,9 sec holte sie sich die Goldmedaille über 500 m. Am 22. Februar 1960, zwei Tage später, ließ sie die Silbermedaille über 1000 m folgen. Von der Doppel-Olympiasiegerin Lidiya Skoblikova aus der Sowjetunion wurde weniger gesprochen. Sie war, was den Ruhm angeht, erst 1964 an der Reihe.

Helga Haase:
Erste Olympiasiegerin
im Eisschnellauf (500 m)

1960 Rom

25. August bis 11. September 1960
Dauer **18 Tage**
Teilnehmer **5348 (4738 Männer, 610 Frauen)**
Länder **83**
Sportarten **17**
Entscheidungen **150**
Zuschauer **1 436 091**
Schirmherr **Staatspräsident Giovanni Gronchi**
Eidsprecher **Adolfo Consolini (Leichtathletik)**
Letzter Fackelläufer **Giancarlo Peris (Leichtathletik)**

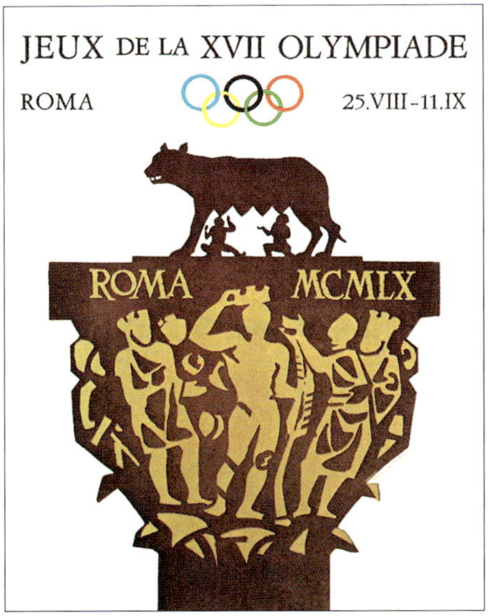

Olympische Sommerspiele 1960 in Rom:
Das offizielle Plakat mit Romulus und Remus sowie der Kapitolinischen Wölfin

Antike Kulisse für moderne Spiele

Die Spiele von Rom fielen in eine politisch verhältnismäßig geruhsame Zeit. Beim legendären Treffen zwischen dem amerikanischen Präsidenten Eisenhower und dem sowjetischen Partei- und Regierungschef Chruschtschow in Camp David im September 1959 war der Geist der friedlichen Koexistenz propagiert worden. Sämtliche west- und zentralafrikanischen Kolonien Frankreichs einschließlich Madagaskar erhielten ihre volle Unabhängigkeit. Fidel Castros Machtübernahme in Kuba tangierte die USA, aber noch nicht die übrige Welt.

China redete vom Großen Sprung nach vorn, hatte aber gerade erst mit dem Anlauf begonnen. Die Berliner Mauer war noch nicht gebaut.

Den Spitzensportlern wurden 1960 noch viele Freiheiten erlaubt und – was viel wichtiger war – auch gegönnt. Wo es möglich war, wurde die Freiluftveranstaltung derjenigen in der Halle vorgezogen, obwohl es die herrlichen Anlagen wie Palazzo dello Sport (Boxen), Palazzetto dello Sport (Gewichtheben), Kongreßpalast (Fechten), die Caracalla-Thermen (Turnen) oder Acqua Acetosa gab, dieses wunderschöne Trainingscamp.

Die Ringer kämpften unter den steinernen Bogen der Basilika des Maxentius direkt neben dem Colosseum, Ruderer und Kanuten gingen hinaus zum Albaner See. Über das Olympiastadion wehten abends die Düfte der zahlreichen Trattorien. Ewiges Rom. Unvergeßliches Fest. Der letzte schöne Sommer Olympias.

Basilika des Maxentius:
Austragungsort der Ringkämpfe

Die Programmierung des Hochleistungssports hatte noch nicht stattgefunden, und das Fernsehen bestimmte noch nicht, was wann wo und wie stattzufinden hatte. Den besonderen Reiz von Rom machte auch aus, daß Überraschungen überall möglich waren und die Weltrekordhalter quer durch die Sportarten bei der Medaillenvergabe oft das Nachsehen hatten.

Rom waren die Spiele im Juni 1955 in Paris zugesprochen worden. In den Abstimmungen unterlagen Brüssel, Detroit, Budapest, Mexiko City, Tokio und Lausanne. Ein halbes Jahrhundert vorher hatte Coubertin schon die Spiele von 1908 nach Rom vergeben. »Ich wünschte mir Rom, weil die Olympischen Spiele mit der prächtigen, aus Kunst und Geist gewebten Toga bekleidet werden konnten, in die ich sie von Anfang an hüllen wollte.« Nichts wurde mit den Togaspielen, und Coubertin hat niemals ein Olympiafest auf italienischem Boden erlebt. Die Spiele von 1960 hätten ihm gefallen.

Auch im Sport hätte ihn einiges begeistert: der 1500-m-Sieg des Australiers Herb Elliott, der Triumph des barfuß laufenden Äthiopiers Abebe Bikila im Marathonlauf, die Sprints der Wilma Rudolph, das Auftreten des perfekten Gewichthebers Yuri Vlassov, der Mattenkuß des türkischen Ringers Mustafa Dagistanli, vielleicht auch die Boxkünste eines Cassius Clay, der damals noch nicht Muhammad Ali hieß, die Persönlichkeiten im deutschen Gold-Achter, die Überlegenheit der Rostocker Wasserspringerin Ingrid Krämer, der Sieg eines künftigen Königs im Segeln.

Die Sowjets gewannen zum zweitenmal nach Melbourne die Medaillenwertung (43-29-31) vor den USA (34-21-16). Italien wurde Dritter (13-10-13). Die in einer Mannschaft vereinten Deutschen kamen auf Rang vier. Der Artist Boris Shaklin aus der Sowjetunion erturnte sich sieben Medaillen, darunter vier goldene. Es gab nur Beifall.

Medaillenspiegel Rom 1960

Land	G	S	B
1. URS	43	29	31
2. USA	34	21	16
3. ITA	13	10	13
4. GER[1)]	12	19	11
5. AUS	8	8	6
6. TUR	7	2	–
7. HUN	6	8	7
8. JPN	4	7	7
9. POL	4	6	11
10. TCH	3	2	3

1) BRD und DDR

Eine römische Zwischenbilanz

Außenseiter machen das Rennen

Quer durch die Sportarten Leichtathletik, Schwimmen und Gewichtheben konnten sich bei den römischen Spielen nicht die Weltrekordler durchsetzen. Das begann mit dem 100-m-Läufer Harry Jerome aus Kanada. Der Farbige Jerome (* 1940, † 1982) hatte 24 Tage nach Hary ebenfalls 10,0 sec erreicht, war aber als 19jähriger Newcomer den Anforderungen nicht gewachsen und gab in der Vorentscheidung nach gewonnenem Zwischenlauf (10,4 sec) resigniert auf. Der belgische 800-m-Weltrekordmann Roger Moens, der so viele Jahre Rudolf Harbigs 1:46,6 min aus dem Jahr 1939 gejagt hatte, bis er sie 1955 mit 1:45,7 min übertraf, empfand seine immerhin noch versilberte Niederlage gegen Peter Snell aus Neuseeland als Schimpf und Schande. Eine viel zu kritische Beurteilung, die er 1964 angesichts des Doppelerfolgs von Snell über 800 und 1500 m korrigierte. Auf den langen Strecken fehlte Wladimir Kuz aus der UdSSR, der nach einem Herzinfarkt seine Laufbahn hatte beenden müssen; mit 13:35,0 min hielt er neun Jahre lang bis 1965 den 5000-m-Weltrekord. Martin Lauer aus Köln wurde trotz seines Weltrekordes (13,2 sec) Vierter über 110 m Hürden.

800-m-Lauf: Sieger Peter Snell aus Neuseeland (schwarzes Trikot) eingangs der Zielkurve noch hinter dem Belgier Roger Moens (Nr. 237)

Über 400 m Hürden war – nach einem Autounfall, bei dem er ein Auge verloren hatte – der Südafrikaner Gerhardus Potgieter, Weltrekordmann über 440 yards Hürden (49,3 sec), nicht am Start. John Thomas (USA), der mit fünf Hochsprung-Weltrekorden nach Rom angereist war, ging schon nach 2,14 m aus der Grube. Er holte immerhin noch die Bronzemedaille. Es gewann Robert Shavlakadse vor Valeri Brumel, beide UdSSR und beide 2,16 m. Thomas' Weltrekord von 2,22 m blieb unangetastet.

Im Diskuswerfen hatten der Pole Edmund Piatkowski und Rink Babka aus den USA das Nachsehen. Sie besaßen zwar gemeinsam mit 59,91 m den Weltrekord, doch wie in Melbourne siegte Alfred Oerter (USA). Babka wurde Zweiter, Piatkowski Fünfter. Ganz arg kam es im Speerwerfen. Der Weltrekordmann Al Cantello (USA) kam in der Qualifikation auf 79,72 m, die ihm nachher im Wettkampf Bronze gebracht hätten. Sein Weltrekord von 86,04 m überstand Rom, denn die in einem Schaukampf erzielten 86,46 m seines Landsmannes Bill Alley, der in Rom fast 20 m weniger warf, wurden nie anerkannt. Cantello wurde Zehnter. Die ersten vier schafften ihre Bestleistung im ersten Versuch, als es noch nicht regnete.

Bei den Frauen scheiterte die 100-m-Weltrekordlerin Vera Krepkina als glanzlose Sechste in der Vorentscheidung. Als Wilma Rudolph (USA) deren Weltrekord von 11,3 sec einstellte, lief die Russin 12,0 sec. Die deutsche Hürdenweltrekordlerin Gisela Birkemeyer ließ sich derart von der wuchtigen Irina Press (URS) beeindrucken, daß sie fünf Zehntelsekunden hinter ihrem Weltrekord von 10,5 sec Dritte wurde. Vera Krepkina wetzte die Scharte im 100-m-Lauf durch den Weitsprungsieg mit 6,37 m aus. In dieser Übung erreichte die deutsche Weltrekordlerin Hildrun Claus (6,40 m) mit 6,21 m den dritten Platz. Das waren in der Leichtathletik zwölf geschlagene oder gar nicht erst angetretene Weltrekordler – und es gab nur 24 Wettbewerbe.

Im Schwimmen wurden fünf Weltrekordler(innen) in ihren Einzelwettbewerben geschlagen, darunter auch die Krefelder

Brustschwimmerin Wiltrud Urselmann, die sich freilich über ihre Silbermedaille so freute, als wäre sie aus Gold.

Bei den Gewichthebern mit ihren sieben Gewichtsklassen paßten vier Weltrekordler, darunter mit Isaac Berger und Tommy Kono zwei Amerikaner, denen ein großer Ruf vorausgegangen war. Kono wäre in Rom der erste Gewichtheber mit drei olympischen Goldmedaillen geworden, hätte er nicht gegen Alexander Kurinov aus der Sowjetunion verloren. Der amerikanische Schwergewichtsheber Paul Anderson war gar nicht erst angetreten. Einen Weltrekordler hatten die Sowjets wegen seiner Deutschstämmigkeit zu Hause gelassen: Menschen mit Namen wie Rudolf Plukfelder waren in der UdSSR nicht »in«.

Die erfolgreichsten Sportler von Rom

Name	Sportart	G	S	B
1. Boris Shaklin URS	Turnen	4	2	1
2. Larisa Latynina URS	Turnen	3	2	1
3. Takashi Ono JPN	Turnen	3	1	2
4. Chris von Saltza USA	Schwimmen	3	1	–
5. Wilma Rudolph USA	Leichtathletik	3	–	–
6. Polina Astachova URS	Turnen	2	1	1
7. Armin Hary GER	Leichtathletik	2	–	–
Otis Davis USA	Leichtathletik	2	–	–
Glenn Davis USA	Leichtathletik	2	–	–
Viktor Shdanovich URS	Fechten	2	–	–
Giuseppe Delfino ITA	Fechten	2	–	–
Rudolf Karpati HUN	Fechten	2	–	–
Ferenc Nemeth HUN	Moderner Fünfkampf	2	–	–
Lawrence Morgan AUS	Reiten	2	–	–
Sante Gaiardoni ITA	Radsport	2	–	–
Nobuyuki Aihara JPN	Turnen	2	–	–
Margarita Nikolayeva URS	Turnen	2	–	–
Jeff Ferrell USA	Schwimmen	2	–	–
Mike Troy USA	Schwimmen	2	–	–
Carolyn Schuler USA	Schwimmen	2	–	–
Lynnette Burke USA	Schwimmen	2	–	–
Ingrid Krämer GER	Schwimmen	2	–	–
Antonina Seredina URS	Kanusport	2	–	–

Leichtathletik

US-Hürdenläufer eine Klasse für sich

Über die 110 m Hürden hatten die Amerikaner 1948, 1952 und 1956 alle Medaillen gewonnen, und sie sollten dies auch 1960 tun, obwohl der Weltrekordmann Martin Lauer hieß. Daß der Kölner die Erfahrung eines vierten Olympiaplatzes von Melbourne 1956 mitbrachte, störte die US-Hürdenläufer ebensowenig. Sie hatten sogar ihren Goldmedaillengewinner von Melbourne, den eleganten Lee Calhoun (* 1933), 1958 für ein Jahr aus dem Verkehr gezogen, als dieser mit der Annahme von Geld einer Fernsehfirma gegen die Amateurregel verstoßen hatte.

Die Pause hatte Calhoun offensichtlich gutgetan. Nach einem schwächeren Jahr 1959 egalisierte er 1960 Martin Lauers Weltrekord von 13,2 sec und hielt in Rom in 13,8 sec den Zweiten Willie May, einen krassen Außenseiter, ebenso knapp nieder wie Hayes Jones als Dritter den zeitgleichen Martin Lauer (14,0 sec). Lauer wiederholte seinen vierten Rang von Melbourne, wieder hinter drei Amerikanern.

80-m-Hürden: Bei den Frauen siegt Irina Press (r.) aus der Sowjetunion.

110-m-Hürden: Martin Lauer (2. v. l.) wird Vierter hinter den Amerikanern (v. l.) Hayes Jones (Bronze) Lee Calhoun (Gold) und Willie May (Silber).

Die Überlegenheit der US-Hürdenläufer in jener Zeit war so groß, daß in der Weltbestenliste der 50er und 60er Jahre oft 20 Amerikaner unter den ersten 25 zu finden waren. Die beeindruckende olympische Siegesserie der Amerikaner im 110-m-Hürdenlauf dauerte 48 Jahre. Sie endete erst 1976 in Melbourne, als der Franzose Guy Drut nach drei vorangegangenen Weltrekordläufen seine klare Favoritenstellung bestätigte und vor dem Kubaner Alejandro Casanas und dem Amerikaner Willie Davenport gewann.

Leichtathletik

Blitzstarter Hary Olympiasieger

Was James Dean (* 1931, † 1955) im Film, war Armin Hary auf der Laufbahn: der verletzliche Außenseiter und rebellierende Jugendliche. Armin Hary, 1937 in Quierschied im Saarland als Sohn eines Bergmannes geboren, war ein Selfmademan, der tat, was er wollte: nicht immer das Richtige, aber ganz selten das Falsche. Seine Karriere bestimmte er ganz allein, auch wenn es den Trainer Bertl Sumser von Bayer Leverkusen gegeben hat.

Hary wurde über Nacht ein Sprinter der Extraklasse. Ende der 50er Jahre war der Sport des Saarlands immer noch stark nach Frankreich orientiert, und so war Hary schon 10,5 sec gelaufen, als er auch rechts des Rheins bekannt wurde. Als der 23jährige nach Rom reiste, hatte er eine Blitzkarriere hinter sich, die ihm den Ehrentitel eines Blitzstarters eingebracht hatte. Die Amerikaner sagten ihm nach, er könne beim Start »die Pistole besiegen«.

Armin Hary hatte 1958 als Europameister über 100 m und in der 4x100-m-Staffel den Liebling des deutschen Leichtathletikvolkes, den Kölner Manfred Germar, gedemütigt. Germar war der Mann, der im Finish den Overdrive einschalten konnte. Aber das imponierte Hary nicht.

Nach einer Amerikareise lief Hary in Zürich am 21. Juni 1960 als erster Sprinter der Welt die 100 m in 10,0 sec, einmal mit angeblichem Frühstart, dann in der Wiederholung mit regulärem Beginn. Die 10,0 sec waren damals Weltrekord der Weltrekorde. Zehn-Null; jeder wußte, was damit gemeint war.

Harys Reaktionsschnelligkeit hatte allerdings Diskussionen ausgelöst. Waren das nicht immer Frühstarts, die der kecke Blonde mit dem schnellen Fuß produzierte? Man glaubte dem Saarländer nicht so recht, auch als er 1960 – einmal und nie wieder – deutscher Doppelmeister über 100 und 200 m wurde.

In Rom war Hary nicht unbedingt Favorit. Drei Wochen nach ihm hatte der Kanadier Harry Jerome, gerade 20 Jahre alt, auch 10,0 sec erreicht, und die Amerikaner schworen auf ihre Stars Ray Norton und

Dave Sime. Norton hatte alles gewonnen: die US-Meisterschaft, die Panamerican Games, den Länderkampf gegen die UdSSR und die amerikanischen Olympia-Ausscheidungen. Sime war zum Spaß in einer Baseball-Uniform die 100 yards in phantastischen 9,8 sec gelaufen.

Armin Hary startete beim Wettkampf in Rom wie gewohnt: sehr schnell. Er hatte Nerven wie Stahl. Die Ergebnisse im zweiten Vorlauf: 1. Antao (Kenia) 10,5 sec, 2. Hary 10,6 sec. Zweiter Zwischenlauf: 1. Hary 10,2 sec (Olympiarekord), 2. Sime 10,3 sec. Erstes Halbfinale: 1. Hary 10,3 sec, 2. Sime 10,4 sec. Finale: 1. Hary 10,2 sec, 2. Sime 10,2 sec; Ray Norton wurde nur Sechster. Da auch Hary in der deutschen Staffel lief, die Gold gewann, weil die Amerikaner die Wechselmarke überschritten hatten, kehrte er als Doppel-Olympiasieger heim. Er lief nie mehr und verabschiedete sich in die Anonymität.

Leichtathletik

»Schwarze Gazelle« Wilma Rudolph

Die 20jährige Amerikanerin Wilma Rudolph aus Nashville, gerühmt als »Schwarze Gazelle«, wäre der große Fernsehstar der Olympischen Spiele von Rom gewesen, hätte dieses Medium schon 1960 einen solchen Einfluß gehabt wie heute. Wilma Rudolph brachte alles mit, was man für eine typische TV-Seifenoper braucht. Sie war das zwanzigste von 22 Kindern, die Vater Rudolph mit mehreren Frauen gezeugt hatte. 1940 als ein Siebenmonatskind geboren, erkrankte sie mit vier Jahren schwer an Kinderlähmung, so daß sie erst im Alter von acht Jahren richtig gehen konnte.

Armin Hary: Der deutsche Sprinter vor Dave Sime (USA) im 100-m-Finale

100-m-Lauf: Wilma Rudolph siegt vor Dorothy Hyman (GBR) und Giuseppina Leone (ITA).

1956 startete sie als 16jährige bei den Olympischen Spielen in Melbourne und wurde Dritte mit der US-Sprintstaffel. Um ihre durch die Polio geschwächte Beinmuskulatur zu stärken, spielte sie barfuß Basketball. So kam sie zu den »Tigerbelles« der Tennessee State University, wo sie als Leichtathletin dann die große Karriere machte. Mit 18 Jahren wurde sie erstmals Mutter, mit 20 Jahren Olympiasiegerin über 100, 200 und 4x100 m.

Wilma Rudolph: Die »Schwarze Gazelle« mit der blonden Jutta Heine, die zweimal Silber (200 m und 4x100 m) holt.

Nach den Spielen von Rom beendete sie ihre sportliche Laufbahn. Sie betätigte sich politisch, übernahm soziale Aufgaben und wurde eine regelmäßige Teilnehmerin von Talk-Shows. 1994 erfuhr man, daß sie einen inoperablen Gehirntumor hat. Sie starb noch im selben Jahr im Alter von 54 Jahren.

Wilma Rudolph – ohne sie wäre die deutsche Sprinterin Jutta Heine Olympiasiegerin über 200 m geworden und hätte auch in der 4x100-m-Staffel Gold gewonnen, denn sie wurde auf der Schlußstrecke nur von Wilma Rudolph überholt.

Ringen

Wilfried Dietrich wird »Ringerkönig«

Wilfried Dietrich war 26 Jahre alt, als er nach Rom fuhr. Er hatte an den Weltmeisterschaften 1958 in Budapest und 1959 in Teheran nicht teilgenommen, war aber deutscher Meister in Serie gewesen und hatte seit den Spielen von 1956 neun Länderkämpfe mit fünf Siegen und vier Unentschieden bestritten. Die gesamtdeutschen Olympia-Ausscheidungen hatte er im freien wie im griechisch-römischen Stil ohne Fehlerpunkte gewonnen. In Rom startete er in beiden Stilarten, Favorit war er nicht.

Gerungen wurde unter freiem Himmel in den Bogen der Basilika des Maxentius direkt neben dem Colosseum. So wurde eine Beziehung zu den Spielen der Antike wie auch zur römischen Volksunterhaltung »Brot und Spiele« hergestellt und damit eine Brücke über 2000 Jahre geschlagen. Das Turnier im griechisch-römischen Stil war zuerst ausgeschrieben. Wilfried Dietrich punktete in der ersten Runde den Schweden Ragnar Svensson aus. Was zu diesem Zeitpunkt niemand wußte: Mit dem Fehlpunkt hatte Dietrich schon die Goldmedaille verloren. In Runde zwei gab es ein Unentschieden zwischen dem sowjetischen Weltmeister Iwan Bogdan und Dietrich. Danach kam erneut ein 2:2, diesmal gegen den 130 kg schweren Tschechoslowaken Bohumil Kubat. In Runde vier schulterte Dietrich, der nun alles wagen mußte, den Bulgaren Radoslav Kasabov. Als man dann abrechnete, waren nur noch drei Ringer übrig: Bogdan mit 4, Dietrich und Kubat mit 5 Fehlpunkten. Von diesen drei hatte jeder gegen jeden 2:2 gerungen, und da nun die anderen Kämpfe herangezogen wurden, hatte Bogdan gewonnen. Dietrich, belastet mit dem Fehlerpunkt aus dem Kampf gegen Svensson, wurde Zweiter, der punktgleiche Kubat Dritter, weil er schwerer als Dietrich (108 kg) war. Im Freistilturnier hatte Dietrich 16 Konkurrenten. Siebenmal mußte er auf die oft glühendheißen Matten. In der Geschichte der Spiele war es das letzte Freiluftringen.

Dietrich begann mit drei Schultersiegen: über Ray Mitchell (AUS), Max Widmer (SUI) und den Iraner Yaghoub-Ali Schuvazi. Dann ging er mit dem kantigen Schweden Bertil Antonsson über die Zeit, aber als Sieger von der Matte. Es kam der Schultersieg über den Italiener Pietro Marascalchi. Damit hatte Dietrich schon eine Medaille gewonnen; welche, würde sich noch zeigen. In Runde sechs stand ihm Savkus Dsarasov gegenüber, der durch Spaltgriff und Überstürzer von Dietrich geschultert wurde. Dietrich mußte nun gegen den alten Konkurrenten Hamit Kaplan aus der Türkei, der ein grobknochiger und eckiger Gegner war, mindestens ein Unentschieden erreichen. Dieses Unentschieden holte der Pfälzer auch. Mit Gold und Silber kehrte er heim, und von diesem Moment an war er der »Ringerkönig«.

Der »Kran von Schifferstadt«, wie er auch genannt wurde, blieb noch fast zwei Jahrzehnte dem Sport erhalten. Er nahm noch an drei Spielen (1964, 1968 und 1972) teil, womit er auf insgesamt fünf Olympiateilnahmen kam. In diesem Zeitraum (1956 bis 1972) sammelt er fünf olympische Medaillen, eine Weltmeisterschaft (1961), eine Europameisterschaft (1967) und insgesamt sechs WM- und EM-Medaillen. Er gewann 30 deutsche Meisterschaften (Rekord). »Unsterblich« in der Geschichte des Ringkampfes wurde er, als er 1972 in München, damals schon 38 Jahre alt, den 191 kg schweren Amerikaner Chris Taylor schulterte. Dietrich, der später in Südafrika lebte, starb nach einem Herzanfall am 3. Juni 1992 in Durbanville.

Wilfried Dietrich: Der »Kran von Schifferstadt« (r.) im Freistil-Finale gegen Hamit Kaplan aus der Türkei

Boxen

Ein »Großmaul« macht Karriere

Rom – das war natürlich auch Cassius Clay. Der Junge aus Louisville in Kentucky war 18 Jahre alt, als er durch den olympischen Boxring tanzte und die Goldmedaille im Halbschwergewicht gewann.

Clay war ein unverbrauchter american boy und stolz auf sein Land. Als ihm sowjetische Journalisten vorhielten, daß er als Farbiger nicht in jedem Lokal in den USA Platz nehmen könne, gab er ihnen in einer Pressekonferenz die Antwort: »Russen, es beschäftigen sich kompetente Leute mit

Cassius Clay (r.): Kampf im Halbfinale gegen den Australier Antony Madigan

diesem Problem. Wir haben in den USA die größten und schönsten Autos. Wir bekommen alles, was wir nur essen können. Amerika ist das größte Land in der Welt. Und wenn es Plätze gibt, wo ich nicht essen kann, so gibt es sehr viele Plätze, wo ich es sehr wohl tun kann – ich finde mehr Gelegenheiten, wo ich essen kann als solche, wo es nicht geht.«

Cassius Clay schlug in Rom den Belgier Jan Becaus, ferner den sowjetischen Mittelgewicht-Olympiasieger von 1956, Gennadi Shatkov, den Australier Antony Madigan und den in 231 Kämpfen gestählten polnischen Veteranen Zbigniew Pietrzykowski. Zahlreiche Kenner des Boxsports sagten später, daß in Rom 1960 Clay der beste Ali war, den es je gab.

In seine Heimatstadt Louisville zurückgekehrt, wurden die Promoter auf das große Boxtalent aufmerksam. 1961 wechselte Clay in das Lager der Professionals. 1964 wurde er nach einem Sieg über Sonny Liston zum bis dahin jüngsten Weltmeister aller Klassen. 1965 trat er der militanten Black-Muslim-Sekte bei und änderte seinen Namen in Muhammad Ali. Nach seiner Weigerung, im Vietnamkrieg zu kämpfen, wurde ihm die Weltmeisterschaft aberkannt. 1974, inzwischen 32 Jahre alt und wegen seiner vielen und starken Worte »Großmaul« genannt, kam er nach einem Erfolg über George Foreman als Weltmeister aller Klassen zurück.

Danach wußte man kaum noch, was echter Sport, was Absprache und was reine Show war. Doch egal: Von 61 Profikämpfen verlor Ali nur fünf, den letzten 1981 – im Alter von 39 Jahren – gegen Trevor Berbick. Clay alias Ali war einer der technisch besten Boxer, die es je gegeben hat, und er verschaffte dem Schwergewicht eine ganz neue Qualität. Bezahlt hat er seine unvergleichliche Karriere mit einer Schädigung seines vegetativen Nervensystems. Mit 50 Jahren war er ein Pflegefall.

Doping

Goldmedaille für einen Toten

In den römischen Tagen voller Sonne fiel auch Schatten. Am 26. August fand das 100-km-Mannschaftsfahren auf der Straße statt. Im Radteam der Dänen fuhr Knut

Enemark Jensen; er war gedopt. Noch während des Rennens brach er zusammen und wurde in ein Krankenhaus eingeliefert, wo er starb. Posthum verlieh ihm das Organisationskomitee der Olympischen Spiele eine Goldmedaille, eine in der Nachbetrachtung entsetzliche Entscheidung. Aber in der damaligen Zeit galt Leistungsmanipulation noch als Kavaliersdelikt.

Italien gewann im übrigen das Radrennen vor der deutschen Mannschaft, in der ein Mann fuhr, der zu einem der ganz großen Idole des DDR-Sports werden sollte: Gustav »Täve« Schur.

Fechten

Siegerin Schmid auch musisch begabt

Als Erfolge noch nicht in Dollars gemessen wurden, sondern Qualitäten von Spitzenathleten in anderen Bereichen als den Bankkonten gesucht wurden, war die Fechterin Heidi Schmid für den Olympier Willi Daume der Inbegriff der musischen Athletin, die ideale Verkörperung von Musik und Sport. Heidi Schmid konnte nicht nur gut fechten, sie spielte auch hervorragend Klavier und Violine. So wurde die 1938 in Klagenfurt geborene Pädagogin später als Persönliches Mitglied in das Nationale Olympische Komitee für Deutschland berufen.

Heidi Schmid gewann im Sport alles, was es zu gewinnen gab. Die Florettfechterin wurde in Rom Olympiasiegerin (vor Valentina Rastvorova aus der UdSSR und Renée Garilhe aus Frankreich), 1961 in Turin Weltmeisterin, achtmal deutsche Meisterin und einmal Studenten-Weltmeisterin. Zwischen 1957 und 1964 holte sie insgesamt sieben internationale Medaillen, wobei sie stets auch ein dienliches Mannschaftsmitglied war. Nach einer olympischen Bronzemedaille 1964 und einem fünften Platz 1968 (beides mit der Mannschaft) verabschiedete sie sich in Mexiko City vom internationalen Sport.

Heidi Schmid focht noch gegen die unvergeßliche Ellen Müller-Preis aus Österreich, die 26 Jahre älter war als sie, und schon gegen die neun Jahre jüngere Yelena Novikova aus der UdSSR. Ellen Preis war 1932, die Novikova 1968 Olympiasiegerin.

Im Wettbewerb von Rom gewann Heidi Schmid 18 Gefechte und verlor nur zwei, eins davon, wie der amerikanische Chronist David Wallechinsky anmerkte, »erst, als sie schon Goldmedaillengewinnerin war«. 1961 wurde Heidi Schmid in Deutschland zur Sportlerin des Jahres gewählt.

Heidi Schmid: Olympiasiegerin im Florettfechten

Sportschießen

18jähriger holt Gold für Deutschland

Sportschützen treten selbst bei Olympiaerfolgen selten ins Rampenlicht der Öffentlichkeit, es sei denn, daß eine Sensation im Spiel ist.

Am 10. September 1960 war dies so. Der 18jährige Peter Kohnke gewann in Rom den Kleinkaliber-Liegend-Wettbewerb mit

590 Ringen. Der gebürtige Königsberger hatte das Schießen in seiner neuen Heimat Bremervörde erlernt, und den Ostpreußen sagt man eine ruhige Hand und gute Nerven nach.

Unter den Zuschauern befand sich der Präsident des Deutschen Schützenbundes, der Erbe eines großen Namens und Nachfahre bekannter Automobil-Hersteller: Georg von Opel (*1912, †1971). Zwischen 1947 und 1951 erkämpfte er sich sieben deutsche Rudermeisterschaften, aber Präsident wurde der begüterte Mäzen bei den Schützen. Den Deutschen Schützenbund führte er von 1959 bis zu seinem frühen Tod im Jahr 1971.

Als Präsident der Deutschen Olympischen Gesellschaft (DOG) gelang ihm 1952 die Finanzierung der deutschen Olympiamannschaften für Oslo und Helsinki. Er war Mitglied des Nationalen Olympischen Komitees für Deutschland und des Internationalen Olympischen Komitees (1966–71) sowie Gründungsmitglied der Stiftung Deutsche Sporthilfe (1967). Kohnkes Olympiasieg in Rom war von Georg von Opel beobachtet worden. Nach dem Goldmedaillengewinn trug der Präsident seinen Schützling auf den Schultern davon; er hielt das für selbstverständlich.

Kohnke hat den Erfolg von Rom nie übertreffen können. Acht Jahre später belegte er 1968 bei den Olympischen Spielen von Mexiko City noch einen siebten Platz im Kleinkaliber-Dreistellungskampf. Dazwischen lagen zahlreiche deutsche Meisterschaften. Er starb nach einem Autounfall am 3. April 1975 im Alter von nur 35 Jahren.

Peter Kohnke: Der Überraschungssieger auf den Schultern Georg von Opels, Präsident des Deutschen Schützenbundes und Mitglied des NOKs für Deutschland

Rudern

»Ratzekieler« siegen im Gold-Achter

Fachleute sagen, Karl Adam (*1912, †1976) habe in den 60er Jahren das Rudern revolutioniert. Der Studienrat aus Ratzeburg, ein gebürtiger Westfale, war als Trainer eine Persönlichkeit, die Respekt forderte und auch bekam.

Adam führte im Rudern das Intervalltraining ein. Er vertrat die Idee der Renngemeinschaften und plazierte die besten Aktiven aus verschiedenen Vereinen in ein Boot. Dabei setzte der Pädagoge Adam bewußt auf die Aggression der Athleten, die sich gegeneinander zu Höchstleistungen im Wettkampf anspornten.

Von 1964 bis zu seinem Tod 1976 leitete Adam die Ruderakademie in Ratzeburg, die unter seiner Führung 29 internationale Titel und 23 deutsche Meisterschaften gewann. Das Markenzeichen des Ruderprofessors war der Deutschland-Achter.

Unter dem Aspekt, daß Deutschlands Rudersport im Achter bis Adams Amtsantritt nur 1913 und 1938 (jeweils Europameister) internationale Titel gewannen, war die 1959 beginnende Erfolgsserie erstaunlich: 1959 Europameister, 1960 Olympiasieger, 1962 Weltmeister, 1963 Europameister, 1964 Europameister und Olympiazweiter, 1965 Europameister, 1966 Weltmeister, 1967 Europameister und 1968 erneut Olympiasieger.

Im Siegerboot von 1960 saßen acht Individualisten aus den Vereinen Ratzeburg

Karl Adam

Der Deutschland-Achter (v. o.): Hans Lenk, Klaus Bittner, Karl-Heinz Hopp, Karl-Heinrich Moritz von Groddeck, Kraft Schepke, Frank Schepke, Walter Schröder, Manfred Rulffs und Steuermann Willi Padge

und Kiel. Die »Ratzekieler« wurden das Vorbild für viele Renngemeinschaften. Klaus Bittner, Karl-Heinz Hopp, Hans Lenk, Manfred Rulffs, Frank Schepke, Kraft Schepke, Walter Schröder und Karl-Heinrich Moritz von Groddeck ruderten, Willi Padge steuerte. Bittner und von Groddeck wurden 1964 auch Olympiazweite.

Einige Details zu diesen Adam-Schülern: Klaus Bittner (* 1939 in Görlitz) wurde in drei verschiedenen Booten viermal Europameister.

Karl-Heinz Hopp (* 1936 in Allenstein) gewann im Vierer und Achter drei Europameisterschaften und sechs deutsche Titel.

Hans Lenk (*1935 in Berlin) war der Intellektuelle im Achter: Er wurde später ein an vielen europäischen Universitäten geschätzter Philosoph.

Manfred Rulffs (* 1935 in Kiel), der zweimalige Europameister, wurde Karl Adams Nachfolger an der Ruderakademie. Die Brüder Kraft und Frank Schepke (* 1934 und 1935 in Königsberg) ruderten Ditmarsia Kiel in den Ruhm. Walter Schröder (* 1932) kam aus Campow in Mecklenburg.

Karl-Heinrich Moritz von Groddeck (* 1936 in Tutow/Pommern) war einer der erfolgreichsten deutschen Ruderer. Er nahm an drei Olympischen Spielen teil, wobei er eine Goldmedaille und zwei silberne gewann. Er war einmal Welt- und fünfmal Europameister. Seine 180 Regatta-Erfolge bedeuten wahrscheinlich Weltrekord. Von Groddeck fuhr alle Bootsklassen und sammelte zwölf deutsche Meisterschaften (u. a. 1961 im Einer); später wurde er ein Publizist von Rang.

Der zweite Aktive im Gold-Achter von 1960, der aus der Gegend von Ratzeburg/Kiel kam, war der Steuermann Willi Padge (* 1943 in Mölln).

Segeln

Herzog von Sparta König der Segler

Kronprinz Konstantin von Griechenland

Der dunkelhaarige junge Mann nahm keine Privilegien für sich in Anspruch. Mit seinen beiden griechischen Landsleuten Odysseus Eskitzoglu und Georgios Zaimis gewann er 1960 im Golf von Neapel eine Goldmedaille im Segeln der Drachenklasse. Seine Mutter nahm nach dem überlegenen Gewinn der Goldmedaille das traditionelle Tunken des Olympiasiegers vor: Sie stieß ihn ins Wasser.

Die Rede ist von Herzog Konstantin von Sparta und Königin Friederike von Griechenland, und das Ereignis spielte in Neapel am 7. September 1960. Drei Jahre später war der Herzog Mitglied des Internationalen Olympischen Komitees (IOC). Am 6. März 1964, dem Todestag seines Vaters Paul I., wurde er König der Hellenen. 1966 wurde Konstantins Onkel, Georg Wilhelm Prinz von Hannover, als Leiter der Olympischen Akademie in Olympia in Griechenland kraft dieses Amtes ebenfalls IOC-Mitglied. Am 13. Dezember 1967 putschten die Militärs in Griechenland. König Konstantin ging mit seiner Familie ins Exil nach Rom, später dann nach England. Am 25. Mai 1973 schafften die Griechen nach einem Volksentscheid die Monarchie ab. Ein Jahr später verließ Konstantin das IOC. Mit 23 Jahren war er das jüngste Mitglied aller Zeiten gewesen, und mit 34 Jahren wurde er auch das jüngste Ehrenmitglied.

Immer wieder ist er bei olympischen Sitzungen aufgetaucht, ein Herr mit Noblesse und ohne jede Aufdringlichkeit, ein Privatmann ohne Allüren. 1989 ist er in Budapest ganz allein das Donauufer entlang gegangen – ein 49jähriger, der alles gewesen ist: Olympiasieger, König, IOC-Mitglied. In vielen olympischen Annalen wird er als Kronprinz Konstantin bezeichnet.

Im Segeln gab es im übrigen noch einen anderen Kronprinzen, der Olympiasieger und danach auch König wurde. Olav von Norwegen (*1903, †1991) gewann 1928 eine Goldmedaille in der Sechs-Meter-Klasse. König der Norweger wurde er 1957. Damit wäre das Thema gekrönter Häupter als Olympiasieger erschöpft.

Segeln: Regatta der Drachenboote in der Bucht von Neapel

Gesamtdeutsche Mannschaft

Deutsch-deutsch nur im Kajak

Im Jahr 1960 erschienen die gesamtdeutschen Mannschaften Nummer drei und vier. In Squaw Valley starteten 74 Aktive (30 aus der DDR und 44 aus der Bundesrepublik). In Rom waren es 293 Sportler und Sportlerinnen (120 aus der DDR und 173 aus der Bundesrepublik). Die 293 Köpfe starke Mannschaft war im übrigen die umfangreichste bei den Sommerspielen; es folgten die USA (292), die UdSSR (285) und Gastgeber Italien (279).

Nach harten Ausscheidungen erwiesen sich die deutschen Teams in Squaw Valley wie in Rom als schlagkräftig, auch wenn es vor Squaw Valley durch das Einreiseverbot für Presseleute und Funktionäre aus der DDR einige Aufregungen gegeben hatte. Die Amerikaner wollten nicht zu viele Kommunisten im Land haben, und das IOC wehrte sich nicht. In den USA gab es für das gesamtdeutsche Aufgebot acht Medaillen (4-3-1), in Rom 42 (12-19-11). Was die

Olympiasieger anging, so hatte die Bundesrepublik ein deutliches Übergewicht. In den USA holten Heidi Biebl (Abfahrt) und Georg Thoma (Nordische Kombination) Gold, bei den Spielen in Rom siegten Armin Hary (100 m), die 4x100-m-Staffel der Männer, Wilfried Dietrich (Ringen), Heidi Schmid (Fechten), Peter Kohnke (Schießen), die Mannschaft im Springreiten, die Ruderer im Zweier mit Steuermann sowie im gesteuerten Vierer und im Achter.

Die DDR-Olympiasieger hießen Helmut Recknagel (Spezialsprunglauf) und Helga Haase (Eisschnellauf) sowie Ingrid Krämer (zweimal Gold im Wasserspringen). Wahrlich gesamtdeutsch ging es in der Kajakstaffel zu, die sich aus zwei Ost- und zwei Westdeutschen zusammensetzte.

Am 7. September 1960 starb Wilhelm Pieck, der Präsident der DDR, in Berlin. Olympia ging auch für die DDR weiter: business as usual. Ursula Donath gewann an diesem Tag eine Bronzemedaille im 800-m-Lauf, Alfred Oerter (USA) die zweite seiner vier Goldmedaillen im Diskuswerfen. Rom war wichtig, nicht Berlin.

Gesamtdeutsche Mannschaft: Einzug mit der deutschen Olympiafahne

1964 Innsbruck

29. Januar bis 9. Februar 1964
Dauer **12 Tage**
Teilnehmer **1168 (968 Männer, 200 Frauen)**
Länder **36**
Sportarten **7**
Entscheidungen **34**
Zuschauer **1 073 000**
Schirmherr **Staatspräsident Adolf Schärf**
Eidsprecher **Paul Aste (Bobsport)**
Letzter Fackelläufer **Josef Rieder (Skilauf)**

Olympische Winterspiele 1964 in Innsbruck: Plakat mit den olympischen Ringen auf einem Schneekristall

Volksspiele im Herzen Tirols

Die Idee, Olympische Spiele auszurichten, kam den Österreichern erstmals 1950. Damals war Österreich noch Besatzungsland (und wurde erst 1955 frei), aber das störte niemand. Die Frage war nur, ob mit Badgastein oder mit Innsbruck geworben werden sollte. Innsbruck gewann den internen Wettbewerb, verlor aber 1955 in Paris die IOC-Abstimmung gegen den Mitkonkurrenten Squaw Valley.

Innsbruck, Tirol und schließlich die gesamte Republik standen für 1964 erneut an, und es war mehr als verdient, daß Innsbruck 1959 in München schon im ersten Durchgang die Stimmenmehrheit bekam.

In und um Innsbruck herum wurden die Wettkampfstätten hergerichtet. Die nordischen Skiwettbewerbe fanden im 1200 m hoch gelegenen Seefeld statt, die meisten der alpinen Skiwettbewerbe in der Axamer Lizum, die Herren-Abfahrt am Patscherkofel, das Skispringen auf der Bergisel-Schanze über dem Friedhof von Innsbruck; Eishockey, Kunst- und Schnellauf fanden im Tal statt, Bobfahren und Rennrodeln (erstmals) in Igls auf einer Naturbahn, die immer wieder aufzutauen drohte.

Es waren Volksspiele, wahre Spiele des Volkes. Die Touristenmetropole Tirols verkraftete die über 1100 Sportler aus 36 Ländern ebenso wie die vielen Begleiter und die 1164 Journalisten, von denen nur 114 zum Fernsehen gehörten. Im Pressezentrum ging es geruhsam zu. Es waren freundliche Spiele unter dem Goldenen Dachl, dem Wahrzeichen Innsbrucks.

Die Sowjets sammelten 25 Medaillen (11–8–6) und lagen damit in der immer noch vom IOC verpönten, aber von der Öffentlichkeit gierig aufgesogenen Medaillenwertung vor Österreich (4–5–3) und Norwegen (3–6–6).

Zu den fünf Mannschaften, die drei Olympiasieger stellten, gehörte auch Deutschland mit den Rennrodlern Thomas Köhler und Ortrun Enderlein sowie dem Eiskunstläufer Manfred Schnelldorfer. In einer Sternstunde seiner Karriere schlug Schnelldorfer den Favoriten Alain Calmat (Frankreich), den erst 14 Jahre alten Scotty Allen aus den USA, den Tschechoslowaken Karol Divin und den Österreicher Emmerich Danzer.

Medaillenspiegel Innsbruck 1964

Land	G	S	B
1. URS	11	8	6
2. AUT	4	5	3
3. NOR	3	6	6
4. FIN	3	4	3
5. FRA	3	4	–
6. GER[1]	3	3	3
7. SWE	3	3	1
8. USA	1	2	3
9. CAN	1	–	2
10. NED	1	1	–

1) BRD und DDR

Die erfolgreichsten Sportler von Innsbruck

Name	Sportart	G	S	B
1. Lidiya Skoblikova URS	Eisschnellauf	4	–	–
2. Klavdiya Boyarskikh URS	nordischer Skisport	3	–	–
3. Eero Mäntyranta FIN	nordischer Skisport	2	1	–
4. Sixten Jernberg SWE	nordischer Skisport	2	–	1
5. Yevdokiya Mekshilo URS	nordischer Skisport	1	1	–
Assar Rönnlund SWE	nordischer Skisport	1	1	–
Christine Goitschel FRA	alpiner Skisport	1	1	–
Marielle Goitschel FRA	alpiner Skisport	1	1	–
Veikko Kankkonen FIN	nordischer Skisport	1	1	–
Thoralf Engan NOR	nordischer Skisport	1	1	–

Die Sowjets stellten die überragenden Olympioniken mit der Eisschnellläuferin Lidiya Skoblikova, die alle vier Damen-Konkurrenzen gewann, und der asketischen Skilangläuferin Klavdiya Boyarskikh (drei Goldmedaillen).

Österreich war zufrieden, als Egon Zimmermann die Abfahrt am Patscherkofel (und damit die alpine Königsdisziplin) gewann, Josef (Pepi) Stiegeler im Spezialslalom triumphierte und Christel Haas eine der drei alpinen Damen-Goldmedaillen daheim behielt.

Alpiner Skisport

Goitschel-Sisters trumpfen auf

Die sechs Olympiasiege im alpinen Skisport teilten sich Österreich und Frankreich (3:3); die insgesamt 18 Medaillen gingen an Österreich (sieben), Frankreich (sechs), die USA (vier) und Deutschland (Bronze für den Abfahrtsläufer Wolfgang

Eröffnungsfeier: Im Auslauf der Bergisel-Schanze versammeln sich die Fahnenträger der teilnehmenden Nationen.

Die Siegerinnen im Riesenslalom (v. l.): Marielle Goitschel (Gold), Jean Saubert (Bronze) und Christine Goitschel (Silber)

Bartels). Man beachte: die Schweizer gingen leer aus.

Im Mittelpunkt des Interesses standen die französischen Schwestern Christine (* 1944) und Marielle Goitschel (* 1945) aus Saint-Maxime. Christine gewann vor Marielle den Slalom, Marielle den Riesenslalom vor Christine. Die Schwestern waren die Glanznummern des »Skigenerals« Honoré Bonnet, der mit Leo Lacroix, Guy Perillat, François Bonlieu (Gold im Riesenslalom) und einem Talent namens Jean-Claude Killy (* 1943) auch eine starke Herrentruppe hatte. Die von Marielle Goitschel verkündete Verlobung mit Killy war indes eine Wette und entsprach keinesfalls einer irgendwie gearteten Bindung. Immerhin: Marielle und Jean-Claude gewannen 1968 noch vier Goldmedaillen für die Trikolore. Dazu kamen für die Schwestern aus dem Tal der Isère noch fünf Weltmeisterschaften.

Rennrodeln

Schlittenfahren endlich olympisch

Das Rennrodeln, das 1964 endlich olympische Sportart wurde, stand ein halbes Jahrhundert im Schatten des Bobsports. 1914 hatte es schon Europameisterschaften auf der Jeschkenbahn bei Reichenberg in der heutigen Tschechischen Republik gegeben. Diese Wettkämpfe wurden mit einigen Unterbrechungen in den 20er und 30er Jahren fortgesetzt und von deutschen Fahrern beherrscht.

1955 fanden dann die ersten Weltmeisterschaften statt, die überraschend in Norwegen ausgetragen wurden. Zu diesem Zeitpunkt war Rennrodeln bereits in das olympische Programm aufgenommen; die 49. Vollversammlung des IOC in Athen hatte sich den Schlittenfahrern geneigt gezeigt. 1957 erfolgte die Trennung von den Bobfahrern, und die FIL, die Federation Internationale de Luge, wurde gegründet. Daß die olympische Anerkennung in eine Zeit der Lethargie fiel, die sowohl den Bobsportverband FIBT wie auch die FIL betraf, war Künstlerpech. 1960 in Squaw Valley wurde keine Bahn gebaut, so daß bis 1964 gewartet werden mußte. In Innsbruck-Igls war es dann soweit.

Zu diesem Zeitpunkt dominierten die Rennrodler der DDR. In der gesamtdeutschen Mannschaft stellten sie sechs der zehn deutschen Starter und gewannen zwei Gold- und zwei Silbermedaillen, wobei es allerdings im Doppelsitzer der Herren medaillenlos zuging. Thomas Köhler (* 1940), der den Einer gewann, machte später Karriere in der Sportführung der DDR – ein regimetreuer Kommunist, der es zu Spitzenpositionen im Deutschen Turn- und Sportbund (DTSB) und im NOK der DDR brachte. Aufgrund seiner politischen Haltung mußte sich Köhler nach der deutschen Wiedervereinigung ins Privatleben zurückziehen. Im Rennrodelsport ist sein Name allerdings unvergessen. 1964 und 1968 gewann er zwei Goldmedaillen und eine silberne; dazu kamen vier Weltmeisterschaften.

Ortrun Enderlein (* 1943) wurde 1964 die erste Olympiasiegerin im Rodeln. Ihre zweite Goldmedaille 1968 in Grenoble verlor sie, als sie zusammen mit ihren DDR-Kameradinnen Anna Maria Müller (Zweite) und Angela Knösel (Vierte) wegen verbotenen Kufenheizens disqualifiziert werden mußte. Der Versuch, aus den Rennrodlerinnen Opfer des olympischen Kapitalismus zu machen, entbehrte nicht der Peinlichkeit.

Eiskunstlauf

Kilius und Bäumler geben Silber zurück

Marika Kilius (* 1943), ein Frankfurter Kind, war in der unbeschwerten Zeit des deutschen Wirtschaftswunders der Liebling der Nation. Elfjährig stand sie schon auf Rollen und Kufen. Der sieben Jahre ältere Franz Ningel wurde im Paarlauf ihr Partner; 1956 wurden sie in Cortina d'Ampezzo Olympiavierte. Die Bronzemedaille verloren sie mit Platzziffer 35,5 gegen die ungarischen Geschwister Marianna und Lászlo Nagy (Platzziffer 32,0). Ein Teil der Zuschauer tobte, dreimal mußte das Eis nach dem unpopulären Spruch der Jury von Gegenständen gesäubert werden.

Zwei Jahre später, Marika war solo Rollkunstlauf-Weltmeisterin geworden, startete sie mit Hans-Jürgen Bäumler (* 1942), weil Franz Ningel für sie zu klein geworden war. Geliebt vom Publikum und verhätschelt von der Sport- und Regenbogenpresse, wurden Kilius/Bäumler zum Traumpaar hochgeschaukelt.

Sechsmal wurden Marika und Hans-Jürgen Europameister, zweimal Weltmeister und zweimal Olympiazweite. Marika holte insgesamt 17 Medaillen bei Welt- und Europameisterschaften sowie bei Olympischen Spielen im Eiskunstlauf. 1959 wurde sie Deutschlands Sportlerin des Jahres. Auf dem Höhepunkt ihrer Karriere unterschrieben beide 1964 einen Revuevertrag, unglücklicherweise schon vor Beginn der Spiele in Innsbruck. Als dies bekannt wurde, setzte das IOC eine Kommission ein, die den Fall untersuchte. Auch Eiskunstläufer hatten zu jener Zeit noch Amateure zu sein.

Weil der deutsche NOK-Präsident Willi Daume das Schlimmste befürchtete und sich um die olympischen Stimmen sorgte, die er für den Olympiabewerber München benötigte, wurde in einer ZDF-Sendung des Aktuellen Sportstudios am 29. Januar 1966 die in Innsbruck 1964 gewonnene Silbermedaille (hinter den Siegern Lyudmila Belousova/Oleg Protopopov aus der UdSSR) ans IOC zurückgegeben. Das gute Silberstück ging dann merkwürdigerweise auf dem Weg von Frankfurt über Kopenhagen nach Lausanne verloren.

Hans-Jürgen Bäumler und Marika Kilius: Das deutsche Paar holt in Innsbruck Silber im Eiskunstlauf hinter Lyudmila Belousova und Oleg Protopopov aus der Sowjetunion.

Eiskunstlauf (v. l.): Alain Calmat, Manfred Schnelldorfer, Scott Allen

500-m-Eisschnellauf (v. l.): Irina Yegorova (Silber), Lidiya Skoblikova (Gold), Tatyana Sidorova (Bronze)

Kopenhagen war wegen des IOC-Mitgliedes Ivar Emil Vind ins Spiel gekommen. Er sollte den Fall Kilius/Bäumler untersuchen. Wie weit dies geschah, ist niemals bekannt geworden. Offiziell sind die nach Kilius/Bäumler plazierten Kanadier Debbie Wilkes/Guy Revell und die Geschwister Vivian und Ronald Joseph aus den USA niemals aufgerückt. Der Däne Vind ist 1977 gestorben. Kilius/Bäumler erhielten 1989 zwei neue Silbermedaillen ausgehändigt. Happy-End für ein Traumpaar, das nur in den Köpfen der Bewunderer existiert hat.

Eisschnellauf

»Freisinger-Nadel« begehrter Talisman

Leo Freisinger war Ende der 30er Jahre einer der besten Eissprinter der Welt. Der 1916 geborene Amerikaner wurde 1936 über 500 m Olympiadritter und WM-Fünfter. 1938 kam er noch einmal nach Europa und wurde WM-Zweiter über 500 m, wobei er für Minuten den Weltrekord mit 41,9 sec hielt, ehe er von Hans Engnestangen aus Norwegen mit 41,8 sec übertroffen wurde. Weltmeister konnten weder Freisinger noch Engnestangen werden.

Anfang der 60er Jahre übernahm Freisinger als Coach das amerikanische Eisschnellauf-Team. In seiner Begleitung befand sich stets seine Ehefrau. Madame Freisinger schenkte 1964 der Russin Lidiya Skoblikova eine Anstecknadel. Nach ihren vier Streckensiegen schwor die Russin, daß sie diesem Glücksbringer ihre vier Goldmedaillen verdanke.

Die Überlegenheit von Lidiya Skoblikova war in Innsbruck frappierend. Obwohl schon mit zwei Olympiasiegen 1960 in Squaw Valley (1500 und 3000 m) bekannt geworden, dazu Vierkampfweltmeisterin 1963, war ihr Siegeszug eine wirkliche Sensation, der wohl damit zu erklären ist, daß sie genau in diesen Tagen die Bestform ihrer sportlichen Karriere erreichte.

Als Lidiya Skoblikova nach ihrem Erfolg auf ihren Glücksbringer hinwies, kam auch Richard Terry McDermott zu Madame Freisinger und bat um eine Anstecknadel. Angeblich erhielt er das letzte Stück von Frau Freisinger. McDermott wurde Olympiasieger in der neuen olympischen Rekordzeit von 40,1 sec (vor Yevgeni Grishin aus der UdSSR), der hier noch einmal Silber in 40,6 sec gewann. Viel interessanter ist allerdings, daß der Friseur McDermott aus Essexville in Michigan in Schlittschuhen die Goldmedaille gewann, die er sich von Leo Freisinger geborgt hatte.

Richard Terry McDermott: Der 23jährige Amerikaner wird Olympiasieger über 500 m.

Hier ist noch ein Nachtrag fällig: In Anwesenheit von Leo Freisinger und Frau sowie mit der Anstecknadel ausgestattet, startete McDermott vier Jahre später in Grenoble. Seltsamerweise wurde er von der amerikanischen Mannschaftsführung so gesetzt, daß er im letzten der 24 Paare laufen mußte, als das Eis durch Sonneneinstrahlung schon weich geworden war. So blieb der Amerikaner, der im damals noch wenig bekannten Short Track groß geworden war, um zwei Zehntelsekunden hinter dem Olympiasieger Erhard Keller, was jedoch für Silber ausreichte.

Die Geschichte der Freisinger-Nadel ist allerdings noch nicht zu Ende. 1968 will Diane Holum (*1941) ebenfalls einen solchen Glücksbringer bekommen haben. Es gab für die Amerikanerin Silber über 500 m und Bronze über 1000 m. Ohne die Freisingers holte sich Diane Holum 1972 Gold über 1500 m und Silber über 3000 m. Danach war sie Trainerin des legendären Eric Heiden, der 1980 in Lake Placid fünf Goldmedaillen gewann.

1964 Tokio

10. bis 24. Oktober 1964
Dauer **15 Tage**
Teilnehmer **5140 (4457 Männer, 683 Frauen)**
Länder **93**
Sportarten **19**
Entscheidungen **163**
Zuschauer **1 975 723**
Schirmherr **Kaiser Hirohito**
Eidsprecher **Takashi Ono (Turnen)**
Letzter Fackelläufer **Yoshinori Sakai**

Olympische Sommerspiele 1964 in Tokio: Inoffizielles Plakat mit einem Foto von 100-m-Läufern

Medaillenspiegel Tokio 1964

Land	G	S	B
1. USA	36	26	28
2. URS	30	31	35
3. JPN	16	5	8
4. GER[1]	10	21	18
5. ITA	10	10	7
6. HUN	10	7	5
7. POL	7	6	10
8. AUS	6	2	10
9. TCH	5	6	3
10. GBR	4	12	2

1) BRD und DDR

Perfekte Spiele ohne Zauber

Nach den römischen Spielen brach der Spitzensport in seiner ganzen Brutalität über die olympische Welt herein. Tokio, aber das wußte damals noch niemand, stand an einem Wendepunkt. Niemals mehr würde das Fest so schwerelos sein, wie es einmal war. Der schon 77 Jahre alte Präsident des Internationalen Olympischen Komitees, Avery Brundage, erlebte 1964 in Tokio den Höhepunkt seiner Karriere als olympischer Vordenker des zu Ende gehenden Amateurismus. Tokio war sein Gipfel.

Den Japanern waren die Spiele auf der 56. Session des IOC 1959 in München übertragen worden. Schon im ersten Durchgang hatte Tokio mit 34 Stimmen die absolute Mehrheit gegen Detroit (10 Stimmen), Wien (9) und Brüssel (5) erreicht. Das Vertrauen in das demokratische Japan, nur 14 Jahre nach dessen Niederlage im Zweiten Weltkrieg, hatte geradezu selige Züge bei den Olympiern angenommen.

Avery Brundage bezeichnete den Olympismus der 60er Jahre als »die Religion des 20. Jahrhunderts« und scheute sich nicht, die glanzvollen Olympiabauten in Tokio »Kathedralen des Sports« zu nennen. In der Tat waren die Sportanlagen von Yoyogi und Komazawa zu ihrer Zeit einmalig in der Welt. 14 000 Zuschauer faßte die von Kenzo Tange erbaute Schwimmhalle im Herzen Tokios, die von außen wie ein umgekipptes Schiff und von innen wie eine Kirche aus Beton wirkte. Im Komazawa-Park flossen japanische Tradition und amerikanische Modernität ineinander, Folge des Einflusses der amerikanischen Besatzungsmacht nach 1945.

Olympisch hatten die Japaner ihre Erfahrungen gemacht. Schon für 1940 hatte das IOC ihnen die Spiele zugesprochen, aber dann kam nicht nur der Chinesisch-Japanische Krieg, sondern auch der Zweite Weltkrieg dazwischen. In den Spielen von 1964 sahen die Japaner eine längst verdiente olympische Anerkennung. Frei von europäischem Gedankengut und olympischer Tiefeneinstellung, aber auch distanziert zu dem amerikanischen Optimismus jener Tage, der sehr oberflächlich wirkte, gingen die Gastgeber mit einem Ernst zur olympischen Sache, der perfekte Spiele ohne Zauber zur Folge hatte.

Abgesehen vom Judo, das für den Japaner bis dahin mehr Kult als reiner Wettkampfsport war, hatte das Volk kaum eine Beziehung zum olympischen Hochleistungssport, der sich damals noch nicht in den sehr engen Bahnen von Qualifikationen, Normen, finanziellen Vorgaben und Vermarktung bewegte. Was während der Spiele immer in der Welt draußen passierte, es störte die japanischen Gastgeber nicht, und wenn doch, so ließen sie es sich nicht anmerken, wie man beim Sturz von Nikita Chruschtschow in Moskau am fünften Tag von Olympia (14. Oktober 1964) feststellen konnte.

Die Spiele erlebten so den Hochleistungssport in einer allseits akzeptierten Ausprä-

gung. Noch gab es den ungebremsten Fortschrittsglauben – im Kapitalismus wie im Sozialismus. Die sportpolitische Herausforderung durch die Organisation der Aufstrebenden Kräfte (GANEFO) war vom IOC als der untaugliche Versuch enttarnt worden, kommunistische Vorstellungen über neutrale Länder in den internationalen Sport einbringen zu wollen, und wurde entsprechend kühl erledigt. Daß Südafrika erstmals wegen seiner Apartheid-Politik fehlte (und bis einschließlich 1988 dann noch fehlen sollte), wurde bedauert, aber als unabänderlich hingenommen.

Es waren trotz dieser Menetekel noch Zeiten des olympischen Friedens. Die Sportler standen im Mittelpunkt, und die Namen des amerikanischen Schwimmers Don Schollander, der Turnerinnen Larisa Latynina und Vera Cáslavská, des Marathonläufers Abebe Bikila, des Supersprinters Bob Hayes oder des Ruderers Vyacheslav Ivanov gingen rund um die Welt.

Gerüchte von Hermaphroditen beschleunigten die Geschlechtskontrolle von Frauen, Asylgesuche von Olympiateilnehmern deuteten kommende Möglichkeiten an, Welt- und olympische Rekorde sorgten für Schlagzeilen.

Ohne die Ansprüche des erst in den olympischen Anfängen steckenden Fernsehens hielt sich der Medienrummel in Grenzen. Der Sportler war 1964 der Heros; um ihn drehte sich die Welt.

Welcher Journalist könnte vergessen, daß er, gut behüteter Gast der Organisation, im Olympiastadion sein Büro vorgefunden hat, von dem aus er den Zehnkampfsieg

Einmarsch der Nationen: Im Vordergrund das Team der USA

Die erfolgreichsten Sportler von Tokio

Name	Sportart	G	S	B
1. Don Schollander USA	Schwimmen	4	–	–
2. Vera Cáslavská TCH	Turnen	3	1	-
Yukio Endo JPN	Turnen	3	1	-
Sharon Stouder USA	Schwimmen	3	1	-
5. Stephen Clark USA	Schwimmen	3	-	-
6. Larisa Latynina URS	Turnen	2	2	2
7. Polina Astachova URS	Turnen	2	1	1
8. Kathleen Ellis USA	Schwimmen	2	-	2

Eröffnungsfeier:
Der Fackelläufer Yoshinori Sakai, der das olympische Feuer entzündet, wurde am 6. August 1945 geboren, in der Stunde des Abwurfs der Atombombe auf Hiroshima.

von Willi Holdorf am Abend des 20. Oktober 1964 beobachten konnte, ohne sich in die Kühle der Nacht zu begeben? Und welcher Besucher aus dem fernen Europa war nicht angetan von den vielen Helfern, die in der Sprache des Gastes Fernöstliches erklären wollten und dies meist auch schafften?

Es hat in den olympischen Tagen von Tokio sehr viel geregnet. In vielen Stadien waren oft die Schirme aufgespannt. Am Sonntag, dem 18. Oktober, war sogar der Winter ausgebrochen. Zuschauer und Athleten froren. Es war der Tag, an dem Lynn Davies aus Wales den Weitsprung gewann und die Herzen der Leichtathletikfreunde erwärmte.

In Tokio 1964 war Olympia erstmals in Asien zu Gast gewesen. Es blieb über die Zeiten der große Respekt, und so kamen die Spiele noch zweimal dahin: 1972 die Wintersportler nach Sapporo, 1988 die Sommersportler nach Seoul. 1996 wird Nagano Austragungsort der Winterspiele sein. Kein schlechtes Urteil über Tokio 1964.

Die olympische Familie

Berlin-Frage und erste Asylgesuche

Anfang der 60er Jahre wurde die Politisierung der olympischen Bewegung durch die Sowjets in einem Maße betrieben, die sich bei der 60. Session des IOC in Baden-Baden dann als kontraproduktiv erwies. Präsident Avery Brundage war nicht bereit, über eine Sonderrolle West-Berlins zu diskutieren. Das Auftreten des sowjetischen IOC-Mitgliedes Konstantin Andrianov, der zu diesem Zeitpunkt der IOC-Exekutive angehörte, stand mit seinen erpresserischen Auswüchsen ganz im Zeichen des kalten Krieges. Der DDR-Sport hatte in jener Zeit keine besonders guten Karten, auch wenn die Sportpolitik der bundesdeutschen Funktionäre nicht gerade die glücklichste war.

Der Bau der Berliner Mauer 1961 hatte die deutsche Teilung offensichtlicher denn je gemacht. Der Boykott der Schwimm-Europameisterschaften 1962 in Leipzig durch die bundesdeutsche Mannschaft, die dafür eine USA-Reise unternahm, hatte die Fronten im olympischen Bereich verhärtet. Es bedurfte anschließend großer Anstrengungen, eine gesamtdeutsche Olympiamannschaft für Innsbruck und Tokio 1964 aufzustellen.

Dazu kam die Kuba-Krise, die damit beendet wurde, daß Nikita Chruschtschow seine auf die USA gerichteten Raketen von Fidel Castros Insel abzog. Trotz der darauf folgenden Annäherung zwischen US-Präsident John F. Kennedy und Chruschtschow blieben Spannungen zwischen den Supermächten. Der Tonkin-Zwischenfall mit dem angeblichen Beschuß zweier amerikanischer Zerstörer durch nordvietnamesische Kriegsschiffe erregte die Welt.

Im IOC bestimmte Brundage die Richtung, hatte aber in dem Briten Marquess of Exeter einen zu allem entschlossenen Konkurrenten, der zum Zeitpunkt der Spiele von Tokio bereit gewesen wäre, den bundesdeutschen Sport an den Osten zu verkaufen, wenn er nur IOC-Präsident hätte werden können. Die Österreicher in Innsbruck und die Japaner in Tokio scherte dies nicht. Daß die Spiele aber nicht auf einer Insel der Seligen stattfanden, machten in Tokio zwei Olympiateilnehmer deutlich, die zufällig in derselben Sportart und in demselben Wettbewerb angetreten waren.

Die Schnellfeuer-Pistolenschützen Bela Gabor (23. Platz) und Ma Tschin-San (53.) baten als erste in der Geschichte der Spiele vor Ort um politisches Asyl. Das taten sie auf ganz unterschiedliche Weise.

Der Ungar Gabor ging in die deutsche Botschaft in Tokio und erklärte, er wolle nicht mehr in seine Heimat und damit zu den Kommunisten zurückkehren.

Der nationalchinesische Armeeoffizier Ma, bereits im Ruhestand, begab sich in das Büro der Rotchinesischen Handelsgesellschaft auf der Ginza in Tokio und fragte, ob er in die Volksrepublik China zurückkehren könne, wo seine Eltern lebten, die er seit dem Ende des Zweiten Weltkriegs nicht mehr gesehen habe.

Beider Wünsche wurde entsprochen. Gabor reiste in die Bundesrepublik Deutschland, Ma Tschin-San verschwand in dem chinesischen Großreich. Was den Grenzgänger Ma betrifft, so dürfte er der einzige Olympiateilnehmer gewesen sein, der jemals um Asyl in einem kommunistischen Land ersucht hat.

Sportpolitik

Südafrikas Sportler ausgeschlossen

Die Sportler Südafrikas waren von 1904 bis 1960 treue Gefolgsleute der olympischen Bewegung, doch standen sie seit 1948 unter dem Diktat der Apartheid, das der Premierminister Daniel Malan mit einem ganzen Gesetzespaket zur Rassentrennung ausgelöst hatte. Die Teilnahme farbiger südafrikanischer Athleten in Olympiamannschaften war nie ein Thema gewesen. Seit 1913 hatte es Regelungen gegeben, die eine getrennte sozialpolitische Entwicklung für Weiße und Farbige vorsahen.

Erste Hinweise auf die Apartheid-Politik im Sport erreichten Mitte der 50er Jahre die Weltöffentlichkeit durch Informationen, die von London aus gesteuert wurden. Sie fanden jedoch kaum Resonanz wie auch die ersten Aufrufe zum Boykott des »weißen« Sports Südafrikas verhallten.

Dies wurde anders, als 1962 der Oberste Afrikanische Sportrat gegründet wurde. Diese Organisation war sportlich überfachlich, politisch aber »schwarz« mit klarer Stoßrichtung gegen die weiße Minderheit in Südafrika.

Der Oberste Afrikanische Sportrat goß schnell Wasser auf kommunistischen Mühlen in Moskau. Mit Hilfe des sowjetischen IOC-Mitgliedes Konstantin Andrianov, der damals seine großen Auftritte hatte, mobilisierten die Schwarzafrikaner die Olympier und erreichten 1963 auf der 60. Session des IOC in Baden-Baden, daß das IOC von der südafrikanischen Regierung bestimmte Garantien verlangte. So wurden Olympia-Ausscheidungen zwischen Schwarz und

Olympische Rangliste der Sportarten

Zur Eindämmung des olympischen Programms und Festlegung einer Rangliste der Sportarten, die bei Spielen wünschenswert (oder unerwünscht) sind, fand auf der 59. Session des IOC in Athen 1961 eine Abstimmung statt, an der sich 43 IOC-Mitglieder beteiligten. Nur zwei Jahre später gab es auf der 61. Session des IOC in Baden-Baden 1963 eine zweite Abstimmung, die in den Sportarten Judo, Boxen und Volleyball starke Veränderungen aufwies. 53 IOC-Mitglieder stimmten ab.

Sportart	Plazierung 1963	1961	Gegenstimmen 1963	1961
Boxen	1	12	–	7
Leichtathletik	1	1	–	–
Schwimmen	1	1	–	–
Ringen	4	1	1	–
Turnen	5	1	2	–
Gewichtheben	6	1	3	–
Fechten	7	8	4	2
Reiten	8	4	2	
Rudern	1	5	–	
Schießen	7	5	1	
Moderner Fünfkampf	19	10	15	
Segeln	11	12	4	
Wasserball	15	12	9	
Fußball	29	16	16	
Kanusport	18	16	12	
Radsport	17	16	11	
Volleyball	15	25	9	
Bogenschießen	21	32	26	
Handball	22	33	26	
Judo	8	37	2	

Aufgrund der Abstimmung 1961 wurden die für Tokio 1964 vorgesehenen Sportarten Bogenschießen und Handball von der Liste gestrichen. Gegenüber 1961 standen Hockey und Basketball 1963 – aus unerfindlichen Gründen – nicht zur Abstimmung an (Fehler in der Vorbereitung?). Für die Olympischen Spiele in Mexiko 1968 fielen damit Volleyball, Bogenschießen Handball und Judo aus. Der Versuch, Volleyball zu retten, indem man Wasserball zu Schwimmen schlagen wollte, scheiterte in einer zusätzlichen Abstimmung mit 32:17 Stimmen (es wären zur Zwei-Drittel-Mehrheit 33 Stimmen notwendig gewesen).

Das IOC-Exekutivkomitee 1963 in Baden-Baden (v. l.): Mohammed Taher (Ägypten), Otto Mayer (Schweiz), Ryotora Azuma (Japan), Willi Daume (Deutschland), Armand Massard (Frankreich), IOC-Präsident Avery Brundage (USA), Marquess of Exeter (England), Karl Ritter von Halt (Deutschland), G. D. Sondhi (Indien), Konstantin Andrianov (UdSSR). Daume und Mayer waren nur Gäste der Exekutive.

Weiß gefordert und eine Absage des Olympiakomitees von Südafrika an die Apartheid-Politik.

Dabei ging das IOC recht rabiat vor. Als am 31. Dezember 1963 die Regierungsgarantie beim IOC nicht vorlag, wurden die südafrikanischen Sportler von den Olympischen Spielen in Innsbruck und Tokio 1964 ausgeschlossen. Bei dem Ausschluß blieb es bis 1991. Erst 1992 wurde Südafrika wieder zu den Spielen zugelassen.

Schüchterne Versuche der weißen Minderheit am Kap der guten Hoffnung, die Türen nach Olympia wieder aufzustoßen, scheiterten an der Haltung des Afrikanischen Sportrates. Als das IOC auf seiner Session 1968 in Grenoble die Südafrikaner mit einer Mannschaft aus Weißen und Farbigen für die Sommerspiele in Mexiko City wieder zuließ, verkündete der Oberste Afrikanische Sportrat am 28. Februar 1968 postwendend den Boykott der Mexiko-Spiele.

Die Sowjets, damals eine olympische Supermacht, stellten sich hinter die Schwarzafrikaner und machten Druck auf das IOC. In einer sofort anberaumten Briefwahl nahm das IOC seinen Wiederzulassungsbeschluß zurück und löste damit einen gigantischen Propagandafeldzug gegen den Rassismus in Südafrika aus. 1970 war dann das IOC entschlossen, die Südafrikafrage zu regeln; es tat dies mit dem Widerruf der Anerkennung des Olympiakomitees von Südafrika, ein bis dahin einmaliger Vorgang in der olympischen Geschichte.

Die Folge war, daß der Spitzensport des Landes in der Isolation verkümmerte und schließlich in den 80er Jahren auf provinzielles Niveau absank.

Freilich gab es Ausnahmen. Da erschien noch in den 60er Jahren der Sprinter Paul Nash mit 10,0 sec über 100 m und 20,1 sec über 200 m, dazu einer brillanten 400-m-Zeit von 46,1 sec im Jahr 1968. Jon van Reenen, der viele Jahre in den USA lebte, gehörte zwischen 1966 und 1976 zu den besten Diskuswerfern der Welt.

Ann Fairlie schwamm 1966 einen Weltrekord über 100 m Rücken, die jüngere Karen Yvette Muir ließ insgesamt acht Weltrekorde über 100 und 200 m Rücken folgen mit den letzten Spitzenzeiten von 1:05,6 und 2:23,8 min. Bei Halbzeit des Ausschlusses kraulte der Südafrikaner Jonty Skinner die 100 m in 49,44 sec, ein Weltrekord, der von 1976 bis 1981 halten sollte. Sind hier die Namen verhinderter Olympiasieger gefallen?

Frauen bei Olympia

Manche Frauen waren Männer

Bis Mitte der 60er Jahre hatte die internationale Frauen-Leichtathletik immer wieder Fälle von Hermaphroditen zu behandeln. Nicht alle Frauen, die bis 1965 an Wettkämpfen des weiblichen Geschlechts teilgenommen haben, hätten dies tun dürfen. Schon zu Beginn der 30er Jahre wurde die Forderung erhoben, Sportlerinnen ärztlich auf ihr Geschlecht zu untersuchen. Nach langen Überlegungen wurde dann bei den Leichtathletik-Europameisterschaften 1966 in Budapest diese Kontrolle allgemein verbindlich eingeführt. Diese geschah mittels Mundschleimhaut-Abstrichen oder Haarbalgzellen-Untersuchung.

Bis zu den Olympischen Spielen in Tokio konnte jede Frau, die sich für eine solche erklärte, an sportlichen Wettkämpfen des weiblichen Geschlechts teilnehmen. Noch 1966 wurde Erika Schinegger aus Österreich im chilenischen Portillo Ski-Weltmeisterin in der Abfahrt - dabei war sie ein Mann, der heute Erik Schinegger heißt.

In der Leichtathletik sind drei Fälle historisch. Zdena Koubkova aus der Tschechoslowakei lief 1934 zwei 800-m-Weltrekorde und wurde in London Siegerin der Weltspiele; später wurde festgestellt, daß Zdena Koubkova nicht zu Frauenwettkämpfen hätte zugelassen werden dürfen. Ihre Weltrekorde wurden gestrichen und ihr Name aus der Siegerliste der Weltspiele getilgt. Das gleiche Schicksal widerfuhr der Hochspringerin Dora Ratjen aus Bremen, die 1936 bei den Olympischen Spielen in Berlin noch unbehelligt Vierte mit 1,58 m werden konnte, dann aber als Europameisterin mit Weltrekord (1,70 m) 1938 in Wien als Hermaphrodit erkannt und disqualifiziert wurde.

Anders verhält es sich mit der aus Polen stammenden Stella Walasiewicz, die sich in ihrer Wahlheimat USA Stella Walsh nannte. Als sie am 4. Dezember 1980 als 69jährige bei einem Raubüberfall auf einem Supermarkt in Cleveland als zufällige Passantin erschossen wurde, stellten Ärzte bei der Obduktion fest, daß sie »ohne weibliche Geschlechtsmerkmale« war und nie an Frauen-Wettkämpfen hätte teilnehmen dürfen. Ihr wurden aber weder Titel noch Weltrekorde aberkannt, und so steht der Name Stella Walasiewicz weiter in der Liste der Olympiasiegerinnen (Erste über 100 m 1932), der Weltsiegerinnen (drei Titel 1930), der Europameisterinnen (Erste über 100 und 200 m 1938) und der US-Meisterinnen (41 Titel). Außerdem wurden ihre 23 Weltrekorde (davon 11 mit offiziellem Status) in den Läufen über 60 m, 100 yards, 100 m, 200 m und 220 yards sowie im Weitsprung nicht annulliert.

Was nun die Olympischen Spiele in Tokio angeht, so wurde mehr oder weniger offen über den fraglichen Geschlechtsstatus der Schwestern Tamara und Irina Press, der Weitsprung-Dritten Tatyana Shtelkanova

Tamara Press: Die zweifache Siegerin von Tokio (Kugelstoßen und Diskuswerfen) nahm nach der Einführung von Geschlechtskontrollen nicht mehr an internationalen Wettkämpfen teil.

und der 400-m-Olympiafünften Maria Itkina (alle aus der UdSSR) gesprochen. Die 1937 geborene Tamara Press hatte schon 1960 in Rom das Kugelstoßen gewonnen und war im Diskuswerfen Zweite geworden. In Tokio wurde sie Olympiasiegerin in diesen beiden Wettbewerben. Ihre zwei Jahre jüngere Schwester Irina, Goldmedaillengewinnern 1960 über 80 m Hürden, holte sich in Tokio Fünfkampf-Gold mit Weltrekord, wobei sie im Kugelstoßen bis zu sechs Meter (!) weiter kam als ihre härteste Konkurrenz.

Tamara und Irina stellten in ihren Karrieren 26 Weltrekorde auf: Tamara 13 im Kugelstoßen und Diskuswerfen, Irina 13 über 80 m Hürden und im Fünfkampf. Als 1966 bei den Europameisterschaften der Leichtathleten in Budapest überraschend Geschlechtskontrollen durchgeführt wurden, was man kurz vorher bekannt gemacht hatte, waren die Press Sisters, die auch schon einmal Brothers genannt wurden, ebensowenig am Start wie Maria Itkina und Tatyana Shtelkanova. Alle vier waren plötzlich von der leichtathletischen Bildfläche verschwunden.

In Tokio konnte auch das »Laufwunder« Sin Kim Dan aus Nordkorea nicht enträtselt werden, denn das kommunistische Land nahm trotz der IOC-Einladung nicht an den Spielen teil. Sin Kim Dan, die in den Jahren 1962, 1963 und 1964 sechs Weltrekorde über 400 und 800 m gelaufen war, hatte sich nie einer Geschlechtskontrolle unterziehen müssen. Nach 1964 blieb sie internationalen Wettkämpfen fern. Aufgrund ihrer Spitzenzeit von 1:58,0 min über 800 m (nicht anerkannter Weltrekord vom 30. August 1964) wäre sie in Tokio hohe Olympiafavoritin gewesen.

Robert Hayes: Der 21jährige US-Amerikaner holt Gold über 100 m und mit der 4x100-m-Staffel.

Leichtathletik

Robert Hayes um Weltrekord betrogen

Als Robert Hayes nach Tokio kam, wog er 86 kg bei einer Größe von 1,83 m. Er war der Schwergewichtler unter den Sprintern, ein bulliges Muskelpaket, das jeden 100-m-Lauf zur Stampede machte. Von 1962 bis 1964 hatte er 48 Rennen über 100 yards und 100 m in Serie gewonnen. Die Olympiasieger von 1936 und 1960, Jesse Owens und Armin Hary, beobachteten Hayes in den olympischen Vorläufen. »Unschlagbar«, war beider Kommentar. Und Hary fügte hinzu: »Ich kann von Glück sagen, daß mein Name noch in der Weltrekordliste steht.«

Der 21jährige Hayes gewann seinen Vorlauf in 10,4 sec, den Zwischenlauf in 10,3 sec, die Vorentscheidung bei einem unerlaubten Rückenwind von 5,28 m/sec in 9,9 sec und das Finale in 10,0 sec. Die Konkurrenz blieb jeweils um zwei Meter zurück. Im Endlauf loste der Amerikaner sogar die von allen Sprintern gern gemiedene Innenbahn, deren Sandbelag zudem noch von den gerade eingekommenen 20-km-Gehern durchgewalkt worden war, ein Nachteil, der Hayes freilich nicht störte.

Was störte, war die Unfähigkeit des Leichtathletik-Weltverbandes IAAF für eine ordentliche Zeitmessung zu sorgen. Noch konnten Weltrekorde per Handzeitnahme genommen werden. In Tokio aber galt die elektronische Zeitmessung mit nur 0,05 Sekunden Verzögerung. Eine Differenz von 0,18 Sekunden aber wäre damals angebracht gewesen. Hayes lief im Semifinale so 9,9 sec, elektronisch gestoppt jedoch 9,91 sec. Per Handzeitnahme wären dies 9,7 sec gewesen. Gut: Der Rückenwind hätte eine Anerkennung als Weltrekord verhindert.

Peter Snell: Wie bei den Spielen in Rom gewinnt der Neuseeländer auch in Tokio die 800 m. Eine weitere Goldmedaille kommt im 1500-m-Lauf dazu.

Im Finale auf der schweren Innenbahn kam Hayes auf 10,0 sec (Weltrekord eingestellt). Mit der vier Jahre später eingeführten zeitverzögernden Schaltung bedeutete dies 10,06 sec (neuer Weltrekord) und mit der Handzeitnahme einen Schnitt von 9,86 oder 9,87 sec bei Ergebnissen von 9,9, 9,9 und 9,8 sec. Kurz: Hayes wurde um den Weltrekord von 9,9 sec betrogen. Der eingestellte Weltrekord von 10,0 sec war kein Äquivalent für die gebotene Superleistung. Daß die Amerikaner die 4x100 m in der neuen Weltrekordzeit von 39,0 sec gewannen, verdankten sie Hayes, der als Schlußmann die Franzosen und Polen überholte.

Hayes wurde nach den Spielen Professional bei den Dallas Cowboys in der US-Football-Liga und verschwand aus dem Gesichtskreis der Leichtathletikfreunde.

Leichtathletik

Schnell, schneller, Peter Snell

Im schwarzen Nationaltrikot Neuseelands war Peter Snell (* 1938), der Souverän der 800 und 1500 m, immer leicht zu erkennen. Seit seinem 800-m-Olympiasieg von Rom 1960 galt er als goldene Sphinx im Mittelstreckenlauf. Damals kam Peter Snell mit einer 880-yards-Bestzeit von 1:49,2 min in die römische Hauptstadt und verließ sie als 800-m-Olympiasieger mit der Bestzeit von 1:46,3 min. Bis dahin war Snell, der kräftiger und muskulöser wirkte als beispielsweise der Weltrekordmann Roger Moens aus Belgien, völlig unbekannt.

Der von Snell in Rom geschlagene Moens sagte direkt nach dem Rennen: »Sagt mir nicht, daß die Silbermedaille auch etwas bedeutet. Mir ist jetzt so, als wenn ich Letzter geworden wäre.« Der Sieg des Nobody Snell schmerzte Moens. Vier Jahre später korrigierte sich Moens, als er Snell die 800 und 1500 m in Tokio gewinnen sah: »Ich habe in Rom gegen einen der ganz Großen der Leichtathletik verloren.«

Einen der ganz Großen? Der Größte! Peter Snell war eine Ausnahmeerscheinung, der über 800 m den verbissenen Bill Crothers aus Kanada ebenso niederhielt wie die afrikanische Hoffnung Wilson Kiprugut, der auf Kenias Läufer aufmerksam machte. Über 1500 m war Snell auf der Zielgeraden schon in Sicherheit, als acht Meter hinter ihm fünf Läufer um die Plätze zwei bis drei kämpften. Der Tschechoslowake Josef Odložil wurde glücklicher Zweiter. Er heiratete später die Turn-Olympiasiegerin Vera Cáslavská; die Ehe wurde aber geschieden.

Peter Snell lief noch bis 1965 und bestritt sein letztes Rennen beim Berliner ISTAF, als er über 1500 m Dritter hinter Jim Grelle (USA) und Bodo Tümmler (Deutschland) wurde. In seiner internationalen Karriere von 1960 bis 1965 stellte er fünf Weltrekorde über 800 m, 880 yards, 1000 m und eine Meile auf. In die Nähe des 1500-m-Weltrekordes seines ozeanischen Konkurrenten Herbert Elliott (3:35,6 min) kam er seltsamerweise nie. Warum, hat der Journalist Heinz Vogel in seinem Buch »Bahnbrecher der Leichtathletik« (1972) erklärt: »Snell hat in seiner Laufbahn nur drei wichtige 1500-m-Rennen bestritten, Vor-, Zwischen- und Endlauf in Tokio 1964.«

Leichtathletik

Weiß, zu alt, und dennoch Gold

Fast alles sprach gegen ihn und nichts für ihn. Mike Larrabee war schon 26 Jahre alt, als ihn eine Achillessehnenverletzung auf dem Weg nach Rom stoppte. Inzwischen Mathematiklehrer an einer High-School in Los Angeles und längst aus dem Alter heraus, in dem man in den USA Olympia-Qualifikationen bestreitet, trainierte Larrabee für Tokio 1964. Die 400 m waren seine Spezialität, aber diese Spezialität wurde von Otis Davis, dem Goldmedaillengewinner von Rom, Ulis Williams, Weltrekordmann Adolph Plummer und Ollan Cassell in den USA beherrscht. Hinter vorgehaltener Hand lachten Larrabees Schüler, wenn er beim Training erzählte, er wolle sich für die Olympischen Spiele qualifizieren.

Der große Hammer kam, als der schon 30 Jahre alte weiße Mann am 12. September 1964 in Los Angeles in der Weltrekordzeit von 44,9 sec gewann. Die 44,9 Sekunden hatten vorher Otis Davis, Carl Kaufmann und Adolph Plummer gelaufen. Zum letztenmal hatte 1932 in Los Angeles ein Weißer, William Carr, die 400 m bei Olympischen Spielen gewonnen. Nach ihm sollte dies nur noch der Russe Viktor Markin 1980 tun, der Gold holte, als die US-Amerikaner Moskau boykottierten. Larrabee war also ein Außenseiter.

Larrabee gewann alle vier 400-m-Läufe in Tokio (Vorlauf 46,8 sec, Zwischenlauf 46,5 sec, Vorentscheidung 46,0 sec und Endlauf 45,1 sec). Das Finale wurde nach Regengüssen bei nur 13 °C Temperatur ausgetragen. Favorit war Wendell Mottley gewesen, ein Farbiger aus Trinidad, der in den drei vorangegangenen Rennen jeweils unter 46,0 sec geblieben war, aber auf den letzten Metern des Finales trotz seiner persönlichen Bestzeit von 45,2 sec nur den zweiten Platz belegen konnte.

400-m-Lauf: Der schon 30 Jahre alte Amerikaner Mike Larrabee (Nr. 709) siegt vor Wendell Mottley aus Trinidad und dem Polen Andrzej Badenski.

Leichtathletik

Sieger Sioux-Krieger »Der sein Land liebt«

Niemand hat mir in diesen zwei Wochen eine Frage gestellt«, erinnerte sich Billy Mills später. Das war nach dem 14. Oktober 1964, als er in sensationeller Weise die 10 000 m gewonnen hatte. Mit den zwei Wochen meinte Mills die Tage vorher in Tokios olympischem Dorf.

Mit einer Bestzeit von 29:10,4 min als Zweiter der US-Meisterschaften war Mills nach Japan gekommen; mit 28:24,4 min und als Olympiasieger verließ er Nippon. Dabei lief er olympischen Rekord und verbesserte seine persönliche Bestzeit um 46 sec.

Mills war ein Halbblut, ein von den Oglala-Sioux abstammender Indianer, geboren am 30. Juni 1938 in Pine Ridge (Süd-Dakota) und auf den Namen William Mervin getauft. Mit 12 Jahren Vollwaise, wurde er im Haskell Institut in Lawrence (Kansas), einem Internat für Indianer, erzogen, wo er boxen lernte und Dauerlauf trainierte. Als er sich im Langlauf zu bewähren begann, war er Kraftfahrer der US-Armee in Camp Pendleton in Kalifornien und 26 Jahre alt.

Mitten hinein in einen Pulk überrundeter Läufer machten Mills, der Tunesier Mohamed Gammoudi und der australische Weltrekordmann Ron Clarke die 10 000-m-Medaillen in einem unübersichtlichen Finish unter sich aus. Mills gewann und wurde nachher gefragt: »Wer bist Du?« Amerikanische Reporter waren es, die mit Billy Mills überhaupt nichts anfangen konnten. Nachdem sich die erste Verblüffung gelegt hatte, erklärte das Sioux-Halbblut: »Ich fürchte, daß ich der einzige war, der an meine Chance geglaubt hat.« Genau so war es.

Ein Jahr später lief Mills die in den USA damals noch sehr üblichen sechs Meilen in der Weltrekordzeit von 27:11,6 min (zusammen mit seinem alten Konkurrenten Gerry Lindgren). Wären Mills und Lindgren bis zu den 10 000 m weiter gelaufen, hätten sie auch hier mit etwa 28:10,0 min Weltrekord erzielen können. Im selben Jahr, 1965, erhielt Mills einen Goldring, der ihn als Krieger vom Stamm der Oglala-Sioux auswies. Sein Name: »Der sein Land liebt«. Mills Glück war vollkommen.

10 000-m-Lauf: 300 m vor dem Ziel zieht Billy Mills (Nr. 722) den Spurt an und verdrängt den führenden Australier Ron Clarke auf den dritten und den Tunesier Mohamed Gammoudi (Nr. 615) auf den zweiten Platz. Im Hintergrund der barfuß laufende Kenianer Temu.

Leichtathletik

Mit und ohne Schuh zum Marathon-Gold

Geboren am 7. August 1932 in Mout und gestorben nach langem Krankenlager infolge eines Verkehrsunfalls am 25. Oktober 1973 in Addis Abeba hat der Äthiopier Abebe Bikila, dessen Name mit der Geschichte des Marathonlaufs ewig verbunden bleiben wird, seinen Ruhm als zweimaliger Olympiasieger (1960 und 1964) nicht lange überlebt.

Bei den Olympischen Spielen in Rom tauchte Bikila, Soldat der Palastwache des Kaisers Haile Selassie (*1892, †1975), als Unbekannter im Marathonlauf auf. Aufgewachsen in einer Höhe von 2400 m, wo ein Training für Dauerleister besonders ergiebig ist, fand er sich mit der Wärme des 10. September 1960 gut zurecht.

Auch noch unentdeckt von den Häschern der später alle Athleten umwerbenden Sportschuh-Industrie, lief der 28jährige Bikila barfuß, was bei den Beobachtern

Verwunderung und bei den Sportartikelfabrikanten einen Schock auslöste.

Mit Bikila lief lange ein ebenso aufgeschossener und schlanker Afrikaner, der 31jährige Rhadi ben Abdessalam aus Marokko. Hervorragend eingestellt von seinem schwedischen Trainer Onni Niskanen löste sich Bikila etwa tausend Meter vor dem Ziel von Rhadi und kam in 2:15:16,2 h ins Ziel am Konstantinsbogen. Rhadi benötigte 2:15:41,6 h – unglaubliche Zeiten damals.

Vier Jahre später trug Bikila Socken und Puma-Schuhe; die Vermarkter hatten auch den Mann aus dem afrikanischen Hochland eingeholt. 40 Tage nach einer Blinddarmoperation stellte sich der Äthiopier in einer Form vor, die alle Experten erstaunte. Nach 25 km setzte er sich an die Spitze des Feldes und vergrößerte seinen Vorsprung bis zum Ziel auf über vier Minuten vor dem Briten Basil Heatley, der im Stadion noch den Japaner Kokichi Tsuburaya überholte. 75 000 Zuschauer bereiteten dem Sieger stehend Ovationen, die in Tokio sonst vermißt worden waren. Nach dem Zieleinlauf machte Bikila einige gymnastische Lockerungsübungen, indem er sich auf den Rücken ins Gras legte und Arme und Beine bewegte.

Abebe Bikila: Nach 1960 in Rom gewinnt der Äthiopier auch 1964 in Tokio den Marathonlauf.

Am 29. März 1969 verunglückte der Marathonmann aus Addis Abeba mit seinem Wagen. Er wurde erst 13 Stunden nach dem Unglück stark unterkühlt mit einem Halswirbelbruch gefunden. Operationen halfen wenig – Bikila blieb bis zur Hüfte gelähmt und bis zu seinem Tod durch Gehirnschlag am 25. Oktober 1973 an den Rollstuhl gefesselt. Hunderttausende in München und Millionen an den Bildschirmen sahen Bikila 1972, als er Ehrengast der olympischen Gastgeber war.

Bikila hinterließ Frau und vier Kinder. Auch zwei andere Menschen, die ihm nahe standen, endeten im Unglück. Kaiser Haile Selassie wurde 1974 entmachtet und starb ein Jahr später im Gefängnis, das mit Hausarrest umschrieben wurde. Bikilas japanischer Konkurrent Kokichi Tsubaraya hatte nie seine Niederlage von 1964 in Tokio verwunden. Er begann unter Depressionen zu leiden, als er die Aussichtslosigkeit einer weiteren sportlichen Karriere einsehen mußte, und beging am 8. Januar 1968 Selbstmord.

Leichtathletik

Willi Holdorf wird König der Athleten

In der Geschichte des Zehnkampfes hatten deutsche Athleten bis Tokio stets einen guten Part gespielt, wenn auch keine bedeutenden Siege errungen. In den 30er Jahren stellte Hans-Heinrich Sievert (S.154) drei Weltrekorde auf und wurde 1934 auch Europameister. Bei den Olympischen Spielen 1932 in Los Angeles gewann Wolrad Eberle (*1908, †1949) die Bronzemedaille. Europameisterschaftsmedaillen hatten sich bis 1964 noch Heinz Oberbeck (Bronze 1954), Walter Meier (Bronze 1958), Werner von Moltke (Silber 1962) und Manfred Bock (Bronze 1962) gesichert.

Zum ersten wirklichen »König der Athleten« avancierte 1964 Willi Holdorf, ein 1940 in Blomische Wildnis in Schleswig-Holstein geborener Sprinter-Springer-Typ. 1961 und 1963 schon deutscher Zehn-

Zehnkampf: Im Hochsprung, einer seiner schwächeren Disziplinen, übersprang Willi Holdorf nur 1,84 m.

kampfmeister und 1962 Europameisterschaftsfünfter wurde Holdorf zum Star des Jahres 1964, als der Hamburger Manfred Bock nach seiner Jahresweltbestleistung wegen Verletzung ausfiel.

Vor den Tokio-Start hatten die Leichtathletik-Götter freilich die gesamtdeutschen Olympia-Ausscheidungen gesetzt, die für den Zehnkampf an zwei wunderschönen Sonnentagen (28./29. August) in Jena stattfanden. Holdorf gewann sie haushoch überlegen vor Hans-Joachim Walde und Horst Beyer. Zwischen Holdorf und Walde lagen 300 Punkte, zwischen Holdorf und Beyer sogar über 500 Punkte. Selbst unter Berücksichtigung der inzwischen mehrmals geänderten Punktwertung waren dies ganze Welten.

In Tokio übertraf Holdorf bei schlechten Witterungsbedingungen mit zeitweiligem Regen seine Jenaer Bestleistung, führte siebenmal in der Zwischenwertung und siegte am Ende knapp vor dem Esten Rein Aun und Hans-Joachim Walde; Beyer wurde noch Sechster.

Der Zehnkampf von Tokio war dramatisch. Aun hatte bis zum abschließenden 1500-m-Lauf nie einen besseren als den dritten Platz belegt, galt aber als sehr guter Mittelstreckler, und tatsächlich lief er mit 4:22,3 min die zweitbeste 1500-m-Zeit aller Zehnkämpfer. Mehr als 18 Sekunden durfte Holdorf gegenüber Aun nicht verlieren. Taumelnd, schon fünf Meter vor dem Ziel im Zustand eines Blackouts, stürzte Holdorf in 4:34,3 min, zwölf Sekunden nur schlechter als Aun, über die Linie. Es war die Goldmedaille.

Später hat Willi Daume, der Präsident des Nationalen Olympischen Komitees für Deutschland, einmal gesagt: »Es war für mich die schönste Siegerehrung, die ich vornehmen durfte.«

Holdorfs Olympiageschichte endet hier. Für die deutschen Zehnkämpfer aber begann sie erst richtig.

Leichtathletik

Schlechtes Wetter gut für Davies

Lynn Davies

Der 18. Oktober 1964 war ein Sonntag. Es regnete ununterbrochen, starker Wind wehte und das Thermometer fiel mit jeder Stunde, die verging. Es war der Tag, an dem Frankreichs Läuferidol Michel Jazy die 5000 m verlor, die der Außenseiter Robert Schul (USA) vor dem Deutschen Harald Norpoth gewann, dem hageren Schlaks aus Telgte in Westfalen. Es war der Tag, an dem der Favorit Yuri Vlassov im Gewichtheben des Superschwergewichts dem 155-kg-Koloß Leonid Zabotdinski unterlag, und der Tag, an dem der Weitsprung stattfand.

An jenem 18. Oktober 1964 wußte noch niemand etwas von Bob Beamon, dessen 8,90 m auf den Tag genau noch vier Jahre auf sich warten ließen. Weltrekordmann war Ralph Boston mit 8,34 m, der Europarekord gehörte Igor Ter-Ovanesian mit 8,31 m.

Da schien alles klar, trotz Wind und Regen. Der Amerikaner Boston und der Sowjetmensch Ter-Ovanesian beschworen die Kampfrichter vergeblich, den Anlauf mit Rückenwind auszuschreiben. Es mußte gegen den Wind gesprungen werden. Und so kam es, wie es kommen mußte, als hätten es die Favoriten geahnt.

Lynn Davies, ein walisischer Sportlehrer in der britischen Mannschaft, war in seiner Heimat Nantymoel in Glamorganshire an Wind und Regen gewöhnt und übertraf alle. Nach 7,78 m in der Qualifikation und 7,59 m im Vorkampf lagen zu Beginn des Finales der acht Besten nur Boston (7,85 m) und Ter-Ovanesian (7,80 m) vor ihm; die übrige Konkurrenz spielte keine Rolle.

Im fünften Versuch übernahm Davies mit 8,07 m die Spitze und gab sie nicht mehr ab. Ralph Boston gewann mit 8,03 m im letzten Durchgang Silber, Igor Ter-Ovanesian blieb mit 7,99 m (fünfter Versuch) die Bronzemedaille.

Als Boston bei seinem letzten Sprung weit hinten in der Grube landete, konnte jeder, der unter seinem Regenschirm hervorlugte, sehen, wie Davies sich darauf vorbereitete, seine Enttäuschung zu unterdrücken und zu dem Amerikaner hinzugehen, um ihm zu gratulieren. Aber es waren dann doch nur 8,03 m.

Der 1942 geborene Davies entpuppte sich in der Folge als Weitspringer der Extraklasse. Er wurde 1966 Europameister, 1968 Olympia-Neunter (von Beamons 8,90 m geschockt), 1969 EM-Zweiter und 1971 noch einmal EM-Vierter. Seine Bestleistung waren 8,23 m, die er 1968 erreichte.

Leichtathletik

Zum Sieg ein Kuß von Ehefrau Sheila

Olympische Wettbewerbe im Gehen gibt es seit den Zwischenspielen 1906 in Athen. Die Distanzen wechselten mehrmals, nicht jedoch die Auffassung, daß es sich bei den Gehern um ausgesprochene Individualisten handelt. Manche Beobachter sprechen auch von Sonderlingen oder Originalen.

Der Elektriker eines Kraftwerks in Sutton Coldfield (England) gehörte zu diesen besonderen Persönlichkeiten. Kenneth Matthews vertrat die Auffassung, daß er nur dann eine Chance im 20 km Gehen in Tokio habe, wenn seine Frau Sheila mit nach Japan reisen dürfe. Weil der Britische Verband abwinkte und sich auch nicht durch das Argument erweichen ließ, daß er, Matthews nur deshalb in Rom 1960 ausgeschieden sei, weil seine Frau gefehlt habe, sammelten Matthews Freunde 742 Englische Pfund – und Sheila flog mit nach Tokio.

Dort ging Matthews der Konkurrenz (mit dem Deutschen Dieter Lindner als Zweitem und dem Titelverteidiger Vladimir Golubnivchi aus der UdSSR als Drittem) auf und davon. Im Ziel hatte Matthews über anderthalb Minuten Vorsprung. Ehefrau Sheila durchbrach alle Absperrungen, lief zum Zielstrich und gab ihrem Kenneth den Siegeskuß, »den längsten in der olympischen Geschichte«, wie amerikanische Journalisten schrieben.

Da Sieger meist gut gelaunt sind, sagte Kenneth Matthews nachher vor der internationalen Presse: »Meine Beine taten auf

20-km-Gehen: Olympiasieger Kenneth Matthews erreicht nach 1:29:34,0 h das Ziel.

Rudolf Plukfelder: Der 36jährige Wolgadeutsche ist mit seinem Titel im Leichtschwergewicht der älteste Olympiasieger im Gewichtheben.

den letzten Kilometern weh. Sie tun es jetzt noch. Aber das hält mich nicht davon ab, heute abend tanzen zu gehen.«

Der 1964 schon mit hoher Stirn und wenigen Haaren angetretene 30jährige Matthews war (mit Frau) 1962 Europameister geworden. Wie gut er bei den Spielen in Tokio »ging«, zeigt die Erfolgskurve des von ihm bezwungenen Vladimir Golubnivchi: Olympiasieger 1960, Olympiadritter 1964, Olympiasieger 1968, Olympiazweiter 1972 und Olympiasiebter 1976.

Gewichtheben

Ein Deutscher aus Sibirien

Rudolf Plukfelder aus der Sowjetunion war 36 Jahre und 41 Tage alt, als er am 17. Oktober 1964 in Tokio Olympiasieger im Gewichtheben der Klasse bis 82,5 kg (Leichtschwergewicht) wurde. Der Nachfahre schwäbischer Einwanderer ist damit der älteste Goldmedaillengewinner in der 96jährigen Olympiageschichte der Hantelkunst. Daß Plukfelder erst so spät zu olympischen Ehren kam, lag an der sowjetischen Sportführung, die dem Wolgadeutschen nicht traute. Sie zweifelte an seiner sozialistischen Standhaftigkeit, obwohl Plukfelder im Gespräch mit deutschen Fragern nie seine Liebe zu Sibirien verhehlte: »Ein wunderbares, sauberes Land.«

Erfolge im Gewichtheben, so mutmaßte Plukfelder richtig, waren für einen Mann seiner Herkunft die einzige Möglichkeit, die Grenzen der UdSSR zu überschreiten. 30jährig begann er eine Weltrekordserie von insgesamt 13 Höchstleistungen. 1959 und 1961 wurde er Weltmeister, 1959, 1960 und 1961 Europameister.

Bei den Olympischen Spielen in Rom hatten die Sowjets auf ihn verzichtet. Pljugfelder mußte er sich in jener Zeit nennen, aber er sprach sich immer Plukfelder aus. Im fernen Asien glaubte man sich des Wolgadeutschen sicher: Keine Absprungmöglichkeit in den Westen. Tatsächlich blieb der stämmige Mann bei der Fahne.

Als Olympiasieger kehrte er in die Ukraine zurück, trainierte junge Leute und kam dann doch noch nach Deutschland. 1989 erhielt er die deutsche Staatsbürgerschaft und begann, nun 61 Jahre alt, mit seiner Frau ein neues und für ihn wieder nicht leichtes Leben.

Plukfelders Geschichte war 1964 eine für Insider. Im Vordergrund stand in Tokio die Niederlage des Modellathleten Yuri Vlassov im Superschwergewicht gegen den ungebärdigen Leonid Zabotdinski (beide UdSSR); der eine stand am Ende seiner Karriere, der andere erst am Anfang. Und das waren beider persönlicher Rekorde: Der 34fache Weltrekordler Vlassov war einmal Olympiasieger, viermal Welt- und sechsmal Europameister; Zabotdinski (19 Weltrekorde) war zweimal Olympiasieger, zweimal Welt- und zweimal Europameister. Beide übertraf danach Vassili Alexeyev mit zwei Olympiasiegen, sechs Weltmeisterschaften, acht Europameisterschaften und 80 Weltrekorden.

Ringen

Zwei Mattenkünstler im Federgewicht

Zwei Federgewichtler – das sind Aktive bis zu einem Körpergewicht von 63 kg – waren die herausragenden Ringer der Spiele von Tokio.

Der Freistilspezialist Osamu Watanabe hatte 1962 und 1963 die Weltmeisterschaft gewonnen und beschloß seine internationale Karriere mit dem Gewinn der olympischen Goldmedaille. In 187 Kämpfen in Serie blieb der Japaner unbesiegt, und im Guinness-Buch der Rekorde wird diese Leistung als Weltrekord geführt.

Einer, der diese Marke wird brechen können, ist der seit 1988 in Seniorenwettbewerben ungeschlagene Superschwergewichtler Alexander Karelin aus Nowosibirsk, Olympiasieger 1988 und 1992, Weltmeister 1989, 1990 1991, 1993 und 1994 sowie Europameister in Serie von 1988 bis 1995 (acht Titel), griechisch-römischer Stil.

Was Watanabe im Freistil, war der Ungar Imre Polyák im klassischen Stil. Nach drei olympischen Silbermedaillen gelang dem 1932 geborenen Polizeioffizier 1964 in Tokio endlich der Olympiasieg, nachdem er 1955, 1958 und 1962 schon Weltmeister geworden war. Der im Ringerlager sehr beliebte Polyák wurde in der Halle von Komazawa stürmisch gefeiert, als er nach dem siegbringenden Unentschieden gegen den Silbermedaillengewinner Roman Rurua (UdSSR) einfach überglücklich am Mattenrand liegenblieb.

Boxen

Sitzstreik im Ring und Hieb für Referee

In Tokio häuften sich die schönen Geschichten, die in und um den Boxring spielten. Im Fliegengewicht machte der Koreaner Dong-Kih Choh den Sitzstreik historisch. Choh war im Kampf gegen den

Ringen, griechisch-römischer Stil: Der spätere Olympiasieger im Federgewicht, der Ungar Imre Polyák (l.), im Kampf gegen Roman Rurua aus der Sowjetunion.

Olympiadritten Stanislav Sorokin (UdSSR) wegen Kopfstoßens disqualifiziert worden. Weil er das Urteil nicht akzeptieren wollte, setzte er sich für 51 Minuten in die Ringmitte und weigerte sich, die Kampfstätte freizugeben. Dann ging er doch – und in die Geschichte ein.

Im Federgewicht bekam der Spanier Valentin Loren eine lebenslängliche Sperre, weil er dem ungarischen Referee György Serner einen Hieb verpaßt hatte, als dieser ihn wegen Schlagens mit offener Hand disqualifiziert hatte. In dieser Klasse wurde Anthony Villanueva von den Philippinen Olympiazweiter. Sein Vater José Villanueva hatte 1932 Bronze im Bantamgewicht geholt.

Im Halbmittelgewicht hatte Olympiasieger Boris Lagutin aus der UdSSR kaum Gegner, aber große Schwierigkeiten, als er sein Können zeigen wollte. Der erste Gegner wurde disqualifiziert, der zweite trat nicht an, der dritte, und das war schon der Finalist, schlug ihm die Augenbraue auf, als Lagutin statt zu boxen zu ringen begann.

Lagutin hatte eine Bronzemedaille von Rom mitgebracht. 1968 in Mexiko wurde er erneut Olympiasieger, und da warfen mexikanische Zuschauer Münzen in den Ring, als Lagutin gegen den Kubaner Rolando Garbey partout nicht kämpfen wollte und mit dem Kampfrichter krakeelte.

Ja, und da war noch der spätere Profi-Weltmeister Joe Frazier, der seine olympische Goldmedaille mit einer angebrochenen Hand gegen den Regensburger Hans Huber erkämpfte. Huber hatte 1964 als Boxer die Olympiaqualifikation geschafft, nachdem er 1960 im Ringen an dem späteren Olympiasieger Wilfried Dietrich gescheitert war.

Boxen: Der Amerikaner Joe Frazier (l.) schlägt im Endkampf des Superschwergewichts den Deutschen Hans Huber knapp nach Punkten.

Boxen

Ein Ringer erboxt sich Silber

Hans Huber aus Regensburg war schon 30 Jahre alt, als er sich am Ziel seiner sportlichen Wünsche sah. Der hochgewachsene, schlanke Mann, Busfahrer in seiner Heimatstadt, pendelte zwischen Ringen und Boxen. Er war das ganz seltene Ideal eines Zweikämpfers. Doch weder an einer breiten (weil eingeschlagenen) Nase noch an den sogenannten Blumenkohlohren war er als Boxer oder Ringer zu erkennen. Kurz: ein Modellathlet.

Schon 1956 gehörte er im Ringen zur deutschen Spitzenklasse, als er im griechisch-römischen Stil Zweiter der deutschen Meisterschaft hinter Wilfried Dietrich wurde. An dem fast gleichaltrigen Dietrich aber kam er nie vorbei. Bei deutschen Meisterschaften wurde er 1959 Dritter im freien Stil und 1960 Zweiter hinter Dietrich; mit diesem zweiten Rang war die Qualifikation für die Olympischen Spiele in Rom verbunden. Der damals zuständige Deutsche Athleten-Bund aber schlug Hans Huber erst gar nicht dem Nationalen Olympischen Komitee zur Nominierung vor. Man hielt Dietrich – mit einigem Recht – für unersetzlich. Er gewann dann ja auch Gold und Silber.

In klarer Einschätzung seiner Lage wechselte Hans Huber kurz entschlossen die Sportart und ging zu den Boxern. 1963 wurde er deutscher Meister der Superschweren und eroberte sich in Tokio die Silbermedaille. Es hätte nicht viel gefehlt, und der mit einer Handverletzung angetretene amerikanische Favorit Joe Frazier wäre an Huber gescheitert – jener Frazier, der 1968 dann Professionalweltmeister aller Klassen wurde. Daß jemand in zwei Sportarten nur am jeweiligen Olympiasieger gescheitert ist, hat es in der Geschichte der Spiele nur einmal gegeben.

Hans Huber beendete nach Tokio seine sportliche Karriere und trat anderweitig für den Sport ein: als Beamter des städtischen Sportamtes in Regensburg.

Judo

Holländischer Sieg schockt Japaner

Japans verehrter Pädagoge und gerühmter Schöpfer des Judo, Jigoro Kano (* 1860, † 1938), Mitglied des IOC von 1909 bis zu seinem Tod, hat es nicht mehr erlebt, daß Judo 1964 zum Programm der Olympischen Spiele gehörte. So entging ihm auch, daß der Holländer Anton Geesink Olympiasieger in der offenen Klasse wurde, als er den japanischen Nationalheros Akio Kaminaga schlug.

Man hätte es eigentlich wissen müssen. Geesink, 1,98 m groß und damals 121 kg schwer, war nach Shokishi Natsui (1956) und Koji Sone (1958) im Jahre 1961 erster nicht-japanischer Weltmeister im Judo geworden und hatte ungeschlagen zwölf Europameisterschaften seit 1953 gewonnen.

Der 1964 schon 30jährige Geesink war den japanischen Judoka schon rein vom Körpergewicht her überlegen. Bis 1930 war Judo auf das Herkunftsland Japan beschränkt. Wettkampfmäßig wurde es in Europa erst nach dem Zweiten Weltkrieg betrieben. Wer außerhalb Japans etwas gelten wollte im Judosport, der reiste als Schüler nach Tokio und schrieb sich am Kodokan ein, der heiligen Lehrstätte des Judo. Es war deshalb für die Japaner ein Schock, als Anton Geesink bei der olympischen Premiere die Allkategorie gewann.

Anton Geesink wurde durch den Olympiasieg zu einer strahlenden Größe des internationalen Sports. In seiner Heimatstadt Utrecht wurde eine Straße nach ihm benannt und 1995 ein Denkmal errichtet, 1987 ließ ihn Präsident Juan Antonio Samaranch ohne Zustimmung seiner holländischen Landsleute ins IOC berufen.

Judo, offene Klasse (v. l.): Akio Kaminaga (JPN), Anton Geesink (NED) und die beiden Drittplazierten Theodore Boronovskis (AUS) und Klaus Glahn (GER)

Radsport

Langes Taktieren und enges Finale

Zwei extreme Rekorde gab es bei den Radsportwettbewerben: Im Sprint über 1000 m, einem exklusiven Taktik-Wettbewerb, der durch Ausreißen, Abwarten, und Schattenfahren, durch langen oder kurzen Spurt und nervtötendem Stehen auf dem Fahrrad entschieden werden kann, stellten der Italiener Giovanni Pettenella und der Franzose Pierre Trentin im Halbfinale einen besonderen Rekord auf. Sie standen nicht weniger als 21:57 min in ihren Pedalen, um die bessere Ausgangsposition für den Sprint zu bekommen. Dann schlug Pettenella seinen Gegner und gewann auch das Finale gegen seinen Landsmann Sergio Bianchetto. Trentin verlor auch den Kampf um Bronze gegen Daniel Morelon.

Florettfechten: Finalkampf zwischen Ildiko Ujlaki-Rejtö, die Gold gewinnt, und der Deutschen Helga Mees (Silber)

Im Straßenrennen über 194 km ging dagegen alles blitzschnell, als das Ziel nahe war. Ein Mechaniker aus Treviso in Italien, Mario Zanin, holte auf den letzten 20 Metern den minimalen Vorsprung von zwei Hundertstelsekunden vor dem Dänen Kjell Akerström heraus. Der Belgier Walter Godefroot, später ein renommierter Professional, kam neun Hundertstelsekunden hinter Zanin zu Bronze, zeitgleich mit dem Hauptfeld.

Godefroot (*1943) gewann als Berufsfahrer 1967 Lüttich–Bastogne–Lüttich, 1968 die Flandern-Rundfahrt, 1969 Paris–Roubaix, 1970 die Meisterschaft von Zürich, 1974 das Rennen um den Henninger Turm und die Meisterschaft von Zürich sowie 1978 die Flandern-Rundfahrt.

Fechten

Im Degen und Säbel enden Siegesserien

Merkwürdige Ereignisse wurden aus dem wie immer nur zufällig beachteten Lager der Fechter gemeldet. Mit dem Florett gewann der völlig unbekannte, aber deswegen umjubelte 29jährige Egon Franke aus Gleiwitz eine Goldmedaille für Polen. Im Finale der Degenfechter zwischen dem 23 Jahre alten Sowjetsoldaten Grigori Kriss und dem schon 33 Jahre alten britischen Obstanbauer Henry Hoskyns gab es vier Doppeltreffer, ehe Kriss gewann.

Im Säbelfechten beendeten die Italiener im Halbfinale die seit 1928 andauernde Siegesserie der Ungarn (46 olympische Gefechte ohne Niederlage), wurden dann aber im Finale von den Sowjets mit 9:6 geschlagen.

Dafür machten die Ungarn der italienisch-französischen Vorherrschaft im Degenfechten, die seit 1920 angehalten hatte, ein überraschendes Ende. Im Finale wurde Italien 8:3 deklassiert. Seltsamerweise befand sich keiner der hier siegreichen Ungarn unter den ersten Acht im Einzelwettbewerb. Im Team meldete Gyözö Kulcsar, noch am Anfang seiner Karriere, 20 Siege in Serie. Er sollte 1968, 1972 und 1976 dann noch drei Gold- und zwei Bronzemedaillen gewinnen.

Im Florettfechten der Damen verlor die von Geburt an taube Ildiko Ujlaki-Rejtö aus Ungarn in Vor- und Endrunde gegen die Deutsche Helga Mees, schlug diese dann im Stichkampf um den Olympiasieg seltsamerweise ohne Schwierigkeiten.

Larisa Latynina: Die erfolgreichste Turnerin in der Geschichte der Olympischen Spiele – hier am Stufenbarren – gewann u. a. dreimal hintereinander das Bodenturnen.

Turnen

Die Mutter und die Kindfrauen

Als Larisa Latynina, geborene Semyonova, im Alter von 29 Jahren nach dem Gewinn von neun Gold-, fünf Silber- und vier Bronzemedaillen Abschied nahm vom internationalen Wettkampfsport, hatte sie Sportgeschichte geschrieben. Sie beherrschte die Turnwelt als Primaballerina (und nicht wie später ihre Nachfolgerinnen als kleinwüchsige Kindfrauen). Von ihr gingen Anmut und Zauber aus; sie war schon zweifache Mutter, als sie in Tokio die Zahl ihrer Olympiamedaillen von zwölf auf die immer noch gültige Weltrekordzahl von 18 erhöhte.

Larisa Latynina, deren blondes Haar sehr gut mit dem roten Turntrikot der Sowjets harmonierte, wollte eigentlich Ballettänzerin werden. Sie besuchte auch eine entsprechende Schule in Cherson, wanderte aber später zum Kunstturnen ab. Sie wog bei 1,62 m Größe nur 53 kg. Im Bodenturnen, das sie bei den Olympischen Spielen 1956 in Melbourne, 1960 in Rom und 1964 in Tokio dreimal hintereinander gewann, drückte sich ihre Persönlichkeit am besten aus. »Diese drei Goldmedaillen haben meinen Kindheitstraum von der Primaballerina erfüllt«, sagte sie im Rückblick auf ihr Turnerleben.

Bei Welt- und Europameisterschaften holte sie sich zudem noch 16 Gold-, zehn Silber- und zwei Bronzemedaillen. Eine wie Larisa Latynina hat es im Turnen nicht mehr gegeben – trotz Vera Cáslavská!

Schwimmen

Dawn Fraser krault wieder allen davon

Im olympischen Schwimmsport war Dawn Fraser unvergleichlich. Sie begann als respektabler Teenager mit Weltrekorden und Olympiasiegen und war eine geachtete »alte Dame« von 27 Jahren, als sie sich in Tokio mit der dritten Goldmedaille über 100 m Freistil vom Wettkampfsport verabschiedete. Vier Olympiasiege und vier zweite Plätze errang sie bei den Spielen von 1956, 1960 und 1964; im selben Zeitraum schwamm sie 15 Einzel- und vier Staffelweltrekorde. Sie war am 27. Oktober 1962 die erste Frau, die über 100 m unter einer Minute blieb, 40 Jahre nachdem dies Johnny Weissmuller bei den Herren gelungen war. 59,9 sec hieß die Marke.

Dawn Fraser war in ihrer Heimat Australien, wo Pionierleistungen immer etwas gelten, eine Nationalheldin. Es bedurfte keiner Legenden, um ihren Namen ins Buch der Schwimmgeschichte zu schreiben.

Dawn Fraser, am 4. September 1937 in Balmain bei Sydney geboren, war die Toch-

Siegerehrung 100 m Freistil (v. l.): Sharon Stouder (Silber), Dawn Fraser (Gold), Kathleen Ellis (Bronze); die Australierin gewinnt damit nach Melbourne 1956 und Rom 1960 zum drittenmal in dieser Disziplin die Goldmedaille.

ter eines Hafenarbeiters und hatte acht Geschwister. Sie besuchte keine High-School, wo sie sehr viel Zeit zum Training gehabt hätte, sondern arbeitete tagsüber in einer Kleiderfabrik und abends oft als Kellnerin. Ihr Glück war, daß sie den Schwimmtrainer Harry Gallagher zur rechten Zeit traf; er machte aus ihr den Schwimmstar, dessen Name in der ganzen Welt einen feinen Klang bekommen sollte. Mit den Erfolgen im Sport stieg sie auch die soziale Leiter im Berufsleben hinauf; zuletzt war sie Anwaltssekretärin.

Bevor sie nach Tokio kam, hatte sie den 100-m-Weltrekord auf 58,9 sec verbessert, und in Japans Metropole wehrte sie in letzter großer Anstrengung den Angriff der zwölf Jahre jüngeren Sharon Stouder aus dem kalifornischen Glendora um vier Zehntelsekunden (59,5 sec zu 59,9 sec) ab.

Es tat ihrem Ansehen keinen Abbruch, als nach den Spielen bekannt wurde, daß sie mit australischen Freunden nach einer olympischen Siegesfeier eine Olympiaflagge aus den Anlagen des Kaiserlichen Palastes in Tokio mitgenommen hatte, nachdem einige Mauern überstiegen worden waren. Wenig sensible australische Sportfunktionäre sperrten Dawn Fraser für zehn Jahre, ermäßigten später die Strafe auf vier Jahre und blamierten sich nur selbst. Was Dawn Fraser außerhalb des Schwimmstadions getan hatte, interessierte in Australien nicht. Was galt, waren ihre drei Olympiasiege in Serie über 100 m Freistil. Darin ist sie, was das Schwimmen angeht, nicht übertroffen worden.

Die beiden DDR-Schwimmerinnen Kornelia Ender, die wie die Australierin auf vier Gold- und vier Silbermedaillen kam, und Kristin Otto, die 1988 in Seoul sechs Goldmedaillen gewinnen sollte, haben Dawn Fraser den Ruhm der größten Olympiaschwimmerin aller Zeiten nicht streitig machen können. Dawn Fraser war und ist unvergleichlich.

Schwimmen

Klein-Konstellation aus Darmstadt

Janos Satori

Im deutschen Schwimmsport hat es einmal die Klein-Konstellation gegeben, die am 12. Oktober 1964 in Tokio ihren Höhepunkt erreichte. Den Namen hat sie von Hans-Joachim Klein, dem Schwimmer aus Darmstadt. Ihre weiteren Träger waren der Pädagoge und Sportführer Karl-Wilhelm Leyerzapf, der aus Budapest stammende Trainer Janos Satori und Kleins Klubkamerad und Konkurrent Uwe Jacobsen.

An jenem 12. Oktober 1964 gewann der Amerikaner Don Schollander die olympische Goldmedaille über 100 m Kraul vor dem Schotten Bobby McGregor und Hans-Joachim Klein; Achter dieses Rennens wurde Jacobsen. Am Beckenrand stand Janos Satori, der Klein wie Jacobsen trainiert und groß gemacht hatte. Auf der Tribüne des Schwimmstadions von Kenzo Tange saß Karl-Wilhelm Leyerzapf, ein Herr alten Schlages, distanziert, gebildet und hoffärtig. Er war der Mentor der Schwimmer Klein und Jacobsen, der Präsident des Deutschen Schwimm-Verbandes und der wache Geist des Vereins DSW 1912 Darmstadt.

Leyerzapf und die Seinen waren immer etwas Besseres gewesen. Anfang der 60er Jahre war der DSW 1912 Darmstadt ein europäischer Spitzenverein. In der Geschichte des internationalen Schwimmsports hat es sich nur einmal zugetragen, daß zwei Kraulsprinter eines Klubs in einem olympischen Finale standen, zwei waschechte Darmstädter, die nie einem anderen Verein angehört haben als diesem Eliteorden DSW 1912.

Die Klein-Konstellation ist nur vor dem Hintergrund dieses Klubs möglich gewesen. Klein, den seine Freunde »Little« nannten, hatte in Auftreten und Sportverständnis etwas Amerikanisches an sich. Als er sich im Winter 1963/64 die Kraft für den olympischen Sommer in Kalifornien holte, bedankte er sich für das Willkommen in den USA mit dem Weltrekord, der ihn über Nacht weltberühmt machte: 1:58,2 min über 200 m Kraul. Es war der Weltrekord, den er Don Schollander abnahm, der als bester Krauler seiner Zeit galt

Start über 400 m Freistil: Auf Bahn vier der Amerikaner Don Schollander (Gold), auf Bahn drei der Deutsche Frank Wiegand (Silber) und auf Bahn fünf der Australier Allan Wood (Bronze)

Schwimmen

Schallmauer im Kraul gebrochen

Bis 1964 waren die acht Minuten über 4x200 m Freistil so etwas wie eine Traumbarriere der Schwimmer, vergleichbar der Traummeile, dem ersten Lauf unter vier Minuten über 1609 m, den der Brite Roger Bannister am 6. Mai 1954 in Oxford schaffte. 1963 erfüllte der Amerikaner Don Schollander eine erste Voraussetzung, als er die 200 m Kraul als erster in weniger als zwei Minuten schwamm. Am 27. Juli 1963 erzielte er in Los Angeles 1:58,8 min.

Am 24. Mai 1964 holte Hans-Joachim Klein aus Darmstadt bei den deutschen Hallenmeisterschaften den Weltrekord mit 1:58,2 min nach Deutschland und machte dabei deutlich, daß auch eine gesamtdeutsche Staffel unter acht Minuten schwimmen könne.

Drei Wochen vor den Olympischen Spielen in Tokio streiften die Amerikaner in Los Angeles mit 8:01,8 min die Traumgrenze. Das war neuer Weltrekord und im Grunde schon das Versprechen für Tokio, dort einen Weltrekord zu erzielen, der mit sieben Minuten begönne.

Am 18. Oktober 1964 erschwammen sich dann Steve Clarke, Roy Saari, Gary Ilman und Don Schollander (mit vier Goldmedaillen der Schwimmstar der Olympischen Spiele 1964 in Tokio) mit bis dahin kaum vorstellbaren 7:52,1 min Weltrekord und Olympiasieg.

In gehörigem Abstand dahinter aber erfüllten sich Horst-Günther Gregor, Gerhard Hetz, Frank Wiegand und Hans-Joachim Klein auch einen Traum: Silber mit einer Zeit unter acht Minuten. Ihre 7:59,3 min konnten freilich nicht als Europarekord anerkannt werden, weil in der gesamtdeutschen Staffel zwei Schwimmer Ost und zwei Schwimmer West standen, die verschiedenen Schwimmverbänden angehörten, die beide vom Weltverband FINA anerkannt waren.

So stehen denn die 7:59,3 min in keiner Rekordliste, nicht in der europäischen und nicht in den beiden deutschen. Dennoch haben Gregor, Hetz, Wiegand und Klein – manifestiert in der olympischen Silbermedaille – ihren Anteil an der Geschichte der Bewältigung der acht Minuten.

Rudern: Die Überraschungssieger im Zweier ohne Steuermann, die Kanadier George Hungerford und Roger Jackson

Rudern

Mit geborgtem Boot auf Goldkurs

Im Rudern gab es sieben Wettbewerbe, Gewinner aus fünf Ländern und drei interessante Geschichten. Vyacheslav Ivanov (*1938) gewann seine dritte Goldmedaille im Einer. Im Zweier ohne Steuermann siegten die Kanadier George Hungerford und Roger Jackson, die erst ihr drittes gemeinsames Rennen bestritten. Im Gold-Achter des Vesper Boat Club Philadelphia saß ein interessanter Steuermann.

In seinem Buch »Wind über olympischen Seen« hat der Russe Ivanov das Olympiafinale geschildert, in dem er in einem grandiosen Endspurt den lange führenden Deutschen Achim Hill (Silber) überholte: »Ich erinnere mich nicht, wie lange es dauerte bis ich wieder das Bewußtsein erlangte. Ich hatte das Letzte gegeben und war vor dem Ziel ohnmächtig geworden. Als ich mich umblickte, war das Wasser still und klar und vor mir war niemand. Ich war als Erster im Ziel.« Seine dritte und letzte Goldmedaille gewann Ivanov im Zustand eines Blackouts.

Was die Kanadier Hungerford und Jackson betrifft, so waren sie als Ersatzleute für den kanadischen Achter vorgesehen, der in Tokio keine Rolle spielte. Mehr als Beschäftigungstherapie gedacht, wurde beiden ein Training im Zweier ohne empfohlen. Dieses absolvierten sie in einem geliehenen Boot der Universität von Washington, mit dem die Amerikaner James Fifer und Duvall Hecht 1956 in Melbourne den Zweier ohne Steuermann gewonnen hatten. Und mit diesem alten Boot gewannen sie im dritten (und auch letzten) gemeinsamen Rennen sensationell die Goldmedaille. Hungerford war 20, Jackson 22 Jahre alt, als dieses Kunststück gelang.

Im Achter der USA, der in Tokio zum elften- und letztenmal ein olympisches Finale gewinnen sollte, saß in der Position des Steuermannes der 48 Jahre alte Ungar Robert Zimonyi, 1956 aus seiner Heimat geflüchtet und in Philadelphia heimisch geworden. Zimonyi war natürlich nicht irgendwer. 1948 hatte er im ungarischen Zweier mit Steuermann gesessen und diesen in Henley zur Bronzemedaille gelenkt.

Fußball

Tote und Verletzte bei Qualifikation

Das Fußballturnier in Tokio zeigte wieder einmal, daß Fußball bei Olympischen Spielen meist auf verlorenem Posten steht. Nur 14 statt der 16 qualifizierten Mannschaften kamen nach Japan. Die alte Amateurregel spielte ebenso eine Rolle wie die hohe Politik.

Als die Italiener, einziges Team aus dem demokratischen Westeuropa, den Vorwurf nicht entkräften konnten, sie hätten statt Amateure Vollprofis vom Europapokalsieger Inter Mailand ins Olympiateam aufgenommen, verzichteten sie auf den Tokio-Start. Dies taten auch die Nordkoreaner, die sich im Streit mit dem IOC und einigen Weltfachverbänden befanden. Sie trugen sozusagen mannhaft die Folgen der Affäre GANEFO, jener Organisation der Aufstrebenden Kräfte, die 1963 in Djakarta antiolympische und anti-imperialistische Spiele ausgetragen hatte. Nordkorea nahm nicht an den Olympischen Spielen in Tokio teil (wie auch der GANEFO-Initiator Indonesien fehlte).

Fußball: Im Finale zwischen Ungarn und der ČSSR erzielt der freistehende Ferenc Bene (l.) für die Magyaren den Siegestreffer zum 2:1-Endstand.

Es fehlte, wenigstens im Fußballturnier, auch Peru. Am 24. Mai 1964 hatte es in Lima beim Olympia-Qualifikationsspiel Peru–Argentinien einen Skandal erster Klasse gegeben. Argentinien führte 1:0, als zwei Minuten vor Schluß Peru den Ausgleich erzielte. Schiedsrichter Angel Eduardo Payos aus Uruguay gab den Treffer aber nicht wegen eines Fouls der Peruaner. 45 000 Zuschauer gerieten in Rage, zwei von ihnen stürmten auf das Spielfeld, attackierten den Referee. Das Spiel wurde abgebrochen, Polizei schritt ein, welche die Krawalle noch verstärkte, die sich vom Stadion in die City von Lima verlagerten. Die Stadiontribüne wurde angezündet, und als am folgenden Morgen Bilanz der Straßenschlacht gezogen wurde, registrierte man 328 Tote und über 500 Verletzte. In Lima wurde der Belagerungszustand verhängt, als man feststellte, daß vier der Toten von der Polizei erschossen worden waren.

Zum Fußball zurück. Peru wurde das Unentschieden verweigert. Argentinien reiste nach Tokio und schied dort nach zwei Spielen aus. Ungarn wurde Olympiasieger nach Erfolgen über Marokko (6:0), Jugoslawien (6:5), Rumänien (2:0), Ägypten (2:1) und im Endspiel über die Tschechoslowakei mit 2:1. Dritte mit einem 3:1 gegen Ägypten wurde die Elf der DDR, die von den Tschechen 1:2 geschlagen worden war. Japans Organisation meldete volle Stadien im Fußball. Sie hatte Schulkinder auf die Ränge geschickt.

Generationen bei Olympia

Von alten und jungen Sportlern

Daß die deutsche Paarung Roswitha Esser und Annemarie Zimmermann die Goldmedaille im Zweierkajak der olympischen Kanuwettbewerbe gewann, war keine Überraschung. Den Erfolg hatten die Damen selbst programmiert. Der zweite Platz der Amerikanerinnen Francine Fox und Gloriane Perrier war allerdings eine schiere Sensation. Es hätten Mutter und Tochter im US-Boot sitzen können, denn Gloriane Perrier war 35 Jahre alt, Francine Fox erst fünfzehn.

Mit 52 Jahren wurde Josef Neckermann ältester Olympiasieger in Tokio, als die deutsche Mannschaft mit Harry Boldt, Reiner Klimke und ihm Dressur-Gold gewann.

Unbemerkt von der Öffentlichkeit nahm Helen Dupont (USA) als erste Frau an einer olympischen Vielseitigkeitsprüfung (Military) teil, was knapp 30 Jahre später normal sein sollte.

Irena Kirszenstein (später Szewinska), geboren am 24. Mai 1946 in Leningrad (St. Petersburg), gewann mit 18 Jahren ihre erste

Goldmedaille für Polen (4x100 m); sie würde noch an vier weiteren Spielen teilnehmen und insgesamt drei Gold-, zwei Silber- und zwei Bronzemedaillen gewinnen.

Einen Monat vor ihrem 16. Geburtstag gewann Galina Prosumenshikova aus der UdSSR die Goldmedaille über 200 m Brust. 1968 und 1972 ließ die eher rundliche Dame noch weitere vier Olympiamedaillen folgen, eine goldene war freilich nicht mehr darunter.

Gesamtdeutsche Mannschaft

BRD und DDR letztmals ein Team

Die gesamtdeutsche Olympiamannschaft von Tokio war die sechste und letzte nach Cortina und Melbourne 1956, Squaw Valley und Rom 1960 sowie Innsbruck 1964. Bei den Winterspielen 1964 traten 93 Aktive an – 56 aus der Bundesrepublik, 40 aus der DDR; die Bobfahrer und die alpinen Skirennläufer sorgten für das westliche Übergewicht. In Tokio hätte es beinahe ein Unentschieden gegeben, als die DDR 167 Aktive stellte, die Bundesrepublik 169. Wären die USA mit ihren 346 Sportlern nicht gewesen, hätten die Deutschen die zahlenmäßig größte Mannschaft gestellt. Nach Medaillen gerechnet kam Deutschland auf den vierten Rang, immerhin.

Am 6. Oktober 1965 trennte das IOC auf seiner 64. Vollversammlung in Madrid die gesamtdeutsche Mannschaft für ein Vierteljahrhundert, ehe die weltpolitischen Ereignisse 1990 zur Wiederherstellung der deutschen Einheit führten. 1992 gab es in Albertville und Barcelona wieder nur eine deutsche Olympiamannschaft.

Zur Aufstellung der gesamtdeutschen Mannschaften 1964 in Innsbruck und Tokio bedurfte es 14 Verhandlungen beider Nationaler Olympischer Komitees und 96 Gesprächen auf Fachverbandsebene. Insgesamt wurden 60 Olympia-Ausscheidungen registriert, wobei die internationalen Fachverbände die Aufsicht führten.

In einem Fall mußte der Weltverband entscheiden. Der Segler-Weltverband, die International Yacht Racing Union (IYRU), gab dem Finn-Dingi von Willi Kuhweide aus West-Berlin, einem späteren Lufthansa-Flugkapitän, Startrecht für Tokio. Dort holte er sich nach einem zweiten, ersten, vierten, sechsten, fünften, dritten und ersten Platz in sieben Regatten die Goldmedaille. Ein IYRU-Volltreffer.

Willi Kuhweide: Der Westberliner, der erst nach Eingreifen der International Yacht Racing Union die Startberechtigung für Tokio erhielt, holt dort im Finn-Dingi die Goldmedaille.

1968 Grenoble

6. bis 18. Februar 1968
Dauer **13 Tage**
Teilnehmer **1293 (1081 Männer, 212 Frauen)**
Länder **37**
Sportarten **7**
Entscheidungen **35**
Zuschauer **337 000**
Schirmherr **Staatspräsident Charles de Gaulle**
Eidsprecher **Leo Lacroix (alpiner Skisport)**
Letzter Fackelläufer **Alain Calmat (Eiskunstlauf)**

Olympische Winterspiele 1968 in Grenoble: Plakat der Spiele, die nicht nur in Grenoble, sondern auch in den umliegenden Orten stattfanden.

Medaillenspiegel Grenoble 1968

Land	G	S	B
1. NOR	6	6	2
2. URS	5	5	3
3. FRA	4	3	2
4. ITA	4	–	–
5. AUT	3	4	4
6. NED	3	3	3
7. SWE	3	2	3
8. FRG	2	2	3
9. USA	1	5	1
10. GDR	1	2	2
FIN	1	2	2

Killy macht Spiele zur Killyade

Die Idee, Olympische Winterspiele in Grenoble auszurichten, wurde erstmals 1960 laut. 1963 lag die Bewerbung beim IOC in Lausanne vor, aber die Spiele wurden nicht auf der von Nairobi nach Baden-Baden verlegten 61. Session vergeben, sondern erst am 28. Januar 1964 während der Winterspiele in Innsbruck. Im dritten Wahlgang siegte Grenoble mit 27:24 Stimmen gegen Calgary. Vorher waren Lake Placid, Oslo, Sapporo und Lahti ausgeschieden.

Man kann nicht sagen, daß Grenoble die Winterspiele bereichert hätte. Im Grunde waren es mehrere Weltmeisterschaften, die zufällig zur selben Zeit in und um Grenoble stattfanden, so in Autrans, Saint-Nizier, Chamrousse, Villard de Lans und Alpe d'Huez.

Der Star dieses olympischen Festivals war der 1943 geborene Jean-Claude Killy, der wie zwölf Jahre zuvor Toni Sailer alle drei alpinen Ski-Wettbewerbe gewann und dazu mit der Idealnote 0 auch Weltmeister in der Kombination wurde. So sprach man von der Killyade.

Es waren die Spiele mit einer großen Verbeugung vor den Journalisten, die niemals zuvor (und auch später nicht mehr) so viele Geschenke bekamen und in einem ganz hervorragenden Restaurant im Pressezentrum bedient wurden.

Es waren aber auch die Spiele mit den ersten Dopingtests und Geschlechtskontrollen bei Frauen. Bemerkenswert war auch noch, daß der Finne Pauli Siitonen (* 1938), Neunzehnter im 50-km-Skilanglauf, unbemerkt schon jenen Schritt praktizierte, der als freier Stil in den 80er Jahren eine Revolution auslöste.

Im Zusammenhang mit den Geschlechtskontrollen ist der Fall Schinegger interessant. Die 1948 als Erika Schinegger geborene Klagenfurterin war ein Mann, wie sich 1967 bei einer Untersuchung des Österreichischen Ski-Verbandes herausstellte. Erik(a) Schinegger aber hatte 1966 bei den Skiweltmeisterschaften in Portillo in Chile die Abfahrt der Damen gewonnen.

Ende der 80er Jahre, als sich Erik Schinegger in einer Biographie outete, wurde die in Portillo zweitplazierte Marielle Goitschel (Frankreich) mit der WM-Goldmedaille bedacht. Schinegger heiratete 1975 eine Frau.

An den Spielen selbst nahmen Mannschaften aus 37 Ländern teil. Es fehlten Nord- und Südkorea, China und Taiwan sowie Südafrika. Die Bundesrepublik Deutschland erschien mit 100 Aktiven, die DDR mit 61.

Im Rennrodeln sorgten die DDR-Sportler für einen Skandal, im Bobsport tat dies ein bundesdeutscher Funktionär. IOC-Präsident Avery Brundage war nach Grenoble fast geneigt, die Winterspiele abzuschaffen. Er verachtete die alpinen Professionals und die Geschäftemacher in diesem Sport. 1972 sollte der Skifahrer Karl Schranz für Brundages Frust büßen.

Die olympische Familie

Avery Brundages großer Irrtum

Ein Thema begann nun langsam einige Leute aus der großen olympischen Familie zu echauffieren: die Fernsehgelder. Es wurde langsam klar, daß hier eine Quelle aufgetan war. Für Grenoble rechnete man mit 2,5 Millionen Dollar, für Mexiko mit 4,5 Millionen – Kalkulationen, die sich als richtig erweisen sollten. IOC-Präsident Avery Brundage sagte zu diesen Entwicklungen nicht mehr sehr viel. Er überließ das Wort anderen.

Brundage wußte, daß er hier nicht mehr mitreden durfte. 1956 auf der 52. Session des IOC hatte er in Cortina d'Ampezzo gesagt: »Das Fernsehen glaubt, daß es die Spiele ohne Bezahlung übertragen darf. In den USA aber bezahlen die TV-Gesellschaften enorme Honorare für bedeutende Wettkämpfe. Die Sache ist delikat. Was sollen wir tun? Wir haben 60 Jahre ohne das Fernsehen gelebt, und die Spiele werden weitere 60 Jahre ohne das Fernsehen auskommen.«

Ein großer Irrtum. 1957 in Sofia räumte Brundage ein, »daß TV-Gelder dem IOC Gewinn bringen können«. 1960 gab es auf der Session in San Francisco den ersten Krach. Wer sollte die Fernseh-Honorare bekommen? Raffgier zeichnete damals schon die Weltfachverbände (IF) aus. Brundage übergab die Angelegenheit dem Exekutivkomitee, das damals aus ihm, dem Franzosen Massard, dem Briten Exeter, dem Ägypter Taher Pascha, dem Neuseeländer Porritt, dem Bulgaren Stoitscheff, dem Deutschen von Halt und dem Schweden Ekelund bestand. Progressive Leute waren das alle nicht.

Die Folge? Man verlangte erst einmal Geld von den Olympiastädten 1964: 20 000 Dollar von Innsbruck, 130 000 Dollar von Tokio. Dieses Honorar sollte aufgeteilt werden unter das IOC und die IFs. Daraufhin fragte Massard, ob man die NOKs vergessen wolle. 1961 wurde bekannt, daß Rom, der Ausrichter von 1960, dank des Fernseh-Honorars (395 000 Dollar) 20 000 Dollar dem IOC extra überwiesen habe. Freiwillig.

Richtig wach wurde im IOC aber immer noch niemand. 1966 wurde in Rom mitgeteilt, daß Präsident Brundage die ihm zustehende Aufwandsentschädigung in Höhe von 54 000 Schweizer Franken »nicht angerührt hat« (Protokoll). Erst 1968 in Grenoble wurde von der IOC-Finanzkommission gefordert, »aus der Vergabe der Fernsehrechte maximalen Profit zu ziehen«. Dies geschah dann auch

Olympische Winterspiele 1968 in Grenoble: Wegweiser zu den Wettkampfstätten

Die erfolgreichsten Sportler von Grenoble

Name	Sportart	G	S	B
1. Jean-Claude Killy FRA	alpiner Skisport	3	–	–
2. Toini Gustafsson SWE	nordischer Skisport	2	1	–
3. Harald Grönningen NOR	nordischer Skisport	2	–	–
Ole Ellefsäter NOR	nordischer Skisport	2	–	–
Eugenio Monti ITA	Bobfahren	2	–	–
Luciano de Paolis ITA	Bobfahren	2	–	–
7. Jiri Raska TCH	nordischer Skisport	1	1	–
Berit Mördre NOR	nordischer Skisport	1	1	–
Magnar Solberg NOR	Biathlon	1	1	–
Alexander Tichonov URS	Biathlon	1	1	–
Kees Verkerk NED	Eisschnellauf	1	1	–
Fred Anton Maier NOR	Eisschnellauf	1	1	–
Carolina Geijssen NED	Eisschnellauf	1	1	–
Kaija Mustonen FIN	Eisschnellauf	1	1	–
Thomas Köhler GDR	Rennrodeln	1	1	–
Manfred Schmid AUT	Rennrodeln	1	1	–

Die olympische Familie

Schwarzafrika droht mit Boykott

Im IOC nahm die Politisierung, gerade weil sie Avery Brundage verhindern wollte, überhand. Zwar war der Versuch der Sowjets noch einmal vereitelt worden, Deutschland olympisch in Bundesrepublik Deutschland, DDR und West-Berlin dreizuteilen, aber die DDR war auf dem besten Weg der olympischen Eigenständigkeit. Im Sommer 1964 starb Karl Ritter von Halt, der Brundages Freund war. Die deutsche Frage, ihres konservativen Anwalts beraubt, trat hinter die Politdiskussionen um Südafrika, Indonesien, China/Taiwan und um den Krieg in Vietnam sowie Korea zurück.

Eröffnungsfeier: Nach den gesamtdeutschen Mannschaften von 1956, 1960 und 1964 treten die Bundesrepublik und die DDR erstmals mit einem eigenen Team an.

Als der Präsident des Internationalen Leichtathletik-Verbandes, der Brite Exeter, auf dem IAAF-Kongreß während der Spiele in Tokio 1964 die gesamtdeutsche Mannschaft für politisch überholt erklärte und ab sofort zwei deutsche Mannschaften in seinem Sport zuließ, hatte er dem IOC einen Wink mit dem Zaunpfahl gegeben. Dieser wurde verstanden, und der deutsche NOK-Präsident Willi Daume wehrte sich nicht mehr. Am 8. Oktober 1965 auf der 64. Session des IOC in Madrid wurde der DDR eine eigene Mannschaft für Grenoble und Mexiko City zugestanden. Allerdings gab es noch eine Einschränkung: Beide deutsche Teams sollten dieselbe Hymne, dieselbe Fahne (Schwarz-Rot-Gold mit den olympischen Ringen) und dieselben Embleme haben.

Noch in Madrid kam Willi Daume der Gedanke, Olympische Spiele nach Deutschland zu holen. Er bewegte sich dabei auf München zu, Berlin kam als geteilte Stadt nicht in Frage, zumal der Sport jede Diskussion um die Zugehörigkeit West-Berlins zum olympischen Sport der Bundesrepublik Deutschland vermeiden mußte. Für die Abgabe einer Bewerbung hatte Daume noch gerade zweieinhalb Monate Zeit. Den Deal mit der Bayern-Metropole brachte er am 28. Oktober 1965 zustande. Am 1. Januar 1966 lag die Kandidatur Münchens beim IOC vor. Konkurrenten waren Detroit, Madrid und Montreal, nachdem Wien als aussichtsreicher Kandidat verzichtet hatte.

Nach Prüfung der Angebote – München warb mit einem Olympia der kurzen Wege – lag Bayerns Metropole mit elf Pluspunkten vor Montreal und Detroit (je 9) und Madrid (7). Ein wütender Ausfall des polnischen IOC-Mitgliedes Wlodzimierz Reczek, der nicht protokolliert wurde, aber von dem Daume erstmals 28 Jahre später berichtete, hat München eher genützt denn geschadet. Reczek erinnerte vor der Wahl am 26. April 1966 auf der 65. IOC-Session an die deutschen Konzentrationslager und soll gesagt haben, »kurze Wege in Deutschland sind die in die Gaskammer«.

Mit 31 Stimmen von 61 gewann München im zweiten Durchgang. Avery Brundage ließ die Angabe weiterer Zahlen nicht zu. Sapporo erhielt gleich im ersten Durchgang den Zuschlag für die Winterspiele 1972. Hier wurden 32 von 62 Stimmen für die Japaner gezählt. Banff (Kanada) soll auf 16 Stimmen gekommen sein, Lahti/Aare und Salt Lake City auf je sieben.

Mitglieder des deutschen NOK in Grenoble: Willi Daume (3. v. l.), Georg Wilhelm Prinz von Hannover (4. v. l.) und Georg von Opel (r.)

Einen Tag vor der Wahl Münchens kamen drei Deutsche neu in das IOC: für die DDR der Buchhändler und Verleger Heinz Schöbel (* 1913, † 1980), ein intelligenter, aber politisch ewig verklemmter Mensch, für den verstorbenen Ritter von Halt der Industrielle und Multimillionär Georg von Opel (* 1912, † 1971), ein Gegner von Willi Daume und ein unberechenbarer Fighter für Amateurismus, und Georg Wilhelm Prinz von Hannover als Rektor der Internationalen Olympischen Akademie in Olympia in Griechenland. Hannover arbeitete als Pädagoge. Er war ein Bruder der Königin Friederike von Griechenland und somit der Onkel von Konstantin, zu diesem Zeitpunkt König der Griechen, IOC-Mitglied und dazu Olympiasieger (1960) im Segeln.

Während man in Rom 1966 und in Teheran 1967 die Nordkorea-Frage weiter auf die lange Bank schob, gab es während der Olympischen Winterspiele in Grenoble am 15. Februar 1968, genau zehn Tage nach Beendigung der 67. Session, eine Art Urknall. Das IOC gab bekannt, daß eine absolute Mehrheit – später wurde sie mit 36:25 (bei einer ungültigen Stimme und vier Enthaltungen) angegeben – brieflich für die Zulassung der Südafrikaner mit einer Mannschaft aus Farbigen und Weißen zu den Spielen in Mexiko gestimmt habe. Die Schwarzafrikaner und der sie unterstützende sozialistische Block innerhalb der olympischen Familie fielen in Raserei. Als Scharfmacher erwies sich dabei der Generalsekretär des Obersten Afrikanischen Sportrates, Jean Claude Ganga (Kongo), der schon am 28. Februar 1968 den Mexiko-Boykott der Schwarzafrikaner verkündete, falls die Apartheid-Südafrikaner kämen. Ganga, der 1986 ins IOC berufen werden sollte, bekam Unterstützung von den Sowjets. Das IOC nahm durch ein postales Votum den Grenoble-Beschluß wieder zurück und lud Südafrika von den Spielen in Mexiko aus. Gleichzeitig wurden neue Maßnahmen gegen die Südafrikaner überdacht; 1970 machte das IOC die Anerkennung des NOK von Südafrika rückgängig. Südafrika gehörte nicht mehr der olympischen Familie an.

Die Medizinische Kommission

Doping ruft Ärzte auf den Plan

Zur Klärung medizinischer Fragen im Sport wurde 1967 eine entsprechende Kommission des IOC berufen. Von Beginn an war ein Nicht-Mediziner, der Jurist und Geisteswissenschaftler Prinz Alexandre de Merode aus Belgien (* 1934), Vorsitzender

der Kommission, in der Ärzte selbstverständlich die Mehrheit bilden.

Nach einer Mitteilung des IOC war der Tod des dänischen Radrennfahrers Knut Jensen am 30. August 1960 beim olympischen Straßenrennen in Rom nach Einnahme des Dopingmittels Ronicol der Anlaß zur Gründung der Medizinischen Kommission. Eine solche strukturierte damals auch der Weltverband der Radfahrer (UCI). Es gibt allerdings auch Hinweise darauf, daß die Geschlechtskontrolle für Frauen und die Prüfung der allgemeinen Körperbefindlichkeit von olympischen Athleten zu der Einrichtung der Kommission geführt haben.

Die Arbeiten der Medizinischen Kommission reduzierten sich – zumindest in der öffentlichen Darstellung – auf die Dopingbekämpfung. Kontrollen bei Olympischen Spielen finden seit 1968 (nur in Grenoble, nicht auch in Mexiko City) statt.

Bei Olympischen Spielen hat es bislang zwei Tote gegeben: 1912 den portugiesischen Marathonläufer Francisco Lazaro nach einem Sonnenstich mit folgendem Herzstillstand und eben Knut Jensen 1960.

Doping

Seit 1968 wurden auf Anregung der Medizinischen Kommission des Internationalen Olympischen Komitees bei Olympischen Spielen 14 224 Dopingtests durchgeführt. Dabei wurden 50 Athleten der Manipulation überführt und folgende verbotene Mittel zur Leistungssteigerung festgestellt: Ephedrin, Kodein, Methandienon, Testosteron, Amphetamin, Coramin, Fencamfamin, Phenylpropanolmin. anabole Steroide, Nandrolon, Methonolon, Koffein, Furosemide, Porpanolol, Stanozol und andere.

Spiele		Proben	Positiv	(%)
1968	Grenoble	86	–	(–)
	Mexiko City	667	–	(–)
1972	Sapporo	211	1	(0,47)
	München	2079	7	(0,37)
1976	Innsbruck	390	2	(0,51)
	Montreal	1786	11	(0,61)
1980	Lake Placid	440	–	(–)
	Moskau	1645	–	(–)
1984	Sarajevo	424	1	(0,24)
	Los Angeles	1507	12	(0,79)
1988	Calgary	492	1	(0,20)
	Seoul	1598	10	(0,62)
1992	Albertville	522	–	(–)
	Barcelona	1848	5	(0,27)
1994	Lillehammer	529	–	(–)

Alpiner Skisport

Mit Olympiagold zum Millionär

Der später distinguiert auftretende Manager und Millionär Jean-Claude Killy war in seiner Jugend das, was man einen bösen Buben nennen darf. 1943 als Sohn eines Hoteliers in Val d'Isère in den Savoyen geboren, verließ er – nur am Skisport und Abenteuern interessiert – mit 16 Jahren die Schule und kam dank seines Wagemuts und seiner motorischen Begabungen in die französische Ski-Nationalmannschaft. Diese stand unter der Leitung des omnipotenten Honoré Bonnet, genannt Napoleon. Zwei Beinbrüche, dazu der Militärdienst in Algerien, von dem er krank mit Gelbsucht heimkehrte, hinderten Killy am schnellen Aufstieg. Bei den Winterspielen in Innsbruck 1964 wurde er 42. in der Abfahrt und im Spezialslalom disqualifiziert, doch belegte er immerhin einen fünften Platz im Riesenslalom. 1966 in Portillo wurde er Weltmeister in der Abfahrt und in der Kombination. Er war nun wer.

In Chamrousse gewann er am 9. Februar die Abfahrt (vor seinem Landsmann Guy Perillat und dem Schweizer Jean-Daniel Daetwyler), am 12. Februar den Riesenslalom (vor Willy Favre aus der Schweiz und dem Österreicher Heinrich Messner) und am 17. Februar den Spezialslalom (vor Herbert Huber und Alfred Matt, beide Österreich).

Der Spezialslalom fand bei üblem Wetter statt. Nebel lag über der Strecke; zudem regnete es leicht. Die Sicht war schlecht. Killy fuhr bei guten Bedingungen Bestzeit im ersten Durchgang. Er startete als Erster im zweiten Lauf und übernahm die Spitze. Der Österreicher Karl Schranz stocherte dagegen im Nebel herum. Er erklärte nach einem Pistenstop, er sei am 22. Tor durch einen Schatten (ein im Kurs stehender Mensch?) behindert worden und durfte noch einmal starten. Als er mit Bestzeit Killy übertraf, wurde er inoffiziell zum Olympiasieger erklärt. Eine Jury annullierte aber den zweiten Lauf von Schranz. Killy hatte das dritte Gold und erklärte nach einer zweieinhalbtägigen Siegesfeier (»Ich habe in dieser Zeit nicht die Sonne gesehen«) sofort seinen Rücktritt.

Mit dem amerikanischen Vermarkter Mark McCormack, der seine ersten Geschäfte

Jean-Claude Killy: Der Franzose (hier während der Abfahrt) gewinnt die drei alpinen Skiwettbewerbe.

mit dem Golfer Arnold Palmer gemacht hatte, kapitalisierte Killy seine drei Goldmedaillen. Der Franzose erwies sich als guter Geschäftsmann und hatte auch einen gut entwickelten Sinn für PR. In den USA trat er auf wie ein Franzose, der die Amerikaner liebt, daheim war er der Patriot mit US-Dollars. Killy häufte die Millionen. Skikleidung von ihm war der große Renner. Er drehte Filme – so mit dem Italiener Vittorio de Sica – ließ sich mit Filmstars und auch Sternchen sehen. Er war der Mann für alle Fälle. Zusammen mit seinem Freund Michel Barnier, einem hochrangigen savoyardischen Politiker, betrieb er mit Erfolg die Bewerbung Albertvilles um die Olympischen Winterspiele 1992. 1995 kam er ins IOC.

Bobfahren und Rennrodeln

Heiße Kufen erhitzen die Gemüter

Im Bob- und im Rennrodelsport gab es in Grenoble zwei Ereignisse, bei denen die Deutschen aus Ost und West eine ganz unrühmliche Rolle spielten. Im Fall der Bobfahrer war es der sich aufspielende Hanns Kilian (* 1905, † 1981), der olympischen Geist vermissen ließ, in demjenigen der Rennrodler sorgten die Betreuer der DDR-Damen für den Eklat.

Zum Bob: Nach vier Durchgängen und einer Fahrzeit von 4:41,54 min waren der Italiener Eugenio Monti mit seinem Bremser Luciano de Paolis und der Deutsche Horst Floth mit Pepi Bader (dem Sohn des Olympiasiegers von 1952, Anderl Ostler) bis auf die Hundertstelsekunde zeitgleich. Das IOC war bereit, allen vier Fahrern die Goldmedaille umzuhängen, aber es war vor allem der damalige Präsident des Deutschen Bob- und Schlittensport-Verbandes, der Garmischer Hotelier Hanns Kilian, der sich mit der Kenntnis der Regeln des Internationalen Bobverbandes brüstete. Lauthals erklärte er vor einigen Journalisten, Floth könne nur die Silbermedaille bekommen, weil Monti die beste Einzelzeit bei den vier Durchgängen gefahren sei. So bekam Floth, obwohl von Monti nicht besiegt, nur die Silbermedaille (wie auch vier Jahre später noch einmal, dann aber deutlich hinter Wolfgang Zimmerer/Peter Utzschneider).

Kilian, selbst nie Olympiasieger, wenn auch 1928 und 1932 Olympiadritter und dreimal Weltmeister im Zweier-, Vierer-

Zweierbob: Eugenio Monti und sein Bremser Luciano de Paolis am Start. Nach vier Durchgängen liegen die Italiener bis auf die Hundertstelsekunde zeitgleich mit den Deutschen Horst Floth mit Pepi Bader.

Rennrodeln: Die DDR-Rodlerinnen (v. l.) Angela Knösel, Ortrun Enderlein und Anna-Maria Müller auf einer Pressekonferenz nach ihrer Disqualifikation

und Fünferbob, hätte sich durchaus für Floth-Gold stark machen können (und dabei beim IOC offene Türen eingerannt). Nach der Entscheidung sagte Monti, bis dahin elfmal Weltmeister, aber nie Olympiasieger: »Nun kann ich als glücklicher Mensch abtreten.« Was er auch tat. Der rothaarige Italiener, damals schon 40 Jahre alt, hatte nach drei Rennen eine Zehntelsekunde hinter Floth gelegen. Im vierten Durchgang fuhr er mit 1:10,05 min Bestzeit und erlebte – O Wunder – daß Floth 1:10,15 min erreichte und lediglich gleichzog.

Zum Rennrodeln: Den DDR-Funktionären waren die fünf (von neun möglichen) Medaillen 1964 in Innsbruck nicht genug. Um ihren Damen in Grenoble leichte Vorteile zu verschaffen, erwärmten sie für Ortrun Enderlein, Anna-Maria Müller und Angela Knösel die Kufen an deren Schlitten, was 1964 noch erlaubt, aber 1968 schon verboten war. So gingen ihnen im Damenwettbewerb Gold und Silber sowie der vierte Platz verloren. Eine Italienerin, Erika Lechner, gewann dadurch Gold; die beiden anderen Medaillen gingen an die Bundesdeutschen Christa Schmuck und Angelika Dünhaupt.

Die DDR-Funktionäre tobten, sprachen von einem »revanchistischen, kapitalistischen Komplott« und verdrehten alle Fakten. Tatsache war, daß die Kufenkontrollen nachlässig waren, die Italiener Verdacht schöpften und diesen in einen Protest umsetzten. Genauere Prüfungen ergaben den Tatbestand des Anheizens, und eine Internationale Rodel-Jury unter dem Vorsitz des Polen Lucian Swiderski entschied einstimmig auf Disqualifikation der DDR-Sportlerinnen.

Ortrun Enderlein kam damit um ihren zweiten Olympiasieg (sie hatte 1964 gewonnen). Anna-Maria Müller holte sich eine Goldmedaille 1972, womit sie genau das tat, was ihr der IOC-Präsident Avery Brundage empfohlen hatte, als er nach dem Skandal mit den disqualifizierten Rodlerinnen sprach.

1968
Mexiko City

12. bis 27. Oktober 1968
Dauer **16 Tage**
Teilnehmer **5531 (4750 Männer, 781 Frauen)**
Länder **112**
Sportarten **18**
Entscheidungen **172**
Zuschauer **4 457 252**
Schirmherr **Staatspräsident Gustavo Ordaz-Diaz**
Eidsprecher **Pablo Garrido (Leichtathletik)**
Letzte Fackelläuferin **Norma Enriquetta Basilia Sotelo (Leichtathletik)**

Rekorde statt Tote in extremer Höhe

Vier Jahre nach Tokio 1964 betraten die Olympier mit den Spielen in Mexiko City wiederum Neuland. Nicht nur daß der süd- und mittelamerikanische Kontinent Gastgeber war, bedeutete ein Novum, auch die Höhenlage der Millionenstadt mit bis zu 2260 m erwies sich als Vorstoß in bislang unbekannte Bereiche des Leistungssports. Dazu kamen in der Leichtathletik die Kunststoffanlagen und der Gebrauch jener muskelstärkenden Mittel, die später als Anabolika und damit als Doping verboten wurden. So ging schon unter, daß erstmals bei Sommerspielen Sexkontrollen durchgeführt wurden. Bei den Winterspielen in Grenoble hatte man den Anfang gemacht.

Als das IOC auf seiner 60. Session in Baden-Baden schon im ersten Wahlgang die Entscheidung zugunsten von Mexiko City (gegen Detroit, Lyon und Buenos Aires) traf, brach Panik unter den Sportwissenschaftlern jener Fachverbände aus, die Sportler mit Dauerleistungen zu betreuen hatten. Eine regelrechte Höhenpsychose griff um sich; die stets in solchen Fällen lautstark auftretenden Warner prophezeiten eine Reihe von Olympiatoten wegen der dünnen Luft in Mexikos Metropole.

Tatsächlich konnten sich Mitteleuropäer auch schlecht vorstellen, daß es ein leichtes Unterfangen sei, Olympische Spiele etwa auf dem Gipfel des Nebelhorns in den Allgäuer Alpen glorreich abzuwickeln.

Was passierte ab 1963? In aller Welt entdeckten oder organisierten Trainer, Sportphysiologen und Wissenschaftler Vorbereitungslager zur Anpassung der Sportler an Wettbewerbe in dünner Luft auf einer 2200 m hohen Ebene. Plötzlich fiel den Experten ein, daß es – seltsamerweise ohne jegliche Aufregung um die Höhe – 1955 die Panamerikanischen Spielen eben in diesem Mexiko gegeben hatte, mit einer ganzen Reihe von Wunderleistungen, die man freundlich registriert hatte. Hier sind drei: Lou Jones (USA) 45,4 sec über 400 m (Weltrekord), Adhemar Ferreira da Silva (Brasilien) 16,56 m im Dreisprung (Weltrekord) oder Barbara Jones (USA) 11,5 sec über 100 m.

Und so gingen in Erwartung der Dünnluft-Wettbewerbe sowjetische Mittelstreck-

Olympische Sommerspiele 1968 in Mexiko: Das Plakat kombiniert die olympischen Ringe mit dem aztekischen Kalender aus präkolumbianischer Zeit.

Medaillenspiegel Mexiko City 1968

Land	G	S	B
1. USA	45	28	34
2. URS	29	32	30
3. JPN	11	7	7
4. HUN	10	10	12
5. GDR	9	9	7
6. FRA	7	3	5
7. TCH	7	2	4
8. FRG	5	11	10
9. AUS	5	7	5
10. GBR	5	5	3

Die erfolgreichsten Sportler von Mexiko City

Name	Sportart	G	S	B
1. Vera Cáslavská TCH	Turnen	4	2	–
2. Akinori Nakayama JPN	Turnen	4	1	1
3. Charles Hickcox USA	Schwimmen	3	1	–
4. Sawao Kato JPN	Turnen	3	–	1
5. Debbie Meyer USA	Schwimmen	3	–	–
6. Mikhail Voronin URS	Turnen	2	4	1
7. Susan Pedersen USA	Schwimmen	2	2	–
8. Mike Wenden AUS	Schwimmen	2	1	1
Mark Spitz USA	Schwimmen	2	1	1
Jan Henne USA	Schwimmen	2	1	1

Eröffnungsfeier: Bunte Ballons steigen zum Beginn der Spiele in den Himmel.

ler in ein Trainingslager nach Bermamyt im Nordkaukasus (2596 m hoch), die Amerikaner an den South Lake Tahoe (2248 m) in Kalifornien, Deutsche und Franzosen nach Font Romeu in den Pyrenäen (1800 m), die Sowjets zu ihren Landesmeisterschaften in der Leichtathletik nach Leninakan (Duschanbe) in 1562 m Höhe und zwischendurch nach Zachkadsor (2100 m). Die Afrikaner kamen aus der Höhe: aus Addis Abeba (2420 m) die Äthiopier, aus Nakura (2000 m) und Thomsons Fall (2400 m) die Kenianer.

Was den Höhenrekord bei Olympischen Spielen anging, so hielt ihn vor Mexiko die amerikanische Stadt St. Louis (175 m).

Die Sportwelt schaute also gebannt auf die durch die dünne Höhenluft begünstigten Wettbewerbe. Alles, was länger als zwei Minuten dauerte, sollte von Übel, alles, was darunter lag, von großer Klasse sein. Und so war es denn auch. Jim Hines (USA) sprintete die 100 m in 9,95 sec herunter; Tommie Smith (USA) lief Weltrekord über 200 m (19,8 sec); Lee Evans (USA) erreichte unglaubliche 43,8 sec über 400 m (Weltrekord); der Australier Ralph Doubell egalisierte den 800-m-Weltrekord; David Hemery (Großbritannien) kam über 400 m Hürden auf 48,1 sec (Weltrekord), Bob Beamon sprang die 8,90 m, die niemals vergessen werden sollten; im Dreisprung fielen die Weltrekorde serienweise; die Amerikaner sprinteten in den Staffeln 38,2 sec und 2:56,1 min; Wyomia Tyus und Irena Kirszenstein liefen Weltrekorde über 100 und 200 m, Maria Viscopoleanu aus Rumänien sprang die Weltrekordweite von 6,82 m, was allerdings sehr schnell vergessen wurde, und die Amerikanerinnen erreichten über 4x100 m die Fabelzeit von 42,8 sec, womit sie den alten Weltrekord von Polen, der UdSSR und Kuba regelrecht pulverisierten. Das war einfach die Höhe!

Andere Sportarten wollten hinter den Leichtathleten mit ihren 27 Weltrekorden nicht zurückstehen. Die Gewichtheber kamen auf sieben Weltrekorde, was deshalb beachtlich war, weil sie genau ein Jahr vorher, bei den vorolympischen Wettkämpfen in Mexiko, sich mit acht Weltrekorden schon regelrecht ausgetobt hatten. Dabei darf man nicht vergessen, daß es damals nur sieben Gewichtsklassen gab (und nicht neun wie vier Jahre später bzw. zehn dann ab 1980).

Die Schwimmer hielten sich an die Höhenluftregel mit dem Zwei-Minuten-Limit für Höchstleistungen; sie erreichten trotz hervorragender Bedingungen nur fünf Weltrekorde. Das war in einer Zeit, wo auf Welthöchstleistungen noch viel und auf Doping-Vorwürfe noch nichts gegeben wurde, zumindest interessant. Immerhin wurde im Modernen Fünfkampf der Schwede Hans-Gunnar Liljenwall wegen Trunkenheit beim Schießen (0,7 Promille Alkohol im Blut) disqualifiziert. Das bedeutete das Aus für den Olympiaachten und die schwedische Mannschaft, die Bronze gewonnen hatte.

Höhenlage, Kunststoffbahn und Doping – das waren die Essentials der Spiele von Mexiko. Aber es gab auch noch andere Aspekte dieses Festes. So traten erstmals bei den Sommerspielen auch die »doppelten Deutschen« auf.

Die beiden Amerikaner Tommie Smith und John Carlos (Silber und Bronze über 200 m) sorgten bei der Siegerehrung mit ihrer gewaltfreien, aber provokativen Black-Power-Demonstration (hochgereckte Faust in schwarzem Handschuh, gebeugtem Kopf) für Aufregung und überzogene Reaktionen. Die Schwarzafrikaner forderten erstmals mehr Geld für die dritte Welt. Einige umstrittene Athletinnen waren nach den Sextests verschwunden, und die Olympia-Organisatoren von München 1972 erlebten bei ihren Empfängen nicht nur freundliche und begeisterte Gäste, sondern auch rabiate, die Getränke und Speisen regelrecht von den Tischen rissen.

Die Spiele selbst fanden in einer Zeit weltweiter Unruhen und Probleme statt: Biafrakrieg in Nigeria, Militärputsch in Griechenland, Tod des Studenten Benno Ohnesorg bei Demonstrationen gegen den Schah von Persien in Berlin, Sechstagekrieg und Sieg Israels, Prager Frühling und seine Beendigung durch den Einmarsch der fünf Staaten des Warschauer Paktes, Ermordung Martin Luther Kings und folgende Rassenunruhen in den USA, Proteste in der Bundesrepublik Deutschland wegen der Notstandsgesetzgebung, Attentat auf den Studentenführer Rudi Dutschke; schließlich die gewaltsam beendeten Demonstrationen mexikanischer Studenten auf dem »Platz der drei Kulturen« im Vorfeld der Olympischen Spiele mit einer nie bekannt gemachten Zahl von Toten (vermutlich 300).

Für die olympische Bewegung waren die Spiele in Mexiko ein Erfolg. 1968 verschmolzen die Geschichte der Azteken, die Spuren der spanischen Eroberer und die freundliche Lebenshaltung der Mexikaner zu einer olympischen Fiesta, der die Mariachi-Bands die besondere Note gaben. Die Mexikaner haben sich, unkonventionell wie sie waren, doch lernbegierig und großzügig um die Spiele verdient gemacht und sind mit den Fußball-Weltmeisterschaften 1970 und 1986 belohnt worden.

»Black Power« auf dem Siegespodest: Die farbigen US-Amerikaner Tommie Smith und John Carlos (v. l.) nutzen ihren Sieg im 200-m-Lauf für eine politische Demonstration.

68. Session in Mexiko City: Avery Brundage (l.) während der Begrüßung durch den mexikanischen Staatspräsidenten Gustavo Ordaz-Diaz

Die olympische Familie

Brundages Erben formieren sich

Die 68. Session des IOC in Mexiko City dauerte fünf Tage. Präsident Avery Brundage, schon 81 Jahre alt, ließ im Hotel Camino Real die Diskussionen ausufern und einiges schleifen.

Die von dem Italiener Giulio Onesti (*1912, †1981) ein Jahr zuvor gegründete Vereinigung der Nationalen Olympischen Komitees (ANOC), die sich in Mexiko der Presse vorstellte, interessierte ihn ebensowenig wie der Versuch des deutschen IOC-Mitgliedes Georg Wilhelm Prinz von Hannover, Nationalflagge und Hymne bei der olympischen Siegerehrung abzuschaffen. Der Prinz erreichte zwar eine 34:22-Mehrheit, verfehlte jedoch die notwendige Zweidrittelmehrheit von 42 Stimmen. Das Thema kam nach Mexiko niemals mehr auf den Tisch.

Avery Brundage beschäftigte sich mehr mit dem Ende seiner Präsidentschaft. Die Erben begannen sich zu regen. Erste Formationen wurden erkennbar. Der französische Edelmann Jean de Beaumont trat gegen Brundage an, was damals überhaupt nicht bekannt wurde, und verlor offensichtlich ziemlich klar. Nach der Abstimmung wurde lakonisch erklärt, ohne daß man Zahlen nannte: »Brundage ist einstimmig wiedergewählt.« Danach sagte Brundage, daß er am Ende der neuen Dienstzeit nicht mehr zur Verfügung stehen werde.

Nicht genug mit dieser Niederlage trat der 64jährige de Beaumont auch um die Vizepräsidentschaft im IOC an und verlor hier mit 27:29 Stimmen gegen den Iren Lord Mike Killanin, der 1972 aus dieser Position heraus Brundages Nachfolger wurde. Beaumont kam dann wenigstens in die Exekutive. Gerade zwei Jahre Mitglied des IOC, machte Juan Antonio Samaranch den ersten Karrieresprung: er wurde einstimmig zum Chef des Protokolls gewählt.

Sport und Technik

Kunststoffbahn und neue Zeitmessung

Alle leichtathletischen Stadion-Entscheidungen fanden in Mexiko City erstmals auf Kunststoffanlagen und mit neuer Zeitmessung statt. Die Entwicklung von der Aschenbahn zum Kunstfaser-Oval begann Ende der 50er Jahre in den USA; in Europa sprach man danach von Tartanbahnen. Sehr bald erwiesen sich diese Neuheiten den herkömmlichen Anlagen überlegen. Sie machten wetterunabhängig und benötigten nach der Überwindung von anfänglichen Problemen wie mangelnde Rutschfestigkeit und Härte auch weniger Pflege.

Die Mexikaner ließen sich beim Bau ihres Olympiastadions nicht von den hohen Kosten für die Kunststoffanlage abschrecken. Sie wurden dadurch zum Bahnbrecher im modernen Laufbahnbau. Amerikanische Universitäten hatten genügend Erfahrungen gesammelt, als sie ihre Hochschulanlagen erneuerten. Anfang der 70er Jahre war der traditionelle Aschenbahnbau so gut wie tot. In Deutschland wurde die erste Kunststoffbahn am 30. Juli 1969 im Stuttgarter Neckarstadion eingeweiht.

Olympische Organisationen

ANOC

Als eine selbständige Organisation innerhalb der olympischen Bewegung hat die Ständige Versammlung der Nationalen Olympischen Komitees (NOK), ANOC abgekürzt, dem Selbstbewußtsein der NOKs und vor allem der jeweiligen Präsidenten und Vorstandsmitglieder gedient, doch ist ihre generelle Bedeutung umstritten.

Die Association of National Olympic Committees wurde anläßlich der 66. Session des IOC 1967 in Teheran durch den machtbewußten Italiener Giulio Onesti fast unbemerkt gegründet und 1968 bei den Olympischen Spielen in Mexiko der Öffentlichkeit vorgeführt. Die ANOC war zu diesem Zeitpunkt ganz auf den ehrgeizigen Giulio Onesti zugeschnitten, der als Präsident des NOKs Italiens und des Toto Calcio Macht und Geld besaß. Ihm folgte 1979 als ANOC-Präsident, mit noch mehr Geld und Ehrgeiz, der Mexikaner Mario Vazquez-Rana (*1932).

Die ANOC unterstützte in über zweieinhalb Jahrzehnten ihres Bestehens Bestrebungen, regionale und kontinentale Interessengruppen zu bilden. So entstanden ANOCA für Afrika, PASO für Gesamtamerika, OCA für Asien, EOC (bis Ende 1994 AENOC) für Europa und ONOC für Ozeanien.

Ende 1994 gehörten 196 Nationale Olympische Komitees der ANOC an. Im 21köpfigen ANOC-Vorstand saßen ab 1995 acht IOC-Mitglieder.

AGFIS – GAISF

Im selben Jahr wie die ANOC, 1967, wurde auch die Ständige Versammlung der Internationalen Sportfachverbände (AGFIS oder GAISF) gegründet. Dabei wurde nicht unterschieden zwischen jenen Federationen, die ihren Sport im olympischen Programm plaziert haben, und den anderen Organisationen, die sich auf eigene Meisterschaften beschränken müssen. Der Franzose Roger Coulon (*1911, †1971) gründete die AGFIS; er war danach Präsident des Weltringerverbandes FILA und wurde erster AGFIS-Chef.

Der Schweizer Thomas Keller (*1924, †1989), Präsident des Ruder-Weltverbandes FISA von 1958 bis zu seinem Tod, wollte mit der AGFIS die Position der Fachverbände gegenüber dem IOC stärken; er geriet dabei in Gegnerschaft zum IOC-Präsidenten Juan Antonio Samaranch, über den er einmal das später geflügelte Wort sagte: »Napoleon ist zurückgekehrt.«

Unter dem Keller-Nachfolger Un Yong Kim aus Korea wuchs die Mitgliederzahl der AGFIS auf 88 assoziierte Verbände (Stand 1995), doch keineswegs auch ihre Bedeutung. Samaranch konterte 1982 Kellers Bemühungen und ließ die ASOIF und die AIWF ins Leben rufen, die Organisationen für die olympischen Sommer- und Wintersportarten.

ASOIF

Die Vereinigung der Internationalen Olympischen Sommersport-Fachverbände (ASOIF) wurde 1982 von IOC-Präsident Juan Antonio Samaranch ins Leben gerufen und anfangs auch bezahlt. Präsident ist der Italiener Primo Nebiolo.

Mit der ASOIF splittete Samaranch die Macht der AGFIS. Die Verbände der nicht im Programm der Olympischen Spiele auftauchenden Sportarten sind für ihn keine Gesprächsparter. 28 internationale Federationen gehörten der ASOIF an.

AIWF

Als lose und bis zu ihrer Anerkennung durch das IOC 1982 kaum bekannte Gründung erhielt die Vereinigung der Olympischen Wintersport-Fachverbände (AIWF), die 1976 in Innsbruck installiert worden ist, erst durch den Boom des Wintersports Bedeutung.

Der Mann im Hintergrund der AIWF war von Anfang an der Schweizer Jurist Marc Hodler (*1918), Präsident des Ski-Weltverbandes FIS (Federation Internationale de Ski) seit 1951 und Mitglied des IOC auf Lebenszeit. Seit Mitte der 80er Jahre ist Hodler ein enger Vertrauter des IOC-Präsidenten.

IPC

Mit der einzigen Ausnahme Bogenschießen, wo körperlich behinderte Menschen (Disabled) bei Olympischen Spielen im Wettstreit mit nichtbehinderten Menschen (able-bodied) liegen, gibt es für versehrte und behinderte Sportler die sogenannten Paralympics. 1983 ermutigte das IOC einen Koordinierungsausschuß, Spiele für Behinderte auszuschreiben und ein entsprechendes Komitee für die Durchführung dieser Wettkämpfe zu schaffen.

So wurden nach den ersten Behinderten-Spielen 1988 in Seoul im Anschluß an die eigentlichen Olympischen Spiele die Paralympics durchgeführt und 1990 dann das International Paralympic Committee (IPC) ins Leben gerufen. Für geistig behinderte Menschen wurden die Spezial Olympics propagiert und auch bereits ausgerichtet. Das IPC darf die olympische Fahne verwenden, aber seine Veranstaltungen nicht vermarkten.

ICAS

Der Weltsport hat seine höchste juristische Instanz in der ICAS. Mit der Gründung des Internationalen Rates für Sportgerichtsbarkeit (International Council of Arbitration for Sport/ICAS) 1994 in Paris wurde die Basis geschaffen für Grundsatzurteile im internationalen Sportrecht.

ICAS wird getragen vom Internationalen Olympischen Komitee (IOC), von der Vereinigung der Sommersport-Weltfachverbände (ASOIF), von der Vereinigung der Wintersport-Federationen (AIWF) und von der Vereinigung der Nationalen Olympischen Komitees (ANOC). Als assoziiertes Mitglied erscheint die Versammlung der Weltfachverbände (AGFIS).

Den Vertrag von Paris unterzeichneten 26 Sommersport- und sechs Wintersport-Fachverbände. An der Vorbereitung des Vertrages von Paris (22. Juni 1994) war maßgeblich das deutsche IOC-Mitglied, der Jurist Thomas Bach, beteiligt.

Die Zeitmessung ab Mexiko 1968

Mit den Spielen von 1968 in Mexiko, wo elektronisch nach Hundertstelsekunden gestoppt wurde, nahm eine 36 Jahre alte Entwicklung ihr Ende. Am 1. August 1932 in Los Angeles waren Eddie Tolan und Ralph Metcalfe mit ihren handgenommenen 100-m-Zeiten von 10,3 sec mit jeweils 10,38 sec elektronisch gestoppt worden. Hier die neuen Zeiten von Mexiko 1968 (Weltrekorde):

Disziplin	Datum	Name	Leistung
Herren			
100 m	13.10.	Charlie Greene USA	10,02
	14.10.	Jim Hines USA	9,95
200 m	16.10.	Tommie Smith USA	19,83
400 m	18.10.	Lee Evans USA	43,86
4x100 m	19.10.	JAM	38,65
	19.10.	JAM	38,39
	20.10.	USA	38,24
4x400 m	20.10.	USA	2:56,16
Damen			
100 m	14.10.	Barbara Ferrell USA	11,12
	15.10.	Wyomia Tyus USA	11,08
200 m	18.10.	Irena Kirszenstein POL	22,58
4x100 m	19.10.	USA	43,50
	19.10.	NED	43,49
	20.10.	USA	42,88

Ergebnisse des 100-m-Laufs von Mexiko City

Vorlauf:	10,1	Pablo Montes (CUB)
		Roger Bambuck (FRA)
	10,2	Jim Hines (USA)
		Hermes Ramirez (CUB)
Zwischenlauf:	10,0	Hermes Ramirez (CUB)
		Charlie Greene (USA)
	10,1	Lennox Miller (JAM)
		Jim Hines
		Mel Pender (USA)
		Roger Bambuck
		Pablo Montes
		Jean-Louis Ravelomanantsoa (MAD)
Halbfinale:	10,0	Jim Hines
	10,1	Roger Bambuck
		Harry Jerome (CAN)
		Charlie Greene
		Lennox Miller
		Pablo Montes
Finale:	9,9	Jim Hines
	10,0	Lennox Miller
		Charlie Greene
	10,1	Pablo Montes
		Roger Bambuck
		Mel Pender
		Harry Jerome

Die frühen Kunststoffanlagen waren den Aschenbahnen allerdings nicht überlegen. Eine sprunghafte Verbesserung der Weltrekorde trat nicht ein. Viele Läufer mußten sich erst an das neue Material gewöhnen. Die Herstellung von Sportschuhen – Spikes vor allem –, trug in der Folge dann mehr zur Steigerung der Leistungsfähigkeit der Sportler bei. Für die Leichtathletik begann auch eine neue Zeitmessung; es wurde

100-m-Lauf: Der Amerikaner Jim Hines (2. v. r.) siegt vor Lennox Miller (3. v. r.) aus Jamaika und seinem Landsmann Charlie Greene (r.).

elektronisch nach Hundertstelsekunden gestoppt und die besten Resultate später vom Weltverband IAAF als neue Weltrekorde mit zwei Stellen hinter dem Komma ausgewiesen.

Leichtathletik

Nur Farbige im 100-m-Endlauf

Der einzige Weiße, der die farbigen Sprinter bei den Spielen in Mexiko hätte schlagen können, durfte nicht starten. Der Südafrikaner Paul Nash war im April 1968 dreimal 10,0 sec gelaufen und dann noch einmal am 2. Juli in Zürich, als er dort auch die 200 m in 20,1 sec gewann. So saßen am 14. Oktober 1968 acht dunkelhäutige Sprinter in den Startlöchern zum 100-m-Finale – acht Jahre nach Armin Harys Olympiasieg in Rom. Der schnellste Weiße von Mexiko, man übersah es damals und wollte es später einfach nicht glauben, war Harald Eggers aus der DDR, der im ersten Lauf der Vorentscheidung 10,2 sec erreichte und als Siebter ausschied.

Der Kolonialfranzose Roger Bambuck lief viermal 10,1 sec und wurde Fünfter. Der Kubaner Hermes Ramirez, der im Zwischenlauf glatte 10,0 sec erreicht hatte, konnte sich nicht für den Endlauf qualifizieren. In diesem war der Amerikaner Jim Hines (* 1946) der stärkste. Seine elektronisch gemessene Zeit von 9,95 sec war der erste Weltrekord nach Hundertstelsekunden.

Leichtathletik

Bob Beamon springt Fabelrekord

Über die 8,90 m (29 Fuß und 2 1/2 Inches) des Weitspringers Robert Beamon weiß man alles. Der Ablauf des olympischen Wettbewerbs am 18. Oktober 1968 wurde minutiös aufgezeichnet, und Dick Schaaps Beamon-Biographie (»The Perfect Jump«) schildert sogar des Olympiasiegers Nacht vor dem Tag der Entscheidung. Der Weltrekord stand 23 Jahre, bis 1991 Mike Powell (USA) mit seinen 8,95 m kam.

Wer war dieser Bob Beamon? Er stammte aus South Jamaica im Staat New York, wo er am 29. August 1946 geboren wurde. 1968 gewann der Farbige 22 von 23 Weitsprung-Konkurrenzen. Er war undiszipliniert, kannte keine Absprungmarken. In der Olympiaqualifikation übertrat er zweimal

Bob Beamon: Sein 8,90-m-Sprung, der den bis dahin bestehenden Weltrekord um 55 cm verbessert, wird erst 23 Jahre später von Mike Powell (8,95 m) überboten.

und er galt nicht unbedingt als Goldmedaillenfavorit. Nach Mexiko war er ohne Trainer angereist.

Der 18. Oktober 1968 in Mexiko City war ein wolkenverhangener, regnerischer Tag. Fachleute setzten auf den Waliser Lynn Davies, den Olympiasieger von Tokio, der als Regenspezialist galt. Bob Beamon war der vierte Springer in der Konkurrenz hinter Hiiromi Yamada aus Japan, Victor Brooks aus Jamaika und dem deutschen 8-m-Springer Reinhold Boschert, die alle

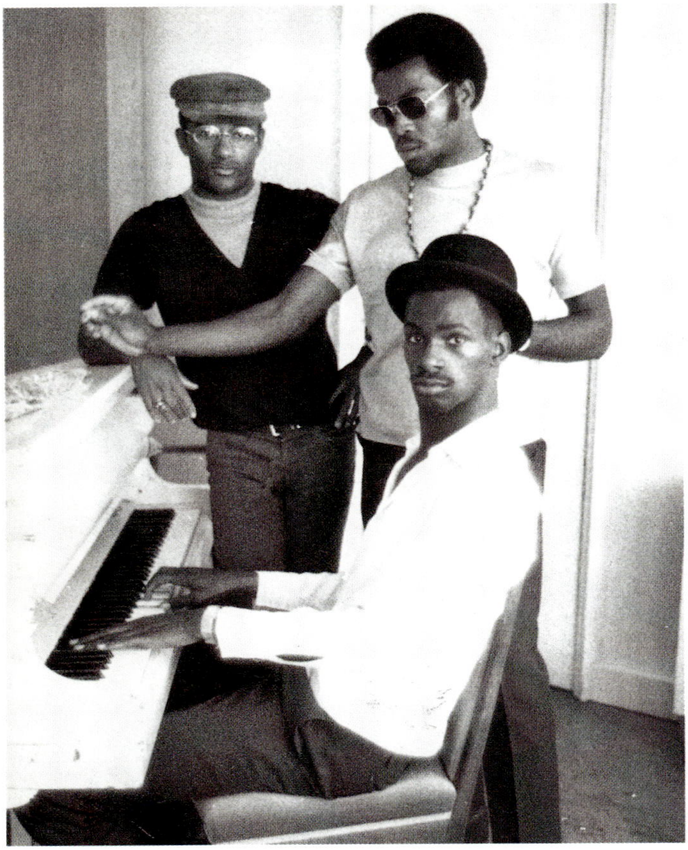

Bob Beamon: Beim Erdteilkampf Europa – USA 1969 in Stuttgart unterhält der Olympiasieger seine Mannschaftskameraden Charlie Greene und Lee Evans am Klavier.

drei übertraten. Es herrschte Wind, und als Bob Beamon anlief, wehte eine Brise von 2 m/sec, gerade am Limit des erlaubten Rückenwinds. Der langbeinige Mann traf den Balken genau. Seine Flugkurve war extrem hoch. Er landete weit hinten in der Grube, und der Schwung ließ ihn nach vorne hochsteigen.

Beamons Landsmann Ralph Boston, der zusammen mit Igor Ter-Ovanesian aus der UdSSR Weltrekordmann (8,35 m) war, hatte Beamon ein bißchen beraten, war er doch Olympiasieger in Rom und Zweiter in Tokio gewesen. Boston sagte zu Lynn Davies: »Das sind mehr als 28 Fuß.« 28 Fuß sind 8,53 m.

Boston sollte sich täuschen. Es waren über 29 Fuß, genau 8,90 m. Ich war zufällig im Stadion gewesen und habe den Sprung gesehen. Ich fand ihn ungewöhnlich hoch und extrem weit. Aber 8,90 m? Als ich dann die 8,90 m auf der elektronischen Anzeigetafel aufleuchten sah, dachte ich, daß die 9 an der falschen Stelle sitze, vielleicht 8,49, 8,59 oder 8,69 m.

Mein Kollege und Freund Heinz Vogel (* 1922, † 1994), der für den Sport-Informations-Dienst (SID) der Berichterstatter war, suchte nach vergleichbaren Weltrekordverbesserungen, als die 8,90 m feststanden. Er fand keine. Heinz Vogel und ich brachten die 8,90 m nicht in unserer olympischen Realität unter. Wir schwebten wie in einem leeren Raum. Es fing auch noch stark zu regnen an. Sarkastisch sagte Vogel: »Sie können Beamon jetzt die Goldmedaille umhängen. Was immer noch im Weitsprung passiert, ist unwichtig. Im Grunde müßte der Wettbewerb für die Konkurrenz um den zweiten Platz abwärts neu beginnen.«

Dies geschah dann auch. Der DDR-Mann Klaus Beer gewann Silber mit 8,19 m, wobei die neun an dem begreiflichen Platz stand, vor den beiden entthronten Weltrekordlern Boston und Ter-Ovanesian. Beamon sprang noch einmal, kam auf 8,16 m und hörte dann auf.

Heinz Vogel schrieb in seinem Buch »Bahnbrecher der Leichtathletik« (1972): »1969 sah man Beamon in den USA und Europa, aber er war nur noch der Schatten jenes Mannes, welcher der Athlet der Olympischen Spiele von Mexiko gewesen war. Beamon sprang lustlos und ohne Feuer.« Die 8,90 m waren einmalig. Beamons zweitbeste Leistung, die 8,33 m von Sacramento 1968, wiesen ihn als normal aus. Und so verschwand Beamon, der sich nicht zu vermarkten verstand, bald in der Anonymität.

Bleiben die 28 Fuß (8,53 m). Sie übersprang Olympiasieger Lutz Dombrowski aus der DDR am 28. Juli 1980 in Moskau, zwölf Jahre nach Beamon; es waren 28 Fuß und ein 1/4 Inch (8,54 m). Europarekord. Die wirklich neue Geschichte im Weitsprung schrieb indes Carl Lewis (S. 402) auch ohne Weltrekord.

Leichtathletik

Dick Fosbury ist top mit Flop

Die Aufregung über den Weitsprung-Weltrekord von Bob Beamon hatte sich noch nicht gelegt, als ein anderer amerikanischer Springer, diesmal ein Weißer, für eine weitere Sensation sorgte. Richard Fosbury, geboren am 6. März 1947 in Portland/Oregon, kreierte den Fosbury-Flop,

Dick Fosbury: Mit seinem Flop eröffnet der Amerikaner dem Hochsprung neue Dimensionen.

den Hochsprung rückwärts über die Latte. Die Sportwelt staunte und die Fachleute wunderten sich.

Nach sechs Weltrekorden, einer olympischen Silbermedaille 1960 und dem Goldmedaillengewinn 1964 mit dem Olympiarekord von 2,18 m war der Russe Valeri Brumel die dominierende Figur des Hochsprungs gewesen, bis ein schwerer Motorradunfall seine Karriere am 4. Oktober 1965 jäh beendete. Brumels Weltrekord von 2,28 m aus dem Jahre 1963 blieb in der Folge unangetastet. Der Chinese Ni Tschitschin setzte sich zwar an die Spitze der Jahresweltbestenliste 1965 mit 2,25 m und 1966 mit 2,27 m, verschwand dann aber in den Wirren der chinesischen Kulturrevolution. 1967 war der Amerikaner Clarence Johnson mit der Spitzenleistung von 2,217 m der Mann eines Sommers.

In aller Stille, fern der Zentren der US-Leichtathletik, entwickelte Richard Fosbury aus dem in den 30er Jahren angewandten Rückenschnepper seinen Rückwärtssprung, der allerdings nur möglich war mit einer Weichlandung auf dem Rücken. Außerdem benötigte er einen federnden Kunststoffabsprung. Diese beiden technischen Voraussetzungen waren 1968 sowohl in den USA wie in Mexiko gegeben.

Fosbury trat mit seiner technischen Novität an und setzte sie auf Anhieb durch. Schon 20 Jahre später sprangen die besten Hochspringer(innen) den Fosbury-Flop, wie der Sprung des Amerikaners sofort genannt wurde.

Daß Brumel und Ni Tschi-tschin um jene Zeit Ausnahmeerscheinungen waren, machte Mexiko deutlich. Die geforderte Qualifikation von 2,14 m schafften nur sechs Athleten, darunter Fosbury, aber zwei von ihnen, Ahmed Senussi aus dem Tschad und Lawrence Peckham (Australien), erreichten sie nicht mehr im Vorkampf. Es wurden mit 2,12 m dann weitere sieben Hochspringer zum eigentlichen Wettkampf zugelassen. Fosbury überquerte – ab 2,14 m allein in Führung liegend – in sechs Versuchen 2,03, 2,09, 2,14, 2,18, 2,20 und 2,22 m jeweils im ersten Versuch, überwand im dritten Versuch auch 2,24 und scheiterte dann, als Olympiasieger feststehend, dreimal an dem Weltrekord von 2,29 m. Mit 2,21 m war Fosbury nach Mexiko gekommen, mit 2,24 m (Olympiarekord) und Weltruhm verließ er die Olympiastadt.

Obwohl dies alles sehr nach Show aussah, war Fosbury kein Showman. Er kehrte in seine Heimat zurück und sprang nie mehr. 1970 erreichte Ni Tschi-tschin Welt-

Al Oerter: Die vier Olympiasiege des Amerikaners im Diskuswerfen (1956, 1960, 1964 und 1968) sind eine einmalige Leistung.

rekord mit 2,29 m, an Olympischen Spielen nahm er jedoch nicht teil. Als alle Spitzenspringer der Welt seine Kreation zu Medaillengewinnen nutzten, arbeitete Richard Douglas Fosbury, immer nur Dick genannt, längst als Vermessungsingenieur unbeachtet in Idaho.

Leichtathletik

Al Oerter holt sein viertes Gold

Viermal war Al Oerter Olympiasieger im Diskuswerfen, 1956 in Melbourne, 1960 in Rom, 1964 in Tokio und 1968 in Mexiko. Viermal verbesserte er den Weltrekord, aber es war sein Konkurrent Jay Silvester, der als erster die 60-m- und dann auch die 70-m-Marke übertraf. Sechsmal war Oerter amerikanischer Meister. Einmal sorgte er für Schlagzeilen in der ansonsten eher an der Leichtathletik desinteressierten amerikanischen Sportpresse, als er 1962 bei seinem ersten Weltrekord (61,10 m) die in den USA etwas aussagende 200-Fuß-Grenze übertraf. Aber dieser Weltrekord hielt nur 17 Tage. Auch seine drei anderen Weltrekorde waren nicht von langer Dauer.

Was bei Alfred Oerter von Dauer war, gehört in einen anderen Bereich. Er zählt zu den außergewöhnlichsten olympischen Wettkämpfern aller Zeiten. Seine vier Goldmedaillen in Serie sind einmalig in der Leichtathletik. Im Grunde war er nur 1964 Olympiafavorit, weil er 1962 und 1963 an der Spitze der Jahresweltbestenliste gestanden hatte. Der am 19. September 1936 in der Nähe von New York geborene Oerter arbeitete im Flugzeugbau. Als er 1980 mit 43 Jahren noch einmal daran ging, die Weltelite herauszufordern, bezeichneten ihn amerikanische Journalisten als »Wundermann mit dem Diskus«. Nachdem er 1972 und 1976 eine Olympiateilnahme nicht angestrebt hatte, wollte er es im Hinblick auf Moskau noch einmal wissen. Er wurde aber nur Vierter bei den US-Ausscheidungen; dann boykottierten die Amerikaner diese Spiele.

Oerter, der sogar seine Familie (er hat zwei Töchter) unter seiner olympischen Leidenschaft leiden ließ, sagte einmal über sich und seine Einstellung zum Sport: »Vor allen Dingen ist der Sport für mich gleichbedeutend mit den Olympischen Spielen; andere leichtathletische Veranstaltungen interessieren mich fast gar nicht. Da ist irgend etwas: ein gewisser Geist und eine Art festliche Stimmung, die mir die Spiele unersetzlich machen, und zwischen ihnen und mir ist ein Bündnis geschmiedet worden. Während der Spiele vollbringe ich etwas, was mein Leben vertieft.«

Beamon – Fosbury – Oerter: drei Amerikaner, die in Mexiko City Leichtathletik-Geschichte gemacht haben.

Leichtathletik

Fräuleinwunder aus Deutschland

Im Rückblick auf die Spiele 1968 und 1972, die in die wundersame Zeit der 68er Revolutionäre mit der abrupten Beendigung der Adenauer-Ära fallen, erscheint eine hochgewachsene Westfälin nicht nur als Lichtgestalt einer vom Doping-Dilemma bedrohten Leichtathletik, sondern auch als Mutter des deutschen Fräuleinwunders. Britische Journalisten haben diesen trefflichen Terminus ins öffentliche Bewußtsein gerückt. Gemeint ist Ingrid Becker, später verheiratete Mickler (* 1942).

Für das Fräuleinwunder stehen neben oder nach Ingrid Mickler-Becker ihre schärfste Konkurrentin Heide Rosendahl, die Diskuswerferin Liesel Westermann, die Hochspringerin Ulrike Meyfarth, die spätere 800-m-Olympiasiegerin Hildegard Falck-Janze, die Sprinterin Annegret Richter-Irrgang mit ihrer Dauerkonkurrentin Inge Helten, die elegante 400-m-Läuferin Rita Wilden und die populäre, gleichzeitig aber auch exaltierte Heidi Schüller, die in München 1972 den olympischen Eid sprechen durfte.

Bis auf Liesel Westermann, Inge Helten und Rita Wilden, die es »nur« auf Silber brachten, sowie Heidi Schüller handelte es sich um Olympiasiegerinnen. Als Weltrekordlerin wurde Liesel Westermann in Mexiko von der Rumänin Lia Manoliu besiegt, die damals schon 36 Jahre alt war und ihre fünften Spiele bestritt (zu ihren sechsten kam sie 1972 nach München). In Mexiko profitierte die Rumänin davon, daß sie als einzige einen Wurf (den ersten, der den Sieg brachte) aus trockenem Ring absolvieren konnte, bevor ein dauerhafter Regen die Versuche aller Konkurrentinnen sehr stark beeinträchtigte.

Ingrid Mickler-Becker kam 18jährig als Hochspringerin zu den Spielen nach Rom und wurde Neunte mit 1,65 m; die Olympia-Qualifikation hatte sie als deutsche Jugendmeisterin mit 1,67 m geschafft. 1964 in Tokio wurde sie Vierte im Weitsprung und Achte im Mehrkampf. Alles, was die motorisch hochbegabte Allrounderin begann, glückte. Daß sie nicht – was ihr viele zutrauten – als erste Frau weiter als sieben Meter sprang, lag daran, daß sie sich niemals auf eine Disziplin festlegen wollte. So kam der Höhepunkt ihrer Karriere in Mexiko, als sie den Fünfkampf bestritt. Die als Favoritin gehandelte Heide Rosendahl fiel wegen Verletzung aus.

Ingrid Mickler-Becker lief die 80 m Hürden in 10,9 sec als Zweitbeste, stieß die Kugel 11,48 m (16. Platz), war Erste im Hoch- und im Weitsprung (1,71 m und 6,43 m) sowie im abschließenden 200-m-Lauf. Dort erreichte sie eine Zeit von 23,5 sec, mit der sie den deutschen Rekord einstellte, der dann noch in Mexiko von Jutta Stöck im Individualwettbewerb auf 23,3 und 23,2 sec verbessert wurde. Der nach vier Wettbewerben in Führung liegenden Liese Prokop aus Österreich nahm Ingrid Mickler-Becker im 200-m-Lauf 1,6 sec ab, obwohl sich jene von 25,9 auf 25,1 sec verbesserte.

In der 4x100-m-Staffel kam Ingrid Mickler-Becker als Schlußläuferin zum Einsatz. Drei Zehntelsekunden hinter dem Olympiazweiten Kuba gab es einen sechsten Rang und den deutschen Rekord von 43,6 sec.

Ingrid Mickler-Becker: Im Kugelstoßen, der zweiten Disziplin des Fünfkampfs, ereichte die Deutsche nur 11,48 m (16. Platz), kann aber in den anschließenden Sprungwettbewerben und im 200-m-Lauf noch den Wettbewerb für sich entscheiden.

In diesem Zusammenhang sei der Hinweis erlaubt, daß die DDR-Damen – erstmals innerhalb einer eigenen Mannschaft angetreten – keine Sprinterin nach Mexiko entsandt hatten, aber im Kugelstoßen mit Gold (Margitta Gummel) und Silber (Marita Lange) aufwarteten. Die große Zeit der DDR-Athletinnen sollte erst nach dem Fräuleinwunder kommen.

Im Fünfkampf sammelte Ingrid Mickler-Becker wegen ihrer schwachen Leistung im Kugelstoßen nur 5098 Punkte. Diese Leistung wäre Weltrekord gewesen, hätte es nicht Irina Press (UdSSR) gegeben, die zwischen 1959 und 1964 acht Fünfkampf-Weltrekorde erzielte (darunter den letzten mit 17,16 m im Kugelstoßen). Wie ihre Schwester Tamara wurde sie 1965 wegen der angeordneten Geschlechstkontrollen von den Sowjets aus dem internationalen Sportverkehr gezogen (S. 293).

Hier endet Teil I der olympischen Geschichte von Ingrid Mickler-Becker und dem Fräuleinwunder. Teil II mit Happy-End folgte 1972 in München.

Gewichtheben

Wunderleistungen dank Anabolika

Gewichtheben: Wie in Tokio 1964 gewinnt Leonid Zabotdinski (UdSSR) auch in Mexiko City die Goldmedaille im Superschwergewicht.

Das Olympiaturnier der Gewichtheber fiel noch in die glorreiche Zeit der Anaboliker. Muskelstärkende Präparate hatten dem Kraftsport im wahrsten Sinne der Worte

»starke Impulse« gegeben. Dazu kam, daß zu jener Zeit noch überall und bei jedem angemeldeten Wettkampf, ob national oder international, Weltrekorde aufgestellt werden konnten. Die Chinesen, die sich nach der Kulturrevolution von 1966 dem internationalen Sport fernhielten, sorgten zudem für immer neue Wunderleistungen, die als Weltrekorde durch alle möglichen Listen geisterten, aber eben bei Olympischen Spielen und Weltmeisterschaften offiziell nicht geführt wurden. Trotzdem gab es in Mexiko sieben Weltrekorde in den sieben Klassen.

Ein Blick in die Ergebnistabelle lohnt. Im Bantamgewicht siegte der Perser Mohammed Nassiri, der im Stoßen seinen eigenen Weltrekord von 147,0 auf 150,0 kg verbesserte. Damit egalisierte er im Dreikampf den Weltrekord von 367,5 kg und überflügelte noch dank seines geringeren Körpergewichts den Ungarn Imre Földi, der vorher schon 367,5 kg erreicht hatte.

Das Federgewicht wurde von den Brüdern Yoshinobu und Yoskijuki Miyake, Söhne armer Bauern aus Nordjapan, beherrscht. Der 28 Jahre alt Yoshinobu gewann Gold (das zweite nach 1964), der 22 Jahre alte Yoskijuki Bronze. In der Kategorie bis 67,5 kg wiederholte der elegante Techniker Waldemar Baszanowski aus Polen seinen Olympiasieg von Tokio 1964. Baszanowski, der später als Nationaltrainer in Indonesien arbeitete, nahm an vier Spielen teil und belegte folgende Plätze: 1960 Fünfter, 1964 Erster, 1968 Erster und 1972 Vierter (jeweils Leichtgewicht).

Viktor Kurenzov (UdSSR) beherrschte das Mittelgewicht wie er wollte. Im Leichtschwergewicht machten die Sowjets Boris Selizki und Vladimir Belyayev den Titel unter sich aus (beide 485,0 kg); der krasse Außenseiter Selizki war leichter. Der Finne Kaarlo Kangasniemi spielte in der Klasse bis 90 kg Katz und Maus mit dem schwerfälligen Esten Jan Talts, der nach dem Drücken und Reißen schon 20 kg zurücklag und nur 10 kg im Stoßen aufholen konnte.

Das Superschwergewicht sah einen äußerst selbstgefälligen, 163 kg schweren Leonid Zabotdinski (UdSSR), der wie in Tokio 1964 Gold gewann. Zweiter wurde der Belgier Serge Reding, unter allen Anabolikern der bekannteste, Dritter der Amerikaner Joe Dube, der als letzter der starken Männer der USA mit Zabotdinski im Drücken (beide 200,0 kg) mithielt, aber im Reißen um 22,5 kg schwächer war. Erst 33jährig starb Reding unter merkwürdigen

Ringen, griechisch-römischer Stil: Lothar Metz (r.) aus der DDR, Olympiasieger im Mittelgewicht, im Kampf gegen den Rumänen Nicolae Negut

Umständen schon 1975 in Manila auf den Philippinen.

Was Höchstleistungen angeht, so erzielten die sieben Olympiasieger von Mexiko in ihrer Laufbahn insgesamt 126 Weltrekorde. Nur Selizki fällt hier aus dem Rahmen, er schrieb sich nur zweimal in die Weltrekordliste ein. Die anderen dagegen lagen zwischen 16 und 26 dieser Marken: Mohammed Nassiri 16, Yoshinobu Miyake 26, Waldemar Baszanowski 24, Viktor Kurenzov 23, Boris Selizki 2, Kaarlo Kangasniemi 16 und Leonid Zabotdinski 19.

Ringen

Zwei Siege für Ringer der DDR

Im Ringen gab es in Mexiko mehrere Überraschungen. Eine davon war, daß die US-Amerikaner keine Goldmedaille gewannen, die zweite, daß die Sowjets in den beiden Stilarten nur drei Olympiasieger stellten und von den Japanern mit vier Gewinnern übertroffen wurden. Die dritte Überraschung waren die beiden DDR-Ringer Lothar Metz und Rudolf Vesper, die sich in einem bulgarischen Höhentrainingslager gut vorbereitet hatten. Die olympiaerfahrenen Athleten gewannen im griechisch-römischen Stil die Goldmedaillen im Mittel- und Weltergewicht.

Metz, geboren 1939 in Meerane, war in der gesamtdeutschen Mannschaft 1960 in Rom Zweiter und 1964 in Tokio Dritter geworden. In Mexiko punktete er den Amerikaner Wayne Baughman aus, schulterte den Japaner Kenjiro Hiraki, wurde Punktsieger über den Türken Tefvik Kis, legte auch den Norweger Hakon Överby auf die Schultern, trennte sich unentschieden von dem Jugoslawen Branko Simic, dem Olympiasieger von Tokio 1964, und besiegte im sechsten Kampf den Rumänen Nicolae Negut. Damit war er Olympiasieger. Wie es damals noch möglich war, traf Metz nicht auf den Olympiazweiten Valentin Olenik (UdSSR). Simic wurde Dritter, Negut Vierter, Baughman Fünfter.

Vesper, geboren 1939 in Niemen, benötigte zum Goldmedaillengewinn nur vier Kämpfe: Schultersieg über Daniel Alba (Mexiko), Punktsieg über Daniel Robin (Frankreich), Unentschieden mit Karoly Bajko (Ungarn) und Punktsieg über Metodi Zarev aus Bulgarien; hinzu kam ein Freilos. Als die fünfte Runde zu Ende war, hatten Zarev und der Rumäne Ion Taranu 8,0 beziehungsweise 9,5 Fehlpunkte und waren als Vierte und Fünfte aus dem Wettbewerb. Übrig für eine sechste Runde blieben Vesper, Bajko und Robin. Da diese drei aber

Der deutsche Bahnvierer: Udo Hempel, Karl Link, Karlheinz Henrichs und Jürgen Kissner werden wegen eines vermeintlichen Regelverstoßes um die sichere Goldmedaille gebracht.

schon gegeneinander gekämpft hatten, war Vesper mit der geringsten Fehlerpunktzahl (4,5) Sieger vor Robin (5,0) und Bajko (5,5) – ein wunderbares Resultat für den Außenseiter Vesper (1964 in Tokio Elfter).

Der Versuch des Franzosen Roger Coulon, damals Präsident des Weltringerverbandes FILA, aus dem Unentschieden Bajkos gegen Vesper am grünen Tisch einen Punktsieg der Ungarn zu machen und damit Robin (der Bajko geschlagen hatte) den Olympiasieg zuzuschanzen, scheiterte. So ergab sich eine auch unter den damaligen Regeln sehr seltene Konstellation, daß ein Ringer mit nur vier Kämpfen und einem Freilos gewann. Für Daniel Robin war diese Silbermedaille nicht die reine Freude, hatte er doch eine Woche zuvor im freien Stil auch nur Silber gewinnen können.

Radsport

Vierer nach Sieg disqualifiziert

Gustav Kilian (* 1907) war einer der erfolgreichsten Trainer der Welt. Als Chefcoach für Bahnfahren des Bundes Deutscher Radfahrer (1964 bis 1977) führte er seine Amateure zu vier Olympiasiegen und 13 Weltmeisterschaften. Der Mann, der in seiner Aktivenzeit (1934 bis 1941) Sieger von 34 Sechstagerennen war, perfektionierte dank seiner hohen Begabung als Tüftler, Psychologe und Taktiker vor allem das Mannschafts-Verfolgungsfahren. Einen Olympiasieg aber wußten die Gegner zu verhindern.

Kilians Vierer mit Udo Hempel, Karl Link, Karlheinz Henrichs und Jürgen Kissner hatte in Mexiko die Qualifikation in der Weltrekordzeit von 4:19,90 min gewonnen. Diese Zeit wurde von den Italienern im Viertelfinale auf 4:16,10 min verbessert, doch im direkten Duell im Halbfinale holten sich die Deutschen die Höchstleistung mit 4:15,76 min zurück (Italien 4:16,21 min). Im Finale, das gegen Dänemark bestritten wurde, führte Deutschland eine Runde vor Schluß, als Jürgen Kissner beim Wechsel der Spitzenposition seinen Teamkollegen Karlheinz Henrichs berührte, was als »anschieben« bewertet wurde. Die geschlagenen Dänen protestierten mit Erfolg und wurden zum Olympiasieger erklärt. Dem Kilian-Vierer erkannte der meist von Lobbyisten beherrschte Weltverband UCI sogar die Silbermedaille ab, die man den Italienern geben wollte (Bronze an die UdSSR). Dieses vorschnelle Urteil war indes nicht haltbar, ja ein eklatanter Verstoß gegen das Fair play. Denn: die Silbermedaille hatte die deutsche Mannschaft durch den Halbfinalsieg über Italien gewonnen. Die Italiener mußten auf Silber verzichten, die Deutschen bekamen es nachgereicht.

Die deutschen Vierer unter Kilian wurden 1964, 1972 und 1976 Olympiasieger, und das vierte Gold holte sich der Pfälzer Verfolgungsfahrer Gregor Braun 1976 im Einzelrennen. Kilian war der Erfinder der mit Helium anstelle von Luft gefüllten Reifen und führte zudem windschnittige, aber 1976 noch nicht erlaubte einteilige Rennanzüge aus Seide ein.

Sportschießen

Klingner am Ende einen Ring besser

Bernd Klingner war einer der größten Schützen aller Zeiten und gewann – was nicht allen Stars gelingt – auch eine olympische Goldmedaille. Es war diejenige im Kleinkaliber-Dreistellungskampf in Mexiko. Erst 1952 war dieser Wettbewerb ins olympische Programm gekommen; er zeichnet bis heute jenen Mann oder jene Frau aus (Damen treten auch im Wettkampf mit den Herren an), der (oder die) in drei Positionen (stehend, liegend, kniend) am besten ins Schwarze trifft. Vor Klingner hatten legendäre Schützen gesiegt: 1952 der Norweger Erling Kongshaug, 1956 das Findelkind Anatoli Bogdanov aus der UdSSR, dann dessen Landsmann Viktor Shamburkin (1960 vor dem ebenso bekannten Marat Niyasov) und 1964 der Amerikaner Lones Wigger.

Klingner gewann mit einem Ring Vorsprung vor dem Amerikaner John Writer, der sich 1972 in München dann die Goldmedaille holte. In der Knie-Stellung war Klingner überragend, erzielte er doch mit 396 Ringen einen Weltrekord, der geradezu sensationell war.

Der 1940 in der Nähe von Chemnitz geborene Klingner wurde von seinem Vater trainiert, der mit Olympiasiegern Erfahrung hatte, war doch ein anderer Schüler von der SG Bremervörde schon 1960 in Rom Goldmedaillengewinner geworden, Peter Kohnke (*1941, †1975). Kohnke (S. 277) war Deutschlands erster Nachkriegs-Olympiasieger im Schießen, und er gab das Startzeichen für die großen Erfolge deutscher Sportschützen.

Klingner gewann neben dem Olympiasieg sieben Europameisterschaften und holte sich bei Olympischen Spielen, Welt- und Europameisterschaften nicht weniger als acht Gold-, vier Silber- und zwei Bronzemedaillen. Dazu kamen 49 deutsche Meisterschaften.

Bernd Klingner: Im Kleinkaliber-Dreistellungskampf siegt der Deutsche vor John Writer aus den USA und Viktor Parkimovich aus der UdSSR.

1972 Sapporo

3. bis 13. Februar 1972
Dauer **11 Tage**
Teilnehmer **1232 (1015 Männer, 217 Frauen)**
Länder **35**
Sportarten **7**
Entscheidungen **35**
Zuschauer **621 000**
Schirmherr **Kaiser Hirohito**
Eidsprecher **Keiichi Suzuki (Eisschnellauf), Fumio Asaki (Kampfrichter)**
Letzter Fackelläufer **Hideki Takada (Eisschnellauf)**

Olympische Winterspiele 1968 in Sapporo: Das offizielle Plakat mit der Silhouette des Fujiyama

Winterspiele am Rande der Welt

Ein Blick in den Medaillenspiegel sagt alles über die Winterspiele von Sapporo. Eine stark überlegene Mannschaft der Sowjetunion gewann 16 Medaillen (8–5–3) und lag klar vor einer Verfolgergruppe mit der DDR, der Schweiz, den Niederlanden, den USA und Deutschland. Erst an neunter Stelle folgte die alpine Skimacht Österreich, die sich mit einer Goldmedaille, errungen durch die in der Pflicht dominierende Eiskunstläuferin Beatrix (Trixi) Schuba, zufrieden geben mußte. Kein Sieg für das Austria-Team in den alpinen Skiwettbewerben. Lag es am Fall Karl Schranz?

Der 84jährige IOC-Präsident Avery Brundage demonstrierte sieben Monate vor seinem angekündigten Rücktritt noch einmal seine ganze Kraft und Herrlichkeit. Die Winterspiele waren nie seine Sache gewesen: Die alpinen Skifahrer, die in seiner Gedankenwelt vom olympischen Purismus nun gar keinen Raum hatten, bekämpfte er inbrünstig, sah er in ihnen doch die Teufel des Professionalismus. In der Tat waren sie Industrie-Athleten.

Karl Schranz (*1938) war in Sapporo schon 33 Jahre alt, also uralt für einen Ski-Alpinen. Nach einem alltäglichen Verstoß gegen die am 5. April 1971 in Kraft getretene Regel 26 (olympische Zulassung), die anstelle der Amateurbestimmungen den Athletenstatus bestimmte, kam er dem wütenden Brundage gerade recht, um an ihm ein Exempel zu statuieren. Der Österreicher hatte 1969 und 1970 den Gesamt-Weltpokal gewonnen, und war daher kein unbekannter Sportler. Nach heftigen und zum Teil wenig sachlichen Diskussionen wurde Schranz von den Spielen ausgeschlossen. Die Solidaritätsbekundungen des Austria-Skiteams und der anderen Skirennläufer mit dem disqualifizierten Schranz erwiesen sich als leeres Geschwätz. Niemand ging mit ihm von der Piste.

Die Österreicher nicht um Ausreden verlegen, als sie dennoch starteten und nur durch Heinrich Messner (Dritter in der Abfahrt), Annemarie Pröll (Zweite in Abfahrt und Riesenslalom) und Wiltrud Drexel (Dritte im Riesenslalom) alpine Medaillen gewannen. Mit drei Goldmedaillen und sechs Medaillen insgesamt waren die Schweizer die großen Sapporo-Sieger, und der Spanier Juan Antonio Samaranch

Medaillenspiegel Sapporo 1972

Land	G	S	B
1. URS	8	5	3
2. GDR	4	3	7
3. SUI	4	3	3
4. NED	4	3	2
5. USA	3	2	3
6. FRG	3	1	1
7. NOR	2	5	5
8. ITA	2	2	1
9. AUT	1	2	2
10. SWE	1	1	2

Die erfolgreichsten Sportler von Sapporo

Name	Sportart	G	S	B
1. Galina Kulakova URS	nordischer Skisport	3	–	–
Ard Schenk NED	Eisschnellauf	3	–	–
3. Vyacheslav Vedenin URS	nordischer Skisport	2	–	1
4. Marie-Therese Nadig SUI	alpiner Skisport	2	–	–
5. Pål Tyldum NOR	nordischer Skisport	1	2	–
6. Gustav Thöni ITA	alpiner Skisport	1	1	–
Fyodor Simashev URS	nordischer Skisport	1	1	–
Alevtina Olyunina URS	nordischer Skisport	1	1	–
Dianne Holum USA	Eisschnellauf	1	1	–
Stien Baas-Kaiser NED	Eisschnellauf	1	1	–

Eröffnungsfeier: Zum Abschluß der Zeremonie laufen Schulkinder mit Luftballons auf das Eis des Makomanai-Stadions.

hatte das Vergnügen, einem Landsmann, dem Slalomartisten Francisco Fernandez-Ochoa, die Goldmedaille umzuhängen. Samaranch war damals noch ein IOC-Mitglied unter 73.

Sapporo, schon einmal 1940 als Austragungsort Olympischer Winterspiele vorgesehen, zelebrierte Olympia am Rande der Welt. Die Großstadt mit rund einer Million Einwohner wirkte trotz ihres bemerkenswerten Zentrums wie ein sibirisches Gemeinwesen. Als Gastgeber waren die Japaner freundlich, manchmal allerdings sehr pedantisch; in der Durchführung der Spiele waren sie jedoch auf stille Weise weltmännisch.

Daß Japans Sportlern drei Medaillengewinne (alle beim Springen von der 90-m-Schanze) gelangen, fand allgemeine Zustimmung. Zwei Athleten gewannen drei Goldmedaillen: die Skilangläuferin Galina Kulakova aus der UdSSR und der holländische Eisschnelläufer Ard Schenk. Beider Weltruhm wird allerdings nicht unbedingt mit Sapporo in Verbindung gebracht.

Die olympische Familie

Südafrika muß das IOC verlassen

In den letzten vier Jahren seiner Amtszeit erlebte Präsident Brundage die Sessionen von Warschau 1969, Amsterdam 1970, Luxemburg 1971, Sapporo und München 1972 – und er erlebte dabei nicht geringe Überraschungen.

In Warschau feierte das IOC seinen 75. und das polnische NOK seinen 50. Geburts-

Eröffnungsfeier: Nach den Spielen von Tokio 1964 ist das japanische Kaiserreich erneut Ausrichter Olympischer Spiele.

tag. Die Olympiastadt München gab einen harmonischen Empfang. Nordkorea setzte beim IOC durch, daß es in Zukunft »Demokratische Republik Korea« genannt wurde.

Unter Punkt 10 der Tagesordnung, das Zusammentreffen der IOC-Exekutive mit den Weltfachverbänden betreffend, verbarg sich ein nicht erkannter Knackpunkt: »Die Regeln der FIS werden nicht anerkannt.« Es ging um den Amateurstatus. Drei Jahre später wurde Karl Schranz von den Olympischen Winterspielen in Sapporo ausgeschlossen. Monique Berlioux führte zum erstenmal das Protokoll der Session; es war der Beginn eines steilen Aufstiegs.

In Amsterdam wetterte Avery Brundage gegen die Winterspiele und beschimpfte die Eishockeyspieler, »die nichts anderes tun als Eishockey spielen«. Willi Daume, gerade gelobt für seinen Bericht über die Olympiavorbereitungen in München, fiel bei der Wahl von vier neuen Mitgliedern der IOC-Exekutive glatt durch. Berufen wurden Andrianov (UdSSR), Samaranch (Spanien), Padilha (Brasilien) und Takeda (Japan). Bei der Wahl des Olympiaortes für 1976 siegte Montreal mit 41 Stimmen gleich im ersten Durchgang gegen Moskau (28); die Sowjets zogen beleidigt ab.

In der Frage der Vergabe der Winterspiele 1976 taten sich die Olympier schwerer und benötigten drei Wahlgänge. Es siegte schließlich Denver mit 38 Stimmen gegen Sion (30); vorher waren Vancouver und Tammerfors ausgeschieden. Denver kapitulierte dann bald wegen der Umweltschützer und gab die Spiele zurück. Innsbruck übernahm sie; Besseres konnte dem IOC nicht geschehen.

Der Fall Südafrika, seit dem Ausschluß von den Olympischen Spielen 1964 in Tokio immer wieder auf der Tagesordnung, kam zu einem Ende. 19 afrikanische NOKs hatten auf einer Sitzung in Kairo (24. bis 26. März 1970) beschlossen, dem IOC anzuraten, den olympischen Bann über Südafrika wegen dessen Politik der Rassentrennung (Apartheid) zu verhängen: Ausschluß aus dem IOC also nach 70jähriger Mitgliedschaft und zwölf Olympiateilnahmen bei den Sommerspielen.

66 IOC-Mitglieder nahmen an der Abstimmung teil. Mit 35:28 Stimmen bei drei Enthaltungen wurde Südafrika aus der olympischen Familie ausgeschlossen. Der Ausschluß dauerte bis 1992.

In Luxemburg 1971 erhoben die olympischen Weltfachverbände Anspruch auf Eintrittskarten, »die zu allen Wettbewerben der Spiele berechtigen«. Die politische Rolle Rhodesiens (seit 1980 Zimbabwe) kam auf die Tagesordnung. Afrikanische NOKs hätten den Ausschluß der ehemals britischen Kolonie gerne gesehen, die 1928, 1960 und 1964 Mannschaften zu Olympischen Spielen geschickt hatte. Die IOC-Entscheidung gegen Rhodesien fiel dann 1972 in München.

Die olympische Familie

Brundage schickt Schranz nach Hause

In den letzten Jahren seiner Präsidentschaft ließ IOC-Chef Avery Brundage keine Gelegenheit aus, die Winterspiele als ein kommerzielles Unternehmen zu geißeln, dem man eigentlich den Garaus machen müßte. Es war, was die Amateurbestimmungen und seit 1971 die olympische Zulassung über die Regel 26 anging, Gefahr im Verzuge.

1971 in Luxemburg hatte Brundage der Vollversammlung erklärt, diese Regel »ist nicht perfekt«. In Zweifelsfällen, so meinte darauf hin der Brite Marquess of Exeter, »kann dann das IOC-Exekutivkomitee entscheiden«. Solche Rede gefiel Brundage.

Schon bei der Eröffnung der IOC-Session im Kosei Nenkin Kaikan in Sapporo wetterte Brundage gegen die Kommerzialisierung der Spiele. Das war am 30. Januar 1972. Einen Tag später stand der Fall Karl Schranz auf der Tagesordnung.

Der IOC-Präsident berichtete vom Besuch zweier Mitglieder des Ski-Weltverbandes FIS in Chicago. Diese hätten ihm gesagt, daß nicht ein einziger prominenter alpiner Skiläufer nach der Regel 26 an Olympischen Spielen teilnehmen könne. Und dann setzte Brundage seinen Hebel an: »Einer der beiden FIS-Leute hat vorgeschlagen, die alpinen Skiwettbewerbe in Sapporo nur als Weltmeisterschaft zu werten.«

Und weil er schon einmal in Form war, sprach Brundage von den vielen anderen seiner Helfer in Sachen olympischer Sauberkeit. »Die Franzosen wollten ihre Skiläufer gar nicht erst melden. Die Schweden weigern sich, über die Gelder, die ihre Eishockeyspieler bekommen, zu reden. Und aus Finnland muß ich hören, daß Staatspräsident Urho Kekkonen gesagt hat, die Vereinten Nationen sollten Olympische Spiele ausrichten.«

Der nicht selten rechthaberisch wirkende Kekkonen (* 1900, † 1986), der sich für einen Sportexperten hielt, war einer der Intimfeinde Brundages. Als die fünfköpfige Zulassungskommission der Vollversammlung empfahl, Karl Schranz nicht an den Spielen teilnehmen zu lassen, war Brundage zum Letzten entschlossen. Selbst der routinierte FIS-Präsident Marc Hodler, seit 1951 Lenker des Ski-Weltverbandes und seit 1963 im IOC, gab klein bei. Er stimmte der Zulassungskommission »wegen des schlechten Benehmens und der dummen Erklärungen« von Schranz zu, meinte aber, man solle noch einmal das Nationale Olympische Komitee von Österreich anhören. Dazu aber ließ es Brundage nicht mehr kommen. Wegen unerlaubter Werbung wurde Schranz mit 28:14 Stimmen von den Spielen ausgeschlossen.

Sapporo hatte seine Sensation schon vor den Spielen. Schranz reiste nach Haus und wurde in Wien wie ein Olympiasieger mit drei Goldmedaillen empfangen.

Karl Schranz: Der österreichische Skiläufer wird wegen unerlaubter Werbung von den Spielen ausgeschlossen.

Die »Enthüllungen« über Vergehen anderer Ski-Artisten, die Schranz, »ein ganz mieser Sportler« (so das neuseeländische IOC-Mitglied Sir Lance Cross), für den Fall seiner Disqualifikation angedroht hatte, blieben aus.

So konnte 1988 Karl Schranz als Geschenk zu seinem 50. Geburtstag in Wien die Teilnehmermedaille von Sapporo aus den Händen des IOC-Präsidenten Juan Antonio Samaranch entgegennehmen. Eine Wiedergutmachung? Die Meinungen waren geteilt. Schranz blieb der Märtyrer des Professionalismus.

Eisschnellauf

Keller und Pflug auf Goldkurs

Erhard Keller war ein ausgefuchster cooler Athlet, sie eine 17jährige Olympiadebütantin, als sie für Deutschland in großartigem Stil zwei Goldmedaillen im Eisschnellauf gewannen. Der 27 Jahre alte Keller, ein angehender Zahnarzt, siegte über 500 m und verteidigte damit seine Position von Grenoble 1968. Die zehn Jahre jüngere Monika Pflug, spätere Holzner und Gawenus, besiegte über 1000 m durch ihre Technik vom Feinsten die über das Eis fetzenden Kolleginnen aus den USA und Holland.

Monika Pflug: Die 17jährige siegt im Eisschnellauf über 1000 m. 1988 in Calgary nimmt sie zum fünftenmal an Olympischen Winterspielen teil.

Nur zwei olympische Rennen hat Keller bestritten. In genau 79,74 sec waren sie erledigt. Nicht einmal 1:20 min stand er im Wettkampf. 1968 in Grenoble gewann er die 500 m in 40,3 sec; vier Jahre später war er in 39,44 sec erfolgreich. Wäre er im Sommer 1972 nicht Professional geworden, der Sprint-Olympiasieger 1976 hätte wohl noch einmal Keller geheißen. 1977 wurde er – 32jährig und reamateurisiert – noch einmal deutscher Meister.

Keller war ein sich schindendes Genie und dabei ein lächelnder Arbeiter. Rigorosität verbarg er hinter Charme. Seine sportliche Power steuerte er vom Intellekt her. Er war der geborene Sieger. Später moderierte er TV-Spiele und erwies sich als gescheiter Fernseh-Kommentator im Sport. Im Hauptberuf arbeitete er als Zahnarzt. Daß er auch Weltmeister und Weltrekordmann im Eisschnellauf war, sei nur noch am Rande vermerkt.

Monika Holzner-Pflug hatte eine ähnlich hohe Begabung wie Keller. Sie gehörte 18 Jahre zur Weltklasse, war auch Weltmeisterin und Weltrekordlerin. Sie war die erste in der olympischen Historie, die an fünf Winterspielen teilnahm. Mit 33 Jahren erzielte sie ihren 64. und letzten deutschen Rekord. Das war 1988 in Calgary. Davor lagen die Spiele von Sapporo, Innsbruck, Lake Placid und Sarajevo. Eine makellose Leistung. Gold-Moni wurde sie schließlich liebevoll genannt. Trotz zweier Mutterschaften hatte ihre Karriere keinen Bruch, nur eine Unterbrechung.

Die Gold-Moni und der coole Erhard waren nur möglich durch das Bundesleistungszentrum Inzell; mit ihren Goldmedaillen bedankten sie sich bei dem Mann, der das deutsche Eisschnellaufwunder jener Zeit ermöglicht hatte: Inzells Bürgermeister Ludwig Schwabl.

1972 München

26. August bis 11. September 1972
Dauer **17 Tage**
Teilnehmer **7147 (5848 Männer, 1299 Frauen)**
Länder **122**
Sportarten **21**
Entscheidungen **195**
Zuschauer **4 457 252**
Schirmherr **Bundespräsident Gustav Walter Heinemann**
Eidsprecherin **Heidi Schüller (Leichtathletik)**
Letzter Fackelläufer **Günter Zahn (Leichtathletik)**

Olympische Sommerspiele 1972 in München: Offizielle Werbeplakate mit Hürdenläufern und dem Olympiagelände mit dem Fernsehturm

Der Tod der heiteren Spiele

Der bleibende Satz, der über alle Not hinweg letztlich den Triumph der olympischen Idee verdeutlichte, stammt von dem damals 84jährigen Präsidenten des IOC, Avery Brundage. Er sagte bei der Trauerfeier für die Toten des 5. September 1972 nach dem Terroranschlag der palästinensischen Gruppe »Schwarzer September« auf die Israelis im olympischen Dorf: »The Games must go on.« Die Spiele müssen weitergehen.

Sie gingen weiter. Gestorben waren allerdings die heiteren Spiele, Willi Daumes faszinierendes Werk. »Wir können uns nicht einer Minderheit beugen, die die Welt mit Mord und Tod überzieht, sonst geben wir uns auf.« Auch das hat Avery Brundage gesagt.

Was war geschehen am elften Tag der Spiele, dem 5. September 1972? In den Morgenstunden dieses Tages brachen acht arabische Terroristen in das olympische Dorf ein und bahnten sich den Weg zu dem Gebäudeteil Connollystraße 31, in dem die israelische Mannschaft schlief. Zwei israelische Sportler wurden sofort getötet und neun als Geiseln genommen. Die Gewaltverbrecher verlangten die Freilassung von 200 in Israel inhaftierten arabischen Gefangenen und für sich selbst ein Flugzeug. Auf dem Flughafen Fürstenfeldbruck, von dem aus ausgeflogen werden sollte, eröffneten deutsche Scharfschützen das Feuer und töteten drei Terroristen. In dem folgenden Feuergefecht kamen allerdings auch alle neun israelischen Geiseln, zwei weitere Terroristen sowie ein deutscher Polizist ums Leben. Für 34 Stunden fielen alle olympischen Wettbewerbe aus; die Spiele wurden um einen Tag verlängert. Die Trauerfeier am 6. September 1972 im vollbesetzten Olympiastadion von München war ein mächtiges Bekenntnis zur grenzüberschreitenden olympischen Idee. Neben Avery

Olympische Sommerspiele 1972 in München: Was als heitere und farbenfrohe Veranstaltung begann (o.), mündete im Terror. Israelische Sportler und Funktionäre anläßlich der Trauerfeier für ihre getöteten Kameraden (u.).

Brundage fand auch der israelische Arbeitersportführer Shmuel Lalkin in einer bewegenden Rede die Kraft, den Teilnehmern die Fortführung der Spiele zu empfehlen.

Es starben 1972 die Israelis: David Marc Berger, Zeev Friedman, Yossef Gutfreund, Eliezer Halfin, Yossef Romano, Amizur Shapira, Kehat Shorr, Mark Slavin, Andrei Spitzer, Yacov Springer, Moshe Weinberg.

IOC-Protokoll

Die Chronologie des Terrors

Der Terroranschlag der Palästinenser auf die Israelis im olympischen Dorf in München am 5. September 1972 wurde vom IOC wie folgt protokolliert:

5. September 1972

05.30 Uhr Präsident Avery Brundage wird mit der Nachricht geweckt, daß Terroristen in das olympische Dorf eingedrungen sind und einen Mann getötet haben.

06.00 Uhr Brundage trifft im olympischen Dorf ein.

06.05 Uhr Aus dem besetzten Quartier der Israelis werden Botschaften mit Forderungen geworfen. Das ägyptische IOC-Mitglied Abdelmersch Touny wird gebeten, mit den palästinensischen Terroristen zu verhandeln. Er darf freien Abzug garantieren und jede Geldsumme anbieten.

08.00 Uhr Die Terroristen sorgen sich nicht um ihr Leben und lehnen Geld ab; sie verlangen freien Abzug mit ihren Geiseln aus Deutschland in ein arabisches Land und die Freilassung von 200 Gefangenen in Israel.

10.00 Uhr Die israelische Regierung lehnt ab.

13.00 Uhr Ultimatum der palästinensischen Geiselnehmer läuft ab. Willi Daume verhandelt mit den Terroristen. Daume: »Es waren acht Gespräche.«

15.00 Uhr Sturmangriff auf das besetzte Quartier wird verworfen. Beschluß, die Terroristen mit ihren Geiseln nach Fürstenfeldbruck zu bringen und eine Befreiungsaktion unter freiem Himmel zu versuchen.

19.00 Uhr Die IOC-Exekutive ist mit der Befreiungsaktion einverstanden; es erklärt die deutsche Regierung für zuständig.

21.00 Uhr Applaus bei der falschen Meldung, die Befreiungsaktion sei gelungen. Willi Daume schlägt vor, die Spiele zu verschieben und nach einer Gedenkfeier fortzusetzen. Avery Brundage verlangt sofortige Fortsetzung der Spiele nach der Feier: »The Games must go on.«

Der ausgebrannte Hubschrauber in Fürstenfeldbruck: Bei dem Versuch, die Terroristen zu überwältigen, werden alle Geiseln getötet.

22.00 Uhr Es wird gemeldet, daß alle Geiseln tot sind.

6. September 1972

05.00 Uhr Tragödie in vollem Ausmaß der IOC-Exekutive bekannt.

08.15 Uhr Sitzung der IOC-Exekutive mit dem Münchener Organisationskomitee unter Willi Daume. Beschluß die Spiele um einen Tag zu verlängern.

Die olympische Familie

Lord Mike Killanin neuer IOC-Präsident

Im Maximilianäum in München fand die 73. Session des IOC statt. Am 21. August 1972 wurde die Wahl des Brundage-Nachfolgers Lord Mike Killanin, damals 58 Jahre alt, wie ein Dringlichkeitsantrag behandelt. Daß der 68jährige Franzose Jean de Beaumont, der schon 1968 in Mexiko gegen Brundage angetreten war, nun auch gegen Killanin kandidierte, wurde kaum zur Kenntnis genommen.

Killanin war der Favorit – vor allem derjenige der Medien. Als früherer Journalist und Filmemacher hatte der Ire immer ein

Wechsel an der IOC-Spitze: Der neue Präsident Lord Mike Killanin (l.) und sein Vorgänger Avery Brundage

gutes Verhältnis zur schreibenden Presse. Er wurde für acht Jahre gewählt; es wurden nicht die glücklichsten seines Lebens.

Als Vizepräsidenten standen Killanin nach München de Beaumont, der Holländer Herman van Karnebeek und Willi Daume zur Seite. Daume hatte als dritter Vizepräsident drei Wahlgänge nötig, um sich durchzusetzen. In der Schlußrunde bezwang er den Brasilianer Padilha mit 38:32.

Brundage, der am 12. Oktober 1972 in Lausanne die Schlüssel des Chateau de Vidy an seinen Nachfolger Killanin übergab, erlebte mit dem Ausschluß Rhodesiens von den Münchener Spielen sein Trauma. »Es ist wirklich an der Zeit, daß ich gehe«, sagte der Amerikaner verbittert, als ihm die Session die Gefolgschaft verweigerte und mit 36:31 Stimmen (bei drei Enthaltungen) die Sportler der britischen Kolonie auf Druck der Schwarzafrikaner ächtete. Es war der Anfang der Boykottbewegung, die das IOC ab 1976 dann überrollen sollte.

Medaillenspiegel München 1972

Land	G	S	B
1. URS	50	27	22
2. USA	33	31	30
3. GDR	20	23	23
4. FRG	13	11	16
5. JPN	13	8	8
6. AUS	8	7	2
7. POL	7	5	9
8. HUN	8	13	16
9. BUL	6	10	5
10. ITA	5	3	10

Die erfolgreichsten Sportler von München

Name	Sportart	G	S	B
1. Mark Spitz USA	Schwimmen	7	–	–
2. Sawao Kato JPN	Turnen	3	2	–
3. Shane Gould AUS	Schwimmen	3	1	1
4. Olga Korbut URS	Turnen	3	1	–
5. Melissa Belote USA	Schwimmen	3	–	–
Sandra Neilson USA	Schwimmen	3	–	–
7. Karin Janz GDR	Turnen	2	2	1
8. Jerry Heidenreich USA	Schwimmen	2	1	1
Roland Matthes GDR	Schwimmen	2	1	1
Akinori Nakayama JPN	Turnen	2	1	1
Lyudmila Turishcheva URS	Turnen	2	1	1

Sportliche Bilanz

DDR wird Dritter der Nationenwertung

Unter dem Eindruck des Terroranschlags geriet die sportliche Bilanz der Münchener Spiele ins Hintertreffen. Es war niemandem so richtig zum Feiern zumute.

Zum erstenmal wieder seit 1960 rangierte die UdSSR in der Nationenwertung mit 50 Gold-, 27 Silber- und 22 Bronzemedaillen vor den USA (33–31–30) und wiederholte damit ihre Topstellung von Melbourne und Rom. Symbolisch für das verlorene Duell mit der Sowjetunion war die amerikanische Niederlage im Basketball, mit der eine 36jährige, durch keinen Verlust unterbrochene Siegesserie ihr Ende nahm. Die Amerikaner verloren dort Boden, wo sie sonst eindeutig dominiert hatten, in der Leichtathletik und im Schwimmen. Das konnten überraschende Erfolge im Ringen nicht aufwiegen. Die Sowjets sammelten ihre Medaillen vor allem im Kunstturnen und im Kanurennsport; die Einbrüche im Gewichtheben konnten verkraftet werden.

Der dritte Platz der schlagkräftigen Mannschaft der DDR mit 66 Medaillen (20–23–23) entsprach voll und ganz den Erwartungen; das mitteldeutsche Team war auf München gut eingestellt, seine Motivation stimmte. Die Ausfallquote der DDR-Sportler war im Spitzenbereich die niedrigste. Sieben Medaillen gewannen allein die DDR-Ruderer; keines ihrer Herrenboote ließ sich auf den medaillenlosen vierten Rang abdrängen (die Damen waren noch nicht olympisch zugelassen).

Der vierte Rang der Bundesdeutschen mit 40 Medaillen (13–11–16) erfreute, wenn auch der Abstand zur DDR erschreckte. Super verkauften sich die Leichtathleten, sehr schwach traten die Kanusportler, Segler und Schützen auf. Von allen Außenseitern, die Gold gewannen, nahm Ulrike Meyfarth eine Sonderstellung ein. Die 16jährige Schülerin kam als Dritte der deutschen Hochsprungmeisterschaft (1,79 m) in die Olympiamannschaft. Ein Fosbury-Flop über 1,85 m wies sie als Talent aus. In München übersprang die junge Dame zuerst 1,88 m und hatte schon Silber, dann nahm sie auch die 1,90 m und hatte damit schon Gold gewonnen. Die Zuschauer feierten sie frenetisch, als sie auch noch 1,92 m überquerte und den Weltrekord der Ilona Gusenbauer aus Österreich einstellte, die sich mit Bronze begnügen mußte.

Leichtathletik

Deutsche Damen geben den Ton an

Die Mutter des deutschen »Fräuleinwunders« – der Begriff ist eine britische Erfindung – war noch dabei, als die ausländische Presse sich nicht genug wundern konnte über die Leichtathletinnen aus der Bundesrepublik Deutschland, obwohl die

Ulrike Meyfarth: Die16jährige Schülerin gewinnt mit 1,92 m überraschend den Hochsprung.

4x100-m-Staffel: Heide Rosendahl, die Schlußläuferin des bundesdeutschen Quartetts, behauptet einen knappen Vorsprung vor Renate Stecher (DDR) bis ins Ziel.

Konkurrenz aus der DDR gut dagegen hielt. An der Spitze der erfolgreichsten Medaillensammlerinnen rangierten Renate Stecher aus Jena und Heide Rosendahl aus Leverkusen – DDR und Bundesrepublik nebeneinander mit jeweils zwei Goldmedaillen und einer silbernen. In zehn von 14 Wettbewerben der Leichtathletinnen lagen Deutsche im Gold und sorgten für unvergeßliche Erlebnisse.

Renate Stecher vom SC Motor Jena, damals 22 Jahre alt, gewann die 100 und 200 m, kam aber an Heide Rosendahl nicht vorbei, als diese in der 4x100-m-Staffel mit zwei Metern Vorsprung den Staffelstab für die letzten 100 m übernommen hatte.

Die populäre Rosendahl wiederum hatte den Weitsprung gewonnen und war im Fünfkampf nur von der Britin Mary Peters geschlagen worden. In dem dramatischen Staffelfinale über 4x100 m gab sie keinen Zentimeter Boden preis, als es gegen die DDR um den Olympiasieg ging, der in der Weltrekordzeit von 42,81 sec auch erreicht wurde. In der Siegermannschaft stand nach Christiane Krause (Start) in der zweiten Position Ingrid Mickler-Becker (1968 die Begründerin des Fräuleinwunders), danach in der Kurve Annegret Richter (auch schon Fünfte über 100 m und später dann die weltbewegende Sprinterin) und schließlich Heide Rosendahl.

Hildegard Falck wurde Olympiasiegerin über 800 m, eine Disziplin, deren Öffnung für Frauen immer noch umstritten war, da es häufig hieß, sie sei viel zu anstrengend für den weiblichen Körper.

Die motorisch brillante Annelie Ehrhardt gewann die 100 m Hürden in Weltrekordzeit, die DDR die 4x400 m, ein 16jähriges Wunderkind namens Ulrike Meyfarth den Hochsprung und Ruth Fuchs das Speerwerfen. In 13 der 14 Damen-Konkurrenzen gab es deutsche Medaillengewinne; nur das

800-m-Lauf: Hildegard Falck gewinnt vor Niole Sabaite (URS) und Gunhild Hoffmeister (DDR).

Diskuswerfen mit Liesel Westermann als der besten Deutschen auf dem fünften Rang gab es einen Ausfall. Von den 42 Medaillen fielen 20 an die »doppelten Deutschen«, mit denen erst 1992 in Barcelona, also 20 Jahre später, Schluß sein sollte.

Die deutschen Medaillengewinne in München verteilten sich in der Damen-Leichtathletik wie folgt: DDR (6–5–2), BRD (4–2–1).

Leichtathletik

Wolfermann schlägt Lusis im Speerwurf

Der Finne Lasse Viren, der sich später zu Blutdoping bekannte, war ein brillanter Doppelsieger über 5000 und 10 000 m, sein Landsmann Pekka Vasala triumphierte etwas überraschend über 1500 m. Der in München geborene Amerikaner Frank Shorter holte sich, der Konkurrenz auf den Straßen seiner Jugend weit enteilend, das Marathon-Gold. John Akii-Bua aus Uganda, der sich vor den Kameras des Fernsehens auf Werbung für eine Schuhfirma schon recht gut verstand, siegte über 400 m Hürden in der Weltrekordzeit von 47,82 sec. Der Kenianer Kipchoge Keino hielt sich über 3000 m Hindernis für die verlorene 1500-m-Goldmedaille schadlos und siegte vor seinem Landsmann Benjamin Jipcho. Kenias Glück machten die 400-m-Läufer vollkommen, die ohne die Amerikaner, die sich selbst geschlagen hatten, ein nicht allzu schweres Laufen hatten.

Nikolai Avilov aus der Sowjetunion war ein einsamer Sieger im Zehnkampf. Wolf-

Kipchoge Keino: Der Kenianer siegt über 3000 m Hindernis.

Klaus Wolfermann: Mit 90,48 m liegt der Deutsche am Ende zwei Zentimeter vor Janis Lusis aus der Sowjetunion.

gang Nordwig beendete im Stabhochsprung ein olympisches Monopol der Amerikaner, die bei allen Spielen (außer 1906 bei der Zwischen-Olympiade) die Goldmedaillen gewonnen hatten. Die US-Offiziellen beklagten nachher das Tauziehen um die Zulassung verschiedener Kunstfaserstäbe. Hier war der Internationale Leichtathletik-Verband nicht gerade gut beraten. Der amerikanische Weltrekordmann Bob Seagren (5,63 m) wurde Zweiter, weil er nur 5,40 m überquerte und dem 29jährigen Ingenieur aus der DDR, Nordwig, nichts entgegensetzen konnte, der mit 5,50 m Bestleistung erzielte.

Am Tag, als der Deutsche Bernd Kannenberg ins Ziel des 50-km-Gehen kam – es war der 3. September –, stand auch das Speerwerfen auf dem Programm. Im Stadion hatte man gehört, daß Venjamin Soldatenko und Kannenberg um Gold gingen. Mit etwas über zwei Minuten Vorsprung kam der Deutsche ins Stadion, und ein Jubelsturm setzte ein. Als Soldatenko wegen unreinen Gehens verwarnt worden war, hatte Kannenberg ein Zögern des Russen bei einer Getränkeaufnahme ausgenutzt und sich – 15 km allein gehend – davongemacht.

Im Speerwerfen galt Janis Lusis, der Olympiadritte von Tokio und Olympiasieger von Mexiko als Favorit. Aber er wurde von dem Deutschen Klaus Wolfermann um zwei Zentimeter geschlagen: 90,48 zu 90,46 m. Im fünften Versuch hatte Wolfermann die Spitze übernommen, im sechsten und letzten Durchgang blieb Lusis die zwei Zentimeter zurück – es war die kürzeste zu messende Differenz.

Der 3. September hatte es im übrigen für Deutschland in sich. Es gab noch einmal Gold durch Hildegard Falck über 800 m und Silber im Fünfkampf für Heide Rosendahl.

Leichtathletik

US-Boys benehmen sich daneben

In den Laufwettbewerben über 100, 200, 400, 800 und 4x100 m gewannen die US-Amerikaner zwei Gold- und zwei Silbermedaillen, ansonsten fielen sie eher durch ihr Verhalten auf. Kurzum: Sie benahmen sich daneben.

Der blonde und blauäugige Ukrainer Valeri Borsov gewann die 100 und 200 m. Er war Favorit und belohnte mit überlegenen Siegen in 10,14 und 20,00 sec seine Fans für das Vertrauen. Ob die besten Amerikaner ihn hätten schlagen können, steht dahin.

Was die 100 m angeht, passierte am 31. August 1972 folgendes: die US-Sprinter Eddie Hart, Ray Robinson und Robert Taylor, die sich für das Viertelfinale qualifiziert hatten, befanden sich noch im olympischen Dorf, als diese Rennen begannen. Sie hatten mit ihrem Coach Stan Wright einen veralteten Startplan und glaubten, daß sie erst 2:45 Stunden später dran wären. Auf ihren Fehler wurden die drei aufmerksam, als sie den ersten Lauf des Viertelfinales, in dem Hart hätte starten sollen, live auf dem Bildschirm sahen. Ein Angestellter der US-Fernsehfirma ABC, Bill Norris, brachte die vor Schreck fast besinnungslosen Sprinter in das Stadion. Dort kam Taylor gerade noch zum dritten Lauf in die Startlöcher. Für Hart und Robinson war es zu spät. Im Finale wurde Taylor Zweiter hinter Borsov. Hätte Eddie Hart als der beste der Amerikaner den Ukrainer schlagen können? Die Frage wurde gestellt, aber niemand konnte sie beantworten.

Die 200 m zeigten Borsov stark überlegen: Die Amerikaner entsandten mit Larry Black, der keine Chance auf die Goldmedaille hatte, ihren absolut besten Läufer, doch mit Larry Burton und Charles Smith zwei Nobodies. Daß Black, Taylor und Hart mit Gerald Tinker dann doch noch Gold in der 4x100-m-Staffel holten, tröstete wenig.

Die 400 m gewann der von den Amerikanern selbst gar nicht geschätzte New Yorker Sozialarbeiter Vince Matthews vor dem eigentlichen Favoriten Wayne Collett. Als die beiden während der Siegerehrung die amerikanische Hymne mißachteten, auf dem Podium herumalberten und nachher mit den Medaillen Jo-Jo spielten, wurden sie vom Publikum ausgepfiffen. Auf ihr Verhalten angesprochen, gaben sie patzige Antworten. Weil die amerikanische Mannschaftsführung, die offensichtlich selbst der Steuerung bedurft hätte, nichts tat, sperrte das IOC Matthews und Collett für weitere Wettbewerbe, was schwerwiegende Folgen hatte: Die Amerikaner konnten keine Staffel für die 4x400 m stellen (Olympiasieger Kenia).

Doch das war immer noch nicht das Ende des Schlamassels. Der 800-m-Gewinner David Wottle, ein zweifellos untadeliger Athlet, der immer mit einer alten Baseballmütze lief, vergaß die Kopfbedeckung bei der Siegerehrung abzusetzen. Als man ihn nachher fragte, ob dies ein Protest gewesen sei, verneinte Wottle. Er hatte die Mütze ganz einfach vergessen. Na ja!

Valeri Borsov: Der Ukrainer gewinnt die beiden Sprintwettbewerbe und holt in der 4x100-m-Staffel Silber hinter den USA.

Lyudmila Bragina (l.): Die sowjetische Mittelstrecklerin verbessert in München dreimal ihren Weltrekord über 1500 m und gewinnt das Finale in der neuen Bestzeit von 4:01,38 min.

Leichtathletik

Lyudmila Bragina leitet neue Ära ein

Man kann den Mittelstreckenlauf der Frauen in zwei Perioden teilen, und die Trennung ist mit dem Namen Lyudmila Bragina und der Jahreszahl 1972 verbunden. Was davor lag, gehört zum großen historischen Anlauf, was danach gekommen ist, zur Moderne.

Lyudmila Bragina wurde 1943 in Swerdlowsk geboren. Als sie 1967 bei der Wiedereinführung der sowjetischen 1500-m-Meisterschaft (nach 15jähriger Pause) Dritte in 4:22,2 min wurde, war diese Zeit fünf Sekunden vom Weltrekord entfernt. Lyudmila war damals 24 Jahre alt, 1,65 m groß und um die 50 kg schwer. 1968, 1969, 1970 und 1972 wurde sie UdSSR-Meisterin (1971 Zweite), doch nahm man sie erst richtig zur Kenntnis, als sie am 18. Juli 1972 im Vorlauf der sowjetischen Titelkämpfe in Moskau mit 4:06,9 min Weltrekord lief; die bisherige Bestzeit aus dem Jahr 1969 hatte bei 4:13,2 min gelegen.

In München brach sie gleich dreimal ihren Weltrekord: 4:06,47 min im Vorlauf, 4:05,07 min im Halbfinale und 4:01,38 min im Finale mit Gold. In einem Interview erwies sich die damals schon 29 Jahre alte Olympiasiegerin als gute Prophetin: »Man wird demnächst 3:56,0 min laufen.« Genau das geschah, denn der nächste Weltrekord lautete 3:56,0 min, aber dies ist schon die Geschichte der Tatyana Kasankina.

Lyudmila Bragina lief noch bis 1976, war aber nur noch über 3000 m richtig erfolgreich. Dreimal erreichte sie hier Weltrekord, den sie einmal um 16,2 sec, ein anderes Mal um 18,2 sec verbesserte. Mit ihren Spitzenzeiten von 4:01,38 und 8:27,12 min leitete sie das moderne Zeitalter des Mittelstreckenlaufs der Frauen ein. Doch dies wußte man erst 20 Jahre später.

Wladyslaw Komar:
Der Pole gewinnt das Kugelstoßen vor dem Amerikaner George Woods und Hartmut Briesenick aus der DDR.

Leichtathletik

Die starken Männer mit der Kugel

Zu den größten aller Kraftmeier in der Leichtathletik gehörten schon immer die Kugelstoßer. Bis Mitte der 40er Jahre waren sie – von einigen Ausnahmen abgesehen – noch normal gewachsene, wenn auch meist sehr große und schwere Männer. Schnellkräftige Ungetüme von 125 kg waren nicht die Regel.

Der erste der Superschwergewichtler war Ralph Rose (* 1884, † 1913); der Amerikaner war 1,98 m groß und 106 kg schwer, als er Anfang des Jahrhunderts drei olympische Goldmedaillen, zwei silberne und eine bronzene gewann und vier Weltrekorde (zuletzt mit 15,54 m) aufstellte. Der Deutsche Emil Hirschfeld, Olympiadritter 1928, Olympiavierter 1932 und viermaliger Weltrekordmann, trat als ranker 95-kg-Mann in den Wurfring. Der Olympiasieger von 1936, Hans Woellke, war sogar untersetzt; er brachte es deshalb auch nur auf zwei Europarekorde (16,54 und 16,60 m). Denn da war 1934 mit dem 138 kg schweren Koloß

Kugelstoßer bei Olympia

Welche körperlichen Ausnahmeerscheinungen gerade die Kugelstoßer in der schillernden Welt der Leichtathleten waren, dies zeigen ihre Maße:

Jahr	Name	Größe/Gewicht	Alter
1908	Ralph Rose USA	1,98 m/106 kg	24 Jahre
1912	Patrick McDonald USA[1)]	1,95 m/112 kg	25 Jahre
1920	Ville Pörhölä FIN	1,83 m/90 kg	23 Jahre
1934	Jack Torrance USA	1,90 m/138 kg	22 Jahre
1948	Charles Fonville USA	1,88 m/88 kg	21 Jahre
1948	James Fuchs USA	1,87 m/101 kg	21 Jahre
1952	Parry O'Brien USA	1,90 m/100 kg	20 Jahre
1956	Jiri Skobla TCH	1,86 m/116 kg	26 Jahre
1960	Bill Nieder USA	1,90 m/115 kg	27 Jahre
1964	Dallas Long USA	1,90 m/118 kg	24 Jahre
1968	Randy Matson USA	2,00 m/120 kg	19 Jahre
1968	George Woods USA	1,88 m/136 kg	25 Jahre
1972	Wladyslaw Komar POL	1,96 m/125 kg	32 Jahre
1980	Udo Beyer GDR	1,94 m/135 kg	25 Jahre
1980	Vladimir Kisselyov URS	1,86 m/125 kg	23 Jahre
1984	Alessandro Andrei ITA	1,91 m/119 kg	25 Jahre
1984	Brian Oldfield USA[2)]	1,95 m/123 kg	39 Jahre
1986	Ulf Timmermann GDR	1,94 m/118 kg	24 Jahre
1992	Randy Barnes USA	1,94 m/137 kg	29 Jahre
1992	Mike Stulce USA	1,91 m/123 kg	23 Jahre
1992	Werner Günthör SUI	2,00 m/128 kg	31 Jahre

1) Patrick McDonald gewann 1920 im Alter von 42 Jahren eine olympische Goldmedaille im danach abgeschafften Gewichtwerfen. 2) Oldfield war 1984 Jahresweltbester, aber wegen seines Profitums in den 70er Jahren olympisch nicht mehr zugelassen.

Kugelstoßen (v. l.): Randy Matson (USA, Silber 1964, Gold 1968), Parry O'Brien (USA, Gold 1952 und 1956, Silber 1960), Hans Woellke (GER, Gold 1936), James Fuchs (USA, Bronze 1948 und 1952)

Jack Torrance, einem Polizisten aus Baton Rouge in Louisiana, ein Amerikaner aufgetaucht, der alle Maße sprengte. Beim berühmten Osloer Bislet-Stadionfest 1934 brachte er die Kugel auf 17,40 m; nicht nur die gesamte Werferfamilie war überrascht, sondern auch er selbst, denn danach war er, gemessen an diesen 17,40 m, nur noch ein Schatten seiner selbst. Als Favorit zu den Olympischen Spielen nach Berlin gereist, wurde er mit geradezu schmählichen 15,38 m Fünfter.

Der Weltrekord von Torrance hielt bis 1948. Da tauchte bei den Kansas Relays der elegante Farbige Charles Fonville auf, der in einer Kugelstoß-Qualifikation 17,68 m erreichte, als Olympiafavorit für London gehandelt wurde und dann die US-Olympiaqualifikation nicht schaffte, weil die Amerikaner gute Kugelstoßer im Dutzend besaßen. 1948, 1952 und 1960 gewannen die US-Boys alle drei Olympiamedaillen, 1956, 1964 und 1968 jeweils Gold und Silber – also von 18 Medaillen im Kugelstoßen 16.

Die großen Helden des Wurfrings waren vor allem Parry O'Brien (14 Weltrekorde), James Fuchs (4 Weltrekorde), Dallas Long (6 Weltrekorde). Bill Nieder (2 Weltrekorde, darunter der erste 20-m-Stoß) und Randy Matson (4 Weltrekorde). Fuchs gewann zwischen 1949 und 1951 nicht weniger als 88 Wettkämpfe in Serie. O'Brien überbot sie mit 116 Siegen hintereinander zwischen 1952 und 1956.

Parry O'Brien war der erste 18- und 19-m-Werfer und gewann bei vier Olympischen Spielen zweimal Gold, einmal Silber und einmal »Blech« (vierter Platz), wobei er mit seiner besten olympischen Weite überhaupt (19,20 m) medaillenlos blieb. Als Kraftnahrung bevorzugte Parry O'Brien Honig in allen Variationen, zäh- und dünnflüssig, kalt oder warm (in Thermosflaschen). Der Übergang vom Honig zu den Anabolika muß dann kurz danach eingeleitet worden sein.

Die amerikanische Erfolgsserie bei Olympischen Spielen wurde nach 1920 (durch den Finnen Ville Pörhölä) und 1936 (durch Woellke) zum drittenmal von dem Polen Wladyslaw Komar unterbrochen, der in München im ersten Versuch 21,18 m hinausfeuerte, an die weder die Amerikaner George Woods und Al Feuerbach noch die Deutschen Hartmut Briesenick, Hans-Peter Gieß und Heinfried Birlenbach herankamen, auch wenn ein Stoß von Woods auf die Markierungsfahne von Komars 21,18-m-Wurf niederging (21,17 m).

Komar war in München schon 32 Jahre alt und dem Spitzensport trotz einer »lebenslangen Sperre« wegen schlechten Benehmens erhalten geblieben. Was nach München im Kugelstoßen kam, gehört vor allem in den pharmazeutischen Muskelvergleich. Am Ende des anabolen Weges kamen Ulf Timmermann (DDR) und Randy Barnes (USA) auf mehr als 23 m.

Gewichtheben

26 Spiegeleier zum Frühstück

Damals, 1972 in der Halle auf dem Münchener Messegelände, hat es niemand geahnt, daß der Gewichthebersport seine letzten schönen Tage erlebte. Zu sorglos war man im Fortschrittsglauben und begeistert von den zahlreichen Rekorden, die mit Hilfe leistungsfördernder Mittel aufgestellt wurden.

Die Kraftmenschen an der Hantel berauschten sich an ihrer Leistungsexplosion. Aus aller Welt waren sie nach München gekommen. Niemals mehr war ihre Schar so multikulturell, schillernd und grenzüberschreitend. Ein Burmese, ein Indonesier, ein Ungar, drei Bulgaren und zwei Sowjets stellten zehn Weltrekorde auf. Die Goldmedaillengewinner kamen aus Polen, Ungarn, der UdSSR (3), Bulgarien (3) und aus Norwegen.

Die beiden ersten Weltrekorde der Münchener Spiele über alle Sportarten hinweg erzielten Gewichtheber: Gyi Aung aus Burma mit 105 kg im Reißen und Carlos Depthios aus Indonesien mit 132,5 kg im Stoßen des Fliegengewichts. Vier hohe sowjetische Favoriten, Igor Kanygin, Boris Pavlov, Valeri Schare und David Rigert, erreichten kein gültiges Ergebnis im olympischen Dreikampf.

Der 153 kg schwere Russe Vassili Alexeyev machte das Superschwergewicht zu einer Ein-Mann-Schau. Der Bellenberger Rudolf Mang, ein deutscher Herkules, mit 18 Jahren schon Olympiafünfter in Mexiko 1968, verbesserte sich im Dreikampf gegenüber 1968 um 85 kg und wurde doch nur Zweiter, chancenlos gegen Alexeyev, von dem berichtet wurde, er habe im olympischen Dorf zum Frühstück 26 Spiegeleier gegessen.

20 Jahre nach seinem Olympiasieg, mittlerweile allmächtiger Trainer der Heber

Vassili Alexeyev: Mit 640 kg im olympischen Dreikampf unterstreicht der Russe seine Ausnahmestellung im Superschwergewicht.

Rußlands, wog Alexeyev immer noch über drei Zentner und sah so aus, als könne er zum Aufwärmen nach dem Aufstehen wieder 26 Spiegeleier vertragen.

Der legendäre David Rigert von der Wolga ging im Mittelschwergewicht im Drücken mit 187,5 kg und damit olympischem Rekord gewaltig in Führung und scheiterte dann dreimal an 160 kg im Reißen, obwohl er den Weltrekord mit 167,5 kg hielt.

Der Olympiasieger Andon Nikolov aus Bulgarien, ein Beau der Hantel, hatte im Drücken mit 180,0 kg und im Reißen mit 155,0 kg aufgehört. Rigert benahm sich nach seinem Ausscheiden so schlecht, daß er nach Hause geschickt werden mußte. 1976 in Montreal holte er dann seinen Olympiasieg nach.

Die Schatten des palästinensischen Terroranschlags legten sich allerdings schwer auf das Heberturnier. Zwei Starter aus Israel, Zeev Friedman und David Berger, starben in München.

Schwimmen

Mark Spitz holt siebenmal Gold

Mit der olympischen Erfahrung, 1968 gut, aber nicht gut genug gewesen zu sein, kam Mark Spitz 1972 aus Modesto nach München. 1968 hatte er in Mexiko City zwei Goldmedaillen (4x100 m und 4x200 m Freistil), eine silberne (100 m Schmetterling) und eine bronzene (100 m Freistil) gewonnen. Als selbsternannter Favorit hatte er aber mit mindestens sechs Olympiasiegen gerechnet, nachdem er 1967 bei den Panamerikanischen Spielen mit fünf Goldmedaillen am Lollipop des Ruhms genascht hatte.

Der größte Frust von 1968 war dabei nicht einmal, daß er als Weltrekordmann über 200 m Butterfly im Finale nur den achten und letzten Platz belegte, sondern

Mark Spitz: Mit sieben Goldmedaillen ist der Amerikaner, der hier über 100 m Butterfly einem ungefährdeten Sieg entgegenschwimmt, der erfolgreichste Athlet der Spiele.

die Schmach, wegen seines zweiten Platzes über 100 m Schmetterling (hinter Doug Russell) nicht in der goldenen Lagenstaffel der USA eingesetzt worden zu sein.

In München sollte alles golden werden. Der Berufsschwimmer Spitz, 22 Jahre alt, war von sich so überzeugt, daß er mit einem Understatement antrat, das schon wieder Überheblichkeit war. Als er sich am 4. September 1972, nach dem Gewinn der 4x100 m Lagen, alle sieben Goldmedaillen umhängte, um ein Foto für die Ewigkeit schießen zu lassen, wirkte er wie eine Kunstfigur aus einem Wachsfigurenkabinett. So programmiert wie er, das wurde deutlich, sollten Olympiakämpfer auch wieder nicht sein.

Und hier sind die goldenen Tage des Mark Spitz:

- ▷ **28. August:** 200 m Butterfly. Rache für Mexiko. Doch nur noch einer aus dem Finale von 1968 war wieder dabei: der Deutsche Folkert Meeuw. Mark Spitz gewann in der Weltrekordzeit von 2:00,70 min. Weltrekord schwamm auch die amerikanische 4x100-m-Freistilstaffel (3:26,42 min) mit Mark Spitz als Schlußmann.
- ▷ **29. August:** Sieg über 200 m Freistil vor seinem Landsmann Steven Genter und dem Deutschen Werner Lampe. Weltrekord mit 1:52,78 min. Ab 50 m allein in Front.
- ▷ **31. August:** 100 m Butterfly – die klarste Angelegenheit: Als Weltrekordmann mit 54,56 sec sprang er ins Wasser, nach 54,27 sec war er am Ziel – anderthalb Körperlängen Vorsprung. Weltrekord auch über 4x200 m Freistil mit den Kameraden. Mark Spitz wieder am Schluß. Spitz Spitze.
- ▷ **3. September:** 100 m Freistil. Obwohl Weltrekordmann mit 51,47 sec, hatte Spitz großen Respekt vor Jerry Heidenreich, seinem hochgewetteten Landsmann. Marks Vater Arnold wollte seinem Sohn die 100 m ausreden; dann trat er doch an und gewann in neuer Weltrekordzeit: 51,22 sec.
- ▷ **4. September:** Goldmedaille Nummer sieben in der Lagenstaffel (Weltrekord mit 3:48,16 min).

Nach München und nach 35 Weltrekorden nahm Mark Spitz seinen Abschied. Seine Pläne, eine Karriere im Showgeschäft von Hollywood und beim Fernsehen zu beginnen, zerschlugen sich. Als 41jähriger versuchte Mark Spitz 1991 ein Comeback als Olympiaschwimmer. Es mißlang.

Roland Matthes: Wie bereits 1968 in Mexiko City gewinnt der Thüringer auch in München die 100 und 200 m Rücken.

Schwimmen

Matthes schafft erneut das Double

Der 1950 in Pössneck in Thüringen geborene Roland Matthes war zehn Jahre lang, von 1966 bis 1975, der beste Rückenschwimmer der Welt. In der DDR war er so populär, daß er siebenmal zum Sportler des Jahres gewählt wurde. Bei drei Olympischen Spielen, zwei Welt- und zwei Europameisterschaften gewann er zwölf goldene, zwei silberne und eine bronzene Medaille. Bei den Spielen in Mexiko siegte er über 100 und 200 m Rücken und wiederholte dieses Double 1972 in München. In seiner glanzvollen Karriere stellte er 19 Welt- und 29 Europarekorde auf und wurde 38mal DDR-Meister.

Bei den Spielen in Mexiko war der hagere Stilist noch keine 18 Jahre alt. Die 100 m gewann er in 58,7 sec mit dem sensationellen Vorsprung von 1,5 sec vor Charles Hickcox (USA), die 200 m etwas knapper gegen den Amerikaer Mitch Ivey. Als Startschwimmer der DDR-Lagenstaffel, die Silber holte, stellte er mit 58,0 sec einen neuen Weltrekord auf. In München schwamm er ebenfalls 100-m-Weltrekord in der Lagenstaffel (erneut Silber) und war als 200-m-Sieger auch mit Weltrekord erfolgreich.

Ein Zeitgenosse von Matthes, der Wiesbadener Europameister Folkert Meeuw, sagte einmal über den Ausnahmeschwimmer aus Thüringen: »Der Kerl ist ein anatomisches Wunder. Wenn er rückenschwimmt, liegt er nur noch mit dem Hintern im Wasser.«

Roland Matthes heiratete 1978 die acht Jahre jüngere Kornelia Ender, die 1976 in Montreal vier Goldmedaillen, ebenfalls im Schwimmen, gewonnen hatte. Das Ehepaar, das sich Mitte der 80er Jahre wieder trennte, kam bei Olympia auf acht Gold-, sechs Silber- und zwei Bronzemedaillen. Als viermalige Sportlerin des Jahres in der DDR erreichte Kornelia nicht ganz den hohen Standard ihres Mannes.

1989 kam Matthes als Arzt nach Tauberbischofsheim und ging später nach Hanau. Kornelia Ender war ab 1990 als Physiotherapeutin in Mainz tätig; sie ist in zweiter Ehe verheiratet mit Stefan Grummt, der ein Bobfahrer und Zehnkämpfer (1983 WM-Achter) war.

1976 Innsbruck

4. bis 15. Februar 1976
Dauer **12 Tage**
Teilnehmer **1128 (900 Männer, 228 Frauen)**
Länder **37**
Sportarten **7**
Entscheidungen **37**
Zuschauer **735 000**
Schirmherr **Bundespräsident Rudolf Kirchschläger**
Eidsprecher **Werner Delle-Karth (Bobfahren)**
Letzte Fackelläufer **Christel Haas (alpiner Skilsport), Josef Feistmantl (Rennrodeln)**

Olympische Winterspiele 1976 in Innsbruck: Olympiaplakat; ursprünglich war Denver als Austragungsort der Spiele vorgesehen.

Eröffnungsfeier: Das olympische Feuer brennt in zwei Schalen, zum Zeichen dafür, daß Innsbruck nach 1964 zum zweitenmal die Winterspiele ausrichtet.

»The Rosi Games« in Österreich

Englisch ist die Sportsprache schlechthin, und so kann es nicht wundern, daß britische Journalisten den Winterspielen in Innsbruck folgenden Titel gaben: »The Rosi Games«. In der Tat stand das Fest ganz im Zeichen der damals 25 Jahre alten Rosi Mittermaier. Die Skirennläuferin von der Winklmoosalm oberhalb von Reit im Winkl gewann Abfahrt und Slalom und erkämpfte sich danach noch Silber im Riesenslalom. In jenem Glanzjahr 1976 wurde sie noch Kombinationsweltmeisterin, Siegerin des Weltpokals in der Gesamtwertung, im Slalom und in der Kombination. Die Wahl zu Deutschlands Sportlerin des Jahres rundet das Bild einer der populärsten Skisportlerinnen aller Zeiten, die mit ihrer heiteren Seele eine Kultfigur ohne Starallüren wurde.

Daß Raisa Smetanina aus der UdSSR im Skilanglauf ebenfalls zwei Goldmedaillen und eine silberne holte, die Eisschnelläuferin Tatyana Averina vier Medaillen (2–0–2) in die Sowjetunion heimbrachte und die Eissprinterin Sheila Young aus den USA ihre Fans elektrisierte – das alles spielte keine Rolle. Rosi Mittermaier war die Königin der Spiele.

Mit 27 (13–6–8) Medaillen besetzten die Sportler der UdSSR klar die Spitzenposition vor der DDR mit 19 (7–5–7) Medaillen. Das waren zusammen 20 Goldmedaillen und 46 Medaillen; der Rest der Welt holte 17 Goldmedaillen und 65 Medaillen. Frankreich, Schweden und die Tschechoslowakei blieben ohne Olympiasieg, Japan vier Jahre nach Sapporo sogar ohne jeden Ehrenplatz.

Medaillenspiegel Innsbruck 1976

Land	G	S	B
1. URS	13	6	8
2. GDR	7	5	7
3. USA	3	3	4
4. NOR	3	3	1
5. FRG	2	5	3
6. FIN	2	4	1
7. AUT	2	2	2
8. SUI	1	3	1
9. NED	1	2	2
10. ITA	1	2	1

Bergisel-Stadion: Blick von der Skischanze auf Innsbruck

In der grandiosen Rosi-Inszenierung bildeten die Statisterie die nordischen Skiläufer wie Nikolai Bashukov und Sergei Zaveliev aus der UdSSR, der Norweger Ivar Formo, der Finne Juha Mieto, der Kombinierer Ulrich Wehling aus der DDR (mit seiner zweiten Goldmedaille nach 1972), der Biathlet Nikolai Kruglov aus der Sowjetunion, die unschlagbaren DDR-Rodler und der Doppel-Olympiasieger im Bob, Meinhard Nehmer. Eine Ausnahme: Franz Klammer, der mit der Abfahrt die alpine Königsdisziplin bei den Herren gewann.

Die erfolgreichsten Sportler von Innsbruck

Name	Sportart	G	S	B
1. Rosi Mittermaier FRG	alpiner Skisport	2	1	–
Raisa Smetanina URS	nordischer Skisport	2	1	–
3. Tatyana Averina URS	Eisschnellauf	2	–	2
4. Nikolai Kruglov URS	Biathlon	2	–	–
Meinhard Nehmer GDR	Bobsport	2	–	–
Bernhard Germeshausen GDR	Bobsport	2	–	–
7. Anni Takalo FIN	nordischer Skisport	1	2	–
8. Nikolai Bashukov URS	nordischer Skisport	1	1	1
Sheila Young USA	Eisschnellauf	1	1	1
10. Ivar Formo NOR	nordischer Skisport	1	1	–
Piet Kleine NED	Eisschnellauf	1	1	–
Sten Stensen NOR	Eisschnellauf	1	1	–

Die olympische Familie

Brundage geht, Killanin kommt

Machtwechsel im IOC. Am 12. Oktober 1972 übernahm der in München neu gewählte IOC-Präsident Lord Mike Killanin aus Irland, zu diesem Zeitpunkt 58 Jahre alt, die Macht in der olympischen Bewegung. In Lausanne überreichte ihm Avery Brundage den Schlüssel zum Chateau de Vidy. Einer der Zeugen der Schlüsselübergabe war der Protokollchef Juan Antonio Samaranch, der von diesem Augenblick an nicht mehr aus dem inneren Kreis der IOC-Gewaltigen wegzudenken war.

Mit Brundage verschwand die dominierende olympische Figur. Der Amerikaner war kein Freund des umtriebigen Italieners Giulio Onesti mit seiner Vereinigung der NOKs (ANOC) und hatte auch wenig Sympathien für den machtgierigen Franzosen Roger Coulon gehabt, dem die Gründung der Vereinigung der Weltfachverbände (AGFIS) gelungen war. Die ANOC entstand 1966, Coulons AGFIS 1967. Coulon war zu dieser Zeit Präsident des Weltverbandes der Ringer; er starb 60jährig 1971 in Lausanne. Sein Nachfolger wurde Thomas Keller vom Weltruderverband.

Onesti, Coulon und Keller wurden, alle drei Gegner der Vorherrschaft des IOC, zu den Baumeistern der Tripartitekommission, die aus jeweils drei Delegierten von IOC, ANOC und AGFIS bestand und deshalb auch Dreierkommission genannt wurde. Diese Kommission, von Brundage ignoriert, wurde von Killanin anerkannt und bereitete den von 1971 auf 1973 und von Sofia nach Varna verlegten olympischen Kongreß vor. Die Dreierkommission arbeitete den sozialistischen Befürwortern einer Entmachtung des IOC in die Hände, allen voran den Sowjets, die dauernd von überfälligen olympischen Strukturreformen redeten und von der Demokratisierung des IOC faselten. Niemand wagte damals gegen die verlogene sowjetische Formel von der Demokra-

Lord Mike Killanin:
1974 in Wien bei der Bekanntgabe von Moskau als Ausrichter der Olympischen Sommerspiele von 1980

tisierung anzugehen, am allerwenigsten Killanin, der nur ein Präsident für gutes Wetter war.

Ein Jahr nach Varna 1973, wo auch die Session des IOC stattfand, wurden 1974 in Wien die Olympischen Spiele von 1980 an Moskau vergeben. Einziger Konkurrent war Los Angeles. Um die bitterbösen Sowjets nicht zu beleidigen, die immer noch nicht ihre Niederlage von Amsterdam 1970 vergessen hatten, wurde vor der geheimen Wahl festgelegt, daß die Stimmenzahl nicht bekanntgegeben würde. Moskau wurde als Gewinner ausgerufen. Da Lake Placid nach dem Verzicht von Vancouver-Garibaldi 19 Tage vorher alleiniger Kandidat für die Winterspiele 1980 war, hatte das IOC nicht mehr viel abzustimmen. Am 23. Oktober 1974 war in Wien alles klar.

Die Rhodesien-Frage beschäftigte das IOC 1975 in Lausanne über Gebühr. Die britische Kolonie in Selbstverwaltung nannte sich zwar Republik, war aber nicht unabhängig, wie Schwarzafrikaner meinten (1971 bis 1980). 239 000 Europäern standen 5,3 Millionen Farbige gegenüber. Rhodesien hatte an drei Olympischen Spielen teilgenommen (1928, 1960 und 1964), war aber 1972 an einem Start in München gehindert worden. Die Schwarzafrikaner forderten den Ausschluß Rhodesiens, das noch nach einem neuen Namen suchte, den es dann 1980 hatte: Zimbabwe. Der Ausschluß aus dem IOC wurde mit 41:26 Stimmen vollzogen.

Die olympische Familie

Innsbruck sprang für Denver ein

Schon im September 1971 in Luxemburg, wo die 71. Session des IOC stattfand, hörte man von Schwierigkeiten Denvers. Die Winterspiele 1976 in Colorado sollten plötzlich dreigeteilt werden (Denver-Vail-Steamboat Springs), um vorhandene Einrichtungen zu nutzen. Ökologen machten sich bemerkbar. Eine Bürgerinitiative wandte sich gegen die olympischen Pläne und vor allem gegen das Geldausgeben.

Plötzlich war von den großen Feierlichkeiten anläßlich der 200-Jahrfeier der USA und des 100. Geburtstages des Staates Colorado keine Rede mehr. Denvers Bevölkerung wollte nichts mehr von den Spielen hören. In einem Referendum stimmten 59,4 Prozent der Einwohner Denvers gegen weitere Bereitstellung von Dollars. Am 15. November 1972 gaben die Amerikaner die Spiele zurück.

Der Reinfall schreckte das IOC auf, an dessen Spitze nun Mike Killanin stand, und dies gerade drei Monate. Die IOC-Exekutive ließ mehr oder weniger diskret nach einem neuen Austragungsort forschen. Man hörte, daß Tampere, Lake Placid, Chamonix (mit dem Bürgermeister Maurice Herzog, Mitglied des IOC) und Innsbruck (mit dem Bür-

Rosi Mittermaier: Drei Tage nach ihrem Sieg in der Abfahrt gewinnt die Deutsche auch den Spezialslalom (o.). Im Riesenslalom (u.) wird sie Zweite hinter der Kanadierin Kathy Kreiner (M.) Die Französin Daniele Debernard (r.) holt die Bronzemedaille.

germeister Alois Lugger, der schon 1964 Olympia-Gastgeber gewesen war) sich angeboten hatten.

Was immer an jenem 4. Februar 1973 in Lausanne passierte, als Innsbruck zum Olympiaort 1976 bestimmt wurde, ohne daß der Findungsprozeß in der Öffentlichkeit erhellt wurde – es war die optimale Entscheidung. Auf dem olympischen Kongreß 1973 in Varna wurde acht Monate später über den Wechsel gar nicht mehr diskutiert. Ein österreichischer Vorschlag, den Eistanz in das Olympia-Programm aufzunehmen, wurde von dem wenig sensiblen Killanin aus formalen Gründen zurückgewiesen. Der Wettbewerb wurde dann doch 1976 olympisch.

Alpiner Skisport

Rosi Mittermaier wird »Skikönigin«

Am 8. Februar 1976 gewann Rosi Mittermaier die Abfahrt gegen 37 Konkurrentinnen aus 15 Ländern, darunter ihre drei Jahre jüngere Schwester Evi, die Dreizehnte wurde. Rosis älteste Schwester Heidi hatte 1964 in Innsbruck den 23. Rang in der Abfahrt belegt – doch dies nur als Einsprengsel.

Rosi Mittermaier, bis zu diesem Tag als eher unsichere Kantonistin bekannt, fuhr souverän und hatte über eine halbe Sekunde Vorsprung vor der Österreicherin Brigitte Totschnig und der Amerikanerin Cynthia Nelson, die schon anderthalb Sekunden zurücklag. Nichts war mit den Schweizerinnen Doris de Agostini, Marie-Theres Nadig und Bernadette Zurbriggen, nichts mit den Französinnen Daniele Debernard und Jacqueline Rouvier, nichts mit Monika Kaserer aus Österreich.

Als der Spezialslalom drei Tage später ausgerichtet wurde, wälzte sich eine deutsche Fan-Lawine über die Grenze. Man wollte Rosi sehen, und man sah sie. Nach dem ersten Durchgang führte mit 46,68 sec Rosis Teamkameradin Pamela Behr. Rosi lag 0,09 sec zurück; dahinter dann alles, was Namen hatte. Pamela machte dann mit einem langsamen zweiten Lauf (nur Siebte) Platz für die Konkurrenz. Hanni Wenzel aus Liechtenstein setzte dann ein neues Maß, wurde aber sofort von Rosi

Franz Klammer: Der Österreicher gewinnt die Abfahrt vor dem Schweizer Bernhard Russi, dem Sieger von 1972 in Sapporo.

Mittermaier gekontert, die mit 43,77 sec einen Traumlauf erwischte und auch von der bravourösen Italienerin Claudia Giordani nicht mehr erreicht wurde. Zweite Goldmedaille also für die Seniorin im alpinen Skizirkus.

Es kam der dritte und letzte Wettbewerb am 13. Februar, der Riesenslalom; ihn gewann die Kanadierin Kathy Kreiner, die einen Glückstag erwischt hatte. Rosi wurde Zweite, und die Fans waren mehr enttäuscht als sie, die nur sagte: »Ich habe nicht verloren, sondern Silber gewonnen.«

Alpiner Skisport

Favorit Klammer erfüllt Erwartungen

Das waren die Namen, die Franz Klammer verfolgten: Henri Oreiller, Zeno Colo, Toni Sailer, Jean Vuarnet, Egon Zimmermann, Jean-Claude Killy und Bernhard Russi – die Olympiasieger in der Abfahrt seit 1948. Der Österreicher Klammer hatte 1975 von neun alpinen Weltpokalrennen acht gewonnen und galt als Superfavorit. Er stand unter Druck.

Als Bernhard Russi, der Schweizer Titelverteidiger, 1:46,06 min vorlegte, wußte Klammer, woran er war, und hätte eigentlich beruhigt sein können, denn in fast drei Jahrzehnten war ein Olympiasieg in der Abfahrt nicht wiederholt worden. Franz Klammer raste die 3,1 km lange Strecke in 1:45,73 min hinab. Es war der 5. Februar 1976, und die Österreicher waren glücklich; sie hatten Grund dazu. Austrias zweite Goldmedaille gab es erst am letzten Tag der Spiele; Karl Schnabl gewann sie auf der Großschanze.

Was die beiden anderen alpinen Skiwettbewerbe der Herren betrifft, so gingen sie an den Italiener Piero Gros (Slalom) und an den Schweizer Heini Hemmi (Riesenslalom), der keinen der beiden Durchgänge als Bester absolvierte. Dies taten bekanntere Athleten: Gustav Thöni im ersten Lauf und Ingemar Stenmark aus Schweden im zweiten. Stenmark gewann Bronze, Thöni belegte den vierten Platz.

Bobsport und Rodeln

Eiskanal fest in deutscher Hand

Wenn jemals die »doppelten Deutschen« im olympischen Geschehen penetrant und aufdringlich im Erfolg waren, dann in Igls beim Rennrodeln und Bobfahren. Sie siegten in allen fünf Wettbewerben und

Bobfahren: Der Viererbob DDR I mit Meinhard Nehmer, Jochen Babock, Bernhard Germeshausen und Bernhard Lehmann auf dem Weg zur Goldmedaille

gewannen zwölf von 15 möglichen Medaillen. Eine bronzene Medaille ging an Österreich im Rodeln (Doppel Rudolf Schmid/ Franz Schachner) und Silber und Bronze an den Schweizer Bobpiloten Erich Schärer. Und dies muß man noch hinzufügen: Die DDR-Rodler Hans-Heinrich Winckler und Eva-Maria Wernicke gewannen als Vierte nur deshalb keine Medaille, weil drei Deutsche vor ihnen lagen.

Rennrodeln: Das bundesdeutsche Team feiert Josef Fendt, der hinter Dettlef Günther aus der DDR die Silbermedaille im Einer gewinnt.

Der Olympiazweite im Einer, Josef Fendt aus Berchtesgaden, wurde 1994 Präsident des Internationalen Rennrodelverbandes (FIL). Eva-Maria Wernicke heiratete noch im Sommer 1976 den Olympiasieger in der Nordischen Kombination, Ulrich Wehling.

Der in Innsbruck 35 Jahre alte Meinhard Nehmer, ein früherer Speerwerfer (81,50 m im Jahr 1971), schlug in Igls im Zweier und Vierer jeweils einen früheren und einen kommenden Olympiasieger, nämlich Wolfgang Zimmerer und Erich Schärer. 1980 gewann er noch einmal den Vierer und wurde Dritter im Zweier. Auch in der Liste der Welt- und Europameister ist er verzeichnet.

Für einen Wintersportler hatte Nehmer einen interessanten Beruf: Er arbeitete in einer Wetterbeobachtungsstelle am Kap Arkona auf der Insel Rügen und war Fregattenkapitän der DDR-Marine.

1976 Montreal

17. Juli bis 1. August 1976
Dauer **16 Tage**
Teilnehmer **6028 (4781 Männer, 1247 Frauen)**
Länder **94 (88)**
Sportarten **21**
Entscheidungen **198**
Zuschauer **3 137 000**
Schirmherrin **Königin Elisabeth von Großbritannien**
Eidsprecher **Pierre Saint-Jean (Gewichtheben)**
Letzte Fackelläufer **Sandra Henderson (Leichtathletik), Stephen Prefontaine (Leichtathletik)**

Eröffnungsfeier: Die olympische Flagge – entstanden nach einem Entwurf von Pierre de Coubertin – wird für die Dauer der Spiele gehißt.

Keine Goldmedaille für den Gastgeber

Olympische Spiele sind immer auch reine Geschmackssache. Als in einem kleinen olympischen Kreis an einem Dezemberabend 1994 in Atlanta das Gespräch auf Montreal 1976 kam, sagte der Kanadier Richard Pound in Anwesenheit seiner Kollegen Niels Holst-Sörensen aus Dänemark und Thomas Bach aus Deutschland: »Die für mich bleibenden Erlebnisse von Montreal sind die Eröffnungsfeier und das Volleyball-Finale der Herren zwischen Polen und der Sowjetunion.«

Ein Europäer wäre mit Sicherheit nicht auf diese Prioritäten gekommen. Beim Nachfassen sagte Pound, sich der eigenen sportlichen Vergangenheit als Freistilschwimmer erinnernd: »Da war diese Kornelia Ender.«

Bei der Eröffnungsfeier beschallte die Musik mit ihren Tonsalven aus 40 Verstärkern den Betonkessel des Stadions auf fast unerträgliche Weise; über die halbfertige Anlage dahinfetzende Düsenjäger in den rot-weißen Nationalfarben Kanadas ergänzten das schrille Konzert mit ihrer Kakophonie. Geschmackssache eben.

Und Volleyball mit dem 3:2-Sieg Polens über die Sowjetunion als emotionales Nonplusultra ist auch erstaunlich, hätte man doch eher mit einer Anspielung auf Lasse Viren, Alberto Juantorena, Bruce Jenner, Irena Szewinska, Tatyana Kasankina, die Box-Brüder Spinks, Vassili Alexeyev, John Naber oder die Turngrößen Nikolai Andrianov und Nadia Comaneci, gerechnet. Irgendwann wäre man dann auch auf die vierfache Goldmedaillengewinnerin Kornelia Ender aus der DDR gekommen.

Richard Pound (* 1942) war 1960 in Rom Olympiafinalist im Schwimmen über 100 m Freistil und 4x100 m Lagen gewesen und gehörte 1976 dem Organisationskomitee der Spiele an. Er wurde 1978 Mitglied des IOC, in dem der Jurist schnell zum Chef-Vermarkter aufstieg. Thomas Bach war 1976 Fecht-Olympiasieger mit der deutschen Florettmannschaft. Niels Holst-Sörensen hatte 1948 in London im Olympiafinale über 800 m gestanden und 1946 die Europameisterschaft über 400 m gewonnen. So kamen dann nach Pounds schma-

Medaillenspiegel Montreal 1976

Land	G	S	B
1. URS	49	41	35
2. GDR	40	25	25
3. USA	34	35	25
4. FRG	10	12	17
5. JPN	9	6	10
6. POL	7	6	13
7. BUL	6	9	7
8. CUB	6	4	3
9. ROM	4	9	14
10. HUN	4	5	13

Die erfolgreichsten Sportler von Montreal

Name	Sportart	G	S	B
1. Nikolai Andrianov URS	Turnen	4	2	1
2. John Naber USA	Schwimmen	4	1	–
Kornelia Ender GDR	Schwimmen	4	1	–
4. Nadia Comaneci ROM	Turnen	3	1	1
5. Nelli Kim URS	Turnen	3	1	–
6. Jim Montgomery USA	Schwimmen	3	–	1
7. Ulrike Richter GDR	Schwimmen	3	–	–
8. Andrea Pollack GDR	Schwimmen	2	2	–
9. Mitsuo Tsukahara JPN	Turnen	2	1	2
10. John Hencken USA	Schwimmen	2	1	–
Sawao Kato JPN	Turnen	2	1	–

Das Olympiastadion im Januar 1975: Anderthalb Jahre vor Beginn der Spiele waren die Wettkampfstätten noch im Rohbau.

lem Einstieg noch andere Montreal-Themen zur Sprache.

Es gab ihrer genug. Die Kanadier im allgemeinen und die Stadt am St.-Lorenz-Strom im besonderen hatten ihre Probleme mit den Spielen. Sechs Jahre lang irritierten Hiobsbotschaften von verschleppten Baumaßnahmen und fehlendem Geld die olympisch interessierte Öffentlichkeit. Dazu kam, daß der Kanadier professionell betriebene Sportarten wie Eishockey, Baseball und Football bevorzugt und nur eine lose Bindung zu Olympia hat.

Der Boykott der Schwarzafrikaner, das Einreiseverbot für Taiwan, die fast unerträgliche Arroganz des kanadischen Premiers Pierre Elliott Trudeau, der die olympischen Gäste wohl für Banausen hielt, die strengen Sicherheitsmaßnahmen nach dem Terroranschlag von München 1972 und schließlich das erste Aufbäumen gegen Doping waren nicht unbedingt ein Glücksfall für die olympische Bewegung.

Ohne die über die benachbarte Grenze herübergekommenen Amerikaner, die hin und wieder für richtige Stimmung sorgten, wären die Spiele im Trostlosen versandet. Außerdem blieben die Gastgeber ohne einen Olympiasieger. Das war in der 80jährigen Geschichte der Sommerspiele noch nicht vorgekommen.

Die Sowjetunion gewann die Medaillenwertung mit 49 Gold-, 41 Silber- und 35 Bronzeplaketten vor der DDR (40–25–25), den USA (34–35–25) und der Bundesrepublik Deutschland (10–12–17). Was die Olympiateilnahme anging (und immer noch angeht), so streiten sich die Historiker, ob 88 oder 94 Länder teilgenommen haben. Sportler aus Ägypten, Kamerun, Marokko und Tunesien starteten anfangs, mußten dann aber nach dem schwarzafrikanischen Boykottbeschluß heimkehren.

Die olympische Familie

Trudeau verweigert Taiwanesen Einreise

Die erfolgreiche Erpressung des IOC durch die Schwarzafrikaner im Fall Rhodesien machte Appetit auf mehr. Die Reise einer neuseeländischen Rugbymannschaft im Frühjahr 1976 durch das olympisch geächtete Südafrika nutzten 16 afrikanische NOKs zu der Forderung, Neuseeland die Olympiateilnahme in Montreal zu verbieten. Die Afrikaner ließen dabei völlig außer acht, daß es sich bei Rugby um eine nichtolympische Sportart und bei den Neuseeländern um Professionals handelte.

Die Folge war, daß auf der 78. Session des IOC in Montreal die Neuseeländer nicht ausgeschlossen wurden. Der Fall war schnell abgehandelt. Allerdings begannen danach verschiedene Olympiateams, die schon in Montreal waren, abzureisen. IOC-Präsident Lord Mike Killanin reagierte hilflos. Die Großmächte – im Sport wie in der Politik die USA und die UdSSR – hielten sich zurück. Sie waren nicht interessiert.

Auch im Fall von Taiwan regten sich nur die Demokraten im IOC auf. Kanadas Ministerpräsident Pierre Elliott Trudeau, damals 57 Jahre alt, verweigerte den Nationalchinesen die Einreise. Der arrogante Kanadier, den die Spiele innerlich nicht berührten und der die Olympier offensichtlich mehr für Muskel- denn für Geistesathleten hielt, tat dies den Rotchinesen zuliebe, die zwar nicht in Montreal starten wollten, aber politisch sozusagen auf dem »Sprung nach vorn« waren. Als das NOK von Taiwan seine Identität aufgeben sollte, um Trudeau, dem IOC und den Chinesen in Peking einen Gefallen zu tun, verzichtete es lieber.

China und Taiwan fehlten dann 1976. Aus Afrika kamen nur versprengte Teams aus Ägypten, Kamerun, Marokko, Senegal und Tunesien. 119 Länder hatten gemeldet, 94 erschienen zur Eröffnung, 84 sollen am Ende der Spiele noch dagewesen sein.

Leichtathletik

Lasse Viren wird wieder Doppelsieger

In der Leichtathletik taten sich einige merkwürdige Dinge. Amerikas Stars gewannen nur drei Laufwettbewerbe, die 400 m Hürden durch Edwin Moses und die beiden Staffeln der Männer; die Damen kehrten ohne jedes Gold heim. Der Kubaner Alberto Juantorena, »El cavallo« (das Pferd) genannt, sicherte sich das bislang einmalige Sieger-Double über 400 und 800 m, und der kurz nach den Spielen auf einer französischen Autobahn tödlich verunglückte Ivo van Damme aus Belgien kam über 800 und 1500 m jeweils auf den zweiten Platz. Der Finne Lasse Viren vollbrachte das Kunststück, wie 1972 in München die 5000 und 10 000 m zu gewinnen, doch das Eingeständnis, Blutwäsche vorgenommen zu haben, befleckte seinen Namen.

Lasse Viren (r.): Der Finne gewinnt wie 1972 in München die 5000 und 10 000 m.

Im Hochsprung tauchte mit dem Amerikaner Dwight Stones zwar der erste Showman in diesem Wettbewerb auf, aber es gewann der Pole Jacek Wszola vor Gregory Joy, der am drittletzten Tag der Spiele Kanadas letzte Hoffnung auf eine Goldmedaille war. Dritter wurde Stones, der zweimal sein Trikot wechseln mußte, weil dieses in beiden Fällen nicht den Regeln entsprach, und der von den Zuschauern wegen seiner Kritik an den Franko-Kanadiern bei seinen Versuchen ausgebuht wurde.

Ein anderer Amerikaner, dem die Eigenwerbung auch nicht fremd war, gewann das Diskuswerfen, doch wurde später behauptet, Mac Wilkins' positiver Dopingbefund sei unterdrückt worden. Als für den überlegenen Zehnkampf-Olympiasieger Bruce Jenner aus den USA das »Go, Jenner, go!« seiner Frau von der Stadiontribüne erschallte, hätte diese jedem Besucher die Hand schütteln können, so wenige waren gekommen.

100-m-Lauf: Nach dem Finale gratuliert Inge Helten (l.), die Bronze gewinnt, der Siegerin Annegret Richter.

Leichtathletik

Deutschlands Damen sind die Schnellsten

Von den 14 leichtathletischen Wettbewerben der Damen gewannen die »doppelten Deutschen« allein zehn, und die »Fräuleins« holten sich von den 42 vergebenen Medaillen nicht weniger als 24, im Sprint über 100 und 200 m sogar alle verfügbaren.

Im 200-m-Lauf waren die ersten Fünf Deutsche; man hat es kaum registriert und schon bald vergessen:

1. Bärbel Eckert, die auch 1980 gewinnen sollte
2. Annegret Richter, die drei Tage vorher die 100 m mit Gold beendet hatte
3. Renate Stecher, die Doppel-Olympiasiegerin von München 1972
4. Carla Bodendorf
5. Inge Helten, hinter Richter und Stecher Olympiadritte über 100 m von Montreal.

Ein paar Sätze noch zu dem »Fräuleinwunder«: Renate Stecher, die bei den Olympischen Spielen 1972 und 1976 insgesamt drei Gold-, zwei Silber- und eine Bronzemedaille gewinnen konnte, war zwischen 1970 und 1974 in genau 90 Rennen über 100 und 200 m unbesiegt geblieben. 1976 liefen Inge Helten mit 11,04 sec und Annegret Richter mit 11,01 sec Weltrekord, womit sie die alte Marke von Renate Stecher (11,07 sec) verbesserten. Es war dann die 100-m-Olympiaachte von Montreal, Marlies Ölsner-Göhr, die 1977 als erste Frau mit 10,88 sec unter der Elf-Sekunden-Grenze blieb.

Ölsner, Stecher, Bodendorf und Eckert bildeten dann auch die Goldmedaillenstaffel über 4x100 m, die mit 42,55 sec gerade vier Hundertstelsekunden vor dem Silberteam der Bundesrepublik Deutschland mit Elvira Possekel, Inge Helten, Annegret Richter und Annegret Kroniger lag. Waren das noch Zeiten!

Olympiasiege für die DDR gab es dann noch für Johanna Schaller über 100 m Hürden, Angela Voigt im Weitsprung, Rosemarie Ackermann im Hochsprung, Evelin Schlaak im Diskuswerfen, Ruth Fuchs im Speerwerfen und Siegrun Siegl im Fünfkampf. Rosemarie Ackermann übersprang 1977 als erste Frau die 2-m-Marke.

Irena Szewinska: Die Polin nahm an fünf Olympischen Spielen teil und holte sieben Medaillen in fünf verschiedenen Wettbewerben. In Montreal gewinnt sie die 400 m in Weltrekordzeit (49,29 sec) vor den DDR-Läuferinnen Christina Brehmer und Ellen Streidt.

Über 400 m lief Irena Szewinska, eine 1946 in Leningrad geborene Polin mit dem Mädchennamen Kirszenstein, Weltrekord mit 49,29 sec; sie nahm an fünf Olympischen Spielen teil, gewann sieben Medaillen in fünf verschiedenen Wettbewerben und wurde später Präsidentin des Nationalen Olympischen Komitees von Polen, eine wirklich außergewöhnliche Dame.

Mit Sicherheit war auch Tatyana Kasankina eine bemerkenswerte Athletin, doch muß man der sowjetischen Doppel-Olympiasiegerin (800 und 1500 m) ankreiden, daß sie 1986, lange nach ihren Triumphen, eine Dopingkontrolle verweigerte. Bei ihrem 1500-m-Weltrekord 14 Tage nach den Spielen von Moskau, wo sie erneut die 1500 m gewann, war sie mit 3:52,47 min schneller als Paavo Nurmi bei seinem 1500-m-Weltrekord (3:52,6 min) im Jahr 1924.

Leichtathletik

Ruth Fuchs, die Speerspitze der DDR

Im Biographischen Lexikon »DDR – Wer war wer« des Berliner Links-Verlages (1992) heißt es über Ruth Fuchs unter anderem: »Geboren in Egeln bei Magdeburg; Kinder- und Jugendsportschule. Medizinisch-technische Assistentin; Pädagogik-Studium in Jena, Psychologin; Promotion zum Dr. päd.; 1984 bis 1990 Vizepräsidentin des Leichtathletik-Verbandes der DDR; Mitglied der Frauen-Kommission des Internationalen Leichtathletik-Verbandes (IAAF). Abgeordnete der Volkskammer.«

Ruth Fuchs (* 1946), Mädchenname Gamm, war eine der besten Speerwerferinnen aller Zeiten. »Queen of javelin« nannte sie der amerikanische Historiker David Wallechinsky. Doch sie war mehr als das. Als typisches Produkt einer sozialistischen Erziehung schon im Kindes- und Jugendalter stand sie stramm und unerschütterlich zur DDR, auch noch, als diese an ihrer eigenen Hybris und menschenverachtenden Politik untergegangen war. Sie kam über die Liste der Partei des Demokratischen Sozialismus (PDS), der SED-Nachfolge-Organisation, in den Bundestag. Doch da war ihre internationale Sportkarriere längst zu Ende und ihr sportpolitischer Stellenwert gleich null.

Was geblieben ist? Ruth Fuchs war Olympiasiegerin in München 1972 und Montreal 1976, wurde aber in Moskau 1980 als Favoritin nur Achte. Sie gewann die Europameisterschaft 1974 und 1978. Elfmal siegte sie bei den DDR-Meisterschaften. Sie warf sechs Weltrekorde, den letzten 1980 vor den Spielen in Moskau mit 69,96 m; die 70 m erreichte sie nicht mehr, obwohl es alle von ihr erwartet hatten.

Zwischen 1970 und 1980 hat sie an 129 Wettkämpfen teilgenommen, von denen sie 113 gewann. Zwischen 1972 und 1974 landete sie 30 Siege in Serie. Die Zahl der Wettkämpfe ist nicht sensationell, allerdings die der Gewinne. Als kühl rechnende Athletin, die immer genau wußte, was sie wollte, hielt sich ihre Popularität in Grenzen. Im wiedervereinigten Deutschland wurde sie trotz ihrer Erfolge zur Unperson. Zu sehr war sie als Speerwerferin auch Speerspitze des DDR-Sports gewesen.

Ein anderer Lebenslauf aus der Welt des Speerwerfens: Marion Steiner. 1950 in Hamburg geboren. In der DDR aufgewachsen. Heirat mit einem Rumänendeutschen namens Becker. Umzug nach Bukarest. 1972 in München Olympiateilnehmerin im Speerwerfen für Rumänien. Siebzehnter Rang. Dritter Grenzwechsel durch Verbleiben in der Bundesrepublik Deutschland.

1976 in Montreal trafen Marion Steiner und Ruth Fuchs aufeinander: Marion als Mitglied des USC München, Ruth als Olympiasiegerin und Weltrekordlerin für den SC Motor Jena. Es trafen sich auch zwei Systeme und Anschauungen: die Grenzgängerin auf Heimatsuche und die DDR-Bürgerin mit sozialistischer Bodenhaftung. In der Qualifikation warf Marion Becker

Speerwerfen: Marion Becker, die 1972 in München noch für Rumänien an den Start ging, gewinnt 1976 in Montreal die Silbermedaille hinter Ruth Fuchs aus der DDR.

mit 65,14 m olympischen Rekord, eine Sensation. Im ersten Versuch des eigentlichen Wettkampfs 24 Stunden später kam Ruth Fuchs auf 65,94 m. Es genügte. Marion Becker erreichte 64,70 m und wurde Zweite. Gold und Silber für deutsche Werferinnen. Ein abgehakter Wettkampf. Es war der Tag, an dem Hasely Crawford aus Trinidad die 100 m gewann. Auch längst abgehakt. Das Denkwürdige des 24. Juli 1976 liegt in der Nachbetrachtung und dem späteren Wissen.

Schwimmen

DDR-Mädchen holen elfmal Gold

Mit 90 Medaillen (40–25–25) und Platz zwei in der Länderwertung hinter der UdSSR spielte die DDR in Montreal eine überragende Rolle. Ihre Schwimmerinnen gewannen mit Ausnahme der 200 m Brust (Marina Koshevaya aus der UdSSR in 2:33,35 min/Weltrekord) und den 4x100 m Freistil (USA in 3:44,82 min/Weltrekord) alle anderen elf Wettbewerbe. Die 17jährige Kornelia Ender war der Superstar.

Die 1958 in Plauen geborene Ender war ein glänzendes Produkt der Spitzensportförderung in der DDR. Die Tochter eines Offiziers der Nationalen Volksarmee und einer Krankenschwester kam schon als Zwölfjährige in eine Kinder- und Jugendsportschule nach Halle, wurde 1972 Olympiazweite über 200 m Lagen sowie in den DDR-Staffeln über 4x100 m Freistil und 4x100 m Lagen. Lange vor der Eiskunstläuferin Katarina Witt war sie das angeblich »schönste Gesicht des DDR-Sozialismus«.

In Montreal stand sie als achtmalige Welt- und viermalige Europameisterin unter Erfolgsdruck und leistete Erstaunliches. Kornelia Ender gewann vier Goldmedaillen und alle vier in Weltrekordzeit: 100 m Freistil in 55,65 sec, 200 m Freistil in 1:59,26 min, 100 m Schmetterling in 1:00,13 min und 4x100 m Lagen mit der DDR in 4:07,95 min. Am 22. Juli 1976, 19.48 Uhr, holte sie sich die Goldmedaille über 100 m Schmetterling, genau 27 Minuten später war sie auch Olympiasiegerin über 200 m Freistil.

Am 25. Oktober 1976 wurde Kornelia Ender 18 Jahre alt; ihre sportliche Karriere war beendet. Sie machte Abitur und nahm ein später abgebrochenes Medizinstudium auf. Sie heiratete den acht Jahre älteren Roland Matthes, wie sie ein Schwimmer, Olympiasieger und Medizinstudent. Die Ehe scheiterte. Kornelia Ender zog 1990 mit ihrem zweiten Mann, dem Zehnkämpfer und Bobfahrer Stefan Grummt, nach Mainz.

Ein halbes Jahr jünger noch als Kornelia Ender war Ulrike Richter aus Görlitz, die in Montreal drei Goldmedaillen gewann, elf Weltrekorde über 100 und 200 m Rücken schwamm, vier Welt- und drei Europatitel sammelte und noch früher Abschied vom

Ulrike Richter (o.): Die dreifache Goldmedaillengewinnerin aus der DDR nach ihrem Sieg über 100 m Rücken

Leistungssport nahm: mit siebzehneinhalb Jahren. Nur einmal gerieten Kornelia Ender und Ulrike Richter aneinander; das war 1976 in Berlin, als Kornelia ihrer Staffelkameradin Ulrike vorübergehend den Weltrekord über 100 m Rücken entriß.

Für die Schwimmerinnen der DDR kamen die schönen olympischen Tage von Montreal nie wieder. Zwar gab es auch 1980 elf Olympiasiege, aber in Moskau fehlten die Amerikanerinnen, die 1978 bei den Weltmeisterschaften in Berlin der DDR-Nationalmannschaft eine verheerende Niederlage beigebracht hatten. 1984 wurde Los Angeles von der DDR boykottiert, und 1988, als die DDR zum letztenmal mit eigener Mannschaft olympisch auftrat, war zuviel von Leistungsmanipulation die Rede, als daß man sich hätte der zehn Goldmedaillen noch wirklich erfreuen können.

Schwimmen

Montgomery bleibt unter 50 Sekunden

Bei den Herren warf Mark Spitz (USA) immer noch seinen Schatten, vor allem wohl deshalb, weil sein Weltrekord über 100 m Schmetterling der einzige in einem olympischen Wettbewerb war, der Montreal überstand. Jim Montgomery (USA) gewann die 100 m Freistil in der neuen Weltrekordzeit von 49,99 sec – als erster Mensch blieb er unter 50 Sekunden. Aber 14 Tage später erzielte der wenig bekannte Jonty Skinner in Philadelphia 49,49 sec. Dieser hatte als Südafrikaner nicht an den Spielen teilnehmen können. Skinner blieb nach seinem Studium in den Vereinigten Staaten und wurde später Schwimmcoach der Universität von Alabama.

John Naber: Der Amerikaner beim Start über 200 m Rücken, die er ebenso wie die 100 m in Weltrekordzeit gewinnt. Über 200 m bleibt er mit 1:59,19 min als erster unter zwei Minuten.

Der fast zwei Meter große Amerikaner John Naber, der später TV-Karriere machte, beherrschte die beiden Rückendistanzen. Er schwamm Weltrekorde, wobei er über 200 m als erster unter zwei Minuten blieb. Zu den drei Goldmedaillen kam noch eine silberne über 200 m Freistil. Er selbst feilte an seinem Mythos, als er von der Griechenlandreise seiner Eltern erzählte: »Mit neun Jahren kam ich nach Olympia, und dort sagte ich, daß ich einmal Olympiasieger werden würde.«

Fechten: Emil Beck (l.) mit seinem Lieblingsschüler Alexander Pusch in den 80er Jahren

Fechten

Medaillen für Becks Musketiere

Im Fechten brillierten Emil Becks Musketiere aus Tauberbischofsheim. Ihrer acht gingen in Montreal an den Start und kehrten mit zwei Gold- und zwei Silbermedaillen heim.

Die Florettmannschaft (Thomas Bach, Matthias Behr, Harald Hein und Erk Sens-Gorius) und Alexander Pusch (Degen) wurden Olympiasieger. Zu Silber kam der Degenfechter Jürgen Hehn im Einzel und in der Mannschaft (mit Hanns Jana, Reinhold Behr und Alexander Pusch).

Acht Jahre später in Los Angeles und erst recht wieder 1988 in Seoul ist von den deutschen Fechtern nur Gutes zu berichten. Einer aus der Schule Emil Becks erhielt dann auch 1991 die höchsten olympischen Weihen. Thomas Bach stieg über die 1981 gegründete Athletenkommission des IOC als Persönliches Mitglied in das IOC auf. 1994/95 leitete er die Auswahlkommission des IOC, die sich mit der Ermittlung der vier besten Kandidaten für die Olympischen Winterspiele des Jahres 2002 befaßte.

Die bundesdeutsche Degenmannschaft (v. l.): Ersatzmann Volker Fischer, Hanns Jana, Jürgen Hehn, Alexander Pusch, der auch im Degeneinzel Gold gewinnt, und Reinhold Beer

Gewichtheben

Anabolika-Verbot führt zu Ausfällen

Im Gewichtheben war der Superschwergewichtler Vassili Alexeyev (UdSSR) eine Klasse für sich. 1972 bei den Olympischen Spielen in München hatte er den Deutschen Rudolf Mang um 30 kg im Dreikampf distanziert, in Montreal ließ er im Zweikampf Gerd Bonk, wieder einen Deutschen, sogar um 35 kg zurück.

In der Saint-Michel-Arena erlebten die Fachleute das »Turnier der Anaboliker«, wie ich es damals formulierte. Nicht die Rekorde bestimmten die Entscheidungen bei den Gewichthebern, sondern die Ausfälle. In den neun Gewichtsklassen gingen 172 Heber an den Start. 38 von ihnen – im Schnitt jeder Fünfte – erreichten keine gültige Wertung im olympischen Zweikampf. Die Muskelpille hob nicht mehr mit.

Das Internationale Olympische Komitee hatte die Anabolika auf die Dopingliste gesetzt und damit die Heber gezwungen, von der Einnahme der muskelbildenden Hormone abzusehen.

Der Stoff, aus dem bis dahin die Heberträume waren, wurde von einer ganzen Reihe von sieggewohnten Stemmern vermißt. Symptome von Entziehungskuren waren bei vielen unverkennbar.

Zwei Olympiasieger (Zbigniew Kaczmarek aus Polen bis 67,5 kg und Valentin Christov aus Bulgarien bis 110 kg), ein Olympiazweiter (Blagoi Blagoyev aus Bulgarien bis 82,5 kg) und vier weitere Heber wurden wegen Dopings nachträglich disqualifiziert. Der deutsche Mitfavorit in der 82,5-kg-Kategorie, Rolf Milser, schied ohne gültigen Versuch im Reißen aus, konnte sich aber acht (!) Jahre später als Olympiasieger zurückmelden.

Den Sowjetrussen Vassili Alexeyev kümmerten die Ausfälle nicht. Er stellte im Stoßen mit 255,0 kg seinen 78. Weltrekord auf, holte sich seinen zweiten Olympiasieg und war der selbstgefälligste Gewinner, den je ein olympisches Heberturnier gesehen hat. Seinen enormen Ballonbauch trug er auch noch in den 90er Jahren selbstgefällig vor sich her, als er Nationalcoach der Sowjetunion und dann der Russen war. Die Arroganz in Person – ein wahrer Kraftmensch eben.

Gewichtheben: Im Superschwergewicht siegt der Russe Vassili Alexeyev (M.) vor den DDR-Hebern Gerd Bonk (l., Silber) und Helmut Losch (Bronze)

Boxen

Yankees schlagen Kubaner

Im Boxen kamen die Amerikaner zu fünf Goldmedaillen, die Kubaner nur zu drei. Das allein machte Laune bei den Yankees. Eine Sensation war dabei der 3:2-Punktsieg des Fliegengewichtlers Leo Randolph über den Kubaner Ramon Duvalon. Der Leichtgewichtler Howard Davis, Gitarrist und Drummer in Rockgruppen, gerade 20 Jahre als und bereits Vater eines zweijährigen Sohnes, fegte wie ein Blizzard durch das Turnier. Als es zu Ende war, sagten Experten, sie hätten den besten Boxer überhaupt gesehen.

Bleiben noch vier Sieger: Sugar Ray Leonard, die Brüder Leon und Michael Spinks und Teofilo Stevenson.

Sugar Ray Leonard – so genannt nach dem legendären Profi-Weltmeister Sugar Ray Robinson (* 1920, † 1989) – ließ im Halbweltergewicht dem Kubaner Andres

Boxen: Leon Spinks (l.) aus den USA landet im Finalkampf des Halbschwergewichts den entscheidenden Treffer gegen den Kubaner Sixto Soria, der daraufhin zu Boden geht.

Aldama keine Chance; Leonard wurde später Berufsboxer und Weltmeister im Welter- und Mittelgewicht.

Michael Spinks (*1956) knockte den Sowjetboxer Rufat Riskiyev in der dritten Runde aus, der ihn sechs Monate vorher in einem Länderkampf in Taschkent noch geschlagen hatte. Fünf Jahre später war Spinks Profi-Weltmeister im Halbschwergewicht.

Der drei Jahre ältere Bruder Leon (Spinks) siegte in der Klasse, die 1960 Cassius Clay alias Muhammad Ali beherrscht hatte. Nach seinem olympischen Finalsieg über den Kubaner Sixto Soria, der halb bewußtlos vom Referee aus dem Kampf genommen werden mußte, ging der Marinegefreite Spinks zu den Berufsboxern und besiegte 1978 im Kampf um die Weltmeisterschaft aller Klassen den 36 Jahre alten Veteranen Muhammad Ali. Eine runde Geschichte.

Bleibt Teofilo Stevenson, der in Montreal seine zweite Goldmedaille gewann: er ließ 1980 in Moskau die dritte folgen, und man darf spekulieren, ob der Kubaner auch noch 1984 (dann als 32jähriger) gewonnen hätte, wenn sein Land zu den Spielen nach Los Angeles gekommen wäre.

Ringen

Gold und Silber für die Brüder Peterson

Was die Funktionäre der Amateur Athletic Union (AAU) der USA angeht, so gehörten sie zu keiner Zeit zu den beschlagenen oder cleveren Vertretern ihrer Zunft. Manchmal hatten sie keine Ahnung von Regeln, und nur ganz selten waren sie besser als ihre Aktiven. Diese wiederum hatten oft eigene Vorstellungen von der Bedeutung des internationalen Sports.

Wenden wir uns dem Freistilringen zu, dann wissen wir bald, was gemeint ist. Anfang der 70er Jahre machten sich in Constock im US-Bundesstaat Wisconsin, die Brüder John Allan und Benjamin Lee Peterson auf, der Ringerwelt ihren Stempel aufzudrücken. Weltmeisterschaften interessierten sie nicht.

Als sie 1972 bei den Spielen in München erschienen – der 1948 geborene Mittelgewichtler John war 23 Jahre alt, der 1950 geborene Halbschwergewichtler Ben gerade 22 Jahre alt – kannte sie kaum jemand. Ben wurde Olympiasieger, John Olympiazweiter. Gemerkt haben es nur die Peterson-Geschädigten.

Ben bestritt in der 90-kg-Kategorie sechs Kämpfe, gewann fünf und machte ein Unentschieden gegen den Olympiazweiten Gennadi Strachov aus der UdSSR. Seine geschlagenen Gegner: Pawel Kurczewski (Polen), Raul Garcia (Mexiko), Reza Hosiani (Iran), Barbaro Morgan (Kuba) und Weltmeister Rusi Petrov (Bulgarien).

John verlor in der Kategorie bis 82 kg gegen die Sowjetlegende Levan Tediashvili in der vierten Runde Gold, kam aber nach fünf siegreichen Kämpfen zu Silber. Seine Gegner waren Richard Barraclough (Großbritannien), Peter Neumair (Deutschland), Jan Wypiorczyk (Polen), Vasile Jorga (Rumänien), der Olympiadritter wurde, und Horst Stottmeister (DDR, Olympiavierter).

Vier Jahre später in Montreal kamen die Brüder aus Wisconsin wieder. Ohne Levan Tediashvili in der 82-kg-Kategorie hatte John keine Gegner mehr und gewann Gold mit sechs Siegen gegen Anthony Shacklady (Großbritannien), Andre Bouchoulé (Frankreich), Adolf Seger (Deutschland, Olympiadritter), Istvan Kovacs (Ungarn), Viktor Novoshilov (UdSSR, Olympiazweiter) und Mehmut Uzun (Türkei, Olympiavierter).

Mit Levan Tediashvili in der 90-kg-Kategorie wurde Ben diesmal nur Zweiter, weil er den großen Levan nicht schlagen konnte (5:11-Punktniederlage). Da nützten auch sechs Siege über Stelica Morcov (Rumänien, Olympiadritter), Shukri Ahmedov (Bulgarien), Yoshiaku Yatsu (Japan), Morgan, Kurczewski und Stottmeister (wieder Olympiavierter) nichts.

Tediashvili war der Brüder Peterson Schicksal, diese wiederum das Schicksal von Morgan, Kurczewski und Stottmeister. Immerhin: die US-Funktionäre kamen gar nicht dahinter, daß die Petersons 1972 und 1976 jeweils Gold und Silber gewonnen hatten und daß es ohne Tediashvili viermal Gold gewesen wäre.

Was sich freilich die Amerikaner in der Leichtgewichtsklasse 1976 in Montreal leisteten, spottete jeder Beschreibung. Der farbige Lloyd Keaser, 1973 einmal Weltmeister, fegte durch das Turnier wie ein Tornado. Fünf Konkurrenten – Övermark (Finnland), Navai (Iran), Sugawara (Japan), Weisenberger (Deutschland) und Ramos (Kuba) – schulterte er und den Bulgaren

Ringen, freier Stil: Lloyd Keaser (l.) im Kampf gegen den Finnen Kari Övermark.

Ben Peterson: Der Amerikaner, der hier Horst Stottmeister aus der DDR auf seinen Rücken hebt, gewinnt im Halbschwergewicht die Silbermedaille hinter dem russischen Favoriten Levan Tediashvili.

Doncho Chekov punktete er aus. Als er im letzten Kampf gegen den sowjetischen Sibirjaken Pavel Pinegin antrat, der schon gegen Sugawara verloren hatte, durfte Keaser nach Punkten verlieren und wäre dennoch Olympiasieger gewesen.

Pinegin begann also ohne Elan, merkte aber bald, daß Keaser nicht bei der Sache war. In Unkenntnis der komplexen Punktregeln aufgrund von erfolgreichen Griffen glaubte Keaser, er könne bei einem gewonnenen technischen Punkt (erfolgreicher Griff) so hoch verlieren wie nur möglich. Er tat dies denn auch mit 1:12. Dieses 1:12 bedeutete aber, daß Keaser 3,5 Fehlpunkte bekam, Pinegin aber nur 0,5, so daß beide am Ende des Turniers 3,5 Fehlpunkte aufwiesen: Pinegin 3,0 Fehlpunkte für die Niederlage gegen den Japaner Yasabura Sugawara plus der 0,5 Fehlpunkte aus der Begegnung mit Keaser. Der bis dahin fehlerlose Keaser hatte aber nach der Niederlage gegen Pinegin auch 3,5 Fehlpunkte und war damit nur Olympiazweiter, weil er im direkten Duell der beiden Punktgleichen verloren hatte.

Die gesamte Ringerwelt, die in der Halle zu toben begann, als Keaser lächelnd immer mehr Punkte abgab, war nahe daran, die völlig unfähigen amerikanischen Ringerfunktionäre, Trainer und Betreuer mit Prügel aus der Halle zu jagen. Der nachher völlig fassungslose Keaser, der sogar 1:8 hätte verlieren dürfen, verschwand mit seiner Silbermedaille, die so leicht hätte Gold sein können, für immer von der Bildfläche.

Schießsport

Drei Doppelsiege für deutsche Schützen

Im wahrsten Sinne die »doppelten Deutschen«: Im Schießen warteten die deutschen Spezialisten mit drei Doppelsiegen auf: am 18. Juli Uwe Potteck vor Harald Vollmar mit der Freien Scheibenpistole, am 19. Juli Karlheinz Smieszek vor Ulrich Lind im Wettbewerb Kleinkaliber-Liegend und am 22./23. Juli Norbert Klaar vor Jürgen Wiefel mit der olympischen Schnellfeuerpistole – das war sozusagen Übersoll für die »doppelten Deutschen«.

1980 Lake Placid

2. bis 24. Februar 1980
Dauer **13 Tage**
Teilnehmer **1067 (833 Männer, 234 Frauen)**
Länder **37**
Sportarten **7**
Entscheidungen **37**
Zuschauer **433 000**
Schirmherr **Vizepräsident Walter Mondale**
Eidsprecher **Eric Heiden (Eisschnellauf), Terry McDermott (Kampfrichter)**
Letzter Fackelläufer **Charles Morgan Kerr (Betreuer)**

Olympische Winterspiele 1980 in Lake Placid: Olympiaplakat; zum zweitenmal nach 1932 ist der kleine Ort im US-Bundesstaat New York Austragungsort der Winterspiele.

Ein Dorf empfängt die ganze Welt

Die olympischen Erfahrungen, die man als Beobachter der Winterspiele von 1964 in Innsbruck, 1968 in Grenoble, 1972 im fernen Sapporo und 1976 noch einmal in Innsbruck gemacht hatte, wurden 1980 in Lake Placid durch das Erlebnis einer völlig unaufgeregten und unsentimentalen Veranstaltung bereichert.

Die Amerikaner, die schon 1932 in den Adirondacks, in den Bergen des North Country im Staat New York und nahe der kanadischen Grenze, Winterspiele ausgerichtet hatten, beharrten auf dem Standpunkt, daß das, was 1932 gut war, 1980 nicht schlecht sein konnte. Lake Placid hatte sich kaum verändert; mit 2971 Einwohnern war auch die Einwohnerzahl fast gleich geblieben. Im Resort Hotel am Lake Mirror, dem besten am Platze, knarrte 1980 noch dasselbe Holz wie 1932, und die Geschäfte an der Main Street sahen aus wie Kulissen für einen Western à la Hollywood.

Eröffnungsfeier: Die US-Mannschaft (mit Cowboyhüten) und die Sportler der Sowjetunion (mit Fellmützen) beim Einmarsch der Nationen

Ulrich Wehling: Zum drittenmal (nach 1972 in Sapporo und 1976 in Innsbruck) wird der Sportlehrer aus der DDR Olympiasieger in der Nordischen Kombination.

Medaillenspiegel Lake Placid 1980

Land	G	S	B
1. URS	10	6	6
2. GDR	9	7	7
3. USA	6	4	2
4. AUT	3	2	2
5. SWE	3	–	1
6. LIE	2	2	–
7. FIN	1	5	3
8. NOR	1	3	6
9. NED	1	2	1
10. SUI	1	1	3

Ihre dem Spaß zugeneigte und jeder straffen Organisation abholde Ursprünglichkeit bewahrte die amerikanischen Gastgeber vor dem hektischen Zeitgeist. Es waren die letzten Olympischen Winterspiele, die in einem Dorf die ganze Welt empfingen. Der Anachronismus Lake Placid gewann den Wettlauf gegen die Zeit. Fußgänger überholten bei der Rückkehr von den Wettbewerben nicht selten die in Automobilen sitzenden Mitglieder des IOC und der internationalen Fachverbände.

Unter dem Strich ging der Sport als Sieger hervor; Lake Placid brachte bis auf die holländische Eisschnelläuferin Annie Borckink (1500 m) die Spiele der logischen Sieger. Folgende Namen sind längst Geschichte: Eric Heiden im Eisschnellauf, Ingemar Stenmark, Leonhard Stock, Hanni Wenzel, Annemarie Moser-Pröll im alpinen Skilauf, Irina Rodnina/Alexander Saizev, Robin Cousins im Eiskunstlauf, Nikolai Zimyatov, Ulrich Wehling, Toni Innauer im nordischen Skilauf sowie Meinhard Nehmer und Erich Schärer im Bobsport.

Wie bei jedem großen Ereignis ergaben sich auch in Lake Placid sehr verschiedene Blickwinkel. Für die Amerikaner zählte allein der 4:3-Eishockeytriumph der USA über die UdSSR; es war mitten im kalten Krieg auch ein ideologischer Sieg. Nur dieses eine Spiel haben die sowjetischen Sputniks auf dem Eis verloren. USA Olympiasieger – das war es. Und es zählte so viel, daß die Olympiasieger nach den Spielen von US-Präsident Jimmy Carter im Weißen Haus in Washington empfangen wurden.

Der österreichische Skispringer Toni Innauer war auf der 70-m-Schanze der Konkurrenz so überlegen, daß er wie von einem anderen Stern wirkte. Die Wintersportler der Bundesrepublik Deutschland, die in Lake Placid ohne Goldmedaille blieben, hatten wenigstens einen, der gesucht und gefunden wurde: Jochen Behle. Der damals 19jährige Unteroffizier der Bundeswehr lief in der 4x10-km-Skistaffel ein mitreißendes Rennen. Der ZDF-Reporter Bruno Moravetz, der dies richtig erkannt, aber Behle zwischendurch aus den Augen verloren hatte, rief den unvergessenen Satz ins Mikrofon: »Wo ist Behle?«

Im Viererbob blieb Olympiasieger Meinhard Nehmer (DDR) als einziger zweimal

Die erfolgreichsten Sportler von Lake Placid

Name	Sportart	G	S	B
1. Eric Heiden USA	Eisschnellauf	5	–	–
2. Nikolai Zimyatov URS	nordischer Skisport	3	–	–
3. Hanni Wenzel LIE	alpiner Skisport	2	1	–
4. Anatoli Alyabyev URS	Biathlon	2	–	1
5. Ingemar Stenmark SWE	alpiner Skisport	2	–	–
Barbara Petzold GDR	nordischer Skisport	2	–	–
7. Frank Ullrich GDR	Biathlon	1	2	–
8. Vassili Rochev URS	nordischer Skisport	1	1	–
Raisa Smetanina URS	nordischer Skisport	1	1	–
Vladimir Alikin URS	Biathlon	1	1	–
Erich Schärer SUI	Bobfahren	1	1	–
Josef Benz SUI	Bobfahren	1	1	–
Bernhard Germeshausen GDR	Bobfahren	1	1	–
Hans-Jürgen Gerhardt GDR	Bobfahren	1	1	–

Die Bewerber für die Olympischen Winterspiele von 1924 bis 2002

Siebenmal	
Lake Placid	**1932,** 1948, 1952, 1956, 1968, 1976, **1980**
Fünfmal	
Cortina d'Ampezzo	1944, 1952, **1956,** 1988, 1992
St. Moritz	**1928,** 1936, 1940, **1948,** 1960
Viermal	
Innsbruck	1960, **1964, 1976,** 1980
Montreal	1932, 1936, 1944, 1956
Oslo	1940, 1944, **1952,** 1968
Sapporo	1940, 1968, **1972,** 1984
Dreimal	
Calgary	1964, 1968, **1988**
Garmisch-P.	**1936,** 1940, 1960
Lahti	1964, 1968, 1972
Östersund	1994, 1998, 2002
Salt Lake City	1972, 1998, **2002**
Zweimal	
Anchorage	1992, 1994
Denver	1932, 1976
Falun	1988, 1992
Jaca	1998, 2002
Lillehammer	1992, **1994**
Sion	1976, 2002
Sotschi	1998, 2002
Einmal	
Albertville	**1992**
Aosta	1998
Banff	1972
Bear Mountain	1932
Berchtesgaden	1992
Chamonix	**1924**
Colorado Springs	1956
Davos	1928
Duluth	1932
Engelberg	1928
Göteborg	1984
Graz	2002
Grenoble	**1968**
Hohe Tatra	2002
Minneapolis	1932
Montblanc	1976
Nagano	**1998**
Quebec	2002
Sarajevo	**1984**
Squaw Valley	**1960**
Tampere	1976
Tarvisio	2002
Vancouver	1976
Yosemite Valley	1932

Fett gedruckte Jahreszahl = Bewerbung erfolgreich

Eishockey: Im Spiel gegen die UdSSR gelingt den USA eine Sensation, als sie die Russen 4:3 schlagen und sich damit den Olympiasieg sichern.

Boykott der Spiele von Moskau: Robert J. Kane (o. l.), Präsident des amerikanischen NOK, befürwortet den Boykott der Sommerspiele. Der Gewichtheber Bob Giordano (u.) verliest eine Erklärung, in der sich eine Gruppe amerikanischer Sportler für die Teilnahme in Moskau ausspricht.

unter der Minuten-Grenze, und dies auf der schwierigen Bahn am Mount van Hoevenberg, wo die bundesdeutschen Wunderbobs mit ihren Automobil-Genen und dem Design 2000 von ihren Piloten zu Schrott gefahren wurden.

Ingemar Stenmark, der Schweiger aus Schweden, ein Millionär auf Ski, der einen guten Vermarkter, aber keinen Trainer gehabt hat, gewann zwei Goldmedaillen und gab sich wortkarg wie immer. Das Gerücht ging, ein skandinavischer Reporter habe den Olympiasieger angefleht: »Ingemar, bitte sag' doch etwas.« Die Geschwister Hanni und Andreas Wenzel aus Liechtenstein, beide gebürtige Deutsche aus Straubing, sorgten mit zwei Gold- und zwei Silbermedaillen dafür, daß Liechtenstein hinter der UdSSR (10–6–6), der DDR (9–7–7), den USA (6–4–2), Österreich (3–2–2) und Schweden (3–0–1) auf den sechsten Rang der Medaillenwertung kam – vor Finnland, Norwegen, der Schweiz und Großbritannien. UdSSR vor DDR – so hieß im übrigen schon 1972 und 1976 die Spitzenplazierung.

Die olympische Familie

Moskaus Schatten erreicht Lake Placid

Die Ungeschicklichkeiten des IOC in der Behandlung der Bewerber um die Olympischen Winterspiele 1976 nach dem Verzicht Denvers betrafen Innsbruck, Lake Placid, Chamonix und Tampere. Das führte 1974 dazu, daß es trotz der nun angestiegenen Honorare der TV Companies (es durften für 1980 mit über zehn Millionen Dollar gerechnet werden; 15,5 Millionen wurden

es dann) nur einen Kandidaten gab: Lake Placid, der Sieger von 1932 und Verlierer von 1964 und 1976. Vancouver/Garibaldi, lange hoch gehandelt, Banff (auch in Kanada), Oslo, Chamonix und auch Garmisch-Partenkirchen hatten einen Rückzieher gemacht.

Das IOC war also für 1980 den Amerikanern voll und ganz ausgeliefert; daß die Yankees diese Chance – wie auch wenig später im Falle Los Angeles – nicht rigoros ausnutzten, um Geld zu sparen, muß ihnen hoch angerechnet werden.

Daß manches in Lake Placid nicht klappte, war hausgemacht. Der amerikanische Historiker David Wallechinsky schrieb 1988 fast schon bösartig: »Die Winterspiele wurden zu einem organisatorischen Desaster. Eine schlechte Logistik ließ viele Zuschauer ziellos im kalten Wetter herumirren. Eine Menge Eintrittskarten wurde nicht verkauft, weil die Kunden nicht an die Verkaufsstellen herankamen.«

Es gab eben Wichtigeres, beispielsweise die Geiselnahme von 42 Amerikanern in der US-Botschaft in Teheran durch islamische Fundamentalisten am 4. November 1979 und den Einmarsch der Sowjets in Afghanistan am 27. Dezember 1979. Es geschah dann auch in Lake Placid, daß der amerikanische Außenminister Cyrus Vance am 9. Februar 1980 bei der Eröffnung der 82. Session des IOC zum blanken Entsetzen der Olympier kühl verlangte, Moskau die Olympischen Spiele zu entziehen. Lord Killanin verwies in einer matten Erwiderung auf bindende Verträge, darunter auch auf den Fernsehkontrakt von NBC mit Moskau, der die Amerikaner dann auch ohne USA-Teilnahme 87 Millionen Dollar kosten sollte.

Recht unerfreulich wurde der Ablauf der IOC-Session, als der amerikanische NOK-Präsident Robert J. Kane, der nicht Mitglied des IOC war, eine Erklärung verbreiten ließ, in der behauptet wurde, 75 Prozent der US-Bürger seien gegen eine Teilnahme ihrer Sportler an den Spielen in Moskau. Das norwegische IOC-Mitglied Jan Staubo zeigte sich deshalb überrascht und zugleich empört, »daß amerikanische Boxer und Ringer derzeit in der UdSSR starten«.

Zu den IOC-Mitgliedern, die eine Resolution zugunsten der Spiele in Moskau verlangten, gehörte der Deutsche Willi Daume, der Beifall für folgende Feststellung erhielt: »Ein Boykott verbessert nicht die Situation, sondern verschlechtert sie. Wenn wir die Athleten fragen, werden wir erfahren, daß 90 Prozent von ihnen nach Moskau gehen wollen.« Als Vorsitzender der IOC-Zulassungskommission dachte Daume an seinen 1981 in Baden-Baden angesetzten olympischen Kongreß und auch daran, daß er die Amateurregel (§ 26 der olympischen Charta) abschaffen und für seinen Präsidenten Samaranch den Athleten-Kodex einführen wollte.

Drei Monate später war Daume Boykottgeschädigter Nummer eins, anderthalb Jahre später nach dem Baden-Badener olympischen Kongreß allerdings wieder der große Vordenker der olympischen Bewegung (und dem Schatten Moskaus entronnen).

Die olympische Familie

China-Frage ist »heiße Kartoffel«

Völlig ahnungslos, was trotz des Boykotts der Schwarzafrikaner 1976 in Montreal noch auf ihn zukommen sollte, ließ Präsident Mike Killanin auf den IOC-Sessionen 1977 in Prag, 1978 in Athen und 1979 in Montevideo manches schleifen. So wünschten beispielsweise die Schweden, um die eigenen Chancen bei der Bewerbung zu verbessern, dezentralisierte Winterspiele (1977). Der Franzose Maurice Herzog schlug ebenfalls 1977 vor, den »Männerorden« IOC durch Frauen aufzuweichen, was dann 1981 geschah. In Sachen Doping verlangte der Bulgare Vladimir Stoitsheff nicht nur die Bestrafung des Athleten, sondern auch des Trainers und des Mannschaftsführers. Der Versuch, den Bobsport olympisch zu eliminieren, scheiterte in Prag.

In Athen 1978 drohten die Olympier, Los Angeles die Sommerspiele 1984 »wegen unzureichender Vorbereitung« zu entziehen. Das war allerdings reines Imponiergehabe des IOC gegenüber dem einzigen Kandidaten, den sie gehabt hatten. Die Winterspiele 1984 wurden im zweiten Wahlgang an Sarajevo (39:36 gegen Sapporo) vergeben, das zur Feier des Tages die Olympiafreunde in die jugoslawische Botschaft einlud, wo es nach dem Freudenfest wie auf einem Schlachtfeld aussah.

Der richtige Knall kam 1979 in Montevideo. Killanin ließ eine völlig ausufernde Diskussion um die beiden chinesischen

Staaten zu. Sie dauerte zwei Tage. 42 IOC-Mitglieder ergriffen das Wort. Aber sie konnten ein Problem, das 1939 begonnen hatte (und so schon 40 Jahre die Politiker in Anspruch nahm), nicht lösen. Eine IOC-Kommission, die sich mit beiden chinesischen Staaten befaßt hatte, stellte fest, daß die UNO zwar immer nur von einem China spreche, es aber zwei gebe: die Kommunisten in Peking und die Nationalisten in Taipeh. Das Thema wurde, wie Olympier in Montevideo sagten, zur »heißen Kartoffel«. Heiße Kartoffeln läßt man fallen. Aber es gab schließlich eine Entscheidung: Rotchina wurde wieder in die olympische Bewegung aufgenommen, aus der es 1964 ausgeschieden worden war, und Taiwan (auch: Nationalchina, Formosa oder China-Taipeh) blieb drin, sollte aber nicht mehr unter dem Namen »China« auftreten.

Es kam dann, wie es kommen mußte: die Rotchinesen starteten in Lake Placid (ohne Medaillengewinn), die Nationalchinesen boykottierten.

Eric Heiden: Als erster Eisschnelläufer gewinnt der Amerikaner aus Madison (Wisconsin) auf allen fünf Strecken (500, 1000, 1500, 5000 und 10 000 m) die Goldmedaille.

Eisschnellauf

Heiden-Spektakel auf der Eisbahn

Der Star der Spiele war der Mann, der für ein Heiden-Spektakel auf dem Vorhof der Schule von Lake Placid sorgte. Eric Heiden, ein 1958 geborener Eisschnelläufer aus Madison in Wisconsin, der wie viele seiner Zunft auch ein guter Radrennfahrer war, erwies sich als ein perfekter, auf die Minute in Hochform gebrachter Athlet, der wie ferngesteuert seine Runden auf dem Eisoval drehte und bei Bedarf den Overdrive für seine lautlos arbeitenden Differentiale einschalten konnte. Eric Heiden gewann alle fünf Herren-Wettbewerbe, vier ganz überlegen, einen, die 5000 m gegen den eleganten Norweger Kai Arne Stenshjemmet, recht knapp.

Nach allen seinen Siegen fuhr Heiden barhäuptig auf der Trainingsbahn um die Rennstrecke. Schaute man ihn an, erkannte man, daß Heiden in Eisschnellauf-Welten blickte, die nur er sah. Selten hob er einmal den Arm zum Gruß oder Dank. Nur abends, wenn er auf dem Eis des Lake Mirror seine Goldmedaillen entgegennahm, kam für einen Moment Leben in sein Gesicht, und die erkennbare Emotion verriet den unendlichen Stolz, der ihn durchschauerte.

Über 500 m schlug er seinen Vorgänger, den Russen Yevgeni Kulikov, über 1000 m den Kanadier Gaetan Boucher, der 1984 Gold holen sollte, über 1500 m und 5000 m Stenshjemmet und über 10 000 m im direkten Duell den Russen Viktor Leshkin, dem er zugleich den Weltrekord nahm.

Eric Heidens ein Jahr jüngere Schwester Beth erlief sich über 3000 m eine Bronzemedaille. Ihr großer Triumph kam im Sommer, als sie in Sallanches Radweltmeisterin im Straßenrennen wurde. Hier war sie ihrem großen Bruder endlich überlegen.

Eric Heiden platzte in die internationale Eisschnellaufszene wie ein Fuchs in eine Hühnerschar. 1977 wurde er innerhalb von drei Wochen Vierkampf-Weltmeister, Sprinter-Weltmeister und Junioren-Weltmeister; eine Sache, die er 1978 wiederholte, es dann 1979 nicht mehr konnte, weil er dem Juniorenalter entwachsen war. Zur Erklärung der Unschlagbarkeit des Amerikaners sagten Experten, er sei wohl mit Schlittschuhen an den Füßen geboren worden. Tatsächlich stand er in den Schuhen wie eingegipst. In Inzell, einem seiner bevorzugten Trainingsorte mit der Betreuerin Dianne Holum, sagte er einmal: »Mein Erfolgsgeheimnis? Training und immer wieder Training. Im Sommer mit dem Fahrrad, im Winter auf den Kufen.«

Und das ist Eric Heidens Erfolgsbilanz: Fünf olympische Goldmedaillen 1980, Vierkampf-Weltmeister 1977, 1978 und 1979 (WM-Zweiter 1980), Sprintweltmeister 1977, 1978, 1979 und 1980, Junioren-Weltmeister 1977 und 1978, elf Weltrekorde (anerkannte und mißachtete).

Nach 1980 nahm Eric Heiden Abschied vom Eisschnellauf, kassierte für Werbung und Fernseh-Kommentare etwa 1,5 Millionen Dollar und beteiligte sich an internationalen Radsportwettbewerben, erfolglos allerdings. Er nahm am Giro d'Italia teil und auch an der Tour de France.

Die doppelten Deutschen

Neun Goldmedaillen für die DDR

Für die DDR gab es in Lake Placid neun Goldmedaillen, sieben silberne und sieben bronzene und in der Gesamtwertung den zweiten Platz hinter der UdSSR (10-6-6). Das war imponierend, zumal der »Klassenfeind« Bundesrepublik Deutschland ohne Olympiasieger blieb, was den »doppelten Deutschen« ihren Schrecken nahm. Im nordischen Skisport gewann Ulrich Wehling sein drittes Kombinationsgold nach 1972 und 1976 und Konrad Winkler wurde Dritter. Manfred Deckert holte sich Silber im Springen von der Normalschanze (Bruder Alf-Gert Deckert wurde Neunter im 30-km-Skilanglauf). Von der Großschanze sprang Hubert Neuper ebenfalls auf Silber herunter.

Die spätere Rechtsanwältin Barbara Petzold kam zu zwei Goldmedaillen: eine im Skilanglauf über 10 km und die zweite mit der DDR-Staffel über 4x5 km mit Marlies Rostock, Carola Anding und Veronika Hesse. Im Biathlon räumten die DDR-Athleten Gold (Frank Ullrich), zweimal Silber (Ullrich und die Staffel) und einmal Bronze (Eberhard Rösch) ab.

Im Eiskunstlauf hält die Statistik folgende Plätze fest: Anett Pötzsch Erste, Jan Hoffmann Zweiter, Manuela Mager/Uwe Bewersdorf Dritte. Die Eisschnelläuferinnen Karin Enke, Sabine Becker und Sylvia Albrecht wiesen mit einer Goldmedaille, einer silbernen und zwei bronzenen auf künftige Schürfrechte hin.

Die Siegerinnen im Eiskunstlauf (v. l.): Linda Fratianne (Silber, USA), Anett Pötzsch (Gold, DDR), Dagmar Lurz (Bronze, BRD)

Im Rennrodeln gab es durch Bernhard Glass, Melitta Sollmann sowie Hans Rinn/Norbert Hahn nur die spärliche Medaillenaddition 2-1-0, dafür eine bessere im Bobsport mit 1-1-2 durch Meinhard Nehmers Zweier und Vierer, Bernhard Germeshausens Zweier und Horst Schönaus Vierer.

1980 Moskau

19. Juli bis 3. August 1980
Dauer **16 Tage**
Teilnehmer **5217 (4092 Männer, 1125 Frauen)**
Länder **81**
Sportarten **21**
Entscheidungen **203**
Zuschauer **5 500 000**
Schirmherr **Staatspräsident Leonid Breschnew**
Eidsprecher **Nikolai Andrianov (Turnen)**
Letzter Fackelläufer **Sergei Belov (Basketball)**

Olympische Sommerspiele 1980 in Moskau: Offizielles Plakat mit dem Olympiamaskottchen Mischa

Westen boykottiert Spiele in Moskau

Weil die olympische Bewegung über viele Jahrzehnte meist nur Beobachter aller politischen, kriegerischen, gesellschaftlichen und ökonomischen Entwicklungen in der Welt war, geriet sie unter der Führung des Iren Lord Mike Killanin nach den Spielen von 1972 in München in einen Strudel sich einander jagender und überlappender Ereignisse.

Selbst ein zielbewußterer IOC-Präsident als Killanin, der ein wunderbarer Mann für gutes Wetter war, aber nun in atmosphärische Störungen geriet, hätte in jenen Tagen

Medaillenspiegel Moskau 1980

Land	G	S	B
1. URS	80	69	46
2. GDR	47	37	42
3. BUL	8	16	17
4. CUB	8	7	5
5. ITA	8	3	4
6. HUN	7	10	15
7. ROM	6	6	13
8. FRA	6	5	3
9. GBR	5	7	9
10. POL	3	14	15

Eröffnungsfeier: Zuschauer bilden das kommunistische Emblem von Hammer und Sichel im Ehrenkranz.

Die erfolgreichsten Sportler von Moskau

Name	Sportart	G	S	B
1. Alexander Dityatin URS	Turnen	3	4	1
2. Caren Metschuck GDR	Schwimmen	3	1	–
3. Vladimir Salnikov URS	Schwimmen	3	–	–
Barbara Krause GDR	Schwimmen	3	–	–
Rica Reinisch GDR	Schwimmen	3	–	–
Vladimir Parfenovich URS	Kanu	3	–	–
7. Nikolai Andrianov URS	Turnen	2	2	1
Ines Diers GDR	Schwimmen	2	2	1
9. Nadia Comaneci ROM	Turnen	2	2	–
10. Alexander Tkachov URS	Turnen	2	1	–
Yelena Davydova URS	Turnen	2	1	–
Sergei Koplyakov URS	Schwimmen	2	1	–

nicht die Insel der Seligen finden können. Olympische Manager fehlten ebenso wie Seher. Erst ein Jahrzehnt später, als Juan Antonio Samaranch seine Erfahrungen von Moskau 1980 hinter sich und jene von Los Angeles 1984 noch vor sich hatte, wurde erkennbar, daß nur über die Vermarktung der Spiele und der damit gewonnenen Finanzkraft die Macht der Politik zu brechen sein würde.

Mitte der 70er Jahre stand Killanin noch immer im Schatten seines gerade verstorbenen Vorgängers Avery Brundage (* 1887, † 1975). In der Sowjetunion herrschte Leonid Breschnew (* 1906, † 1982), der trotz seines Großmachtdenkens und der damit einhergehenden Aufrüstung der UdSSR von Ängsten geplagt war. Im Westen fühlte er sich von der NATO, im Osten von China bedroht. Der von der Watergate-Affäre gebeutelte Richard Nixon (* 1913, † 1994) wurde 1974 als US-Präsident abgelöst von Gerald Ford und dieser dann 1977 von dem außenpolitisch unerfahrenen, aber in Fragen der Menschenrechte äußerst aktiven und impulsiven Jimmy Carter (* 1924), der sofort nach dem Einmarsch sowjetischer Truppen in Afghanistan am 27. Dezember 1979 erklärte: »They have to pay.« Sie – das waren die Sowjets. Bezahlt aber haben 1980 zuerst einmal die Olympier.

Diese Anmerkungen sollen auf den speziellen und weltweiten politischen Stil der 70er und 80er Jahre verweisen, auf jenen der Erpressung. Zwar tagte 1973 in Helsinki die Konferenz für Sicherheit und Zusammenarbeit in Europa (KSZE) mit 33 europäischen Staaten sowie den USA und Kanada, aber im Nahen Osten löste der Jom-Kippur-Krieg mit dem ägyptisch-syrischen Angriff auf Israel die Ölkrise aus, die sich zu einer weltweiten Wirtschaftsrezession auswuchs.

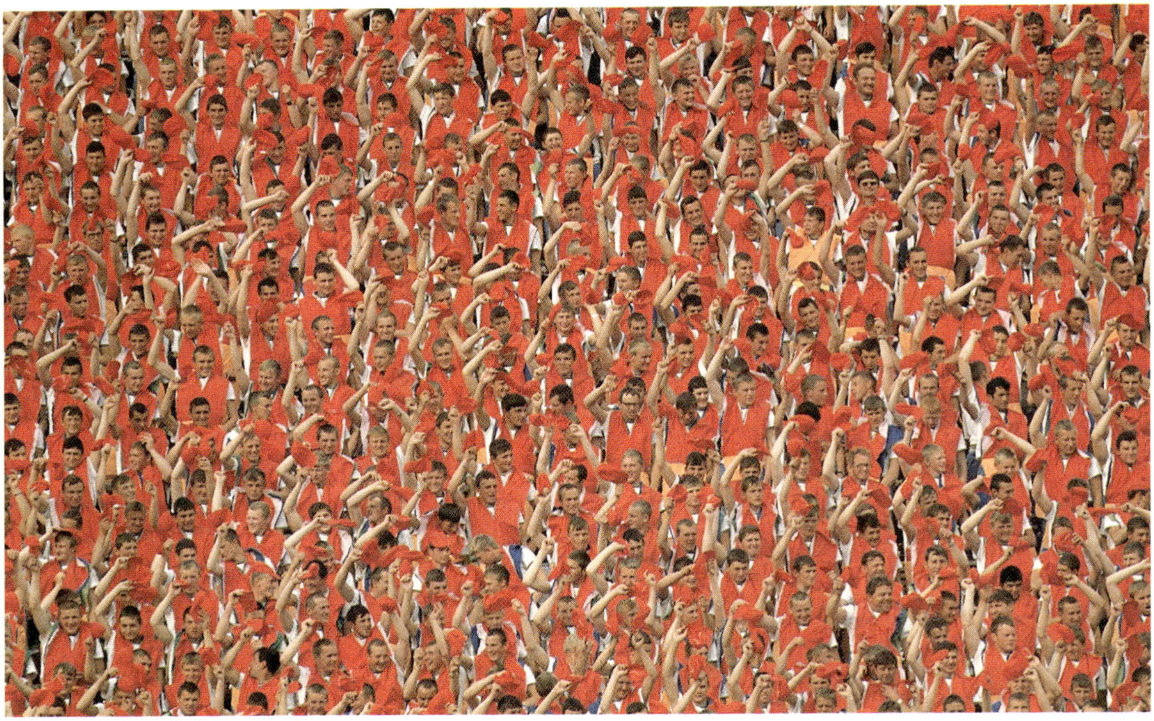

Eröffnungsfeier: »Mustermenschen bildeten Menschenmuster«, schrieb Steffen Haffner in der Frankfurter Allgemeinen Zeitung über den farbenfrohen Auftakt des olympischen Festes.

Das zwölfjährige Ringen um Vietnam endete mit der Kapitulation Saigons und einem amerikanischen Trauma. Die Palästinensische Befreiungsfront PLO wurde als Vertretung Palästinas anerkannt. Das innerdeutsche Verhältnis erlitt Schaden durch den Spionagefall Günter Guillaume und den damit verbundenen Rücktritt des Bundeskanzlers und Friedensnobelpreisträgers Willy Brandt (1974). In Chile verlor Salvador Allende (* 1908, † 1973) das Leben und das Land eine Volksfront-Regierung. Der bald als ideologischer Ladenhüter ausgewiesene Eurokommunismus beunruhigte das bürgerliche Lager. Kurz: Es gab zu viele Verlierer in jenen Tagen.

Im Sport machte nach Rhodesien 1972 und Neuseeland 1976 der Olympia-Boykott Schule. Jimmy Carter fühlte sich persönlich angegriffen, als im November 1979 revolutionäre persische Studenten mit offensichtlicher Duldung von Staatschef Ruhollah Khomeini (* 1900, † 1989) Geiseln in der US-Botschaft in Teheran nahmen (und sie bis 1981 behielten). So wunderte es nicht, daß Carter nach dem Eingreifen der Sowjets in Afghanistan Strafmaßnahmen gegen die UdSSR ankündigte. Wie ernst die Lage in den USA empfunden wurde, machte Carters Außenminister Cyrus Vance bei der Eröffnung der 82. Session des IOC anläßlich der Winterspiele am 9. Februar 1980 in Lake Placid deutlich. Aus einem Strafenkatalog las er vor: Entzug der an Moskau vergebenen Olympischen Spiele.

Als Hauptstadt eines Landes im Kriegszustand war Moskau ein umstrittener olympischer Gastgeber. Carter forderte zum Boykott des Moskauer Friedensfestes auf. Er fand Zustimmung wie Ablehnung. Die Amerikaner sagten Moskau ab. Die Kanadier, Japaner, Türken, Norweger und die Deutschen aus der Bundesrepublik folgten mit dem Teilnahmeverzicht. Briten, Franzosen, Schweizer, Italiener, Spanier, Österreicher, Schweden und Holländer entschieden sich anders. Holländer, Spanier und Schweizer, die 1956 wegen des sowjetischen Einmarsches in Ungarn den Spielen in Melbourne ferngeblieben waren, fühlten sich immer noch als Boykottgeschädigte. IOC-Präsident Killanin reiste nach Moskau. Vergeblich. Was hätte er erreichen können? Leonid Breschnew verstand überhaupt nicht, was das IOC wollte.

Starr erlebte der 73jährige, vorzeitig gealterte Breschnew am 19. Juli 1980 den Einmarsch von 81 Mannschaften in das Olympiastadion von Moskau. 144 hätten es sein können. Wegen Afghanistan verweigerten 30 Nationale Olympische Komitees Moskau die olympische Reverenz. 33 NOKs blieben ohne Angabe von Gründen den Spielen fern. 16 der 81 einmarschierenden Teams protestieren mit optischen Signalen. Der Verruf als olympischer Wettbewerb hatte seinen Höhepunkt erreicht.

Moskauer Geschichten

Und überall lächelt das Olympiabärchen

Moskaus Organisatoren ließen sich nicht lumpen. Farben zum Anstreichen von Häusern hatte man aus Ungarn kommen lassen. Küchengeräte für die vielen Kantinen aus Skandinavien. Gutes Papier aus der Bundesrepublik. Die ausländischen Journalisten bekamen Staubzucker überall hin. Die russischen Kinder hatten Moskau in Richtung Ferienlager verlassen. Störfaktoren wie Dissidenten, Obdachlose oder Prostituierte waren entfernt worden. Nirgendwo lagen Betrunkene herum. Überall lächelte Mischa, das Olympiabärchen, das Maskottchen der Spiele.

In der wunderschönen Gewichtheberhalle Ismailowo waren die Journalisten fein säuberlich von den Funktionären getrennt und diese wiederum von den Zuschauern. No fraternisation. Ich hatte in Ismailowo vor meinem Agentur-Presseplatz des SID einen wunderbaren Fernseher, auf dem ich über Kabel mir die Wettkämpfe im Schwimmen oder in der Leichtathletik anschauen konnte, wenn mich die Heber nicht interessierten.

Die Busfahrer, die mich kreuz und quer durch Moskau transportierten, machten Jagd auf störrische Fußgänger. In Sagorsk lief ich einmal von der Fahne meiner Intourist-Gruppe; mir wurde ganz schön der Marsch geblasen. Ging ich zum Ringen, war ich unter den Presseleuten ein kapitalistischer Exote; aber ich war dabei, als der Italiener Claudio Pollio und der Grieche Stylianos Mygiakis gewannen.

Mit einem russisch sprechenden Kollegen durchwanderte ich Märkte. Wie gut rochen da die Pilze und die Kräuter. Enttäuscht haben mich nur die DDR-Sportler. Sie gewannen nicht genug Medaillen. Warum? Der Ringer Uwe Neupert, einer der ganz Großen seiner Zunft und in Moskau Silbermedaillist, gab mir später die Antwort: »Wir waren übermotiviert und deshalb nicht locker genug.«

Es regnete oft in der Zeit vor den Spielen. Am Tag der Eröffnung herrschte plötzlich Sonnenschein. Gerüchte geisterten umher, die Sowjets hätten die Wolken über der Stadt künstlich abregnen lassen.

Wohin das Auge fiel, Uniformen. Rund 30 000 Sicherheitskräfte sollen im Einsatz

Olympiastadt Moskau: Der Lenin-Prospekt geschmückt mit Emblemen und dem Maskottchen Mischa

gewesen sein. Und wenn es stimmt, wäre es schlimm gewesen?

Die Ouvertüre der Spiele im Leninstadion war Weihe und Wucht. 6000 Menschen auf den Tribünen bewegten sich in lebenden Bildern, ließen Mischa turnen und formten Parolen; Kommunisten können so etwas nicht lassen. Junge gebräunte Körper türmten sich zu gigantischen Pyramiden. Der Kollege Steffen Haffner von der Frankfurter Allgemeinen Zeitung schrieb später: »Mustermenschen bildeten Menschenmuster.«

Die olympische Familie

Samaranch siegt im ersten Durchgang

Die Wahl von Juan Antonio Samaranch, damals 59 Jahre alt, zum Präsidenten des IOC erfolgte am 16. Juli 1980 im Haus der Gewerkschaften in Moskau. Fünf Kandidaten wurden genannt: Lance Cross aus Neuseeland, Marc Hodler aus der Schweiz, James Worrall aus Kanada, Willi Daume aus Deutschland, Juan Antonio Samaranch aus Spanien

Juan Antonio Samaranch: Der neue IOC-Präsident (r.) nimmt die Glückwünsche seines Vorgängers Lord Mike Killanin entgegen.

Die Namen wurden in dieser Reihenfolge bekanntgegeben. Nach dem Aufgebot zog Lance Cross seine Kandidatur zurück. Alle 77 nach Moskau gekommenen IOC-Mitglieder (von insgesamt 86) waren anwesend. Die absolute Mehrheit betrug 39 Stimmen. Es wurde nur ein Wahlgang notwendig, denn Samaranch erhielt gleich im ersten Durchgang die absolute Mehrheit. Die genaue Stimmenzahl wurde allerdings nicht bekanntgegeben.

Samaranch übernahm die Präsidentschaft nach Beendigung der Spiele in Moskau. Eine seiner ersten Entscheidungen als IOC-Präsident war, die Wahl des IOC-Chefs auf das Jahr nach den Sommerspielen zu verlegen, damit nicht ein abgewählter oder zurückgetretener Präsident noch Schirmherr der Spiele sein muß, wie dies Lord Killanin in Moskau widerfuhr.

Die »Boykottniks«

Athleten fühlen sich von Politik betrogen

Das Jahr 1980 gehört nicht zu den herausragenden Jahren des deutschen Spitzensports – das lag einmal am Boykott von Moskau, aber zum zweiten auch daran, daß durch den eisig gewordenen kalten Krieg die Vergleiche zwischen den besten Sportlern der Bundesrepublik Deutschland und der DDR geradezu ideologischen Charakter angenommen hatten. Hier wie dort gab es Erstarrungen. Die DDR war zudem auf dem besten Weg zur Sportnation Nummer eins in der Welt.

Nach dem Boykottbeschluß des Nationalen Olympischen Komitees für Deutschland am 15. Mai 1980 in Düsseldorf wurden zwar hier und da Hochrechnungen über verschenkte Olympiamedaillen gemacht, aber man erschöpfte sich doch sehr im allgemeinen. Der generelle Tenor der Klagen im Kreis der Sportler lief am Ende darauf hinaus: »Wir sind von der Politik betrogen worden.«

Zu den Betrogenen in der Bundesrepublik Deutschland zählten, um einige gewichtige Beispiele zu nennen, der Ringer Martin Knosp, der 1980 Europameister und ungeschlagen war, der Ruderer Peter-Michael Kolbe, die Dressur- und Springreiter, die Hockeyspieler(innen), die Leichtathleten Harald Schmid, Thomas Wessinghage (trotz der damals überragenden Briten Sebastian Coe und Steven Ovett), Michael Wessig, Dietmar Mögenburg, Sabine Everts, Silvia Hollmann, Heidi Gaugel und Eva Wilms,

Hochsprung: Der Schweriner Gerd Wessig, der mit einer Bestleistung von 2,30 m zu den Spielen gekommen war, holt die Goldmedaille und stellt mit 2,36 m einen neuen Weltrekord auf.

die Segler Alexander Hagen und Vincent Hösch, die Boxer René Weller, Michael Kopzog und Peter Hussing, die Fechter Cornelia Hanisch, Sabine Bischoff, Alexander Pusch oder Harald Hein, der Gewichtheber Rolf Milser, der Judoka Alexander von der Gröben, eine Reihe von Kanuten (wie Uli Eicke), Schützen (wie Werner Seibold) und Schwimmer(innen). Es waren Namen darunter, die man sich für 1984 merken durfte oder die auch bald vergessen waren.

Einer, der mit seinen Sportlern zu zahlen hatte, war Willi Daume, damals 67 Jahre alt. Er bewarb sich am 16. Juli 1980 im Haus der Gewerkschaften in Moskau um die Präsidentschaft im IOC; er hatte als »Boykottnik« keine Chance, doch wären seine Aussichten auch mit einer bundesdeutschen Teilnahme in Moskau äußerst gering gewesen.

Daume durfte sich damit trösten, daß er 1981 in Baden-Baden eine andere große Aufgabe haben würde: die Ausrichtung des olympischen Kongresses (S. 392), der wegweisend sein sollte.

Leichtathletik

Gerd Wessig springt wie im Rausch

Wer gefiel und was imponierte in den Tagen der Leichtathletik? Das Handbuch der IAAF sagt aus, wie häufig die Sportler der UdSSR und der DDR in den Endkämpfen die ersten acht Ränge erreicht haben:

Rang	1	2	3	4	5	6	7	8
UdSSR	15	14	12	8	5	6	2	7
DDR	11	8	10	11	9	5	5	4

Weit abgeschlagen dahinter dann die Briten mit ihren beiden Superstars Sebastian Coe und Steven Ovett, die Polen, die Bulgaren, die Italiener und die Kubaner, die mit vier Medaillen, darunter der goldenen durch die Speerwerferin Maria Colon, beinahe eine Nullnummer abgeliefert hätten.

100-m-Lauf: Der spätere Goldmedaillengewinner Allan Wells (2. v. l.) aus Großbritannien im Halbfinale mit Brathwaite (l., Trinidad), Okodogbe (Nigeria) und Vladimir Murayov (UdSSR).

Von wem ist also zu reden? Von dem Schotten Allan Wells, der die 100 m gewann und Zweiter über 200 m hinter dem Weltrekordmann Pietro Mennea aus Italien wurde; von dem Äthiopier Miruts Yifter, der über 5000 und 10 000 m triumphierte; von dem erneuten Marathonsieger Waldemar Cierpinski aus der DDR; von dem polnischen Stabhochspringer Wladyslaw Kozakiewicz, der zur Verblüffung der recht ahnungslosen sowjetischen Zuschauer mit Weltrekord (5,78 m) siegte; von Sara Simeoni aus Italien, die mit 1,97 m den Hochsprung gewann; von der Berlinerin Ilona Slupianik, die beim Goldgewinn im Kugelstoßen einen Meter Vorsprung hatte. Von diesen ist zu reden.

Zu schwärmen ist von Gerd Wessig, dem damals 21 Jahre alten Koch aus Schwerin. Wessig kam als Hochspringer mit einer Bestleistung von 2,30 m nach Moskau. Den Weltrekord hielten Jacek Wszola aus Polen und Dietmar Mögenburg aus Leverkusen mit 2,35 m. Mögenburg mußte boykottieren, Wszola bei 2,31 m den wie im Rausch springenden Wessig allein lassen. Als Wessigs Olympiasieg feststand, sorgte er für zwei historische Marken. Er sprang nach dem Gold noch Weltrekord (2,36 m) und war damit nicht nur mit dieser Draufgabe ein Rekordmann, sondern auch mit einem gültigen Versuch nach dem Siegessprung. Dies hatte in der olympischen Geschichte seit 1896 kein Hochspringer geschafft.

Schwimmen

DDR-Damen haben freie Bahn

In Montreal 1976 hatten die DDR-Schwimmerinnen 18 Medaillen, darunter elf goldene, gewonnen, waren aber zwei Jahre später bei den Weltmeisterschaften in Berlin (West) von den Amerikanerinnen mit 9:1 Goldmedaillen regelrecht versenkt worden. Ohne die US-Girls hatten die Mädels aus dem östlichen Teil Deutschlands in Moskau im wahrsten Sinne des Wortes freie Bahn: Sie holten 26 von 35 möglichen Medaillen und stellten elf von 13 Olympiasiegerinnen.

Die fleißigsten Medaillenhamster waren Caren Metschuck (3-1-0), Barbara Krause (3-0-0), Rica Reinisch (3-0-0), Ines Diers

Rica Reinisch: Über 100 m Rücken verbessert die 15jährige Dresdenerin den von ihr gehaltenen Weltrekord auf 1:00,86 min. Zwei weitere Goldmedaillen holt sie über 200 m Rücken und mit der 4x100-m-Lagenstaffel.

(2–2–1) und Ute Geweniger (2–0–0). In fünf Einzelwettbewerben gingen alle Medaillen an die Deutschen. Wundert es da, daß es bei diesem Sommerschlußverkauf des Erfolgs keine Lichtgestalt gab, die alle und alles überstrahlte?

Bei den Herren war der Berliner Jörg Woithe ein etwas überraschender 100-m-Freistilsieger, der international erfahrene Roger Pyttel (DDR) ein unglücklicher Verlierer über 100 m Schmetterling gegen Pär Arvidsson aus Schweden. Dessen Landsmann Bengt Baron (Gold 100 m Rücken) war der Mann eines einzigen Sommers.

Bei den Herren hätten nur Vladimir Salnikov und Robertas Shulpa die Amerikaner nicht zu fürchten gehabt. Salnikov legte in Moskau als erster Krauler die 1500 m Freistil unter 15 Minuten zurück, und Shulpa war ein souveräner Gewinner der 200 m Brust.

Gewichtheben

Zaremba durchstößt sowjetische Phalanx

Als Vassili Alexeyev am 30. Juli 1980 die Gewichtheberhalle von Ismailowo betrat – mit 161,75 kg so schwergewichtig wie nie – verwunderte nur eins: seine schwarzlockige Haarpracht, die bis auf die Schultern reichte. Ein Künstler kam da an.

Sonst war der Großmeister der Hantel mit seinem Ballonbauch über dem breiten Hebergürtel, mit seinem in die Ferne gerichteten Blick und seiner selbstgefälligen Art, an die Lasten zu schreiten, noch der alte Hauptdarsteller im Weightlifting Showbusineß.

Aber dann fielen die 180 kg, die er reißen wollte, dröhnend zu Boden. Schwerfällig und behäbig war Vassili geworden, der Mann, der Trainer ablehnte und allein bestimmte, wo es lang ging. Obwohl er nun 21 Monate lang keinen Wettkampf bestritten hatte und schon 38 Jahre alt war, hatte

Ota Zaremba: In der 100-kg-Klasse besiegt der 23jährige Tscheche den Favoriten Igor Nikitin aus der Sowjetunion.

man ihn in die Olympiamannschaft genommen. Zum drittenmal sollte er eine Goldmedaille gewinnen. Noch nie hatte dies ein Heber geschafft. Der Rekord des Franzosen Louis Hostin war zu brechen, der Olympiazweiter 1928 sowie Olympiasieger 1932 und 1936 gewesen war. Hostin hält den Rekord noch heute: dies vorweg.

Schon sein eigenes Denkmal trat Alexeyev wieder auf die Bühne. Es lagen da immer noch die 180 kg. Im dritten und letzten Versuch, seinem schwächsten, warf er die Hantel verächtlich fort. Die Alexeyev-Show war zu Ende. Das Denkmal stand neben dem Sockel.

Aber das war nicht alles, was in Ismailowo für Aufsehen sorgte. Im Fliegengewicht hoben die ersten Vier alle 245,0 kg im Zweikampf; es siegte der Kirgise Kanybek Osmonaliev vor den Nordkoreanern Bong-Zol Ho und Gen-Si Han sowie dem ungarischen Zigeuner Bela Olah. Einer, der Armenier Yurik Vardanyan, spielte mit den Weltrekorden, als er ihrer fünf verbesserte und mit genau 400 kg im Leichtschwergewicht mehr hob als die gewichtigeren Olympiasieger in den Kategorien bis 90 und 100 kg.

Trotz allem gelang einem 23jährigen Tschechen die Supershow. Ota Zaremba hätte nicht gewinnen dürfen, denn der Favorit in der 100-kg-Klasse war Igor Nikitin aus der großen Sowjetunion. Vor Kraft konnte dieser jedoch kaum laufen. Als Zaremba, der nach dem Reißen führte, 215,0 kg gestoßen hatte, ging er im Wiegeschritt des Matadoren von der Bühne und hatte dabei die Sonne in den Augen. Er wußte, daß Nikitin nimmermehr 220 kg stoßen würde, um zu gewinnen. Es gelang Nikitin auch nicht, und er schlich in die Katakomben.

Übrigens: 20 Weltrekorde wurden in Moskau aufgestellt. Nie sind solche Zeiten wiedergekehrt.

Ringen, freier Stil: Der spätere Goldmedaillengewinner Sergei Beloglasov (l.) besiegt in der 57-kg-Klasse den Mongolen Dugarsuren Ouinbold durch Beinschraube.

Ringen

Erstmals Zwillinge Olympiasieger

Am 16. September 1956 wurden die Zwillinge Anatoli und Sergei Beloglasov in Kaliningrad, dem früheren Königsberg, geboren. Am 30. Juli 1980 wurde in der Sporthalle der Roten Armee der Fliegengewichtler Anatoli Olympiasieger im Freistilringen, einen Tag später errang der Bantamgewichtler Sergei, etwas breiter und schwerer als Anatoli, ebenfalls Gold. Das hatte es noch nie gegeben in der Geschichte des Ringens: Zwillinge als Olympiasieger.

Von dem Neapolitaner Claudio Pollio war im Papiergewicht nichts, aber auch gar nichts erwartet worden: höchstens Anstand auf der Matte. Er verlor dann auch gegen den Inder Mahabir Singh und wurde abgehakt. Aber Singh schied gegen den sowjetischen Weltmeister Sergei Kornilayev aus, einen zwergenhaften Baschkiren, und Pollio schulterte dann den Nordkoreaner Jang Se Hong.

Mit einem Freilos beschenkt, erreichte Pollio das Finale mit dem Nordkoreaner und mit Kornilayev. Hier hatte er ein Guthaben: seinen Sieg über Hong. Pollio verlor erwartungsgemäß gegen Kornilayev, aber nur nach Punkten. Als dann Kornilayev, den die Kräfte verließen, von Hong geschultert wurde, war Pollio Olympiasieger, Hong Zweiter und Kornilayev Dritter. Als Italiens Journalisten von der Geschichte hörten und in die Armeehalle stürzten, um ihren Ringer aus Neapel zu interviewen, stand dieser unbehelligt und unbeachtet unter der Dusche.

Dressurreiten: Die österreichische Olympiasiegerin Elisabeth Theurer auf Mon Cheri

Reiten

Dressur-Turnier gerät zur Farce

Die Millionärstochter Elisabeth Theurer aus Österreich, genannt Sissi, kam als Europameisterin zur Dressur nach Moskau und kehrte heim als verfemte Olympiasiegerin. Der Kollege Josef Neckermann (*1912, †1992), Olympiasieger, Welt- und Europameister aus früherer Zeit, nannte Sissis Start in Moskau einen Skandal. Sie hätte auch boykottieren sollen, aber sie hatte wie ihre Landsleute Gold im Sinn. Elisabeth Theurer wurde auf ihrem Hannoveraner Schimmel Mon Cheri dann auch Österreichs einzige Olympiasiegerin.

Im Privatjet von Niki Lauda schwebte sie samt Pferd in der sowjetischen Hauptstadt ein: Hic salta, hic Rhodos, dachte die Dame, die behandelt wurde wie eine Zarenprinzessin. Wer daheim bleibt, den bestraft das Leben. Zu den Bestraften gehörten: Christine Stückelberger und Ulrich Lehmann aus der Schweiz, Reiner Klimke und Uwe Schulten-Baumer aus Deutschland.

Daß ihr der Moskauer Sieg übelgenommen wurde, wußte Sissi Theurer, und so startete sie später nicht mehr.

In den Annalen aber steht: Moskau 1980, Dressur, Olympiasiegerin Elisabeth Theurer (AUT) auf Mon Cheri 1370 Punkte, 2. Yuri Kovshov (URS) auf Igrok 1300 Punkte, 3. Viktor Ugrimov (URS) auf Cheval 1234 Punkte.

1984 Sarajevo

8. bis 19. Februar 1984
Dauer **12 Tage**
Teilnehmer **1278 (1002 Männer, 276 Frauen)**
Länder **49**
Sportarten **7**
Entscheidungen **38**
Zuschauer **434 000**
Schirmherr **Regierungsmitglied Mika Spiljak**
Eidsprecher **Bojan Krizaj (alpiner Skisport), Dragan Perovic (Kampfrichter)**
Letzte Fackelläuferin **Sandra Dubravcic (Eiskunstlauf)**

Olympische Winterspiele 1984 in Sarajevo: Das offizielle Plakat mit einer stilisierten Schneeflocke

Ein friedliches Fest auf dem Balkan

Als IOC-Präsident Juan Antonio Samaranch am 19. Februar 1984, 20.18 Uhr, die XIV. Olympischen Winterspiele in Sarajevo für beendet erklärte und »Dovidenja« sagte, ahnte er wie auch alle anderen Olympiafreunde nicht, daß es ein Wiedersehen in Frieden nicht mehr geben würde. Zehn Jahre später mußte er sich beim Besuch der Olympiastadt unter den Schutz von UNO-Soldaten begeben. Im Bürgerkrieg in Jugoslawien hatte am 6. April 1992 die Zerstörung Sarajevos begonnen; wenig später war die prunkvolle Eishalle Zetra ebenso nur noch eine Ruine wie das Olympische Museum am Berg Igman.

Der Sternstunde von Athen, als Sarajevo 1978 den IOC-Zuschlag für die Winterspiele erhielt, folgten die wunderschönen zwölf Tage des Olympiafestes 1984. Es war ein friedliches Nebeneinander von Kroaten und Serben, von Christen und Moslems. Das olympische Feuer brannte zwischen Moscheen und Mauern. Das Maskottchen Vucko, das kleine Wölfchen, prangte von allen Wänden. Der 28. Juni 1914, als in Sarajevo der österreichische Thronfolger Franz Ferdinand erschossen wurde, schien nur noch Geschichte und Folklore einer längst überholten Zeit. Doch der Schein trog: 80 Jahre nach dem Attentat des 19jährigen Studenten Gavrilo Princip war Sarajevo wieder ein Ort des Unheils.

Die Olympischen Winterspiele dagegen waren ein Fest der Innerlichkeit, auch wenn das amerikanische Fernsehen die Riesensumme von 91,5 Millionen Dollar für den Außeneindruck zahlte.

Die Namen bekannter Sportler trugen den von Sarajevo hinaus in die Welt. Die Engländer Jayne Torville und Christopher Dean tanzten ihren legendären Bolero. Die Finnin Marja-Liisa Hämäläinen gewann im Skilanglauf drei Goldmedaillen und eine bronzene. Peter Angerer aus Bayern sammelte einen kompletten Satz Medaillen im Biathlon.

Alle Goldmedaillen im Eisschnellauf der Damen gingen an die DDR-Stars Christa Rothenburger, Karin Enke und Andrea Schöne. Die aparte Sächsin Katarina Witt

Medaillenspiegel Sarajevo 1984

Land	G	S	B
1. GDR	9	9	6
2. URS	6	10	9
3. USA	4	4	–
4. FIN	4	3	6
5. SWE	4	2	2
6. NOR	3	2	4
7. SUI	2	2	1
8. FRG	2	1	1
CAN	2	1	1
10. ITA	2	–	–

Die erfolgreichsten Sportler von Sarajevo

Name	Sportart	G	S	B
1. Marja-Liisa Hämäläinen FIN	nordischer Skisport	3	–	1
2. Karin Enke GDR	Eisschnellauf	2	2	–
3. Gunde Svan SWE	nordischer Skisport	2	1	1
4. Gaetan Boucher CAN	Eisschnellauf	2	–	1
5. Thomas Wassberg SWE	nordischer Skisport	2	–	–
Wolfgang Hoppe GDR	Bobfahren	2	–	–
Dietmar Schauerhammer GDR	Bobfahren	2	–	–
8. Andrea Schöne GDR	Eisschnellauf	1	2	–
9. Peter Angerer FRG	Biathlon	1	1	1
Eirik Kvalfoss NOR	Biathlon	1	1	1

Eröffnungsfeier: Vor den Dächern des verschneiten Sarajevo stehen Zuschauer nach Eintrittskarten an (o.). Arm in Arm laufen Tanzgruppen zu einem Fest der Verbrüderung in das Kosevo-Stadion ein.

holte ihren ersten Olympiasieg und baute darauf ihre Showkarriere auf. Alpines Skigold wurde in die USA (Bill Johnson, Phil Mahre und Debbie Armstrong), in die Schweiz (Max Julen und Michela Figini) und nach Italien (Paoletta Magoni) getragen.

Ein Kindergesicht tauchte im Skispringen auf: Jens Weißflog. Im Skilanglauf hörte man von Gunde Svan, jubelte aber noch dessen schwedischem Landsmann Thomas Wassberg zu. Wolfgang Hoppe aus der DDR wurde Doppel-Olympiasieger im Bobsport. Die DDR gewann die Medaillenwertung (9–9–6) vor der UdSSR (6–10–9) und vor den USA (4–4–0). Mit vier Medaillen (2–1–1) wurden die Bundesdeutschen Achte.

Alle Welt war sich einig, daß die schönsten vier Minuten der Spiele kurz vor 22 Uhr am 14. Februar 1984 vergingen. Zwölfmal erhielten Torville/Dean für ihren Eistanz die Traumnote 6,0. Fast schien es, als wolle der Jubel der 8500 Besucher kein Ende finden. Letzter Applaus, bevor der Vorhang fiel.

Jayne Torville und Christopher Dean: Für ihre Kür »Bolero« erhielten die beiden Engländer zwölfmal die Traumnote 6,0.

Die olympische Familie

Zwei Frauen ins IOC gewählt

Mit dem 11. Olympischen Kongreß 1981 in Baden-Baden, den Willi Daume für seinen Präsidenten Samaranch glanzvoll ausrichtete, begann ein verändertes IOC seine neue Zeitrechnung. Wie sehr Samaranch gewillt war, über den Dingen zu stehen, zeigte sein Vertrauen zu dem Moskau-Boykottnik Daume.

Samaranch konnte auf der Anwesenheitsliste 85 IOC-Mitglieder sowie die Delegierten von 143 NOKs und den 26 Olympischen Fachverbänden begrüßen. Am Schluß des Kongresses verkündete er die Abschaffung der Regel 26 der Olympischen Charta, die Gründung der Athleten-Kommission und die Aufnahme der ersten Frauen in das IOC.

Mit der Regel 26 verschwand der Amateur von der olympischen Szene und damit auch eine alte Lüge. Jeder, der sich olympisch berufen fühlte, konnte nun zu den Spielen kommen. Zehn Jahre später mußte Samaranch auf Limitierungen bestehen: 10 000 Athleten und 5000 Funktionäre und 15 000 Medienmenschen bei den Sommerspielen. In Lillehammer 1994 kamen bei den Winterspielen auf einen Athleten schon vier Journalisten.

Am 30. September 1981 vergab die 84. Session des IOC, die im Rahmen des Kongresses stattfand, die Olympischen Winterspiele 1988 an Calgary und die Sommerspiele an Seoul. Calgary gewann im zweiten Durchgang mit 48:31 gegen Falun in Schweden, nachdem im ersten Wahlgang Cortina d'Ampezzo ausgeschieden war. Seoul hatte nur einen Konkurrenten, nämlich Nagoya. Die japanische Metropole war Favorit, verlor aber mit 27:52 Stimmen. Samaranch blieb fast das Wort Seoul im Halse stecken, als er den Sieger verkündete. Spiele in einem geteilten Land – die hatten dem IOC gerade noch gefehlt.

Die beiden ersten Frauen, die ins IOC gewählt wurden, waren die Finnin Pirjo Häggman, eine frühere Leichtathletin, und die Venezolanerin Flor Isava-Fonseca.

Juan Antonio Samaranch gab in seiner Rede vor der Session bekannt, daß der Schweizer Staat das IOC am 15. September 1981 als Internationale Organisation aner-

Die Maskottchen der Olympischen Spiele

Waldi, der Dackel München 1972
»Waldi« gilt als erstes offizielles Maskottchen der Olympischen Spiele. Der deutsche Dackel zeigte sich in einer Silhouette. Kopf und Schwanz waren in hellem Blau gehalten, den Körper zierten in Längsstreifen drei der olympischen Farben.

Der Schneemann Innsbruck 1976
Die Olympischen Winterspiele 1976 gingen als »einfache Spiele« in die Geschichte ein. Und mit den »einfachen Spielen« kam ein »einfaches Maskottchen«: der Schneemann.

Amik, der Biber Montreal 1976
Das Wort Amik bedeutet Biber. Ein Tier, das seit der Zeit des Pelzhandels einen großen Platz in der wirtschaftlichen Entwicklung Kanadas einnimmt.

Roni, der Waschbär Lake Placid 1980
Der Waschbär ähnelt, laut Designer Donald Mass, mit seinem maskengleichen Gesicht, dem Gesichtsausdruck der Athleten beim Wettkampf. Man nannte ihn Roni

Mischa, der Bär Moskau 1980
Die Figur des Bären wurde durch eine Meinungsumfrage in der Bevölkerung ermittelt. Bekleidet war Mischa mit einem Gürtel, den vorne eine Schnalle mit den fünf olympischen Ringen zierte.

Vucko, der Wolf Sarajevo 1984
Ubersetzt heißt Vucko »Wandernder Olympischer Botschafter«. Er nahm übermenschliche Züge an, als er ohne Mühe vom »Land der aufgehenden Sonne« zum »Land des Ahornblattes« wanderte. Mit einer Eishacke in seiner »Hand« erklomm er den Mount Blanc, ritt auf dem Rücken eines Kamels in das Land der Beduinen und spielte mit den Kindern aus Niger.

Sam, der Adler Los Angeles 1984
Der Adler gilt als Nationalsymbol der Vereinigten Staaten von Amerika. »Sam« entwickelte sich zu einem kleinen, niedlichen Tier, das als Konkurrent der Athleten auftrat.

Hidy und Howdy, die Eisbärjungen Calgary 1988
Die zwei Eisbärjungen galten als kanadischer Gruß vom Olympischen Komitee. Zum ersten Mal trat ein Geschwisterpaar als Maskottchen auf.

Hodori, das Tigerjunge Seoul 1988
Der Tiger ist eine familiäre Figur in koreanischen Legenden und Sagen. Entgegen seinen wilden Artgenossen gilt der koreanische Tiger als humorvoll und hilfsbereit.

Magic, der Kobold Albertville 1992
Das freundliche und verspielte Maskottchen wurde eigens für Kinder ausgesucht. Man beschreibt es am besten als Kobold – ein Kinderspielzeug, das die Phantasie anregt und mit dem man ins Land der Träume entflieht.

Cabi, der Hund Barcelona 1992
Das Maskottchen der Olympischen Sommerspiele 1992 stellt einen freundlich aussehenden Hund dar, gezeichnet im avantgardistischen Stil von Xavier Mariscal. Das Maskottchen gibt es als riesengroßes aufblasbares dreidimensionales Modell (angefertigt von Josep Maria Trias) und in Puppengröße.

Kristin und Hakon Lillehammer 1994
Als erste Olympia-Ausrichter setzen die Norweger auf ein Pärchen, auf die Kinder Kristin und Hakon, freundliche, aber unverbindliche Gesichter.

Vucko: Der skifahrende Wolf ist das Maskottchen der Olympischen Spiele von Sarajevo.

kannt habe. Dies bedeutete erhebliche Steuervorteile für die olympische Bewegung.

Erschöpft von den Anstrengungen in Baden-Baden blieben die Sessionen in Rom 1982 und Neu-Delhi 1983 blaß. Mit dem Ungarn Arpad Csanadi, der mehr war als nur der ehrenamtliche Sportdirektor des IOC, verlor das IOC am 9. März 1983 seinen guten Geist. Csanadi starb an Krebs. Sein Nachfolger als IOC-Sportdirektor wurde Walther Tröger, damals Generalsekretär des Nationalen Olympischen Komitees für Deutschland. Tröger wurde dann 1989 IOC-Mitglied und Ende 1992 NOK-Präsident.

Die olympischen Sammler

Prix Olympia für gezackte Kleinode

Durch den IOC-Präsidenten Juan Antonio Samaranch, selbst ein leidenschaftlicher Briefmarkensammler, wurde Mitte der 80er Jahre in der olympischen Bewegung ein Prozeß in Gang gesetzt, der vom 7. bis 9. Oktober 1994 im Olympischen Museum in Lausanne zur ersten Weltausstellung und Messe für olympische Sammler führte.

Bereits 1982 hatte das IOC die olympische Briefmarkenschau »Olymphilex« patronisiert; daraus entstand die FIPO, die Internationale Olympische Briefmarken-Federation. Es folgten dann ähnliche Weltverbände für Numismatiker (FINO) und für Sammler Olympischer Memorabilia (ACOM). Über diesen drei Organisationen thront die

Die ältesten Sportbriefmarken der Welt trugen 1896 mehr als 400 000 Drachmen zur Finanzierung der Spiele bei.

Zwei Sondermarken des Deutschen Reiches vom November 1935 zugunsten des Deutschen Olympischen Ausschusses

Ab Oktober 1951 halfen Sondermarken dem Norwegischen Olympischen Komitee, die Kosten der Spiele von Oslo zu tragen.

Satz von vier Werten der Schweizer Post anläßlich der Winterspiele von St. Moritz. Der Aufschlag finanzierte Sportanlagen.

Erst 1957 druckte die Sowjetunion die ersten Sondermarken mit eigenen »Helden des Sports«.

In dieser jugoslawischen Serie von 1956 wird jeder Sportart eine ihr ähnliche Tiersilhouette zugeordnet

Sondermarke aus einem Satz von 5 Werten (1968) zugunsten der Deutschen Sporthilfe (Abb.: Helene Mayer)

Frankreich gab 1953 eine Serie zu Ehren seiner Olympioniken heraus (Abb.: Pierre J. d'Oriola).

Die Dominikanische Republik würdigt Sieger der Spiele von 1956 (Abb.: Milton Campbell, Zehnkampf).

Schmuckblock der Deutschen Bundespost von 1972 mit einer Ansicht des Münchener Olympiageländes

Parry O'Brien (o. r.), Nikolai Andrianov (o. l.), Deborah Meyer (u. l.) und Vassili Alexeyev (u. r.) sind Teil einer Serie von 12 Marken des US Postal Service aus dem Jahr 1984.

Sondermarke der französischen Post zu Ehren des hundertsten Jahrestags der Gründung des Internationalen Olympischen Komitees (23. 6. 1894)

Olympische Sammler-Kommission des IOC; in allen vier Vereinigungen hat Samaranch den Vorsitz.

Seit 1984 vergeben das IOC und die FIPO den Prix Olympia für attraktive Briefmarken mit Sportthemen, wobei wie bei den Olympischen Spielen Gold-, Silber- und Bronzemedaillen vergeben werden. Die bisherigen Sieger sind:

- **1984:** 1. Polen, 2. Frankreich, 3. Deutschland
- **1988:** 1. Irland, 2. San Marino, 3. Griechenland und Korea
- **1992:** 1. Neuseeland, 2. Israel, 3. USA
- **1994:** 1. Norwegen, 2. Ungarn, 3. Finnland.

Biathlon

Ein Satz Medaillen für Peter Angerer

Die erste Form von Biathlon gab es als Skijagd schon 1767 in Norwegen. Dort trugen Soldaten dann 1912 auch erste Wettkämpfe aus. Nach dem Ersten Weltkrieg wurden Militärpatrouillen in Frankreich, Italien und der Schweiz recht populär, später auch in Deutschland. Zeitweilig gehörte diese Art des Skilaufens mit Schießeinlagen auch zum Demonstrationsprogramm der Olympischen Winterspiele.

1958 wurden in Saalfelden in Österreich die ersten Biathlon-Weltmeisterschaften ausgerichtet. Seit 1960 in Squaw Valley ist Biathlon Olympiawettbewerb.

Bis Peter Angerer kam, der Biathlon im Westen Deutschlands populär machte, hatte es schon sechs Olympiasieger in den Einzelwettbewerben gegeben: den Schweden Klas Lestander, die Sowjets Vladimir Melanin, Nikolai Kruglov und Anatoli Alyabyev, den Norweger Magnar Solberg (zweimal Gold) und Frank Ullrich aus der DDR.

Angerer, am 14. Juli 1959 in Hammer-Wagenau an der Bundesstraße Traunstein–Inzell geboren, wurde 1980 bei den Junioren Weltmeister über 10 km und in der deutschen 4x7,5-km-Staffel. Er stand im selben Jahr in der Olympiastaffel von Lake Placid, die Bronze holte. 1983 gewann er den Gesamt-Weltpokal.

Ohne Angerer und seinen Konkurrenten Fritz Fischer, der 1992 Olympiasieger in der deutschen Staffel werden sollte, wäre weder das Leistungszentrum Ruhpolding noch die Ansammlung guter Biathleten bei den

Peter Angerer: Der 24jährige Feldwebel der Bundeswehr holt im Biathlon Gold (20 km), Silber (10 km) und Bronze (4x7,5-km-Staffel).

Gebirgsjägern in Bad Reichenhall möglich gewesen.

Als Feldwebel der Gebirgsjäger gewann Angerer in Sarajevo die Goldmedaille über 20 km, die Silbermedaille über 10 km und die Bronzemedaille mit der bundesdeutschen Staffel. Es war am Berg Igman, daß Angerer mit einem bayerischen Jodler seiner Freude über die Goldmedaille Ausdruck verlieh.

Rennrodeln

Steffi Martin fuhr immer Bestzeit

Bei den Rennrodelwettbewerben deutete nichts darauf hin, daß der schon 32 Jahre alte Paul Hildgartner gewinnen würde. Der Südtiroler hatte mit Walter Plaikner, seinem späteren Trainer, 1972 schon im Doppelsitzer gewonnen, sich danach aber selbständig gemacht. 1984 war er nicht der Favorit; es gab im Grunde auch keinen. Für die DDR fuhren Michael Walter und Torsten Görlitzer, für die Italiener der etwas unberechenbare Ernst Haspinger, der 1980 in Lake Placid nach der Führung in der Addition der ersten drei Rennen im vierten Lauf stürzte.

Langer Rede kurzer Sinn: Torsten Görlitzer führte nach zwei Durchgängen, wurde dann aber sehr schwach (und nur Fünfter). Hildgartner fuhr im dritten und vierten Lauf Bestzeit und war Olympiasieger vor den Sowjets Sergei Danilin und Valeri Dudov.

Im Doppelsitzer galten die Weltmeister Jörg Hoffmann/Jochen Pietzsch (DDR) als die Goldmedaillenanwärter, wurden aber schon im ersten Durchgang von Yevgeni Belousov/Alexander Belyakov (URS) übertroffen. Als die Russen dann im zweiten Durchgang kurz vor dem Ziel eine Schwäche zeigten, nutzte die bundesdeutsche Paarung Hans Stanggassinger/Franz Wembacher die Gunst der Stunde und holte sich den unerhofften Olympiasieg.

Die Medaillenerwartungen der DDR erfüllten dann die Damen mit einem Totalerfolg. Steffi Martin gewann vor Bettina Schmidt und Ute Weiß. Steffi Martin, die 1988 auch Olympiasiegerin in Calgary werden sollte, fuhr in allen vier Durchgängen Bestzeit.

Im übrigen wiederholte sich im Fall Hildgartner ein Vorgang von Sapporo 1972. Als italienische Journalisten von dem Olympiasieg Hildgartners hörten und auf eine Pressekonferenz hingewiesen wurden, die jetzt stattfinde, meinte der Kollege Enrico Crespi, der einmal Präsident des Weltverbandes der Sportjournalisten (AIPS) war, zu mir: »Was soll ich denn da. Der spricht doch nur deutsch.« So ist es eben. In Friaul und der Po-Ebene endet die italienische Rodler-Herrlichkeit.

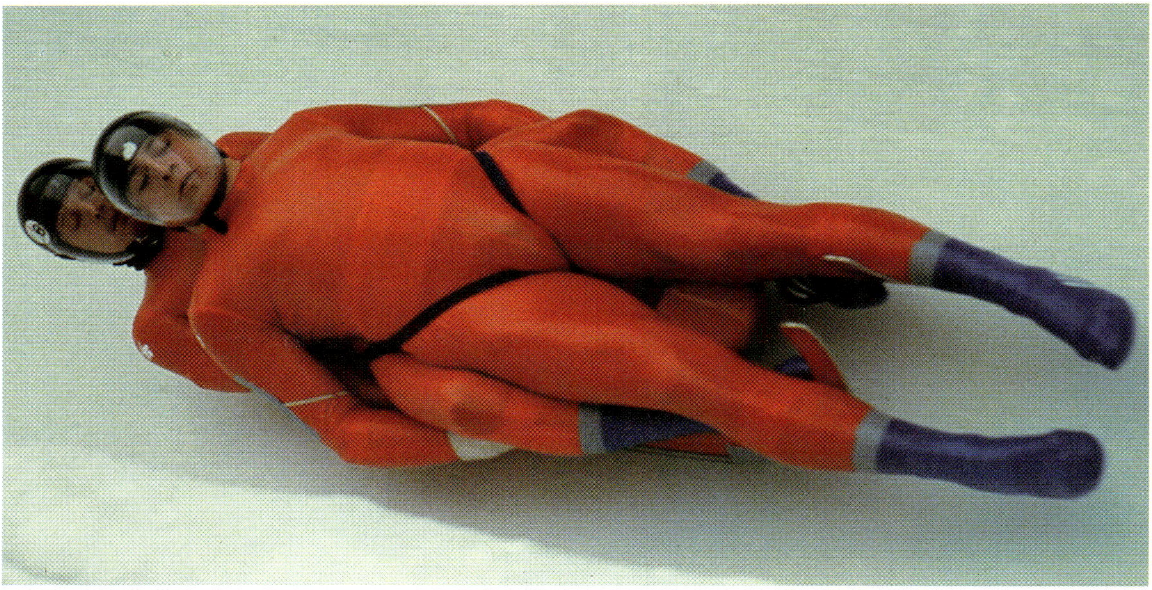

Rennrodeln: Die bundesdeutsche Paarung Hans Stanggassinger und Franz Wembacher gewinnt überraschend Gold im Doppelsitzer.

Die Siegerinnen über 1000 m im Eisschnellauf (v. l.): Karin Enke (Silber, DDR), Christa Rothenburger (Gold, DDR), und Natalia Shive (Bronze, UdSSR)

Eisschnellauf

Alle Siegerinnen aus der DDR

Als die viele Jahre dominierenden Eisschnelläuferinnen aus der UdSSR in ein Leistungsloch fielen, war die Konkurrenz aus der DDR top. In Sarajevo fand sich im Zetra-Eisstadion immer dann die komplette Führung der ostdeutschen Olympiamannschaft ein, wenn die Damen Christa Rothenburger (1–0–0), Karin Enke (2–2–0), Andrea Schöne (1–2–0) und Gabi Schönbrunn (0–0–1) nach den Medaillen griffen und neun von zwölf möglichen kassierten.

Nur Natalia Petruseva mit zweimal Bronze und Natalia Shive mit einem dritten Platz verhinderten den Totalerfolg der DDR. Eine Holländerin, die vier Jahre später in Calgary eine glanzvolle Siegesserie der DDR brutal beenden sollte, wurde Fünfte über 3000 m und Sechste über 1000 m. Ansonsten wurde Yvonne van Gennip auf dem Zetra-Oval kaum beachtet.

Christa Rothenburger (* 1959) nahm an fünf Olympischen Spielen teil, darunter 1988 im Winter wie im Sommer. Dabei brachte sie das Kunststück fertig, in Calgary Gold über 1000 m und Silber über 500 m zu gewinnen und dann sieben Monate später in Seoul noch eine silberne Medaille im Radsprint zu holen. 1987 wurde sie Doppel-Weltmeisterin (Eissprint und Radsprint). Sie gewann 1984, 1988 und 1992 vier Olympiamedaillen im Eisschnelllauf und eine im Radsport (zusammen 2–2–1) und ergänzte sie durch sieben WM-Plaketten. 1988 heiratete sie ihren Trainer Ernst Luding.

Karin Enke (* 1961), verheiratete und geschiedene Busch und Kania, holte sich bei drei Winterspielen drei Gold- und vier Silbermedaillen und dazu noch eine bronzene. Elfmal wurde sie Weltmeisterin.

Andrea Mitscherlich, verheiratete und geschiedene Schöne und Ehrig, startete ihre Olympiakarriere als 15jährige 1976 in Innsbruck, wo sie Zweite über 3000 m wurde. Es folgten Lake Placid (keine Medaille), Sarajevo (1–2–0) und auch noch Calgary (0–2–1), so daß es die erstaunliche Sammlung von sieben Medaillen (1–5–1) gibt.

Die drei Damen erzielten insgesamt 34 Weltrekorde und stehen 15mal in der Liste der Weltmeisterinnen.

1984
Los Angeles

28. Juli bis 12. August 1984
Dauer **16 Tage**
Teilnehmer **6797 (5230 Männer, 1567 Frauen)**
Länder **141**
Sportarten **21**
Entscheidungen **221**
Zuschauer **5 798 000**
Schirmherr **Präsident Ronald Reagan**
Eidsprecher **Edwin Moses (Leichtathletik)**
Letzter Fackelläufer **Rafer Johnson (Olympiasieger Zehnkampf 1960)**

Olympische Sommerspiele 1984 in Los Angeles: John Baldessari kombiniert für sein Plakat ein antikes Vasenbild und ein Foto

Teilnahmerekord trotz Boykott

Los Angeles erwartete 1984 die besten Sportler der Welt, von denen auch zahlreiche kamen. Das wunderbare Vorspiel im jugoslawischen Sarajevo mit der Rekordteilnahme von 49 Ländern war indes keine Garantie für Optimisten vom Schlage eines Peter Ueberroth.

Ueberroth glaubte an die Macht des Marktes, nahm keine staatlichen Gelder in Anspruch und ließ die Spiele in der Nach-

Eröffnungsfeier: 20 Sekunden dauerte der Flug des »Raketenmannes« Bill Sooter vom Ehrenportal des Stadions zur Tartanbahn.

Die erfolgreichsten Sportler von Los Angeles

Name	Sportart	G	S	B
1. Ecaterina Szabo ROM	Turnen	4	1	–
2. Carl Lewis USA	Leichtathletik	4	–	–
3. Li Ning CHN	Turnen	3	2	1
4. Michael Heath USA	Schwimmen	3	1	–
Nancy Hogshead USA	Schwimmen	3	1	–
6. Valerie Brisco-Hooks USA	Leichtathletik	3	–	–
Ambrose Gaines USA	Schwimmen	3	–	–
Rick Carey USA	Schwimmen	3	–	–
Tracy Caulkins USA	Schwimmen	3	–	–
Mary Meagher USA	Schwimmen	3	–	–
Ian Ferguson NZL	Kanu	3	–	–

barschaft von Hollywood wie einen Monumentalfilm inszenieren.

Der Erfolg gab ihm recht; am Ende kümmerte kaum noch jemand, daß da wieder boykottiert worden war.

Die olympische Ruhe nach den Spielen von Moskau 1980 täuschte. Der internationale Sport vermied peinlichst den Gedanken an eine sowjetische Revanche für 1980 zu artikulieren. Am 8. Mai 1984 verkündete das Nationale Olympische Komitee der UdSSR indes den Verzicht auf die Olympiateilnahme in Los Angeles. Es war dabei von fehlenden Sicherheitsgarantien für die sowjetischen Sportler in Kalifornien die Rede und keineswegs davon, daß man wegen des Moskau-Boykotts immer noch beleidigt war und Revanche nahm. Alle europäischen Ostblockländer (mit Ausnahme Rumäniens) und verschiedene sozialistische Brüder der Sowjetunion schlossen sich der Moskauer Zentralmaßnahme ungern, aber folgsam an.

Vor allem in der DDR hörte man das Zähneknirschen, war doch der Sport der Deutschen Demokratischen Republik durch den damals 58 Jahre alten Manfred Ewald so gut vorbereitet worden, daß nicht wenige Beobachter des olympischen Kräftespiels mit einem Gesamterfolg des ostdeutschen Sports in Los Angeles rechneten: Ewalds Elite an der Spitze der Medaillenwertung vor den Sportlern aus den USA und der Sowjetunion.

Manfred Ewald, der damals auf dem Gipfel seiner Macht Präsident des NOK und des Deutschen Turn- und Sportbundes (DTSB) der DDR war, sollte sich von diesem Schlag nicht mehr erholen.

Zwar durfte er als »Boykottnik« 1985 die 90. Session des IOC in Ost-Berlin glanzvoll ausrichten und damit die gleiche Rolle spielen wie 1981 sein deutscher Kollege

Medaillenspiegel Los Angeles 1984

Land	G	S	B
1. USA	83	61	30
2. ROM	20	16	17
3. FRG	17	19	23
4. CHN	15	8	9
5. ITA	14	6	12
6. CAN	10	18	16
7. JPN	10	8	14
8. NZL	8	1	2
9. YUG	7	4	7
10. KOR	6	6	7

Peter Ueberroth: Am Ende der Spiele hatte der findige Geschäftsmann einen Überschuß von 225 Millionen Dollar erwirtschaftet.

Willi Daume mit dem olympischen Kongreß in Baden-Baden, aber mit dem Verzicht auf die Spiele von Los Angeles wurde das Selbstbewußtsein des DDR-Sports zertrümmert. Die Daheimgebliebenen bestrafte das Leben.

Ohne die Sowjetunion, die DDR, Polen, Ungarn, die Tschechoslowakei, Bulgarien, dazu ohne Kuba und Nordkorea, hatten die Amerikaner als Gastgeber leichtes Medaillenspiel und wurden auch noch mit dem Wiedererscheinen Rotchinas und dem Teilnahmerekord von 141 Mannschaften entschädigt.

Allerdings litten Sportarten wie Ringen, Gewichtheben, Kunstturnen, das Schwimmen der Damen, Handball und zahlreiche Wettbewerbe der Leichtathletik unter dem Fehlen der Sowjets und ihrer Freunde, deren Sportler – ein überaus interessanter Vergleich – 1976 bei den Spielen in Montreal 71 Prozent der Goldmedaillen gewonnen hatten.

Die Amerikaner holten sich 83 Gold-, 61 Silber- und 30 Bronzemedaillen und dominierten damit in etwa so deutlich wie die Sowjetunion 1980 bei den Spielen in Moskau (80–69–46). Die Bundesrepublik Deutschland (17–19–23) verlor den Kampf um den zweiten Platz gegen Rumänien (20–16–17). Im Grunde hätten rund 100 Medaillen herauskommen müssen; 59 waren zu wenig.

Die olympische Familie

Berthold Beitz wird IOC-Vizepräsident

Nach der Wahl Samaranchs zum Präsidenten 1980 hatten sich auch im Exekutivkomitee des IOC einige personelle Veränderungen ergeben. Als Vizepräsidenten waren der Russe Vitali Smirnov und der Japaner Masaji Kijokawa sowie als Mitglied der Neuseeländer Lancelot Cross ausgeschieden.

Schwerer wog der frühe Tod des Ungarn Arpad Csanadi. Im Kreis um Samaranch, aus dem sich Willi Daume nach Baden-Baden leise entfernte, begann Berthold Beitz immer mehr Einfluß zu gewinnen. Der 1913 geborene Krupp-Manager (und seit 1967 Vorsitzender der Krupp-Stiftung) war 1972 auf Vorschlag von Daume ins IOC gewählt worden und hatte dort sehr schnell Verantwortung in Geldfragen übernommen.

Von den vielen Funktionären im Weltsport hob er sich als olympischer Querdenker und als unabhängiger Mittler zwischen Ost und West weit ab. Samaranch schätzte ihn sehr und zog ihn in seine Nähe. So war es keine Überraschung, daß Berthold Beitz, ein Herr im IOC, auf der Session in Los

Angeles zum Vizepräsidenten gewählt wurde, übrigens erst als zweiter Deutscher nach Daume (1972 bis 1976). Das Ende seiner Amtszeit 1988 fiel dann mit dem Erreichen der Altersgrenze für IOC-Mitglieder (75 Jahre) zusammen.

Mit Sicherheit war es Beitz, der über seine Verbindungen zur Führung der DDR Erich Honecker 1985 dazu brachte, dem IOC eine Garantie für den Start der ostdeutschen Sportler in Seoul 1988 zu geben. Den Beifall für den großen Erfolg der Spiele in Korea hat Beitz noch als Vizepräsident entgegennehmen können.

Presse-Service der Amerikaner

Tips für die richtige »Pro-nan-ciä-schen«

Für Presse, Funk und Fernsehen haben die Amerikaner schon immer alles getan. Einen ganz besonderen Service aber ließ sich 1984 die Communication Division von USOC, dem Olympiakomitee der USA, unter Leitung von Mike Moran einfallen.

Im »Media Guide and Record Book« wurden einige Namen von Sportlern und die Aussprache dieser Namen aufgeführt. In der Tat gab es nicht selten Schwierigkeiten mit der richtigen »pro-nan-ciä-schen« (pronunciation, dt. Aussprache).

So wurde erst mit der Zeit bekannt, daß sich die Amerikanerin Mary Meagher, die immerhin Olympiasiegerin und Weltrekordschwimmerin war, Mah-her ausspricht, in deutsch etwa so: Määr.

Hier einige Beispiele aus dem Mike-Moran-Guide von 1984:
Bottom = Bah-tum = dt.: Battem
Cavanaugh = Cav-en-awe = dt.: Kaffenoh
Hughey = Hue-ee = dt.: Huhie
Jager = Jay-gur = dt.: Tschegahr
Rhodenbaugh = Roe-den-bawe = dt.: Rohdenboh
Caulkins = Caw-kins = dt.: Kohkinz
Meagher = Mah-her = dt.: Määr
Steinseifer = Stine-sigh-fur = dt.: Steinsigfer
Winde = Win-dy = dt.: Windi.

Berthold Beitz

Die Bewerber für die Olympischen Sommerspiele von 1896 bis 2000

Zehnmal	
Los Angeles	1924, 1928, **1932**, 1948, 1952, 1956 R, 1956, 1976, 1980, **1984**
Siebenmal	
Detroit	1944, 1952, 1956, 1960, 1964, 1968, 1972
Sechsmal	
Amsterdam	1919, 1920, 1924, **1928**, 1952, 1992
Athen	**1896**, **1906**, 1940, 1944, 1952, 1996
Berlin	1908, 1916, **1936**, 1956 R, 1968, 2000
Budapest	1916, 1920, 1936, 1940, 1944, 1960
Lausanne	1936, 1940, 1944, 1948, 1952, 1960
Rom	1908, 1924, 1936, 1940, 1944, **1960**
Fünfmal	
Buenos Aires	1936, 1940, 1956 R, 1956, 1968
Montreal	1940, 1944, 1956, 1972, **1976**
Viermal	
Barcelona	1924, 1936, 1940, **1992**
Helsinki	1936, 1940, 1944, **1952**
London	**1908**, 1940, 1944, **1948**
Paris	**1900**, **1924**, 1956 R, 1992
Philadelphia	1920, 1948, 1952, 1956 R
Dreimal	
Alexandria	1916, 1936, 1940
Brüssel	1916, 1960, 1964
Chicago	1904, 1952, 1956
Mexiko City	1956, 1960, **1968**
Minneapolis	1948, 1952, 1956
Rio de Janeiro	1936, 1940, 1956R
Stockholm	**1912**, 1952, **1956 R**
Tokio	1940, 1960, **1964**
Zweimal	
Atlanta	1920, **1996**
Belgrad	1992, 1996
Cleveland	1916, 1920
Dublin	1936, 1940
Lyon	1920, 1968
Manchester	1996, 2000
Melbourne	**1956**, 1996
Moskau	1976, **1980**
Toronto	1940, 1996
Einmal	
Antwerpen	**1920**
Baltimore	1948
Birmingham	1992
Brisbane	1992
Frankfurt/M.	1936
Havanna	1920
Istanbul	2000
Köln	1936
Madrid	1972
Mailand	1908
München	**1972**
Nagoya	1988
Nürnberg	1936
Peking	2000
Prag	1924
San Francisco	1956
Seoul	**1988**
St. Louis	**1904**
Sydney	**2000**
Wien	1964

Fett gedruckte Jahreszahl = Bewerbung erfolgreich; R = nur Reiterspiele

Carl Lewis: Der 23jährige Superstar der Spiele von Los Angeles, der hier mit dem Sternenbanner die Ehrenrunde läuft, gewinnt vier Goldmedaillen (Weitsprung, 100 m, 200 m, 4x100 m).

Leichtathletik

Lewis' Motto heißt »Go for the Gold!«

Die Mannschaft der USA präsentierte in Carl Lewis einen Athleten, der in dem Maße wuchs, wie er erfolgreich war. Als er beim Leichtathletik-Finaltag als Schlußmann der in der Weltrekordzeit von 37,83 sec siegreichen 4x100-m-Staffel der USA tatsächlich die allgemein erwartete vierte Goldmedaille gewann (nach der ersten über 100 m, der zweiten im Weitsprung und der dritten über 200 m), hatte er aber beileibe nicht mit seinem Vorbild Jesse Owens gleichgezogen.

Jesse Owens, mit seinen vier Olympiasiegen die Legende der Spiele von Berlin, brauchte den Erfolg zum sozialen Aufstieg, der Aufsteiger Carl Lewis benötigte ihn nur als Dreingabe für den bereits erworbenen Status eines Superstars mit bekanntem Marktwert. Owens lief ästhetisch, Lewis dynamisch. Lewis interpretierte die amerikanische Aufforderung »Go for the Gold« auf seine narzißtische Weise, für die man Respekt aufbringen kann, aber kaum Bewunderung.

Carl Lewis, in Los Angeles 23 Jahre alt, war ein perfekter Athlet, der die 100 m in 9,99 sec und die 200 m in 19,80 sec lief, 8,54 m weit sprang und dann noch Weltrekord mit der Sprintstaffel erzielte. Es war der Anfang. In seiner olympischen Karriere würde er insgesamt acht Goldmedaillen gewinnen und die silberne Medaille über 200 m von Seoul 1988 hinter seinem Landsmann Joe DeLoach fast schon als Schmach empfinden.

Leichtathletik

Deutsches Double im Hochsprung

Als 1982 bei den Europameisterschaften in Athen Dietmar Mögenburg mit 2,30 m und Ulrike Meyfarth mit 2,02 m den Hochsprung gewannen, wäre es tollkühn gewesen, diesen deutschen Doppelschlag auch für Los Angeles in Erwähnung zu ziehen. Kalifornien war mit Griechenland doch wohl nicht zu vergleichen.

Aber Athen wiederholte sich auf einer weitaus höheren Ebene. Der 23 Jahre alte Mögenburg sprang in Los Angeles mit einer erstaunlichen Selbstsicherheit; er wirkte so gelassen, als sei der Olympiasieg unvermeidlich. Als der Chinese Zhu Jianhua die 2,35 m nicht schaffte, nachdem er die 2,33 m ausgelassen hatte, war Mögenburg Goldmedaillengewinner, denn er hatte diese 2,35 m übersprungen. An der neuen Weltrekordhöhe von 2,40 m scheiterte er dann. Der Schwede Patrik Sjöberg imponierte als Zweiter mit 2,33 m. Zhu teilte sich den dritten Rang mit dem Amerikaner Dwight Stones, der seine dritten Spiele seit 1972 mit der dritten Bronzemedaille abschloß (in Moskau fehlte er wegen des Boykotts).

»Die Saga Ulrike Meyfarth ist die Geschichte einer Einmaligkeit«, schrieb der Berliner Journalist Heinz Vogel (*1922, †1994) nach Los Angeles. »Bilder bilden weit tiefere Aussagen: Jenes Gesicht der 16jährigen naiven Schülerin nach ihrem sensationellen Triumph als namenlose Außenseiterin, und nun das erfüllte Antlitz einer 28jährigen.« Ulrike Meyfarth vollbrachte das Wunder, zwischen ihren beiden Olympiasiegen zwölf Jahre liegenzulassen.

Hochsprung: Ulrike Meyfarth (o.) gewinnt zwölf Jahre nach ihrem Triumph von München erneut die Damenkonkurrenz. Dietmar Mögenburg (u.) ist bei den Männern erfolgreich.

Leichtathletik

Decker-Budd-Crash erregt Amerikaner

Was am 10. August 1984 im Olympiastadion von Los Angeles passierte, kann man mit allem bezeichnen, was Sportunfälle hergeben: Unglück, Unheil, Verhängnis, Versagen, Katastrophe, Schicksal, Naturereignis, Drama, Tragödie, Pech, Panne, Dummheit oder auch Torheit. Daraus wurde dann eine mediale Schmierenkomödie voller Schwachsinn.

In den Hauptrollen Mary Decker, verheiratete Tabb und Slaney, und Zola Budd, Single. Die Amerikanerin Mary Decker,

3000-m-Lauf: Zola Budd (l.) und Mary Decker (rotes Trikot Nr. 373) liegen zunächst in Führung (o.). Nach dem unglücklichen Zusammenprall muß Mary Decker verletzt ausscheiden (u.).

geboren am 4. August 1958 in Flemington im US-Bundesstaat New Jersey, war eine obsessive Langstreckenläuferin, die im Alter von 14 Jahren und 226 Tagen für die USA im Länderkampf gegen die UdSSR eingesetzt wurde und zu diesem Zeitpunkt 1973 bei einer Größe von 1,58 m ganze 39 kg in die Spikes brachte. Sie wurde durch die Medien zum »american girl« schlechthin gemacht, zur guten Seele, die gegen die bösen Sowjets fightet.

Was man vor der Öffentlichkeit verbarg: Auch das war Mary Decker, eine Heranwachsende ohne Kinderstube, gepowert von einem penetranten Ehrgeiz. Ihre Droge: Laufen. Mit zwölf Jahren hatte sie schon einen Marathonlauf bestritten (3:09 h – unfaßbar gut).

Die Südafrikanerin mit dem britischen Paß, Zola Budd, wurde am 26. Mai 1966 in Südafrika geboren, wo sie auf einer Farm in der Nähe von Bloemfontein isoliert aufwuchs. Sie war von ähnlicher Figur wie Mary Decker. Selbst als Erwachsene war Zola Budd nie schwerer als 48 kg.

Weil sie meist barfuß lief, wirkte sie noch zerbrechlicher als sie schon war. Sie wurde von Rassisten verfolgt, als sie ihren südafrikanischen Paß mit einem britischen vertauschte, um an den Olympischen Spielen teilnehmen zu können. Was für die Decker das US-Fernsehen war, war für die Budd das britische Massenblatt Daily Mail: Geld- und Tonangeber.

Als beide im Endlauf über 3000 m in Los Angeles aufeinandertrafen, hielten die Amerikaner ihr Girl, das sich von ihrem ersten Mann, dem Weltklasse-Marathonläufer Ron Tabb hatte scheiden lassen und in die starken Arme des britischen Diskuswerfers Richard Slaney (2,01 m groß und 130 kg schwer) geflüchtet war, einfach für unschlagbar; sie waren sich da mit Mary einig, die genauso dachte.

Andere setzten auf Zola Budd, die genau wie Mary Weltrekorde gelaufen, aber eben noch nicht Doppel-Weltmeisterin wie die Amerikanerin gewesen war, die 1983 in Helsinki die Wettbewerbe über 1500 und 3000 m gewonnen hatte.

Nach 1700 m passierte es im Olympia-Endlauf. Die kleine Budd führte und lief auf dem äußeren Rand der Innenbahn. Die genauso schmächtige Decker wollte eine Chance nutzen und innen durchstoßen, trat der in diesem Moment nach links gehenden Budd in die Beine. Die Folge: Beide stürzten. Die Decker schied aus, Budd wurde Siebte, weil sie weiterlaufen konnte.

Decker hat der Budd die Schuld gegeben und ihr nie verziehen. Dabei war sie selbst unachtsam gewesen. Sie, die mit einem Olympiasieg berühmt und vor allem reich werden wollte, mußte sich ein Jahr später mit dem Gesamtsieg im Langlauf-Weltpokal trösten. Die Budd wurde 1985 Crossweltmeisterin. In den Jahrbüchern steht Mary mit vier, Zola mit zwei Weltrekorden.

Für die Amerikaner war der Decker-Budd-Crash das wahre Erlebnis der Spiele. Die Briten nahmen den Fall zur Kenntnis. Die übrige Welt wandte sich ab.

Das 3000-m-Gold hat übrigens Maricica Puica gewonnen, eine 34 Jahre alte Ehefrau aus Rumänien.

Leichtathletik

Ausnahmeläufer Sebastian Coe

War Ulrike Meyfarth schon eine Ausnahmeerscheinung in der Leichtathletik, so ganz gewiß auch Sebastian Coe (* 1956). Der britische Mittelstreckenläufer wiederholte seine Olympiaplazierungen von Moskau 1980 mit Silber über 800 m und Gold über 1500 m. Über 1500 m schlug er dabei seinen Landsmann Steve Cram, ein Jahr zuvor Weltmeister auf dieser Distanz.

Der zielstrebige Coe, der 1986 noch eine 800-m-Europameisterschaft gewann, stellte in seiner Karriere zwölf Weltrekorde über 800 m, 1000 m, 1500 m und die Meile auf. Zwischen dem 14. September 1976 und dem 24. Juni 1983 war er in Rennen über 1500 m und 1 Meile unbesiegt. Als in der olympischen Szene Coe bereits als neues IOC-Mitglied für Großbritannien gehandelt wurde, wandte er sich ganz der Politik zu und machte Karriere bei den britischen Konservativen.

Sebastian Coe: Der Brite (Nr. 359) gewinnt den 1500-m-Lauf und wird über 800 m Zweiter hinter dem Brasilianer Joaquim Cruz.

Leichtathletik

Gold für Marokkos »Ein-Frau-Team«

Zu denen, die in Los Angeles kühl ihre Chance nutzten, gehörte der schon 31 Jahre alte Hamburger Rolf Danneberg, ein 125 kg schwerer und fast zwei Meter großer Diskuswerfer. In einem souverän bestrittenen Wettkampf schlug er mit 66,60 m den amerikanischen Favoriten Mac Maurice Wilkins (66,30 m), von dem später Insider behaupteten, er sei gedopt gewesen, doch habe man die positive Probe unterschlagen.

Offengelegt wurde dagegen der positive Dopingtest des finnischen Langstreckenläufers Martti Väiniö, der seines Silbers im 10 000-m-Lauf hinter dem Sieger Alberto Cova (Italien) verlustig ging. Das wurde im übrigen aber schnell vergessen.

Was ist geblieben? Die Mexikaner Ernesto Canto und Raul Gonzalez gewannen die beiden Geher-Wettbewerbe über 20 und 50 km, der Franzose Pierre Quinon den Stabhochsprung, der bullige Alessandro Andrei aus Italien das Kugelstoßen, der unerschrockene und durch nichts zu erschütternde Karibik-Brite Daley Thompson den Zehnkampf gegen den hoch begabten, aber als Wettkämpfer zu braven Jürgen Hingsen aus Deutschland und natürlich Edwin Moses (USA) die 400 m Hürden, über die der deutsche Vorzeigeathlet Harald Schmid Dritter wurde.

Die Damen? Valerie Brisco-Hooks (USA) holte sich drei Goldmedaillen (200 m, 400 m und 4x400 m); über 200 m wurde Florence Griffith aus den Vereinigten Staaten Zweite, von der man dann noch in Seoul hören wird. Gabriella Dorio aus Italien spurtete auf der Zielgeraden die 1500-m-Konkurrenz lächelnd nieder. Jean Benoit aus den USA holte sich das erste Marathongold der Frauen. Nawal El Moutakawal kam als Marokkos einzige Olympiateilnehmerin und ging als Afrikas erste Olympiasiegerin (400 m Hürden). Der deutschen Werferin Claudia Losch genügten 20,48 m und ein Zentimeter Vorsprung zum Olympiasieg mit der Kugel.

Daley Thompson: Der britische Zehnkämpfer wiederholt seinen Erfolg von Moskau und gewinnt klar vor den beiden Deutschen Jürgen Hingsen und Siegfried Wentz. Im Stabhochsprung (Abb.) überspringt Thompson 5,00 m (Hingsen 4,50 m).

Leichtathletik

Glynis Nunn schlägt Jackie Joyner

Wenn Jackie Joyner drei Zentimeter weiter gesprungen oder die 800 m in 2:12,80 min gelaufen wäre, hätte sie schon 1984 den Siebenkampf gewonnen, wie sie es dann 1988 und 1992 tat. Die Amerikanerin aber blieb im Weitsprung über einen halben Meter hinter ihren Möglichkeiten und erreichte nur 6,11 m statt der 6,77 m als Weitsprung-Olympiafünfte. Hätte die Deutsche Sabine Everts statt der 32,62 m im Speerwerfen 33 m erreicht, wäre aus ihrer Bronzemedaille eine goldene geworden.

Der Siebenkampf, in Los Angeles zum erstenmal ausgetragen, hatte seine eigenen Gesetze und permanent andere Führungskräfte. Es gewann schließlich die 24 Jahre alte australische Sportlehrerin Glynis Nunn aus Toowoomba, ein Bantamgewicht, das vorher keiner der Experten auf einer Siegerliste stehen hatte.

Favoritin war Jackie Joyner, aber nach vier Übungen führte die gleichfalls dunkelhäutige Britin Judy Simpson, eine gebürtige Jamaikanerin, die im Kugelstoßen recht gut gewesen war. Sie erreichte in dieser Disziplin 13,86 m. Man muß hier erwähnen, daß von früheren olympischen Medaillengewinnerinnen im Kugelstoßen Weiten von 17,16 m (Olympiasiegerin Irina Press aus der UdSSR, 1964), 16,84 m (Olympiasiegerin Nadeshda Tkachenko aus der UdSSR, 1980), 16,29 m (Olympiasiegerin Mary Peters aus Großbritannien, 1972) oder 16,25 m (Olympiadritte Burglinde Pollak aus der DDR, 1976) erzielt worden waren – ganz offensichtlich noch mit der Kraftpille.

In Los Angeles fehlte dieser Nachschub. Sabine Everts, mit großartigen 1,89 m im Hochsprung und dann 6,71 m im Weitsprung, ging vor dem Speerwerfen in Führung, einen Punkt vor Glynis Nunn, verlor dann aber entscheidenden Boden in der Wurfübung und rettete Gold trotz wunderbarer 2:09,05 min über 800 m nicht mehr. Glynis Nunn setzte sich durch und siegte hauchdünn mit fünf Punkten vor Jackie Joyner.

Das ganze Geheimnis des Erfolgs der zierlichen Australierin lag in ihrer Ausgeglichenheit; sie überragte nicht einmal, war aber siebenmal gut.

Glynis Nunn: Die 24jährige Australierin gewinnt überraschend den Siebenkampf vor der amerikanischen Favoritin Jackie Joyner.

Leichtathletik

Stadien zu klein für Hohns Würfe

Vor Beginn der Spiele in Los Angeles schockte ein Weltrekord, der sozusagen Hohn sprach, die Leichtathletikwelt. Am 20. Juli 1984 warf der 22 Jahre alte Uwe Hohn aus der DDR in Berlin den Speer 104,80 m weit. Nicht nur, daß er als erster Mensch die 100-m-Marke übertraf, er ließ auch den alten Weltrekord des Amerikaners Tom Petranoff (99,72 m, 1983) um über fünf Meter hinter sich.

Weil durch Hohn die Stadien zu klein geworden waren, wurden danach die Vorschriften für die Konstruktion eines Speers verändert. Dies spielte für Hohn, der nicht Olympiasieger werden konnte, weil die DDR boykottierte, keine Rolle mehr. Hohn trat nach seinen 104,80 m nicht mehr in Erscheinung und wurde später als invalid gemeldet.

Hohns Weltrekord steht für die Leistung aller jener, die nicht in Los Angeles starten konnten. An noch aktiven Weltrekordlern fehlten Sergei Bubka (UdSSR) im Stabhochsprung, Udo Beyer (DDR) im Kugelstoßen, Yuri Dumchev im Diskuswerfen, Yuri Sedych (beide UdSSR) im Hammerwerfen, Marita Koch (DDR) über 200 m, Jarmila Kratochvilova (ČSSR) über 400 und 800 m, Tatyana Kasankina über 1500 m, Svetlana Ulmasova über 3000 m, Margarita Ponomaryeva (alle UdSSR) über 400 m Hürden, Lyudmila Andonova (Bulgarien) im Hochsprung, Natalia Lissovskaya im Kugelstoßen, Galina Savinkova (beide UdSSR) im Diskuswerfen, Sabine Paetz (DDR) im Siebenkampf sowie die DDR-Staffeln über 4x100 und 4x400 m.

Michael Groß: Der Albatros beim Start über 100-m-Delphin, die er in der Weltrekordzeit von 53,08 sec vor Pablo Morales aus den USA gewinnt.

Schwimmen

Albatros Groß holt vier Medaillen

Zwei Meter groß, entsprechend schlaksig, war Michael Groß eine nicht zu übersehende Figur im Schwimmstadion. Nach den Europameisterschaften 1983 in Rom nannten ihn die Journalisten wegen seines Schmetterlingsstils Albatros. Der Name blieb ihm, der zwischen 1982 und 1985 der Welt überragender Schwimmer war.

In Los Angeles hätte Groß (* 1964) vier Wettbewerbe gewinnen sollen; es wurden zwei goldene und zwei silberne Medaillen. Über 200 m Freistil, die er am 29. Juli gewann, schwamm er der Elite in der Weltrekordzeit von 1:47,44 min regelrecht davon.

Einen Tag später erlebte er zwei große Überraschungen. Er siegte über 100 m Schmetterling in der Weltrekordzeit von 53,08 sec gegen den US-Favoriten Pablo Morales, konnte aber in der folgenden 4x200-m-Staffel nicht verhindern, daß der amerikanische Schlußschwimmer Bruce Hayes um vier Hundertstelsekunden früher anschlug als er.

Die amerikanischen und deutschen Krauler waren über 4x200 m in etwa gleich stark: Mike Heath gegen Thomas Fahrner, David Larson gegen Dirk Korthals und der fast taube Jeff Float gegen Alexander Schowtka. Beim letzten Wechsel führten die Amerikaner mit einer Körperlänge. Groß holte auf und kam um Zentimeter an Hayes vorbei, aber nicht von ihm weg. Hayes war dann im Schlußtempo dynamischer und schlug in Weltrekordzeit (7:15,69 min) an. Groß, der inoffizielle 1:46,83 min erreicht hatte, blieb nach außen hin weiter die große Leitfigur, haderte aber mit sich: der Siegertyp hatte eine Niederlage erlitten.

Was folgten, war ein vierter Platz mit der deutschen 4x100-m-Freistilstaffel und die zweite individuelle Niederlage. Groß mußte diese über 200 m Schmetterling gegen den bis dahin nicht aufgefallenen Australier Jon Sieben hinnehmen, der ihm zudem noch den Weltrekord entriß.

Los Angeles war Groß' olympische Klimax. Zwar gab es 1988 in Seoul dann die Goldmedaille, die 1984 nicht gewonnen wurde, jene über 200 m Schmetterling; 1991 kam dann auch noch das heiß ersehnte

Siegesgefühl über 4x200 m als Weltmeister. 1992 stand er als Olympiastarter nicht mehr zur Verfügung.

Michael Groß imponierte von 1981 bis 1991 mit internationalen Titelgewinnen und Rekorden: dreimal Olympiasieger, fünfmal Weltmeister und 13mal Europameister; er schwamm 12 Welt-, 24 Europa- und 68 deutsche Rekorde. In dem Olympier Berthold Beitz hatte der Hesse einen seiner größten Bewunderer.

Die deutsche Mannschaft

Klimke Doppelsieger in der Dressur

Mit 17 Goldmedaillen kehrte die deutsche Olympiamannschaft aus Los Angeles heim. Von Michael Groß, Dietmar Mögenburg, Rolf Danneberg, Ulrike Meyfarth und Claudia Losch war schon die Rede. Wer waren die anderen?

Im Gewichtheben holten sich Karl-Heinz Radschinsky und Rolf Milser Gold. Milser hatte 1972 in München begonnen, war in Montreal 1976 im Zweikampf ausgeschieden und hatte Moskau auslassen müssen. In Los Angeles ließ er nach einer Welt- und einer Europameisterschaft und nach 16 WM- und EM-Medaillen und 114 deutschen Rekorden, von denen zwei auch Weltrekord waren, den Olympiatriumph folgen.

Der im süditalienischen Gambatesa geborene Pasquale Passarelli, der das Ringen jedoch in Deutschland gelernt hatte, gewann das Greco-Turnier im Bantamgewicht. Über eine Minute stand er im Finale in der Brücke gegen Masaki Eto aus Japan, behielt aber seinen Punktvorsprung.

Die Fechter sammelten zwei Gold- und zwei Silbermedaillen. Was Cornelia Hanisch im Einzelwettbewerb auf Florett nicht gelang – sie wurde Zweite hinter der Chinesin Luan Jujie – schaffte sie mit dem Team Christiane Weber, Sabine Bischoff, Zita Funkenhauser und Ute Wessel. Deutschlands goldene Degenfechter mit der Mannschaft waren Elmar Borrmann. Volker Fischer, Gerhard Heer, Rafael Nickel und Alexander Pusch.

Doppel-Olympiasieger wurde der Dressurreiter Reiner Klimke, einmal allein, dann mit dem Team Uwe Sauer und Herbert Krug. Von Nicole Uphoff redete zu diesem Zeitpunkt noch niemand.

Die übrigen vier Goldträger waren der Judoka Frank Wieneke, Radsportler Fredy Schmidtke im Zeitfahren, der Doppelvierer der Ruderer (Albert Hedderich, Raimund Hörmann, Dieter Wiedenmann und Michael Dürsch) und der Kanute Uli Eicke.

Dressurreiten: Reiner Klimke auf Ahlerich gewinnt die beiden Wettbewerbe in der Dressur (Einzel und Mannschaft). Vier Jahre später in Seoul holt Klimke erneut Gold mit der Mannschaft, womit er Deutschlands erfolgreichster Olympiateilnehmer (sechsmal Gold, zweimal Bronze) wird.

1988 Calgary

13. bis 28. Februar 1988
Dauer **16 Tage**
Teilnehmer **1445 (1128 Männer, 317 Frauen)**
Länder **57**
Sportarten **7**
Entscheidungen **46**
Zuschauer **1 339 000**
Schirmherrin **Generalgouverneurin Jeanne Sauvé**
Eidsprecher **Pierre Harvey (Skisport), Suzanne Morrow (Kampfrichterin, Olympiadritte Paarlauf 1948)**
Letzte Fackelläuferin **Robyn Perry (Eiskunstlauf)**

Olympische Winterspiele 1988 in Calgary:
Das offizielle Plakat zeigt die Symbole der Winterspiele, Schneeflocke und Ringe, über der Skyline des verschneiten Calgary.

Sand, Sonne und ein warmer Wind

Die Leute von Calgary waren wunderbare Gastgeber und mit den Olympiagästen ein Herz und eine Seele. Daß manches mit den Wettkampfstätten in Canmore, Nakiska und im Calgary Olympic Park nicht stimmte, daß der Chinook Sand auf die Bobbahn wehte, der Schnee nach einem ganz normalen Wärmeeinbruch fehlte (und damit die Straßen frei waren), spielte am Ende keine Rolle mehr.

Die Eishockeyhalle Saddledome war ein Wunderwerk, vor dem es immer nach Pferdemist roch, weil daneben Rodeo geritten wurde; die 400-m-Eisbahn Olympic Oval entpuppte sich als schnellster Rundkurs der Welt. Die Demonstrationswettbewerbe im Freistilski, im Kurzbahn-Eisschnellauf und im Curling begeisterten die Kanadier und waren doch nur olympisches Füllsel.

In der City Calgarys konnte man um die Mittagszeit im Freien sitzen und Kaffee trinken. Die Sonne glänzte strahlend vom Himmel. Über den Chinook, dessen Unbill die Kanadier wohl kannten, aber wohlweislich verschwiegen hatten, hätten man in der Brockhaus-Enzyklopädie lesen können: »Trockene, warme Föhnwinde auf der Ostseite des amerikanischen Felsengebirges.«

Doch zum Sport: Mit insgesamt elf Gold-, 14 Silber- und acht Bronzemedaillen verabschiedeten sich die »doppelten Deutschen« von den Winterspielen. Gewußt hat es damals niemand, nicht einmal geahnt. Vier Jahre später würden von den Medaillengewinnern der DDR (9–10–6) und der Bundesrepublik Deutschland (2–4–2) noch einige in der großen deutschen Mannschaft von Albertville 1992 starten: die Biathleten Frank-Peter Roetsch (zwei Goldmedaillen in Calgary) und Fritz Fischer (Staffel-Silber), die Eisschnelläufer Uwe-Jens Mey und Christa Rothenburger (beide Gold und Silber), die Rennrodler Jens Müller (Gold), Georg Hackl (Silber) sowie Jan Behrendt und Stefan Krausse (Silber), außerdem die Bobfahrer Wolfgang Hoppe und Bogdan Musiol (zweimal Silber). Die Eiskunstläuferin Katarina Witt (Gold) würde nach einem Abstecher zu den Professionals erst wieder in Lillehammer 1994 dabeisein.

Die olympische Familie

IOC erwägt Strafen gegen Boykotteure

Die Vergangenheit zu vergessen und nur noch an die Zukunft zu denken, empfahl der Neuseeländer Lance Cross zu Beginn der 88. Session des IOC in Los

Matti Nykänen: Der finnische Skispringer gewinnt drei Goldmedaillen (Normalschanze, Großschanze, Mannschaft).

Angeles 1984. Alle, die Montreal und Moskau erlebt hatten und nun vor den dritten Boykottspielen standen, forderten die Einheit der olympischen Bewegung und Solidarität im Kampf gegen die Strategie der Politiker, »dort ihr Mütchen zu kühlen, wo es nichts kostet« (Willi Daume).

Juan Antonio Samaranch spürte, daß etwas unternommen werden mußte gegen alle olympischen Funktionäre, die ohne ihre Sportler zu den Spielen nach Moskau und Los Angeles gekommen waren, und gegen Fachverbände, die »keine Meinung« (Jan Staubo aus Norwegen) vertraten. So wurde beschlossen, schon am 1./2. Dezember 1984 in Lausanne eine weitere Session abzuhalten.

Diese 89. Vollversammlung machte deutlich, daß es eine Mehrheit geben würde, wollte man eine solche für einen Strafenkatalog gegen Olympia-Boykotteure haben. 79 von 91 Mitgliedern des IOC waren in Lausanne zugegen. Kommunisten im IOC wie der DDR-Mann Günter Heinze, die Sowjets Vitali Smirnov und Konstantin Andrianov oder der Slowake Vladimir Cernusak betrieben Rückzugsgefechte in Sachen »Fernbleiben von Olympischen Spielen«. Sanktionen gegen Boykotteure wurden erwogen, aber nicht beschlossen. Es wurde aber deutlich gemacht, daß keine Funktionäre mehr bei den Spielen erscheinen sollten, die ihre Sportler daheim lassen.

Auf der Lausanne folgenden 90. Session des IOC 1985 in Ostberlin erhielt der DDR-Staatsratsvorsitzende Erich Honecker (* 1912, † 1994) aus den Händen von Samaranch den olympischen Orden in Gold. Dafür nahm Samaranch die Gewißheit mit, daß 1988 in Seoul die DDR-Sportler erscheinen würden – ohne Rücksicht auf die Belange Moskaus.

Medaillenspiegel Calgary 1988

Land	G	S	B
1. URS	11	9	9
2. GDR	9	10	6
3. SUI	5	5	5
4. FIN	4	1	2
5. SWE	4	–	2
6. AUT	3	5	2
7. NED	3	2	2
8. FRG	2	4	2
9. USA	2	1	3
10. ITA	2	1	2

Die erfolgreichsten Sportler von Calgary

Name	Sportart	G	S	B
1. Matti Nykänen FIN	nordischer Skisport	3	–	–
Yvonne van Gennip NED	Eisschnellauf	3	–	–
3. Tamara Tikhonova URS	nordischer Skisport	2	1	–
Frank-Peter Roetsch GDR	Biathlon	2	1	–
5. Alberto Tomba ITA	alpiner Skisport	2	–	–
Vreni Schneider SUI	alpiner Skisport	2	–	–
Gunde Svan SWE	nordischer Skisport	2	–	–
Thomas Gustafson SWE	Eisschnellauf	2	–	–
9. Valeri Medvedtsev URS	Biathlon	1	2	–
10. Hubert Strolz AUT	alpiner Skisport	1	1	–
Anfissa Reztsova URS	nordischer Skisport	1	1	–
Hippolyt Kempf SUI	nordischer Skisport	1	1	–
Uwe-Jens Mey GDR	Eisschnellauf	1	1	–
Christa Rothenburger GDR	Eisschnellauf	1	1	–

Einige Aufregung gab es, als die IOC-Generalsekretärin Monique Berlioux (60) nach 18jähriger Tätigkeit für das IOC ihren Rücktritt bekanntgeben mußte. Zwischen Samaranch und ihr hatte es Meinungsverschiedenheiten gegeben.

Unter Killanin ans Regieren gewöhnt, war die administrativ beschlagene, aber sportpolitisch steife Französin wenig geneigt, Samaranch uneigennützig zuzuarbeiten. Der Bruch kam nicht überraschend, dafür Zeitpunkt (Mitten in einer Session) und Ort (neutrales Ausland). Die Trennungsentschädigung handelte Samaranch-Vertrauter Berthold Beitz aus. Es wurde von einer Million Schweizer Franken für Madame gemunkelt. Angekündigte indiskrete Memoiren schrieb denn auch Monique Berlioux nicht. Ihre französischen Landsleute hätten sich solche auch verbeten. Denn für sie ging es 1986 in Lausanne um die Spiele 1992.

Am 15. Oktober 1986 wurden im Palais de Beaulieu in Lausanne zuerst die Winterspiele vergeben. Sie fielen im sechsten Wahlgang an Albertville, nachdem im chronologischen Ablauf Berchtesgaden, Anchorage, Cortina und Lillehammer ausgeschieden waren. In der Finalrunde siegte Albertville mit 51 Stimmen vor Sofia (25) und Falun (9).

Die nachfolgende Wahl des Ortes für die Sommerspiele war dann reine Formsache, auch wenn die 85 IOC-Mitglieder dreimal zur Urne gehen mußten. Im dritten Durchgang hatte dann Barcelona die absolute Mehrheit; es war die Verbeugung des IOC vor seinem Präsidenten. Geschlagen waren Paris, Brisbane, Belgrad, Birmingham und Amsterdam.

Die deutschen Hoffnungen mit Berchtesgaden wurden mit einem enttäuschenden Resultat gleich im ersten Wahlgang zunichte gemacht. Sieben Jahre später wurde Berlin (als Kandidat für 2000) eine ähnliche Abfuhr erteilt.

Auf der Session 1987 im wunderbar gastfreundlichen Istanbul war die Chimäre einer gesamtkoreanischen Olympiamannschaft für Seoul 1988 immer noch ein lächerlicher Tagesordnungspunkt. »Doch wer den Frieden will«, so Samaranch, »der muß jedes mögliche Gespräch wahrnehmen.« Nord- und Südkorea aber konnten zusammen nicht kommen.

Das olympische Museum

Jahr	Ereignis
10.4.1915	Das IOC nimmt auf Vorschlag des Schweizer IOC-Mitgliedes Baron Godefroy de Blonay und mit Zustimmung von Pierre de Coubertin seinen ständigen Sitz in Lausanne. Ein Zimmer im Rathaus steht dem IOC zur Verfügung.
1922	Das IOC-Büro zieht vom Rathaus in die Villa Mon Repos in Lausanne; ein entsprechendes Dokument wird vom IOC, der Stadt Lausanne, dem Kanton Waadt (Vaudois) und dem Schweizer Staatsrat unterzeichnet.
1922–1963	Die Villa Mon Repos wird als olympisches Museum genutzt; das Büro beherbergt meist nur die Sekretärin Lydie Zanchi (*1905, †1993) und den Kanzler Otto Mayer.
1946–1964	Der Juwelier Otto Mayer (*1900, †1970) ist als Kanzler des IOC Chef des Büros und des Museums.
1968	Das IOC erhält von der Stadt Lausanne das Landschloß Vidy (Chateau de Vidy) als neuen Sitz, da sich Mon Repos als zu klein erweist.
1970	Dokumentenzentrale und Museum in der Villa Mon Repos werden geschlossen.
1980	Nach seiner Wahl zum IOC-Präsidenten spricht Juan Antonio Samaranch von der Ausweitung des Museums.
1981	Das IOC erwirbt in Lausanne ein Haus in der Avenue Ruchonnet (nahe des Hauptbahnhofs), in dem es die Bibliothek, eine Dokumentationszentrale und das Museum unterbringt.
23.6.1982	Einweihung des Museums in der Avenue Ruchonnet 18.
1984	Das IOC und die Stadt Lausanne erwerben gemeinsam Grundstücke in Ouchy zum Bau eines olympischen Zentrums und Museums. Chefarchitekt wird der Mexikaner Pedro Ramirez Vazquez (*1919), Mitglied des IOC seit 1972.
9.12.1988	Spatenstich für das Museum durch IOC-Präsident Juan Antonio Samaranch.
1988–1993	Bau des Museums. Kosten: 110 Millionen DM.
30.6.1992	Schließung der Dokumentationszentrale in der Avenue Ruchonnet 18.
23.6.1993	Eröffnung des olympischen Museums am 99. Geburtstag des IOC und im Rahmen der 100. Vollversammlung des IOC seit 1894. Entzündung des ewigen Feuers in einer Flammenschale vor dem Museum.

Nordischer Skisport

Skating und V-Stil setzen sich durch

Bei den Spielen in Calgary war im Skilanglauf erstmals der von dem Finnen Pauli Siitonen um 1968 erfundene Schlittschuhschritt erlaubt. Es gab Rennen in der alten Diagonaltechnik und nun auch im Skating oder Freistil.

Der Schwede Gunde Svan war die beste Reklame für diese Neuerung; in Calgary gewann er die 50 km und die Staffel und beendete seine olympische Karriere mit

Gunde Svan: Mit zwei Goldmedaillen im Skilanglauf (50 km und Staffel) ist der Schwede der erfolgreichste Teilnehmer im neuen »Skating«-Stil.

sechs Medaillen (4–1–1). Ein späterer Superstar, der Kasache Vladimir Smirnov, gewann in der sowjetischen 4x10-km-Skistaffel Silber.

In der Nordischen Kombination siegte Hippolyt Kempf aus der Schweiz im Einzel- und die deutsche Mannschaft im Staffelwettbewerb, in dem die bald so überlegenen Japaner gerade einmal Neunte wurden. Der Finne Matti Nykänen war als dreifacher Olympiasieger im Skispringen (90 m, 120 m, Mannschaft) der Beherrscher des Luftraums über Calgary.

Ein Schwede, Jan Boklöv, 18. von der Groß- und 28. von der Normalschanze, führte den V-Stil im Springen ein. 1994 sprang ihn die ganze Weltelite.

Alpiner Skisport

Marina Kiehl gewinnt die Abfahrt

Was die alpinen Skiwettbewerbe in Nakiska betraf, so gewannen bis auf eine Ausnahme jene, die vorher in der Liste der Favoriten genannt worden waren: der solide Schweizer Präzisionsarbeiter Pirmin Zurbriggen (Abfahrt), der exzentrische Italiener Alberto Tomba »la Bomba« mit seinem nervenden Medien-Clan (Slalom und Riesenslalom), der französische Athlet Franck Piccard (Super G) und der österreichische Allrounder Hubert Strolz die Kombination, die sympathische Eidgenössin Vreni Schneider wie Tomba Slalom und Riesenslalom, die sozusagen gesetzten Österreicherinnen Sigrid Wolf (Super G) und Anita Wachter (Kombination). Die bereits angekündigte Ausnahme war die Abfahrtsgewinnerin Marina Kiehl.

Marina Kiehl zählte 23 Jahre, als ihr der große Triumph gelang und sie war, was die Insider nicht zu betonen vergaßen, eine Großstädterin unter den meist von Tälern

Alberto Tomba: »Tomba la Bomba« gewinnt Gold in Slalom und Riesenslalom

im Hochplateau der Alpen stammenden Konkurrentinnen. 1983 war sie Junioren-Weltmeisterin in der Abfahrt gewesen, hatte 1986 den Weltpokal im Super G gewonnen und neben fünf deutschen Meisterschaften sieben Weltpokalsiege errungen. Mit einem Olympiasieg hatte aber kaum jemand gerechnet.

Eisschnellauf

Yvonne van Gennip schlägt DDR 3:0

Am 28. Februar 1988 konnte man in der Halle des Olympic Oval ein Spruchband

Yvonne van Gennip: Die Niederländerin (hier im 3000-m-Lauf) gewinnt drei von fünf möglichen Goldmedaillen im Eisschnellauf und verweist die favorisierten Läuferinnen aus der DDR auf die Plätze.

lesen: »Yvonne – DDR 2:0«. Das war vor Beginn der 5000 m im Eisschnellauf der Damen. Nachher stand es Yvonne – DDR 3:0. Ende einer Kurzgeschichte.

Die 1984 in Sarajevo so erfolgreichen Eisschnelläuferinnen der DDR erlitten in Calgary mit die bittersten Niederlagen überhaupt. Das One-Woman-Team der Niederlande bestand aus der 23 Jahre alten Krankenschwester Yvonne van Gennip. Sie gewann, bis dahin nur eine Mitläuferin, die 1500 m, 3000 m und 5000 m, und man muß hinzufügen: einmal und nicht wieder.

Doch fein säuberlich der Reihe nach:

- **22. Februar, 500 m:** Die Amerikanerin Bonnie Blair gewinnt Gold, indem sie den gerade gelaufenen Weltrekord (39,12 sec) der Deutschen Christa Rothenburger auf 39,10 sec verbessert.
- **23. Februar, 3000 m:** Andrea Schöne (auch: Ehrig oder Mitscherlich) beginnt mit Weltrekord (4:12,09 min); wenig später kontert Yvonne van Gennip mit 4:11,94 min.
- **26. Februar, 1000 m:** Christa Rothenburger vor Karin Kania und Bonnie Blair – die alte DDR-Herrlichkeit scheint wieder hergestellt.
- **27. Februar, 1500 m:** Karin Kania setzt die zu unterbietende Marke mit 2:00,82 min, aber Yvonne verbesssert sich um vier (!) Sekunden und gewinnt (2:00,68 min).
- **28. Februar, 5000 m** (erstmals ausgeschrieben): Andrea Schöne läuft erneut Weltrekord (7:17,12 min); 2600 m reitet Yvonne anschließend auf Andreas Durchgangszeiten wie auf einem Laserstrahl, dann nimmt sie ihr in der letzten Runde 3,99 sec ab. Weltrekord 7:14,13 min. Ende. Aus. 3:0.

Dabei hatte alles so gut für die DDR angefangen. Uwe-Jens Mey hatte die 500 m gewonnen, war Zweiter über 1000 m geworden (hinter dem als Dopingmittel-Boten lange gesperrten Nikolai Gulyaev aus der UdSSR), und der Außenseiter André Hoffmann meldete sich sensationell in Weltrekordzeit von 1:52,06 min als Olympiasieger über 1500 m.

1988 Seoul

17. September bis 2. Oktober 1988
Dauer **16 Tage**
Teilnehmer **9581 (7105 Männer, 2476 Frauen)**
Länder **159**
Sportarten **23**
Entscheidungen **237**
Zuschauer **6 000 000**
Schirmherr **Präsident Roh Tae-Woo**
Eidsprecher **Ho Je (Bogenschießen)**
Letzte Fackelläufer **Kee-Chung Son, Lim Chin-Ae, Chung Sun-Man, Kim Won-Tak, Son Mi-Kung**

Olympische Sommerspiele 1988 in Seoul: Plakat mit der olympischen Fackel und einem Fackelläufer, der »Harmonie«, das Motto der Spiele, in dem geteilten Land verbreiten soll.

Versöhnende Spiele in geteiltem Land

Die ersten Olympischen Spiele unter seiner Präsidentschaft, die von Los Angeles 1984, betrachtete Juan Antonio Samaranch als Erbe oder Leihgabe seines Vorgängers Lord Mike Killanin. Seoul – das mußte sein Fest werden. So stellte er sich sofort hinter die Südkoreaner, deren politischen Führern er empfahl, Kontakte mit dem Ostblock, vor allem mit Nordkorea, aufzunehmen. Einen neuen Boykott, den manche Olympier befürchteten, würde die olympische Bewegung nicht überstehen. Die politische Weltlage kam Korea entgegen; das ahnte man damals mehr als man es wußte. Im Frühjahr 1985 hatte in Moskau der Reformer Michail Gorbatschow die Macht übernommen.

Samaranch tat alles, was in seinen diplomatischen Kräften stand, schließlich hatte er Erfahrungen als Botschafter Spaniens in Moskau (17. Juli 1977 bis 16. Oktober 1980) mit dem Zuständigkeitsbereich Sowjetunion und Mongolei. Er ließ keine Möglichkeit aus, mit den Sowjets, den Rotchinesen und den beiden koreanischen Staaten zu verhandeln. Der Versuch der Nordkoreaner, sich in die Olympischen Spiele in Seoul einzubinden, diese zu splitten und teilweise über den 38. Breitengrad in den Norden zu holen, war pure Augenwischerei. Grenzüberschreitende Spiele in einem geteilten Land nach dem Krieg von 1950 bis 1953 und dem folgenden politischen Kälteschock – das war irreal.

Die am 8. Oktober 1983 in Lausanne begonnenen Verhandlungen um Sportarten, Fernsehgelder und Sponsoren zwischen dem IOC und den beiden koreanischen Staaten zogen sich bis zu den Spielen selbst hin. Erst 14 Tage vor der Eröffnungsfeier in Seoul gab Pjöngjang auf.

Für die olympische Bewegung erwies sich Seoul als Glücksfall. Hier begann der Aufbruch in Einheit, und das Marschziel war das Jahr 2000. Nicht weniger als 159 Mannschaften, deren Sportler sich 237 Entscheidungen stellten, nahmen an den Spielen teil; nur Kuba, Äthiopien, Brunei,

Medaillenspiegel Seoul 1988

Land	G	S	B
1. URS	55	31	46
2. GDR	37	35	30
3. USA	36	31	27
4. KOR	12	10	11
5. FRG	11	14	15
6. HUN	11	6	6
7. BUL	10	12	13
8. ROM	7	11	6
9. FRA	6	4	6
10. ITA	6	4	4

Die erfolgreichsten Sportler von Seoul

Name	Sportart	G	S	B
1. Kristin Otto GDR	Schwimmen	6	–	–
2. Matt Biondi USA	Schwimmen	5	1	1
3. Vladimir Artyomov URS	Turnen	4	1	1
4. Daniela Silivas ROM	Turnen	3	2	1
5. Florence Griffith-Joyner USA	Leichtathletik	3	1	–
6. Dimitri Bilozerchev URS	Turnen	3	–	1
7. Janet Evans USA	Schwimmen	3	–	–
8. Yelena Shushunova URS	Turnen	2	1	1
Svetlana Boginskaya URS	Turnen	2	1	1
10. Carl Lewis USA	Leichtathletik	2	1	–
Christopher Jacobs USA	Schwimmen	2	1	–
Valeri Lyukin URS	Turnen	2	1	–
Birgit Schmidt GDR	Kanu	2	1	–

Eröffnungsfeier: Mehr als 100 000 Zuschauer im Stadion sowie 1 Milliarde Fernsehzuschauer in aller Welt werden Zeuge der Eröffnungszeremonie.

Nicaragua, Albanien, die Seychellen und Madagaskar fehlten. Auf mögliche Störmaßnahmen aus Nordkorea gut vorbereitet, passierte in Seoul nichts, was den Spielen Abbruch tat. Selbst die nach mehr Demokratie verlangenden südkoreanischen Studenten hielten sich zurück.

Der 76jährige Kee-Chung Son alias Kitei Son, der Marathon-Olympiasieger von Berlin 1936, trug das olympische Feuer ins Stadion, und dort brannte es hell bis zum letzten Tag. Der Sportriese UdSSR, der vier Jahre später in Barcelona schon EUN heißen sollte, scheffelte 132 (55–31–46) Medaillen und lag in der Länderwertung vor der DDR mit 102 (37–35–30) und den USA mit 94 (36–21–27) Medaillen. Die Aktiven der Bundesrepublik Deutschland kamen auf 40 (11–14–15) Plaketten. Die »doppelten Deutschen« traten zum letztenmal auf. Die DDR-Schwimmerin Kristin Otto war mit sechs Goldmedaillen die große Siegerin der Spiele, deren schimpflichster Verlierer der Karibik-Kanadier Ben Johnson werden sollte.

Die olympische Familie

Korea war für viele terra incognita

Was wußte die Welt von Korea, von Choson, dem »Land der Morgenfrische«, als 1981 in Baden-Baden die Olympischen Spiele nach Seoul vergeben wurden? So gut wie nichts. Der Koreakrieg (25. Juni 1950 bis 27. Juli 1953) lag eine Generation zurück. Wer erinnerte sich, daß damals nordkoreanische Truppen, verstärkt durch »Freiwilligenverbände« der Volksrepublik China, die Wiedervereinigung mit Südkorea erzwingen wollten, indem sie einfach einmarschierten?

In einer Fernsehdiskussion in Deutschland Mitte der 80er Jahre erwähnte einer der Gesprächsteilnehmer, daß der amerikanische General Douglas MacArthur (* 1880, † 1964) sogar bereit gewesen war, im Koreakrieg die Atombombe zu werfen, was ihn letztlich das Amt kostete (S. 128). Der ahnungslose Moderator mußte gestehen, daß er davon noch nie etwas gehört hatte. Als das IOC die Entscheidung zugunsten von Seoul traf, wußten seine Mitglieder auch nicht viel mehr als der TV-Entertainer.

Nur langsam wurde bekannt, daß Korea – ein konfuzianisches Land mit bäuerischer Bevölkerung – schon immer als Puffer zwischen China und Japan gedient hatte und von 1905 bis 1945 japanische Kolonie war. Koreaner starteten 1936 in Japans Olympiateam unter japanisierten Namen.

Mitten im Zweiten Weltkrieg, 1943 in Kairo, teilten sich Amerikaner und Sowjets antizipierend die koreanische Beute. Nördlich des 38. Breitengrades sollten die Sowjets Einfluß nehmen, südlich davon die Amerikaner. So kamen 1945 für die geschlagenen Japaner die Sowjets in den Norden, die Amerikaner in den Süden. Eine Vereinigung, die beide Seiten anstrebten, kam nicht zustande.

Als die Sowjets 1948 und die Amerikaner 1949 abrückten, kam es zum Krieg. Unterstützt von den Rotchinesen marschierten Kim Il Sungs Truppen am 25. Juni 1950 in Südkorea ein, eroberten innerhalb von drei Tagen die Hauptstadt Seoul und dann in weiteren zwölf Tagen das ganze Land bis auf den Hafen Pusan.

Die angerufene UNO kam Südkorea zu Hilfe und entsandte unter MacArthur eine internationale Hilfstruppe, der zwischen dem 7. Juli und 26. Oktober 1950 ein Rollback bis zur nordkoreanisch-chinesischen Grenze gelang. Am 38. Breitengrad kam der Krieg dann zur Ruhe, und der Waffenstillstand von Panmunjom am 27. Juli 1953 zementierte die Teilung Koreas.

In immer wieder aufbrechende Feindseligkeiten, die abgelöst wurden von den treulosen Schwüren einer Wiedervereinigung, platzte die Vergabe der Olympischen Spiele 1981 an Seoul. Das verschlug den Nordkoreanern so die Sprache, daß sie gut ein Jahr brauchten, um sie wiederzufinden. Danach verlangten sie Beteiligung an den Olympischen Spielen.

Nach einer Aufstellung des IOC-Vizepräsidenten Richard Pound, der 1994 ein Buch über die olympischen Vorgänge um Korea (»Five Rings over Korea«) vorstellte, gab es nicht weniger als 550 erwähnenswerte Fakten um diese Spiele. Letztlich hatte Nordkorea unter dem Druck von Moskau und Peking einzulenken. Das IOC wurde so mit den Spielen der großen Einheit belohnt.

Die olympische Vermarktung

Weltweites TOP ist einfach »Spitze«

Seit 1985 steht TOP für die Vermarktung der olympischen Bewegung. Die Abkürzung konnte geschickter nicht gewählt werden. Sie ist in der Tat »Spitze«. TOP nennt sich das weltumfassende und zugleich exklusive Vermarktungsprogramm des IOC. Da der Erfolg viele Väter hat, ist es schwer auszumachen, wer der Erfinder von The Olympic Programm (TOP) ist, doch liegt man sicherlich nicht falsch, wenn Horst Dassler (*1936, †1987) an erster Stelle genannt wird.

Horst Dassler, der Sohn des Gründers von adidas, Adolf Dassler (*1900, †1978), entwickelte Anfang der 80er Jahre über seine Firma ISL (International Sports and Leisure) die Idee der globalen Vermarktung der olympischen Bewegung. ISL wurde die Agentur des IOC. Als Dassler 1987 überraschend starb, war TOP schon auf dem richtigen Weg, das heißt: auf Erfolgskurs.

TOP wickelt sich im Zeitraum einer Olympiade ab. TOP I (von 1985 bis 1988) erbrachte mit neun multinationalen Firmen 95 Millionen Dollar für das IOC, die Ausrichter der Olympischen Spiele und die Nationalen Olympischen Komitees. Bei dieser Aufstellung fehlen die Internationalen Olympischen Federationen, die über die Fernsehhonorare versorgt werden.

TOP II folgte von 1989 bis 1992 mit zwölf Hauptsponsoren. Acht der neun Firmen verlängerten dabei ihren TOP-I-Vertrag; sie hatten ganz offensichtlich ein Erfolgserlebnis. Hier wurden bereits 175 Millionen Dollar eingenommen.

TOP III mit zehn Sponsoren für den Zeitraum 1993 bis 1996 konnte mit 300 Millionen Dollar aufwarten. Diese Summen sind völlig getrennt von den Einnahmen aus den Fernseh-Abschlüssen zu sehen.

Den TOP-III-Vertrag unterschrieben folgende Firmen (in alphabetischer Folge):

Bausch & Lomb: Optische Produkte, Materialien für Zahnersatz. TOP-Sponsor seit 1989. Die Firma ist u. a. Produzent von Ray-Ban-Brillen.

Coca-Cola: Der Welt größter Softdrink-Hersteller. Im Olympiageschäft seit 1928 Amsterdam. Bei TOP von Beginn an dabei. Unterstützt auch den olympischen Abzei-

Die olympische Vermarktung

Jahr	Ereignis
1896	Der Millionär George Averoff läßt das Stadion umbauen und mit weißem Marmor ausschlagen. Durch Anzeigen wird das Programm finanziert. Ein Anzeigenkunde ist die Firma Kodak.
1908	Firmenwerbung durch die Belieferer der Verpflegungsstationen beim olympischen Marathonlauf in London.
1912	Amerikanische Olympiateilnehmer sind verpflichtet, sich von der US-Firma Spalding ausrüsten zu lassen. Spalding unterstützt dafür die olympische Bewegung der USA. Zehn schwedische Firmen erhalten Lizenzen für Bild- und Filmaufnahmen und die Herstellung von Memorabilia.
1920	Das offizielle Programm wird durch Anzeigen finanziert.
1924	Reklame im Olympiastadion ist zum ersten- und letztenmal bei den Spielen erlaubt.
1928	Eine Brauerei erhält Schankerlaubnis und den Zuschlag für die Gastronomie innerhalb des olympischen Geländes. Werbung ist jedoch nur auf den Parkplätzen erlaubt.
1928–94	Coca-Cola ist ununterbrochen Sponsor bei Olympischen Spielen.
1932	Bei den Winterspielen dürfen Produkte mit dem Olympiazeichen angeboten und frei verkauft werden. Bei den Sommerspielen macht Los Angeles mit allem, was die olympischen Zeichen hergeben, ein Geschäft. Das olympische Dorf wird im Anschluß an die Spiele meistbietend verkauft.
1932–36	Gewichtheber-Olympiasieger Rudolf Ismayr wirbt für Muskelöl.
1936	Erste Professionalkontrakte von Amateuren im Eiskunstlauf werden geduldet. Die Olympiazeitung machte kräftig Werbung.
1952	Erstes internationales Vermarktungsprogramm mit Firmen aus elf Ländern (u. a. Lebensmittel- und Blumengeschäfte).
1956	Das Fernsehen macht erste Aufzeichnungen bei den Winterspielen in Cortina d'Ampezzo und bei den Sommerspielen in Melbourne. Es werden noch keine Honorare gezahlt.
1956–68	Horst Dassler bereitet (vorrangig über den Fußball-Weltverband FIFA) die Vermarktung der olympischen Bewegung vor.
1960	Das amerikanische Fernsehen zahlt für die Auswertung der Spiele in Rom 395 000 Dollar. Das Vermarktungsprogramm tragen 46 lizenzierte Firmen (neben Sportfirmen auch solche für Parfüm, Schokolade, Zahnpasta und Seife und Landkarten).
1964	250 Firmen erwerben Lizenzen. Eine neue Zigarette, »Olympia«, bringt dem Olympiaveranstalter 1 Million Dollar.
1968	Die Firma adidas unterhält im olympischen Dorf von Mexiko City ein Haus für Sportkleidung und -schuhe.
1972	Das Maskottchen »Waldi« ist ein (lizenzierter) Verkaufsschlager.
1976	Horst Dassler und Patrick Nally bieten in einem »Club« dem olympischen Sport Gelder über Vermarktung an. Bei den Olympischen Spielen in Montreal führen sie ein Offenes Haus. Durch 628 Sponsoren kommen dem Montrealer Organisationskomitee 7 Millionen Dollar zugute.
1981	Zulassung von Professionals bei den Olympischen Spielen.
1982	Horst Dassler gründet die Firma ISL (International Sports and Leisure) nach einem Vermarktungsabkommen mit dem IOC.
1984	In Sarajevo gibt es 447 nationale und internationale Sponsoren, in Los Angeles 34 offizielle Sponsoren, 64 sogenannte Zulieferer und 65 Firmen mit speziellen Lizenzen. Fast alle diese Sponsoren kommen aus dem Gastland.
1985	Einführung des weltumspannenden Vermarktungsprogramms TOP (The Olympic Program).

chenhandel (Pins/Anstecknadeln) und den olympischen Fackellauf.

IBM: Datenverarbeitende Industrie. Multimedia-Systeme. Seit 1993 bei TOP.

John Hancock: Versicherungsgesellschaft in den USA. Wurde erst 1994 aufgewertet (upgraded). Bis dahin nur Förderer und Sponsor der Spiele von Atlanta.

Kodak: Die Foto- und Filmfirma Eastman Kodak trat bereits 1896 bei den ersten Spielen in Athen in Erscheinung.

Matsushita/Panasonic: Als Fernseh-, Film- und Video-Ausrüster TOP-Sponsor seit 1987.

Time/Sports Illustrated: Verlag mit einer engen Verbindung zum olympischen Sport, wie seine Editionen beweisen.

UPS: Brief- und Paketdienst. Steht allen Olympiakomitees und bei den Spielen auch Journalisten zur Verfügung.

VISA: Kreditkarten-Unternehmen. Im Dienstleistungsbereich grandioser Werbeerfolg durch TOP II.

Xerox: Kopiergeräte-Vertreiber.

Die 300 Millionen Dollar für den Zeitraum 1993 bis 1996 wurden und werden nach einem bestimmten Schlüssel verteilt: 168 Millionen Dollar an Atlanta und das amerikanische NOK als Ausrichter der Olympischen Spiele 1996; 60 Millionen Dollar an die 196 Nationalen Olympischen Komitees (Stand: 1995); 42 Millionen Dollar an den Olympiaausrichter Lillehammer; 30 Millionen Dollar an das IOC.

Leichtathletik

Sieger Ben Johnson war gedopt

Doping ist wie der Tod.« Diese Formulierung hatte Juan Antonio Samaranch vor den Spielen in Seoul gebraucht. Gestorben ist in Korea der Sprinter Ben Johnson, andere kehrten heim, gezeichnet durch Disqualifikation wie die bulgarischen Gewichtheber Mitko Grablev und Angel Genchev oder durch Verdacht wie Florence Griffith oder Jackie Joyner-Kersee.

Ben Johnson freilich – das war der Betrug schlechthin; er löste ein Erdbeben aus und vermittelte der Sportwelt einen völlig neuen Blickwinkel auf die Leistungsmanipulation.

100-m-Lauf: Weit abgeschlagen hinter dem führenden Ben Johnson (CAN) laufen (v. l.) Desai Williams (CAN), Calvin Smith (USA), Linford Christie (GBR), Carl Lewis (USA), Ray Stewart (JAM) und Robson da Silva (BRA). Nicht im Bild Dennis Mitchell (USA).

Der 1961 in Falmouth, Jamaika, geborene Johnson kam als 14jähriger 1976 nach Kanada, wo sich der Underdog zu einem Sprinter der Extraklasse entwickelte. Um der beste Sprinter der Welt zu werden, nahm er mehr oder weniger ungeniert die Muskelpille. 1987 begegneten die Leichtathletikfreunde einem gedrungenen Athleten, der eher einem Gewichtheber oder Boxer glich als einem Sprinter. Eine dicke Goldkette um den muskulösen Hals sollte den neuen Status versinnbildlichen.

Am 30. Juli 1987 wurde Johnson in Rom 100-m-Weltmeister in der neuen Weltrekordzeit von 9,83 sec. Dabei verbesserte er die alte Marke von Calvin Smith (USA) aus dem Jahr 1983 um eine Zehntelsekunde und kam mit klarem Vorsprung vor Carl Lewis (9,93 sec) ins Ziel.

Seit diesem Tag war die Sportwelt auf das Duell Johnson gegen Lewis fixiert. Johnson wurden – wie einst Armin Hary – Frühstarts nachgesagt. Ein in Zürich verlorenes Rennen Johnsons gegen Lewis heizte das Olympiaduell nur noch mehr auf.

Der deutsche Ruder-Olympiasieger von 1960, Moritz von Groddeck, schrieb als Journalist über das Rennen in Seoul: »Es war ein archaischer Kampf zweier Gladiatoren, so etwas wie ein Boxkampf ohne Handschuhe. Bei der Vorbereitung auf das Rennen vermieden die beiden Kontrahenten jeden Blickkontakt. Johnson bewegte sich noch eher phlegmatisch. Seine Muskelberge glänzten in der Sonne. Carl Lewis starrte in höchster Konzentration geradeaus. Als der Mann im weißen Blazer den Kontakt seiner Startpistole durchzog, war Johnson von den Blöcken und nach zwei Atemzügen durchs Ziel. 9,79 sec – ein unglaublicher Weltrekord. Wie gelähmt wirkte der geschlagene Carl Lewis mit seinen 9,92 sec, USA-Rekord und Olympiasilber. Der Brite Linford Christie ›gewann‹ Bronze vor dem sich ins Ziel stürzenden Calvin Smith. Christies 9,97 sec waren Europa- und Commonwealthrekord.

36 Stunden später wurde die Nacht zum Tage. Die Nachricht ›Ben Johnson gedopt‹ riß nicht nur die Journalisten im Pressedorf aus den Betten. Agence France Press (AFP) hatte die heißeste Meldung der Olympischen Spiele um den Erdball geschickt. Irgend jemand im Dopinglabor hatte das bestgehütete Geheimnis der Spiele gelüftet.« Soweit der Zeitzeuge Moritz von Groddeck.

Wie das IOC später bekanntgab, hatte Ben Johnson das Anabolikum Stanozolol geschluckt. Die Goldmedaille wurde ein-

Doping

Jahr	Ereignis
1865	Kanalschwimmer nehmen leistungsfördernde Stimulanzien
1879	Sechstagefahrer gestehen die Einnahme von Kokain und Heroin.
1886	Erster bekannter Todesfall beim Radrennen Bordeaux-Paris durch Doping.
1910	Durch Speichelproben wird in Österreich Doping bei Pferden nachgewiesen.
1921	Im Brockhaus (Handbuch des Wissens in vier Bänden) steht über Doping: »Unerlaubtes Verabreichen von Arzneimitteln oder sonstigen Präparaten (Dopes) an Pferde, um deren Leistungsfähigkeit für kurze Zeit, beispielsweise für ein Rennen, zu erhöhen oder zu vermindern.«
1933	Beckmanns Sportlexikon erwähnt erstmals Doping im Leistungssport, spricht von Schädlichkeit für den Menschen und deutet Strafen an.
1936	Gerüchte über Blutaustausch bei japanischen Olympiaschwimmern in Berlin; keine Untersuchungen.
1950	Kritische medizinische Veröffentlichungen führen dazu, daß im Sport der Kampf gegen Doping beginnt.
1952	Bei den Winterspielen in Oslo werden leere Ampullen in Umkleidekabinen von Spitzensportlern gefunden; Dopingverdacht wird klar geäußert.
1955	Doping bei der Tour de France
1956	Harold Connolly wird im Hammerwerfen Olympiasieger in Melbourne; er weist später auf die Einnahme von Anabolika hin.
1958	Jeder dritte amerikanische Leichtathletiktrainer spricht von der Möglichkeit, die Leistung durch Doping zu erhöhen.
1960	Tod des Dänen Knut Enemark Jensen beim olympischen Radrennen in Rom durch Doping; Jensen erhält posthum noch eine Medaille.
1961	IOC beginnt eine Kampagne gegen Doping.
1963	Fachleute des Europarates definieren Doping im Sport.
1965	In verschiedenen Ländern Europas werden Anti-Doping-Gesetze verabschiedet.
1966	Dopingkontrollen bei internationalen Meisterschaften eingeführt.
1967	Tod des britischen Radweltmeisters Tom Simpson bei der Tour de France durch Einnahme leistungsfördernder Mittel.
1968	Tod des deutschen Berufsboxers Jupp Elze durch Doping. Der Schwede Hans-Gunnar Liljenwall (Moderner Fünfkampf) wird wegen Einnahme von Alkohol beim Schießen (gilt als Doping) disqualifiziert.
1972	Bei den Olympischen Spielen in München Dopingfälle im Judo, im Radsport und im Schwimmen.
1976	Die Gewichtheber-Olympiasieger Zbigniew Kaczmarek (Polen) und Valentin Christov (Bulgarien) werden wegen Doping disqualifiziert; fünf weitere Heber ebenfalls des Anabolika-Mißbrauchs überführt und disqualifiziert.
1981	Forderung nach der Bestrafung von Trainern und Ärzten, die Sportler dopen.
1988	Einführung von Trainingskontrollen Zwei Heber-Olympiasieger aus Bulgarien in Seoul disqualifiziert. Der Sprinter Ben Johnson (Kanada) muß nach seinem Olympiasieg die Goldmedaille wegen Doping zurückgeben..
1993	Diskus-Olympiasieger Romas Ubartas (Litauen) wird bei den IV. Weltmeisterschaften der Leichtathleten in Stuttgart des Dopings überführt.

gezogen und der Kanadier von den Spielen ausgeschlossen. Während Carl Lewis nachträglich zum Olympiasieger erklärt wurde, Christie Silber und Calvin Smith (9,99) Bronze erhielt, flog der Betrüger, dem bei der Siegerehrung vom IOC-Präsidenten Samaranch ebenso die Hand geschüttelt wurde wie von dem IAAF-Präsidenten Primo Nebiolo, heim nach Kanada – der Megastar des Negativen.

Weil bei den sich anschließenden Untersuchungen Johnson einräumte, er habe seit 1981 muskelstärkende Präparate genommen, wurden ihm auch der Weltmeistertitel von 1987 und der damalige Weltrekord durch den Leichtathletik-Weltverband IAAF aberkannt. Viel zu früh wurde er 1991 wieder zu Rennen zugelassen, startete bei den Weltmeisterschaften in Tokio und auch wieder bei Olympia in Barcelona. Johnson hatte dann aber endgültig ausgespielt, als er 1993 wegen erneuten Dopings eine lebenslängliche Sperre bekam.

Leichtathletik

»Flying Flo« stiehlt allen die Show

Was blieb nach Ben Johnson? Immer noch genug, um aus dem Staunen nicht herauszukommen. »Flying Flo« bescherte dem Publikum nie gekannte Glücksgefühle und entlockte selbst abgebrühten Olympiabummlern Beifall im Stehen. Waren es Wonneschauer, die einem über den Rücken liefen?

Die 28 Jahre alte Florence Griffith-Joyner aus Los Angeles, 1984 schon Olympiazweite über 200 m, gewann die 100 m in 10,54 sec, die 200 m in der Weltrekordzeit von 21,34 sec und mit den USA die 4x100 m; dazu kam noch Silber über 4x400 m. Als sie bei den 200 m auf die Zielgerade einbog, lachte sie die letzten 80 m, ohne in der Konzentration oder im Tempo nachzulassen.

Bei den amerikanischen Olympia-Ausscheidungen in Indianapolis hatte sie den 100-m-Weltrekord auf 10,49 sec verbessert und mit den Vorbereitungen für Seoul begonnen. Sie pflegte ihre überlangen, verschieden gefärbten Fingernägel und betätigte sich als Model für allerlei Trikots. Gut zu laufen, machte ihr einfach Spaß.

In der absoluten Spitzenleistung kam ihr die Schwägerin Jackie Joyner-Kersee am nächsten. Diese war 1984 Olympiazweite im Siebenkampf gewesen, in dem sie 1986 über 7000 Punkte erzielte. 1987 in Rom war sie Weltmeisterin im Weitsprung und im Mehrkampf geworden. In Seoul gewann die 26jährige dieselben Übungen wie bei der WM. Im Weitsprung war Heike Drechsler die Leidtragende, im Siebenkampf (Weltrekord mit 7291 Punkten) Sabine John und Anke Brehmer, alle aus der DDR.

Für Erfolgserlebnisse der DDR-Damen sorgten die 800-m-Läuferinnen Sigrun Wodars und Christine Wachtel, die Dikuswerferinnen Martina Hellmann und Diana Gansky (jeweils Gold und Silber) sowie Petra Felke als Speerwurf-Olympiasiegerin.

Daß Carl Lewis die 200 m nicht gewinnen konnte (Sieger Joe DeLoach, USA), im 400-m-Lauf Weltrekordmann Butch Reynolds (43,29 sec) diesmal mit 43,93 sec hinter Steven Lewis (43,87 sec) einkam, der Kenianer John Ngugi im 5000-m-Lauf einsam vor dem Feld herstiefelte (Zweiter im Finish der Deutsche Dieter Baumann), der Italiener Gerlindo Bordin den Marathonlauf gewann, die US-Sprinter im Vorlauf disqualifiziert wurden, der Deutsche Rolf Danneberg Bronze im Diskuswerfen holte – das waren schöne Bescherungen, ebenso der Doppelerfolg der beiden DDR-Zehnkämpfer Christian Schenk und Torsten Voss. Dabei ließen sie den alternden Daley Thompson hinter sich und den Exweltrekordmann Jürgen Hingsen, der schon bei dem 100-m-Lauf wegen wiederholtem Fehlstart ausgeschlossen wurde.

Jackie Joyner-Kersee: Die 26jährige US-Athletin gewinnt Gold im Weitsprung (Abb.) mit 7,40 m und im Siebenkampf mit neuem Weltrekord von 7291 Punkten.

100-m-Lauf: Die Amerikanerin Florence Griffith-Joyner (3. v. l.) siegt vor ihrer Mannschaftskameradin Evelyn Ashford (r.) und Heike Drechsler (l.) aus der DDR.

Matt Biondi: Der Amerikaner startet in sieben Wettbewerben und sammelt fünfmal Gold, einmal Silber und einmal Bronze

Schwimmen

Otto und Biondi die Stars von Seoul

Ihre Popularität hielt sich in Grenzen. Doch dies lag nicht allein an ihr, sondern einfach an der Überlegenheit der DDR-Schwimmerinnen, die sozusagen im vorauseilenden Gehorsam Medaillen und Weltrekorde sammelten, daß selbst ausgefuchste Statistiker nicht mehr mitkamen. Die Rede ist von Kristin Otto, 1966 in Leipzig geboren, 22 Jahre alt, als Seoul rief.

Als sie nach Korea kam, hatte sie zwar erst neun Weltrekorde geschwommen, war aber siebenmal Weltmeisterin und sechsmal Europameisterin gewesen. Keine konnte ihr im Bassin das Wasser reichen.

Kristin Otto gewann in Seoul die 50 m Freistil in 25,49 sec, die 100 m Freistil in 54,93 sec, die 100 m Rücken in 1:00,89 min, die 100 m Schmetterling in 59,00 und mit ihren Kameradinnen die 4x100 m Freistil und die 4x100 m Lagen – sechs olympische Goldmedaillen also. Gäbe es nicht den Dressurreiter Reiner Klimke, wäre dies deutscher Olympiamedaillenrekord – und dies bei nur einer Olympiateilnahme.

Der amerikanische Haudegen Matt Biondi siegte über 50 und 100 m Freistil, mit seinen Kameraden in den Staffeln über 4x100 und 4x200 m Freistil sowie über 4x100 m Lagen, wurde Zweiter über 100 m Schmetterling und Dritter über 200 m Kraul.

Der Mann, der ihn im Schmetterlingsstil um eine Hundertstelsekunde übertraf, war Anthony Nesty aus Surinam, der mit diesem überraschenden Sieg seine Heimat auf die olympische Landkarte eintrug. Bei so vielen Medaillen für Biondi fanden viele Leute Nesty einfach gut.

Kristin Otto: Mit sechs Goldmedaillen ist die 22jährige (hier nach ihrem Sieg über 100 m Rücken) die bisher erfolgreichste Schwimmerin bei Olympischen Spielen.

Fechten

Medaillenschmiede Tauberbischofsheim

In der Liste der erfolgreichsten deutschen Fechter bei Olympischen Spielen nimmt der Emil-Beck-Schützling Alexander Pusch (* 1955 in Tauberbischofsheim) mit zwei Gold- und zwei Silbermedaillen 1976, 1984 und 1988 eine vordere Position ein.

Alexander Pusch war die beste Werbung für den früheren Friseur Beck (* 1935), der 1968 als Landestrainer in Baden-Württemberg begann und dann zielstrebig den FC Tauberbischofsheim zum erfolgreichsten Fechtklub der Welt machte.

Pusch und Co. haben unter Emil Beck 70 Medaillen bei Welt- und Europameisterschaften sowie Olympischen Spielen gewonnen. Von 13 Olympiateilnehmern des FC Tauberbischofsheim gewannen in Seoul zwölf eine Medaille.

Die Damen stellten sogar einen olympischen Rekord auf, als sie im Einzelwettbewerb Florett die ersten drei Plätze belegten (Anja Fichtel vor Sabine Bau und Zita Funkenhauser) und den Mannschaftswettbewerb mit Annette Klug (ebenfalls Tauberbischofsheim) und Christiane Weber aus Offenbach gewannen. Christiane Weber war bereits 1984 Olympiasiegerin mit der Mannschaft geworden.

Die Erfolgsspur, die 1976 begonnen hat, wurde über Seoul hinaus fortgesetzt und in der Qualität auch 1992 in Barcelona gehalten. 1980 startete nur die DDR (Florett-Herrenmannschaft Vierte), 1984 nur die Bundesrepublik Deutschland, 1988 gewann Udo Wagner im Team der DDR eine Silbermedaille (Florett).

Fechten: Das deutsche Team feiert Anja Fichtel, die Gold im Einzel und mit der Mannschaft holt.

Deutsche Fechter bei Olympia[1)]

Jahr	G	S	B
1976	2	2	-
1980	-	-	-
1984	2	3	-
1988	3	4	1
1992	2	1	1

1) Zeitraum 1976-1992

Reiten

Elf Deutsche holen zwölfmal Gold

In der Siegerliste der Reiter tauchen die Namen von elf Deutschen mit zwölf Goldmedaillen auf. Einer, der noch einen dritten Platz zu diesem grandiosen Erfolg beigetragen hat, startete nicht im Team der Springreiter, das vor den USA und Frankreich siegte: Karsten Huck auf seinem Pferd Nepomuk 8.

Claus Erhorn auf Justyn Thyme, Matthias Baumann auf Shamrock und Thies Kaspareit auf Sherry holten sich die Military-Goldmedaille vor Großbritannien und Neuseeland, die vorher sehr viel höher gehandelt worden waren. Im Springreiten sattelten Ludger Beerbaum (Einzel-Olympiasieger 1992), Wolfgang Brinkmann, Dirk Hafemeister und Franke Sloothaak (Weltmeister 1994) ihre Pferde The Freak, Bugatti Pedro, Orchidee und Walzerkönig für den goldenen Ritt im Preis der Nationen.

In der Dressur war die deutsche Mannschaft mit dem Shooting-Star Nicole Uphoff auf Rembrandt, dem routinierten Reiner Klimke auf Ahlerich, der entschlossenen Monica Theodorescu auf Ganimedes und der vorbelasteten Annkathrin Linsenhoff auf Courage einfach unschlagbar.

Mit Nicole Uphoff wurde tatsächlich ein Star geboren. Reiner Klimke brach mit seinem Mannschaftsgold alle Rekorde. Mit sechs Gold- und zwei Bronzemedaillen 1964 bis 1988 wurde er Deutschlands erfolgreichster Olympionike.

Annkathrin Linsenhoff eiferte ihrer Mutter Liselott Linsenhoff nach, die es zwi-

Dressurreiten: Nicole Uphoff gewinnt auf Rembrandt Gold im Einzel- und Mannschaftswettbewerb.

Der deutsche Goldachter (v. l.): Steuermann Manfred Klein, Schlagmann Bahne Rabe, Thomas Domian, Wolfgang Maennig, Arnim Eichholz, Eckhardt Schultz, Ansgar Wessling, Matthias Mellinghaus und Thomas Möllenkamp

schen 1956 und 1972 auf fünf Medaillen (2–2–1) gebracht hatte.

Imponierend das Abschneiden der deutschen Dressurreiter bei Olympia (Gold–Silber–Bronze); hier die Spitze:

Deutsche Dressurreiter bei Olympia

Name	G	S	B	Zeitraum
Reiner Klimke	6	–	2	1964–88
Nicole Uphoff	4	–	–	1988–92
Josef Neckermann	2	2	2	1960–72
Liselott Linsenhoff	2	2	1	1956–72
Heinz Pollay	2	–	1	1936–52

Rudern

Deutsche Boote auf Medaillenkurs

Zu den »deutschen« Sportarten zählt ohne Zweifel das Rudern. In Moskau 1980 gewannen die 14 DDR-Boote (Herren und Damen) 14 Medaillen (11–1–2). Es war das Nonplusultra, eine Steigerung noch gegenüber Montreal, wo man ebenfalls 14 Medaillen (9–3–2) holte, aber eben weniger Gold. Die DDR – ein Wunderland des Rudersports.

Im anderen Teil Deutschlands hielt auf Dauer nur der Skuller Peter-Michael Kolbe (* 1953) dagegen. 1976 und 1984 verlor er gegen den übermächtigen Finnen Pertti Karppinen, 1988 dann, als Karppinen schwächer geworden war, gegen Thomas Lange aus der DDR. 1976 gewannen die bundesdeutschen Ruderer vier Medaillen, allerdings keine goldene.

In Seoul verschoben sich die Gewichte etwas, auch wenn die DDR noch mit zehn Medaillen (8–1–1) weiter führte. Der Paukenschlag kam im Achter der Männer. Der neue Deutschland-Achter unter Trainer Ralf Holtmeyer siegte vor der UdSSR und den USA; in anderer Besetzung sollte der Deutschland-Achter in Barcelona 1992 dann Dritter werden.

1992 Albertville

8. bis 23. Februar 1992
Dauer **16 Tage**
Teilnehmer **1808 (1318 Männer, 490 Frauen)**
Länder **64**
Entscheidungen **57**
Zuschauer **942 000**
Schirmherr **Staatspräsident François Mitterrand**
Eidsprecher **Surya Bonaly (Eiskunstlauf), Pierre Bornat (Kampfrichter)**
Letzte Fackelläufer **Michel Platini (Fußball), François-Cyrille Grange (8jähriger Fußballspieler)**

Teure Kopie der Spiele von Grenoble

Wäre in den 24 Jahren, die dazwischen lagen, nicht manches anders geworden, man hätte meinen können, daß sich die Spiele von Grenoble 1968 in Albertville einfach wiederholt hätten: Hier wie dort ein Zentrum und drum herum die Filialen des Wintersports; ein paar Weltmeisterschaften vereinigt unter dem Dach Olympias. Nicht schlecht, aber auch nicht unbedingt gut.

Was einst Grenoble war, stellte jetzt Albertville dar. Aus Autrans und Saint-Nizier wurde Courchevel (Skispringen), aus Chamrousse wurden Val d'Isere und Méribel (alpine Skiwettbewerbe), aus Autrans wurde Les Saisies (nordische Skiwettbewerbe) und aus Alpe-d'Huez wurde La Plagne (Bobsport und Rennrodeln). Die Zahl der Zuschauer verdreifachte sich auf über 900 000.

Zwei Männer standen hinter den Spielen von Albertville. Der Kommunalpolitiker Michel Barnier, ein Mann feinen Benehmens, und der frühere Skistar Jean-Claude Killy, zupackend und olympisch unantastbar, ergänzten einander vorzüglich. Beide hatten in Frankreichs Staatspräsident François Mitterrand und dem IOC-Präsidenten Juan Antonio Samaranch machtvolle Stützen. Killy, der den eigenen Ruhm glänzend vermarktet hatte, setzte sich nun für seine Spiele ein.

Mit Sentimentalitäten wurde sich nicht abgegeben. Nur das Teuerste war den Franzosen gut genug. Die Technikfirma IBM France und Crédit Lyonais als eine der größten Banken der Welt waren die ersten beiden Sponsoren. Von den 243 Millionen Dollar Fernseh-Honorar der Amerikaner gingen 160 Millionen an das OK von Albertville. Der »Club Coubertin« nahm zehn französische Spitzenunternehmen in einen exklusiven Pool und kassierte auch hier erhebliche Millionen ab. Die Franzosen, die sich schon im goldenen Licht der Jahrhundertfeier des IOC am 23. Juni 1994 sahen, konnten sich als Coubertins Erben mehr erlauben als es jeder andere Gastgeber je gedurft hätte.

Erdbewegungen vor allem in Courchevel und in La Plagne für die Sprunganlagen und die Bob- und Rodelbahn riefen Ökologen auf den Plan, die mit den Organisatoren auch die olympische Familie kriti-

Olympische Winterspiele 1992 in Albertville: Das Bild eines idyllischen Hochtals oberhalb Albertvilles sollte den Bedenken der Umweltschützer entgegenwirken.

Medaillenspiegel Albertville 1992

Land	G	S	B
1. GER	10	10	6
2. EUN	9	6	8
3. NOR	9	6	5
4. AUT	6	7	8
5. USA	5	4	2
6. ITA	4	6	4
7. FRA	3	5	1
8. FIN	3	1	3
9. CAN	2	3	2
10. KOR	2	1	1

Die erfolgreichsten Sportler von Albertville

Name	Sportart	G	S	B
1. Lyubov Yegorova EUN	nordischer Skisport	3	2	–
2. Björn Dählie NOR	nordischer Skisport	3	1	–
Vegard Ulvang NOR	nordischer Skisport	3	1	–
4. Mark Kirchner GER	Biathlon	2	1	–
Gunda Niemann GER	Eisschnellauf	2	1	–
6. Toni Nieminen FIN	nordischer Skisport	2	–	1
7. Petra Kronberger AUT	alpiner Skisport	2	–	–
Bonnie Blair USA	Eisschnellauf	2	–	–
Ki Hoon Kim KOR	Eisschnellauf Kurzbahn	2	–	–
10. Antje Misersky GER	Biathlon	1	2	–

sierten. So verwunderte es nicht, daß IOC-Präsident Juan Antonio Samaranch die Gemüter damit beruhigen wollte, daß er für die Zukunft »grenzüberschreitende« Spiele versprach, ein wie sich später herausstellte, arger Versprecher.

Eröffnungs- und Schlußfeier waren gigantisches Showbusineß, kunstvoll gestaltet als Verbeugung vor dem Fernsehen. Daß ein millionenschwerer Fußballstar wie Michel Platini, auch wenn er 1976 Olympiateilnehmer in seinem Sport gewesen ist, als letzter Fackelträger im Stadion auftauchte, wurde schlichtweg mit dessem bekannten Namen begründet.

La France hat olympische Vorrechte oder auch Narrenfreiheit, wie beispielsweise mit dieser völlig überflüssigen und mit einem Toten belasteten olympischen Demonstration »Geschwindigkeits-Skifahren«. Die Finnin Tarja Annikki Mulari erreichte eine Spitzengeschwindigkeit von 219,245 km/h, der Franzose Mikael Prufer 229,299 km/h. Der hinter Prufer als Zweiter ausgezeichnete Philippe Goitschel war als Neffe der berühmten Tanten Marielle und Christine Goitschel, alpine Olympiasiegerinnen der 60er Jahre, noch der interessanteste Starter.

Björn Dählie: Der Norweger holt in der Loipe dreimal Gold (Jagdrennen, 50 km, 4x10-km-Staffel) und einmal Silber (30 km).

Die ältesten Olympiasiegerinnen der Winterspiele

Alter[1]	Name	Jahr	Sportart
39/354	Raisa Smetanina EUN	1992	nordischer Skisport
35/274	Ludowika Jakobsson FIN	1928	Eiskunstlauf (Paare)
33/289	Galina Kulakova URS	1976	nordischer Skisport
33/268	Stien Kaiser NED	1972	Eisschnellauf
33/88	Alevtina Kolchina URS	1964	nordischer Skisport
32/231	Yevdokiya Mekshilo URS	1964	nordischer Skisport
32/231	Lyudmila Belousova URS	1968	Eiskunstlauf (Paare)
31/281	Lydia Wideman FIN	1952	nordischer Skisport
31/48	Siiri Rantanen FIN	1956	nordischer Skisport
30/158	Irina Rodnina URS	1980	Eiskunstlauf (Paare)

1) Jahre/Tage

Die jüngsten Olympiasieger der Winterspiele

Alter[1]	Name	Jahr	Sportart
16/259	Toni Nieminen FIN	1992	nordischer Skisport
16/260	William Fiske USA	1928	Bobsport
17/306	Manfred Stengl AUT	1964	Rennrodeln
18/7	Jae Kun Song KOR	1992	Eisschnellauf
18/202	Richard Button USA	1948	Eiskunstlauf
18/224	John Kilpatrick GBR	1936	Eishockey
18/279	Heinrich Schläppi SUI	1924	Bobsport
18/284	Ari-Pekka Nikkola FIN	1988	nordischer Skisport
18/346	Mika Laitinen FIN	1992	nordischer Skisport
18/364	Alexei Kovalyov EUN	1992	Eishockey

1) Jahre/Tage

Von wem sprach man in den regulären Wettbewerben? Von der russischen Skilangläuferin Lyubov Yegorova, die fünf Medaillen (3-2-0) gewinnen konnte, von den norwegischen Loipenhelden Vegard Ulvang und Bjoern Dählie, die auch drei Goldmedaillen gewannen, von dem finnischen Skispringer Toni Nieminen, von dem deutschen Biathleten Mark Kirchner, von der österreichischen Skirennläuferin Petra Kronberger und der deutschen Eisschnelläuferin Gunda Niemann.

Und man sprach von der erstmals auftretenden großen deutschen Mannschaft nach der Wiedervereinigung 1990, die mit 26 Medaillen (10-10-6) vor der Gemeinschaft der früheren Staaten der aufgelösten UdSSR (EUN genannt), mit 23 Medaillen (9-6-8) und vor Norwegen mit 20 Plaketten (9-6-5) den Spiegel anführte. Österreichs vierter Platz (6-7-8) war eine Überraschung. Bei Norwegen als dem kommenden Gastgeber zeigten sich die ersten Erfolge der Aufrüstung für Lillehammer.

Die olympische Familie

Altherren-Club erhält junges Blut

Der abträgliche Ruf des IOC, ein Altherren-Club zu sein (auch wenn seit 1981 Frauen integriert waren), nervte Samaranch. Er bekämpfte die Überalterung des Parlaments durch den sehr bewußten Einbau junger Mitglieder. So hatten die zwischen 1981 und 1985, in der ersten Amtsperiode Samaranchs gewählten 41 neuen Mitglieder einen Altersdurchschnitt von 50 Jahren und 30 Tagen.

Prinz Albert von Monaco war 1985 mit 27 Jahren die jüngste Neuerwerbung. Auch nachher gab es zahlreiche Youngsters wie die Amerikanerin Anita Defrantz (33 Jahre), Prinzessin Anne von England, den Mittelamerikaner Richard Carrion und den Deutschen Thomas Bach (alle 37 Jahre). Nach 1986 ließ das IOC vom Verjüngungsbad wieder ab. Nach der Altersregel von 1995 kann der 1985 berufene Prinz Albert von Monaco bis 2038 im IOC bleiben, er wäre dann erst 80 Jahre alt. Bis 1995 war das Alterslimit 75 Jahre.

Zwei deutsche Olympier schieden zwischen den Spielen von Seoul und Albertville aus: 1988 mit Erreichen der Altersgrenze der IOC-Vizepräsident Berthold Beitz (75 Jahre) und 1991 auf eigenen Wunsch Willi Daume (78 Jahre), für den das Alterslimit aufgrund seiner frühen Wahl (1956) nicht galt. Beide gehörten zu den tragenden Säulen des IOC, und sie erhielten die höchsten Weihen, die einem Deutschen im IOC politisch zugestanden werden: die Vizepräsidentschaft. Daume bekleidete dieses Amt von 1972 bis 1976, Beitz von 1984 bis 1988.

Nachfolger von Beitz wurde 1989 Walther Tröger, der zu diesem Zeitpunkt 60 Jahre alt und noch ehrenamtlicher Sportdirektor des IOC war und 1992 als Nachfolger von Daume Präsident des NOKs für Deutschland werden sollte. Daume räumte seinen Platz für den von ihm protegierten Thomas Bach, der sich 1981 als Mitglied der IOC-Athleten-Kommission seinen Weg freigeschaufelt hatte. Ganz auf seine IOC-Pflichten konzentriert, rückte Bach, der den Bonus eines Olympiasieges im Fechten von Montreal 1976 mitbrachte, sehr schnell in die Nähe des Präsidenten Samaranch.

Nordischer Skisport

Norwegen und EUN in der Loipe vorn

Im nordischen Skisport beherrschten die Norweger die Langläufe der Herren, die Russinnen die der Damen. Von den 13 ihnen möglichen Medaillen gewannen die Norsker insgesamt acht (5–2–1) und alle goldenen. Die Italiener lagen mit fünf (0–3–2) dahinter und deuteten auf ihre Anstrengungen in Lillehammer hin. Diese gipfelten dann 1994 im Sieg der Skistaffel vor Norwegen und brachten 1995 bei der Weltmeisterschaft im kanadischen Thunder Bay Silvio Fauner den Weltmeister-Titel über 50 km.

Die EUN-Starterinnen sammelten neun Medaillen (3–2–4), die Italienerinnen einen kompletten Satz (1–1–1). Man würde von den Südländerinnen bei den Spielen in Lillehammer wieder hören.

In der Nordischen Kombination blühte der Weizen für die Franzosen und die Japaner. Im Springen vergaß man über den Finnen Toni Nieminen, der mit 16 Jahren und 259 Tagen jüngster Olympiasieger aller Winterspiele wurde, den Österreicher Martin Höllwarth, der dreimal Silber gewann.

4x10-km-Staffel: Die Italiener (hier Silvio Fauner) gewinnen überraschend Silber hinter Norwegen.

Obwohl Andreas Goldberger noch nicht dabei war, schafften die Austria-Adler einmal Gold, dreimal Silber und einmal Bronze mit insgesamt vier Athleten (Ernst Vettori, Martin Höllwarth, Heinz Kuttin und Andreas Felder). Die Deutschen – zwei Jahre später Olympiasieger mit dem Team – kamen im Mannschaftsspringen auf Rang fünf und durch Heiko Hunger auf Platz sieben (Normalschanze).

Nordischer Skisport

Ulvang auf den Spuren von Nansen

Der 1963 geborene Norweger Vegard Ulvang, zweifellos ein Star der Spiele, zählte in seiner Glanzzeit zu den außergewöhnlichsten Extremsportlern. Neben dem Skilanglauf leistete er Erstaunliches im Skiwandern, Kanufahren und Bergsteigen. 1991 durchquerte er auf Skiern Grönland; er folgte dabei der 560-km-Route seines berühmten Landsmannes Fridtjof Nansen (* 1861, † 1930), des legendären Polarforschers, dessen 42-Tage-Unternehmung von 1888 Ulvang um 27 Tage unterbot.

Als Alpinist bezwang er mit verschiedenen Partnern den Aconcagua, den Mount McKinley, den Montblanc, den Elbrus und den Kilimandscharo. Mit seinem Freund Vladimir Smirnov, einem meist in Schweden oder Norwegen lebenden Kasachen, befuhr er mit einem Kanu 1200 km Wasserwege in Sibirien und wagte auch eine Expedition in das kasachisch-mongolische Grenzgebiet.

Vor den Winterspielen in Lillehammer 1994, die er nicht in bester Form bestreiten konnte, machte Ulvang vor allem durch seine Kritik an dem IOC-Präsidenten Samaranch und dem IOC auf sich aufmerksam. Die politisch umstrittenen Äußerungen des Norwegers wurden später als »Mißverständnis« hingestellt. Es gab ein Händeschütteln mit Samaranch. In Lillehammer gewann Ulvang dann nur noch Silber in der Skistaffel.

Katja Seizinger: Die Deutsche gewinnt Bronze im Super G mit einer Hundertstel Sekunde Vorsprung vor der Österreicherin Petra Kronberger, der Siegerin im Slalom und in der Kombination.

Alpiner Skisport

Zweimal Gold für Petra Kronberger

Am 21. Februar 1992 feierte Petra Kronberger aus Pfarrwerfen ihren 23. Geburtstag. Der Gabentisch der Österreicherin war dabei mit zwei Goldmedaillen (im Slalom und in der Kombination) überaus reichlich gedeckt. Eine Hundertstelsekunde fehlten ihr im Super G an der Bronzemedaille, die an Katja Seizinger aus Deutschland ging.

Petra Kronberger, die 1990, 1991 und 1992 dreimal den Gesamt-Weltpokal gewonnen hat und 1991 auch Weltmeisterin in der Abfahrt war, wollte die Starrolle, die ihr nach den Olympischen Spielen zufiel, nicht wahrhaben und schon gar nicht spielen. 1993 beendete sie mitten in der Saison ihre Laufbahn und startete schon nicht mehr bei der Weltmeisterschaft im japanischen Morioka.

Apropos Morioka. Dort gewann der Schweizer Urs Lehmann die Abfahrt. 1992 in Albertville war er noch nicht gut genug für das Schweizer Olympiateam, 1994 in Lillehammer dann schon nicht mehr.

Eisschnellauf: Mit zweimal Gold (3000 m und 5000 m) und einmal Silber (1500 m) ist Gunda Niemann die erfolgreichste deutsche Sportlerin in Albertville.

Eisschnellauf

Glorreiche Zeiten für deutsche Läufer

Eine der wenigen Sportarten, die im Zentrum Albertvilles ausgetragen wurden, war der Eisschnellauf auf einer improvisierten Freiluftbahn, die nur für die Spiele hergerichtet worden war, aber durchaus ihre Qualitäten hatte. Die Wettkämpfe litten allerdings unter dem unberechenbaren Wind, wechselnder Sonneneinstrahlung und einer geringen Zuschauerresonanz. Kam man zum Stadion, mußte man durch weichen Lehm waten. Entschädigt wurde der Freund des Eisschnellaufs durch die interessanten Typen auf Kufen.

Uwe-Jens Mey aus Berlin, 1963 in Warschau als Sohn eines DDR-Diplomaten geboren, wiederholte seinen Olympiasieg von 1988. Der amerikanische Weltrekordmann Dan Jansen lief als Vierter klar an den Medaillen vorbei, wird aber zwei Jahre später in Lillehammer dann zu Gold über 1000 m kommen. Der kaum beachtete Alexander Golubyev aus Rußland wurde Siebter; 1994 sprintete er auf Platz eins.

Der Berliner Olaf Zinke wurde 1000-m-Olympiasieger. Nur einmal in seinem Leben hat er ein wichtiges Rennen gewonnen: eben dieses in Albertville. Angeblich ist er nach dem gleichen Trainingsplan trainiert worden wie 1988 André Hoffmann, der auch nur einmal ganz groß herauskam: als 1500-m-Olympiasieger mit Weltrekord in Calgary. Zinke schlug den Koreaner Kim Yoon-Man um eine Hundertstelsekunde; Kim wurde drei Jahre später Sprintweltmeister (als Zinke schon Invalide war).

Der Norweger Johann Olav Koss lief sich in Albertville mit Gold über 1500 m, einem zweiten Rang über 10 000 m und einem siebten Platz über 5000 m für Lillehammer warm, wo er dann dreimal Gold in Weltrekordzeiten holte.

Die Amerikanerin Bonnie Blair sammelte die Goldmedaillen Nummer zwei und drei und ließ dann die Nummern vier und fünf in Lillehammer (jeweils 500 und 1000 m) folgen. Die Chinesin Qiaobo Ye rollte bei ihren beiden Silbermedaillen (hinter Bonnie Blair) wie ein Kugelblitz über das Eis, stets daran erinnernd, daß sie einmal wegen Dopings gesperrt gewesen war. Gunda Niemann, geborene Kleemann, holte sich die Siege über 3000 und 5000 m vor Heike Warnicke und wurde über 1500 m von Jacqueline Börner überrascht. Auf der längsten Strecke gefiel die junge Claudia Pechstein als Dritte. Zwei Jahre später würde sie Gold in Hamar holen – vor Gunda Niemann.

Deutschlands Eisschnelläuferinnen gewinnen neun Medaillen (3–3–3) von 15 möglichen; mit den Männern gingen die Hälfte der zehn Goldmedaillen nach Deutschland. Glorreiche Zeiten.

Rennrodeln (v. l.): Angelika und Doris Neuner mit Susi Erdmann bei der Siegerehrung

Rennrodeln

Susi Erdmann kam zu spät in Schwung

Der Weißbier-Prototyp Georg Hackl aus Bischofswiesen bei Berchtesgaden kam mit dem Calgary-Silber zum Rennrodeln nach La Plagne und wurde dort von den Österreichern Markus Prock und Markus Schmid zum Gold gejagt. Im Unterschied zum alten Olympiasieger Jens Müller (1988) kam der Hackl-Schorsch mit der Bahn blendend zurecht.

Bei den Damen verschlief die leichte Favoritin Susi Erdmann, auch Susi Sorglos genannt, den ersten Lauf. Die Schwestern Doris und Angelika Neuner aus Innsbruck profitierten von der großen Erfahrung des aus der DDR gekommenen österreichischen Bundestrainers Klaus-Michael Bonsack (Doppelsitzer-Olympiasieger 1968). Eine schöne Neuner-Packung!

Als Susi Erdmann in Fahrt kam und Bestzeit im vierten Durchgang fuhr, waren Gold an Doris und Silber an Angelika längst vergeben; so blieb ihr die Bronzemedaille. Vierte wurde die Südtirolerin Gerda Weissensteiner, deren goldene Tage zwei Jahre später kommen sollten.

Im Doppelsitzer sorgten dann Stefan Krauße/Jan Behrendt und Yves Mankel/Thomas Rudolph mit Gold und Silber für die deutsche Spitzenstellung in der Medaillenwertung. Deutschland lag mit vier Medaillen (2-1-1) vor Österreich, ebenfalls vier (1-2-1), und Italien (0-0-1). Interessant vielleicht noch, daß die Rennrodler von anderen Ländern auf folgenden Spitzenplätzen erschienen: 4. Rumänien, 5. USA, 6. Schweden, 8. EUN.

Rennrodeln: Georg Hackl fährt in drei von vier Läufen Bestzeit und gewinnt klar mit drei Zehntelsekunden Vorsprung vor dem Österreicher Markus Prock.

1992 Barcelona

25. Juli bis 9. August 1992
Dauer **16 Tage**
Teilnehmer **9367 (6659 Männer, 2708 Frauen)**
Länder **169**
Sportarten **25**
Entscheidungen **257**
Zuschauer **2 300 000**
Schirmherr **König Juan Carlos I. von Spanien**
Eidsprecher **Luis Doreste (Segeln), Eugeni Asencio (Schiedsrichter)**
Entzünder des Feuers **Antonio Rebollo (Bogenschießen)**

Spiele in der neuen Weltordnung

In Barcelona 1992 gab es die Spiele der neuen olympischen Ordnung. Die Zeit der Aussperrungen und der Ächtung waren vorüber. Vorbei auch die Dominanz der Politik. Das IOC mit seinem Weltbeweger Juan Antonio Samaranch hatte sich in die Arme des Marktes geworfen. Mit dem weltstädtischen Fest in seiner Heimat sah sich Samaranch auf dem Gipfel; aufgestiegen war er aus den Niederungen der Boykottspiele von Moskau 1980 und Los Angeles 1984 auf das Hochplateau von Seoul 1988 und von dort auf seinen olympischen Himalaya. Kuba war wieder dabei, und dies gleich mit 14 Goldmedaillen. Nordkorea startete in Barcelona: die boykottfreien Spiele waren zu feiern.

Seit Seoul hatte die Welt ein anderes Gesicht bekommen. Die Sowjetunion hatte sich aufgelöst, zahlreiche Staaten wurden neu oder wieder geboren. Die Gemeinschaft Unabhängiger Staaten (GUS, frz. EUN, engl. CIS), nur für die Winterspiele in Albertville und die Sommerspiele in Barcelona geschaffen, trat geopolitisch und olympisch die Nachfolge der UdSSR an, aber Estland, Lettland und Litauen waren wieder mit eigenen Nationalmannschaften erschienen.

Jugoslawien war zersplittert, Südafrika feierte seine Rückkehr nach 32 Jahren bescheiden mit zwei Silbermedaillen. Das wiedervereinigte Deutschland schickte ein Riesenteam und sammelte – eine merkwürdige Symbolik – genau so viele Goldmedaillen wie 1936 in Berlin. Auch beide

Olympische Sommerspiele 1992 in Barcelona: Das Plakat (l.) wurde von dem katalanischen Künstler Josep Maria Trias entworfen. Bunte »Tauben« (o.) erinnern bei der Eröffnung an das rege Treiben auf den Ramblas, den Flanierstraßen Barcelonas.

Medaillenspiegel Barcelona 1992

Land	G	S	B
1. EUN	45	38	29
2. USA	37	34	37
3. GER	33	21	28
4. CHN	16	22	16
5. CUB	14	6	11
6. ESP	13	7	2
7. KOR	12	5	12
8. HUN	11	12	7
9. FRA	8	5	16
10. AUS	7	9	11

Eröffnungsfeier: Weltweit mehr als zwei Milliarden Menschen sind Zeuge einer märchenhaften Fiesta, auf deren Höhepunkt der körperbehinderte Bogenschütze Antonio Rebollo das olympische Feuer mit einem brennenden Pfeil entzündet.

Jemen traten vereinigt auf. Bei dem tschechoslowakischen Zehnkampf-Olympiasieger Robert Zmelik fragte man, ob er nun Tscheche oder Slowake sei.

Schöne neue Welt. Im Basketball erschien das amerikanische »Dream Team«. Den USA war erlaubt worden, Berufsspieler der National Basketball Association (NBA) einzusetzen, und so sahen faszinierte Zuschauer mit Michael Jordan, Magic Johnson und Larry Bird an der Spitze wahre Traumtänzer unter dem Korb.

Von den 815 Medaillen, die in den 257 Entscheidungen vergeben wurden, gewannen die in der EUN verbliebenen Sportler der UdSSR 112 (45–38–29), die Amerikaner 108 (37–34–37) und die Deutschen 82 (33–21–28). Der Dreikampf war spannender als es die reine Zahlenbilanz ausdrückt. Dahinter fing China noch Kuba ab. In der Länderwertung kamen Großbritannien, Italien, Polen, Rumänien oder Japan nicht unter die ersten Zehn.

Ein Turner aus Weißrußland (EUN), Vitali Sheherbo, sammelte sechs Goldmedaillen und war doch nicht der Star der Spiele, denn es gab zwar einen Haufen glanzvoller Gewinner, aber unter ihnen außer dem Schwimmer Alexander Popov aus Rußland (EUN) kaum einen mit Charisma. Niemand wurde schon vor dem Start enthusiastisch gefeiert. Es gab keinen Alvin Kraenzlein, keinen Hannes Kolehmainen, keinen Paavo Nurmi, keinen Johnny Weissmuller, keinen Jesse Owens, keine Fanny Blankers-Koen, keinen Emil Zatopek, keine Wilma Rudolph, keine Vera Cáslavská, keinen Mark Spitz und keinen John Naber.

Das Besondere war Dramaturgie. Ein Behinderter, der Bogenschütze Antonio Rebollo, entzündete bei der Eröffnungsfeier das olympische Feuer mit einem brennenden Pfeil, der durch das Dunkel der Nacht flog und in die Flammenschale fiel. Bei den Spaniern spielte immer der Stolz mit, auch die Würde als Erbe von Geschichte und

Die erfolgreichsten Sportler von Barcelona

Name	Sportart	G	S	B
1. Vitali Sheherbo BLR	Turnen	6	–	–
2. Krisztina Egerszegi HUN	Schwimmen	3	–	–
Yevgeni Sadovyi EUN	Schwimmen	3	–	–
Nicole Haislett USA	Schwimmen	3	–	–
5. Alexander Popov EUN	Schwimmen	2	2	–
6. Tatyana Gutsu EUN	Turnen	2	1	1
Lavinia Milosoveci ROM	Turnen	2	1	1
Summer Sanders USA	Schwimmen	2	1	1
9. Gwen Torrence USA	Leichtathletik	2	1	–
10. Jon Olsen USA	Schwimmen	2	–	1

Kultur. Barcelona entwickelte Charme. Wunderwerker, Zauberer und Illusionisten hatten ihren Auftritt.

Der jüngste Medaillengewinner der Spiele von Barcelona, der 15 Jahre und 339 Tage alte Ghanese Osei Kuffuor, ein mit Bronze versehener Fußballer, wird gut zwei Jahre später beim FC Bayern München in der Bundesliga und in der Champions League spielen und immer noch nicht älter als 18 Jahre sein.

Die olympische Familie

Neuer Rhythmus für Winterspiele

Panta rhei – alles fließt. Für das IOC hatte diese 2500 Jahre alte Erkenntnis von Heraklit zwischen Los Angeles und Barcelona besondere Bedeutung bekommen. Es bewegte sich sehr viel. Samaranch begann das sich selbst erneuernde IOC nach seinem Geschmack zu formen, indem er sich 1991 mit der Lex Nebiolo von der Vollversammlung das Recht einräumen ließ, Persönlichkeiten seiner Wahl unter Umgehung von Abstimmungen in das IOC zu berufen.

Die Absicht war klar. Um dem IOC den Anstrich eines Weltparlaments des Sports zu geben, wollte er neben anerkannten olympischen Sportführern vor allem Präsidenten internationaler Fachverbände in das IOC holen.

Samaranch ließ sich dabei, gedrängt von dem umtriebigen Leichtathletik-Potentaten Primo Nebiolo, einem Herrschertyp ganz nach Machiavellis Vorstellung, willig schieben. Kraft seines Amtes wurde 1992 der 68jährige Italiener, IAAF-Lenker seit 1981, ins IOC berufen. Ihm folgte als ebenfalls nicht gewähltes IOC-Mitglied der Präsident des Internationalen Eislauf-Verbandes (ISU), der Norweger Olaf Poulsen, ein vergleichsweise freundlicher Mensch.

Er war Samaranchs Alibi für den Nebiolo-Coup. Im IOC erhielten Nebiolo und Poulsen die Mitgliedsnummern 387 und 388.

Eine andere wichtige Entscheidung, die Samaranch still vorbereitet und zeitlich gut plaziert hatte, war die rhythmische Veränderung der Winterspiele. Dieser Beschluß war zwar schon 1986 auf der 91. Session des IOC in Lausanne gefaßt worden, wurde aber erst nach 1992 in seiner ganzen Tragweite erkennbar: die Verlegung der Winterspiele zwischen die Sommerspiele. Lillehammer folgte Albertville schon zwei Jahre später. Samaranch war damit Erfüllungsgehilfe des Anspruchs der amerikanischen Fernsehgesellschaften, die mehr oder weniger diskret darauf hingewiesen hatten, daß jedes zweite Jahr ein olympisches Fest für das Honorar besser sei als jedes vierte Jahr zwei Feste.

Schach

Sonderstatus für Schachspieler

Olympia und Schach – das ist ein Thema für sich. Der Weltschachbund FIDE (Fédération Internationale des Echecs) wurde am 20. Juli 1924 während der Olympischen Spiele in Paris (genau: sieben Tage vor ihrem Ende) gegründet. Die erste, freilich inoffizielle Schacholympiade galt als Teil der damaligen olympischen Bemühungen. Offiziell wurden die Schacholympiaden für die Herren erst 1927; die der Damen wurde 1957 gestartet.

Obwohl sich die FIDE und das Internationale Olympische Komitee (IOC) schnell auseinanderlebten und der Weltschachbund nie in der olympischen Familie integriert war, fand eine dieser Weltmeisterschaften für Mannschaften parallel zu Olympischen Spielen statt: 1952 in Helsinki.

Während Billard-, Korfball-, Netzball- oder Boulespieler vom IOC anerkannt sind, stehen die Schachspieler abseits. Durch die Mitgliedschaft im Deutschen Sportbund (DSB) ist Schach als sportlicher Wettkampf ausgewiesen, im Nationalen Olympischen Komitee für Deutschland (NOK) freilich ist der Deutsche Schachbund nicht vertreten. Das hindert das NOK indes nicht, auf sportpolitischem Gebiet mit einer der größten Schachkoryphäen der Welt zusammenzuarbeiten, wie Briefwechsel belegen.

Es handelt sich um Nona Gaprindashvili aus Tiflis. In der Reihe der Schachweltmeisterinnen erscheint die Georgierin nach Vera Menchik aus der Tschechoslowakei (1927 bis 1949) sowie den UdSSR-Bürgerinnen Lyudmila Rudenko, Olga Rubzova und Elisabeta Bykova als Nummer fünf der Titelträgerinnen.

Demonstrationen bei Olympia[1)]

Sommer

1904	Baseball, Basketball
1908	–
1912	Baseball
1920	–
1924	Kanusport, Pelota
1928	Korfball, Lacrosse
1932	American Football, Lacrosse
1936	Baseball, Segelflug
1948	Gymnastik, Lacrosse
1952	Baseball, Hallenhandball
1956	Baseball, Australian Football
1960	–
1964	Baseball, Budo
1968	Pelota, Tennis
1972	Badminton, Wasserski
1976	–
1980	–
1984	Baseball, Tennis
1988	Baseball, Bowling, Taekwondo
1992	Judo (Frauen), Pelota, Rollhockey, Taekwondo

Winter

1924	Curling, Militär-Patrouille
1928	Militär-Patrouille, Skijöring
1932	Curling, Hundeschlittenrennen, Eisschnellauf Frauen
1936	Eisstockschießen, Militär-Patrouille
1948	Militär-Patrouille, Winter-Fünfkampf
1952	Bandy
1956	–
1960	–
1964	Eisstockschießen
1968	Eiskunstlauf (Eistanz)
1972	–
1976	–
1980	–
1984	Behindertensport
1988	Curling, Freistilski, Eisschnellauf (Short track), Behindertensport
1992	Curling, Freistilski (Sprünge), Hochgeschwindigkeitsrennen

1) Zeitraum 1904 bis 1992; 1993 wurden die Demonstrationen abgeschafft

Die 1941 geborene Nona Gaprindashvili war von 1962 bis 1979 Schach-Weltmeisterin. Sie spielte sogar recht erfolgreich, wenn auch ohne Turniersieg gegen Männer und erhielt als erste Frau den Titel eines Internationalen Großmeisters (1974). Ihre Popularität in Georgien ist groß. Seit 1989 ist Nona Gaprindashvili Präsidentin des Nationalen Olympischen Komitees für Georgien.

5000-m-Lauf: Dem Endspurt Dieter Baumanns hatten seine Gegner nichts mehr entgegenzusetzen. Der Deutsche siegt vor dem Kenianer Paul Bitok und dem Äthiopier Fita Bayisa.

Leichtathletik

Christie siegt gegen alle Regeln

Der aus Jamaika stammende Brite Linford Christie wurde 100-m-Olympiasieger gegen drei Regeln: Er war mit 32 Jahren zu alt, als Familienvater mit drei Kindern sozial beschwert und Europäer. Aber die Amerikaner, ohne Lewis, waren platte Kameraden.

Gegen die Regel gewann auch der Deutsche Dieter Baumann. Er wurde 5000-m-Olympiasieger, obwohl er allein gegen die Afrikaner zu laufen hatte. Nach seinem zweiten Platz von Seoul bei den Spielen 1988 zählte Baumann zwar zu den Favoriten, sein Erfolg gehörte aber zu den am meisten beachteten in Barcelona, waren doch selbst die Experten der Auffassung, daß einer der Afrikaner durchkommen würde. Wer durch die Läufer aus Kenia, Äthiopien und Marokko aber durchkam, war Baumann, dessen unwiderstehlicher Spurt das Feld in Fetzen riß.

100-m-Lauf: Der Brite Linford Christie reißt im Ziel schon jubelnd die Arme hoch, während Frankie Fredericks (r.) aus Namibia noch gegen den Amerikaner Dennis Mitchell (2. v. l.) um die Silbermedaille kämpfen muß.

Ein Dritter verstieß auch noch gegen eine Regel, nämlich als krasser Außenseiter die Favoriten zu vernaschen. Das war im 1500-m-Lauf, als alle wie bei einem Anfängertest über die Bahn schlichen. In Meter umgerechnet blieben die Läufer etwa eine Zielgerade hinter dem Weltrekord. Als es ernst wurde, nämlich auf den letzten 100 m, gewann der Spanier Fermin Cacho, dessen Name selbst den Einheimischen nicht geläufig war. Das Gold beflügelte Cacho. Zwei Jahre später wurde er auch Europameister.

Carl Lewis: Der 31jährige wird zum drittenmal hintereinander Olympiasieger im Weitsprung. Er siegt mit 8,67 m vor dem Weltrekordler Mike Powell (8,64 m).

Leichtathletik

Lewis erfolgreich, aber nicht populär

Weltrekordmann ist er nie gewesen, weil Bob Beamon (8,90 m, 1968) und Mike Powell (8,95 m, 1991) weiter gesprungen sind. Aber Carl Lewis wurde in Barcelona zum drittenmal nach 1984 in Los Angeles und 1988 in Seoul Olympiasieger im Weitsprung; er schaffte 8,67 m im ersten, Powell nur 8,64 m im letzten Sprung. Mit dem Sieg der US-Staffel über 4x100 m steigerte Lewis, nun schon 31 Jahre alt, die Zahl seiner Goldmedaillen auf acht seit 1984; die zu addierende Silbermedaille (200 m in Seoul) nimmt Carl nicht so wichtig, denn würde er es tun, nähme er eine Niederlage zu ernst.

Lewis ist auch der einzige Sprinter, der einen Olympiasieg über 100 m wiederholen konnte (1988 nach 1984). Bei der Siegerehrung von Seoul wußte er allerdings noch nichts von seinem Sieg, als er dem gedopten und später disqualifizierten Ben Johnson die Hand drückte.

Durch selbstgefälliges Auftreten, kühles Geschäftsgebaren und reduzierte Emotionen fehlte dem überragenden Leichtathleten eines Jahrzehnts die Popularität selbst in den USA. Dabei ist Lewis top. Seine Erfolgsbilanz weist neun Olympiamedaillen (8-1-0) und zehn WM-Plaketten (8-1-1) auf. Hinzu kommt eine Serie von 65 Weitsprungsiegen in Folge (1981 bis 1991). Daß er im Olympiajahr 1992 nach einer Infektion nur Sechster der amerikanischen Olympiaausscheidungen für Barcelona über 100 m werden konnte, zeigte, daß Lewis auch nur ein Mensch ist.

Turnen

Sheherbo zeigt perfekte Turnkunst

Der 1,68 m große und federgewichtige Weißrusse Vitali Sheherbo war im Sportpalast Sant Jordi ein so überlegener Turner, daß man am besten seine beiden schlechtesten Plazierungen zuerst nennt, nämlich Neunter am Reck und Sechster am Boden. Alle anderen Wettbewerbe gewann der 21jährige, der sechsmal Gold holte: Zwölfkampf Einzel, Zwölfkampf Mannschaft, Seitpferd, Ringe, Pferdsprung und Barren.

Sheherbo verdarb seinen EUN-Kameraden fast die gute Laune, denn keiner seiner Goldkollegen von der Mannschaft konnte

Vitali Sheherbo: Der 20jährige Weißrusse aus Minsk erklärt, daß er für seine sechs Goldmedaillen in den letzten zwölf Jahren jede Woche 30 Stunden trainiert habe.

sich einen zweiten Sieg erkämpfen. Immerhin kam Grigori Misyutin hinter Sheherbo auf fünf Medaillen, vier davon in Silber.

Noch ärger erging es der Amerikanerin Shannon Miller, die in den Frauenkonkurrenzen auf fünf Medaillen (0–2–3) kam, es aber auf keine goldene brachte. Hier waren Tatyana Gutsu (EUN) und Lavinia Milosoveci (ROM) mit 2–1–1 medaillengleich.

Shannon Miller: Die Amerikanerin (hier bei ihrer Bodenkür) holt zweimal Silber und dreimal Bronze.

Die Fluktuation der Turnstars wurde in Barcelona besonders deutlich. Bei den Männern gab es bisher nur drei Artisten, die einen Olympiasieg im Mehrkampf wiederholen konnten, der Italiener Alberto Braglia (1908 und 1912), der Sowjetmensch Viktor Chukarin (1952 und 1956) und der Japaner Sawao Kato (1968 und 1972). Kato ist mit zwölf Medaillen (8–3–1) bei drei Spielen (1968, 1972 und 1976) auch der erfolgreichste Medaillist überhaupt, nimmt man Gold als ersten Maßstab.

Der Russe Nikolai Andrianov kam auf sieben Gold- und 15 Medaillen insgesamt. Es folgen Boris Shaklin (UdSSR; 7 Gold/13 gesamt), Chukarin (7/11), der Japaner Akinori Nakayama (6/10) und dann schon Sheherbo (6/6). Die Turner sind unter allen Olympiastartern die großen Bevorteilten bei der Medaillenvergabe.

Durch die Wertung fehlbarer Kampfrichter haben starke Teams und bekannte Namen Vorteile. Trotzdem gab es bei den Mannschaftswettbewerben bemerkenswerte Abwechslungen. In Serie gewann nur Japan fünfmal (1960 bis 1976); China, 1984 von den USA sensationell geschlagen, noch nie.

Ein Lob verdienten sich die Punktrichter beim Reckfinale der Herren in Barcelona, als sie dem 1,77 m großen Amerikaner Trent Dimas aus Albuquerque in New Mexico die Höchstnote gaben; Dimas war einfach eleganter als die Konkurrenz.

Schwimmen

Dagmar Hase holt sensationell Gold

Im Schatten des Sonnenkindes Franziska van Almsick verkümmerte Dagmar Hase aus Magdeburg zu einem blassen Mondschein, obwohl sie eine der erfolgreichsten Schwimmerinnen ihrer Zeit war. Die 22jährige kam als Europameisterin 1989 über 200 m Rücken und Weltmeisterin 1991 über 4x200 m Freistil nach Barcelona; außerdem hatte sie noch fünf Silber- und zwei Bronzemedaillen von Welt- und Europameisterschaften im Gepäck.

Als sie über 400 m Freistil gegen die amerikanische Titelverteidigerin und Weltrekordlerin Janet Evans sensationell Gold gewann, weil sie mit 4:07,18 min ihre persönliche Bestzeit um fünf Sekunden steigerte, hätte ihr der ungeteilte Beifall gehört. In der fast hysterischen Euphorie des Sieges trat Hase jedoch vehement für ihre wegen Dopings von den Spielen ausgeschlossenen Klubkameradin Astrid Strauß ein, die zu diesem Zeitpunkt nicht die rechte Figur für derartige Abrechnungen gewesen war.

Zwei Jahre später (1994) sorgte die Olympiasiegerin Hase wieder für Schlagzeilen, als sie ihren Finalplatz über 200 m Freistil bei den Weltmeisterschaften in Rom an die im Vorlauf als Neunte ausgeschiedene Franziska van Almsick abtrat, die dann im Endlauf Gold gewann. Dagmar Hase erhielt dafür verschiedene Fairneß-Preise und die so beschenkte Konkurrentin Franziska van Almsick über ihre Vermarkter nur noch mehr Geld.

Dagmar Hase: Die Magdeburgerin gewinnt überraschend die 400 m Freistil, wobei sie mit 4:07,18 min ihre persönliche Bestzeit um fünf Sekunden verbessert.

Schwimmen

Russen als »New kids on the blocks«

Trotz ihrer sechs Goldmedaillen waren die amerikanischen Schwimmer die großen Verlierer der Spiele von Barcelona. In den Freistil-Rennen wurden sie von zwei Russen, dem charismatischen Alexander Popov und dem 19jährigen Saisonhelden Yevgeni Sadovyi (»New kids on the blocks«) deklassiert.

Der 20jährige Popov gewann die 50 und 100 m Freistil; außerdem war er in zwei Staffeln an Silber beteiligt. Seoul-Star Matt Biondi kam nur in der 4x100-m-Freistilstaffel zu einer Goldmedaille; für die Lagenstaffel war er schon nicht mehr gut genug. So vergeht der Ruhm der Welt.

Ärger noch trieb es Yevgeni Sadovyi, der Wundermann eines Sommers. Die 200 m Kraul beherrschte der Shooting-Star aus Wolgograd in olympischer Rekordzeit. Um die 400 m gegen den Australier Kieren Perkins zu gewinnen, mußte er Weltrekord schwimmen (3:45,00 min). Als Schlußmann der 4x200 m lag er drei Körperlängen vor den Schweden und vier vor den Amerikanern, die gerade noch gut genug waren, den Kampf um Bronze gegen Deutschland zu gewinnen.

Die USA sicherten sich trotzdem die meisten Goldmedaillen, elf insgesamt, sechs bei den Herren und fünf bei den Damen, doch die EUN-Schwimmer lagen mit fünf Siegen nur ebenso knapp zurück wie die Chinesinnen mit vier.

Die nacholympische Zeit beherrschte dann Kieren Perkins; die Chinesinnen würden mehr durch Doping auffallen als durch glaubwürdige Weltrekorde.

Der bei den Olympischen Spielen in Barcelona entfachte Medienwirbel um Franziska van Almsick, einer von der Werbung verwöhnten Kindfrau aus Berlin, machte später einigen Irritationen Platz. In Verkennung ihres Talents erhielt die 16jährige sogar eine Talk-Show im deutschen Fernsehen, die sich dann jedoch als Pleite entpuppte.

Reiten

Drei Damen und ein Polizist

Im Dressurreiten gab es für Deutschland nicht unerwartet einen totalen Erfolg. Nicole Uphoff schaffte in Barcelona zudem einen neuen olympischen Rekord. Als erste Reiterin der Welt gewann sie bei zwei Olympischen Spielen auf demselben Pferd (Rembrandt) alle vier Goldmedaillen (Einzel- und Mannschaftswertung).

Isabelle Werth auf Gigolo und der Polizist Klaus Balkenhol auf Goldstern sorgten für Silber und Bronze; außerdem holten sie die nötigen Punktzahlen in der Team-Addition zur Goldsumme. Hier kam dann auch noch Monica Theodorescu auf Grunox mit Gold dazu. Drei Damen mit Polizist. Die Vaterfigur Balkenhol war mit 52 Jahren im übrigen der älteste Olympiasieger der Spiele von Barcelona.

Im Springen mußten die Deutschen durch ein Tal zum Gipfel reiten. Der Preis der Nationen endete mit einem elften Platz, gerade noch vor Belgien, aber hinter den Niederlanden, Österreich, Frankreich, Spanien, USA, Schweiz, Großbritannien, Schweden, Kanada und Brasilien. Man muß dies genau lesen, um zu begreifen, was da passiert war. Ein unvergleichlicher Einbruch nach 36jährigem Medaillensammeln seit 1956 bei den Spielen.

Ausgerechnet der Mann, der im Nationenpreis mit gerissenem Zaumzeug aufgeben mußte, gewann fünf Tage später mit zwei Null-Fehler-Ritten das Jagdspringen: Ludger Beerbaum auf Classic Touch. Da wurden Erinnerungen wach an große deutsche Olympiasieger, an Kurt Hasse 1936, an Hans Günter Winkler 1956 und an Alwin Schockemöhle 1976.

Dressurreiten (v. l.): Klaus Balkenhol auf Goldstern, Nicole Uphoff auf Rembrandt, Monica Theodorescu auf Grunox und Isabelle Werth auf Gigolo gewinnen den Mannschaftswettbewerb.

Hockey: Die deutsche Mannschaft feiert den 2:1-Endspielsieg über Australien. Bronze geht an Pakistan.

Sportliche Zwischenbilanz

»Operation Gold« mit Kunstfehlern

Sieger wie Verlierer zogen ihre Bilanzen. Die EUN-Mannschaftsführung erinnerte an die Siege der Sowjets in der Länderwertung 1956, 1960, 1972, 1976, 1980 und 1988. Der Chef de Mission Nikolai Russak meinte: »Ich wußte, daß wir die Nummer eins sind, die Überraschung ist nur die Dimension des Erfolges.«

Die Amerikaner haderten mit ihren Ausfällen in der Leichtathletik, im Schwimmen, im Schießen, im Boxen und im Turnen. Ihre »Operation Gold« war ganz offensichtlich zu stark herausgeputzt.

Die deutsche Mannschaft kam nur schwer aus den Startlöchern und kämpfte dann vergeblich »gegen des Image des Verfolgers, der nicht vorbeikommt«, so der Beobachter Klaus Kotter, Präsident des Deutschen Bob- und Schlittensport-Verbandes und 1992 noch Präsident des Internationalen Bobverbandes.

Den Präsidenten des Deutschen Sportbundes, den Hobby-Segler Hans Hansen, enttäuschten die Segler »über alle Maßen«. NOK-Präsident Willi Daume wollte nicht begreifen, was im Handball passiert war (Absturz der Herren in die Bedeutungslosigkeit). Daume war einst selbst Handballer und erster Nachkriegspräsident des Deutschen Handball-Bundes (DHB).

Barcelonas Glanz und Gloria vorbei und verweht! Es bleiben noch einige deutsche Athleten zu nennen, die bislang nicht niedergeschrieben worden sind: Heike Henkel, die den Hochsprung gewann; Heike Drechsler, die im Weitsprung siegte; Silke Renk, die eine deutsche Tradition im Speerwerfen fortsetzte; Ronny Weller, der ein perfekter Sieger im Gewichtheben war; Maik Bullmann, der im Ringen Gold mit Ansage holte; Arnd Schmitt, der seine zweite Goldmedaille im Degenfechten heimbrachte; Birgit Schmidt, die als Kanutin nun vier Gold- und zwei Silbermedaillen besitzt; Boris Becker und Michael Stich, die neben Wimbledon nun auch Olympia gewonnen haben (wie Steffi Graf); die Ruderer Thomas Lange, André Willms, Andreas Hajek, Stephan Volkert, Michael Steinbach, Kerstin Köppen, Kathrin Boron, Kerstin Müller, Kristina Mundt, Birgit Peter und Sybille Schmidt, die alle Olympiasieger sind; Kay Bluhm und Torsten Gutsche, die im Zweierkajak zwei Goldmedaillen mit nach Hause nahmen; und vor allem die Hockeyspieler mit Gold bei den Herren und Silber bei den Damen.

1994 Lillehammer

12. bis 27. Februar 1994
Dauer **16 Tage**
Teilnehmer **1737 (1215 Männer, 522 Frauen)**
Länder **67**
Sportarten **7**
Entscheidungen **67**
Zuschauer **1 208 000**
Schirmherr **König Harald von Norwegen**
Eidsprecher **Vegard Ulvang (Skilanglauf)**
Letzter Fackelläufer **Kronprinz Hakon von Norwegen**

Olympische Winterspiele 1994 in Lillehammer: Nach Oslo 1952 ist Norwegen erneut Ausrichter von Winterspielen.

Sternstunden lösten einander ab

In Lillehammer lösten die Sternstunden einander ab. Es waren Volksspiele; eine Gemeinde, das Land, der Staat, die Bevölkerung und ein König standen hinter ihnen, freudig und bedingungslos. Daran änderte auch nichts, daß im Spiegel der Medaillen die Goldmedaille im Kurzbahn-Eisschnelllauf genausoviel zählte wie diejenige in der Königsdisziplin des nordischen Skisports, der 4x10-km-Staffel, die Italien vor Norwegen gewann.

Eröffnungsfeier: Friedenstauben fliegen aus einer Erdkugel, die sich wie eine riesige Blüte öffnet.

Die erfolgreichsten Sportler von Lillehammer

Name	Sportart	G	S	B
1. Lyubov Yegorova RUS	nordischer Skisport	3	1	–
2. Johann Olav Koss NOR	Eisschnellauf	3	–	–
3. Manuela Di Centa ITA	nordischer Skisport	2	2	1
4. Björn Dählie NOR	nordischer Skisport	2	2	–
5. Markus Wasmeier GER	alpiner Skisport	2	–	–
Jens Weißflog GER	nordischer Skisport	2	–	–
Myriam Bedard CAN	Biathlon	2	–	–
Bonnie Blair USA	Eisschnellauf	2	–	–
Lee-Kyung Chun KOR	Eisschnellauf	2	–	–
10. Vladimir Smirnov KAZ	nordischer Skisport	1	2	–

Norwegens Olympiakämpfer lieferten sich mit den mächtigen, aber anders strukturierten Mannschaften Rußlands und Deutschlands einen dramatischen Kampf um die internationale Spitzenposition im Wintersport.

Rußland hat sie letztlich eingenommen. Norwegen als Zweiter hat einige Medaillen abgegeben und Deutschland, nun auch eine feste Größe bei Winterspielen, erkämpfte sich souverän den dritten Platz. Die Italiener machten Boden gut, die Österreicher gaben alpines Gelände preis.

Norwegen hat als ein Land von Individualisten, denen der Sinn für Freiheit über alles geht, den Spielen seine Kraft und auch seine Seele gegeben. Und weil die Norweger Olympia als Sport begreifen, trat die Politik in den Hintergrund.

Bei der Eröffnungsfeier verbeugte man sich vor den Zuschauern vor Ort und nicht vor dem mächtigen Fernsehen. Das Protokoll der Zeremonie war auf ein ordnendes Maß beschränkt.

König Harald von Norwegen trat während der 16 Tage hinter die sportlichen Könige zurück als da waren: aus Deutschland die Doppel-Olympiasieger Markus Wasmeier und Jens Weißflog, aus Norwegen der Skilangläufer Björn Dählie, der Skispringer Espen Bredesen und der Eisschnelläufer Johann Olav Koss, Amerikas Eissprinter Dan Jansen, Italiens Langlauf-Asse Manuela Di Centa und Silvio Fauner, letzterer als Überschallspurter in der Skistaffel. Vladimir Smirnov führte Kasachstan in die Liste der Olympiasieger ein, Lina Cheryasova ihre Heimat Usbekistan.

Für den Mann, der in der letzten Phase der Lillehammer-Organisation das Sagen hatte, lohnten sich die Anstrengungen. Gerhard Heiberg, Chef des Organisationskomitees, wurde noch 1994 in das IOC gewählt.

Medaillenspiegel Lillehammer 1994

Land	G	S	B
1. RUS	11	8	4
2. NOR	10	11	5
3. GER	9	7	8
4. ITA	7	5	8
5. USA	6	5	2
6. KOR	4	1	1
7. CAN	3	6	4
8. SUI	3	4	2
9. AUT	2	3	4
10. SWE	2	1	–

Die olympische Familie

Samaranch besucht zerstörtes Sarajevo

Das IOC, das am 15. September 1988 in Seoul die Spiele an Lillehammer durchaus etwas überraschend vergeben hatte, konnte sich vor Ort nur gratulieren.

Juan Antonio Samaranch, dem wegen des Bürgerkriegs im ehemaligen Jugoslawien das Herz wegen der Zerstörung Sarajevos schwer war, durfte von der Größe der Spiele in Lillehammer sprechen, ohne rot zu werden. Er flog dann auch zu einem Besuch nach Sarajevo, seine Trauer bekundend. Dies war ebenso wohltuend wie seine Distanz zu dem widerlichen Medienspektakel um die amerikanischen Eiskunstläuferinnen Tonya Harding und Nancy Kerrigan.

Die Organisatoren von Lillehammer erlaubten dem IOC nur eine Statistenrolle; und das IOC selbst nahm sich wegen der bevorstehenden Säkularfeier am 23. Juni 1994 in Paris zurück.

War schon 1993 kein neues Mitglied aufgenommen worden, so verzichtete man auch in Lillehammer bei der 102. Session auf Zuwahlen. Man hatte zudem noch den olympischen Kongreß, ebenfalls in Paris, im Auge, wo sich Samaranch und die Seinen den Gag erlaubten, so viele Neulinge in das IOC zu berufen, daß es erstmals in seiner Geschichte genau 100 Mitglieder hatte, eine Zahl, die am 31. Dezember 1994 nach dem Ausscheiden von vier Olympiern aus Altersgründen auf 96 absank.

In Lillehammer wurde freilich absehbar, daß Samaranch die aufgeblasene, aber wenig effektive Programm-Kommission des IOC auflösen würde. Sie hatte in den vergangenen Jahren immer wieder durch Indiskretionen, lächerliche Provokationen und falsche Interpretationen Hoffnungen geschürt oder zunichte gemacht.

Im Grunde klappte aber nichts. Das lag an den zahlreichen Lobbyisten in der Kommission wie an den beiden unfähigen Vorsitzenden Vitali Smirnov aus Rußland, der in Moskau weitab vom Schuß lebte, und an dem völlig ahnungslosen Franzosen Philippe Chatrier, dem frühzeitig gealterten ehemaligen Präsidenten des Tennis-Weltverbandes.

Die Programm-Kommission verschwand also 1994, dafür waren plötzlich Sportarten wie Beach Volleyball, Triathlon und Taekwondo im Olympia-Programm.

In einem Gespräch mit dem Autor im Juli 1994 in Lausanne nannte IOC-Präsident Samaranch, auf die Auflösung der Programm-Kommission des IOC anspielend, seine Rangliste der olympischen Sportarten. Für den Sommer waren dies Leichtathletik (1), Turnen (2), Fußball (3) und Tennis (4), für den Winter Eiskunstlauf.

Die olympische Familie

Berlin scheitert als Olympiabewerber

Am 23. September 1993 erlitt der deutsche Sport vom IOC eine Abfuhr wie sie schlimmer nicht hätte sein können. Der Olympiabewerber Berlin, eine Erfindung von Willi Daume, die nach der Wiedervereinigung jeden Wert verloren hatte, erhielt bei der Vergabe der Spiele des Jahres 2000 in Monte Carlo so wenig Stimmen, nur neun von 89, daß man nachher davon ausgehen konnte, daß Berlin völlig unerwünscht gewesen ist.

Selbst für Insider, die Berlin keine Chance gegeben hatten, weil die Stadt selbst und ihre maßgeblichen Repräsentanten die Spiele gar nicht wollten, waren die neun Stimmen noch weniger als man erwartet hatte.

Als grenzüberschreitendes Fest Mitte der 80er Jahre konzipiert, hatte die Berliner Kandidatur nach dem Mauerfall und der deutschen Wiedervereinigung ihren tieferen Sinn verloren.

Der Berliner Essayist Wolf Jobst Siedler sagte später, was die Olympier wohl gedacht hatten, als sie nur Istanbul weniger Stimmen (5) gaben, aber den Sieger Sydney und dahinter Peking und Manchester sehr viel höher bewerteten als Berlin: »Was Menschenreservoir, Industriepotential und intellektuelle Kapazität anlangt, ist Berlin ein Notstandsgebiet und die Stadt in der Gefahr, in ihrer eigenen Bedeutungslosigkeit zu versinken.«

Nach den Jahrhundertspielen in Atlanta 1996 wandert die olympische Karawane im Jahre 2000 nach Australien, wo sie sich bislang nur einmal, 1956 in Melbourne, aufgehalten hat. Sydney steht für eine neue olympische Zeitrechnung.

Keine Spiele für Berlin: Tausende Berliner verfolgen auf einer Riesenleinwand am Brandenburger Tor die Entscheidung des IOC, die Spiele 2000 an Sydney zu vergeben.

Eiskunstlauf

Die Liebe der russischen Paare

In Innsbruck 1964 begann die olympische Siegesserie der (Liebes-)Paare aus der großen Sowjetunion. Den Anfang machten Lyudmila Belousova/Oleg Protopopov. Sie waren – verbunden in Ehe und als Artistenduo – ein Liebespaar auf dem Eis. Oleg war 27 Jahre alt, sie 25, als sie 1960 in Squaw Valley bei Olympia auftauchten und – was niemand recht auffiel – Neunte wurden. Vier Jahre später waren sie indes Olympiasieger mit einem 5:4 bei der Vergabe der Platzziffer eins gegen Marika Kilius/Hans-Jürgen Bäumler.

Damals sagte Protopopov, und der Originalton verrät das Selbstbewußtsein des Menschheitsbeglückers: »Kunst kann nicht nach Punkten bemessen werden. Wir laufen so, wie es aus unseren Herzen kommt. Bei uns zählt die Schönheit, die aus der Seele strömt. Die Liebe zwischen Mann und Frau – die wollen wir zeigen in ihrer ganzen Gefühlswelt.«

1964 und 1968 siegten die Beseelten. Als ihre Karriere nach diesen zwei Olympiasiegen sowie vier Welt- und vier Europameisterschaften ein Ende und den Knick zur Revue nahm, waren Oleg 35 und Lyudmila 32 Jahre alt.

1969 war es aus mit dem Sacharin-Ballett auf der Eisfläche. Irina Rodnina/Alexei Ulanov (19/21) wurden triumphal Europameister vor den Oldtimern; sie fegten über das Eis wie von den Horden des Dschingis-Khan getrieben. Die kleine Rodnina, ein Energiebündel mit Augen wie Kohle, war die Führende in diesem Paar. Sie sollte in Folge zehnmal Weltmeisterin werden und elfmal Europameisterin mit einer Unterbrechung, wobei sie sozusagen zur Halbzeit des Erfolgs den Partner wechselte. Der Liebe wegen.

Alexei Ulanov (* 1947) fühlte sich nach einem halben Jahrzehnt der sportlichen Zweisamkeit von Irina verspottet und nicht

Erfolge sowjetischer Paare im Eiskunstlauf

Jahr	Plazierung	Olympiasieger
1960	6, 9	–
1964	1, 5	Lyudmila Belousova/Oleg Protopopov
1968	1, 2, 5	Lyudmila Belousova/Oleg Protopopov
1972	1, 2, 6	Irina Rodnina/Alexei Ulanov
1976	1, 4, 9	Irina Rodnina/Alexander Saizev
1980	1, 2, 4	Irina Rodnina/Alexander Saizev
1984	1, 3, 9	Yelena Valova/Oleg Vasilev
1988	1, 2, 4	Yekaterina Gordeyeva/Sergei Grinkov
1992	1, 2, 5	Natalia Mishkutyonok/Artur Dimitriyev[1)]
1994	1, 2, 4	Yekaterina Gordeyeva/Sergei Grinkov[2)]

1)EUN; 2) RUS

Eiskunstlauf: Irina Rodnina, hier mit Alexander Saizev bei den Olympischen Spielen 1976 in Innsbruck, gewinnt drei Goldmedaillen, zehn Welt- und elf Europameisterschaften.

mehr für voll genommen. Er wandte sich in seiner Not der weicheren und wohl auch liebenswürdigeren Lyudmila Smirnova zu, die mit Andrei Suraikin ein Weltklassepaar bildete. So waren Alexei und Lyudmila ein Liebespaar im Privaten, das im Sport einen anderen Partner hatte. Die sowjetische Sportführung kannte kein Pardon und bestimmte das weitere Zusammengehen.

Eiskunstlauf: Yekaterina Gordeyeva und Sergei Grinkov wiederholen in Lillehammer ihren Erfolg von 1988.

1972 bei den Spielen in Sapporo wurde Gold und Silber verlangt, und die Paare Irina Rodnina/Alexei Ulanov und Lyudmila Smirnova/Andrei Suraikin holten es. Selbst 1973 zwang Irina Rodnina den alten Partner noch zum Double (Welt- und Europameisterschaft). Dann aber war Schluß, und die über alle Maßen ehrgeizige Irina erhielt mit Alexander Saizev, der groß, stark, seelisch biegsam und drei Jahre jünger war, einen neuen Partner, der vom Liebhaber zum Ehemann und Vater wurde.

Rodnina/Saizev gewannen zwei olympische Goldmedaillen, fünf Welt- und sechs Europameisterschaften. Als Rodnina 1979 ein Kind bekam, wurde das amerikanische Paar Tai Babilonia/Randy Gardner Weltmeister. Aber Rodnina/Saizev kehrten zurück. Randy Gardner verletzte sich und startete nicht in Lake Placid. So blieb die Dominanz der Paare aus dem Sowjetreich.

Als die Sowjets 1956 in Cortina d'Ampezzo erstmals an den Olympischen Winterspielen teilnahmen, schickten sie noch keine Eiskunstläufer. 1960 tauchten dann Nina und Stanislav Chuk (Sechste) und Lyudmila Belousova/Oleg Protopopov (Neunte) auf. 1964 in Innsbruck begann die Medaillensammlung. Bis 1994 in Lillehammer wurden alle neun Goldmedaillen gewonnen; dazu kamen sechsmal Silber und einmal Bronze.

Alpiner Skisport

Wasmeier gelingt famoses Comeback

Rennläufer aus nicht weniger als sieben Ländern gewannen in Kvitfjell und Hafjell die Goldmedaillen im alpinen Skilauf, doch nur einer schaffte in einem großen Comeback das Double.

Der 30 Jahre alte Markus Wasmeier vom Schliersee, der 1985 in Bormio Weltmeister im Riesenslalom gewesen war und seitdem an zwei Olympischen Spielen mit einem sechsten Platz in der Abfahrt 1988 sowie einem vierten Rang in der Abfahrt und einem fünften in der Kombination 1992 teilgenommen hatte, »explodierte« auf seine alten Tage. Er gewann am 17. Februar 1994 den Super G mit acht Hundertstelsekunden Vorsprung vor dem amerikanischen Abfahrts-Olympiasieger Tommy Moe und sechs Tage später ganz sensationell auch den Riesenslalom mit zwei Hundertstelsekunden Vorteil vor dem Schweizer Urs Kälin. Zehn Monate später wählten ihn Deutschlands Sportjournalisten zum Sportler des Jahres, und dies zu einem Zeitpunkt, als es schon den Automobil-Weltmeister Michael Schumacher gab.

Im großen alpinen Skizirkus war Wasmeier über ein Jahrzehnt ein unverbogener Mensch ohne Allüren. Für ihn war jeder Tag, an dem er skifahren konnte, ein Sonntag – ob mit Medaille oder ohne. Auch bei Niederlagen – und die waren recht häufig – hatte er die Sonne in den Augen. In der gestylten Welt seiner Branche war er ein Typ, den man nicht vergißt.

Deutschlands Sportlerin des Jahres 1994 wurde die Abfahrts-Olympiasiegerin Katja Seizinger, die ihren Erfolg aus einer ganz anderen Position heraus erkämpfte. Die junge Deutsche, schon 1992 in Albertville Olympiadritte im Super G und in Lillehammer gerade 21 Jahre alt, war auf Gold programmiert, wenn nicht im Super G, dann in der Abfahrt. Hätte sie nicht gewonnen, wäre sie die erste gewesen, die nach den Gründen gefragt hätte.

Der Italiener Alberto Tomba, vorher und auch in der nacholympischen Saison 1995 der mit Abstand weltbeste alpine Skirennläufer, mußte sich mit Silber im Slalom begnügen, weil Thomas Stangassinger Österreichs Not mit Gold linderte. Durch Diann Roffe gab es das zweite bemerkenswerte Comeback; die Amerikanerin hatte wie Wasmeier 1985 in Bormio WM-Gold im Riesenslalom gewonnen. Nun folgte der Olympiasieg im Super G. Deborah Compagnoni aus Italien siegte im Riesenslalom, Vreni Schneider aus der Schweiz im Slalom und die Schwedin Pernilla Wiberg in der Kombination, wo es bei den Herren einen totalen Triumph der Norweger (Lasse Kjus vor Kjetil-André Aamodt und Harald Nilsen) gegeben hatte.

Markus Wasmeier: Bei seinen dritten Olympischen Spielen läuft der 30jährige erstmals in die Medaillenränge (Gold im Super G und im Riesenslalom).

Skispringen: Jens Weißflog holt im neuen V-Stil Gold von der Großschanze und mit der Mannschaft.

Skispringen

Deutsche fliegen wie die Adler

Bei den Weltmeisterschaften 1993 in Falun waren die deutschen Skispringer noch die großen Versager gewesen: als Adler gestartet und als Hühner gelandet, wie Spötter nach dem elften Rang in der Teamwertung meinten. Von den vier Athleten, die damals versagten, starteten drei in der Mannschaft, die in Lillehammer Olympiasieger wurde.

Der große Sprung nach vorn innerhalb von nicht einmal zwölf Monaten war einem Mann zu danken, der als Bundestrainer die Verantwortung übernommen hatte: Reinhard Heß. Das Geheimnis des Erfolgs: Heß hatte, wie der Insider des nordischen Skisports in Deutschland, Werner Kirchhofer schrieb, »in der Mannschaft die Ost-West-Probleme, die es in anderen Bereichen gab, gar nicht erst aufkommen lassen«. Leitwolf Jens Weißflog führte die drei Schwarzwälder Dieter Thoma, Christof Duffner und Hansjörg Jäkle zu Gold, weil diese auch noch bei der Landung Adler waren.

Weißflog hatte schon mit sechs Jahren mit dem Skispringen begonnen. Mit 15 Jahren war er Spartakiadesieger, mit 19 Jahren bei seinen ersten Olympischen Spielen Sieger von der Normalschanze und Zweiter von der Großschanze. Mit neun internationalen Medaillen kam er zu seinen vierten Spielen nach Lillehammer und kehrte heim als Goldmedaillengewinner von der Großschanze und mit der Mannschaft.

»Wie leicht ich hier springe«, wunderte er sich, als er den Wettkampf mit dem norwegischen Favoriten Espen Bredesen bestand, der kurz vorher die Vierschanzentournee gewonnen hatte. Der Sieg der Mannschaft über die Japaner, deren Nerven der Anspannung nicht gewachsen waren, gehörte zu den ganz großen Überraschungen. Dieter Thoma rundete das schöne Bild mit Bronze von der Normalschanze (Vierter Weißflog) ab. Die deutschen Adler triumphierten Ende 1994 bei allen Sportlerwahlen.

Skilanglauf

Herzschlagfinale in der Staffel

Spricht man vom Skilanglauf, dann fallen einige Namen, doch einer muß deshalb besonders erwähnt werden, weil er nun an der Spitze der erfolgreichsten Medaillensammler bei Olympischen Winterspielen steht. Lyubov Yegorova startete 1992 für die EUN und 1994 für Rußland und gewann sechs Goldmedaillen und drei silberne bei diesen beiden Spielen. In Lillehammer war sie über 5 km, im Jagdrennen und in der Staffel erfolgreich und Zweite über 15 km, es reichte wie schon 1992 in Albertville mit damals dreimal Gold und zweimal Silber zur Spitzenposition in der Medaillenwertung (inklusive der Männer). Manuela Di Centa holte sich die beiden übrigen Langlaufwettbewerbe der Frauen und noch zweimal Silber dazu.

Bei den Männern sprach man von Norwegens Superstar Vegard Ulvang, der freilich nicht hundertprozentig fit in die Rennen ging und sich mit Silber in der Staffel begnügen mußte, und von seinem Landsmann Björn Dählie (zweimal Gold und zweimal Silber), aber es waren die Italiener in der Staffel und der Kasache Vladimir Smirnov, die für die großen Schlagzeilen sorgten. Smirnov holte sich im abschließenden 50-km-Skimarathon seine erste Goldmedaille; er wurde, weil in Norwegen heimisch, wie ein Norsker von den rund 100 000 Zuschauern gefeiert. Ein Jahr später war Smirnov der alles überragende Langläufer bei den Weltmeisterschaften im kanadischen Thunder Bay.

Die Staffel als die Königsübung aber übertraf alles bisher Dagewesene. Am Ende der 40 Kilometer ging es um Zentimeter. Der schon 43 Jahre alte Maurilio De Zolt programmierte den italienischen Sieg, als er sich ganz im Dienste des Teams an den Start stellen ließ, wo er im klassischen Stil zu laufen hatte, er, der berühmte Skater. De Zolt blieb an dem Norweger Sture Sivertsen dran und wechselte nur 9,8 sec später. Das war der Norweger Niederlage, denn danach waren die Kräfteverhältnisse pari. Mit den letzten Schritten gewann Silvio Fauner. Und so sah die Staffel aus. Aufgelistet sind die Akteure und ihre jeweiligen Zeiten für die 10-km-Etappen:

- **Italien: 1:41:15,0 h**
  Maurilio De Zolt 26:13,0 min
  Marco Albarello 25:53,9 min
  Giorgio Vanzetta 24:59,1 min
  Silvio Fauner 24:09,9 min

- **Norwegen: 1:41:15,4 h**
  Sture Sivertsen 26:03,2 min
  Vegard Ulvang 26:06,4 min
  Thomas Alsgaard 24:59,2 min
  Björn Dählie 24:08,8 min.

4x10-km-Staffel: Wie ein Schatten hängt der italienische Schlußläufer Silvio Fauner an dem Norweger Björn Dählie und entreißt ihm noch auf den letzten Metern die Goldmedaille.

Eiskunstlauf

Samaranch Fan von Katarina Witt

Die Eiskunstlauf-Olympiasieger kamen aus der Ukraine (Oksana Bayul) und aus Rußland (Alexei Urmanov, Yekaterina Gordeyeva/Sergei Grinkov und Oksana Gritchuk/Yevgeni Platov). Das gehört zum olympischen Allgemeinwissen, aber ist es auch interessant?

Interessiert haben andere Ereignisse. Der Knüller im Lager der Schönen und der Biester war das Dramolett mit Nancy Kerrigan und Tonya Harding. Vom später bestraften Harding-Clan war jemand mit einer Eisenstange auf die Kerrigan losgegangen und hatte sie im Vorfeld der Spiele am Knie verletzt, doch sie konnte in Lillehammer starten. Obwohl Tonya Harding einräumen mußte, etwas geahnt, wenn auch nicht

Katarina Witt: Die Goldmedaillengewinnerin der Spiele von 1984 und 1988 landet in Lillehammer trotz künstlerisch ausdrucksvoller Kür auf dem siebten Platz.

hundertprozentig gewußt zu haben, machten die amerikanischen Medien ein widerliches Spektakel daraus. In Lillehammer traten Nancy und Tonya vor bald 800 Journalisten auf, redeten dünn drüber und gaben allen Affen Zucker.

Da geriet jemand in den Hintergrund, der zu seiner besten Zeit wirklich Klasse gewesen war: Katarina Witt, 1984 und 1988 Olympiasiegerin, Weltmeisterin 1984, 1985, 1987 und 1988, dazu sechsmal Europameisterin, während der Spiele in Albertville aber Schauläuferin, eine Grenz- und Gratwanderin zwischen den Ideologien, Erich Honeckers Vorzeigestar und danach Exklusivangebot kapitalistischer Vermarkter. Im Alter von 28 Jahren wagte Katarina Witt ein olympisches Comeback und wurde in Lillehammer Siebte. Zum Vergleich: Nancy Kerrigan wurde Zweite, Tonya Harding Achte.

Ein siebter Platz war genau das, was niemand gebrauchen konnte: sie selbst und ihre Freunde nicht, weil man Medaillennähe angesagt hatte; ihre Gegner nicht, weil es nicht der prophezeite Absturz war. Katarina Witts prominentester Fan, IOC-Präsident Juan Antonio Samaranch, fand die Plazierung nicht in Ordnung. Er, der sie als olympische Hohepriesterin zur Entzündung des ewigen Feuers vor dem olympischen Museum in Lausanne 1993 bestimmt hatte, fragte mich Monate nach der Lillehammer Entscheidung: »Finden Sie nicht auch, daß Katarina Witt zu schlecht benotet worden ist?«

Eisschnellauf

Norweger Koss auf der Goldspur

Der Norweger Johann Olav Koss schrieb im Wikingerschiff von Hamar Eisschnellauf-Geschichte; er gewann drei Goldmedaillen, lief drei Weltrekorde und überrundete auf der 400-m-Bahn im 10 000-m-Lauf seinen Konkurrenten Frank Dittrich aus Chemnitz, der mit seiner Zeit noch Sechster wurde. Koss' Differentiale knirschten nicht, wenn er einen anderen Gang und schließlich den Overdrive einlegte. Er war immer auf der Überholspur.

Hollands starke Typen wie Rintje Ritsma, Falko Zandstra oder Bart Veldkamp wurden

Johann Olav Koss: Dreifacher Goldmedaillengewinner von Lillehammer

Eishockey: Im Endspiel schlagen die Schweden die Kanadier mit 3:2.

zu »Mittwoch-Läufern« degradiert. »Mittwoch-Läufer« sind nach einer schwedischen Einschätzung aus der Zeit um 1940 jene Athleten, die immer zwischen großen Rennen gewinnen, aber eben nicht die Superwettbewerbe. Über den von Koss über die 10 000 m aufgestellten Weltrekord von 13:30,55 min sagte sein Vorgänger von Albertville, Bart Veldkamp: »Die Zeit ist gut genug, 30 Jahre zu überstehen.«

Ein olympischer »Mittwoch-Läufer« war bis zum 18. Februar 1994 auch der Amerikaner Dan Jansen. 1984 in Sarajevo, 1988 in Calgary, 1992 in Albertville und 1994 in Lillehammer hatte er bis zu diesem Februartag sieben olympische Rennen bestritten und jedesmal eine Medaille verpaßt. Gestrauchelt im 500-m-Lauf (Achter) schaffte er im achten und letzten Versuch, über 1000 m, seinen ersten und letzten Olympiasieg, und wurde von Beifall überschüttet. Alle in der Welt des Eisschnellaufs haben ihm diesen Erfolg gegönnt. Jansen hatte wie kaum jemand anders über viele Jahre den »olympic spirit«.

Die deutsche Favoritin Gunda Niemann verlor nach einem Sturz im 3000-m-Lauf die Nerven, wurde nur Dritte über 1500 m und dann über 5000 m von der über sich hinaus wachsenden deutschen Konkurrentin Claudia Pechstein geschlagen. Ein Jahr später war sie wieder der Welt Nummer eins. Die Amerikanerin Bonnie Blair nahm mit zwei Goldmedaillen (wie schon 1992) Anlauf zum Abschied, der 1995 mit drei Weltrekorden und der Sprintweltmeisterschaft dann auch erfolgte.

Eishockey

Gold für Schweden nach langem Anlauf

Obwohl Avery Brundage schon behauptet hatte, die schwedischen Eishockeyspieler würden nichts anderes tun als Eishockey spielen, brauchte es genau 74 Jahre, bis sie Olympiasieger wurden. In Lillehammer war es soweit: die Schweden spielten 4:4 gegen die Slowakei, 4:1 gegen Italien, 7:1 gegen Frankreich, 6:4 gegen USA, 2:3 (!) gegen Kanada, 3:0 im Viertelfinale gegen Deutschland, 4:3 im Halbfinale gegen Rußland und 3:2 im Finale gegen Kanada.

Als Teilnehmer an 16 von 18 Olympiaturnieren haben die Schweden folgende Plazierungen erreicht (eine Übersicht, die sehr viel aussagt):

- **Erster Rang:** 1994
- **Zweiter Rang:** 1928, 1964
- **Dritter Rang:** 1952, 1980, 1984, 1988

Olympiasieger im Eishockey

Jahr	Land
1920	CAN
1924	CAN
1928	CAN
1932	CAN
1936	GBR
1948	CAN
1952	CAN
1956	URS
1960	USA
1964	URS
1968	URS
1972	URS
1976	URS
1980	USA
1984	URS
1988	USA
1992	EUN
1994	SWE

Bobsport: Viererbob Deutschland II mit (v. r.) Steuermann Harald Czudaj, Karsten Brannasch, Olaf Hampel und Alexander Szelig

▷ **Vierter Rang:** 1920, 1924, 1948, 1956, 1968, 1972
▷ **Fünfter Rang:** 1936, 1960 und 1992.

Bob und Rodeln

Weissensteiner fährt viermal Bestzeit

Bob und Rodeln in Hunderfossen war gut. Georg Hackl vom Königssee, allgemein nur »der Hackl-Schorsch« genannt, holte sich als erster Rennrodler eine zweite olympische Goldmedaille. Er hatte bessere Nerven als der Österreicher Markus Prock, der seinen Vorsprung nach dem dritten Durchgang nicht halten konnte und im letzten Lauf 0,061 sec auf Hackl abgab, die jenem zu einem Vorsprung von 0,013 sec in der Gesamtwertung verhalfen.

Da war Gerda Weissensteiner aus Südtirol eine Fahrerin auf dem Laserstrahl: viermal Bestzeit und damit souverän Gold. Da im Doppelsitzer Gold und Silber an Italien ging, war die deutsche Dominanz gebrochen: In der Medaillenwertung lag Italien (2-1-1) vor Deutschland (1-1-1) und Österreich (0-1-1).

Im Bobsport waren auch nur Fahrer aus drei Ländern medaillenreif. Der Erfolg der Schweizer (1-2-0) imponierte den Deutschen (1-0-1) und den Italienern (0-0-1). Der 32 Jahre alte Eidgenosse Gustav Weder, fünfmal Welt- und siebenmal Europameister, wiederholte als erster Zweierpilot einen Olympiasieg. Im Viererbob mußte er dann aber verwundert feststellen, daß er die 13 Hundertstelsekunden, die der Deutsche Harald Czudaj im ersten Lauf herausgefahren hatte, nicht aufholen konnte. Obwohl Weder in den folgenden drei Läufen jeweils Bestzeit aller Teilnehmer fuhr, konnte er Czudaj nur 0,01 sec (2. Lauf), 0,03 sec (3. Lauf) und nochmals 0,03 sec abnehmen.

Rodeln: Mit nur einer Hundertstel Sekunde Vorsprung gewinnt Georg Hackl nach Silber in Calgary und Gold in Albertville auch in Lillehammer die Goldmedaille.

Schlußfeier: Kinder in den Kostümen von guten Geistern der norwegischen Sagenwelt tragen die olympische Fahne ins Stadion und übergeben sie an die japanische Schneekönigin, die sie für die Spiele in Nagano (1998) behüten soll.

1996 Atlanta

19. Juli bis 4. August 1996
Dauer **17 Tage**
Teilnehmer **10 000 (geschätzt)**
Länder **190 (geschätzt)**
Sportarten **26**
Entscheidungen **271**

1998 Nagano

7. bis 22. Februar 1998
Dauer **16 Tage**
Teilnehmer **2500 (geschätzt)**
Länder **50 (geschätzt)**
Sportarten **7**
Entscheidungen **64**

Olympiaplakate von Atlanta, Nagano, Sydney und Salt Lake City

Jahrhundertspiele im Süden der USA

Für die Amerikaner erscheint bei den Jahrhundertspielen der olympische Fackellauf am wichtigsten. Der Lauf soll 84 Tage dauern und über 15 000 Meilen (24 100 km) durch Amerika führen. Das Feuer wird im Frühjahr in Griechenland entzündet und dann in die USA geflogen.

Die Kosten für die Spiele werden voraussichtlich 1,6 Millarden Dollar betragen. Dabei ist der Bau neuer Sportstätten und des olympischen Dorfes mit 516 Millionen Dollar der größte Einzelposten. Die reine Ausrichtung der Spiele wird vermutlich 400 Millionen Dollar kosten.

Nach Sapporo wieder Winterspiele in Japan

Die Winterspiele in Nagano bringen die Athleten auf Schnee und Eis zum zweitenmal nach Japan. 1972 hatte Sapporo erstmals die Winterspiele ausgerichtet, und dies mit großem Erfolg.

Bei der Wahl Naganos am 15. Juni 1991 in Birmingham unterlagen Aosta (Italien), Jaca (Spanien), Östersund und Salt Lake City. Ein Organisationskomitee für die Spiele in Nagano wurde am 27. November 1991 gegründet. Die Fernsehrechte gingen an die amerikanische Firma CBS für 295 Millionen Dollar. Curling ist eine neue olympische Sportart. Um die Ausrichtung eines Eishockeyturniers für Frauen sind die in diesem Punkt unwilligen Japaner gerade noch einmal herumgekommen.

2000 Sydney

16. September bis 1. Oktober 2000
Dauer **16 Tage**
Teilnehmer **10 000 (geschätzt)**
Länder **190 (geschätzt)**
Sportarten **26 oder 28**
Entscheidungen **275 (geschätzt)**

Spiele 2000 auf dem fünften Kontinent

Nach 1956 in Melbourne finden erst zum zweitenmal die Olympischen Spiele in der südlichen Hemisphäre statt. Schon jetzt steht fest, daß es im Jahre 2000 zwei neue Sportarten gibt: Taekwondo und Triathlon. Dafür könnten Baseball und Softball wieder ausscheiden, die noch in Atlanta auf dem Programm stehen. Möglicherweise rückt auch Rugby wieder in das olympische Programm; IOC-Präsident Juan Antonio Samaranch hat die Türen für das Comeback geöffnet. Rugby würde den Australiern sicherlich gefallen.

Was ihnen nicht so gefällt, sind die Kosten, die sie zu tragen haben. Die Australier tun sich mit der Vorfinanzierung schwer; noch sind die Fernseh-Millionen – um die 500 Millionen Dollar – nicht da. Das IOC hat die Zahlung bereits angemahnt. Aber das sind die alten Spielchen, die immer wieder einmal getrieben werden, um schneller an Darlehen zu kommen.

2002 Salt Lake City

9. bis 24. Februar 2002
Dauer **16 Tage**
Teilnehmer **2500 (geschätzt)**
Länder **50 (geschätzt)**
Sportarten **7 (geschätzt)**
Entscheidungen **50 (geschätzt)**

Zu Gast in Utah bei den Mormonen

Die 1,4-Millionen-Stadt im amerikanischen Bundesstaat Utah wurde 1847 von den Mormonen gegründet und feiert im Jahr 2002 ihren 155. Geburtstag. Die Winterspiele erhielt die Mormonen-Metropole am 23. Juni 1995 auf der 104. Session des IOC in Budapest zugesprochen. Salt Lake City genügte in Budapest ein Wahlgang. Die Amerikaner siegten mit 54 von 89 Stimmen vor Östersund/Schweden und Sion/Schweiz (je 14 Stimmen) und Quebec (7 Stimmen).

Olympische Spiele 1896 in Athen: Der griechische König Georg I. überreicht Spyridon Louis einen Ölzweig für seinen Sieg im Marathonlauf. Das heute übliche Siegerpodium für die ersten Drei wurde erst 1932 in Los Angeles eingeführt.

Die Medaillengewinner der Olympischen Spiele

Diese einzigartige Datensammlung nennt alle Medaillengewinner von den ersten Spielen der Neuzeit 1896 in Athen bis zu den Winterspielen 1994 in Lillehammer, einschließlich der 1906 ausgetragenen Zwischenspiele in Athen. Auch Wettbewerbe und Sportarten, die nicht mehr im olympischen Programm stehen, wurden ausgewertet. Farbige Fonds – blau (Männer), rosa (Frauen), grau (gemischte Wettbewerbe) – sorgen für eine problemlose Orientierung innerhalb der einzelnen Sportarten. Ein weiterer Service sind die danebenstehenden Bilanz-Tabellen, in denen für jede Disziplin ein Medaillenspiegel erarbeitet wurde.

Ein Zugriff zu den rund 20 000 Namen ist auch über das Register (S. 756) möglich, in das die Namen aller Medaillengewinner (einschließlich der Mannschaftswettbewerbe) aufgenommen wurden.

In der olympischen Charta werden die Siegerehrung und die Medaillenvergabe mit der Überreichung der Diplome unter § 70, dem drittletzten Paragraphen der fundamentalen Prinzipien, abgehandelt.

Was heute selbstverständlich ist, war es viele Jahre nicht. Das Siegerpodium für die ersten Drei wurde erst 1932 eingeführt; noch 1928 wurde der Name des Siegers genannt und die Nationalhymne gespielt. Der Olympiasieger stand dann da, wo er sich gerade im Stadion befand, in Habachtstellung. 1896 erhielt der Olympiasieger eine Silbermedaille, einen Ölzweig und ein Diplom mit dem Vermerk des Erfolges, der Olympiazweite eine Bronzemedaille, einen Lorbeerzweig und ebenfalls ein Namensdiplom mit Ergebnis, der Olympiadritte ging leer aus. Dieser Modus wurde erst 1908 bei den Spielen in London geändert.

Die olympische Charta vom 10. Februar 1994 schreibt unter § 70: »Die Medaillen werden während der Spiele durch den Präsidenten des IOC (oder ein von ihm bestimmtes IOC-Mitglied) überreicht, der vom Präsidenten des entsprechenden Weltfachverbandes (oder einem Delegierten) begleitet wird. Wenn möglich, wird die Zeremonie am Wettkampfort sofort in folgender Weise vorgenommen: Die drei Erstplazierten nehmen ihre Position auf dem Siegerpodium ein; sie können den Sportdreß oder die offizielle Kleidung tragen. Der Sieger steht erhöht, der Zweite rechts von ihm, der Dritte links. Die Namen der Drei werden bekanntgegeben, die drei Nationalflaggen werden hochgezogen und die Nationalhymne des Landes, aus dem der Sieger stammt, abgespielt.«

Der Olympiasieger bekommt eine vergoldete Silbermedaille mit Diplom, der Olympiazweite eine Silbermedaille mit Diplom und der Olympiadritte eine Bronzemedaille mit Diplom. Bei Staffeln und Mannschaften bekommen alle Mitglieder (auch die gemeldeten Ersatzleute) eine Medaille. Die Medaillen sollen einen Durchmesser von sechs Zentimeter haben.

Die olympischen Sportarten (in alphabetischer Reihenfolge)

Olympische Sommerspiele

Leichtathletik

Bilanz 100 m Männer

Land	G	S	B
1. USA	15	14	5
2. GBR	3	2	3
3. GER	1	1	2
4. CAN	1	–	3
5. URS	1	–	1
6. RSA	1	–	–
TRI	1	–	–
8. JAM	–	3	1
9. CUB	–	2	–
10. NAM	–	1	–
11. AUS	–	–	3
12. BUL	–	–	1
NED	–	–	1
HUN	–	–	1
NZL	–	–	1
PAN	–	–	1

100 m Männer

Athen 1896
G Thomas Burke USA 12,0
S Fritz Hofmann GER 12,2
B Alajos Szokolyi HUN 12,6

Paris 1900
G Frank Jarvis USA 11,0
S John Walter Tewksbury USA 11,1
B Stanley Rowley AUS 11,2

St. Louis 1904
G Archie Hahn USA 11,0
S Nathaniel Cartmell USA 11,2
B William Hogenson USA 11,2

Athen 1906
G Archie Hahn USA 11,2
S Fay Moulton USA 11,3
B Nigel Barker AUS 11,3

London 1908
G Reginald Walker RSA 10,8
S James Rector USA 10,9
B Robert Kerr CAN 11,0

Stockholm 1912
G Ralph Craig USA 10,8
S Alvah Meyer USA 10,9
B Donald Lippincott USA 10,9

Antwerpen 1920
G Charles Paddock USA 10,8
S Morris Kirksey USA 10,8
B Harry Edward GBR 11,0

Paris 1924
G Harold Abrahams GBR 10,6
S Jackson Scholz USA 10,7
B Arthur Porritt NZL 10,8

Amsterdam 1928
G Percy Williams CAN 10,8
S Jack London GBR 10,9
B Georg Lammers GER 10,9

Los Angeles 1932
G Eddie Tolan USA 10,38
S Ralph Metcalfe USA 10,38
B Arthur Jonath GER 10,40

Berlin 1936
G Jesse Owens USA 10,3
S Ralph Metcalfe USA 10,4
B Martinus Osendarp NED 10,5

London 1948
G Harrison Dillard USA 10,3
S Norwood Ewell USA 10,4
B Lloyd LaBeach PAN 10,4

Helsinki 1952
G Lindy Remigino USA 10,79
S Herbert McKenley JAM 10,79
B Emanuel McDonald Bailey GBR 10,83

Melbourne 1956
G Bobby Morrow USA 10,62
S Thane Baker USA 10,77
B Hector Hogan AUS 10,77

Rom 1960
G Armin Hary GER 10,32
S Dave Sime USA 10,35
B Peter Radford GBR 10,42

Tokio 1964
G Robert Hayes USA 10,06
S Enrique Figuerola CUB 10,25
B Harry Jerome CAN 10,27

Mexiko City 1968
G Jim Hines USA 9,95
S Lennox Miller JAM 10,04
B Charlie Greene USA 10,07

München 1972
G Valeri Borsov URS 10,14
S Robert Taylor USA 10,24
B Lennox Miller JAM 10,33

Montreal 1976
G Hasely Crawford TRI 10,06
S Donald Quarrie JAM 10,08
B Valeri Borsov URS 10,14

Moskau 1980
G Allan Wells GBR 10,25
S Silvio Leonard CUB 10,25
B Petar Petrov BUL 10,39

Los Angeles 1984

G Carl Lewis USA 9,99
S Sam Graddy USA 10,19
B Ben Johnson CAN 10,22

Seoul 1988

G Carl Lewis USA[1] 9,92
S Linford Christie GBR 9,97
B Calvin Smith USA 9,99

Barcelona 1992

G Linford Christie GBR 9,96
S Frankie Fredericks NAM 10,02
B Dennis Mitchell USA 10,04

200 m Männer

Paris 1900

G John Walter Tewksbury USA 22,2
S Norman Pritchard IND 22,8
B Stanley Rowley AUS 22,9

St. Louis 1904

G Archie Hahn USA 21,6
S Nathaniel Cartmell USA 21,9
B William Hogenson USA .... –

London 1908

G Robert Kerr CAN 22,6
S Robert Cloughen USA 22,6
B Nathaniel Cartmell USA 22,7

Stockholm 1912

G Ralph Craig USA 21,7
S Donald Lippincott USA 21,8
B William Applegarth GBR 22,0

Antwerpen 1920

G Allen Woodring USA 22,0
S Charles Paddock USA 22,1
B Harry Edward GBR 22,2

Paris 1924

G Jackson Scholz USA 21,6
S Charles Paddock USA 21,7
B Eric Liddell GBR 21,9

Amsterdam 1928

G Percy Williams CAN 21,8
S Walter Rangeley GBR 21,9
B Helmut Körnig GER 21,9

Los Angeles 1932

G Eddie Tolan USA 21,12
S George Simpson USA 21,40
B Ralph Metcalfe USA 21,50

Berlin 1936

G Jesse Owens USA 20,7
S Mack Robinson USA 21,1
B Martinus Osendarp NED 21,3

London 1948

G Melvin Patton USA 21,1
S Norwood Ewell USA 21,1
B Lloyd LaBeach PAN 21,2

Helsinki 1952

G Andrew Stanfield USA 20,81
S Thane Baker USA 20,97
B James Gathers USA 21,08

Melbourne 1956

G Bobby Morrow USA 20,75
S Andy Stanfield USA 20,97
B Thane Baker USA 21,04

Rom 1960

G Livio Berruti ITA 20,62
S Lester Carney USA 20,69
B Abdoulaye Seye FRA 20,82

Tokio 1964

G Henry Carr USA 20,36
S Paul Drayton USA 20,58
B Edwin Roberts TRI 20,63

Mexiko City 1968

G Tommie Smith USA 19,83
S Peter Norman AUS 20,05
B John Carlos USA 20,10

München 1972

G Valeri Borsov URS 20,00
S Larry Black USA 20,19
B Pietro Mennea ITA 20,30

Montreal 1976

G Donald Quarrie JAM 20,23
S Millard Hampton USA 20,29
B Dwayne Evans USA 20,43

Moskau 1980

G Pietro Mennea ITA 20,19
S Allan Wells GBR 20,21
B Donald Quarrie JAM 20,29

Bilanz 200 m Männer

Land	G	S	B
1. USA	15	16	9
2. ITA	2	–	1
3. CAN	2	–	–
4. JAM	1	–	1
5. URS	1	–	–
6. GBR	–	2	3
7. AUS	–	1	1
8. IND	–	1	–
NAM	–	1	–
10. BRA	–	–	1
FRA	–	–	1
GER	–	–	1
NED	–	–	1
PAN	–	–	1
TRI	–	–	1

1) Sieger Ben Johnson CAN wegen Dopings disqualifiziert, WR 9,79 nicht anerkannt

Los Angeles 1984

G Carl Lewis USA 19,80
S Kirk Baptiste USA 19,96
B Thomas Jefferson USA 20,26

Seoul 1988

G Joe DeLoach USA 19,75
S Carl Lewis USA 19,79
B Robson da Silva BRA 20,04

Barcelona 1992

G Mike Marsh USA 20,01
S Frankie Fredericks NAM 20,13
B Michael Bates USA 20,38

Bilanz 400 m Männer

Land	G	S	B
1. USA	16	10	9
2. GBR	2	3	2
3. JAM	2	2	–
4. RSA	1	–	1
URS	1	–	1
6. CUB	1	–	–
7. GER	–	3	1
8. AUS	–	1	1
CAN	–	1	1
10. CIV	–	1	–
TRI	–	1	–
12. KEN	–	–	2
13. DEN	–	–	1
FIN	–	–	1
GDR	–	–	1
POL	–	–	1
SWE	–	–	1

400 m Männer

Athen 1896

G Thomas Burke USA 54,2
S Herbert Jamison USA 55,2
B Charles Gmelin GBR 55,6

Paris 1900

G Maxwell »Maxey« Long USA 49,4
S William Holland USA 49,6
B Ernst Schutz DEN .... –

St. Louis 1904

G Harry Hillman USA 49,2
S Frank Waller USA 49,9
B Herman Groman USA 50,0

Athen 1906

G Paul Pilgrim USA 53,2
S Wyndham Halswelle GBR 53,8
B Nigel Barker AUS 54,1

London 1908

G Wyndham Halswelle GBR[1] 50,0

Stockholm 1912

G Charles Reidpath USA 48,2
S Hanns Braun GER 48,3
B Edward Lindberg USA 48,4

Antwerpen 1920

G Bevil Rudd RSA 49,6
S Guy Butler GBR 49,9
B Nils Engdahl SWE 50,0

Paris 1924

G Eric Liddell GBR 47,6
S Horatio Fitch USA 48,4
B Guy Butler GBR 48,6

Amsterdam 1928

G Raymond Barbuti USA 47,8
S James Ball CAN 48,0
B Joachim Büchner GER 48,2

Los Angeles 1932

G William Carr USA 46,2
S Benjamin Eastman USA 46,4
B Alexander Wilson CAN 47,4

Berlin 1936

G Archie Williams USA 46,5
S Arthur Godfrey Brown GBR 46,7
B James LuValle USA 46,8

London 1948

G Arthur Wint JAM 46,2
S Herbert McKenley JAM 46,4
B Mal Whitfield USA 46,9

Helsinki 1952

G George Rhoden JAM 45,9
S Herbert McKenley JAM 45,9
B Ollie Matson USA 46,8

Melbourne 1956

G Charles Jenkins USA 46,7
S Karl-Friedrich Haas GER 46,8
B Ardalyon Ignatyev URS 47,0
Voitto Hellsten FIN 47,0

Rom 1960

G Otis Davis USA 44,9
S Carl Kaufmann GER 44,9
B Malcolm Spence RSA 45,5

Tokio 1964

G Mike Larrabee USA 45,1
S Wendell Mottley TRI 45,2
B Andrzej Badenski POL 45,6

Mexiko City 1968

G Lee Evans USA 43,8
S Larry James USA 43,9
B Ronald Freeman USA 44,4

München 1972

G Vincent Matthews USA 44,66
S Wayne Collett USA 44,80
B Julius Sang KEN 44,92

1) Halswelle lief im Alleingang, zwei Amerikaner traten nicht an.

Montreal 1976

G Alberto Juantorena CUB 44,26
S Frederick Newhouse USA 44,40
B Herman Frazier USA 44,95

Moskau 1980

G Viktor Markin URS 44,60
S Richard Mitchell AUS 44,84
B Frank Schaffer GDR 44,87

Los Angeles 1984

G Alonzo Babers USA 44,27
S Gabriel Tiacoh CIV 44,54
B Antonio McKay USA 44,71

Seoul 1988

G Steven Lewis USA 43,87
S Harry Reynolds USA 43,93
B Danny Everett USA 44,09

Barcelona 1992

G Quincy Watts USA 43,50
S Steven Lewis USA 44,21
B Samson Kitur KEN 44,24

800 m Männer

Athen 1896

G Edwin Flack AUS 2:11,0
S Nandor Dani HUN 2:11,8
B Dimitros Golemis GRE 2:28,0

Paris 1900

G Alfred Tysoe GBR 2:01,2
S John Cregan USA 2:03,0
B David Hall USA .... –

St. Louis 1904

G James Lightbody USA 1:56,0
S Howard Valentine USA 1:56,3
B Emil Breitkreutz USA 1:56,4

Athen 1906

G Paul Pilgrim USA 2:01,5
S James Lightbody USA 2:01,6
B Wyndham Halswelle GBR 2:03,0

London 1908

G Melvin Sheppard USA 1:52,8
S Emilio Lunghi ITA 1:54,2
B Hanns Braun GER 1:55,2

Stockholm 1912

G James Meredith USA 1:51,9
S Melvin Sheppard USA 1:52,0
B Ira Davenport USA 1:52,0

Antwerpen 1920

G Albert Hill GBR 1:53,4
S Earl Eby USA 1:53,6
B Bevil Rudd RSA 1:54,0

Paris 1924

G Douglas Lowe GBR 1:52,4
S Paul Martin SUI 1:52,6
B Schuyler Enck USA 1:53,0

Amsterdam 1928

G Douglas Lowe GBR 1:51,8
S Erik Bylehn SWE 1:52,8
B Hermann Engelhard GER 1:53,2

Los Angeles 1932

G Thomas Hampson GBR 1:49,7
S Alexander Wilson CAN 1:49,9
B Philip Edwards CAN 1:51,5

Berlin 1936

G John Woodruff USA 1:52,9
S Mario Lanzi ITA 1:53,3
B Philip Edwards CAN 1:53,6

London 1948

G Mal Whitfield USA 1:49,2
S Arthur Wint JAM 1:49,5
B Marcel Hansenne FRA 1:49,8

Helsinki 1952

G Mal Whitfield USA 1:49,2
S Arthur Wint JAM 1:49,4
B Heinz Ulzheimer GER 1:49,7

Melbourne 1956

G Thomas Courtney USA 1:47,7
S Derek Johnson GBR 1:47,8
B Audun Boysen NOR 1:48,1

Rom 1960

G Peter Snell NZL 1:46,3
S Roger Moens BEL 1:46,5
B George Kerr JAM 1:47,1

Tokio 1964

G Peter Snell NZL 1:45,1
S William Crothers CAN 1:45,6
B Wilson Kiprugut KEN 1:45,9

Bilanz 800 m Männer

Land	G	S	B
1. USA	9	5	8
2. GBR	6	3	1
3. KEN	2	2	2
4. AUS	2	–	–
NZL	2	–	–
6. BRA	1	1	–
7. CUB	1	–	–
8. CAN	–	2	2
9. JAM	–	2	1
10. BEL	–	2	–
ITA	–	2	–
12. URS	–	1	1
HUN	–	1	–
SUI	–	1	–
SWE	–	1	–
16. GER	–	–	3
17. FRA	–	–	1
GRE	–	–	1
MAR	–	–	1
NOR	–	–	1
RSA	–	–	1

Mexiko City 1968

G Ralph Doubell AUS 1:44,3
S Wilson Kiprugut KEN 1:44,5
B Thomas Farell USA 1:45,3

München 1972

G David Wottle USA 1:45,9
S Yevgeni Arshanov URS 1:45,9
B Mike Boit KEN 1:46,0

Montreal 1976

G Alberto Juantorena CUB[1] 1:43,5
S Ivo van Damme BEL 1:43,9
B Rick Wohlhuter USA 1:44,1

Moskau 1980

G Steve Ovett GBR 1:45,4
S Sebastian Coe GBR 1:45,9
B Nikolai Kirov URS 1:46,0

Los Angeles 1984

G Joaquim Cruz BRA 1:43,00
S Sebastian Coe GBR 1:43,64
B Earl Jones USA 1:43,83

Seoul 1988

G Paul Ereng KEN 1:43,45
S Joaquim Cruz BRA 1:43,90
B Said Aouita MAR 1:44,06

Barcelona 1992

G William Tanui KEN 1:43,66
S Nixon Kiprotich KEN 1:43,70
B Johnny Gray USA 1:43,97

1500 m Männer

Athen 1896

G Edwin Flack AUS 4:33,2
S Arthur Blake USA 4:34,0
B Albin Lermusiaux FRA 4:36,0

Paris 1900

G Charles Bennett GBR 4:06,2
S Henri Deloge FRA 4:06,6
B John Bray USA 4:07,2

St. Louis 1904

G James Lightbody USA 4:05,4
S W. Frank Verner USA 4:06,8
B Lacey Hearn USA .... –

Athen 1906

G James Lightbody USA 4:12,0
S John McGough GBR 4:12,6
B Kristian Hellström SWE 4:13,4

London 1908

G Melvin Sheppard USA 4:03,4
S Harold Wilson GBR 4:03,6
B Norman Hallows GBR 4:04,0

Stockholm 1912

G Arnold Jackson GBR 3:56,8
S Abel Kiviat USA 3:56,9
B Norman Taber USA 3:56,9

Antwerpen 1920

G Albert Hill GBR 4:01,8
S Philip Noel-Baker GBR[2] 4,02,4
B Lawrence Shields USA 4:03,1

Paris 1924

G Paavo Nurmi FIN 3:53,6
S Wilhelm Schärer SUI 3:55,0
B Henry Stallard GBR 3:55,6

Amsterdam 1928

G Harri Larva FIN 3:53,2
S Jules Ladoumégue FRA 3:53,8
B Eino Purje FIN 3:56,4

Los Angeles 1932

G Luigi Beccali ITA 3:51,2
S John Cornes GBR 3:52,6
B Philip Edwards CAN 3:52,8

Berlin 1936

G John Lovelock NZL 3:47,8
S Glenn Cunningham USA 3:48,4
B Luigi Beccali ITA 3:49,2

London 1948

G Henry Eriksson SWE 3:49,8
S Lennart Strand SWE 3:50,4
B Willem Slijkhuis NED 3:50,4

Helsinki 1952

G Josy Barthel LUX 3:45,1
S Robert McMillen USA 3:45,2
B Werner Lueg GER 3:45,4

Melbourne 1956

G Ron Delany IRL 3:41,2
S Klaus Richtzenhain GDR 3:42,0
B John Landy AUS 3:42,0

Bilanz 1500 m Männer

Land	G	S	B
1. GBR	5	6	3
2. USA	3	6	4
3. FIN	3	–	1
4. NZL	3	–	2
5. KEN	2	1	–
6. AUS	2	–	1
7. SWE	1	1	1
8. ESP	1	–	1
ITA	1	–	1
10. LUX	1	–	–
IRL	1	–	–
12. FRA	–	3	1
13. GDR	–	2	1
14. BEL	–	1	–
MAR	–	1	–
SUI	–	1	–
TCH	–	1	–
18. FRG	–	–	3
19. CAN	–	–	1
HUN	–	–	1
NED	–	–	1
QAT	–	–	1

1) Juantorena schaffte die einmalige Doublette, 400 und 800 m zu gewinnen.
2) Friedens-Nobelpreisträger 1959 (Mitglied des britischen Parlaments)

Rom 1960

G Herbert Elliott AUS 3:35,6
S Michel Jazy FRA 3:38,4
B Istvan Rozsavölgyi HUN 3:39,2

Tokio 1964

G Peter Snell NZL 3:38,1
S Josef Odlozil TCH 3:39,6
B John Davies NZL 3:39,6

Mexiko City 1968

G Kipchoge Keino KEN 3:34,9
S Jim Ryun USA 3:37,8
B Bodo Tümmler FRG 3:39,0

München 1972

G Pekka Vasala FIN 3:36,3
S Kipchoge Keino KEN 3:36,8
B Rodney Dixon NZL 3:37,5

Montreal 1976

G John Walker NZL 3:39,2
S Ivo van Damme BEL 3:39,3
B Paul Heinz Wellmann FRG 3:39,3

Moskau 1980

G Sebastian Coe GBR 3:38,4
S Jürgen Straub GDR 3:38,8
B Steve Ovett GBR 3:39,0

Los Angeles 1984

G Sebastian Coe GBR 3:32,53
S Steve Cram GBR 3:33,40
B Jose Abascal ESP 3:34,40

Seoul 1988

G Peter Rono KEN 3:35,96
S Peter Elliott GBR 3:36,15
B Jens-Peter Herold GDR 3:36,21

Barcelona 1992

G Fermin Cacho ESP 3:40,12
S Rachid El-Basir MAR 3:40,62
B Mohamed Sulaiman QAT 3:40,69

5000 m Männer

Stockholm 1912

G Hannes Kolehmainen FIN 14:36,6
S Jean Bouin FRA 14:36,7
B George Hutson GBR 15:07,6

Antwerpen 1920

G Joseph Guillemot FRA 14:55,6
S Paavo Nurmi FIN 15:00,0
B Erik Backman SWE 15:13,0

Paris 1924

G Paavo Nurmi FIN 14:31,2
S Ville Ritola FIN 14:31,4
B Edvin Wide SWE 15:01,8

Amsterdam 1928

G Ville Ritola FIN 14:38,0
S Paavo Nurmi FIN 14:40,0
B Edvin Wide SWE 14:41,2

Los Angeles 1932

G Lauri Lehtinen FIN 14:30,0
S Ralph Hill USA 14:30,0
B Lauri Virtanen FIN 14:44,0

Berlin 1936

G Gunnar Höckert FIN 14:22,2
S Lauri Lehtinen FIN 14:25,8
B Henry Jonsson SWE 14:29,0

London 1948

G Gaston Reiff BEL 14:17,6
S Emil Zatopek TCH 14:17,8
B Willem Slijkhuis NED 14:26,8

Helsinki 1952

G Emil Zatopek TCH 14:06,6
S Alain Mimoun FRA 14:07,4
B Herbert Schade GER 14:08,6

Melbourne 1956

G Vladimir Kuz URS 13:39,6
S Gordon Pirie GBR 13:50,6
B Derek Ibbotson GBR 13:54,4

Rom 1960

G Murray Halberg NZL 13:43,4
S Hans Grodotzki GER 13:44,6
B Kazimierz Zimny POL 13:44,8

Tokio 1964

G Robert Schul USA 13:48,8
S Harald Norpoth GER 13:49,6
B William Dellinger USA 13:49,8

Mexiko City 1968

G Mohamed Gammoudi TUN 14:05,0
S Kipchoge Keino KEN 14.05,2
B Naftali Temu KEN 14:06,4

Bilanz
5000 m Männer

Land	G	S	B
1. FIN	7	4	2
2. GER	1	2	1
3. KEN	1	2	1
4. FRA	1	2	–
5. USA	1	1	1
NZL	1	1	–
TCH	1	1	–
TUN	1	1	–
9. ETH	1	–	1
10. BEL	1	–	–
MAR	1	–	–
URS	1	–	–
13. GBR	–	1	3
14. FRG	–	1	1
15. SUI	–	1	–
TAN	–	1	–
17. SWE	–	–	4
18. GDR	–	–	1
NED	–	–	1
POL	–	–	1
POR	–	–	1

München 1972

G Lasse Viren FIN 13:26,4
S Mohamed Gammoudi TUN 13:27,4
B Ian Stewart GBR 13:27,6

Montreal 1976

G Lasse Viren FIN 13:24,8
S Dick Quax NZL 13:25,2
B Klaus Peter Hildenbrand FRG 13:25,4

Moskau 1980

G Miruts Yifter ETH 13:21,0
S Suleiman Nyambui TAN 13:21,6
B Kaarlo Maaninka FIN 13:22,0

Los Angeles 1984

G Said Aouita MAR 13:05,59
S Markus Ryffel SUI 13:07,54
B Antonio Leitao POR 13:09,20

Seoul 1988

G John Ngugi KEN 13:11,70
S Dieter Baumann FRG 13:15,52
B Hansjörg Kunze GDR 13:15,73

Barcelona 1992

G Dieter Baumann GER 13:12,52
S Paul Bitok KEN 13:12,71
B Fita Bayisa ETH 13:13,03

Bilanz
10 000 m Männer

Land	G	S	B
1. FIN	7	5	4
2. GBR	2	1	3
3. URS	2	–	1
4. MAR	2	–	–
TCH	2	–	–
6. ETH	1	1	3
7. KEN	1	1	1
8. ITA	1	1	–
USA	1	1	–
10. POL	1	–	–
11. FRA	–	3	–
12. SWE	–	2	4
13. TUN	–	1	1
14. BEL	–	1	–
GER	–	1	–
HUN	–	1	–
POR	–	1	–
18. AUS	–	–	3

10 000 m Männer

Athen 1906[1)]

G Henry Hawtrey GBR 26:11,8
S John Svanberg SWE 26:19,4
B Edward Dahl SWE 26:26,2

London 1908[1)]

G Emil Voigt GBR 25:11,2
S Edward Owen GBR 25:24,0
B John Svanberg SWE 25:37,2

Stockholm 1912

G Hannes Kolehmainen FIN 31:20,8
S Louis Tewanima USA[2)] 32:06,6
B Albin Stenroos FIN 32:21,8

Antwerpen 1920

G Paavo Nurmi FIN 31:45,8
S Joseph Guillemot FRA 31:47,2
B James Wilson GBR 31:50,8

Paris 1924

G Ville Ritola FIN 30:23,2
S Edvin Wide SWE 30:55,2
B Eero Berg FIN 31:43,0

Amsterdam 1928

G Paavo Nurmi FIN 30:18,8
S Ville Ritola FIN 30:19,4
B Edvin Wide SWE 31:00,8

Los Angeles 1932

G Janusz Kusocinski POL 30:11,4
S Volmari Iso-Hollo FIN 30:12,6
B Lauri Virtanen FIN 30:35,0

Berlin 1936

G Ilmari Salminen FIN 30:15,4
S Arvo Askola FIN 30:15,6
B Volmari Iso-Hollo FIN 30:20,2

London 1948

G Emil Zatopek TCH 29:59,6
S Alain Mimoun FRA 30:47,4
B Bertil Albertsson SWE 30:53,6

Helsinki 1952

G Emil Zatopek TCH 29:17,0
S Alain Mimoun FRA 29:32,8
B Alexander Anufriev URS 29:48,2

Melbourne 1956

G Vladimir Kuz URS 28:45,6
S Jozsef Kovacs HUN 28:52,4
B Allan Lawrence AUS 28:53,6

Rom 1960

G Pyotr Bolotnikov URS 28:32,2
S Hans Grodotzki GER 28:37,0
B David Power AUS 28:38,2

Tokio 1964

G Billy Mills USA 28:24,4
S Mohamed Gammoudi TUN 28:24,8
B Ron Clarke AUS 28:25,8

Mexiko City 1968

G Naftali Temu KEN 29:27,4
S Mamo Wolde ETH 29:28,0
B Mohamed Gammoudi TUN 29:34,2

München 1972

G Lasse Viren FIN 27:38,4
S Emiel Puttemans BEL 27:39,6
B Miruts Yifter ETH 27:41,0

1) nur 8047 m (5 Meilen)
2) Tewanima (1888–1969) war ein Hopi-Indianer.

Montreal 1976

G Lasse Viren FIN 27:40,4
S Carlos Lopes POR 27:45,2
B Brendan Foster GBR 27:55,0

Moskau 1980

G Miruts Yifter ETH 27:42,7
S Kaarlo Maaninka FIN 27:44,3
B Mohammed Kedir ETH 27:44,7

Los Angeles 1984

G Alberto Cova ITA 27:47,54
S Martti Vainio FIN 27:51,10
B Michael McLeod GBR 28:06,22

Seoul 1988

G Brahim Boutayeb MAR 27:21,46
S Salvatore Antibo ITA 27:23,55
B Kimeli Kipkemboi KEN 27:25,16

Barcelona 1992

G Khalid Skah MAR 27:46,70
S Richard Chelimo KEN 27:47,72
B Addis Abebe ETH 28:00,07

Marathon Männer

Athen 1896

G Spyridon Louis GRE 2:58:50,0
S Charilaos Vasilakos GRE 3:06:03,0
B Gyula Kellner HUN 3:06:35,0

Paris 1900

G Michel Théato FRA 2:59:45,0
S Emile Champion FRA 3:04:17,0
B Ernst Fast SWE 3:37:14,0

St. Louis 1904

G Thomas Hicks USA 3:28:53,0
S Albert Corey FRA 3:34:52,0
B Arthur Newton USA 3:47:33,0

Athen 1906

G William Sherring CAN 2:51:23,6
S John Svanberg SWE 2:58:20,2
B William Frank USA 3:00:46,8

London 1908

G Johnny Hayes USA 2:55:18,4
S Charles Hefferon RSA 2:56:06,0
B Joseph Forshaw USA 2:57:10,4

Stockholm 1912

G Kenneth McArthur RSA 2:36:54,8
S Christopher Gitsham RSA 2:37:52,0
B Gaston Strobino USA 2:38:42,4

Antwerpen 1920

G Hannes Kolehmainen FIN 2:32:35,8
S Yüri Lossmann EST 2:32:48,6
B Valerio Arri ITA 2:36:32,8

Paris 1924

G Albin Stenroos FIN 2:41:22,6
S Romeo Bertini ITA 2:47:19,6
B Clarence DeMar USA 2:48:14,0

Amsterdam 1928

G Boughera El Quafi FRA 2:32:57,0
S Miguel Plaza Reyes CHI 2:33:23,0
B Martti Marttelin FIN 2:35:02,0

Los Angeles 1932

G Juan Carlos Zabala ARG 2:31:36,0
S Samuel Ferris GBR 2:31:55,0
B Armas Toivonen FIN 2:32:12,0

Berlin 1936

G Kee Chung Son JPN[1] 2:29:19,2
S Ernest Harper GBR 2:31:23,2
B Seung-Yong Nam JPN[2] 2:31:42,0

London 1948

G Delfo Cabrera ARG 2:34:51,6
S Thomas Richards GBR 2:35:07,6
B Etienne Gailly BEL 2:35:33,6

Helsinki 1952

G Emil Zatopek TCH 2:23:03,2
S Reinaldo Gorno ARG 2:25:35,0
B Gustaf Jansson SWE 2:26:07,0

Melbourne 1956

G Alain Mimoun FRA 2:25:00,0
S Franjo Mihalic YUG 2:26:32,0
B Veikko Karvonen FIN 2:27:47,0

Rom 1960

G Abebe Bikila ETH 2:15:16,2
S Rhadi Ben Abdesselam MAR 2:15:41,6
B Barry Magee NZL 2:17:18,2

Tokio 1964

G Abebe Bikila ETH 2:12:11,2
S Basil Heatley GBR 2:16:19,2
B Kokichi Tsuburaya JPN 2:16:22,8

Bilanz Marathon Männer

Land	G	S	B
1. FRA	3	2	–
2. USA	3	1	5
3. ETH	3	–	1
4. ARG	2	1	–
5. FIN	2	–	3
6. GDR	2	–	–
7. RSA	1	2	–
8. JPN	1	1	2
9. ITA	1	1	1
10. GRE	1	1	–
11. CAN	1	–	–
KOR	1	–	–
POR	1	–	–
TCH	1	–	–
15. GBR	–	4	1
16. BEL	–	1	2
SWE	–	1	2
18. CHI	–	1	–
EST	–	1	–
IRL	–	1	–
KEN	–	1	–
MAR	–	1	–
NED	–	1	–
YUG	–	1	–
25. NZL	–	–	2
26. DJI	–	–	1
GER	–	–	1
HUN	–	–	1
URS	–	–	1

1) koreanischer Name, japanisch Kitei Son
2) koreanischer Name, japanisch Shoryu Nan

Mexiko City 1968

G Mamo Wolde ETH 2:20:26,4
S Kenji Kimihara JPN 2:23:31,0
B Michael Ryan NZL 2:23:45,0

München 1972

G Frank Shorter USA 2:12:19,8
S Karel Lismont BEL 2:14:31,8
B Mamo Wolde ETH 2:15:08,4

Montreal 1976

G Waldemar Cierpinski GDR 2:09:55,0
S Frank Shorter USA 2:10:45,8
B Karel Lismont BEL 2:11:12.6

Moskau 1980

G Waldemar Cierpinski GDR 2:11:03,0
S Gerard Nijboer NED 2:11:20,0
B Satymkul Dshumanassarov URS ... 2:11:35,0

Los Angeles 1984

G Carlos Lopes POR 2:09:21,0
S John Treacy IRL 2:09:56,0
B Charles Spedding GBR 2:09:58,0

Seoul 1988

G Gelindo Bordin ITA 2:10:32,0
S Douglas Wakiihuru KEN 2:10:47,0
B Ahmed Salah DJI 2:10:59,0

Barcelona 1992

G Young-Cho Hwang KOR 2:13:23
S Koichi Morishita JPN 2:13:45
B Stephan Freigang GER 2:14:00

110 m Hürden Männer

Athen 1896

G Thomas Curtis USA 17,6
S Grantley Goulding GBR 17,7
B –

Paris 1900

G Alvin Kraenzlein USA 15,4
S John McLean USA 15,5
B Fred Moloney USA 15,6

St. Louis 1904

G Frederick Schule USA 16,0
S Thaddeus Shideler USA 16,3
B Lesley Ashburner USA 16,4

Athen 1906

G Robert Leavitt USA 16,2
S Alfred Healey GBR 16,2
B Vincent Duncker RSA[1] 16,3

London 1908

G Forrest Smithson USA 15,0
S John Garrels USA 15,7
B Arthur Shaw USA 15,8

Stockholm 1912

G Frederick W. Kelly USA 15,1
S James Wendell USA 15,2
B Martin Hawkins USA 15,3

Antwerpen 1920

G Earl Thomson CAN 14,8
S Harold Barron USA 15,1
B Frederick Murray USA 15,2

Paris 1924

G Daniel Kinsey USA 15,0
S Sidney Atkinson RSA 15,0
B Sten Pettersson SWE 15,4

Amsterdam 1928

G Sidney Atkinson RSA 14,8
S Stephen Anderson USA 14,8
B John Collier USA 14,9

Los Angeles 1932

G George Saling USA 14,6
S Percy Beard USA 14,7
B Donald Finlay GBR 14,8

Berlin 1936

G Forrest Towns USA 14,2
S Donald Finlay GBR 14,4
B Frederick Pollard USA 14,4

London 1948

G William Porter USA 13,9
S Clyde Scott USA 14,1
B Craig Dixon USA 14,1

Helsinki 1952

G Harrison Dillard USA 13,7
S Jack Davis USA 13,7
B Arthur Barnard USA 14,1

Melbourne 1956

G Lee Calhoun USA 13,5
S Jack Davis USA 13,5
B Joel Shankle USA 14,1

Bilanz 110 m Hürden Männer

Land	G	S	B
1. USA	18	15	15
2. CAN	2	–	–
3. RSA	1	1	1
4. FRA	1	1	–
5. GDR	1	–	–
6. GBR	–	4	1
7. CUB	–	2	–
8. URS	–	–	2
9. FIN	–	–	1
10. ITA	–	–	1
11. SWE	–	–	1

1) Duncker lebte 1906 in Deutschland, startete für Dresden und Mittweida und reiste auch mit der deutschen Mannschaft nach Athen.

Rom 1960

G Lee Calhoun USA 13,8
S Willie May USA 13,8
B Hayes Jones USA[1] 14,0

Tokio 1964

G Hayes Jones USA 13,6
S Blaine Lindgren USA 13,7
B Anatoli Michailov URS 13,7

Mexiko City 1968

G Willie Davenport USA 13,3
S Ervin Hall USA 13,4
B Eddy Ottoz ITA 13,4

München 1972

G Rodney Milburn USA 13,24
S Guy Drut FRA 13,34
B Thomas Hill USA 13,48

Montreal 1976

G Guy Drut FRA 13,30
S Alejandro Casanas CUB 13,33
B Willie Davenport USA 13,38

Moskau 1980

G Thomas Munkelt GDR 13,39
S Alejandro Casanas CUB 13,40
B Alexander Puchkov URS 13,44

Los Angeles 1984

G Roger Kingdom USA 13,20
S Greg Foster USA 13,23
B Arto Bryggare FIN 13,40

Seoul 1988

G Roger Kingdom USA 12,98
S Colin Jackson GBR 13,28
B Anthony Cambell USA 13,38

Barcelona 1992

G Mark McKoy CAN 13,12
S Tony Dees USA 13,24
B Jack Pierce USA 13,26

400 m Hürden Männer

Paris 1900

G John Walter Tewksbury USA 57,6
S Henri Tauzin FRA 58,3
B George Orton CAN ....–

London 1908

G Charles Bacon USA 55,0
S Harry Hillman USA 55,3
B Leonard Tremeer GBR 57,0

Antwerpen 1920

G Frank Loomis USA 54,0
S John Norton USA 54,3
B August Desch USA 54,5

Paris 1924

G Morgan Taylor USA 52,6
S Erik Vilen FIN 53,8
B Ivan Riley USA 54,2

Amsterdam 1928

G David Burghley GBR 53,4
S Frank Cuhel USA 53,6
B Morgan Taylor USA 53,6

Los Angeles 1932

G Robert Tisdall IRL 51,7
S Glenn Hardin USA 51,9
B Morgan Taylor USA 52,2

Berlin 1936

G Glenn Hardin USA 52,4
S John Loaring CAN 52,7
B Miguel White PHI 52,8

London 1948

G Leroy Cochran USA 51,1
S Duncan White SRI 51,8
B Rune Larsson SWE 52,2

Helsinki 1952

G Charles Moore USA 50,8
S Yuri Lituyev URS 51,3
B John Holland NZL 52,2

Melbourne 1956

G Glenn Davis USA 50,1
S Silas »Eddie« Southern USA 50,8
B Joshua Culbreath USA 51,6

Rom 1960

G Glenn Davis USA 49,3
S Clifton Cushman USA 49,6
B Richard Howard USA 49,7

Tokio 1964

G Warren Cawley USA 49,6
S John Cooper GBR 50,1
B Salvatore Morale ITA 50,1

Bilanz 400 m Hürden Männer

Land	G	S	B
1. USA	14	9	7
2. GBR	2	1	5
3. GDR	1	–	–
IRL	1	–	–
UGA	1	–	–
6. URS	–	2	1
7. CAN	–	1	1
FRG	–	1	1
9. FIN	–	1	–
FRA	–	1	–
JAM	–	1	–
SEN	–	1	–
SRI	–	1	–
14. ITA	–	–	1
NZL	–	–	1
PHI	–	–	1
SWE	–	–	1

1) Achtmal gewannen die USA alle drei Medaillen.

Mexiko City 1968

G Dave Hemery GBR 48,1
S Gerhard Hennige FRG 49,0
B John Sherwood GBR 49,0

München 1972

G John Akii-Bua UGA 47,82
S Ralph Mann USA 48,51
B Dave Hemery GBR 48,52

Montreal 1976

G Edwin Moses USA 47,64
S Michael Shine USA 48,69
B Yevgeni Gavrilenko URS 49,45

Moskau 1980

G Volker Beck GDR 48,70
S Vassili Archipenko URS 48,86
B Gary Oakes GBR 49,11

Los Angeles 1984

G Edwin Moses USA 47,75
S Danny Harris USA 48,13
B Harald Schmid FRG 48,19

Seoul 1988

G Andre Phillips USA 47,19
S Amadou Dia Ba SEN 47,23
B Edwin Moses USA 47,56

Barcelona 1992

G Kevin Young USA 46,78
S Winthrop Graham JAM 47,66
B Kriss Akabusi GBR 47,82

Bilanz 3000 m Hindernis Männer

Land	G	S	B
1. KEN	5	4	1
2. FIN	4	3	2
3. GBR	3	4	2
4. USA	2	2	5
5. SWE	2	1	1
6. POL	2	1	–
7. BEL	1	–	–
CAN	1	–	–
9. FRA	–	1	2
URS	–	1	2
11. HUN	–	1	–
IRL	–	1	–
TAN	–	1	–
14. ETH	–	–	1
GDR	–	–	1
GER	–	–	1
ITA	–	–	1
NOR	–	–	1

3000 m Hindernis Männer

Paris 1900[1)]

G George Orton CAN 7:34,4
S Sidney Robinson GBR 7:38,0
B Jacques Chastanié FRA ....–

St. Louis 1904[2)]

G James Lightbody USA 7:38,6
S John Daly IRL 7:40,6
B Arthur Newton USA ....–

London 1908[3)]

G Arthur Russell GBR 10:47,8
S Archie Robertson GBR 10:48,4
B John Eisele USA 11:00,8

Antwerpen 1920

G Percy Hodges GBR 10:00,4
S Patrick Flynn USA ....–
B Ernesto Ambrosini ITA ....–

Paris 1924

G Ville Ritola FIN 9:33,6
S Elias Katz FIN 9:44,0
B Paul Bontemps FRA 9:45,2

Amsterdam 1928

G Toivo Loukola FIN 9:21,8
S Paavo Nurmi FIN 9:31,6
B Ove Andersen FIN 9:35,6

Los Angeles 1932[4)]

G Volmari Iso-Hollo FIN 10:33,4
S Thomas Evenson GBR 10:46,0
B Joseph McCluskey USA 10:46,2

Berlin 1936

G Volmari Iso-Hollo FIN 9:03,8
S Kaarlo Tuominen FIN 9:06,8
B Alfred Dompert GER 9:07,2

London 1948

G Thore Sjöstrand SWE 9:04,6
S Erik Elmsäter SWE 9:08,2
B Göte Hagström SWE 9:11,8

Helsinki 1952

G Horace Ashenfelter USA 8:45,4
S Vladimir Kasanzev URS 8:51,6
B John Disley GBR 8:51,8

Melbourne 1956

G Christopher Brasher GBR 8:41,2
S Sandor Rozsnyoi HUN 8:43,6
B Ernst Larsen NOR 8:44,0

Rom 1960

G Zdzislaw Krzyszkowiak POL 8:34,2
S Nikolai Sokolov URS 8:36,4
B Semyon Rzhishchin URS 8:42,4

Tokio 1964

G Gaston Roelants BEL 8:30,8
S Maurice Herriott GBR 8:32,4
B Ivan Belyayev URS 8:33,8

Mexiko City 1968

G Amos Biwott KEN 8:51,0
S Benjamin Kogo KEN 8:51,6
B George Young USA 8:51,8

1) nur 2500 m
2) nur 2590 m
3) 3200 m
4) 3460 m (eine Runde zuviel)

München 1972

G Kipchoge Keino KEN 8:23,6
S Benjamin Jipcho KEN 8:24,6
B Tapio Kantanen FIN 8:24,8

Montreal 1976

G Anders Gärderud SWE 8:08,0
S Bronislaw Malinowski POL...........8:09,2
B Frank Baumgartl GDR 8:10,4

Moskau 1980

G Bronislaw Malinowski POL...........8:09,7
S Filbert Bayi TAN 8:12,5
B Eshetu Tura ETH 8:13,6

Los Angeles 1984

G Julius Korir KEN 8:11,30
S Joseph Mahmoud FRA 8:13,31
B Brian Diemer USA 8:14,06

Seoul 1988

G Julius Kariuki KEN 8:05,51
S Peter Koech KEN 8:06,79
B Mark Rowland GBR 8:07,96

Barcelona 1992

G Mathew Birir KEN 8:08,84
S Patrick Sang KEN 8:09,55
B William Mutwol KEN 8:10,74

München 1972

G Peter Frenkel GDR 1:26:42,4
S Vladimir Golubnichi URS 1:26:55,2
B Hans-Georg Reimann GDR 1:27:16,6

Montreal 1976

G Daniel Bautista MEX 1:24:40,6
S Hans-Georg Reimann GDR 1:25:13,8
B Peter Frenkel GDR 1:25:29,4

Moskau 1980

G Maurizio Damilano ITA 1:23:35,5
S Pyotr Pochinchuk URS 1:24:45,4
B Roland Wieser GDR 1:25:58,2

Los Angeles 1984

G Ernesto Canto MEX 1:23:13,0
S Raul Gonzalez MEX 1:23:20,0
B Maurizio Damilano ITA 1:23:26,0

Seoul 1988

G Josef Pribilinec TCH 1:19:57,0
S Ronald Weigel GDR 1:20:00,0
B Maurizio Damilano ITA 1:20:14,0

Barcelona 1992

G Daniel Plaza ESP.................1:21:45,0
S Guillaume Leblanc CAN 1:22:25,0
B Giovanni de Benedictis ITA 1:23:11,0

Bilanz 20 km Gehen Männer

Land	G	S	B
1. URS	3	3	3
2. MEX	2	2	–
3. GDR	1	2	3
4. ITA	1	–	3
5. GBR	1	–	1
6. ESP	1	–	–
TCH	1	–	–
8. AUS	–	1	–
CAN	–	1	–
GER	–	1	–

20 km Gehen Männer

Melbourne 1956

G Leonid Spirin URS 1:31:27,4
S Antanas Mikenas URS............1:32:03,0
B Bruno Junk URS.................1:32:12,0

Rom 1960

G Vladimir Golubnichi URS 1:34:07,2
S Noel Freeman AUS 1:34:16,4
B Stanley Vickers GBR 1:34:56,4

Tokio 1964

G Kenneth Matthews GBR 1:29:34,0
S Dieter Lindner GER 1:31:13,2
B Vladimir Golubnichi URS 1:31:59,4

Mexiko City 1968

G Vladimir Golubnichi URS 1:33:58,4
S José Pedraza MEX 1:34:00,0
B Nikolai Smaga URS 1:34:03,4

50 km Gehen Männer

Los Angeles 1932

G Thomas Green GBR 4:50:10,0
S Janis Dalinsh LAT 4:57:20,0
B Ugo Frigerio ITA 4:59:06,0

Berlin 1936

G Harold Whitlock GBR 4:30:41,4
S Arthur Tell Schwab SUI 4:32:09,2
B Adalberts Bubenko LAT 4:32:42,2

London 1948

G John Ljunggren SWE 4:41:52,0
S Gaston Godel SUI 4:48:17,0
B Tebbs Lloyd-Johnson GBR 4:48:31,0

Helsinki 1952

G Giuseppe Dordoni ITA 4:28:07,8
S Josef Dolezal TCH 4:30:17,8
B Antal Roka HUN 4:31:27,2

Bilanz 50 km Gehen Männer

Land	G	S	B
1. GBR	3	1	1
2. GDR	2	1	1
3. ITA	2	–	3
4. SWE	1	2	2
5. URS	1	2	1
6. MEX	1	1	–
7. EUN	1	–	–
FRG	1	–	–
NZL	1	–	–
10. SUI	–	2	–
11. HUN	–	1	1
LAT	–	1	1
13. ESP	–	1	–
TCH	–	1	–
15. USA	–	–	2
16. GER	–	–	1

Melbourne 1956

G Norman Read NZL 4:30:42,8
S Yevgeni Maskinskov URS 4:32:57,0
B John Ljunggren SWE 4:35:02,0

Rom 1960

G Donald Thompson GBR 4:25:30,0
S John Ljunggren SWE 4:25:47,0
B Abdon Pamich ITA 4:27:55,4

Tokio 1964

G Abdon Pamich ITA 4:11:12,4
S Paul Nihill GBR 4:11:31,2
B Ingvar Pettersson SWE 4:14:17,4

Mexiko City 1968

G Christoph Höhne GDR 4:20:13,6
S Antal Kiss HUN 4:30:17,0
B Larry Young USA 4:31:55,4

München 1972

G Bernd Kannenberg FRG 3:56:11,6
S Veniamin Soldatenko URS 3:58:24,0
B Larry Young USA 4:00:46,0

Moskau 1980

G Hartwig Gauder GDR 3:49:24,0
S Jorge Llopart ESP 3:51:25,0
B Yevgeni Ivchenko URS 3:56:32,0

Los Angeles 1984

G Raul Gonzalez MEX 3:47:26,0
S Bo Gustafsson SWE 3:53:19,0
B Sandro Belluci ITA 3:53:45,0

Seoul 1988

G Vyacheslav Ivanenko URS 3:38:29,0
S Ronald Weigel GDR 3:38:56,0
B Hartwig Gauder GDR 3:39:45,0

Barcelona 1992

G Andrei Perlow EUN 3:50:13,0
S Carlos Mercenario MEX 3:52:09,0
B Ronald Weigel GER 3:53:45,0

4x100-m-Staffel Männer

Bilanz 4x100-m-Staffel Männer

Land	G	S	B
1. USA	14	–	–
2. URS	2	4	1
3. GBR	1	3	2
4. GER	1	2	2
5. POL	–	2	–
6. FRA	–	1	4
7. ITA	–	1	2
8. CUB	–	1	1
SWE	–	1	1
10. GDR	–	1	–
JAM	–	1	–
NGR	–	1	–
13. CAN	–	–	1
FRG	–	–	1
HUN	–	–	1
NED	–	–	1

Stockholm 1912

G GBR 42,4
David Jacobs, Henry Macintosh, Victor d'Arcy, William Applegarth
S SWE 42,6
Ivan Möller, Charles Luther, Ture Persson, Knut Lindberg
B –

Antwerpen 1920

G USA 42,2
Charles Paddock, Jackson Scholz, Loren Murchison, Morris Kirksey
S FRA 42,6
René Tirard, René Lorain, René Mourlon, Emile Ali-Kahn
B SWE 42,9
Agne Holmström, William Petersson, Sven Malm, Nils Sandström

Paris 1924

G USA 41,0
Frank Hussey, Louis Clarke, Loren Murchison, Alfred LeConey
S GBR 41,2
Harold Abrahams, Walter Rangeley, Lancelot Royle, William Nichol
B NED 41,8
Jacob Boot, Henricus Broos, Jan de Vries, Marinus van den Berge

Amsterdam 1928

G USA 41,0
Frank Wykoff, James Quinn, Charles Borah, Henry Russell
S GER 41,2
Georg Lammers, Richard Corts, Hubert Houben, Helmut Körnig
B GBR 41,8
Cyril Gill, Edward Smouha, Walter Rangeley, Jack London

Los Angeles 1932

G USA 40,0
Robert Kiesel, Emmett Toppino, Hector Dyer, Frank Wykoff
S GER 40,9
Helmut Körnig, Friedrich Hendrix, Erich Borchmeyer, Arthur Jonath
B ITA 41,2
Giuseppe Castelli, Ruggero Maregatti, Gabriele Salviati, Edgar Toetti

Berlin 1936

G USA 39,80
Jesse Owens, Ralph Metcalfe, Foy Draper, Frank Wykoff
S ITA 41,13
Orazio Mariani, Gianni Caldana, Elio Ragni, Tullio Gonnelli

B GER 41,30
Wilhelm Leichum, Erich Borchmeyer, Erwin Gillmeister, Gerd Hornberger

London 1948

G USA 40,6
Norwood Ewell, Lorenzo Wright, Harrison Dillard, Melvin Patton
S GBR 41,3
John Archer, John Gregory, Alistair McCorquodale, Ken Jones
B ITA 41,5
Michele Tito, Enrico Perucconi, Antonio Siddi, Carlo Monti

Helsinki 1952

G USA 40,26
Dean Smith, Harrison Dillard, Lindy Remigino, Andy Stanfield
S URS 40,58
Boris Tokarev, Levan Kalyaev, Levan Sanadse, Vladimir Sukharyev
B HUN 40,83
Laszlo Zarandi, Geza Varasdi, György Csanyi, Bela Goldovanyi

Melbourne 1956

G USA 39,59
Ira Murchison, Leamon King, Thane Baker, Bobby Morrow
S URS 39,92
Boris Tokarev, Vladimir Sukharyev, Leonid Bartenev, Yuri Konovalov
B GER 40,34
Lothar Knörzer, Leonhard Pohl, Heinz Fütterer, Manfred Germar

Rom 1960

G GER 39,66
Bernd Cullmann, Armin Hary, Walter Mahlendorf, Martin Lauer
S URS 40,23
Gusman Kosanov, Leonid Bartenev, Yuri Konovalov, Edvin Ozolins
B GBR 40,32
Peter Radford, David Jones, David Segal, Neville Whitehead

Tokio 1964

G USA 39,06
Paul Drayton, Gerry Ashworth, Richard Stebbins, Robert Hayes
S POL 39,36
Andrzej Zielinski, Wieslaw Maniak, Marian Foik, Marian Dudziak

B FRA 39,36
Paul Genevay, Bernard Laidebeur, Claude Piquemal, Jocelyn Delecour

Mexiko City 1968

G USA 38,23
Charlie Greene, Ronnie Ray Smith, Mel Pender, Jim Hines
S CUB 38,39
Hermes Ramirez, Juan Morales, Pablo Montes, Enrique Figuerola
B FRA 38,42
Gérard Fenouil, Jocelyn Delecour, Claude Piquemal, Roger Bambuck

München 1972

G USA 38,19
Larry Black, Robert Taylor, Gerald Tinker, Eddie Hart
S URS 38,50
Alexander Kornelyuk, Vladimir Lovetsky, Yuris Silovs, Valeri Borsov
B FRG 38,79
Jobst Hirscht, Karlheinz Klotz, Gerhard Wucherer, Klaus Ehl

Montreal 1976

G USA 38,33
Harvey Glance, Johnny Jones, Millard Hampton, Steve Riddick
S GDR 38,66
Manfred Kokot, Jörg Pfeifer, Klaus-Dieter Kurrat, Alexander Thieme .....
B URS 38,78
Alexander Aksinin, Nikolai Kolesnikov, Yuris Silovs, Valeri Borsov

Moskau 1980

G URS 38,26
Vladimir Muravyov, Nikolai Sidorov, Alexander Aksinin, Andrei Prokofyev
S POL 38,33
Krzysztof Zwolinski, Zenon Licznerski, Leszek Dunecki, Marian Woronin
B FRA 38,53
Antoine Richard, Pascal Barré, Patrick Barré, Hermann Panzo

Los Angeles 1984

G USA 37,83
Sam Graddy, Ron Brown, Calvin Smith, Carl Lewis
S JAM 38,62
Albert Lawrence, Greg Meghoo, Donald Quarrie, Ray Stewart

B CAN 38,70
Ben Johnson, Tony Sharpe, Desai Williams,
Sterling Hinds ....

Seoul 1988

G URS 38,19
Viktor Bryzgin, Vladimir Krylov,
Vladimir Muravyov, Vitali Savin

S GBR 38,28
Elliot Bunney, John Regis,
Michael McFarlane, Linford Christie

B FRA 38,40
Bruno Marie Rose, Daniel Sangouma,
Gilles Quénéhervé, Max Morinière

Barcelona 1992

G USA 37,40
Mike Marsh, Leroy Burrell, Dennis Mitchell,
Carl Lewis

S NGR 37,98
Oluyemi Kayade, Olapade Adeniken,
Chidi Imoh, Davidson Ezinwa

B CUB 38,00
Andrés Simón, Joel Lamela Juárez, Joel Isasi,
Jorge Luis Aguilaera

Bilanz 4x400-m-Staffel Männer

Land	G	S	B
1. USA	13	2	–
2. GBR	2	4	4
3. JAM	1	1	1
4. KEN	1	1	–
5. URS	1	–	–
6. FRA	–	2	2
GER	–	2	2
8. SWE	–	1	1
9. AUS	–	1	–
CUB	–	1	–
GDR	–	1	–
POL	–	1	–
RSA	–	1	–
14. FRG	–	–	3
15. CAN	–	–	2
ITA	–	–	1
NGR	–	–	1
TRI	–	–	1

4x400-m-Staffel Männer

Stockholm 1912

G USA 3:16,6
Melvin Sheppard, Edward Lindberg,
James Meredith, Charles Reidpath

S FRA 3:20,7
Charles Lelong, Robert Schurrer,
Pierre Failito, Charles Poulenard

B GBR 3:23,2
George Nicol, Ernest Henley, Tindal Soutter,
Dyril Seedhouse

Antwerpen 1920

G GBR 3:22,2
Cecil Griffiths, Robert Lindsay,
John Ainsworth-Davis, Guy Butler

S RSA 3:24,2
Harry Davel, Clarence Oldfield,
Jack Oosterlaak, Bevil Rudd

B FRA 3:24,8
Geo André, Gaston Fery, Maurice Delvart,
Jean Devaux

Paris 1924

G USA 3:16,0
Commodore Cochran, Alan Helffrich,
Oliver MacDonald, William Stevenson

S SWE 3:17,0
Artur Svensson, Erik Bylehn,
Gustaf Wejnarth, Nils Engdahl

B GBR 3:17,4
Edward Toms, George Renwick,
Richard Ripley, Guy Butler

Amsterdam 1928

G USA 3:14,2
George Baird, Emerson Spencer,
Frederick Alderman, Raymond Barbuti

S GER 3:14,8
Otto Neumann, Richard Krebs, Harry Storz,
Hermann Engelhard

B CAN 3:15,4
Alexander Wilson, Philip Edwards,
Stanley Glover, James Ball

Los Angeles 1932

G USA 3:08,2
Ivan Fuqua, Edgar Ablovich, Karl Warner,
William Carr

S GBR 3:11,2
Crew Stoneley, Thomas Hampson,
David Burghley, Godfrey Rampling

B CAN 3:12,8
Raymond Lewis, James Ball, Philip Edwards,
Alexander Wilson

Berlin 1936

G GBR 3:09,0
Frederick Wolff, Godfrey Rampling,
William Roberts, Godfrey Brown

S USA 3:11,0
Harold Cagle, Robert Young, Edward O'Brien,
Robert Fitch

B GER 3:11,8
Helmut Hamann, Friedrich von Stülpnagel,
Harry Voigt, Rudolf Harbig

London 1948

G USA 3:10,4
Arthur Harnden, Clifford Bourland,
Leroy Cochran, Mal Whitfield

S FRA 3:14,8
Jean Kerebel, Francois Schewetta,
Robert Chef d'hotel, Jacques Lunis

B SWE 3:16,0
Kurt Lundkvist, Lars Wolfbrandt,
Folke Alnevik, Rune Larsson

Helsinki 1952

G JAM 3:03,9
Arthur Wint, Leslie Laing, Herbert McKenley,
George Rhoden

S USA 3:04,0
Ollie Matson, Gerald Cole, Charles Moore, Mal Whitfield
B GER 3:06,6
Hans Geister, Günther Steines, Heinz Ulzheimer, Karl-Friedrich Haas

Melbourne 1956

G USA 3:04,8
Lou Jones, Jesse Mashburn, Charles Jenkins, Thomas Courtney
S AUS 3:06,2
Leon Gregory, David Lean, Leon Gipson, Kevan Gosper
B GBR 3:07,2
John Salisbury, Michael Wheeler, Peter Higgins, Derek Johnson

Rom 1960

G USA 3:02,2
Jack Yerman, Earl Young, Glenn Davis, Otis Davis
S GER 3:02,7
Hans-Joachim Reske, Manfred Kinder, Johannes Kaiser, Carl Kaufmann
B JAM 3:04,0
Malcolm Spence, James Wedderburn, Keith Gardner, George Kerr[1]

Tokio 1964

G USA 3:00,7
Ollan Cassell, Mike Larrabee, Ulis Williams, Henry Carr
S GBR 3:01,6
Timothy Graham, Adrian Metcalfe, John Cooper, Robbie Brightwell
B TRI 3:01,7
Edwin Skinner, Kent Bernard, Edwin Roberts, Wendell Mottley

Mexiko City 1968

G USA 2:56,16
Vincent Matthews, Ronald Freeman, Larry James, Lee Evans
S KEN 2:59,6
Daniel Rudisha, Matesi Munyoro Nyanmau, Naftali Bon, Charles Asati
B FRG 3:00,5
Helmar Müller, Manfred Kinder, Gerhard Hennige, Martin Jellinghaus

München 1972

G KEN 2:59,8
Charles Asati, Hezakiah Nyanmau, Robert Ouko, Julius Sang
S GBR 3:00,5
Martin Reynolds, Alan Pascoe, David Hemery, David Jenkins
B FRA 3:00,7
Gilles Bertould, Daniel Velasques, Francis Kerbiriou, Jacques Carette

Montreal 1976

G USA 2:58,65
Herman Frazier, Benjamin Brown, Frederick Newhouse, Maxie Parks
S POL 3:01,43
Ryszard Podlas, Jan Werner, Zbigniew Jaremski, Jerzy Pietrzyk
B FRG 3:01,98
Franz-Peter Hofmeister, Lothar Krieg, Harald Schmid, Bernd Hermann

Moskau 1980

G URS 3:01,1
Remigius Valiulis, Mikhail Linge, Nikolai Chernetzki, Viktor Markin
S GDR 3:01,3
Klaus Thiele Andreas Knebel, Frank Schaffer, Volker Beck
B ITA 3:04,3
Stefano Ma inverni, Mauro Zuliani, Roberto Tozzi, Pietro Mennea

Los Angeles 1984

G USA 2:57,91
Sunder Nix, Ray Armstead, Alonzo Barbers, Antonio McKay
S GBR 2:59,13
Kriss Akabusi, Garry Cook, Todd Bennett, Philip Brown
B NGR 2:59,32
Sunday Uti, Moses Ugbusien, Rotimi Peters, Innocent Egbunike

Seoul 1988

G USA 2:56,16
Danny Everett, Steven Lewis, Kevin Robinzine, Harry Reynolds
S JAM 3:00,30
Howard Davis, Devon Morris, Winthrop Graham, Bert Cameron
B FRG 3:00,56
Norbert Dobeleit, Edgar Itt, Jörg Vaihinger, Ralf Lübke

Barcelona 1992

G USA 2:55,74
Andrew Valmon, Quincy Watts, Michael Jonnson, Steven Lewis

1) Jamaika trat gemeinsam mit Barbados und Trinidad an.

S CUB 2:59,51
Lazaro Martinez, Hector Herrera, Norbert Tellez, Roberto Hernandez
B GBR 2:59,73
Roger Black, David Grindley, Kriss Akabusi, John Regis

Bilanz Hochsprung Männer

Land	G	S	B
1. USA	12	11	10
2. URS	4	1	3
3. GBR	1	2	0
4. AUS	1	1	1
GDR	1	1	1
POL	1	1	1
7. CAN	1	1	–
8. CUB	1	–	–
FRG	1	–	–
10. SWE	–	2	2
11. HUN	–	2	1
12. FRA	–	1	2
13. GER	–	1	1
14. NOR	–	1	–
15. BRA	–	–	1
CHN	–	–	1
GRE	–	–	1
PHI	–	–	1

Hochsprung Männer

Athen 1896
G Ellery Clark USA 1,81
S James Connolly USA 1,65
B Robert Garrett USA 1,65

Paris 1900
G Irving Baxter USA 1,90
S Patrick Leahy GBR 1,78
B Lajos Gönczy HUN 1,75

St. Louis 1904
G Samuel Jones USA 1,803
S Garrett Serviss USA 1,778
B Paul Weinstein GER 1,778

Athen 1906
G Cornelius Leahy GBR 1,775
S Lajos Gönczy HUN 1,75
B Herbert Kerrigan USA 1,725
Themistraklis Diakitis GRE 1,725

London 1908
G Harry Porter USA 1,905
S Cornelius Leahy GBR 1,88
Istvan Somodi HUN 1,88
Geo André FRA 1,88

Stockholm 1912
G Alma Richards USA 1,93
S Hans Liesche GER 1,91
B George Horine USA 1,89

Antwerpen 1920
G Richmond Landon USA 1,935
S Harold Muller USA 1,90
B Bo Ekelund SWE 1,90

Paris 1924
G Harold Osborn USA 1,98
S Leroy Brown USA 1,95
B Pierre Lewden FRA 1,92

Amsterdam 1928
G Robert King USA 1,94
S Benjamin Hedges USA 1,91
B Claude Ménard FRA 1,91

Los Angeles 1932
G Duncan McNaughton CAN 1,97
S Robert van Osdel USA 1,97
B Simeon Toribio PHI 1,97

Berlin 1936
G Cornelius Johnson USA 2,03
S David Albritton USA 2,00
B Delos Thurber USA 2,00

London 1948
G John Winter AUS 1,98
S Björn Paulson NOR 1,95
B George Stanich USA 1,95

Helsinki 1952
G Walter Davis USA 2,04
S Kenneth Wiesner USA 2,01
B José Telles BRA 1,98

Melbourne 1956
G Charles Dumas USA 2,12
S Charles Porter AUS 2,10
B Igor Kashkarov URS 2,08

Rom 1960
G Robert Shavlakadse URS 2,16
S Valeri Brumel URS 2,16
B John Thomas USA 2,14

Tokio 1964
G Valeri Brumel URS 2,18
S John Thomas USA 2,18
B John Rambo USA 2,16

Mexiko City 1968
G Dick Fosbury USA 2,24
S Edward Caruthers USA 2,22
B Valentin Gavrilov URS 2,20

München 1972
G Yuri Tarmak URS 2,23
S Stefan Junge GDR 2,21
B Dwight Stones USA 2,21

Montreal 1976
G Jacek Wszola POL 2,25
S Gregory Joy CAN 2,23
B Dwight Stones USA 2,21

Moskau 1980

G Gerd Wessig GDR 2,36
S Jacek Wszola POL 2,31
B Jörg Freimuth GDR 2,31

Los Angeles 1984

G Dietmar Mögenburg FRG 2,35
S Patrik Sjöberg SWE 2,33
B Jianhua Zhu CHN 2,31

Seoul 1988

G Gennadi Avdeyenko URS 2,38
S Hollis Conway USA 2,36
B Rudolf Povarnizyn URS 2,36
Patrik Sjöberg SWE 2,36

Barcelona 1992

G Javier Sotomayor CUB 2,34
S Patrik Sjöberg SWE 2,34
B Artur Partyka POL 2,34
Timothy Forsythe AUS 2,34
Hollis Conway USA 2,34

Weitsprung Männer

Athen 1896

G Ellery Clark USA 6,35
S Robert Garrett USA 6,18
B James Connolly USA 6,11

Paris 1900

G Alvin Kraenzlein USA 7,185
S Myer Prinstein USA 7,175
B Patrick Leahy GBR 6,950

St. Louis 1904

G Myer Prinstein USA 7,34
S Daniel Frank USA 6,89
B Robert Stangland USA 6,88

Athen 1906

G Myer Prinstein USA 7,20
S Peter O'Connor GBR 7,02
B Hugo Friend USA 6,96

London 1908

G Francis Irons USA 7,480
S Daniel Kelly USA 7,090
B Calvin Bricker CAN 7,085

Stockholm 1912

G Albert Gutterson USA 7,60
S Calvin Bricker CAN 7,21
B Georg Aberg SWE 7,18

Antwerpen 1920

G William Petersson SWE 7,15
S Carl Johnson USA 7,095
B Erik Abrahamsson SWE 7,08

Paris 1924

G William DeHart Hubbard USA 7,445
S Edward Gourdin USA 7,275
B Sverre Hansen NOR 7,26

Amsterdam 1928

G Edward Hamm USA 7,73
S Silvio Cator HAI 7,58
B Alfred Bates USA 7,40

Los Angeles 1932

G Edward Gordon USA 7,64
S Charles Lambert Redd USA 7,60
B Chuhei Nambu JPN 7,45

Berlin 1936

G Jesse Owens USA 8,06
S Luz Long GER 7,87
B Naoto Tajima JPN 7,74

London 1948

G Willie Steele USA 7,825
S Thomas Bruce AUS 7,555
B Herbert Douglas USA 7,545

Helsinki 1952

G Jerome Biffle USA 7,57
S Meredith Gourdine USA 7,53
B Ödön Földessy HUN 7,30

Melbourne 1956

G Gregory Bell USA 7,83
S John Bennett USA 7,68
B Jorma Valkama FIN 7,48

Rom 1960

G Ralph Boston USA 8,12
S Irvin Roberson USA 8,11
B Igor Ter-Ovanesian URS 8,04

Tokio 1964

G Lynn Davies GBR 8,07
S Ralph Boston USA 8,03
B Igor Ter-Ovanesian URS 7,99

Bilanz Weitsprung Männer

Land	G	S	B
1. USA	20	14	9
2. GDR	1	2	1
3. GBR	1	1	1
4. SWE	1	–	2
5. AUS	–	2	–
6. CAN	–	1	1
7. FRG	–	1	–
GER	–	1	–
HAI	–	1	–
10. URS	–	–	3
11. JPN	–	–	2
12. FIN	–	–	1
HUN	–	–	1
ITA	–	–	1
NOR	–	–	1

Mexiko City 1968

G Bob Beamon USA[1] 8,90
S Klaus Beer GDR 8,19
B Ralph Boston USA 8,16

München 1972

G Randy Williams USA 8,24
S Hans Baumgartner FRG 8,18
B Arnie Robinson USA 8,03

Montreal 1976

G Arnie Robinson USA 8,35
S Randy Williams USA 8,11
B Frank Wartenberg GDR 8,02

Moskau 1980

G Lutz Dombrowski GDR 8,54
S Frank Paschek GDR 8,21
B Valeri Podlushni URS 8,18

Los Angeles 1984

G Carl Lewis USA 8,54
S Gary Honey AUS 8,24
S Giovanni Evangelisti ITA 8,24

Seoul 1988

G Carl Lewis USA 8,72
S Mike Powell USA 8,49
B Larry Myricks USA 8,27

Barcelona 1992

G Carl Lewis USA 8,67
S Mike Powell USA 8,64
B Joe Greene USA 8,34

Stabhochsprung Männer

Athen 1896

G William Welles Hoyt USA 3,30
S Albert Tyler USA 3,25
B Evangelos Damaskos GRE 2,85

Paris 1900

G Irving Baxter USA 3,30
S Michael Colket USA 3,25
B Carl-Albert Andersen NOR 3,20

St. Louis 1904

G Charles Dvorak USA 3,50
S Leroy Samse USA 3,43
B Louis Wilkins USA 3,43

Athen 1906

G Fernand Gonder FRA 3,50
S Bruno Söderström SWE 3,40
B Edward Glover USA 3,35

London 1908

G Edward Cooke USA 3,71
Alfred Gilbert USA 3,71
B Edward Archibald CAN 3,58
Charles Jacobs USA 3,58
Bruno Söderström SWE 3,58

Stockholm 1912

G Harry Babcock USA 3,95
S Frank Nelson USA 3,85
Marcus Wright USA 3,85

Antwerpen 1920

G Frank Foss USA 4,09
S Henry Petersen DEN 3,70
B Edwin Myers USA 3,60

Paris 1924

G Lee Barnes USA 3,95
S Glen Graham USA 3,95
B James Brooker USA 3,90

Amsterdam 1928

G Sabin Carr USA 4,20
S William Droegemuller USA 4,10
B Charles McGinnis USA 3,95

Los Angeles 1932

G William Miller USA 4,315
S Shuhei Nishida JPN 4,30
B George Jefferson USA 4,20

Berlin 1936

G Earle Meadows USA 4,35
S Shuhei Nishida JPN 4,25
B Sueo Oe JPN 4,25

London 1948

G Guinn Owen Smith USA 4,30
S Erkki Kataja FIN 4,20
B Bob Richards USA 4,20

Helsinki 1952

G Bob Richards USA 4,55
S Donald Laz USA 4,50
B Ragnar Lundberg SWE 4,40

Bilanz Stabhochsprung Männer

Land	G	S	B
1. USA	17	12	11
2. POL	2	1	–
3. FRA	2	–	1
4. URS	1	2	1
5. EUN	1	1	–
6. GDR	1	–	1
7. FIN	–	2	1
JPN	–	2	1
9. SWE	–	1	2
10. GER	–	1	1
11. DEN	–	1	–
FRG	–	1	–
13. GRE	–	–	2
14. CAN	–	–	1
ESP	–	–	1
NOR	–	–	1

1) Weltrekord, hielt bis 1991 (Mike Powell/USA, 8,95 m)

Melbourne 1956

G Bob Richards USA 4,56
S Robert Gutowski USA 4,53
B Georgios Roubanis GRE 4,50

Rom 1960

G Donald Bragg USA 4,70
S Ronald Morris USA 4,60
B Eeles Landström FIN 4,55

Tokio 1964

G Fred Hansen USA 5,10
S Wolfgang Reinhardt GER 5,05
B Klaus Lehnertz GER 5,00

Mexiko City 1968

G Bob Seagren USA 5,40
S Claus Schiprowski FRG 5,40
B Wolfgang Nordwig GDR 5,40

München 1972

G Wolfgang Nordwig GDR[1] 5,50
S Bob Seagren USA 5,40
B Jan Johnson USA 5,35

Montreal 1976

G Tadeusz Slusarski POL 5,50
S Antti Kalliomäki FIN 5,50
B Dave Roberts USA 5,50

Moskau 1980

G Wladyslaw Kozakiewicz POL 5,78
S Tadeusz Slusarski POL 5,65
Konstantin Volkov URS 5,65

Los Angeles 1984

G Pierre Quinon FRA 5,75
S Mike Tully USA 5,65
B Earl Bell USA 5,60
Thierry Vigneron FRA 5,60

Seoul 1988

G Sergei Bubka URS 5,90
S Rodion Gataulin URS 5,85
B Grigori Yegorov URS 5,80

Barcelona 1992

G Maxim Tarassov EUN 5,80
S Igor Trandenkov EUN 5,80
B Javier Garcia ESP 5,75

Dreisprung Männer

Athen 1896

G James Connolly USA 13,71
S Alexandre Tuf-ere FRA 12,70
B Ioannis Persakis GRE 12,52

Paris 1900

G Myer Prinstein USA 14,47
S James Connolly USA 13,97
B Lewis Sheldor USA 13,64

St. Louis 1904

G Myer Prinstein USA 14,35
S Fred Englehardt USA 13,90
B Robert Stangland USA 13,36

Athen 1906

G Peter O'Connor GBR 14,075
S Cornelius Leahy GBR 13,98
B Thomas Cronan USA 13,70

London 1908

G Timothy Ahearne GBR 14,915
S J. Garfield MacDonald CAN 14,760
B Edvard Larsen NOR 14,395

Stockholm 1912

G Gustaf Lindblom SWE 14,76
S Georg Aberg SWE 14,51
B Erik Almlöf SWE 14,17

Antwerpen 1920

G Vilho Tuulos FIN 14,505
S Folke Jansson SWE 14,48
B Erik Almlöf SWE 14,275

Paris 1924

G Anthony Winter AUS 15,525
S Luis Bruneto ARG 15,425
B Vilho Tuulos FIN 15,37

Amsterdam 1928

G Mikio Oda JPN 15,21
S Levi Casey USA 15,17
B Vilho Tuulos FIN 15,11

Los Angeles 1932

G Chuhei Nambu JPN 15,72
S Eric Svensson SWE 15,32
B Kenkichi Oshima JPN 15,12

Bilanz Dreisprung Männer

Land	G	S	B
1. URS	5	5	4
2. USA	4	6	3
3. JPN	3	1	1
4. SWE	2	3	2
5. BRA	2	1	3
6. GBR	2	1	1
7. POL	2	–	–
8. AUS	1	1	1
9. FIN	1	–	2
10. BUL	1	–	–
11. ARG	–	1	–
CAN	–	1	–
FRA	–	1	–
GDR	–	1	–
ISL	–	1	–
16. BAH	–	–	1
GRE	–	–	1
ITA	–	–	1
NOR	–	–	1
TUR	–	–	1
VEN	–	–	1

1) Nordwig beendete die nur 1906 unterbrochene Siegesserie der Amerikaner: 16 von 17 möglichen Erfolgen.

Berlin 1936

G Naoto Tajima JPN 16,00
S Masao Harada JPN 15,66
B John Metcalfe AUS 15,50

London 1948

G Arne Ahman SWE 15,40
S George Avery AUS 15,365
B Ruhi Sarialp TUR 15,025

Helsinki 1952

G Adhemar da Silva BRA 16,22
S Leonid Sherbakov URS 15,98
B Arnoldo Devonish VEN 15,52

Melbourne 1956

G Adhemar da Silva BRA 16,35
S Vilhjalmur Einarsson ISL 16,26
B Vitold Kreyer URS 16,02

Rom 1960

G Jozef Szmidt POL 16,81
S Vladimir Goryayev URS 16,63
B Vitold Kreyer URS 16,43

Tokio 1964

G Jozef Szmidt POL 16,85
S Oleg Fyedosseyev URS 16,58
B Viktor Kravchenko URS 16,57

Mexiko City 1968

G Viktor Saneyev URS 17,39
S Nelson Prudencio BRA 17,27
B Giuseppe Gentile ITA 17,22

München 1972

G Viktor Saneyev URS 17,35
S Jörg Drehmel GDR 17,31
B Nelson Prudencio BRA 17,05

Montreal 1976

G Viktor Saneyev URS 17,29
S James Butts USA 17,18
B Joao Carlos de Oliveira BRA 16,90

Moskau 1980

G Jaak Uudmäe URS 17,35
S Viktor Saneyev URS 17,24
B Joao Carlos de Oliveira BRA 17,22

Los Angeles 1984

G Al Joyner USA 17,26
S Mike Conley USA 17,18
B Keith Connor GBR 16,87

Seoul 1988

G Christo Markov BUL 17,61
S Igor Lapshin URS 17,52
B Alexander Kovalenko URS 17,42

Barcelona 1992

G Mike Conley USA[1] 18,17
S Charles Simpkins USA 17,60
B Frank Rutherford BAH 17,36

1) kein Weltrekord wegen Rückenwind

Kugelstoßen Männer

Bilanz Kugelstoßen Männer

Land	G	S	B
1. USA	16	16	10
2. GDR	2	–	2
3. URS	1	2	2
4. FIN	1	2	–
5. ITA	1	–	–
POL	1	–	–
7. GER	1	–	2
8. GRE	–	1	1
HUN	–	1	1
10. GBR	–	1	–
11. TCH	–	–	2
12. EUN	–	–	1
13. SUI	–	–	1
14. SWE	–	–	1

Athen 1896

G Robert Garrett USA 11,22
S Miltiades Gouskos GRE 11,20
B Georgios Papasideris GRE 10,36

Paris 1900

G Richard Sheldon USA 14,10
S Josiah McCracken USA 12,85
B Robert Garrett USA 12,37

St. Louis 1904

G Ralph Rose USA 14,808
S William Coe USA 14,40
B Leon Feuerbach USA 13,37

Athen 1906

G Martin Sheridan USA 12,325
S Mihaly David HUN 11,83
B Eric Lemming SWE 11,26

London 1908

G Ralph Rose USA 14,210
S Dennis Horgan GBR 13,620
B John Garrels USA 13,180

Stockholm 1912

G Patrick McDonald USA 15,34
S Ralph Rose USA 15,25
B Lawrence Whitney USA 13,93

Antwerpen 1920

G Ville Pörhölä FIN 14,81
S Elmer Niklander FIN 14,155
B Harry Liversedge USA 14,15

Paris 1924

G Clarence Houser USA 14,995
S Glenn Hartranft USA 14,895
B Ralph Hills USA 14,64

Amsterdam 1928

G John Kuck USA 15,87
S Herman Brix USA 15,75
B Emil Hirschfeld GER 15,72

Los Angeles 1932

G Leo Sexton USA 16,005
S Harlow Rothert USA 15,675
B Frantisek Douda TCH 15,61

Berlin 1936

G Hans Woellke GER 16,20
S Sulo Bärlund FIN 16,12
B Gerhard Stöck GER 15,66

London 1948

G Wilbur Thompson USA 17,12
S James Delaney USA 16,68
B James Fuchs USA 16,42

Helsinki 1952

G Parry O'Brien USA 17,41
S Darrow Hooper USA 17,39
B James Fuchs USA 17,06

Melbourne 1956

G Parry O'Brien USA 18,57
S Bill Nieder USA 18,18
B Jiri Skobla TCH 17,65

Rom 1960

G Bill Nieder USA 19,68
S Parry O'Brien USA 19,11
B Dallas Long USA 19,01

Tokio 1964

G Dallas Long USA 20,33
S Randy Matson USA 20,20
B Vilmos Varju HUN 19,39

Mexiko City 1968

G Randy Matson USA 20,54
S George Woods USA 20,12
B Eduard Gushtshin URS 20,09

München 1972

G Wladyslaw Komar POL 21,18
S George Woods USA 21,17
B Hartmut Briesenick GDR 21,14

Montreal 1976

G Udo Beyer GDR 21,05
S Yevgeni Mironov URS 21,03
B Alexander Baryshnikov URS 21,00

Moskau 1980

G Vladimir Kisselyov URS 21,35
S Alexander Baryshnikov URS 21,08
B Udo Beyer GDR 21,06

Los Angeles 1984

G Alessandro Andrei ITA 21,26
S Michael Carter USA 21,09
B Dave Laut USA 20,97

Seoul 1988

G Ulf Timmermann GDR 22,47
S Randy Barnes USA 22,39
B Werner Günthör SUI 21,99

Barcelona 1992

G Michael Stulce USA 21,70
S James Doehring USA 20,96
B Vyacheslav Lykho EUN 20,94

Diskuswerfen Männer

Athen 1896

G Robert Garrett USA 29,15
S Panagiotis Paraskevopoulos GRE 28,95
B Sotirios Versis GRE 28,78

Paris 1900

G Rudolf Bauer HUN 36,04
S Frantisek Janda-Suk BOH 35,25
B Richard Sheldon USA 34,60

St. Louis 1904

G Martin Sheridan USA 39,28
G Ralph Rose USA 39,28
B Nicolaos Georgantas GRE 37,68

Athen 1906

G Martin Sheridan USA 41,46
S Nicolaos Georgantas GRE 38,06
B Verner Järvinen FIN 36,82

London 1908

G Martin Sheridan USA 40,890
S Merritt Giffin USA 40,700
B Marquis Horr USA 39,445

Stockholm 1912

G Armas Taipale FIN 45,21
S Richard Byrd USA 42,32
B James Duncan USA 42,28

Bilanz Diskuswerfen Männer

Land	G	S	B
1. USA	14	9	13
2. FIN	2	3	1
3. ITA	1	2	1
TCH	1	2	1
5. GDR	1	2	-
6. URS	1	1	-
7. FRG	1	-	1
8. HUN	1	-	-
LTU	1	-	-
10. GRE	-	2	2
11. BOH	-	1	-
GER	-	1	-
13. CUB	-	-	2
14. FRA	-	-	1
SWE	-	-	1

Antwerpen 1920

G Elmer Niklander FIN 44,685
S Armas Taipale FIN 44,19
B Augustus Pope USA 42,13

Paris 1924

G Clarence Houser USA 46,155
S Vilho Niittymaa FIN 44,95
B Thomas Lieb USA 44,83

Amsterdam 1928

G Clarence Houser USA 47,32
S Lauri Antero Kivi FIN 47,23
B James Corson USA 47,10

Los Angeles 1932

G John Anderson USA 49,49
S Henri Jean Laborde USA 48,47
B Paul Winter FRA 47,85

Berlin 1936

G Kenneth Carpenter USA 50,48
S Gordon Dunn USA 49,36
B Giorgio Oberweger ITA 49,23

London 1948

G Adolfo Consolini ITA 52,78
S Giuseppe Tosi ITA 51,78
B Fortune Gordien USA 50,77

Helsinki 1952

G Sim Iness USA 55,03
S Adolfo Consolini ITA 52,78
B James Dillion USA 53,28

Melbourne 1956

G Al Oerter USA 56,36
S Fortune Gordien USA 54,81
B Desmond Koch USA 54,40

Rom 1960

G Al Oerter USA 59,18
S Richard Babka USA 58,02
B Richard Cochran USA 57,16

Tokio 1964

G Al Oerter USA 61,00
S Ludvik Danek TCH 60,52
B David Weill USA 59,49

Mexiko City 1968

G Al Oerter USA 64,78
S Lothar Milde GDR 63,08
B Ludvik Danek TCH 62,92

München 1972

G Ludvik Danek TCH 64,40
S Jay Silvester USA 63,50
B Ricky Bruch SWE 63,40

Montreal 1976

G Mac Wilkins USA 67,50
S Wolfgang Schmidt GDR 66,22
B John Powell USA 65,70

Moskau 1980

G Viktor Rashtshupkin URS 66,64
S Imrich Bugar TCH 66,38
B Luis Delis CUB 66,32

Los Angeles 1984

G Rolf Danneberg FRG 66,60
S Mac Wilkins USA 66,30
B John Powell USA 65,46

Seoul 1988

G Jürgen Schult GDR 68,82
S Romas Ubartas URS 67,48
B Rolf Danneberg FRG 67,38

Barcelona 1992

G Romas Ubartas LIT 65,12
S Jürgen Schult GER 64,94
B Roberto Moya CUB 64,12

Speerwerfen Männer

London 1908

G Eric Lemming SWE 54,824
S Arne Halse NOR 50,570
B Otto Nilsson SWE 47,105

Stockholm 1912

G Eric Lemming SWE 60,64
S Juho Saaristo FIN 58,86
B Mor Kovacs HUN 55,50

Antwerpen 1920

G Jonni Myyrä FIN 65,78
S Urho Peltonen FIN 63,50
B Paavo Jaale-Johansson FIN 63,095

Paris 1924

G Jonni Myyrä FIN 62,96
S Gunnar Lindström SWE 60,92
B Eugene Oberst USA 58,35

Bilanz Speerwerfen Männer

Land	G	S	B
1. FIN	7	7	5
2. URS	3	2	2
3. SWE	3	1	2
4. HUN	1	2	4
5. USA	1	2	2
6. NOR	1	1	1
7. GER	1	1	–
TCH	1	1	–
9. FRG	1	–	–
10. GBR	–	1	1
11. POL	–	1	–
12. GDR	–	–	1
ROM	–	–	1

Amsterdam 1928
G Erik Lundqvist SWE 66,60
S Bela Szepes HUN 65,26
B Olav Sunde NOR 63,97

Los Angeles 1932
G Matti Järvinen FIN 72,71
S Matti Sippala FIN 69,80
B Eino Penttilä FIN 68,70

Berlin 1936
G Gerhard Stöck GER 71,84
S Yrjö Nikkanen FIN 70,77
B Kaarlo Kalervo Toivonen FIN 70,72

London 1948
G Kai Tapio Rautavaara FIN 69,77
S Stephan Seymour USA 67,56
B Jozsef Varszegi HUN 67,03

Helsinki 1952
G Cyrus Young USA 73,78
S William Miller USA 72,46
B Toivo Hyytiäinen FIN 71,89

Melbourne 1956
G Egil Danielsen NOR 85,71
S Janusz Sidlo POL 79,98
B Viktor Zybulenko URS 79,50

Rom 1960
G Viktor Zybulenko URS 84,64
S Walter Krüger GER 79,36
B Gergely Kulcsar HUN 78,57

Tokio 1964
G Pauli Nevala FIN 82,66
S Gergely Kulcsar HUN 82,32
B Janis Lusis URS 80,57

Mexiko City 1968
G Janis Lusis URS 90,10
S Jorma Kinnunen FIN 88,58
B Gergely Kulcsar HUN 87,06

München 1972
G Klaus Wolfermann FRG 90,48
S Janis Lusis URS 90,46
B William Schmidt USA 84,42

Montreal 1976
G Miklos Nemeth HUN 94,58
S Hannu Siitonen FIN 87,92
B Gheorghe Megelea ROM 87,16

Moskau 1980
G Dainis Kula URS 91,20
S Alexander Makarov URS 89,64
B Wolfgang Hanisch GDR 86,72

Los Angeles 1984
G Arto Härkönen FIN 86,76
S David Ottley GBR 85,74
B Kenth Eldebrink SWE 83,72

Seoul 1988
G Tapio Korjus FIN 84,28
S Jan Zelezny TCH 84,12
B Seppo Räty FIN 83,26

Barcelona 1992
G Jan Zelezny TCH 89,66
S Seppo Räty FIN 86,60
B Steve Backley GBR 83,38

Hammerwerfen Männer

Paris 1900
G John Flanagan USA 49,73
S Truxton Hare USA 49,13
B Josiah McCracken USA 42,46

London 1908
G John Flanagan USA 51,92
S Matthew McGrath USA 51,18
B Cornelius Walsh CAN 48,51

Stockholm 1912
G Matthew McGrath USA 54,74
S Duncan Gillis CAN 48,39
B Clarence Childs USA 48,17

Antwerpen 1920
G Patrick Ryan USA 52,875
S Carl Johan Lind SWE 48,43
B Basil Bennet USA 48,25

Paris 1924
G Frederick Tootell USA 53,295
S Matthew McGrath USA 50,84
B Malcolm Nokes GBR 48,875

Amsterdam 1928
G Patrick O'Callaghan IRL 51,39
S Ossian Skiöld SWE 51,29
B Edmund Black USA 49,03

Bilanz Hammerwerfen Männer

Land	G	S	B
1. URS	6	5	5
2. USA	6	3	6
3. HUN	3	2	2
4. IRL	2	–	–
5. GER	1	2	1
6. EUN	1	1	1
7. FIN	1	1	–
8. SWE	–	2	1
9. CAN	–	1	1
FRG	–	1	1
11. GDR	–	1	–
YUG	–	1	–
13. GBR	–	–	1
POL	–	–	1

Los Angeles 1932

G Patrick O'Callaghan IRL 53,92
S Ville Pörhöla FIN 52,27
B Peter Zaremba USA 50,33

Berlin 1936

G Karl Hein GER 56,49
S Erwin Blask GER 55,04
B Oscar Fred Warngard SWE 54,83

London 1948

G Imre Nemeth HUN 56,07
S Ivan Gubijan YUG 54,27
B Robert Bennett USA 53,73

Helsinki 1952

G Jozsef Csermak HUN 60,34
S Karl Storch GER 58,86
B Imre Nemeth HUN 57,74

Melbourne 1956

G Harold Connolly USA 63,19
S Michail Krivonossov URS 63,03
B Anatoli Samozvyetov URS 62,56

Rom 1960

G Vassili Rudenkov URS 67,10
S Gyula Zsivotzky HUN 65,79
B Tadeusz Rut POL 65,64

Tokio 1964

G Romuald Klim URS 69,74
S Gyula Zsivotzky HUN 69,09
B Uwe Beyer GER 68,09

Mexiko City 1968

G Gyula Zsivotzky HUN 73,36
S Romuald Klim URS 73,28
B Lazar Lovasz HUN 69,78

München 1972

G Anatoli Bondarchuk URS 75,50
S Jochen Sachse GDR 74,96
B Vassili Chmelevski URS 74,04

Montreal 1976

G Yuri Sedych URS 77,52
S Alexei Spiridonov URS 76,08
B Anatoli Bondarchuk URS 75,48

Moskau 1980

G Yuri Sedych URS 81,80
S Sergei Litvinov URS 80,64
B Yüri Tamm URS 78,96

Los Angeles 1984

G Juha Tiainen FIN 78,08
S Karl-Hans Riehm FRG 77,98
B Klaus Ploghaus FRG 76,68

Seoul 1988

G Sergei Litvinov URS 84,80
S Yuri Sedych URS 83,76
B Yüri Tamm URS 81,16

Barcelona 1992

G Andrei Abduvalyev EUN 82,54
S Igor Astapkovich EUN 81,96
B Igor Nikulin EUN 81,38

Zehnkampf Männer

St. Louis 1904[1]

G Thomas Kiely GBR 6036
S Adam Gunn USA 5907
B Truxton Hare USA 5813

Stockholm 1912[2]

G Jim Thorpe USA[3] 8412
S Hugo Wieslander SWE 7724
B Charles Lomberg SWE 7414

Antwerpen 1920

G Helge Lövland NOR 6804
S Brutus Hamilton USA 6771
B Bertil Ohlson SWE 6580

Paris 1924

G Harold Osborn USA 7710
S Emerson Norton USA 7350
B Alexander Klumberg EST 7329

Amsterdam 1928

G Paavo Yrjölä FIN 8053
S Akilles Järvinen FIN 7931
B John Kenneth Doherty USA 7706

Los Angeles 1932

G James Bausch USA 8462
S Akilles Järvinen FIN 8292
B Wolrad Eberle GER 8030

Berlin 1936

G Glenn Morris USA 7900
S Robert Clark USA 7601
B Jack Parker USA 7275

Bilanz Zehnkampf Männer

Land	G	S	B
1. USA	11	7	6
2. GBR	3	–	–
3. FIN	1	2	–
4. GER	1	–	2
5. GDR	1	1	–
6. NOR	1	–	–
TCH	1	–	–
8. FRG	–	3	2
9. URS	–	2	4
10. SWE	–	1	2
11. ESP	–	1	–
FRA	–	1	–
TPE	–	1	–
14. CAN	–	–	1
EST	–	–	1
POL	–	–	1

1) Wettbewerbe: 100 y, Kugelstoßen, Hochsprung, 880 y Gehen, Hammerwerfen, Stabhochsprung, 120 y Hürden, Gewichtheben, Weitsprung, Meilenlauf
2) Wettbewerbe: 100 m, Weitsprung, Kugelstoßen, Hochsprung, 400 m, 110 m Hürden, Diskuswerfen, Stabhochsprung, Speerwerfen und 1500 m. – 1912 an drei Tagen ausgetragen, danach an zwei Tagen. – Punktzahlen nach den jeweils gültigen Bestimmungen, viermal geändert.
3) Disqualifikation 1913, aufgehoben 1982

London 1948

G Bob Mathias USA .7139
S Ignace Heinrich FRA .6974
B Floyd Simmons USA .6950

Helsinki 1952

G Bob Mathias USA .7887
S Milton Campbell USA .6975
B Floyd Simmons USA .6788

Melbourne 1956

G Milton Campbell USA .7937
S Rafer Johnson USA .7587
B Vassili Kusnezov URS .7465

Rom 1960

G Rafer Johnson USA .8392
S Yang Chuan-Kwang TPE .8334
B Vassili Kusnezov URS .7809

Tokio 1964

G Willi Holdorf GER .7887
S Rein Aun URS .7842
B Hans-Joachim Walde GER .7809

Mexiko City 1968

G Bill Toomey USA .8193
S Hans-Joachim Walde FRG .8111
B Kurt Bendlin FRG .8064

München 1972

G Nikolai Avilov URS .8454
S Leonid Litvinenko URS .8035
B Ryszard Katus POL .7984

Montreal 1976

G Bruce Jenner USA .8618
S Guido Kratschmer FRG .8411
B Nikolai Avilov URS .8369

Moskau 1980

G Daley Thompson GBR .8495
S Yuri Kuzenko URS .8331
B Sergei Shelyanov URS .8135

Los Angeles 1984

G Daley Thompson GBR .8797
S Jürgen Hingsen FRG .8673
B Siegfried Wentz FRG .8412

Seoul 1988

G Christian Schenk GDR .8488
S Torsten Voss GDR .8399
B David Steen CAN .8328

Barcelona 1992

G Robert Zmelik TCH .8611
S Antonio Penalver ESP .8412
B Dave Johnson USA .8309

Nicht mehr ausgetragene Wettbewerbe Männer

60 m Männer

Paris 1900

G Alvin Kraenzlein USA .7,0
S John Walter Tewksbury USA .7,1
B Stanley Rowley AUS .7,2

St. Louis 1904

G Archie Hahn USA .7,0
S William Hogenson USA .7,2
B Fay Moulton USA .7,2

Mannschaftsrennen Männer

(3 km – 4,8 km – 5,0 km – 6,5 km)

Paris 1900

G GBR/AUS .26
Charles Bennett, John Rimmer, Sidney Robinson, Alfred Tysoe, Stanley Rowley
S FRA .29
Henri Deloge, Gaston Ragineau, Jacques Chastanié, André Castanet Michel Champoudry
B –

St. Louis 1904

G USA (New York AC) .27
Arthur Newton, George Underwood, Paul Pilgrim, Howard Valentine, David Munson
S USA (Chicago AA) .28
James Lightbody, William Frank Werner, Lacey Hearn, Albert Corey, Sidney Hatch
B –

London 1908

G GBR .6
Joseph Deakin, Archie Robertson, Wilfred Coles
S USA .19
John Eisele, George Bonhag, Herbert Trube

Bilanz Nicht mehr ausgetragene Wettbewerbe Laufen Männer

Land	G	S	B
1. USA	8	6	5
2. FIN	6	2	1
3. GBR	3	4	3
4. SWE	1	3	3
5. AUS	1	–	1
6. FRA	–	1	2
7. GER	–	1	–
IND	–	1	–
9. HUN	–	–	1

B FRA 32
Louis de Fleurac, Joseph Dreher, Paul Lizandier

Stockholm 1912

G USA 9
Tel Berna, Norman Taber, George Bonhag
S SWE 13
Thorild Ohlsson, Ernest Wide, Bror Fock
B GBR 23
William Cottrill, George Hutson, Cyril Porter

Antwerpen 1920

G USA 10
Horace Brown, Alie Schardt, Ivan Dresser
S GBR 20
Charles Blewitt, Albert Hill, William Seagrove
B SWE 24
Erik Backman, Sven Lundgren, Edvin Wide

Paris 1924

G FIN 8
Paavo Nurmi, Ville Ritola, Elias Katz
S GBR 14
Bernard McDonald, Harry Johnston, George Webber
B USA 25
Edward Kirby, William Cox, Willard Tibbets

Schwellstaffel Männer

(200x200x400x800 m)

London 1908

G USA 3:29,4
William Hamilton, Nathaniel Cartmell, John Taylor, Melvin Sheppard
S GER 3:32,4
Arthur Hoffmann, Hans Eicke, Otto Trieloff, Hanns Braun
B HUN 3:32,5
Pal Simon, Frigyes Mezey-Wiesner, Jozsef Nagy, Ödön Bodor

Querfeldeinlauf Männer

Stockholm 1912[1]

G Hannes Kolehmainen FIN 45:11,6
S Hjalmar Andersson SWE 45:44,8
B John Eke SWE 46:37,6

Antwerpen 1920[2]

G Paavo Nurmi FIN 27:15,0
S Erik Backman SWE 27:17,6
B Heikki Liimatainen FIN 27:37,4

Paris 1924[1]

G Paavo Nurmi FIN 32:54,8
S Ville Ritola FIN 34:19,4
B Earl Johnson USA 35:21,0

Querfeldeinlauf Männer Mannschaft

Stockholm 1912

G SWE 10
Hjalmar Andersson, John Eke, Josef Ternström
S FIN 11
Hannes Kolehmainen, Jalman Eskola, Albin Stenroos
B GBR 49
Frederick Hibbins, Ernest Glover, Thomas Humphreys

Antwerpen 1920

G FIN 10
Paavo Nurmi, Heikki Liimatainen, Teudor Koskenniemi
S GBR 21
James Wilson, Frank Hegarty, Arthur Nichols
B SWE 23
Erik Backman, Gustav Mattsson, Hilding Ekman

Paris 1924

G FIN 11
Paavo Nurmi, Ville Ritola, Heikki Liimatainen
S USA 14
Earl Johnson, Arthur Studenroth, August Fager
B FRA 20
Henri Lauvaux, Gaston Heuet, Maurice Norland

200 m Hürden Männer

Paris 1900

G Alvin Kraenzlein USA 25,4
S Norman Pritchard IND 26,6
B John Walter Tewksbury USA ....–

1) 12 km
2) 8 km

St. Louis 1904

G Harry Hillman USA 24,6
S Frank Castleman USA 24,9
B George Poage USA .... –

4000 m Hindernislauf Männer

Paris 1900

G John Rimmer GBR 12:58,4
S Charles Bennett GBR 12:58,6
B Sidney Robinson GBR 12:58,8

1500 m Gehen Männer

Athen 1906

G George Bonhag USA 7:12,6
S Donald Linden CAN 7:19,8
B Konstantin Spetsiodis GRE 7:24,0

3000 m Gehen Männer

Athen 1906

G György Sztantics HUN 15:13,2
S Hermann Müller GER 15:20,0
B Georgios Saridakis GRE 15:33,0

London 1908

G George Larner GBR 14:55,0
S Ernest Webb GBR 15:07,4
B Harry Kerr AUS 15:43,4

Antwerpen 1920

G Ugo Frigerio ITA 13:14,2
S George Parker AUS 13:20,6
B Richard Remer USA 13:23,6

10 000 m Gehen Männer

Stockholm 1912

G George Goulding CAN 46:28,4
S Ernest Webb GBR 46:50,4
B Fernando Altimani ITA 47:37,6

Antwerpen 1920

G Ugo Frigerio ITA 48:06,2
S Joseph Pearman USA 49:40,8
B Charles Gunn GBR 49:44,4

Paris 1924

G Ugo Frigerio ITA 47:49,0
S George Goodwin GBR 48:37,9
B Cecil McMaster RSA 49:08,0

London 1948

G John Mikaelsson SWE 45:13,2
S Ingemar Johansson SWE 45:43,8
B Fritz Schwab SUI 46:00,2

Helsinki 1952

G John Mikaelsson SWE 45:02,8
S Fritz Schwab SUI 45:41,0
B Bruno Junk URS 45:41,0

10 Meilen (16 km) Gehen Männer

London 1908

G George Larner GBR 1:15:57,5
S Ernest Webb GBR 1:17,31,0
B Edward Spencer GBR 1:21:20,2

Hochsprung aus dem Stand Männer

Paris 1900

G Ray Ewry USA 1,65
S Irving Baxter USA 1,525
B Lewis Sheldon USA 1,50

St. Louis 1904

G Ray Ewry USA 1,60
S Joseph Stadler USA 1,45
B Lawson Robertson USA[1] 1,45

Athen 1906

G Ray Ewry USA 1,56
S Leon Dupont BEL 1,40
Lawson Robertson USA[1] 1,40
Martin Sheridan USA 1,40

London 1908

G Ray Ewry USA[2] 1,575
S John Biller USA 1,55
Constantin Tsiklitiras GRE 1,55

Stockholm 1912

G Platt Adams USA[3] 1,63
S Benjamin Adams USA[3] 1,60
B Constantin Tsiklitiras GRE 1,55

Bilanz
Nicht mehr ausgetragene Wettbewerbe Gehen Männer

Land	G	S	B
1. ITA	3	–	1
2. GBR	2	4	2
3. SWE	2	1	–
4. USA	1	1	1
5. CAN	1	1	–
6. HUN	1	–	–
7. AUS	–	1	1
SUI	–	1	1
9. GER	–	1	–
10. GRE	–	–	2
11. RSA	–	–	1
URS	–	–	1

Bilanz
Nicht mehr ausgetragene Wettbewerbe Sprünge aus dem Stand Männer

Land	G	S	B
1. USA	11	11	9
2. GRE	1	2	1
3. BEL	–	1	–
4. FRA	–	–	1

1) Robertson wurde später einer der bedeutendsten Leichtathletiktrainer der USA.
2) Ewrys zehnter Olympiasieg (23. Juli) im Alter von 34 Jahren
3) Die Adams waren Brüder, Platt 27, Ben 22 Jahre alt.

Bilanz Nicht mehr ausgetragene Wettbewerbe Würfe Männer

Land	G	S	B
1. USA	3	5	1
2. FIN	3	2	3
3. SWE	2	1	3
4. GRE	1	2	1
5. CAN	1	–	–
6. HUN	–	–	1
NOR	–	–	1

Weitsprung aus dem Stand Männer

Paris 1900
G Ray Ewry USA 3,21
S Irving Baxter USA 3,135
B Emile Torcheboeuf FRA 3,03

St. Louis 1904
G Ray Ewry USA 3,476
S Charles King USA 3,28
B John Biller USA 3,26

Athen 1906
G Ray Ewry USA 3,30
S Martin Sheridan USA 3,095
B Lawson Robertson USA 3,05

London 1908
G Ray Ewry USA 3,335
S Constantin Tsiklitiras GRE 3,235
B Martin Sheridan USA 3,23

Stockholm 1912
G Constantin Tsiklitiras GRE 3,37
B Platt Adams USA 3,36
Benjamin Adams USA 3,28

Dreisprung aus dem Stand Männer

Paris 1900
G Ray Ewry USA 10,58
S Irving Baxter USA 9,95
B Robert Garrett USA 9,90

St. Louis 1904
G Ray Ewry USA 10,54
S Charles King USA 10,16
B Joseph Stadler USA 9,60

Steinstoßen Männer

Athen 1906
G Nicolaos Georgantas GRE 19,925
S Martin Sheridan USA[1] 19,035
B Michel Dorizas GRE 18,585

Gewichtwerfen Männer

St. Louis 1904
G Etienne Desmarteau CAN 10,46
S John Flanagan USA 10,16
B James Mitchel USA 10,13

Antwerpen 1920
G Patrick McDonald USA 11,265
S Patrick Ryan USA 10,965
B Carl Johan Lind SWE 10,25

Beidhändiges Kugelstoßen Männer

Stockholm 1912
G Ralph Rose USA 27,70
S Patrick McDonald USA 27,53
B Elmer Niklander FIN 27,14

Beidhändiges Diskuswerfen Männer

Stockholm 1912
G Armas Taipale FIN 82,96
S Elmer Niklander FIN 77,96
B Emil Magnusson SWE 77,37

Beidhändiges Speerwerfen Männer

Stockholm 1912
G Juho Saaristo FIN[2] 109,42
S Väino Siikaniemi FIN 101,13
B Urho Peltonen FIN 100,24

Antikes Diskuswerfen Männer
(Diskuswerfen aus dem Stand von einem Podest)

Athen 1906
G Verner Järvinen FIN[3] 35,17
S Nicolaos Georgantas GRE 32,80
B Istvan Mudin HUN 31,91

London 1908
G Martin Sheridan USA 38,00
S Marquis Horr USA 37,33
B Verner Järvinen FIN[3] 36,48

1) Martin Sheridan (* 1881, † 1918) gewann neun Medaillen (5-3-1) 1904, 1906 und 1908.
2) Mit seiner besten Hand warf Saaristo Weltrekord mit 61,00 m.
3) Verner Järvinen (* 1870, † 1941) hatte vier Söhne, von denen zwei auch olympische Medaillen gewannen: Akilles (* 1905, † 1943) und Matti (* 1909, † 1985).

Freistil-Speerwerfen Männer

(Speerwerfen mit beliebigem Griff)

Athen 1906

G Eric Lemming SWE 53,90
S Knut Lindberg SWE 45,17
B Bruno Söderström SWE 44,92

London 1908

G Eric Lemming SWE 54,45
S Michel Dorizas GRE 51,36
B Arne Halse NOR 49,73

Triathlon Männer

(Turnen, Weitsprung, 100-y-Lauf)

St. Louis 1904

G Max Emmerich USA .... Punkte 35,7
S John Grieb USA 34,0
B William Merz USA 33,9

Altgriechisches Pentathlon Männer

(Springen, Werfen mit Speer und Diskus, Laufen und Ringen)

Athen 1906[1]

G Hjalmar Mellander SWE 24
S Istvan Mudin HUN 25
B Eric Lemming SWE 29

Modernes Pentathlon Männer

(Weitsprung, Speerwerfen, 200-m-Lauf, Diskuswerfen, 1500-m-Lauf)

Stockholm 1912[1]

G James Thorpe USA[2] 7
S Ferdinand Bie NOR 21
B James Donahue USA 29

Antwerpen 1920

G Eero Lehtonen FIN 14
S Everett Bradley USA 24
B Hugo Lahtinen FIN 26

Paris 1924

G Eero Lehtonen FIN 14
S Elemer Somlay HUN 16
B Robert LeGendre USA[3] 18

100 m Frauen

Amsterdam 1928

G Elizabeth Robinson USA 12,2
S Fanny Rosenfeld CAN 12,3
B Ethel Smith CAN 12,3

Los Angeles 1932

G Stanislawa Walasiewicz POL[4] 11,5
S Hilda Strike CAN 11,9
B Wilhelmina van Bremen USA 12,0

Berlin 1936

G Helen Stephens USA 11,5
S Stanislawa Walasiewicz POL[4] 11,7
B Käthe Krauß GER 11,9

London 1948

G Fanny Blankers-Koen NED 11,9
S Dorothy Manley GBR 12,2
B Shirley Strickland AUS 12,2

Helsinki 1952

G Marjorie Jackson AUS 11,5
S Daphne Hasenjaeger RSA 11,8
B Shirley Strickland AUS 11,9

Melbourne 1956

G Betty Cuthbert AUS 11,5
S Christa Stubnick GER 11,7
B Marlene Matthews AUS 11,7

Rom 1960

G Wilma Rudolph USA 11,0
S Dorothy Hyman GBR 11,3
B Giuseppina Leone ITA 11,3

Tokio 1964

G Wyomia Tyus USA 11,4
S Edith McGuire USA 11,6
B Eva Klobukowska POL[5] 11,6

Mexiko 1968

G Wyomia Tyus USA 11,0
S Barbara Ferrell USA 11,1
B Irena Szewinska POL 11,1

München 1972

G Renate Stecher GDR 11,07
S Raelene Boyle AUS 11,23
B Silvia Chivas CUB 11,24

Bilanz Mehrkämpfe Männer

Land	G	S	B
1. USA	2	2	3
2. FIN	2	–	1
3. SWE	1	–	1
4. HUN	–	2	–
5. NOR	–	1	–

1) nach Addierung der Platzziffern
2) Thorpe gewann vier Wettbewerbe und wurde Dritter mit dem Speer.
3) LeGendre (*1898, †1931), später ein Hollywood-Schauspieler, erzielte im Weitsprung Weltrekord mit 7,765 m, hatte sich aber für den olympischen Weitsprung in Paris bei den US-Ausscheidungen nicht qualifizieren können.
4) Bei ihrem Tod wurde festgestellt, daß Stanislawa Walasiewicz (*1911 †1980) keine Frau war.
5) umstrittener Geschlechtsstatus

Bilanz 100 m Frauen

Land	G	S	B
1. USA	8	4	1
2. AUS	2	1	3
3. GDR	1	2	2
4. POL	1	1	2
5. FRG	1	–	1
6. NED	1	–	–
URS	1	–	–
8. CAN	–	2	1
9. GBR	–	2	–
10. GER	–	1	1
JAM	–	1	1
12. RSA	–	1	–
13. CUB	–	–	1
EUN	–	–	1
ITA	–	–	1

Bilanz 200 m Frauen

Land	G	S	B
1. USA	5	1	1
2. GDR	3	–	2
3. AUS	2	2	3
4. POL	1	1	1
5. NED	1	1	–
6. JAM	–	2	3
7. GER	–	2	–
8. GBR	–	1	1
URS	–	1	1
10. FRG	–	1	–

Bilanz 400 m Frauen

Land	G	S	B
1. GDR	2	2	2
2. FRA	2	–	–
3. USA	1	1	1
4. URS	1	–	2
5. AUS	1	–	1
6. POL	1	–	–
7. GBR	–	2	1
8. EUN	–	1	–
FRG	–	1	–
TCH	–	1	–
11. COL	–	–	1

1) Kirszenstein = Szewinska

Montreal 1976

G Annegret Richter FRG 11,08
S Renate Stecher GDR 11,13
B Inge Helten FRG .11,17

Moskau 1980

G Lyudmila Kondratyeva URS 11,06
S Marlies Göhr GDR 11,07
B Ingrid Auerswald GDR 11,14

Los Angeles 1984

G Evelyn Ashford USA 10,97
S Alice Brown USA .11,13
B Merlene Ottey JAM 11,16

Seoul 1988

G Florence Griffith USA 10,54
S Evelyn Ashford USA 10,83
B Heike Drechsler GDR 10,85

Barcelona 1992

G Gail Devers USA .10,82
S Juliet Cuthbert JAM 10,83
B Irina Privalova GUS 10,84

200 m Frauen

London 1948

G Fanny Blankers-Koen NED 24,4
S Audrey Williamson GBR 25,1
B Audrey Patterson USA 25,2

Helsinki 1952

G Marjorie Jackson AUS 23,7
S Bertha Brouwer NED 24,2
B Nadeshda Knikina URS 24,2

Melbourne 1956

G Betty Cuthbert AUS 23,4
S Christa Stubnick GER 23,7
B Marlene Matthews AUS 23,8

Rom 1960

G Wilma Rudolph USA 24,0
S Jutta Heine GER 24,4
B Dorothy Hyman GBR 24,7

Tokio 1964

G Edith McGuire USA 23,0
S Irena Kirszenstein POL[1] 23,1
B Marilyn Black AUS 23,1

Mexiko 1968

G Irena Szewinska POL[1] 22,5
S Raelene Boyle AUS 22,7
B Jennifer Lamy AUS 22,8

München 1972

G Renate Stecher GDR 22,40
S Raelene Boyle AUS 22,45
B Irena Szewinska POL 22,74

Montreal 1976

G Bärbel Eckert GDR 22,37
S Annegret Richter FRG 22,39
B Renate Stecher GDR 22,47

Moskau 1980

G Bärbel Eckert GDR 22,03
S Natalia Bochina URS 22,19
B Merlene Ottey JAM 22,20

Los Angeles 1984

G Valerie Brisco-Hooks USA 21,81
S Florence Griffith USA 22,04
B Merlene Ottey JAM 22,09

Seoul 1988

G Florence Griffith USA 21,34
S Grace Jackson JAM 21,72
B Heike Drechsler GDR 21,95

Barcelona 1992

G Gwen Torrence USA 21,81
S Juliet Cuthbert JAM 22,02
B Merlene Ottey JAM 22,09

400 m Frauen

Tokio 1964

G Betty Cuthbert AUS 52,0
S Ann Packer GBR 52,2
B Judith Amoore AUS 53,4

Mexiko 1968

G Colette Besson FRA 52,0
S Lillian Board GBR .52,1
B Natalia Pechenkina URS 52,2

München 1972

G Monika Zehrt GDR 51,08
S Rita Wilden FRG .51,21
B Kathy Hammond USA 51,64

Montreal 1976

G Irena Szewinska POL 49,29
S Christina Brehmer GDR 50,51
B Ellen Streidt GDR 50,55

Moskau 1980

G Marita Koch GDR 48,88
S Jarmila Kratochvilova TCH 49,46
B Christina Brehmer GDR 49,66

Los Angeles 1984

G Valerie Brisco-Hooks USA 48,83
S Chandra Cheeseborough USA 49,05
B Kathryn Cook GBR 49,42

Seoul 1988

G Olga Brysgina URS 48,65
S Petra Müller GDR 49,45
B Olga Nazarova URS 49,90

Barcelona 1992

G Marie Josée Perec FRA 48,83
S Olga Brysgina EUN 49,05
B Ximena Restrepo COL 49,64

800 m Frauen

Amsterdam 1928

G Lina Radke GER 2:16,8
S Kinue Hitomi JPN 2:17,6
B Inga Gentzel SWE 2:17,8

Rom 1960

G Lyudmila Shevzova URS 2:04,3
S Brenda Jones AUS 2:04,4
B Ursula Donath GER 2:05,6

Tokio 1964

G Ann Packer GBR 2:01.1
S Maryvonne Dupureur FRA 2:01,9
B Ann Chamberlain NZL 2:02,8

Mexiko 1968

G Madeline Manning USA 2:00,9
S Ileana Silei ROM 2:02,5
B Maria Gommers NED 2:02,6

München 1972

G Hildegard Falck FRG 1:58,55
S Niole Sabaite URS 1:58,65
B Gunhild Hoffmeister GDR 1:59,19

Montreal 1976

G Tatyana Kasankina URS 1:54,94
S Nikolina Shtereva BUL 1:55,42
B Elfi Zinn GDR 1:55,60

Moskau 1980

G Nadeshda Olisarenko URS 1:53,42
S Olga Mineyeva URS 1:54,9
B Tatyana Privodokina URS 1:55,5

Los Angeles 1984

G Doina Melinte ROM 1:57,60
S Kim Gallagher USA 1:58,63
B Fita Lovin ROM 1:58,83

Seoul 1988

G Sigrun Wodars GDR 1:56,10
S Christine Wachtel GDR 1:56,64
B Kim Gallagher USA 1:56,91

Barcelona 1992

G Ellen van Langen NED 1:55,54
S Lilia Nurutdinova EUN 1:55,99
B Ana Fidelia Quirot CUB 1:56,80

Bilanz
800 m Frauen

Land	G	S	B
1. URS	3	2	1
2. GDR	1	1	1
ROM	1	1	1
USA	1	1	1
5. GER	1	–	2
6. FRG	1	–	–
GBR	1	–	–
NED	1	–	–
9. AUS	–	1	–
BUL	–	1	–
EUN	–	1	–
FRA	–	1	–
JPN	–	1	–
14. CUB	–	–	1
NED	–	–	1
NZL	–	–	1
SWE	–	–	1

1500 m Frauen

München 1972

G Lyudmila Bragina URS 4:01,4
S Gunhild Hoffmeister GDR 4:02,8
B Paola Cecchi ITA 4:02,9

Montreal 1976

G Tatyana Kasankina URS 4:05,48
S Gunhild Hoffmeister GDR 4:06,02
B Ulrike Klapeczynski GDR 4:06,09

Moskau 1980

G Tatyana Kasankina URS 3:56,6
S Christiane Wartenberg GDR 3:57,8
B Nadeshda Olisarenko URS 3:59,6

Los Angeles 1984

G Gabriella Dorio ITA 4:03,25
S Doina Melinte ROM 4:03,76
B Maricica Puica ROM 4:04,15

Seoul 1988

G Paula Ivan ROM 3:53,96
S Laimute Baikauskaite URS 4:00,24
B Tatyana Samoilenko URS 4:00,30

Bilanz
1500 m Frauen

Land	G	S	B
1. URS	3	1	2
2. ROM	1	1	1
3. ITA	1	–	1
4. ALG	1	–	–
5. GDR	–	3	1
6. EUN	–	1	–
7. CHN	–	–	1

Barcelona 1992

G Hassiba Boulmerka ALG 3:55,30
S Lyudmila Rogasheva EUN 3:56,91
B Yungxia Qu CHN 3:57,08

3000 m Frauen

Bilanz 3000 m Frauen

Land	G	S	B
1. EUN	1	1	–
1. ROM	1	1	–
3. URS	1	–	–
4. GBR	–	1	1
5. CAN	–	–	2

Los Angeles 1984

G Maricica Puica ROM 8:35,96
S Wendy Sly GBR 8:39,47
B Lynn Williams CAN 8:42,14

Seoul 1988

G Tatyana Samoilenko URS 8:26,53
S Paula Ivan ROM 8:27,15
B Yvonne Murray GBR 8:29,02

Barcelona 1992

G Yelena Romanova EUN 8:46,04
S Tatyana Samoilenko EUN 8:46,85
B Angela Chalmers CAN 8:47,22

10 000 m Frauen

Seoul 1988

G Olga Bondarenko URS 31:05,21
S Liz McColgan GBR 31:08,44
B Yelena Shupliyeva URS 31:19,82

Barcelona 1992

G Derartu Tulu ETH 31:06,02
S Elana Meyer RSA 31:11,75
B Lynn Jennings USA 31:19,89

Marathon Frauen

Bilanz Marathon Frauen

Land	G	S	B
1. POR	1	–	1
2. EUN	1	–	–
USA	1	–	–
4. AUS	–	1	–
JPN	–	1	–
NOR	–	1	–
7. GDR	–	–	1
NZL	–	–	1

Los Angeles 1984

G Jean Benoit USA 2:24:52,0
S Grete Waitz NOR 2:26:18,0
B Rosa Mota POR 2:26:57,0

Seoul 1988

G Rosa Mota POR 2:25:40,0
S Lisa Martin AUS 2:25:53,0
B Kathrin Dörre GDR 2:26:21,0

Barcelona 1992

G Valentina Yegorova EUN 2:32:41,0
S Yukio Arimori JPN 2:32:49,0
B Lorraine Moeller NZL 2:33:59,0

80 m/100 m Hürden Frauen[1)]

Bilanz 80 m/100 m Hürden Frauen

Land	G	S	B
1. AUS	3	1	3
2. USA	2	3	1
3. GDR	2	2	1
URS	2	2	1
5. GER	1	2	2
6. BUL	1	–	1
7. GRE	1	–	–
NED	1	–	–
ITA	1	–	–
10. GBR	–	2	–
11. POL	–	1	1
12. ROM	–	1	–
13. CAN	–	–	1
FRG	–	–	1
FRA	–	–	1
RSA	–	–	1
TPE	–	–	1

Los Angeles 1932

G Mildred Didriksen USA 11,7
S Evelyne Hall USA 11,7
B Marjorie Clark RSA 11,8

Berlin 1936

G Trebisonda Valla ITA 11,7
S Anni Steuer GER 11,7
B Elizabeth Taylor CAN 11,7

London 1948

G Fanny Blankers-Koen NED 11,2
S Maureen Gardner GBR 11,2
B Shirley Strickland AUS 11,4

Helsinki 1952

G Shirley Strickland AUS 10,9
S Maria Golubichnaya URS 11,1
B Maria Sander GER 11,1

Melbourne 1956

G Shirley Strickland AUS 10,7
S Gisela Köhler GER 10,9
B Norma Thrower AUS 11,0

Rom 1960

G Irina Press URS[2)] 10,8
S Carole Quinton GBR 10,9
B Gisela Köhler GER 11,0

Tokio 1964

G Karin Balzer GER 10,5
S Teresa Ciepla POL 10,5
B Pamela Kilborn AUS 10,5

Mexiko 1968

G Maureen Caird AUS 10,3
S Pamela Kilborn AUS 10,4
B Chi Cheng TPE 10,4

München 1972

G Annelie Ehrhardt GDR 12,59
S Valeria Bufanu ROM 12,84
B Karin Balzer GDR 12,90

1) 1932–1968 = 80 m Hürden
2) umstrittener Geschlechtsstatus

Montreal 1976

G Johanna Schaller GDR 12,77
S Tatyana Anissimova URS 12,78
B Natalia Lebedyeva URS 12,80

Moskau 1980

G Vera Komissova URS 12,56
S Johanna Schaller GDR 12,63
B Lucyna Langer POL 12,66

Los Angeles 1984

G Benita Fitzgerald USA 12,84
S Shirley Strong USA 12,88
B Michèle Chardonnet FRA 13,06
Kim Turner USA 13,06

Seoul 1988

G Yordanka Donkova BUL 12,38
S Gloria Siebert GDR 12,61
B Claudia Zaczkiewicz FRG 12,75

Barcelona 1992

G Paraskevi Patoulidou GRE 12,64
S Lavona Martin USA 12,69
B Yordanka Donkova BUL 12,70

400 m Hürden Frauen

Los Angeles 1984

G Nawal El Moutakawal MAR 54,61
S Judi Brown USA 55,20
B Cristina Cojcaru ROM 55,41

Seoul 1988

G Deborah Flintoff-King AUS 53,17
S Tatyana Ledovskaya URS 53,18
B Ellen Fiedler GDR 53,63

Barcelona 1992

G Sally Gunell GBR 53,23
S Sandra Farmer-Patrick USA 53,69
B Janeene Vickers USA 54,31

10 km Gehen Frauen

Barcelona 1992

G Yueling Chen CHN 44:32
S Yelena Nikolayeva EUN 44:33
B Chunziu Li CHN 44:41

4x100-m-Staffel Frauen

Amsterdam 1928

G CAN 48,4
Fanny Rosenfeld, Ethel Smith, Florence Bell, Myrtle Cook
S USA 48,8
Mary Washburn, Jessie Cross, Loretta McNeil, Elizabeth Robinson
B GER 49,0
Rosa Kellner, Leni Schmidt, Anni Holdmann, Leni Junker

Los Angeles 1932

G USA 46,9
Mary Carew, Evelyn Furtsch, Annette Rogers, Wilhelmina van Bremen
S CAN 47,0
Mildred Frizzel, Lilian Palmer, Mary Frizzel, Hilda Strike
B GER 47,6
Eileen Hiscock, Gwendoline Porter, Violet Webb, Nellie Halstead

Berlin 1936

G USA 46,9
Harriet Bland, Annette Rogers, Elizabeth Robinson, Helen Stephens
S GBR 47,6
Eileen Hiscock, Violet Olney, Audrey Brown, Barbara Burke
B CAN 47,8
Dorothy Brookshaw, Mildred Dolson, Hilda Cameron, Aileen Meagher

London 1948

G NED 47,5
Xenia de Jong, Jeanette Timmer, Gerda Koudijs, Fanny Blankers-Koen
S AUS 47,6
Shirley Strickland, Jane Maston, Elizabeth McKinnon, Joyce King
B CAN 47,8
Viola Myers, Nancy MacKay, Diane Foster, Patricia Jones

Helsinki 1952

G USA 45,9
Mae Faggs, Barbara Jones, Jeanette Moreau, Catherine Hardy
S GER 45,9
Ursula Knab, Maria Sander, Helga Klein, Marga Petersen

Bilanz 400 m Hürden Frauen

Land	G	S	B
1. AUS	1	–	–
GBR	1	–	–
MAR	1	–	–
4. USA	–	2	1
5. URS	–	1	–
6. GDR	–	–	1
7. ROM	–	–	1

Bilanz 4x100-m-Staffel Frauen

Land	G	S	B
1. USA	8	2	1
2. GDR	2	2	–
3. CAN	1	2	2
4. AUS	1	1	–
FRG	1	1	–
6. POL	1	–	1
7. NED	1	–	–
8. GBR	–	2	4
9. GER	–	2	2
10. URS	–	1	3
11. CUB	–	1	1
12. EUN	–	1	–
13. NGR	–	–	1

B GBR 46,2
Sylvie Cheeseman, June Foulds, Jean Desforges, Heather Armitage

Melbourne 1956

G AUS 44,5
Shirley Strickland, Norma Crooker, Fleur Mellor, Betty Cuthbert
S GBR 44,7
Anne Pashley, Jean Scrivens, June Foulds, Heather Armitage
B USA 44,9
Mae Faggs, Margaret Matthews, Wilma Rudolph, Isabelle Daniels

Rom 1960

G USA 44,5
Martha Hudson, Lucinda Williams, Barbara Jones, Wilma Rudolph
S GER 44,8
Martha Langbein, Annie Biechl, Brunhilde Hendrix, Jutta Heine
B POL 45,0
Teresa Ciepla, Barbara Janiszewska, Celina Jesionowska, Halina Richter

Tokio 1964

G POL 43,6
Teresa Ciepla, Irena Kirszenstein, Halina Richter, Eva Klobukowska[1)]
S USA 43,9
Willye White, Wyomia Tyus, Marilyn White, Edith McGuire
B GBR 44,0
Janet Simpson, Mary Rand, Daphne Arden, Dorothy Hyman

Mexiko City 1968

G USA 42,8
Barbara Ferrell, Margaret Bailes, Mildrette Netter, Wyomia Tyus
S CUB 43,3
Marlene Elejarde, Fulgencia Romay, Violetta Quesada, Miguelina Cobian
B URS 43,4
Lyudmila Zarkova, Galina Bukharina, Vera Popkova, Lyudmila Samotyssova

München 1972

G FRG 42,81
Christiane Krause, Ingrid Mickler, Annegret Richter, Heide Rosendahl
S GDR 42,95
Evelyn Kaufer, Christina Heinich, Bärbel Struppert, Renate Stecher
B CUB 43,36
Marlene Elejarde, Carmen Valdes, Fulgencia Romay, Silvia Chivas

Montreal 1976

G GDR 42,55
Marlies Ölsner, Renate Stecher, Carla Bodendorf, Bärbel Eckert
S FRG 42,59
Elvira Possekel, Inge Helten, Annegret Richter, Annegret Kroniger
B URS 43,09
Tatyana Prorochenko, Lyudmila Zarkova, Nadeshda Besfamilnaya, Vera Anissimova

Moskau 1980

G GDR 41,60
Romy Müller, Bärbel Eckert, Ingrid Auerswald, Marlies Ölsner-Göhr
S URS 42,10
Vera Komissova, Lyudmila Zarkova, Vera Anissimova, Natalia Bochina
B GBR 42,43
Heather Hunte, Kathryn Smallwood, Beverley Goddard, Sonia Lannaman

Los Angeles 1984

G USA 41,65
Alice Brown, Jeanette Bolden, Sandra Cheeseborough, Evelyn Ashford
S CAN 42,77
Angela Bailey, Marita Payne, Angela Taylor, France Gareau
B GBR 43,11
Simone Jacobs, Kathryn Smallwood, Beverley Callender, Heather Oakes

Seoul 1988

G USA 41,98
Alice Brown, Sheila Echolls, Florence Griffith, Evelyn Ashford
S GDR 42,09
Silke Möller, Kerstin Behrendt, Ingrid Lange, Marlies Göhr
B URS 42,75
Lyudmila Kondratyeva, Galina Malchugina, Marina Shirova, Natalia Pomoshtshnikova

Barcelona 1992

G USA 42,11
Evelyn Ashford, Esther Jones, Carlette Guidry, Gwen Torrence
S EUN 42,16
Olga Bogolovskaya, Galina Malchugina, Maria Trandenkova, Irina Privalova

1) hätte nicht als Frau starten dürfen

B NGR 42,81
Beatrice Utondu, Faith Idehen,
Christy Opara Thompson, Mary Ognali

4x400-m-Staffel Frauen

München 1972

G GDR 3:23,0
Dagmar Käsling, Rita Kühne, Helga Seidler, Monika Zehrt
S USA 3:25,2
Mable Fergerson, Madeline, Manning, Cheryl Toussaint, Kathy Hammond
B FRG 3:26,5
Anette Rückes, Inge Bödding, Hildegard Falck, Rita Wilden

Montreal 1976

G GDR 3:19,23
Doris Maletzki, Brigitte Rohde, Ellen Streidt, Christina Brehmer
S USA 3:22,81
Debra Sapenter, Sheila Ingram, Pamela Jiles, Rosalyn Bryant
B URS 3:24,24
Inta Klimovicha, Lyudmila Axenova, Natalia Sokolova, Nadeshda Ilyina

Moskau 1980

G URS 3:20,2
Tatyana Prorochenko, Tatyana Giostchik, Nina Zyuskova, Irina Nazarova
S GDR 3:20,4
Gabriele Löwe, Barbara Krug, Christina Brehmer, Marita Koch
B GBR 3:27,5
Linsey MacDonald, Michelle Probert, Joslyn Hyote-Smith, Janine Macgregor

Los Angeles 1984

G USA 3:18,29
Lillie Heatherwood, Sherri Howard, Valerie Brisco-Hooks, Chandra Cheeseborough
S CAN 3:21,21
Charmaine Crooks, Jillian Richardson, Molly Killingbeck, Marita Payne
B FRG 3:22,98
Heike Schulte-Mattler, Ute Thimm, Heike-Elke Gaugel, Gaby Bussmann

Seoul 1988

G URS 3:15,18
Tatyana Ledovskaya, Olga Nazarova, Maria Pinegina, Olga Brysgina
S USA 3:15,51
Deneean Howard, Diane Dixon, Valerie Brisco-Hooks, Florence Griffith
B GDR 3:18,29
Dagmar Neubauer, Kirsten Emmelmann, Sabine Busch, Petra Müller

Barcelona 1992

G EUN 3:20,20
Yelena Ruzina, Lyudmila Chigalova, Olga Nazarova, Olga Brysgina
S USA 3:20,92
Natasha Kaiser, Gwen Torrence, Jearl Miles, Rochelle Stevens
B GBR 3:24,23
Phyllis Smith, Sandra Douglas, Jennifer Stoute, Sally Gunnell

Bilanz 4x400-m-Staffel Frauen

Land	G	S	B
1. GDR	2	1	1
2. URS	2	–	1
3. USA	1	4	–
4. EUN	1	–	–
5. CAN	–	1	–
6. FRG	–	–	2
7. GBR	–	–	2

Hochsprung Frauen

Amsterdam 1928

G Ethel Catherwood CAN 1,59
S Carolina Gisolf NED 1,56
B Mildred Wiley USA 1,56

Los Angeles 1932

G Jean Shiley USA 1,65
S Mildred Didriksen USA 1,65
B Eva Dawes CAN 1,60

Berlin 1936

G Ibolya Csak HUN 1,60
S Dorothy Odam GBR 1,60
B Elfriede Kaun GER 1,60

London 1948

G Alice Coachman USA 1,68
S Dorothy Odam GBR 1,68
B Micheline Ostermeyer FRA 1,61

Helsinki 1952

G Esther Brand RSA 1,67
S Sheila Lerwill GBR 1,65
B Alexandra Chudina URS 1,63

Melbourne 1956

G Mildred McDaniel USA 1,76
S Thelma Hopkins GBR 1,67
Maria Pissaryeva URS 1,67

Bilanz Hochsprung Frauen

Land	G	S	B
1. USA	4	1	2
2. ROM	2	1	–
3. FRG	2	–	–
4. ITA	1	2	–
5. CAN	1	–	1
GDR	1	–	1
GER	1	–	1
8. HUN	1	–	–
RSA	1	–	–
TCH	1	–	–
11. GBR	–	5	–
12. URS	–	2	4
13. BUL	–	2	1
14. POL	–	2	–
15. AUS	–	1	–
NED	–	1	–
17. AUT	–	–	1
CUB	–	–	1
FRA	–	–	1

Bilanz Weitsprung Frauen

Land	G	S	B
1. URS	2	1	6
2. ROM	2	1	–
3. USA	1	2	1
4. GDR	1	2	–
POL	1	2	–
6. GBR	1	1	2
7. GER	1	–	1
8. FRG	1	–	–
HUN	1	–	–
NZL	1	–	–
11. ARG	–	1	–
BUL	–	1	–
EUN	–	1	–
14. SWE	–	–	1
TCH	–	–	1

Rom 1960

G Jolanda Balas ROM ... 1,85
S Jaroslava Jozwiakowska POL ... 1,71
Dorothy Shirley GBR ... 1,71

Tokio 1964

G Jolanda Balas ROM ... 1,90
S Michele Brown AUS ... 1,80
B Tassiya Chenchik URS ... 1,78

Mexiko City 1968

G Miloslava Rezkova TCH ... 1,82
S Antonina Okorokova URS ... 1,80
B Valentina Kosyr URS ... 1,80

München 1972

G Ulrike Meyfarth FRG ... 1,92
S Yordanka Blagoyeva BUL ... 1,88
B Ilona Gusenbauer AUT ... 1,88

Montreal 1976

G Rosemarie Ackermann GDR ... 1,93
S Sara Simeoni ITA ... 1,91
B Yordanka Blagoyeva BUL ... 1,91

Moskau 1980

G Sara Simeoni ITA ... 1,97
S Urszula Kielan POL ... 1,94
B Jutta Kirst GDR ... 1,94

Los Angeles 1984

G Ulrike Meyfarth FRG ... 2,02
S Sara Simeoni ITA ... 2,00
B Joni Huntley USA ... 1,97

Seoul 1988

G Louise Ritter USA ... 2,03
S Stefka Kostadinova BUL ... 2,01
B Tamara Bykova URS ... 1,99

Barcelona 1992

G Heike Henkel GER ... 2,02
S Galina Astafei ROM ... 2,00
B Joanet Quintero CUB ... 1,97

Weitsprung Frauen

London 1948

G Olga Gyarmati HUN ... 5,69
S Noemi de Portela ARG ... 5,60
B Ann-Britt Leyman SWE ... 5,57

Helsinki 1952

G Yvette Williams NZL ... 6,24
S Alexandra Chudina URS ... 6,14
B Shirley Cawley GBR ... 5,92

Melbourne 1956

G Elsbieta Krzesinska POL ... 6,35
S Willye White USA ... 6,09
B Nadeshda Knikina URS ... 6,07

Rom 1960

G Vera Krepkina URS ... 6,37
S Elsbieta Krzesinska POL ... 6,27
B Hildrun Claus GER ... 6,21

Tokio 1964

G Mary Rand GBR ... 6,76
S Irena Kirszenstein POL ... 6,70
B Tatyana Shtelkanova URS[1] ... 6,42

Mexiko City 1968

G Viorica Viscopoleanu ROM ... 6,82
S Sheila Sherwood GBR ... 6,68
B Tatyana Talysheva URS ... 6,66

München 1972

G Heide Rosendahl FRG ... 6,78
S Diana Yorgova BUL ... 6,77
B Eva Suranova TCH ... 6,67

Montreal 1976

G Angela Voigt GDR ... 6,72
S Kathy McMillan USA ... 6,66
B Lidiya Alfeyeva URS ... 6,60

Moskau 1980

G Tatyana Kolpakova URS ... 7,06
S Brigitte Wujak GDR ... 7,04
B Tatyana Skachko URS ... 7,01

Los Angeles 1984

G Anisoara Stanciu ROM ... 6,96
S Vali Ionescu ROM ... 6,81
B Susan Hearnshaw GBR ... 6,80

Seoul 1988

G Jackie Joyner-Kersee USA ... 7,40
S Heike Drechsler GDR ... 7,22
B Galina Chistyakova URS ... 7,11

Barcelona 1992

G Heike Drechsler GER ... 7,14
S Inessa Kravets EUN ... 7,12
B Jackie Joyner-Kersee USA ... 7,07

1) umstrittener Geschlechtsstatus

Kugelstoßen Frauen

London 1948

G Micheline Ostermeyer FRA 13,75
S Amelia Piccinini ITA 13,09
B Ine Schäffer AUT 13,08

Helsinki 1952

G Galina Zybina URS 15,28
S Marianne Werner GER 14,57
B Klaudia Tochenova URS 14,50

Melbourne 1956

G Tamara Tishkevich URS 16,59
S Galina Zybina URS 16,53
B Marianne Werner GER 15,61

Rom 1960

G Tamara Press URS[1) 17,32
S Johanna Lüttge GER 16,61
B Earlene Brown USA 16,42

Tokio 1964

G Tamara Press URS[1) 18,14
S Renate Garisch GER 17,61
B Galina Zybina URS 17,41

Mexiko City 1968

G Margitta Gummel GDR 19,61
S Marita Lange GDR 18,78
B Nadeshda Chichova URS 18,19

München 1972

G Nadeshda Chichova URS 21,03
S Margitta Gummel GDR 20,22
B Ivanka Christova BUL 19,35

Montreal 1976

G Ivanka Christova BUL 21,16
S Nadeshda Chichova URS 20,96
B Helena Fibingerova TCH 20,67

Moskau 1980

G Ilona Slupianek GDR 22,41
S Svetlana Krachevskaya URS 21,42
B Margitta Pufe GDR 21,20

Los Angeles 1984

G Claudia Losch FRG 20,48
S Mihaela Loghin ROM 20,47
B Gael Martin AUS 19,19

Seoul 1988

G Natalia Lissovskaya URS 22,24
S Kathrin Neimke GDR 21,07
B Li Meisu CHN 21,06

Barcelona 1992

G Svetlana Kirvelyeva EUN 21,06
S Zhihong Huang CHN 20,47
B Kathrin Neimke GER 19,78

Diskuswerfen Frauen

Amsterdam 1928

G Halina Konopacka POL 39,62
S Lillian Copeland USA 37,08
B Ruth Svedberg SWE 35,92

Los Angeles 1932

G Lillian Copeland USA 40,58
S Ruth Osburn USA 40,12
B Jadwiga Wajs POL 38,74

Berlin 1936

G Gisela Mauermayer GER 47,63
S Jadwiga Wajs POL 46,22
B Paula Mollenhauer GER 39,80

London 1948

G Micheline Ostermeyer FRA 41,92
S Edera Gentile ITA 41,17
B Jacqueline Mazeas FRA 40,47

Helsinki 1952

G Nina Romashkova URS 51,42
S Yelisaveta Bagrianzeva URS 47,08
B Nina Dumbadse URS 46,29

Melbourne 1956

G Olga Fikotova TCH 53,69
S Irina Beglyakova URS 52,54
B Nina Ponomaryeva URS 52,02

Rom 1960

G Nina Ponomaryeva URS 55,10
S Tamara Press URS[1) 52,59
B Lia Manoliu ROM 52,36

Tokio 1964

G Tamara Press URS[1) 57,27
S Ingrid Lotz GER 57,21
B Lia Manoliu ROM 56,97

Bilanz Kugelstoßen Frauen

Land	G	S	B
1. URS	6	3	3
2. GDR	2	3	–
3. BUL	1	–	1
4. EUN	1	–	–
FRA	1	–	–
FRG	1	–	–
7. GER	–	3	3
8. CHN	–	1	1
9. ITA	–	1	–
ROM	–	1	–
11. AUS	–	–	1
AUT	–	–	1
TCH	–	–	1
USA	–	–	1

Bilanz Diskuswerfen Frauen

Land	G	S	B
1. URS	4	3	3
2. GDR	3	1	1
3. USA	1	3	–
4. ROM	1	1	3
5. GER	1	1	1
POL	1	1	1
7. FRA	1	–	1
8. CUB	1	–	–
NED	1	–	–
TCH	1	–	–
11. BUL	–	3	2
12. FRG	–	1	–
ITA	–	1	–
14. AUS	–	–	1
HUN	–	–	1
SWE	–	–	1

1) umstrittener Geschlechtsstatus

Mexiko City 1968

G Lia Manoliu ROM ... 58,28
S Liesel Westermann FRG ... 57,76
B Yolan Kleiber HUN ... 54,90

München 1972

G Faina Melnik URS ... 66,62
S Argentina Menis ROM ... 65,06
B Vassilka Stoyeva BUL ... 64,34

Montreal 1976

G Evelin Schlaak GDR ... 69,00
S Maria Vergova BUL ... 67,30
B Gabriele Hinzmann GDR ... 66,84

Moskau 1980

G Evelin Jahl GDR ... 69,96
S Maria Petkova BUL ... 67,90
B Tatyana Lesovaya URS ... 67,40

Los Angeles 1984

G Ria Stalman NED ... 65,36
S Leslie Deniz USA ... 64,86
B Florenta Craciunescu ROM ... 63,64

Seoul 1988

G Martina Hellmann GDR ... 72,30
S Diana Gansky GDR ... 71,88
B Zvetanka Kristova BUL ... 69,74

Barcelona 1992

G Marita Marten CUB ... 70,06
S Zvetanka Kristova BUL ... 67,78
B Daniela Costian AUS ... 66,24

Bilanz Speerwerfen Frauen

Land	G	S	B
1. GDR	3	1	2
2. URS	2	2	4
3. GER	2	2	2
4. GBR	1	1	1
5. HUN	1	1	–
ROM	1	1	–
5. TCH	1	1	–
8. USA	1	–	2
9. AUT	1	–	1
10. CUB	1	–	–
11. FIN	–	2	–
12. CHI	–	1	–
EUN	–	1	–
FRG	–	1	–
15. DEN	–	–	1
POL	–	–	1

Speerwerfen Frauen

Los Angeles 1932

G Mildred Didriksen USA ... 43,68
S Ellen Braumüller GER ... 43,49
B Tilly Fleischer GER ... 43,00

Berlin 1936

G Tilly Fleischer GER ... 45,18
S Luise Kürger GER ... 43,29
B Maria Kwasniewska POL ... 41,80

London 1948

G Herma Bauma AUT ... 45,57
S Kaisa Parviainen FIN ... 43,79
B Lily Carlstedt DEN ... 42,08

Helsinki 1952

G Dana Zatopkova TCH ... 50,47
S Alexandra Chudina URS ... 50,01
B Yelena Gorchakova URS ... 49,76

Melbourne 1956

G Inese Jaunzeme URS ... 53,86
S Marlene Ahrens CHI ... 50,38
B Nadeshda Konyayeva URS ... 50,28

Rom 1960

G Elvira Osolina URS ... 55,98
S Dana Zatopkova TCH ... 53,78
B Birute Kalediene URS ... 53,45

Tokio 1964

G Mihaela Penes ROM ... 60,54
S Marta Rudas HUN ... 58,27
B Yelena Gorchakova URS ... 57,06

Mexiko City 1968

G Angela Nemeth HUN ... 60,36
S Mihaela Penes ROM ... 59,92
B Eva Janko AUT ... 58,04

München 1972

G Ruth Fuchs GDR ... 63,88
S Jacqueline Todten GDR ... 62,54
B Kathryn Schmidt USA ... 59,94

Montreal 1976

G Ruth Fuchs GDR ... 65,94
S Marion Becker FRG ... 64,70
B Kathryn Schmidt USA ... 63,96

Moskau 1980

G Maria Colon CUB ... 68,40
S Saida Gunba URS ... 67,76
B Ute Hommola GDR ... 66,56

Los Angeles 1984

G Tessa Sanderson GBR ... 69,56
S Tiina Lillak FIN ... 69,00
B Fatima Whitbread GBR ... 67,14

Seoul 1988

G Petra Felke GDR ... 74,68
S Fatima Whitbread GBR ... 70,32
B Beate Koch GDR ... 67,30

Barcelona 1992

G Silke Renk GER ... 68,34
S Natalia Shikolenko EUN ... 68,26
B Karen Forkel GER ... 66,86

Fünfkampf Frauen

Tokio 1964

G	Irina Press URS[1]	5246
S	Mary Rand GBR	5035
B	Galina Bystrova URS	4956

Mexiko City 1968

G	Ingrid Becker FRG	5098
S	Elisabeth Prokop AUT	4966
B	Annamaria Toth HUN	4959

München 1972

G	Mary Peters GBR	4801
S	Heide Rosendahl FRG	4791
B	Burglinde Pollak GDR	4768

Montreal 1976

G	Siegrun Siegl GDR	4745
S	Christine Laser GDR[2]	4745
B	Burglinde Pollak GDR	4740

Moskau 1980

G	Nadeshda Tkachenko URS	5083
S	Olga Rukavichnikova URS	4937
B	Olga Kuragina URS	4875

Siebenkampf Frauen

Los Angeles 1984

G	Glynis Nunn AUS	6390
S	Jackie Joyner-Kersee USA	6385
B	Sabine Everts FRG	6363

Seoul 1988

G	Jackie Joyner-Kersee USA	7291
S	Sabine John GDR	6897
B	Anke Behmer GDR	6858

Barcelona 1992

G	Jackie Joyner-Kersee USA	7044
S	Irina Belova EUN	6845
B	Sabine Braun GER	6649

Gewichtheben

(1896 bis 1906 verschiedene Übungen; 1920 olympischer Dreikampf aus einarmigem Drücken und Reißen sowie beidarmigem Stoßen; 1924 olympischer Fünfkampf aus einarmigem Reißen und Stoßen sowie beidarmigem Drücken, Reißen und Stoßen; 1928 bis 1972 olympischer Dreikampft aus beidarmigem Drücken, Reißen und Stoßen; ab 1976 olympischer Zweikampf aus beidarmigem Reißen und Stoßen).

Fliegengewicht (52 kg)

München 1972

G	Zygmunt Smalcerz POL	337,5
S	Lajos Szücs HUN	330,0
B	Sandor Holczreiter HUN	327,5

Montreal 1976

G	Alexander Voronin URS	242,5
S	György Köszegi HUN	237,5
B	Mohammed Nassiri IRI	235,0

Moskau 1980

G	Kanybek Osmonaliev URS	245,0
S	Bong-Zol Ho PRK	245,0
B	Gen-Si Han PRK	245,0

Los Angeles 1984

G	Guoqiang Zeng CHN	235,0
S	Peishun Zhou CHN	235,0
B	Kazushito Manabe JPN	232,5

Seoul 1988

G	Sevdalin Marinov BUL	270,0
S	Byung-Kwan Chun KOR	260,0
B	Zhuoqiang He CHN	257,5

Barcelona 1992

G	Ivan Ivanov BUL	265,0
S	Qisheng Lin CHN	262,5
B	Trajan Ciharean ROM	252,5

Bantamgewicht (56 kg)

London 1948

G	Joe Di Pietro USA	307,5
S	Julian Creus GBR	297,5
B	Richard Tom USA	295,0

Bilanz Fünfkampf/Siebenkampf Frauen

Land	G	S	B
1. URS	2	1	2
2. USA	2	1	–
3. GDR	1	2	3
4. FRG	1	1	1
5. GBR	1	1	–
6. AUS	1	–	–
7. AUT	–	1	–
EUN	–	1	–
9. GER	–	–	1
HUN	–	–	1

Bilanz Fliegengewicht

Land	G	S	B
1. BUL	2	–	–
URS	2	–	–
3. CHN	1	2	1
4. POL	1	–	–
5. HUN	–	2	1
6. PRK	–	1	1
7. KOR	–	1	–
8. IRI	–	–	1
JPN	–	–	1
ROM	–	–	1

1) umstrittener Geschlechtsstatus
2) Siegrun Siegl wurde Erste, weil sie in drei von fünf Wettbewerben besser als Christine Laser war.

Bilanz Bantamgewicht

Land	G	S	B
1. URS	3	2	1
2. USA	3	–	1
3. CHN	1	3	2
4. IRI	1	2	3
5. HUN	1	2	–
6. BUL	1	–	–
CUB	1	–	–
KOR	1	–	–
9. JPN	–	1	3
10. POL	–	1	2
11. GBR	–	1	–

Bilanz Federgewicht

Land	G	S	B
1. URS	4	4	–
2. USA	2	2	1
3. JPN	2	–	2
4. TUR	2	–	–
5. BUL	1	4	–
6. EGY	1	1	1
ITA	1	1	1
8. AUT	1	1	–
9. CHN	1	–	2
10. BEL	1	–	–
FRA	1	–	–
12. GER	–	1	1
TRI	–	1	1
14. EST	–	1	–
ROM	–	1	–
16. POL	–	–	3
17. SUI	–	–	2
18. HUN	–	–	1
IRI	–	–	1
TPE	–	–	1

Helsinki 1952

G Ivan Udodov URS 315,0
S Mahmoud Namdjou IRI 307,5
B Ali Mirzai IRI 300,0

Melbourne 1956

G Charles Vinci USA 342,5
S Vladimir Stogov URS 337,5
B Mahmoud Namdjou IRI 332,5

Rom 1960

G Charles Vinci USA 345,0
S Yoshinobu Miyake JPN 337,5
B Esmail Elm Khah IRI 330,0

Tokio 1964

G Alexei Vachonin URS 357,5
S Imre Földi HUN 355,0
B Shiro Ichinoseki JPN 347,5

Mexiko City 1968

G Mohammed Nassiri IRI 367,5
S Imre Földi HUN 367,5
B Henryk Trebicki POL 357,5

München 1972

G Imre Földi HUN 377,5
S Mohammed Nassiri IRI 370,0
B Gennadi Chetin URS 367,5

Montreal 1976

G Nurair Nurikian BUL 262,5
S Grzegorz Cziura POL 252,2
B Kenkichi Ando JPN 250,0

Moskau 1980

G Daniel Nunez CUB 275,0
S Yurik Sarkisian URS 270,0
B Tadeusz Dembonczyk POL 265,0

Los Angeles 1984

G Shude Wu CHN 267,5
S Runming Lai CHN 265,0
B Masahiro Kotaka JPN 252,5

Seoul 1988

G Oksen Mirsoyan URS 292,5
S Yingqiang He CHN 287,5
B Shubin Liu CHN 267,5

Barcelona 1992

G Byung-Kwan Chun KOR 287,5
S Shubin Liu CHN 277,5
B Jianming Luo CHN 277,5

Federgewicht (60 kg)

Antwerpen 1920

G Frans de Haes BEL 220,0
S Alfred Schmidt EST 212,5
B Eugene Ryther SUI 210,0

Paris 1924

G Pierino Gabetti ITA 402,5
S Andreas Stadler AUT 385,0
B Arthur Reinmann SUI 382,5

Amsterdam 1928

G Franz Andrysek AUT 287,5
S Pierino Gabetti ITA 282,5
B Hans Wölpert GER 282,5

Los Angeles 1932

G Raymond Suvigny FRA 287,5
S Hans Wölpert GER 282,5
B Anthony Terlazzo USA 280,0

Berlin 1936

G Anthony Terlazzo USA 312,5
S Saleh Soliman EGY 305,0
B Ibrahim Shams EGY 300,0

London 1948

G Mahmud Fayad EGY 332,5
S Rodney Wilkes TRI 317,5
B Jaffar Salmassi IRI 312,5

Helsinki 1952

G Rafael Chimishkyan URS 337,5
S Nikolai Saksonov URS 332,5
B Rodney Wilkes TRI 322,5

Melbourne 1956

G Isaac Berger USA 352,5
S Yevgeni Minayev URS 342,5
B Marian Zielinski POL 335,0

Rom 1960

G Yevgeni Minayev URS 372,5
S Isaac Berger USA 362,5
B Sebastiano Mannironi ITA 352,5

Tokio 1964

G Yoshinobu Miyake JPN 397,5
S Isaac Berger USA 382,5
B Mieczyslaw Nowak POL 377,5

Mexiko City 1968

G Yoshinobu Miyake JPN .392,5
S Dito Shanidse URS .387,5
B Yoshiyuki Miyake JPN .385,0

München 1972

G Nurair Nurikian BUL .402,5
S Dito Shanidse URS .400,0
B Janos Benedek HUN .390,0

Montreal 1976

G Nikolai Kolesnikov URS .285,0
S Georgi Todorov BUL .280,0
B Kazumasa Hirai JPN .275,0

Moskau 1980

G Viktor Masin URS .290,0
S Stefan Dimitrov BUL .287,5
B Marek Seweryn POL .282,5

Los Angeles 1984

G Weiqiang Chen CHN .282,5
S Gelu Radu ROM .280,0
B Wen-Yee Tsai TPE .272,5

Seoul 1988

G Naim Süleymanoglu TUR .342,5
S Stefan Topurov BUL .312,5
B Huanming Ye CHN .287,5

Barcelona 1992

G Naim Süleymanoglu TUR .320,0
S Nikolai Peshalov BUL .305,0
B Yingqiang He CHN .295,0

Leichtgewicht (67,5 kg)

Antwerpen 1920

G Alfred Neuland EST .257,5
S Louis Williquet BEL .240,0
B Florimond Rooms BEL .230,0

Paris 1924

G Edmond Decottignies FRA .440,0
S Anton Zwerina AUT .427,5
B Bohumil Durdis TCH .425,0

Amsterdam 1928

G Kurt Helbig GER .322,5
Hans Haas AUT .322,5
B Fernand Arnout FRA .302,5

Los Angeles 1932

G Rene Duverger FRA .325,0
S Hans Haas AUT .307,5
B Gastone Pierini ITA .302,5

Berlin 1936

G Mohammed Mesbah EGY .342,5
Robert Fein AUT .342,5
B Karl Jansen GER .327,5

London 1948

G Ibrahim Shams EGY .360,0
S Appia Hamcuda EGY .360,0
B James Halliday GBR .340,0

Helsinki 1952

G Tommy Kono USA .362,5
S Yevgeni Lopatin URS .350,0
B Verne Barberis AUS .350,0

Melbourne 1956

G Igor Rybak URS .380,0
S Rafael Chabutdinov URS .372,5
B Chang-Hee Kim KOR .370,0

Rom 1960

G Viktor Bushuyev URS .397,5
S Howe-Liang Tan SIN .380,0
B Abdul Wahid Aziz IRQ .380,0

Tokio 1964

G Waldemar Baszanowski POL .432,5
S Vladimir Kaplunov URS .432,5
B Marian Zielinski POL .420,0

Mexiko City 1968

G Waldemar Baszanowski POL .437,5
S Parviz Jalayer IRI .422,5
B Marian Zeilinski POL .420,0

München 1972

G Mucharbi Kirshinov URS .460,0
S Mladen Kuchev BUL .450,0
B Zbigniew Kaczmarek POL .437,5

Montreal 1976

G Pyotr Koro URS .305,0
S Daniel Senet FRA .300,0
B Kazimierz Czarnecki POL .295,0

Moskau 1980

G Yanko Russev BUL .342,5
S Joachim Kunz GDR .335,0
B Mincho Pashov BUL .325,0

Bilanz Leichtgewicht

Land	G	S	B
1. URS	4	4	–
2. FRA	2	1	1
3. EGY	2	1	–
4. POL	2	–	4
5. AUT	1	3	–
6. BUL	1	2	1
7. GDR	1	1	–
8. GER	1	–	2
9. CHN	1	–	1
10. EST	1	–	–
EUN	1	–	–
USA	1	–	–
13. BEL	–	1	1
14. FIN	–	–	1
15. IRI	–	1	–
ROM	–	1	–
SIN	–	1	–
18. AUS	–	–	1
IRQ	–	–	1
GBR	–	–	1
ITA	–	–	1
KOR	–	–	1
TCH	–	–	1

Los Angeles 1984

G Jingyuan Yao CHN 320,0
S Andrei Socaci ROM 312,5
B Jouni Grönman FIN 312,5

Seoul 1988

G Joachim Kunz GDR 340,0
S Israil Militosyan URS 337,5
B Jinhe Li CHN 325,0

Barcelona 1992

G Israil Militosyan EUN 337,5
S Yoto Yotov BUL 327,5
B Andreas Behm GER 320,0

Bilanz Mittelgewicht

Land	G	S	B
1. BUL	4	–	2
2. URS	3	3	–
3. USA	2	3	–
4. FRA	2	–	–
5. ITA	1	3	2
6. GER	1	1	1
7. EGY	1	–	–
EUN	1	–	–
FRG	1	–	–
TCH	1	–	–
11. CAN	–	2	–
12. GDR	–	1	1
EST	–	1	1
JPN	–	1	1
15. CUB	–	1	–
LIB	–	1	–
17. HUN	–	–	2
KOR	–	–	2
19. AUT	–	–	1
PRK	–	–	1
ROM	–	–	1
NED	–	–	1
SWE	–	–	1

Mittelgewicht (75 kg)

Antwerpen 1920

G Henri Gance FRA 245,0
S Pietro Bianchi ITA 237,5
B Albert Pettersson SWE 237,5

Paris 1924

G Carlo Galimberti ITA 492,5
S Alfred Neuland EST 455,0
B Jaan Kikkas EST 450,0

Amsterdam 1928

G Roger Francois FRA 335,0
S Carlo Galimberti ITA 332,5
B August Scheffer NED 327,5

Los Angeles 1932

G Rudolf Ismayr GER 345,0
S Carlo Galimberti ITA 340,0
B Karl Hipfinger AUT 337,5

Berlin 1936

G Khadre el Touni EGY 387,5
S Rudolf Ismayr GER 352,5
B Adolf Wagner GER 352,5

London 1948

G Frank Spellman USA 390,0
S Peter George USA 382,5
B Sung-Jip Kim KOR 380,0

Helsinki 1952

G Peter George USA 400,0
S Gerard Gratton CAN 390,0
B Sung-Jip Kim KOR 382,5

Melbourne 1956

G Fedor Bogdanovski URS 420,0
S Peter George USA 412,5
B Ermanno Pignatti ITA 382,5

Rom 1960

G Alexander Kurynov URS 437,5
S Tommy Kono USA 427,5
B Győző Veres HUN 405,0

Tokio 1964

G Hans Zdrazila TCH 445,0
S Viktor Kurenzov URS 440,0
B Masahi Ouchi JPN 437,5

Mexiko City 1968

G Viktor Kurenzov URS 475,0
S Masahi Ouchi JPN 455,0
B Karoly Bakos HUN 440,0

München 1972

G Yordan Bykov BUL 485,0
S Mohamed Trabulsi LIB 472,5
B Anselmo Silvino ITA 470,0

Montreal 1976

G Yordan Mitkov BUL 335,0
S Vartan Militosyan URS 330,0
B Peter Wenzel GDR 327,5

Moskau 1980

G Assen Slatev BUL 360,0
S Alexander Pervi URS 357,5
B Nedelcho Kolev BUL 345,0

Los Angeles 1984

G Karl-Heinz Radschinsky FRG 340,0
S Jacques Demers CAN 335,0
B Dragomir Cioroslan ROM 332,5

Seoul 1988

G Borislav Gidikov BUL 375,0
S Ingo Steinhöfel GDR 360,0
B Alexander Varbanov BUL 357,5

Barcelona 1992

G Fedor Kassapu EUN 357,5
S Pablo Lara CUB 357,5
B Myong Nam Kim PRK 352,5

Leichtschwergewicht (82,5 kg)

Antwerpen 1920

G Ernest Cadine FRA 290,0
S Fritz Hünenberger SUI 275,0
B Erik Pettersson SWE 272,5

Paris 1924

G Charles Rigoulot FRA 502,5
S Fritz Hünenberger SUI 490,0
B Leopold Friedrich AUT 490,0

Amsterdam 1928

G El Sayed Nosseir EGY 355,0
S Louis Hostin FRA 352,5
B Johannes Verheijen NED 337,5

Los Angeles 1932

G Louis Hostin FRA 365,0
S Svend Olsen DEN 360,0
B Henry Duey USA 330,0

Berlin 1936

G Louis Hostin FRA 372,5
S Eugen Deutsch GER 365,0
B Ibrahim Wasif EGY 360,0

London 1948

G Stanley Stanczyk USA 417,5
S Harold Sakata USA 380,0
B Gösta Magnusson SWE 375,0

Helsinki 1952

G Trofim Lomakin URS 417,5
S Stanley Stanczyk USA 415,0
B Arkadi Vorobiev URS 407,5

Melbourne 1956

G Tommy Kono USA 447,5
S Vassili Stepanov URS 427,5
B James George USA 417,5

Rom 1960

G Ireneusz Palinski POL 442,5
S James George USA 430,0
B Jan Bochenek POL 420,0

Tokio 1964

G Rudolf Plukfelder URS 475,0
S Geza Toth HUN 467,5
B Győző Veres HUN 467,5

Mexiko City 1968

G Boris Selizki URS 485,0
S Vladimir Belyayev URS 485,0
B Norbert Ozimek POL 472,5

München 1972

G Leif Jenssen NOR 507,5
S Norbert Ozimek POL 497,5
B György Horvath HUN 495,0

Montreal 1976

G Valeri Share URS 365,0
S Trendafil Stoitshev BUL 360,0
B Peter Baczako HUN 345,0

Moskau 1980

G Yurik Vardanyan URS 400,0
S Blagoi Blagoev BUL 372,5
B Dusan Poliacik TCH 367,5

Los Angeles 1984

G Petre Becheru ROM 355,0
S Robert Kabbas AUS 342,5
B Ryoji Isaoka JPN 340,0

Seoul 1988

G Israil Arsamakov URS 377,5
S Istvan Meszi HUN 370,0
B Hyung-Kun Lee KOR 367,5

Barcelona 1992

G Pyrros Dimas GRE 370,0
S Krzysztof Siemion POL 370,0
B –[1]

Mittelschwergewicht (90 kg)

Helsinki 1952

G Norbert Schemansky USA 445,0
S Grigori Novak URS 410,0
B Lennox Kilgour TRI 402,5

Melbourne 1956

G Arkadi Vorobiev URS 462,5
S David Sheppard USA 442,5
B Jean Debuf FRA 425,0

Rom 1960

G Arkadi Vorobiev URS 472,5
S Trofim Lomakin URS 457,5
B Louis Martin GBR 445,0

Bilanz Leichtschwergewicht

Land	G	S	B
1. URS	6	2	1
2. FRA	4	1	–
3. USA	2	3	2
4. POL	1	2	2
5. EGY	1	–	1
6. GRE	1	–	–
NOR	1	–	–
ROM	1	–	–
9. HUN	–	2	3
10. BUL	–	2	–
SUI	–	2	–
12. AUS	–	1	–
DEN	–	1	–
GER	–	1	–
15. SWE	–	–	2
16. AUT	–	–	1
JPN	–	–	1
KOR	–	–	1
NED	–	–	1
TCH	–	–	1

Bilanz Mittelschwergewicht

Land	G	S	B
1. URS	5	4	–
2. BUL	1	2	1
3. USA	1	2	–
4. EUN	1	1	–
ROM	1	1	–
6. FIN	1	–	–
HUN	1	–	–
8. GBR	–	1	2
9. POL	–	–	4
10. FRA	–	–	1
GDR	–	–	1
SWE	–	–	1
TRI	–	–	1

1) Bronzemedaille nicht vergeben, weil sich Ibrahim Samadov (EUN) bei der Siegerehrung schlecht benahm; Samadov tauchte international nie mehr auf.

Bilanz Erstes Schwergewicht

Land	G	S	B
1. EUN	1	1	–
URS	1	1	–
3. FRG	1	–	1
4. TCH	1	–	–
5. ROM	–	2	–
6. CUB	–	–	1
FIN	–	–	1
POL	–	–	1

Bilanz Zweites Schwergewicht

Land	G	S	B
1. URS	4	–	–
2. GER	1	–	–
ITA	1	–	–
4. BUL	–	3	1
5. HUN	–	1	1
6. EUN	–	1	–
ROM	–	1	–
8. GDR	–	–	2
9. POL	–	–	1
10. USA	–	–	1

Tokio 1964

G Vladimir Golovanov URS 487,5
S Louis Martin GBR 475,0
B Ireneusz Palinski POL 467,5

Mexiko City 1968

G Kaarlo Kangasniemi FIN 517,5
S Jaan Talts URS 507,5
B Marek Golab POL 495,0

München 1972

G Andon Nikolov BUL 525,0
S Atanas Shopov BUL 517,5
B Hans Bettembourg SWE 512,5

Montreal 1976

G David Rigert URS 382,5
S Lee James USA 362,5
B Atanas Shopov BUL 360,0

Moskau 1980

G Peter Baczako HUN 377,5
S Rumen Alexandrov BUL 375,0
B Frank Mantek GDR 370,0

Los Angeles 1984

G Nicu Vlad ROM 392,5
S Dumitru Petre ROM 360,0
B David Mercer GBR 352,5

Seoul 1988

G Anatoli Chrapati URS 412,5
S Nail Muchamedyarov URS 400,0
B Slawomir Zawada POL 400,0

Barcelona 1992

G Kachi Kachiashvili EUN 412,5
S Sergei Syrtsov EUN 412,5
B Sergiusz Wolczaniecki POL 392,5

Erstes Schwergewicht (100 kg)

Moskau 1980

G Ota Zaremba TCH 395,0
S Igor Nikitin URS 392,5
B Alberto Blanco CUB 385,0

Los Angeles 1984

G Rolf Milser FRG 385,0
S Vasile Groapa ROM 382,5
B Pekka Niemi FIN 367,5

Seoul 1988

G Pavel Kusnezov URS 425,0
S Nicu Vlad ROM 402,5
B Peter Immesberger FRG 395,0

Barcelona 1992

G Viktor Tregubov EUN 410,0
S Timur Taimazov EUN 402,5
B Waldemar Malak POL 400,0

Zweites Schwergewicht (110 kg)

München 1972

G Jaan Talts URS 580,0
S Alexander Kraichev BUL 562,5
B Stefan Grützner GDR 555,0

Montreal 1976

G Yuri Saizev URS 385,0
S Krastu Semerdshiev BUL 385,0
B Tadeusz Rutkowski POL 377,5

Moskau 1980

G Leonid Taranenko URS 422,5
S Valentin Christov BUL 405,0
B György Szalai HUN 390,0

Los Angeles 1984

G Norbert Oberburger ITA 390,0
S Stefan Tasnadi ROM 380,0
B Guy Carlton USA 377,5

Seoul 1988

G Yuri Zakarevich URS 455,0
S Jozsef Jacso HUN 427,5
B Ronny Weller GDR 425,0

Barcelona 1992

G Ronny Weller GER 432,5
S Artur Akoyev EUN 430,0
B Stefan Botev BUL 417,5

Superschwergewicht (+ 110 kg)

(bis 1904 offen, bis 1948 + 82,5 kg, bis 1968 + 90 kg)

Athen 1896[1)]

G Viggo Jensen DEN[2)] 111,5
S Launceston Elliott GBR 111,5
B Carl Schuhmann GER 100,0
Sotirios Versis GRE 100,0

1) 1896, 1904 und 1906 beidarmiges Stoßen
2) war auch Olympiadritter im Schießen

St. Louis 1904[1)]

G Perikles Kakousis GRE 111,58
S Oscar Osthoff USA 84,36
B Frank Kungler USA 79,83

Athen 1906[1)]

G Dimitrios Tofalos GRE 142,5
S Josef Steinbach AUT 136,5
B Heinrich Rondi GER 129,5
Heinrich Schneidereit GER 129,5
Alexandre Maspoli FRA 129,5

Antwerpen 1920

G Filippo Bottino ITA 270,0
S Joseph Alzin LUX 255,0
B Louis Bernot FRA 250,0

Paris 1924

G Giuseppe Tonani ITA 517,5
S Franz Aigner AUT 515,0
B Harald Tammer EST 497,5

Amsterdam 1928

G Josef Straßberger GER 372,5
S Arnold Luhäär EST 360,0
B Jaroslav Skobla TCH 357,5

Los Angeles 1932

G Jaroslav Skobla TCH 380,0
S Vaclav Psenicka TCH 377,5
B Josef Straßberger GER 377,5

Berlin 1936

G Josef Manger GER 410,0
S Vaclav Psenicka TCH 402,5
B Arnold Luhäär EST 400,0

London 1948

G John Davis USA 452,5
S Norbert Schemansky USA 425,0
B Abraham Charite NED 412,5

Helsinki 1952

G John Davis USA 460,0
S James Bradford USA 437,5
B Humberto Selvetti ARG 432,5

Melbourne 1956

G Paul Anderson USA 500,0
S Humberto Selvetti ARG 500,0
B Alberto Pigaiani ITA 452,5

Rom 1960

G Yuri Vlassov URS 537,5
S James Bradford USA 512,5
B Norbert Schemansky USA 500,0

Tokio 1964

G Leonid Zabotdinski URS 572,5
S Yuri Vlassov URS 570,0
B Norbert Schemansky USA 537,5

Mexiko City 1968

G Leonid Zabotdinski URS 572,5
S Serge Reding BEL 555,0
B Joseph Dube USA 555,0

München 1972

G Vassili Alexeyev URS 640,0
S Rudolf Mang FRG 610,0
B Gerd Bonk GDR 572,5

Montreal 1976

G Vassili Alexeyev URS 440,0
S Gerd Bonk GDR 405,0
B Helmut Losch GDR 387,5

Moskau 1980

G Sultan Rakhmanov URS 440,0
S Jürgen Heuser GDR 410,0
B Tadeusz Rutkowski POL 407,5

Los Angeles 1984

G Dean Lukin AUS 412,5
S Mario Martinez USA 410,0
B Manfred Nerlinger FRG 397,5

Seoul 1988

G Alexander Kurlovich URS 462,5
S Manfred Nerlinger FRG 430,0
B Marin Zawieja FRG 415,0

Barcelona 1992

G Alexander Kurlovich EUN 450,0
S Leonid Taranenko EUN 425,0
B Manfred Nerlinger GER 412,5

Nicht mehr ausgetragene Wettbewerbe

Ein-Hand-Heben

Athen 1896

G Launceston Elliott GBR 71,0
S Viggo Jensen DEN 57,2
B Alexandros Nitolopoulos GRE 57,2

Bilanz Superschwergewicht

Land	G	S	B
1. URS	7	1	–
2. USA	3	5	4
3. GER	2	–	5
4. GRE	2	–	1
ITA	2	–	1
6. TCH	1	2	1
7. EUN	1	1	–
8. AUS	1	–	–
DEN	1	–	–
10. FRG	–	2	2
GDR	–	2	2
12. AUT	–	2	–
13. EST	–	1	2
14. ARG	–	1	1
15. BEL	–	1	–
GBR	–	1	–
LUX	–	1	–
18. FRA	–	–	2
19. NED	–	–	1
POL	–	–	1

1) 1896, 1904 und 1906 beidarmiges Stoßen

Bilanz Nicht mehr ausgetragene Wettbewerbe Gewichtheben

Land	G	S	B
1. USA	1	1	1
2. AUT	1	–	–
GBR	1	–	–
4. DEN	–	1	–
ITA	–	1	–
6. GER	–	–	1
GRE	–	–	1

Athen 1906

G Josef Steinbach AUT 76,55
S Tullio Camilotti ITA 73,75
B Heinrich Schneidereit GER 70,75

Jonglieren

St. Louis 1904

G Oscar Osthoff USA 48
S Frederick Winters USA 45
B Frank Kungler USA 10

Barcelona 1992

G Kim Il PRK
S Kim Jong-Shin KOR
B Vugar Orudiev EUN

Ringen, freier Stil

Papiergewicht (48 kg)

Bilanz Papiergewicht

Land	G	S	B
1. USA	2	1	1
2. BUL	1	2	–
3. URS	1	1	2
4. JPN	1	1	1
5. PRK	1	1	–
6. ITA	1	–	–
7. KOR	–	1	1
8. EUN	–	–	1
IRI	–	–	1

St. Louis 1904

G Robert Curry USA
S John Hein USA
B Gustav Thiefenthaler USA

München 1972

G Roman Dmitriev URS
S Ognian Nikolov BUL
B Ibrahim Javadi IRI

Montreal 1976

G Hassan Isayev BUL
S Roman Dmitriev URS
B Akira Kudo JPN

Moskau 1980

G Claudio Pollio ITA
S Jang Se Hong PRK
B Sergei Kornilayev URS

Los Angeles 1984

G Robert Weaver USA
S Takashi Irie JPN
B Gab-Do Son KOR

Seoul 1988

G Takashi Kobayashi JPN
S Ivan Tsonov BUL
B Sergei Karamchakov URS

Fliegengewicht (52 kg)

Bilanz Fliegengewicht

Land	G	S	B
1. JPN	5	2	1
2. URS	2	2	1
3. TUR	2	1	1
4. USA	1	3	1
5. YUG	1	1	–
6. FIN	1	–	–
PRK	1	–	–
8. KOR	–	2	2
9. IRI	–	1	3
10. POL	–	1	–
11. BUL	–	–	2
12. MGL	–	–	1
SWE	–	–	1

St. Louis 1904

G George Mehnert USA
S Gustav Bauer USA
B William Nelson USA

London 1948

G Lennart Viitala FIN
S Halit Balamir TUR
B Thure Johansson SWE

Helsinki 1952

G Hasan Gemici TUR
S Yushu Kitano JPN
B Mahmud Molleghassemi IRI

Melbourne 1956

G Mirian Zalkalamanidse URS
S Ali Khojastepur IRI
B Huseyin Akbas TUR

Rom 1960

G Ahmet Bilek TUR
S Masayuki Matsubara JPN
B Ibrahim Safepur IRI

Tokio 1964

G Yoshikatsu Yoshida JPN
S Chang Sun-Chang KOR
B Ali Akbar Haydari IRI

Mexiko City 1968

G Shigeo Nakata JPN
S Richard Sanders USA
B Suren Sukhbaatar MGL

München 1972

G Kiyomi Kato JPN
S Arsen Allachverdyev URS
B Gwong-Hyong Kim KOR

Montreal 1976

G Yuji Takada JPN
S Alexander Ivanov URS
B Hae Sup-Jeon KOR

Moskau 1980

G Anatoli Beloglasov URS[1]
S Wladyslaw Steczyk POL
B Nermedin Selimov BUL

Los Angeles 1984

G Saban Trstena YUG[2]
S Jong Kyu-Kim KOR
B Yuji Takada JPN

Seoul 1988

G Mitsuru Sato JPN
S Saban Trstena YUG[2]
B Vladimir Togusov URS

Barcelona 1992

G Li Hak Sin PRK
S Larry Lee Jones USA
B Valentin Yordanov BUL

Bantamgewicht (57 kg)

St. Louis 1904

G Isidor Niflot USA
S August Wester USA
B Zebe Strebler USA

London 1908

G George Mehnert USA
S William Press GBR
B Aubert Coté CAN

Paris 1924

G Kustaa Pihlajamäki FIN
S Kaarlo Mäkinen FIN
B Bryant Hines USA

Amsterdam 1928

G Kaarlo Mäkinen FIN
S Edmund Spapen BEL
B James Trifunow CAN

Los Angeles 1932

G Robert Pearce USA
S Ödön Zombori HUN
B Aatos Jaskari FIN

Berlin 1936

G Ödön Zombori HUN
S Ross Flood USA
B Johannes Herbert GER

London 1948

G Nasuh Akar TUR
S Gerald Leeman USA
B Charles Kouyos FRA

Helsinki 1952

G Shohashi Ishi i JPN
S Rashid Mahmedbekov URS
B Shaba Jadav IND

Melbourne 1956

G Mustafa Dagistanli TUR
S Mehdi Yaghoubi IRI
B Mikhail Chakov URS

Rom 1960

G Terry McCann USA
S Nezdet Zalev BUL
B Tadeusz Trojanowski POL

Tokio 1964

G Yojiro Uetake JPN
S Huseyin Akbas TUR
B Aydin Ibraguimov URS

Mexiko City 1968

G Yojiro Uetake JPN
S Donald Behm USA
B Abutaleb Ta ebi IRI

München 1972

G Hideaki Yanagida JPN
S Richard Sanders USA
B Laszlo Klinga HUN

Montreal 1976

G Vladimir Yumin URS
S Hans-Dieter Brüchert GDR
B Masao Arai JPN

Moskau 1980

G Sergei Beloglasov URS[1]
S Ho-Pyong Li PRK
B Dugarsuren Ouinbold MGL

Los Angeles 1984

G Hideaki Tomoyama JPN
S Barry Davis USA
B Eu-Kon Kim KOR

Seoul 1988

G Sergei Beloglasov URS[1]
S Askari Mohammedian IRI
B Noh-Kyung Sun KOR

Bilanz Bantamgewicht

Land	G	S	B
1. JPN	5	–	1
2. USA	4	6	2
3. URS	3	1	2
4. FIN	2	1	1
5. TUR	2	1	–
6. HUN	1	1	1
7. CUB	1	–	–
8. IRI	–	2	1
9. PRK	–	1	1
10. BEL	–	1	–
BUL	–	1	–
EUN	–	1	–
GBR	–	1	–
GDR	–	1	–
15. CAN	–	–	2
KOR	–	–	2
17. FRA	–	–	1
GER	–	–	1
IND	–	–	1
MGL	–	–	1
POL	–	–	1

1) Anatoli und Sergei Beloglasov sind 1956 in Kaliningrad (Königsberg) geborene Zwillinge.
2) wurde deutscher Staatsbürger und rang für den KSV Witten

Barcelona 1992

G Alejandro Puerto CUB
S Sergei Smal EUN
B Yong Sik Kim PRK

Bilanz Federgewicht

Land	G	S	B
1. USA	8	5	4
2. JPN	3	1	1
3. TUR	3	1	–
4. URS	2	1	2
5. FIN	2	1	1
6. KOR	1	–	1
7. BUL	–	4	2
8. IRI	–	2	1
9. SWE	–	1	2
10. GBR	–	1	1
11. BEL	–	1	–
MGL	–	1	–
13. SJI	–	–	2
14. CUB	–	–	1
GRE	–	–	1

Federgewicht (60/62 kg)

St. Louis 1904

G Benjamin Bradshaw USA
S Theodore McLear USA
B Charles Clapper USA

London 1908

G George Dole USA
S James Slim GBR
B William McKie GBR

Antwerpen 1920

G Charles Ackerly USA
S Samuel Gerson USA
B P. W. Bernard USA

Paris 1924

G Robin Reed USA
S Chester Newton USA
B Katsutoshi Naito JPN

Amsterdam 1928

G Allie Morrison USA
S Kustaa Pihlajamäki FIN
B Hans Minder SUI

Los Angeles 1932

G Hermanni Pihlajamäki FIN
S Edgar Nemir USA
B Einar Karlsson SWE

Berlin 1936

G Kustaa Pihlajamäki FIN
S Francis Milliard USA
B Gösta Jönsson SWE

London 1948

G Gazanfer Bilge TUR
S Ivar Sjölin SWE
B Adolf Müller SUI

Helsinki 1952

G Bayram Sit TUR
S Nasser Givechi IRI
B Josiah Henson USA

Melbourne 1956

G Shozo Sasahara JPN
S Joseph Mewis BEL
B Erkki Penttilä FIN

Rom 1960

G Mustafa Dagistanli TUR
S Stantcho Kolev BUL
B Vladimir Rubashvili URS

Tokio 1964

G Osamu Watanabe JPN
S Stantcho Kolev BUL
B Nodar Kokashvili URS

Mexiko City 1968

G Masaaki Kaneko JPN
S Enion Todorov BUL
B Samseddin Sayadabassi IRI

München 1972

G Zagalav Abdulbekov URS
S Vehbi Akdag TUR
B Ivan Krustev BUL

Montreal 1976

G Jung-Mo Yang KOR
S Zevegin Oidov MGL
B Gene Davis USA

Moskau 1980

G Magomed Abushew URS
S Miho Dukov BUL
B Georges Hazioanides GRE

Los Angeles 1984

G Randy Lewis USA
S Kosei Akaishi JPN
B Jung-Keun Lee KOR

Seoul 1988

G John Smith USA
S Stefan Sarkisian URS
B Simeon Shterev BUL

Barcelona 1992

G John Smith USA
S Askari Mohammedian IRI
B Lazaro Reinoso CUB

Leichtgewicht (65/68 kg)

St. Louis 1904
G Otto Roehm USA
S Rudolph Tesing USA
B Albert Zirkel USA

London 1908
G George de Relwyskow GBR
S William Wood GBR
B Albert Gingell GBR

Antwerpen 1920
G Kalle Anttila FIN
S Gottfrid Svensson SWE
B Peter Wright GBR

Paris 1924
G Russel Vis USA
S Volmari Vikström FIN
B Arvo Haavisto FIN

Amsterdam 1928
G Osvald Käpp EST
S Charles Pacome FRA
B Eino Leino FIN

Los Angeles 1932
G Charles Pacome FRA
S Karoly Karpaty HUN
B Gustaf Klarén SWE

Berlin 1936
G Karoly Karpaty HUN
S Wolfgang Ehrl GER
B Hermanni Pihlajamäki FIN

London 1948
G Celal Atik TUR
S Gösta Frändfors SWE
B Hermann Baumann SUI

Helsinki 1952
G Olle Anderberg SWE
S Jay Thomas Evans USA
B Jahanbakte Tofighe IRI

Melbourne 1956
G Emamali Habibi IRI
S Shigeru Kasahara JPN
B Alimbeg Bestayev URS

Rom 1960
G Shelby Wilson USA
S Vladimir Sinyavski URS
B Enion Dimov BUL

Tokio 1964
G Enion Valchev BUL
S Klaus Rost GER
B Iwao Horiuchi JPN

Mexiko City 1968
G Abdullah Mohaved IRI
S Enion Valchev BUL
B Sereeter Dazanarjaa MGL

München 1972
G Dan Gable USA
S Kikuo Wada JPN
B Ruslan Ashuraliev URS

Montreal 1976
G Pavel Pinegin URS
S Lloyd Keaser USA
B Yasaburo Sugawara JPN

Moskau 1980
G Saipulla Abseidov URS
S Ivan Yankov BUL
B Saban Seidi YUG

Los Angeles 1984
G In-Tak Yu KOR
S Andrew Rein USA
B Jukka Rauhala FIN

Seoul 1988
G Arsen Fazayev URS
S Park-Jang Soon KOR
B Nate Carr USA

Barcelona 1992
G Arsen Fazayev EUN
S Valentin Getzov BUL
B Kosei Akaishi JPN

Weltergewicht (74/78 kg)

St. Louis 1904
G Charles Erickson USA
S William Beckmann USA
B Jerry Winholtz USA

Bilanz Leichtgewicht

Land	G	S	B
1. USA	4	4	2
2. URS	3	1	2
3. IRI	2	–	1
4. BUL	1	3	1
5. SWE	1	2	1
6. FIN	1	1	4
7. GBR	1	1	2
8. FRA	1	1	–
HUN	1	1	–
KOR	1	1	–
11. EST	1	–	–
EUN	1	–	–
TUR	1	–	–
14. JPN	–	2	3
15. GER	–	2	–
16. MGL	–	–	1
SUI	–	–	1
YUG	–	–	1

Bilanz Weltergewicht

Land	G	S	B
1. USA	8	3	3
2. TUR	3	2	–
3. JPN	2	–	–
4. FIN	1	1	1
5. BUL	1	–	1
SUI	1	–	1
7. KOR	1	–	–
8. SWE	–	3	–
9. URS	–	2	1
10. IRI	–	1	3
11. CAN	–	1	2
12. GER	–	1	1
MGL	–	1	1
14. AUS	–	1	–
FRA	–	1	–
16. PAK	–	–	1
TCH	–	–	1
YUG	–	–	1

Paris 1924
G Hermann Gehri SUI
S Eino Leino FIN
B Otto Müller SUI

Amsterdam 1928
G Arvo Haavisto FIN
S Lloyd Appleton USA
B Maurice Letchford CAN

Los Angeles 1932
G Jack van Bebber USA
S Daniel McDonald CAN
B Eino Leino FIN

Berlin 1936
G Frank Lewis USA
S Thure Andersson SWE
B Joseph Schleimer CAN

London 1948
G Yasar Dogu TUR
S Richard Garrard AUS
B Leland Merrill USA

Helsinki 1952
G William Smith USA
S Per Berlin SWE
B Abdullah Moditabavi IRI

Melbourne 1956
G Mitsuo Ikdea JPN
S Ibrahim Zengin TUR
B Vakhtang Balavadse URS

Rom 1960
G Douglas Blubaugh USA
S Ismail Ogan TUR
B Muhammed Bashir PAK

Tokio 1964
G Ismail Ogan TUR
S Guliko Sagaradse URS
B Ali Sanatkaran IRI

Mexiko City 1968
G Mahmut Atalay TUR
S Daniel Robin FRA
B Dagvasuren Purev MGL

München 1972
G Wayne Wells USA
S Jan Karlsson SWE
B Adolf Seger GER

Montreal 1976
G Jiichiro Date JPN
S Mansur Barzegar IRI
B Stanley Dziedzic USA

Moskau 1980
G Valentin Angelov BUL
S Jamzing Davaajev MGL
B Dan Karabin TCH

Los Angeles 1984
G David Schultz USA
S Martin Knosp GER
B Saban Seidi YUG

Seoul 1988
G Kenneth Monday USA
S Adlan Varayev URS
B Rahmat Sukra BUL[1]

Barcelona 1992
G Park-Jang Soon KOR
S Kenneth Monday USA
B Amir Khadem IRI

Bilanz Mittelgewicht

Land	G	S	B
1. USA	4	3	2
2. URS	3	3	1
3. BUL	3	–	1
4. SUI	2	–	–
5. TUR	1	3	1
6. FIN	1	2	1
7. GBR	1	1	2
8. SWE	1	–	2
9. FRA	1	–	–
KOR	1	–	–
11. CAN	–	1	1
IRI	–	1	1
13. BEL	–	1	–
EUN	–	1	–
JPN	–	1	–
MGL	–	1	–
17. GER	–	–	1
18. HUN	–	–	3
19. ROM	–	–	1
TCH	–	–	1

Mittelgewicht (78/80/82 kg)

London 1908
G Stanley Bacon GBR
S George de Relwyskow GBR
B Frederick Beck GBR

Antwerpen 1920
G Eino Leino FIN
S Väinö Penttala FIN
B Charles Johnson USA

Paris 1924
G Fritz Hagmann SUI
S Pierre Olivier BEL
B Viho Pekkala FIN

Amsterdam 1928
G Ernst Kyburz SUI
S Donald Stockton CAN
B Samuel Rabin GBR

Los Angeles 1932
G Ivar Johansson SWE
S Kyösti Luukko FIN
B Jozsef Tunyoghi HUN

1) 1994 deutscher Meister 24 Stunden nach Erhalt der deutschen Staatsbürgerschaft

Berlin 1936

G Emile Poilvé FRA
S Richard Voliva USA
B Ahmet Kirecci TUR

London 1948

G Glen Brand USA
S Adil Candemir TUR
B Erik Linden SWE

Helsinki 1952

G David Zimakuridse URS
S Gholam Resa Takhti IRI
B György Gurics HUN

Melbourne 1956

G Nikola Stantchev BUL
S Daniel Hodge USA
B Georgi Shirtladse URS

Rom 1960

G Hassan Güngör TUR
S Georgi Shirtladse URS
B Hans Antonsson SWE

Tokio 1964

G Prodan Gardiev BUL
S Hassan Güngör TUR
B Daniel Brand USA

Mexiko City 1968

G Boris Gurevich URS
S Munkbat Jigjid MGL
B Prodan Gardiev BUL

München 1972

G Levan Tediashvili URS
S John Peterson USA
B Vasile Jorga ROM

Montreal 1976

G John Peterson USA
S Viktor Novoshilov URS
B Adolf Seger GER

Moskau 1980

G Ismail Abilov BUL
S Magomed Arakilov URS
B Istvan Kovacs HUN

Los Angeles 1984

G Mark Schultz USA
S Hidejuki Nagashima JPN
B Chris Rinke CAN

Seoul 1988

G Han Myung Woo KOR
S Necmi Gencalp TUR
B Jozef Lohyna TCH

Barcelona 1992

G Kevin Jackson USA
S Elemadi Jaibrailov EUN
B Rasul Khadem IRI

Halbschwergewicht (verschiedene Limits)

Antwerpen 1920

G Anders Larsson SWE
S Charles Courant SUI
B Walter Maurer USA

Paris 1924

G John Spellman USA
S Rudolf Svensson SWE
B Charles Courant SUI

Amsterdam 1928

G Thure Sjöstedt SWE
S Arnold Bögli SUI
B Henri Lefebvre FRA

Los Angeles 1932

G Peter Mehringer USA
S Thure Sjöstedt SWE
B Eddie Scarf AUS

Berlin 1936

G Knut Fridell SWE
S August Neo EST
B Erich Siebert GER

London 1948

G Henry Wittenberg USA
S Fritz Stöckli SUI
B Bengt Fahlkvist SWE

Helsinki 1952

G Wiking Palm SWE
S Henry Wittenberg USA
B Adil Atan TUR

Melbourne 1956

G Gholam Resa Takhti IRI
S Boris Kulayev URS
B Peter Blair USA

Bilanz Halbschwergewicht

Land	G	S	B
1. URS	4	3	1
2. USA	5	2	3
3. SWE	4	2	1
4. TUR	2	2	1
5. IRI	1	1	–
6. EUN	1	–	–
7. SUI	–	3	1
8. JPN	–	2	–
9. EST	–	1	–
GDR	–	1	–
11. HUN	–	–	2
12. AUS	–	–	1
BUL	–	–	1
FRA	–	–	1
GBR	–	–	1
GER	–	–	1
KOR	–	–	1
POL	–	–	1
ROM	–	–	1

Bilanz Schwergewicht

Land	G	S	B
1. URS	3	1	–
2. USA	1	1	1
3. ROM	1	–	1
4. EUN	1	–	–
5. BUL	–	1	1
6. GER	–	1	–
MGL	–	1	–
SYR	–	1	–
9. HUN	–	–	1
TCH	–	–	1
TUR	–	–	1

1) lebte 1981 bis 1989 in Deutschland und wurde sechsmal deutscher Meister; wanderte dann nach Großbritannien aus
2) startete zeitweilig beim KSV Wiesental
3) rang 1994/95 beim KfK Schifferstadt

Rom 1960
G Ismet Atli TUR
S Gholam Resa Takhti IRI
B Anatoli Albul URS

Tokio 1964
G Alexander Medved URS
S Ahmet Ayik TUR
B Said Mustafov BUL

Mexiko City 1968
G Ahmet Ayik TUR
S Schota Lomidse URS
B Jozsef Csatari HUN

München 1972
G Ben Peterson USA
S Gennadi Strachov URS
B Karoly Bajko HUN

Montreal 1976
G Levan Tediashvili URS
S Ben Peterson USA
B Stelica Morcov ROM

Moskau 1980
G Sanasar Oganesian URS
S Uwe Neupert GDR
B Alexander Cichon POL[1]

Los Angeles 1984
G Ed Banach USA
S Akira Ohta JPN
B Noel Loban GBR[2]

Seoul 1988
G Maharbek Hadarzev URS[3]
S Akira Ohta JPN
B Kim Tae-Woo KOR

Barcelona 1992
G Maharbek Hadarzev EUN
S Kenan Simsek TUR
B Christopher Campbell USA

Schwergewicht (100 kg)

München 1972
G Ivan Yarigin URS
S Khorlo Baianmunkh MGL
B Jozsef Csatari HUN

Montreal 1976
G Ivan Yarigin URS
S Russell Hellickson USA
B Dimo Kostov BUL

Moskau 1980
G Ilia Mate URS
S Slavko Chervenko BUL
B Juliusz Strnisko TCH

Los Angeles 1984
G Lou Banach USA
S Joseph Atiyeh SYR
B Vasile Puscasu ROM

Seoul 1988
G Vasile Puscasu ROM
S Leri Habelov URS
B William Scherr USA

Barcelona 1992
G Leri Habelov EUN
S Heiko Balz GER
B Ali Kayali TUR

Superschwergewicht

(Limit 130 kg; bis 1980 offene Klasse; 1906–1908 +93 kg, 1912–1928 +82,5 kg, 1932–1960 +90 kg, 1964/68 +97 kg)

St. Louis 1904
G Bernhuff Hansen USA
S Frank Kungler USA
B Fred Warmbold USA

London 1908
G George O'Kelly GBR
S Jacob Gundersen NOR
B Edmund Barrett GBR

Antwerpen 1920
G Robert Roth SUI
S Nathan Pendleton USA
B Frederick Meyer USA

Paris 1924
G Harry Steel USA
S Henri Wernli SUI
B Andrew McDonald GBR

Amsterdam 1928
G Johan Richthoff SWE
S Aukusti Sihvola FIN
B Edmond Dame FRA

Los Angeles 1932

G Johan Richthoff SWE
S John Riley USA
B Nikolaus Hirschl AUT

Berlin 1936

G Kristian Palusalu EST
S Josef Klapuch TCH
B Hjalmar Nyström FIN

London 1948

G Gyula Bobis HUN
S Bertil Antonsson SWE
B Joseph Armstrong AUS

Helsinki 1952

G Arsen Mekokishvili URS
S Bertil Antonsson SWE
B Kenneth Richmond GBR[1)]

Melbourne 1956

G Hamit Kaplan TUR
S Huessein Mehmedov BUL
B Taisto Kangasniemi FIN

Rom 1960

G Wilfried Dietrich GER
S Hamit Kaplan TUR
B Savkus Dzarasov URS

Tokio 1964

G Alexander Ivanizki URS
S Ljutvi Ahmedov BUL
B Hamit Kaplan TUR

Mexiko City 1968

G Alexander Medved URS
S Osman Duraliev BUL
B Wilfried Dietrich GER

München 1972

G Alexander Medved URS
S Osman Duraliev BUL
B Chris Taylor USA[2)]

Montreal 1976

G Soslan Andiev URS
S Jozsef Balla HUN
B Ladislau Simon ROM

Moskau 1980

G Soslan Andiev URS
S Jozsef Balla HUN
B Adam Sandurski POL[3)]

Los Angeles 1984

G Bruce Baumgartner USA
S Bob Molle CAN
B Ayhan Taskin TUR

Seoul 1988

G David Gobedishvili URS
S Bruce Baumgartner USA
B Andreas Schröder GDR

Barcelona 1992

G Bruce Baumgartner USA
S Jeff Thue CAN
B David Gobedishvili EUN

Ringen, griechisch-römischer Stil

Papiergewicht (48 kg)

München 1972

G Gheorghe Berceanu ROM
S Rahim Aliabadi IRI
B Stefan Angelov BUL

Montreal 1976

G Alexei Shumakov URS
S Gheorghe Berceanu ROM
B Stefan Angelov BUL

Moskau 1980

G Saksylik Ushkempirov URS
S Constantin Alexandru ROM
B Ferenc Seres HUN

Los Angeles 1984

G Vincenzo Maenza ITA
S Markus Scherer FRG
B Ikuzu Saito JPN

Seoul 1988

G Vincenzo Maenza ITA
S Andrzej Glab POL
B Braton Zenov BUL

Bilanz Superschwergewicht

Land	G	S	B
1. URS	7	–	1
2. USA	4	4	3
3. SWE	2	2	–
4. HUN	1	2	–
5. TUR	1	1	2
6. SUI	1	1	–
7. GBR	1	–	3
8. GER	1	–	1
9. EST	1	–	–
10. BUL	–	4	–
11. CAN	–	2	–
12. FIN	–	1	2
13. NOR	–	1	–
TCH	–	1	–
15. AUS	–	–	1
AUT	–	–	1
EUN	–	–	1
FRA	–	–	1
GDR	–	–	1
POL	–	–	1
ROM	–	–	1

Bilanz Papiergewicht

Land	G	S	B
1. ITA	2	1	–
2. URS	2	–	–
3. ROM	1	2	–
4. EUN	1	–	–
5. FRG	–	1	–
IRI	–	1	–
POL	–	1	–
8. BUL	–	–	3
9. CUB	–	–	1
HUN	–	–	1
JPN	–	–	1

1) war der Mann mit dem Gong bei den Rank-Filmen der 50er und 60er Jahre
2) wog 191 kg
3) rang später beim KSV Witten

Barcelona 1992
G Oleg Kucherenko EUN
S Vincenzo Maenza ITA
B Wilber Sanchez CUB

Bilanz Fliegengewicht

Land	G	S	B
1. URS	4	1	–
2. JPN	2	2	1
3. BUL	2	1	1
4. NOR	2	–	–
5. ITA	1	2	1
6. ROM	1	1	1
7. TUR	–	1	1
8. EGY	–	1	–
EUN	–	1	–
HUN	–	1	–
MEX	–	1	–
12. KOR	–	–	3
13. FIN	–	–	2
14. IRI	–	–	1
TCH	–	–	1

Fliegengewicht (52 kg)

London 1948
G Pietro Lombardi ITA
S Kenan Olcay TUR
B Reino Kangasmäki FIN

Helsinki 1952
G Boris Gurevich URS
S Ignazio Fabra ITA
B Leo Honkala FIN

Melbourne 1956
G Nikolai Solovyov URS
S Ignazio Fabra ITA
B Durum Ali Egribas TUR

Rom 1960
G Dumitru Pirvulescu ROM
S Osman Sayed EGY
B Mohamed Paziraye IRI

Tokio 1964
G Tsutomu Hanahara JPN
S Angel Keresov BUL
B Dumitru Pirvulescu ROM

Mexiko City 1968
G Petar Kirov BUL
S Vladimir Bakulin URS
B Miroslav Zeman TCH

München 1972
G Petar Kirov BUL
S Koichiro Hirayama JPN
B Giuseppe Bognanni ITA

Montreal 1976
G Vitali Konstantinov URS
S Nicu Ginga ROM
B Koichiro Hirayama JPN

Moskau 1980
G Vakhtang Blagidse URS
S Lajos Racz HUN
B Mladen Mladenov BUL

Los Angeles 1984
G Atsuji Miyahara JPN
S Daniel Aceves MEX
B Dae-Du Bang KOR

Seoul 1988
G Jon Rönningen NOR
S Atsuji Miyahara JPN
B Jae-Suk Lee KOR

Barcelona 1992
G Jon Rönningen NOR
S Alfred Ter-Mkrtychan EUN[1)]
B Kyung-Kap Min KOR

Bilanz Bantamgewicht

Land	G	S	B
1. URS	4	1	3
2. HUN	4	–	–
3. GER	2	1	1
4. SWE	1	2	1
5. FIN	1	1	2
6. FRG	1	1	–
JPN	1	1	–
8. EST	1	–	–
KOR	1	–	–
10. ROM	–	2	2
11. BUL	–	1	1
ITA	–	1	1
13. EGY	–	1	–
LIB	–	1	–
POL	–	1	–
TCH	–	1	–
YUG	–	1	–
18. GRE	–	–	2
19. CHN	–	–	1
FRA	–	–	1
TUR	–	–	1

Bantamgewicht (57 kg)

Paris 1924
G Eduard Pütsep EST
S Anselm Ahlfors FIN
B Väino Ikonen FIN

Amsterdam 1928
G Curt Leucht GER
S Jindrich Maudr TCH
B Giovanni Gozzi ITA

Los Angeles 1932
G Jakob Brendel GER
S Marcello Nizzola ITA
B Louis François FRA

Berlin 1936
G Marton Lörincz HUN
S Egon Svensson SWE
B Jakob Brendel GER

London 1948
G Kurt Pettersen SWE
S Ali Mahmoud Hassan EGY
B Halil Kaya TUR

Helsinki 1952
G Imre Hodos HUN
S Zakaria Chihab LIB
B Artem Teryan URS

Melbourne 1956
G Konstantin Vyrupayev URS
S Edvin Vesterby SWE
B Francis Horvath ROM

1) 1993 deutscher Staatsbürger und 1994 Weltmeister für Deutschland

Rom 1960
G Oleg Karavayev URS
S Ion Cernea ROM
B Dinko Petrov BUL

Tokio 1964
G Masamitsu Ichiguchi JPN
S Vladlen Trostyanski URS
B Ion Cernea ROM

Mexiko City 1968
G Janos Varga HUN
S Ion Baciu ROM
B Ivan Kochergin URS

München 1972
G Rustem Kasakov URS
S Hans-Jürgen Veil FRG
B Risto Björlin FIN

Montreal 1976
G Pertti Ukkola FIN
S Ivan Frgic YUG
B Farhat Mustafin URS

Moskau 1980
G Shamil Serikov URS
S Jozef Lipien POL
B Benni Ljungbeck SWE

Los Angeles 1984
G Pasquale Passarelli FRG
S Masaki Eto JPN
B Charalambos Holidis GRE

Seoul 1988
G Andras Sike HUN
S Stoyan Balov BUL
B Charalambos Holidis GRE

Barcelona 1992
G Hang-Bong An KOR
S Rifat Yildiz GER
B Zetian Sheng CHN

Federgewicht (60/62 kg)

Stockholm 1912
G Kaarlo Koskelo FIN
S Georg Gerstacker GER
B Otto Lasanen FIN

Antwerpen 1920
G Oskar Friman FIN
S Heikki Kähkönen FIN
B Frithiof Svensson SWE

Paris 1924
G Kalle Anttila FIN
S Aleksanteri Toivola FIN
B Erik Malmberg SWE

Amsterdam 1928
G Voldemar Väli EST
S Erik Malmberg SWE
B Gerolamo Quaglia ITA

Los Angeles 1932
G Giovanni Gozzi ITA
S Wolfgang Ehrl GER
B Lauri Koskela FIN

Berlin 1936
G Yasar Erkan TUR
S Aarne Reini FIN
B Einar Karlsson SWE

London 1948
G Mehmet Oktav TUR
S Olle Anderberg SWE
B Ferenc Tóth HUN

Helsinki 1952
G Yakov Punkin URS
S Imre Polyák HUN
B Abdel Rasched EGY

Melbourne 1956
G Rauno Mäkinen FIN
S Imre Polyák HUN
B Roman Dsereladse URS

Rom 1960
G Muzahir Sille TUR
S Imre Polyák HUN
B Konstantin Vyrupayev URS

Tokio 1964
G Imre Polyák HUN
S Roman Rurua URS
B Branislav Martinovic YUG

Mexiko City 1968
G Roman Rurua URS
S Hideo Fujimoto JPN
B Simion Popescu ROM

Bilanz Federgewicht

Land	G	S	B
1. FIN	4	3	2
2. TUR	4	–	–
3. URS	3	2	3
4. HUN	1	4	2
5. BUL	1	1	–
6. ITA	1	–	1
KOR	1	–	1
POL	1	–	1
9. EST	1	–	–
GRE	1	–	–
11. SWE	–	3	3
12. GER	–	2	–
13. EUN	–	1	–
GDR	–	1	–
JPN	–	1	–
16. CUB	–	–	1
EGY	–	–	1
ROM	–	–	1
SUI	–	–	1
YUG	–	–	1

München 1972

G Georgi Markov BUL
S Heinz-Helmut Wehling GDR
B Kazimierz Lipien POL

Montreal 1976

G Kazimierz Lipién POL
S Nelson Davidian URS
B Laszlo Reczi HUN

Moskau 1980

G Stylianos Mygiakis GRE
S Istvan Tóth HUN
B Boris Kramorenko URS

Los Angeles 1984

G Weon-Kee Kim KOR
S Kent-Olle Johansson SWE
B Hugo Dietsche SUI

Seoul 1988

G Komandar Madshidov URS
S Jivko Vangelov BUL
B Dae-Hyun An KOR

Barcelona 1992

G Akif Pirim TUR
S Sergei Martinov EUN
B Juan Maren CUB

Bilanz Leichtgewicht

Land	G	S	B
1. FIN	5	2	4
2. URS	5	–	1
3. SWE	2	2	3
4. HUN	2	1	3
5. ROM	1	2	–
YUG	1	2	–
7. TUR	1	1	–
8. ITA	1	–	1
9. AUT	1	–	–
JPN	1	–	–
11. DEN	–	2	–
12. GER	–	1	1
NOR	–	1	1
TCH	–	1	1
15. EUN	–	1	–
KOR	–	1	–
RUS	–	1	–
BUL	–	1	–
POL	–	1	–
20. USA	–	–	2
21. EST	–	–	1
GDR	–	–	1
GRE	–	–	1

Leichtgewicht (65/68 kg)

Athen 1906

G Rudolf Watzl AUT
S Karl Karlsen DEN
B Ferenc Moluban HUN

London 1908

G Enrico Porro ITA
S Nikolai Orlow RUS
B Arvid Lindén-Linko FIN

Stockholm 1912

G Eemil Ernesti Väre FIN
S Gustaf Malmström SWE
B Edwin Matiasson SWE

Antwerpen 1920

G Eemil Ernesti Väre FIN
S Taavi Tamminen FIN
B Frithjof Andersen NOR

Paris 1924

G Oskar Friman FIN
S Lajos Keresztes HUN[1)]
B Kalle Westerlund FIN

Amsterdam 1928

G Lajos Keresztes HUN
S Eduard Sperling GER
B Edvard Westerlund FIN

Los Angeles 1932

G Erik Malmberg SWE
S Abraham Kurland DEN
B Eduard Sperling GER

Berlin 1936

G Lauri Koskela FIN
S Josef Herda TCH
B Voldemar Väli EST

London 1948

G Gustav Freij SWE
S Aage Eriksen NOR
B Karoly Ferencz HUN

Helsinki 1952

G Shazam Safin URS
S Gustav Freij SWE
B Mikulás Athanasow TCH

Melbourne 1956

G Kyösti Lehtonen FIN
S Riza Dogan TUR
B Gyula Tóth HUN

Rom 1960

G Avtandil Koridse URS
S Branislav Martinovic YUG
B Gustav Freij SWE

Tokio 1964

G Kazim Ayvaz TUR
S Valeriu Bularca ROM
B David Gvanzeladse URS

Mexiko City 1968

G Munji Munemura JPN
S Stevan Horvat YUG
B Petros Galaktopoulos GRE

München 1972

G Shamil Chisamutdinov URS
S Stoyan Apostolov BUL
B Gian-Matteo Ranzi ITA

1) startete 1925 für den AC Kreuznach (deutscher Mannschaftsmeister)

Montreal 1976

G Suren Nalbandian URS
S Stefan Rusu ROM
B Heinz-Helmut Wehling GDR

Moskau 1980

G Stefan Rusu ROM
S Andrzej Supron POL
B Lars-Erik Skiöld SWE

Los Angeles 1984

G Vlado Lisyak YUG
S Tapio Sipilä FIN
B James Martinez USA

Seoul 1988

G Lavon Dshulfalakyan URS
S Sung-Moon Kim KOR
B Tapio Sipilä FIN

Barcelona 1992

G Attila Repka HUN
S Islam Duguziev EUN
B Rodney Smith USA

Weltergewicht (74/78 kg)

Los Angeles 1932

G Ivar Johansson SWE
S Väino Kajander-Kajukorpi FIN
B Ercole Gallegati ITA

Berlin 1936

G Rudolf Svedberg SWE
S Fritz Schäfer GER
B Eino Virtanen FIN

London 1948

G Gösta Andersson SWE
S Miklos Szilvásy HUN
B Henrik Hansen DEN

Helsinki 1952

G Miklos Szilvásy HUN
S Gösta Andersson SWE
B Khalil Taha LIB

Melbourne 1956

G Mithat Bayrak TUR[1)]
S Vladimir Maneyev URS
B Per Berlin SWE

Rom 1960

G Mithat Bayrak TUR
S Günter Maritschnigg GER
B René Schiermeyer FRA

Tokio 1964

G Anatoli Kolesov URS
S Kyril Petkov BUL
B Bertil Nyström SWE

Mexiko City 1968

G Rudolf Vesper GDR
S Daniel Robin FRA
B Karoly Bayko HUN

München 1972

G Vitezslav Macha TCH
S Petros Galaktopoulos GRE
B Jan Karlsson SWE

Montreal 1976

G Anatoli Bykov URS
S Vitezslav Macha TCH
B Karl-Heinz Helbing FRG

Moskau 1980

G Ferenc Kocsis HUN
S Anatoli Bykov URS
B Mikko Huhtala FIN

Los Angeles 1984

G Jouko Salomäki FIN
S Roger Tallroth SWE
B Stefan Rusu ROM

Seoul 1988

G Young-Nam Kim KOR
S Daulet Turlykanov URS
B Jozef Tracz POL

Barcelona 1992

G Minazakan Iskandarian EUN
S Jozef Tracz POL
B Torbjörn Kornbakk SWE

Mittelgewicht (78/80/82 kg)

Athen 1906

G Verner Weckman FIN
S Rudolf Lindmayer AUT
B Robert Behrens DEN

Bilanz Weltergewicht

Land	G	S	B
1. SWE	3	2	4
2. URS	2	3	–
3. HUN	2	1	1
4. TUR	2	–	–
5. FIN	1	1	2
6. TCH	1	1	–
7. EUN	1	–	–
GDR	1	–	–
KOR	1	–	–
10. GER	–	2	–
11. FRA	–	1	1
POL	–	1	1
13. BUL	–	1	–
GRE	–	1	–
15. DEN	–	–	1
FRG	–	–	1
ITA	–	–	1
LIB	–	–	1
ROM	–	–	1

1) lebte später in Witten

Bilanz Mittelgewicht

Land	G	S	B
1. SWE	6	1	3
2. FIN	4	3	2
3. URS	3	3	1
4. HUN	2	2	1
5. YUG	2	–	2
6. BUL	1	1	2
7. ROM	1	–	1
8. GDR	1	–	–
9. GER	–	3	1
POL	–	2	–
11. AUT	–	1	–
GRE	–	1	–
RUS	–	1	–
TCH	–	1	–
TUR	–	1	–
16. DEN	–	–	2
EST	–	–	2
18. EUN	–	–	1
ITA	–	–	1
KOR	–	–	1

1) wanderte 1991 in das Saarland aus
2) 1985 deutscher Miester im Mittelgewicht
3) Gold nicht vergeben, weil kein Sieger im Finale

London 1908
G Frithiof Martensson SWE
S Mauritz Andersson SWE
B Anders Andersen DEN

Stockholm 1912
G Claes Johanson SWE
S Martin Klein RUS
B Alfred Asikainen FIN

Antwerpen 1920
G Carl Westergren SWE
S Artur Lindfors FIN
B Matti Perttilä FIN

Paris 1924
G Edvard Vesterlund FIN
S Artur Lindfors FIN
B Roman Steinberg EST

Amsterdam 1928
G Väinö Kokkinen FIN
S Laszlo Papp HUN
B Albert Kusnets EST

Los Angeles 1932
G Väinö Kokkinen FIN
S Jean Földeak GER
B Axel Cadier SWE

Berlin 1936
G Ivar Johansson SWE
S Ludwig Schweickert GER
B Jozsef Pálotas HUN

London 1948
G Axel Grönberg SWE
S Muhlis Tayfur TUR
B Ercole Gallegati ITA

Helsinki 1952
G Axel Grönberg SWE
S Kalervo Rauhala FIN
B Nikolai Belov URS

Melbourne 1956
G Guivi Kartosia URS
S Dimiter Dobrev BUL
B Rune Jansson SWE

Rom 1960
G Dimiter Dobrev BUL
S Lothar Metz GER
B Ion Taranu ROM

Tokio 1964
G Branislav Simic YUG
S Jiri Kormanik TCH
B Lothar Metz GER

Mexiko City 1968
G Lothar Metz GDR
S Valentin Olenik URS
B Branislav Simic YUG

München 1972
G Csaba Hegedüs HUN
S Anatoli Nasarenko URS
B Milovan Nenadic YUG

Montreal 1976
G Momir Petkovic YUG
S Vladimir Cheboksarov URS
B Ivan Kolev BUL

Moskau 1980
G Gennadi Korban URS[1)]
S Jan Dolgowicz POL[2)]
B Pavel Pavlov BUL

Los Angeles 1984
G Ion Draica ROM
S Dimitrios Thanopoulos GRE
B Sören Claesson SWE

Seoul 1988
G Mikhail Mamiashvili URS
S Tibor Komaromi HUN
B Sang-Kyu Kim KOR

Barcelona 1992
G Peter Farkas HUN
S Piotr Stepien POL
B Daulet Turlykanov EUN

Halbschwergewicht (verschiedene Limits)

London 1908
G Verner Weckman FIN
S Yrjö Saarela FIN
B Carl M. Jensen DEN

Stockholm 1912[3)]
G –
S Anders Oscar Ahlgren SWE
S Ivar Theodor Böhling FIN
B Béla Varga HUN

Antwerpen 1920
G Claes Johanson SWE
S Edil Rosenqvist FIN
B Johannes Eriksen DEN

Paris 1924
G Carl Westergren SWE
S Rudolf Svensson SWE
B Onni Pellinen FIN

Amsterdam 1928
G Ibrahim Mustafa EGY
S Adolf Rieger GER
B Onni Pellinen FIN

Los Angeles 1932
G Rudolf Svensson SWE
S Onni Pellinen FIN
B Mario Gruppioni ITA

Berlin 1936
G Axel Cadier SWE
S Edwins Bietags LAT
B August Neo EST

London 1948
G Karl-Erik Nilsson SWE
S Kaelpo Gröndahl FIN
B Ibrahim Orabi EGY

Helsinki 1952
G Kaelpo Gröndahl FIN
S Shalva Chikladse URS
B Karl-Erik Nilsson SWE

Melbourne 1956
G Valentin Nikolayev URS
S Petko Sirakov BUL
B Karl-Erik Nilsson SWE

Rom 1960
G Tevfik Kis TUR
S Kraliu Bimbalov BUL
B Guivi Kartosia URS

Tokio 1964
G Boyan Radev BUL
S Per Svensson SWE
B Heinz Kiehl GER

Mexiko City 1968
G Boyan Radev BUL
S Nikolai Yakovenko URS
B Nicolae Martinescu ROM

München 1972
G Valeri Resanzev URS
S Josip Corak YUG
B Czeslaw Kwiecinski POL

Montreal 1976
G Valeri Resanzev URS
S Stoyan Ivanov BUL
B Czeslaw Kwiecinski POL

Moskau 1980
G Norbert Növenyi HUN
S Igor Kanygin URS
B Petre Dicu ROM

Los Angeles 1984
G Steven Fraser USA
S Ilie Matei ROM
B Frank Andersson SWE

Seoul 1988
G Atanas Komchev BUL
S Harri Koskela FIN
B Vladimir Popov URS

Barcelona 1992
G Maik Bullmann GER
S Hakki Basar TUR
B Gogui Koguashvili EUN

Bilanz Halbschwergewicht

Land	G	S	B
1. SWE	5	3	3
2. URS	3	3	2
3. BUL	3	3	–
4. FIN	2	6	2
5. HUN	1	–	1
6. GER	1	1	1
7. TUR	1	1	–
8. EGY	1	–	1
9. USA	1	–	–
10. ROM	–	1	2
11. LAT	–	1	–
YUG	–	1	–
13. DEN	–	–	2
POL	–	–	2
15. EST	–	–	1
EUN	–	–	1
ITA	–	–	1

Schwergewicht (100 kg)

München 1972
G Nicolae Martinescu ROM
S Nikolai Yakovenko URS
B Ferenc Kiss HUN

Montreal 1976
G Nikolai Balboshin URS
S Kamen Goranov BUL
B Andrzej Skrzydlewski POL

Moskau 1980
G Georgi Raikov BUL
S Roman Bierla POL
B Vasile Andrei ROM

Los Angeles 1984
G Vasile Andrei ROM
S Greg Gibson USA
B Josef Tertelje YUG

Bilanz Schwergewicht

Land	G	S	B
1. ROM	2	–	1
2. POL	1	1	1
3. BUL	1	1	–
URS	1	1	–
5. CUB	1	–	–
6. USA	–	2	1
7. FRG	–	1	–
8. EUN	–	–	1
HUN	–	–	1
YUG	–	–	1

Seoul 1988

G Andrzej Wronski POL
S Gerhard Himmel FRG
B Dennis Koslowski USA

Barcelona 1992

G Hector Milan CUB
S Dennis Koslowski USA
B Sergei Demiashkievich EUN

Bilanz Superschwergewicht

Land	G	S	B
1. URS	7	2	–
2. HUN	3	–	1
3. FIN	2	3	2
4. SWE	2	3	1
5. GER	1	2	3
6. DEN	1	1	2
7. EST	1	–	–
EUN	1	–	–
FRA	1	–	–
TUR	1	–	–
USA	1	–	–
12. BUL	–	4	–
13. TCH	–	2	2
14. AUT	–	1	1
GRE	–	1	1
16. RUS	–	1	–
YUG	–	1	–
18. ROM	–	–	4
19. ITA	–	–	2
20. BEL	–	–	1
LIB	–	–	1

Superschwergewicht

(Limit 130 kg; bis 1980 offene Klasse; 1906–1908 +93 kg, 1912–1928 +82,5 kg, 1932–1960 +90 kg, 1964/68 +97 kg)

Athen 1896

G Carl Schuhmann GER
S Georgios Tsitas GRE
B Stefanos Christopoulos GRE

Athen 1906

G Sören M. Jensen DEN
S Henri Baur AUT
B Marcel Dubois BEL

London 1908

G Richard Weisz HUN
S Alexander Petrov RUS
B Sören M. Jensen DEN

Stockholm 1912

G Yrjö Saarela FIN
S Jahan Fredrik Olin FIN
B Sören M. Jensen DEN

Antwerpen 1920

G Adolf Lindfors FIN
S Paul Hansen DEN
B Martti Nieminen FIN

Paris 1924

G Henri Deglane FRA
S Edil Rosenqvist FIN
B Raymund Bado HUN

Amsterdam 1928

G Rudolf Svensson SWE
S Hjalmar Nyström FIN
B Georg Gehring GER

Los Angeles 1932

G Carl Westergren SWE
S Josef Urban TCH
B Nikolaus Hirschl AUT

Berlin 1936

G Kristian Palusalu EST
S John Nyman SWE
B Kurt Hornfischer GER

London 1948

G Ahmet Kirecci TUR
S Tor Nilsson SWE
B Guido Fantoni ITA

Helsinki 1952

G Johannes Kotkas URS
S Josef Ruzickà TCH
B Tauno Kovanen FIN

Melbourne 1956

G Anatoli Parfenov URS
S Wilfried Dietrich GER
B Adelmo Bulgarelli ITA

Rom 1960

G Iwan Bogdan URS
S Wilfried Dietrich GER
B Bohumil Kubát TCH

Tokio 1964

G Istvan Kozma HUN
S Anatoli Roshtshin URS
B Wilfried Dietrich GER

Mexiko City 1968

G Istvan Kozma HUN
S Anatoli Roshtshin URS
B Petr Kment TCH

München 1972

G Anatoli Roshtshin URS
S Alexander Tomov BUL
B Victor Dolipschi ROM

Montreal 1976

G Alexander Kolchinski URS
S Alexander Tomov BUL
B Roman Codreanu ROM

Moskau 1980

G Alexander Kolchinski URS
S Alexander Tomov BUL
B Hassan Bchara LIB

Los Angeles 1984

G Jeffrey Blatnick USA
S Refik Memisevic YUG
B Victor Dolipschi ROM

Seoul 1988

G Alexander Karelin URS
S Rangel Guerowski BUL
B Tomas Johansson SWE

Barcelona 1992

G Alexander Karelin EUN
S Tomas Johansson SWE
B Ioan Grigoras ROM

Boxen

(Ab 1952 werden 2 Bronzemedaillen vergeben)

Halbfliegengewicht (48 kg)

Mexiko City 1968

G Francisco Rodriguez VEN
S Yong-Ju Jee KOR
B Harlan Marbley USA
Hubert Skrzypczak POL

München 1972

G György Gedo HUN
S U-Gil Kim PRK
B Ralph Evans GBR
Enrique Rodriguez ESP

Montreal 1976

G Jorge Hernandez Pardon CUB
S Byong-Uk Ri PRK
B Payao Pooltarat THA
Orlando Maldonado PUR

Moskau 1980

G Shamil Sabirov URS
S Hipolito Ramos Martinez CUB
B Ismail Mustafov BUL
Byong-Uk Ri PRK

Los Angeles 1984

G Paul Gonzales USA
S Salvatore Todisco ITA
B Keith Mwila ZAM
Jose Marcilino Bolivar VEN

Seoul 1988

G Ivailo Marinov BUL
S Michael Carbajal USA
B Robert Isaszegi HUN
Leopoldo Serantes PHI

Barcelona 1992

G Rogelio Marcelo CUB
S Daniel Boyinov BUL
B Jan Quast GER
Roel Velasco PHI

Fliegengewicht (51 kg)

St. Louis 1904

G George Finnegan USA
S Miles Burke USA
B –

Antwerpen 1920

G Frank di Gennara USA[1]
S Anders Petersen DEN
B William Cuthbertson GBR

Paris 1924

G Fidel LaBarba USA[2]
S James McKenzie GBR
B Raymond Fee USA

Amsterdam 1928

G Antal Kocsis HUN
S Armand Appell FRA
B Carlo Cavagnoli ITA

Los Angeles 1932

G Istvan Enekes HUN
S Francisco Cabanas MEX
B Louis Salica USA

Berlin 1936

G Willi Kaiser GER
S Gavino Matta ITA
B Louis Daniel Laurie USA

London 1948

G Pascual Perez ARG[3]
S Spartaco Bandinelli ITA
B Soo-Ann Han KOR

Bilanz Halbfliegengewicht

Land	G	S	B
1. CUB	2	1	–
2. BUL	1	1	1
3. USA	1	1	1
4. HUN	1	–	1
VEN	1	–	1
6. URS	1	–	–
7. PRK	–	2	1
8. ITA	–	1	–
9. PHI	–	–	2
10. KOR	–	1	–
11. ESP	–	–	1
GBR	–	–	1
GER	–	–	1
POL	–	–	1
PUR	–	–	1
THA	–	–	1
ZAM	–	–	1

Bilanz Fliegengewicht

Land	G	S	B
1. USA	6	1	5
2. HUN	3	–	2
3. BUL	2	–	–
4. ITA	1	2	1
5. GBR	1	1	1
MEX	1	1	1
7. GER	1	1	–
8. KOR	1	–	1
9. ARG	1	–	–
PRK	1	–	–
11. URS	–	2	4
12. POL	–	2	2
13. CUB	–	2	1
14. FRA	–	1	1
UGA	–	1	1
16. DEN	–	1	–
GDR	–	1	–
ROM	–	1	–
YUG	–	1	–
20. IRL	–	–	2
21. BRA	–	–	1
EGY	–	–	1
JPN	–	–	1
KEN	–	–	1
RSA	–	–	1
TUR	–	–	1

1) unter dem Namen Frankie Genaro 1927 und 1929 Profi-Weltmeister (Fliegengewicht)
2) 1925 Profi-Weltmeister (Fliegengewicht)
3) 1954 Profi-Weltmeister (Fliegengewicht)

Bilanz Bantamgewicht

Land	G	S	B
1. ITA	3	2	–
2. CUB	3	–	–
3. USA	2	5	1
4. URS	2	–	2
5. RSA	2	–	1
6. GBR	1	1	4
7. CAN	1	1	1
8. GER	1	1	–
9. JPN	1	–	1
10. FIN	1	–	–
HUN	1	–	–
12. KOR	–	2	2
13. MEX	–	2	2
14. IRL	–	2	1
15. PRK	–	1	1
16. BUL	–	1	–
UGA	–	1	–
VEN	–	1	–
19. AUS	–	–	1
CHI	–	–	1
COL	–	–	1
DOM	–	–	1
FRA	–	–	1
GUY	–	–	1
MAR	–	–	1
PHI	–	–	1
POL	–	–	1
PUR	–	–	1
ROM	–	–	1
THA	–	–	1
URU	–	–	1

1) Ab 1952 wurde die Bronzemedaille nicht mehr ausgekämpft, sondern an die unterlegenen Halbfinalisten vergeben.

Helsinki 1952

G Nathan Brooks USA
S Edgar Basel GER
B Anatoli Bulakov URS[1)]
William Toweel RSA[1)]

Melbourne 1956

G Terence Spinks GBR
S Mircea Dobrescu ROM
B John Caldwell IRL
René Libeer FRA

Rom 1960

G Gyula Török HUN
S Sergei Sivko URS
B Kiyoshi Tanabe JPN
Abdelmoneim Elguindi EGY

Tokio 1964

G Fernando Atzori ITA
S Arthur Olech POL
B Robert Carmody USA
Stanislav Sorokin URS

Mexiko City 1968

G Ricardo Delgado MEX
S Arthur Olech POL
B Servilio de Oliveira BRA
Leo Rwabwogo UGA

München 1972

G Georgi Kostadinov BUL
S Leo Rwabwogo UGA
B Leszek Blazynski POL
Douglas Rodriguez CUB

Montreal 1976

G Leo Randolph USA
S Ramon Duvalon CUB
B Leszek Blazynski POL
David Torosyan URS

Moskau 1980

G Petar Lessov BUL
S Viktor Mirosnichenko URS
B Janos Varadi HUN
Hugh Russell IRL

Los Angeles 1984

G Steven McCrory USA
S Redzep Redzepovski YUG
B Eyup Can TUR
Ibrahim Bilali KEN

Seoul 1988

G Kim Kwang-Sun KOR
S Andreas Tews GDR
B Timofei Skryabin URS
Mario Gonzales MEX

Barcelona 1992

G Chol Su Choi PRK
S Raul Gonzales CUB
B Timothy Austin USA
Istvan Kovacs HUN

Bantamgewicht (54 kg)

St. Louis 1904

G Oliver Kirk USA
S George Finnegan USA
B –

London 1908

G Henry Thomas GBR
S John Condon GBR
B W. Webb GBR

Antwerpen 1920

G Clarence Walker RSA
S Chris J. Graham CAN
B James McKenzie GBR

Paris 1924

G William Smith RSA
S Salvatore Tripoli USA
B Jean Ces FRA

Amsterdam 1928

G Vittorio Tamagnini ITA
S John Daley USA
B Harry Isaacs RSA

Los Angeles 1932

G Horace Gwynne CAN
S Hans Ziglarski GER
B Jose Villanueva PHI

Berlin 1936

G Ulderico Sergo ITA
S Jack Wilson USA
B Fidel Ortiz MEX

London 1948

G Tibor Csik HUN
S Giovanni Battista Zuddas ITA
B Juan Venegas PUR

Helsinki 1952

G Pentti Hämäläinen FIN
S John McNally IRL
B Gennadi Garbusov URS
Joan-Ho Kang KOR

Melbourne 1956

G Wolfgang Behrendt GER
S Soon-Chung Song KOR
B Frederick Gilroy IRL
Claudio Barrientos CHI

Rom 1960

G Oleg Grigoryev URS
S Primo Zamparini ITA
B Bruno Bendig POL
Oliver Taylor AUS

Tokio 1964

G Takao Sakurai JPN
S Shin-Cho Chung KOR
B Juan Fabila Mendoza MEX
Washington Rodriguez URU

Mexiko City 1968

G Valeri Sokolov URS
S Erdadi Mukwanga UGA
B Eiji Morioka JPN
Kyou-Chull Chang KOR

München 1972

G Orlando Martinez CUB
S Alfonso Zamora MEX
B George Turpin GBR
Ricardo Carreras USA

Montreal 1976

G Yong-Jo Gu PRK
S Charles Mooney USA
B Patrick Cowdell GBR
Viktor Rybakov URS

Moskau 1980

G Juan Hernandez Perez CUB
S Bernardo Jose Pinango VEN
B Michael Anthony GUY
Dumitru Cipere ROM

Los Angeles 1984

G Maurizio Stecca ITA[1)]
S Hector Lopez MEX
B Dale Walters CAN
Petro Nolasco DOM

Seoul 1988

G Kennedy McKinney USA[2)]
S Alexander Christov BUL
B Phajol Moolsan THA
Jorge Julio Rocha COL

Barcelona 1992

G Joel Casamayor CUB
S Wayne McCullough IRL
B Li Gwang Sik PRK
Mohamed Achik MAR

Federgewicht (57 kg)

St. Louis 1904

G Oliver Kirk USA[3)]
S Frank Maller USA
B Fred Gilmore USA

London 1908

G Richard Gunn GBR
S Charles Morris GBR
B Hugh Roddin GBR

Antwerpen 1920

G Paul Fritsch FRA
S Jean Gachet FRA
B Edoardo Garzena ITA

Paris 1924

G John Fields USA[4)]
S Joe Salas USA
B Pedro Quartucci ARG

Amsterdam 1928

G Lambertus van Klaveren NED
S Victor Peralta ARG
B Harold Devine USA

Los Angeles 1932

G Carmelo Robledo ARG
S Josef Schleinkofer GER
B Carl Carlsson SWE

Bilanz Federgewicht

Land	G	S	B
1. USA	3	3	3
2. ITA	3	1	1
3. URS	3	–	1
4. ARG	2	1	1
5. GBR	1	2	1
6. GER	1	1	2
7. FRA	1	1	1
8. CUB	1	1	–
GDR	1	1	–
10. MEX	1	–	1
11. TCH	1	–	–
NED	1	–	–
13. RSA	–	2	2
14. POL	–	1	4
15. KEN	–	1	1
16. ESP	–	1	–
NGR	–	1	–
PHI	–	1	–
ROM	–	1	–
20. FIN	–	–	2
21. ALG	–	–	1
BUL	–	–	1
COL	–	–	1
EUN	–	–	1
HUN	–	–	1
KOR	–	–	1
MAR	–	–	1
SWE	–	–	1
TUR	–	–	1
VEN	–	–	1

1) 1991 Profi-Weltmeister (Federgewicht)
2) 1992 Profi-Weltmeister (Juniorfedergewicht)
3) Oliver Kirk wurde erlaubt, in zwei Gewichtsklassen (Bantam- und Federgewicht) zu starten.
4) 1929 Profi-Weltmeister (Weltergewicht)

Berlin 1936
G Oscar Casanovas ARG
S Charles Caterall RSA
B Josef Miner GER

London 1948
G Ernesto Formenti ITA
S Dennis Shepherd RSA
B Aleksy Antkiewicz POL

Helsinki 1952
G Jan Zachara TCH
S Sergio Caprari ITA
B Joseph Ventaja FRA
Leonard Leisching RSA

Melbourne 1956
G Vladimir Safranov URS
S Thomas Nicholls GBR
B Henryk Niedzwiedzki POL
Pentti Hämäläinen FIN

Rom 1960
G Francesco Musso ITA
S Jerzy Adamski POL
B William Meyers RSA
Jorma Limmonen FIN

Tokio 1964
G Stanislav Stepashkin URS
S Anthony Villanueva PHI
B Charles Brown USA
Heinz Schulz GER

Mexiko City 1968
G Antonio Roldan MEX
S Albert Robinson USA
B Philip Waruinge KEN
Ivan Michailov BUL

München 1972
G Boris Kusnezov URS
S Philip Waruinge KEN
B Clemente Rojas COL
Andras Botos HUN

Montreal 1976
G Angel Herrera CUB
S Richard Nowakowski GDR
B Leszek Kosedowski POL
Juan Paredes MEX

Moskau 1980
G Rudi Fink GDR
S Adolfo Horta CUB
B Krzysztof Kosedowski POL
Viktor Rybakov URS

Los Angeles 1984
G Meldrick Taylor USA[1)]
S Peter Konyegwachie NGR
B Turgut Aykac TUR
Omar Catari Peraza VEN

Seoul 1988
G Giovanni Parisi ITA
S Daniel Dumitrescu ROM
B Jae-Hyuk Lee KOR
Abdelhak Achik MAR

Barcelona 1992
G Andreas Tews GER
S Faustino Reyes ESP
B Hocine Soltani ALG
Ramazi Paliani EUN

Bilanz Leichtgewicht

Land	G	S	B
1. USA	6	2	5
2. POL	3	2	1
3. GBR	2	1	2
4. ITA	2	1	–
5. RSA	2	–	–
6. DEN	1	1	1
7. HUN	1	1	–
8. GDR	1	–	1
9. CUB	1	–	–
10. SWE	–	2	2
URS	–	2	2
12. GER	–	2	–
13. ROM	–	1	2
14. ARG	–	1	1
15. BEL	–	1	–
EST	–	1	–
PUR	–	1	–
18. IRL	–	–	2
KOR	–	–	2
MGL	–	–	2
YUG	–	–	2
22. CAN	–	–	1
CMR	–	–	1
COL	–	–	1
FIN	–	–	1
KEN	–	–	1

Leichtgewicht (60 kg)

St. Louis 1904
G Harry Spanger USA
S James Eagan USA
B Russell Van Horn USA

London 1908
G Frederick Grace GBR
S Frederick Spiller GBR
B H. H. Johnson GBR

Antwerpen 1920
G Samuel Mosberg USA
S Gotfred Johanssen DEN
B Clarence Newton CAN

Paris 1924
G Hans Nielsen DEN
S Alfredo Copello ARG
B Frederick Boylstein USA

Amsterdam 1928
G Carlo Orlandi ITA
S Stephen Michael Halaiko USA
B Gunnar Berggren SWE

1) 1991 Profi-Weltmeister (Weltergewicht)

Los Angeles 1932

G Lawrence Stevens RSA
S Thure Ahlqvist SWE
B Nathan Bor USA

Berlin 1936

G Imre Harangi HUN
S Nikolai Stepulov EST
B Erik Agren SWE

London 1948

G Gerald Dreyer RSA
S Joseph Vissers BEL
B Svend Wad DEN

Helsinki 1952

G Aureliano Bolognesi ITA
S Aleksy Antkiewicz POL
B Gheorghe Fiat ROM
Erkki Pakkanen FIN

Melbourne 1956

G Richard McTaggart GBR
S Harry Kurschat GER
B Anthony Byrne IRL
Anatoli Lagetko URS

Rom 1960

G Kazimierz Pazdzior POL
S Sandro Lopopolo ITA
B Richard McTaggart GBR
Abel Laudiono ARG

Tokio 1964

G Jozef Grudzien POL
S Velikton Barannikov URS
B Ronald Harris USA
James McCourt IRL

Mexiko City 1968

G Ronald Harris USA
S Jozef Grudzien POL
B Calistrat Cutov ROM
Zvonimir Vujin YUG

München 1972

G Jan Szczepanski POL
S Laslo Orban HUN
B Alfonso Perez COL
Samuel Mbugua KEN

Montreal 1976

G Howard Davis USA
S Simion Cutov ROM
B Vassili Solomin URS
Ace Rusevski YUG

Moskau 1980

G Angel Herrera CUB
S Viktor Demyanenko URS
B Richard Nowakowski GDR
Kazimierz Adach POL

Los Angeles 1984

G Pernell Whitaker USA[1)]
S Luis F. Ortiz PUR
B Martin Ndongo Ebanga CMR
Chil-Sung Chun KOR

Seoul 1988

G Andreas Zülow GDR
S George Cramne SWE
B Romallis Ellis USA
B Nergui Enchbat MGL

Barcelona 1992

G Oscar de la Hoya USA
S Marco Rudolph GER
B Namjil Bajarsaichan MGL
Sung Sik Hong KOR

Halbweltergewicht (63,5 kg)

Helsinki 1952

G Charles Adkins USA
S Viktor Mednov URS
B Erkki Mallenius FIN
Bruno Visintin ITA

Melbourne 1956

G Vladimir Yengibarian URS
S Franco Nenci ITA
B Henry Loubscher RSA
Constantin Dumitrescu ROM

Rom 1960

G Bohumil Nemecek TCH
S Clement Quartey GHA
B Quincey Daniels USA
Marian Kasprzyk POL

Bilanz Halbweltergewicht

Land	G	S	B
1. USA	4	–	2
2. URS	2	3	–
3. POL	2	–	2
4. CUB	1	2	1
5. ITA	1	1	1
6. TCH	1	–	–
7. BUL	–	1	1
GHA	–	1	1
9. AUS	–	1	–
CAN	–	1	–
THA	–	1	–
12. FIN	–	–	3
ROM	–	–	3
14. YUG	–	–	2
15. FRG	–	–	1
GBR	–	–	1
NGR	–	–	1
RSA	–	–	1
SWE	–	–	1
TUN	–	–	1

1) 1989 Profi-Weltmeister (Leichtgewicht)

Bilanz Weltergewicht

Land	G	S	B
1. USA	3	3	5
2. CUB	2	1	–
3. POL	2	–	3
4. GDR	2	–	1
5. IRL	1	1	–
6. FIN	1	–	3
ITA	1	–	3
8. CAN	1	–	2
9. KEN	1	–	1
ROM	1	–	1
11. BEL	1	–	–
NZL	1	–	–
TCH	1	–	–
14. URS	–	3	1
15. GER	–	2	1
ARG	–	2	1
17. GBR	–	1	2
18. CMR	–	1	–
FRA	–	1	–
HUN	–	1	–
KOR	–	1	–
VEN	–	1	–
23. DEN	–	–	2
24. AUS	–	–	1
FRG	–	–	1
PUR	–	–	1
THA	–	–	1

Tokio 1964

G Jerzy Kulej POL
S Yevgeni Frolov URS
B Eddie Blay GHA
Habib Galhia TUN

Mexiko City 1968

G Jerzy Kulej POL
S Enrique Regueiferos CUB
B Arto Nilsson FIN
James Wallington USA

München 1972

G Ray Seales USA
S Angel Angelov BUL
B Zvonimir Vujin YUG
Issaka Daborg NGR

Montreal 1976

G Sugar Ray Leonard USA[1)]
S Andres Aldama CUB
B Vladimir Kolev BUL
Kazimierz Szczerba POL

Moskau 1980

G Patrizio Oliva ITA[2)]
S Serik Konakbayev URS
B Anthony Willis GBR
José Aguilar CUB

Los Angeles 1984

G Jerry Page USA
S Dhawee Umponmaha THA
B Mircea Fulger ROM
Mirko Puzovic YUG

Seoul 1988

G Vyacheslav Yanovski URS
S Grahame Cheney AUS
B Reiner Gies FRG
Lars Myrberg SWE

Barcelona 1992

G Hector Vinent CUB
S Mark Leduc CAN
B Jyri Kjäll FIN
Leonard Doroftei ROM

Weltergewicht (67 kg)

St. Louis 1904

G Albert Young USA
S Harry Spanger USA
B Jack Eagan USA
Joseph Lydon USA

Antwerpen 1920

G Albert Schneider CAN
S Alexander Ireland GBR
B Frederick Colberg USA

Paris 1924

G Jean Delarge BEL
S Hector Mendez ARG
B Douglas Lewis CAN

Amsterdam 1928

G Edward Morgan NZL
S Raoul Landini ARG
B Raymond Smilie CAN

Los Angeles 1932

G Edward Flynn USA
S Erich Campe GER
B Bruno Ahlberg FIN

Berlin 1936

G Sten Suvio FIN
S Michael Murach GER
B Gerhard Petersen DEN

London 1948

G Julius Torma TCH
S Horace Herring USA
B Alessandro D'Ottavio ITA

Helsinki 1952

G Zygmund Chyhchla POL
S Sergei Cherbakov URS
B Günther Heidemann GER
Victor Jörgensen DEN

Melbourne 1956

G Nicolae Linca ROM
S Frederick Tiedt IRL
B Nicholas Gargano GBR
Kevin Hogarth AUS

1) 1979 Profi-Weltmeister (Weltergewicht), 1987 Profi-Weltmeister (Mittelgewicht)
2) 1986 Profi-Weltmeister (Superweltergewicht)

Rom 1960

G Giovanni Benvenuti ITA[1]
S Yuri Radonyak URS
B Leszek Drogosz POL
James Lloyd GBR

Tokio 1964

G Marian Kasprzyk POL
S Richard Tamulis URS
B Silvano Bertini ITA
Pertti Purhonen FIN

Mexiko City 1968

G Manfred Wolke GDR
S Joseph Bessala CMR
B Mario Guilloti ARG
Vladimir Mussalinov URS

München 1972

G Emilio Correa CUB
S Janos Kajdi HUN
B Dick Tiger Murunga KEN
Jesse Valez USA

Montreal 1976

G Jochen Bachfeld GDR
S Pedro Gamarro VEN
B Reinhard Skricek FRG
Viktor Silberman ROM

Moskau 1980

G Andres Aldama CUB
S John Mugabi USA
B Karl-Heinz Krüger GDR
Kazimierz Szcerba POL

Los Angeles 1984

G Mark Breland USA[2]
S Young Su An KOR
B Luciano Bruno ITA
Joni Nyman FIN

Seoul 1988

G Robert Wangila KEN
S Laurent Boudouani FRA
B Kenneth Gould USA
Jan Dydak POL

Barcelona 1992

G Michael Carruth IRL
S Juan Hernandez CUB
B Arkom Chenglai THA
Anibal Acevedo PUR

Leichtmittelgewicht (71 kg)

Helsinki 1952

G Laszlo Papp HUN
S Theunis van Schalkwyk RSA
B Eladio Herrera ARG
Boris Tishin URS

Melbourne 1956

G Laszlo Papp HUN
S Jose Torres USA
B John McCormack GBR
Zbigniew Pietrzykowski POL

Rom 1960

G Wilbert McClure USA
S Carmelo Bossi ITA
B William Fisher GBR
Boris Lagutin URS

Tokio 1964

G Boris Lagutin URS
S Joseph Gonzales FRA
B Jozef Grzseiak POL
Nojim Maiyegun NGR

Mexiko City 1968

G Boris Lagutin URS
S Rolando Garbey CUB
B John Baldwin USA
Günther Meier FRG

München 1972

G Dieter Kottysch FRG
S Wieslaw Rudkowski POL
B Alan Minter GBR
Peter Tiepold GDR

Montreal 1976

G Jerzy Rybicki POL
S Tadija Kacar YUG
B Rolando Garbey CUB
Viktor Savchenko URS

Moskau 1980

G Armando Martinez CUB
S Alexander Koshkin URS
B Jan Franek TCH
Detlev Kästner GDR

Bilanz Leichtmittelgewicht

Land	G	S	B
1. USA	2	2	1
2. URS	2	1	3
3. CUB	2	1	1
4. HUN	2	–	1
5. POL	1	1	2
6. FRG	1	–	2
7. KOR	1	–	–
8. CAN	–	1	1
FRA	–	1	1
10. ITA	–	1	–
NED	–	1	–
RSA	–	1	–
YUG	–	1	–
14. GBR	–	–	5
15. GDR	–	–	2
16. ARG	–	–	1
NGR	–	–	1
TCH	–	–	1

1) 1965 Profi-Weltmeister (Supermittelgewicht), 1967 Profi-Weltmeister (Mittelgewicht)
2) 1987 Profi-Weltmeister (Weltergewicht)

Los Angeles 1984

G Frank Tate USA
S Shawn O'Sullivan CAN
B Christophe Tiozzo FRA
Manfred Zielonka FRG

Seoul 1988

G Si-Hun Park KOR
S Roy Jones USA
B Raymond Downey CAN
Richard Woodhall GBR

Barcelona 1992

G Juan Lemus CUB
S Orhan Delibas NED
B György Mizsei HUN
Robin Reid GBR

Bilanz Mittelgewicht

Land	G	S	B
1. USA	5	3	2
2. GBR	4	2	1
3. URS	3	3	1
4. CUB	2	–	1
5. ITA	1	–	2
6. FRA	1	–	1
KOR	1	–	1
8. GDR	1	–	–
HUN	1	–	–
10. CAN	–	2	2
11. ROM	–	1	3
12. ARG	–	1	2
POL	–	1	2
14. AUS	–	1	–
CHI	–	1	–
TCH	–	1	–
FIN	–	1	–
GER	–	1	–
NOR	–	1	–
20. BEL	–	–	2
21. ALG	–	–	1
BUL	–	–	1
GHA	–	–	1
KEN	–	–	1
MEX	–	–	1
PAK	–	–	1
PUR	–	–	1
RSA	–	–	1
SWE	–	–	1

Mittelgewicht (75 kg)

St. Louis 1904

G Charles Mayer USA
S Benjamin Spradley USA
B –

London 1908

G John Douglas GBR
S Reginald Baker AUS
B Walt Philo GBR

Antwerpen 1920

G Harry Mallin GBR
S Georges Prudhomme CAN
B Moe Herscovitch CAN

Paris 1924

G Harry Mallin GBR
S John Elliot GBR
B Joseph Beecken BEL

Amsterdam 1928

G Piero Toscani ITA
S Jan Hermanek TCH
B Leonard Steyaert BEL

Los Angeles 1932

G Carmen Barth USA
S Amado Azar ARG
B Ernest Pierce RSA

Berlin 1936

G Jean Despeaux FRA
S Henry Tiller NOR
B Raul Villareal ARG

London 1948

G Laszlo Papp HUN
S John Wright GBR
B Ivano Fontana ITA

Helsinki 1952

G Floyd Patterson USA[1)]
S Vasile Tita ROM
B Boris Georgiev BUL
Stig Sjölin SWE

Melbourne 1956

G Gennadi Shatkov URS
S Ramon Tapia CHI
B Victor Zalazar ARG
Gilbert Chapron FRA

Rom 1960

G Edward Crook USA
S Tadeusz Walasek POL
B Yevgeni Feofanov URS
Ion Monea ROM

Tokio 1964

G Valeri Popenchenko URS
S Emil Schulz GER
B Franco Valle ITA
Tadeusz Walasek POL

Mexiko City 1968

G Christopher Finnegan GBR
S Alexei Kisselyov URS
B Alfred Jones USA
Agustin Zaragoza MEX

München 1972

G Vyacheslav Lemechev URS
S Reima Virtanen FIN
B Prince Amartey GHA
Marvin Johnson USA

Montreal 1976

G Michael Spinks USA[2)]
S Rufat Riskiyev URS
B Luis Martinez CUB
Alec Nastac ROM

1) 1956 Profi-Weltmeister (Superschwergewicht)
2) 1981 Profi-Weltmeister (Leichtschwergewicht), 1985 Profi-Weltmeister (Schwergewicht)

Moskau 1980

G Jose Gomez CUB
S Viktor Savchenko URS
B Jerzy Rybicki POL
Valentin Silaghi ROM

Los Angeles 1984

G Joon Sup Chin KOR
S Virgil Hill USA
B Aristides Gonzales PUR
Mohammed Zaoui ALG

Seoul 1988

G Henry Maske GDR[1]
S Egerton Marcus CAN
B Chris Sande KEN
Husseyin Shah PAK

Barcelona 1992

G Ariel Hernandez CUB
S Chris Byrd USA
B Chris Johnson CAN
Seung Bae Lee KOR

Halbschwergewicht (81 kg)

Antwerpen 1920

G Edward Eagan USA[2]
S Sverre Sörsdal NOR
B Herb Franks GBR

Paris 1924

G Harry Mitchell GBR
S Thyge Petersen DEN
B Sverre Sörsdal NOR

Amsterdam 1928

G Victor Avendano ARG
S Ernst Pistulla GER
B Karl Leendert Miljon NED

Los Angeles 1932

G David Carstens RSA*
S Gino Rossi ITA
B Peter Jörgensen DEN

Berlin 1936

G Roger Michelot FRA
S Richard Vogt GER
B Francisco Risiglione ARG

London 1948

G George Hunter RSA
S Donald Scott GBR
B Maurio Cia ARG

Helsinki 1952

G Norvel Lee USA
S Antonio Pacenza ITA
B Anatoli Perov URS
Harri Siljander FIN

Melbourne 1956

G James Boyd USA
S Georghe Negrea ROM
B Carlos Lucas CHI
Romualdos Murauskas URS

Rom 1960

G Cassius Clay USA[3]
S Zbigniew Pietrzykowski POL
B Antony Madigan AUS
Giulio Saraudi ITA

Tokio 1964

G Cosimo Pinto ITA
S Alexei Kisselyov URS
B Alexander Nikolov BUL
Zbigniew Pietrzykowski POL

Mexiko City 1968

G Dan Posniak URS
S Ion Monea ROM
B Stanislaw Dragan POL
Georgi Stankov BUL

München 1972

G Mate Parlov YUG[4]
S Gilberto Carrillo CUB
B Janusz Gortat POL
Isaac Ikhouria NGR

Montreal 1976

G Leon Spinks USA[5]
S Sixto Soria CUB
B Costica Dafiniou ROM
Janusz Gortat POL

Moskau 1980

G Slobodan Kacar YUG
S Pawel Skrzecz POL
B Herbert Bauch GDR
Ricardo Rojas CUB

Bilanz Halbschwergewicht

Land	G	S	B
1. USA	6	–	1
2. YUG	3	–	1
4. RSA	2	–	–
5. URS	1	2	2
5. ITA	1	2	1
3. GER	1	2	–
7. GBR	1	1	1
8. ARG	1	–	2
9. FRA	1	–	–
10. POL	–	2	6
11. CUB	–	2	1
ROM		2	1
13. DEN	–	1	1
NOR	–	1	1
15. EUN	–	1	–
NZL	–	1	–
17. BUL	–	–	2
18. ALG	–	–	1
AUS	–	–	1
CHI	–	–	1
FIN	–	–	1
GDR	–	–	1
HUN	–	–	1
NED	–	–	1
NGR	–	–	1

1) 1993 Profi-Weltmeister (Halbschwergewicht)
2) Eagan wurde 1932 Bob-Olympiasieger im Vierer der USA.
3) 1964 Profi-Weltmeister (Schwergewicht)
4) 1978 Profi-Weltmeister (Halbschwergewicht)
5) 1978 Profi-Weltmeister (Schwergewicht)

Bilanz Schwergwicht

Land	G	S	B
1. USA	2	–	–
2. CUB	1	–	–
3. CAN	–	1	–
KOR	–	1	–
NGR	–	1	–
6. NED	–	–	3
7. ITA	–	–	1
NZL	–	–	1
PCL	–	–	1

Bilanz Superschwergewicht

Land	G	S	B
1. USA	6	2	3
2. CUB	4	–	–
3. ARG	3	1	1
4. GBR	2	1	2
5. ITA	1	2	3
6. GER	1	1	–
7. NOR	1	–	1
8. CAN	1	–	–
9. URS	–	3	2
10. SWE	–	3	1
11. DEN	–	2	2
12. ROM	–	2	–
13. RSA	–	1	3
14. NGR	–	1	–
15. GDR	–	–	2
16. BER	–	–	1
BUL	–	–	1
TCH	–	–	1
FIN	–	–	1
FRA	–	–	1
FRG	–	–	1
HUN	–	–	1
MEX	–	–	1
POL	–	–	1
YUG	–	–	1

1) 1968 Profi-Weltmeister (Superschwergewicht)

Los Angeles 1984

G Anton Josipovic YUG
S Kevin Barry NZL
B Evander Holyfield USA
Mustafa Mussa ALG

Seoul 1988

G Andrew Maynard USA
S Nurmagomed Shanavasov URS
B Damir Skaro YUG
Henryk Petrich POL

Barcelona 1992

G Torsten May GER
S Rostislav Saulichny EUN
B Zoltan Beres HUN
Wojciech Bartnik POL

Schwergewicht (91 kg)

Los Angeles 1984

G Henry Tillman USA
S William deWit CAN
B Angelo Mousone ITA
Arnold Vanderleijde NED

Seoul 1988

G Ray Mercer USA
S Hyun Man-Baik KOR
B Arnold Vanderleijde NED
Andrzei Golota POL

Barcelona 1992

G Felix Savon CUB
S David Izonritei NGR
B David Tua NZL
Arnold Vanderleijde NED

Superschwergewicht (+91 kg)

St. Louis 1904

G Samuel Berger USA
S Charles Mayer USA
B William Michaels USA

London 1908

G Albert Oldham GBR
S S. C. H. Evans GBR
B Frederick Parks GBR

Antwerpen 1920

G Ronald Rawson GBR
S Sören Petersen DEN
B Xavier Eluère FRA

Paris 1924

G Otto von Porat NOR
S Sören Petersen DEN
B Alfredo Porzio ARG

Amsterdam 1928

G Arturo R. Jurado ARG
S Nils Ramm SWE
B Jacob Michaelsen DEN

Los Angeles 1932

G Santiago Lovell ARG
S Luigi Rovati ITA
B Frederick Feary USA

Berlin 1936

G Herbert Runge GER
S Guillermo Lovell ARG
B Erling Nilsen NOR

London 1948

G Rafael Iglesias ARG
S Gunnar Nilsson SWE
B John Arthur RSA

Helsinki 1952

G Edward Sanders USA
S Ingemar Johansson SWE
B Ilkka Koski FIN
Andries Nieman RSA

Melbourne 1956

G Peter Rademacher USA
S Lev Muchin URS
B Daniel Bekker RSA
Giacomo Bozzano ITA

Rom 1960

G Franco de Piccoli ITA
S Daniel Bekker RSA
B Josef Nemec TCH
Günter Sigmund GDR

Tokio 1964

G Joe Frazier USA[1)]
S Hans Huber GER
B Giuseppe Ros ITA
Vadim Yemelyanov URS

Mexiko City 1968

G George Foreman USA[1]
S Ionas Chepulis URS
B Giorgio Bambini ITA
Joaquin Rocha MEX

München 1972

G Teofilo Stevenson CUB
S Ion Alexe ROM
B Peter Hussing FRG
Hasse Thomsen SWE

Montreal 1976

G Teofilo Stevenson CUB
S Mircea Simon ROM
B Clarence Hill BER
Johnny Tate USA

Moskau 1980

G Teofilo Stevenson CUB
S Pyotr Zayev URS
B Jürgen Fanghänel GDR
Istvan Levai HUN

Los Angeles 1984

G Tyrell Biggs USA
S Francesco Damiani ITA
B Salihu Azis YUG
Robert Wells GBR

Seoul 1988

G Lennox Lewis CAN[2]
S Riddick Bowe USA
B Alexander Mirosnichenko URS
Janusz Zarenkiewicz POL

Barcelona 1992

G Roberto Balado CUB
S Richard Igbineghu NGR
B Brian Nielsen DEN
Svilen Rusinov BUL

Judo

(es werden 2 Bronzemedaillen vergeben)

Federgewicht Männer

Moskau 1980

G Thierry Rey FRA
S Rafael Rodriguez CUB
B Arambi Emizh URS
Tibor Kincses HUN

Los Angeles 1984

G Shinji Hosokawa JPN
S Jae-Jup Kim KOR
B Neil Eckersly GBR
Edward Liddie USA

Seoul 1988

G Jae-Jup Kim KOR
S Kevin Asano USA
B Shinji Hosokawa JPN
Amiram Totikashvili URS

Barcelona 1992

G Nazim Husseinov EUN
S Hyun Yoon KOR
B Richard Trautmann GER
Tadanori Koshino JPN

Bilanz Federgewicht Männer

Land	G	S	B
1. KOR	1	2	–
2. JPN	1	–	2
3. EUN	1	–	–
FRA	1	–	–
5. USA	–	1	1
6. CUB	–	1	–
7. URS	–	–	2
8. GBR	–	–	1
GER	–	–	1
HUN	–	–	1

Halbleichtgewicht Männer

Moskau 1980

G Nikolai Solodukhin URS
S Tsending Damdin MGL
B Ilyan Nedkov BUL
Janusz Pawlowski POL

Los Angeles 1984

G Yoshiyuki Matsuoka JPN
S Jung-Oh Wang KOR
B Marc Alexandre FRA
Josef Reiter AUT

Seoul 1988

G Kyung-Keun Lee KOR
S Janusz Pawlowski POL
B Bruno Carabetta FRA
Yosuke Yamamoto JPN

Bilanz Halbleichtgewicht Männer

Land	G	S	B
1. KOR	1	1	–
2. JPN	1	–	1
3. BRA	1	–	–
URS	1	–	–
5. POL	–	1	1
6. HUN	–	1	–
MGL	–	1	–
8. FRA	–	–	2
9. AUT	–	–	1
BUL	–	–	1
CUB	–	–	1
GER	–	–	1

1) 1973 Profi-Weltmeister (Superschwergewicht)
2) 1993 Profi-Weltmeister (Superschwergewicht)

Barcelona 1992

G Rogerio Sampaio BRA
S Jozsef Csak HUN
B Udo Quellmalz GER
Israel Hernandez CUB

Bilanz Leichtgewicht Männer

Land	G	S	B
1. JPN	3	–	–
2. ITA	1	1	1
KOR	1	1	1
4. FRA	1	–	1
5. CUB	1	–	–
6. GBR	–	1	1
GDR	–	1	1
HUN	–	1	1
9. SUI	–	1	–
10. URS	–	–	3
11. BRA	–	–	1
EUN	–	–	1
MGL	–	–	1
PRK	–	–	1
USA	–	–	1

Leichtgewicht Männer

Tokio 1964

G Takehide Nakatani JPN
S Eric Hänni SUI
B Aron Bogolyubov URS
Oleg Stepanov URS

München 1972

G Takao Kawaguchi JPN
S –[1]
B Yong-Ik Kim PRK
Jean-Jacques Mounier FRA

Montreal 1976

G Hector Rodriguez CUB
S Eun-Kyung Chang KOR
B Felice Mariani ITA
Jozsef Tuncsik HUN

Moskau 1980

G Ezio Gamba ITA
S Neil Adams GBR
B Ravdan Davaadalai MGL
Karl-Heinz Lehmann GDR

Los Angeles 1984

G Byung-Keun An KOR
S Ezio Gamba ITA
B Luis Onamura BRA
Kerrith Brown GBR

Seoul 1988

G Marc Alexandre FRA
S Sven Loll GDR
B Georgi Tendse URS
Michael Swain USA

Barcelona 1992

G Toshihiko Koga JPN
S Bertalan Haijdos HUN
B Chung Hoon KOR
Oren Smagda EUN

Bilanz Halbmittelgewicht Männer

Land	G	S	B
1. JPN	2	1	–
2. URS	2	–	3
3. POL	1	1	1
4. FRG	1	1	–
5. CUB	–	1	–
GBR	–	1	–
USA	–	1	–
8. FRA	–	–	3
GDR	–	–	3
10. KOR	–	–	1
ROM	–	–	1

Halbmittelgewicht Männer

München 1972

G Toyokazu Nomura JPN
S Antoni Zaikowski POL
B Dietmar Hötger GDR
Anatoli Novikov URS

Montreal 1976

G Vladimir Nevzorov URS
S Koji Kuramoto JPN
B Marian Talaj POL
Patrick Vial FRA

Moskau 1980

G Shota Kabareli URS
S Juan Ferrer la Hera CUB
B Harald Heinke GDR
Bernard Chulluyan URS

Los Angeles 1984

G Frank Wieneke FRG
S Neil Adams GBR
B Michael Nowak FRA
Mircea Fratica ROM

Seoul 1988

G Waldemar Legien POL
S Frank Wieneke FRG
B Bashir Varayew URS
Torsten Brechat GDR

Barcelona 1992

G Hidehiko Yoshida JPN
S Jason Morris USA
B Byung-Jo Kim KOR
Bertrand Damaisin FRA

Mittelgewicht Männer

Tokio 1964

G Isao Okano JPN
S Wolfgang Hofmann GER
B Eui-Tae Kim KOR
James Bregman USA

München 1972

G Shinobu Sekine JPN
S Seung-Lip Oh KOR
B Brian Jacks GBR
Jean-Paul Coche FRA

1) Bakhaava Buidaa (MGL) wegen Dopings disqualifiziert

Montreal 1976

G Isamu Sonoda JPN
S Valeri Dvoinikov URS
B Young-Chul Park KOR
  Slavko Obadov YUG

Moskau 1980

G Jürg Röthlisberger SUI
S Isaac Azcuy Oliva CUB
B Detlef Ultsch GDR
  Alexander Yaskevich URS

Los Angeles 1984

G Peter Seisenbacher AUT
S Robert Berland USA
B Seiki Nose JPN
  Walter Carmona BRA

Seoul 1988

G Peter Seisenbacher AUT
S Vladimir Shestakov URS
B Akinobu Osaka JPN
  Ben Spijker NED

Barcelona 1992

G Waldemar Legien POL
S Pascal Tayot FRA
B Hirotaka Okada JPN
  Nicolas Gill CAN

Halbschwergewicht Männer

München 1972

G Shota Kokoshvili URS
S David Starbrook GBR
B Paul Barth FRG
  Chiaki Ishii BRA

Montreal 1976

G Kazuhiro Ninomiya JPN
S Ramas Charshiladse URS
B David Starbrook GBR
  Jürg Röthlisberger SUI

Moskau 1980

G Robert van de Walle BEL
S Tengis Chubuluri URS
B Dietmar Lorenz GDR
  Henk Numan NED

Los Angeles 1984

G Hyong-Zoo Ha KOR
S Douglas Vieira BRA
B Bjarni Fridriksson ISL
  Günter Neureuther FRG

Seoul 1988

G Aurelio Miguel BRA
S Marc Meiling FRG
B Dennis Stewart GBR
  Robert van de Walle BEL

Barcelona 1992

G Antal Kovacs HUN
S Raymond Stevens GBR
B Dmitri Sergeyev EUN
  Theo Meijer NED

Schwergewicht Männer

Tokio 1964

G Isao Inokuma JPN
S Alfred Rogers CAN
B Ansor Kiknadze URS
  Parnaos Chikviladse URS

München 1972

G Willem Ruska NED
S Klaus Glahn FRG
B Guivi Onashvili URS
  Motoki Nishimura JPN

Montreal 1976

G Sergei Novikov URS
S Günter Neureuther FRG
B Sumio Endo JPN
  Allen Coage USA

Moskau 1980

G Angelo Parisi FRA
S Dimitar Zaprianov BUL
B Vladimir Kocman TCH
  Radomir Kovacevic YUG

Los Angeles 1984

G Hitoshi Saito JPN
S Angelo Parisi FRA
B Yong-Chul Cho KOR
  Mark Berger CAN

Bilanz Mittelgewicht Männer

Land	G	S	B
1. JPN	3	–	3
2. AUT	2	–	–
3. POL	1	–	–
SUI	1	–	–
5. URS	–	2	1
6. KOR	–	1	2
7. FRA	–	1	1
USA	–	1	1
9. CUB	–	1	–
GER	–	1	–
11. BRA	–	–	1
CAN	–	–	1
NED	–	–	1
GBR	–	–	1
GDR	–	–	1
YUG	–	–	1

Bilanz Halbschwergewicht Männer

Land	G	S	B
1. URS	1	2	–
2. BRA	1	1	1
3. BEL	1	–	1
4. HUN	1	–	–
JPN	1	–	–
KOR	1	–	–
7. GBR	–	2	2
8. FRG	–	1	2
9. NED	–	–	2
10. EUN	–	–	1
GDR	–	–	1
ISL	–	–	1
SUI	–	–	1

Bilanz Schwergewicht Männer

Land	G	S	B
1. JPN	3	1	2
2. FRA	1	1	1
3. URS	1	–	4
4. EUN	1	–	–
NED	1	–	–
6. FRG	–	2	–
7. CAN	–	1	1
8. BUL	–	1	–
GDR	–	1	–
10. KOR	–	–	2
11. TCH	–	–	1
HUN	–	–	1
USA	–	–	1
YUG	–	–	1

Seoul 1988

G Hitoshi Saito JPN
S Henry Stöhr GDR
B Jong-Chul Cho KOR
Grigori Verichev URS

Barcelona 1992

G David Shashaleshvili EUN
S Naoya Ogawa JPN
B David Douillet FRA
Imre Csosz HUN

Bilanz Offene Klasse Männer

Land	G	S	B
1. JPN	2	1	–
2. NED	2	–	–
3. GDR	1	–	–
4. GBR	–	1	2
5. FRA	–	1	1
URS	–	1	1
7. EGY	–	1	–
8. AUS	–	–	1
FRG	–	–	1
GER	–	–	1
HUN	–	–	1
KOR	–	–	1
ROM	–	–	1

Offene Klasse Männer

Tokio 1964

G Anton Geesink NED
S Akio Kaminaga JPN
B Klaus Glahn GER
Theodore Boronovskis AUS

München 1972

G Willem Ruska NED
S Vitali Kusnezov URS
B Jean-Claude Brondani FRA
Angelo Parisi GBR

Montreal 1976

G Haruki Uemura JPN
S Keith Remfry GBR
B Jeaki Cho KOR
Shota Kokoshvili URS

Moskau 1980

G Dietmar Lorenz GDR
S Angelo Parisi FRA
B Andras Ozsvar HUN
Arthur Mapp GBR

Los Angeles 1984

G Yasuhiro Yamashita JPN
S Mohamed Ali Rashwan EGY
B Mihai Cioc ROM
Arthur Schnabel FRG

Bilanz Judo Frauen

Land	G	S	B
1. FRA	2	–	2
2. ESP	2	–	–
3. CUB	1	1	2
4. CHN	1	–	2
5. KOR	1	–	–
6. JPN	–	3	2
7. GBR	–	1	2
8. ISR	–	1	–
ITA	–	1	–
10. BEL	–	–	1
EUN	–	–	1
NED	–	–	1
TUR	–	–	1

Superleichtgewicht Frauen

Barcelona 1992

G Cecile Nowak FRA
S Ryoko Tamura JPN
B Hulya Senyurt TUR
Amarilis Savon CUB

Halbleichtgewicht Frauen

Barcelona 1992

G Almudena Munoz ESP
S Noriko Mizoguzhi JPN
B Zhongyun Li CHN
Susan Rendle GBR

Leichtgewicht Frauen

Barcelona 1992

G Miriam Blasco ESP
S Nicola Fairbrother GBR
B Drialis Gonzales CUB
Chiyori Tateno JPN

Halbmittelgewicht Frauen

Barcelona 1992

G Catherine Fleury FRA
S Yael Arad ISR
B Yelena Petrova EUN
Zhang Di CHN

Mittelgewicht Frauen

Barcelona 1992

G Odalis Reve CUB
S Emanuela Pierantozzi ITA
B Kate Howey GBR
Heidi Rakels BEL

Halbschwergewicht Frauen

Barcelona 1992

G Mi Jung Kim KOR
S Yoko Tanabe JPN
B Irene de Kok NED
Laetitia Meignan FRA

Schwergewicht Frauen

Barcelona 1992

G Xiaoyan Zhuang CHN
S Estella Rodriguez CUB
B Yoko Sakaue JPN
Natalia Lupino FRA

Fechten

Florett Männer

Athen 1896
G Eugene-Henri Gravelotte FRA
S Henri Callot FRA
B Perikles Pierrakos GRE
Athanasios Vouros GRE

Paris 1900
G Emile Coste FRA
S Henri Masson FRA
B Marcel Jacques Boulanger FRA

St. Louis 1904
G Ramon Fonst CUB
S Albertson Van Zo Post USA
B Charles Tatham USA

Athen 1906
G Georges Dillon-Cavanagh FRA
S Gustav Casmir GER
B Pierre d'Hugues FRA

Stockholm 1912
G Nedo Nadi ITA
S Pietro Speciale ITA
B Richard Verderber AUT

Antwerpen 1920
G Nedo Nadi ITA
S Philippe Cattiau FRA
B Roger Ducret FRA

Paris 1924
G Roger Ducret FRA
S Philippe Cattiau FRA
B Maurice van Damme BEL

Amsterdam 1928
G Lucien Gaudin FRA
S Erwin Casmir GER
B Giulio Gaudini ITA

Los Angeles 1932
G Gustavo Marzi ITA
S Joseph Levis USA
B Giulio Gaudini ITA

Berlin 1936
G Giulio Gaudini ITA
S Edward Gardère FRA
B Giorgio Bocchino ITA

London 1948
G Jehan Buhan FRA
S Christian d'Oriola FRA
B Lajos Maszlay HUN

Helsinki 1952
G Christian d'Oriola FRA
S Edoardo Mangiarotti ITA
B Manlio Di Rosa ITA

Melbourne 1956
G Christian d'Oriola FRA
S Giancarlo Bergamini ITA
B Antonio Spallino ITA

Rom 1960
G Viktor Shdanovich URS
S Yuri Sissikin URS
B Albert Axelrod USA

Tokio 1964
G Egon Franke POL
S Jean-Claude Magnan FRA
B Daniel Revenu FRA

Mexiko City 1968
G Ionel Drimba ROM
S Jenö Kamuti HUN
B Daniel Revenu FRA

München 1972
G Witold Woyda POL
S Jenö Kamuti HUN
B Christian Noel FRA

Montreal 1976
G Fabio Dal Zotto ITA
S Alexander Romankov URS
B Bernard Talvard FRA

Moskau 1980
G Vladimir Smirnov URS
S Pascal Jolyot FRA
B Alexander Romankov URS

Los Angeles 1984
G Mauro Numa ITA
S Matthias Behr FRG
B Stefano Serioni ITA

Bilanz Florett Männer

Land	G	S	B
1. FRA	9	8	7
2. ITA	7	3	6
3. URS	2	2	2
4. POL	2	–	–
5. CUB	1	–	1
6. ROM	1	–	–
7. USA	–	2	2
8. HUN	–	2	1
9. GER	–	2	–
10. FRG	–	1	–
GDR	–	1	–
EUN	–	1	–
13. GRE	–	–	2
14. AUT	–	–	1
BEL	–	–	1

Seoul 1988

G Stefano Serioni ITA
S Udo Wagner GDR
B Alexander Romankov URS

Barcelona 1992

G Philippe Omnes FRA
S Sergei Golubizki EUN
B Elvis Gregory CUB

Bilanz Florett Männer Mannschaft

Land	G	S	B
1. FRA	6	4	4
2. ITA	5	5	–
3. URS	3	3	–
4. FRG	1	2	–
5. POL	1	1	3
6. USA	1	1	2
7. CUB	1	1	–
8. GER	1	–	2
9. BEL	–	1	1
10. HUN	–	–	4
11. ARG	–	–	1

Florett Männer Mannschaft

St. Louis 1904

G CUB/USA
Ramon Fonst CUB, Manuel Diaz CUB, Albertson Van Zo Post USA
S USA
Charles Tatham, Fitzhugh Townsend, Arthur Fox
B –

Antwerpen 1920

G ITA
Baldo Baldi, Tommaso Constantino, Aldo Nadi, Nedo Nadi, Abelardo Olivier, Oreste Puliti, Pietro Speciale, Rodolfo Terlizzi
S FRA
Lione Bony de Castellane, Gaston Amson, Philippe Cattiau, Roger Ducret, André Labatut, Georges Trombert, Marcel Perrot, Lucien Gaudin
B USA
Henri Breckinridge, Francis Honeycutt, Arthur Lyon, Harold Rayner, Robert Sears

Paris 1924

G FRA
Lucien Gaudin, Philippe Cattiau, Roger Ducret, Jacques Coutrot, Henri Jobier, André Labatut, Guy de Luget, Joseph Péroteaux
S BEL
Désiré Beaurain, Charles Grahay, Fernand de Montigny, Maurice van Damme, Marcel Berré, Albert de Roocker
B HUN
Laszlo Berti, Sandor Posta, Zoltan Schenker, Ödön Tersztyanszky, Istvan Lichteneckert

Amsterdam 1928

G ITA
Ugo Pignotti, Oreste Puliti, Giulio Gaudini, Giorgio Pessina, Giorgio Chiavacci, Gioacchino Guaragna
S FRA
Lucien Gaudin, Philippe Cattiau, Roger Ducret, André Labatut, Raymond Flacher, André Gaboriaud
B ARG
Robert Larraz, Raul Anganuzzi, Luis Lucchetti, Hector Lucchetti, Carmelo Camet

Los Angeles 1932

G FRA
Philippe Cattiau, Edward Gardère, René Lemoine, René Bondoux, Jean Piot, René Bougnol
S ITA
Giulio Gaudini, Gustavo Marzi, Ugo Pignotti, Giorgio Pessina, Gioacchino Guaragna, Rodolfo Terlizzi
B USA
George Calnan, Joseph Levis, Hugh Alessandroni, Dernell Every, Richard Steere, Frank Righeimer

Berlin 1936

G ITA
Giulio Gaudini, Gioacchino Guaragna, Gustavo Marzi, Giorgio Bocchino, Manlio Di Rosa, Ciro Verratti
S FRA
Jacques Coutrot, André Gardère, René Lemoine, René Bougnol, Edward Gardère, René Bondoux
B GER
Siegfried Lerdon, August Heim, Julius Eisenecker, Erwin Casmir, Stefan Rosenbauer, Otto Adam

London 1948

G FRA
André Bonin, René Bougnol, Jehan Buhan, Jacques Lataste, Christian d'Oriola, Adrian Rommel
S ITA
Renzo Nostini, Manlio Di Rosa, Edoardo Mangiarotti, Giuliano Nostini, Giorgio Pellini, Saverio Ragno
B BEL
Georges de Bourguignon, Henry Paternoster, Edouard Yves, Raymond Bru, André van de Werve, Paul Valcke

Helsinki 1952

G FRA
Jehan Buhan, Christian d'Oriola, Adrian Rommel, Claude Netter, Jacques Noel, Jacques Lataste

S ITA
Giancarlo Bergamini, Antonio Spallino, Manlio Di Rosa, Giorgio Pellini, Renzo Nostini, Edoardo Mangiarotti
B HUN
Endre Tilli, Aladar Gerevich, Endre Palocz, Lajos Maszlay, Tibor Berczelly, Jozsef Sakovics

Melbourne 1956

G ITA
Edoardo Mangiarotti, Giancarlo Bergamini, Antonio Spallino, Luigi Carpaneda, Manlio Di Rosa, Vittorio Luccarelli
S FRA
Christian d'Oriola, Bernard Baudoux, Claude Netter, Jacques Lataste, Roger Closset, René Coicaud
B HUN
Jozsef Gyuricza, Jozsef Sakovics, Endre Tilli, Mihaly Fülöp, Lajos Somodi, Jozsef Marosi

Rom 1960

G URS
Viktor Shdanovich, Mark Midler, Yuri Sissikin, German Shvesnikov, Yuri Rudov
S ITA
Alberto Pellegrino, Luigi Carpaneda, Mario Curletto, Aldo Aureggio, Edoardo Mangiarotti
B GER
Jürgen Brecht, Tim Gerresheim, Eberhard Mehl, Jürgen Theuerkauff

Tokio 1964

G URS
German Shvesnikov, Yuri Sissikin, Mark Midler, Viktor Shdanovich, Yuri Sharov
S POL
Zbigniew Skrudlik, Witold Woyda, Egon Franke, Ryszard Parulski, Janusz Rozycki
B FRA
Daniel Revenu, Jacky Courtillat, Pierre Rodocanachi, Christian Noel, Jean-Claude Magnan

Mexiko City 1968

G FRA
Daniel Revenu, Gilles Berolatti, Christian Noel, Jean-Claude Magnan, Jacques Dimont
S URS
German Shvesnikov, Yuri Sharov, Vassili Stankovich, Viktor Putyatin, Yuri Sissikin
B POL
Witold Woyda, Ryszard Parulski, Egon Franke, Zbigniew Skrudlik, Adam Lisewski

München 1972

G POL
Witold Woyda, Marek Dabrowski, Lech Koziejowski, Jerzy Kaczmarek, Arkadius Godel
S URS
Viktor Putyatin, Vassili Stankovich, Leonid Romanov, Vladimir Denisov, Anatoli Koteshev
B FRA
Daniel Revenu, Bernard Talvard, Gilles Berolatti, Jean-Claude Magnan, Christian Noel

Montreal 1976

G FRG
Harald Hein, Thomas Bach[1)], Erk Sens-Gorius, Klaus Reichert, Matthias Behr
S ITA
Fabio Dal Zotto, Attilio Calatroni, Carlo Montano, Stefano Simoncelli, Giovan Battista Coletti
B FRA
Daniel Revenu, Christian Noel, Didier Flament, Bernard Talvard, Frédéric Pietruszka

Moskau 1980

G FRA
Didier Flament, Pascal Jolyot, Frédéric Pietruszka, Philippe Bonnin, Bruno Boscherie
S URS
Alexander Romankov, Vladimir Smirnov, Ashot Karagyan, Vladimir Lapizki, Sabirshan Ruziev
B POL
Boguslav Zych, Adam Robak, Marian Sypniewski, Lech Koziejowski

Los Angeles 1984

G ITA
Mauro Numa, Andrea Borella, Stefano Cerioni, Angelo Scuri, Andrea Cipressa
S FRG
Matthias Behr, Mathias Gey, Harald Hein, Frank Beck, Klaus Reichert

1) 1991 deutsches IOC-Mitglied

B FRA
Philippe Omnes, Patrick Groc, Frédéric Pietruszka, Pascal Jolyot, Mark Cerboni

Seoul 1988

G URS
Alexander Romankov, Ilgar Mamedov, Vladimir Apziauri, Anvar Ibraguimov, Boris Korezki
S FRG
Mathias Gey, Thorsten Weidner, Matthias Behr, Ulrich Schreck, Thomas Endres
B HUN
Zoltan Ersek, Pal Szekeres, Istvan Szelei, Istvan Busa, Robert Gatai

Barcelona 1992

G GER
Thorsten Weidner, Udo Wagner, Ulrich Schreck, Ingo Weissenborn, Alexander Koch
S CUB
Elvis Gregory Gil, Guillermo Betancourt Scull, Oscar Garcia Perez, Tullio Diaz Babier, Hermenogildo Garcia Marturell
B POL
Marian Sypniewski, Piotre Kielpikowski, Adam Krzesinski, Cesary Siess, Ryzard Sobczak

Bilanz Degen Männer

Land	G	S	B
1. FRA	7	9	6
2. ITA	6	3	5
3. HUN	2	1	2
4. FRG	2	1	–
5. CUB	2	–	–
6. URS	1	1	3
7. SWE	1	1	1
8. BEL	1	–	1
9. GBR	–	2	–
10. USA	–	1	2
11. SUI	–	1	1
12. DEN	–	1	–
EUN	–	1	–
13. NED	–	–	1

Degen Männer

Paris 1900

G Ramon Fonst CUB
S Louis Perrée FRA
B Leon Sée FRA

St. Louis 1904

G Ramon Fonst CUB
S Charles Tatham USA
B Albertson Van Zo Post USA

Athen 1906

G Georges de la Falaise FRA
S Georges Dillon-Cavanagh FRA
B Alexander van Blijenburgh NED

London 1908

G Gaston Alibert FRA
S Alexandre Lippmann FRA
B Eugène Olivier FRA

Stockholm 1912

G Paul Anspach BEL
S Ivan Osiier DEN
B Philippe Le Hardy BEL

Antwerpen 1920

G Armand Massard FRA
S Alexandre Lippmann FRA
B Gustave Buchard FRA

Paris 1924

G Charles Delporte FRA
S Roger Ducret FRA
B Nils Hellsten SWE

Amsterdam 1928

G Lucien Gaudin FRA
S Georges Buchard FRA
B George Calnan USA

Los Angeles 1932

G Giancarlo Cornaggia-Medici ITA
S Georges Buchard FRA
B Carlo Agostoni ITA

Berlin 1936

G Franco Riccardi ITA
S Saverio Ragno ITA
B Giancarlo Cornaggia-Medici ITA

London 1948

G Luigi Cantone ITA
S Oswald Zappelli SUI
B Edoardo Mangiarotti ITA

Helsinki 1952

G Edoardo Mangiarotti ITA
S Dario Mangiarotti ITA
B Oswald Zappelli SUI

Melbourne 1956

G Carlo Pavesi ITA
S Giuseppe Delfino ITA
B Edoardo Mangiarotti ITA

Rom 1960

G Giuseppe Delfino ITA
S Allan Jay GBR
B Bruno Khabarov URS

Tokio 1964

G Grigori Kriss URS
S Henry Hoskyns GBR
B Guram Kostava URS

Mexiko City 1968

G Gyözö Kulcsar HUN
S Grigori Kriss URS
B Gianluigi Saccaro ITA

München 1972

G Csaba Fenyvesi HUN
S Jacques la Degaillerie FRA
B Gyözö Kulcsar HUN

Montreal 1976

G Alexander Pusch FRG
S Jürgen Hehn FRG
B Gyözö Kulcsar HUN

Moskau 1980

G Johan Harmenberg SWE
S Ernö Kolczonay HUN
B Philippe Riboud FRA

Los Angeles 1984

G Philippe Boisse FRA
S Björne Väggö SWE
B Philippe Riboud FRA

Seoul 1988

G Arnd Schmitt FRG
S Philippe Riboud FRA
B Andrei Shuvalov URS

Barcelona 1992

G Eric Srecki FRA
S Pavel Korobkov EUN
B Jean-Michel Henry FRA

Degen Männer Mannschaft

Athen 1906

G FRA
Pierre d'Hugues, Georges Dillon-Cavanagh, Cyrill Mohr, Georges de la Falaise
S GBR
William Desborough[1], Cosmo Duff-Gordon, Charles Robinson, Edgar Seligman
B BEL
Constant Cloquet, Fernand de Montigny, Edmond Crahay, Philippe Le Hardy

London 1908

G FRA
Gaston Alibert, Bernard Gravier, Alexandre Lippmann, Eugène Olivier, Henri-Georges Berger, Charles Collignon, Jean Stern
S GBR
Edward Amphlett, Leaf Daniell, Ceccil Haig, Robert Montgomerie, Martin Holt, Edgar Seligman
B BEL
Paul Anspach, Fernand Bosmans, Fernand de Montigny, Francis Rom, Victor Willems, Désiré Beaurain, Fernand Feyerick

Stockholm 1912

G BEL
Paul Anspach, Henri Anspach, Robert Hennet, Fernand de Montigny, Jacques Ochs, Francis Rom, Gaston Salmon, Victor Willems
S GBR
Edgar Seligman, Edward Amphlett, Robert Montgomerie, John Blake, Percival Dawson, Arthur Everett, Sydney Martineau, Martin Holt
B NED
Adrianus de Jong, Willem van Blijenburgh, Jetze Doorman, Leonardus Salomonson, George van Rossem

Antwerpen 1920

G ITA
Nedo Nadi, Aldo Nadi, Abelardo Olivier, Tullio Bozza, Giovanni Canova, Andrea Marrazi, Dino Urbani, Antonio Allocchio, Tommaso Constantino, Paolo Thaon di Revel[1]
S BEL
Ernest Gevers, Paul Anspach, Felix Goblet d'Alviella, Victor Boin, Joseph de Vraecker, Léon Tom, Maurice de Wée, Philippe Le Hardy
B FRA
Armand Massard[1], Alexandre Lippmann, Gustave Buchard, Georges Trombert, Serge Canova, Gaston Amson, Emile Moreau

Paris 1924

G FRA
Lucien Gaudin, Georges Buchard, Roger Ducret, André Labatut, Lionel Liottel, Alexandre Lippmann, Georges Tainturier

Bilanz Degen Männer Mannschaft

Land	G	S	B
1. FRA	7	2	4
2. ITA	6	3	2
3. HUN	3	2	–
4. BEL	1	2	2
5. SWE	1	2	1
6. FRG	1	2	–
7. GER	1	–	–
8. GBR	–	4	–
9. URS	–	1	4
10. SUI	–	1	2
11. POL	–	1	1
12. NED	–	–	1
POR	–	–	1
USA	–	–	1
EUN	–	–	1

1) später alle IOC-Mitglieder

S BEL
Paul Anspach, Joseph de Craecker, Charles Delporte, Fernand de Motigny, Ernest Gevers, Léon Tom
B ITA
Giulio Basletta, Marcello Bertinetti, Giovanni Canova, Vincenzo Cuccia, Virgilio Mantegazza, Oreste Moricca

Amsterdam 1928

G ITA
Carlo Agostoni, Marcello Bertinetti, Giancarlo Cornaggia-Medici, Renzo Minoli, Giulio Basletta, Franco Riccardi
S FRA
Armand Massard, Georges Buchard, Gaston Amson, Emile Cornic, Bernard Schmetz, René Barbier
B POR
Paulo d'Eca Leal, Mario de Noronha, Jorge Palva, Joao Sassetti, Frederico Paredes, Henrique de Silvera

Los Angeles 1932

G FRA
Philippe Cattiau, Georges Buchard, Bernard Schmetz, Jean Piot, Fernand Jourdant, Georges Tainturier
S ITA
Carlo Agostoni, Giancarlo Cornaggia-Medici, Renzo Minoli, Franco Riccardi, Giancarlo Brusati
B USA
George Calnan, Gustave Heiss, Frank Righeimer, Tracy Jaeckel, Curtis Shears, Miguel de Capriles

Berlin 1936

G ITA
Saverio Ragno, Alfredo Pezzana, Giancarlo Cornaggia-Medici, Edoardo Mangiarotti, Franco Riccardi, Giancarlo Brusati
S SWE
Hans Granfelt, Sven Thofelt[1], Gösta Almgren, Gustaf Dyrssen[1], Hans Drakenberg, Birger Cederin
B FRA
Michel Pecheux, Bernard Schmetz, Georges Buchard, Henri Dulieux, Paul Wormser, Philippe Cattiau

1) Thofelt und Dyrssen waren auch Olympiasieger im Modernen Fünfkampf (S. 570) und später Mitglieder des IOC.

London 1948

G FRA
Henri Guérin, Henri Lepage, Marcel Desprets, Michel Pecheux, Edouard Artigas, Maurice Huet
S ITA
Luigi Cantone, Antonio Mandruzzato, Dario Mangiarotti, Edoardo Mangiarotti, Fiorenzo Marini, Carlo Agostoni
B SWE
Per Carleson, Frank Cervell, Carl Forssel, Sven Thofelt, Bengt Ljungquist, Arne Tollbom

Helsinki 1952

G ITA
Dario Mangiarotti, Edoardo Mangiarotti, Franco Bertinetti, Carlo Pavesi, Giuseppe Delfino, Roberto Battaglia
S SWE
Bengt Ljungquist, Berndt-Otto Rehbinder, Sven Fahlman, Per Carleson, Carl Forssel, Lennart Magnusson
B SUI
Otto Rüfenacht, Paul Meister, Oswald Zappelli, Paul Barth, Willy Fitting, Mario Valota

Melbourne 1956

G ITA
Giuseppe Delfino, Alberto Pellegrino, Edoardo Mangiarotti, Carlo Pavesi, Giorgio Anglesio, Franco Bertinetti
S HUN
Jozsef Sakovics, Bela Rerrich, Lajos Balthazar, Ambrus Nagy, Jozsef Marosi, Barnabas Berzsenyi
B FRA
Armand Mouyal, Claude Nigon, Daniel Dagallier, Yves Dreyfus, René Queyroux

Rom 1960

G ITA
Giuseppe Delfino, Alberto Pellegrino, Carlo Pavesi, Edoardo Mangiarotti, Fiorenzo Marini, Gianluigi Saccaro
S GBR
Allan Jay, Michael Howard, John Pelling, Henry Hoskyns, Raymond Harrison, Michael Alexander
B URS
Guram Kostava, Bruno Khabarov, Arnold Chernushevich, Valentin Chernikov, Alexander Pavlovsky

Tokio 1964

G HUN
Győző Kulcsar, Zoltan Nemere, Tamas Gabor, Istvan Kausz, Arpad Baranyi
S ITA
Gianluigi Saccaro, Giovanni Battista, Gianfranco Paolucci, Giuseppe Delfino, Alberto Pellegrino
B FRA
Claude Brodin, Yves Dreyfus, Claude Bourquard, Jack Guittet, Jacques Brodin

Mexiko City 1968

G HUN
Csaba Fenyvesi, Zoltan Nemere, Pal Schmitt[1], Győző Kulcsar, Pal Nagy
S URS
Grigori Kriss, Yosif Vitebsky, Alexei Nikanchikov, Yuri Smolyakov, Viktor Morzelevsky
B POL
Bogdan Andrzejewski, Michal Butkiewicz, Bogdan Gonsior, Henryk Nielaba, Kazimierz Barburski

München 1972

G HUN
Istvan Osztrics, Sandor Erdös, Csaba Fenyvesi, Pal Schmitt, Győző Kulcsar
S SUI
Peter Lötscher, Christian Kauter, Guy Evéquoz, Daniel Giger, Francois Suchanecki
B URS
Georgi Zaizki, Grigori Kriss, Viktor Morzelevsky, Igor Valetov, Sergei Paramonov

Montreal 1976

G SWE
Hans Jaacobson, Orvar Jonsson, Carl von Essen, Leif Högström, Göran Flodström, Rolf Eding
S FRG
Alexander Pusch, Jürgen Hehn, Hanns Jana, Reinhold Behr, Volker Fischer
B SUI
Jean-Blaise Evéquoz, Michel Poffet, Daniel Giger, Christian Kauter, Francois Suchanecki

Moskau 1980

G FRA
Philippe Riboud, Patrick Picot, Hubert Gardas, Michel Salesse, Philippe Boisse
S POL
Piotre Jabelowski, Andrzei Lis, Mariusz Strzalka, Ludomir Chronowski, Leszek Swornowski
B URS
Boris Lukomsky, Alexander Abushakmetov, Vladimir Smirnov, Ashot Karagan, Alexander Moshajev

Los Angeles 1984

G FRG
Elmar Borrmann, Volker Fischer, Gerhard Heer, Rafael Nickel, Alexander Pusch
S FRA
Philippe Boisse, Jean-Michel Henry, Olivier Lenglet, Philippe Riboud, Michel Salesse
B ITA
Stefano Bellone, Sandro Cuomo, Cosimo Ferro, Roberto Manzi, Angelo Mazzoni

Seoul 1988

G FRA
Frédric Delpla, Jean-Michel Henry, Olivier Lenglet, Philippe Riboud, Eric Srecki
S FRG
Elmar Borrmann, Volker Fischer, Thomas Gerull, Alexander Pusch, Arnd Schmitt
B URS
Andrei Shuvalov, Pavel Kolobkov, Vladimir Resnichenko, Mikhail Tishko, Igor Tishomirov

Barcelona 1992

G GER
Elmar Borrmann, Robert Felisiak, Arnd Schmitt, Uwe Proske, Vladimir Resnichenko[2]
S HUN
Ivan Kovacs, Kristian Kulcsar, Ferenc Hegedüs, Ernö Kolczonay, Gabor Totola
B EUN
Pavel Kolobkov, Andrei Shuvalov, Sergei Kostarev, Sergei Kravchuk, Valeri Zakharevich

1) später IOC-Mitglied
2) Resnichenko holte 1988 Bronze mit der Mannschaft der URS und wurde 1991 deutscher Bürger.

Bilanz Säbel Männer

Land	G	S	B
1. HUN	12	6	8
2. URS	3	3	4
3. FRA	3	3	1
4. GRE	2	1	–
5. ITA	1	6	4
6. POL	1	2	–
7. CUB	1	–	–
8. USA	–	1	2
9. GER	–	1	–
10. DEN	–	–	1
AUT	–	–	1
BOH	–	–	1
NED	–	–	1

Säbel Männer

Athen 1896
G Ioannis Georgiadis GRE
S Telemachos Karakalos GRE
B Holger Nielsen DEN

Paris 1900
G Georges de la Falaise FRA
S Leon Thébaut FRA
B Siegfried Flesch AUT

St. Louis 1904
G Manuel Diaz CUB
S William Grebe USA
B Albertson Van Zo Post USA

Athen 1906
G Ioannis Georgiadis GRE
S Gustav Casmir GER
B Federica Cesarano ITA

London 1908
G Jenö Fuchs HUN
S Bela Zulavsky HUN
B Vilem Goppold von Lobsdorf BOH

Stockholm 1912
G Jenö Fuchs HUN
S Bela Bekessy HUN
B Ervin Meszaros HUN

Antwerpen 1920
G Nedo Nadi ITA
S Aldo Nadi ITA
B Adrianus de Jong NED

Paris 1924
G Sandor Posta HUN
S Roger Ducret FRA
B Janos Garay HUN

Amsterdam 1928
G Ödön Tersztyanszky HUN
S Attila Petschauer HUN
B Bino Bini ITA

Los Angeles 1932
G György Piller HUN
S Giulio Gaudini ITA
B Endre Kabos HUN

Berlin 1936
G Endre Kabos HUN
S Gustavo Marzi ITA
B Aladar Gerevich HUN

London 1948
G Aladar Gerevich HUN
S Vincenzo Pinton ITA
B Pal Kovacs HUN

Helsinki 1952
G Pal Kovacs HUN
S Aladar Gerevich HUN
B Tibor Berczelly HUN

Melbourne 1956
G Rudolf Karpati HUN
S Jerzy Pawlowski POL
B Lev Kusnyezov URS

Rom 1960
G Rudolf Karpati HUN
S Zoltan Horvath HUN
B Wladimiro Calarese ITA

Tokio 1964
G Tibor Pezsa HUN
S Claude Arabo FRA
B Umar Mavlikanov URS

Mexiko City 1968
G Jerzy Pawlowski POL
S Mark Rakita URS
B Tibor Pezsa HUN

München 1972
G Viktor Sidyak URS
S Peter Maroth HUN
B Vladimir Nazlymov URS

Montreal 1976
G Viktor Krovopuskov URS
S Vladimir Nazlymov URS
B Viktor Sidyak URS

Moskau 1980
G Viktor Krovopuskov URS
S Mikhail Burzev URS
B Imre Gedövari HUN

Los Angeles 1984
G Jean-Francois Lamour FRA
S Marco Marin ITA
B Peter Westbrook USA

Seoul 1988

G Jean-Francois Lamour FRA
S Janusz Olech POL
B Giovanni Scalzo ITA

Barcelona 1992

G Bence Szabo HUN
S Marco Marin ITA
B Jean-Francois Lamour FRA

Säbel Männer Mannschaft

Athen 1906

G GER
Gustav Casmir, Jacob Erckrath de Bary, August Petri, Emil Schön
S GRE
Ioannis Georgiadis, Menelaos Sakorraphos, Chatran Zorbas, Triantaphylos Kordogiannis
B NED
James van Carnbee, Johannes Osten, George van Rossem, Maurits van Löben Sels

London 1908

G HUN
Jenö Fuchs, Oszkar Gerde, Peter Toth, Lajos Werkner, Dezsö Földes
S ITA
Riccardo Nowak, Alessandro Pirzio-Biroli, Abelardo Olivier, Marcello Bertinetti, Sante Ceccherini
B BOH
Vilem Goppold von Lobsdorf, Jaroslav Tucek, Vlastimil Lada-Sazavsky, Otakar Lada, Bedrich Schejbal

Stockholm 1912

G HUN
Jenö Fuchs, Laszlo Berti, Ervin Meszaros, Dezsö Földes, Oszkar Gerde, Zoltan Schenker, Peter Toth, Lajos Werkner
S AUT
Richard Verderber, Otto Herschmann, Rudolf Cvetko, Friedrich Colling, Andreas Suttner, Albert Bogen, Reinhold Trampler
B NED
Willem van Blijenburgh, George van Rossem, Adrianus de Jong, Jetze Doorman, Dirk Scalongne, Hendrik de Jongh

Antwerpen 1920

G ITA
Nedo Nadi, Aldo Nadi, Oreste Puliti, Baldo Baldi, Francesco Gargano, Giorgio Santelli, Dino Urbani
S FRA
Georges Trombert, Jean Margraff, Marc Perrodon, Henri de Saint Germain, Jean Lacroix, Pietro Mondielli
B NED
Jan van der Wiel, Adrianus de Jong, Jetze Doorman, Willem van Blijenburgh, Louis Delaunoy, Salomon Zeldenrust, Henri Wijnoldij Daniels

Paris 1924

G ITA
Renato Anselmi, Guido Balzarini, Marcello Bertinetti, Bino Bini, Vincenzo Cuccia, Oreste Moricca, Oreste Puliti, Giulio Sarrocchi
S HUN
Laszlo Berti, Janos Garay, Sandor Posta, Jozsef Rady, Zoltan Schenker, Laszlo Szechy, Ödön Tersztyanszky, Jenö Uhlyarik
B NED
Adrianus de Jong, Jetze Doorman, Hendrik Scherpenhuizen, Jan van der Wiel, Maarten van Duim, Henri Wijnoldij-Daniels

Amsterdam 1928

G HUN
Ödön Tersztyanszky, Sandor Gombos, Attila Petschauer, Janos Garay, Jozsef Rady, Gyula Glykais
S ITA
Bino Bini, Renato Anselmi, Gustavo Marzi, Oreste Puliti, Emilio Salafia, Giulio Sarrocchi
B POL
Adam Papée, Tadeusz Friedrich, Kazimierz Laskowski, Wladyslaw Segda, Alexander Malecki, Jerzy Zabielski

Los Angeles 1932

G HUN
György Piller, Endre Kabos, Attila Petschauer, Ernö Nagy, Gyula Glykais, Aladar Gerevich
S ITA
Renato Anselmi, Arturo de Vecchi, Emilio Salafia, Ugo Pignotti, Gustavo Marzi, Giulio Gaudini
B POL
Adam Papée, Tadeusz Friedrich, Wladyslaw Segda, Leszek Lubics-Nyzz, Wladyslaw Dobrowolski, Marian Suski

Bilanz Säbel Männer Mannschaft

Land	G	S	B
1. HUN	10	2	3
2. ITA	4	10	2
3. URS	4	2	1
4. GER	1	-	1
5. EUN	1	-	-
6. POL	-	2	3
7. FRA	-	2	2
8. GRE	-	1	-
AUT	-	1	-
10. NED	-	-	4
11. ROM	-	-	2
12. BOH	-	-	1
USA	-	-	1

Berlin 1936

G HUN
Tibor Berczelly, Laszlo Rajcsanyi, Pal Kovacs, Aladar Gerevich, Imre Rajczy, Endre Kabos
S ITA
Vincenzo Pinton, Giulio Gaudini, Aldo Masciotta, Aldo Montano, Athos Tanzini
B GER
Richard Wahl, Julius Eisenecker, Erwin Casmir, August Heim, Hans Esser, Hans Jörger

London 1948

G HUN
Tibor Berczelly, Rudolf Karpati, Aladar Gerevich, Pal Kovacs, Laszlo Rajcsanyi, Bertalan Papp
S ITA
Gastone Daré, Carlo Turcato, Vincenzo Pinton, Mauro Racca, Aldo Montano, Renzo Nostini
B USA
Norman Armitage, George Worth, Tibor Nyilas, Dean Cetrulo, Miguel de Capriles, James Flynn

Helsinki 1952

G HUN
Bertalan Papp, Laszlo Rajcsanyi, Rudolf Karpati, Aladar Gerevich, Pal Kovacs, Tibor Berczelly
S ITA
Vincenzo Pinton, Mauro Racca, Roberto Ferrari, Gastone Daré, Renzo Nostini, Giorgio Pellini
B FRA
Jacques Lefèvre, Jean Laroyenne, Maurice Piot, Jean Levavasseur, Bernard Morel, Jean-Francois Tournon

Melbourne 1956

G HUN
Attila Keresztes, Pal Kovacs, Rudolf Karpati, Aladar Gerevich, Jenö Hamori, Daniel Magay
S POL
Jerzy Pawlowski, Wojciech Zablocki, Marek Kuszewski, Zygmunt Pawlas, Ryszard Zub, Andrzej Piatkowski
B URS
Lev Kusnyezov, Jakov Rylsky, Evgeni Cherepovsky, David Tyshler, Leonid Bogdanov

Rom 1960

G HUN
Zoltan Horvath, Rudolf Karpati, Tamas Mendelenyi, Pal Kovacs, Gabor Delneki, Aladar Gerevich
S POL
Andrzej Piatkowski, Emil Ochyra, Wojciech Zablocki, Jerzy Pawlowski, Ryszard Zub, Marek Kuszewski
B ITA
Wladimiro Calarese, Gianpaolo Calanchini, Pierluigi Chicca, Mario Ravagnan, Roberto Ferrari

Tokio 1964

G URS
Jakov Rylsky, Nugzar Asatiani, Mark Rakita, Umar Mavlikanov, Boris Melnikov
S ITA
Wladimiro Calarese, Cesare Salvadori, Gianpaolo Calanchini, Pierluigi Chicca, Mario Ravagnan
B POL
Emil Ochyra, Jerzy Pawlowski, Ryszard Zub, Andrzej Piatkowski, Wojciech Zablocki

Mexiko City 1968

G URS
Vladimir Nazlymov, Eduard Vinokurov, Viktor Sidyak, Mark Rakita, Umar Mavlikanov
S ITA
Wladimiro Calarese, Cesare Salvadori, Michele Maffei, Pierluigi Chicca, Rolando Rigoli
B HUN
Tamas Kovacs, Miklos Meszena, Janos Kalmar, Peter Bakonyi, Tibor Pezsa

München 1972

G ITA
Michele Maffei, Mario Aldo Montano, Cesare Salvadori, Mario Tullio Montano, Rolando Rigoli
S URS
Mark Rakita, Eduard Vinokurov, Viktor Bayenov, Viktor Sidyak, Vladimir Nazlymov
B HUN
Pal Gerevich, Tamas Kovacs, Peter Maroth, Tibor Pezsa, Peter Bakonyi

Montreal 1976

G URS
Eduard Vinokurov, Viktor Krovopuskov, Mikhail Burzev, Viktor Sidyak, Vladimir Nazlymov

S ITA
Mario Aldo Montano, Michele Maffei, Mario Tullio Montano, Angelo Arcidiacono, Tommaso Montano
B ROM
Dan Irimiciuc, Ioan Pop, Marian Mustata, Corneliu Marin, Alexandru Nilca

Moskau 1980

G URS
Mikhail Burzev, Viktor Krovopuskov, Viktor Sidyak, Vladimir Nazlymov, Nikolai Alyokin
S ITA
Michele Maffei, Mario Aldo Montano, Marco Romano, Ferdinando Meglio
B HUN
Imre Gedövari, Rudolf Nebald, Pal Gerevich, Ferenc Hammang, György Nebald

Los Angeles 1984

G ITA
Marco Marin, Gianfranco Dalla Barba, Giovanni Scalzo, Ferdinando Meglio, Angelo Arcidiacono
S FRA
Jean Francois Lamour, Pierre Guichot, Hervé Granger-Veyron, Philippe Delrieu, Franck Ducheix
B ROM
Marian Mustata, Ioan Pop, Alexandru Chiculita, Corneliu Marin, Vilmos Szabo

Seoul 1988

G HUN
György Nebald, Bence Szabo, Laszlo Csongradi, Imre Bujdoso, Imre Gedövari
S URS
Sergei Mindirgasov, Mikhail Burzev, Georgi Pogossov, Andrei Alshan, Sergei Koryakin
B ITA
Massimo Cavaliere, Gianfranco Dalla Barba, Marco Marin, Ferdinando Meglio, Giovanni Scalzo

Barcelona 1992

G EUN
Grigori Kirienko, Alexander Chirchov, Georgi Pogossov, Vadim Gutsait, Stanislas Pozdniakov
S HUN
Bence Szabo, Csaba Köves, György Nebald, Peter Abay, Imre Bujdoso
B FRA
Jean-Francois Lamour, Jean-Philippe Daurelle, Franck Ducheix, Hervé Granger-Veyron, Pierre Guichot

Nicht mehr ausgetragene Wettbewerbe Männer

Florett Fechtmeister Männer

Athen 1896

G Leon Pyrgos GRE
S Jean Perronet FRA
B –

Paris 1900

G Lucien Mérignac FRA
S Alphonse Kirchhoffer FRA
B Jean-Baptiste Mimiague FRA

Degen Fechtmeister Männer

Paris 1900

G Albert Ayat FRA
S Emile Bougnol FRA
B Henri Laurent FRA

Athen 1906

G Cyrille Verbrugge BEL
S Mario Gubiani ITA
B Ioannis Raissis GRE

Degenfechten Männer Offenes Turnier

(Amateure und Fechtlehrer)

Paris 1900

G Albert Ayat FRA
S Ramon Fonst CUB
B Leon Sée FRA

Säbel Fechtmeister Männer

Paris 1900

G Antonio Conte ITA
S Italo Santelli ITA
B Milan Neralic AUT

Bilanz Nicht mehr ausgetragene Wettbewerbe Fechten Männer

Land	G	S	B
1. FRA	3	3	3
2. BEL	2	–	–
3. ITA	1	2	–
4. GRE	1	1	1
USA	1	1	1
6. GER	1	–	–
7. CUB	–	1	–
NED	–	1	–
9. AUT	–	–	1
HUN	–	–	1

Athen 1906

G Cyrille Verbrugge BEL
S Ioannis Raissis GRE
B –

Säbel auf drei Treffer Männer

Athen 1906

G Gustav Casmir GER
S George van Rossem NED
B Peter Toth HUN

Stockfechten Männer

St. Louis 1904

G Albertson Van Zo Post USA
S William Scott O'Connor USA
B William Grebe USA

Bilanz Florett Frauen

Land	G	S	B
1. HUN	4	3	2
2. ITA	3	1	2
3. GER	2	2	1
4. GBR	1	3	–
5. FRG	1	2	1
6. DEN	1	1	2
URS	1	1	2
8. CHN	1	1	–
9. AUT	1	–	2
10. FRA	1	–	1
11. ROM	–	1	1
12. MEX	–	1	–
13. POL	–	–	1
EUN	–	–	1

Florett Frauen

Paris 1924

G Ellen Osiier DEN
S Gladys Davis GBR
B Grete Heckscher DEN

Amsterdam 1928

G Helene Mayer GER
S Muriel Freeman GBR
B Olga Ölkers GER

Los Angeles 1932

G Ellen Preis AUT
S Heather Guinness GBR
B Erna Bogen HUN

Berlin 1936

G Ilona Elek HUN
S Helene Mayer GER
B Ellen Preis AUT

London 1948

G Ilona Elek HUN
S Karen Lachmann DEN
B Ellen Preis AUT

Helsinki 1952

G Irene Camber ITA
S Ilona Elek HUN
B Karen Lachmann DEN

Melbourne 1956

G Gillian Sheen GBR
S Olga Orban ROM
B Renée Garilhe FRA

Rom 1960

G Heidi Schmid GER
S Valentina Rastvorova URS
B Maria Vicol ROM

Tokio 1964

G Ildiko Rejtö HUN
S Helga Mees GER
B Antonella Ragno ITA

Mexiko City 1968

G Yelena Novikova URS
S Maria del Pilar MEX
B Ildiko Rejtö HUN

München 1972

G Antonella Ragno ITA
S Ildiko Bobis HUN
B Galina Gorokhova URS

Montreal 1976

G Ildiko Schwarczenberger HUN
S Maria Consolata ITA
B Yelena Belova URS

Moskau 1980

G Pascale Trinquet FRA
S Magda Maros HUN
B Barbara Wysoczanska POL

Los Angeles 1984

G Luan Jujie CHN
S Cornelia Hanisch FRG
B Dorina Vaccaroni ITA

Seoul 1988

G Anja Fichtel FRG
S Sabine Bau FRG
B Zita Funkenhauser FRG

Barcelona 1992

G Giovanna Trillini ITA
S Huifeng Wang CHN
B Tatyana Sadovskaya EUN

Florett Frauen Mannschaft

Rom 1960

G URS
Tatyana Petrenko, Valentina Rastvorova, Lyudmila Shishova, Valentina Prudskova, Alexandra Zabelina, Galina Gorokhova
S HUN
Györgyi Szekely, Ildiko Rejtö, Magdolna Kovacs, Katalin Juhasz, Lidia Dömölky
B ITA
Irene Camber, Velleda Cesari, Antonella Ragno, Bruna Colombetti, Claudia Pasini

Tokio 1964

G HUN
Ildiko Rejtö, Katalin Juhasz, Lidia Dömölky, Judit Mendelenyi, Paula Földessy
S URS
Galina Gorokhova, Valentina Prudskova, Tatyana Samusenko, Lyudmila Shishova, Valentina Rastvorova
B GER
Heidi Schmid, Helga Mees, Rosemarie Scherberger, Gudrun Theuerkauff

Mexiko City 1968

G URS
Alexandra Zabelina, Yelena Novikova, Galina Gorokhova, Tatyana Samusenko, Svetlana Chirkova
S HUN
Ildiko Bobis, Lidia Sakovics, Ildiko Rejtö, Maria Gulacsy, Paula Földessy
B ROM
Ileana Drimba, Ecaterina Stahl, Olga Orban, Maria Vicol, Ana Pascu

München 1972

G URS
Yelena Novikova, Alexandra Zabelina, Tatyana Samusenko, Galina Gorokhova, Svetlana Chirkova
S HUN
Ildiko Rejtö, Ildiko Schwarczenberger, Ildiko Matuscakne, Ildiko Bobis, Maria Szolnoki
B ROM
Ileana Gyulai, Ana Pascu, Ecaterina Stahl, Olga Orban

Montreal 1976

G URS
Yelena Novikova, Olga Kniazeva, Valentina Sidorova, Nailia Guiliazova, Valentina Nikonova
S FRA
Brigitte Latrille, Brigitte Dumont, Christine Muzio, Veronique Trinquet, Claudie Josland
B HUN
Ildiko Schwarczenberger, Edit Kovacs, Ildiko Rejtö, Magda Maros, Ildiko Bobis

Moskau 1980

G FRA
Brigitte Latrille, Pascale Trinquet, Christine Muzio, Véronique Brouquier, Isabelle Boeri-Begard
S URS
Valentina Sidorova, Nailia Guiliazova, Yelena Novikova, Irina Ushakova, Larissa Zagarayeva
B HUN
Ildiko Schwarczenberger, Magda Maros, Gertrud Stefanek, Zsusza Szöcs, Edit Kovacs

Los Angeles 1984

G FRG
Christiane Weber, Cornelia Hanisch, Sabine Bischoff, Zita Funkenhauser, Ute Wessel
S ROM
Aurora Dan, Kosta Veber, Rozalia Oros, Marcela Zsak, Elisabeta Guzganu
B FRA
Laurence Modaine, Pascale Trinquet, Brigitte Latrille, Véronique Brouquier, Anne Meygret

Seoul 1988

G FRG
Sabine Bau, Anja Fichtel, Zita Funkenhauser, Annette Klug, Christiane Weber
S ITA
Francesca Bortolozzi, Annapia Gandolfi, Lucia Traversa, Dorina Vaccaroni, Margherita Zalaffi
B HUN
Zsuzsa Janosi, Gertrud Stefanek, Szuszanna Szöcs, Katalin Tuschak, Edit Kovacs

Bilanz Florett Frauen Mannschaft

Land	G	S	B
1. URS	4	2	–
2. FRG	2	–	–
3. HUN	1	3	3
4. FRA	1	1	1
ITA	1	1	1
6. ROM	–	1	3
7. GER	–	1	1

Barcelona 1992

G ITA
Margherita Zalaffi, Giovanna Trillini, Diana Bianchedi, Francesca Bortolozzi, Dorina Vaccaroni
S GER
Zita Funkenhauser, Sabine Bau, Annette Dobmeier, Monika Weber, Anja Fichtel
B ROM
Reka Zsofia Szabo, Claudia Grigorescu, Elisabeta Guzganu, Laura Badea, Roxana Dumitrescu

Reiten

Bilanz Military Einzel

Land	G	S	B
1.SWE	4	1	3
2 NED	3	1	–
3 FRA	2	1	1
ITA	2	1	1
5. AUS	2	1	–
6. NZL	2	–	1
7. USA	1	5	2
8. GER	1	3	3
9. GBR	1	2	3
10. DEN	–	1	1
URS	–	1	1
12. ARG	–	1	–
13. FRG	–	–	1
SUI	–	–	1

Military Einzel

Stockholm 1912

G Axel Nordlander (Lady Artist) SWE 46,59
S Friedrich von Rochow (Idealist) GER . . . 46,42
B Jean Cariou (Cocotte) FRA 46,32

Antwerpen 1920

G Helmer Mörner (Germania) SWE 1775,00
S Åge Lundström (Ysra) SWE 1738,75
B Ettore Caffaratti (Caniche) ITA 1733,75

Paris 1924

G Adolph van der Voort van Zijp (Silver Piece) NED 1976,0
S Fröde Kirkebjerg (Meteor) DEN 1853,5
B Sloan Doak (Pathfinder) USA 1845,5

Amsterdam 1928

G Charles Pahud de Mortanges (Marcroix) NED 1969,82
S Gerard de Kruyff (Va-t-en) NED 1967,26
B Bruno Neumann (Ilja) GER 1944,42

Los Angeles 1932

G Charles Pahud de Mortanges (Marcroix) NED[1] 1813,83
S Earl Thomson (Jenny Camp) USA . . . 1811,00
B Clarence von Rosen (Sunnyside Maid) SWE 1809,42

1) Pahud de Mortanges (* 1896, † 1971) gewann vier Goldmedaillen und eine silberne.

Berlin 1936

G Ludwig Stubbendorff (Nurmi) GER . . . –37,7
S Earl Thomson (Jenny Camp) USA . . . . . –99,9
B Hans Mathiesen-Lunding (Jason) DEN –102,2

London 1948

G Bernard Chevallier (Aiglonne) FRA . . . . . . +4
S Frank Henry (Swing Low) USA . . . . –21
B Robert Selfelt (Claque) SWE . . . . –25

Helsinki 1952

G Hans von Blixen-Finecke, Jr. (Jubal) SWE . . . . –28,33
S Guy Lefrant (Verdun) FRA . . . . –54,50
B Wilhelm Büsing (Hubertus) GER . . . . . –55,50

Stockholm 1956

G Petrus Kastenman (Illuster) SWE . . . . –66,53
S August Lütke-Westhues (Trux von Kamax) GER . . . . –84,87
B Frank Weldon (Kilbarry) GBR . . . . –85,48

Rom 1960

G Lawrence Morgan (Salad Days) AUS . . +7,15
S Neale Lavis (Mirrabooka) AUS . . . . . . –16,50
B Anton Bühler (Gay Spark) SUI . . . . . . –51,21

Tokio 1964

G Mauro Checcoli (Surbean) ITA . . . . . . +64,40
S Carlos Moratorio (Chalan) ARG . . . . . +56,40
B Fritz Ligges (Donkosak) GER . . . . +49,20

Mexiko City 1968

G Jean-Jacques Guyon (Pitou) FRA . . . –38,86
S Derek Allhusen (Lochinvar) GBR . . . . –41,61
B Michael Page (Foster) USA . . . . –52,31

München 1972

G Richard Meade (Laurieston) GBR . . . –57,73
S Alessandro Argenton (Woodland) ITA –43,33
B Jan Jönsson (Sarajevo) SWE . . . . –39,67

Montreal 1976

G Edmund Coffin (Bally-Cor) USA . . . –114,99
S J. Michael Plumb (Better & Better) USA . . . . –125,85
B Karl Schultz (Madrigal) FRG . . . . –129,45

Moskau 1980

G Federico Roman (Rossinan) ITA . . . . . –108,6
S Alexander Blinov (Galzun) URS . . . . . –120,8
B Yuri Salnikov (Pintset) URS . . . . –151,6

Los Angeles 1984

G Mark Todd (Charisma) NZL .... –51,6
S Karen Stives (Ben Arthur) USA[1] ...... –54,2
B Virginia Holgate (Priceless) GBR ..... –56,8

Seoul 1988

G Mark Todd (Charisma) NZL 42,60
S Ian Stark (Sir Mattie) GBR 52,80
B Virginia Leng (Master Craftsman) GBR 62,00

Barcelona 1992

G Matthew Ryan (Kibah Tic Tac) AUS ... 70,00
S Herbert Blöcker (Feine Dame) GER 81,30
B Blyth Tait (Messiah) NZL 87,60

Military Mannschaft

Stockholm 1912

G SWE 139,06
Axel Nordlander (Lady Artist) 46,59
Nils Adlercreutz (Atout) 46,31
Ernst Casparsson (Irmelin) 46,16
S GER 138,48
Friedrich von Rochow (Idealist) 46,42
Rudolf Graf von Schaesberg-Tannheim (Grundsee) 46,16
Eduard von Lütcken (Blue Boy) 45,90
B USA 137,33
Benjamin Lear (Poppy) 45,91
John Montgomery (Deceive) 45,88
Guy Henry (Chiswell) 45,54

Antwerpen 1920

G SWE 5057,50
Helmer Mörner (Germania) 1775,00
Åge Lundström (Yrsa) 1738,75
Georg von Braun (Diana) 1543,75
S ITA 4735,00
Ettore Caffaratti (Caniche) 1733,75
Garibaldi Spighi (Otello) 1647,50
Giulio Cacciandra (Facetto) 1353,75
B BEL 4560,00
Roger Moeremans d'Emaus (Sweet Girl) 1652,50
Oswald Lints (Martha) 1515,00
Jules Bonvalet (Weppelghem) 1392,50

Paris 1924

G NED 5297,5
Adolph van der Voort van Zijp (Silver Piece) 1976,0
Charles Pahud de Mortanges (Johnny Walker)[2] 1828,0
Gerard de Kruyff (Addio) 1493,5
S SWE 4743,5
Claës König (Bojar) 1730,0
Carl Torsten Sylvan (Amita) 1678,0
Gustaf Hagelin (Varius) 1335,5
B ITA 4512,5
Alberto Lombardi (Pimplo) 1572,0
Alessandro Alvisi (Capiligio) 1536,0
Emanuelle ci Pralormo (Mount Felix) . 1404,5

Amsterdam 1928

G NED 5865,68
Charles Pahud de Mortanges (Marcroix) 1969,82
Gerard de Kruyff (Va-t-en) 1967,26
Adolph van der Voort van Zijp (Silver Piece) 1928,60
S NOR 5395,68
Bjart Ording (And Over) 1912,98
Arthur Quist (Hidalgo) 1895,14
Eugen Johansen (Baby) 1587,56
B POL 5067,92
Michal Antoniewicz (Moja Mita) 1822,50
Jozef Trenkwald (Lwi Pazur) 1645,20
Karol Rómmel (Doneuse) 1600,22

Los Angeles 1932

G USA 5038,083
Earl Thomson (Jenny Champ) 1811,000
Harry Chamberlin (Plesant Smiles) . 1687,833
Edwin Argo (Honolulu Tomboy) ... 1539,250
S NED 4689,083
Charles Pahud de Mortanges ..... 1813,833 (Marcroix)
Karel Johan Schummelketel ...... 1614,500 (Duiveltje)
Aernout van Lennep (Henk) 1260,750
B –

Berlin 1936[3]

G GER .... –676,65
Ludwig Stubbendorff (Nurmi) .... –37,70
Rudolf Lippert (Fasan) .... –111,60
Konrad Freiherr von Wangenheim[4] (Kurfürst) .... –527,35
S POL .... –991,70
Henryk Rojcewicz (Arlekin III) ...... –253,00
Zdzislaw Kawecki (Bambino) .... –300,70
Seweryn Kulesza (Tosca) .... –438,00
B GBR .... –9195,50
Alec Scott (Bob Clive) .... –117,30
Edward Howard-Vyse (Blue Steel) .. –324,00
Richard Fanshawe (Bowie Knife) .. –8754,20

Bilanz Military Mannschaft

Land	G	S	B
1. USA	4	3	2
2. GBR	3	2	1
3. SWE	3	2	–
4. NED	2	1	–
5. AUS	2	–	2
6. GER	1	3	2
7. ITA	1	2	1
8. FRG	1	1	2
9. URS	1	–	–
10. NZL	–	1	1
11. POL	–	1	1
12. NOR	–	1	–
SUI	–	1	–
14. MEX	–	–	2
15. BEL	–	–	1
CAN	–	–	1
FRA	–	–	1

1) Die 33 Jahre alte Amerikanerin Karen Stives ritt im Springen als letzte. Kam sie fehlerlos über den Parcours, hatte sie zwei Goldmedaillen. Mit einem Fehler verlor sie die Einzelwertung an Mark Todd, mit zwei Fehlern den Mannschaftssieg an GBR. Sie machte einen Fehler.

2) Wegen der diskreten Whisky-Reklame seines Pferdes bekam der Holländer keine Schwierigkeiten, wohl aber Josef Neckermann 1960 mit seinem Pferd Asbach (S. 551)

3) Der Geländeritt 1936 in Döberitz war so schwer, daß nur 27 von 50 Reitern das Ziel erreichten. Drei Pferde kamen zu Tode.

4) Trotz Bruchs des Schlüsselbeins beim Geländeritt trat Konrad von Wangenheim (* 1909, † 1953 in sowjetischer Kriegsgefangenschaft) zum Springreiten an und rettete die Goldmedaille für Deutschland.

London 1948

G USA . . . -161,50
Frank Henry (Swing Low) . . . -21,00
Charles Anderson (Reno Palisade) . . . -26,50
Earl Thomson (Reno Rhythm) . . . -114,00
S SWE . . . -165,00
Robert Selfelt (Claque) . . . -25,00
Olof Stahre (Komet) . . . -70,00
Sigurd Svensson (Dust) . . . -70,00
B MEX . . . -305,25
Humberto Mariles (Parral) . . . -61,75
Raúl Campero (Tarahumara) . . . -120,50
Joaquin Solano (Malinche) . . . -123,00

Helsinki 1952

G SWE . . . -221,94
Hans von Blixen-Finecke, Jr. (Jubal) . . -28,33
Olof Stahre (Komet) . . . -69,41
Karl Folke Frölén (Fair) . . . -124,20
S GER . . . -235,49
Wilhelm Büsing (Hubertus) . . . -55,50
Klaus Wagner (Dachs) . . . -65,66
Otto Rothe (Trux von Kamax) . . . -114,33
B USA . . . -587,16
Charles Hough (Cassivellannus) . . . -70,66
Walter Staley (Craigwood Park) . . . -168,50
John Wofford (Benny Grimes) . . . -348,00

Stockholm 1956

G GBR . . . -355,48
Frank Weldon (Kilbarry) . . . -85,48
A. Laurence Rook (Wild Venture) . . . -119,64
Albert Hill (Countryman III) . . . -150,36
S GER . . . -475,91
August Lütke-Westhues (Trux von Kamax) . . . -84,87
Otto Rothe (Sissi) . . . -158,04
Klaus Wagner (Prinzeß) . . . -233,00
B CAN . . . -572,72
John Rumble (Cilroy) . . . -162,53
James Elder (Colleen) . . . -193,69
Brian Herbinson (Tara) . . . -216,50

Rom 1960[1]

G AUS . . . -128,18
Lawrence Morgan (Salad Days) . . . +7,15
Neale Lavis (Mirrabooka) . . . -16,50
William Roycroft (Our Solo) . . . -118,83
S SUI . . . -386,02
Anton Bühler (Gay Spark) . . . -51,21
Hans Schwarzenbach (Burn Trout) . -131,45
Rudolf Günthardt (Atbara) . . . -203,36
B FRA . . . -515,91
Jack Le Golf (Image) . . . -72,91
Guy Lefrant (Nicias) . . . -208,50
Jean Raymond Le Roy (Gardem) . . . -234,30

Tokio 1964

G ITA . . . +85,80
Mauro Checcoli (Surbean) . . . +64,40
Paolo Angioni (King) . . . +17,87
Giuseppe Ravano (Royal Love) . . . +3,53
S USA . . . +65,86
Michael Page (Grasshopper) . . . +47,40
Kevin Freeman (Gallopade) . . . +17,13
J. Michael Plumb (Bold Minstrel) . . . +1,33
B GER . . . +56,73
Fritz Ligges (Donkosak) . . . +49,20
Horst Karsten (Condora) . . . +36,60
Gerhard Schulz (Balza X) . . . -29,07

Mexiko City 1968

G GBR . . . -175,93
Derek Allhusen (Lochinvar) . . . -41,61
Richard Meade (Cornishman V) . . . -64,46
Reuben Jones (The Poacher) . . . -69,86
S USA . . . -245,87
Michael Page (Foster) . . . -52,31
James Wolford (Kilkenny) . . . -74,06
J. Michael Plumb (Plain Sailing) . . . -119,50
B AUS . . . -331,26
Wayne Roycroft (Zhivago) . . . -94,95
Brien Cobcroft (Depeche) . . . -108,76
William Roycroft (Joburg) . . . -359,71

München 1972

G GBR . . . +95,53
Richard Meade (Laurieston) . . . +57,73
Mary Gordon-Watson (Cornishman V) . . . +30,27
Bridget Parker (Cornish Gold) . . . +7,53
S USA . . . +10,81
Kevin Freeman (Good Mixture) . . . +29,87
Bruce Davidson (Plain Sailing) . . . +24,47
J. Michael Plumb (Free and Easy) . . . -43,53
B FRG . . . -18,00
Harry Klugmann (Christopher Rob) . . . +8,00
Ludwig Goessing (Chikago) . . . -0,40
Karl Schultz (Pisco) . . . -25,60

Montreal 1976

G USA . . . -441,00
Edmund Coffin (Bally-Cor) . . . -114,99
J. Michael Plumb (Better & Better) . -125,85
Bruce Davidson (Irish-Cap) . . . -200,16
S FRG . . . -584,60
Karl Schultz (Madrigal) . . . -129,45
Herbert Blöcker (Albrant) . . . -213,15
Helmut Rethemeier (Pauline) . . . -242,00
B AUS . . . -599,54
Wayne Roycroft (Laurensen)[2] . . . -178,04
Mervyn Bennett (Regal Reign) . . . -206,04
William Roycroft (Version)[2] . . . -215,46

1) In Rom 1960 kamen zwei Pferde zu Tode. Der Geländeritt war zu schwer.
2) Die Roycrofts waren Vater und Sohn (siehe auch 1960 und 1968) Vater William war 1976 schon 61 Jahre alt.

Moskau 1980

G URS .... –457,00
Alexander Blinov (Galzun) .... –120,80
Yuri Salnikov (Pintset) .... –151,60
Valeri Volkov (Tskheti) .... –184,60
S ITA .... –656,20
Federico Roman (Rossinan) .... –108,60
Anna Casagrande (Daleye) .... –266,20
Mauro Roman (Dourakine 4) .... –281,40
B MEX .... –1172,85
Manuel Mendivil Yocupicio (Remember) .... –319,75
David Barcena Rios (Bombon) ...... –362,50
José Luis Perez Soto (Quelite) .... –490,60

Los Angeles 1984

G USA .... –186,00
Karen Stives (Ben Arthur) .... –54,20
Torrance Watkins Fleischmann (Finvarra) .... –60,40
J. Michael Plumb (Blue Stone) .... –71,40
S GBR .... –189,20
Virginia Holgate (Priceless) .... –56,80
Lucinda Green (Regal Realm) .... –63,80
Ian Stark (Oxford Blue) .... –68,60
B FRG .... –234,00
Dietmar Hogrefe (Foliant) .... –74,40
Bettina Overesch (Peacetime) .... –79,60
Claus Erhorn (Fair Lady) .... –80,00

Seoul 1988

G FRG .... –225,95
Claus Erhorn (Justyn Thyme) .... –62,35
Matthias Baumann (Shamrock) ...... –68,80
Thies Kaspareit (Sherry) .... –94,80
S GBR .... –256,80
Ian Stark (Sir Mattie) .... –52,80
Virginia Leng (Master Craftsman) .... –62,00
Karen Straker (Get Smart) .... –142,00
B NZL .... –271,20
Mark Todd (Charisma) .... –42,60
Tings Pottinger (Volunteer) .... –65,80
Andrew Bennie (Grayshot) .... –162,80

Barcelona 1992

G AUS .... –288,60
Matthew Ryan (Kibah Tic Tac) .... –70,00
Andrew Hoy (Kiwi) .... –89,40
Gillian Rolton (Peppermint Grove) .. –129,20
S NZL[1] .... –290,80
Robert Tait (Messiah) .... –87,80
Victoria Latta (Chief) .... –87,80
Andrew Nicholson (Spinning Rhombus) .... –115,40
B GER .... –300,30
Herbert Blöcker (Feine Dame) .... –81,30
Ralf Ehrenbrink (Kildare) .... –108,60
Cord Mysegaes (Ricardo) .... –100,40

Jagdspringen

Paris 1900

G Aimé Haegeman (Benton II) BEL 2:16,0
S Georges var de Poele (Windsor Squire) BEL 2:17,6
B M. de Champsavin (Terpsichore) FRA .. 2:26,0

Stockholm 1912

G Jean Cariou (Mignon) FRA 4/5
S Rabod Wilhelm von Kröcher (Dohna) GER 4/7
B Emanuel de Blommaert de Soye (Clonmore) BEL 5

Antwerpen 1920

G Tommaso Lequio (Trebecco) ITA 2
S Alessandro Valerio (Cento) ITA 3
B Carl-Gustaf Lewenhaupt (Mon Coeur) SWE 4

Paris 1924

G Alphonse Gemuseus (Lucette) SUI 6
S Tommaso Lequio (Trebecco) ITA 8,75
B Adam Królikiewicz (Picador) POL 10

Amsterdam 1928

G Frantisek Ventura (Eliot) TCH 0
S Pierre Bertran de Balanda (Papillon) FRA ... 2
B Charley Kuhn (Pepita) SUI 4

Los Angeles 1932

G Takeichi Nishi (Uranus) JPN 8
S Harry Chamberlin (Show Girl) USA 12
B Clarence von Rosen (Empire) SWE 16

Berlin 1936

G Kurt Hasse (Tora) GER[2] 4/4/59,2
S Henri Rang (Delfis) ROM 4/4/1:12,8
B Jozsef Platthy (Sello) HUN 8

London 1948

G Humberto Mariles Cortés (Arete) MEX[3] .6,25
S Rubén Uriza (Harvey) MEX 8/0
B Jean François d'Orgeix (Sucre de Pomme) FRA 8/4

Bilanz Jagdspringen

Land	G	S	B
1. FRA	4	1	2
2. ITA	3	4	1
3. GER	3	2	1
4. USA	2	4	2
5. BEL	1	1	2
6. MEX	1	1	1
7. SUI	1	–	2
8. FRG	1	–	1
POL	1	–	1
10. JPN	1	–	–
TCH	1	–	–
12. GBR	–	1	3
13. CAN	–	1	–
CHI	–	1	–
NED	–	1	–
ROM	–	1	–
URS	–	1	–
18. SWE	–	–	2
19. HUN	–	–	1

1) Der Einzel-Olympiasieger von 1988, Mark Todd, gab im Mannschaftswettbewerb auf.
2) Hasse (* 1907, † 1944) fiel im Zweiten Weltkrieg.
3) Mariles (* 1913, † 1972) starb in französischer Untersuchungshaft; Anklage: Drogenhandel.

Bilanz Preis der Nationen

Land	G	S	B
1. GER	4	–	1
2. SWE	3	–	1
3. FRG	2	1	2
4. FRA	1	3	2
5. USA	1	3	1
6. GBR	1	1	2
7. ESP	1	1	–
8. NED	1	1	–
9. MEX	1	–	1
10. CAN	1	–	–
URS	1	–	–
12. POL	–	2	–
13. ITA	–	1	4
14. BEL	–	1	1
15. AUT	–	1	–
CHI	–	1	–
SUI	–	1	–
18. POR	–	–	2

Helsinki 1952

G Pierre Jonquères d'Oriola (Ali Baba) FRA .8/0
S Oscar Cristi (Bambi) CHI 8/4
B Fritz Thiedemann (Meteor) GER 8/8

Stockholm 1956

G Hans Günter Winkler (Halla) GER 4
S Raimondo d'Inzeo (Merano) ITA 8
B Piero d'Inzeo (Uruguay) ITA 11

Rom 1960

G Raimondo d'Inzeo (Posillipo) ITA 12
S Piero d'Inzeo (The Rock) ITA 16
B David Broome (Sunslave) GBR 23

Tokio 1964

G Pierre Jonqueres d'Oriola (Lutteur) FRA 9
S Hermann Schridde (Dozent) GER 13,75
B Peter Robeson (Firecrest) GBR 16

Mexiko City 1968

G William Steinkraus (Snowbound) USA 4
S Marion Coakes (Stroller) GBR 8
B David Broome (Mister Softee) GBR 12

München 1972

G Graziano Mancinelli (Ambassador) ITA . . .8/0
S Ann Moore (Psalm) USA 8/3
B Neal Shapiro (Sloopy) USA 8/8

Montreal 1976

G Alwin Schockemöhle (Warwick Rex) FRG . . .0
S Michel Vaillancourt (Branch County) CAN 12/4
B François Mathy (Gai Luron) BEL 12/8

Moskau 1980

G Jan Kowalczyk (Artemor) POL 8
S Nikolai Korolkov (Espardron) URS 9,5
B Joaquin Perez Heras (Alymony) MEX 12

Los Angeles 1984

G Joe Fargis (Touch of Class) USA 4/0
S Conrad Homfeld (Abdullah) USA 4/8
B Heidi Robbiana (Jessica V) SUI 8

Seoul 1988

G Pierre Durand (Jappeloup) FRA 1,25
S Gregory Best (Gem Twist) USA 4,00/0
B Karsten Huck (Big Ben) FRG 4,00/4

Barcelona 1992

G Ludger Beerbaum (Classic Touch) GER 0
S Piet Raymakers (Ratina Z) NED 0,25
B Norman Dello Joio (Irish) USA 4,75

Preis der Nationen

Stockholm 1912

G SWE 25
Carl-Gustaf Lewenhaupt (Medusa) 2
Gustaf Kilman (Gatan) 10
Hans von Rosen (Lord Iron) 13
S FRA 32
Michel d'Astafort (Amazone) 5
Jean Cariou (Mignon) 8
Bernard Meyer (Allons-y) 19
B GER 40
Sigismund Freyer (Ultimus) 9
Wilhelm Graf von Hohenau (Pretty Girl) . .13
Ernst-Hubertus Deloch (Hubertus) 18

Antwerpen 1920

G SWE 14,00
Claes König (Tresor) .2
Daniel Norling (Eros II) 6
Hans von Rosen (Poor Boy) 6
S BEL 16,25
Henri Laame (Biscuit) 2,75
André Coumans (Lisette) 5,25
Herman de Gaiffier d'Herstroy (Miss) . . .8,25
B ITA 18,75
Ettore Caffaratti (Tradittore) 1,50
Alessandro Alvisi (Raggio di Sole) 6,25
Giulio Cacciandra (Fortunello) 11

Paris 1924

G SWE 42,25
Åke Thelning (Loke) 12,00
Axel Ståhle (Cecil) 12,25
Åge Lundström (Anvers) 18,00
S SUI 50,00
Alphonse Gemuseus (Lucette) 6,00
Werner Stüber (Girandole) 20,00
Hans Bühler (Sailor Boy) 24,00
B POR 53,00
Antonio Borges D'Almeida (Reginald) . .12,00
Helder de Souza Martins (Avro) 19,00
José Mousinho d'Albuquerque (Hetrugo) 22,00

Amsterdam 1928

G ESP 4
José Navarro Morenes (Zapatazo) 0
José Alvarez de las Asturias y Bohorques (Zalamero) 2
Julio Garcia Fernandez (Revistada) 2
S POL 8
Kazimierz Gzowski (Mylord) 0
Kazimierz Szosland (Ali) 2
Michal Antoniewicz (Readgleadt) 6
B SWE 10
Karl Hansen (Gerold) 0
Carl Björnstierna (Kornett) 2
Ernst Hallberg (Loke) 8

Los Angeles 1932

Drei Mannschaften am Start; keine kam mit den Reitern ins Ziel; keine Medaillenvergabe

Berlin 1936

G GER 44,00
Kurt Hasse (Tora) 4,00
Marten von Barnekow (Nordland) 20,00
Heinz Brandt (Alchimist)[1] 20,00
S NED 51,50
Johan Jacob Greter (Ernica) 12,00
Jan Adrianus de Bruine (Trixie) 15,00
Henri Louis van Schalk (Santa Bell) 24,50
B POR 56,00
José Beltrão (Biscuit) 12,00
Luis Marquéz do Funchal (Merle Blanc) 20,00
Luis Mena e Silva (Faussette) 24,00

London 1948[2]

G MEX 34,25
Humberto Mariles Cortés (Arete) 6,25
Rubén Uriza (Harvey) 8,00
Alberto Valdes (Chihuchoc) 20,00
S ESP 56,50
Jaime Garcia Cruz (Bizarro) 12,00
José Navarro Morenes (Quorum) 20,00
Marcelino Gavilán y Ponce de Leon (Forajido) 24,50
B GBR 67,00
Harry Llewellyn (Foxhunter) 16,00
Henry Nicoll (Kilgeddin) 16,00
Arthur Carr (Monty) 35,00

Helsinki 1952

G GBR 40,75
Wilfred White (Nizefella) 8,00
Douglas Stewart (Aherlow) 16,00
Harry Lewellyn (Foxhunter) 16,75
S CHI 45,75
Oscar Cristi (Bambi) 8,00
Cesar Mendoza (Pillan) 12,00
Ricardo Echeverria (Lindo Peal) 25,75
B USA 52,25
William Steinkraus (Hollandia) 13,25
Arthur John McCashin (Miss Budweiser) 16,00
John Russell (Democrat) 23,00

Stockholm 1956

G GER 40,00
Hans Günter Winkler (Halla) 4,00
Fritz Thiedemann (Meteor) 12,00
Alfons Lütke-Westhues (Ala) 24,00
S ITA 66,60
Raimondo d'Inzeo (Merano) 8,00
Piero d'Inzeo (Uruguay) 11,00
Salvatore Oppes (Pagoro) 47,00
B GBR 69,00
Wilfred White (Nizefella) 12,00
Patricia Smythe (Flanagan) 21,00
Peter Robeson (Scorchin) 36,00

Rom 1960

G GER 46,50
Hans Günter Winkler (Halla) 13,25
Fritz Thiedemann (Meteor) 16,00
Alwin Schockemöhle (Ferdl) 17,25
S USA 66,00
Frank Chapot (Trail Guide) 20,00
William Steinkraus (Ksar d'Esprit) 21,50
George Morris (Sinjon) 24,50
B ITA 80,50
Raimondo d'Inzeo (Posillipo) 8,00
Piero d'Inzeo (The Rock) 32,00
Antonio Oppes (The Scholar) 40,50

Tokio 1964

G GER 68,50
Hermann Schridde (Dozent) 13,75
Kurt Jarasinski (Torro) 22,25
Hans Günter Winkler (Fidelitas) 32,50
S FRA 77,75
Pierre Jonquères d'Oriola (Lutteur) 9,00
Janou Lefebvre (Kenavo D) 32,00
Guy Lefrant (Monsieur de Littry) 36,75
B ITA 88,50
Piero d'Inzeo (Sunbeam) 24,50
Raimondo d'Inzeo (Posillipo) 28,00
Graziano Mancinelli (Rockette) 36,00

Mexiko City 1968

G CAN 102,75
James Elder (The Immigrant) 27,25
James Day (Canadian Club) 36,00
Thomas Gayford (Big Dee) 39,50

1) Brandt (* 1907) war Stabsoffizier im Führerhauptquartier und wurde beim Attentat auf Adolf Hitler am 20. Juli 1944 schwer verletzt. Er starb zwei Tage später.
2) Nur drei von 14 Mannschaften kamen komplett ins Ziel.

S FRA 110,50
Janou Lefebvre (Rocket) 29,75
Marcel Rozier (Quo vadis) 33,50
Pierre Jonquères d'Oriola (Nagir) 47,25
B FRG 117,25
Alwin Schockemöhle (Donald Rex) 18,75
Hans Günter Winkler (Enigk) 28,25
Hermann Schridde (Dozent) 70,25

München 1972

G FRG[1] 32,00
Fritz Ligges (Robin) 8,00
Gerhard Wiltfang (Askan) 12,00
Hartwig Steenken (Simona) 12,00
Hans Günter Winkler (Torphy)[2] 16,00
S USA 32,25
William Steinkraus (Main Spring) 4,00
Neal Shapiro (Sloopy) 8,25
Kathryn Kusner (Fleet Apple) 32,00
Frank Chapot (White Lightning) 36,00
B ITA 48,00
Vittorio Orlandi (Fulmer Feather) 8,00
Raimondo d'Inzeo (Fiorello II) 12,00
Graziano Mancinelli (Ambassador) 28,00
Piero d'Inzeo (Easter Light) 135,25

Montreal 1976

G FRA 40,00
Hubert Parot (Rivage) 12,00
Marcel Rozier (Bayard de Maupas) 12,00
Marc Roguet (Belle de Mars) 24,00
Michel Roche (Un Espoir) 32,00
S FRG 44,00
Alwin Schockemöhle (Warwik Rex) 12,00
Hans Günter Winkler (Torphy)[3] 16,00
Sönke Sönksen (Kwepe) 20,00
Paul Schockemöhle (Agent) 24,00
B BEL 63,00
Eric Wauters (Gute Sitte) 15,00
François Mathy (Gai Luron) 20,00
Edgar Gupper (Le Champion) 28,00
Stanny van Paeschen (Porsche) 36,00

Moskau 1980

G URS 20,25
Vyacheslav Chukanov (Gepatit) 4,00
Viktor Poganovski (Topky) 8,25
Viktor Asmayev (Reis) 11,25
Nikolai Korolkov (Espadron) 12,00
S POL 56,00
Jan Kowalczyk (Artemor) 12,00
Wieslaw Hartman (Norton) 24,00
Marian Kozicki (Bremen) 37,50
Janusz Bobik (Szampan) 40,00
B MEX 59,75
Joaquin Perez Heras (Alymony) 12,00
Alberto Valdes Lacarra (Lady Mirka) 20,75
Gerardo Tazzer Valencia (Caribe) 31,75
Jesus Gomez Portugal (Massacre) 35,25

Los Angeles 1984

G USA 12,00
Joe Fargis (Touch of Class) 0,00
Conrad Homfeld (Abdullah) 8,00
Leslie Burr (Albany) 12,00
S GBR 36,75
Michael Whitaker (Overton Amanda) 8,00
John Whitaker (Ryans Son) 20,75
Steven Smith (Shining Example) 27,00
Timothy Grubb (Linky) 28,25
B FRG 39,25
Paul Schockemöhle (Deister) 8,00
Peter Luther (Livius) 12,00
Franke Sloothaak (Farmer) 19,25
Fritz Ligges (Ramzes) 29,00

Seoul 1988

G FRG 17,25
Ludger Beerbaum (The Freak) 4,25
Wolfgang Brinkmann (Bugatti) 10,00
Dirk Hafemeister (Orchidee) 12,00
Franke Sloothaak (Walzerkönig) 16
S USA 20,50
Joe Fargis (Mill Pearl) 4,25
Gregory Best (Gem Twist) 8,00
Lisa Jacquin (For the Moment) 8,25
Anne Kusinski (Starman) 10
B FRA 27,50
Pierre Durand (Jappeloup) 5,00
Michel Robert (Pequiqgnet 10,00
Frédéric Cottier (Flambeau 16,00
Hubert Bourdy (Morgat) 16,50

Barcelona 1992

G NED 12,00
Jos Lansink (Egano) 0,00
Piet Raymakers (Ratina Z) 4,00
Jan Tops (Top Gun) 8,00
S AUT 16,75
Thomas Frühmann (Genius) 0,00
Hugo Simon (Apricot D) 4,00
Jörg Münzner (Graf Grance) 12,75
B FRA 24,75
Hervé Godignon (Quidam de Revel) 4,75
Hubert Bourdy (Razzia) 12,00
Eric Navet (Quito de Baussy) 16,00
Michel Robert (Nonix) 20,25

1) Ab 1972 konnten vier Reiter am Nationenpreis teilnehmen, wobei die drei besten Ritte in jedem Durchgang gewertet wurden.
2) Das war Winklers fünfte Goldmedaille.
3) Seine olympische Karriere beschloß Winkler mit dieser Silbermedaille; insgesamt gewann er 7 (5-1-1) Medaillen.

Dressur Einzel

Stockholm 1912

G Carl Bonde (Emperor) SWE 15
S Gustaf-Adolf Boltenstern, Sr. (Neptun) SWE 21
B Hans von Blixen-Finecke, Sr. (Maggie) SWE 32

Antwerpen 1920

G Janne Lundblad (Uno) SWE 27,937
S Bertil Sandström (Sabel) SWE 26,312
B Hans von Rosen (Running Sister) SWE 25,125

Paris 1924

G Ernst Linder (Piccolomini) SWE 276,4
S Bertil Sandström (Sabel) SWE 275,8
B Xavier Lesage (Plumard) FRA 265,8

Amsterdam 1928

G Carl Friedrich Freiherr von Langen-Parow (Draufgänger) GER 237,42
S Charles Marion (Linon) FRA 231,00
B Ragnar Ohlson (Günstling) SWE 229,78

Los Angeles 1932

G Xavier Lesage (Taine) FRA 343,75
S Charles Marion (Linon) FRA 305,42
B Hiram Tuttle (Olympic) USA 300,50

Berlin 1936

G Heinz Pollay (Kronos) GER 1760,0
S Friedrich Gerhard (Absinth) GER 1745,5
B Alois Podhajsky (Nero) AUT 1721,5

London 1948

G Hans Moser (Hummer) SUI 492,5
S André Jousseaume (Harpagon) FRA ...480,0
B Gustaf-Adolf Boltenstern, Jr. (Trumf) SWE 477,5

Helsinki 1952

G Henri Saint Cyr (Master Rufus) SWE ...561,0
S Lis Hartel (Jubilee) DEN[1] 541,5
B André Jousseaume (Harpagon) FRA ...541,0

Stockholm 1956

G Henri Saint Cyr (Juli) SWE 860
S Lis Hartel (Jubilee) DEN[1] 850
B Liselott Linsenhoff (Adular) GER 832

Rom 1960[2]

G Sergei Filatov (Absent) URS 2144
S Gustav Fischer (Wald) SUI 2087
B Josef Neckermann (Asbach) GER 2082

Tokio 1964

G Henri Chammartin (Woermann) SUI ...1504
S Harry Boldt (Remus) GER 1503
B Sergei Filatov (Absent) URS 1486

Mexiko City 1968

G Ivan Kizimov (Ikhor) URS 1572
S Josef Neckermann (Mariano) FRG 1546
B Reiner Klimke (Dux) FRG 1537

München 1972

G Liselott Linsenhoff (Piaff) FRG 1229
S Yelena Petushkova (Pepel) URS 1185
B Josef Neckermann (Venetia) FRG 1177

Montreal 1976

G Christine Stückelberger (Granat) SUI ...1486
S Harry Boldt (Woyzek) FRG 1435
B Reiner Klimke (Mehmed) FRG 1395

Moskau 1980

G Elisabeth Theurer (Mon Cheri) AUT 1370
S Yuri Kovshov (Igrok) URS 1300
B Viktor Ugryumov (Shkval) URS 1234

Los Angeles 1984

G Reiner Klimke (Ahlerich) FRG 1504
S Anne Grethe Jensen (Marzog) DEN 1442
B Otto Hofer (Limandus) SUI 1364

Seoul 1988

G Nicole Uphoff (Rembrandt) FRG 1521
S Margit Otto-Crepin (Corlandus) FRA ...1462
B Christine Stückelberger (Gauguin de Lully) SUI 1417

Barcelona 1992

G Nicole Uphoff (Rembrandt) GER 1626
S Isabelle Werth (Gigolo) GER 1551
B Klaus Balkenhol (Goldstern) GER 1515

Dressur Mannschaft

Amsterdam 1928

G GER 669,72
Carl Friedrich Freiherr von Langen-Parow (Draufgänger) 237,42
Hermann Linkenbach (Gimpel) 224,26
Eugen Freiherr von Lotzbeck (Caracalla) 208,04

Bilanz Dressur Einzel

Land	G	S	B
1. SWE	5	3	4
2. GER	3	3	3
3. FRG	3	2	3
4. SUI	3	1	2
5. URS	2	2	2
6. FRA	1	4	2
7. AUT	1	–	1
8. DEN	–	3	–
9. USA	–	–	1

1) Lis Hartel war nach einer Kinderlähmung querschnittsgelähmt (und mußte in den Sattel gehoben werden).
2) Ein Mannschaftswettbewerb fand nicht statt.

Bilanz Dressur Mannschaft

Land	G	S	B
1. GER	4	1	1
2. FRG	4	1	–
3. SWE	2	2	3
4. URS	2	1	1
5. FRA	2	1	–
6. SUI	–	5	2
7. USA	–	1	3
8. NED	–	1	1
9. BUL	–	1	–
10. CAN	–	–	1
POR	–	–	1
ROM	–	–	1

1) Die siegreichen Schweden wurden disqualifiziert, weil ihr Reiter Gehnäll Persson kein Offizier war.

2) Gehnäll Persson (* 1910, † 1976): Olympiasieger, obwohl er Feldwebel geblieben war. Ab 1952 durften auch einfache Soldaten und Zivilisten an reiterlichen Olympiawettbewerben teilnehmen.

3) Das Pferd Adular ritt 1956 Liselott Linsenhoff.

4) reines Damenteam

S SWE .650,86
Ragnar Ohlson (Günstling) .229,78
Janne Lundblad (Blackmar) .226,70
Carl Bonde (Ingo) .194,38
B NED .642,96
Jan van Reede (Hans) .220,70
Pierre Versteegh (His Excellence) .216,44
Gérard Le Heux (Valerine) .205,82

Los Angeles 1932

G FRA .2818,75
Xavier Lesage (Taine) .1031,25
Charles Marion (Linon) .916, 25
André Jousseaume (Sorelta) .871,25
S SWE .2678,00
Bertil Sandström (Kreta) .964,00
Thomas Byström (Gulliver) .880,50
Gustaf-Adolf Boltenstern, Jr. (Ingo) .833,50
B USA .2576,75
Hiram Tuttle (Olympic) .901,50
Isaac Kitts (American Lady) .846,25
Alvin Moore (Water Pat) .829,00

Berlin 1936

G GER .5074,0
Heinz Pollay (Kronos) .1760,0
Friedrich Gerhard (Absinth) .1745,5
Hermann von Oppeln-Bronikowski (Gimpel) .1568,5
S FRA .4846,0
André Jousseaume (Favorite) .1642,5
Gerard de Ballore (Debaucheur) .1634,0
Daniel Gillois (Nicolas) .1569,5
B SWE .4660,5
Gregor Adlercreutz (Teresina) .1675,0
Sven Colliander (Kal) .1530,5
Folke Sandström (Pergoia) .1455,0

London 1948

G FRA[1] .1269,0
André Jousseaume (Harpagon) .480,0
Jean Saint Fort Paillard (Sous Les Ceps) 439,5
Maurice Buret (Saint Ouen) .349,5
S USA .1256,0
Robert Borg (Klingson) .473,5
Earl Thomson (Pancraft) .421,0
Frank Henry (Reno Overdo) .361,5
B POR .1182,0
Fernando Pais da Silva (Matamas) .411,0
Franciso Valadas (Feitico) .405,0
Luiz Mena e Silva (Fascinante) .366,0

Helsinki 1952

G SWE .1597,5
Henri Saint Cyr (Master Rufus) .561,0
Gustaf-Adolf Boltenstern, Jr. (Krest) .531,0
Gehnäll Persson (Knaust)[2] .505,5
S SUI .1579,0
Gottfried Trachsel (Krusus) .531,0
Henri Chammartin (Wohler) .529,5
Gustav Fischer (Solimon) .518,5
B GER .1501,0
Heinz Pollay (Adular)[3] .518,5
Ida von Nagel (Afrika) .503,0
Fritz Thiedemann (Chronist) .479,5

Stockholm 1956

G SWE .2475,0
Henri Saint Cyr (Juli) .860,0
Gehnäll Persson (Knaust) .821,0
Gustaf-Adolf Boltenstern, Jr. (Krest) .794,0
S GER[4] .2346,0
Liselott Linsenhoff (Adular) .832,0
Hannelore Weygand (Perkunos) .785,0
Anneliese Küppers (Afrika) .729,0
B SUI .2346,0
Gottfried Trachsel (Kursus) .807,0
Henri Chammartin (Wohler) .789,0
Gustav Fischer (Vasello) .750,0

Tokio 1964

G GER .2558,0
Harry Boldt (Remus) .889,0
Reiner Klimke (Dux) .837,0
Josef Neckermann (Antoinette) .832,0
S SUI .2526,0
Henri Chammartin (Wormann) .870,0
Gustaf Fischer (Wald) .854,0
Marianne Gossweiler (Stepan) .802,0
B URS .2311,0
Sergei Filatov (Absent) .847,0
Ivan Kizimov (Ikhor) .758,0
Ivan Kalita (Moar) .706,0

Mexiko City 1968

G FRG .2699,0
Josef Neckermann (Mariano) .948,0
Reiner Klimke (Dux) .896,0
Liselott Linsenhoff (Piaff) .855,0
S URS .2657,0
Ivan Kizimov (Ikhor) .908,0
Ivan Kalita (Absent) .879,0
Yelena Petushkova (Pepel) .870,0
B SUI .2547,0
Gustav Fischer (Wald) .866,0
Henri Chammartin (Wolfdietrich) .845,0
Marianne Gossweiler (Stephan) .836,0

München 1972

G URS 5095,0
Yelena Petushkova (Pepel) 1747,0
Ivan Kizimov (Ikhor) 1701,0
Ivan Kalita (Tarif) 1647,0
S FRG 5083,0
Liselott Linsenhoff (Piaff) 1763,0
Josef Neckermann (Venetia) 1706,0
Karin Schlüter (Lisostro) 1614,0
B SWE 4849,0
Ulla Håkansson (Ajax) 1649,0
Ninna Swaab (Casanova) 1622,0
Maud von Rosen (Lucky Boy) 1578,0

Montreal 1976

G FRG 5155,0
Harry Boldt (Woycey) 1863,0
Reiner Klimke (Mehmed) 1751,0
Gabriela Grillo (Ultimo) 1541,0
S SUI 4684,0
Christine Stückelberger (Granat) 1869,0
Ulrich Lehmann (Widin) 1425,0
Doris Ramseier (Roch) 1390,0
B USA 4647,0
Hilda Gurney (Keen) 1607,0
Dorothy Morkis (Monaco) 1559,0
Edith Master (Dahlwitz) 1481,0

Moskau 1980

G URS 4383,0
Yuri Kovshov (Igrok) 1588,0
Viktor Ugryumov (Shkval) 1541,0
Vera Misevich (Plot) 1254,0
S BUL 3580,0
Peter Mandazhiev (Stchibor) 1244,0
Svetoslav Ivanov (Aleko) 1190,0
Georgi Gadjev (Vnimatelen) 1146,0
B ROM 3346,0
Anghelache Donescu (Dor) 1255,0
Dumitru Veliku (Decebal) 1076,0
Petre Rosca (Derbist) 1015,0

Los Angeles 1984

G FRG 4955
Reiner Klimke (Ahlerich) 1797
Uwe Sauer (Montevideo) 1582
Herbert Krug (Muscadeur) 1576
S SUI 4673
Otto Hofer (Limandus) 1609
Christine Stückelberger (Tansanit) 1606
Amy-Cathérine de Bary (Aintree) 1458
B SWE 4630
Ulla Håkanson (Flamingo) 1589
Ingamay Bylund (Aleks) 1582
Louise Nathhorst (Inferno) 1459

Seoul 1988[1]

G FRG 4302
Nicole Uphoff (Rembrandt) 1458
Monica Theodorescu (Ganimedes) 1433
Ann-Kathrin Linsenhoff (Courage) 1411
Reiner Klimke (Ahlerich)[2] 1402
S SUI 4164
Christine Stückelberger (Gauguin de Lully) 1430
Otto Hofer (Andiamo) 1392
Daniel Ramseier (Random) 1342
Samuel Schatzmann (Rochus) 1225
B CAN 3969
Cynthia Ishoy (Dynaste) 1363
Ashley Nicoll (Reipo) 1308
Gina Smith (Malte) 1298
Eva-Maria Pracht (Emirage)[3] 1255

Barcelona 1992

G GER 5224
Nicole Uphoff (Rembrandt) 1768
Isabelle Werth (Gigolo) 1762
Klaus Balkenhol (Goldstern) 1694
Monica Theodorescu (Grunox) 1676
S NED 4742
Anky van Grunsveen (Olympic Bonfire) .1631
Ellen Bontje (Olympic Larius)[4] 1577
Tineke Bartels (Olympic Courage) 1534
Annemarie Sanders (Olympic Montreux) 1436
B USA 4643
Carol Lavell (Gifted) 1629
Charlotte Bredahl (Monsieur) 1507
Robert Dover (Lectron) 1507
Michael Poulin (Graf George) 1495

Nicht mehr ausgetragene Wettbewerbe

Hochsprung

Paris 1900

G Dominique Maximien Gardère (Canela) FRA 1,85
S Gian Giorgio Trissino (Oreste) ITA 1,85
B Georges van de Poele (Ludlow) BEL 1,70

Weitsprung

Paris 1900

G Constant van Langhendonck (Extra Dry) BEL 6,10
S Gian Giorgio Trissino (Oreste) ITA 5,70
B René de Bellegarde (Tolla) FRA 5,30

1) Vier Reiter gehen in die Konkurrenz, die drei besten zählen, doch der vierte erhält auch Gold.
2) Das war Klimkes fünfte Goldmedaille.
3) Tochter von Josef Neckermann
4) Ellen Bontje arbeitete viele Jahre im Stall von Josef Neckermann.

Bilanz Nicht mehr ausgetragene Wettbewerbe Reiten

Land	G	S	B
1. BEL	3	–	2
2. FRA	1	2	1
3. ITA	–	2	–
4. SWE	–	–	1

Figurenreiten für Soldaten

Antwerpen 1920

G Bouckert BEL 30,5
S Fiel FRA 29,5
B Finet BEL 20,5

Figurenreiten für Soldaten (Mannschaft)

Antwerpen 1920

G BEL (Bouckert, Finet, van Ranst)
S FRA (Fiel, Salins, Gauchy)
B SWE (Carl Green, Oskar Nilsson, Anders Märtensson)

Sportschießen

Bilanz Schnellfeuerpistole Männer

Land	G	S	B
1. USA	3	1	2
2. ROM	2	3	2
3. FRA	2	2	1
4. GER	2	2	–
5. HUN	2	1	1
6. POL	2	–	–
7. GDR	1	3	–
8. URS	1	1	3
9. FIN	1	1	2
10. GRE	1	1	1
11. BEL	1	1	–
12. ITA	1	–	2
13. BRA	1	–	–
JPN	1	–	–
15. SWE	–	2	3
16. TCH	–	1	1
17. ARG	–	1	–
18. LAT	–	1	–
19. AUT	–	–	1
DEN	–	–	1
EUN	–	–	1
SUI	–	–	1

Schnellfeuerpistole Männer

Athen 1896

G Ioannis Phrangoudis GRE 344
S Georgios Orphanidis GRE 249
B Holger Nielsen DEN .... –

Paris 1900

G Maurice Larrouy FRA 58
S Léon Moreaux FRA 57
B Eugène Balme FRA 57

Athen 1906

G Maurice Lecoq FRA 258
S Léon Moreaux FRA 249
B Aristides Rangavis GRE 244

London 1908

G Paul van Asbroeck BEL 490
S Réginald Storms BEL 487
B James Gorman USA 485

Stockholm 1912

G Alfred Lane USA 287
S Paul Palén SWE 286
B Johan Hübner von Holst SWE 283
John Dietz USA 283

Antwerpen 1920

G Guilherme Paraense BRA 274
S Raymond Bracken USA 272
B Fritz Zulauf SUI 269

Paris 1924

G Henry Bailey USA 18
S Vilhelm Carlberg SWE 18
B Lennart Hannelius FIN 18

Los Angeles 1932

G Renzo Morigi ITA 36
S Heinz Hax GER 36
B Domenico Matteucci ITA 36

Berlin 1936

G Cornelius van Oyen GER 30/6
S Heinz Hax GER 30/5
B Torsten Ullman SWE 30/4

London 1948

G Karoly Takacs HUN 580
S Carlos Diaz Saenz Valiente ARG 571
B Sven Lundqvist SWE 569

Helsinki 1952

G Karoly Takacs HUN 579
S Szilard Kun HUN 578
B Gheorghe Lichiardopol ROM 578

Melbourne 1956

G Stefan Petrescu ROM 587
S Yevgeni Cherkassov URS 585
B Gheorghe Lichiardopol ROM 581

Rom 1960

G William McMillan USA 587/147
S Pentti Linnosvuo FIN 587/139
B Alexander Zabelin URS 587/135

Tokio 1964

G Pentti Linnosvuo FIN 592
S Ion Tripsa ROM 591
B Lubomir Nacovsky TCH 590

Mexiko City 1968

G Jozef Zapedski POL 593
S Marcel Rosca ROM 591/147
B Renart Suleimanov URS 591/146

München 1972

G Jozef Zapedski POL 595
S Ladislav Falta TCH 594
B Viktor Torshin URS 593

Montreal 1976

G Norbert Klaar GDR 597
S Jürgen Wiefel GDR 596
B Roberto Ferraris ITA 595

Moskau 1980

G Corneliu Ion ROM 596/148/147/148
S Jürgen Wiefel GDR 596/148/147/147
B Gerhard Petritsch AUT 596/146

Los Angeles 1984

G Takeo Kamachi JPN[1] 595
S Corneliu Ion ROM 593
B Rauno Bies FIN 591

Seoul 1988

G Afanasis Kuzmins URS 698
S Ralf Schumann GDR 696
B Zoltan Kovacs HUN 693

Barcelona 1992

G Ralf Schumann GER 885,0
S Afanasis Kuzmins LAT[2] 882,0/96
B Vladimir Vokhmyanin EUN 882,0/97

Freie Pistole Männer[3]

Athen 1896

G Sumner Paine USA 442
S Holger Nielsen DEN 285
B –

Paris 1900

G Conrad Karl Röderer SUI 503
S Achille Paroche FRA 466
B Konrad Stäheli SUI 453

Athen 1906

G Georgios Orphanidis GRE 221
S Jean Fouconnier FRA 219
B Aristides Rangavis GRE 218

Stockholm 1912

G Alfred Lane USA 499
S Peter Dolfen USA 474
B Charles Stewart GBR 470

Antwerpen 1920

G Karl Frederick USA 496
S Afranio da Costa BRA 489
B Alfred Lane USA 481

Berlin 1936

G Torsten Ullman SWE 559
S Erich Krempel GER 544
B Charles de Jammonières FRA 540

London 1948

G Edwin Vasquez Cam PER 545
S Rudolf Schnyder SUI 539/60/21
B Torsten Ullman SWE 539/60/16

Helsinki 1952

G Huelet Benner USA 553
S Angel Léon de Gozalo ESP 550
B Ambros Balogh HUN 549

Melbourne 1956

G Pentti Linnosvuo FIN 556/26
S Makhmud Umarov URS 556/24
B Offutt Pinion USA 551

Rom 1960

G Alexei Gustshin URS 560
S Makhmud Umarov URS 552/26
B Yoshihisa Yoshikawa JPN 552/20

Tokio 1964

G Väinö Markkanen FIN 560
S Franklin Green USA 557
B Yoshihisa Yoshikawa JPN 554

Mexiko City 1968

G Grigori Kossyk URS 562/30
S Heinz Mertel FRG 562/26
B Harald Vollmar GDR 560

München 1972

G Ragnar Skanaker SWE 567
S Dan Iuga ROM 562
B Rudolf Döllinger AUT 560

Montreal 1976

G Uwe Potteck GDR 573
S Harald Vollmar GDR 567
B Rudolf Döllinger AUT 562

Moskau 1980

G Alexander Melentev URS 581
S Harald Vollmar GDR 568
B Lyubcho Dyakov BUL 565

Los Angeles 1984

G Xu Haifeng CHN[4] 566
S Ragnar Skanaker SWE 565
B Wang Yifu CHN 564

Bilanz Freie Pistole Männer

Land	G	S	B
1. USA	4	2	2
2. URS	3	2	1
3. SWE	2	2	2
4. FIN	2	–	–
5. GDR	1	2	1
6. CHN	1	1	1
SUI	1	1	1
8. ROM	1	1	–
9. GRE	1	–	1
10. EUN	1	–	–
PER	1	–	–
12. FRA	–	2	1
13. BRA	–	1	–
DEN	–	1	–
ESP	–	1	–
FRG	–	1	–
GER	–	1	–
18. AUT	–	–	2
JPN	–	–	2
20. BUL	–	–	1
GBR	–	–	1
HUN	–	–	1

1) Kamachi (48) gewann seine erste Olympiamedaille bei seinen vierten Spielen.
2) Kuzmins, 1988 noch für die UdSSR startend, errang die erste Medaille für Lettland seit 1936.
3) seit 1984 reiner Männerwettbewerb, vorher für Frauen und Männer offen
4) Am 29. Juli 1984 wurde Xu der erste Olympiasieger für die VR China.

Seoul 1988

G Sorin Babii ROM .660
S Ragnar Skanaker SWE .657
B Igor Basinski URS .657

Barcelona 1992

G Konstantin Lukashik EUN .658
S Wang Yifu CHN .657
B Ragnar Skanaker SWE[1] .657

Bilanz Kleinkaliber Liegend Männer

Land	G	S	B
1. USA	4	6	3
2. HUN	2	2	2
3. TCH	2	–	–
4. GBR	1	2	3
5. FRA	1	1	–
FRG	1	1	–
KCR	1	1	–
NOR	1	1	–
9. CAN	1	–	1
ROM	1	–	1
SWE	1	–	1
12. GER	1	–	–
PRK	1	–	–
14. URS	–	2	1
15. GDR	–	1	–
MEX	–	1	–
17. BUL	–	–	1
NZL	–	–	1
PHI	–	–	1
SUI	–	–	1
VEN	–	–	1
YUG	–	–	1

Kleinkaliber Liegend Männer[2]

London 1908

G Arthur Carnell GBR .387
S Harry Humby GBR .386
B George Barnes GBR .385

Stockholm 1912

G Frederick Hird USA .194
S William Milne GBR .193
B Harry Burt GBR .192

Antwerpen 1920

G Lawrence Nuesslein USA .391
S Arthur Rothrock USA .386
B Dennis Fenton USA .385

Paris 1924

G Pierre Coquelin de Lisle FRA .398
S Marcus Dinwiddie USA .396
B Josias Hartmann SUI .394

Los Angeles 1932

G Bertil Rönnmark SWE .294/296
S Gustavo Huet MEX .294/290
B Zoltan Hradtezky-Soos HUN .293

Berlin 1936

G Willy Rögeberg NOR[3] .300
S Ralph Berzsenyi HUN .296
B Martin Gison PHI .296

London 1948

G Arthur Cook USA .599/43
S Walter Tomsen USA .599/42
B Jonas Jonsson SWE .597

Helsinki 1952

G Josif Sirbu ROM .400/33
S Boris Andreyev URS .400/28
B Arthur Jackson USA .399

Melbourne 1956

G Gerald Quellette CAN[4] .600
S Vassili Borisov URS .599
B Gilmour Boa CAN[4] .598

Rom 1960

G Peter Kohnke GER .590
S James Hill USA .589
B Enrico Forcella Pelliccioni VEN .587

Tokio 1964

G Laszlo Hammerl HUN .597
S Lones Wigger USA .597
B Tommy Pool USA .596

Mexiko City 1968

G Jan Kurka TCH .598
S Laszlo Hammerl HUN .598
B Ian Ballinger NZL .597

München 1972

G Ho-Jun Li PRK[5] .599
S Victor Auer USA[6] .598
B Nicolae Rotaru ROM .598

Montreal 1976

G Karlheinz Smieszek FRG .598
S Ulrich Lind FRG .597
S Gennadi Lushchikov URS .595

Moskau 1980

G Karoly Varga HUN .599
S Hellfried Heilfort GDR .599
B Petar Zapryanov BUL .598

Los Angeles 1984

G Edward Etzel USA .599
S Michel Bury FRA .596/18
B Michael Sullivan GBR .596/16

Seoul 1988

G Miroslav Varga TCH .703,9
S Cha Yung-Chul KOR .702,8
B Attila Zahonyi HUN .701,9

Barcelona 1992

G Lee Eun-Chul KOR .702,5
S Harald Stenvaag NOR .701,4
B Stevan Pletikosic YUG .701,1

1) Es war Skanakers (58) vierte Medaille in diesem Wettbewerb (1-2-1).
2) seit 1984 reiner Männerwettbewerb, vorher für Frauen und Männer offen
3) Rögebergs perfekte Leistung – nur »Volltreffer« – ist die erste bekannte in einem internationalen Wettbewerb.
4) Quellette und Boa schossen innerhalb von zweieinhalb Stunden mit dem Gewehr Boas.
5) Der Nordkoreaner Li sorgte für einen Skandal, als er bei der Pressekonferenz der Medaillengewinner erklärte, er habe deshalb gewonnen, weil er nach Anweisung seines Staatspräsidenten Kim-Il Sung so gezielt habe, als schösse er auf seine Feinde.
6) Auer war von Beruf Drehbuchschreiber in Hollywood.

Kleinkaliber Dreistellungskampf Männer[1]

Helsinki 1952

G Erling Kongshaug NOR 1164
S Vilho Ylönen FIN 1164
B Boris Andreyev URS 1163

Melbourne 1956

G Anatoli Bogdanov URS 1172
S Otakar Holinek TCH 1172
B Nils Johan Sundberg SWE 1167

Rom 1960

G Viktor Shamburkin URS 1149
S Marat Niyasov URS 1145
B Klaus Zähringer GER 1139

Tokio 1964

G Lones Wigger USA 1164
S Velichko Velichkov BUL 1152
B Laszlo Hammerl HUN 1151

Mexiko City 1968

G Bernd Klingner FRG 1157
S John Writer USA 1156
B Viktor Parkimovich URS 1154

München 1972

G John Writer USA 1166
S Lanny Bassham USA 1157
B Werner Lippoldt GDR 1153

Montreal 1976

G Lanny Bassham USA 1162
S Margaret Murdock USA[2] 1162
B Werner Seibold FRG 1160

Moskau 1980

G Viktor Vlasov URS 1173
S Bernd Hartstein GDR 1166
B Sven Johansson SWE 1162

Los Angeles 1984

G Malcolm Cooper GBR 1173
S Daniel Nipkow SUI 1163
B Alister Allan GBR 1162

Seoul 1988

G Malcolm Cooper GBR 1279,3
S Alister Allan GBR 1275,6
B Kiril Ivanov URS 1275,0

Barcelona 1992

G Grachya Petikyan EUN 1267,4
S Robert Foth USA 1266,6
B Ryohei Koba JPN 1265,9

Trap Männer[3]

Paris 1900

G Roger de Barbarin FRA 17
S René Guyot FRA 17
B Justinien de Clary FRA[4] 17

Athen 1906

G Gerald Merlin GBR 24
S Ioannis Peridis GRE 23
B Sidney Merlin GBR 21

London 1908

G Walter Ewing CAN 72
S George Beattie CAN 60
B Alexander Maunder GBR 57
Anastasios Metaxas GRE 57

Stockholm 1912

G James Graham USA 96
S Alfred Göldel GER 94
B Harry Blau RUS 91

Antwerpen 1920

G Mark Arie USA 95
S Frank Troch USA 93
B Frank Wright USA 87

Paris 1924

G Gyula Halasy HUN 98
S Konrad Huber FIN 98
B Frank Hughes USA 97

Helsinki 1952

G George Genereux CAN 192
S Knut Holmquist SWE 191
B Hans Liljedahl SWE 190

Melbourne 1956

G Galliano Rossini ITA 195
S Adam Smelczywski POL 190
B Alessandro Ciceri ITA 188

Rom 1960

G Ion Dumitrescu ROM 192
S Galliano Rossini ITA 191
B Sergei Kalinin URS 190

Bilanz Kleinkaliber Dreistellungskampf Männer

Land	G	S	B
1. USA	3	4	–
2. URS	3	1	3
3. GBR	2	1	1
4. FRG	1	–	1
5. EUN	1	–	–
NOR	1	–	–
7. GDR	–	1	1
8. BUL	–	1	–
TCH	–	1	–
FIN	–	1	–
SUI	–	1	–
12. SWE	–	–	2
13. GER	–	–	1
HUN	–	–	1
JPN	–	–	1

1) seit 1984 reiner Männerwettbewerb, vorher für Frauen und Männer offen
2) Die 33jährige Krankenschwester Margaret Murdock bekam deshalb kein Gold, weil Bassham drei Hunderter-Serien geschossen hatte, sie aber nur zwei; sie war die erste Frau mit einer olympischen Schützenmedaille. Als sie 1970 eine Weltmeisterschaft gewann, war sie im vierten Monat schwanger.
3) Bis 1992 für Männer und Frauen offen, ab Atlanta 1996 Aufspaltung in reine Männer- und Frauenwettbewerbe geplant.
4) Graf Clary (* 1860, † 1933) wurde Organisationschef der Olympischen Winterspiele in Chamonix und der Sommerspiele in Paris 1924. Er war IOC-Mitglied von 1920 bis 1933.

Bilanz Trap Männer

Land	G	S	B
1. ITA	5	1	4
2. USA	3	2	4
3. CAN	2	1	–
4. GBR	2	–	2
5. FRA	1	2	1
URS	1	2	1
7. TCH	1	1	–
8. HUN	1	–	–
ROM	1	–	–
10. GRE	–	1	1
SWE	–	1	1
12. FIN	–	1	–
GER	–	1	–
JPN	–	1	–
PER	–	1	–
POL	–	1	–
POR	–	1	–
18. GDR	–	–	2
19. BEL	–	–	1
RUS	–	–	1

Bilanz Skeet Männer

Land	G	S	B
1. DEN	1	1	–
2. URS	1	1	–
3. FRG	1	–	1
GDR	1	–	1
5. CHN	1	–	–
TCH	1	–	–
USA	1	–	–
8. ITA	–	1	2
9. CHI	–	1	–
NED	–	1	–
PER	–	1	–
SWE	–	1	–
13. CUB	–	–	1
ESP	–	–	1
POL	–	–	1

1) Bis 1992 für Männer und Frauen offen, ab Atlanta 1996 Aufspaltung in reine Männer- und Frauenwettbewerbe geplant.
2) Dryke war als Trickschütze eine Zirkus- und Fernsehattraktion; er schoß beispielsweise von einem Einrad; bei seinem Olympiasieg war er 25 Jahre alt.
3) Der 1949 geborene Bellingrodt gewann zwei (zweimal Silber) der fünf Medaillen Kolumbiens in der Geschichte der Spiele; drei Bronzemedaillen gingen an Boxer.

Tokio 1964
G Ennio Mattarelli ITA 198
S Pavel Senizev URS 194/25
B William Morris USA 194/24

Mexiko City 1968
G John Braithwaite GBR 198
S Thomas Garrique USA 196/25/25
B Kurt Czekalla GDR 196/25/23

München 1972
G Angelo Scalzone ITA 199
S Michel Carrega FRA 198
B Silvano Basagni ITA 195

Montreal 1976
G Donald Haldeman USA 190
S Armando da Silva POR 189/25
B Ubaldesco Baldi ITA 189/23

Moskau 1980
G Luciano Giovannetti ITA 198
S Rustam Yambulatov URS 196/24/25
B Jörg Damme GDR 196/24/24

Los Angeles 1984
G Luciano Giovannetti ITA 192/24
S Francisco Boza PER 192/23
B Daniel Carlisle USA 192/22

Seoul 1988
G Dmitri Monakov URS 222
S Miloslav Bednarik TCH 222
B Frans Peeters BEL 219

Barcelona 1992
G Petr Hrdlicka TCH 219
S Kazumi Watanabe JPN 219
B Marco Venturini ITA 218

Skeet Männer[1]

Mexiko City 1968
G Yevgeni Petrov URS 198/25
S Romano Garagnani ITA 198/24/25
B Konrad Wirnhier FRG 198/24/23

München 1972
G Konrad Wirnhier FRG 195/25
S Yevgeni Petrov URS 195/24
B Michael Buchheim GDR 195/23

Montreal 1976
G Josef Panacek TCH 198/50
S Erik Swinkels NED 198/49
B Wieslaw Gawlikowski POL 196

Moskau 1980
G Hans-Skjeld Rasmussen DEN 196/25/25
S Lars-Göran Carlsson SWE 196/25/24
B Roberto Castrillo CUB 196/25/23

Los Angeles 1984
G Matthew Dryke USA[2] 198
S Ole Rasmussen DEN 196/25
B Luca Scribani Rossi ITA 196/23

Seoul 1988
G Axel Wegner GDR 222
S Alfonso de Irruarrizaga CHI 221
B Jorge Guardiola ESP 220

Barcelona 1992
G Zhang Shan CHN 223
S Juan Jorge Giha Yarur PER 222
B Bruno Mario Rossetti ITA 222

Laufende Scheibe Männer

Paris 1900
G Louis Debray FRA 20
S Paul Nivet FRA 20
B Comte de Lambert FRA 19

München 1972
G Yakoc Sheleznyak URS 569
S Helmut Bellingrodt COL 565
B John Kynoch GBR 562

Montreal 1976
G Alexander Gazov URS 579
S Alexander Kedyarov URS 576
B Jerzy Greskiewciz POL 571

Moskau 1980
G Igor Sokolov URS 589/97
S Thomas Pfeffer GDR 589/95
B Alexander Gazov URS 587

Los Angeles 1984
G Li Yuwei CHN 587
S Helmut Bellingrodt COL[3] 584
B Huang Shiping CHN 581

Seoul 1988

G Tor Heiestad NOR .689
S Huang Shiping CHN .687
B Gennadi Avramenko URS .686

Barcelona 1992

G Michael Jakosits GER .673,0
S Anatoli Asrabayev EUN .672,0
B Lubos Racansky TCH .670,0

Luftgewehr Männer

Los Angeles 1984

G Philippe Héberlé FRA .589
S Andreas Kronthaler AUT .587/36
B Barry Degger GBR .587/22

Seoul 1988

G Goran Maksimovic YUG .695,6
S Nicolas Berthelot FRA .694,2
B Johann Riederer FRG .694,0

Barcelona 1992

G Yuri Fedkin EUN .695,3
S Franck Badiou FRA .691,9
B Johann Riederer GER .691,7

Luftpistole Männer

Seoul 1988

G Tanyu Kirykov BUL .687,9
S Erich Buljung USA .687,9
B Xu Haifeng CHN .684,5

Barcelona 1992

G Wang Yifu CHN .684,8
S Sergei Pyshyanov EUN .684,1
B Sorin Babii ROM .684,1

Nicht mehr ausgetragene Wettbewerbe Männer

Freigewehr Dreikampf 200 m Männer

Athen 1896

G Pantelis Karasevdas GRE .2320
S Paulos Pavlidis GRE .1978
B Nikolaos Tricoupis GRE .1713

Athen 1906

G Marcel Meyer de Stadelhofen SUI .243
S Konrad Stäheli SUI .238
B Léon Moreaux FRA .234

Freigewehr Dreikampf 300 m Männer

Athen 1896

G Georgios Orphanidis GRE .1583
S Ioannis Phrangoudis GRE .1312
B Viggo Jensen DEN .1305

Athen 1906

G Guldbrand Skatteboe NOR .973
S Konrad Stäheli SUI .946
B Jean Reich SUI .328

London 1908

G Albert Helgerud NOR .909
S Harry Simon USA .887
B Ole Säther NOR .883

Stockholm 1912

G Paul Colas FRA .987
S Lars Jörgen Madsen DEN .981
B Niels Larsen DEN .962

Antwerpen 1920

G Morris Fisher USA .996
S Niels Larsen DEN .989
B Östen Östensen NOR .980

Paris 1924

G Morris Fisher USA .95/48
S Carl Osburr USA .95/45
B Niels Larsen DEN .93

London 1948

G Emil Grünig SUI .1120
S Pauli Janhonen FIN .1114
B Willy Rögeberg NOR .1112

Helsinki 1952

G Anatoli Bogdanov URS .1123
S Robert Bürchler SUI .1120
B Lev Vaynshteyn URS .1109

Melbourne 1956

G Vassili Borisov URS .1138
S Allan Erdman URS .1137
B Vilho Ylönen FIN .1128

Bilanz Laufende Scheibe Männer

Land	G	S	B
1. URS	3	1	2
2. CHN	1	1	1
FRA	1	1	1
4. GER	1	–	–
NOR	1	–	–
6. COL	–	2	–
7. EUN	–	1	–
GDR	–	1	–
9. TCH	–	–	1
GBR	–	–	1
POL	–	–	1

Bilanz Luftwaffen (Gewehr/Pistole) Männer

Land	G	S	B
1. FRA	1	2	–
2. EUN	1	1	–
3. CHN	1	–	1
4. BUL	1	–	–
YUG	1	–	–
6. AUT	–	1	–
USA	–	1	–
8. FRG	–	–	1
GER	–	–	1
GBR	–	–	1
ROM	–	–	1

Bilanz Nicht mehr ausgetragene Wettbewerbe Schießen Männer

Land	G	S	B
1. USA	24	8	9
2. NOR	14	7	11
3. SWE	10	17	10
4. SUI	10	8	9
5. GBR	7	11	8
6. FRA	6	7	8
7. GRE	3	4	3
URS	3	4	3
9. DEN	2	5	5
10. BEL	1	2	2
11. HUN	1	–	1
12. AUT	1	–	–
13. FIN	–	2	7
14. CAN	–	2	1
15. ITA	–	1	–
RSA	–	1	–
RUS	–	1	–
18. AUS	–	–	1
BRA	–	–	1
GER	–	–	1
HAI	–	–	1
NED	–	–	1

Rom 1960

G Hubert Hammerer AUT 1129
S Hans-Rudolf Spillmann SUI 1127
B Vassili Borisov URS 1127

Tokio 1964

G Gary Anderson USA 1153
S Shota Kveliashvili URS 1144
B Martin Gunnarsson USA 1136

Mexiko City 1968

G Gary Anderson USA 1157
S Valentin Kornev URS 1151
B Kurt Müller SUI 1148

München 1972

G Lones Wigger USA 1155
S Boris Melnik URS 1155
B Lajos Papp HUN 1149

Freigewehr Liegend 300 m Männer

Athen 1906

G Guldbrand Skatteboe NOR 339
S Louis Richardet FRA 332
B Konrad Stäheli SUI[1] 328

Freigewehr Kniend 300 m Männer

Athen 1906

G Konrad Stäheli SUI 340
S Louis Richardet SUI 338
B Jean Reich SUI 320

Freigewehr Stehend 300 m Männer

Athen 1906

G Guldbrand Skatteboe NOR 324
S Julius Braathe NOR 310
B Albert Helgerud NOR 305

Freigewehr 300 m Männer Mannschaft

Athen 1906

G SUI 4596
Konrad Stäheli, Jean Reich, Louis Richardet, Marcel Meyer de Stadelhofen, Alfred Grütter

S NOR 4534
Guldbrand Skatteboe, Albert Helgerud, Julius Braathe, John Möller, Ole Martin Holm

B FRA 4511
Jean Fouconnier, Léon Moreaux, Maurice Faure, Raoul de Boigne, Maurice Lecoq

London 1908

G NOR 5055
Albert Helgerud, Ole Säther, Guldbrand Skatteboe, Olaf Säter, Einar Liberg, Julius Braathe

S SWE 4711
G. Adolf Jonsson, Per-Olof Arvidsson, Axel Jansson, Gustav Adolf Sjöberg, Claes Rundberg, Janne Gustafsson

B FRA 4652
León Johnson, Eugène Balme, André Parmentier, Albert Courquin, Maurice Lecoq, Raoul de Boigne

Stockholm 1912

G SWE 5655
Mauritz Eriksson, Carl Hugo Johansson, Erik Blomqvist, Carl Björkman, Bernhard Larsson, G. Adolf Jonsson

S NOR 5605
Guldbrand Skatteboe, Ole Säther, Östen Östensen, Albert Helgerud, Olaf Säter, Einar Liberg

B DEN 5529
Ole Olsen, Lars Jörgen Madsen, Niels Larsen, Laurits Larsen, Niels Andersen, Jens Madsen Hajslund

Antwerpen 1920

G USA 4876
Morris Fisher, Carl Osburn, Lloyd Spooner, Willis Lee, Dennis Fenton

S NOR 4748
Östen Östensen, Guldbrand Skatteboe, Albert Helgerud, Otto Olsen, Olaf Sletten

B SUI 4698
Fritz Kuchen, Albert Tröndle, Arnold Rösli, Caspar Widmer, Jakob Reich

Paris 1924

G USA 676
Morris Fisher, Walter Stokes, Joseph Crockett, Raymond Coulter, Sidney Hinds

S FRA 646
Emile Rumeau, Albert Courquin, Pierre Hardy, Georges Roes, Paul Colas

1) Konrad Stäheli (* 1866, † 1931) war einer der größten Schützen aller Zeiten mit 10 Olympiamedaillen (5-2-3) und 22 Weltmeisterschaften.

B HAI 646
Ludovic Augustin, Astrel Rolland,
Ludovic Valborge, Destin Destine,
Eloi Metullus

Militärgewehr Dreikampf 300 m Männer

Paris 1900

G Emil Kellenberger SUI 930
S Anders Nielsen DEN 921
B Ole Östmo NOR 917
Paul van Asbroeck BEL 917

London 1908

G Joshua Millner GBR 98
S Kellogg Casey USA 93
B Maurice Blood GBR 92

Stockholm 1912

G Sandor Prokop HUN 97
S Carl Osburn USA 95
B Embret Skogen NOR 95

Militärgewehr Liegend 300 m Männer

Paris 1900

G Achille Paroche FRA 332
S Anders Nielsen DEN 330
B Ole Östmo NOR 329

Antwerpen 1920

G Otto Olsen NOR 60
S Léon Johnson FRA 59/58
B Fritz Kuchen SUI 59/57

Militärgewehr Liegend 600 m Männer

Antwerpen 1920

G Carl Hugo Johannsson SWE 59/58
S Mauritz Eriksson SWE 59/56/56
B Lloyd Spooner USA 59/56/55

Militärgewehr Kniend oder Stehend Männer

Paris 1900 (300 m, stehend)

G Lars Jörgen Madsen DEN 305
S Ole Östmo NOR 299
B Charles Paumier de Verger BEL 298

Paris 1900 (300 m, kniend)

G Konrad Stäheli SUI 324
S Emil Kellenberger SUI 314
S Anders Nielsen DEN 314

Athen 1906 (200 m)

G Léon Moreaux FRA 187
S Louis Richardet SUI 187
B Jean Reich SUI 183

Athen 1906 (300 m)

G Louis Richardet SUI 238
S Jean Reich SUI 234
B Raoul de Boigné FRA 232

Stockholm 1912 (600 m)

G Paul Colas FRA 94/91
S Carl Osburn USA 94/90
B John E. Jackson USA 93

Antwerpen 1920 (300 m)

G Carl Osburn USA 56
S Lars Jörgen Madsen DEN 55
B Lawrence Nuesslein USA 54

Militärgewehr Dreikampf Männer Mannschaft

(verschiedene Distanzen)

Paris 1900

G SUI 4399
Emil Kellenberger, Franz Böckli,
Konrad Stäheli, Louis Richardet,
Alfred Grütter
S NOR 4290
Ole Östmo, Helmer Hermandsen,
Tom Seeberg, Ole Säther, Olaf Frydenlund
B FRA 4278
Achille Paroche, Léon Moreaux,
Auguste Cavadini, Maurice Lecoq,
René Thomas

London 1908

G USA 2531
William Leuschner, William Martin,
Charles Winder, Kellogg Casey,
Ivan Eastman, Charles Benedict
S GBR 2497
Harcourt Ommundsen, Fleetwood Varley,
Arthur Fulton, Philip Richardson,
W. G. Padgett, J. E. Martin
B CAN 2439
William Smith, Charles Crowe, B. M. Williams,
D. McInnis, William Eastcott, S. H. Kerr

Stockholm 1912

G USA 1687
Cornelius Burdette, Allan Briggs, Harry Adams, John E. Jackson, Carl Osburn, Warren Sprout
S GBR 1602
Harcourt Ommundsen, Henry Burr, Edward Skilton, James Reid, Edward Parnell, Arthur Fulton
B SWE 1570
Mauritz Eriksson, Werner Jernström, Carl Björkman, Tonnes Björkman, Bernhard Larsson, Carl Hugo Johansson

Militärgewehr Stehend 300 m Männer

Antwerpen 1920

G DEN 266
Lars Jörgen Madsen, Niels Larsen, Anders Martinus Petersen, Erik Sätter-Lassen, Anders Nielsen
S USA 255
Carl Osburn, Lawrence Nuesslein, Lloyd Spooner, Willis Lee, Thomas Brown
B SWE 255
Olle Ericsson, Carl Hugo Johansson, Leonard Lagerlöf, Walfrid Hellman, Mauritz Eriksson

Militärgewehr Liegend 300 m Männer

Antwerpen 1920

G USA 289
Carl Osburn, Joseph Jackson, Lloyd Spooner, Morris Fisher, Willis Lee
S FRA 283
Léon Johnson, Achille Paroche, Emile Rumeau, André Parmentier, Georges Roes
B FIN 281
Voitto Kolho, Källe Lappalainen, Veli Nieminen, Magnus Wegelius, Vilho Vauhkonen

Militärgewehr Liegend 600 m Männer

Antwerpen 1920

G USA 287/283
Dennis Fenton, Joseph Jackson, Lloyd Spooner, Ollie Schriver, Willis Lee
S RSA 287/279
David Smith, Robert Bodley, Ferdinand Buchanan, George Harvey, Frederick Morgan
B SWE 287/275
Carl Hugo Johansson, Mauritz Eriksson, Erik Blomqvist, Erik Ohlsson, G. Adolf Jonsson

Militärgewehr Liegend 300 u. 600 m Männer

Antwerpen 1920

G USA 573
Carl Osburn, Joseph Jackson, Lloyd Spooner, Ollie Schriver, Willis Lee
S NOR 565
Otto Olsen, Albert Helgerud, Olaf Sletten, Östen Östensen, Jakob Onsrud
B SUI 563
Fritz Kuchen, Albert Tröndle, Arnold Rösli, Walter Lienhard, Caspar Widmer

Militärrevolver Männer

Athen 1896

G John Paine USA 442
S Sumner Paine USA 380
B Nikolaos Morakis GRE 205

Athen 1906[1]

G Louis Richardet SUI 253
S Alexandros Theophilakis GRE 250
B Georgios Skotadis GRE 240

Athen 1906[2]

G Jean Fouconnier FRA 219
S Raoul de Boigne FRA 216
B Hermann Martin FRA 215

Militärrevolver 30 m/50 y Mannschaften

Paris 1900

G SUI 2271
Conrad Karl Röderer, Konrad Stäheli, Louis Richardet, Friedrich Lüthi, Paul Probst
S FRA 2203
Achille Paroche, Louis Duffoy, Léon Moreaux, Trinité, Maurice Lecoq
B NED 1876
G. van Haan, Henrik Sillem, Antonius Bouwens, Solko van den Bergh, Anthony Sweus

1) neues Modell
2) altes Modell 1873

London 1908

G USA 1914
James Gorman, Ira Calkins, John Dietz, Charles Axtell
S BEL 1863
Paul van Asbroeck, Réginald Storms, Charles Paumier du Verger, René Englebert
B GBR 1817
J. A. Wallingford, Geoffrey Coles, Henry Lynch-Staunton, W. Ellicott

Stockhom 1912

G SWE 1145
Vilhelm Carlberg, Eric Carlberg, Johan Hübner von Holst, Paul Palén
S RUS .... –
Amos de Kasch, Nikolai de Melnitsky, Pavel de Voyloshnikov, Georgi de Panteleymonov
B GBR .... –
Hugh Durant, Albert Kempster, Charles Stewart, Horatio Poulter

Antwerpen 1920

G USA 1310
Louis Harant, Alfred Lane, Karl Frederick, James Snook, Michael Kelly
S GRE 1285
Alexandros Theophilakis, Ioannis Theophilakis, Georgios Moraitinis, Georgios Vaphiadis, Lason Zappas
B SUI 1270
Fritz Zulauf, Fritz Kuchen, Willy Schnyder, Caspar Widmer, August Wiederkehr

Militärrevolver 50 m Mannschaften

Stockholm 1912

G USA 1916
Alfred Lane, Henry Sears, Peter Dolfen, John Dietz
S SWE 1849
Georg de Laval, Eric Carlberg, Vilhelm Carlberg, Erik Boström
B GBR 1804
Horatio Poulter, Hugh Durant, Albert Kempster, Charles Stewart

Antwerpen 1920

G USA 2372
Karl Frederick, Alfred Lane, James Snook[1], Michael Kelly, Raymond Bracken
S SWE 2289
Anders Andersson, Casimir Reuterskiöld, Gunnar Gabrielsson, Sigvard »Sigge« Hultcrantz, Anders Johnsson
B BRA 2264
Afranio da Costa, Guilherme Paraense, Sebastiao Wolf, Dario Barbosa, Fernando So edade

Trap-Mannschaften Männer

London 1908

G GBR 407
Alexander Maunder, J. F. Pike, Charles Palmer, J. M. Postans F. W. Moore, P. Easte
S CAN 405
Walter Ewing, George Beattic, A. W. Westover, Mylie Fletcher, George Vivian, D. McMackon
B GBR 372
George Whitaker, G. H. Skinner, John Butt, W. B. Morris, H. P. Creasey, R. Hutton

Stockholm 1912

G USA 532
Chales Billings, Ralph Spotts, John Hendrickson, James Graham, Jay Clark, Edward Gleason, Frank Hall
S GBR 511
John Butt, William Grosvenor, Harry Humby, Alexander Maunder, Charles Palmer, George Whitaker
B GER 510
Erich Graf von Bernstorff, Franz von Zedlitz und Leipe, Horst Goeldel, Albert Preuß, Erland Koch, Alfred Goeldel

Antwerpen 1920

G USA 547
Mark Arie, Frank Troch, Frank Wright, Jay Clark, Horace Bonser, Forest McNeir
S BEL 503
Albert Bosquet, Joseph Cogels, Emile Dupont, Henri Quersin, Louis Van Tilt, Edouard Fesinger
B SWE 500
Erik Lundquist, Per Kinde, Fredric Landelius, Alfred Swahn, Karl Richter, Erik Sökjer-Petersén

Paris 1924

G USA 363
Frank Hughes, Samuel Sharman, William Silkworth, Fred Etchen

1) Olympiasieger James Snook wurde wegen Mordes an seiner Geliebten 1929 zum Tode verurteilt und 1930 im Alter von 48 Jahren hingerichtet; zu diesem Zeitpunkt war er Professor für Tiermedizin an der Ohio State University.

S CAN .360
George Beattie, James Montgomery, Samuel Vancc, John Black
B FIN .360
Konrad Huber, Robert Huber, Werner Ekman, Robert Tikkanen

Schießen auf lebende Tauben Männer

Paris 1900

G Léon de Lunden BEL .21
S Maurice Faure FRA .20
B Donald MacKintosh AUS .18
Crittenden Robinson USA .18

Laufender Hirsch Männer

London 1908

G Oscar Swahn SWE[1] .25
S Ted Ranken GBR .24
B Alexander Rogers GBR .24

Stockholm 1912

G Alfred Swahn SWE .41/20
S Åke Lundeberg SWE .41/17
B Nestori Toivonen FIN .41/11

Antwerpen 1920

G Otto Olsen NOR .43
S Alfred Swahn SWE .41/20
B Harald Natvig NOR .41/19

Paris 1924

G John Boles USA .40
S Cyril Mackworth-Praed GBR .39/19
B Otto Olsen NOR .39/17

Laufender Hirsch Männer Mannschaft

London 1908

G SWE .86
Alfred Swahn, Arvid Knöppel, Oscar Swahn, Ernst Rosell
S GBR .85
Charles Nix, W. R. Lanc-Koynt, W. Ellicott, Thomas »Ted« Ranken
B -

Stockholm 1912

G SWE .151
Alfred Swahn, Oscar Swahn, Åke Lundeberg, Per-Olof Arvidsson
S USA .132
Neil McDonnell, Walter Winans, William Leuschner, William Libbey
B FIN .123
Axel London, Nestori Toivonen, Iivar Väänänen, Ernst Rosenqvist

Antwerpen 1920

G NOR .178
Harald Natvig, Otto Olsen, Ole Andreas Lilloe-Olsen, Einar Liberg, Hans Nordvik
S FIN .159
Robert Tikkanen, Nestori Toivonen, Magnus Wegelius, Källe Lappalainen, Yrjö Kolho
B USA .158
Thomas Brown, Lawrence Nuesslein, Lloyd Spooner, Carl Osburn, Willis Lee

Paris 1924

G NOR .160
Ole Andreas Lilloe-Olsen, Einar Liberg, Harald Natvig, Otto Olsen
S SWE .154
Alfred Swahn, Fredric Landelius, Otto Hultberg, G. Mauritz Johansson
B USA .148
John Boles, Walter Stokes, Raymond Coulter, Dennis Fenton

Laufender Hirsch Doppel-Schuß Männer

London 1908

G Walter Winans USA[2] .46/44
S Thomas »Ted« Ranken GBR .46/41
B Oscar Swahn SWE .38

Stockholm 1912

G Åke Lundeberg SWE .79
S Edward Benedicks SWE .74
B Oscar Swahn SWE .72

Antwerpen 1920

G Ole Andreas Lilloe-Olsen NOR .82
S Fredric Landelius SWE .77
B Einar Liberg NOR .71

1) Oscar Swahn (* 1847, † 1927) brach alle Altersrekorde. Er war 60 Jahre alt, als er seine erste Goldmedaille gewann, und 72, als er Olympiazweiter wurde. Insgesamt holte er sich sechs Medaillen (3-1-2). Sohn Alfred (* 1879, † 1931) brachte es auf neun Medaillen (3-3-3).
2) Walter Winans (* 1852, † 1920) wurde 1912 auch Olympiasieger im Bereich Bildhauerkunst.

Paris 1924

G Ole Andreas Lilloe-Olsen NOR 76
S Cyril Mackworth-Praed GBR 72/22
B Alfred Swahn SWE 72/16

Laufender Hirsch Doppel-Schuß Männer Mannschaft

Antwerpen 1920

G NOR 343
Ole Andreas Lilloe-Olsen, Thorstein Johansen, Harald Natvig, Hans Nordvik, Einar Liberg
S SWE 336
Alfred Swahn, Oscar Swahn, Fredric Landelius, Bengt Lagercrantz, Edward Benedicks
B FIN 285
Robert Tikkanen, Magnus Wegelius, Nestori Toivonen, Yrjö Kolho, Vilho Vauhkonen

Paris 1924

G GBR 263
Cyril Mackworth-Praed, Allen Whitty, Herbert Perry, Philip Neame
S NOR 262
Ole Andreas Lilloe-Olsen, Otto Olsen, Harald Natvig, Einar Liberg
B SWE 250
Alfred Swahn, G. Mauritz Johansson, Fredric Landelius, Axel Ekblom

Laufender Hirsch Einzel- und Doppelschuß Männer

Helsinki 1952

G John Larsen NOR 413
S Olof Sköldberg SWE 409
B Tauno Mäki FIN 407

Melbourne 1956

G Vitali Romanenko URS 441
S Olof Sköldberg SWE 432
B Vladimir Seryugin URS 429

Kleinkaliber bewegliche Ziele Männer

London 1908

G J. F. Fleming GBR 24
S M. K. Matthews GBR 24
B W. B. Marscen GBR 24

Kleinkaliber abtauchende Ziele Männer

London 1908

G William Styles GBR 45
S H. J. Hawkins GBR 45
B Edward Amoore GBR 45

Stockholm 1912

G Vilhelm Carlberg SWE 242
S Johan Hübner von Holst SWE 233
B Gustaf Ericsson SWE 231

Kleinkaliber Männer Mannschaft

London 1908 (50/100 y)

G GBR 771
M. K. Matthews, Harry Humby, William Pimm, Edward Amoore
S SWE 737
Vilhelm Carlberg, Johan Hübner von Holst, Frans-Albert Schartau, Eric Carlberg
B FRA 710
Paul Colas, André Regaud, Léon Lecuyer, Henri Bonnefoy

Stockholm 1912 (25 m)

G SWE 925
Johan Hübner von Holst, Eric Carlberg, Vilhelm Carlberg, Gustaf Boivic
S GBR 917
William Pimm, Joseph Pepe, William M lne, William Styles
B USA 881
Frederick Hird, Warren Sprout, Neil McDonnell, William Leuschner

Stockholm 1912 (50 m)

G GBR 762
William Pimm, Edward Lessimore, Joseph Pepe, Robert Murray
S SWE 748
Arthur Nordenswan, Eric Carlberg, Ruben Örtgren, Vilhelm Carlberg

B USA 744
Frederick Hird, Warren Sprout,
Carl Osburn, William Leuschner

Antwerpen 1920 (50 m)

G USA 1899
Lawrence Nuesslein, Arthur Rothrock,
Dennis Fenton, Willis Lee, Ollie Schriver
S SWE 1873
Sigvard »Sigge« Hultcrantz, Erik Ohlsson,
Leonard Lagerlöf, Ragnar Stare, Oscar Erikson
B NOR 1867
Anton Olsen, Albert Helgerud,
Sigvart Johansen, Östen Östensen,
Olaf Sletten

Duellpistole Männer

Athen 1906 (20 m)

G Léon Moreaux FRA 242
S Cesare Liverziani ITA 233
B Maurice Lecoq FRA 231

Athen 1906 (25 m)

G Konstantinos Skarlatos GRE 29/133
S Johann Hübner von Holst SWE 27/115
B Vilhelm Carlberg SWE 26/115

Bilanz Sportschießen Frauen

Land	G	S	B
1. URS	2	1	3
2. USA	2	1	1
3. EUN	2	-	-
4. FRG	1	2	-
5. CHN	1	1	1
6. YUG	1	-	1
7. CAN	1	-	-
KOR	1	-	-
9. BUL	-	3	1
10. IOP	-	1	1
11. ITA	-	1	-
JPN	-	1	-
13. AUS	-	-	1
MGL	-	-	1
POL	-	-	1

Luftgewehr Frauen

Los Angeles 1984

G Pat Spurgin USA 393
S Edith Gufler ITA 391
B Wu Xiaoxiuan CHN 389

Seoul 1988

G Irina Shilova URS 498,5
S Sylvia Sperber FRG 497,5
B Anna Malukhina URS 495,8

Barcelona 1992

G Yeo Kab-Soon KOR 498,2
S Vesela Lecheva BUL 495,3
B Aranka Binder IOP (YUG) 495,1

Kleinkaliber Stellungskampf Frauen

Los Angeles 1984

G Wu Xiaoxuan CHN 581
S Ulrike Holmer FRG 578/41
B Wanda Jewell USA 578/39

Seoul 1988

G Sylvia Sperber FRG 685,6
S Vesela Lecheva BUL 683,2
B Valentina Cherkasova URS 681,4

Barcelona 1992

G Launi Meili USA 684,3
S Nonka Matova BUL 682,7
B Malgorzata Kwiaskiewicz POL 681,5

Sportpistole Frauen

Los Angeles 1984

G Linda Thom CAN 585/198
S Ruby Fox USA 585/197
B Patricia Dench AUS 583

Seoul 1988

G Nina Salukvadse URS 690
S Tomoko Hasegawa JPN 686
B Jasna Sekaric YUG 686

Barcelona 1992

G Marina Logvinenko EUN 684
S Li Duihong CHN 680
B Dorzshuren Munkhabar MGL 679

Luftpistole Frauen

Seoul 1988

G Jasna Sekaric YUG 489,5
S Nina Salukvadse URS 487,9
B Marina Logvinenko URS 485,2

Barcelona 1992

G Marina Logvinenko EUN 486,4
S Jasna Sekaric IOP (YUG) 486,4
B Maria Grozdeva BUL 481,6

Bogenschießen

Doppelte FITA-Runde Männer

München 1972

G John Williams USA 2528
S Gunnar Jervill SWE 2481
B Kyösti Laasonen FIN 2467

Montreal 1976

G Darrell Pace USA 2571
S Hiroshi Michinaga JPN 2502
B Giancarlo Ferrari ITA 2495

Moskau 1980

G Tomi Poikolainen FIN 2455
S Boris Isachenko URS 2452
B Giancarlo Ferrari ITA 2449

Los Angeles 1984

G Darrell Pace USA[1] 2616
S Richard McKinney USA 2564
B Hiroshi Yamamoto JPN 2563

Seoul 1988

G Jay Barrs USA 338
S Park Sung-Soo KOR 336
B Vladimir Yesheyev URS 335

Barcelona 1992

G Sebastien Flute FRA 110–107
S Chung Jae-Hun KOR 107–110
B Simon Terry GBR 109–103

Männer Mannschaft

St. Louis 1904

G USA 1344
Robert Williams, William Thompson, Lewis Maxson, Galen Spencer
S USA 1341
C. S. Woodruff, William Clark, Charles Hubbard, Samuel Duvall
B USA 1268
G. Phillip Bryant, Wallace Bryant, Cyrus Dallin, Henry Richardson

Seoul 1988

G KOR 986
Lee Han-Sup, Chin In-Soo, Park Sung-Soo
S USA 972
Jay Barrs, Darrell Pace, Richard McKinney
B GBR 968
Steven Hallard, Richard, Priestman, Leroy Watson

Barcelona 1992

G ESP 238–236
Juan Carlos Holgado Romero, Antonio Vázquez Megido, Alfonso Menéndez Vallin
S FIN 236–238
Ismo Falck, Jari Lipponen, Tomi Poikolainen
B GBR 233–231
Richard Priestman, Steven Hallard, Simon Terry

Nicht mehr ausgetragene Wettbewerbe Männer

Au cordon doré (33 m) Männer[2]

Paris 1900

G Hubert van Innis BEL
S Victor Thibaud FRA
B Charles-Frécéric Petit FRA

Au chapelet (33 m) Männer[3]

Paris 1900

G Hubert van Innis BEL
S Victor Thibaud FRA
B Charles-Frédéric Petit FRA

Au cordon doré (50 m) Männer[2]

Paris 1900

G Henri Herouin FRA 31
S Hubert van Innis BEL 29
B Emile Fisseux FRA 28

Au chapelet (50 m) Männer[3]

Paris 1900

G Eugène Mougin FRA
S Henri Helle FRA
B Emile Mercier FRA

Bilanz Bogenschießen Männer

Land	G	S	B
1. USA	5	3	1
2. KOR	1	2	–
3. FIN	1	1	1
4. FRA	1	–	–
ESP	1	–	–
6. JPN	–	1	1
URS	–	1	1
8. SWE	–	1	–
9. GBR	–	–	3
10. ITA	–	–	2

Bilanz Nicht mehr ausgetragene Wettbewerbe Bogenschießen Männer

Land	G	S	B
1. BEL	10	6	3
2. FRA	5	10	6
3. USA	2	2	3
4. GBR	1	1	–
5. NED	1	–	–

1) Pace, der an den Olympischen Spielen von 1980 wegen des US-Boykotts nicht teilnehmen konnte, war einer der wenigen Athleten, die 1976, 1984 eine Gold- und 1988 eine Silbermedaille gewinnen konnten.
2) Wettbewerb um eine als Preis ausgesetzte Goldschnur im Rahmen der Weltausstellung 1900 in Paris
3) Wettbewerb um eine als Preis ausgesetzte Schützenkette

Stehende Stange (156 m) Männer[1)]

Paris 1900

G Emmanuel Foulon BEL
S Auguste Serrurier FRA
Druart, Jr. BEL

Clout-Schießen (156 m) Männer[2)]

Paris 1900

G Emile Grumiaux FRA
S Auguste Serrurier FRA
B Louis Glineaux BEL

Doppelte York Runde Männer

St. Louis 1904

G G. Phillip Bryant USA 820
S Robert Williams USA 819
B William Thompson USA 816

Doppelte Amerikanische Runde Männer

St. Louis 1904

G G. Phillip Bryant USA 1048
S Robert Williams USA 991
B William Thompson USA 949

York Runde Männer

London 1908

G William Dod GBR 815
S Reginald Brooks-King GBR 768
B Henry Richardson USA 760

Europäische Runde (50 m) Männer

London 1908

G Eugène Grisot FRA 263
S Louis Vernet FRA 256
B Gustave Cabaret FRA 255

Festes Vogelziel/kleine Vögel Männer[3)]

Antwerpen 1920

G Edmond van Moer BEL 11
S Louis van de Perck BEL 8
B Joseph Hermans BEL 6

Festes Vogelziel/große Vögel Männer[4)]

Antwerpen 1920

G Edmond Cloetens BEL 13
S Louis van de Perck BEL 11
B Firmin Flamand BEL 7

Bewegliches Vogelziel (28 m) Männer[5)]

Antwerpen 1920

G Hubert van Innis BEL 144
S Léonce Gaston Quentin FRA 115
B –

Bewegliches Vogelziel (33 m) Männer

Antwerpen 1920

G Hubert van Innis BEL 139
S Julien Brulé FRA 94
B –

Bewegliches Vogelziel (50 m) Männer

Antwerpen 1920

G Julien Brulé FRA 134
S Hubert van Innis BEL 106
B –

Festes Vogelziel/kleine und große Vögel Männer Mannschaft

Antwerpen 1920

G BEL
Louis van de Perck, Edmond Cloetens, Edmond van Moer, Firmin Flamand, Joseph Hermans, Auguste van de Verre

1) Sur la perche à la herse
2) Sur la perche à la pyramide
3) Tir à la perche/petits oiseaux
4) Tir à la perche/grands oiseaux
5) Tir au berceau

Bewegliches Vogelziel (28 m) Männer Mannschaft

Antwerpen 1920

G NED 3087
Adrianus Theeuwes, Hendrikus van Bussel, Jan Joseph Packbiers, Adrianus van Merrienboer, Jan Babtist van Gestel, Theodorus Willems, Petrus de Brouwer, Johannes van Gastel
S BEL 2924
Hubert van Innis, Alphonse Allaert, Edmond De Knibber, Louis Delcon, Jérome De Maeyer, Louis van Beeck, Pierre van Thielt, Louis Fierens
B FRA 2328
Léonce Gaston Quentin, Julien Brulé, Pascal Fauvel, Eugène Grisot, Eugène Richez, Paul Leroy, Artur Mabellon, Léon Epin

Bewegliches Vogelziel (33 m) Männer Mannschaft

Antwerpen 1920

G BEL 2958
Hubert van Innis, Alphonse Allaert, Edmond De Knibber, Louis Delcon, Jérome De Maeyer, Louis van Beeck, Pierre van Thielt, Louis Fierens
S FRA 2586
Léonce Gaston Quentin, Julien Brulé, Pascal Fauvel, Eugène Grisot, Eugène Richez, Paul Leroy, Artur Mabellon, Léon Epin
B –

Bewegliches Vogelziel (50 m) Männer Mannschaft

Antwerpen 1920

G BEL 2701
Hubert van Innis, Alphonse Allaert, Edmond De Knibber, Louis Delcon, Jérome De Maeyer, Louis van Beeck, Pierre van Thielt, Louis Fierens
S FRA 2493
Léonce Gaston Quentin, Julien Brulé, Pascal Fauvel, Eugène Grisot, Eugène Richez, Paul Leroy, Artur Mabellon, Léon Epin
B –

Doppelte FITA-Runde Frauen

München 1972

G Doreen Wilber USA 2424
S Irena Szydlowska POL 2407
B Emma Gapchenko URS 2403

Montreal 1976

G Luann Ryon USA 2499
S Valentina Kovpan URS 2460
B Zebinisso Rustamova URS 2407

Moskau 1980

G Ketevan Losaberidze URS 2491
S Natalia Butuzova URS 2477
B Päivi Meriluoto FIN 2449

Los Angeles 1984

G Seo Hyang-Soon KOR 2568
S Li Lingjuan CHN 2559
B Kim Jin-Ho KOR 2555

Seoul 1988

G Kim Soo-Nyung KOR 344
S Wang Hee-Kyung KOR 332
B Yoon Young-Sook KOR 327

Barcelona 1992

G Cho Youn-Jeong KOR 112–105
S Kim Soo-Nyung KOR ....–
B Natalia Valeyeva EUN 104–102

Frauen Mannschaft

Seoul 1988

G KOR 982
Kim Soo-Nyung, Wang Hee-Kyung, Yoon Young-Sook
S INA 952
Lilies Handayani, Nurfitriyana Saiman, Kusuma Wardhani
B USA 952
Debra Ochs, Denise Parker, Melanie Skillman

Barcelona 1992

G KOR 236–228
Lee Eun-Kyung, Cho Youn-Jeong, Kim Soo-Nyung
S CHN ....–
Wang Hong, Wang Yiaoshu, Ma Yiangjun
B EUN 240–222
Natalia Valeyeva, Lyudmila Ardzhannikova, Khatuna Kvrivichivili

Bilanz Bogenschießen Frauen

Land	G	S	B
1. KOR	5	2	2
2. USA	2	–	1
3. URS	1	2	2
4. CHN	–	2	1
5. INA	–	1	–
POL	–	1	–
7. EUN	–	–	2
8. FIN	–	–	1

Nicht mehr ausgetragene Wettbewerbe Frauen

Doppelte Nationale Runde Frauen

St. Louis 1904

G Lida Howell[1] USA .620
S Emma Cooke USA .419
B Jessie Pollock USA .419

Doppelte Columbia-Runde Frauen

St. Louis 1904

G Lida Howell USA[1] .867
S Emma Cooke USA .630
B Jessie Pollock USA .630

Nationale Runde Frauen

St. Louis 1904

G Sybil Newall GBR .688
S Charlotte Dod GBR[2] .642
B Beatrice Hill-Lowe GBR .618

Moderner Fünfkampf

Einzelwertung[3]

Stockholm 1912

G Gösta Lilliehöök SWE .27
S Gösta Asbrink SWE .28
B Georg de Laval SWE .30

Antwerpen 1920

G Gustaf Dyrssen SWE .18
S Erik de Laval SWE .23
B Gösta Runö SWE .27

Paris 1924

G Bo Lindman SWE .18
S Gustaf Dyrssen SWE .39,5
B Bertil Uggla SWE .45

Amsterdam 1928

G Sven Thofelt SWE .47
S Bo Lindman SWE .50
B Helmuth Kahl GER[4] .52

Los Angeles 1932

G Johan Oxenstierna SWE .32
S Bo Lindman SWE .35,5
B Richard Mayo USA .38,5

Berlin 1936

G Gotthardt Handrick GER .31,5
S Charles Leonard USA .39,5
B Silvano Abba ITA .45,5

London 1948

G William Grut SWE .16
S George Moore USA .47
B Gösta Gardin SWE .49

Helsinki 1952

G Lars Hall SWE[5] .32
S Gabor Benedek HUN .39
B Istvan Szondy HUN .41

Melbourne 1956

G Lars Hall SWE .4833
S Olavi Mannonen FIN .4774
B Väinö Korhonen FIN .4750

Rom 1960

G Ferenc Nemeth HUN .5024
S Imre Nagy HUN .4988
B Robert Beck USA .4981

Tokio 1964

G Ferenc Török HUN .5116
S Igor Novikov URS .5067
B Albert Mokeyev URS .5039

Mexiko City 1968

G Björn Ferm SWE .4964
S Andras Balczo HUN .4953
B Pavel Lednev URS .4795

München 1972

G Andras Balczo HUN .5412
S Boris Onichenko URS .5335
B Pavel Lednev URS[6] .5328

Montreal 1976

G Kanusz Pyciak-Peciak POL .5520
S Pavel Lednev URS .5485
B Jan Bartu TCH .5466

Moskau 1980

G Anatoli Starostin URS .5568
S Tamas Szombathelyi HUN .5502
B Pavel Lednev URS .5382

1) Lida Howell war die größte Bogenschützin in der Geschichte der USA. Sie gewann 17mal die US-Meisterschaft, obwohl sie überhaupt nur 20mal teilnahm.
2) Charlotte »Lottie« Dod war die Schwester von William Dod, der 1908 die Goldmedaille im Bogenschießen nach York-Regeln gewann. »Lottie« Dod gewann ab1887 fünfmal das Tennis-Einzel in Wimbledon. Sie war außerdem 1904 britischer Meister der Damen im Golf-Amateurwettbewerb.
3) Die Wertung erfolgte von 1912 bis 1952 nach der Platzziffer, die sich aus der Plazierung in den fünf Übungen ergab.
4) Helmuth Kahl (* 1901, † 1974) war der erste Nicht-Schwede, der eine Olympiamedaille im Modernen Fünfkampf gewann.
5) Lars Hall (25) war der erste Olympiasieger im Modernen Fünfkampf, der kein Soldat war.
6) Der Ukrainer Lednev (* 1943) gewann bei vier Spielen sieben Medaillen (2-2-3).

Los Angeles 1984

G Daniele Masala ITA 5469
S Svante Rasmuson SWE 5456
B Carlo Massullo ITA 5406

Seoul 1988

G Janos Martinek HUN 5404
S Carlo Massullo ITA 5379
B Vaktang Yagorashvili URS 5367

Barcelona 1992

G Arkadiusz Skrzypaszek POL 5559
S Attila Miszer HUN 5446
B Eduard Zenovka EUN 5361

Mannschaft

Helsinki 1952

G HUN 166
Gabor Benedek, Istvan Szondy, Aladar Kovacsi
S SWE 182
Lars Hall, Torsten Lindquist, Claes Egnell
B FIN 213
Olavi Mannonen, Lauri Vilkko, Olavi Rokka

Melbourne 1956

G URS 13 690,5
Igor Novikov, Alexander Tarassov, Ivan Deryugin
S USA 13 482,0
George Lambert, William André, Jack Daniels
B FIN 13 185,5
Olavi Mannonen, Väinö Korhonen, Berndt Katter

Rom 1960

G HUN 14 863
Ferenc Nemeth, Imre Nagy, Andras Balczo
S URS 14 309
Igor Novikov, Nikolai Tatarinov, Hanno Selg
B USA 14 192
Robert Beck, Jack Daniels, George Lambert

Tokio 1964

G URS 14 961
Igor Novikov, Albert Mokeyev, Viktor Mineyev
S USA 14 189
James Morre, David Kirkwood, Paul Pethy
B HUN 14 173
Ferenc Török, Imre Nagy, Otto Török

Mexiko City 1968

G HUN 14 325
Andras Balczo, Istvan Mona, Ferenc Török
S URS 14 248
Pavel Lednew, Boris Onichenko, Stasis Shaparnis
B FRA 13 289
Raoul Gueguen, Lucien Guiguet, Jean-Pierre Giudicelli

München 1972

G URS 15 968
Boris Onichenko, Pavel Lednev, Vladimir Shmelev
S HUN 15 348
Andras Balczo, Zsigmond Villanyi, Pal Bako
B FIN 14 812
Risto Hurme, Veikko Salminen, Martti Ketelä

Montreal 1976[1]

G GBR 15 559
Adrian Parker, Robert Nightingale, Jeremy Fox
S TCH 15 451
Jan Bartu, Bohumil Starnovsky, Jiri Adam
B HUN 15 359
Tamas Kancsal, Tibor Maracsko, Szvetislav Sasics

Moskau 1980

G URS 16 126
Anatoli Starostin, Pavel Lednev, Yevgeni Lipeyev
S HUN 15 912
Tamas Szombathelyi, Tibor Maracsko, Laszlo Horvath
B SWE 15 845
Svante Rasmuson, Lennart Pettersson, George Horvath

Los Angeles 1984

G ITA 16 066
Daniele Masala, Carlo Massullo, Pierpaolo Cristofori
S USA 15 568
Micheal Storm, Robert Losey, Dean Glenesk
B FRA 15 565
Paul Four, Didier Boube, Joel Bouzou

Seoul 1988

G HUN 15 886
Janos Martinek, Attila Miszer, Laszlo Fabian
S ITA 15 571
Carlo Massullo, Daniele Masala, Gianluca Tiberti

Bilanz Moderner Fünfkampf Einzelwertung

Land	G	S	B
1. SWE	9	6	4
2. HUN	4	5	1
3. POL	2	–	–
4. URS	1	3	5
5. ITA	1	1	2
6. GER	1	–	1
7. USA	–	2	2
8. FIN	–	1	1
9. TCH	–	–	1
EUN	–	–	1

Bilanz Moderner Fünfkampf Mannschaft

Land	G	S	B
1. HUN	4	2	2
2. URS	4	2	–
3. ITA	1	1	1
4. GBR	1	–	1
5. POL	1	–	–
6. USA	–	3	1
7. SWE	–	1	1
8. TCH	–	1	–
EUN	–	1	–
10. FIN	–	–	3
11. FRA	–	–	2

1) Der sowjetische Armee-Offizier Boris Onichenko wurde wegen Manipulation am Degen disqualifiziert und die URS-Mannschaft aus dem Wettbewerb genommen.

B GBR 15 276
Richard Phelps, Dominic Mahoney, Graham Brookhouse

Barcelona 1992

G POL 16 018
Arkadiusz Skrzypaszek, Maciej Czyzowicz, Dariusz Gozdziak
S EUN 15 924
Anatoli Starostin, Dimitri Svatkovsjy, Eduard Zenovka
B ITA 15 760
Gianluca Tiberti, Carlo Massullo, Roberto Bomprezzi

Turnen

Bilanz Mehrkampf Männer

Land	G	S	B
1. URS	6	6	3
2. JPN	4	5	3
3. ITA	4	2	1
4. FRA	3	3	5
5. SUI	1	3	2
6. EUN	1	1	1
GER	1	1	1
8. FIN	1	–	2
9. YUG	1	–	1
10. AUT	1	–	–
11. TCH	–	1	1
12. GBR	–	1	–
HUN	–	1	–
USA	–	1	–
15. CHN	–	–	1
BUL	–	–	1

Mehrkampf Männer

Paris 1900

G Gustave Sandras FRA 302
S Noël Bas FRA 295
B Lucien Démanet FRA 293

St. Louis 1904

G Julius Lenhart AUT 69,80
S Wilhelm Weber GER 69,10
B Adolf Spinnler SUI 67,99

Athen 1906 (fünf Übungen)

G Pierre Payssé FRA 97
S Alberto Braglia ITA 95
B Georges Charmoille FRA 94

Athen 1906 (sechs Übungen)

G Pierre Payssé FRA 116
S Alberto Braglia ITA 115
B Georges Charmoille FRA 113

London 1908

G Alberto Braglia ITA 317,0
S Walter Tysal GBR 312,0
B Louis Ségura FRA 297,0

Stockholm 1912

G Alberto Braglia ITA 135,0
S Louis Ségura FRA 132,5
B Serafino Mazzarocchi ITA 131,5

Antwerpen 1920

G Giorgio Zampori ITA 88,35
S Marcos Torrès FRA 87,62
B Jean Gounot FRA 87,45

Paris 1924

G Leon Stukelj YUG 110,340
S Robert Prazák TCH 110,323
B Bedrich Supcik TCH 106,930

Amsterdam 1928

G Georges Miez SUI 247,500
S Hermann Hänggi SUI 246,625
B Leon Stukelj YUG 244,875

Los Angeles 1932

G Romeo Neri ITA 140,625
S Istvan Pelle HUN 134,925
B Heikki Savolainen FIN 134,575

Berlin 1936[1]

G Alfred Schwarzmann GER[2] 113,100
S Eugen Mack SUI 112,334
B Konrad Frey GER 111,532

London 1948

G Veikko Huhtanen FIN 229,70
S Walter Lehmann SUI 229,00
B Paavo Aaltonen FIN 228,80

Helsinki 1952

G Viktor Chukarin URS 115,70
S Grant Shaginyan URS 114,95
B Josef Stalder SUI 114,75

Melbourne 1956

G Viktor Chukarin URS 114,25
S Takashi Ono JPN 114,20
B Yuri Titov URS 113,80

Rom 1960

G Boris Shakhlin URS 115,95
S Takashi Ono JPN 115,90
B Yuri Titov URS 115,60

Tokio 1964

G Yukio Endo JPN 115,95
S Shuji Tsurumi JPN 115,40
Boris Shakhlin URS 115,40
Viktor Lisitsky URS 115,40

1) Den Zwölfkampf gibt es seit 1936.
2) Schwarzmann gewann 16 Jahre später noch eine Silbermedaille am Reck.

Mexico City 1968

G Sawao Kato JPN 115,90
S Mikhail Voronin URS 115,85
B Akinori Nakayama JPN 115,65

München 1972

G Sawao Kato JPN 114,650
S Eizo Kenmotsu JPN 114,575
B Akinori Nakayama JPN 114,325

Montreal 1976

G Nikolai Andrianov URS 116,650
S Sawao Kato JPN 115,650
B Mitsuo Tsukahara JPN 115,575

Moskau 1980

G Alexander Dityatin URS 118,650
S Nikolai Andrianov URS 118,225
B Stoyan Delchev BUL 118,000

Los Angeles 1984

G Koji Gushiken JPN 118,700
S Peter Vidmar USA 118,675
B Li Ning CHN 118,575

Seoul 1988

G Vladimir Artyomov URS 119,125
S Valeri Lyukin URS 119,025
B Dimitri Bilozerchev URS 118,975

Barcelona 1992

G Vitali Sheherbo EUN 59,025
S Grigori Misyutin EUN 58,925
B Valeri Belenky EUN 58,625

Mehrkampf Männer Mannschaft[1)]

St. Louis 1904

G USA (Philadelphia Turngemeinde) 370,13
Julius Lenhart, Philipp Kassel, Anton Heida, Max Hess, Ernst Reckeweg, John Grieb
S USA (New York Turnverein) 356,37
Otto Steffen, John Bissinger, Emil Beyer, Max Wolf, Julian Schmitz, Arthur Rosenkampff
B USA (Chicago Central Turnverein) 352,69
George Mayer, John Duha, Edward Siegler, Philipp Schuster, Robert Maysack, Charles Krause

Athen 1906

G NOR 19,00
Karl Andersen, Oskar Bye, Conrad Carlsrud, Harald Eriksen, Oswald Falch, Khristian Fjerdingen, Yngvar Fredriksen, Karl Haagensen, Harald Halvorsen, Petter Hol, Andreas Hagelund, Eugen Ingebretsen, Per Mathias Jespersen, Finn Münster, Frithjof Olsen, Carl Pedersen, Rasmus Pettersen, Thorleif Petersen, Thorleif Röhn, Johan Stumpf
S DEN 18,00
Carl Andersen, Halvor Birch, Harald Bukdahl, Kaj Gnudtzmann, Knud Holm, Erik Klem, Louis Larsen, J. Lorentzen, Robert Madsen, Carl Manicus-Hansen, Oluf Olsson, Hans Pedersen, Christian Petersen, Niels Petersen, Viktor Rasmussen, Marius Skram-Jensen, Marius Thuesen, Harald Klem
B ITA 16,71
Manlio Pastorini, Spartaco Nerozzi, Federico Bertinotti, Vitaliano Masotti, Raffaello Giannoni, Quintilio Mazzoncini, Azeglio Innocenti, Filiberto Innocenti, Ciro Civinini, Maurizio Masetti

London 1908

G SWE 438
Gösta Asbrink, Carl Bertilsson, Andreas Cervin, Hjalmar Cedercrona, Rudolf Degermark, Carl Folcker, Sven Forssman, Erik Granfelt, Carl Hårleman, Nils Hellsten, Gunnar Höjer, Arvid Holmberg, Carl Holmberg, Oswald Holmberg, Hugo Jahnke, Johan Jarlén, Gustaf Johnsson, Rolf Johnsson, Nils Kantzow, Sven Landberg, Olle Lanner, Axel Ljung, Osvald Moberg, Carl Norberg, Erik Norberg, Tor Norberg, Axel Norling, Daniel Norling, Gösta Olson, Leonard Peterson, Sven Rosén, Gustaf Rosenquist, Axel Sjöblom, Birger Sörvik, Karl-Johan Svensson, Karl Gustaf Vingqvist, Nils Widforss
S NOR 425
Arthur Amundsen, Karl Andersen, Otto Authén, Hermann Bohne, Trygve Boysen, Oskar Bye, Conrad Carlsrud, Sverre Gröner, Harald Halvorsen, Harald Hansen, Petter Hol, Eugen Ingebretsen, Ole Iversen, Per Mathias Jespersen, Sigge Johannessen, Nicolai Kiär, Carl Kläth, Thor Larsen, Rolf Lefdahl, Hans Lem, Anders Moen, Frithjof Olsen, Carl Pedersen, Paul Pedersen,

Bilanz Mehrkampf Männer Mannschaft

Land	G	S	B
1. JPN	5	1	3
2. URS	4	5	–
3. ITA	4	–	2
4. USA	2	2	1
5. SUI	1	3	1
6. NOR	1	1	–
7. FIN	1	–	5
8. GER	1	–	1
9. EUN	1	–	–
SWE	1	–	–
11. GDR	–	2	3
12. CHN	–	2	–
13. HUN	–	1	2
14. FRA	–	1	1
15. BEL	–	1	–
DEN	–	1	–
TCH	–	1	–
18. GBR	–	–	1
YUG	–	–	1

1) Den Mannschaftskampf im heutigen Sinn gibt es seit 1924.

John Skrataas, Harald Smedvik, Sigvard Sivertsen, Andreas Strand, Olaf Syvertsen, Thomas Torstensen

B FIN 405

Eino Forsström, Otto Granström, Johan Kemp, Iivari Kyykoski, Heikki Lehmusto, John Lindroth, Yrjö Linko, Edvard Linna, Matti Markkanen, Kaarle Mikkolainen, Veli Nieminen, Källe Paasia, Arvi Pohjanpää, Eino Railio, Heikki Riipinen, Arno Saarinen, Einar Sahlstein, Aarne Salovaara, Karl Viktor Sandelin, Elis Sipilä, Viktor Smeds[1], Kaarlo Soinio, Kurt Stenberg, Väinö Tiiri, Magnus Wegelius, Aame Pohjonen

Stockholm 1912

G ITA 265,75

Guido Bonni, Giuseppe Domenichelli, Luciano Savorini, Guido Romano, Angelo Zorzi, Giorgio Zampori, Giovanni Mangiante, Lorenzo Mangiante, Adolfo Tunesi, Pietro Bianchi, Paolo Salvi, Alberto Braglia, Alfredo Gollini, Serafino Mazzarrocchi, Francesco Loi, Carlo Fregosi, Luigi Maiocco, Umberto Zanolini

S HUN 227,25

Jozsef Bittenbinder, Imre Erdraly, Samu Foti, Imre Gellert, Gyözö Haberfeld, Otto Hellmich, Istvan Herczeg, Jozsef Keresztessy, Lajos Kmetyko, Janos Krizmanich, Elemer Paszti, Arpad Pedery, Jenö Rittich, Ferenc Szücs, Ödön Tery, Geza Tuli

B GBR 184,50

Albert Betts, Harry Dickson, Samuel Hodgetts, Alfred Messenger, Edward Pepper, Charles Vigurs, Samuel Walker, John Whitaker, Sidney Cross, Bernard Franklin, Edward Potts, Reginald Potts, George Ross, Henry Oberholzer, Charles Simmons, Arthur Southern, Ronald McLean, Charles Luck, Herbert Drury, William MacKune, William Titt, William Cowhig, Leonard Hanson

Antwerpen 1920

G ITA 359,855

Amaldo Andreoli, Ettore Bellotto, Fernando Bonatti, Luigi Cambiaso, Luigi Contessi, Carlo Costigliolo, Luigi Costigliolo, Giuseppe Domenichelli, Roberto Ferrari, Carlo Fregosi, Romualdo Ghiglione, Ambrogio Levati, Francesco Loi, Vittorio Lucchetti, Luigi Maiocco, Ferdinando Mandrini, Lorenzo Mangiante, Antonio Marovelli, Michele Mastromarino, Manlio Pastorini, Ezio Roselli, Paolo Salvi, Giovanni Battista Tubino, Giorgio Zampori, Angelo Zorzi

S BEL 346,785

Eugenius Auwerkerken, Théophile Bauer, François Claessens, Auguste Cootmans, François Gibens, Albert Haepers, Dominique Jacobs, Félicien Kempeneers, Jules Labécu, Hubert Lafortune, Auguste Landrieu, Charles Lannie, Constant Loriot, Nicolas Marerloos, Ferdinand Minnaert, Louis Stoop, Jean van Guysse, Alphonse van Mele, François Verboven, Jean Verboven, Julien Verdonck, Joseph Verstraeten, Georges Vivex, Julianus Wagemans

B FRA 340,100

Georges Berger, Emile Bouchès, René Boulanger, Alfred Buyenne, Eugène Cordonnier, Léon Delsarte, Lucien Démanet, Paul Durin, Georges Duvant, Fernand Fauconnier, Arthur Hermann, Albert Hersoy, André Higelin, Auguste Hoël, Louis Kempe, Georges Lagouge, Paulin Lemaire, Ernest Lespinasse, Emile Martel, Jules Pirard, Eugène Pollet, Georges Thurnherr, Marcos Torrès, François Walker, Julien Wartelle, Paul Wartelle

Paris 1924

G ITA 839,058

Ferdinando Mandrini, Mario Lertora, Vittorio Lucchetti, Francesco Martino, Luigi Cambiaso, Giuseppe Paris, Giorgio Zampori, Luigi Maiocco

S FRA 820,528

Jean Gounot, Léon Delsarte, Albert Séguin, Eugène Cordonnier, François Gangloff, Arthur Hermann, André Higelin, Joseph Huber

B SUI 816,661

August Güttinger, Jean Gutweniger, Hans Grieder, Georges Miez, Josef Wilhelm, Otto Pfister, Carl Widmer, Antoine Rebetez

Amsterdam 1928

G SUI 1718,625

Georges Miez, August Güttinger, Hans Grieder, Hermann Hänggi, Eugen Mack, Melchior Wezel, Edi Steinemann, Otto Pfister

1) Smeds war 1930-52 Präsident des Ringer-Weltverbandes FILA.

S TCH 1712,250
Ladislav Vácha, Emanuel Löffler, Jan Gajdos, Josef Effenberger, Bedrich Supcík, Václav Vesely, Jan Koutny, Ladislav Tikal
B YUG 1648,750
Leon Stukelj, Jozip Primozic, Anton Malej, Edvard Antoniewicz, Boris Gregorka, Ivan Porenta, Stane Derganc, Dragutin Ciotti

Los Angeles 1932

G ITA 541,850
Romeo Neri, Mario Lertora, Savino Guglielmetti, Oreste Capuzzo
S USA 522,275
Frank Haubold, Frederick Meyer, Alfred Jochim, Frank Cumiskey
B FIN 509,995
Heikki Savolainen, Mauri Noroma-Nyberg, Veikko Pakarinen, Einari Teräsvirta

Berlin 1936

G GER 657,430
Alfred Schwarzmann, Konrad Frey, Matthias Volz, Willi Stadel, Franz Beckert, Walter Steffens
S SUI 654,802
Eugen Mack, Michael Reusch, Edi Steinemann, Walter Bach, Albert Bachmann, Georges Miez
B FIN 638,468
Martti Uosikkinen, Heikki Savolainen, Mauri Noroma-Nyberg, Aleksanteri Saarvala, Esa Seeste, Veikko Pakarinen

London 1948

G FIN 1.358,30
Veikko Huhtanen, Heikki Savolainen[1], Paavo Aaltonen, Kalevi Laitinen, Olavi Rove, Einari Teräsvirta[1]
S SUI 1.356,70
Walter Lehmann, Josef Stalder, Christian Kipfer, Emil Studer, Robert Lucy, Michael Reusch
B HUN 1.330,85
Lajos Toth, Lajos Santha, Laszlo Baranyai, Ferenc Pataki, Janos Mogyorosy Klenes, Ferenc Varköi

Helsinki 1952

G URS 574,35
Viktor Chukarin, Grant Shaginyan, Valentin Muratov, Yevgeny Korolkov, Vladimir Belyakov, Josif Berdiyev, Mikhail Perelman, Dimitri Leonkin
S SUI 567,50
Hans Eugster, Jean Tschabold, Josef Stalder, Jack Günthard, Melchior Thalmann, Ernst Gebendinger, Hans Schwarzentruber, Ernst Fivian
B FIN 564,20
Heikki Savolainen[2], Onni Lappalainen, Berndt Lindfors, Paavo Aaltonen, Kaino Lempinen, Kalevi Laitinen, Kalevi Viskari, Olavi Rove

Melbourne 1956

G URS 568,25
Viktor Chukarin, Valentin Muratov, Yuri Titov, Albert Azaryan, Boris Shakhlin, Pavel Stolbov
S JPN 566,40
Takashi Ono, Masao Takemoto, Masami Kubota, Nobuyuki Aihara Shinsaku Tsukawaki, Akira Kono
B FIN 555,95
Onni Lappalainen, Berndt Lindfors, Kalevi Suoniemi, Martti Mansikka, Olavi Leimuvirta, Raimo Heinonen

Rom 1960

G JPN 575,20
Takashi Ono, Masao Takemoto, Nobuyuki Aihara, Shuji Tsurumi, Yukio Endo, Takashi Mitsukuri
S URS 572,70
Yuri Titov, Albert Azaryan, Boris Shakhlin, Vladimir Portnoy, Nikolai Miligulo, Valeri Kerdemelidi
B ITA 559,05
Franco Menichelli, Giovanni Carminucci, Angelo Vicardi, Pasquale Carminucci, Orlando Polmonari, Gianfranco Marzolla

Tokio 1964

G JPN 577,95
Takashi Ono, Shuji Tsurumi, Yukio Endo, Takashi Mitsukuri, Haruhiro Yamashita, Takuji Hayata
S URS 575,45
Yuri Titov, Boris Shakhlin, Viktor Lisitsky, Viktor Leontyev, Yuri Tsapenko, Sergei Diamidov
B GER 565,10
Siegfried Fülle, Klaus Köste, Erwin Koppe, Peter Weber, Philipp Fürst, Günter Lyhs

Mexico City 1968

G JPN 575,90
Yukio Endo, Sawao Kato, Akinori Nakayama, Eizo Kenmotsu, Takeshi Kato, Mitsuo Tsukahara

1) Savolainen und Teräsvirta waren schon 1932 Olympiadritte mit dem Team.
2) Savolainen war 44 Jahre alt, erste Olympiateilnahme 1928 (Dritter am Seitpferd).

S URS 571,10
Sergei Diamidov, Mikhail Voronin,
Viktor Klimenko, Valeri Karasyov,
Viktor Lisitsky, Valeri Ilyinykh
B GDR 557,15
Matthias Brehme, Klaus Köste,
Siegfried Fülle, Peter Weber,
Gerhard Dietrich, Günter Beier

München 1972

G JPN 571,25
Sawao Kato, Akinori Nakayama,
Eizo Kenmotsu, Mitsuo Tsukahara,
Shigeru Kasamatsu, Teruichi Okamura
S URS 564,05
Nikolai Andrianov, Mikhail Voronin,
Viktor Klimenko, Eduard Mikaelyan,
Alexander Maleyev, Vladimir Shehukin
B GDR 559,70
Matthias Brehme, Klaus Köste,
Wolfgang Thüne, Wolfgang Klotz,
Reinhard Rychly, Jürgen Packe

Montreal 1976

G JPN 576,85
Sawao Kato, Mitsuo Tsukahara,
Hiroshi Kajiyama, Eizo Kenmotsu,
Hisato Igarashi, Shun Fujimoto
S URS 576,45
Nikolai Andrianov, Vladimir Markelov,
Alexander Dityatin, Gennadi Krysin,
Vladimir Marchenko, Vladimir Tikhonov
B GDR 564,65
Lutz Mack, Bernd Jäger, Michael Nikolay,
Roland Brückner, Wolfgang Klotz,
Rainer Hanschke

Moskau 1980

G URS 589,60
Nikolai Andrianov, Vladimir Markelov,
Alexander Dityatin, Eduard Azaryan,
Bogdan Makuts, Alexander Tkachov
S GDR 581,15
Lutz Mack, Michael Nikolay, Roland Brückner,
Ralf-Peter Hemmann, Lutz Hoffmann,
Andreas Bronst
B HUN 575,00
Ferenc Donath, György Guczoghy,
Zoltan Kelemen, Peter Kovacs,
Zoltan Magyar, Istvan Vamos

Los Angeles 1984

G USA 591,40
Timothy Daggett, Scott Johnson,
Mitchell Gaylord, James Hartung,
Peter Vidmar, Bart Conner
S CHN 590,80
Lou Yun, Li Yucjiu, Xu Zhiqiang, Tong Fei,
Li Ning, Li Xiaoping
B JPN 586,70
Shinji Morisue, Noritoshi Hirata,
Koji Sotomura, Nobuyuki Kajitani,
Kyoji Yamawaki, Koji Gushiken

Seoul 1988

G URS 593,350
Vladimir Artyomov, Valeri Lyukin,
Dimitri Bilozerchev, Sergei Kharkov,
Vladimir Gogoladze, Vladimir Novikov
S GDR 588,450
Sven Tippelt, Sylvio Kroll, Holger Behrendt,
Andreas Wecker, Ulf Hoffmann, Ralf Büchner
B JPN 585,600
Yukio Iketani, Koichi Mizushima,
Daisuke Nishikawa, Hiroyuki Konishi,
Takahiro Yamada, Toshiharu Sato

Barcelona 1992

G EUN 585,450
Vitali Sheherbo, Valeri Belenky,
Grigori Misyutin, Igor Korobchinsky,
Alexei Voropayev, Rustam Sharipov
S CHN 580,375
Li Xiaoshuang, Li Chunyang, Guo Linyao,
Li Jing, Li Dashuang, Li Ge
B JPN 578,250
Yukio Iketani, Yoshiaki Hatakeda,
Takashi Chinen, Daisuke Nishikawa,
Yutaka Aihara, Masayuki Matsunaga

Barren Männer

Athen 1896

G Alfred Flatow GER
S Louis Zutter SUI
B Hermann Weingärtner GER

St. Louis 1904

G George Eyser USA 44
S Anton Heida USA 43
B John Duha USA 40

Paris 1924

G August Güttinger SUI 21,63
S Robert Prazák TCH 21,61
B Giorgio Zampori ITA 21,45

Bilanz Barren Männer

Land	G	S	B
1. URS	4	5	1
2. JPN	4	4	6
3. SUI	3	2	4
4. USA	2	1	2
5. GER	2	–	2
6. ITA	1	1	2
7. TCH	1	1	–
8. EUN	1	–	1
9. CHN	–	1	1
FIN	–	1	1
11. HUN	–	1	–
YUG	–	1	–
13. GDR	–	–	2

Amsterdam 1928

G Ladislav Vácha TCH 18,83
S Jozip Primozic YUG 18,50
B Hermann Hänggi SUI 18,08

Los Angeles 1932

G Romeo Neri ITA 18,97
S Istvan Pelle HUN 18,60
B Heikki Savolainen FIN 18,27

Berlin 1936

G Konrad Frey GER 19,067
S Michael Reusch SUI 19,034
B Alfred Schwarzmann GER 18,967

London 1948

G Michael Reusch SUI 39,50
S Veikko Huhtanen FIN 39,30
B Josef Stalder SUI 39,10
Christian Kipfer SUI 39,10

Helsinki 1952

G Hans Eugster SUI 19,65
S Viktor Chukarin URS 19,60
B Josef Stalder SUI 19,50

Melbourne 1956

G Viktor Chukarin URS 19,20
S Masami Kubota JPN 19,15
B Takashi Ono JPN 19,10
Masao Takemoto JPN 19,10

Rom 1960

G Boris Shakhlin URS 19,400
S Giovanni Carminucci ITA 19,375
B Takashi Ono JPN 19,350

Tokio 1964

G Yukio Endo JPN 19,675
S Shuji Tsurumi JPN 19,450
B Franco Menichelli ITA 19,350

Mexico City 1968

G Akinori Nakayama JPN 19,475
S Mikhail Voronin URS 19,425
B Viktor Klimenko URS 19,225

München 1972

G Sawao Kato JPN 19,475
S Shigeru Kasamatsu JPN 19,375
B Eizo Kenmotsu JPN 19,250

Montreal 1976

G Sawao Kato JPN 19,675
S Nikolai Andrianov URS 19,500
B Mitsuo Tsukahara JPN 19,475

Moskau 1980

G Alexander Tkachov URS 19,775
S Alexander Dityatin URS 19,750
B Roland Brückner GDR 19,650

Los Angeles 1984

G Bart Conner USA 19,950
S Nobuyuki Kajitani JPN 19,925
B Mitchell Gaylord USA 19,850

Seoul 1988

G Vladimir Artyomov URS 19,925
S Valeri Lyukin URS 19,900
B Sven Tippelt GDR 19,750

Barcelona 1992

G Vitali Sheherbo EUN 9,900
S Li Jing CHN 9,812
B Guo Linyao CHN 9,800
Igor Korobchinsky EUN 9,800
Masayuki Matsunaga JPN 9,800

Boden Männer

Los Angeles 1932

G Istvan Pelle HUN 9,60
S Georges Miez SUI 9,47
B Mario Lertora ITA 9,23

Berlin 1936

G Georges Miez SUI 18,666
S Josef Walter SUI 18,500
B Eugen Mack SUI 18,466
Konrad Frey GER 18,466

London 1948

G Ferenc Pataki HUN 38,70
S Janos Mogyorosy Klencs HUN 38,40
B Zdenek Ruzicka TCH 38,10

Helsinki 1952

G William Thoresson SWE 19,25
S Tadao Uesako JPN 19,15
Jerzy Jokiel POL 19,15

Bilanz Boden Männer

Land	G	S	B
1. URS	4	6	1
2. JPN	2	6	4
3. CHN	2	1	1
4. HUN	2	1	–
5. SUI	1	2	1
6. SWE	1	1	–
7. ITA	1	–	2
8. GDR	1	–	–
9. EUN	–	1	–
POL	–	1	–
11. FRA	–	–	1
GER	–	–	1
TCH	–	–	1
USA	–	–	1

Bilanz Pferdsprung Männer

Land	G	S	B
1. URS	6	3	4
2. USA	3	2	2
3. GER	3	–	1
4. JPN	2	5	3
5. CHN	2	1	–
6. SUI	1	2	–
7. FIN	1	1	1
GDR	1	1	1
9. EUN	1	1	–
10. ITA	1	–	–
11. TCH	–	2	2
12. HUN	–	–	2
KOR	–	–	2
14. YUG	–	–	1

Pferdsprung Männer

Athen 1896
G Carl Schuhmann GER
S Louis Zutter SUI
B –

St. Louis 1904
G Anton Heida USA .36
G George Eyser USA .36
B William Merz USA .31

Paris 1924
G Frank Kriz USA .9,98
S Jan Koutny TCH .9,97
B Bohumil Mowkovsky TCH .9,93

Amsterdam 1928
G Eugen Mack SUI .9,58
S Emanuel Löffler TCH .9,50
B Stane Derganc YUG .9,46

Los Angeles 1932
G Savino Guglielmetti ITA .18,03
S Alfred Jochim USA .17,77
B Edward Carmichael USA .17,53

Berlin 1936
G Alfred Schwarzmann GER .19,200
S Eugen Mack SUI .18,967
B Matthias Volz GER .18,467

London 1948
G Paavo Aaltonen FIN .39,10
S Olavi Rove FIN .39,00
B Janos Mogyorosy Klencs HUN .38,50
Ferenc Pataki HUN .38,50
Leo Sotornik TCH .38,50

Helsinki 1952
G Viktor Chukarin URS .19,20
S Masao Takemoto JPN .19,15
B Takashi Ono JPN .19,10
Tadao Uesako JPN .19,10

Melbourne 1956
G Helmut Bantz GER .18,85
Valentin Muratov URS .18,85
B Yuri Titov URS .18,75

Rom 1960
G Boris Shakhlin URS .19,350
Takashi Ono JPN .19,350
B Vladimir Portnoy URS .19,225

Melbourne 1956
G Valentin Muratov URS .19,20
S Nobuyuki Aihara JPN .19,10
William Thoresson SWE .19,10
Viktor Chukarin URS .19,10

Rom 1960
G Nobuyuki Aihara JPN .19,450
S Yuri Titov URS .19,325
B Franco Menichelli ITA .19,275

Tokio 1964
G Franco Menichelli ITA .19,450
S Viktor Lisitsky URS .19,350
Yukio Endo JPN .19,350

Mexico City 1968
G Sawao Kato JPN .19,475
S Akinori Nakayama JPN .19,400
B Takeshi Kato JPN .19,275

München 1972
G Nikolai Andrianov URS .19,175
S Akinori Nakayama JPN .19,125
B Shigeru Kasamatsu JPN .19,025

Montreal 1976
G Nikolai Andrianov URS .19,450
S Vladimir Marchenko URS .19,425
B Peter Kormann USA .19,300

Moskau 1980
G Roland Brückner GDR .19,750
S Nikolai Andrianov URS .19,725
B Alexander Dityatin URS .19,700

Los Angeles 1984
G Li Ning CHN .19,925
S Lou Yun CHN .19,775
B Koji Sotomura JPN .19,700
Philippe Vatuone FRA .19,700

Seoul 1988
G Sergei Kharkov URS .19,925
S Vladimir Artyomov URS .19,900
B Lou Yun CHN .19,850
Yukio Iketani JPN .19,850

Barcelona 1992
G Li Xiaoshuang CHN .9,925
S Grigori Misyutin EUN .9,787
Yukio Iketani JPN .9,787

Tokio 1964

G Haruhiro Yamashita JPN 19,600
S Viktor Lisitsky URS 19,325
B Hannu Rantakari FIN 19,300

Mexico City 1968

G Mikhail Voronin URS 19,000
S Yukio Endo JPN 18,950
B Sergei Diamidov URS 18,925

München 1972

G Klaus Köste GDR 18,850
S Viktor Klimenko URS 18,825
B Nikolai Andrianov URS 18,800

Montreal 1976

G Nikolai Andrianov URS 19,450
S Mitsuo Tsukahara JPN 19,375
B Hiroshi Kajiyama JPN 19,275

Moskau 1980

G Nikolai Andrianov URS 19,825
S Alexander Dityatin URS 19,800
B Roland Brückner GDR 19,775

Los Angeles 1984

G Lou Yun CHN 19,950
S Li Ning CHN 19,825
Koji Gushiken JPN 19,825
Shinji Morisue JPN 19,825
Mitchell Gaylord USA 19,825

Seoul 1988

G Lou Yun CHN 19,875
S Sylvio Kroll GDR 19,862
B Park Jong-Hoon KOR 19,775

Barcelona 1992

G Vitali Sheherbo EUN 9,856
S Grigori Misyutin EUN 9,781
B Yoo Ok-Ryul KOR 9,762

Seitpferd Männer

Athen 1896

G Louis Zutter SUI
S Hermann Weingärtner GER
B –

St. Louis 1904

G Anton Heida USA 42
S George Eyser USA 33
B William Merz USA 29

Paris 1924

G Josef Wilhelm SUI 21,23
S Jean Gutweniger SUI 21,13
B Antoine Rebetez SUI 20,73

Amsterdam 1928

G Hermann Hänggi SUI 19,75
S Georges Miez SUI 19,25
B Heikki Savolainen FIN 18,83

Los Angeles 1932

G Istvan Pelle HUN 19,07
S Omero Bonoli ITA 18,87
B Frank Haubold USA 18,57

Berlin 1936

G Konrad Frey GER 19,333
S Eugen Mack SUI 19,167
B Albert Bachmann SUI 19,067

London 1948[1)]

G Veikko Huhtanen FIN 38,70
Paavo Aaltonen FIN 38,70
Heikki Savolainen FIN 38,70
S Luigi Zanetti ITA 38,30
B Guido Figone ITA 38,20

Helsinki 1952

G Viktor Chukarin URS 19,50
S Yevgeni Korolkov URS 19,40
Grant Shaginyan URS 19,40

Melbourne 1956

G Boris Shakhlin URS 19,25
S Takashi Ono JPN 19,20
B Viktor Chukarin URS 19,10

Rom 1960

G Boris Shakhlin URS 19,375
Eugen Ekman FIN 19,375
B Shuji Tsurumi JPN 19,150

Tokio 1964

G Miroslav Cerar YUG 19,525
S Shuji Tsurumi JPN 19,325
B Yuri Tsapenko URS 19,200

Bilanz Seitpferd Männer

Land	G	S	B
1. URS	5	3	4
2. FIN	4	1	1
3. HUN	4	–	–
4. SUI	3	3	2
5. USA	2	1	3
6. YUG	2	–	–
7. GER	1	1	1
8. BUL	1	–	–
CHN	1	–	–
EUN	1	–	–
PRK	1	–	–
12. JPN	–	4	2
13. ITA	–	2	1
14. GDR	–	–	2

1) Obwohl es 1948 drei Olympiasieger gab, wurden auch noch Silber- und Bronzemedaille verteilt, was danach nicht mehr möglich war. Die Italiener Zanetti und Figone wären schon 1952 ohne Medaille geblieben. So ergibt sich in der Seitpferd-Bilanz auch mit dieser Entscheidung die Tatsache, daß 25 Gold-, aber nur 15 Silber- und 16 Bronzemedaillen verteilt wurden.

Mexico City 1968

G Miroslav Cerar YUG 19,325
S Olli Laiho FIN 19,225
B Mikhail Voronin URS 19,200

München 1972

G Viktor Klimenko URS 19,125
S Sawao Kato JPN 19,000
B Eizo Kenmotsu JPN 18,950

Montreal 1976

G Zoltan Magyar HUN 19,700
S Eizo Kenmotsu JPN 19,575
B Nikolai Andrianov URS 19,525
Michael Nikolay GDR 19,525

Moskau 1980

G Zoltan Magyar HUN 19,925
S Alexander Dityatin URS 19,800
B Michael Nikolay GDR 19,775

Los Angeles 1984

G Li Ning CHN 19,950
Peter Vidmar USA 19,950
B Timothy Daggett USA 19,825

Seoul 1988

G Lyubomir Geraskov BUL 19,950
Zsolt Borkai HUN 19,950
Dimitri Bilozerchev URS 19,950

Barcelona 1992

G Vitali Sheherbo EUN 9,925
Pae Gil-Su PRK 9,925
B Andreas Wecker GER 9,887

Bilanz Reck Männer

Land	G	S	B
1. JPN	6	3	4
2. URS	4	3	2
3. USA	4	–	1
4. SUI	3	3	1
5. GER	1	3	1
6. FIN	1	1	2
7. YUG	1	–	1
8. BUL	1	–	–
9. FRG	–	1	1
10. CHN	–	1	–
EUN	–	1	–
ITA	–	1	–
13. FRA	–	–	2
14. GDR	–	–	1
ROM	–	–	1

Reck Männer

Athen 1896

G Hermann Weingärtner GER
S Alfred Flatow GER
B –

St. Louis 1904

G Anton Heida USA 40
Edward Hennig USA 40
B George Eyser USA 39

Paris 1924

G Leon Stukelj YUG 19,750
S Jean Gutweniger SUI 19,236
B André Higelin FRA 19,163

Amsterdam 1928

G Georges Miez SUI 19,17
S Romeo Neri ITA 19,00
B Eugen Mack SUI 18,92

Los Angeles 1932

G Dallas Bixler USA[1] 18,33
S Heikki Savolainen FIN 18,07
B Einari Teräsvirta FIN 18,07

Berlin 1936

G Aleksanteri Saarvala FIN 19,367
S Konrad Frey GER 19,267
B Alfred Schwarzmann GER 19,233

London 1948

G Josef Stalder SUI 39,70
S Walter Lehmann SUI 39,40
B Veikko Huhtanen FIN 39,20

Helsinki 1952

G Jack Günthard SUI 19,55
S Josef Stalder SUI 19,50
Alfred Schwarzmann FRG 19,50

Melbourne 1956

G Takashi Ono JPN 19,60
S Yuri Titov URS 19,40
B Masao Takemoto JPN 19,30

Rom 1960

G Takashi Ono JPN 19,600
S Masao Takemoto JPN 19,525
B Boris Shakhlin URS 19,475

Tokio 1964

G Boris Shakhlin URS 19,625
S Yuri Titov URS 19,550
B Miroslav Cerar YUG 19,500

Mexico City 1968

G Mikhail Voronin URS 19,550
Akinori Nakayama JPN 19,550
B Eizo Kenmotsu JPN 19,375

München 1972

G Mitsuo Tsukahara JPN 19,725
S Sawao Kato JPN 19,525
B Shigeru Kasamatsu JPN 19,450

1) Dallas Bixler (* 1910, † 1990) startete nur im Reckturnen und gehörte nicht der US-Mannschaft an, die Olympiazweite wurde

Montreal 1976

G Mitsuo Tsukahara JPN 19,675
S Eizo Kenmotsu JPN 19,500
B Eberhard Gienger FRG 19,475
Henry Boërio FRA 19,475

Moskau 1980

G Stoyan Delchev BUL 19,825
S Alexander Dityatin URS 19,750
B Nikolai Andrianov URS 19,675

Los Angeles 1984

G Shinji Morisue JPN 20,000
S Tong Fei CHN 19,975
B Koji Gushiken JPN 19,950

Seoul 1988

G Vladimir Artyomov URS 19,900
Valeri Lyukin URS 19,900
B Holger Behrendt GDR 19,800
Marius Gherman ROM 19,800

Barcelona 1992

G Trent Dimas USA 9,875
S Grigori Misyutin EUN 9,837
Andreas Wecker GER 9,837

Ringe Männer

Athen 1896

G Ioannis Mitropoulos GRE
S Hermann Weingärtner GER
B Petros Persakis GRE

St. Louis 1904

G Herman Glass USA 45
S William Merz USA 35
B Emil Voigt USA 32

Paris 1924

G Francesco Martino ITA 21,553
S Robert Prazák TCH 21,483
B Ladislav Vácha TCH 21,430

Amsterdam 1928

G Leon Stukelj YUG 19,25
S Ladislav Vácha TCH 19,17
B Emanuel Löffler TCH 18,83

Los Angeles 1932

G George Gulack USA 18,97
S William Denton USA 18,60
B Giovanni Lattuada ITA 18,50

Berlin 1936

G Alois Hudec TCH 19,433
S Leon Stukelj YUG 18,867
B Matthias Volz GER 18,667

London 1948

G Karl Frei SUI 39,60
S Michael Reusch SUI 39,10
B Zdenek Ruzicka TCH 38,50

Helsinki 1952

G Grant Shaginyan URS 19,75
S Viktor Chukarin URS 19,55
B Hans Eugster SUI 19,40
Dimitri Leonkin URS 19,40

Melbourne 1956

G Albert Azaryan URS 19,35
S Valentin Muratov URS 19,15
B Masao Takemoto JPN 19,10
Masami Kubota JPN 19,10

Rom 1960

G Albert Azaryan URS 19,725
S Boris Shakhlin URS 19,500
B Velik Kapsazov BUL 19,425
Takashi Ono JPN 19,425

Tokio 1964

G Takuji Hayata JPN 19,475
S Franco Menichelli ITA 19,425
B Boris Shakhlin URS 19,400

Mexico City 1968

G Akinori Nakayama JPN 19,450
S Mikhail Voronin URS 19,325
B Sawao Kato JPN 19,225

München 1972

G Akinori Nakayama JPN 19,350
S Mikhail Voronin URS 19,275
B Mitsuo Tsukahara JPN 19,225

Montreal 1976

G Nikolai Andrianov URS 19,650
S Alexander Dityatin URS 19,550
B Danut Grecu ROM 19,500

Moskau 1980

G Alexander Dityatin URS 19,875
S Alexander Tkachov URS 19,725
B Jiri Tábak TCH 19,600

Bilanz Ringe Männer

Land	G	S	B
1. URS	6	7	2
2. JPN	4	–	5
3. USA	2	2	2
4. TCH	1	2	4
5. CHN	1	1	1
ITA	1	1	1
SUI	1	1	1
8. YUG	1	1	–
9. GDR	1	–	1
GRE	1	–	1
11. EUN	1	–	–
12. GER	–	1	2
13. BUL	–	–	1
ROM	–	–	1

Los Angeles 1984

G Koji Gushiken JPN 19,850
Li Ning CHN 19,850
B Mitchell Gaylord USA 19,825

Seoul 1988

G Holger Behrendt GDR 19,925
G Dimitri Bilozerchev URS 19,925
B Sven Tippelt GDR 19,875

Barcelona 1992

G Vitali Sheherbo EUN 9,937
S Li Jing CHN 9,875
B Li Xiaoshuang CHN 9,862
Andreas Wecker GER 9,862

Nicht mehr ausgetragene Wettbewerbe Männer

Bilanz Nicht mehr ausgetragene Wettbewerbe Turnen Männer

Land	G	S	B
1. USA	6	6	6
2. GRE	2	2	2
3. GER	2	–	1
4. SWE	2	–	–
5. FRA	1	3	–
6. DEN	1	2	–
7. NOR	1	1	1
8. SUI	1	–	1
TCH	1	–	1
10. AUT	–	1	–
FIN	–	1	–
HUN	–	1	–
13. BEL	–	–	1

Tauklettern Männer

Athen 1896

G Nicolaos Andriakopoulos GRE 23,4
S Thomas Xenakis GRE ....–
B –

St. Louis 1904

G George Eyser USA 7,0
S Charles Krause USA 7,8
B Emil Voigt USA 9,8

Athen 1906

G Georgios Aliprantis GRE 11,4
S Bela Eródy HUN 13,8
B Konstantinos Kozanitas GRE 13,8

Paris 1924

G Bedrich Supcík TCH 7,2
S Albert Séguin FRA 7,4
B August Güttinger SUI 7,8
Ladislav Vácha TCH 7,8

Los Angeles 1932

G Raymond Bass USA 6,7
S William Galbraith USA 6,8
B Thomas Connolly USA 7,0

Keulenschwingen Männer

St. Louis 1904

G Edward Hennig USA 13,0
S Emil Voigt USA 9,0
B Ralph Wilson USA 5,0

Los Angeles 1932

G George Roth USA 8,97
S Philip Erenberg USA 8,90
B William Kuhlemeier USA 8,63

Neunkampf Männer

St. Louis 1904

G Adolf Spinnler SUI 43,49
S Julius Lenhart AUT 43,00
B Wilhelm Weber GER 41,60

Geräte-Siebenkampf Männer

St. Louis 1904

G Anton Heida USA 161
S George Eyser USA 152
B William Merz USA 135

Seitpferd-Überschlag Männer

Paris 1924

G Albert Séguin FRA 10,00
S Jean Gounot FRA 9,93
François Gangloff FRA 9,93

Federbrettsprung Männer

Los Angeles 1932

G Rowland Wolfe USA 18,90
S Edward Gross USA 18,67
B William Herrmann USA 18,37

Barren Männer Mannschaft

Athen 1896

G GER
Fritz Hofmann, Conrad Böcker, Alfred Flatow, Gustav Felix Flatow, Fritz Manteuffel, Karl Neukirch, Georg Hilmar, Richard Röstel, Gustav Schuft, Carl Schuhmann, Hermann Weingärtner
S GRE (Panhellenios G. S.)
Sotirios Athanasopoulos, Nicolaos Andriakopoulos, Petros Persakis, Thomas Xenakis

B GRE (Ethnikos G. S.)
Ioannis Khrisaphos, Philippos Karvelas, Dimitrios Loundras, Ioannis Mitropoulos, Thomas Xenakis

Reck Männer Mannschaft

Athen 1896

G GER
Fritz Hofmann, Conrad Böcker, Alfred Flatow, Gustav Felix Flatow, Fritz Manteuffel, Karl Neukirch, Georg Hilmar, Richard Röstel, Gustav Schuft, Carl Schuhmann, Hermann Weingärtner
S –
B –

Freiübungen Männer Mannschaft

Stockholm 1912

G NOR 114,25
Isak Abrahamsen, Hans Beyer, Hartmann Björnson, Alfred Engelsen, Sigurd Jörgensen, Bjarne Johnsen, Knud Knudsen, Alf Lie, Rolf Lie, Tor Lund, Petter Martinsen, Per Mathiesen, Jacob Opdahl, Nils Opdahl, Bjarne Pettersen, Frithjof Sälen, Öistein Schirmer, Georg Selenius, Sigvard Sivertsen, Robert Sjursen, Einar Ström, Gabriel Thorstensen, Thomas Torstensen, Nils Voss
S FIN 109,25
Kaarle Ekholm, Eino Forsström, Eero Hyvärinen, Mikael Hyvärinen, Tauno Ilmoniemi, Ilmari Keinänen, Jalmari Kivenheimo, Karl Lund, Aarne Pelkonen, Ilmari Pernaja, Arvid Rydman, Eino Saastamoinen, Aarne Salovaara, Heikki Sammallahti, Hannes Sirola, Klaus Uuno Suomela, Lauri Tanner, Vainö Tiiri, Karl Vähämäki, Källe Vasama
B DEN 106,25
Axel Sigurd Andersen, Hjalmar Andersen, Halvor Birch, Hermann Grimmelmann, Aage Marius Hansen, Arvor Hansen, Christian Hansen, Charles Jensen, Poul Preben Jörgensen, Carl Immanuel Krebs, Vigo Meulengracht Madsen, Lukas Nielsen, Rikard Nordström, Oluf Olsson, Steen Lerche Olsen, Carl Julius Pedersen, Oluf Pedersen, Niels Petersen, Christian Valdemar Svendsen, Hjalmar Johansen

Antwerpen 1920

G DEN 51,35
Georg Albertsen, Carl Andersen, Viggo Dibbern, Aage Frandsen, Hugo Helsten, Harry Holm, Herold Jansson, Robert Johnsen, Christian Juhl, Vilhelm Lange, Peder Marcussen, Svend Meulengracht Madsen, Peder Möller, Niels Congo Nielsen, Steen Lerche Olsen, Christian Pedersen, Stig Rönne, Harry Sörensen, Christian Thomas, Knud Vermehren
S NOR 48,55
Alf Aaning, Karl Aas, Jörgen Andersen, Gustav Bayer, Jörgen Björnestad, Asbjörn Bodahl, Eilert Böhm, Trygve Boysen, Ingolf Davidsen, Haakon Enderson, Jacob Erstadt, Harald Färstad, Hermann Helgesen, Petter Hol, Otto Johannessen, John Anker Johansen, Steen Kristoffersen, Henrik Nielsen, Jacob Opdahl, Arthur Rydström, Frithjof Sälen, Björn Skjärpe, Wilhelm Steffensen, Olav Sundal, Reidar Tönsberg, Lauritz Wigand-Larsen
B –

Schwedische Gymnastik Männer

Stockholm 1912

G SWE 937,46
Per Daniel Bertilsson, Carl-Ehrenfried Carlberg, Nils Daniel Granfelt, Curt Hartzell, Oswald Holmberg, Anders Hylander, Axel Janse, Boo Kullberg, Sven Landberg, Per Nilsson, Benkt Rudolf Norelius, Axel Norling, Daniel Norling, Sven Rosén, Nils Silfverskiöld, Carl Silfverstrand, John Sörenson, Yngve Stiernspetz, Carl-Erik Svensson, Karl-Johan Svensson, Knut Torel, Edward Wennerholm, Claës Wersäll, David Wiman
S DEN 898,84
Sören Peter Christensen, Ingvald Eriksen, George Falcke, Torkild Garp, Hans Trier Hansen, Johannes Hansen, Rasmus Hansen, Jens Kristian Jensen, Sören Alfred Jensen, Valdemar Böggild, Karl Kirk, Jens Kirkegaard,

Bilanz Mehrkampf Frauen

Land	G	S	B
1. URS	6	5	7
2. TCH	2	–	–
3. ROM	1	3	2
4. USA	1	1	–
5. EUN	1	–	–
6. GDR	–	2	–
7. HUN	–	1	1

Olaf Nielsen Kjems, Carl Otto Larsen, Jens Peter Laursen, Marius Lefèvre, Povl Sörensen Mark, Einar Olsen, Hans Pedersen, Hans Eiler Pedersen, Oluf Pedersen, Peder Larsen Pedersen, Aksel Sörensen, Sören Frederik Thorborg, Kristen Vadgaard, Peter Villemoes Andersen, Johannes Larsen Vinther

B NOR 857,21
Arthur Amundsen, Jörgen Andersen, Trygve Boysen, Georg Brustadt, Conrad Christensen, Oscar Engelstad, Marius Eriksen[1], Axel Henry Hansen, Petter Hol, Eugen Ingebretsen, Olaf Ingebretsen, Olof Jacobsen, Erling Jensen, Thor Jensen, Frithjof Olsen, Oscar Olstad, Edvin Paulsen, Carl Alfred Pedersen, Paul Pedersen, Rolf Robach, Sigurd Smebye, Torleif Torkildsen

Antwerpen 1920

G SWE 1,364
Fausto Acke, Albert Andersson, Arvid Andersson-Holtman, Helge Bäckander, Bengt Folke Bengtsson, Fabian Biörck, Carl-Erik Charpentier, Sture Ericsson, Konrad Granström, Helge Gustafson, Åke Häger, Ture Hedman, Sven Johnson, Sven-Olof Jonsson, Karl Lindahl, Edmund Lindmark, Bengt Mohrberg, Frans Persson, Klas Särner, Curt Sjöberg, Gunnar Söderlindh, John Sörenson, Erik Svensén, Gösta Törner

S DEN 1,325
Johannes Birk, Frede Hansen, Frederik Hansen-Melvang, Kristian Hansen, Hans Hovgaard Jakobsen, Aage Jörgensen, Alfred Frökjaer Jörgensen, Alfred »Ollerup« Jörgensen, Arne Jörgensen, Knud Kirkelökke, Jens Lambäk, Kristjan Larsen, Kristian Madsen-Krogshede, Niels Kristian Nielsen, Niels Erik Nielsen, Hans Pedersen, Johannes Pedersen, Peter Dorf Pedersen, Rasmus Rasmussen, Dynes Pedersen, Hans C. Sörensen, Hans Laurids Sörensen, Sören Larsen Sörensen, Aage Walther, Georg West

B BEL 1,094
Paul Arets, Léon Bronckaert, Léopold Clabots, Jean-Baptist Claessens, Léon Darrien, Lucien Dehoux, Ernest Deleu, Emile Duboisson, Ernest Dureuil, Joseph Fiems, Marcel Hansen, Louis Henin, Omer Hoffman, Félix Logiest, Charles Marschaelek, René Paenhuysen, Arnold Pierret, René Pinchart, Gaspard Pirotte, Augustien Pluys, Léopold Son, Edouard Taeymans, Pierre Thiriar, Henri Verhavert

Mehrkampf Frauen

Helsinki 1952

G Maria Gorokhovskaya URS 76,78
S Nina Bocharova URS 75,94
B Margit Korondi HUN 75,82

Melbourne 1956

G Larisa Latynina URS 74,933
S Agnes Keleti HUN 74,633
B Sofiya Muratova URS 74,466

Rom 1960

G Larisa Latynina URS 77,031
S Sofiya Muratova URS 76,696
B Polina Astakhova URS 76,164

Tokio 1964

G Vera Cáslavská TCH 77,564
S Larisa Latynina URS 76,998
B Polina Astakhova URS 76,965

Mexico City 1968

G Vera Cáslavská TCH 78,25
S Zinaida Voronina URS 76,85
B Natalia Kuchinskaya URS 76,75

München 1972

G Lyudmila Turishcheva URS 77,025
S Karin Janz GDR 76,875
B Tamara Lazakovich URS 76,850

Montreal 1976

G Nadia Comaneci ROM 79,275
S Nelli Kim URS 78,675
B Lyudmila Turishcheva URS 78,625

Moskau 1980

G Yelena Davydova URS 79,150
S Nadia Comaneci ROM 79,075
Maxi Gnauck GDR 79,075

Los Angeles 1984

G Mary Lou Retton USA 79,175
S Ecaterina Szabo ROM 79,125
B Simona Pauca ROM 78,675

1) Marius Eriksen war der Vater des Skiläufers Stein Eriksen, der 1952 Olympiasieger im Riesenslalom war und Silber im Slalom gewann.

Seoul 1988

G Yelena Shushunova URS 79,662
S Daniela Silivas ROM 79,637
B Svetlana Boginskaya URS 79,400

Barcelona 1992

G Tatyana Gutsu EUN 39,737
S Shannon Miller USA 39,725
B Lavinia Milosoveci ROM 39,687

Mehrkampf Frauen Mannschaft

Amsterdam 1928

G NED 316,75
Petronella van Randwijk, Jacomina van den Berg, Ans Polak, Helena Nordheim, Alida van den Bos, Hendrika van Rumt, Anna van der Vegt, Elka de Levie, Jacoba Stelma, Estella Agsteribbe
S ITA 289,00
Bianca Ambrosetti, Lavinia Gianoni, Luigina Perversi, Diana Pizzavini, Luigina Giavotti, Luisa Tanzine, Carolina Tronconi, Ines Vercesi, Rita Vittadini, Virgina Giorgi, Germana Malabarba, Clara Marangoni
B GBR 258,25
Margaret Hartley, E. Carrie Pickles, Annie Broadbent, Amy Jagger, Ada Smith, Lucy Desmond, Doris Woods, Jessie Kite, Isobel Judd, Marjorie Moreman, Ethel Seymour, Hilda Smith

Berlin 1936

G GER 506,50
Trudi Meyer, Erna Bürger, Käte Sohnemann, Isolde Frölian, Anita Bärwirth, Paula Pöhlsen, Friedl Iby, Julie Schmitt
S TCH 503,50
Vlasta Foltová, Vlasta Dekanová, Zdenka Vermirovská, Matylda Pálfyová, Anna Hrebrinová, Bozena Dobesová, Marie Vetrovská, Marie Bajerová
B HUN 499,00
Margit Csillik, Judit Toth, Margit Nagy, Gabriella Meszaros, Eszter Voit, Olga Törös, Ilona Madary, Margit Kalocsai

London 1948

G TCH 445,45
Zdenka Vermirovská, Zdenka Honsová, Miloslává Misáková, Vera Ruzicková, Bozena Srncová, Milena Müllerová, Olga Silhanová, Marie Koválová
S HUN 440,55
Edit Vasarhelyi Weckinger, Maria Zalaine-Kövi, Iren Karpati-Karcsics, Erzsebet Gulyasne-Köteles, Erzsebet Balazs, Olga Lemhenyine-Tass, Anna Feher, Margit Sandorne-Nagy
B USA 422,63
Helen Schifano, Clara Schroth, Meta Elste, Marian Barone, Ladislava Bakanic, Consetta Lenz, Anita Simonis, Dorothy Dalton

Helsinki 1952

G URS 527,03
Maria Gorokhovskaya, Nina Bocharova, Galina Minaicheva, Galina Urbanovich, Pelageya Danilova, Galina Shamray, Medeya Dzhugeli, Yekaterina Kalinchuk
S HUN 520,96
Margit Korondi, Agnes Keleti, Edit Perenyine-Vasarhelyi Weckinger, Olga Lemhenyine-Tass, Erzsebet Gulyasne-Köteles, Maria Zalaine-Kövi, Andrea Bodo, Iren Daruhazine-Karpati-Karcsics
B TCH 503,32
Bozena Srncová, Eva Vechtová, Alena Chadimová, Jana Rabasová, Hana Bobková, Matylda Sinová, Vera Vancurová, Alena Reichová

Melbourne 1956

G URS 444,80
Tamara Marina, Larisa Latynina, Sofiya Muratova, Lidiya Kalinina, Polina Astakhova, Lyudmila Yegorova
S HUN 443,50
Margit Plachyne-Korondi, Agnes Keleti, Olga Lemhenyine-Tass, Andrea Molnarne-Bodo, Erzsebet Gulyasne-Köteles, Aliz Kertesz
B ROM 438,20
Elena Leusteanu, Sonia Iovan, Georgeta Hurmuzachi, Emilia Vatasoiu, Elena Margarit, Elena Sacalici

Rom 1960

G URS 382,320
Larisa Latynina, Sofiya Muratova, Margarita Nikolayeva, Lidiya Ivanova-Kalinina, Tamara Lyukhina, Polina Astakhova
S TCH 373,323
Vera Cáslavská, Eva Bosáková-Vechtová, Ludmila Svédová, Adolfina Tacová, Matylda Matousková-Sinová, Hana Ruzicková

Bilanz Mannschaft Frauen

Land	G	S	B
1. URS	9	-	-
2. ROM	1	4	2
3. TCH	1	4	1
4. EUN	1	-	-
GER	1	-	-
NED	1	-	-
7. HUN	-	3	2
8. GDR	-	1	4
9. USA	-	1	2
10. ITA	-	1	-
11. CHN	-	-	1
GBR	-	-	1
JPN	-	-	1

B ROM 372,053
Elena Leusteanu, Sonia Iovan,
Emilia Lita-Vatasoiu, Atanasia Ionescu,
Uta Poreceanu, Elena Niculescu-Margarit

Tokio 1964

G URS 380,890
Larisa Latynina, Polina Astakhova,
Tamara Manina, Yelena Volchetskaya,
Tamara Zamotaylova-Lyukhina,
Lyudmila Gromova

S TCH 379,989
Vera Cáslavská, Hana Ruzicková,
Jaroslava Sedlácková, Adolfina Tkacíková-Tacová, Mária Krajcírová, Jana Posnerová

B JPN 377,889
Keiko Ikeda-Tanaka, Toshiko Aihara-Shirasu, Kiyoko Ono, Taniko Nakamura,
Ginko Chiba-Abukawa, Hiroko Tsuji

Mexiko City 1968

G URS 382,85
Zinaida Voronina, Natalia Kuchinskaya,
Larisa Petrik, Olga Karasyova,
Lyudmila Turishcheva, Lyubov Burda

S TCH 382,20
Vera Cáslavská, Bohumila Rimnácová,
Miroslova Sklenicková, Mária Krajcírová,
Hana Lisková, Jana Kubicková-Posnerová

B GDR 379,10
Erika Zuchold ,Karin Janz, Maritta Bauer-schmidt, Ute Starke, Marianne Noack,
Magdalena Schmidt

München 1972

G URS 380,50
Lyudmila Turishcheva, Lyubov Burda,
Olga Korbut, Tamara Lazakovich,
Elvira Saadi, Antonina Koshel

S GDR 376,55
Karin Janz, Erika Zuchold, Angelika Hellmann,
Irene Abel, Christine Schmitt,
Richarda Schmeißer

B HUN 368,25
Ilona Bekesi, Monika Csaszar,
Krisztina Medveczky, Aniko Kery,
Marta Kelemen, Zsuzsa Nagy

Montreal 1976

G URS 390,35
Lyudmila Turishcheva, Olga Korbut,
Nelli Kim, Elvira Saadi, Maria Filatova,
Svetlana Grozdova

S ROM 387,15
Nadia Comaneci, Teodora Ungureanu,
Mariana Constantin, Anca Grigoras,
Gabriela Trusca, Georgeta Gabor

B GDR 385,10
Gitta Escher, Marion Kische,
Kerstin Gerschau, Angelika Hellmann,
Steffi Kräker, Carola Dombeck

Moskau 1980

G URS 394,90
Nelli Kim, Yelena Davydova,
Maria Filatova, Yelena Naymushina,
Natalia Shaposhnikova, Stella Zakharova

S ROM 393,50
Nadia Comaneci, Rodica Dunca,
Emilia Eberle, Melita Rühn, Dumitrita Turner,
Cristina Elena Grigoras

B GDR 392,55
Maxi Gnauck, Silvia Hindorff, Steffi Kräker,
Katharina Rensch, Karola Sube, Birgit Süß

Los Angeles 1984

G ROM 392,20
Simona Pauca, Mihaela Stanulet,
Laura Cutina, Cristina Elena Grigoras,
Lavinia Agache, Ecaterina Szabo

S USA 391,20
Pamela Bileck, Michelle Dusserre,
Kathy Johnson, Tracee Talavera,
Julianne McNamara, Mary Lou Retton

B CHN 388,60
Huang Qun, Zhou Qiurui, Wu Jiani,
Ma Yanhong, Zhou Ping, Chen Yongyan

Seoul 1988

G URS 395,475
Svetlana Baitova, Yelena Shevchenko,
Olga Strazheva, Svetlana Boginskaya,
Natalja Lashchenkova, Yelena Shushunova

S ROM 394,125
Camelia Voinea, Eugenia Golea,
Celestina Popa, Gabriela Potorac,
Daniela Silivas, Aurelia Dobre

B GDR 390,875
Martina Jentsch, Gabriele Fähnrich,
Ulrike Klotz, Bettina Schieferdecker,
Dörte Thümmler-Pawlak, Dagmar Kersten

Barcelona 1992

G EUN 395,666
Svetlana Boginskaya, Tatyana Lysenko,
Rozaliya Galiyeva, Tatyana Gutsu,
Yelena Grudneva, Oksana Chusovitina

S ROM 395,079
Cristina Bontas, Lavinia Milosoveci, Gina Gogean, Vanda Hadarcan, Maria Neculita, Mirela Pasca
B USA 394,704
Shannon Miller, Betty Okino, Kim Zmeskal, Kerri Strug, Dominique Dawes, Wendy Bruce

Stufenbarren Frauen

Helsinki 1952

G Margit Korondi HUN 19,40
S Maria Gorokhovskaya URS 19,26
B Agnes Keleti HUN 19,16

Melbourne 1956

G Agnes Keleti HUN 18,966
S Larisa Latynina URS 18,833
B Sofiya Muratova URS 18,800

Rom 1960

G Polina Astakhova URS 19,616
S Larisa Latynina URS 19,416
B Tamara Lyukhina URS 19,399

Tokio 1964

G Polina Astakhova URS 19,332
S Katalin Makray HUN 19,216
B Larisa Latynina URS 19,199

Mexico City 1968

G Vera Cáslavská TCH 19,650
S Karin Janz GDR 19,500
B Zinaida Voronina URS 19,425

München 1972

G Karin Janz GDR 19,675
S Olga Korbut URS 19,450
Erika Zuchold GDR 19,450

Montreal 1976

G Nadia Comaneci ROM 20,000
S Teodora Ungureanu ROM 19,800
B Marta Egervari HUN 19,775

Moskau 1980

G Maxi Gnauck GDR 19,875
S Emilia Eberle ROM 19,850
B Steffi Kräker GDR 19,775
Melita Rühn ROM 19,775
Maria Filatova URS 19,775

Los Angeles 1984

G Ma Yanhong CHN 19,95
Julianne McNamara USA 19,95
B Mary Lou Retton USA 19,80

Seoul 1988

G Daniela Silivas ROM 20,000
S Dagmar Kersten GDR 19,987
B Yelena Shushunova URS 19,962

Barcelona 1992

G Lu Li CHN 10,000
S Tatyana Gutsu EUN 9,975
B Shannon Miller USA 9,962

Bilanz Stufenbarren Frauen

Land	G	S	B
1. URS	2	4	6
2. GDR	2	3	1
3. ROM	2	2	1
4. HUN	2	1	2
5. CHN	2	–	–
6. USA	1	–	2
7. TCH	1	–	–
8. EUN	–	1	–

Boden Frauen

Helsinki 1952

G Agnes Keleti HUN 19,36
S Maria Gorokhovskaya URS 19,20
B Margit Korondi HUN 19,00

Melbourne 1956

G Agnes Keleti HUN 18,733
Larisa Latynina URS 18,733
B Elena Leusteanu ROM 18,700

Rom 1960

G Larisa Latynina URS 19,583
S Polina Astakhova URS 19,532
B Tamara Lyukhina URS 19,449

Tokio 1964

G Larisa Latynina URS 19,599
S Polina Astakhova URS 19,500
B Aniko Janosine-Ducza HUN 19,300

Mexiko City 1968

G Larisa Petrik URS 19,675
Vera Cáslavská TCH 19,675
B Natalia Kuchinskaya URS 19,650

München1972

G Olga Korbut URS 19,575
S Lyudmila Turishcheva URS 19,550
B Tamara Lazakovich URS 19,450

Montreal 1976

G Nelli Kim URS 19,850
S Lyudmila Turishcheva URS 19,825
B Nadia Comaneci ROM 19,750

Bilanz Boden Frauen

Land	G	S	B
1. URS	7	6	4
2. ROM	4	–	3
3. HUN	2	1	2
4. TCH	1	–	–
5. USA	–	1	2
6. BUL	–	–	1
EUN	–	–	1
GDR	–	–	1

Moskau 1980

G Nelli Kim URS 19,875
Nadia Comaneci ROM 19,875
B Natalia Shaposhnikova URS 19,825
Maxi Gnauck GDR 19,825

Los Angeles 1984

G Ecaterina Szabo ROM 19,975
S Julianne McNamara USA 19,950
B Mary Lou Retton USA 19,775

Seoul 1988

G Daniela Silivas ROM 19,937
S Svetlana Boginskaya URS 19,887
B Diana Dudeva BUL 19,850

Barcelona 1992

G Lavinia Milosoveci ROM 10,000
S Henrietta Onodi HUN 9,950
B Tatyana Gutsu EUN 9,912
Shannon Miller USA 9,912
Cristina Bontas ROM 9,912

Bilanz Schwebebalken Frauen

Land	G	S	B
1. ROM	5	–	2
2. URS	3	8	4
3. TCH	2	2	–
4. HUN	1	–	1
5. EUN	1	–	–
6. USA	–	1	2
7. CHN	–	1	–
8. GDR	–	–	1

Schwebebalken Frauen

Helsinki 1952

G Nina Bocharova URS 19,22
S Maria Gorokhovskaya URS 19,13
B Margit Korondi HUN 19,02

Melbourne 1956

G Agnes Keleti HUN 18,800
S Tamara Manina URS 18,633
Eva Bosáková-Vechtová TCH 18,633

Rom 1960

G Eva Bosáková-Vechtová TCH 19,283
S Larisa Latynina URS 19,233
B Sofiya Muratova URS 19,232

Tokio 1964

G Vera Cáslavská TCH 19,449
S Tamara Manina URS 19,399
B Larisa Latynina URS 19,382

Mexiko City 1968

G Natalia Kuchinskaya URS 19,650
S Vera Cáslavská TCH 19,575
B Larisa Petrik URS 19,250

München 1972

G Olga Korbut URS 19,400
S Tamara Lazakovich URS 19,375
B Karin Janz GDR 18,975

Montreal 1976

G Nadia Comaneci ROM 19,950
S Olga Korbut URS 19,725
B Teodora Ungureanu ROM 19,700

Moskau 1980

G Nadia Comaneci ROM 19,800
S Yelena Davydova URS 19,750
B Natalia Shaposhnikova URS 19,725

Los Angeles 1984

G Simona Pauca ROM 19,800
Ecaterina Szabo ROM 19,800
B Kathy Johnson USA 19,650

Seoul 1988

G Daniela Silivas ROM 19,924
S Yelena Shushunova URS 19,875
B Phoebe Mills USA 19,837
Gabriela Potorac ROM 19,837

Barcelona 1992

G Tatyana Lysenko EUN 9,975
S Lu Li CHN 9,912
Shannon Miller USA 9,912

Bilanz Pferdsprung Frauen

Land	G	S	B
1. URS	6	6	3
2. ROM	2	1	3
3. TCH	2	–	–
4. GDR	1	5	–
5. HUN	1	–	1
6. USA	–	1	–
7. EUN	–	–	1
SWE	–	–	1

Pferdsprung Frauen

Helsinki 1952

G Yekaterina Kalinchuk URS 19,20
S Maria Gorokhovskaya URS 19,19
Galina Minaicheva URS 19,16

Melbourne 1956

G Larisa Latynina URS 18,833
S Tamara Manina URS 18,800
B Ann-Sofi Colling SWE 18,733
Olga Lemhenyine-Tass HUN 18,733

Rom 1960

G Margarita Nikolayeva URS 19,316
S Sofiya Muratova URS 19,049
B Larisa Latynina URS 19,016

Tokio 1964

G Vera Cáslavská TCH 19,483
S Larisa Latynina URS 19,283
Birgit Radochla GDR 19,283

Mexico City 1968

G Vera Cáslavská TCH 19,775
S Erika Zuchold GDR 19,625
B Zinaida Voronina URS 19,500

München 1972

G Karin Janz GDR 19,525
S Erika Zuchold GDR 19,275
B Lyudmila Turishcheva URS 19,250

Montreal 1976

G Nelli Kim URS 19,800
S Lyudmila Turishcheva URS 19,650
Carola Dombeck GDR 19,650

Moskau 1980

G Natalia Shaposhnikova URS 19,725
S Steffi Kräker GDR 19,675
B Melita Rühn ROM 19,650

Los Angeles 1984

G Ecaterina Szabo ROM 19,875
S Mary Lou Retton USA 19,850
B Lavinia Agache ROM 19,750

Seoul 1988

G Svetlana Boginskaya URS 19,905
S Gabriela Potorac ROM 19,830
B Daniela Silivas ROM 19,818

Barcelona 1992

G Henrietta Onodi HUN 9,925
Lavinia Milosoveci ROM 9,925
B Tatyana Lysenko EUN 9,912

Rhythmische Sportgymnastik Frauen

Los Angeles 1984

G Lori Fung CAN 57,950
S Doina Staiculescu ROM 57,900
B Regina Weber FRG 57,700

Seoul 1988

G Marina Lobach URS 60,000
S Adriana Dunavska BUL 59,950
B Alexandra Timoshenko URS 59,875

Barcelona 1992

G Alexandra Timoshenko EUN 59,037
S Carolina Pascual Garcia ESP 58,100
B Oksana Skaldina EUN 57,912

Nicht mehr ausgetragene Wettbewerbe Frauen

Gruppenturnen mit Geräten Frauen

Helsinki 1952

G SWE 74,20
Karin Lindberg, Gun Röring, Evy Berggren, Göta Pettersson, Ann-Sofi Colling, Ingrid Sandahl, Hjördis Nordin, Vanja Blomberg
S URS 73,00
Maria Gorokhovskaya, Nina Bocharova, Galina Minaicheva, Galina Urbanovich, Pelageya Danilova, Galina Shamray, Medeya Dzhugeli, Yekaterina Kalinchuk
B HUN 71,60
Margit Korondi, Agnes Keleti, Edit Pereyine-Vasarhelyi Weckinger, Olga Lemhenyine-Tass, Erzsebet Gulyasne-Köteles, Maria Zalaine-Kövi, Andrea Bodo, Iren Daruhazine-Karpati-Karcsics

Melbourne 1956

G HUN 75,20
Margit Plachyne-Korondi, Agnes Keleti, Olga Lemhenyine-Tass, Andrea Molnarne-Bodo, Erzsebet Gulyasne-Köteles, Aliz Kertesz
S SWE 74,20
Ann-Sofi Colling, Karin Lindberg, Eva Rönström, Evy Berggren, Doris Hedberg, Maud Karlén
B POL 74,00
Helena Rakoczy, Natalia Kotówna-Walowa, Dorota Jokielowa, Danuta Stachow, Barbara Slizowska, Lidia Szczerbinska-Krolowa
URS 74,00
Tamara Manina, Larisa Latynina, Sofiya Muratova, Lidiya Kalinina, Polina Astakhova, Lyudmila Yegorova

Bilanz Rhythmische Sportgymnastik Frauen

Land	G	S	B
1. EUN	1	–	1
URS	1	–	1
3. CAN	1	–	–
4. BUL	–	1	–
ESP	–	1	–
ROM	–	1	–
7. FRG	–	–	1

Bilanz Straßenrennen Männer

Land	G	S	B
1. ITA	5	3	–
2. FRA	4	3	3
3. SWE	2	–	3
4. URS	2	–	1
5. BEL	1	2	3
6. DEN	1	2	–
NED	1	2	–
8. RSA	1	1	–
9. USA	1	–	1
10. GDR	1	–	–
GRE	1	–	–
12. GBR	–	2	2
13. FRG	–	1	1
GER	–	1	1
PCL	–	1	1
16. AUS	–	1	–
CAN	–	1	–
18. LAT	–	–	1
NOR	–	–	1
SUI	–	–	1

Radsport

Straßenrennen Männer

Athen 1896
G Aristidis Konstantinidis GRE 3:21:10
S August Goedrich GER 3:42:14
B F. Battel GBR ....–

Athen 1906
G Fernand Vast FRA 2:41:28,0
S Maurice Bardonneau FRA 2:41:28,6
B Edmont Luguet FRA 2:41:28,6

Stockholm 1912
G Rudolph Lewis RSA 10:42:39,0
S Frederick Grubb GBR 10:51:24,2
B Carl Schutte USA 10:52:38,8

Antwerpen 1920
G Harry Stenqvist SWE 4:40:01,8
S Henry Kaltenbrun RSA 4:41:26,6
B Fernand Canteloube FRA 4:42:54,4

Paris 1924
G Armand Blanchonnet FRA 6:20:48,0
S Henri Hoevenaers BEL 6:30:27,0
B René Hamel FRA 6:30:51,0

Amsterdam 1928
G Henry Hansen DEN 4:47:18,0
S Frank Southall GBR 4:55:06,0
B Gösta Carlsson SWE 5:00:17,0

Los Angeles 1932
G Attilio Pavesi ITA 2:28:05,6
S Guglielmo Segato ITA 2:29:21,4
B Bernhard Britz SWE 2:29:45,2

Berlin 1936
G Robert Charpentier FRA 2:33:05,0
S Guy Lapébie FRA[1] 2:33:05,2
B Ernst Nievergelt SUI 2:33:05,8

London 1948
G José Beyaert FRA 5:18:12,6
S Gerardus Voorting NED 5:18:16,2
B Louis Wouters BEL 5:18:16,2

Helsinki 1952
G André Noyelle BEL 5:06:03,4
S Robert Grondelaers BEL 5:06:51,2
B Edi Ziegler GER 5:07:47,5

Melbourne 1956
G Ercole Baldini ITA 5:21:17,0
S Arnaud Geyre FRA 5:23:16,0
B Alan Jackson GBR 5:23:16,0

Rom 1960
G Viktor Kapitonov URS 4:20:37,0
S Livio Trapè ITA 4:20:37,0
B Willy van den Berghen BEL 4:20:57,0

Tokio 1964
G Mario Zanin ITA 4:39:51,63
S Kjeld Rodian DEN 4:39:51,65
B Walter Godefroot BEL 4:39:51,74

Mexiko City 1968
G Pierfranco Vianelli ITA 4:41:25,24
S Leif Mortensen DEN 4:42:49,71
B Gösta Petterson SWE 4:43:15,24

München 1972
G Hennie Kuiper NED 4:14:37
S Kevin Sefton AUS 4:15:04
B –[2]

Montreal 1976
G Bernt Johansson SWE 4:46:52
S Giuseppe Martinelli ITA 4:47:23
B Mieczyscaw Nowicki POL 4:47:23

Moskau 1980
G Sergei Sukhoruchenkov URS 4:48:28,9
S Czeslaw Lang POL 4:51:26,9
B Yuri Barinov URS 4:51:26,9

Los Angeles 1984
G Alexi Grewal USA 4:59:57
S Steve Bauer CAN 4:59:57
B Dag Otto Lauritzen NOR 5:00:18

Seoul 1988
G Olaf Ludwig GDR 4:32:22
S Bernd Gröne FRG 4:32:25
B Christian Henn FRG 4:32:46

Barcelona 1992
G Fabio Casartelli ITA[3] 4:35:21
S Erik Dekker NED 4:35:22
B Dainis Ozols LAT 4:35:24

1) Guy Lapébie war der Bruder von Roger, der 1937 die Tour de France gewann.
2) Der Spanier Jaime Huelamo wurde wegen Dopings disqualifiziert.
3) Fabio Casartelli starb am 18. Juli 1995 nach einem Sturz bei der Tour de France.

1000 m Sprint Männer

Athen 1896[1)]
G Paul Masson FRA
S Stamatios Nikolopoulos GRE
B Léon Flameng FRA

Paris 1900[1)]
G Georges Taillandier FRA
S Fernand Sanz FRA
B John Lake USA

Athen 1906
G Francesco Verri ITA
S Herbert Bouffler GBR
B Eugène Debougnie BEL

Antwerpen 1920
G Maurice Peeters NED
S H. Thomas Johnson GBR
B Harry Ryan GBR

Paris 1924
G Lucien Michard FRA
S Jacob Meijer NED
B Jean Cugnot FRA

Amsterdam 1928
G Roger Beaufrand FRA
S Antonius Mazairac NED
B Villy Falck Hansen DEN

Los Angeles 1932
G Jacobus van Egmond NED
S Louis Chaillot FRA
B Bruno Pellizzari ITA

Berlin 1936
G Toni Merkens GER
S Arie van Vliet NED
B Louis Chaillot FRA

London 1948
G Mario Ghella ITA
S Reginald Harris GBR
B Axel Schandorff DEN

Helsinki 1952
G Enzo Sacchi ITA
S Lionel Cox AUS
B Werner Potzernheim GER

Melbourne 1956
G Michel Rousseau FRA
S Guglielmo Pesenti ITA
B Richard Ploog AUS

Rom 1960
G Sante Gaiardoni ITA
S Leo Sterckx BEL
B Valentino Gasparella ITA

Tokio 1964
G Giovanni Pettenella ITA
S Sergio Bianchetto ITA
B Daniel Morelon FRA

Mexiko City 1968
G Daniel Morelon FRA
S Giordano Turrini ITA
B Pierre Trentin FRA

München 1972
G Daniel Morelon FRA
S John Nicholson AUS
B Omar Pkhakadze URS

Montreal 1976
G Anton Tkác TCH
S Daniel Morelon FRA
B Jürgen Geschke GDR

Moskau 1980
G Lutz Heßlich GDR
S Yavé Cahard FRA
B Sergei Kopylov URS

Los Angeles 1984
G Mark Gorski USA
S Nelson Vails USA
B Tsutomu Sakamoto JPN

Seoul 1988
G Lutz Heßlich GDR
S Nikolay Kovsh URS
B Gary Neiwand AUS

Barcelona 1992
G Jens Fiedler GER
S Gary Neiwand AUS
B Curtis Harnett CAN

Bilanz 1000 m Sprint Männer

Land	G	S	B
1. FRA	7	4	5
2. ITA	5	3	2
3. NED	2	3	–
4. GDR	2	–	1
GER	2	–	1
6. USA	1	1	1
7. TCH	1	–	–
8. AUS	–	3	2
9. GBR	–	3	1
10. URS	–	1	2
11. BEL	–	1	1
12. GRE	–	1	–
13. DEN	–	–	2
14. CAN	–	–	1
JPN	–	–	1

1) 1896 und 1900 waren es 2000 m

Bilanz 1000 m Zeitfahren Männer

Land	G	S	B
1. ITA	3	2	–
2. FRA	3	1	4
3. AUS	2	3	1
4. DEN	2	1	1
5. GDR	2	–	1
6. BEL	1	2	–
NED	1	2	–
8. URS	1	1	1
9. FRG	1	–	1
10. ESP	1	–	–
11. GBR	–	1	1
GER	–	1	1
13. CAN	–	1	–
GRE	–	1	–
TCH	–	1	–
16. RSA	–	–	2
17. AUT	–	–	1
POL	–	–	1
JAM	–	–	1
USA	–	–	1

1000 m Zeitfahren Männer

Athen 1896[1)]

G Paul Masson FRA .24,0
S Stamatios Nikolopoulos GRE .25,4
B Adolf Schmal AUT .26,6

Athen 1906[1)]

G Francesco Verri ITA .22,8
S Herbert Crowther GBR .23,2/22,8
B Menjou FRA .23,2/23,2

Amsterdam 1928

G Villy Falck Hansen DEN 1:14,4
S Gerard Bosch van Drakestein NED 1:15,2
B Edgar »Dunc« Gray AUS 1:15,6

Los Angeles 1932

G Edgar »Dunc« Gray AUS 1:13,0
S Jacobus van Egmond NED 1:13,3
B Charles Rampelberg FRA 1:13,4

Berlin 1936

G Arie van Vliet NED 1:12,0
S Pierre Georget FRA 1:12,8
B Rudolf Karsch GER 1:13,2

London 1948

G Jacques Dupont FRA 1:13,5
S Pierre Nihant BEL 1:14,5
B Thomas Godwin GBR 1:15,0

Helsinki 1952

G Russell Mockridge AUS 1:11,1
S Marino Morettini ITA 1:12,7
B Raymond Robinson RSA 1:13,0

Melbourne 1956

G Leandro Faggin ITA 1:09,8
S Ladislav Foucek TCH 1:11,4
B Alfred Swift RSA 1:11,6

Rom 1960

G Sante Gaiardoni ITA 1:07,27
S Dieter Gieseler GER 1:08,86
B Rostislav Vargashkin URS 1:08,86

Tokio 1964

G Patrick Sercu BEL 1:09,59
S Giovanni Pettenella ITA 1:10,09
B Pierre Trentin FRA 1:10,42

Mexiko City 1968

G Pierre Trentin FRA 1:03,91
S Niels Fredborg DEN 1:04,61
B Janusz Kierzkowski POL 1:04,63

München 1972

G Niels Fredborg DEN 1:06,44
S Daniel Clark AUS 1:06,87
B Jürgen Schütze GDR 1:07,02

Montreal 1976

G Klaus Grünke GDR 1:05,927
S Michel Vaarten BEL 1:07,516
B Niels Fredborg DEN 1:07,617

Moskau 1980

G Lothar Thoms GDR 1:02,955
S Alexander Panfilov URS 1:04,845
B David Weller JAM 1:05,241

Los Angeles 1984

G Fredy Schmidtke FRG 1:06,10
S Curtis Harnett CAN 1:06,44
B Fabrice Colas FRA 1:06,65

Seoul 1988

G Alexander Kirichenko URS 1:04,499
S Martin Vinnicombe AUS 1:04,784
B Robert Lechner FRG 1:05,114

Barcelona 1992

G José Moreno ESP 1:03,342
S Shane Kelly AUS 1:04,288
B Erin Hartwell USA 1:04,753

4000-m-Einzel-Verfolgung Männer

Tokio 1964

G Jiri Daler TCH 5:04,75
S Giorgio Ursi ITA 5:05,96
B Preben Isaksson DEN 5:01,90

Mexiko City 1968

G Daniel Rebillard FRA 4:41,71
S Mogens Frey Jensen DEN 4:42,43
B Xaver Kurmann SUI 4:39,42

München 1972

G Knut Knudsen NOR 4:45,74
S Xaver Kurmann SUI 4:51,96
B Hans Lutz FRG 4:50,80

1) 1896 und 1906 kürzere Distanzen

Montreal 1976

G Gregor Braun FRG 4:47,61
S Herman Ponsteen NED 4:49,72
B Thomas Huschke GDR 4:52,71

Moskau 1980

G Robert Dill-Bundi SUI 4:35,66
S Alain Bondue FRA 4:42,96
B Hans-Hendrik Örsted DEN 4:36,54

Los Angeles 1984

G Steve Hegg USA 4:39,35
S Rolf Gölz FRG 4:43,82
B Leonard Harvey Nitz USA 4:44,03

Seoul 1988

G Gintautas Umaras URS 4:32,00
S Dean Woods AUS 4:35,00
B Bernd Dittert GDR 4:34,17

Barcelona 1992

G Chris Boardman GBR ....–
S Jens Lehmann GER[1] ....–
B Gary Anderson NZL 4:31,061

4000-m-Mannschafts-Verfolgung Männer

London 1908[2]

G GBR 2:18,6
Leonard Meredith, Benjamin Jones,
Ernest Payne, Clarence Kingsbury
S GER 2:28,6
Hermann Martens, Max Götze,
Karl Neumer, Rudolf Katzer
B CAN 2:29,6
William Morton, Walter Andrews,
Frederick McCarthy, William Anderson

Antwerpen 1920

G ITA 5:20,0
Franco Giorgetti, Ruggerio Ferrario,
Arnaldo Carli, Primo Magnani
S GBR .... –
Albert White, H. Thomas Johnson,
William Stewart, Cyril Alden
B RSA .... –
James Walker, William Smith,
Henry Kaltenbrun, Harry Goosen

Paris 1924

G ITA 5:15,0
Angelo De Martini, Alfredo Dinale,
Aleardo Menegazzi, Francesco Zuccetti
S POL .... –
Józef Lange, Jan Lazarski,
Tomasz Stankiewicz, Franciszek Szymczyk
B BEL .... –
Léonard Daghelinckx, Henri Hoevenaers,
Fernand Saive, Jean van den Bosch

Amsterdam 1928

G ITA 5:01,8
Luigi Tasselli, Giacomo Gaioni,
Cesare Facciani, Mario Lusiani
S NED 5:06,2
Adriaan Braspenninx, Jan Maas,
Johannes Pijnenburg, Piet van der Horst
B GBR[3] .... –
Frank Wyld, Leonard Wyld,
Percy Wyld, M. George Southall

Los Angeles 1932

G ITA 4:53,0
Marco Cimatti, Paolo Pedretti,
Alberto Ghilardi, Nino Borsari
S FRA 4:55,7
Amédée Fourmier, René Legrèves,
Henri Mouillefarine, Paul Chocque
B GBR 4:56,0
Ernest Johnson, William Harvell,
Frank Southall, Charles Holland

Berlin 1936

G FRA 4:45,0
Robert Charpentier, Jean Goujon,
Guy Lapébie, Roger Le Nizerhy
S ITA 4:51,0
Bianco Bianchi, Mario Gentili,
Armando Latini, Severino Rigoni
B GBR 4:53,6
Harry Hill, Ernest Johnson, Charles King,
Ernest Mills

London 1948

G FRA 4:57,8
Charles Coste, Serge Blusson,
Fernand Decanali, Pierre Adam
S ITA 5:36,7
Arnaldo Benfenati, Guido Bernardi,
Anselmo Citterio, Rino Pucci
B GBR 4:55,8
Alan Geldard, Thomas Godwin,
David Ricketts, Wilfred Waters

Helsinki 1952

G ITA 4:46,1
Marino Morettini, Guido Messina,
Mino De Rossi, Loris Campana

Bilanz 4000-m-Einzel-Verfolgung Männer

Land	G	S	B
1. FRG	1	1	1
SUI	1	1	1
3. FRA	1	1	–
4. USA	1	–	1
5. GBR	1	–	–
NOR	1	–	–
TCH	1	–	–
URS	1	–	–
9. DEN	–	1	2
10. AUS	–	1	–
GER	–	1	–
ITA	–	1	–
NED	–	1	–
14. GDR	–	–	2
15. NZL	–	–	1

Bilanz 4000-m-Mannschafts-Verfolgung Männer

Land	G	S	B
1. ITA	7	3	1
2. FRA	2	2	–
3. GER	2	2	–
4. FRG	2	1	1
URS	2	1	1
6. GBR	1	1	8
7. AUS	1	1	1
8. DEN	1	–	1
9. GDR	–	3	–
10. NED	–	1	1
RSA	–	1	1
12. POL	–	1	–
USA	–	1	–
14. BEL	–	–	1
CAN	–	–	1
TCH	–	–	1

1) überrundet vor Ende des Rennens
2) nur 1800 m
3) Die Wylds waren Brüder.

S RSA 4:53,6
Thomas Shardelow, Alfred Swift, Robert Fowler, George Estman
B GBR 4:51,5
Ronald Stretton, Alan Newton, George Newberry, Donald Burgess

Melbourne 1956

G ITA 4:37,4
Leandro Faggin, Valentino Gasparella, Antonio Domenicali, Franco Gandini
S FRA 4:39,4
Michel Vermeulin, Jean-Claude Lecante, René Bianchi, Jean Graczyk
B GBR 4:42,2
Donald Burgess, Michael Gambrill, John Geddes, Thomas Simpson

Rom 1960

G ITA 4:30,90
Luigi Arienti, Franco Testa, Mario Vallotto, Marino Vigna
S GER 4:35,78
Siegfried Köhler, Peter Gröning, Manfred Klieme, Bernd Barleben
B URS 4:34,05
Stanislav Moskvin, Viktor Romanov, Leonid Kolumbet, Arnold Belgardt

Tokio 1964

G GER 4:35,67
Lothar Claesges, Karlheinz Henrichs, Karl Link, Ernst Streng
S ITA 4:35,74
Luigi Roncaglia, Vincenzo Mantovani, Carlo Rancati, Franco Testa
B NED 4:38,99
Gerard Koel, Hendrik Cornelisse, Jacob Oudkerk, Cornelis Schuuring

Mexiko City 1968

G DEN 4:22,44
Gunnar Asmussen, Per Jörgensen, Reno Olsen, Mogens Frey Jensen
S FRG[1] 4:18,94
Udo Hempel, Karl Link, Karlheinz Henrichs, Jürgen Kissner
B ITA 4:18,35
Lorenzo Bosisio, Cipriano Chemello, Luigi Roncaglia, Giorgio Morbiato

München 1972

G FRG 4:22,14
Jürgen Colombo, Günter Haritz, Udo Hempel, Günther Schumacher
S GDR 4:25,25
Thomas Huschke, Heinz Richter, Herbert Richter, Uwe Unterwalder
B GBR 4:23,78
Michael Bennett, Ian Hallam, Ronald Keeble, William Moore

Montreal 1976

G FRG 4:21,06
Gregor Braun, Hans Lutz, Günther Schumacher, Peter Vonhof
S URS 4:27,15
Vladimir Osokin, Alexander Perov, Vitali Petrakov, Viktor Sokolov
B GBR 4:22,41
Ian Banbury, Michael Bennett, Ian Hallam, Robin Croker

Moskau 1980

G URS 4:15,70
Viktor Manakov, Valeri Movchan, Vladimir Osokin, Vitali Petrakov
S GDR 4:19,67
Gerald Mortag, Uwe Unterwalder, Matthias Wiegand, Volker Winkler
B TCH .... –[2]
Teodor Cerny, Martin Pene, Jirí Pokorny, Igor Sláma

Los Angeles 1984

G AUS 4:25,99
Michael Grenda, Kevin Nichols, Michael Turtur, Dean Woods
S USA 4:29,85
David Grylls, Steve Hegg, Patrick, McDonough, Leonard Harvey Nitz, Brent Emery
B FRG 4:25,60
Reinhard Alber, Rolf Gölz, Roland Günther, Michael Marx

Seoul 1988

G URS 4:13,31
Vyacheslav Yekimov, Arturas Kasputis, Dimitri Nelyubin, Gintautas Umaras
S GDR 4:14,09
Steffen Blochwitz, Roland Henning, Carsten Wolf, Dirk Meier
B AUS 4:16,02
Brett Dutton, Wayne McCarney, Stephen McGlede, Dean Woods, Scott McGrory

Barcelona 1992

G GER[3] 4:08,791
Michael Glöckner, Jens Lehmann, Stefan Steinweg, Guido Fulst, Andreas Walzer

1) zurückgestuft wegen Anschiebens im Finale
2) Überrundung
3) Deutsche Vierer gewannen insgesamt elf Medaillen (4–6–1).

S AUS 4:10,218
Brett Aitken, Stephen McGlede,
Shaun O'Brien, Stuart O'Grady
B DEN 4:15,860
Ken Frost, Jimmi Madsen, Jan Bo Petersen,
Klaus Kynde Nielsen, Michael Standstöd

Punktefahren 50 km Männer

Los Angeles 1984

G Roger Ilegems BEL 37
S Uwe Messerschmidt FRG 15
B José Manuel Sotomayor MEX ....–

Seoul 1988

G Dan Frost DEN 38
S Leo Peelen NED 26
B Marat Ganeyev URS ....–

Barcelona 1992

G Giovanni Lombardi ITA 44
S Léon van Bon NED 43
B Cedric Mathy BEL 41

Nicht mehr ausgetragene Wettbewerbe Männer

Straßenrennen Männer Mannschaft

(1912 bis 1952 Addition der Einzelzeiten, 1956 Addition der Platzziffer)

Stockholm 1912

G SWE 44:35:33,6
Erik Friborg, Ragnar Malm,
Axel Person, Algot Lönn
S GBR 44:44:39,2
Frederick Grubb, Leonard Meredith,
Charles Moss, William Hammond
B USA 44:47:55,5
Carl Schutte, Alvin Loftes, Albert Krushel,
Walter Martin

Antwerpen 1920

G FRA 19:16:43,2
Fernand Canteloube, Georges Detreille,
Achille Souchard, Marcel Gobillot
S SWE 19:23:10,0
Harry Stenqvist, Ragnar Malm,
Axel Person, Sigfrid Lundberg
B BEL 19:28:44,4
Jean Janssens, Albert De Bunné,
André Vercruysse, Albert Wyckmans

Paris 1924

G FRA 19:30:14,0
Armand Blanchonnet, René Hamel,
Georges Wambst
S BEL 19:46:55,4
Henri Hoevenaers, Alphonse Parfondry,
Jean van den Bosch
B SWE 19:59:41,6
Gunnar Sköld, Erik Bohlin, Ragnar Malm

Amsterdam 1928

G DEN 15:09:14,0
Henry Hansen, Leo Nielsen, Orla Jörgensen
S GBR 15:14:49,0
Frank Southall, Jack Lauterwasser,
John Middleton
B SWE 15:27:49,0
Gösta Carlsson, Eric Jansson, Georg Johnsson

Los Angeles 1932

G ITA 7:27:15,2
Attilio Pavesi, Guglielmo Segato,
Giuseppe Olmo
S DEN 7:38:50,2
Frode Sörensen, Leo Nielsen, Henry Hansen
B SWE 7:39:12,6
Bernhard Britz, Sven Gustaf Höglund,
Arne Berg

Berlin 1936

G FRA 7:39:16,2
Robert Charpentier, Guy Lapébie,
Robert Dorgebray
S SUI 7:39:20,4
Ernst Nievergelt, Edgar Buchwalder,
Kurt Ott
B BEL 7:39:21,0
Auguste Garrebeck, Armand Putzeys,
François Vandermotte

London 1948

G BEL 15:58:17,4
Louis Wouters, Léon Delathouwer,
Eugène van Roosbroeck
S GBR 16:03:31,6
Robert Maitland, Gordon Thomas,
C. S. Ian Scott
B FRA 16:08:19,4
José Beyaert, Alain Moineau, Jacques Dupont

Helsinki 1952

G BEL 15:20:46,6
André Noyelle, Robert Grondelaers,
Lucien Victor
S ITA 15:33:27,3
Dino Bruni, Vincenzo Zucconelli,
Gianni Ghidini

Bilanz Punktefahren 50 km Männer

Land	G	S	B
1. BEL	1	–	1
2. DEN	1	–	–
ITA	1	–	–
4. NED	–	2	–
5. FRG	–	1	–
6. MEX	–	–	1
7. URS	–	–	1

Bilanz Nicht mehr ausgetragene Wettbewerbe Radsport Männer

Land	G	S	B
1. FRA	10	4	9
2. GBR	7	14	2
3. USA[1]	7	7	9
4. ITA	7	7	3
5. NED	4	2	3
6. URS	4	1	2
7. BEL	3	1	4
8. GER	2	3	5
9. AUS	2	–	–
10. SWE	1	2	5
11. DEN	1	2	2
12. GDR	1	2	–
13. AUT	1	–	1
14. POL	–	3	1
15. RSA	–	2	–
SUI	–	2	–
17. TCH	–	1	1
18. GRE	–	1	–

1) Von 23 Medaillen der USA wurden 21 in St. Louis gewonnen.

B FRA 15:38:58,1
Jacques Anquetil[1], Alfred Tonello, Claude Rouer

Melbourne 1956

G FRA 22
Arnaud Geyre (2), Maurice Moucheraud (8), Michel Vermeulin (12)
S GBR 23
Alan Jackson (3), Arthur Brittain (6), William Holmes (14)
B GER 27
Horst Tüller (4), Gustaf-Adolf Schur (5), Reinhold Pommer (18)

100 km Mannschaftsfahren Straße Männer

Rom 1960

G ITA 2:14:33,53
Antonio Bailetti, Ottavio Cogliati, Giacomo Fornoni, Livio Trapè
S GER 2:16:56,31
Gustaf-Adolf Schur, Egon Adler, Erich Hagen, Günter Lörke
B URS 2:18:41,67
Viktor Kapitonov, Yevgeni Klevtsov, Yuri Melikhov, Alexei Petrov

Tokio 1964

G NED 2:26:31,19
Evert Dolman, Gerben Karstens, Johannes Pieterse, Hubertus Zoet
S ITA 2:26:55,39
Severino Andreoli, Luciano Dalla Bona, Pietro Guerra, Ferruccio Manza
B SWE 2:27:11,52
Sven Hamrin, Erik Pettersson, Gösta Pettersson, Sture Pettersson

Mexiko City 1968

G NED 2:07:49,06
Fedor den Hertog, Jan Krekels, Marinus »René« Pijnen, Joop Zoetemelk[2]
S SWE 2:09:26,60
Erik Pettersson, Gösta Pettersson, Sture Petterson, Tomas Petterson[3]
B ITA 2:10:18,74
Giovanni Bramucci, Vittorio Marcelli, Mauro Simonetti, Pierfranco Vianelli

München 1972

G URS 2:11:17,8
Boris Shukhov, Valeri Yardy, Gennadi Komnatov, Valeri Likhachov
S POL 2:11:47,5
Lucjan Lis, Edward Barcik, Stanislaw Szozda, Ryszard Szurkowski
B –[4]

Montreal 1976

G URS 2:08:53
Anatoli Chukanov, Valeri Chaplygin, Vladimir Kaminsky, Aavo Pikkuus
S POL 2:09:13
Tadeusz Mytnik, Mieczyscaw Nowicki, Stanislaw Szozda, Ryszard Szurkowski
B DEN 2:12:20
Verner Blaudzun, Gert Frank, Jörgen Emil Hansen, Jörn Lund

Moskau 1980

G URS 2:01:21,74
Yuri Kashirin, Oleg Logvin, Sergei Shelpakov, Anatoli Yarkin
S GDR 2:02:53,19
Falk Boden, Bernd Drogan, Olaf Ludwig, Hans-Joachim Hartnick
B TCH 2:02:53,89
Michael Klasa, Vlastibor Konecny, Alipi Kostadinov, Jiri Skoda

Los Angeles 1984

G ITA 1:58:28,0
Marcello Bartalini, Marco Giovannetti, Eros Poli, Claudio Vandelli
S SUI 2:02:38,0
Alfred Achermann, Richard Trinkler, Laurent Vial, Benno Wiss
B USA 2:02:46,0
Ronald Kiefel, Roy Knickman, Davis Phinney, Andrew Weaver

Seoul 1988

G GDR 1:57:47,7
Uwe Ampler, Mario Kummer, Maik Landsmann, Jan Schur
S POL 1:57:54,2
Joachim Halupczok, Zenon Jaskula, Marek Lesniewski, Andrzej Sypytkowski
B SWE 1:59:47,3
Björn Johannsson, Jan Karlsson, Michel Lafis, Anders Jarl

Barcelona 1992 (102,8 km)

G GER 2:01:39,0
Bernd Dittert, Christian Meyer, Uwe Peschel, Michael Rich
S ITA 2:02:39,0
Flavio Anastasia, Luca Colombo, Gianfranco Contri, Andrea Peron

1) gewann zwischen 1957 und 1964 fünfmal die Tour de France
2) Joop Zoetemelk wurde 1980 Sieger der Tour de France und 1985 Straßenweltmeister der Profis.
3) Die Schweden waren Brüder.
4) Das Team der Holländer wurde wegen Dopings (Aad van den Hoek) disqualifiziert und die Bronzemedaille nicht vergeben.

B FRA 2:05:25,0
Herve Boussard, Didier Faivre-Pierret, Philippe Gaumont, Jean-Louis Harel

Bahnfahren Männer

(Verschiedene Distanzen)

Athen 1896 (10 km)

G Paul Masson FRA 17:54,2
S Léon Flameng FRA 17:58,2
B Adolf Schmal AUT ..... –

Athen 1896 (100 km)

G Léon Flameng FRA 3:08:19,2
S Georgios Kolettis GRE ..... –
B –

Athen 1896 (12-Stunden-Rennen)

G Adolf Schmal AUT 295,300
S F. Keeping GBR 294,966
B –

St. Louis 1904 (Viertelmeile)

G Marcus Hurley USA 31,8
S Burton Downing USA ..... –
B Edwin Billington USA ..... –

St. Louis 1904 (Drittelmeile)

G Marcus Hurley USA 43,8
S Burton Downing USA ..... –
B Edwin Billington USA ..... –

St. Louis 1904 (Halbe Meile)

G Marcus Hurley USA 1:09,0
S Edwin Billington USA ..... –
B Burton Downing USA ..... –

St. Louis 1904 (Meile)

G Marcus Hurley USA 2:41,6
S Burton Downing USA ..... –
B Edwin Billington USA ..... –

St. Louis 1904 (Zwei Meilen)

G Burton Downing USA 4:57,8
S Oscar Goerke USA ..... –
B Marcus Hurley USA ..... –

St. Louis 1904 (Fünf Meilen)

G Charles Schlee USA 13:08,2
S George Wiley USA ..... –
B A. F. Andrews USA ..... –

St. Louis 1904 (25 Meilen)

G Burton Downing USA 1:10:55,4
S A. F. Andrews USA ..... –
B George Wiley USA ..... –

Athen 1906 (5000 m)

G Francesco Verri ITA 8:35,0
S Herbert Crowther GBR ..... –
B Fernand Vast FRA ..... –

Athen 1906 (20 km)

G William Pett GBR 29:00,0
S Maurice Bardonneau FRA 29:30,0
B Fernand Vast FRA 29:32,0

London 1908 (Bahnrunde)

G Victor Johnson GBR 51,2
S Emile Demangel FRA ..... –
B Karl Neumer GER ..... –

London 1908 (5000 m)

G Benjamin Jones GBR 8:36,2
S Maurice Schilles FRA ..... –
B André Auffray FRA ..... –

London 1908 (20 km)

G Clarence Kingsbury GBR 34:13,6
S Benjamin Jones GBR ..... –
B Joseph Weerbrouck BEL ..... –

London 1908 (100 km)

G Charles Bartlett GBR 2:41:48,6
S Charles Denny GBR 2:41:49,0
B Octave Lapize FRA[1] ..... –

Antwerpen 1920 (50 km)

G Henry George BEL 1:16:43,2
S Cyril Alden GBR ..... –
B Piet Ikelaar NED ..... –

Paris 1924 (50 km)

G Jacobus Willems NED 1:18:24,0
S Cyril Alden GBR ..... –
B Frederick Wyld GBR ..... –

Tandem Männer

Athen 1906

G GBR John Matthews, Arthur Rushen
S GER Max Götze, Bruno Götze
B GER Erich Dannenberg, Otto Küpferling

1) Octave Lapize wurde 1910 Sieger der Tour de France.

London 1908

G FRA Maurice Schilles, André Auffray
S GBR Frederick Hamlin, H. Thomas Johnson
B GBR Colin Brooks, Walter Isaacs

Antwerpen 1920

G GBR Harry Ryan, Thomas Lance
S RSA James Walker, William Smith
B NED Frans de Vreng, Piet Ikelaar

Paris 1924

G FRA Lucien Choury, Jean Cugnot
S DEN Villy Falck Hansen, Edmund Hansen
B NED Gerard Bosch van Drakestein, Maurice Peeters

Amsterdam 1928

G NED Bernhardus Leene, Daniel van Dijk
S GBR John Sibbit, Ernest Chambers
B GER Karl Köther, Hans Bernhardt

Los Angeles 1932

G FRA Maurice Perrin, Louis Chaillot
S GBR Ernest Chambers, Stanley Chambers
B DEN Willy Gervin, Harald Christensen

Berlin 1936

G GER Ernst Ihbe, Carl Lorenz
S NED Bernhardus Leene, Hendrik Ooms
B FRA Pierre Georget, Georges Maton

London 1948

G ITA Ferdinando Teruzzi, Renato Perona
S GBR Reginald Harris, Alan Bannister
B FRA René Faye, Gaston Dron

Helsinki 1952

G AUS Lionel Cox, Russell Mockridge
S RSA Raymond Robinson, Thomas Shardelow
B ITA Antonio Maspes, Cesare Pinarello

Melbourne 1956

G AUS Ian Browne, Anthony Marchant
S TCH Ladislav Foucek, Václav Machek
B ITA Giuseppe Ogna, Cesare Pinarello

Rom 1960

G ITA Giuseppe Beghetto, Sergio Bianchetto
S GER Jürgen Simon, Lothar Stäber
B URS Boris Vasilyev, Vladimir Leonov

Tokio 1964

G ITA Angelo Damiano, Sergio Bianchetto
S URS Imants Bodnicks, Viktor Logunov
B GER Willi Fuggerer, Klaus Kobusch

Mexiko City 1968

G FRA Daniel Morelon, Pierre Trentin
S NED Jan Jansen, Leijn Loevesijn
B BEL Daniel Goens, Robert van Lancker

München 1972

G URS Vladimir Semenets, Igor Tselovalnikov
S GDR Werner Otto, Jürgen Geschke
B POL Andrzej Bek, Benedykt Kocot

Bilanz Radsport Frauen

Land	G	S	B
1. USA	1	1	2
2. AUS	1	1	–
GER	1	1	–
4. NED	1	–	2
5. URS	1	–	1
6. EST	1	–	–
7. FRG	–	1	1
8. FRA	–	1	–
GDR	–	1	–

Straßenrennen 80 km Frauen

Los Angeles 1984

G Connie Carpenter-Phinney USA[1] . . 2:11:14,0
S Rebecca Twigg USA 2:11:14,0
B Sandra Schumacher FRG 2:11:14,0

Seoul 1988

G Monique Knol NED 2:00:52
S Jutta Niehaus FRG 2:00:52
B Laima Zilporit URS 2:00:52

Barcelona 1992

G Kathryn Watt AUS 2:04:42
S Jeannie Longo-Ciprelli FRA 2:05:02
B Monique Knol NED 2:05:03

Sprint 1000 m Frauen

Seoul 1988

G Erika Salumäe URS[2]
S Christa Luding-Rothenburger GDR[3]
B Connie Paraskevin-Young USA

Barcelona 1992

G Erika Salumäe EST[2]
S Annett Neumann GER
B Ingrid Haringa NED

3000-m-Verfolgung Frauen

Barcelona 1992

G Petra Roßner GER 3:41,753
S Kathryn Watt AUS 3:43,438
B Rebecca Twigg USA 3:52,429

1) Connie Carpenter-Phinney (* 1957) war 1972 noch vierzehnjährig Olympiasiebte im 1500-m-Eisschnellauf. Ihr Ehemann Davis gewann 1984 eine Bronzemedaille im 100-km-Mannschaftsfahren.
2) Erika Salumäe wurde Olympiasiegerin für die UdSSR und für Estland.
3) Christa Luding-Rothenburger gewann insgesamt fünf (2–2–1) Medaillen bei Sommer- und Winterspielen (Eisschnellauf).

Schwimmen

50 m Freistil Männer

St. Louis 1904

G Zoltan von Halmay HUN 28,0
S Scott Leary USA 28,6
B Charles Daniels USA . . . .–

Seoul 1988

G Matt Biondi USA .22,14
S Tom Jager USA 22,36
B Gennadi Prigoda URS 22,71

Barcelona 1992

G Alexander Popov EUN 21,91
S Matt Biondi USA .22,09
B Tom Jager USA 22,30

Bilanz 50 m Freistil Männer

Land	G	S	B
1. USA	1	3	2
2. EUN	1	–	–
HUN	1	–	–
4. URS	–	–	1

100 m Freistil Männer

Athen 1896

G Alfred Hajos HUN 1:22,2
S Efstathios Chorophas GRE 1:23,0
B Otto Herschmann AUT . . . .–

St. Louis 1904 (100 y)

G Zoltan von Halmay HUN 1:02,8
S Charles Daniels USA . . . .–
B Scott Leary USA . . . .–

Athen 1906

G Charles Daniels USA 1:13,4
S Zoltan von Halmay HUN 1:14,2
B Cecil Healy AUS . . . .–

London 1908

G Charles Daniels USA 1:05,6
S Zoltan von Halmay HUN 1:06,2
B Harald Julin SWE 1:08,0

Stockholm 1912

G Paoa Duke Kahanamoku USA 1:03,4
S Cecil Healy AUS .1:04,6
B Kenneth Huszagh USA 1:05,6

Antwerpen 1920

G Paoa Duke Kahanamoku USA 1:01,4
S Pua Kela Kealoha USA 1:02,6
B William Harris USA 1:03,0

Paris 1924

G Johnny Weissmuller USA 59,0
S Paoa Duke Kahanamoku USA 1:01,4
B Samuel Kahanamoku USA 1:01,8

Amsterdam 1928

G Johnny Weissmuller USA 58,6
S Istvan Barany HUN 59,8
B Katsuo Takaishi JPN 1:00,0

Los Angeles 1932

G Yasuji Miyazaki JPN 58,2
S Tatsugo Kawaishi JPN 58,6
B Albert Schwartz USA 58,8

Berlin 1936

G Ferenc Csik HUN .57,6
S Masanori Yusa JPN 57,9
B Shigeo Arai JPN 58,0

London 1948

G Walter Ris USA 57,3
S Alan Ford USA 57,8
B Geza Kadas HUN .58,1

Helsinki 1952

G Clarke Scholes USA 57,4
S Hiroshi Suzuki JPN 57,4
B Göran Larsson SWE 58,2

Melbourne 1956

G Jon Henricks AUS 55,4
S John Devitt AUS .55,8
B Gary Chapman AUS 56,7

Rom 1960

G John Devitt AUS[1] 55,2
S Lance Larson USA[1] 55,2
B Manuel Dos Santos BRA 55,4

Tokio 1964

G Don Schollander USA 53,4
S Robert McGregor GBR 53,5
B Hans-Joachim Klein GER 54,0

Mexiko City 1968

G Mike Wenden AUS 52,2
S Kenneth Walsh USA 52,8
B Mark Spitz USA 53,0

München 1972

G Mark Spitz USA 51,22
S Jerry Heidenreich USA 51,65
B Vladimir Bure URS 51,77

Bilanz 100 m Freistil Männer

Land	G	S	B
1. USA	13	8	6
2. AUS	3	3	2
3. HUN	3	3	1
4. JPN	1	3	2
5. EUN	1	–	–
GDR	1	–	–
7. SWE	–	1	4
8. BRA	–	1	1
9. GBR	–	1	–
GRE	–	1	–
11. FRA	–	–	2
12. AUT	–	–	1
FRG	–	–	1
GER	–	–	1
URS	–	–	1

1) umstrittene 2:1-Kampfrichterentscheidung für Devitt

Montreal 1976

G Jim Montgomery USA 49,99
S Jack Babashoff USA 50,81
B Peter Nocke FRG 51,31

Moskau 1980

G Jörg Woithe GDR 50,40
S Per Holmertz SWE 50,91
B Per Johansson SWE 51,29

Los Angeles 1984

G Ambrose Gaines USA 49,80
S Mark Stockwell AUS 50,24
B Per Johansson SWE 50,31

Seoul 1988

G Matt Biondi USA 48,63
S Chris Jacobs USA 49,08
B Stephan Caron FRA 49,62

Barcelona 1992

G Alexander Popov EUN 49,02
S Gustavo Borges BRA 49,43
B Stephan Caron FRA 49,50

Bilanz 200 m Freistil Männer

Land	G	S	B
1. USA	3	5	3
2. AUS	3	–	1
3. URS	1	1	–
4. FRG	1	–	2
5. EUN	1	–	–
6. SWE	–	2	–
7. HUN	–	1	–
8. AUT	–	–	1
FIN	–	–	1
GER	–	–	1

200 m Freistil Männer

Paris 1900

G Frederick Lane AUS 2:25,2
S Zoltan von Halmay HUN 2:31,4
B Karl Ruberl AUT 2:32,0

St. Louis 1904

G Charles Daniels USA 2:44,2
S Francis Gailey USA 2:46,0
B Emil Rausch GER 2:56,0

Mexiko City 1968

G Mike Wenden AUS 1:55,2
S Don Schollander USA 1:55,8
B John Nelson USA 1:58,1

München 1972

G Mark Spitz USA 1:52,78
S Steven Genter USA 1:53,73
B Werner Lampe FRG 1:53,99

Montreal 1976

G Bruce Furniss USA 1:50,29
S John Naber USA 1:50,50
B Jim Montgomery USA 1:50,58

Moskau 1980

G Sergei Koplyakov URS 1:49,81
S Andrei Krylov URS 1:50,76
B Graeme Brewer AUS 1:51,60

Los Angeles 1984

G Michael Groß FRG 1:47,44
S Michael Heath USA 1:49,10
B Thomas Fahrner FRG 1:49,69

Seoul 1988

G Duncan Armstrong AUS 1:47,25
S Anders Holmertz SWE 1:47,89
B Matt Biondi USA 1:47,99

Barcelona 1992

G Yevgeni Sadovyi EUN 1:46,70
S Anders Holmertz SWE 1:46,86
B Antti Kasvio FIN 1:47,63

400 m Freistil Männer

Athen 1896 (500 m)

G Paul Neumann AUT 8:12,6
S Antonios Pepanos GRE .... –
B Efstathios Chorophas GRE .... –

St. Louis 1904

G Charles Daniels USA 6:16,2
S Francis Gailey USA 6:22,0
B Otto Wahle AUT 6:39,0

Athen 1906

G Otto Scheff AUT 6:23,8
S Henry Taylor GBR 6:24,4
B John Arthur Jarvis GBR 6:27,2

London 1908

G Henry Taylor GBR 5:36,8
S Frank Beaurepaire AUS 5:44,2
B Otto Scheff AUT 5:56,0

Stockholm 1912

G George Hodgson CAN 5:24,4
S John Hatfield GBR 5:25,8
B Harold Hardwick AUS 5:31,2

Antwerpen 1920

G Norman Ross USA 5:26,8
S Ludy Langer USA 5:29,0
B George Vernot CAN 5:29,6

Paris 1924

G Johnny Weissmuller USA 5:04,2
S Arne Borg SWE 5:05,6
B Andrew Charlton AUS 5:06,6

Amsterdam 1928

G Alberto Zorrilla ARG 5:01,6
S Andrew Charlton AUS 5:03,6
B Arne Borg SWE 5:04,6

Los Angeles 1932

G Clarence Crabbe USA 4:48,4
S Jean Taris FRA 4:48,5
B Tsutomu Oyokota JPN 4:52,3

Berlin 1936

G Jack Medica USA 4:44,5
S Shumpei Uto JPN 4:45,6
B Shozo Makino JPN 4:48,1

London 1948

G William Smith USA 4:41,0
S James McLane USA 4:43,4
B John Marshall AUS 4:47,7

Helsinki 1952

G Jean Boiteux FRA 4:30,7
S Ford Konno USA 4:31,3
B Per-Olof Östrand SWE 4:35,2

Melbourne 1956

G Murray Rose AUS 4:27,3
S Tsuyoshi Yamanaka JPN 4:30,4
B George Breen USA 4:32,5

Rom 1960

G Murray Rose AUS 4:18,3
S Tsuyoshi Yamanaka JPN 4:21,4
B Jon Konrads AUS 4:21,8

Tokio 1964

G Don Schollander USA 4:12,2
S Frank Wiegand GER 4:14,9
B Allan Wood AUS 4:15,1

Mexiko City 1968

G Mike Burton USA 4:09,0
S Ralph Hutton CAN 4:11,7
B Alain Mosconi FRA 4:13,3

München 1972

G Brad Cooper AUS 4:00,27
S Steven Genter USA 4:01,94
B Tom McBreen USA 4:02,64

Montreal 1976

G Brian Goodell USA 3:51,93
S Tim Shaw USA 3:52,54
B Vladimir Raskatov URS 3:55,76

Moskau 1980

G Vladimir Salnikov URS 3:51,31
S Andrei Krylov URS 3:53,24
B Ivan Stukolkin URS 3:53,95

Los Angeles 1984

G George Dicarlo USA 3:51,23
S John Mykkanen USA 3:51,49
B Justin Lemberg AUS 3:51,79

Seoul 1988

G Uwe Daßler GDR 3:46,95
S Duncan Armstrong AUS 3:47,15
B Artur Wojdat POL 3:47,34

Barcelona 1992

G Yevgeni Sadovyi EUN 3:45,00
S Kieren Perkins AUS 3:45,16
B Anders Holmertz SWE 3:46,77

Bilanz 400 m Freistil Männer

Land	G	S	B
1. USA	10	7	2
2. AUS	3	4	6
3. AUT	2	–	2
4. GBR	1	2	1
5. URS	1	1	2
6. CAN	1	1	1
FRA	1	1	1
8. ARG	1	–	–
EUN	1	–	–
GDR	1	–	–
11. JPN	–	3	2
12. SWE	–	1	3
13. GRE	–	1	1
14. GER	–	1	–
15. POL	–	–	1

1500 m Freistil Männer

Athen 1896 (1200 m)

G Alfred Hajos HUN 18:22,2
S Jean Andreou GRE 21:03,4
B Efstathios Chorophas GRE ....–

Paris 1900 (1000 m)

G John Arthur Jarvis GBR 13:40,2
S Otto Wahle AUT 14:53,6
B Zoltan von Halmay HUN 15:16,4

St. Louis 1904 (Meile)

G Emil Rausch GER 27:18,2
S Geza Kiss HUN 28:28,2
B Francis Gailey USA 28:54,0

Athen 1906 (Meile)

G Henry Taylor GBR 28:28,0
S John Arthur Jarvis GBR 30:13,0
B Otto Scheff AUT 30:59,0

London 1908

G Henry Taylor GBR 22:48,4
S Thomas Battersby GBR 22:51,2
B Frank Beaurepaire AUS 22:56,2

Bilanz 1500 m Freistil Männer

Land	G	S	B
1. USA	7	5	6
2. AUS	5	5	8
3. GBR	3	3	–
4. JPN	2	3	1
5. URS	2	1	–
6. HUN	1	1	2
7. CAN	1	1	–
SWE	1	1	–
9. GER	1	–	1
10. AUT	–	1	1
FRG	–	1	1
GRE	–	1	1
13. BRA	–	–	1
GDR	–	–	1

Stockholm 1912

G George Hodgson CAN 22:00,0
S John Hatfield GBR 22:39,0
B Harold Hardwick AUS 23:15,4

Antwerpen 1920

G Norman Ross USA 22:23,2
S George Vernot CAN 22:36,4
B Frank Beaurepaire AUS 23:04,0

Paris 1924

G Andrew Charlton AUS 20:26,6
S Arne Borg SWE 20:41,4
B Frank Beaurepaire AUS[1] 21:48,4

Amsterdam 1928

G Arne Borg SWE 19:51,8
S Andrew Charlton AUS 20:02,6
B Clarence Crabbe USA 20:28,8

Los Angeles 1932

G Kusuo Kitamura JPN 19:12,4
S Shozo Makino JPN 19:14,1
B James Cristy USA 19:39,5

Berlin 1936

G Noboru Terada JPN 19:13,7
S Jack Medica USA 19:34,0
B Shumpei Uto JPN 19:34,5

London 1948

G James McLane USA 19:18,5
S John Marshall AUS 19:31,3
B György Mitro HUN 19:43,2

Helsinki 1952

G Ford Konno USA 18:30,3
S Shiro Hashizume JPN 18:41,4
B Tetsuo Okamoto BRA 18:51,3

Melbourne 1956

G Murray Rose AUS 17:58,9
S Tsuyoshi Yamanaka JPN 18:00,3
B George Breen USA 18:08,2

Rom 1960

G Jon Konrads AUS 17:19,6
S Murray Rose AUS 17:21,7
B George Breen USA 17:30,6

Tokio 1964

G Robert Windle AUS 17:01,7
S John Nelson USA 17:03,0
B Allan Wood AUS 17:07,7

1) Beaurepaire (* 1891, †1956) war 1924 schon 33 Jahre alt.

Mexiko City 1968

G Mike Burton USA 16:38,9
S John Kinsella USA 16:57,3
B Gregory Brough AUS 17:04,7

München 1972

G Mike Burton USA 15:52,58
S Graham Windeatt AUS 15:58,48
B Douglas Northway USA 16:09,25

Montreal 1976

G Brian Goodell USA 15:02,40
S Bobby Hackett USA 15:03,91
B Stephen Holland AUS 15:04,66

Moskau 1980

G Vladimir Salnikov URS 14:58,27
S Alexander Chayev URS 15:14,30
B Max Metzker AUS 15:14,49

Los Angeles 1984

G Michael O'Brien USA 15:05,20
S George Dicarlo USA 15:10,29
B Stefan Pfeiffer FRG 15:12,11

Seoul 1988

G Vladimir Salnikov URS 15:00,40
S Stefan Pfeiffer FRG 15:02,69
B Uwe Daßler GDR 15:06,15

Barcelona 1992

G Kieren Perkins AUS 14:43,48
S Glen Housman AUS 14:55,29
B Jörg Hoffmann GER 15:02,29

100 m Rücken Männer

St. Louis 1904 (100 y)

G Walter Brack GER 1:16,8
S Georg Hoffmann GER 1:18,0
B Georg Zacharias GER 1:19,6

London 1908

G Arno Bieberstein GER 1:24,6
S Ludvig Dam DEN 1:26,6
B Herbert Haresnape GBR 1:27,0

Stockholm 1912

G Harry Hebner USA 1:21,2
S Otto Fahr GER 1:22,4
B Paul Kellner GER 1:24,0

Antwerpen 1920

G Warren Paoa Kealoha USA 1:15,2
S Raymond Kegeris USA 1:16,2
B Gérard Blitz BEL 1:19,0

Paris 1924

G Warren Paoa Kealoha USA 1:13,2
S Paul Wyatt USA 1:15,4
B Karoly Bartha HUN 1:17,8

Amsterdam 1928

G George Kojac USA 1:08,2
S Walter Laufer USA 1:10,0
B Paul Wyatt USA 1:12,0

Los Angeles 1932

G Masaji Kiyokawa JPN 1:08,6
S Toshio Irie JPN 1:09,8
B Kentaro Kawatsu JPN 1:10,0

Berlin 1936

G Adolf Kiefer USA 1:05,9
S Albert van de Weghe USA 1:07,7
B Masaji Kiyokawa JPN 1:08,4

London 1948

G Allen Stack USA 1:06,4
S Robert Cowell USA 1:06,5
B Georges Vallerey FRA 1:07,8

Helsinki 1952

G Yoshinobu Oyakawa USA 1:05,4
S Gilbert Bozon FRA 1:06,2
B Jack Taylor USA 1:06,4

Melbourne 1956

G David Theile AUS 1:02,2
S John Monckton AUS 1:03,2
B Frank McKinney USA 1:04,5

Rom 1960

G David Theile AUS 1:01,9
S Frank McKinney USA 1:02,1
B Robert Bennett USA 1:02,3

Mexiko City 1968[1]

G Roland Matthes GDR 58,7
S Charles Hickcox USA 1:00,2
B Ronald Mills USA 1:00,5

München 1972

G Roland Matthes GDR 56,58
S Michael Stamm USA 57,70
B John Murphy USA 58,35

Montreal 1976

G John Naber USA 55,49
S Peter Rocca USA 56,34
B Roland Matthes GDR 57,22

Moskau 1980

G Bengt Baron SWE 56,53
S Viktor Kusnezov URS 56,99
B Vladimir Dolgov URS 57,63

Los Angeles 1984

G Rick Carey USA 55,79
S David Wilson USA 56,35
B Mike West CAN 56,49

Seoul 1988

G Daichi Suzuki JPN 55,05
S David Berkoff USA 55,18
B Igor Polyanski URS 55,20

Barcelona 1992

G Mark Tewksbury CAN 53,98
S Jeff Rouse USA 54,04
B David Berkoff USA 54,78

Bilanz 100 m Rücken Männer

Land	G	S	B
1. USA	9	12	7
2. GER	2	2	2
3. JPN	2	1	2
4. AUS	2	1	–
5. GDR	2	–	1
6. CAN	1	–	1
7. SWE	1	–	–
8. URS	–	1	2
9. FRA	–	1	1
10. DEN	–	1	–
11. BEL	–	–	1
GBR	–	–	1
HUN	–	–	1

200 Rücken Männer

Paris 1900

G Ernst Hoppenberg GER 2:47,0
S Karl Ruberl AUT 2:56,0
B Johannes Drost NED 3:01,0

Tokio 1964

G Jed Graef USA 2:10,3
S Gary Dilley USA 2:10,5
B Robert Bennett USA 2:13,1

Mexiko City 1968

G Roland Matthes GDR 2:09,6
S Mitch Ivey USA 2:10,6
B Jack Horsley USA 2:10,9

München 1972

G Roland Matthes GDR 2:02,82
S Michael Stamm USA 2:04,09
B Mitch Ivey USA 2:04,33

Montreal 1976

G John Naber USA 1:59,19
S Peter Rocca USA 2:00,55
B Dan Harrigan USA 2:01,35

Bilanz 200 m Rücken Männer

Land	G	S	B
1. USA	3	4	4
2. GDR	2	1	–
3. HUN	1	1	–
4. ESP	1	–	–
GER	1	–	–
URS	1	–	–
7. AUT	–	1	–
EUN	–	1	–
FRA	–	1	–
10. AUS	–	–	1
CAN	–	–	1
ITA	–	–	1
NED	–	–	1
NZL	–	–	1

1) 1964 nicht ausgetragen

Moskau 1980

G Sandor Wladar HUN 2:01,93
S Zoltan Verraszto HUN 2:02,40
B Mark Kerry AUS 2:03,14

Los Angeles 1984

G Rick Carey USA 2:00,23
S Frédéric Delcourt FRA 2:01,75
B Cameron Henning CAN 2:02,37

Seoul 1988

G Igor Polyanski URS 1:59,37
S Frank Baltrusch GDR 1:59,60
B Paul Kingsman NZL 2:00,48

Barcelona 1992

G Martin Lopez-Zubero ESP 1:58,47
S Vladimir Selkov EUN 1:58,87
B Stefano Battistelli ITA 1:59,40

Barcelona 1992

G Nelson Diebel USA 1:01,50
S Norbert Rozsa HUN 1:01,68
B Philip Rogers AUS 1:01,76

100 m Brust Männer

Bilanz 100 m Brust Männer

Land	G	S	B
1. USA	4	1	1
2. GBR	2	1	–
3. JPN	1	–	–
4. URS	–	2	3
5. HUN	–	2	–
6. CAN	–	1	–
7. AUS	–	–	3

Mexiko City 1968

G Donald McKenzie USA 1:07,7
S Vladimir Kossinski URS 1:08,0
B Nikolai Pankin URS 1:08,0

München 1972

G Nobutaka Taguchi JPN 1:04,94
S Thomas Bruce USA 1:05,43
B John Hencken USA 1:05,61

Montreal 1976

G John Hencken USA 1:03,11
S David Wilkie GBR 1:03,43
B Arvydas Juozaitis URS 1:04,23

Moskau 1980

G Duncan Goodhew GBR 1:03,34
S Arsen Miskarov URS 1:03,82
B Peter Evans AUS 1:03,96

Los Angeles 1984

G Steve Lundquist USA 1:01,65
S Victor Davis CAN 1:01,99
B Peter Evans AUS 1:02,97

Seoul 1988

G Adrian Moorhouse GBR 1:02,04
S Karoly Güttler HUN 1:02,05
B Dimitri Volkov URS 1:02,20

200 m Brust Männer

Bilanz 200 m Brust Männer

Land	G	S	B
1. USA	5	3	5
2. JPN	4	3	2
3. GBR	2	3	1
4. AUS	2	1	–
5. GER	1	3	2
6. URS	1	2	2
7. HUN	1	2	–
8. SWE	1	1	1
9. CAN	1	–	–
MEX	1	–	–
11. BEL	–	1	–
12. PHI	–	–	2
13. ESP	–	–	1
FIN	–	–	1
NED	–	–	1
SUI	–	–	1

London 1908

G Frederick Holman GBR 3:09,2
S William Robinson GBR 3:12,8
B Pontus Hanson SWE 3:14,6

Stockholm 1912

G Walter Bathe GER 3:01,8
S Wilhelm Lützow GER 3:05,0
B Kurt Malisch GER 3:08,0

Antwerpen 1920

G Hakan Malmroth SWE 3:04,4
S Thor Henning SWE 3:09,2
B Arvo Aaltonen FIN 3:12,2

Paris 1924

G Robert Skelton USA 2:56,6
S Joseph de Combe BEL 2:59,2
B William Kirschbaum USA 3:01,0

Amsterdam 1928

G Yoshiyuki Tsuruta JPN 2:48,8
S Erich Rademacher GER 2:50,6
B Teofilo Yldefonzo PHI 2:56,4

Los Angeles 1932

G Yoshiyuki Tsuruta JPN 2:45,4
S Reizo Koike JPN 2:46,6
B Teofilo Yldefonzo PHI 2:47,1

Berlin 1936

G Tetsuo Hamuro JPN 2:41,5
S Erwin Sietas GER 2:42,9
B Reizo Koike JPN 2:44,2

London 1948

G Joseph Verdeur USA 2:39,3
S Keith Carter USA 2:40,2
B Robert Sohl USA 2:43,9

Helsinki 1952

G John Davies AUS 2:34,4
S Bowen Stassforth USA 2:34,7
B Herbert Klein GER 2:35,9

Melbourne 1956

G Masaru Furukawa JPN 2:34,7
S Masahiro Yoshimura JPN 2:36,7
B Charis Junichev URS 2:36,8

Rom 1960

G William Mulliken USA 2:37,4
S Yoshihiko Osaki JPN 2:38,0
B Wieger Mensonides NED 2:39,7

Tokio 1964

G Ian O'Brien AUS 2:27,8
S Georgi Prokopenko URS 2:28,2
B Chester Jastremski USA 2:29,6

Mexiko City 1968

G Felipe Munoz MEX 2:28,7
S Vladimir Kossinski URS 2:29,2
B Brian Job USA 2:29,9

München 1972

G John Hencken USA 2:21,55
S David Wilkie GBR 2:23,67
B Nobutaka Taguchi JPN 2:23,88

Montreal 1976

G David Wilkie GBR 2:15,11
S John Hencken USA 2:17,26
B Rick Colella USA 2:19,20

Moskau 1980

G Robertas Shulpa URS 2:15,85
S Alban Vermes HUN 2:16,93
B Arsen Miskarov URS 2:17,28

Los Angeles 1984

G Victor Davis CAN 2:13,34
S Glenn Beringen AUS 2:15,79
B Etienne Dagon SUI 2:17,41

Seoul 1988

G Jozsef Szabo HUN 2:13,52
S Nick Gillingham GBR 2:14,12
B Sergio Lopez ESP 2:15,21

Barcelona 1992

G Mike Barrowman USA 2:10,16
S Norbert Rozsa HUN 2:11,23
B Nick Gillingham GBR 2:11,29

100 m Schmetterling Männer

Mexiko City 1968

G Douglas Russell USA 55,9
S Mark Spitz USA 56,4
B Ross Wales USA 57,2

München 1972

G Mark Spitz USA 54,27
S Bruce Robertson CAN 55,56
B Jerry Heidenreich USA 55,74

Montreal 1976

G Matt Vogel USA 54,35
S Joe Bottom USA 54,50
B Gary Hall USA 54,65

Moskau 1980

G Pär Arvidsson SWE 54,92
S Roger Pyttel GDR 54,94
B David Lopez ESP 55,13

Los Angeles 1984

G Michael Groß FRG 53,08
S Pablo Morales USA 53,23
B Glenn Buchanan AUS 53,85

Seoul 1988

G Anthony Nesty SUR 53,00
S Matt Biondi USA 53,01
B Andrew Jameson GBR 53,30

Barcelona 1992

G Pablo Morales USA 53,32
S Rafal Szukala POL 53,35
B Anthony Nesty SUR 53,41

Bilanz 100 m Schmetterling Männer

Land	G	S	B
1. USA	4	4	3
2. SUR	1	–	1
3. FRG	1	–	–
SWE	1	–	–
5. CAN	–	1	–
GDR	–	1	–
POL	–	1	–
8. AUS	–	–	1
ESP	–	–	1
GBR	–	–	1

200 m Schmetterling Männer

Melbourne 1956

G William Yorzik USA 2:19,3
S Takashi Ishimoto JPN 2:23,8
B György Tumpek HUN 2:23,9

Rom 1960

G Michael Troy USA 2:12,8
S Neville Hayes AUS 2:14,6
B David Gillanders USA 2:15,3

Bilanz 200 m Schmetterling Männer

Land	G	S	B
1. USA	6	3	5
2. AUS	2	1	–
3. FRG	1	1	–
4. URS	1	–	–
5. GBR	–	2	–
6. NZL	–	1	1
7. DEN	–	1	–
JPN	–	1	–
9. FRA	–	–	1
GDR	–	–	1
HUN	–	–	1
VEN	–	–	1

Bilanz 200 und 400 m Lagen Männer

Land	G	S	B
1. USA	4	10	2
2. HUN	4	–	3
3. CAN	2	–	–
SWE	2	–	–
5. URS	1	1	2
6. ITA	–	–	2
7. BRA	–	1	–
GDR	–	1	–
9. AUS	–	–	1
FRG	–	–	1
GBR	–	–	1
GER	–	–	1

Tokio 1964

G Kevin Berry AUS 2:06,6
S Carl Robie USA 2:07,5
B Fred Schmidt USA 2:09,3

Mexiko City 1968

G Carl Robie USA 2:08,7
S Martin Woodroffe GBR 2:09,0
B John Ferris USA 2:09,3

München 1972

G Mark Spitz USA 2:00,70
S Gary Hall USA 2:02,86
B Robin Backhaus USA 2:03,23

Montreal 1976

G Mike Bruner USA 1:59,23
S Steven Gregg USA 1:59,54
B Bill Forrester USA 1:59,96

Moskau 1980

G Sergei Fessenko URS 1:59,76
S Philip Hubble GBR 2:01,20
B Roger Pyttel GDR 2:01,39

Los Angeles 1984

G Jon Sieben AUS 1:57,04
S Michael Groß FRG 1:57,40
B Rafael Vidal Castro VEN 1:57,51

Seoul 1988

G Michael Groß FRG 1:56,94
S Benny Nielsen DEN 1:58,24
B Anthony Mosse NZL 1:58,28

Barcelona 1992

G Melvin Stewart USA 1:56,26
S Danyon Loader NZL 1:57,93
B Franck Esposito FRA 1:58,51

200 m Lagen Männer

Mexiko City 1968

G Charles Hickcox USA 2:12,0
S Greg Buckingham USA 2:13,0
B John Ferris USA 2:13,3

München 1972

G Gunnar Larsson SWE 2:07,17
S Tim McKee USA 2:08,37
B Steve Furniss USA 2:08,45

Los Angeles 1984

G Alex Baumann CAN 2:01,42
S Pablo Morales USA 2:03,05
B Neil Cochran GBR 2:04,38

Seoul 1988

G Tamas Darnyi HUN 2:00,17
S Patrick Kühl GDR 2:01,61
B Vadim Yaroshchuk URS 2:02,40

Barcelona 1992

G Tamas Darnyi HUN 2:00,76
S Greg Burgess USA 2:00,97
B Attila Czene HUN 2:01,00

400 m Lagen Männer

Tokio 1964

G Richard Roth USA 4:45,4
S Roy Saari USA 4:47,1
B Gerhard Hetz GER 4:51,0

Mexiko City 1968

G Charles Hickcox USA 4:48,4
S Gary Hall USA 4:48,7
B Michael Holthaus FRG 4:51,4

München 1972

G Gunnar Larsson SWE 4:31,981
S Tim McKee USA 4:31,983
B Andras Hargitay HUN 4:32,700

Montreal 1976

G Rod Strachan USA 4:23,68
S Tim McKee USA 4:24,62
B Andrei Smirnov URS 4:26,90

Moskau 1980

G Alexander Sidorenko URS 4:22,89
S Sergei Fessenko URS 4:23,43
B Zoltan Verraszto HUN 4:24,24

Los Angeles 1984

G Alex Baumann CAN 4:17,41
S Ricardo Prado BRA 4:18,45
B Robert Woodhouse AUS 4:20,50

Seoul 1988

G Tamas Darnyi HUN 4:14,75
S David Wharton USA 4:17,36
B Stefano Battistelli ITA 4:18,01

Barcelona 1992

G Tamas Darnyi HUN 4:14,23
S Eric Namesnik USA 4:15,57
B Luca Sachi ITA 4:16,34

4x100 m Freistil Männer

Tokio 1964

G USA 3:33,2
Steve Clark, Michael Austin, Gary Ilman, Don Schollander
S GER 3:37,2
Horst Löffler, Frank Wiegand, Uwe Jacobsen, Hans-Joachim Klein
B AUS 3:39,1
David Dickson, Peter Doak, John Ryan, Robert Windle

Mexiko City 1968

G USA 3:31,7
Zachary Zorn, Stephen Rerych, Mark Spitz, Kenneth Walsh
S URS 3:34,2
Semyon Belitz-Geyman, Viktor Mazanov, Georgi Kulikov, Leonid Ilyichev
B AUS 3:34,7
Gregory Rogers, Robert Windle, Robert Cusack, Mike Wenden

München 1972

G USA 3:26,42
Dave Edgar, John Murphy, Jerry Heidenreich, Mark Spitz
S URS 3:29,72
Vladimir Bure, Viktor Mazanov, Viktor Aboimov, Igor Grivennikov
B GDR 3:32,42
Roland Matthes, Wilfried Hartung, Peter Bruch, Lutz Unger

Los Angeles 1984

G USA 3:19,03
Christopher Cavanaugh, Michael Heath, Matt Biondi, Ambrose Gaines, Tom Jager, Robin Leamy
S AUS 3:19,68
Gregory Fasala, Neil Brooks, Michael Delany, Mark Stockwell
B SWE 3:22,69
Thomas Lejdström, Bengt Baron, Mikael Örn, Per Johansson, Rikard Milton, Michael Söderlund

Seoul 1988

G USA 3:16,53
Christopher Jacobs, Troy Dalbey, Tom Jager, Matt Biondi, Brent Lang, Douglas Gjertsen, Shaun Jordan
S URS 3:18,33
Gennadi Prigoda, Yuri Bashkatov, Nikolai Yevseyev, Vladimir Tkachenko, Raimondas Mazuolis, Alexei Borislavsky
B GDR 3:19,82
Dirk Richter, Thomas Flemming, Lars Hinneburg, Steffen Zesner

Barcelona 1992

G USA 3:16,74
Joseph Hucepohl, Matt Biondi, Tom Jager, Jon Olsen, Shaun Jordan, Joel Thomas
S EUN 3:17,56
Pavel Khnykin, Gennadi Prigoda, Yuri Bashkatov, Alexander Popov, Vladimir Pyshnenko, Veniamin Tayanovich
B GER 3:17,90
Christian Tröger, Dirk Richter, Steffen Zesner, Mark Pinger, Andreas Szigat, Bengt Zikarsky

Bilanz 4x100 m Freistil Männer

Land	G	S	B
1. USA	6	–	–
2. URS	–	3	–
3. AUS	–	1	2
4. GER	–	1	1
5. EUN	–	1	–
6. GDR	–	–	2
7. SWE	–	–	1

4x200 m Freistil Männer

Athen 1906 (4x250 m)

G HUN 16:52,4
Jozsef Onody, Henrik Hajos, Geza Kiss, Zoltan von Halmay
S GER 17:16,2
Ernst Bahnmeyer, Oscar Schiele, Emil Rausch, Max Pape
B GBR .... –
William Henry, John Derbyshire, Henry Taylor, John Arthur Jarvis

London 1908

G GBR 10:55,6
John Derbyshire, Paul Radmilovic, William Foster, Henry Taylor
S HUN 10:59,0
Jozsef Munk, Imre Zachar, Bela von Las Torres, Zoltan von Halmay
B USA 11:02,8
Harry Hebner, Leo Goodwin, Charles Daniels, Leslie Rich

Stockholm 1912

G AUS/NZL 10:11,6
Cecil Healy, Malcolm Champion[1)], Leslie Boardman, Harold Hardwick

Bilanz 4x200 m Freistil Männer

Land	G	S	B
1. USA	12	4	2
2. AUS	2	3	1
JPN	2	3	1
4. HUN	1	2	2
5. URS	1	1	3
6. GBR	1	–	5
7. EUN	1	–	–
NZL	1	–	–
9. FRG	–	2	1
10. GDR	–	2	–
GER	–	2	–
12. SWE	–	1	1
13. FRA	–	–	2
14. BRA	–	–	1
CAN	–	–	1

1) Champion war Neuseeländer. 1912 startete eine Mannschaft aus Australiern und Neuseeländern unter »Australasia«.

S USA 10:20,2
Kenneth Huszagh, Harry Hebner,
Perry McGillivray, Paoa Duke Kahanamoku
B GBR 10:28,2
William Foster, Thomas Battersby,
John Hatfield, Henry Taylor

Antwerpen 1920

G USA 10:04,4
Perry McGillivray, Paoa Duke Kahanamoku,
Pua Kela Kealoha, Norman Ross
S AUS 10:25,4
Henry Hay, William Herald, Ivan Stedman,
Frank Beaurepaire
B GBR 10:37,2
Leslie Savage, Edward Peter, Henry Taylor,
Harold Annison

Paris 1924

G USA 9:53,4
Wallace O'Connor, Harrison Glancy,
Ralph Breyer, Johnny Weissmuller
S AUS 10:02,2
Maurice Christie, Ernest Henry,
Frank Beaurepaire, Andrew Charlton
B SWE 10:06,8
Georg Werner, Orvar Trolle, Åke Borg,
Arne Borg

Amsterdam 1928

G USA 9:36,2
Austin Clapp, Walter Laufer, George Kojac,
Johnny Weissmuller
S JPN 9:41,4
Hiroshi Yoneyama, Nobuo Arai,
Tokuhei Sada, Katsuo Takaishi
B CAN 9:47,8
Munroe Boume, James Thompson,
Garnet Ault, Walter Spence

Los Angeles 1932

G JPN 8:58,4
Yasuji Miyazaki, Masanori Yusa,
Takashi Yokoyama, Hisakichi Toyoda
S USA 9:10,5
Frank Booth, George Fissler,
Maiola Kalili, Manuella Kalili
B HUN 9:31,4
Andras Wanie, Laszlo Szabados,
Andras Szekely, Istvan Barany

Berlin 1936

G JPN 8:51,5
Masanori Yusa, Shigeo Sugiura,
Masaharu Taguchi, Shigeo Arai
S USA 9:03,0
Ralph Flanagan, John Macionis,
Paul Wolf, Jack Medica
B HUN 9:12,3
Arpad Lengyel, Oszkar Abay Nemes,
Ödön Grof, Ferenc Csik

London 1948

G USA 8:46,0
Walter Ris, James McLane, Wallace Wolf,
William Smith
S HUN 8:48,4
Elemer Szathmary, György Mitro,
Imre Nyeki, Geza Kadas
B FRA 9:08,0
Joseph Bernardo, Henri Padou, René Cornu,
Alex Jany

Helsinki 1952

G USA 8:31,1
Wayne Moore, William Woolsey,
Ford Konno, James McLane
S JPN 8:33,5
Hiroshi Suzuki, Yoshihiro Hamaguchi,
Toru Goto, Teijiro Tanikawa
B FRA 8:45,9
Joseph Bernardo, Aldo Eminente,
Alex Jany, Jean Boiteux

Melbourne 1956

G AUS 8:23,6
Kevin O'Halloran, John Devitt, Murray Rose,
Jon Henricks
S USA 8:31,5
Richard Hanley, George Breen,
William Woolsey, Ford Konno
B URS 8:34,7
Vitali Sorokin, Vladimir Struzhanov,
Gennadi Nikolayev, Boris Nikitin

Rom 1960

G USA 8:10,2
George Harrison, Richard Blick,
Michael Troy, Jeffrey Farrell
S JPN 8:13,2
Makoto Fukui, Hiroshi Ishii,
Tsuyoshi Yamanaka, Tatsuo Fujimoto
B AUS 8:13,8
David Dickson, John Devitt, Murray Rose,
Jon Konrads

Tokio 1964

G USA 7:52,1
Steve Clark, Roy Saari, Gary Ilman,
Don Schollander

S GER 7:59,3
Horst-Günter Gregor, Gerhard Hetz,
Frank Wiegand, Hans-Joachim Klein
B JPN 8:03,8
Makoto Fukui, Kunihiro Iwasaki,
Toshio Shoji, Yukiaki Okabe

Mexiko City 1968

G USA 7:52,3
John Nelson, Stephen Rerych,
Mark Spitz, Don Schollander
S AUS 7:53,7
Gregory Rogers, Graham White,
Robert Windle, Mike Wenden
B URS 8:01,6
Vladimir Bure, Semyon Belitz-Geyman,
Georgi Kulikov, Leonid Ilyichev

München 1972

G USA 7:35,78
John Kinsella, Frederick Tyler,
Steven Genter, Mark Spitz
S FRG 7:41,69
Klaus Steinbach, Werner Lampe,
Hans-Günter Vosseler, Hans Faßnacht
B URS 7:45,76
Igor Grivennikov, Viktor Mazanov,
Georgi Kulikov, Vladimir Bure

Montreal 1976

G USA 7:23,22
Mike Bruner, Bruce Furniss, John Naber,
Jim Montgomery
S URS 7:27,97
Vladimir Raskatov, Andrei Bogdanov,
Sergei Koplyakov, Andrei Krylov
B GBR 7:32,11
Alan McClatchey, David Dunne,
Gordon Downie, Brian Brinkley

Moskau 1980

G URS 7:23,50
Vladimir Salnikov, Ivan Stukolkin,
Sergei Koplyakov, Andrei Krylov
S GDR 7:28,60
Frank Pfütze, Jörg Woithe, Detlev Grabs,
Rainer Strohbach
B BRA 7:29,30
Jorge Luiz Fernandes, Marcus Laborne
Mattioli, Ciro Marques Delgado,
Djan Garrido Madruga

Los Angeles 1984[1]

G USA 7:15,69
Michael Heath, David Larson, Jeffrey Float,
Lawrence Bruce Hayes, Geoffrey Gaberino,
Richard Saeger
S FRG 7:15,73
Thomas Fahrner, Dirk Korthals, Alexander
Schowtka, Michael Groß, Rainer Henkel
B GBR 7:24,78
Neil Cochran, Paul Easter, Paul Howe,
Andrew Astbury

Seoul 1988

G USA 7:12,51
Troy Dalbey, Matthew Cetlinski,
Douglas Gjertsen, Matt Biondi,
Craig Oppel, Daniel Jorgensen
S GDR 7:13,68
Uwe Daßler, Sven Lodziewski, Thomas
Flemming, Steffen Zesner, Lars Hinneburg
B FRG 7:14,35
Erik Hochstein, Thomas Fahrner,
Rainer Henkel, Michael Groß, Peter Sitt,
Stefan Pfeiffer

Barcelona 1992

G EUN 7:11,95
Dimitri Lepikov, Vladimir Pyshnenko,
Veniamin Tayanovich, Yevgeni Sadovyi,
Alexei Kudryavtsev, Yuri Mukhin
S SWE 7:15,51
Christer Wallin, Anders Holmertz,
Tommy Werner, Lars Frölander
B USA 7:16,23
Joseph Hudepohl, Melvin Stewart, Jon Olsen,
Douglas Gjertsen, Scott Jaffe,
Daniel Jorgensen

4x100 m Lagen Männer

Rom 1960

G USA 4:05,4
Frank McKinney, Paul Hait, Lance Larson,
F. Jeffrey Farrell
S AUS 4:12,0
David Theile, Terry Gathercole,
Neville Hayes, Geoffrey Shipton
B JPN 4:12,2
Kazuo Tomita, Koichi Hirakida,
Yoshihiko Osaki, Keigo Shimizu

Tokio 1964

G USA 3:58,4
H. Thompson Mann, William Craig,
Fred Schmidt, Steve Clark

1) Ab 1984 erhielten auch jene Schwimmer, die nur in den Vorläufen eingesetzt wurden, die im Finale erreichte Medaille.

Bilanz 4x100 m Lagen Männer

Land	G	S	B
1. USA	8	–	–
2. AUS	1	1	2
3. CAN	–	3	2
4. GDR	–	2	–
5. URS	–	1	2
6. EUN	–	1	–
GER	–	1	–
7. FRG	–	–	1
GBR	–	–	1
JPN	–	–	1

S GER 4:01,6
Ernst-Joachim Küppers, Egon Henninger, Horst-Günter Gregor, Hans-Joachim Klein
B AUS 4:02,3
Peter Reynolds, Ian O'Brien, Kevin Berry, David Dickson

Mexiko City 1968

G USA 3:54,9
Charles Hickcox, Donald McKenzie, Douglas Russell, Kenneth Walsh
S GDR 3:57,5
Roland Matthes, Egon Henninger, Horst-Günter Gregor, Frank Wiegand
B URS 4:00,7
Yuri Gromak, Vladimir Kossinski, Vladimir Nemshilov, Leonid Ilyichev

München 1972

G USA 3:48,16
Michael Stamm, Thomas Bruce, Mark Spitz, Jerry Heidenreich
S GDR 3:52,12
Roland Matthes, Klaus Katzur, Hartmut Flöckner, Lutz Unger
B CAN 3:52,26
Eric Fish, William Manony, Bruce Robertson, Robert Kasting

Montreal 1976

G USA[1] 3:42,22
John Naber, John Hencken, Matthew Vogel, Jim Montgomery
S CAN 3:45,94
Stephen Pickell, Graham Smith, Clay Evans, Gary MacDonald
B FRG 3:47,29
Klaus Steinbach, Walter Kusch, Michael Kraus, Peter Nocke

Moskau 1980

G AUS 3:45,70
Mark Kerry, Peter Evans, Mark Tonelli, Neil Brooks
S URS 3:45,92
Viktor Kusnezov, Arsen Miskarov, Yevgeni Seredin, Sergei Koplyakov
B GBR 3:47,71
Gary Abraham, Duncan Goodhew, David Lowe, Trevor Smith

Los Angeles 1984

G USA 3:39,30
Rick Carey, Steve Lundquist, Pablo Morales, Ambrose Gaines, David Wilson, Richard Schroeder, Michael Heath, Tom Jager
S CAN 3:43,23
Mike West, Victor Davis, Thomas Ponting, Donald Alexander Goss
B AUS 3:43,25
Mark Kerry, Peter Evans, Glenn Buchanan, Mark Stockwell, Jon Sieben, Neil Brooks

Seoul 1988

G USA 3:36,93
David Berkoff, Richard Schroeder, Matt Biondi, Christopher Jacobs, Jay Mortenson, Tom Jager
S CAN 3:39,28
Mark Tewksbury, Victor Davis, Thomas Ponting, Donald Alexander Goss
B URS 3:39,96
Igor Polyanski, Dimitri Volkov, Vadim Yaroshchuk, Gennadi Prigoda, Sergei Zabolotnov, Valeri Lozik, Konstantin Petrov, Nikolai Yevseyev

Barcelona 1992

G USA 3:36,93
Jeff Rouse, Nelson Diebel, Pablo Morales, Jon Olsen, Matt Biondi, David Berkoff, Hans Dersch, Melvin Stewart
S EUN 3:38,56
Vladimir Selkov, Vassili Ivanov, Pavel Khnykin, Alexander Popov, Vladislav Kulikov, Dimitri Volkov, Vladimir Pyshnenko
B CAN 3:39,66
Mark Tewksbury, Jonathan Cleveland, Marcel Gery, Stephen Clarke, Thomas Ponting

Kunstspringen Männer

London 1908

G Albert Zürner GER 85,5
S Kurt Behrens GER 85,3
B Gottlob Walz GER 80,8
George Gaidzik USA 80,8

Stockholm 1912

G Paul Günther GER 79,23
S Hans Luber GER 76,78
B Kurt Behrens GER 73,73

Antwerpen 1920

G Louis Kuehn USA 675,40
S Clarence Pinkston USA 655,30
B Louis Balbach USA 649,50

1) Im Vorlauf schwammen Peter Rocca, Chris Woo, Joe Bottom und Jack Babashoff mit 3:47,28 einen Weltrekord, wurden aber im Finale durch vier andere Schwimmer ersetzt, verloren den Weltrekord und erhielten nach den alten Regeln keine Goldmedaille.

Paris 1924

G Albert White USA 696,4
S Peter Desjardins USA 693,2
B Clarence Pinkston USA 653,0

Amsterdam 1928

G Peter Desjardins USA[1] 185,04
S Michael Galitzen USA 174,06
B Farid Simaika EGY 172,46

Los Angeles 1932

G Michael Galitzen USA 161,38
S Harold Smith USA 158,54
B Richard Degener USA 151,82

Berlin 1936

G Richard Degener USA 163,57
S Marshall Wayne USA 159,56
B Albert Greene USA 146,29

London 1948

G Bruce Harlan USA 163,64
S Miller Anderson USA 157,29
B Sammy Lee USA 145,52

Helsinki 1952

G David Browning USA 205,29
S Miller Anderson USA 199,84
B Robert Clotworthy USA 184,92

Melbourne 1956

G Robert Clotworthy USA 159,56
S Donald Harper USA 156,23
B Joaquin Capilla Pérez MEX 150,69

Rom 1960

G Gary Tobian USA 170,00
S Samuel Hall USA 167,08
B Juan Botella MEX 162,30

Tokio 1964

G Kenneth Sitzberger USA 159,90
S Francis Gorman USA 157,63
B Larry Andreasen USA 143,77

Mexiko City 1968

G Bernie Wrightson USA 170,15
S Klaus Dibiasi ITA 159,74
B James Henry USA 158,09

München 1972

G Vladimir Vassin URS 594,09
S Giorgio Cagnotto ITA 591,63
B Craig Lincoln USA 577,29

Montreal 1976

G Philip Boggs USA 619,05
S Giorgio Cagnotto ITA 570,48
B Alexander Kosenkov URS 567,24

Moskau 1980

G Alexander Portnov URS 905,025
S Carlos Giron MEX 892,140
B Giorgio Cagnotto ITA 871,500

Los Angeles 1984

G Greg Louganis USA 754,41
S Liangde Tan CHN 662,31
B Ronald Merriott USA 661,32

Seoul 1988

G Greg Louganis USA 730,60
S Liangde Tan CHN 704,88
B Deliang Li CHN 665,28

Barcelona 1992

G Mark Lenzi USA 676,53
S Liangde Tan CHN 645,57
B Dimitri Sautin EUN 627,78

Bilanz Kunstspringen Männer

Land	G	S	B
1. USA	15	10	11
2. GER	2	2	2
3. URS	2	–	1
4. CHN	–	3	1
ITA	–	3	1
6. MEX	–	1	2
7. EGY	–	–	1
EUN	–	–	1

Turmspringen Männer

St. Louis 1904

G George Sheldon USA 12,66
S Georg Hoffmann GER 11,66
B Frank Kehoe USA 11,33

Athen 1906

G Gottlob Walz GER 156,0
S Georg Hoffmann GER 150,2
B Otto Satzinger AUT 147,4

London 1908

G Hjalmar Johansson SWE 83,75
S Karl Malmström SWE 78,73
B Arvid Spangberg SWE 74,00

Stockholm 1912

G Erik Adlerz SWE 73,94
S Albert Zürner GER 72,60
B Gustaf Blomgren SWE 69,56

Antwerpen 1920

G Clarence Pinkston USA 100,67
S Erik Adlerz SWE 99,08
B Harry Prieste USA 93,73

Bilanz Turmspringen Männer

Land	G	S	B
1. USA	12	10	8
2. ITA	3	1	1
3. SWE	2	2	2
4. GER	1	3	2
5. MEX	1	2	2
6. CHN	1	1	2
7. GDR	1	–	–
8. URS	–	1	2
9. EGY	–	1	–
10. AUT	–	–	1
GBR	–	–	1

1) Desjardins war nur 1,59 m groß.

Bilanz Wasserball

Land	G	S	B
1. HUN	6	3	3
2. GBR	4	–	–
3. YUG	3	4	–
4. ITA	3	1	1
5. URS	2	2	3
6. USA	1	4	3
7. GER	1	2	–
8. FRA	1	–	3
9. BEL	–	4	2
10. SWE	–	1	2
11. ESP	–	1	–
12. NED	–	–	2
13. EUN	–	–	1
FRG	–	–	1

Paris 1924

G Albert White USA 97,46
S David Fall USA 97,30
B Clarence Pinkston USA 94,60

Amsterdam 1928[1]

G Peter Desjardins USA 6
S Farid Simaika EGY[2] 9
B Michael Galitzen USA 15

Los Angeles 1932

G Harold Smith USA 124,80
S Michael Galitzen USA 124,28
B Frank Kurtz USA 121,98

Berlin 1936

G Marshall Wayne USA 113,58
S Albert Root USA 110,60
B Hermann Stork GER 110,31

London 1948

G Sammy Lee USA 130,05
S Bruce Harlan USA 122,30
B Joaquin Capilla Pérez MEX 113,52

Helsinki 1952

G Sammy Lee USA 156,28
S Joaquin Capilla Pérez MEX 145,21
B Günther Haase GER 141,31

Melbourne 1956

G Joaquin Capilla Pérez MEX 152,44
S Gary Tobian USA 152,41
B Richard Connor USA 149,79

Rom 1960

G Robert Webster USA 165,56
S Gary Tobian USA 165,25
B Brian Phelps GBR 157,13

Tokio 1964

G Robert Webster USA 148,58
S Klaus Dibiasi ITA 147,54
B Thomas Gompf USA 146,57

Mexiko City 1968

G Klaus Dibiasi ITA 164,18
S Alvaro Gaxiola MEX 154,49
B Edwin Young USA 153,93

München 1972

G Klaus Dibiasi ITA 504,12
S Richard Rydze USA 480,75
B Giorgio Cagnotto ITA 475,83

Montreal 1976

G Klaus Dibiasi ITA 600,51
S Greg Louganis USA 576,99
B Vladimir Aleynik URS 548,61

Moskau 1980

G Falk Hoffmann GDR 835,650
S Vladimir Aleynik URS 819,705
B David Ambarzumyan URS 817,440

Los Angeles 1984

G Greg Louganis USA 710,91
S Bruce Kimball USA 643,50
B Kongzheng Li CHN 638,28

Seoul 1988

G Greg Louganis USA 638,61
S Ni Xiong CHN 637,47
B Jesus Mena MEX 594,39

Barcelona 1992

G Shuwei Sun CHN 677,31
S Scott Donie USA 633,63
B Ni Xiong CHN 600,15

Wasserball

Paris 1900

G GBR (Osborne Swimming Club, Manchester)
Arthur Robertson, Thomas Coe, Eric Robinson, Peter Kemp, George Wilkinson, John Derbyshire, William Lister
S BEL (Club de Natation de Bruxelles)
Albert Michant, Fernand Feyaerts, Henri Cohen, Victor de Behr, Oscar Grégoire, Victor Sannemans, Jean de Backer
B FRA (Libellule de Paris)
Henri Peslier, Thomas Burgess, Alphonse de Cuyper, Pesloy, Paul Vasseur, Devenot, Louis Lauffray
B FRA (Pupilles de Neptune de Lille)
Coulon, Fardelle, Favier, Leriche, Louis Martin, Charles Treffel, Désiré Merchez)

St. Louis 1904

G USA (New York Athletik Club)
David Bratton, George Van Cleaf, Leo Goodwin, Louis Handley, David Hesser, Joseph Ruddy, James Steen
S USA (Chicago Athletic Association)
Rex Beach, Jerome Steever, Edwin Paul Swatek, Charles Healy, Frank Kehoe, David Hammond, William Tuttle

1) Wertung nach Platzziffern
2) Simaika lebte in den USA.

S USA (Missouri Athletic Club)
John Meyers, Manfred Toeppen, Gwynne Evans, Amedee Reyburn, Fred Schreiner, Augustus Goessling, William Orthwein

London 1908

G GBR
Charles Smith, George Nevinson, George Cornet, Thomas Thould, George Wilkinson, Paul Radmilovic, Charles Forsyth
S BEL
Albert Michant, Herman Meyboom, Victor Boin, Joseph Pletinckx, Fernand Feyaerts, Oscar Grégoire, Herman Donners
B SWE
Torsten Kumfeldt, Axel Runström, Harald Julin, Pontus Hanson, Gunnar Wennerström, Robert Andersson, Erik Bergvall

Stockholm 1912

G GBR
Charles Smith, George Cornet, Charles Bugbee, Arthur Hill, George Wilkinson, Paul Radmilovic, Isaac Bentham
S SWE
Torsten Kumfeldt, Harald Julin, Pontus Hanson, Robert Andersson, Max Gumpel, Vilhelm Andersson, Erik Bergqvist
B BEL
Albert Durant, Victor Boin, Joseph Pletinckx, Oscar Grégoire, Herman Donners, Herman Meyboom, Félicien Courbet, Jean Hoffman, Pierre Nijs

Antwerpen 1920

G GBR
Charles Smith, Noel Purcell, Christopher Jones, Charles Bugbee, William Dean, Paul Radmilovic, William Peacock
S BEL
Albert Durant, Pierre Nijs, Joseph Pletinckx, Paul Gailly, Maurice Blitz, Gérard Blitz, René Bauwens, Pierre Dewin
B SWE
Theodor Naumann, Pontus Hanson, Max Gumpel, Robert Andersson, Vilhelm Andersson, Harald Julin, Erik Bergqvist, Erik Andersson, Nils Backlund, Torsten Kumfeldt

Paris 1924

G FRA
Paul Dujardin, Noël Delberghe, Georges Rigal, Henri Padou, Robert Desmettre, Albert Mayaud, Albert Deborgies
S BEL
Albert Durant, Maurice Blitz, Gérard Blitz, Joseph Pletinckx, Paul Gailly, Pierre Dewin, Joseph de Combe, Joseph Cludts, Georges Fleurix, Jules Thiry, Pierre Vermetten
B USA
Frederick Lauer, Oliver Horn, George Mitchell, George Schroth, Herbert Vollmer, Johnny Weissmuller[1], Arthur Austin, John Norton, J. Wallace O'Connor

Amsterdam 1928

G GER
Erich Rademacher[2], Otto Cordes, Emil Benecke, Fritz Gunst, Joachim Rademacher[3], Karl Bähre, Max Amann, Johann Blank
S HUN
Istvan Barta, Sandor Ivady, Alajos Keseru, Marton Homonnai, Ferenc Keseru, Jozsef Vertesy, Oliver Halassy
B FRA
Paul Dujardin, Jules Keignaert, Henri Padou, Emile Bulteel, Achille Tribouillet, Henri Cuvelier, Albert Vandeplancke, Ernest Rogez, Albert Thévenon

Los Angeles 1932

G HUN
György Brody, Sandor Ivady, Alajos Keseru, Marton Homonnai, Ferenc Keseru, Jozsef Vertesy, Oliver Halassy, Istvan Barta, Janos Nemeth, Miklos Sarkany
S GER
Erich Rademacher[2], Otto Cordes, Emil Benecke, Fritz Gunst, Joachim Rademacher[3], Heiko Schwartz, Hans Schulze, Hans Eckstein
B USA
Herbert Widman, Calvert Strong, Charles Finn, Harold, McCallister, Philip Daubenspeck, Austin Clapp, Wallace O'Connor

Berlin 1936

G HUN
Janos Nemeth, Oliver Halassy, Marton Homonnai, Miklos Sarkany, György Brody, Kalman Hazai, Jenö Brandi, Mihaly Bozsi, György Kutasi, Sandor Tarics, Istvan Molnar

1) Schwimmstar Johnny Weissmuller spielte zu jener Zeit auch Wasserball.
2) Torhüter Erich Rademacher (* 1901, † 1979) war 1928 Olympiazweiter im 200-m-Brustschwimmen und stellte neun Weltrekorde im Schwimmen auf.
3) Joachim Rademacher (* 1906, † 1970) war der Bruder von Erich.

S GER
Paul Klingenburg, Bernhard Baier[1], Gustav Schürger, Fritz Gunst, Josef Hauser, Hans Schneider, Hans Schulze, Fritz Stolze, Heinrich Krug, Alfred Kienzle, Helmut Schwenn
B BEL
Henri Disy, Joseph de Combe, Henri Stoelen, Fernand Isselé, Albert Castelyns, Gérard Blitz, Pierre Coppieters, Henri de Pauw, Edmond Michiels

London 1948

G ITA
Pasquale, Buonocore, Emilio Bulgarelli, Cesare Rubini, Geminio Ognio, Ermenegildo Arena, Aldo Ghira, Gianfranco Pandolfini, Mario Maioni, Tullio Pandolfini
S HUN
Endre Györffi, Miklos Holop, Dezsö Gyarmati, Karoly Szittya, Oszkar Csuvik, Istvan Szivos, Dezsö Lemhenyi, Laszlo Jeney, Dezsö Fabian, Jenö Brandi
B NED
Johannes Rohner, Cornelis Korevaar, Cornelis Braasem, Hans Stam, Albert Ruimschotel, Rudolph van Feggelen, Frits Smol, Pieter Salomons, Hendrikus Keetelaar

Helsinki 1952

G HUN
Dezsö Gyarmati[2], Laszlo Jeney, György Vizvari, Kalman Markovits, Antal Bolvari, Istvan Szivos, György Karpati, Robert Antal, Dezsö Fabian, Karoly Szittya, Dezsö Lemhenyi, Istvan Hasznos, Miklos Martin
S YUG
Zdravko Kovacic, Viljko Bakasun, Ivo Stakula, Ivo Kurtini, Bosko Vuksanovic, Zdravko Jezic, Lovro Radonjic, Marko Brainovic, Vlado Ivkovic
B ITA
Raffaello Gambino, Vincenzo Polito, Cesare Rubini, Carlo Peretti, Ermenegildo Arena, Maurizio Mannelli, Renato De Sanzuane, Renato Traiola, Geminio Ognio, Salvatore Gionta, Lucio Ceccarini

Melbourne 1956

G HUN
Dezsö Gyarmati, György Karpati, Otto Boros, Istvan Hevesi, Kalman Markovits, Antal Bolvari, Mihaly Mayer, Laszlo Jeney, Istvan Szivos, Tivadar Kanizsa, Ervin Zador
S YUG
Zdravko Kovacic, Lovro Radonjic, Vlado Ivkovic, Zdravko Jezic, Ivo Cipci, Hrvoje Kacic, Marijan Zuzej, Tomislav Franjkovic
B URS
Boris Goykhman, Viktor Ageyev, Yuri Shlyapin, Vyacheslav Kurennoy, Pyotr Breus, Pyotr Mshvenieradze, Nodar Gvakhariya, Mikhail Ryzhak, Valentin Prokopov, Boris Markarov

Rom 1960

G ITA
Dante Rossi, Giuseppe D'Altrui, Eraldo Pizzo, Gianni Lonzi, Franco Lavoratori, Rosario Parmeggiani, Danio Bardi, Brunello Spinelli, Salvatore Gionta, Amedeo Ambron, Giancarlo Guerrini, Luigi Mannelli
S URS
Pyotr Mshvenieradze, Boris Goykhman, Viktor Ageyev, Vyacheslav Kurennoy, Leri Gogoladze, Givi Chikvanaya, Anatoli Kartashov, Yuri Grigorovsky, Vladimir Semyonov, Yevgeni Saltsyn, Vladimir Novikov
B HUN
Dezsö Gyarmati, György Karpati, Otto Boros, Istvan Hevesi, Mihaly Mayer, Tivadar Kanizsa, Zoltan Dömötör, Laszlo Felkai, Laszlo Jeney, Andras Katona, Kalman Markovits, Péter Rusoran, Janos Konrad, Andras Bodnar

Tokio 1964

G HUN
Dezsö Gyarmati, György Karpati, Janos Konrad, Andras Bodnar, Laszlo Felkai, Zoltan Dömötör, Tivadar Kanizsa, Péter Rusoran, Mihaly Mayer, Otto Boros, Miklos Ambrus, Denes Pocsik
S YUG
Milan Muskatirovic, Ivo Trumbic, Vinko Rosic, Zlato Simeno, Bozidar Stanisic, Ante Nardeli, Zoran Jankovic, Mirko Sandic, Ozren Bonacic, Frane Nonkovic, Karlo Stipanic
B URS
Igor Grabovsky, Vladimir Kusnezov, Boris Grishin, Boris Popov, Nikolai Kalashnikov, Zenon Bortkevich, Nikolai Kusnezov, Viktor Ageyev, Leonid Osipov, Vladimir Semyonov, Eduard Yegorov

1) Bernhard Baier (* 1912) war nach 1945 einer der maßgeblichen deutschen Sportführer, Präsident des Deutschen Schwimm-Verbandes (1950–69) und Sportdirektor im Organisationskomitee der Olympischen Spiele 1972 in München. Baiers Frau Gertrud war 1936 Turn-Olympiasiegerin.
2) Eltern und Tochter Gyarmaty aus Ungarn gewannen bei sechs Olympischen Spielen (1948, 1952, 1956, 1960, 1964 und 1972) neun Medaillen, vier goldene, drei silberne und zwei bronzene:
Deszö 3–1–1
Eva 1–1–0
Andrea 0–1–1.
Vater Deszö war Wasserballspieler, Mutter Eva (Szekely) Brustschwimmerin und beider Tochter Andrea Rücken- und Schmetterlingsschwimmerin.

Mexiko City 1968

G YUG
Ivo Trumbic, Karlo Stipanic, Ozren Bonacic, Zoran Jankovic, Uros Marovic, Ronald Lopatny, Miroslav Poljak, Dejan Dabovic, Djorde Perisic, Mirko Sandic, Zdravko Hebel

S URS
Vadim Gulyaev, Givi Chikvanaya, Boris Grishin, Alexander Dolgushin, Alexei Barkalov, Yuri Grigorovsky, Vladimir Semyonov, Alexander Shidlovsky, Vyacheslav Skok, Leonid Osipov, Oleg Bovin

B HUN
Endre Molnar, Mihaly Mayer, Istvan Szivos, Janos Konrad, Laszlo Sarosi, Laszlo Felkai, Ferenc Konrad, Denes Pocsik, Andras Bodnar, Zoltan Dömötör, Janos Steinmetz

München 1972

G URS
Vadim Gulyaev, Anatoli Akimov, Alexander Dreval, Alexander Dolgushin, Vladimir Zhumudsky, Alexei Barkalov, Alexander Shidlovsky, Nikolai Melnikov, Leonid Osipov, Vyacheslav Sobchenko

S HUN
Endre Molnar, Tibor Cservenyak, Andras Bodnar, Istvan Görgenyi, Zoltan Kasas, Tamas Farago, Laszlo Sarosi, Istvan Szivos, Istvan Magas, Denes Pocsik, Ferenc Konrad

B USA
James Slatton, Stanley Cole, Russell Webb, Barry Weitzenberg, Gary Sheerer, Bruse Bradley, Peter Asch, James Ferguson, Steven Barnett, John Parker, Eric Lindroth

Montreal 1976

G HUN
Endre Molnar, Istvan Szivos, Tamas Farago, Laszlo Sarosi, Ferenc Konrad, Tibor Cservenyak, György Horkai, Gábor Csapo, Attila Sudar, György Kenez, György Gerendas

S ITA
Alberto Alberani, Roldano Simeoni, Silvio Baracchini, Sante Marsili, Marcello Del Duca, Gianni De Magistris, Alessandro Ghibellini, Luigi Castagnola, Riccardo De Magistris, Vincenzo D'Angelo, Umberto Panerai

B NED
Evert Kron, Nico Landeweerd, Jan Evert Veer, Hans van Zeeland, Ton Buunk, Piet de Zwarte, Hans Smits, Rik Toonen, Gyze Stroboer, Andy Hoepelman, Alex Boegschoten

Moskau 1980

G URS
Yevgeni Sharonov, Sergei Kotenko, Vladimir Akimov, Yevgeni Grishin, Mait Risman, Alexander Kabanov, Alexei Barkalov, Erkin Shagayev, Georgi Mshvenieradze, Mikhail Ivanov, Vyacheslav Sobchenko

S YUG
Luka Vezilic, Zoran Gopcevic, Damir Polic, Ratko Rudic, Zoran Mustur, Zoran Roje, Milivoj Bebic, Slobodan Trifunovic, Bosko Lozica, Predrag Manojlovic, Milorad Krivokapic

B HUN
Endre Molnar, Istvan Szivos, Attila Sudar, György Gerendas, György Horkai, Gabor Csapo, Istvan Kiss, Istvan Udvardi, Laszlo Kuncz, Tamas Farago, Karoly Hauszler

Los Angeles 1984

G YUG
Milorad Krivokapic, Deni Lusic, Zoran Petrovic, Bozo Vuletic, Veselin Djuho, Zoran Roje, Milivoj Bebic, Perica Bukic, Goran Sukno, Tomislav Paskvalin, Igor Milanovic, Dragan Andric

S USA
Craig Wilson, Kevin Robertson, Gary Figueroa, Peter Campbell, Douglas Burke, Joseph Vargas, Jon Svendsen, John Siman, Andrew McDonald, Terry Schroeder, Jody Campbell, Tim Shaw

B FRG
Peter Röhle, Thomas Loebb, Frank Otto, Rainer Hoppe, Armando Fernandez, Thomas Huber, Jürgen Schroeder, Rainer Osselmann, Hagen Stamm, Roland Freund, Dirk Theismann, Werner Obschernikat

Seoul 1988

G YUG
Aleksandar Sostar, Deni Lusic, Dubravko Simenc, Perica Bukic, Veselin Djuho, Dragan Andric, Mirko Vicevic, Igor Gocanin, Mislav Bezmalinovic, Tomislav Paskvalin, Igor Milanovic, Goran Radyenovic, Renco Posinkovic

S USA
Craig Wilson, Kevin Robertson, James Bergeson, Peter Campbell, Douglas Kimbell, Craig Klass, Alan Mouchawar, Jeffrey Campbell, Gregory Boyer, Terry Schroeder, Jody Campbell, Christopher Duplanty, Michael Evans

B URS
Yevgeni Sharonov, Nurlan Mendygaliev, Yevgeni Grishin, Alexander Kolotov, Sergei Naumov, Viktor Berendyuga, Sergei Kotenko, Dimitri Apanasenko, Georgi Mshvenieradze, Mikhail Ivanov, Sergei Markoch, Nikolai Smirnov, Mikhail Giorgadze

Barcelona 1992

G ITA
Francesco Attolico, Alessandro Bovo, Paolo Caldarella, Alessandro Campagna, Marco D'Altrui, Massimiliano Ferretti, Mario Fiorillo, Ferdinando Gandolfi, Amedeo Pomilio, Francesco Porzio, Giuseppe Porzio, Carlo Silipo
S ESP
Daniel Ballart Sans, Manuel Estiarte Duocastella, Pedro Garcia Aguado, Salvador Gomez Aguera, Marco Gonzalez Junquera, Ruben Michavila Jover, Miguel Oca Gaia, Sergio Pedrerol Cavalle, José Pico Llado, Jesus Rollan Prada, Ricardo Sanchez Alarcon, Jordi Sans Juan
B EUN
Dimitri Apanasenko, Andrei Belofastov, Yevgeni Sharonov, Dimitri Gorshkov, Vladimir Karabutov, Alexander Kolotov, Andrei Kovalenko, Nikolai Kozlov, Sergei Markoch, Sergei Naumov, Alexander Ogorodnikov, Alexander Chigir, Alexei Vdovin

Nicht mehr ausgetragene Wettbewerbe Männer (mit Wasserspringen)

100 m Matrosenschwimmen Männer

Athen 1896

G Ioannis Malonikis GRE 2:20,4
S Spiridon Kasapis GRE .... –
B Dimitrios Spivas GRE .... –

880 yards Freistil Männer

St. Louis 1904

G Emil Rausch GER 13:11,4
S Francis Gailey USA 13:23,4
B Geza Kiss HUN .... –

4000 m Stromschwimmen Männer

Paris 1900

G John Arthur Jarvis GBR 58:24,0
S Zoltan von Halmay HUN 1:08:55,4
B Louis Martin FRA 1:13:08,4

200 m Hindernisschwimmen Männer

Paris 1900

G Frederick Lane AUS 2:38,4
S Otto Wahle AUT 2:40,0
B Peter Kemp GBR 2:47,4

400 m Brust Männer

St. Louis 1904

G Georg Zacharias GER 7:23,6
S Walter Brack GER 7:33,0
B Jamison Handy USA .... –

Stockholm 1912

G Walter Bathe GER 6:29,6
S Thor Henning SWE 6:35,6
B Percy Courtman GBR 6:36,4

Antwerpen 1920

G Hakan Malmroth SWE 6:31,8
S Thor Henning SWE 6:45,2
B Arvo Aaltonen FIN 6:48,0

Tauchen Männer

Paris 1900

G Charles de Vendeville FRA 188,4
S Armand Six FRA 185,4
B Peter Lykkeberg DEN 147,0

Kopfweitsprung Männer

St. Louis 1904

G William Dickey USA 19,05
S Edgar Adams USA 17,53
B Leo Goodwin USA 17,37

Bilanz Nicht mehr ausgetragene Wettbewerbe Schwimmen Männer

Land	G	S	B
1. GER	4	1	–
2. SWE	3	5	2
3. USA	2	3	3
4. AUS	2	–	–
5. FRA	1	2	2
6. GRE	1	1	1
7. GBR	1	–	3
8. AUT	–	1	–
9. DEN	–	–	1
FIN	–	–	1

200 m Mannschaftsschwimmen Männer

Paris 1900

G GER .32
Ernst Hoppenberg, Max Hainle, Max Schöne, Julius Frey, Herbert von Petersdorff
S FRA .51
Bertrand, Maurice Hochepied, Verbeck, Cadet, Victor Hochepied
B FRA .61
Leuillieux, Louis Martin, Houben, Tartara, Desiré Merchez

4x50 m Freistilstaffel Männer

St. Louis 1904

G USA 2:04,6
Joseph Ruddy, Leo Goodwin, Louis Handley, Charles Daniels
S USA –
David Hammond, William Tuttle, Hugo Goetz, Raymond Thorne
B USA –
Amedee Reyburn, Gwynne Evans, Marquard Schwarz, William Orthwein

Freies Turmspringen Männer[1)]

Stockholm 1912

G Erik Adlerz SWE 40,0
S Hjalmar Johansson SWE 39,3
B Johan Jansson SWE 39,1

Antwerpen 1920

G Arvid Wallman SWE 183,5
S Nils Skoglund SWE 183,0
B Johan Jansson SWE 175,0

Paris 1924

G Richmond Eve AUS 160,0
S Johan Jansson SWE 157,0
B Harold Clarke GBR 156,0

50 m Freistil Frauen

Seoul 1988

G Kristin Otto GDR 25,49
S Wenyi Yang CHN 25,64
B Katrin Meißner GDR 25,71
Jill Sterkel USA 25,71

Barcelona 1992

G Wenyi Yang CHN 24,79
S Yong Zhuang CHN 25,08
B Angel Martino USA 25,23

100 m Freistil Frauen

Stockholm 1912

G Fanny Durack AUS 1:22,2
S Wilhelmina Wylie AUS 1:25,4
B Jennie Fletcher GBR 1:27,0

Antwerpen 1920

G Ethelda Bleibtrey USA 1:13,6
S Irene Guest USA 1:17,0
B Frances Schroth USA 1:17,2

Paris 1924

G Ethel Lackie USA 1:12,4
S Mariechen Wehselau USA 1:12,8
B Gertrude Ederle USA 1:14,2

Amsterdam 1928

G Albina Osipowich USA 1:11,0
S Eleanor Garatti USA 1:11,4
B Margaret Joyce Cooper GBR 1:13,6

Los Angeles 1932

G Helene Madison USA 1:06,8
S Willie den Ouden NED 1:07,8
B Eleanor Garatti-Saville USA 1:08,2

Berlin 1936

G Ria Mastenbroek NED 1:05,9
S Jeanette Campbell ARG 1:06,4
B Gisela Arendt GER 1:06,6

London 1948

G Greta Andersen DEN 1:06,3
S Ann Curtis USA 1:06,5
B Marie-Louise Vaessen NED 1:07,6

Helsinki 1952

G Katalin Szöke HUN 1:06,8
S Johanna Termeulen NED 1:07,0
B Judit Temes HUN 1:07,1

Melbourne 1956

G Dawn Fraser AUS 1:02,0
S Lorraine Crapp AUS 1:02,3
B Faith Leech AUS 1:05,1

Bilanz 50 m Freistil Frauen

Land	G	S	B
1. CHN	1	2	–
2. GDR	1	–	1
3. USA	–	–	2

Bilanz 100 m Freistil Frauen

Land	G	S	B
1. USA	8	9	5
2. AUS	4	2	2
3. GDR	3	2	1
4. NED	1	2	3
5. CHN	1	1	–
6. HUN	1	–	1
7. DEN	1	–	–
8. ARG	–	1	–
9. GBR	–	–	3
10. GER	–	–	2
11. FRA	–	–	1

1) Kürsprünge ohne Salti und Schrauben

Bilanz 200 m Freistil Frauen

Land	G	S	B
1. USA	3	4	2
2. GDR	3	1	2
3. AUS	1	–	–
4. GER	–	1	1
5. CRC	–	1	–
6. NED	–	–	2

Bilanz 400 m Freistil Frauen

Land	G	S	B
1. USA	10	7	8
2. GDR	2	2	3
3. AUS	2	1	1
4. NED	1	1	1
5. HUN	1	1	–
6. GER	1	–	–
7. DEN	–	2	–
8. GBR	–	1	2
9. ITA	–	1	–
SWE	–	1	–
11. CAN	–	–	1
RSA	–	–	1

1) Ederle durchschwamm am 6. August 1926 als erste Frau den Ärmelkanal von Frankreich nach England; sie war damals 19 Jahre alt.

Rom 1960

G Dawn Fraser AUS 1:01,2
S Chris von Saltza USA 1:02,8
B Natalie Steward GBR 1:03,1

Tokio 1964

G Dawn Fraser AUS 59,5
S Sharon Stouder USA 59,9
B Kathleen Ellis USA 1:00,8

Mexiko City 1968

G Jan Henne USA 1:00,0
S Susan Pedersen USA 1:00,3
B Linda Gustavson USA 1:00,3

München 1972

G Sandra Neilson USA 58,59
S Shirley Babashoff USA 59,02
B Shane Gould AUS 59,06

Montreal 1976

G Kornelia Ender GDR 55,65
S Petra Priemer GDR 56,49
B Enith Brigitha NED 56,65

Moskau 1980

G Barbara Krause GDR 54,79
S Caren Metschuck GDR 55,16
B Ines Diers GDR 55,65

Los Angeles 1984

G Carrie Steinseifer USA 55,92
Nancy Hogshead USA 55,92
B Annemarie Verstappen NED 56,08

Seoul 1988

G Kristin Otto GDR 54,93
S Yong Zhuang CHN 55,47
B Catherine Plewinski FRA 55,49

Barcelona 1992

G Yong Zhuang CHN 54,64
S Jenny Thompson USA 54,84
B Franziska van Almsick GER 54,94

200 m Freistil Frauen

Mexiko City 1968

G Debbie Meyer USA 2:10,5
S Jan Henne USA 2:11,0
B Jane Barkman USA 2:11,2

München 1972

G Shane Gould AUS 2:03,56
S Shirley Babashoff USA 2:04,33
B Keena Rothhammer USA 2:04,92

Montreal 1976

G Kornelia Ender GDR 1:59,26
S Shirley Babashoff USA 2:01,22
B Enith Brigitha NED 2:01,40

Moskau 1980

G Barbara Krause GDR 1:58,33
S Ines Diers GDR 1:59,64
B Carmela Schmidt GDR 2:01,44

Los Angeles 1984

G Mary Wayte USA 1:59,23
S Cynthia Woodhead USA 1:59,50
B Annemarie Verstappen NED 1:59,69

Seoul 1988

G Heike Friedrich GDR 1:57,65
S Silvia Poll CRC 1:58,67
B Manuela Stellmach GDR 1:59,01

Barcelona 1992

G Nicole Haislett USA 1:57,90
S Franziska van Almsick GER 1:58,00
B Kerstin Kielgaß GER 1:59,67

400 m Freistil Frauen

Antwerpen 1920 (300 m)

G Ethelda Bleibtrey USA 4:34,0
S Margaret Woodbridge USA 4:42,8
B Frances Schroth USA 4:52,0

Paris 1924

G Martha Norelius USA 6:02,2
S Helen Wainwright USA 6:03,8
B Gertrude Ederle USA[1)] 6:04,8

Amsterdam 1928

G Martha Norelius USA 5:42,8
S Maria Braun NED 5:57,8
B Josephine McKim USA 6:00,2

Los Angeles 1932

G Helene Madison USA 5:28,5
S Leonore Kight USA 5:28,6
B Jennie Makaal RSA 5:47,3

Berlin 1936

G Ria Mastenbroek NED 5:26,4
S Ragnhild Hveger DEN 5:27,5
B Leonore Wingard-Kight USA 5:29,0

London 1948

G Ann Curtis USA 5:17,8
S Karen Harup DEN 5:21,2
B Catherine Gibson GBR 5:22,5

Helsinki 1952

G Valeria Gyenge HUN 5:12,1
S Eva Novak HUN 5:13,7
B Evelyn Kawamoto USA 5:14,6

Melbourne 1956

G Lorraine Crapp AUS 4:54,6
S Dawn Fraser AUS 5:02,5
B Sylvia Ruuska USA 5:07,1

Rom 1960

G Chris von Saltza USA 4:50,6
S Jane Cederqvist SWE 4:53,9
B Tina Lagerberg NED 4:56,9

Tokio 1964

G Virginia Duenkel USA 4:43,3
S Marilyn Ramenofsky USA 4:44,6
B Terri Lee Stickles USA 4:47,2

Mexiko City 1968

G Debbie Meyer USA 4:31,8
S Linda Gustavson USA 4:35,5
B Karen Moras USA 4:37,0

München 1972

G Shane Gould AUS 4:19,04
S Novella Calligaris ITA 4:22,44
B Gudrun Wegner GDR 4:23,11

Montreal 1976

G Petra Thümer GDR 4:09,89
S Shirley Babashoff USA 4:10,46
B Shannon Smith CAN 4:14,60

Moskau 1980

G Ines Diers GDR 4:08,76
S Petra Schneider GDR 4:09,16
B Carmela Schmidt GDR 4:10,86

Los Angeles 1984

G Tiffany Cohen USA 4:07,10
S Sarah Hardcastle GBR 4:10,27
B June Croft GBR 4:11,49

Seoul 1988

G Janet Evans USA 4:03,95
S Heike Friedrich GDR 4:05,94
B Anke Möhring GDR 4:06,62

Barcelona 1992

G Dagmar Hase GER 4:07,18
S Janet Evans USA 4:07,37
B Hayley Lewis AUS 4:11,22

800 m Freistil Frauen

Mexiko City 1968

G Debbie Meyer USA 9:24,0
S Pamela Kruse USA 9:35,7
B Maria Teresa Ramirez MEX 9:38,5

München 1972

G Keena Rothhammer USA 8:53,68
S Shane Gould AUS 8:56,39
B Novella Calligaris ITA 8:57,46

Montreal 1976

G Petra Thümer GDR 8:37,14
S Shirley Babashoff USA 8:37,59
B Wendy Weinberg USA 8:42,60

Moskau 1980

G Michelle Ford AUS 8:28,90
S Ines Diers GDR 8:32,55
B Heike Dähne GDR 8:33,48

Los Angeles 1984

G Tiffany Cohen USA 8:24,95
S Michele Richardson USA 8:30,73
B Sarah Hardcastle GBR 8:32,60

Seoul 1988

G Janet Evans USA 8:20,20
S Astrid Strauß GDR 8:22,09
B Julie McDonald AUS 8:22,93

Barcelona 1992

G Janet Evans USA 8:25,52
S Hayley Lewis AUS 8:30,34
B Jana Henke GER 8:30,99

Bilanz 800 m Freistil Frauen

Land	G	S	B
1. USA	5	3	1
2. AUS	1	2	1
GDR	1	2	1
4. GBR	–	–	1
GER	–	–	1
ITA	–	–	1
MEX	–	–	1

Bilanz 100 m Rücken Frauen

Land	G	S	B
1. USA	7	3	6
2. GDR	3	2	2
3. NED	2	2	1
4. GBR	1	3	3
5. HUN	1	3	–
6. DEN	1	–	–
RSA	1	–	–
8. AUS	–	1	1
CAN	–	1	1
10. FRA	–	1	–
11. JPN	–	–	1
NZL	–	–	1

Bilanz 200 m Rücken Frauen

Land	G	S	B
1. GDR	2	3	2
2. USA	2	2	1
3. HUN	2	–	–
4. NED	1	–	–
5. CAN	–	1	2
6. GER	–	1	–
7. AUS	–	–	1
ROM	–	–	1

100 m Rücken Frauen

Paris 1924
G Sybil Bauer USA 1:23,2
S Phyllis Harding GBR 1:27,4
B Aileen Riggin USA 1:28,2

Amsterdam 1928
G Maria Braun NED 1:22,0
S Ellen Elizabeth King GBR 1:22,2
B Margaret Joyce Cooper GBR 1:22,8

Los Angeles 1932
G Eleanor Holm USA 1:19,4
S Philomena Mealing AUS 1:21,3
B Elizabeth Davies GBR 1:22,5

Berlin 1936
G Dina Senff NED 1:18,9
S Ria Mastenbroek NED 1:19,2
B Alice Bridges USA 1:19,4

London 1948
G Karen Harup DEN 1:14,4
S Suzanne Zimmerman USA 1:16,0
B Judy Davies AUS 1:16,7

Helsinki 1952
G Joan Harrison RSA 1:14,3
S Geertje Wielema NED 1:14,5
B Jean Stewart NZL 1:15,8

Melbourne 1956
G Judith Grinham GBR 1:12,9
S Carin Cone USA 1:12,9
B Margaret Edwards GBR 1:13,1

Rom 1960
G Lynn Burke USA 1:09,3
S Natalie Steward GBR 1:10,8
B Satoko Tanaka JPN 1:11,4

Tokio 1964
G Cathy Ferguson USA 1:07,7
S Christine Caron FRA 1:07,9
B Virginia Duenkel USA 1:08,0

Mexiko City 1968
G Kaye Hall USA 1:06,2
S Elaine Tanner CAN 1:06,7
B Jane Swagerty USA 1:08,1

München 1972
G Melissa Belote USA 1:05,78
S Andrea Gyarmati HUN 1:06,26
B Susan Atwood USA 1:06,34

Montreal 1976
G Ulrike Richter GDR 1:01,83
S Birgit Treiber GDR 1:03,41
B Nancy Garapick CAN 1:03,71

Moskau 1980
G Rica Reinisch GDR 1:00,86
S Ina Kleber GDR 1:02,07
B Petra Riedel GDR 1:02,64

Los Angeles 1984
G Theresa Andrews USA 1:02,55
S Betsy Mitchell USA 1:02,63
B Jolanda de Rover NED 1:02,91

Seoul 1988
G Kristin Otto GDR 1:00,89
S Krisztina Egerszegi HUN 1:01,56
B Cornelia Sirch GDR 1:01,57

Barcelona 1992
G Krisztina Egerszegi HUN 1:00,68
S Tunde Szabo HUN 1:01,14
B Lea Loveless USA 1:01,43

200 m Rücken Frauen

Mexiko City 1968
G Pokey Watson USA 2:24,8
S Elaine Tanner CAN 2:27,4
B Kaye Hall USA 2:28,9

München 1972
G Melissa Belote USA 2:19,19
S Susan Atwood USA 2:20,38
B Donna Gurr CAN 2:23,22

Montreal 1976
G Ulrike Richter GDR 2:13,43
S Birgit Treiber GDR 2:14,97
B Nancy Garapick CAN 2:15,60

Moskau 1980
G Rica Reinisch GDR 2:11,77
S Cornelia Polit GDR 2:13,75
B Birgit Treiber GDR 2:14,14

Los Angeles 1984

G Jolanda de Rover NED 2:12,38
S Amy White USA 2:13,04
B Aneta Patrascoiu ROM 2:13,29

Seoul 1988

G Krisztina Egerszegi HUN 2:09,29
S Kathrin Zimmermann GDR 2:10,61
B Cornelia Sirch GDR 2:11,45

Barcelona 1992

G Krisztina Egerszegi HUN 2:07,06
S Dagmar Hase GER 2:09,46
B Nicole Stevenson AUS 2:10,20

100 m Brust Frauen

Mexiko City 1968

G Djurdjica Bjedov YUG 1:15,8
S Galina Prosumenchikova URS 1:15,9
B Sharon Wichman USA 1:16,1

München 1972

G Catherine Carr USA 1:13,58
S Galina Prosumenchikova URS 1:14,99
B Beverly Whitfield AUS 1:15,73

Montreal 1976

G Hannelore Anke GDR 1:11,16
S Lyubov Russanova URS 1:13,04
B Marina Koshevaya URS 1:13,30

Moskau 1980

G Ute Geweniger GDR 1:10,22
S Elvira Vassilkova URS 1:10,41
B Susanne Nielsson DEN 1:11,16

Los Angeles 1984

G Petra van Staveren NED 1:09,88
S Anne Ottenbrite CAN 1:10,69
B Catherine Poirot FRA 1:10,70

Seoul 1988

G Tanya Dangalakova BUL 1:07,95
S Antoaneta Frenkeva BUL 1:08,74
B Silke Hörner GDR 1:08,83

Barcelona 1992

G Yelena Rudkovskaya EUN 1:08,00
S Anita Nall USA 1:08,17
B Samantha Riley AUS 1:09,25

200 m Brust Frauen

Paris 1924

G Lucy Morton GBR 3:33,2
S Agnes Geraghty USA 3:34,0
B Gladys Carson GBR 3:35,4

Amsterdam 1928

G Hildegard Schrader GER 3:12,6
S Mietje Baron NED 3:15,2
B Lotte Mühe GER 3:17,6

Los Angeles 1932

G Clare Dennis AUS 3:06,3
S Hideko Maehata JPN 3:06,4
B Else Jacobsen DEN 3:07,1

Berlin 1936

G Hideko Maehata JPN 3:03,6
S Martha Genenger GER 3:04,2
B Inge Sörensen DEN 3:07,8

London 1948

G Nelly van Vliet NED 2:57,2
S Beatrice Lyons AUS 2:57,7
B Eva Novak HUN 3:00,2

Helsinki 1952

G Eva Szekely HUN 2:51,7
S Eva Novak HUN 2:54,4
B Helen Gordon GBR 2:57,6

Melbourne 1956

G Ursula Happe GER 2:53,1
S Eva Szekely HUN 2:54,8
B Eva-Maria ten Elsen GER 2:55,1

Rom 1960

G Anita Lonsbrough GBR 2:49,5
S Wildtrud Urselmann GER 2:50,0
B Barbara Göbel GER 2:53,6

Tokio 1964

G Galina Prosumenchikova URS 2:46,4
S Claudia Kolb USA 2:47,6
B Svetlana Babanina URS 2:48,6

Mexiko City 1968

G Sharon Wichman USA 2:44,4
S Djurdjica Bjedov YUG 2:46,4
B Galina Prosumenchikova URS 2:47,0

Bilanz 100 m Brust Frauen

Land	G	S	B
1. GDR	2	–	1
2. USA	1	1	1
3. BUL	1	1	–
4. EUN	1	–	–
NED	1	–	–
YUG	1	–	–
7. URS	–	4	1
8. CAN	–	1	–
9. AUS	–	–	2
10. DEN	–	–	1
FRA	–	–	1

Bilanz 200 m Brust Frauen

Land	G	S	B
1. URS	3	2	5
2. GER	2	2	3
3. JPN	2	1	–
4. GBR	2	–	2
5. AUS	2	1	–
6. USA	1	4	1
7. HUN	1	2	1
8. NED	1	1	–
9. CAN	1	–	–
GDR	1	–	–
10. CHN	–	2	–
11. YUG	–	1	–
12. DEN	–	–	2
13. BEL	–	–	1
BUL	–	–	1

München 1972

G Beverly Whitfield AUS 2:41,71
S Dana Schoenfield USA 2:42,05
B Galina Prosumenchikova URS 2:42,36

Montreal 1976

G Marina Koshevaya URS 2:33,35
S Marina Yurchenia URS 2:36,08
B Lyubov Russanova URS 2:36,22

Moskau 1980

G Lina Kachushite URS 2:29,54
S Svetlana Varganova URS 2:29,61
B Yulia Bogdanova URS 2:32,39

Los Angeles 1984

G Anne Ottenbrite CAN 2:30,38
S Susan Rapp USA 2:31,15
B Ingrid Lempereur BEL 2:31,40

Seoul 1988

G Silke Hörner GDR 2:26,71
S Huang Xiaomin CHN 2:27,49
B Antoaneta Frenkeva BUL 2:28,34

Barcelona 1992

G Kyoko Iwasaki JPN 2:26,65
S Li Lin CHN 2:26,85
B Anita Nall USA 2:26,88

München 1972

G Mayumi Aoki JPN 1:03,34
S Roswitha Beier GDR 1:03,61
B Andrea Gyarmati HUN 1:03,73

Montreal 1976

G Kornelia Ender GDR 1:00,13
S Andrea Pollack GDR 1:00,98
B Wendy Boglioli USA 1:01,17

Moskau 1980

G Caren Metschuck GDR 1:00,42
S Andrea Pollack GDR 1:00,90
B Christiane Knacke GDR 1:01,44

Los Angeles 1984

G Mary T. Meagher USA 59,26
S Jenna Johnson USA 1:00,19
B Karin Seick FRG 1:00,36

Seoul 1988

G Kristin Otto GDR 59,00
S Birte Weigang GDR 59,45
B Qian Hong CHN 59,52

Barcelona 1992

G Qian Hong CHN 58,62
S Crissy Ahmann-Leighton USA 58,74
B Catherine Plewinski FRA 59,01

Bilanz 100 m Schmetterling Frauen

Land	G	S	B
1. USA	4	4	4
2. GDR	3	4	1
3. AUS	1	–	1
CHN	1	–	1
5. JPN	1	–	–
6. NED	–	2	–
7. FRA	–	–	1
FRG	–	–	1
HUN	–	–	1

100 m Schmetterling Frauen

Melbourne 1956

G Shelley Mann USA 1:11,0
S Nancy Ramey USA 1:11,9
B Mary Sears USA 1:14,4

Rom 1960

G Carolyn Schuler USA 1:09,5
S Marianne Heemskerk NED 1:10,4
B Janice Andrew AUS 1:12,2

Tokio 1964

G Sharon Struder USA 1:04,7
S Ada Kok NED 1:05,6
B Kathleen Ellis USA 1:06,0

Mexiko City 1968

G Lynette McClements AUS 1:05,5
S Ellie Daniel USA 1:05,8
B Susan Shields USA 1:06,2

200 m Schmetterling Frauen

Mexiko City 1968

G Ada Kok NED 2:24,7
S Helga Lindner GDR 2:24,8
B Ellie Daniel USA 2:25,9

München 1972

G Karen Moe USA 2:15,57
S Lynn Colella USA 2:16,34
B Ellie Daniel USA 2:16,74

Montreal 1976

G Andrea Pollack GDR 2:11,41
S Ulrike Tauber GDR 2:12,50
B Rosemarie Gabriel GDR 2:12,86

Moskau 1980

G Ines Geißler GDR 2:10,44
S Sybille Schönrock GDR 2:10,45
B Michelle Ford AUS 2:11,66

Los Angeles 1984

G Mary T. Meagher USA 2:06,90
S Karen Phillips AUS 2:10,56
B Ina Beyermann FRG 2:11,91

Seoul 1988

G Kathleen Nord GDR 2:09,51
S Birte Weigang GDR 2:09,91
B Mary T. Meagher USA 2:10,80

Barcelona 1992

G Summer Sanders USA 2:08,67
S Xiaohong Wang CHN 2:09,01
B Susan O'Neill AUS 2:09,03

200 m Lagen Frauen

Mexiko City 1968

G Claudia Kolb USA 2:24,7
S Susan Pedersen USA 2:28,8
B Jan Henne USA 2:31,4

München 1972

G Shane Gould AUS 2:23,07
S Kornelia Ender GDR 2:23,59
B Lynn Vidali USA 2:24,06

Los Angeles 1984

G Tracy Caulkins USA 2:12,64
S Nancy Hogshead USA 2:15,17
B Michele Pearson AUS 2:15,92

Seoul 1988

G Daniela Hunger GDR 2:12,59
S Yelena Dendeberova URS 2:13,31
B Noemi Lung ROM 2:14,85

Barcelona 1992

G Li Lin CHN 2:11,65
S Summer Sanders USA 2:11,91
B Daniela Hunger GER 2:13,92

400 m Lagen Frauen

Tokio 1964

G Donna De Varona USA 5:18,7
S Sharon Finneran USA 5:24,1
B Martha Randall USA 5:24,2

Mexiko City 1968

G Claudia Kolb USA 5:08,5
S Lynn Vidali USA 5:22,2
B Sabine Steinbach GDR 5:25,3

München 1972

G Gail Neall AUS 5:02,97
S Leslie Cliff CAN 5:03,57
B Novella Calligaris ITA 5:03,99

Montreal 1976

G Ulrike Tauber GDR 4:42,77
S Cheryl Gibson CAN 4:48,10
B Becky Smith CAN 4:50,48

Moskau 1980

G Petra Schneider GDR 4:36,29
S Sharron Davies GBR 4:46,83
B Agnieszka Czopek POL 4:48,17

Los Angeles 1984

G Tracy Caulkins USA 4:39,24
S Suzanne Landells AUS 4:48,30
B Petra Zindler FRG 4:48,57

Seoul 1988

G Janet Evans USA 4:37,76
S Noemi Lung ROM 4:39,46
B Daniela Hunger GDR 4:39,76

Barcelona 1992

G Krisztina Egerszegi HUN 4:36,54
S Li Lin CHN 4:36,73
B Summer Sanders USA 4:37,58

4x100 m Freistil Frauen

Stockholm 1912

G GBR 5:52,8
Isabella Moore, Jennie Fletcher, Annie Speirs, Irene Steer
S GER 6:04,6
Wally Dressel, Louise Otto, Hermine Stindt, Grete Rosenberg
B AUT 6:17,0
Margarete Adler, Klara Milch, Josephine Sticker, Berta Zahourek

Antwerpen 1920

G USA 5:11,6
Margaret Woodbridge, Frances Schroth, Irene Guest, Ethelda Bleibtrey

Bilanz 200 m Schmetterling Frauen

Land	G	S	B
1. GDR	3	4	1
2. USA	3	1	3
3. NED	1	–	–
4. AUS	–	1	2
5. CHN	–	1	–
6. FRG	–	–	1

Bilanz 200 m und 400 m Lagen Frauen

Land	G	S	B
1. USA	6	5	4
2. GDR	3	1	2
3. AUS	2	1	1
4. CHN	1	1	–
5. HUN	1	–	–
6. CAN	–	2	1
7. ROM	–	1	1
8. GBR	–	1	–
URS	–	1	–
10. FRG	–	–	1
GER	–	–	1
ITA	–	–	1
POL	–	–	1

Bilanz 4x100 m Freistil Frauen

Land	G	S	B
1. USA	12	1	3
2. GDR	2	3	–
3. NED	1	4	3
4. GBR	1	3	1
5. AUS	1	2	–
6. HUN	1	–	–
7. GER	–	2	2
8. SWE	–	1	2
9. CHN	–	1	–
DEN	–	1	–
11. CAN	–	–	2
FRG	–	–	2
RSA	–	–	2
14. AUT	–	–	1

S GBR 5:40,8
Hilda James, Constance Jeans, Charlotte Radcliffe, Grace McKenzie
B SWE 5:43,6
Aina Berg, Emy Machnow, Karin Nilsson, Jane Gylling

Paris 1924

G USA[1] 4:58,8
Gertrude Ederle, Euphrasia Donnelly, Ethel Lackie, Mariechen Wehselau
S GBR 5:17,0
Florence Barker, Grace McKenzie, Vera Tanner, Constance Jeans
B SWE 5:35,6
Aina Berg, Wivan Pettersson, Gulli Everlund, Hjördis Töpel

Amsterdam 1928

G USA[1] 4:47,6
Adelaide Lambert, Eleanor Garatti, Albina Osipowich, Martha Norelius
S GBR 5:02,8
Joyce Cooper, Sarah Stewart, Vera Tanner, Ellen Elizabeth King
B RSA 5:13,4
Kathleen Russell, Rhoda Rennie, Marie Bedford, Frederica van der Goes

Los Angeles 1932

G USA 4:38,0
Josephine McKim, Helen Johns, Eleanor Garatti-Saville, Helene Madison
S NED 4:47,5
Maria Vierdag, Maria Oversloot, Cornelia Laddé, Willie den Ouden
B GBR 4:52,4
Valerie Davies, Helen Varcoe, Joyce Cooper, Edna Hughes

Berlin 1936

G NED 4:36,0
Johanna Selbach, Catherina Wagner, Willie den Ouden, Ria Mastenbroek
S GER 4:36,8
Ruth Halbsguth, Leni Lohmar, Inge Schmitz, Gisela Arendt
B USA 4:40,2
Katherine Rawls, Bernice Lapp, Mavis Freeman, Olive McKean

London 1948

G USA 4:29,2
Marie Corridon, Thelma Kalama, Brenda Helser, Ann Curtis
S DEN 4:29,2
Eva Riise, Karen Harup, Greta Andersen, Fritze Carstensen
B NED 4:31,6
Irma Schuhmacher, Margot Marsman, Marie-Louise Vaessen, Johanna Termeulen

Helsinki 1952

G HUN 4:24,4
Ilona Novak, Judit Temes, Eva Novak, Katalin Szöke
S NED 4:29,0
Marie-Louise Linssen-Vaessen, Koosje van Voorn, Johanna Termeulen, Irma Heijting-Schuhmacher
B USA 4:30,1
Jacqueline LaVine, Marilee Stepan, Joan Alderson, Evelyn Kawamoto

Melbourne 1956

G AUS 4:17,1
Dawn Fraser, Faith Leech, Sandra Morgan, Lorraine Crapp
S USA 4:19,2
Sylvia Ruuska, Shelley Mann, Nancy Simons, Joan Rosazza
B RSA 4:25,7
Jeanette Myburgh, Susan Roberts, Natalie Myburgh, Moira Abernethy

Rom 1960

G USA 4:08,9
Joan Spillane, Shirley Stobs, Carolyn Wood, Chris von Saltza
S AUS 4:11,3
Dawn Fraser, Ilsa Konrads, Lorraine Crapp, Alva Colquhoun
B GER 4:19,7
Christel Steffin, Heidi Pechstein, Gisela Weiß, Ursula Brunner

Tokio 1964

G USA 4:03,8
Sharon Stouder, Donna de Varona, Pokey Watson, Kathleen Ellis
S AUS 4:06,9
Robyn Thorn, Janice Murphy, Lynette Bell, Dawn Fraser
B NED 4:12,0
Paulina van der Wildt, Catharina Beumer, Wilhelmina van Weerdenburg, Erica Terpstra

Mexiko City 1968

G USA 4:05,2
Jane Barkman, Linda Gustavson, Susan Pedersen, Jan Henne

1) Die Vornamen der USA-Schwimmerinnen von 1924 und 1928 sind bemerkenswert: Gertrude, Euphrasia, Mariechen, Adelaide oder Albina.

S GDR 4:05,7
Martina Grunert, Uta Schmuck, Roswitha Krause, Gabriele Wetzko
B CAN 4:07,2
Angela Coughlan, Marilyn Corson, Elaine Tanner, Marion Lay

München 1972

G USA 3:55,19
Sandra Neilson, Jennifer Kemp, Jane Barkman, Shirley Babashoff
S GDR 3:55,55
Kornelia Ender, Gabriele Wetzko, Andrea Eife, Elke Sehmisch
B FRG 3:57,93
Jutta Weber, Heidemarie Reineck, Gudrun Beckmann, Angela Steinbach

Montreal 1976

G USA 3:44,82
Shirley Babashoff, Kim Peyton, Wendy Boglioli, Jill Sterkel
S GDR 3:45,50
Kornelia Ender, Petra Priemer, Andrea Pollack, Claudia Hempel
B CAN 3:48,81
Gail Amundrud, Barbara Clark, Becky Smith, Anne Jardin

Moskau 1980

G GDR 3:42,71
Barbara Krause, Caren Metschuck, Ines Diers, Sarina Hülsenbeck
S SWE 3:48,93
Carina Ljungdahl, Tina Gustafsson, Agneta Mårtensson, Agneta Eriksson
B NED 3:49,51
Conny van Bentum, Wilma van Velsen, Reggie de Jong, Annelies Maas

Los Angeles 1984

G USA 3:43,43
Jenna Johnson, Carrie Steinseifer, Dara Torres, Nancy Hogshead, Jill Sterkel, Mary Wayte
S NED 3:44,40
Annemarie Verstappen, Elles Voskes, Desi Reijers, Conny van Bentum, Wilma van Velsen
B FRG 3:45,56
Iris Zscherpe, Susanne Schuster, Christiane Pielke, Karin Seick

Seoul 1988

G GDR 3:40,63
Kristin Otto, Katrin Meißner, Daniela Hunger, Manuela Stellmach, Sabina Schulze, Heike Friedrich
S NED 3:43,39
Marianne Muis, Mildred Muis, Conny van Bentum, Karin Brienese, Adriana van der Plaats
B USA 3:44,25
Mary Wayte, Mitzi Kremer, Laura Walker, Dara Torres, Paige Zemina, Jill Sterkel

Barcelona 1992

G USA 3:39,46
Nicole Haislett, Dara Torres, Angel Martino, Jenny Thompson, Crissy Ahmann-Leighton, Ashley Tappin
S CHN 3:40,12
Zhuang Yong, Lu Bin, Yang Wenyi, Le Jingyi, Zhao Kun
B GER 3:41,60
Franziska van Almsick, Simone Osygus, Daniela Hunger, Manuela Stellmach, Kerstin Kielgaß, Annette Hadding

4x100 m Lagen Frauen

Rom 1960

G USA 4:41,1
Lynn Burke, Patty Kempner, Carolyn Schuler, Chris von Saltza
S AUS 4:45,9
Marilyn Wilson, Rosemary Lassig, Janice Andrew, Dawn Fraser
B GER 4:47,6
Ingrid Schmidt, Ursula Küper, Bärbel Fuhrmann, Ursula Brunner

Tokio 1964

G USA 4:33,9
Cathy Ferguson, Cynthia Goyette, Sharon Stouder, Kathleen Ellis
S NED 4:37,0
Kornelia Winkel, Klena Bimolt, Ada Kok, Erica Terpstra
B URS 4:39,2
Tatyana Savelyeva, Svetlana Babanina, Tatyana Devyatova, Natalia Ustinova

Mexiko City 1968

G USA 4:28,3
Kaye Hall, Catie Ball, Ellie Daniel, Susan Pedersen

Bilanz 4x100 m Lagen Frauen

Land	G	S	B
1. USA	6	2	–
2. GDR	3	1	–
3. AUS	–	2	–
4. FRG	–	1	2
5. GER	–	1	1
6. GBR	–	1	–
NED	–	1	–
8. CAN	–	–	3
9. URS	–	–	2
10. EUN	–	–	1

S AUS 4:30,0
Lynette Watson, Judy Playfair, Lynette McClements, Janet Steinbeck
B FRG 4:36,4
Angelika Kraus, Uta Frommater, Heike Hustede, Heidemarie Reineck

München 1972

G USA 4:20,75
Melissa Belote, Catherine Carr, Deena Deardu\ff, Sandra Neilson
S GDR 4:24,91
Christine Herbst, Renate Vogel, Roswitha Beier, Kornelia Ender
B FRG 4:26,46
Silke Pielen, Verena Eberle, Gudrun Beckmann, Heidemarie Reineck

Montreal 1976

G GDR 4:07,95
Ulrike Richter, Hannelore Anke, Andrea Pollack, Kornelia Ender
S USA 4:14,55
Linda Jezek, Lauri Siering, Camille Wright, Shirley Babashoff
B CAN 4:15,22
Wendy Hogg, Robin Corsiglia, Susan Sloan, Anne Jardin

Moskau 1980

G GDR 4:06,67
Rica Reinisch, Ute Geweniger, Andrea Pollack, Caren Metschuck
S GBR 4:12,24
Helen Jameson, Margaret Kelly, Ann Osgerby, June Croft
B URS 4:13,61
Yelena Kruglova, Elvira Vasilkova, Alla Grishchenkova, Natalia Strunnikova

Los Angeles 1984

G USA 4:08,34
Theresa Andrews, Tracy Caulkins, Mary T. Meagher, Nancy Hogshead, Betsy Mitchell, Susan Rapp, Jenna Johnson, Carrie Steinseifer
S FRG 4:11,97
Svenja Schlicht, Ute Hasse, Ina Beyermann, Karin Seick
B CAN 4:12,98
Reema Abdo, Anne Ottenbrite, Michelle MacPherson, Pamela Rai

Seoul 1988

G GDR 4:03,74
Kristin Otto, Silke Hörner, Birte Weigang, Karin Meißner, Cornelia Sirch, Manuela Stellmach
S USA 4:07,90
Beth Barr, Tracy McFarlane, Janet Jorgensen, Mary Wayte, Betsy Mitchell, Mary T. Meagher, Dara Torres
B CAN 4:10,49
Lori Melien, Allison Higson, Jane Kerr, Andrea Nugent, Keltie Duggan, Patricia Noall

Barcelona 1992

G USA 4:02,54
Lea Loveless, Anita Nall, Crissy Ahmann-Leighton, Jenny Thompson, Summer Sanders, Janie Wagstaff, Megan Kleine, Nicole Haislett
S GER 4:05,19
Dagmar Hase, Jana Dörries, Franziska van Almsick, Daniela Hunger, Daniela Brendel, Bettina Ustrowski, Simone Osygus
B EUN 4:06,44
Nina Zhivanevskaya, Yelena Rudkovskaya, Olga Kirichenko, Natalia Meshcheryakova, Yelena Shubina

Bilanz Kunstspringen Frauen

Land	G	S	B
1. USA	11	10	12
2. CHN	2	1	–
3. GER	2	–	1
4. URS	1	1	–
5. CAN	1	–	1
6. GDR	–	2	2
7. EUN	–	1	–
FRA	–	1	–
SWE	–	1	–
10. GBR	–	–	1

Kunstspringen Frauen

Antwerpen 1920

G Aileen Riggin USA 539,90
S Helen Wainwright USA[1] 534,80
B Thelma Payne USA 534,10

Paris 1924

G Betty Becker USA 474,5
S Aileen Riggin USA 460,4
B Caroline Fletcher USA 436,4

Amsterdam 1928

G Helen Meany USA 78,62
S Dorothy Poynton USA 75,62
B Georgia Coleman USA 73,38

Los Angeles 1932

G Georgia Coleman USA 87,52
S Katherine Rawls USA 82,56
B Jane Fauntz USA 82,12

1) Die 1906 geborene Helen Wainwright wurde 1924 O ympiazweite über 400 m Freistil.

Berlin 1936

G Marjorie Gestring USA 89,27
S Katherine Rawls USA 88,35
B Dorothy Poynton USA 82,36

London 1948

G Vickie Draves USA 108,74
S Zoe Ann Olsen USA 108,23
B Patricia Elsener USA 101,30

Helsinki 1952

G Patricia McCormick USA 147,30
S Mady Moreau FRA[1] 139,34
B Zoe Ann Jensen-Olsen USA 127,57

Melbourne 1956

G Patricia McCormick USA 142,36
S Jeanne Stunyo USA 125,89
B Irene MacDonald CAN 121,40

Rom 1960

G Ingrid Krämer GER 155,81
S Paula Jean Pope-Myers USA 141,24
B Elizabeth Ferris GBR 139,09

Tokio 1964

G Ingrid Krämer GER 145,00
S Jeanne Collier USA 138,36
B Patsy Willard USA 138,18

Mexiko City 1968

G Sue Gossick USA 150,77
S Tamara Pogoshewa URS 145,30
B Keala O'Sullivan USA 145,23

München 1972

G Micki King USA 450,03
S Ulrika Knape SWE 434,19
B Marina Janicke GDR 430,92

Montreal 1976

G Jennifer Chandler USA 506,19
S Christa Köhler GDR 469,41
B Cynthia McIngvale USA 466,83

Moskau 1980

G Irina Kalinina URS 725,910
S Martina Proeber GDR 698,895
B Karin Guthke GDR 685,245

Los Angeles 1984

G Sylvie Bernier CAN 530,70
S Kelly McCormick USA[2] 527,46
B Christina Seufert USA 517,62

Seoul 1988

G Min Gao CHN 580,23
S Qing Li CHN 534,33
B Kelly McCormick USA 533,19

Barcelona 1992

G Min Gao CHN 572,40
S Irina Lashko EUN 514,14
B Brita Baldus GER 503,07

Turmspringen Frauen

Stockholm 1912

G Greta Johansson SWE 39,90
S Lisa Regnell SWE 36,00
B Isabella White GBR 34,00

Antwerpen 1920

G Stefani Fryland-Clausen DEN 34,60
S Eileen Armstrong GBR 33,30
B Eva Ollivier SWE 33,30

Paris 1924[3]

G Caroline Smith USA 10,5
S Betty Becker USA 11,0
B Hjördis Töpel SWE 15,5

Amsterdam 1928

G Betty Becker USA 31,60
S Georgia Coleman USA 30,60
B Lala Sjöqvist Larsson SWE 29,20

Los Angeles 1932

G Dorothy Poynton USA 40,26
S Georgia Coleman USA 35,56
B Marion Roper USA 35,22

Berlin 1936

G Dorothy Poynton USA 33,93
S Velma Dunn USA 33,63
B Käthe Köhler GER 33,43

London 1948

G Vickie Draves USA 68,87
S Patricia Elsener USA 66,28
B Birte Christoffersen DEN 66,04

Helsinki 1952

G Patricia McCormick USA 79,37
S Paula Jean Myers USA 71,63
B Juno Irwin-Stover USA 70,49

Bilanz Turmspringen Frauen

Land	G	S	B
1. USA	8	10	8
2. CHN	3	–	–
3. SWE	2	2	3
4. URS	1	2	3
5. GER	1	1	1
6. TCH	1	1	–
7. DEN	1	–	1
GDR	1	–	1
9. GBR	–	1	1
10. EUN	–	1	–

1) Erste Nicht-Amerikanerin, die eine Olympiamedaille gewann
2) Tochter von Patricia McCormick, Olympiasiegerin von 1952 und 1956
3) Platzziffer

Bilanz Synchronschwimmen Frauen

Land	G	S	B
1. USA	4	2	–
2. CAN	2	4	–
3. JPN	–	–	6

Melbourne 1956

G Patricia McCormick USA 84,85
S Juno Irwin USA 81,64
B Paula Jean Myers USA 81,58

Rom 1960

G Ingrid Krämer GER 91,28
S Paula Jean Pope-Myers USA 88,94
B Ninel Krutova URS 86,99

Tokio 1964

G Lesley Bush USA 99,80
S Ingrid Krämer GER 98,45
B Galina Alexeyeva URS 97,60

Mexiko City 1968

G Milena Duchkova TCH 109,59
S Natalja Lobanowa URS 105,14
B Ann Peterson USA 101,11

München 1972

G Ulrika Knape SWE 390,00
S Milena Duchkova TCH 370,92
B Marina Janicke GDR 360,54

Montreal 1976

G Yelena Vaizechowskaya URS 406,59
S Ulrika Knape SWE 402,60
B Deborah Wilson USA 401,00

Moskau 1980

G Martina Jäschke GDR 596,250
S Servard Emirsyan URS 576,465
B Liana Zotadse URS 575,925

Los Angeles 1984

G Jihong Zhou CHN 435,51
S Michele Mitchell USA 431,19
B Wendy Wyland USA 422,07

Seoul 1988

G Yanmei Xu CHN 445,20
S Michele Mitchell USA 436,95
B Wendy Wyland USA 400,44

Barcelona 1992

G Mingxia Fu CHN 461,43
S Elena Miroshina EUN 411,63
B Mary Clark USA 401,91

Nicht mehr ausgetragene Wettbewerbe Frauen

Synchronschwimmen Solo Frauen

Los Angeles 1984

G Tracie Ruiz USA 198,467
S Carolyn Waldo CAN 195,300
B Miwako Matoyoshi JPN 187,050

Seoul 1988

G Carolyn Waldo CAN 200,150
S Tracie Ruiz USA 197,633
B Mikako Kotani JPN 191,850

Barcelona 1992

G Kristen Babb-Spraque USA 191,848
S Sylvie Frechette CAN 191,717
B Fumiko Okuno JPN 187,056

Synchronschwimmen Duett Frauen

Los Angeles 1984

G USA 195,584
Tracie Ruiz, Sandy Costie
S CAN 194,234
Sharon Hambrook, Kelle Kryczka
B JPN 187,992
Sako Kimura, Miwako Motoyoshi

Seoul 1988

G CAN 197,717
Michelle Cameron, Carolyn Waldo ....
S USA 192,284
Karen Josephson, Sarah Josephson ....
B JPN 190,159
Miyako Tanaka, Mikako Kotani

Barcelona 1992

G USA 192,175
Karen Josephson, Sarah Josephson ....
S CAN 189,394
Penny Vilagos, Vickey Vilagos
B JPN 186,868
Fumiko Okuno, Aki Takayama

Rudern

Einer Männer

Paris 1900

G Henri Barrelet FRA 7:35,6
S André Gaudin FRA 7:41,6
B Saint George Ashe GBR 8:15,6

St. Louis 1904

G Frank Greer USA 10:08,5
S James Juvenal USA ....–
B Constance Titus USA ....–

London 1908

G Harry Blackstaffe GBR 9:26,0
S Alexander McCulloch GBR ....–
B Bernhard von Gaza GER ....–
Karoly Levitzky HUN ....–

Stockholm 1912

G William Kinnear GBR 7:47,6
S Polydore Veirman BEL ....–
B Everard Butler CAN ....–
Hugo Maksimilian Kusik RUS ....–

Antwerpen 1920

G John Kelly USA[1] 7:35,0
S Jack Beresford GBR[2] 7:36,0
B Clarence Hadfield d'Arcy NZL 7:49,2

Paris 1924

G Jack Beresford GBR[2] 7:49,2
S William Gilmore USA 7:54,0
B Josef Schneider SUI 8:01,1

Amsterdam 1928

G Robert Pearce AUS 7:11,0
S Kenneth Myers USA 7:20,8
B T. David Collet GBR 7:29,8

Los Angeles 1932

G Robert Pearce AUS 7:44,4
S Williams Miller USA 7:45,2
B Guillermo Douglas URU 8:13,6

Berlin 1936

G Gustav Schäfer GER 8:21,5
S Josef Hasenöhrl AUT 8:25,8
B Daniel Barrow USA 8:28,0

London 1948

G Mervyn Wood AUS 7:24,2
S Eduardo Risso URU 7:38,2
B Romolo Catasta ITA 7:51,4

Helsinki 1952

G Yuri Tyukalov URS 8:12,8
S Mervyn Wood AUS 8:14,5
B Teodor Kocerka POL 8:19,4

Melbourne 1956

G Vyacheslav Ivanov URS 8:02,5
S Stuart MacKenzie AUS 8:07,7
B John Kelly, Jr. USA[1] 8:11,8

Rom 1960

G Vyacheslav Ivanov URS 7:13,96
S Achim Hill GER 7:20,21
B Teodor Kocerka POL 7:21,26

Tokio 1964

G Vyacheslav Ivanov URS 8:22,51
S Achim Hill GER 8:26,24
B Gottfried Kottmann SUI 8:29,68

Mexiko City 1968

G Henri Jan Wienese NED 7:47,80
S Jochen Meißner FRG 7:52,00
B Alberto Demiddi ARG 7:57,19

München 1972

G Yuri Malyshev URS 7:10,12
S Alberto Demiddi ARG 7:11,53
B Wolfgang Güldenpfennig GDR 7:14,45

Montreal 1976

G Pertti Karppinen FIN 7:29,03
S Peter-Michael Kolbe FRG 7:31,67
B Joachim Dreifke GDR 7:38,03

Moskau 1980

G Pertti Karppinen FIN 7:09,61
S Vassili Yakusha URS 7:11,66
B Peter Kersten GDR 7:14,88

Los Angeles 1984

G Pertti Karppinen FIN 7:00,24
S Peter-Michael Kolbe FRG 7:02,19
B Robert Mills CAN 7:10,38

Seoul 1988

G Thomas Lange GDR 6:49,86
S Peter-Michael Kolbe FRG 6:54,77
B Eric Verdonk NZL 6:58,66

Bilanz Einer Männer

Land	G	S	B
1. URS	5	1	–
2. GBR	3	2	2
3. AUS	3	2	–
4. FIN	3	–	–
5. USA	2	4	3
6. GER	2	2	1
7. FRA	1	1	–
8. GDR	1	–	3
9. NED	1	–	–
10. FRG	–	4	–
11. ARG	–	1	1
URU	–	1	1
13. AUT	–	1	–
BEL	–	1	–
TCH	–	1	–
16. POL	–	–	3
17. CAN	–	–	2
NZL	–	–	2
SUI	–	–	2
20. HUN	–	–	1
ITA	–	–	1
RUS	–	–	1

1) John Kelly (* 1889, † 1960) war der Vater von John Kelly Jr. (* 1927, † 1985) und der Hollywood-Diva Grace Kelly, spätere Fürstin Gracia Patricia von Monaco (* 1929, † 1982) und Großvater von Prinz Albert von Monaco, IOC-Mitglied seit 1985.

2) Jack Beresford (* 1899, † 1977) nahm an fünf Olympischen Spielen teil und gewann drei Gold- und zwei Silbermedaillen.

Barcelona 1992

G Thomas Lange GER 6:51,40
S Václav Chalupa TCH 6:52,93
B Kajetan Broniewski POL 6:56,82

Doppelzweier Männer

St. Louis 1904

G USA (Atalanta Boat Club) 10:03,2
John Mulcahy, William Varley
S USA (Ravenswood Boat Club) .... –
James McLoughlin, John Hoben
B USA (Independent Rowing Club) .... –
Joseph Ravanack, John Wells

Antwerpen 1920

G USA 7:09,0
John Kelly, Paul Costello
S ITA 7:19,0
Erminio Dones, Pietro Annoni
B FRA 7:21,0
Alfred Plé, Gaston Giran

Paris 1924

G USA 6:34,0
John Kelly, Paul Costello
S FRA 6:38,0
Marc Detton, Jean-Pierre Stock
B SUI .... –
Rudolf Bosshard, Heini Thoma

Amsterdam 1928

G USA 6:41,4
Paul Costello, Charles McIlvaine
S CAN 6:51,0
Joseph Wright, Jr., John Guest
B AUT .... –
Leo Losert, Viktor Flessl

Los Angeles 1932

G USA 7:17,4
Kenneth Myers, William Gilmore
S GER 7:22,8
Herbert Buhtz, Gerhard Boetzelen
B CAN 7:27,6
Charles Pratt, Noël de Mille

Berlin 1936

G GBR 7:20,6
Jack Beresford, Leslie Southwood
S GER 7:26,2
Willi Kaidel, Joachim Pirsch
B POL 7:36,2
Roger Verey, Jerzy Ustupski

London 1948

G GBR 6:51,3
Richard Burnell[1], B. Herbert Bushnell
S DEN 6:55,3
Ebbe Parsner, Aage Ernst Larsen
B URU 7:12,4
William Jones, Juan Rodriguez

Helsinki 1952

G ARG 7:32,2
Tranquilo Cappozzo, Eduardo Guerrero
S URS 7:38,3
Georgi Zhilin, Igor Yemchuk
B URU 7:43,7
Miguel Seijas, Juan Rodriguez

Melbourne 1956

G URS 7:24,0
Alexander Berkutov, Yuri Tyukalov
S USA 7:32,2
Bernard Costello, James Gardiner
B AUS 7:37,4
Murray Riley, Mervyn Wood

Rom 1960

G TCH 6:47,50
Václav Kozák, Pavel Schmidt
S URS 6:50,49
Alexander Berkutov, Yuri Tyukalov
B SUI 6:50,59
Ernst Hürlimann, Rolf Lacher

Tokio 1964

G URS 7:10,66
Oleg Tyurin, Boris Dubrovsky
S USA 7:13,16
Seymour Cromwell, James Storm
B TCH 7:14,23
Vladimir Andrs, Pavel Hofman

Mexiko City 1968

G URS 6:51,82
Anatoli Sass, Alexander Timoshinin
S NED 6:52,80
Leendert van Dis, Henricus Droog
B USA 6:54,21
William Maher, John Nunn

München 1972

G URS 7:01,77
Alexander Timoshinin, Gennadi Korshikov
S NOR 7:02,58
Frank Hansen, Svein Thögersen
B GDR 7:05,55
Joachim Böhmer, Hans-Ulrich Schmied

Bilanz Doppelzweier Männer

Land	G	S	B
1. USA	6	3	2
2. URS	4	2	1
3. GBR	2	1	–
4. NED	1	1	1
5. NOR	1	1	–
6. GDR	1	–	2
TCH	1	–	2
8. AUS	1	–	1
9. ARG	1	–	–
10. GER	–	2	–
11. SUI	–	1	2
12. AUT	–	1	1
CAN	–	1	1
FRA	–	1	1
YUG	–	1	1
16. BEL	–	1	–
DEN	–	1	–
ITA	–	1	–
19. URU	–	–	2
20. POL	–	–	1

1) Richard Desborough Burnell war der Sohn von Charles Desborough Burnell, Olympiasieger von 1908 im Achter.

Montreal 1976

G NOR 7:13,20
Frank Hansen, Alf Hansen
S GBR 7:15,26
Christopher Baillieu, Michael Hart
B GDR 7:17,45
Hans-Ulrich Schmied, Jürgen Bertow

Moskau 1980

G GDR 6:24,33
Joachim Dreifke, Klaus Kröppelien
S YUG 6:26,34
Zoran Pancic, Milorad Stanulov
B TCH 6:29,07
Zdenek Pecka, Václav Vochoska

Los Angeles 1984

G USA 6:36,87
Bradley Lewis, Paul Enquist
S BEL 6:38,19
Pierre-Marie Deloof, Dirk Crois
B YUG 6:39,59
Zoran Pancic, Milorad Stanulov

Seoul 1988

G NED 6:21,13
Ronald Florijn, Nicolaas Rienks
S SUI 6:22,59
Beat Schwerzmann, Ueli Bodenmann
B URS 6:22,87
Alexander Marchenko, Vassili Yakusha

Barcelona 1992

G AUS 6:17,32
Stephen Hawkins, Peter Antonie
S AUT 6:18,42
Arnold Jonke, Christoph Zerbst
B NED 6:22,82
Henk-Jan Zwolle, Nicolaas Rienks

Zweier ohne Steuermann Männer

St. Louis 1904

G USA (Seawanhaka Boat Club) 10:57,0
Robert Farnam, Joseph Ryan
S USA (Atalanta Boat Club) .... –
John Mulcahy, William Varley
B USA (Western Rowing Club) .... –
John Joachim, Joseph Buerger

London 1908

G GBR (Leander Club) 9:41,0
Reginald Fenning, Gordon Thomson
S GBR (Leander Club) .... –
George Fairbairn, Philip Verdon
B CAN (Toronto Argonauts) .... –
F. B. Toms, Norwey Jackes
GER (Berliner Ruder Club) .... –
Martin Stahnke, Willy Düskow

Paris 1924

G NED 8:19,4
Antonie Beijnen, Wilhelm Rösingh
S FRA 8:21,6
Maurice Bouton, Georges Piot
B –

Amsterdam 1928

G GER 7:06,4
Bruno Müller, Kurt Moeschter
S GBR 7:08,8
Terence O'Brien, R. Archibald Nisbet
B USA 7:20,4
Paul McDowell, John Schmitt

Los Angeles 1932

G GBR 8:00,0
Hugh Edwards, Lewis Clive
S NZL 8:02,4
Cyril Stiles, Frederick Thompson
B POL 8:08,2
Henryk Budzinski, Janusz Mikolajczak

Berlin 1936

G GER 8:16,1
Willi Eichhorn, Hugo Strauß
S DEN 8:19,2
Richard Olsen, Harry Larsen
B ARG 8:23,0
Horacio Podestá, Julio Curatella

London 1948

G GBR 7:21,1
John Wilson, W. George Laurie
S SUI 7:23,9
Hans Kalt, Josef Kalt
B ITA 7:31,5
Felice Fanetti, Bruno Boni

Helsinki 1952

G USA 8:20,7
Charles Logg, Thomas Price
S BEL 8:23,5
Michel Knuysen, Robert Baetens
B SUI 8:32,7
Kurt Schmid, Hans Kalt

Bilanz Zweier ohne Steuermann Männer

Land	G	S	B
1. GBR	5	2	1
2. GDR	4	–	–
3. USA	3	3	2
4. GER	2	1	1
5. URS	1	2	–
6. NED	1	1	1
7. ROM	1	1	–
8. CAN	1	–	1
9. SUI	–	2	1
10. AUS	–	1	1
DEN	–	1	1
12. BEL	–	1	–
ESP	–	1	–
FRA	–	1	–
NZL	–	1	–
16. ARG	–	–	1
ITA	–	–	1
FIN	–	–	1
FRG	–	–	1
NOR	–	–	1
POL	–	–	1
SLO	–	–	1
YUG	–	–	1

Melbourne 1956

G USA 7:55,4
James Fifer, Duvall Hecht
S URS 8:03,9
Igor Buldakov, Viktor Ivanov
B AUS 8:11,8
Alfred Sageder, Josef Kloimstein

Rom 1960

G URS 7:02,01
Valentin Boreyko, Oleg Golovanov
S AUS 7:03,69
Alfred Sageder, Josef Kloimstein
B FIN 7:03,80
Veli Lehtelä, Toimi Pitkänen

Tokio 1964

G CAN 7:32,94
George Hungerford, Roger Jackson
S NED 7:33,40
Steven Blaisse, Ernst Veenemans
B GER 7:38,63
Michael Schwan, Wolfgang Hottenrott

Mexiko City 1968

G GDR 7:26,56
Jörg Lucke, Heinz-Jürgen Bothe
S USA 7:26,71
Laurence Hough, Philip Johnson
B DEN 7:31,84
Peter Fich Christiansen, Ivan Larsen

München 1972

G GDR 6:53,16
Siegfried Brietzke, Wolfgang Mager[1]
S SUI 6:57,06
Heinrich Fischer, Alfred Bachmann
B NED 6:58,70
Roelof Luynenburg, Ruud Stokvis

Montreal 1976

G GDR 7:23,31
Jörg Landvoigt, Bernd Landvoigt
S USA 7:26,73
Calvin Coffey, Michael Steines
B FRG 7:30,03
Peter van Roye, Thomas Strauß

Moskau 1980

G GDR 6:48,01
Jörg Landvoigt, Bernd Landvoigt[2]
S URS 6:50,50
Yuri Pimenov, Nikolai Pimenov[2]
B GBR 6:51,47
Charles Wiggin, Malcolm Carmichael

Los Angeles 1984

G ROM 6:45,39
Petru Iosub, Valer Toma
S ESP 6:48,87
Fernando Climent, Luis Lasúrtegui
B NOR 6:51,81
Hans Magnus Grepperud, Sverre Löken

Seoul 1988

G GBR 6:36,84
Andrew Holmes, Steven Redgrave
S ROM 6:38,06
Dragos Neagu, Danut Dobre
B YUG 6:41,01
Bojan Preaeren, Sadik Mujkic

Barcelona 1992

G GBR 6:27,72
Steven Redgrave[3], Matthew Pinsent
S GER 6:32,68
Peter Höltzenbein, Colin von Ettingshausen
B SLO 6:33,43
Iztok Cop, Denis Zvegelj

Zweier mit Steuermann Männer

Paris 1900

G NED (Minerva Amsterdam) 7:34,2
François Brandt, Roelof Klein, unbekannter französischer Junge (St.)[4]
S FRA (Société Nautique de la Marne) .. 7:34,4
Louis Martinet, Waleff, unbekannter Steuermann
B FRA (Rowing Club Castillonais) 7:57,2
Carlos Deltour, Antoine Védrenne, Paoli (St.)

Athen 1906 (1000 Meter)

G ITA (Bucintoro) 4:23,0
Enrico Bruna, Emilio Fontanella, Giorgio Cesana (St.)
S ITA (Barion) 4: 30,0
Luigi Diana, Francesco Civera, Emilio Cesarana (St.)
B FRA (Société Nautique de la Basse Seine) .. –
Gaston Delaplane, Charles Delaporte, Marcel Frébourg (St.)

Athen 1906 (1 Meile)

G ITA (Bucintoro) 7:32,4
Enrico Bruna, Emilio Fontanella, Giorgio Cesana (St.)

1) Siegfried Brietzke und Wolfgang Mager wurden durch eine Unterhaltungssendung des Fernsehens für den Rudersport entdeckt – vier Jahre vor dem Olympiasieg.
2) Bernd und Jörg Landvoigt waren genau wie Yuri und Nikolai Pimenov eineiige Zwillinge.
3) Durch einen Doppelstart 1988 in Seoul kam Steven Redgrave (*1962) zu vier Medaillen bei drei Olympischen Spielen.
4) Ein unbekannter französischer Schüler, wahrscheinlich sieben Jahre alt, steuerte den holländischen Zweier und ist damit der jüngste Goldmedaillengewinner aller Zeiten.

S BEL (R. C. Nautique de Gand) 8:03,3
Max Orban, Rémy Orban,
Theophile Psiliakos (St.)[1]
B FRA (Société Nautique de Bayonne) ..8:08,6
Adolphe Bernard, Joseph Halcet,
Jean-Baptist Mathieu (St.)

Antwerpen 1920

G ITA 7:56,0
Ercole Olgeni, Giovanni Scatturin,
Guido De Filip (St.)
S FRA 7:57,0
Gabriel Poix, Maurice Bouton,
Ernest Barberolle (St.)
B SUI .... –
Edouard Candeveau, Alfred Felber,
Paul Piaget (St.)

Paris 1924

G SUI 8:39,0
Edouard Candeveau, Alfred Felber,
Emile Lachapelle (St.)
S ITA 8:39,1
Ercole Olgeni, Giovanni Scatturin,
Gino Sopracordevole (St.)
B USA .... –
Leon Butler, Harold Wilson,
Edward Jennings (St.)

Amsterdam 1928

G SUI 7:42,6
Hans Schöchlin, Karl Schöchlin,
Hans Bourquin (St.)
S FRA 7:48,4
Armand Marcelle, Edouard Marcelle,
Henri Préaux (St.)
B BEL 7:59,4
Léon Flament, François de Coninck,
Georges Anthony (St.)

Los Angeles 1932

G USA 8:25,8
Joseph Schauers, Charles Kieffer,
Edward Jennings (St.)
S POL 8:31,2
Jerzy Braun, Janusz Slazak,
Jerzy Skolimowski (St.)
B FRA 8:41,2
Anselme Brusa, André Giriat,
Pierre Brunet (St.)

Berlin 1936

G GER 8:36,9
Gerhard Gustmann, Herbert Adamski,
Dieter Arend (St.)
S ITA 8:49,7
Almiro Bergamo, Guido Santin,
Luciano Negrini (St.)
B FRA 8:54,0
Georges Tapie, Marceau Fourcade,
Noël Vandernotte (St.)

London 1948

G DEN 8:00,5
Finn Pedersen, Tage Henriksen,
Carl-Ebbe Andersen (St.)
S ITA 8:12,2
Giovanni Steffé, Aldo Tarlao,
Alberto Radi (St.)
B HUN 8:25,2
Antal Szendey, Bela Zsitnik,
Robert Zimonyi (St.)[2]

Helsinki 1952

G FRA 8:28,6
Raymond Salles, Gaston Mercier,
Bernard Malivoire (St.)
S GER 8:32,1
Heinz Manchen, Helmut Heinold,
Helmut Noll (St.)
B DEN 8:34,9
Svend Pedersen, Poul Svendsen,
Jörgen Frantzen (St.)

Melbourne 1956

G USA 8:26,1
Arthur Ayrault, Conn Findlay,
Armin Seiffert (St.)
S GER 8:29,2
Karl-Heinrich von Groddeck, Horst Arndt.
Rainer Borkowsky (St.)
B URS 8:31,0
Igor Yemchuk, Georgi Zhilin,
Vladimir Petrov (St.)

Rom 1960

G GER 7:29,14
Bernhard Knubel, Heinz Renneberg,
Klaus Zerta (St.)
S URS 7:30,17
Antanas Bagdonavicius, Zigmas Jukna,
Igor Rudakov (St.)
B USA 7:34,58
Richard Draeger, Conn Findlay,
Henry Mitchell (St.)

Tokio 1964

G USA 8:21,23
Edward Ferry, Conn Findlay,
Henry Mitchell (St.)

Bilanz Zweier mit Steuermann Männer

Land	G	S	B
1. ITA	6	5	–
2. GDR	3	1	–
3. USA	3	–	3
4. GER	2	2	–
5. SUI	2	–	1
6. FRA	1	4	5
7. NED	1	1	1
8. DEN	1	–	2
9. GBR	1	–	1
10. URS	–	3	1
11. ROM	–	1	2
12. BEL	–	1	1
TCH	–	1	1
14. POL	–	1	–
15. HUN	–	–	1
YUG	–	–	1

1) Der belgische Zweier wurde von dem Griechen Theophile Psiliakos gesteuert.
2) Zimonyi wanderte in die USA aus und gewann als Steuermann des US-Achters 1964 eine Goldmedaille.

S FRA 8:23,15
Jacques Morel, Georges Morel, Jean-Claude Darouy (St.)
B NED 8:23,42
Herman Rouwé, Frederik Hartsuiker, Jan Justus Bos (St.)

Mexiko City 1968

G ITA 8:04,81
Primo Baran, Renzo Sambo, Bruno Cipolla (St.)
S NED 8:06,80
Herman Suselbeck, Hadriaan van Nees, Roderick Rijnders (St.)
B DEN 8:08,07
Jörn Krab, Harry Jörgensen, Preben Krab (St.)

München 1972

G GDR 7:17,25
Wolfgang Gunkel, Jörg Lucke, Klaus-Dieter Neubert (St.)
S TCH 7:19,57
Oldrich Svojanovsky, Pavel Svojanovsky, Vladimír Petricek (St.)
B ROM 7:21,36
Stefan Tudor, Petre Ceapura, Ladislau Lovrenski (St.)

Montreal 1976

G GDR 7:58,99
Harald Jährling, Friedrich-Wilhelm Ulrich, Georg Spohr (St.)
S URS 8:01,82
Dimitri Bekhterev, Yuri Shurkalov, Yuri Lorentson (St.)
B TCH 8:03,28
Oldrich Svojanovsky, Pavel Svojanovsky, Ludvik Vébr (St.)

Moskau 1980

G GDR 7:02,54
Harald Jährling, Friedrich-Wilhelm Ulrich, Georg Spohr (St.)
S URS 7:03,35
Viktor Pereverzev, Gennadi Kryuchkin, Alexander Lukyanov (St.)
B YUG 7:04,92
Dusko Mrduljas, Zlatko Celent, Josip Reic (St.)

Los Angeles 1984

G ITA 7:05,99
Carmine Abbagnale, Giuseppe Abbagnale[1], Giuseppe Di Capua (St.)
S ROM 7:11,21
Dimitrie Popescu, Vasile Tomoiaga, Dumitru Raducanu (St.)
B USA 7:12,81
Kevin Still, Robert Espeseth, Douglas Herland (St.)[2]

Seoul 1988

G ITA 6:58,79
Carmine Abbagnale, Giuseppe Abbagnale, Giuseppe Di Capua (St.)
S GDR 7:00,63
Mario Streit, Detlef Kirchhoff, René Rensch (St.)
B GBR 7:01,95
Andrew Holmes, Steven Redgrave, Patrick Sweeney (St.)

Barcelona 1992

G GBR 6:49,83
Jonathan Searle, Greg Searle, Garry Herbert (St.)
S ITA 6:50,98
Carmine Abbagnale, Giuseppe Abbagnale, Giuseppe Di Capua (St.)
B ROM 6:51,58
Dimitrie Popescu, Nicolaie Taga, Dumitru Raducanu (St.)

Doppelvierer Männer

Montreal 1976

G GDR 6:18,65
Wolfgang Güldenpfennig, Rüdiger Reiche, Karl-Heinz Bußert, Michael Wolfgramm
S URS 6:19,89
Yevgeni Duleyev, Yuri Yakimov, Aivars Lazdenieks, Vylautus Butkus
B TCH 6:21,77
Jaroslav Hellebrand, Václav Vochoska, Zdenek Pecka, Vladek Lacina

Moskau 1980

G GDR 5:49,81
Frank Dundr, Karsten Bunk, Uwe Heppner, Martin Winter
S URS 5:51,47
Yuri Shapochka, Yevgeni Barbakov, Valeri Kleshnyov, Nikolai Dovgan
B BUL 5:52,38
Mincho Nikolov, Lyubomir Petrov, Ivo Rusev, Bogdan Dobrev

Bilanz Doppelvierer Männer

Land	G	S	B
1. GDR	2	–	1
2. ITA	1	–	1
3. FRG	1	–	–
GER	1	–	–
5. NOR	–	2	–
URS	–	2	–
7. AUS	–	1	–
8. BUL	–	–	1
CAN	–	–	1
TCH	–	–	1

1) Es gab drei Brüder Abbagnale, die fünf Gold- und zwei Silbermedaillen gewannen: Giuseppe (* 1959), Carmine (* 1962) und Agostino (* 1960).
2) Der Steuermann Douglas Herland litt an Knochenerweichung, war nur 1,46 m groß und wog 46 kg; er starb 39jährig 1991.

Los Angeles 1984

G FRG 5:57,55
Albert Hedderich, Raimund Hörmann, Dieter Wiedenmann, Michael Dürsch
S AUS 5:57,98
Paul Reedy, Gary Gullock, Timothy McLaren, Anthony Lovrich
B CAN 5:59,07
Doug Hamilton, Mike Hughes, Phil Monckton, Bruce Ford

Seoul 1988

G ITA 5:53,37
Piero Poli, Gianluca Farina, Davide Tizzano, Agostino Abbagnale
S NOR 5:55,08
Lars Bjönness, Vetle Vinje, Rolf Bernt Thorsen, Alf John Hansen
B GDR 5:56,13
Steffen Bogs, Steffen Zühlke, Heiko Habermann, Jens Köppen

Barcelona 1992

G GER 5:45,17
Andre Willms, Andreas Hajek, Stephan Volkert, Michael Steinbach
S NOR 5:47,09
Lars Bjönness, Rolf Bernt Thorsen, Kjetil Undset, Per Albert Sätersdal
B ITA 5:47,33
Gianluca Farina, Rossano Galtarossa, Alessandro Corona, Filippo Soffici

Vierer ohne Steuermann Männer

St. Louis 1904

G USA (Century Boat Club) 9:05,8
George Dietz, August Erker, Albert Nasse, Arthur Stockhoff
S USA (Mound City Rowing Club) .... –
Charles Aman, Michael Begley, Martin Fromanack, Frederick Suerig
B USA (Western Rowing Club) .... –
Gustav Voerg, John Freitag, Louis Helm, Frank Dummerth

London 1908

G GBR (Magdalen College BC) 8:34,0
C. Robert Cudmore, James Gillan, Duncan McKinnon, Robert Somers-Smith
S GBR (Leander Club) .... –
Philip Filleul, Harold Barker, Reginald Fenning, Gordon Thomson
B NED (Amstel Amsterdam) .... –
Hermanus Höfte, Albertus Wielsma, Johan Burk, Bernardus Croon
CAN (Toronto Argonauts) .... –
Gordon Balfour, Becher Gale, Charles Riddy, Geoffrey Taylor

Paris 1924

G GBR 7:08,6
Charles Eley, James Macnabb, Robert Morrison, Terence Sanders
S CAN .... –
Colin Finlayson, Archibald Black, George MacKay, William Wood
B SUI .... –
Emile Albrecht, Alfred Probst, Eugen Sigg, Hans Walter

Amsterdam 1928

G GBR 6:36,0
John Lander, Michael Warriner, Richard Beesly, Edward Bevan
S USA 6:37,0
Charles Karle, William Miller, George Healis, Ernest Bayer
B ITA 6:31,6
Cesare Rossi, Pietro Freschi, Umberto Bonadè, Paolo Gennari

Los Angeles 1932

G GBR 6:58,2
John Badcock, Hugh Edwards, Jack Beresford, Rowland George
S GER 7:03,0
Karl Aletter, Ernst Gaber, Walter Flinsch, Hans Maier
B ITA 7:04,0
Antonio Ghiardello, Francesco Cossu, Giliante D'Este, Antonio Garzoni Provenzani

Berlin 1936

G GER 7:01,8
Rudolf Eckstein, Anton Rom, Martin Karl, Wilhelm Menne
S GBR 7:06,5
Thomas Bristow, Alan Barrett, Peter Jackson, John Sturrock
B SUI 7:10,6
Hermann Betschart, Hans Homberger, Alex Homberger, Karl Schmid

London 1948

G ITA 6:39,0
Giuseppe Moioli, Elio Morille, Giovanni Invernizzi, Franco Faggi

Bilanz Vierer ohne Steuermann Männer

Land	G	S	B
1. GDR	5	–	–
2. GBR	4	3	1
3. USA	2	6	3
4. ITA	1	1	3
5. CAN	1	1	1
DEN	1	1	1
7. GER	1	1	–
NZL	1	1	–
9. AUS	1	–	–
YUG	1	–	–
11. URS	–	1	2
12. FRA	–	1	1
13. HUN	–	1	–
NOR	–	1	–
15. FRG	–	–	2
SUI	–	–	2
17. FIN	–	–	1
NED	–	–	1
SLO	–	–	1

S DEN 6:43,5
Helge Halkjär, Aksel Hansen,
Helge Schöder, Storm Larsen
B USA 6:47,7
Frederick Kingsbury, Stuart Griffing,
Gregory Gates, Robert Perew

Helsinki 1952

G YUG 7:16,0
Duje Bonacic, Velimir Valenta,
Mate Trojanovic, Petar Segvic
S FRA 7:18,9
Pierre Blondiaux, Jacques Guissart,
Marc Bouissou, Roger Gautier
B FIN 7:23,3
Veikko Lommi, Kauko Wahlsten,
Oiva Lommi, Lauri Nevalainen

Melbourne 1956

G CAN 7:08,8
Archibald McKinnon, Lorne Loomer,
Walter D'Hondt, Donald Arnold
S USA 7:18,4
John Welchli, John McKinlay,
Arthur McKinlay, James McIntosh
B FRA 7:20,9
René Guissart, Yves Delacour,
Gaston Mercier, Guy Guillabert

Rom 1960

G USA 6:26,26
Arthur Ayrault, Ted Nash, John Sayre,
Richard Wailes
S ITA 6:28,78
Tullio Baraglia, Renato Bosatta,
Giancarlo Crosta, Giuseppe Galante
B URS 6:29,62
Igor Akhremchik, Yuri Bachurov,
Valentin Morkovkin, Anatoli Tarabrin

Tokio 1964

G DEN 6:59,30
John Hansen, Erik Petersen, Knut Helmudt,
Björn Haslöv
S GBR 7:00,47
John Russell, Hugh Wardell-Yerburgh,
William Barry, John James
B USA 7:01,37
Geoffrey Picard, Richard Lyon, Ted Nash,
Theodore Mittet

Mexiko City 1968

G GDR 6:39,18
Frank Forberger, Dieter Grahn, Frank Rühle,
Dieter Schubert[1]

S HUN 6:41,64
Zoltan Melis, György Sarlos,
Jozsef Csermely, Antal Melis
B ITA 6:44,01
Tullio Baraglia, Renato Bosatta,
Pier Angelo Conti Manzini, Abramo Albini

München 1972

G GDR 6:24,27
Frank Forberger, Dieter Grahn, Frank Rühle,
Dieter Schubert[1]
S NZL 6:25,64
Dick Tonks, Dudley Storey, Ross Collinge,
Noel Mills
B FRG 6:28,41
Joachim Ehrig, Peter Funnekötter,
Franz Held, Wolfgang Plottke

Montreal 1976

G GDR 6:37,42
Siegfried Brietzke, Andreas Decker,
Stefan Semmler, Wolfgang Mager
S NOR 6:41,22
Ole Nafstad, Arne Bergodd, Finn Tveter,
Rolf Andreassen
B URS 6:42,52
Raul Arnemann, Nikolai Kuznezov, Valeri
Dolinin, Anushavan Gassan-Dzhalilov

Moskau 1980

G GDR 6:08,17
Siegfried Brietzke, Andreas Decker,
Stefan Semmler, Jürgen Thiele
S URS 6:11,81
Alexei Kamkin, Valeri Dolinin,
Alexander Kulagin, Vitali Yeliseyev
B GBR 6:16,58
John Beattie, Ian McNuff, David Townsend,
Martin Cross

Los Angeles 1984

G NZL 6:03,48
Leslie O'Connell, Shane O'Brien,
Conrad Robertson, Keith Trask
S USA 6:06,10
David Clark, Jonathan Smith, Philip Stekl,
Alan Forney
B DEN 6:07,72
Michael Jessen, Lars Nielsen, Per Rasmussen,
Erik Christiansen

Seoul 1988

G GDR 6:03,11
Roland Schröder, Thomas Greiner,
Ralf Brudel, Olaf Förster

1) Forberger, Rühle, Grahn und Schubert ruderten elf Jahre zusammen und wurden je zweimal Olympiasieger, Welt- und Europameister.

S USA 6:05,53
Raoul Rodriguez, Thomas Bohrer,
David Krimpotich, Richard Kennelly
B FRG 6:06,22
Norbert Keßlau, Volker Grabow, Jörg Puttlitz,
Guido Grabow

Barcelona 1992

G AUS 5:55,04
Andrew Cooper, Michael McKay,
Nicholas Green, James Tomkins
S USA 5:56,68
Doug Burden, Jeff McLaughlin,
Thomas Bohrer, Patrick Manning
B SLO 5:58,24
Janez Klemencic, Saso Mirjanic, Milan Jansa,
Sadik Mujkic

Vierer mit Steuermann Männer

Paris 1900 (Erster Endlauf)[1)]

G FRA (Cercle de l'Aviron de Roubaix) ... 7:11,0
Emile Delchambre, Jean Cau, Henri Bouckaert,
Henri Hazebroucq, Charlot (St.)
S FRA (Club Nautique de Lyon)[2)] 7:18,0
Charles Perrin, Daniel Soubeyran,
Emile Wegelin, Georges Lumpp
B GER (RC Favorite Hammonia) 7:18,2
Hugo Rüster, Wilhelm Carstens,
Julius Körner, Adolf Möller,
Gurstav Moths (St.)

Paris 1900 (Zweiter Endlauf)[1)]

G GER (Germania RC, Hamburg) 5:59,0
Oskar Goßler, Walther Katzenstein,
Waldemar Tietgens, Gustav Goßler,
Carl Alfred Goßler (St.)
S NED (Minerva Amsterdam) 6:33,0
Gerhard Lotsy, Coenraad Hiebendaal,
Paulus Lotsy, Johannes Terwogt,
Hermanus Brockmann (St.)
B GER (Ludwigshafener RV) 6:35,0
Carl Lehle, Ernst Felle, Hermann Wilker,
Otto Fickeisen, Franz Kröwerath (St.)

Athen 1906

G ITA (Bucintoro) 8:13,0
Enrico Bruna, Emilio Fontanella,
Riccardo Zardinoni, Giuseppe Poli,
Giorgio Cesana (St.)
S FRA (Société Nautique de la Basse Seine) .. –
Gaston Delaplane, Charles Delaporte,
Léon Delignières, Paul Echard,
Marcel Frébourg (St.)
B FRA (Société Nautique de Bayonne) ...... –
Adolphe Bernard, Joseph Halcet,
Jean-Baptist Laporte, Pierre Sourbé,
Jean-Baptist Mathieu (St.)

Stockholm 1912

G GER (Ludwigshafener RV) 6:59,4
Albert Amheiter, Otto Fickeisen,
Rudolf Fickeisen, Hermann Wilker,
Otto Maier (St.)
S GBR (Thames Rowing Club) .... –
Julius Beresford, Karl Vernon,
Charles Rought, Bruce Logan,
Geoffrey Carr (St.)
B DEN (Polyteknisk RC) .... –
Erik Bisgaard, Rasmus Frandsen,
Mikael Simonsen, Poul Thymann,
Ejgil Clemmensen (St.)
NOR (Christiana RC) .... –
Henry Larsen, Mathias Thorstensen,
Theodor Klem, Haakon Tönsager,
Ejnar Tönsager (St.)

Antwerpen 1920

G SUI 6:54,0
Willy Brüderlin, Max Rudolf, Paul Rudolf,
Hans Walter, Paul Staub (St.)
S USA 6:58,0
Kenneth Myers, Carl Otto Klose,
Franz Federschmidt, Erich Federschmidt,
Sherman Clark (St.)
B NOR 7:02,0
Birger Var, Theodor Klem, Henry Larsen,
Per Gulbrandsen, Thoralf Hagen (St.)

Paris 1924

G SUI 7:18,4
Emile Albrecht, Alfred Probst, Eugen Sigg,
Hans Walter, Emile Lachapelle (St.)
S FRA 7:21,6
Eugène Constant, Louis Gressier,
Georges Lecointe, Raymond Talleux,
Marcel Lepan (St.)
B USA .... –
Robert Gerhardt, Sidney Jelinek,
Edward Mitchell, Henry Welsford,
John Kennedy (St.)

Bilanz Vierer mit Steuermann Männer

Land	G	S	B
1. GER	6	1	2
2. ITA	3	2	1
3. SUI	2	4	1
4. GDR	2	3	–
5. FRA	1	4	2
6. USA	1	2	2
7. GBR	1	1	–
ROM	1	1	–
URS	1	1	–
10. NZL	1	–	2
11. FRG	1	–	1
TCH	1	–	1
13. SWE	–	1	–
14. NED	–	1	1
15. POL	–	–	4
16. DEN	–	–	2
NOR	–	–	2
18. FIN	–	–	1

1) Unfähigkeit der Wettkampfleitung machte zwei Finalrennen erforderlich. Der Chancengleichheit wegen gab es keine andere Möglichkeit.
2) Steuermann unbekannt

Amsterdam 1928

G ITA 6:47,8
Valerio Perentin, Giliante D'Este, Nicolo Vittori, Giovanni Delise, Renato Petronio (St.)
S SUI 7:03,4
Ernst Haas, Joseph Meyer, Otto Bucher, Karl Schwegler, Fritz Bösch (St.)
B POL 7:12,8
Franciszek Bronikowski, Edmund Jankowski, Leon Birkhole, Bernard Ormanowski, Boleslaw Drewek (St.)

Los Angeles 1932

G GER 7:19,0
Hans Eller, Horst Hoeck, Walter Meyer, Joachim Spremberg, Carlheinz Neumann (St.)
S ITA 7:19,2
Bruno Vattovaz, Giovanni Plazzer, Riccardo Divora, Bruno Parovel, Giovanni Scherl (St.)
B POL 7:26,8
Jerzy Braun, Janusz Slazak, Stanislaw Urban, Edward Kobylinski, Jerzy Skolimowski (St.)

Berlin 1936

G GER 7:16,2
Hans Maier, Walter Volle, Ernst Gaber, Paul Söllner, Fritz Bauer (St.)
S SUI 7:24,3
Hermann Betschart, Hans Hornberger, Alex Hornberger, Karl Schmid, Rolf Spring (St.)
B FRA 7:33,3
Fernand Vandernotte, Marcel Vandernotte, Marcel Cosmat, Marcel Chauvigné, Noël Vandernotte (St.)

London 1948

G USA 6:50,3
Warren Westlund, Robert Martin, Robert Will, Gordon Giovanelli, Allan Morgan (St.)
S SUI 6:53,3
Rudolf Reichling, Erich Schriever, Emil Knecht, Peter Stebler, André Moccand (St.)
B DEN 6:58,6
Erik Ch. Larsen, Börge Nielsen, Henry Larsen, Harry Knudsen, Jörgen Olsen (St.)

Helsinki 1952

G TCH 7:33,4
Karel Mejta, Jirí Havlis, Jan Jindra, Stanislav Lusk, Miroslav Koranda (St.)
S SUI 7:36,5
Enrico Bianchi, Karl Weidmann, Heinrich Scheller, Emile Ess, Walter Leiser (St.)
B USA 7:37,0
Carl Lovested, Alvin Ulbrickson, Richard Wahlstrom, Matthew Leanderson, Albert Rossi (St.)

Melbourne 1956

G ITA 7:19,4
Albert Winkler, Romano Sgheiz, Angelo Vanzin, Franco Trincavelli, Ivo Stefanoni (St.)
S SWE 7:22,4
Olle Larsson, Gösta Eriksson, Ivar Aronsson, Sven Gunnarsson, Bertil Göransson (St.)
B FIN 7:30,9
Kauko Hänninen, Reino Poutanen, Veli Lehtelä, Toimi Pitkänen, Matti Niemi (St.)

Rom 1960

G GER 6:39,12
Gerd Cintl, Hortz Effertz, Klaus Rieckemann, Jürgen Litz, Michael Obst (St.)
S FRA 6:41,62
Robert Dumontois, Claude Martin, Jacques Morel, Guy Nosbaum, Jean Klein (St.)
B ITA 6:43,72
Fulvio Balatti, Romano Sgheiz, Franco Trincavelli, Giovanni Zucchi, Ivo Stefanoni (St.)

Tokio 1964

G GER 7:00,44
Peter Neusel, Bernhard Britting, Joachim Werner, Egbert Hirschfelder, Jürgen Oelke (St.)
S ITA 7:02,84
Renato Bosatta, Emilio Trivini, Giuseppe Galante, Franco De Pedrina, Giovanni Spinola (St.)
B NED 7:06,46
Alex Mullink, Jan van de Graaf, Frederik van de Graaf, Marius Klumperbeck, Robert van de Graaf (St.)

Mexiko City 1968

G NZL 6:45,62
Richard Joyce, Dudley Storey, Ross Collinge, Warren Cole, Simon Dickie (St.)
S GDR 6:48,20
Peter Kremtz, Roland Göhler, Manfred Gelpke, Klaus Jacob, Dieter Semetzky (St.)

B SUI 6:49,04
Denis Oswald[1], Hugo Waser, Peter Bolliger, Jakob Grob, Gottlieb Fröhlich (St.)

München 1972

G FRG 6:31,85
Peter Berger, Hans-Johann Färber, Gerhard Auer, Alois Bierl, Uwe Benter (St.)
S GDR 6:33,30
Dietrich Zander, Reinhard Gust, Eckhard Martens, Rolf Jobst, Klaus-Dieter Ludwig (St.)
B TCH 6:35,64
Otakar Marecek, Karel Neffe, Vladimír Janos, Frantisek Provazník, Vladimír Petricek (St.)

Montreal 1976

G URS 6:40,22
Vladimir Yeshinov, Nikolai Ivanov, Mikhail Kuznezov, Alexander Klepikov, Alexander Lukyanov (St.)
S GDR 6:42,70
Andreas Schulz, Rüdiger Kunze, Walter Dießner, Ullrich Dießner, Johannes Thomas (St.)
B FRG 6:46,96
Hans-Johann Färber, Ralph Kubail, Siegfried Fricke, Peter Niehusen, Hartmut Wenzel (St.)

Moskau 1980

G GDR 6:14,51
Dieter Wendisch, Ullrich Dießner, Walter Dießner, Gottfried Döhn, Andreas Gregor (St.)
S URS 6:19,05
Arturs Garonskis, Dimants Krisianis, Dzintars Krisianis, Zorzs Tikmers, Juris Berzins (St.)
B POL 6:22,52
Grzegorz Stellak, Adam Tomasiak, Grzegorz Nowak, Ryszard Stadniuk, Ryszard Kubiak (St.)

Los Angeles 1984

G GBR 6:18,64
Martin Cross, Richard Budgett, Andrew Holmes, Steven Redgrave, Adrian Ellison (St.)
S USA 6:20,28
Thomas Kiefer, Gregory Springer, Michael Bach, Edward Ives, John Stillings (St.)
B NZL 6:23,68
Kevin Lawton, Donald Symon, Barrie Mabbott, Ross Tong, Brett Hollister (St.)

Seoul 1988

G GDR 6:10,74
Frank Klawonn, Bernd Eichwurz, Bernd Niesecke, Karsten Schmeling, Hendrik Reiher (St.)
S ROM 6:13,58
Dimitrie Popescu, Ioan Snep, Valentin Robu, Vasile Tomoiaga, Ladislau Lovrenski (St.)
B NZL 6:15,78
George Keys, Ian Wright, Gregory Johnston, Christopher White, Andrew Bird (St.)

Barcelona 1992

G ROM 5:59,37
Viorel Talapan, Iulica Ruican, Dimitrie Popescu, Nicolae Taga, Dumitru Raducanu (St.)
S GER 6:00,34
Uwe Jörg Kellner, Ralf Brudel, Thoralf Peters, Karsten Finger, Hendrik Reiher (St.)
B POL 6:03,27
Jacek Streich, Wojciech Jankowski, Tomasz Tomiak, Maciej Lasicki, Michae Cieslak (St.)

Achter Männer

Paris 1900

G USA (Vesper Boat Club) 6:09,8
Harry DeBaecke, William Carr, John Exley, John Geiger, Edwin Hedley, James Juvenal, Roscoe Lockwood, Edward Marsh, Louis Abell (St.)
S BEL (R. C. Nautique de Gand) 6:13,8
Marcel van Crombrugge, Maurice Hemelsoet, Oscar DeCock, Maurice Verdonck, Prospère Bruggeman, Oscar de Somville, Frank Odberg, Jules De Bisschop, Alfred Vanlandeghem (St.)
B NED (Minerva Amsterdam) 6:23,0
Walter Meijer Timmermann-Thijssen, Ruud Leegstra, Johannes van Dijk, Henricus Tromp, Hendrik Offerhaus, Roelof Klein, François Brandt, Walter Middelberg, Hermanus Brockmann (St.)

St. Louis 1904

G USA (Vesper Boat Club) 7:50,0
Joseph Dempsey, Michael Gleason, Frank Schell, James Flanagan, Charles Armstrong, Harry Lott, Frederick Cresser, John Exley, Louis Abell (St.)

Bilanz Achter Männer

Land	G	S	B
1. USA	11	2	1
2. GBR	2	6	1
3. CAN	2	4	3
4. GDR	2	–	1
5. FRG	2	–	–
6. GER	1	1	3
7. NZL	1	–	1
8. URS	–	2	2
9. ITA	–	2	1
10. BEL	–	2	–
11. AUS	–	1	3
12. ROM	–	1	–
13. NOR	–	–	2
TCH	–	–	2
15. NED	–	–	1

1) seit 1989 Präsident des Ruder-Weltverbandes FISA, seit 1991 IOC-Mitglied

S CAN (Toronto Argonauts) . . . . –
Joseph Wright, Donald MacKenzie, William Wadsworth, George Strange, Phil Boyd, George Reiffenstein, Colonel Rice, A. B. Bailey, Thomas Loudon (St.)

B –

London 1908

G GBR (Leander Club) 7:52,0
Albert Gladstone, Frederick Kelly, Banner Johnstone, Guy Nickalls, Charles Burnell, Ronald Sanderson, Raymond Etherington-Smith, Henry Bucknall, Gilchrist MacLagan (St.)

S BEL (R. C. Nautique de Gand) . . . . –
Oscar Taelman, Marcel Morimont, Rémy Orban, Georges Mijs, François Vergucht, Polydore Veirman, Oscar de Somville, Rodolphe Poma, Alfred Vanlandeghem (St.)

B CAN (Toronto Argonauts) . . . . –
Irvine Robertson, George Wright, Julius Thomson, Walter Lewis, Gordon Balfour, Becher Gale, Charles Riddy, Geoffrey Taylor, Douglas Kertland (St.)

GBR (Cambridge Univ. BC) . . . . –
Frank Jerwood, Eric Powell, Oswald Carver, Edward Williams, Henry Goldsmith, Harold Kitching, John Burn, Douglas Stuart, Richard Boyle (St.)

Stockholm 1912

G GBR (Leander Club) 6:15,0
Edgar Burgess, Sidney Swann, Leslie Wormald, Ewart Horsfall, James Gillan, Arthur Garton, Alister Kirby, Philip Fleming, Henry Wells (St.)

S GBR (New College) . . . . –
William Fison, William Parker, Thomas Gillespie, Beaufort Burdekin, Frederick Pitman, Arthur Wiggins, Charles Littlejohn, Robert Bourne, John Walker (St.)

B GER (Berliner RV) . . . . –
Otto Liebing, Max Broeske, Max Vetter, Willi Bartholomae, Fritz Bartholomae, Werner Dehn, Rudolf Reichelt, Hans Matthiae, Kurt Runge (St.)

Antwerpen 1920

G USA 6:02,6
Virgil Jacomini, Edwin Graves, William Jordan, Edward Moore, Alden Sanborn, Donald Johnston, Vincent Gallagher, Clyde King, Sherman Clark (St.)

S GBR 6:05,0
Ewart Horsfall, Guy Nickalls, Richard Lucas, Walter James, John Campbell, Sebastian Earl, Ralph Shove, Sidney Swann, Robin Johnstone (St.)

B NOR 6:36,0
Theodor Nag, Conrad Olsen, Adolf Nilsen, Haakon Ellingsen, Thore Michelsen, Arne Mortensen, Karl Nag, Tollef Tollefsen, Thoralf Hagen (St.)

Paris 1924

G USA 6:33,4
Leonard Carpenter, Howard Kingsbury, Damon Lindley, John Miller, James Rockefeller, Frederick Sheffield, Benjamin Spock, Alfred Wilson, Laurence Stoddard (St.)

S CAN 6:49,0
Arthur Bell, Robert Hunter, William Langford, Harold Little, John Smith, Warren Snyder, Norman Taylor, William Wallace, Ivor Campbell (St.)

B ITA . . . .
Antonio Cattalinich, Francesco Cattalinich, Simone Cattalinich[1], Giuseppe Crivelli, Latino Galasso, Pietro Ivanov, Bruno Sorich, Carlo Toniatti, Vittorio Gliubich (St.)

Amsterdam 1928

G USA 6:03,2
Marvin Stalder, John Brinck, Francis Frederick, William Thompson, William Dally, James Workman, Hubert Caldwell, Peter Donlon, Donald Blessing (St.)

S GBR 6:05,6
James Hamilton, Guy Nickalls, John Badcock, Donald Gollan, Harold Lane, Gordon Killick, Jack Beresford, Harold West, Arthur Sulley (St.)

B CAN 6:03,8
Frederick Hedges, Frank Fiddes, John Hand, Herbert Richardson, Jack Murdock, Athol Meech, Edgar Norris, William Ross, John Donnelly (St.)

Los Angeles 1932

G USA 6,37,6
Edwin Salisbury, James Blair, Duncan Gregg, David Dunlap, Burton Jastram, Charles Chandler, Harold Tower, Winslow Hall, Norris Graham (St.)

S ITA 6:37,8
Vittorio Cioni, Mario Balleri, Renato Bracci, Dino Barsotti, Roberto Vestrini,

1) Die Cattalinichs waren Brüder.

Guglielmo Del Bimbo, Enrico Garzelli, Renato Barbieri, Cesare Milani (St.)
B CAN 6:40,4
Earl Eastwood, Joseph Harris, Stanley Stanyar, Harry Fry, Cedric Liddell, William Thoburn, Donald Boal, Albert Taylor, George MacDonald (St.)

Berlin 1936

G USA 6:25,4
Herbert Morris, Charles Day, Gordon Adam, John White, James McMillin, George Hunt, Joseph Rantz, Donald Hume, Robert Moch (St.)
S ITA 6:26,0
Guglielmo Del Bimbo, Dino Barsotti, Oreste Grossi, Enzo Bartolini, Mario Checcacci, Dante Secchi, Ottorino Quaglierini, Enrico Garzelli, Cesare Milani (St.)
B GER 6:26,4
Alfred Rieck, Helmut Radach, Hans Kuschke, Heinz Kaufmann, Gerd Völs, Werner Loeckle, Hans-Joachim Hannemann, Herbert Schmidt, Wilhelm Mahlow (St.)

London 1948

G USA 5:56,7
Ian Turner, David Turner, James Hardy, George Ahlgren, Lloyd Butler, David Brown, Justus Smith, John Stack, Ralph Purchase (St.)
S GBR 6:06,9
Christopher Barton, Maurice Lapage, Guy Richardson, Paul Bircher, Paul Massey, Charles Lloyd, David Meyrick, Alfred Mellows, Jack Dearlove (St.)
B NOR 6:10,3
Kristoffer Lepsö, Thorstein Kråkenes, Hans Hansen, Halfdan Gran Olsen, Harald Kråkenes, Leif Näss, Thor Pedersen, Carl Monssen, Sigurd Monssen (St.)

Helsinki 1952

G USA 6:25,9
Frank Shakespeare, William Fields, James Dunbar, Richard Murphy, Robert Detweiler, Henry Proctor, Wayne Frye, Edward Stevens, Charles Manring (St.)
S URS 6:31,2
Yevgeni Brago, Vladimir Rodimushkin, Alexei Komarov, Igor Borisov, Slava Amiragov, Leonid Gissen, Yevgeni Samsonov, Vladimir Kryukov, Igor Polyakov (St.)
B AUS 6:33,1
Robert Tinning, Ernest Chapman, Nimrod Greenwood, Mervyn Finlay, Edward Pain, Philip Cayzer, Thomas Chessel, David Anderson, Geoffrey Williamson (St.)

Melbourne 1956

G USA 6:35,2
Thomas Charlton, David Wight, John Cooke, Donald Beer, Caldwell Esselstyn, Charles Grimes, Richard Wailes, Robert Morey, William Becklean (St.)
S CAN 6:37,1
Philip Kueber, Richard McClure, Robert Wilson, David Helliwell, Donald Pretty, William McKerlich, Douglas McDonald, Lawrence West, Carlton Ogawa (St.)
B AUS 6:39,2
Michael Aikman, David Boykett, Angus Benfield, James Howden, Garth Manton, Walter Howell, Adrian Monger, Bryan Doyle, Harold Hewitt (St.)

Rom 1960

G GER 5:57,18
Manfred Rulffs, Walter Schröder, Frank Schepke, Kraft Schepke, Karl-Heinrich von Groddeck,Karl-Heinz Hopp, Klaus Bittner, Hans Lenk, Willi Padge (St.)
S CAN 6:01,52
Donald Arnold, Walter D'Hondt, Nelson Kuhn, John Lecky, Lorne Loomer, Archibald McKinnon, William McKerlich, Glen Mervyn, Sohen Biln (St.)
B TCH 6:04,84
Bohumil Janousek, Jan Jindra, Jirí Lundák, Stanislav Lusk, Václav Pavkovic, Ludek Pojezny, Jan Svéda, Josef Ventus, Miroslav Konícek (St.)

Tokio 1964

G USA 6:18,23
Joseph Amlong, Thomas Amlong, Harold Budd, Emory Clark, Stanley Cwiklinski, Hugh Foley, William Knecht, William Stowe, Robert Zimonyi (St.)
S GER 6:23,29
Klaus Aeffke, Klaus Bittner, Karl-Heinrich von Groddeck, Hans-Jürgen Wallbrecht, Klaus Behrens, Jürgen Schröder, Jürgen Plagemann, Horst Meyer, Thomas Ahrens (St.)

B TCH 6:25,11
Petr Cermák, Jirí Lundák, Jan Mrvík, Julius Tocek, Josef Ventus, Ludek Pojezny, Bohumil Janousek, Richard Novy, Miroslav Konicek (St.)

Mexiko City 1968

G FRG 6:07,00
Horst Meyer, Dirk Schreyer, Rüdiger Henning, Wolfgang Hottenrott, Lutz Ulbricht, Egbert Hirschfelder, Jörg Siebert, Niko Ott, Günther Tiersch (St.)
S AUS 6:07,98
Alfred Duval, Michael Morgan, Joseph Fazio, Peter Dickson, David Douglas, John Ranch, Gary Pearce, Robert Shirlaw, Alan Grover (St.)
B URS 6:09,11
Zigmas Jukna, Antanas Bogdanavicius, Vladimir Sterlik, Juozas Jagelavicius, Alexander Martyshkin, Vytautas Briedis, Valentin Kravchuk, Viktor Suslin, Yuri Lorentson (St.)

München 1972

G NZL 6:08,94
Tony Hurt, Wybo Veldman, Richard Joyce, John Hunter, Lindsay Wilson, Athol Earl, Trevor Coker, Gary Robertson, Simon Dickie (St.)
S USA 6:11,61
Lawrence Terry, Franklin Hobbs, Peter Raymond, Timothy Mickelson, Eugene Clapp, William Hobbs, Cleve Livingston, Michael Livingston, Paul Hoffman (St.)
B GDR 6:11,67
Hans-Joachim Borzym, Jörg Landvoigt, Harold Dimke, Manfred Schneider, Hartmut Schreiber, Manfred Schmorde, Bernd Landvoigt, Heinrich Mederow, Dietmar Schwarz (St.)

Montreal 1976

G GDR 5:58,29
Bernd Baumgart, Gottfried Döhn, Werner Klatt, Hans-Joachim Lück, Dieter Wendisch, Roland Kostulski, Ulrich Karnatz, Karl-Heinz Prudöhl, Karl-Heinz Danielowski (St.)
S GBR 6:00,82
Richard Lester, John Yallop, Timothy Crooks, Hugh Matheson, David Maxwell, James Clark, Frederick Smallbone, Leonard Robertson, Patrick Sweeney (St.)
B NZL 6:03,51
Ivan Sutherland, Trevor Coker, Peter Dignan, Lindsay Wilson, Athol Earl, Dave Rodger, Alex McLean, Tony Hurt, Simon Dickie (St.)

Moskau 1980

G GDR 5:49,05
Bernd Krauß, Hans-Peter Koppe, Ulrich Kons, Jörg Friedrich, Jens Doberschütz, Ulrich Karnatz, Uwe Dühring, Bernd Höing, Klaus-Dieter Ludwig (St.)
S GBR 5:51,92
Duncan McDougall, Allan Whitwell, Henry Clay, Chris Mahoney, Andrew Justice, John Pritchard, Malcolm McGowan, Richard Stanhope, Colin Moynihan (St.)
B URS 5:52,66
Viktor Kakoshin, Andrei Tishchenko, Alexander Tkachenko, Jonas Pinskus, Jonas Narmontas, Andrei Lugin, Alexander Mantsevich, Igor Maystrenko, Grigori Dmitrenko (St.)

Los Angeles 1984

G CAN 5:41,32
Patrick Turner, Kevin Neufeld, Mark Evans, Grant Main, Paul Steele, J. Michael Evans, Dean Crawford, Blair Horn, Brian McMahon (St.)
S USA 5:41,74
Walter Lubsen, Andrew Sudduth, John Terwilliger, Christopher Penny, Thomas Darling, Earl Borchelt, Charles Clapp, Bruce Ibbetson, Robert Jaugstetter (St.)
B AUS 5:43,40
Craig Muller, Clyde Hefer, Sam Patten, Timothy Willoughby, Ian Edmunds, James Battersby, Ion Popa, Stephen Evans, Gavin Thredgold (St.)

Seoul 1988

G FRG 5:46,05
Thomas Möllenkamp, Matthias Mellinghaus, Eckhardt Schultz, Ansgar Wessling, Armin Eichholz, Thomas Domian, Wolfgang Maennig, Bahne Rabe, Manfred Klein (St.)
S URS 5:48,01
Veniamin But, Nikolai Komarov, Vassili Tikhonov, Alexander Dumchev, Pavel Gurkovsky, Viktor Diduk, Viktor Omelyanovich, Andrei Vasilyev, Alexander Lukyanov (St.)
B USA 5:48,26
William Burden, Jeff McLaughlin, Peter Nordell, Edward Patton,

John Pescatore, John Rusher, John Smith, Michael Teti, Seth Bauer (St.)

Barcelona 1992

G CAN 5:29,53
John Wallace, Bruce Robertson, Michael Forgeron, Darren Barber, Robert Marland, Michael Rascher, Andrew Crosby, Derek Porter, Terrence Paul (St.)

S ROM 5:29,67
Ioan Iulian Vizitiu, Danut Dobre, Gabriel Marin, Iulica Ruican, Viorel Talapan, Vasile Dorel Nastase, Valentin Robu, Vasile Ionel Mastacan, Marin Gheorghe (St.)

B GER[1] 5:31,00
Frank Jörg Richter, Thorsten Streppelhoff, Detlef Kirchhoff, Armin Eichholz, Bahne Rabe, Hans Sennewald, Ansgar Wessling, Roland Baar, Manfred Klein (St.)

Nicht mehr ausgetragene Wettbewerbe Männer

Marinejolle (7 Männer)

Athen 1906

G ITA (Varese) 10:45,0
Giuseppe Russo, P. Toio, R. Taormina, G. Tarantino, E. Bellotti, Angelo Fornaciari, Giovanni Battista Tanio (St.)

S GRE (Spetsai) .... –
D. Balourdos, S. Vessalas, N. Dekavalas, D. Dais, N. Karsouvas, P. Kipraios, K. Misonginis (St.)

B GRE (Hydra) .... –
D. Grous, P. Lomvardos, G. Maroulis, D. Souranis, N. Photinakis, Dionysius Khristeas, P. Mexis (St.)

Marinekutter (17 Männer)

Athen 1906

G GRE (Poros) 16:35,0
I. Georgas, Kh. Tsirigotakis, I. Agrimis, K. Kephalas, D. Kakousis, I. Pilouris, P. Karngiozis, D. Piaditis, E. Laphiotis, Is. Mikhas, M. Mouratis, Mikh. Sokos, An. Drivas, Arg. Milonas, I. Kaisarevs, I. Loukas, P. Velliotis (St.)

S GRE (Hydra) 17:09,6
P. Ptemeas, I. Dolas, Ioannis Gripaios, Ioannis Tsirakis, Evangelos Khaldeos, K. Niotis, K. Papayiannoulis, N. Steryiou, S. Lemonis, I. Papapanayiotou, Evangelos Kanakaris, G. Nikoloutsos, Xav. Stellas, Stam. Diomataras, Mikh. Katsoulis, I. Phasilis, I. Milakas (St.)

B ITA (Varese) .... –
G. Cingottu, F. Pieraccini, G. Pizzo, Augusto Graffigna, L. Frediana, Alberto Ruggia, F. Mennella, S. Messina, Antonio Mautrere, Ezio Germignani, Angelo Sartini, Sebastiano Randazzo, Angelo Buoni, Alp. Nordio, P. Oddone, G. Zannino, E. Rossi (St.)

Innendollen-Vierer mit Steuermann Männer

Stockholm 1912

G DEN 7:47,0
Ejler Allert, Jörgen Hansen, Carl Möller, Carl Pedersen, Poul Hartmann (St.)

S SWE .... –
Ture Rosvall, William Bruhn-Möller, Conrad Brunkman, Herman Dahlbäck, Wilhelm Wilkens (St.)

B NOR .... –
Claus Höyer, Reidar Holter, Magnus Herseth, Frithjof Olstad, Olav Björnstadt (St.)

Einer Frauen

Montreal 1976

G Christine Scheiblich GDR 4:05,56
S Joan Lind USA 4:06,21
B Yelena Antonova URS 4:10,24

Moskau 1980

G Sanda Toma ROM 3:40,69
S Antonina Makhina URS 3:41,65
B Martina Schröter GDR 3:43,54

Los Angeles 1984

G Valeria Rosca-Racila ROM 3:40,68
S Charlotte Geer USA 3:43,89
B Ann Haesebrouck BEL 3:45,72

Seoul 1988

G Jutta Behrendt GDR 7:47,19
S Anne Marden USA 7:50,28
B Magdalena Georgieva BUL 7:53,65

Bilanz Nicht mehr ausgetragene Wettbewerbe Rudern Männer

Land	G	S	B
1. GRE	1	2	1
2. ITA	1	–	1
3. DEN	1	–	–
4. SWE	–	1	–
5. NOR	–	–	1

Bilanz Einer Frauen

Land	G	S	B
1. ROM	3	–	–
2. GDR	2	–	1
3. USA	–	3	–
4. BEL	–	1	1
URS	–	1	1
6. BUL	–	–	1
CAN	–	–	1

1) Deutsche Boote (GER, FRG und GDR) gewannen zwischen 1912 und 1992 fünf Gold- und vier Bronzemedaillen, dazu eine silberne.

Bilanz Doppelzweier Frauen

Land	G	S	B
1. ROM	1	2	1
2. GDR	1	2	–
3. BUL	1	–	1
URS	1	–	1
5. GER	1	–	–
6. NED	–	1	–
7. CAN	–	–	1
CHN	–	–	1

Bilanz Zweier ohne Steuerfrau

Land	G	S	B
1. ROM	2	–	–
2. BUL	1	1	1
3. CAN	1	1	–
GDR	1	1	–
5. GER	–	1	–
POL	–	1	–
7. FRG	–	–	2
8. NZL	–	–	1
USA	–	–	1

Barcelona 1992

G Elisabeta Lipa-Oleniuc ROM 7:25,54
S Annelies Bredael BEL 7:26,64
B Silken Laumann CAN 7:28,85

Doppelzweier Frauen

Montreal 1976

G BUL 3:44,36
Svetlana Otsetova, Zdravka Yordanova
S GDR 3:47,86
Sabine Jahn, Petra Boesler
B URS 3:49,93
Leonora Kaminskaite, Genovaite Ramoskiene

Moskau 1980

G URS 3:16,27
Yelena Khloptseva, Larisa Popova-Alexandrova
S GDR 3:17,63
Cornelia Linse, Heidi Westphal
B ROM 3:18,91
Olga Homeghi, Valeria Rosca-Racila

Los Angeles 1984

G ROM 3:26,75
Maioara Popescu, Elisabeta Oleniuc
S NED 3:29,13
Greet Hellemans, Nicolette Hellemans
B CAN 3:29,82
Danièle Laumann, Silken Laumann

Seoul 1988

G GDR 7:00,48
Birgit Peter, Martina Schröter
S ROM 7:04,36
Elisabeta Lipa-Oleniuc, Veronica Cogeanu
B BUL 7:06,03
Violeta Ninova, Stefka Madina

Barcelona 1992

G GER 6:49,00
Kerstin Köppen, Kathrin Boron
S ROM 6:51,47
Elisabeta Lipa-Oleniuc, Veronica Cochelea-Cogeanu
B CHN 6:5,16
Gu Xiaoli, Lu Huali

Zweier ohne Steuerfrau

Montreal 1976

G BUL 4:01,22
Siyka Kelbecheva, Stoyanka Gruycheva
S GDR 4:01,64
Angelika Noack, Sabine Dähne
B FRG 4:02,35
Edith Eckbauer, Thea Einöder

Moskau 1980

G GDR 3:30,49
Ute Steindorf, Cornelia Klier
S POL 3:30,95
Malgorzata Deuzewska, Czeslawa Kosciawska
B BUL 3:32,39
Siyka Barbulova-Kelbecheva, Stoyanka Kurbatova-Gruycheva

Los Angeles 1984

G ROM 3:32,60
Rodica Arba-Puscatu, Elena Horvat
S CAN 3:36,06
Betty Craig, Tricia Smith
B FRG 3:40,50
Ellen Becker, Iris Völkner

Seoul 1988

G ROM 7:28,13
Rodica Arba-Puscatu, Olga Homeghi
S BUL 7:31,95
Radka Stoyanova, Lalka Berberova
B NZL 7:35,68
Nicola Payne, Lynley Hannen

Barcelona 1992

G CAN 7:06,22
Marnie McBean, Kathleen Heddle
S GER 7:07,96
Stefani Werremeier, Ingeburg Schwerzmann
B USA 7:08,11
Anna Seaton, Stephanie Maxwell-Pierson

Doppelvierer mit und ohne Steuerfrau

Montreal 1976

G GDR 3:29,99
Roswietha Zobelt, Jutta Lau, Viola Poley, Anke Borchmann, Liane Weigelt (St.)

S URS 3:32,49
Anna Kondrashina, Mira Bryunina, Larisa Alexandrova, Galina Yermolayeva, Nadeshda Chernyshova (St.)
B ROM 3:32,76
Ioana Tudoran, Maria Micsa, Felicia Afrasiloaia, Elisabeta Lazar, Elena Giurca (St.)

Moskau 1980

G GDR 3:15,32
Jutta Ploch, Jutta Lau, Sybille Reinhardt, Roswietha Zobelt, Liane Buhr-Weigelt (St.)
S URS 3:15,73
Antonia Pustovit, Yelena Matiyevskaya, Olga Vasilchenko, Nadeshda Lyubimova, Nina Cheremisina (St.)
B BUL 3:16,10
Mariana Serbezova, Rumeliana Boncheva, Dolores Nakova, Ani Bakova, Anka Georgieva (St.)

Los Angeles 1984

G ROM 3:14,11
Maricica Titie Taran, Anisoara Sorohan, Ioana Badea, Sofia Corban, Ecaterina Oancia (St.)
S USA 3:15,57
Anne Marden, Lisa Rohde, Joan Lind, Virginia Gilder, Kelly Rickon (St.)
B DEN 3:16:02
Hanne Eriksen, Brigitte Hanel, Charlotte Koefoed, Bodil Steen Rasmussen, Jette Hejli Sörensen (St.)

Seoul 1988

G GDR 6:21,06
Kerstin Förster-Pieloth, Kristina Mundt, Beate Schramm, Jana Sorgers
S URS 6:23,47
Irina Kalimbet, Svetlana Mazy, Inna Frolova, Antonina Dumcheva
B ROM 6:23,81
Anisoara Balan, Anisoara Minea-Sorohan, Veronica Cogeanu, Elisabeta Lipa-Oleniuc

Barcelona 1992

G GER 6:20,18
Kerstin Müller, Sybille Schmidt, Birgit Peter, Kristina Mundt
S ROM 6:24,34
Constanta Pipota, Doina Ignat, Veronica Cochelea-Cogeanu, Anisoara Dobre-Balan
B EUN 6:25,07
Yekaterina Khodatovich, Antonina Zelikovich, Tatyana Ustyuzhanina, Yelena Khloptseva

Vierer ohne Steuerfrau

Barcelona 1992

G CAN 6:30,85
Kirsten Barnes, Brenda Taylor, Jessica Monroe, Kay Worthington
S USA 6:31,86
Shelag Donohoe, Cindy Eckert, Amy Fuller, Carol Feeney
B GER 6:32,23
Antje Frank, Gabriele Mehl, Birte Siech, Annette Hohn

Achter Frauen

Montreal 1976

G GDR 3:33,32
Viola Goretzki, Christiane Knetsch, Ilona Richter, Brigitte Ahrenholz, Monika Kallies, Henrietta Ebert, Helma Lehmann, Irina Müller, Marina Wilke (St.)
S URS 3:36,17
Lyubov Talalayeva, Nadeshda Roshchina, Klavdiya Kozenkova, Yelena Zubko, Olga Kolkova, Nelli Tarakanova, Nadeshda Rozgon, Olga Guzenko, Olga Pugovskaya (St.)
B USA 3:38,68
Jacqueline Zoch, Anita DeFrantz[1], Carie Graves, Marion Greig, Anne Warner, Peggy McCarthy, Carol Brown, Gail Ricketson, Lynn Silliman (St.)

Moskau 1980

G GDR 3:03,32
Matina Boesler, Kersten Neisser, Christiane Köpke-Knetsch, Birgit Schütz, Gabriele Kühn-Lohs, Ilona Richter, Marita Sandig, Karin Metze, Marina Wilke (St.)
S URS 3:04,29
Olga Pivovarova, Nina Umanets, Nadeshda Prishchepa, Valentina Zhulina, Tatyana Stetsenko, Yelena Teryoshina, Nina Preobrazhenskaya, Maria Pazyun, Nina Frolova (St.)
B ROM 3:05,63
Angelica Aposteanu, Marlena Zagoni, Rodica Frintu, Florica Bucur, Rodica Puscatu, Ana Iliuta, Mariana Constantinescu, Elenar Bondar, Elena Dobritoiu (St.)

Bilanz Doppelvierer Frauen

Land	G	S	B
1. GDR	3	–	–
2. ROM	1	1	2
3. GER	1	–	–
4. URS	–	3	–
5. USA	–	1	–
6. BUL	–	–	1
DEN	–	–	1
EUN	–	–	1

Bilanz Achter Frauen

Land	G	S	B
1. GDR	3	–	–
2. USA	1	–	1
3. CAN	1	–	–
4. ROM	–	3	1
5. URS	–	2	–
6. CHN	–	–	1
GER	–	–	1
NED	–	–	1

1) Die Juristin Anita DeFrantz (* 1952) kämpfte 1980 gegen den US-Boykott in Moskau und wurde 1986 ins IOC gewählt.

Bilanz Nicht mehr ausgetragene Wettbewerbe Rudern Frauen

Land	G	S	B
1. GDR	3	–	–
2. ROM	1	–	1
3. BUL	–	2	–
4. CAN	–	1	–
CHN	–	1	–
6. URS	–	–	2
7. AUS	–	–	1

Los Angeles 1984

G USA 2:59,80
Shyril O'Steen, Harriet Metcalf, Carol Bower, Carie Graves, Jeanne Flanagan, Kristine Norelius, Kristen Thorsness, Kathryn Keeler, Betsy Beard (St.)

S ROM 3:00,87
Doina Liliana Balan, Marioara Trasca, Aurora Plesca, Aneta Mihaly, Adriana Chelariu, Mihaela Armasescu, Camelia Diaconescu, Lucia Sauca, Viorica Veres-Ioja (St.)

B NED 3:02,92
Nicolette Hellemans, Lynda Cornet, Harriet van Ettekoven, Greet Hellemans, Marieke van Drogenbrock, Anne Marie Quist, Catharina Neelissen, Wiljon Vaandrager, Martha Laurijsen (St.)

Seoul 1988

G GDR 6:15,17
Ramona Balthasar, Kathrin Haacker, Anja Kluge, Beatrix Schröer-Lehmann, Ute Stange, Annegret Strauch, Ute Wild, Judith Zeidler, Daniela Neunast (St.)

S ROM 6:17,44
Doina Liliana Balan, Marioara Trasca, Veronika Necula, Herta Anitas, Adriana Bazon, Mihaela Armasescu, Rodica Arba-Puscatu, Olga Homeghi, Ecaterina Oancia (St.)

B CHN 6:21,83
Han Yaqin, He Yanwen, Hu Yadong, Yang Xiao, Zhang Xianghua, Zhang Yali, Zhou Shouying, Zhou Xiuhua, Li Ronghua (St.)

Barcelona 1992

G CAN 6:02,62
Kirsten Barnes, Brenda Taylor, Megan Delchanty, Shannon Crawford, Marnie McBean, Kay Worthington, Jessica Monroe, Kathleen Heddle, Lesley Thompson (St.)

S ROM 6:06,26
Doina Liliana Snep-Balan, Doina Robu, Ioana Olteanu, Viorica Lepadatu, Julia Bobeica, Viorica Neculai, Adriana Bazon-Chelariu, Maria Paduraru, Elena Georgescu-Nedelcu (St.)

B GER 6:07,80
Annegret Strauch, Sylvia Dördelmann, Kathrin Haacker, Dana Pyritz, Cerstin Petersmann, Ute Wagner-Stange, Christiane Harzendorf, Judith Zeidler, Daniela Neunast (St.)

Nicht mehr ausgetragene Wettbewerbe Frauen

Vierer mit Steuerfrau

Montreal 1976

G GDR 3:45,08
Karin Metze, Bianka Schwede, Gabriele Lohs, Andrea Kurth, Sabine Heß (St.)

S BUL 3:48,24
Ginka Gyurova, Lilyana Vaseva, Reni Yordanova, Mariyka Modeva, Kapka Georgieva (St.)

B URS 3:49,38
Nadeshda Sevostyanova, Lyudmila Krokhina, Galina Mishenina, Anna Pasokha, Lidiya Krylova (St.)

Moskau 1980

G GDR 3:19,27
Ramona Kapheim, Silvia Fröhlich, Angelika Noack, Romy Saalfeld, Kirsten Wenzel (St.)

S BUL 3:30,75
Ginka Gyurova, Mariyka Modeva, Rita Todorova, Iskra Velinova, Nadia Filipova (St.)

B URS 3:20,92
Maria Fadeyeva, Galina Sovetnikova, Marina Studneva, Svetlana Semyonova, Nina Cheremisina (St.)

Los Angeles 1984

G ROM 3:19,30
Florica Lavric, Maria Fricioiu, Chira Apostol, Olga Bularda-Homeghi, Viorica Veres-Ioja (St.)

S CAN 3:21,55
Marilyn Brain, Angela Schneider, Barbara Armbrust, Jane Tregunno, Lesley Thompson (St.)

B AUS 3:23,29
Robyn Grey-Gardner, Karen Brancourt, Susan Chapman, Margot Foster, Susan Lee (St.)

Seoul 1988

G GDR 6:56,00
Martina Walther, Gerlinde Doberschütz-Mey, Carola Hornig-Miseler, Birte Siech, Sylvia Rose (St.)

S CHN 6:58,78
Zhang Xianghua, Hu Yadong, Yang Xiao, Zhao Shouying, Li Ronghua (St.)

B ROM 7:01,13
Marioara Trasca, Veronica Necula, Herta Anitas, Doina Liliana Balan, Ecaterina Oancia (St.)

Kanusport

Einer-Kajak 500 m Männer

Montreal 1976

G Vasile Diba ROM 1:46,41
S Zoltan Sztanity HUN 1:46,95
B Rüdiger Helm GDR 1:48,30

Moskau 1980

G Vladimir Parfenovich URS 1:43,43
S John Sumegi AUS 1:44,12
B Vasile Diba ROM 1:44,90

Los Angeles 1984

G Ian Ferguson NZL 1:47,84
S Lars-Erik Moberg SWE 1:48,18
B Bernard Bregeon FRA 1:48,41

Seoul 1988

G Zsolt Gyulay HUN 1:44,82
S Andreas Stähle GDR 1:46,38
B Paul MacDonald NZL 1:46,46

Barcelona 1992

G Mikko Kolehmainen FIN 1:40,34
S Zsolt Gyulay HUN 1:40,64
B Knut Holmann NOR 1:40,71

Zweier-Kajak 500 m Männer

Montreal 1976

G GDR 1:35,87
Bernd Olbricht, Joachim Mattern
S URS 1:36,81
Vladimir Romanovsky, Sergei Nagorny
B ROM 1:37,43
Larion Serghei, Policarp Malihin

Moskau 1980

G URS 1:32,38
Vladimir Parfenovich, Sergei Chukhray
S ESP 1:33,65
Herminio Menéndez, Guillermo Del Riego
B GDR 1:34,00
Rüdiger Helm, Bernd Olbricht

Los Angeles 1984

G NZL 1:34,21
Ian Ferguson, Paul MacDonald
S SWE 1:35,26
Per-Inge Bengtsson, Lars-Erik Moberg
B CAN 1:35,41
Hugh Fisher, Alwyn Morris

Seoul 1988

G NZL 1:33,98
Ian Ferguson, Paul MacDonald
S URS 1:34,15
Igor Nagayev, Viktor Denisov
B HUN 1:34,32
Attila Abraham, Ferenc Csipes

Barcelona 1992

G GER 1:28,27
Kay Bluhm, Torsten Gutsche
S POL 1:29,84
Maciej Freimut, Wojciech Krupiewski
B ITA 1:30,00
Antonio Rossi, Bruno Dreossi

Einer-Kajak 1000 m Männer

Athen 1906

G Gaston Delaplane FRA 5:53,4
S Joseph Larran FRA 6:07,2
B –

Berlin 1936

G Gregor Hradetzky AUT 4:22,9
S Helmut Cämmerer GER 4:25,6
B Jacob Kraaier NED 4:35,1

London 1948

G Gert Fredriksson SWE 4:33,2
S Johan Andersen DEN 4:39,9
B Henri Eberhardt FRA 4:41,4

Helsinki 1952

G Gert Fredriksson SWE 4:07,9
S Thorvald Strömberg FIN 4:09,7
B Louis Gantois FRA 4:20,1

Melbourne 1956

G Gert Fredriksson SWE 4:12,8
S Igor Pisarev URS 4:15,3
B Lajos Kiss HUN 4:16,2

Rom 1960

G Erik Hansen DEN 3:53,00
S Imre Szöllösi HUN 3:54,02
B Gert Fredriksson SWE 3:55,89

Bilanz Einer-Kajak 500 m Männer

Land	G	S	B
1. HUN	1	2	–
2. NZL	1	–	1
ROM	1	–	1
4. FIN	1	–	–
URS	1	–	–
6. GDR	–	1	1
7. AUS	–	1	–
SWE	–	1	–
9. FRA	–	–	1
NOR	–	–	1

Bilanz Zweier-Kajak 500 m Männer

Land	G	S	B
1. NZL	2	–	–
2. URS	1	2	–
3. GDR	1	–	1
4. GER	1	–	–
5. ESP	–	1	–
POL	–	1	–
SWE	–	1	–
8. CAN	–	–	1
HUN	–	–	1
ITA	–	–	1
ROM	–	–	1

Bilanz Einer-Kajak 1000 m Männer

Land	G	S	B
1. SWE	4	1	1
2. GDR	2	–	1
3. HUN	1	3	2
4. FRA	1	2	2
5. URS	1	2	–
6. DEN	1	1	1
7. AUS	1	1	–
8. USA	1	–	2
9. AUT	1	–	–
NZL	1	–	–
11. FIN	–	1	–
GER	–	1	–
NOR	–	1	–
YUG	–	1	–
15. ROM	–	–	3
16. NED	–	–	1

Tokio 1964

G Rolf Peterson SWE 3:57,13
S Mihaly Hesz HUN 3:57,28
B Aurel Vernescu ROM 4:00,77

Mexiko City 1968

G Mihaly Hesz HUN 4:02,63
S Alexander Shaparenko URS 4:03,58
B Erik Hansen DEN 4:04,39

München 1972

G Alexander Shaparenko URS 3:48,06
S Rolf Peterson SWE 3:48,35
B Geza Csapo HUN 3:49,38

Montreal 1976

G Rüdiger Helm GDR 3:48,20
S Geza Csapo HUN 3:48,84
B Vasile Diba ROM 3:49,65

Moskau 1980

G Rüdiger Helm GDR 3:48,77
S Alain Lebas FRA 3:50,20
B Ion Birladeanu ROM 3:50,49

Los Angeles 1984

G Alan Thompson NZL 3:45,73
S Milan Janic YUG 3:46,88
B Gregory Barton USA 3:47,38

Seoul 1988

G Gregory Barton USA 3:55,27
S Grant Davies AUS 3:55,28
B André Wohllebe GDR 3:55,55

Barcelona 1992

G Clint Robinson AUS 3:37,26
S Knut Holmann NOR 3:37,50
B Gregory Barton USA 3:37,93

Zweier-Kajak 1000 m Männer

Bilanz Zweier-Kajak 1000 m Männer

Land	G	S	B
1. URS	4	1	–
2. SWE	3	2	–
3. GER	2	1	1
4. AUT	1	–	3
5. FIN	1	–	1
6. CAN	1	–	–
USA	1	–	–
8. HUN	–	4	1
9. NED	–	1	1
10. DEN	–	1	–
FRA	–	1	–
GDR	–	1	–
NZL	–	1	–
14. POL	–	–	3
15. AUS	–	–	2
16. ESP	–	–	1

Berlin 1936

G AUT 4:03,8
Adolf Kainz, Alfons Dorfner
S GER 4:08,9
Ewald Tilker, Fritz Bondroit
B NED 4:12,2
Nicolas Tates, Willem van der Kroft

London 1948

G SWE 4:07,3
Hans Berglund, Lennart Klingström
S DEN 4:07,5
Ejvind Hansen, Bernhard Jensen
B FIN 4:08,7
Ture Axelsson, Nils Björklöf

Helsinki 1952

G FIN 3:51,1
Kurt Wires, Yrjö Hietaner
S SWE 3:51,1
Lars Glassér, Ingemar Hedberg
B AUT 3:51,4
Max Raub, Herbert Wiedermann

Melbourne 1956

G GER 3:49,6
Michael Scheuer, Meinrad Miltenberger
S URS 3:51,4
Mikhail Kaaleste, Anatoli Demitkov
B AUT 3:55,8
Max Raub, Herbert Wiedermann

Rom 1960

G SWE 3:34,73
Gert Fredriksson, Sven-Olov Sjödelius
S HUN 3:34,91
György Meszaros, Andras Szente
B POL 3:37,34
Stefan Kaplaniak, Wladyslaw Zielienski

Tokio 1964

G SWE 3:38,54
Sven-Olov Sjödelius, Gunnar Utterberg
S NED 3:39,30
Antonius Geurts, Paul Hoekstra
B GER 3:40,69
Heinz Büker, Holger Zander

Mexiko City 1968

G URS 3:37,54
Alexander Shaparenko, Vladimir Morozov
S HUN 3:38,44
Csaba Giczi, Istvan Timar
B AUT 3:40,71
Gerhard Seibold, Günther Pfaff

München 1972

G URS 3:31,23
Nikolai Gorbachov, Viktor Kratasyuk
S HUN 3:32,00
Jozsef Deme, Janos Ratkai
B POL 3:33,83
Wladyslaw Szuszkiewicz, Rafal Piszcz

Montreal 1976

G URS 3:29,01
Vladimir Romanovsky, Sergei Nagorny
S GDR 3:29,33
Bernd Olbricht, Joachim Mattern
B HUN 3:30,36
Zoltan Bako, Istvan Szabo

Moskau 1980

G URS 3:26,72
Vladimir Parfenovich, Sergei Chukhray
S HUN 3:28,49
Istvan Szabo, Istvan Joos
B ESP 3:28,66
Luis Ramos Misioné, Herminio Menéndez

Los Angeles 1984

G CAN 3:24,22
Hugh Fisher, Alwyn Morris
S FRA 3:25,97
Bernard Bregeon, Patrick Lefoulon
B AUS 3:26,80
Barry Kelly, Grant Kenny

Seoul 1988

G USA 3:32,42
Gregory Barton, Norman Bellingham
S NZL 3:32,71
Ian Ferguson, Paul MacDonald
B AUS 3:33,76
Peter Foster, Kelvin Graham

Barcelona 1992

G GER 3:16,10
Kay Bluhm, Torsten Gutsche
S SWE 3:17,70
Gunnar Olsson, Karl Sundqvist
B POL 3:18,86
Grzegorz Kottoviez, Dariusz Bialkowski

Vierer-Kajak 1000 m Männer

Tokio 1964

G URS 3:14,67
Nikolai Chuzhikov, Anatoli Grishin,
Vyacheslav Ionov, Vladimir Morozov
S GER 3:15,39
Günter Perleberg, Berni Schulze,
Friedhelm Wentzke, Holger Zander
B ROM 3:15,51
Simion Cuciuc, Atanase Sciotnic,
Mihai Turcas, Aurel Vernescu

Mexiko City 1968

G NOR 3:14,38
Steinar Amundsen, Egil Söby,
Tore Berger, Jan Johansen
S ROM 3:14,81
Anton Calenic, Dimitrie Ivanov,
Haralambie Ivanov, Mihai Turcas
B HUN 3:15,10
Csaba Giczi, Istvan Timar,
Imre Szöllösi, Istvan Csizmadia

München 1972

G URS 3:14,02
Yuri Filatov, Yuri Stetsenko,
Vladimir Morozov, Valeri Didenko
S ROM 3:15,07
Aurel Vernescu, Mihai Zafiu,
Roman Vartolomeu, Atanase Sciotnic
B NOR 3:15,27
Egil Söby, Steinar Amundsen,
Tore Berger, Jan Johansen

Montreal 1976

G URS 3:08,69
Sergei Chukhray, Alexander Degtyarev,
Yuri Filatov, Vladimir Morozov
S ESP 3:08,95
José Estebar, José López Díaz-Flor,
Herminio Menéndez, Luis Ramos Misioné
B GDR 3:10,76
Frank-Peter Bischof, Bernd Duvigneau,
Rüdiger Helm, Jürgen Lehnert

Moskau 1980

G GDR 3:13,76
Rüdiger Helm, Bernd Olbricht,
Harald Marg, Bernd Duvigneau
S ROM 3:15,35
Mihai Zafiu, Vasile Diba,
Ion Geanta, Nicusor Esanu
B BUL 3:15,46
Borislav Borisov, Bozhidar Milenkov,
Lazar Khristov, Ivan Manev

Los Angeles 1984

G NZL 3:02,28
Grant Bramwell, Ian Ferguson,
Paul MacDonald, Alan Thompson
S SWE 3:02,81
Per-Inge Bengtsson, Tommy Karls,
Lars-Erik Moberg, Thomas Ohlsson
B FRA 3:03,94
François Barouh, Philippe Boccara,
Pascal Boucherit, Didier Vavasseur

Bilanz Vierer-Kajak 1000 m Männer

Land	G	S	B
1. URS	3	1	–
2. HUN	1	1	1
3. GER	1	1	–
4. GDR	1	–	2
5. NOR	1	–	1
6. NZL	1	–	–
7. ROM	–	3	1
8. ESP	–	1	–
SWE	–	1	–
10. AUS	–	–	1
BUL	–	–	1
FRA	–	–	1

Seoul 1988

G HUN 3:00,20
Zsolt Gyulay, Ferenc Csipes,
Sandor Hodosi, Attila Abraham
S URS 3:01,40
Alexander Motuzenko, Sergei Kirsanov,
Igor Nagayev, Viktor Denisov
B GDR 3:02,37
Kay Bluhm, André Wohllebe,
Hans-Jörg Bliesener, Andreas Stähle

Barcelona 1992

G GER 2:54,18
Mario von Appen, Oliver Kegel,
Thomas Reineck, André Wohllebe
S HUN 2:54,82
Ferenc Csipes, Zsolt Gyulay,
Laszlo Fidel, Attila Abraham
B AUS 2:56,97
Kelvin Graham, Ian Rowling,
Steven Wood, Ramon Andersson

Bilanz Einer-Canadier 500 m Männer

Land	G	S	B
1. URS	2	1	–
2. BUL	1	1	1
3. CAN	1	1	–
4. GDR	1	–	1
5. DEN	–	1	–
EUN	–	1	–
7. GER	–	–	1
ROM	–	–	1
YUG	–	–	1

Bilanz Zweier-Canadier 500 m Männer

Land	G	S	B
1. URS	2	–	–
2. HUN	1	–	1
3. EUN	1	–	–
YUG	1	–	–
5. POL	–	2	–
ROM	–	2	–
7. GER	–	1	–
8. BUL	–	–	2
9. ESP	–	–	1
FRA	–	–	1

Einer-Canadier 500 m Männer

Montreal 1976

G Alexander Rogiv URS 1:59,23
S John Wood CAN 1:59,58
B Matija Ljubek YUG 1:59,60

Moskau 1980

G Sergei Postrekhin URS 1:53,.37
S Lyubomir Lyubenov BUL 1:53,49
B Olaf Heukrodt GDR 1:54,38

Los Angeles 1984

G Larry Cain CAN 1:57,01
S Henning Jakobsen DEN 1:58,45
B Costica Olaru ROM 1:59,86

Seoul 1988

G Olaf Heukrodt GDR 1:56,42
S Mikhail Slivinsky URS 1:57,26
B Martin Marinov BUL 1:57,27

Barcelona 1992

G Nikolai Bukhalov BUL 1:51,15
S Mikhail Slivinsky EUN 1:51,40
B Olaf Heukrodt GER 1:53,00

Zweier-Canadier 500 m Männer

Montreal 1976

G URS 1:45,81
Sergei Petrenko, Alexander Vinogradov
S POL 1:47,77
Jerzy Opara, Andrzeij Gronowicz
B HUN 1:48,35
Tamas Buday, Oszkar Frey

Moskau 1980

G HUN 1:43,39
Laszlo Foltan, Istvan Vaskuti
S ROM 1:44,12
Ivan Patzaichin, Petre Capusta
B BUL 1:44,83
Borislav Ananiev, Nikolai Ilkov

Los Angeles 1984

G YUG 1:43,67
Matija Ljubek, Mirko Nisovic
S ROM 1:45,68
Ivan Patzaichin, Toma Simionov
B ESP 1:47,71
Enrique Miguez, Narcisco Suárez

Seoul 1988

G URS 1:41,77
Viktor Reneysky, Nikolai Juravschi
S POL 1:43,61
Marek Dopierala, Marek Lbik
B FRA 1:43,81
Philippe Renaud, Joël Bettin

Barcelona 1992

G EUN 1:41,54
Alexander Maseykov, Dimitri Dovgalenok
S GER 1:41,68
Ulrich Papke, Ingo Spelly
B BUL 1:41,94
Martin Marinov, Blagovest Stoyanov

Einer-Canadier 1000 m Männer

Berlin 1936

G Francis Amyot CAN 5:32,1
S Bohuslav Karlik TCH 5:36,9
B Erich Koschik GER 5:39.0

London 1948

G Josef Holecek TCH 5:42,0
S Douglas Bennett CAN 5:53,3
B Robert Boutigny FRA 5:55,9

Helsinki 1952

G Josef Holecek TCH ... 4:56,3
S Janos Parti HUN ... 5:03,6
B Olavi Ojanperä FIN ... 5:08,5

Melbourne 1956

G Leon Rotman ROM ... 5:05,3
S Istvan Hernek HUN ... 5:06,2
B Gennadi Bukharin URS ... 5:12,7

Rom 1960

G Janos Parti HUN ... 4:33,93
S Alexander Silayev URS ... 4:34,41
B Leon Rotman ROM ... 4:35,87

Tokio 1964

G Jürgen Eschert GER ... 4:35,14
S Andrei Igorov ROM ... 4:37,89
B Yevgeni Penyayev URS ... 4:38,31

Mexiko City 1968

G Tibor Tatai HUN ... 4:36,14
S Detlef Lewe FRG ... 4:38,31
B Vitali Galkov URS ... 4:40,42

München 1972

G Ivan Patzaichin ROM ... 4:08,94
S Tamas Wichmann HUN ... 4:12,42
B Detlef Lewe FRG ... 4:13,63

Montreal 1976

G Matija Ljubek YUG ... 4:09,51
S Vasili Yurchenko URS ... 4:12,57
B Tamas Wichmann HUN ... 4:14,11

Moskau 1980

G Lyubomir Lyubenov BUL ... 4:12,38
S Sergei Postrekhin URS ... 4:13,53
B Eckhard Leue GDR ... 4:15,02

Los Angeles 1984

G Ulrich Eicke FRG ... 4:06,32
S Larry Cain CAN ... 4:08,67
B Henning Jakobsen DEN ... 4:09,51

Seoul 1988

G Ivans Klementjevs URS ... 4:12,78
S Jörg Schmidt GDR ... 4:15,83
B Nikolai Bukhalov BUL ... 4:18,94

Barcelona 1992

G Nikolai Bukhalov BUL ... 4:05,92
S Ivans Klementjevs LAT ... 4:06,60
B György Zala HUN ... 4:07,35

Zweier-Canadier 1000 m Männer

Berlin 1936

G TCH ... 4:50,1
Vladimir Syrovátka, Jan Brzák-Felix
S AUT ... 4:53,8
Rupert Weinstabl, Karl Proisl
B CAN ... 4:56,7
Frank Saker, Harvey Charters

London 1948

G TCH ... 5:07,1
Jan Brzák-Felix, Bohumil Kudrna
S USA ... 5:08,2
Stephen Lysak, Stephen Macknowski
B FRA ... 5:15,2
Georges Dransart, Georges Gandil

Helsinki 1952

G DEN ... 4:38,3
Bent Peder Rasch, Finn Haunstoft
S TCH ... 4:42,9
Jan Brzák-Felix, Bohumil Kudrna
B GER ... 4:48,3
Egon Drews, Wilfried Soltau

Melbourne 1956

G ROM ... 4:47,4
Alexe Dumitru, Simion Ismailciuc
S URS ... 4:48,6
Pavel Kharin, Gratsian Botev
B HUN ... 4:54,3
Karoly Wieland, Ferec Mohacsi

Rom 1960

G URS ... 4:17,94
Leonid Geyshtor, Sergei Makarenko
S ITA ... 4:20,77
Aldo Dezi, Francesco La Macchia
B HUN ... 4:20,89
Imre Farkas, Andras Törö

Tokio 1964

G URS ... 4:04,64
Andrei Khimich, Stepan Oshchepkov
S FRA ... 4:06,52
Jean Boudehen, Michel Chapuis
B DEN ... 4:07,48
Peer Nielsen, John Sörensen

Mexiko-City 1968

G ROM ... 4:07,18
Ivan Patzaichin, Serghei Covaliov
S HUN ... 4:08,77
Tamas Wichmann, Gyula Petrikovics

Bilanz Einer-Canadier 1000 m Männer

Land	G	S	B
1. HUN	2	3	2
2. ROM	2	1	1
3. TCH	2	1	–
4. BUL	2	–	1
5. URS	1	3	3
6. CAN	1	2	–
7. FRG	1	1	1
8. GER	1	–	1
9. YUG	1	–	–
10. GDR	–	1	1
11. LAT	–	1	–
12. DEN	–	–	1
FIN	–	–	1
FRA	–	–	1

Bilanz Zweier-Canadier 1000 m Männer

Land	G	S	B
1. URS	5	1	2
2. ROM	4	2	–
3. TCH	2	1	–
4. DEN	1	1	1
5. GER	1	–	1
6. GDR	–	2	–
7. FRA	–	1	3
HUN	–	1	3
9. AUT	–	1	–
ITA	–	1	–
USA	–	1	–
YUG	–	1	–
13. BUL	–	–	1
CAN	–	–	1
POL	–	–	1

Bilanz Slalom Männer

Land	G	S	B
1. GDR	3	–	1
2. TCH	1	1	–
3. USA	1	–	1
4. ITA	1	–	–
5. FRG	–	2	1
6. FRA	–	1	2
7. AUT	–	1	–
GBR	–	1	–
9. GER	–	–	1

B URS 4:11,30
Naum Prokupets, Mikhail Zamotin

München 1972

G URS 3:52,60
Vladislavas Cesiknas, Yuri Lobanov
S ROM 3:52,63
Ivan Patzaichin, Serghei Covaliov
B BUL 3:58,10
Fedya Damyanov, Ivan Burchin

Montreal 1976

G URS 3:52,76
Sergei Petrenko, Alexander Vinogradov
S ROM 3:54,28
Gheorghe Danilov, Gheorghe Simionov
B HUN 3:55,66
Tamas Buday, Oszkar Frey

Moskau 1980

G ROM 3:47,65
Ivan Patzaichin, Toma Simionov
S GDR 3:49,93
Olaf Heukrodt, Uwe Madeja
B URS 3:51,28
Vasili Yurchenko, Yuri Lobanov

Los Angeles 1984

G ROM 3:40,60
Ivan Patzaichin, Toma Simionov
S YUG 3:41,56
Matija Ljubek, Mirko Nisovic
B FRA 3:48,01
Didier Hoyer, Eric Renaud

Seoul 1988

G URS 3:48,36
Viktor Reneysky, Nikolai Juravschi
S GDR 3:51,44
Olaf Heukrodt, Ingo Spelly
B POL 3:54,33
Marek Dopierala, Marek Lbik

Barcelona 1992

G GER 3:37,42
Ulrich Papke, Ingo Spelly
S DEN 3:39,26
Arne Nielsson, Christian Frederiksen
B FRA 3:39,51
Didier Hoyer, Olivier Boivin

Slalom Einer-Kajak Männer

München 1972

G Siegbert Horn GDR 268,56
S Norbert Sattler AUT 270,76
B Harald Gimpel GDR 277,95

Barcelona 1992

G Pierpaolo Ferrazzi ITA 106,89
S Sylvain Curinier FRA 107,06
B Jochen Lettmann GER 108,52

Slalom Einer-Canadier Männer

München 1972

G Reinhard Eiben GDR 315,84
S Reinhold Kauder FRG 327,89
B Jamie McEwan USA 335,95

Barcelona 1992

G Lukás Pollert TCH 113,69
S Gareth Marriott GBR 116,48
B Jacky Avril FRA 117,18

Slalom Zweier-Canadier Männer

München 1972

G GDR 310,68
Walter Hofmann, Rolf-Dieter Amend
S FRG 311,90
Hans-Otto Schumacher, Wilhelm Baues
B FRA 315,10
Jean-Louis Olry, Jean-Claude Olry

Barcelona 1992

G USA 122,41
Scott Strausbaugh, Joe Jacobi
S TCH 124,25
Miroslav Simek, Jiri Rohan
B FRA 124,38
Franck Adisson, Wilfrid Forgues

Nicht mehr ausgetragene Wettbewerbe Männer

Einer-Kajak 10 000 m Männer

Berlin 1936

G Ernst Krebs GER 46:01,6
S Fritz Landertinger AUT 46:14,7
B Ernest Riedel USA 47:23,9

London 1948

G Gert Fredriksson SWE 50:47,7
S Kurt Wires FIN 51:18,2
B Eivind Skabo NOR 51:35,4

Helsinki 1952

G Thorvald Strömberg FIN 47:22,8
S Gert Fredriksson SWE 47:34,1
B Michael Scheuer GER 47:54,5

Melbourne 1956

G Gert Fredriksson SWE 47:43,3
S Ferenc Hatlaczky HUN 47:53,3
B Michael Scheuer GER 48:00,3

Zweier-Kajak 10 000 m Männer

Berlin 1936

G GER 41:45,0
Paul Wevers, Ludwig Landen
S AUT 42:05,4
Viktor Kalisch, Karl Steinhuber
B SWE 43:06,1
Tage Fahlborg, Helge Larsson

London 1948

G SWE 46:09,4
Gunnar Åkerlund, Hans Wetterström
S NOR 46:44,8
Ivar Mathisen, Knut Östbye
B FIN 46:48,2
Ture Axelsson, Nils Björklöf

Helsinki 1952

G FIN 44:21,3
Kurt Wires, Yrjö Hietanen
S SWE 44:21,7
Gunnar Åkerlund, Hans Wetterström
B HUN 44:26,6
Ferenc Varga, Jozsef Gurovits

Melbourne 1956

G HUN 43:37,0
Janos Uranyi, Laszlo Fabian
S GER 43:40,6
Fritz Briel, Theo Kleine
B AUS 43:43,2
Dennis Green, Walter Brown

Einer-Canadier 10 000 m Männer

London 1948

G Frantisek Capek TCH 1:02:05,2
S Frank Havens USA 1:02:40,4
B Norman Lane CAN 1:04:35,3

Helsinki 1952

G Frank Havens USA 57:41,1
S Gabor Novak HUN 57:49,2
B Alfred Jindra TCH 57:53,1

Melbourne 1956

G Leon Rotman ROM 56:41,0
S Janos Parti HUN 57:11,0
B Gennadi Bukharin URS 57:14,5

Zweier-Canadier 10 000 m Männer

Berlin 1936

G TCH 50:33,5
Václav Mottl, Zdenek Skrlant
S CAN 51:15,8
Frank Saker, Harvey Charters
B AUS 51:28,0
Rupert Weinstabl, Karl Proisl

London 1948

G USA 55:55,4
Stephen Lysak, Stephen Macknowski
S TCH 57:38,5
Václav Havel, Jirí Pecka
B FRA 58:00,8
Georges Dransart, Georges Gandil

Helsinki 1952

G FRA 54:08,3
Georges Turlier, Jean Laudet
S CAN 54:09,9
Kenneth Lane, Donald Hawgood
B GER 54:28,1
Egon Drews, Wilfried Soltau

Melbourne 1956

G URS 54:02,4
Pavel Kharin, Gratsian Botev
S FRA 54:48,3
Georges Dransart, Marcel Renaud[1)]
B HUN 55:15,6
Imre Farkas, Jozsef Hunies

Bilanz
Nicht mehr ausgetragene Wettbewerbe Kanusport Männer

Land	G	S	B
1. SWE	4	2	1
2. GER	3	2	4
3. FIN	2	1	1
TCH	2	1	1
USA	2	1	1
6. HUN	1	4	2
7. FRA	1	2	1
8. AUT	1	2	–
9. URS	1	–	1
10. ROM	1	–	–
11. CAN	–	2	1
12. NOR	–	1	1
13. AUS	–	–	2
14. DEN	–	–	1
NED	–	–	1

1) Vater und Söhne Renaud gewannen drei Kanu-Medaillen: Vater Marcel Silber im 10 000 m Zweier-Canadier 1956, Sohn Eric im 1000 m Zweier-Canadier 1984, Sohn Philippe im 500 m Zweier-Canadier 1988.

Kajak-Staffel 4x500 m Männer

Rom 1960

G GER 7:39,43
Paul Lange, Günter Perleberg, Friedhelm Wentzke, Dieter Krause
S HUN 7:44,02
Imre Szöllösi, Imre Kemecsey, Andras Szente, György Meszaros
B DEN 7:46,09
Helmut Sörensen, Arne Höyer, Erling Jessen, Erik Hansen

Einer-Faltboot 10 000 m Männer

Berlin 1936

G Gregor Hradetzky AUT 50:01,2
S Henri Eberhardt FRA 50:04,2
B Xaver Hörmann GER 50:06,5

Zweier-Faltboot 10 000 m Männer

Berlin 1936

G SWE 45:48,9
Sven Johansson, Erik Bladström
S GER 45:49,2
Willi Horn, Erich Hanisch
B NED 46:12,4
Pieter Wijdekop, Cornelis Wijdekop

Bilanz Einer-Kajak 500 m Frauen

Land	G	S	B
1. URS	5	1	2
2. GDR	2	1	–
3. GER	1	2	–
4. BUL	1	1	–
5. DEN	1	–	1
6. FIN	1	–	–
SWE	1	–	–
8. NED	–	2	1
9. FRG	–	2	–
10. HUN	–	1	2
11. AUT	–	1	1
12. ROM	–	1	1
13. POL	–	–	3
14. USA	–	–	1

Einer-Kajak 500 m Frauen

London 1948

G Karen Hoff DEN 2:31,9
S Alida van der Anker-Doedens NED 2:32,8
B Fritzi Schwingl AUT 2:32,9

Helsinki 1952

G Sylvi Saimo FIN 2:18,4
S Gertrude Liebhart AUT 2:18,8
B Nina Savina URS 2:21,6

Melbourne 1956

G Yelizaveta Dementyeva URS 2:18,9
S Therese Zenz GER 2:19,6
B Tove Söby DEN 2:22,3

Rom 1960

G Antonina Seredina URS 2:08,08
S Therese Zenz GER 2:08,22
B Daniela Walkowiakówna POL 2:10,46

Tokio 1964

G Lyudmila Khvedosyuk URS 2:12,87
S Hilde Lauer ROM 2:15,35
B Marcia Jones USA 2:15,68

Mexiko-City 1968

G Lyudmila Pinayeva-Khvedosyuk URS .2:11,09
S Renate Breuer FRG 2:12,71
B Viorica Dumitru ROM 2:13,22

München 1972

G Yuliya Ryabchinskaya URS 2:03,17
S Mieke Jaapies NED 2:04,03
B Anna Pfeffer HUN 2:05,50

Montreal 1976

G Carola Zirzow GDR 2:01,05
S Tatyana Korshunova URS 2:03,07
B Klara Rajnai HUN 2:05,01

Moskau 1980

G Birgit Fischer GDR 1:57,96
S Vanya Gesheva BUL 1:59,48
B Antonina Melnikova URS 1:59,66

Los Angeles 1984

G Agneta Andersson SWE 1:58,71
S Barbara Schüttpelz FRG 1:59,93
B Annemiek Derckx NED 2:00,11

Seoul 1988

G Vanya Gesheva-Tsvetkova BUL 1:55,19
S Birgit Schmidt-Fischer GDR 1:55,31
B Izabella Dylewska POL 1:57,38

Barcelona 1992

G Birgit Schmidt-Fischer GER 1:51,60
S Rita Köban HUN 1:51,96
B Izabella Dylewska POL 1:52,36

Zweier-Kajak 500 m Frauen

Rom 1960

G URS 1:54,76
Maria Shubina, Antonina Seredina
S GER 1:56,66
Therese Zenz, Ingrid Hartmann

B HUN 1:58,22
Klara Friedne-Banfalvi, Vilma Egresi

Tokio 1964

G GER 1:56,95
Roswitha Esser, Annemarie Zimmermann
S USA 1:59,16
Francine Fox, Glorianne Perrier
B ROM 2:00,25
Hilde Lauer, Cornelia Sideri

Mexiko-City 1968

G FRG 1:56,44
Roswitha Esser, Annemarie Zimmermann
S HUN 1:58,60
Anna Pfeffer, Katalin Rozsnyoi
B URS 1:58,61
Lyudmila Pinayeva-Khvedosyuk, Antonina Seredina

München 1972

G URS 1:53,50
Lyudmila Pinayeva-Khvedosyuk, Yekatarina Kuryshko
S GDR 1:54,30
Ilse Kaschube, Petra Grabowski
B ROM 1:55,01
Maria Nichiforov, Viorica Dumitru

Montreal 1976

G URS 1:51,15
Nina Gopova, Galina Kreft
S HUN 1:51,69
Anna Pfeffer, Klara Rajnai
B GDR 1:51,81
Bärbel Köster, Carola Zirzow

Moskau 1980

G GDR 1:43,88
Carsta Genäuß, Martina Bischof
S URS 1:46,91
Galina Alexeyeva-Kreft, Nina Trofimova-Gopova
B HUN 1:47,95
Eva Rakusz, Maria Zakarias

Los Angeles 1984

G SWE 1:45,25
Agneta Andersson, Anna Olsson
S CAN 1:47,13
Alexandra Barré, Sue Holloway
B FRG 1:47,32
Josefa Idem, Barbara Schüttpelz

Seoul 1988

G GDR 1:43,46
Birgit Schmidt-Fischer, Anke Nothnagel
S BUL 1:44,06
Vanya Gesheva-Tsvetkova, Diana Paliyska
B NED 1:46,00
Annemiek Derckx, Annemarie Cox

Barcelona 1992

G GER 1:40,29
Ramona Portwich, Anke von Seck-Nothnagel
S SWE 1:40,41
Susanne Gunnarsson-Wiberg, Agneta Andersson
B HUN 1:40,81
Rita Köban, Eva Donusz

Bilanz Zweier-Kajak 500 m Frauen

Land	G	S	B
1. URS	3	1	1
2. GDR	2	1	1
3. GER	2	1	–
4. SWE	1	1	–
5. FRG	1	–	1
6. HUN	–	2	3
7. BUL	–	1	–
CAN	–	1	–
USA	–	1	–
10. ROM	–	–	2
11. NED	–	–	1

Vierer-Kajak 500 m Frauen

Los Angeles 1984

G ROM 1:38,34
Agafia Constantin, Nastasia Ionescu, Tecla Marinescu-Borcanea, Maria Stefan
S SWE 1:38,87
Agneta Andersson, Anna Olsson, Eva Karlsson, Susanne Wiberg
B CAN 1:39,40
Alexandra Barré, Lucie Guay, Sue Holloway, Barbara Olmsted

Seoul 1988

G GDR 1:40,78
Birgit Schmidt-Fischer, Anke Nothnagel, Ramona Portwich, Heike Singer
S HUN 1:41,88
Erika Geczi, Erika Meszaros, Eva Rakusz, Rita Köban
B BUL 1:42,63
Vanya Gesheva-Tsvetkova, Diana Paliyska, Ognyana Petkova, Borislava Ivanova

Barcelona 1992

G HUN 1:38,32
Eva Donusz, Kinga Czigany, Erika Meszaros, Rita Köban
S GER 1:38,47
Katrin Borchert, Birgit Schmidt-Fischer, Anke von Seck-Nothnagel, Ramona Portwich
B SWE 1:39,79
Anna Olsson, Maria Haglund, Susanne Rosenqvist, Agneta Andersson

Bilanz Vierer-Kajak 500 m Frauen

Land	G	S	B
1. HUN	1	1	–
2. GDR	1	–	–
ROM	1	–	–
4. SWE	–	1	1
5. GER	–	1	–
6. BUL	–	–	1
CAN	–	–	1

Bilanz Slalom Frauen

Land	G	S	B
1. GDR	1	–	–
GER	1	–	–
3. FRG	–	1	1
4. AUS	–	1	–
5. USA	–	–	1

Slalom Einer-Kajak Frauen

München 1972

G Angelika Bahmann GDR 364,50
S Gisela Grothaus FRG 398,15
B Magdalena Wunderlich FRG 400,50

Barcelona 1992

G Elisabeth Micheler GER 126,41
S Danielle Woodward AUS 128,27
B Dana Chladek USA 131,75

Segeln

Bilanz Finn Männer

Land	G	S	B
1. DEN	4	–	1
2. ESP	2	–	1
3. FRA	2	–	–
4. URS	1	2	2
5. NED	1	1	1
BEL	1	1	1
7. GER	1	1	–
8. FIN	1	–	2
NZL	1	–	2
10. SWE	1	–	1
GDR	1	–	–
12. USA	–	4	1
13. AUT	–	2	–
NOR	–	2	–
GBR	–	1	1
16. GRE	–	1	–
ISV	–	1	–
18. AUS	–	–	1
CAN	–	–	1
ITA	–	–	1

Finn Männer[1)]

Paris (Meulan) 1924

G Léon Huybrechts BEL 2
S Henrik Robert NOR 7
B Hand Dittmar FIN 8

Amsterdam (Zuidersee) 1928

G Sven Thorell SWE
S Henrik Robert NOR
B Bertel Broman FIN

Los Angeles 1932

G Jacques Lebrun FRA 87
S Adriaan Maas NED 85
B Santiago Amat Cansino ESP 76

Berlin (Kiel) 1936

G Daniel Kagchelland NED 163
S Werner Krogmann GER 150
B Peter Scott GBR 131

London (Ryde, Torbay) 1948

G Paul Elvström DEN 5543
S Ralph Evans USA 5408
B Jacobus de Jong NED 5204

Helsinki (Harmaja) 1952

G Paul Elvström DEN 8209
S Charles Currey GBR 5449
B Rickard Sarby SWE 5051

Melbourne (Phillip Bay) 1956

G Paul Elvström DEN[2)] 7509
S André Nelis BEL 6254
B John Marvin USA 5953

Rom (Neapel) 1960

G Paul Elvström DEN 8171
S Alexander Tsutselov URS 6520
B André Nelis BEL 5934

Tokio (Enoshina) 1964

G Willi Kuhweide GER 7638
S Peter Barrett USA 6373
B Henning Wind DEN 6190

Mexiko City (Acapulco) 1968

G Valentin Mankin URS 11,7
S Hubert Raudaschl AUT 53,4
B Fabio Albarelli ITA 55,1

München (Kiel) 1972

G Serge Maury FRA 58,0
S Ilias Khatzipavlis GRE 71,0
B Viktor Potapov URS 74,7

Montreal (Kingston) 1976

G Jochen Schümann GDR 35,4
S Andrei Balashov URS 39,7
B John Bertrand AUS 46,4

Moskau (Tallinn) 1980

G Esko Rechardt FIN 36,70
S Wolfgang Mayrhofer AUT 46,70
B Andrei Balashov URS 47,40

Los Angeles (Long Beach) 1984

G Russell Coutts NZL 34,70
S John Bertrand USA 37,00
B Terry Neilson CAN 37,70

Seoul (Pusan) 1988

G José Luis Doreste ESP 38,10
S Peter Holmberg ISV 40,40
B John Cutler NZL 45,00

Barcelona (Nova Icària) 1992

G José Van Der Ploeg Garcia ESP 33,40
S Brian Ledbetter USA 54,70
B Craig Monk NZL 64,70

470er Klasse Männer

Montreal (Kingston) 1976

G FRG 42,4
Frank Hübner, Harro Bode
S ESP 49,7
Antonio Gorostegui, Pedro Millet

1) Olympische Ein-Mann-Jolle. Der Bootstyp wurde ursprünglich vom Gastgeberland bestimmt (und gestellt). Seit 1952 hat man sich auf den in Harmaja benutzten Typ geeinigt (daher Finn-Dinghi genannt).
2) Paul Elvström (* 1928) gewann alle Goldmedaillen Dänemarks in dieser Bootsklasse – ein absoluter olympischer Segelrekord.

B AUS 57,00
Ian Brown, Ian Ruff

Moskau (Tallinn) 1980

G BRA 36,40
Marcos Pinto Rizzo Soares, Eduardo Henrique Penido

S GDR 38,70
Jörn Borowski, Egbert Swensson

B FIN 39,70
Jouko Lindgrén, Georg Tallberg

Los Angeles (Long Beach) 1984

G ESP 33,70
Luis Doreste, Roberto Molina

S USA 43,00
Stephen Benjamin, Christopher Steinfeld

B FRA 49,40
Thierry Peponnet, Luc Pillot

Seoul (Pusan) 1988

G FRA 34,70
Thierry Peponnet, Luc Pillot

S URS 46,00
Tònu Tòniste, Toomas Tòniste[1]

B USA 51,00
John Shadden, Charles McKee

Barcelona (Nova Icària) 1992

G ESP 50,00
Jordi Calafat Esterlich, Francisco Sánchez Luna

S USA 66,70
Morgan Reeser, Kevin Burnham

B EST 68,70
Tònu Tòniste, Toomas Tòniste[1]

Tornado

Montreal (Kingston) 1976

G GBR 18,0
Reginald White, John Osborn

S USA 36,00
David McFaull, Michael Rothwell

B FRG 37,7
Jörg Spengler, Jörg Schmall

Moskau (Tallinn) 1980

G BRA 21,40
Alexandre Welter, Lars Sigurd Bjorkstrom

S DEN 30,40
Peter Due, Per Kjärgaard

B SWE 33,70
Göran Marström, Jörgen Ragnarsson

Los Angeles (Long Beach) 1984

G NZL 14,70
Christopher Timms, Rex Sellers

S USA 37,00
Randy Smyth, Jay Glaser

B AUS 50,40
Christopher Caims, John Anderson

Seoul (Pusan) 1988

G FRA 16,00
Jean Yves Deroff, Nicolas Henard

S NZL 35,40
Christopher Timms, Rex Sellers

B BRA 40,10
Lars Grael, Clinio Freitas

Barcelona (Nova Icària) 1992

G FRA 40,40
Yves Loday, Nicolas Henard

S USA 42,00
Randy Smyth, Keith Notary

B AUS 44,40
Mitch Booth, John Forbes

Soling

München (Kiel) 1972

G USA 8,7
Harry Melges, William Bentsen, William Allen

S SWE 31,7
Stig Wennerström, Lennart Roslund, Bo Knape, Stefan Krook (Ersatzmann)

B CAN 47,1
David Miller, John Ekels, Paul Cote

Montreal (Kingston) 1976

G DEN 46,7
Poul Jensen, Valdemar Bandolowski, Erik Hansen

S USA 47,4
John Kolius, Walter Glasgow, Richard Hoepfner

B GDR 47,4
Dieter Below, Michael Zachries, Olaf Engelhardt

Moskau (Tallinn) 1980

G DEN 23,00
Poul Jensen, Valdemar Bandolowski, Erik Hansen

S URS 30,40
Boris Budnikov, Alexander Budnikov, Nikolai Polyakov

Bilanz 470er Klasse Männer

Land	G	S	B
1. ESP	2	1	–
2. FRA	1	–	1
3. BRA	1	–	–
FRG	1	–	–
5. USA	–	2	1
6. GDR	–	1	–
URS	–	1	–
8. AUS	–	–	1
EST	–	–	1
FIN	–	–	1

Bilanz Tornado

Land	G	S	B
1. FRA	2	–	–
2. NZL	1	1	–
3. BRA	1	–	1
4. GBR	1	–	–
5. USA	–	3	–
6. DEN	–	1	–
7. AUS	–	–	2
8. FRG	–	–	1
SWE	–	–	1

Bilanz Soling

Land	G	S	B
1. DEN	3	–	1
2. USA	2	3	–
3. GDR	1	–	1
4. BRA	–	1	–
SWE	–	1	–
URS	–	1	–
7. CAN	–	–	2
8. GBR	–	–	1
GRE	–	–	1

1) Tònu und Toomas Tòniste gewannen Silber für die UdSSR und Bronze für ihre Heimat Estland.

B GRE 31,10
Anastasios Boundaris, Anastasios Gavrilis, Aristidis Rapanakis

Los Angeles (Long Beach) 1984

G USA 33,70
Robert Haines, Edward Trevelyan, Roderick Davis
S BRA 43,40
Torben Grael, Daniel Adler, Ronaldo Senfft
B CAN 49,70
Hans Fogh, John Kerr, Steve Calder

Seoul (Pusan) 1988

G GDR 11,70
Jochen Schümann, Thomas Flach, Bernd Jäkel
S USA 14,00
John Kostecki, William Baylis, Robert Billingham
B DEN 52,70
Jesper Bank, Jan Mathiasen, Steen Secher

Barcelona (Nova Icària) 1992

G DEN 2:0
Jesper Bank, Jesper Seier, Steen Secher
S USA
Kevin Mahaney, James Brady, Doug Kern
B GBR 2:1
Lawrence Smith, Robert Cruickshank, Simon Stewart

Bilanz Surfen Männer

Land	G	S	B
1. NZL	1	–	1
2. FRA	1	–	–
NED	1	–	–
4. USA	–	2	1
5. AHO	–	1	–
6. AUS	–	–	1

Surfen Männer

Los Angeles (Long Beach) 1984

G Stephan van den Berg NED 27,70
S Randall Steele USA 46,00
B Bruce Kendall NZL 46,40

Seoul (Pusan) 1988

G Bruce Kendall NZL 35,40
S Jan Boersma AHO 42,70
B Michael Gebhardt USA 48,00

Barcelona (Nova Icària) 1992

G Franck David FRA 70,70
S Michael Gebhardt USA 71,10
B Lars Kleppich AUS 98,70

Flying Dutchman Männer

Rom (Neapel) 1960

G NOR 6774
Peder Lunde Jr., Björn Bergvall
S DEN 5991
Hans Fogh, Ole Erik Petersen
B GER 5882
Rolf Mulka, Ingo von Bredow, Achim Kadelbach (Ersatzmann)

Tokio (Enoshina) 1964

G NZL 6255
Helmer Pedersen, Earle Wells
S GBR 5556
Franklyn Musto, Arthur Morgan
B USA 5158
Harry Melges, William Bentsen

Mexiko City (Acapulco) 1968

G GBR 3,0
Rodney Pattisson, Iain MacDonald-Smith
S FRG 43,7
Ullrich Libor, Peter Naumann
B BRA 48,4
Reynaldo Conrad, Burkhard Cordes

München (Kiel) 1972

G GBR 22,7
Rodney Pattisson, Christopher Davies
S FRA 40,7
Yves Pajot, Marc Pajot
B FRG 51,1
Ullrich Libor, Peter Naumann

Montreal (Kingston) 1976

G FRG 34,7
Jörg Diesch, Eckart Diesch
S GBR 51,7
Rodney Pattisson, Julian Brooke Houghton
B BRA 52,1
Reynaldo Conrad, Peter Ficker

Moskau (Tallinn) 1980

G ESP 19,00
Alejandro Abascal, Miguel Noguer
S IRL 30,00
David Wilkins, James Wilkinson
B HUN 45,70
Szabolcs Detre, Zsolt Detre

Los Angeles (Long Beach) 1984

G USA 19,70
William Carl Buchan, Jonathan McKee

S CAN ... 22,70
Terry McLaughlin, Evert Bastet
B GBR ... 48,70
Jonathan Richards, Peter Allam

Seoul (Pusan) 1988

G DEN ... 31,40
Jörgen Bojsen-Möller, Christian Grönborg
S NOR ... 37,40
Ole Petter Pollen, Erik Björkum
B CAN ... 48,40
Frank McLaughlin, John Millen

Barcelona (Nova Icària) 1992

G USA ... 31,40
Mark Reynolds, Hal Haenel
S NZL ... 58,40
Roderick Davis, Donald Cowie
B CAN ... 62,70
D. Ross MacDonald, Eric Jespersen

Starboot

Los Angeles 1932

G USA ... 46
Gilbert Gray, Andrew Libano
S GBR ... 35
Colin Ratsey, Peter Jaffe
B SWE ... 28
Gunnar Asther, Daniel Sundén-Cullberg

Berlin (Kiel) 1936

G GER ... 80
Peter Bischoff, Hans-Joachim Weise
S SWE ... 64
Arvid Laurin, Uno Wallentin
B NED ... 63
Willem de Vries Lentsch, Adriaan Maas

London (Ryde, Torbay) 1948

G USA ... 5828
Hilary Smart, Paul Smart
S CUB ... 4949
Carlos de Cárdenas, Carlos de Cárdenas Culmell
B NED ... 4731
Adriaan Maas, Edward Stutterheim

Helsinki (Harmaja) 1952

G ITA ... 7635
Agostino Straulino, Nicolo Rode
S USA ... 7216
John Price, John Reid
B POR ... 4903
Francisco Rebelo de Andrade, Joaquim de Mascarenhas Fiúza

Melbourne (Phillip Bay) 1956

G USA ... 5876
Herbert Williams, Lawrence Low
S ITA ... 5649
Agostino Straulino, Nicolo Rode
B BAH ... 5223
Durward Knowles, Sloan Farrington

Rom (Neapel) 1960

G URS ... 7619
Timir Pinegin, Fyodor Shutkov
S POR ... 6665
José Quina, Mário Quina
B USA ... 6269
William Parks, Robert Halperin

Tokio (Enoshina) 1964

G BAH ... 5664
Durward Knowles, Cecil Cooke
S USA ... 5585
Richard Stearns, Lynn Williams
B SWE ... 5527
Pelle Pettersson, Holger Sundström

Mexiko City (Acapulco) 1968

G USA ... 14,4
Lowell North, Peter Barrett
S NOR ... 43,7
Peder Lunde Jr., Per Olav Wiken
B ITA ... 44,7
Franco Cavallo, Camillo Gargano

München (Kiel) 1972

G AUS ... 28,1
David Forbes, John Anderson
S SWE ... 44,0
Pelle Pettersson, Stellan Westerdahl
B FRG ... 44,4
Willi Kuhweide, Karsten Meyer

Moskau (Tallinn) 1980

G URS ... 24,70
Valentin Mankin, Alexander Muootsenko
S AUS ... 31,70
Hubert Raudaschl, Karl Ferstl
B ITA ... 36,10
Giorgio Gorla, Alfio Peraboni

Los Angeles (Long Beach) 1984

G USA ... 29,70
William Carl Buchan, Stephen Erickson

Bilanz Flying Dutchman Männer

Land	G	S	B
1. GBR	2	2	1
2. USA	2	–	1
3. FRG	1	1	1
4. DEN	1	1	–
NOR	1	1	–
NZL	1	1	–
7. ESP	1	–	–
8. CAN	–	1	2
9. FRA	–	1	–
IRL	–	1	–
11. BRA	–	–	2
12. GER	–	–	1
HUN	–	–	1

Bilanz Starboot

Land	G	S	B
1. USA	5	4	1
2. URS	2	–	–
3. ITA	1	1	3
4. GBR	1	1	–
5. BAH	1	–	1
6. AUS	1	–	–
ESP	1	–	–
GER	1	–	–
9. SWE	–	2	2
10. FRG	–	1	1
POR	–	1	1
12. AUT	–	1	–
CUB	–	1	–
NOR	–	1	–
15. NED	–	–	2
16. BRA	–	–	1
DEN	–	–	1

S FRG ... 41,40
Joachim Griese, Michael Marcour
B ITA ... 43,50
Giorgio Gorla, Alfio Peraboni

Seoul (Pusan) 1988

G GBR ... 45,70
Michael McIntyre, Philip Bryn Vaile
S USA ... 48,00
Mark Reynolds, Hal Haenel
B BRA ... 50,00
Torben Grael, Nelson Falcão

Barcelona (Nova Icària) 1992

G ESP ... 29,70
Luis Doreste Blanco, Domingo Manrique De Lara Peñate
S USA ... 32,70
Paul Foerster, Stephen Bourdow
B DEN ... 37,70
Jörgen Bojsen-Möller, Jens Bojsen-Möller

Nicht mehr ausgetragene Wettbewerbe Männer

Bilanz Nicht mehr ausgetragene Wettbewerbe Segeln

Land	G	S	B
1. NOR	14	8	1
2. GBR	10	6	6
3. SWE	8	7	5
4. FRA	6	5	8
5. USA	6	1	7
6. NED	2	3	1
7. AUS	2	1	1
8. DEN	1	6	1
9. BEL	1	2	1
10. SUI	1	1	1
11. URS	1	1	–
12. ITA	1	–	1
13. GRE	1	–	–
NZL	1	–	–
15. GER	–	2	2
16. ARG	–	2	–
17. FIN	–	1	3
18. CAN	–	1	1
GDR	–	1	1
20. POR	–	1	–
21. EST	–	–	1
RUS	–	–	1

Drachen

London (Torbay) 1948

G NOR ... 4746
Thor Thorvaldsen, Sigve Lie, Håkon Barfod
S SWE ... 4621
Folke Bohlin, Hugo Johnson, Gösta Brodin
B DEN ... 4223
William Berntsen, Ole Berntsen, Klaus Bäss

Helsinki (Harmaja) 1952

G NOR ... 6130
Thor Thorvaldsen, Sigve Lie, Håkon Barfod
S SWE ... 5556
Per Gedda, Sidney Boldt-Christmas, Erland Almkvist
B GER ... 5352
Theodor Thomsen, Erich Natusch, Georg Nowka

Melbourne (Phillip Bay) 1956

G SWE ... 5723
Folke Bohlin, Bengt Palmquist, Leif Wikström
S DEN ... 5723
Ole Berntsen, Cyril Andresen, Christian von Bülow
B GBR ... 4547
Graham Mann, Ronald Backus, Jonathan Janson

Rom (Neapel) 1960

G GRE ... 6733
Prinz Konstantin von Griechenland, Odysseus Eskitzoglou, Georgios Zaimis
S ARG ... 5715
Jorge Salas Chaves, Héctor Calegaris, Jorge Del Rio
B ITA ... 5704
Antonio Cosentino, Antonio Ciciliano, Giulio De Stefano

Tokio (Enoshina) 1964

G DEN ... 5854
Ole Berntsen, Christian von Bülow, Ole Poulsen
S GER ... 5826
Peter Ahrendt, Ulrich Mense, Wilfried Lorenz
B USA ... 5523
Lowell North, Charles Rogers, Richard Deaver

Mexiko City (Acapulco) 1968

G USA ... 6,0
George Friedrichs, Barton Jahncke, Gerald Schreck
S DEN ... 26,4
Aage Birch, Paul Jörgensen, Niels Markussen
B GDR ... 32,7
Paul Borowski, Konrad Weichert, Karl-Heinz Thun

München (Kiel) 1972

G AUS ... 13,7
John Bruce Cunco, Thomas Anderson, John Shaw
S GDR ... 41,7
Paul Borowski, Konrad Weichert, Karl-Heinz Thun
B USA ... 47,7
Donald Cohan, Charles Horter, John Marshall

4-m-Dinghy

Antwerpen (Ostende) 1920

G NED
Johannes Hin, Franciscus Hin
S NED
Armoud van der Biesen, Petrus Beukers
B –

5,5-m-Klasse

Helsinki (Harmaja) 1952

G USA 5751
Britton Chance, Sumner White, Edgar White
S NOR 5325
Peder Lunde, Vibeke Lunde, Börre Falkum-Hansen
B SWE 4554
Folke Wassén, Magnus Wassén, Carl-Erik Ohlson

Melbourne (Phillip Bay) 1956

G SWE 5527
Lars Thörn, Hjalmar Karlsson, Sture Stork
S GBR 4050
Robert Perry, Neil Kennedy-Cochran-Patrick, John Dillon, David Bowker (Ersatzmann)
B AUS 4022
Alexander Sturrock, Devereaux Mytton, Douglas Buxton

Rom (Neapel) 1960

G USA 6900
George O'Day, James Hunt, David Smith
S DEN 5678
William Berntsen, Steen Christensen, Sören Hancke
B SUI 5122
Henri Copponex, Pierre Girard, Manfred Metzger

Tokio (Enoshina) 1964

G AUS 5981
William Northam, James Sargeant, Peter O'Donnell
S SWE 5254
Lars Thörn, Sture Stork, Arne Karlsson
B USA 5106
John McNamara, Francis Scully, Joseph Batchelder

Mexiko City (Acapulco) 1968

G SWE 8,0
Ulf Sundelin, Jörgen Sundelin, Peter Sundelin
S SUI 32,0
Louis Noverraz, Bernhard Dunand, Marcel Stern
B GBR 39,8
Robin Aisher, Adrian Jardine, Paul Anderson

6-m-Klasse[1]

London (Ryde) 1908

G GBR
Gilbert Laws, T. D. McMeekin, Charles Crichton
S BEL
Léon Huybrechts, Louis Huybrechts Henri Weewauters
B FRA
Henri Arthus, Louis Potheau, P. Rabot

Stockholm (Nynäshamn) 1912

G FRA
Amédée Thubé, Gaston Thubé, Jacques Thubé
S DEN
Hans Meulengracht Madsen, Steen Herschend, Sven Thomsen
B SWE
Harald Sandberg, Eric Sandberg, Otto Aust

Antwerpen (Ostende) 1920

G NOR
Andreas Brecke, Paal Kaasen, Ingolf Röd
S BEL
Léon Huybrechts, John Klotz, Charles van den Bussche
B –

Paris (Le Havre) 1924

G NOR 2
Eugen Lunde, Christopher Dahl, Anders Lundgren
S DEN 5
Vilhelm Vett, Knud Degn, Christian Nielsen
B NED 5
Johan Carp, Johannes Guépin, Jan Vreede

Amsterdam (Zuidersee) 1928

G NOR
Johan Anker, Prinz Olav, Erik Anker, Håkon Bryhn
S DEN
Vilhelm Vett, Niels Otto Möller, Aage Höy Pedersen, Peter Schlütter
B EST
Nikolai Veksin, William von Wirén, Eberhard Vogdt, Georg Fachlmann

Los Angeles 1932

G SWE 18
Tore Holm, Martin Hindorff, Olle Åkerlund, Åke Bergqvist

1) Die großen Kielyacht-Klassen waren nicht nur Männern vorbehalten, so daß manchmal auch Frauen in der Besatzung zu finden sind.

S USA 12
Frederic Conant, Robert Carlson,
Temple Ashbrook, Charles Smith,
Donald Douglas, Emmett Davis
B CAN 4
Philip Rogers, Gerald Wilson,
Gardner Boultbee, Kenneth Glass

Berlin (Kiel) 1936

G GBR 67
Christopher Boardman, Charles Leaf,
Miles Bellville, Russell Harmer,
Leonard Martin
S NOR 66
Magnus Konow, Karsten Konow,
Fredrik Meyer, Vaadjuv Nyqvist, Alf Tveten
B SWE 62
Sven Salén, Dagmar Salén, Lennart Ekdahl,
Martin Hindorff, Torsten Lord

London (Torbay) 1948

G USA 5,472
Herman Whiton, Alfred Loomis,
James Weekes, James Smith,
Michael Mooney
S ARG 5,120
Enrique Sieburger, Emilio Homps,
Rufino Rodriguez de la Torre,
Rodolfo Rivademar, Julio Sieburger
B SWE 4,033
Tore Holm, Torsten Lord, Martin Hindorff,
Robert Ameln, Gösta Salén

Helsinki (Harmaja) 1952

G USA 4,870
Herman Whiton, Eric Ridder,
Julian Roosevelt, John Morgan,
Everard Endt, Emelyn Whiton
S NOR 4,648
Finn Ferner, Johan Ferner, Erik Heiberg,
Carl Mortensen, Tor Arneberg
B FIN 3,944
Ernst Westerlund, Paul Sjöberg,
Ragnar Jansson, Adolf Konto, Rolf Turkka

6-m-Klasse (Typ 1907)

Antwerpen (Ostende) 1920

G BEL
Emile Cornellie, Florimond Cornellie,
Fréderic-Albert Bruynseels
S NOR
Ejnar Torgersen, Leif Erichsen,
Annan Knudsen
B NOR
Henrik Agersborg, Trygve Pedersen,
Einar Berntsen

6,5-m-Klasse

Antwerpen (Ostende) 1920

G NED
Johan Carp, Petrus Wernink, Bernard Carp
S FRA
Albert Weil, Félix Picon, Robert Monier
B –

7-m-Klasse[1)]

London (Ryde) 1908

G GBR
Charles Rivett-Carnac, Frances Rivett-Carnac, Norman Bingley, Richard Dixon
S –
B –

Antwerpen (Ostende) 1920

G GBR
Cyril Macey Wright, Dorothy Wright,
Robert Coleman, W. J. Maddison
S NOR
Niels-Marius Nielsen, Johann Faye,
Christian Dick, Sten Abel
B –

8-m-Klasse

London (Ryde) 1908

G GBR
Blair Cochrane, Arthur Wood, Henry Sutton,
John Rhodes, Charles Campbell
S SWE
Carl Hellström, Edmund Thormählen,
Erik Wallerius, Eric Sandberg, Harald Wallin
B GBR
Philip Hunloke, Collingwood Hughes,
Frederick Hughes, George Ratsey,
William Ward

1) Die großen Kielyacht-Klassen waren nicht nur Männern vorbehalten, so daß manchmal auch Frauen in der Besatzung zu finden sind.

Stockholm (Nynäshamn) 1912

G NOR
Thoralf Glad, Thomas Valentin Aas, Andreas Brecke, Torleiv Corneliussen, Christian Jebe
S SWE
Bengt Heymann, Emil Henriques, Herbert Westermark, Nils Westermark, Alvar Thiel
B FIN
Bertil Tallberg, Gunnar Tallberg, Curt Andstén, Jarl Andstén, Bertel Juslén

Antwerpen (Ostende) 1920

G NOR
Magnus Konow, Reidar Marthiniussen, Ragnar Vik, Thorleiv Christoffersen
S NOR
Jens Salvesen, Lauritz Schmidt, Fin Schiander, Nils Thomas, Ralph Tschudi
B BEL
Albert Grisar, Willy De l'Arbre, Georges Hellebuyck, Léopold Standaert, Henri Weewauters

Paris (Le Havre) 1924

G NOR 2
August Ringvold Sr., Rick Bockelie, Harald Hagen, Ingar Nielsen, August Ringvold Jr.
S GBR 5
Edwin Ellis Jacob, Thomas Riggs, Walter Riggs, Ernest Roney, Gordon Fowler
B FRA 5
Louis Bréguet, P. Ganthier, R. Girardet, A. Guerrier, G. Mollard

Amsterdam (Zuidersee) 1928

G FRA
Donatien Bouché, André Lesauvage, Jean Lesieur, Virginie Hériot, Carl de la Sablière, André Derrien
S NED
Lambertus Doedes, Maarten de Wit, Johannes van Hoolwerff, Gerardus de Vries Lentsch Jr., Hendrik Kersken, Cornelis van Staveren
B SWE
John Sandblom, Philip Sandblom, Carl Sandblom, Tore Holm, Clarence Hammar, Wilhelm Törsleff

Los Angeles 1932

G USA 8
Owen Churchill, John Biby, William Cooper, Karl Dorsey, Robert Sutton, Pierpont Davis, Alphonse Burnand, Thomas Webster, John Huettner
S CAN 4
Ronald Maitland, Ernest Cribb, Harry Jones, Peter Gordon, Hubert Wallace, George Gyles
B –

Berlin (Kiel) 1936

G ITA 55
Giovanni Reggio, Bruno Bianchi, Luigi De Manincor, Domenico Mordini, Luigi Poggi, Enrico Poggi
S NOR 53
Olav Ditlev-Simonsen Jr.[1], John Ditlev-Simonsen, Hans Struksnäs, Lauritz Schmidt, Nordahl Wallem, Jacob Tullin Thams
B GER 53
Hans Howaldt, Alfred Krupp von Bohlen und Halbach[2], Felix Scheder-Bieschin, Eduard Mohr, Otto Wachs, Fritz Bischoff

8-m-Klasse (Typ 1907)

Antwerpen (Ostende) 1920

G NOR
August Ringvold Sr., Thorleif Holbye, Tell Wagle, Kristoffer Olsen, A. Bruun Jacobsen
S NOR
Niels-Marius Nielsen, Johann Faye, Christian Dick, Sten Abel
B –

10-m-Klasse

Stockholm (Nynäshamn 1912

G SWE
Carl Hellström, Erik Wallerius, Harald Wal erius, Humbert Lundén, Herman Nyberg, Harry Rosenswärd, Paul Isberg, Filip Ericsson
S FIN
Harry Wahl, Waldemar Björkstén, Jacob Carl Björmström, Bernhard Brenner, Allan Franck, Emil Lindh, Adolf Pekkalainen
B RUS
Yossif Schcmaker, Esper Belvselsky, Ernest Brasche, A. Pusnitski, Alexander Rodinov, Filipp Strauch

1) IOC-Mitglied 1948–66
2) letzter Alleininhaber der Firma Krupp in Essen (* 1907, † 1967)

10-m-Klasse (Typ 1907)

Antwerpen (Ostende) 1920

G NOR
Erik Herseth, Sigurd Holter, Ingar Nielsen, Ole Sörensen, Gunnar Jamvold, Petter Jamvold, Claus Juell
S –
B –

10-m-Klasse (Typ 1919)

Antwerpen (Ostende) 1920

G NOR
Acher Arentz, Willy Gilbert, Robert Giertsen, Arne Sejersted, Halfdan Schjött, Trygve Schjött, Otto Falkenberg
S –
B –

12-m-Klasse

London (Glasgow) 1908

G GBR
J. Henry Downes, Thomas Glen-Coats, John Buchanan, Arthur Downes, David Dunlop, John MacKenzie, Albert Martin, Gerald Tait, R. B. Aspin, James Bunten
S GBR
Charles MacIver, J. G. Kenion, James Baxter, W. P. Davidson, J. F. Jellico, T. A. R. Littledale, C. MacLeod Robertson, J. F. D. Spence, J. G. Gardner, C. R. MacIver
B –

Stockholm (Nynäshamn) 1912

G NOR
Johan Anker, Alfred Larsen, Nils Bertelsen, Halfdan Hansen, Magnus Konow, Petter Andreas Larsen, Eilert Falch-Lund, Fritz Staib, Arnfinn Heje, Gustav Thaulow
S SWE
Nils Persson, Hugo Clason, Richard Sällström, Nils Lamby, Kurt Bergström, Dick Bergström, Erik Lindqvist, Per Bergman, Sigurd Kander, Folke Johnson
B FIN
Ernst Krogius, Max Alfthan, Erik Hartvall, Viking Hulldén, Sigurd Juslén, Eino Sandelin, Johan Silén, Axel Krogius

12-m-Klasse (Typ 1907)

Antwerpen (Ostende) 1920

G NOR
Henrik Östervold, Jan Östervold, Ole Östervold, Hans Stoermann Näss, Lauritz Christiansen, Halvor Mögster, Rasmus Birkeland, Halvor Birkeland, Kristian Östervold
S –
B –

12-m-Klasse (Typ 1919)

Antwerpen (Ostende) 1920

G NOR
Johan Friele, Olaf Örvig, Arthur Allers, Christen Wiese, Martin Borthen, Egill Reimers, Kaspar Hassel, Thor Örvig, Erik Örvig
S –
B –

Sharpie

Melbourne (Phillip Bay) 1956

G NZL 6086
Peter Mander, John Cropp
S AUS 6086
Roland Tasker, John Scott
B GBR 4859
Jasper Blackall, Terrence Smith

30-qm-Klasse

Antwerpen (Ostende) 1920

G SWE
Gösta Lundqvist, Rolf Steffenburg, Gösta Bengtsson
S –
B –

40-qm-Klasse

Antwerpen (Ostende) 1920

G SWE
Tore Holm, Yngve Holm, Axel Rydin, Georg Tengwall

S SWE
Gustaf Svensson, Ragnar Svensson, Percy Almstedt, Erik Mellbin
B –

Schwalbe

London (Torbay) 1948

G GBR 5,625
Stewart Morris, David Bond
S POR 5,579
Duarte de Almeida Bello, Fernando Pinto Coelho Bello
B USA 4,352
Lockwood Pirie, Owen Torrey

Tempest

München (Kiel) 1972

G URS 28,1
Valentin Mankin, Vitali Dyrdyra
S GBR 34,4
Alan Warren, David Hunt
B USA 47,7
Glen Foster, Peter Dean

Montreal (Kingston) 1976

G SWE 14,0
John Albrechtson, Ingvar Hansson
S URS 30,4
Valentin Mankin, Vladislav Akimenko
B USA 32,7
Dennis Connor, Conn Findlay

Offene Klasse

Paris (Meulan) 1900

G GBR 5:56:00
Lorne Currie, John Gretton
S GER 5:58:00
Martin Wiesner, Heinrich Peters, Ottokar Weise, Georg Naue, Arthur Bloomfeld
B FRA 6:12:00
F. Michelet, E. Michelet

Halbtonner

Paris (Meulan) 1900

G Texier FRA 18 (2:40:38)
S Pierre Gervais FRA 18 (2:56:12)
B Emile Sacré FRA 10

Tonner

Paris (Meulan) 1900

G FRA 17 (6:42:01)
F. Michelet, E. Michelet
S GBR 17 (6:44:21)
Algernon Maudslay, Lorne Currie, John Grettcn
B FRA 17 (6:49:37)
Jacques Baudrier, Jean Lebret, Marcotte, William Martin, Jules Valton

Zweitonner

Paris (Meulan) 1900

G Hermann Alexandre de Pourtalès SUI 19
S F. Vilamitjana FRA 17
B Jacques Baudrier FRA 15

Dreitonner

Paris (Meulan) 1900

G William Exshaw GBR 20
S Susse FRA 18
B Auguste Donny FRA 15

Zehntonner

Paris (Meulan) 1900

G Maurice Gufflet FRA 17
S NED 16
Henricus Smulders, Christoffel Hooijkaas, A. van der Velden
B Howard Taylor GBR 10
Gilardoni FRA 10

Bilanz Segeln Frauen

Land	G	S	B
1. ESP	1	1	–
NZL	1	1	–
3. USA	1	–	2
4. NOR	1	–	–
5. CHN	–	1	–
SWE	–	1	–
7. NED	–	–	1
URS	–	–	1

Zwanzigtonner

Paris (Le Havre) 1900

G Emile Billard, P. Perquer FRA 29
S Jean Decazes FRA 25
B Edward Hore GBR 23

Über-20-Tonnen-Klasse

Paris (Le Havre) 1900

G Cecil Quentin GBR 6:01:06
S John Calverley GBR 6:01:26
B Harry Van Bergen USA 6:21:32

470er Klasse Frauen

Seoul (Pusan) 1988

G USA 26,70
Allison Jolly, Lynne Jewell
S SWE 40,00
Marit Söderström, Birgitta Bengtsson
B URS 45,40
Larisa Moskalenko, Irina Chunikhovskaya

Barcelona (Nova Icària) 1992

G ESP 30,70
Theresa Zabell Lucas, Patricia Guerra Cabrera
S NZL 39,70
Leslie Egnot, Janet Shearer
B USA 42,40
Jennifer »JJ« Isler, Pamela Healy

Europa-Klasse Frauen

Barcelona (Nova Icària) 1992

G Linda Andersen NOR 48,70
S Natalia Via Dufresne Pereña ESP 57,40
B Julia Trotman USA 62,70

Surfen Frauen

Barcelona (Nova Icària) 1992

G Barbara Anne Kendall NZL[1] 47,80
S Xiaodong Zhang CHN 65,80
B Dorien de Vries NED 68,70

Tennis

Herren-Einzel

Athen 1896

G John Boland GBR[2]
S Dionysios Kasdaglis GRE
B Momcilo Tapavica HUN
K. Paspatis GRE

Paris 1900

G Lawrence Doherty GBR
S Harold Mahony GBR
B Reginald Doherty GBR
A. B. J. Norris GBR

St. Louis 1904

G Beals Wright USA
S Robert LeRoy USA
B Edgar Leonard USA
Alphonzo Bell USA

Athen 1906

G Maxime Decugis FRA
S Maurice Germot FRA
B Zdenek Zemla BOH

London 1908

G Josiah Ritchie GBR
S Otto Froitzheim GER
B Wilberforce Eaves GBR

Stockholm 1912

G Charles Winslow RSA
S Harold Kitson RSA
B Oscar Kreuzer GER

Antwerpen 1920

G Louis Raymond RSA
S Ichiya Kumagai JPN
B Charles Winslow RSA

Paris 1924

G Vincent Richards USA
S Henri Cochet FRA
B Umberto Luigi De Morpurgo ITA

Seoul 1988

G Miloslav Mecir TCH
S Timothy Mayotte USA
B Stefan Edberg SWE
Brad Gilbert USA

1) Barbara Kendall ist die Frau des Olympiadritten im Surfen von 1988, Bruce Kendall.
2) Boland war Ire.

Barcelona 1992

G Marc Rosset SUI
S Jordi Arrese ESP
B Goran Ivanisevic CRO
Andrei Cherkasov EUN

Herren-Einzel (Halle)

London 1908

G Arthur Gore GBR
S George Caridia GBR
B Josiah Ritchie GBR

Stockholm 1912

G André Gobert FRA
S Charles Dixon GBR
B Anthony Wilding NZL

Herren-Doppel

Athen 1896

G John Boland, Friedrich Traun GBR/GER
S Dionysios Kasdaglis,
Dimitros Petrokokkinos GRE
B Edwin Flack[1], George Robertson AUS/GBR

Paris 1900

G Lawrence Doherty, Reginald Doherty GBR
S Spalding de Garmendia,
Maxime Decugis USA/FRA
B A. Prévost, G. de la Chapelle FRA
Harold Mahony, A. B. J. Norris GBR

St. Louis 1904

G Edgar Leonard, Beals Wright USA
S Alphonzo Bell, Robert LeRoy USA
B Clarence Gamble, Arthur Wear USA
Joseph Wear, Allen West USA

Athen 1906

G Maxime Decugis, Maurice Germot FRA
S Xenophon Kasdaglis, Joannis Ballis GRE
B Zdenek Zemla, Ladislav Zemla BOH

London 1908

G George Hillyard, Reginald Doherty GBR
S Josiah Ritchie, James Parke GBR
B Clement Cazalet, Charles Dixon GBR

Stockholm 1912

G Charles Winslow/Harold Kitson RSA
S Felix Pipes, Arthur Zborzil AUT
B Albert Canet, Edouard Marc Mény
de Marangue FRA

Antwerpen 1920

G O. G. Noel Turnbull, Maxwell Woosnam GBR
S Ichiya Kumagai, Seiichiro Kashio JPN
B Maxime Decugis, Pierre Albarran FRA

Paris 1924

G Vincent Richards, Frank Hunter USA
S Jacques Brugnon, Henri Cochet FRA
B Jean Borotra, René Lacoste FRA

Seoul 1988

G Kenneth Flach, Robert Seguso USA
S Emilio Sánchez Vicario, Sergio Casal ESP
B Miloslav Mecir, Milan Srejber TCH
Stefan Edberg, Anders Järryd SWE

Barcelona 1992

G Boris Becker, Michael Stich GER
S Wayne Ferreira, Piet Norval RSA
B Goran Ivanisevic, Goran Prpic CRO
Javier Frana Maggi, Christian Carlos
Miniussi Ventureira ARG

Herren-Doppel (Halle)

London 1908

G Arthur Gore, Herbert Barrett GBR
S George Simond, George Caridia GBR
B Gunnar Setterwall, Wollmar Boström SWE

Stockholm 1912

G André Gobert, Maurice Germot FRA
S Gunnar Setterwall, Carl Kempe SWE
B Charles Dixon, Alfred Beamish GBR

Damen-Einzel

Paris 1900

G Charlotte Cooper GBR[2]
S Hélène Prévost FRA
B Marion Jones USA
Hedwig Rosenbaum BOH

Bilanz Herren-Einzel

Land	G	S	B
1. GBR	4	3	4
2. USA	2	2	3
3. FRA	2	2	–
4. RSA	2	1	1
5. SUI	1	–	–
TCH	1	–	–
7. GER	–	1	1
GRE	–	1	1
9. ESP	–	1	–
JPN	–	1	–
11. BOH	–	–	1
CRO	–	–	1
EUN	–	–	1
HUN	–	–	1
ITA	–	–	1
NZL	–	–	1
SWE	–	–	1

Bilanz Herren-Doppel

Land	G	S	B
1. GBR	5	2	4
2. USA	3	2	2
3. FRA	2	2	4
4. GER	2	–	–
5. RSA	1	1	–
6. GRE	–	2	–
7. SWE	–	1	2
8. AUT	–	1	–
ESP	–	1	–
JPN	–	1	–
11. ARG	–	–	1
AUS	–	–	1
BOH	–	–	1
CRO	–	–	1
TCH	–	–	1

1) Flack war auch Olympiasieger über 800 und 1500 m.
2) erste Olympiasiegerin der Moderne überhaupt

Bilanz Damen-Einzel

Land	G	S	B
1. GBR	4	3	4
2. FRA	2	2	–
3. USA	2	–	3
4. GRE	1	1	1
5. FRG	1	–	–
6. GER	–	2	–
7. ARG	–	1	–
DEN	–	1	–
9. BOH	–	–	1
BUL	–	–	1
ESP	–	–	1
NOR	–	–	1
SWE	–	–	1

Bilanz Damen-Doppel

Land	G	S	B
1. USA	3	–	–
2. GBR	1	2	1
3. ESP	–	1	–
TCH	–	1	–
5. AUS	–	–	2
6. EUN	–	–	1
FRA	–	–	1
FRG	–	–	1

Bilanz Nicht mehr ausgetragene Wettbewerbe Tennis

Land	G	S	B
1. GBR	2	3	2
2. FRA	2	1	1
3. USA	1	1	1
4. GER	1	–	–
5. GRE	–	1	1
SWE	–	1	1
7. BOH	–	–	1
NED	–	–	1
TCH	–	–	1

Athen 1906
G Esmee Simirioti GRE
S Sophia Marinou GRE
B Euphrosine Paspati GRE

London 1908
G Dorothea Chambers GBR
S Penelope Boothby GBR
B Joan Winch GBR

Stockholm 1912
G Marguerite Broquedis FRA
S Dorothea Köring GER
B Molla Bjurstedt NOR

Antwerpen 1920
G Suzanne Lenglen FRA
S Dorothy Holman GBR
B Kitty McKane GBR

Paris 1924
G Helen Wills USA
S Julie Vlasto FRA
B Kitty McKane GBR

Seoul 1988
G Steffi Graf FRG[1)]
S Gabriela Sabatini ARG
B Manuela Malceva BUL
Zina Garrison USA

Barcelona 1992
G Jennifer Capriati USA[2)]
S Steffi Graf GER
B Mary Joe Fernandez USA
Arantxa Sánchez Vicario ESP

Damen-Einzel (Halle)

London 1908
G Gladys Eastlake-Smith GBR
S Angela Greene GBR
B Märtha Adlerstråhle SWE

Stockholm 1912
G Edith Hannam GBR
S Thora Castenschiöld DEN
B Mabel Parton GBR

Damen-Doppel

Antwerpen 1920
G Winifred McNair, Kitty McKane GBR
S Geraldine Beamish, Dorothy Holman GBR
B Suzanne Lenglen, Elisabeth d'Ayen FRA

Paris 1924
G Hazel Wightman, Helen Wills USA
S Phyllis Covell, Kitty McKane GBR
B Dorothy Shepherd-Barron, Evelyn Colyer GBR

Seoul 1988
G Pamela Shriver, Zina Garrison USA
S Jana Novotná, Helena Suková TCH
B Elizabeth Smylie, Wendy Turnbull AUS
Steffi Graf, Claudia Kohde-Kilsch FRG

Barcelona 1992
G Mary Joe Fernandez, Gigi Fernandez USA
S Arantxa Sánchez Vicario, Conchita Martinez ESP
B Natalia Zvereva, Leila Meskhi EUN
Rachel McQuillan, Nicole Provis AUS

Nicht mehr ausgetragene Wettbewerbe

Mixed

Paris 1900
G Charlotte Cooper, Reginald Doherty GBR
S Hélène Prévost, Harold Mahony FRA/GBR
B Hedwig Rosenbaum, Archibald Warden BOH/GBR
Marion Jones, Lawrence Doherty USA/GBR

Athen 1906
G Marie Decugis, Maxime Decugis FRA
S Sophia Marinou, Georgios Simiriotis GRE
B Aspasia Matsa, Xenophon Kasdaglis GRE

Stockholm 1912
G Dorothea Köring, Heinrich Schomburgk GER
S Sigrid Fick, Gunnar Setterwall SWE
B Marguerite Broquedis, Albert Canet FRA

Antwerpen 1920
G Suzanne Lenglen, Maxime Decugis FRA
S Kitty McKane, Maxwell Woosnam GBR
B Milada Skrbková, Ladislav Zemla TCH

1) Steffi Graf gewann 1988 den Grand Slam dazu.
2) Größter Erfolg in der kurzen Karriere der Amerikanerin, die 1992 Drogenprobleme hatte.

Paris 1924

G Hazel Wightman[1], Norris Williams USA
S Marion Jessup, Vincent Richards USA
B Cornelia Bouman, Hendrik Timmer NED

Mixed Halle

Stockholm 1912

G Edith Hannam, Charles Dixon GBR
S Helen Aitchison, Herbert Barrett GBR
B Sigrid Fick, Gunnar Setterwall SWE

Tischtennis

Herren-Einzel

Seoul 1988

G Yoo Nam-Kyu KOR
S Kim Ki-Taik KOR
B Erik Lindh SWE

Barcelona 1992

G Jan Ove Waldner SWE
S Jean-Philippe Gatien FRA
B Kim Taek-Soo KOR
Ma Wenge CHN

Herren-Doppel

Seoul 1988

G Chen Longcan, Wei Qingguang CHN
S Ilija Lupulescu, Zoran Primorac YUG
B Ahn Jac-Hyung, Yoo Nam-Kyu KOR

Barcelona 1992

G Lu Lin, Wang Tao CHN
S Steffen Fetzner, Jörg Roßkopf GER
B Kang Hee-Chan, Lee Chul-Seung KOR
Kim Tack-Soo, Yoo Nam-Kyu KOR

Damen-Einzel

Seoul 1988

G Chen Jing CHN
S Li Huifen CHN
B Jiao Zhimin CHN

Barcelona 1992

G Deng Yaping CHN
S Qiao Hong CHN
B Hyun Jung-Hwa KOR
Li Bun-Hui PRK

Damen-Doppel

Seoul 1988

G Hyun Jung-Hwa, Yang Young-Ja KOR
S Chen Jing, Jiao Zhimin CHN
B Jasna Fazlic, Gordana Perkucin YUG

Barcelona 1992

G Deng Yaping, Qiao Hong CHN
S Chen Zihe, Gao Jun CHN
B Hong Cha-Ok, Hyun Jung-Hwa KOR
Li Bun-Hui, Yu Sun-Bok PRK

Bilanz Tischtennis Gesamt

Land	G	S	B
1. CHN	5	4	2
2. KOR	2	1	6
3. SWE	1	–	1
4. YUG	–	1	1
5. FRA	–	1	–
GER	–	1	–
7. PRK	–	–	2

Badminton

Herren-Einzel

Barcelona 1992

G Alan Budi INA
S Ardy Wiranata INA
B Thomas Stuer-Lauridsen DEN
Hermawan Susanto INA

Herren-Doppel

Barcelona 1992

G Kim Moon-Soo, Park Joo-Bong KOR
S Eddy Hartono Arbie, Rudy Gunawan INA
B Li Yongbo, Tian Bingyi CHN
Mohamad Razif Sidek, Mohamad Jalani Sidek MAS

Damen-Einzel

Barcelona 1992

G Susi Susanti Haditono INA
S Bang Soo-Hyun KOR
B Huang Hua CHN
Tang Jiuhong CHN

Damen-Doppel

Barcelona 1992

G Hwang Hae-Young, Chung So-Young KOR
S Guan Weizhen, Nong Qunhua CHN
B Gil Young-Ah, Shim Eun-Jung KOR
Lin Yanfen, Yao Fen CHN

Bilanz Badminton Gesamt

Land	G	S	B
1. INA	2	2	1
2. KOR	2	1	1
3. CHN	–	1	4
4. DEN	–	–	1
MAS	–	–	1

1) Hazel Wightman (*1886, †1974) stiftete 1923 den Wightman-Cup im Tennis.

Bilanz Hockey Männer

Land	G	S	B
1. IND	8	1	2
2. PAK	3	3	2
3. GBR	3	2	4
4. FRG	1	2	–
5. GER	1	1	2
6. NZL	1	–	–
7. AUS	–	3	1
8. NED	–	2	3
9. ESP	–	1	1
10. DEN	–	1	–
JPN	–	1	–
12. BEL	–	–	1
URS	–	–	1
USA	–	–	1

Hockey

Männer

London 1908

G GBR (England)
Harry Freeman, Harvey J. Wood, Louis Baillon, John Robinson, Edgar Page, Alan Noble, Percy Rees, Gerald Logan, Stanley Shoveller, Reginald Pridmore, Eric Green

S GBR (Irland)
E. P. C. Holmes, Henry Brown, Walter Peterson, William Graham, Walter Campbell, Henry Murphy, C. F. Power, G. S. Gregg, Eric Allman-Smith, Frank Robinson, Robert Kennedy

B GBR (Schottland)
John Burt, Hugh Neilson, Charles Foulkes, Hew Fraser, Alexander Burt, Andrew Dennistoun, Norman Stevenson, Ivan Laing, James Harper-Orr, Hugh Walker, William Orchardson

GBR (Wales)
Bruce Turnbull, E. W. G. Richards, Llewellyn Evans, C. W. Shephard, R. Lyne, F. Connah, Frederick Phillips, A. A. Law, P. B. Turnbull, James Williams, W. J. Pallott

Antwerpen 1920

G GBR
Harry Haslam, John Bennett, Charles Atkin, Harold Cooke, Eric Crockford, Cyril Wilkinson, William Smith, Stanley Shoveller, Reginald Crummack, Arthur Leighton, Charles Marcon, George McGrath, John McBryan, Harold Cassels, Colin Campbell

S DEN
Andreas Rasmussen, Hans Herlak, Frands Faber, Erik Husted, Henning Holst, Hans Hansen, Hans Bjerrum, Thorvald Eigenbrod, Svend Blach, Steen Due, Ejvind Blach, Paul Metz

B BEL
Charles Delelienne, Maurice van den Bemden, Raoul Daufresne de la Chevalerie, René Strauwen, Fernand de Montigny, Adolphe Goemaere, Pierre Chibert, André Becquet, Raymond Keppens, Pierre Valcke, Jean van Nerom, Robert Gevers, Louis Diercxsens, Charles Gniette

Amsterdam 1928

G IND
Richard Allen, Leslie Hammond, Michael Rocque, Sayed Yusuf, Broome Pinniger, Rex Norris, William Cullen, Frederic Seeman, Dhyan Chand, George Marthins, Maurice Gateley, Jaipal Singh, Ali Shaukat, Feroze Khan

S NED
Adriaan Katte, Reindert de Waal, Albert Tresling, Jan Ankerman, Emiel Duson, Johannes Brand, August Kop, Gerrit Jannink, Paulus van de Rovaert, Robert van der Veen, Hendrik Visser t'Hooft

B GER
Georg Brunner, Heinz Wöltje, Werner Proft, Erich Zander, Theo Haag, Werner Freyberg, Herbert Kemmer, Herbert Hobein, Bruno Boche, Herbert Müller, Friedrich Horn, Erwin Franzkowiak, Hans Heinrich Hauß-mann, Karl-Heinz Irmer, Aribert Heymann, Kurt Haverbeck, Rolf Wollner, Gerd Strantzen, Heinz Foerstendorf

Los Angeles 1932

G IND
Dhyan Chand, Arthur Hind, Carlyle Tapsell, Leslie Hammond, Masud Minhas, Broome Pinniger, Lal Shah Bokhari, Richard Carr, Gurmit Singh, Roop Singh, Sayed Jaffar, Richard Allen, Muhammad Aslam, Frank Brewin, William Sullivan

S JPN
Shumkichi Hamada, Akio Sohda, Sadayoshi Kobayashi, Katsumi Shibata, Yoshio Sakai, Eiichi Nakamura, Haruhiko Kon, Hiroshi Nagata, Kenichi Konishi, Toshio Usami, Junzo Inohara

B USA
Harold Brewster, Samuel Ewing, Leonard O'Brien, Henry Greer, James Gentle, Horace Disston, Lawrence Knapp, Charles Schaeffer, Amos Deacon, William Boddington, David McMullin, Frederick Wolters, Roy Coffin

Berlin 1936

G IND
Dhyan Chand, Richard Allen, Carlyle Tapsell, Mohomed Hassain, Baboo Narsoo Nimal, Earnest Cullen, Joseph Galibardy, Shabban Shahab ud Din, Ali Iqtidar Shah Dara, Roop Singh, Sayed Jaffar, Cyril Michie, Fernandes Peter, Joseph Phillip, Garewal Gurcharan Singh, Ahsan Mohomed Khan, Ahmed Sher Khan, Lionel Emmett, Mirza Nasir-ud-Din Masood

S GER
Karl Dröse, Herbert Kemmer, Erich Zander, Alfred Gerdes, Erwin Keller, Heinrich Schmalix, Harald Huffmann, Werner Hamel, Kurt Weiß, Hans Scherbart, Fritz Messner, Tito Warnholtz, Detlef Okrent, Hermann auf der Heide, Karl Peter, Carl Menke, Heinz Raack, Paul Mehlitz, Ludwig Beisiegel, Carl Ruck, Erich Cuntz, Werner Kubitzki

B NED
Jan de Looper, Reindert de Waal, Max Westerkamp, Hendrik de Looper, Rudolf van der Haar, Antoine van Lierop, Pieter Gunning, Henri Schnitger, Ernst van den Berg, Agathon de Roos, René Sparenberg, Carl Heybroek

London 1948

G IND
Leo Pinto, Trilochan Singh, Randhir Singh Gentle, Keshava Datt, Amir Kumar, Maxie Vaz, Kishan Lal, Kunwar Digvijai Singh, Grahanandan Singh, Patrick Jansen, Lawrie Fernandes, Ranganandhan Francis, Akhtar Hussain, Leslie Claudius, Jaswant Rajput, Reginald Rodrigues, Latifur Rehman, Balbir Singh, Walter D'Souza, Gerry Glacken

S GBR
David Brodie, George Sime, William Lindsay, Michael Walford, Frank Reynolds, Robin Lindsay, John Peake, Neil White, Robert Adlard, Norman Borrett, William Griffiths, Ronald Davies

B NED
Antonius Richter, Henri Derckx, Johan Drijver, Jenne Langhout, Hermanus Loggere, Edouard Tiel, Willem van Heel, Andries Boerstra, Pieter Bromberg, Jan Kruize, Rius Theo Esser, Henricus Bouwman

Helsinki 1952

G IND
Ranganandhan Francis, Dharam Singh, Randhir Singh Gentle, Leslie Claudius, Keshava Datt, Govind Perumal, Raghbir Lal, Kunwar Digvijai Singh, Balbir Singh, Udham Singh, Muniswamy Rajagopal, Chinadorai Deshmutu, Meldric St. Clair Daluz, Grahanandan Singh

S NED
Laurentz Mulder, Henri Derckx, Johan Drijver, Julius Ancion, Hermanus Loggere, Edouard Tiel, Willem van Heel, Rius Theo Esser, Jan Kruize, Andries Boerstra, Leonard Wery

B GBR
Graham Dadds, Roger Midgley, Denys Carnill, John Cockett, Dennis Eagan, Anthony Robinson, Anthony Nunn, Robin Fletcher, Richard Norris, John Conroy, John Taylor, Derek Day, Neil Nugent

Melbourne 1956

G IND
Shankar Laxman, Bakshish Singh, Randhir Singh Gentle, Leslie Claudius, Amir Kumar, Govind Perumal, Raghbir Lal, Gurdev Singh, Balbir Singh, Udham Singh, Raghbir Singh Bhola, Charles Stephen, Ranganandhan Francis, Balkishan Singh, Amit Singh Bakshi, Kaushik Haripal, Hardyal Singh

S PAK
Zakir Hussain, Munir Ahmad Dar, Ghulam Rasul, Anwar Ahmad Khan, Hussain Mussarat, Noor Alam, Abdul Hamid, Habibur Rehman, Nasir Ahmad, Mutih Ullah, Latifur Rehman, Akhtar Hussain, Habib Ali Kiddi, Manzur Hussain Atif

B GER[1)]
Alfred Lücker, Helmut Nonn, Günther Ullerich, Günther Brennecke, Werner Delmes, Eberhard Ferstl, Hugo Dollheiser, Heinz Radzikowski, Wolfgang Nonn, Hugo Budinger, Werner Rosenbaum

Rom 1960

G PAK
Manzur Hussain Atif, Munir Ahmad Dar, Ghulam Rasul, Anwar Ahmad Khan, Noor Alam, Abdul Hamid, Habib Ali Kiddi, Nasir Ahmad, Mutih Ullah, Abdul Rashid, Bashir Ahmad, Abdul Wahced, Mushtaq Ahmad, Kurshid Aslam

S IND
Shankar Laxman, Prithipal Singh, Jaman Lal Sharma, Leslie Claudius, Joseph Antic, Mohinder Lal, Joginder Singh, John Peter, Jaswant Singh, Udham Singh, Raghbir Singh Bhola, Charanjit Singh, Govind Savant

B ESP
Pedro Amat Fontanals, Francisco Cabeller Soteras, Juan Angel Calzado de Castro, José Colomer Ribas, Carlos Del Coso Iglesias, José Antorio Dinarés Massagué, Eduardo Dualde Santos de Lamadrid, Joaquin Dualde Santos de Lamadrid, Rafael Egusquiza Basterra, Ignacio Macaya Santos de Lamadrid, Pedro Murúa Leguizamón, Pedro Roig Junyent,

1) Mannschaft der Bundesrepublik Deutschland im gesamtdeutschen Team

Luis María Usoz Quintana, Narciso Ventalló Surralles

Tokio 1964

G IND
Shankar Laxman, Prithipal Singh, Mohinder Lal, Joginder Singh, John Peter, Charanjit Singh, Dharam Singh, Gurbux Singh, Harbinder Singh, Kaushik Haripal, Darshan Singh, Jagjit Singh, Bandu Patil, Udham Singh, Ali Sayceed

S PAK
Abdul Hamid, Munir Ahmad Dar, Manzur Hussain Atif, Saced Anwar, Anwar Ahmad Khan, Muhammad Rashid, Khalid Mahmood Hussain, Zaka-ud-Din, Muhammad Afzal Manna, Mohammad Asad Malik, Mutih Ullah, Tariq Niazi, Zafar Hayat, Khurshid Azam, Khizar Nawaz, Tariq Aziz

B AUS
Paul Dearing, Donald McWatters, Brian Glencross, John McBryde, Julian Pearce, Graham Wood, Robin Hodder, Raymond Evans, Eric Pearce, Patrick Nilan, Donald Smart, Antony Waters, Mervyn Crossman, Desmond Piper

Mexiko City 1968

G PAK
Zakir Hussain, Tanvir Ahmad Dar, Tariq Aziz, Saced Anwar, Riaz Ahmed, Gulrez Akhtar, Khalid Mahmood Hussain, Mohammad Ashfaq, Abdul Rashid, Mohammad Asad Malik, Jahangir Ahmad Butt, Riaz-ud-Din, Tariq Niazi

S AUS
Paul Dearing, James Mason, Brian Glencross, Gordon Pearce, Julian Pearce, Robert Haigh, Donald Martin, Raymond Evans, Ronald Riley, Patrick Nilan, Donald Smart, Desmond Piper, Eric Pearce, Frederick Quinn

B IND
Rajendra Christy, Gurbux Singh, Prithipal Singh, Balbir Singh II, Ajitpal Singh, Krishnamurty Perumal, Balbir Singh III, Balbir Singh I, Harbinder Singh, Inamur Rehman, Inder Singh, Munir Sait, Harmik Singh, Jagjit Singh, John Peter, Tarsem Singh

München 1972

G FRG
Peter Kraus, Michael Peter, Dieter Freise, Michael Krause, Eduard Thelen, Horst Dröse, Carsten Keller, Ulrich Klaes, Wolfgang Baumgart, Uli Vos, Peter Trump, Wolfgang Rott, Detlef Kittstein, Werner Kaessmann, Fritz Schmidt, Wolfgang Strödter, Eckart Suhl, Rainer Seifert

S PAK[1]
Saleem Sherwani, Akhtarul Islam, Munawarux Zaman, Saced Anwar, Riaz Ahmed, Fazalur Rehman, Islahud Din, Mudassar Asghar, Abdul Rashid, Mohammad Asad Malik, Mohammad Shahnaz, Jahangir Ahmad Butt, Rasool Akhtar, Iftikhar Ahmed, Mohammad Zahid

B IND
Cornelius Charles, Mukhbain Singh, Kindo Michael, Krishnamurty Perumal, Ajitpal Singh, Harmik Singh, Ganesh Mollerapoovayya, Harbinder Singh, Govin Billimogaputtaswamy, Ashok Kumar, Harcharan Singh, Manuel Frederick, Kulwant Singh, Virinder Singh

Montreal 1976

G NZL
Paul Ackerley, Thur Borren, Alan Chesney, John Christensen, Greg Dayman, Tony Ineson, Barry Maister, Selwyn Maister Trevor Manning, Arthur Parkin, Ramesh Patel, Alan McIntyre, Jeff Archibald, Mohan Patel

S AUS
Robert Haigh, Richard Charlesworth, David Bell, Gregory Browning, Ian Cooke, Douglas Golder, Wayne Hammond, James Irving, Malcolm Poole, Robert Proctor, Ronald Riley, Trevor Smith, Terry Walsh, Barry Dancer, Graham Reid

B PAK
Manzoor Hassan, Munawarux Zaman, Saleem Nazim, Rasool Akhtar, Iftikhar Syed, Islahud Din, Manzoor Hussain, Abdul Rashid, Samiulah Khan, Qamar Zia, Mudassar Asghar, Haneef Khan, Shanaz Sheikh, Arshad Ali Chaudry, Saleem Sherwani, Arshad Mahmood

Moskau 1980

G IND
Schofield Allan, Chettri Bir Bhadur, Dung Dung Sylvanus, Rajinder Singh, Deavinder Singh, Gurmail Singh, Ravinder Pal Singh, Baskaran Vasudevan, Somaya Maneypanda, Maharaj Krishon Kaushik, Charanjit Kumar, Mervyn Fernandis, Amarjit Rana Singh, Shahid Mohamed, Zafar Iqbal, Surinder Singh

1) Wegen schlechten Benehmens bei der Siegerehrung wurden Pakistans Spieler »lebenslang« gesperrt, erschienen aber 1976 mit sechs »Sträflingen«.

S ESP
José Miguel Gracia, Juan Amat, Santiago Malgosa, Rafael Garralda, Francisco Fábregas, Juan Lúis Coghen, Ricardo Cabot Durán, Jaime Arbós Serra, Carlos Roca, Juan Pellón Fernández, Miguel de Paz, Miguel Chaves Sánchez, Juan Arbós Perarnau, Javier Cabot Durán, Paulino Monsalve, Jaime Zumalacárregui

B URS
Vladimir Pleshakov, Vyacheslav Lampeyev, Leonid Pavlovsky, Sos Ayrapetyan, Farit Zigangirov, Valeri Belyakov, Sergei Klevtsov, Oleg Zagorodnev, Alexander Gusev, Sergei Pleshakov, Mikhail Nichepurenko, Mineula Azizov, Alexander Sychyov, Alexander Myasnikov, Viktor Deputatov, Alexander Goncharov

Los Angeles 1984

G PAK
G. Moinuddin, Qasim Zia, Nasir Ali, Abdul Rashid, Ayaz Mehmood, Nacem Akhtar, Kaleemullah, Manzoor Hussain, Hasan Sardar, Haneef Khan, Khalid Hameed, Shahid Ali Khan, Tauqeer Dar, Ishtiaq Ahmed, Salleem Sherwani, Mushtaq Ahmad

S FRG
Christian Bassemir, Tobias Frank, Horst-Ulrich Hänel, Carsten Fischer, Karl-Joachim Hürter, Ekkhard Schmidt-Opper, Reinhard Krull, Michael Peter, Stefan Blöcher, Andreas Keller[1)], Thomas Werner Reck, Markku Slawyk, Thomas Gunst, Heiner Dopp, Volker Fried, Dirk Brinkmann

B GBR
Ian Taylor, Stephen Martin, Paul Barber, Robert Cattrall, Jonathan Potter, Richard Dodds, William McConnell, Norman Hughes, David Westcott, Richard Leman, Stephen Batchelor, Sean Kerly, James Duthie, Kulbir Bhaura, Mark Precious

Seoul 1988

G GBR
Ian Taylor, Veryan Pappin, David Faulkner, Paul Barber, Stephen Martin, Jonathan Potter, Richard Dodds, Martyn Grimley, Stephen Batchelor, Richard Leman, James Kirkwood, Kulbir Bhaura, Sean Kerly, Robert Clift, Imran Sherwani, Russell Garcia

S FRG
Christian Schliemann, Tobias Frank, Horst-Ulrich Hänel, Carsten Fischer, Andreas Mollandin, Ekkhard Schmidt-Opper, Dirk Brinkmann, Heiner Dopp, Stefan Blöcher, Andreas Keller[1)], Thomas Werner Reck, Thomas Brinkmann, Hanns-Henning Fastrich, Michael Hilgers, Volker Fried, Michael Metz

B NED
Frank Leistra, Marc Benninga, Cees Jan Diepenveen, Maurits Cruq, René Klaasen, Hendrik Jan Kooijman, Marc Delissen, Jacques Brinkmann, Gerrit Jan Schlatmann, Tim Steens, Floris Jan Bovelander, Patrick Faber, Ronald Jansen, Jan Hidde Kruize, Erik Parlevliet, Taco van den Honert

Barcelona 1992

G GER
Andreas Becker, Christian Blunck, Carsten Fischer, Volker Fried, Michael Hilgers, Andreas Keller[1)], Michael Knauth, Oliver Kurtz, Christian Mayerhofer, Sven Meinhardt, Michael Metz, Klaus Michler, Christopher Reitz, Stefan Saliger, Jan Peter Tewes, Stefan Tewes

S AUS
John Bestall, Warren Birmingham, Lee Bodimeade, Ashley Carey, Gregory Corbitt, Stephen Davies, Damon Diletti, Lachlan Dreher, Lachlan Elmer, Dean Evans, Paul Lewis, Graham Reid, Jay Stacy, David Wansbrough, Ken Wark, Michael York

B PAK
Mansoor Ahmad, Muhammad Akhlaq Ahmad, Shahbaz Ahmad, Muhammad Asif Bajwa, Khalid Bashir, Wasim Feroz, Musaddiq Hussain, Muhammad Qamar Ibrahim, Khawaja Muhammad Junaid, Muhammad Khalid, Farhat Hassan Khan, Shahid Ali Khan, Rana Mujahid Ali, Anjum Saced, Muhammad Shahbaz, Tahir Zaman

Frauen

Moskau 1980

G ZIM
Sarah English, Ann Grant, Brenda Phillips, Patricia McKillop, Sonia Robertson, Patricia Davies, Maureen George,

1) Drei Generationen Keller aus Berlin gewannen im Hockey für Deutschland fünf Olympiamedaillen; einmalig in der gesamten olympischen Geschichte nicht nur in dieser Sportart. Vom Jüngsten aus betrachtet, sieht das so aus: Großvater Erwin (* 1905, † 1971) holte Silber 1936, Vater Carsten (* 1939) Gold 1972 und der Enkel Andreas Gold 1992 sowie Silber 1984 und 1988. Zweimal Gold und dreimal Silber. Eine silberne Medaille steuerte Anke Wild (Barcelona 1992) bei, die später Andreas Keller heiratete.

Bilanz Hockey Frauen

Land	G	S	B
1. NED	1	–	1
AUS	1	–	–
ESP	1	–	–
ZIM	1	–	–
5. FRG	–	1	–
GER	–	1	–
KOR	–	1	–
TCH	–	1	–
9. GBR	–	–	1
URS	–	–	1
USA	–	–	1

Linda Watson, Susan Huggett, Gillian Cowley, Elizabeth Chase, Sandra Chick, Helen Volk, Christine Prinsloo, Anthea Stewart

S TCH

Jarmila Králícková, Berta Hrubá, Iveta Srámková, Lenka Vymazalová, Jirina Krízová, Jirina Kadlecová, Jirina Cermáková, Marta Urbanová, Kvetoslava Petrícková, Maric Sykorová, Ida Hubácková, Milada Blazková, Jana Lahodová, Alena Kyselicová, Jirina Hàjková, Viera Podhányiová

B URS

Galina Inzhuvatova, Nelli Gorbyatkova, Valentina Zazdravnykh, Nadeshda Ovechkina, Natella Krasnikova, Natalia Bykova, Lidiya Glubokova, Galina Vyuzhanina, Natalia Buzunova, Leylya Akhmerova, Nadia Filipova, Yelena Guryeva, Tatyana Yembakhtova, Alina Kham, Tatyana Shvyganova, Lyudmila Frolova

Los Angeles 1984

G NED

Bernadette de Beus, Alette Pos, Margriet Zeghers, Laurien Willemse, Marjolein Eysvogel, Josephine Boekhorst, Carina Benninga, Alexandra LePoole, Francisca Hillen, Marieke van Dorn, Sophie von Weiler, Aletta van Manen, Irene Hendriks, Elisabeth Sevens, Martine Ohr, Anneloes Nieuwenhuizen

S FRG

Ursula Thielemann, Beate Deininger, Christina Moser, Hella Roth, Dagmar Breiken, Birgit Hagen, Birgit Hahn, Gabriele Appel, Andrea Weiermann-Lietz, Corinna Lingnau, Martina Koch, Gabriela Schley, Patricia Ott, Susanne Schmid, Sigrid Landgraf, Elke Drüll

B USA

Gwen Cheeseman, »Beth« Anders, Kathleen McGahey, Anita Miller, Regina Buggy, Christine Larson-Mason, »Beth« Beglin, Marcella Place, Julie Staver, Diane Moyer, Sheryl Johnson, Charlene Morett, Karen Shelton, Brenda Stauffer, Leslie Milne, Judy Strong

Seoul 1988

G AUS

Kathleen Partridge, Elspeth Clement, Liane Tooth, Loretta Dorman, Lorraine Hillas, Michelle Capes Sandra Pisani, Deborah Bowman, Lee Capes, Kim Small, Sally Carbon, Jacqueline Pereira, Tracey Belbin, Rechelle Hawkes, Sharon Patmore, Maree Fish

S KOR

Kim Mi-Sun, Han Ok-Kyung, Chang Eun-Jung, Choi Choon-Ok, Kim Soon-Duk, Chung Sang-Hyun, Jin Won-Sim, Hwang Keum-Sook, Cho Ki-Hyang, Suh Kwang-Mi, Park Soon-Ja, Kim Young-Sook, Suh Hyo-Sun, Lim Kye-Sook, Chung Eun-Kyung, Han Keum-Sil

B NED

Bernadette de Beus, Yvonne Buter, Willemien Aardenburg, Laurien Willemse, Marjolein Bolhuis-Eysvogel, Lisanne Lejeune, Carina Benninga, Annemieke Fokke, Ingrid Wolff, Marieke van Doorn, Sophie von Weiler, Aletta van Manen, Noor Holsboer, Helena van der Ben, Martine Ohr, Anneloes Nieuwenhuizen

Barcelona 1992

G ESP

Maria Barea Cobos, Sonia Barrio Gutierez, Mercedes Coghen Alberdingk, Natalia Dorado Gomez, Nagore Gabellanes Marieta, Maria Gonzales Laguillo, Ana Maiques Dern, Silvia Manrique Perez, Elisabeth Maragall Verge, Teresa Motos Iceta, Nuria Olive Vancells, Virginia Ramirez Merino, Maria Rodriguez Suarez, Maider Telleria Goñi

S GER

Britta Becker, Tanja Dickenscheid, Nadine Ernsting-Krienke, Christine Ferneck, Eva Hagenbäumer, Franziska Hentschel, Caren Jungjohann, Katrin Kauschke, Irina Kuhnt, Heike Lätzsch, Susanne Müller, Kristina Peters, Simone Thomaschinski, Bianca Weiss, Anke Wild, Susanne Wollschläger

B GBR

Gillian Atkins, Lisa Bayliss, Karen Brown, Victoria Dixon, Susan Fraser, Wendy Fraser, Kathryn Johnson, Sandra Lister, Jackie McWilliams, Tammy Miller, Helen Morgan, Mary Nevill, Mandy Nicolls, Alison Ramsay, Jane Sixsmith, Joanne Thompson

Fußball

Männer

Paris 1900

G GBR (Upton Park Football Club)
Claude Buckenham, J. H. Jones, William Gosling, William Quash, J. E. Barridge, Alfred Chalk, A. Haslam, James Zealey, J. Nicholas, F. G. Spackman, R. R. Turner

S FRA (Club français de Paris)
Lucien Hutcau, Louis Bach, Pierre Allemane, Vegile Gaillard, Alfred Bloch, Maurice Macaire, Eugène Fraysse, René Garnier, Lambert, Grandjean, Fernand Canelle, Duparc, Gaston Peltier

B BEL (Club Universitaire)
Marcel Leboutte, R. Kelecom, Ernest Moreau de Melen, Alphonse Renier, Georges Pelgrims, E. Neefs, Eric Thornton, Albert Delbecque, H. Spannoghe, van Heuckelum, Léon Londot

St. Louis 1904

G CAN (Galt Football Club)
Ernest Linton, George Ducker, John Gourley, John Fraser, Albert Johnson, Robert Lane, Tom Taylor, Frederick Steep, Alexander Hall, Gordon McDonald, William Twaits

S USA (Christian Brothers College)
Louis Menges, Oscar Brockmeyer, Thomas January, John January, Charles January, Peter Ratican, Warren Brittingham, Alexander Cudmore, Charles Bartliff, Joseph Lydon, Raymond Lawlor

B USA (St. Rose Parish)
Frank Frost, George Cooke, Henry Jameson, Joseph Brady, Dierkes, Martin Dooling, Cormic Cosgrove, O'Connell, Claude Jameson, Harry Tate, Thomas Cooke, Johnson

Athen 1906

G DEN
Viggo Andersen, Peder Pedersen, Charles von Buchwald, Parmo Ferslev, Stefan Rasmussen, Aage Andersen, Oscar Nielsen-Nörland, Carl Pedersen, Holger Frederiksen, August Lingren, Henry Rambusch, Hjalmar Herup

S GRE/FRA/GBR (Smyrna International Team)
Edwin Charnaud (GRE), Zareck Couyourndzian (GRE), Edouard Giraud (FRA), Jacques Giraud (FRA), Henri Joly (FRA), Percy de la Fontaine (FRA), Donald Whittal (GBR), Albert Whittal (GBR), Godfrey Whittal (GBR), Herbert Whittal (GBR), Edward Whittal (GBR)

B GRE (Thessalonika)
Georgios Vaporis, Nikolaos Pindos, Antonios Tegos, Nikolaos Pentsikis, Ioannis Kyrou, Georgios Sotiriadis, Vasilios Zarkadis, Dimitrios Mikhitsopoulos, Antonios Karangonidis, Ioannis Abbot, Ioannis Saridakis

London 1908

G GBR
Horace Bailey, Walter Corbett, Herbert Smith, Kenneth Hunt, Frederick Chapman, Robert Hawkes, Arthur Berry, Vivian Woodward, Henry Stapley, Clyde Purnell, Harold Hardman

S DEN
Ludwig Drescher, Charles von Buchwald, Harald Hanson, Harald Bohr[1)], Christian Middelboe, Nils Middelboe, Oscar Nielsen-Nörland, August Lindgren, Sofus Nielsen, Vilhelm Wolfhagen, Björn Rasmussen, Peter Marius Andersen, Johannes Gandil

B NED
Reinier Beeuwkes, Karel Heijting, Louis Otten, Johan Sol, Johannes de Korver, Emil Mundt, Jan Welcker, Edu Snethlage, Gerard Reeman, Jan Thomée, Georges de Bruyn Kops, Johan Kok

Stockholm 1912

G GBR
Ronald Brebner, Thomas Burn, Arthur Knight, Douglas McWhirter, Henry Littlewort, Joseph Dines, Arthur Berry, Vivian Woodward, Harold Walden, Gordon Hoare, Ivor Sharpe, Edward Hanney, Edward Gordon Wright, Harold Stamper

S DEN
Sofus Hansen, Nils Middelboe, Harald Hansen, Charles von Buchwald, Emil Jörgensen, Paul Berth, Oscar Nielsen-Nörland, Axel Tufvesson, Ole Anton Olsen, Sofus Nielsen, Vilhelm Wolfhagen, Hjalmar Christoffersen, Axel Petersen, Ivar-Lykke Seidelin-Nielsen, Poul Nielsen

B NED
Marius Göbel, David Wijnveldt, Pieter Bouman, Gerardus Fortgens, Constant Feith, Nicolaas de Wolf, Dirk Lotsy, Johannes Boutmy, Jan van Breda Kolff,

Bilanz Fußball

Land	G	S	B
1. HUN	3	1	1
2. GBR	3	1	–
3. URS	2	–	3
4. URU	2	–	–
5. DEN	1	3	1
YUG	1	3	1
7. FRA	1	2	–
POL	1	2	–
9. GDR	1	1	1
10. ESP	1	1	–
TCH	1	1	–
12. SWE	1	–	2
13. BEL	1	–	1
ITA	1	–	1
15. CAN	1	–	–
16. BRA	–	2	–
17. BUL	–	1	1
GRE	–	1	1
USA	–	1	1
20. ARG	–	1	–
AUT	–	1	–
SUI	–	1	–
23. NED	–	–	3
24. FRG	–	–	1
GER	–	–	1
GHA	–	–	1
JPN	–	–	1
NOR	–	–	1

1) Harald Bohr war der Bruder des Atomphysikers und Nobelpreisträgers Niels Bohr (* 1885, † 1962).

Henri de Groot, Caesar ten Cate, Jan van der Sluis, Jan Vos, Nicolaas Bouvy, Johannes de Korver

Antwerpen 1920

G BEL
Jean De Bie, Armand Swartenbroeks, Oscar Verbeeck, Joseph Musch, Emile Hanse, André Fierens, Louis van Hege, Henri Larmoe, Mathieu Bragard, Robert Coppée, Désiré Bastin, Félix Balyu, Fernand Nisot, Georges Hebdin

S ESP
Ricardo Zamora, Pedro Vallana, Mariano Arrate, José Samitier, José Belausteguigoitia, Agustin Sancho, Ramón Eguiazábal, Félix Sesúmaga, Patricio Arabolaza, Rafael Moreno, Domingo Gómez-Acedo, Juan Artola, Francisco Pagatzaurtundúa, Luis Otero Sánchez-Encinas, Joaquin Vázquez, Ramón Gil Fegueiros, Sabino Bilbao, Silverio Izaguirre

B NED
Richard MacNeill, Henri Dénis, Bernard Verweij, Leonard Bosschart, Frederik Kuipers, Hermanus Steeman, Oscar van Rappard, Jan van Dort, Bernardus Groosjohan, Herman von Heijden, Jacob Bulder, Johannes de Natris, Evert Bulder, Adrianus Bieshaar

Paris 1924

G URU
Andrés Mazali, José Nasazzi, Pedro Arispe, José Andrade, Santos Urdinarán, Hector Scarone, Pedro Petrone, Pedro Cea, José Vidal, Alfredo Ghierra, Angel Romano, Humberto Tomasina, José Naya, Alfredo Zibechi, Antonio Urdinarán

S SUI
Hans Pulver, Adolphe Reymond, Rudolf Ramseyer, August Oberhauser, Paul Schmiedlin, Aron Pollitz, Karl Ehrenbolger, Robert Pache, Walter Dietrich, Max Abegglen, Paul Fässler, Félix Bédouret, Adolphe Mengotti, Paul Sturzenegger, Edmond Kramer

B SWE
Sigfrid Lindberg, Axel Alfredsson, Fritjof Hillén, Gunnar Holmberg, Sven Friberg, Harry Sundberg, Evert Lundquist, Sven Rydell, Per Kaufeldt, Tore Keller, Rudolf Kock, Gustaf Carlsson, Charles Brommesson, Thorsten Svensson, Alvin Dahl, Konrad Hirsch, Sven Lindqvist, Sten Mellgren

Amsterdam 1928

G URU
Andrés Mazali, José Nasazzi, Pedro Arispe, José Andrade, Santos Urdinarán, Hector Scarone, Pedro Petrone, Pedro Cea, Lorenzo Fernández, Juan Piriz, Alvaro Gestido, Héctor Castro, Antonio Campolo, Adhemar Canavesi, Juan Arremón, René Borjas, Roberto Figueroa

S ARG
Angel Bosio, Fernando Paternoster, Ludovico Bidoglio, Juan Evaristo, Luis Monti, Angel Segundo Médici, Raimundo Orsi, Enrique Gainzarain, Manuel Ferreira, Domingo Tarasconi, Alfredo Carricaberry, Feliciano Perducca, Octavio Diaz, Roberto Cherro, Rodolfo Orlandini, Saúl Calandra

B ITA
Giampiero Combi, Delfo Bellini, Umberto Caligaris, Alfredo Pitto, Fulvio Bernardini, Pietro Genovesi, Adolfo Baloncieri, Elvio Banchero, Angelo Schiavio, Mario Magnozzi, Virgilio Levratto, Giovanni De Prà, Virginio »Viri« Rosetta, Silvio Pietroboni, Antonio Janni, Enrico Rivolta, Gino Rossetti

Berlin 1936

G ITA
Bruno Venturini, Alfredo Foni, Pietro Rava, Giuseppe Baldo, Achille Piccini, Ugo Locatelli, Annibale Frossi, Libero Marchini, Sergio Bertoni, Carlo Biagi, Francesco Gabriotti, Luigi Scarabello, Giulio Cappelli, Alfonso Negro

S AUT
Eduard Kainberger, Ernst Künz, Martin Kargl, Anton Krenn, Karl Wallmüller, Max Hofmeister, Walter Werginz, Adolf Laudon, Klement Steinmetz, Karl Kainberger, Franz Fuchsberger, Franz Mandl, Josef Kitzmüller

B NOR[1)]
Henry Johanson, Nils Eriksen, Öivind Holmsen, Frithjof Ulleberg, Jörgen Juve, Rolf Holmberg, Magdalon Monsen, Raidar Kvammen, Alf Martinsen, Odd Frantzen, Arne Brustad, Fredrik Horn, Sverre Hansen, Magnar Isaksen

London 1948

G SWE
Torsten Lindberg, Knut Nordahl, Erik Nilsson, Birger Rosengren, Bertil Nordahl, Sune Andersson, Knell Rosén, Gunnar Gren,

1) Norwegen bezwingt Deutschland 2:0 unter den Augen Adolf Hitlers.

Gunnar Nordahl, Henry Carlsson, Nils Liedholm, Börje Leander

S YUG
Ljubomir Lovric, Miroslav Brozovic, Branislav Stankovic, Zlatko Cajkovski, Miodrag Jovanovic, Aleksandar Atanackovic, Zvonko Cimermancic, Rajko Mitic, Stjepan Bobek, Zeljko Cajkovski, Bernard Vukas, Franjo Sostaric, Prvoslav Mihajlovic, Franjo Wölfl, Kosta Tomasevic

B DEN
Eigil Nielsen, Viggo Jensen, Knud Overgaard, Axel Pilmark, Dion Ömvold, Ivan Jensen, Johannes Plöger, Knud Lundberg, Carl Praest, John Hansen, Jörgen Sörensen, Holger Seebach, Karl Hansen

Helsinki 1952

G HUN
Gyula Grosics, Jenö Buzanszky, Mihaly Lantos, Jozsef Bozsik, Gyula Lorant, Jozsef Zakarias, Nandor Hidegkuti, Sandor Kocsis, Peter Palotas, Ferenc Puskas, Zoltan Czibor, Jenö Dalnoki, Imre Kovacs, Laszlo Budai, Lajos Csordas

S YUG
Branislav Stankovic, Zlatko Caijovski, Rajko Mitic, Stjepan Bobek, Bernard Vukas, Vladimir Beara, Tomislav Crnkovic, Ivan »Ivica« Horvat, Vujadin Boskov, Tihomir Ognjanov, Branko Zebec

B SWE
Karl Svensson, Lennart Samuelsson, Erik Nilsson, Olof Åhlund, Bengt Gustavsson, Gösta Lindh, Sylve Bengtsson, Gösta Löfgren, Ingvar Rydell, Yngve Brodd, Gösta Sandberg, Holger Hansson

Melbourne 1956

G URS
Lev Yashin[1], Anatoli Bashashkin, Mikhail Ogonkov, Boris Kusnezov, Igor Netto, Anatoli Maslyonkin, Boris Tatushin, Anatoli Isayev, Nikita Simonyan, Sergei Salnikov, Anatoli Ilyin, Nikolai Tishchenko, Alexei Paramonov, Eduard Streltsov, Valentin Ivanov, Vladimir Ryshkin, Yosif Betsa, Boris Razinsky

S YUG
Petar Radenkovic, Mladen Koscak, Nikola Radovic, Ivan Santek, Ljubisa Spaijc, Dobroslav Krstis, Zlatko Papec, Sava Antis, Todor Veselinovic, Muhamed Mujic, Blagoje Vidinic, Ibrahim Biogradlic, Luka Liposinovic, Dragoslav Sekularac

B BUL
Yosif Yosifov, Kiril Rakarov, Nikola Kovachev, Stefan Bozhkov, Manol Manolov, Gavril Stoyanov, Dimitar Milanov, Georgi Dimitrov, Panayot Panayotov, Ivan Kolev, Todor Diev, Georgi Naydenov, Milcho Goranov, Krum Yanev

Rom 1960

G YUG
Blagoje Vidinic, Novak Roganovic, Fahrudin Jusufi, Zeljko Perusic, Vladimir Durkovic, Ante Zanetic, Andrija Ankovic, Zeljko Matus, Milan Galic, Tomislav Knez, Borivoje Kostic, Milutin Soskic, Velimir Sombolac, Aleksandar Kozlina, Silvester Takac, Dusan Maravic

S DEN
Henry From, Paul Andersen, Poul Jensen, Bent Hansen, Hans Nielsen, Flemming Nielsen, Poul Pedersen, Tommy Troelsen, Harald Nielsen, Henning Enoksen, Jörn Sörensen, John Danielsen

B HUN
Gabor Török, Zoltan Dudas, Jenö Dalnoki, Ernö Solymosi, Pal Varhidi, Ferenc Kovacs, Imre Satori, Janos Göröcs, Florian Albert, Pal Orosz, Janos Dunai, Lajos Farago, Dezsö Novak, Oszkar Vilezsal, Gyula Rakosi, Tibor Pal

Tokio 1964

G HUN
Antal Szentmihályi, Dezsö Novak, Kalman Ihasz, Gusztav Szepesi, Arpad Orban, Ferenc Nogradi, Janos Farkas, Tibor Csernai, Ferenc Bene, Imre Komora, Sandor Katona, Jozsef Gelei, Karoly Palotai, Zoltan Varga

S TCH
Frantisek Schmucker, Anton Urban, Zdenek Picman, Josef Vojta, Vladimír Weiss, Ján Geleta, Jan Brumovsky, Ivan Mráz, Karel Lichtnégl, Vojtech Masny, Frantisek Valosek, Anton Svajlen, Karel Knesl, Stefan Matlák, Karel Nepomucky, Frantisek Knebort, Ludvít Cvetler

B GER[2]
Hans-Jürgen Heinsch, Peter Rock, Manfred Geisler, Herbert Pankau, Manfred Walter, Gerhard Körner, Hermann Stöcker, Otto Fräßdorf, Henning Frenzel, Jürgen Nöldner, Eberhard Vogel, Horst Weigang, Klaus Urbanczyk, Bernd Bauchspieß, Klaus-Dieter Seehaus, Werner Unger, Wolfgang Barthels, Klaus Lisiewicz, Dieter Engelhardt

1) Lev Yashin (* 1929, † 1990) gilt als einer der größten Torhüter aller Zeiten.
2) Mannschaft der DDR als gesamtdeutsches Team

Mexiko City 1968

G HUN
Dezsö Novak, Karoly Fater, Lajos Dunai, Miklos Pancsics, Ivan Menczel, Lajos Szücs, Laszlo Fazekas, Antal Dunai, Laszlo Nagy, Ernö Nosko, Istvan Juhasz, Lajos Kocsis, Istvan Basti, Laszlo Keglovich, Istvan Sarközi, Miklos Szalay, Zoltan Szarka

S BUL
Stoyan Yordanov, Atanas Gerov, Georgi Khristakiev, Milko Gaydarski, Kiril Ivkov, Ivailo Georgiyev, Tsvetan Dimitrov, Yevgeny Yanchovsky, Petar Zhekov, Atanas Khristov, Asparukh Donev, Kiril Khristov, Todor Nikolov, Mikhail Gionin, Yancho Dimitrov, Georgi Ivanov, Ivan Zafirov, Georgi Vasiliev

B JPN
Kenzo Yokoyama, Hiroshi Katayama, Yoshitada Yamaguchi, Mitsuo Kamata, Takaji Mori, Aritatsu Ogi, Teruki Miyamoto, Masashi Watanabe, Kunishige Kamamoto, Ikuo Matsumoto, Ryuichi Sugiyama, Masakatsu Miyamoto, Yasuyuki Kuwahara, Shigeo Yaegashi, Kiyoshi Tomizawa, Eizo Yuguchi

München 1972

G POL
Hubert Kostka, Zbigniew Gut, Jerzy Gorgon, Zygmunt Anczok, Leslaw Cmikiewicz, Zygmunt Maszczyk, Jerzy Kraska, Kazimierz Deyna, Ryszard Szymczak, Zygfryd Szoltysik, Wlodzimiercz Lubanski, Robert Gadocha, Antoni Szymanowski, Marian Ostafieski, Kazimierz Kmiecik, Joachim Marx, Grzegorz Lato

S HUN
Istvan Geczi, Peter Vepi, Miklos Pancsics, Laszlo Balint, Peter Juhasz, Ede Dunai, Lajos Kü, Lajos Szücs, Mihaly Kozma, Antal Dunai, Bela Varady, Kalman Toth, Lajos Kocsis, Laszlo Branikovits, Csaba Vidats, Adam Rothermel, Jozsef Kovacs

B URS
Yevgeni Rudakov, Yuri Istomin, Murtaz Khurtsilava, Vladimir Kaplichnyi, Yevgeni Lovchev, Viktor Kolotov, Sergei Olshansky, Ogancs Zanazanyan, Gennadi Yevryuzhikhin, Andrei Yakubik, Vyacheslav Semyonov, Arkadi Andriasyan, Oleg Blokhin, Anatoli Kuksov, Yozhef Sabo, Vladimir Pilguy, Revaz Dzodzuashvili, Vladimir Onishchenko, Yuri Yeliseyev

GDR
Jürgen Croy, Frank Ganzera, Lothar Kurbjuweit, Konrad Weise, Manfred Zapf, Bernd Bransch, Jürgen Pommerenke, Wolfgang Seguin, Eberhard Vogel, Hans-Jürgen Kreische, Jürgen Sparwasser, Peter Ducke, Joachim Streich, Ralf Schulenberg, Reinhard Häfner, Harald Irmscher, Siegmar Wätzlich

Montreal 1976

G GDR
Jürgen Croy, Hans-Jürgen Dörner, Lothar Kurbjuweit, Reinhart Lauck, Hans-Jürgen Riedliger, Martin Hoffmann, Reinhard Häfner, Konrad Weise, Gerd Kische, Bernd Bransch, Wolfram Löwe, Hartmut Schade, Wilfried Gröbner, Gert Heidler, Hans-Ulrich Grapenthin, Gerd Weber, Dieter Riedel

S POL
Jan Tomaszewski, Antoni Szymanowski, Wladyslaw Zmuda, Zygmunt Maszczyk, Grzegorz Lato, Henry Kasperczak, Kazimierz Deyna, Andzej Szamach, Kazimierz Kmiecik, Piotr Mowlik, Henryk Wawrowski, Henryk Wiczorek, Jerzy Gorgon, Leslaw Cmikiewicz, Wojcicch Rudy, Roman Ogaza, Jan Benigier

B URS
Vladimir Astapovsky, Viktor Matviyenko, Mikhail Formenko, Stefan Reshko, Vladimir Troshkin, Vladimir Onishchenko, Viktor Kolotov, Oleg Blokhin, Leonid Buryak, Alexander Minayev, Viktor Zvyagintsev, Vladimir Fyodorov, Vladimir Veremeyev, Leonid Nazarenko, Anatoli Konkov

Moskau 1980

G TCH
Stanislav Seman, Ludek Macela, Josef Mazura, Libor Radimec, Zdenek Rygel, Oldrich Rott, Lubos Pokluda, Petr Nemec, Frantisek Stambacher, Jan Berger, Ladislav Vízek, Jindwich Svoboda, Werner Licka, Rostislav Václavicek, Zdeneck Sreiner, Frantisek Kunzo

S GDR
Bodo Rudwaleit, Norbert Trieloff, Matthias Müller, Artur Ullrich, Frank Baum, Rüdiger Schnuphase, Wolfgang Steinbach, Lothar Hause, Matthias Liebers, Frank Terletzki, Wolf-Rüdiger Netz, Dieter Kühn, Werner Peter, Frank Uhlig, Jürgen Bähringer, Bernd Jakubowski, Andreas Trautmann

B URS
Renat Dasayev, Tengiz Sulakvelidze, Alexander Chivadze, Vagiz Khidiyatulin,

Oleg Romantsev, Sergei Shavlo, Sergei Andreyev, Vladimir Bessonov, Yuri Gavrilov, Fyodor Cherenkov, Valeri Gazzayev, Sergei Baltacha, Khoren Oganesyan, Vladimir Pilguy, Sergei Nikulin, Alexander Prokopenko, Revaz Chelebadze

Los Angeles 1984

G FRA
Albert Rust, William Ayache, Michel Bibard, Dominique Bijotat, François Brisson, Patrick Cubaynes, Patrice Garande, Philippe Jeannol, Guy Lacombe, Jean-Claude Lemoult, Jean-Philipp Rohr, Didier Sénac, Jean-Christoph Thouvenel, José Touré, Daniel Yucreb, Jean-Louis Zanon

S BRA
Gilmar Rinaldi, Ronaldo Silva, Jorge Luiz Brum, Mauro Galvão, Ademir Rock Kaeser, André Luiz Ferreira, Paulo Santos, Carlos Verri, João Leichardt Neto, Silvio Paiva, Luiz Carlos Winck, Davi Cortez Silva, Antonio José Gil, Francisco Vidal, Milton Cruz, Augilmar Oliveira

B YUG
Ivan Pudar, Vlado Capljic, Mirsad Baljic, Sreeko Katanec, Marka Elsner, Ljubomir Radanovic, Admir Smajic, Nenad Gracan, Milko Iurovski, Mehmed Bazdarevic, Borislav Cvetkovic, Tomislav Ivkovic, Jovica Nikolic, Stjepan Deveric, Branko Miljus, Dragan Stojkovic, Mitar Mrkela

Seoul 1988

G URS
Dimitri Kharin, Gela Ketashvili, Igor Sklyarov, Alexei Cherednik, Arvidas Janonis, Yevgeni Kusnezov, Igor Ponomarev, Alexander Borodyuk, Igor Dobrovolsky, Vladimir Lyutyi, Yevgeni Yarovenko, Sergei Fokin, Vladimir Tatarchuk, Alexei Mikhaylichenko, Viktor Losev, Sergei Gorlukovich, Yuri Savichev, Aminas Narbekovas

S BRA
Claudio André Mergen Taffarel, Jorgede Amorim »Jorginho« Campos Jord, João Santos Batista, Ademir Rock Kaeser, Geovani Silva, Edmar Bemardes dos Santos, Hamilton »Carccall« de Souza, Romário de Souza »Romário« Faria, André Cruz, Luiz Carlos Winck, Aloisio Alves, Milton Luis de Souza Filho, José »Neto« Ferreira Neto, Sergio »João Paulo« Donizete Luiz, Jorge Luis »Andrade« da Silva, José Roberto Gama »Bebeto« de Oliveira

B FRG
Michael Schulz, Armin Görtz, Wolfgang Funkel, Thomas Hörster, Olaf Janßen, Rudi Bommer, Holger Fach, Jürgen Klinsmann, Wolfram Wuttke, Frank Mill, Uwe Kamps, Roland Grahammer, Thomas Hässler, Christian Schreier, Fritz Walter, Ralf Sievers, Gerhard Kleppinger, Karl-Heinz Riedle

Barcelona 1992

G ESP
José Amavisca Garate, Rafael Berges Marin, Abelardo Fernandez Antuña, Albert Ferrer Llopis, Josep Guardiola Sala, Miguel Hernandez Sanchez, Antonio Jimenez Sistachs, Mikel Lasa Goicocchea, Juan Lopez Martinez, Luis Martinez Garcia, Francisco Narvacz Mochón, Alfonso Perez Muñoz, Antonio Pinilla Miranda, Francisco Soler Atencia, Roberto Solozabal Villanueva, Gabriel VidalNova, David Villabona Etxalcku

S POL
Dariusz Adamczuk, Marek Bajor, Jerzy Brzeczek, Dariusz Gesior, Marcin Jalocha, Andrzej Juskowiak, Aleksander Klak, Andrzej Kobylawski, Wojciech Kowalczyk, Marek Kozmieski, Tomasz Lapieski, Grzegorz Mielcarski, Ryszard Stanick, Piotr Swierczewski, Tomasz Waldoch, Miroslaw Waligóra

B GHA
Joachim Acheampong, Simon Addo, Sammi Adjei, Mamood Amadu, Frank Amankwah, Bernard Aryee, Isaac Asare, Kwarne Ayew, Mohammed Gargo, Ibrahim Dossey, Mohammed Kalilu, Maxwell Konadu, Osei Kuffuor[1], Samuel Kumah, Nii Odartey Lamptey, Anthony Mensah, Alex Nyarko, Yaw Preko, Shamo Quaye, Oli Rahman

1) Kuffuor spielte ein Jahr später bei Bayern München in der Bundesliga.

Bilanz Basketball Männer

Land	G	S	B
1. USA	10	1	1
2. URS	2	4	3
3. YUG	1	3	1
4. CAN	–	1	–
CRO	–	1	–
ESP	–	1	–
FRA	–	1	–
ITA	–	1	–
9. BRA	–	–	3
10. URU	–	–	2
11. CUB	–	–	1
LTU	–	–	1
MEX	–	–	1

Basketball

Männer

Berlin 1936

G USA
Ralph Bishop, Joseph Fortenberry, Carl Knowles, Jack Ragland, Carl Shy, William Wheatley, Francis Johnson, Samuel Balter, John Gibbons, Frank Lubin, Arthur Mollner, Donald Piper, Duane Swanson, Willard Schmidt

S CAN
Gordon Aitchison, Jan Allison, Arthur Chapman, Charles Chapman, Douglas Peden, James Stewart, Malcolm Wiseman, Edward Dawson, Irving Meretsky

B MEX
Carlos Borja Morca, Victor Borja Morca, Raúl Fernández Robert, Francisco Martinez Cordero, Jesús Olmos Moreno, Greer Skousen Spilsbury, Luis De La Vega Leija, Rodolfo Choperena Irizarri, José Pamplona Lecuanda, Andrés Gómez Dominguez, Silvio Hernández del Valle

London 1948

G USA
Clifford Barker, Donald Barksdale, Ralph Beard, Lewis Beck, Vincent Boryla, Gordon Carpenter, Alex Groza, Wallace Jones, Robert Kurland, Raymond Lumpp, Robert Pitts, Jesse Renick, Robert Robinson, Kenneth Rollins

S FRA
André Barrais, Michel Bonnevie, André Buffière, René Chocat, René Dérency, Maurice Desaimonnet, André Even, Maurice Girardot, Fernand Guillou, Raymond Offner, Jacques Perrier, Yvan Quénin, Lucien Rebuffic, Pierre Thiolon

B BRA
Zenny de Azevedo, João Francisco Bráz, Marcos Vinicius Dias, Afonso Azevedo, Évora, Ruy de Freitas, Alexandre Gemignani, Alberto Marson, Alfredo Rodrigues da Mota, Nilton Pacheco de Oliveira, Massinet Sarcinelli

Helsinki 1952

G USA
Charles Iloag, William Hougland, Melvin Kelley, Robert Kenney, Clyde Lovelette, Marcus Freiberger, Victor Glasgow, Frank McCabe, Daniel Pippin, Howard Williams, Ronald Bontemps, Robert Kurland, William Lienhard, John Keller

S URS
Victor Vlasov, Stepas Butautas, Joann Lòssov, Kazys Petkevicius, Nodar Dzhordzhikiya, Anatoli Konyev, Otar Korkiya, Ilmar Kullam, Yuri Ozerov, Alexander Moiseyev, Heino Kruus, Justinas Lagunavicius, Maigonis Valdmanis, Stasys Stonkus

B URU
Martin Acosta, Enrique Baliño, Victorio Cieslinskas, Héctor Costa, Nelson Domarco, Héctor Garcia Otero, Roberto Lovera, Adesio Lombardo, Tabaré Larre Borges, Sergio Matto, Wilfredo Pelacz, Carlos Rosselló

Melbourne 1956

G USA
Carl Cain, William Hougland, K. C. Jones, William Russell, James Walsh, William Evans, Burdette Haldorson, Ronald Tomsic, Richard Boushka, Gilbert Ford, Robert Jeangerard, Charles Darling

S URS
Valdis Muiznieks, Maigonis Valdmanis, Vladimir Torban, Stasys Stonkus, Kazys Petkevicius, Arkadi Bochkaryov, Janis Krumins, Mikhail Semyonov, Algirdas Lauritenas, Yuri Ozerov, Viktor Zubkov, Mikhail Studenetsky

B URU
Carlos Blixen, Ramiro Cortes, Héctor Costa, Nelson Chelle, Nelson Demarco, Héctor Garcia Otero, Carlos Gonzáles, Sergio Matto, Oscar Moglia, Raúl Mera, Ariel Olascoaga, Milton Scarón

Rom 1960

G USA
Burdette Haldorson, Jay Arnette, Walter Bellamy, Robert Boozer, Terry Dischinger, Darrall Imhoff, Allen Kelley, Lester Lane, Jerry Lucas, Oscar Robertson, Adrian Smith, Jerry West

S URS
Yuri Korneyev, Guram Minashvili, Valdis Muiznieks, Cesars Ozers, Alexander Petrov, Mikhail Semyonov, Vladimir Ugrekhelidze, Maigonis Valdmanis, Janis Krumins, Albert Valtin, Gennady Volnov, Viktor Zubkov

B BRA
Moysés Blás, Waldemar Blatskauskas, Zenny de Azevedo, Carmo de Souza, Carlos Domingos Massoni, Waldyr Geraldo Boccardo, Wlamir Marques,

Amaury António Passos, Fernando Pereira de Freitas, Antonio Salvador Sucar, Jatyr Eduardo Schall, Edson Bispo dos Santos

Tokio 1964

G USA
Jim Barnes, William Bradley, Lawrence Brown, Joe Caldwell, Mel Counts, Richard Davies, Walter Hazzard, Lucius Jackson, John McCaffrey, Jeffry Mullins, Jerry Shipp, George Wilson

S URS
Janis Krumins, Valdis Muiznieks, Nikolai Bagley, Armenak Alachachyan, Alexander Travin, Vyacheslav Khrynin, Levan Moseshvili, Yuri Korneyev, Alexander Petrov, Gennadi Volnov, Jaak Lipso, Juris Kalnins

B BRA
Amaury António Passos, Wlamir Marques, Ubiratan Pereira Maciel, Carlos Domingos Massoni, Jatyr Eduardo Schall, Carmo de Souza, Edson Bispo dos Santos, Antonio Salvador Sucar, Friedrich Wilhelm Braun, Victor Mirshawka, Sérgio De Toledo Machado, José Edvar Simòes

Mexiko City 1968

G USA
John Clawson, Kenneth Spain, Joseph White, Michael Barrett, Spencer Haywood, Charles Scott, Wilmer Hoskett, Calvin Fowler, Michael Silliman, Glynn Saulters, James King, Donald Dee

S YUG
Aljosa Zorga, Radivoje Korac, Zoran Maroevic, Trajko Rajkovic, Vladimir Cvetkovic, Dragoslav Raznatovic, Ivo Daneu, Kresimir Cosic, Damir Solman, Nikola Piccas, Dragutin Cermak, Petar Skansi

B URS
Anatoli Krikun, Modestas Paulauskas, Surab Sakandelidze, Vadim Kapranov, Yuri Selikhov, Anatoli Polivoda, Sergei Belov, Priit Tomson, Sergei Kovalenko, Gennadi Volnov, Jaak Lipso, Vladimir Andreyev

München 1972

G URS[1]
Anatoli Polidova, Sergei Bekov, Surab Sakandelidze, Gennadi Volnov, Sergei Kovalenko, Modestas Paulauskas, Alzhan Zharmukhamedov, Alexander Boloshev, Ivan Yedeshko, Mikhail Korkiya, Ivan Dvornyi, Alexander Belov

S USA
Kenneth Davis, Douglas Collins, Thomas Henderson, Michael Bantom, Robert Jones, Dwight Jones, James Forbes, James Brewer, Tommy Burleson, Thomas McMillen, Kevin Joyce, Edward Ratleff

B CUB
Juan Domecq, Ruperto Herrera, Juan Roca, Pedro Chappé, José Alvarez Pozo, Rafael Cañizares, Conrado Pérez, Miguel Calderón, Tomás Herrera, Oscar Varona, Akjandro Urgellés, Franklin Standard

Montreal 1976

G USA
Phil Ford, Steven Sheppard, Adrian Dantley, Walter Davis, Quinn Buckner, Ernie Grunfeld, Kenneth Carr, Scott May, Michael Armstrong, Thomas LaGarde, Philip Hubbard, Mitchell Kuochak

S YUG
Blagoje Georgijevski, Dragan Kicanovic, Vinko Jelovac, Rajko Zizic, Zeljko Jerkov, Andro Knego, Zoran Slavnic, Damir Solman, Zarko Varajic, Kresimir Cosic, Drazen Dalipagic, Mirza Delibasic

B URS
Vladimir Arzamaskov, Alexander Salnikov, Valeri Miloserdov, Alzhan Zharmukhamedov, Andrei Makeyev, Ivan Yedeshko, Sergei Belov, Vladimir Tkachenko, Anatoli Myshkin, Mikhail Korkiya, Alexander Belov, Vladimir Zhigily

Moskau 1980

G YUG
Mihovil Nakic-Vojnovic, Dragan Kicanovic, Branko Skroce, Rajko Zizic, Zeljko Jerkov, Andro Knego, Zoran Slavnic, Ratko Radovanovic, Duje Krstulovic, Kresimir Cosic, Drazen Dalipagic, Mirza Delibasic

S ITA
Romeo Sacchetti, Roberto Brunamonti, Michael Silvester, Enrico Gilardi, Fabrizio Della Fiori, Marco Solfrini, Marco Bonamico, Dino Meneghin, Renato Villalta, Renzo Vecchiato, Pierluigi Marzorati, Pietro Generali

B URS
Stanislav Yeryomin, Valeri Miloserdov, Sergei Tarakanov, Alexander Salnikov, Andrei Lopatov, Nikolai Deryugin, Sergei Belov, Vladimir Tkachenko, Anatoli Myshkin, Sergeius Jovaisa, Alexander Belostennyi, Vladimir Zhigily

1) Ende der 36jährigen USA-Dominanz im Basketball

Bilanz Basketball Frauen

Land	G	S	B
1. USA	2	1	1
2. URS	2	–	1
3. EUN	1	–	–
4. BUL	–	1	1
CHN	–	1	1
YUG	–	1	1
7. KOR	–	1	–

1) wegen der hohen Spielkultur »Dream Team« genannt: einzigartige Versammlung von Stars

2) Die zweimalige Olympiasiegerin Uljana Semjonova war 2,11 m groß.

Los Angeles 1984

G USA
Steve Alford, Leon Wood, Patrick Ewing, Vern Fleming, Alvin Robertson, Michael Jordan, Joseph Kleine, Jon Koncak, Wayman Tisdale, Chris Mullin, Samuel Perkins, Jeffrey Turner

S ESP
José Manuel Beirán, José Luis Llorente, Fernando Arcega, José María Margall, Andrés Jiménez, Fernando Romay, Fernando Martin, Juan Antonio Corbalán, Ignacio Solozábal, Juan Domingo De La Cruz, José Manuel López, Juan Antônio San Epifanio

B YUG
Drazen Petrovic, Aleksandar Petrovic, Nebojsa Zorkic, Rajko Zizic, Ivan Sunara, Emir Mutapcic, Sabit Hadzic, Andro Knego, Ratko Radovanovic, Mihovil Nakic-Vojnovic, Drazen Dalipagic, Branko Vukicevic

Seoul 1988

G URS
Alexander Volkov, Tiit Sokk, Sergei Tarakanov, Sarinas Marciulionis, Igors Miglinieks, Valeri Tikhonenko, Rimas Kurtinaitis, Arvidas Sabonis, Viktor Pankrashkin, Valdemaras Chomicius, Alexander Belostennyi, Valeri Goborov

S YUG
Drazen Petrovic, Zdravko Radulovic, Zoran Cutura, Toni Kukoc, Zarko Paspalj, Zeljko Obradovic, Jure Zdovc, Stojko Vrankovic, Vlade Divac, Franjo Arapovic, Dino Rada, Danko Cvjeticanin

B USA
Mitch Richmond, Charles E. Smith IV, Charles D. Smith, Vernell Coles, Jeff Grayer, William Anderson, Stacy Augmon, Daniel Majerle, Daniel Manning, Herman Reid jr., David Robinson, Hersey Hawkins

Barcelona 1992

G USA[1]
Charles Barkley, Larry Bird, Clyde Drexler, Patrick Ewing, Earvin »Magic« Johnson, Michael Jordan, Christian Laettner, Karl Malone, Chris Mullin, Scottie Pippen, David Robinson, John Stockton

S CRO
Vladan Alanovic, Franjo Arapovic, Danko Cvjeticanin, Alan Gregov, Arijan Komazec, Toni Kukoc, Aramis Naglic, Velimir Perasovic, Drazen Petrovic, Dino Rada, Zan Tabak, Stojko Vrankovic

B LTU
Romanas Brazdauskis, Valdemaras Chomicius, Darius Dimavicius, Gintaras Einikis, Sergeius Jovaisa, Artaras Karniaovas, Gintaras Krapikas, Rimas Kurtinaitis, Sarinas Marciulionis, Alvydas Pazdrazdis, Arvidas Sabonis, Arunas Visockas

Frauen

Montreal 1976

G URS
Angele Rupshiene, Tatyana Zakharova, Olga Barysheva, Tatyana Ovechkina, Nadeshda Shuvayeva, Uljana Semjonova, Nelli Feryabnikova, Olga Sukharnova, Raisa Kurvyakova, Nadeshda Zakharova, Tamara Dauniene, Natalia Klimova

S USA
Cindy Brogdon, Susan Rojcewicz, Ann Meyers, Lusia Mae Harris, Nancy Dunkle, Charlotte Lewis, Nancy Liebermann, Gail Marquis, Patricia Roberts, Mary Anne O'Connor, Patricia Head, Julienne Simpson

B BUL
Nadka Golcheva, Penka Metovieva, Petkana Makaveeva, Snezhana Mikhaylova, Krasimira Bogdanova, Diana Dilova, Penka Stoyanova, Krasimira Gyurova, Todorka Yordanova, Margarita Shtarkelova, Mariya Stoyanova, Girgina Skerlatova

Moskau 1980

G URS
Angele Rupshiene, Tatyana Zakharova, Olga Barysheva, Tatyana Ovechkina, Nadeshda Shuvayeva, Uljana Semjonova[2], Nelli Feryabnikova, Olga Sukharnova, Lyubov Sharmay, Vida Beseliene, Lyudmila Rogozhina, Tatyana Ivinskaya

S BUL
Nadka Golcheva, Penka Metovieva, Petkana Makaveeva, Snezhana Mikhaylova, Krasimira Bogdanova, Diana Braynova-Dilova, Penka Stoyanova, Vanya Dermendzhieva, Angelina Mikhaylova, Evladiya, Slavcheva, Kostadinka Radkova, Silviya Germanova

B YUG
Vera Djuraskovic, Mirsada Becirspahic, Jelica Komnenovic, Mira Bjedov, Vukica Mitic, Sanja Ozegovic, Sofija Pekic, Marija Tonkovic, Zorica Djurkovic, Vesna Despotovic, Biljana Majstorovic, Jasmina Perazic

Los Angeles 1984

G USA
Teresa Edwards, Lea Henry, Lynette Woodard, Anne Donovan, Cathy Boswell, Cheryl Miller, Janice Lawrence, Cindy Noble, Kim Mulkey, Denise Curry, Pamela McGee, Carol Menken-Schaudt

S KOR
Choi Aei-Young, Kim Eun-Sook, Lee Hyung-Sook, Choi Kyung-Hee, Lee Mi-Ja, Moon Kyung-Ja, Kim Hwa-Soon, Jeong Myung-Hee, Kim Young-Hee, Sung Jung-A, Park Chan-Sook

B CHN
Chen Yuefang, Li Xiaoqin, Ba Yan, Song Xiaobo, Qui Chen, Wang Jun, Xiu Lijuan, Zheng Haixia, Cong Xuedi, Zhang Hui, Liu Qing, Zhang Yueqin

Seoul 1988

G USA
Teresa Edwards, »Kamie« Ethridge, Cynthia Brown, Anne Donovan, Teresa Weatherspoon, Bridgette Gordon, Victoria Bullett, Andrea Lloyd, Katrina McClain, Jennifer Gillom, Cynthia Cooper, Suzanne McConnell

S YUG
Stojna Vangelovska, Mara Lakic, Zana Lelas, Eleonora Wild, Kornelija Kvesic, Danira Nakic, Sladana Golic, Polona Dornik, Razija Mujanovic, Vesna Bajkusa, Adelija Arbutina, Bojana Milosevic

B URS
Olga Yevkova, Irina Gerlits, Olesya Barel, Irina Sumnikova, Olga Buryakina, Olga Yakovleva, Irina Minkh, Alexandra Leonova, Yelena Khudashova, Vitalia Tuomaite, Natalia Zasulskaya, Galina Savitskaya

Barcelona 1992

G EUN
Yelena Baranova, Elen Bunatyants, Irina Gerlits, Yelena Khudashova, Irina Minkh, Yelena Shvaybovich, Irina Sumnikova, Marina Tkachenko, Yelena Tornikidu, Svetlana Zaboluyeva, Natalia Zasulskaya, Yelena Zhirko

S CHN
Cong Xuedi, He Jun, Li Dongmei, Li Xin, Liu Jun, Liu Qing, Peng Ping, Wang Fang, Zhan Shuping, Zheng Dongmei, Zheng Haixia

B USA
Victoria Bullett, Daedra Charles, Cynthia Cooper, Clarissa Davis, Medina Dixon, Teresa Edwards, Tammy Jackson, Carolyn Jones, Katrina McClain, Suzanne McConnell, Vickie Orr, Teresa Weatherspoon

Baseball

Männer

Barcelona 1992

G CUB
Omar Ajete Iglesias, Rolando Arrojo Avila, José Raúl Delgado Diez, Giorge Díaz Loren, José Antonio Estrada González, Osvaldo Fernández Rodriguez, Lourdes Gurriel Delgado, Orlando Hernández Pedroso, Alberto Hernández Pérez, Orestes Kindelán Olivares, Omar Linares Izquierdo, Germán Mesa Fresneda, Victor Mesa Martínez, Antonio Pacheco Massó, Juan Padilla Alfonso, Juan Carlos Pérez Rondón, Luis Ulacia Alvarez, Ermidelio Urrutia Quiroga, Jorge Valdes Berriel, Lázaro Vargas Alvarez

S TPE
Chang Cheng-Hsien, Chang Wen-Chung, Chang Yaw-Teing, Chen Chi-Hsin, Chen Wei-Chen, Chiang Tai-Chuan, Huang Chung-Yi, Huang Wen-Po, Jong Yeu-Jeng, Ku Kuo-Chian, Kuo Lee Chien-Fu, Liao Ming-Hsiung, Lin Chao-Huang, Lin Kun-Han, Lo Chen-Jung, Lo Kuo-Chong, Pai Kun-Hong, Tsai Ming-Hung, Wang Kuang-Shih, Wu Shih-Hsin

B JPN
Tomohito Ito, Shinichiro Kawabata, Masahito Kohiyama, Hirotami Kojima, Hiroki Kokubo, Takashi Miwa, Hiroshi Nakamoto, Masafumi Nishi, Kazutaka Nishiyama, Koichi Oshima, Hiroyuki Sakaguchi, Shinichi Sato, Yasuhiro Sato, Masanori Sugiura, Kento Sugiyama, Yasunori Takami, Akihiro Togo, Koji Tokunaga, Shigeki Wakabayashi, Katsumi Watanabe

Bilanz Handball Männer

Land	G	S	B
1. URS	2	1	–
2. YUG	2	–	1
3. EUN	1	–	–
GDR	1	–	–
GER	1	–	–
6. ROM	–	1	3
7. AUT	–	1	–
FRG	–	1	–
KOR	–	1	–
SWE	–	1	–
TCH	–	1	–
12. FRA	–	–	1
POL	–	–	1
SUI	–	–	1

Handball

Männer

Berlin 1936[1]

G GER
Heinz Körvers, Arthur Knautz, Willy Bandholz, Hans Keiter, Wilhelm Brinkmann, Georg Dascher, Erich Herrmann, Hans Theilig, Helmut Berthold, Alfred Klingler, Fritz Fromm, Karl Kreutzberg, Heinrich Keimig, Wilhelm Müller, Kurt Dossin, Rudolf Stahl, Hermann Hansen, Fritz Spengler, Edgar Reinhardt, Günther Ortmann, Wilhelm Baumann, Helmut Braselmann

S AUT
Alois Schnabel, Franz Bartl, Johann Tauscher, Otto Licha, Emil Juracka, Leopold Wohlrab, Jaroslav Volak, Alfred Schmalzer, Ludwig Schuberth, Ferdinand Kiefler, Anton Perwein, Fritz Maurer, Franz Brunner, Fritz Wurmböck, Siegfried Purner, Hans Zehetner, Hans Houska, Franz Bistricky, Franz Berghammer, Walter Reisp, Josef Krejci, Siegfried Powolny

B SUI
Willy Gysi, Robert Studer, Erich Schmitt, Rolf Fäs, Erland Herkenrath, Burkhard Gantenbein, Werner Meyer, Max Streib, Georg Mischon, Ernst Hufschmid, Eugen Seiterle, Edy Schmid, Max Bloesch, Werner Scheurmann, Willy Schäfer, Willy Hufschmid, Rudolf Wirz

München 1972

G YUG
Zoran Zivkovic, Abaz Arslanagic, Miroslav Pribanic, Petar Fajfric, Milorad Karalic, Djoko Lavrnic, Slobodan Miskovic, Hrvoje Horvat, Branislav Pokrajac, Zdravko Miljak, Milan Lazarevic, Nebojsa Popovic, Zdenko Zorko, Albin Vidovic

S TCH
Frantisek Králik, Petr Pospisil, Ivan Satrapa, Vladimír Jary, Jirí Kavan, Andrej Lukosik, Vladimír Haber, Jindrich Krepindl, Ladislav Benes, Vincent Lafko, Jaroslav Konecny, Pavel Mikes, Frantisek Bruna, Zdenek Skára, Jaroslav Skarvan, Arnost Klimcík

B ROM
Cornel Penu, Alexandru Dinca, Gavril Kicsid, Ghita Licu, Cristian Gatu, Roland Gunesch, Radu Voina, Simion Schöbel, Gheorghe Gruia, Werner Stöckl, Dan Marin, Adrian Cosma, Valentin Samungi, Constantin Tudosic, Stefan Birtalan

Montreal 1976

G URS
Mikhail Ishchenko, Anatoli Fedyukin, Vladimir Maksimov, Sergei Kushniryuk, Vladimir Kravtsov, Yuri Klimov, Alexander Anpilogov, Yevgeni Chernyshov, Valeri Gassy, Nikolai Tomin, Yuri Kidyaev, Alexander Rezanov, Vassili Ilyin, Yuri Lagutin

S ROM
Cornel Penu, Gavril Kicsid, Cristian Gatu, Ghita Licu, Radu Voina, Roland Gunesch, Stefan Birtalan, Adrian Cosma, Constantin Tudosic, Nicolae Munteanu, Werner Stöckl, Mircea Grabovschi, Cezar Draganita, Alexandru Fölker

B POL
Andrzej Szymczak, Piotr Cicsla, Zdzislaw Antczak, Zygfryd Kuchta, Jerzy Klempel, Janusz Brzozowski, Ryszard Przybysz, Jerzy Melcer, Andrzej Sokolowski, Jan Gmyrck, Henyrk Rozmiarck, Alfred Kaluzinski, Wlodzimierz Zieliwski, Mieczyslaw Wojczak

Moskau 1980

G GDR
Wieland Schmidt, Siegfried Voigt, Günter Dreibrodt, Peter Rost, Klaus Gruner, Lothar Doering, Frank-Michael Wahl, Dietmar Schmidt, Ingolf Wiegert, Hans-Georg Beyer, Hartmut Krüger, Rainer Höft, Ernst Gerlach, Hans-Georg Jaunich

S URS
Mikhail Ishchenko, Nikolai Tomin, Viktor Makhorin, Vladimir Belov, Alexander Anpilogov, Yevgeni Chernyshov, Alexei Zhuk, Voldemaras Novickis, Sergei Kushniryuk, Alexander Karshakevich, Anatoli Fedyukin, Yuri Kidyaev, Vladimir Kravtsov, Vladimir Repyev

B ROM
Nicolae Munteanu, Claudiu Ionescu, Marian Dumitru, Vasile Stinga, Radu Voina, Stefan Birtalan, Alexandru Fölker, Neculai Vasilca, Iosif Boros, Maricel Voinca, Cornel Durau, Adrian Cosma, Cezar Draganita, Lucian Vasilache

Los Angeles 1984

G YUG
Zlatan Arnautovic, Momir Rnic, Veselin Vujovic, Milan Kalina, Jovan Elezovic, Zdravko Zovko, Branko Strbac, Pavle

1) 1936 wurde Feldhandball gespielt, ab 1972 nur noch in der Halle.

»Pavo« Jurina, Veselin Vujovic, Slobodan Kuzmanovski, Mirko Basic, Dragan Mladenovic, Zdravko Radenovic, Mile Isakovic

S FRG
Andreas Thiel, Arnulf Meffle, Rüdiger Neitzel, Martin Schwalb, Dirk Rauin, Michael Paul, Michael Roth, Thomas Happe[1], Erhard Wunderlich, Thomas Springel, Klaus Wöller, Jochen Fraatz, Uwe Schwenker, Siegfried Roch, Ulrich Roth

B ROM
Nicolae Munteanu, Marian Dumitru, Iosif Boros, Maricel Voinca, Vasile Stinga, Gheorghe Dogarescu, Gheorghe Covaciu, Cornel Durau, Alexandru Fölker, Dumitru Berbece, Neculai Vasilca, Alexandru Buligan, Vasile Oprea, Mircea Bedivan, Adrian Simion

Seoul 1988

G URS
Alexander Tuchkin, Alexander Rymanov, Alexander Karshakevich, Yuri Nesterov, Georgi Sviridenko, Valeri Gopin, Andrei Tyumentsev, Mikhail Vasilyev, Yuri Shevtsov, Andrei Lavrov, Vyacheslav Atavin, Voldemaras Novickis, Igor Chumak, Konstantin Sharovarov

S KOR
Choi Suk-Jae, Kang Jae-Won, Kim Jae-Hwan, Koh Suk-Chang, Lim Jin-Suk, Oh Young-Ki, Park Do-Hun, Park Young-Dae, Roh Hyun-Suk, Shim Jae-Hong, Shin Young-Suk, Yoon Tae-Il, Lee Sang-Hyo

B YUG
Rolando Pusnik, Momir Rnic, Muhamed Memic, Zlatko Saracevic, Iztok Puc, Goran Perkovac, Irfan Smajlagic, Zlatko Portner, Veselin Vujovic, Jozef Holpert, Boris Jarak, Mirko Basic, Alvaro Nacinovic, Slobodan Kuzmanovski, Ermin Velic

Barcelona 1992

G EUN
Andrei Barbashinsky, Sergei Bebeshko, Talant Duyshebayev, Yuri Gavrilov, Valeri Gopin, Oleg Grebnev, Mikhail Yakimovich, Oleg Kiselyov, Vassili Kudinov, Andrei Lavrov, Igor Chumak, Igor Vasiliyev

S SWE
Magnus Andersson, Robert Andersson, Anders Bäckegren, Per Carlén, Magnus Cato, Erik Hajas, Robert Hedin, Patrik Liljestrand, Ola Lindgren, Mats Olsson, Staffan Olsson, Axel Sjöblad, Tommy Suoraniemi, Tomas Svensson, Pierre Thorsson, Magnus Wislander

B FRA
Philippe Debureau, Philippe Gardent, Denis Lathoud, Pascal Mahe, Philippe Medard, Gael Monthurel, Laurent Munier, Frederic Perez, Thierry Perreux, Alain Portes, Eric Quintin, Jackson Richardson, Stéphane Stoecklin, Jean-Luc Thiebaut, Denis Tristant, Frederic Volle

Frauen

Montreal 1976

G URS
Natalia Sherstyuk, Lyubov Berezhnaya, Zinaida Turchina, Tatyana Makarets, Lyudmila Bobrus, Larisa Karlova, Aldona Cesaitite, Mariya Litoshenko, Tatyana Glushchenko, Lyudmila Shubina, Galina Zakharova, Nina Lobova, Lyudmila Panchuk, Rafiga Shabanova

S GDR
Hannelore Zober, Evelyn Matz, Roswitha Krause[2], Christina Rost, Petra Uhlig, Marion Tietz, Kristina Richter, Waltraud Kretzschmar, Gabriele Badorek, Christina Voß, Silvia Siefert, Eva Paskuy, Liane Michaelis, Hannelore Burosch

B HUN
Agota Bujdoso, Borbala Toth Harsanyi, Katalin Lakine-Toth Harsanyi, Amalia Sterbinszky, Ilona Nagy, Klára Csikne-Horvath, Rozalia Lelkesne-Tomann, Maria Vadaszné-Vanya, Erzsebet Nemeth, Eva Angyal, Marianna Nagy, Zsuzsanna Kézine-Pethö, Marta Megyerine-Pacsai

Moskau 1980

G URS
Natalia Sherstyuk, Lyubov Berezhnaya, Zinaida Turchina, Tatyana Makarets, Lyudmila Bobrus, Larisa Karlova, Aldona Cesaitite, Irina Palchikova, Larisa Savkina, Yuliya Safina, Olga Zubareva, Valentina Lutayeva, Sigita Strecen-Mazeikaitz

S YUG
Ana Titlic, Slavica Jeremic, Zorica Vojinovic, Radmila Drljaca, Katica Iles, Mirjana Ognjenovic, Svetlana Anastasovski, Rada Savic, Svetlana Kitic, Mirjana Djurica, Biserka Visnjic, Vesna Radovic, Jasna Merdan, Vesna Milosevic

B GDR
Hannelore Zober, Evelyn Matz, Roswitha Krause[2], Christina Rost, Petra Uhlig, Marion Tietz, Kristina Richter, Waltraud

Bilanz Handball Frauen

Land	G	S	B
1. KOR	2	1	–
2. URS	2	–	1
3. YUG	1	1	–
4. NOR	–	2	–
5. GDR	–	1	1
6. CHN	–	–	1
EUN	–	–	1
HUN	–	–	1

1) Thomas Happe (* 1958) ist der Sohn von Ursel Happe (* 1926), der Schwimm-Olympiasiegerin von 1956 über 200 m Brust.

2) Roswitha Krause (* 1949) war 1968 Olympiazweite über 4x100 m Freistil mit der DDR. Nicht zu verwechseln mit der Schwimm-Olympiasiegerin Barbara Krause von 1980.

Kretzschmar, Katrin Krüger, Claudia Wunderlich, Sabine Röther, Kornelia Kunisch, Birgit Heinicke, Renate Rudolph

Los Angeles 1984

G YUG
Jasna Ptujec, Mirjana Ognjenovic, Ljubinka Jankovic, Svetlana Anastasovski, Svetlana Dasic-Kitic, Alenka Cuderman, Svetlana Mugosa, Mirjana Djurica, Biserka Visnjik, Slavica Djukic, Jasna Kolar-Merdan, Ljiljana Mugosa, Dragica Yuric, Emilija Ercic, Zorica Pavicevic

S KOR
Kim Kyung-Soon, Lee Soon-Ei, Jeong Hyoi-Soon, Kim Mi-Sook, Han Hwa-Soo, Kim Ok-Hwa, Kim Choon-Rye, Jeung Soon-Bok, Yoon Byung-Soon, Lee Young-Ja, Sung Kyung-Hwa, Yoon Soo-Kyung, Shon Mi-Na

B CHN
Wu Xingjiang, He Jianping, Zhu Juefeng, Zhang Meihong, Gao Xiumin, Wang Linwei, Liu Liping, Sun Xiulan, Liu Yumei, Li Lan, Wang Mingxing, Chen Zhen, Zhang Peijun

Seoul 1988

G KOR
Han Hyun-Sook, Ki Mi-Sook, Kim Choon-Rye, Kim Hyun-Mi, Kim Kyung-Soon, Lee Ki-Soon, Lim Mi-Kyung, Shon Mi-Na, Song Ji-Hyun, Suk Min-Hee, Sung Kyung-Hwa, Kim Myung-Soon

S NOR
Vibcke Johnsen, Catherine Svendsen, Heidi Sundal, Hanne Hegh, Hanne Hogness, Karin Singstad, Trine Haltvik, Berit Digre, Ingrid Steen, Karin Pettersen, Susann Goksör, Annette Skotvoll, Kristin Midthun, Marthe Eliasson, Kjerstin Andersen

B URS
Natalia Mitryuk, Larisa Karlova, Svetlana Mankova, Zinaida Turchina, Olga Semyonova, Marina Bazanova, Natalia Morskova, Yevgeniya Tovstogan, Natalia Rusnachenko, Yelena Nemashkalo, Tatyana Dzhandzhgava, Natalia Anisimova, Elina Guseva, Natalia Lapitskaya

Barcelona 1992

G KOR
Cha Jac-Kyung, Hong Jeong-Ho, Jang Ri-Ra, Kim Hwa-Sook, Lee Ho-Youn, Lee Mi-Young, Lim O-Kyung, Min Hye-Sook, Moon Hyang-Ja, Nam Eun-Young, Oh Sung-Ok, Park Jeong-Lim, Park Kap-Sook

S NOR
Mona Dahle, Kristine Duvholt, Siri Eftedal, Hege Fröseth, Susann Goksör, Henriette Henriksen, Hanne Hogness, Karin Pettersen, Tonje Sagstuen, Annette Skotvoll, Ingrid Steen, Heidi Sundal, Catherine Svendsen, Heidi Tjugum

B EUN
Natalia Anisimova, Marina Bazanova, Svetlana Bogdanova, Galina Borzenkova, Natalia Deryugina, Tatyana Dzhandzhgava, Tatyana Gorb, Lyudmila Gudz, Elina Guseva, Larisa Kiselyova, Natalia Morskova, Galina Onoprienko, Svetlana Pryakhina

Bilanz Volleyball Männer

Land	G	S	B
1. URS	3	2	1
2. USA	2	–	1
3. JPN	1	1	1
4. BRA	1	1	–
5. POL	1	–	–
6. TCH	–	1	1
7. BUL	–	1	–
GDR	–	1	–
NED	–	1	–
10. ARG	–	–	1
CUB	–	–	1
ITA	–	–	1
ROM	–	–	1

Volleyball

Männer

Tokio 1964

G URS
Ivan Bugajenkov, Nikolai Burobin, Yuri Chesnokov, Vazha Kacharava, Valeri Kalachikhin, Vitali Kovalenko, Stanislav Ljugailo, Georgi Mondzolevsky, Yuri Poyarkov, Eduard Sibiryakov, Yuri Vengerovsky, Dimitri Voskoboynikov

S TCH
Milan Cuda, Bohumil Golián, Zdenek Humhal, Petr Kop, Josef Labuda, Josef Musil, Karel Paulus, Boris Perusic, Pavel Schenk, Václav Smidl, Josef Sorm, Ladislav Toman

B JPN
Yutaka Demachi, Tsutomu Koyama, Sadatoshi Sugahara, Naohiro Ikeda, Yasutaka Sato, Toshiaki Kosedo, Tokihiko Higuchi, Masayuki Minami, Takeshi Tokutomi, Terushisa Moriyama, Yuzo Nakamura, Katsutoshi Nekoda

Mexiko City 1968

G URS
Eduard Sibiryakov, Yuri Poyarkov, Georgi Mondzolevsky, Valeri Kravchenko, Vladimir Belyaev, Yevgeni Lapinsky, Ivan Bugajenkov, Oleg Antropov, Vasilijus Matucevas, Viktor Mikhalchuk, Boris Tereshchuk, Vladimir Ivanov

S JPN
Masayuki Minami, Katsutoshi Nekoda, Mamoru Shiragami, Isao Koizumi, Kenji

Kimura, Yasuaki Mitsumori, Jungo Morita, Tadayoshi Yokota, Seiji Oko, Tetsuo Sato, Kenji Shimaoka

B TCH
Bohumil Golián, Antonin Procházka, Petr Kop, Jirí Svoboda, Josef Musil, Lubomir Zajicek, Josef Smolka, Vladimir Petlák, Frantisek Sokol, Zdenek Groessl, Pavel Schenk, Drahomir Koudelka

München 1972

G JPN
Masayuki Minami, Katsutoshi Nekoda, Kenji Kimura, Jungo Morita, Tadayoshi Yokota, Seiji Oko, Tetsuo Sato, Kenji Shimaoka, Yoshihide Fukao, Yuzo Nakamura, Yasuhiro Noguchi, Tetsuo Nishimoto

S GDR
Arnold Schulz, Wolfgang Webner, Siegfried Schneider, Wolfgang Weise, Rudi Schumann, Eckehard Pietzsch, Wolfgang Löwe, Wolfgang Maibohm, Rainer Tscharke, Jürgen Maune, Horst Peter, Horst Hagen

B URS
Valeri Kravchenko, Yuri Poyarkov, Yevgeni Lapinsky, Yefim Chulak, Vladimir Putyatov, Vladimir Patkin, Leonid Zayko, Yuri Starunsky, Vladimir Kondra, Vyacheslav Domanyi, Viktor Borshch, Alexander Saprykin

Montreal 1976

G POL
Wlodzimierz Stefanski, Bronislaw Bebel, Lech Lasko, Edward Skorck, Tomasz Wójtowicz, Wieslaw Gawrowski, Miroslaw Rybaczewski, Zbigniew Lubiejewski, Ryszard Bosek, Wlodzimierz Sadalski, Zbigniew Zarzycki, Marck Karbarz

S URS
Anatoli Polishchuk, Vyacheslav Saizev, Yefim Chulak, Vladimir Dorokhov, Alexander Yermilov, Pavels Selivanov, Oleg Moliboga, Vladimir Kondra, Yuri Starunsky, Vladimir Chernyshov, Vladimir Ulanov, Alexander Savin

B CUB
Leonel Marshall, Victoriano Sarmientos, Ernesto Martinez, Victor Garcia, Carlos Salas, Raúl Virches, Jesús Savigne, Lorenzo Martinez, Diego Lapera, Antonio Rodriguez, Alfredo Figueredo, Jorge Pérez

Moskau 1980

G URS
Yuri Panchenko, Vyacheslav Saizev, Alexander Savin, Vladimir Dorokhov, Alexander Yermilov, Pavels Selivanov, Oleg Moliboga, Vladimir Kondra, Vladimir Chernyshov, Fyodor Lashchenov, Valeri Krivov, Viljar Loor

S BUL
Stoyan Gunchev, Khristo Stoyanov, Dimitar Zlatanov, Dimitar Dimitrov, Tsano Tsanov, Stefan Dimitrov, Petko Petkov, Mitko Todorov, Kaspar Simeonov, Emil Valchev, Khristo Iliev, Yordan Angelov

B ROM
Corneliu Oros, Laurentiu Dumanoiu, Dan Girleanu, Nicu Stoian, Sorin Macavei, Constantin Sterea, Neculae Vasile Pop, Günter Enescu, Valter-Corneliu Chifu, Marius Cata-Chitiga

Los Angeles 1984

G USA
Douglas Dvorak, David Saunders, Steven Salmons, Paul Sunderland, Richard Duwelius, Stephen Timmons, Craig Buck, Marc Waldie, Christian Marlowe, Aldis Berzins, Pat Powers, Charles Kiraly

S BRA
Bernardo Rezende, Mário Xandó de Oliveira Neto, Antonio Ribeiro, José Montanaro, Ruy Campos Nascimento, Renan Dal Zolto, William Carvalho Silva, Amauri Ribeiro, Marcus Freire, Domingos Lampariello Neto, Bernard Rajzman, Fernando D'Àvila

B ITA
Marco Negri, Pier Paolo Lucchetta, Giancarlo Dametto, Franco Bertoli, Francesco Dall'Olio, Piero Rebaudengo, Giovanni Errichiello, Guido De Luigi, Fabio Vullo, Giovanni Lanfranco, Paolo Vecchi, Andrea Lucchetta

Seoul 1988

G USA
Troy Tanner, David Saunders, Jon Root, Robert Ctvrtlik, Robert Partie, Stephen Timmons, Craig Buck, Scott Fortune, Ricci Luyties, Jeffery Stork, Eric Sato, Charles Kiraly

S URS
Yuri Panchenko, Andrei Kusnezov, Vyacheslav Saizev, Igor Runov, Vladimir Shkurikhin, Yevgeni Krasilnikov, Raimonds Vilde, Valeri Losev, Yuri Sapega, Alexander Sorokolet, Yaroslav Antonov, Yuri Cherednik

B ARG
Claudio Zulianello, Daniel Jörge Castellani, Eduardo Martinez, Alejandro Diz,

Daniel Colla, Carlos Weber, Hugo Nestor Conte, Waldo Ariel Kantor, Raúl Nicolas Quiroga, Jon Emili Uriarte, Esteban De Palma, Juan Carlos Cuminetti

Barcelona 1992

G BRA
Antônio Aguiar Gouveia, Mauricio Camargo Lima, Janelson Carvalho Santos, Douglas Chiarotti, Talmo Curto de Oliveira, André Falbo Ferreira, Giovane Farinazzo Gavio, Paulo Juroski Silva, Alexandre Ramos Samuel, Amauri Ribeiro, Jorge Souza de Brito, Marcelo Teles Negrão

S NED
Edwin Benne, Peter Blangé, Ronald Boudrie, Henk Jan Held, Martin von der Horst, Marko Klok, Olof van der Meulen, Jan Posthuma, Avital Selinger, Martin Teffer, Ronald Zoodsma, Ron Zwerver

B USA
Nick Becker, Carlos Briceno, Robert Ctvrtlik, Scott Fortune, Dan Greenbaum, Brent Hilliard, Bryan Ivie, Doug Partie, Bob Samuelson, Eric Sato, Jeffrey Stork, Steve Timmons

Bilanz Volleyball Frauen

Land	G	S	B
1. URS	4	2	–
2. JPN	2	2	1
3. CHN	1	–	1
4. CUB	1	–	–
5. USA	–	1	1
6. EUN	–	1	–
GDR	–	1	–
PER	–	1	–
9. POL	–	–	2
10. BUL	–	–	1
KOR	–	–	1
PRK	–	–	1

Frauen

Tokio 1964

G JPN
Masae Kasai, Emiko Miyamoto, Kuniko Tanida,Yuriko Handa, Yoshiko Matsumura, Sata Isobe, Katsumi Matsumura, Yoko Shinozaki, Setsuko Sasaki, Yuko Fujimoto, Masako Kondo, Ayano Shibuki

S URS
Nelli Abramova, Astra Biltauere, Lyudmila Buldakova, Lyudmila Gureyeva, Valentina Kamanek, Marita Katusheva, Ninel Lukanina, Valentina Mishak, Tatyana Roshchina, Inna Ryskal, Antonina Ryzhova, Tamara Tikhonina

B POL
Krystyna Czajkowska, Maria Golimowska, Krystyna Jakubowska, Danuta Kordazukówna, Krystyna Krupowa, Józefa Ledwigowa, Jadwiga Marko, Jadwiga Rutkowska, Maria Sliwkowa, Zofia Szczesniewska

Mexiko City 1968

G URS
Lyudmila Buldakova, Lyudmila Mikhaylovskaya, Vera Lantratova, Vera Galushka, Tatyana Sarycheva, Tatyana Ponyaeva, Nina Smoleyeva, Galina Leontyeva, Inna Ryskal, Roza Salikhova, Valentina Kamanek

S JPN
Setsuko Yoshida, Suzue Takayama, Toyoko Iwahara, Yukiyo Kojima, Sachiko Fukunaka, Kunie Shishikura, Setsuko Inoue, Sumie Oinuma, Keiko Hama

B POL
Krystyna Czajkowska, Krystyna Jakubowska, Krystyna Krupowa, Józefa Ledwigowa, Zofia Szczesniewska, Elzbieta Porzecówna, Wanda Wiechówna, Lidia Chmielnicka, Barbara Niemczykowa, Halina Aszkielo-wiczówna, Jadwiga Ksiezkowa-Marko, Krystyna Ostromecka

München 1972

G URS
Vera Duyunova-Galushka, Tatyana Tretyakova-Ponyaeva, Nina Smoleyeva, Roza Salikhova, Lyudmila Buldakova, Tatyana Gonobobleva, Lyubov Tyurina, Galina Leontyeva, Inna Ryskal, Tatyana Sarycheva, Lyudmila Borozna, Natalia Kudreva

S JPN
Sumie Oinuma, Noriko Yamashita, Seiko Shimakage, Makiko Furukawa, Takako Iida, Katsumi Matsumura, Michiko Shiokawa, Takako Shirai, Mariko Okamoto, Keiko Hama, Yaeko Yamazaki, Toyoko Iwahara

B PRK
Ri Chun-Ok, Kim Myong-Suk, Kim Zung-Bok, Kang Ok-Sun, Kim Yeun-Ja, Hwang He-Suk, Jang Ok-Rim, Paek Myong-Suk, Ryom Chun-Ja, Kim Su-Dae, Jong Ok-Jin

Montreal 1976

G JPN
Takako Iida, Mariko Okamoto, Echiko Maeda, Noriko Matsuda, Takako Shirai, Kiyomi Kato, Yuko Arakida, Katsuko Kanesaka, Mariko Yoshida, Shoko Takayanagi, Hiromi Yano, Juri Yokoyama

S URS
Anna Rostova, Lyudmila Shchetinina, Liliya Osadchaya, Inna Ryskal, Natalia Kushnir, Olga Kozakova, Nina Smoleyeva, Lyubov Rudovskaya, Larisa Bergen, Lyudmila Chernyshova, Zoya Yusova, Nina Muradyan

B KOR
Lee Soon-Bok, Yu Jung-Hye, Byon Kyung-Ja, Lee Soo-Nok, Baik Myung-Sun, Chang Hee-

Sook, Ma Kum-Ja, Yun Young-Nae, Yu Kyung-Hwa, Park Mi-Kum, Jung Soo-Nok, Jo Hea-Jung

Moskau 1980

G URS
Nadeshda Radzevich, Natalia Razumova, Olga Solovova, Yelena Akhaminova, Yelena Andreyuk, Irina Makogonova, Lyubov Kosyreva, Svetlana Nikishina, Lyudmila Chernishova, Svetlana Badulina, Lidiya Loginova

S GDR
Ute Kostrzewa, Andrea Heim, Annette Schultz, Christine Mummhardt, Heike Lehmann, Barbara Czekalla, Karla Roffeis, Martina Schmidt, Anke Westendorf, Karin Püschel, Brigitte Fetzer, Katharina Bullin

B BUL
Tanya Dimitrova, Valentina Ilieva, Silva Petrunova, Anka Kristolova, Verka Borisova, Rumyana Kaisheva, Maya Georgieva, Tanya Gogova, Tsvetana Bozhurina, Rosita Dimitrova

Los Angeles 1984

G CHN
Lang Ping, Liang Yan, Zhu Ling, Hou Yuzhu, Zhou Xiaolan, Yang Xilan, Su Huijuan, Jiang Ying, Li Yanjun, Yang Xiaojun, Zheng Meizhu, Zhang Rongfang

S USA
Paula Weishoff, Susan Woodstra, Rita Crockett, Laurie Flachmeier, Carolyn Becker, Flora Jo Hyman, Rose Magers, Julie Vollertsen, Debbie Green, Kimberly Ruddins, Jeanne Beauprey, Linda Chrisholm

B JPN
Yumi Egami, Kimie Morita, Yuko Mitsuya, Miyoko Hirose, Kyoko Ishida, Yoko Kagabu, Norie Hiro, Kayoko Sugiyama, Sachiko Otani, Keiko Miyajima, Emiko Odaka, Kumi Nakada

Seoul 1988

G URS
Valentina Ogiyenko, Yelena Volkova, Marina Kumysh, Irina Smirnova, Tatyana Sidorenko, Irina Parkhomchuk, Tatyana Kraynova, Olga Shkurnova, Marina Nikulina, Yelena Ovchinnikova, Olga Krivosheyeva, Svetlana Korytova

S PER
Katherine Horny, Cenaida Uribe, Rosa Garcia, Miriam Gallardo, Gabriela Pérez del Solar, Isabel Heredia, Cecilia Tiit, Luisa Cervera, Demisse Fajardo, Alejandra De La Guerra, Gina Torrealva, Natalia Málaga

B CHN
Li Guojun, Hou Yuzhu, Wang Yajun, Yang Xilan, Su Huijuan, Jiang Ying, Cui Yongmei, Yang Xiaojun, Zheng Meizhu, Wu Dan, Li Yueming

Barcelona 1992

G CUB
Regla Maritza Bell McKenzie, Mercedes Calderón Martínez, Magaly Esther Carvajal Rivera, Marlenis Costa Blanco, Idalmis Gato Moya, Lilia Izquierdo Aguirre, Norka Latamblet Daudinot, Alejandrina Mireya Luis Hernández, Tania Ortiz Calvo, Regla Torres Herrera

S EUN
Yevgeniya Artamonova, Yelena Batukhtina, Svetlana Korytova, Natalia Morozova, Marina Nikulina, Valentina Ogiyenko, Irina Smirnova, Yelena Chebukina

B USA
Janet Cobbs, Tara Cross-Battle, Lori Endicott, Caren Kemner, Ruth Lawanson, Tammy Liley, Elaina Oden, Kimberly Oden, Tonya Sanders, Liane Sato, Paula Weishoff, Yoko Zetterlund

Nicht mehr ausgetragene Sportarten

Golf Männer

Paris 1900

G Charles Sands USA
S Walter Rutherford GBR
B David Robertson GBR

St. Louis 1904

G George Lyon CAN
S H. Chandler Egan USA
B Burt McKinnie USA
Francis Newton USA

Bilanz Golf Gesamt

Land	G	S	B
1. USA	3	3	4
2. CAN	1	–	–
3. GBR	–	1	1

1) Jeu de Paume war ein Schlagballspiel, dem Tennis verwandt.
2) Cricket/Kricket, Croquet/Krocket, Roque und Rackets/Racquets sind Schlag- oder Treibballspiele in Großbritannien, Frankreich und den USA. Artverwandt ist Lacrosse.
3) dem Tennis, dem Hockey und Eishockey verwandtes ursprünglich indianisches Mannschaftsspiel, ausgeübt in Kanada, den USA und Großbritannien

Golf Frauen

Paris 1900

G Margaret Abbott USA
S Pauline Whittier USA
B Daria Pratt USA

Golf Mannschaft

St. Louis 1904

G USA Western Golf Association (1749)
H. Chandler Egan (165), Daniel Sawyer (168), Robert Hunter (169), Kenneth Edwards (170), Clement Smoot (172), Warren Wood (173), Mason Phelps (177), Walter Egan (180), Edward Cummins (187), Nathaniel Moore (188)
S USA Trans-Mississippi Golf Association (1770)
Francis Newton (172), Henry Potter (172), Ralph McKittrick (174), Albert Lambert (175), Frederick Semple (176), Stuart Stickney (177), Burt McKinnie (178), William Stickney (178), John Maxwell (182), John Cady (186)
B USA United States Golf Association (1839)
Douglas Cadwallader (168), Allen Lard (172), Jesse Carleton (175), Simeon Price (181), Harold Weber (183), John Rahm (186), Arthur Hussey (187), Orus Jones (187), Harold Fraser (194), George Oliver (206)

Jeu de Paume Herren-Einzel[1]

London 1908

G Jay Gould USA
S Eustace Miles GBR
B Neville Lytton GBR

Kricket Männer[2]

Paris 1900

G GBR (Devon County Wanderers)
C. B. K. Beachcroft, Arthur Birkett, John Symes, Frederick Cuming, Montagu Toller, Alfred Bowerman, Alfred Powlesland, William Donne, Frederick Christian, George Buckley, Francis Burchell, Harry Corner
S FRA (Union des Sociétés Françaises des Sports Athlétiques)
T. H. Jordan, A. J. Schneidau, R. Horne, Henry Terry, F. Roques, W. Anderson, D. Robinson, W. T. Attrill, W. Browning, A. McEvoy, P. H. Tomalin, J. Braid

Krocket-Einzel (ein Ball)

Paris 1900

G Aumoitte FRA
S Johin FRA
B Waydelich FRA

Krocket-Einzel (zwei Bälle)

Paris 1900

G Waydelich FRA
S Vignerot FRA
B Sautereau FRA

Krocket-Doppel

Paris 1900

G Johin, Aumoitte FRA

Lacrosse[3]

St. Louis 1904

G CAN (Shamrock Lacrosse Team)
George Cloutier, George Cattanach, Benjamin Jamieson, Jack Flett, George Bretz, Eli Blanchard, Hilliard Laidlaw, H. Lyle, W. Brennaugh, L. H. Pentland, Sandy Cowan, William Burns
S USA (St. Louis Amateur Athletic Association)
Hunter, Patrick Grogan, William Passmore, George Passmore, Partridge, J. W. Dowling, A. H. Venn, Murphy, Gibson, Sullivan, Ross, Woods
B CAN (Mohawk Indians)
Black Hawk, Black Eagle, Almighty Voice, Flat Iron, Spotted Tail, Half Moon, Lightfoot, Snake Eater, Red Jacket, Night Hawk, Rain in Face, Man Afraid Soap

London 1908

G CAN
Frank Dixon, George Campbell, Angus Dillon, Richard Duckett, George Rennie, Clarence McKerrow, Alexander Turnbull,

Henry Hoobin, Ernest Hamilton, John Broderick, Thomas Gorman, Patrick Brennan
S GBR
Charles Scott, G. Mason, H. W. Ramsey, E. O. Dutton, J. Parker-Smith, Wilfred Johnson, Norman Whitley, George Buckland, S. Hayes, Gustav Alexander, R. G. Martin, Edward Jones
B –

Motorbootrennen Offene Klasse

London 1908

G Emile Thubron FRA 2:26:53

Motorbootrennen Zwanzig-Meter-Boote

London 1908

G GBR 2:28:58
Thomas Thornycroft, Bernard Redwood, John Field-Richards

Motorbootrennen Acht-Meter-Boote

London 1908

G GBR 2:28:26
Thomas Thornycroft, Bernard Redwood, John Field-Richards

Polo

Paris 1900

G GBR/USA (Foxhunters)
Alfred Rawlinson (GBR), Frank MacKey (USA), Foxhell Keene (USA), Denis Daly (GBR), John Beresford (GBR)
S GBR/USA (Rugby)
Walter McCreery (USA), Frederick Freake (GBR), Walter Buckmaster (GBR), José de Madre (GBR)
B FRA/GBR (Bagatelle Paris)
Maurice Raoul-Duval (FRA), Frederick Gill (GBR), Robert Fournier-Sarloveze (FRA), Alphonse de Rothschild (FRA)
MEX/ESP
Guillermo Wright, Eustaquio de Escandón, Pablo de Escandón, Manuel de Escandón

London 1908

G GBR
Charles Miller, Pattersson Nickalls, George Miller, Herbert Wilson
S GBR
John Wodehouse, Walter Buckmaster, Frederick Freake, Walter Jones
GBR
Percy O'Reilly, Hardress Lloyd, John McCann, Auston Rotherham

Antwerpen 1920

G GBR
Timothy Melvill, Frederick Barrett, John Wodehouse, Vivian Lockett
S ESP
Leopoldo Sainz de la Maza, Jacobo Fitz-James, Alvaro de Figueroa, Hernando Fitz-James, José de Figueroa y Alonso-Martinez
B USA
Arthur Harris, Terry Allen, John Montgomery, Nelson Margetts

Paris 1924

G ARG
Arturo Kenny, Juan Nelson, Enrique Padilla, Juan Miles, Guillermo Naylor
S USA
Elmer Boeseke, Thomas Hitchcock, Frederick Roe, Rodman Wanamaker
B GBR
Frederick Guest, Frederick Barrett, Denis Bingham, Percival Wise

Berlin 1936

G ARG
Luis Duggan, Roberto Cavanagh, Andrès Gazzotti, Manuel Andrada
S GBR
Bryan Fowler, William Hinde, David Dawnay, Humphrey Guinness
B MEX
Juan Garcia Zazueta, Antonio Nava Castillo, Julio Muller Luján, Alberto Ramos Sesma

Roque-Einzel[1]

St. Louis 1904

G Charles Jacobus USA
S Smith Streeter USA
B Charles Brown USA

Bilanz Lacrosse

Land	G	S	B
1. CAN	2	–	1
2. GBR	–	1	–
USA	–	1	–

Bilanz Polo

Land	G	S	B
1. GBR	3	4	2
2. ARG	2	–	–
3. USA	1	2	1
4. ESP	–	1	1
5. MEX	–	–	2
6. FRA	–	–	1

1) dem Tennis, dem Hockey und Eishockey verwandtes ursprünglich indianisches Mannschaftsspiel, ausgeübt in Kanada, den USA und Großbritannien

Rackets-Einzel

London 1908

G Evan Noel GBR
S Henry Leaf GBR
B John Astor GBR
Henry Brougham GBR

Rackets-Doppel

London 1908

G GBR Vane Pennell, John Astor
S GBR Edmund Bury, Cecil Browning
B GBR Evan Noel, Henry Leaf

Bilanz Rugby

Land	G	S	B
1. USA	2	–	–
2. FRA	1	2	–
3. AUS	1	–	–
4. GBR	–	1	1
5. GER	–	1	–
6. ROM	–	–	1

Rugby

Paris 1900

G FRA
Alexandre Pharamond, Frantz Reichel, Jean Collas, Constantin Henriquez de Zubiera, Auguste Giroux, André Rischmann, Léon Binoche, A. Albert, Charles Gondouin, Hubert Lefebvre, Emile Sarrade, Wladimir Aitoff, Joseph Olivier, Jean-Guy Gautier, Victor Larchandet, J. Hervé, Albert Roosevelt
S GER
Hermann Kreuzer, Arnold Landvoigt, Heinrich Reitz, Jacob Herrmann, Erich Ludwig, Hugo Betting, August Schmierer, Fritz Müller, Adolf Stockhausen, Hans Latscha, Willy Hofmeister, Georg Wenderoth, Eduard Poppe, Richard Ludwig, Albert Amrhein
B GBR
H. A. Loveitt, Raymond Whittindale, H. S. Nicol, Claude Whittindale, L. Hood, J. Henry Birtles, J. Cantion, C. P. Deykin, Arthur Darby, J. G. Wallis, V. Smith, M. L. Logan, F. C. Baylis, M. W. Talbott, F. H. Wilson

London 1908

G AUS
Phillip Carmichael, Charles Russell, Daniel Carroll, John Hickey, Frank Bede Smith, Christopher McKiviat, Arthur McCabe, Thomas Griffen, John »Jumbo« Barnett, Patrick McCue, Sydney Middleton, Thomas Richards, Malcolm Mc Arthur, Charles McMurtrie, Robert Craig
S GBR
Edward Jackett, J. C. Solomon, Bert Solomon, L. F. Dean, J. T. Jose, Thomas Wedge, James Davey, Richard Jackett, E. J. Jones, Arthur Wilson, Nicholas Tregurtha, A. Lawry, C. R. Marshall, A. Wilcocks, J. Trevaskis
B –

Antwerpen 1920

G USA
Daniel Carroll, Charles Doe, George Fish, James Fitzpatrick, Joseph Hunter, Morris Kirksey, Charles Mehan, William Muldoon, John O'Neil, Jack Patrick, Cornelius Righter, Rudolph Scholz, Richard Templeton, Charles Tilden, Heaton Wrenn
S FRA
Edouard Bader, François Borde, Adolphe Bousquet, Jean Bruneval, Castex, André Chilo, René Crabos, Curtet, Alfred Eluère, Jaques Forestier, Grenet, Maurice Labeyrie, Robert Levasseur, Pierre Petiteau, Raoul Thiercelin
B –

Paris 1924

G USA
Philip Clark, Norman Cleaveland, Dudley DeGroot, Robert Devereaux, George Dixon, Charles Doe, Linn Farrish, Edward Graff, Richard Hyland, Caesar Manelli, John O'Neil, Jack Patrick, William Rogers, Rudolph Scholz, Colby Slater, Norman Slater, Edward Turkington, Alan Valentine, Alan Williams
S FRA
René Araou, Jean Bayard, Louis Beguet, André Behotéguy, Alexandre Bioussa, Étienne Bonnes, Adolphe Bousquet, Aimé Cassayet-Armagnac, Clément Dupont, Albert Dupouy, Jean Etcheberry, Henri Galau, Gilbert Gérintès, Raoul Got, Adolphe Jauréguy, Marcel-Frédéric Lubin-Lebrère, Etienne Piquiral, Jean Vaysse, Félix Lasserre
B ROM
Dumitru Armasel, Eugen Sfetescu, Sorin Mihailescu, Paul Nedelcovici, Theodor Marian, Mihail Vardala, Soare Sterian, Iosif Nemes, Atanasie Tanasescu, Dumitru Volvoreanu, Paul Vidrascu, Nicolae Marascu, Mircea Sfetescu, Gheorghe Bentia, Theodor Florian, Ion Garlesteanu

Tauziehen

Paris 1900

G SWE/DEN
Gustaf Söderström (SWE), Karl Gustaf Staaf (SWE), August Nilsson (SWE), Eugen Schmidt (DEN), Edgar Aabye (DEN), Charles Winckler (DEN)
S FRA
Constantin Henriquez de Zubiera, Sarrade, Joseph Roffo, Jean Collas, Charles Gondouin, R. Basset
B –

St. Louis 1904

G USA
Oscar Olson, Sidney Johnson, Henry Seiling, Conrad Magnusson, Patrick Flanagan
S USA
Max Braun, William Seiling, Orrin Upshaw, Charles Rose, August Rodenberg
B USA
Charles Haberkorn, Frank Kungler, Charles Thias, Harry Jacobs, Oscar Friede

Athen 1906

G GER
Heinrich Schneidereit[1], Heinrich Rondi[1], Wilhelm Born, Wilhelm Dörr, Carl Kaltenbach, Wilhelm Ritzenhoff, Joseph Krämer, Julius Wagner
S GRE
Spyros Vellas, Panayotis Trivoulidis, Vasilios Psakhos, Georgios Psakhos, Konstantinos Lazaros, Spyros Lazaros, Georgios Papachristou, Antonios Tsitas
B SWE
Carl Svensson, Anton Gustafsson, Axel Norling, Ture Wersäll, Oswald Holmberg, Erik Granfelt, Gustaf Grönberger, Eric Lemming

London 1908

G GBR (London City Police)
William Hirons, Frederick Goodfellow, Edmond Barrett, James Shepherd, Frederick Humphreys, Edwin Mills, Albert Ireton, Frederick Merriman
S GBR (Liverpool Police)
Patrick Philbin, James Clark, Thomas Butler, Alexander Kidd, George Smith, Thomas Swindlehurst, Daniel McLowry, William Greggan
B GBR (»K« Division Metropolitan Police)
Walter Tammas, William Slade, Alexander Munro, Ernest Ebbage, Thomas Homewood, Walter Chaffe, James Woodget, Joseph Dowler

Stockholm 1912

G SWE
Adolf Bergman, Arvid Andersson, Johan Edman, Erik Fredriksson, Carl Jonsson, Erik Larsson, August Gustafsson, Herbert Lindström
S GBR
Alexander Munro, James Shepherd, John Sewell, Joseph Dowler, Edwin Mills, Frederick Humphreys, Mathias Hynes, Walter Chaffe

Antwerpen 1920

G GBR
George Canning, Frederick Holmes, Edwin Mills, James Shepherd, Harry Stiff, John Sewell, Frederick Humphreys, Ernest Thorn
S NED
Wilhelmus Bekkers, Johannes Hengeveld, Sytse Jansma, Hendrikus Janssen, Antonius van Loon, Willem van Loon, Marinus van Rekum, Willem van Rekum
B BEL
Edouard Bourguignon, Alphonse Ducatillon, Remy Maertens, Christin Piek, Henri Pintens, Charles van den Broeck, François van Hoorenbeek, Gustave Wuyts

Bilanz Tauziehen

Land	G	S	B
1. GBR	2	2	1
2. SWE	2	–	1
3. USA	1	1	1
4. DEN	1	–	–
GER	1	–	–
6. FRA	–	1	–
GRE	–	1	–
NED	–	1	–
9. BEL	–	–	1

1) Heinrich Schneidereit (* 1884, † 1915) und Heinrich Rondi (* 1877, † 1948) gewannen 1906 auch im Gewichtheben Medaillen. Schneidereit zwei bronzene, Rondi eine bronzene.

Olympische Winterspiele

Nordischer Skisport

Bilanz 10/15/18 km Langlauf Männer

Land	G	S	B
1. NOR	8	5	4
2. SWE	6	4	3
3. URS	2	2	2
4. FIN	1	4	7
5. ITA	–	1	1
6. KZK	–	1	–

10/15/18 km Langlauf Männer

Chamonix 1924

G Thorleif Haug NOR ... 1:14:31,0
S Johan Gröttumsbraten NOR ... 1:15:51,0
B Tapani Niku FIN ... 1:16:26,0

St. Moritz 1928

G Johan Gröttumsbraten NOR ... 1:37:01,0
S Ole Hegge NOR ... 1:39:01,0
B Reidar Ödegaard NOR ... 1:40:11,0

Lake Placid 1932

G Sven Utterström SWE ... 1:23:07,0
S Axel Wikström SWE ... 1:25:07,0
B Veli Saarinen FIN ... 1:25,24,0

Garmisch-Partenkirchen 1936

G Erik August Larsson SWE ... 1:14:38,0
S Oddbjörn Hagen NOR ... 1:15:33,0
B Pekka Niemi FIN ... 1:16:59,0

St. Moritz 1948

G Martin Lundström SWE ... 1:13:50,0
S Nils Östensson SWE ... 1:14:22,0
B Gunnar Eriksson SWE ... 1:16:06,0

Oslo 1952

G Hallgeir Brenden NOR ... 1:01:34,0
S Tapio Mäkelä FIN ... 1:02:09,0
B Paavo Lonkila FIN ... 1:02:20,0

Cortina d'Ampezzo 1956

G Hallgeir Brenden NOR ... 49:39,0
S Sixten Jernberg SWE ... 50:14,0
B Pavel Kolchin URS ... 50:17,0

Squaw Valley 1960

G Håkon Brusveen NOR ... 51:55,5
S Sixten Jernberg SWE ... 51:58,6
B Veikko Hakulinen FIN ... 52:03,0

Innsbruck 1964

G Eero Mäntyranta FIN ... 50:54,1
S Harald Grönningen NOR ... 51:34,8
B Sixten Jernberg SWE ... 51:42,2

Grenoble 1968

G Harald Grönningen NOR ... 47:54,2
S Eero Mäntyranta FIN ... 47:56,1
B Gunnar Larsson SWE ... 48:33,7

Sapporo 1972

G Sven-Ake Lundbäck SWE ... 45:28,24
S Fyodor Simashev URS ... 46:00,84
B Ivar Formo NOR ... 46:02,68

Innsbruck 1976

G Nikolai Bazhukov URS ... 43:58,47
S Yevgeni Belyaev URS ... 44:01,10
B Arto Koivisto FIN ... 44:19,25

Lake Placid 1980

G Thomas Wassberg SWE ... 41:57,63
S Juha Mieto FIN ... 41:57,64
B Ove Aunli NOR ... 42:28,62

Sarajevo 1984

G Gunde Svan SWE ... 41:25,6
S Aki Karvonen FIN ... 41:34,9
B Harri Kirvesniemi FIN ... 41:45,6

Calgary 1988

G Mikhail Devyatyarov URS ... 41:18,9
S Pål Gunnar Mikkelsplass NOR ... 41:33,4
B Vladimir Smirnov URS ... 41:48,5

Albertville 1992

G Vegard Ulvang NOR ... 27:36,0
S Marco Albarello ITA[1)] ... 27:55,2
B Christer Majback NOR ... 27:56,4

Lillehammer 1994

G Björn Dählie NOR ... 24:20,1
S Vladimir Smirnov KZK ... 24:38,3
B Marco Albarello ITA ... 24:42,3

Bilanz Jagdrennen Männer

Land	G	S	B
1. NOR	2	1	–
2. KZK	–	1	–
3. ITA	–	–	2

Jagdrennen Männer

Albertville 1992

G Björn Dählie NOR ... 1:05:37,9
S Vegard Ulvang NOR ... 1:06:31,3
B Giorgio Vanzetta ITA ... 1:06:32,2

1) erste Medaille für ein mitteleuropäisches Land nach 68 Jahren

Lillehammer 1994

G Björn Dählie NOR 1:00:08,8
S Vladimir Smirnov KZK 1:00:38,0
B Silvio Fauner ITA 1:01:48,6

30 km Langlauf Männer

Cortina d'Ampezzo 1956

G Veikko Hakulinen FIN 1:44:06,0
S Sixten Jernberg SWE 1:44:30,0
B Pavel Kolchin URS 1:45:45,0

Squaw Valley 1960

G Sixten Jernberg SWE 1:51:03,9
S Rolf Rämgård SWE 1:51:16,9
B Nikolai Anikin URS 1:52:28,2

Innsbruck 1964

G Eero Mäntyranta FIN 1:30:50,7
S Harald Grönningen NOR 1:32:02,3
B Igor Voronchikhin URS 1:32:15,8

Grenoble 1968

G Franco Nones ITA 1:35:39,2
S Odd Martinsen NOR 1:36:28,9
B Eero Mäntyranta FIN 1:36:55,3

Sapporo 1972

G Vyacheslav Vedenin URS 1:36:31,15
S Pål Tyldum NOR 1:37:25,30
B Johannes Harviken NOR 1:37:32,44

Innsbruck 1976

G Sergei Savelyev URS 1:30:29,38
S William Koch USA 1:30:57,84
B Ivan Garanin URS 1:31:09,29

Lake Placid 1980

G Nikolai Zimyatov URS 1:27:02,80
S Vassili Rochev URS 1:27:34,22
B Ivan Lebanov BUL 1:28:03,87

Sarajevo 1984

G Nikolai Zimyatov URS 1:28:56,3
S Alexander Zavyalov URS 1:29:23,3
B Gunde Svan SWE 1:29:35,7

Calgary 1988

G Alexei Prokurorov URS 1:24:26,3
S Vladimir Smirnov URS 1:24:35,1
B Vegard Ulvang NOR 1:25:11,6

Albertville 1992

G Vegard Ulvang NOR 1:22:27,8
S Björn Dählie NOR 1:23:14,0
B Terje Bjarte Langli NOR 1:23:42,5

Lillehammer 1994

G Thomas Alsgaard NOR 1:12:26,4
S Björn Dählie NOR 1:13:13,6
B Mika Myllylae FIN 1:14:14,5

50 km Langlauf Männer

Chamonix 1924

G Thorleif Haug NOR 3:44:32,0
S Thoralf Strömstad NOR 3:46:23,0
B Johan Gröttumsbraten NOR 3:47:46,0

St. Moritz 1928

G Per Erik Hedlund SWE 4:52:03,0
S Gustav Jonsson SWE 5:05:30,0
B Volger Andersson SWE 5:05:46,0

Lake Placid 1932

G Veli Saarinen FIN 4:28:00,0
S Väinö Liikkanen FIN 4:28:20,0
B Arne Rustadstuen NOR 4:31:53,0

Garmisch-Partenkirchen 1936

G Elis Wiklund SWE 3:20:11,0
S Axel Wikström SWE 3:33:20,0
B Nils-Joel Englund SWE 3:34:10,0

St. Moritz 1948

G Nils Karlsson SWE 3:47:48,0
S Harald Eriksson SWE 3:52:20,0
B Benjamin Vanninen FIN 3:57:28,0

Oslo 1952

G Veikko Hakulinen FIN 3:33:33,0
S Eero Kolehmainen FIN 3:38:11,0
B Magnar Estenstad NOR 3:38:28,0

Cortina d'Ampezzo 1956

G Sixten Jernberg SWE 2:50:27,0
S Veikko Hakulinen FIN 2:51:45,0
B Fyodor Terentyev URS 2:53:32,0

Squaw Valley 1960

G Kalevi Hämäläinen FIN 2:59:06,3
S Veikko Hakulinen FIN 2:59:26,7
B Rolf Rämgård SWE 3:02:46,7

Bilanz 30 km Langlauf Männer

Land	G	S	B
1. URS	5	3	4
2. NOR	2	5	3
3. FIN	2	–	2
4. SWE	1	2	1
5. ITA	1	–	–
6. USA	–	1	–
7. BUL	–	–	1

Bilanz 50 km Langlauf Männer

Land	G	S	B
1. SWE	7	5	4
2. NOR	5	2	4
3. FIN	3	6	3
4. URS	1	1	3
5. KZK	1	–	–
6. ITA	–	2	1
7. GDR	–	1	–
8. SUI	–	–	2

Innsbruck 1964

G Sixten Jernberg SWE 2:43:52,6
S Assar Rönnlund SWE 2:44:58,2
B Arto Tiainen FIN 2:45:30,4

Grenoble 1968

G Ole Ellefsäter NOR 2:28:45,8
S Vyacheslav Vedenin URS 2:29:02,5
B Josef Haas SUI 2:29:14,8

Sapporo 1972

G Pål Tyldum NOR 2:43:14,75
S Magne Myrmo NOR 2:43:29,45
S Vyacheslav Vedenin URS 2:44:00,19

Innsbruck 1976

G Ivar Formo NOR 2:37:30,05
S Gert-Dietmar Klause GDR 2:38:13,21
B Benny Södergren SWE 2:39:39,21

Lake Placid 1980

G Nikolai Zimyatov URS 2:27:24,60
S Juha Mieto FIN 2:30:20,52
B Alexander Zavyalov URS 2:30:51,52

Sarajevo 1984

G Thomas Wassberg SWE 2:15:55,8
S Gunde Svan SWE 2:16:00,7
S Aki Karvonen FIN 2:17:04,7

Calgary 1988

G Gunde Svan SWE 2:04:30,9
S Maurilio De Zolt ITA 2:05:36,4
B Andi Grünenfelder SUI 2:06:01,9

Albertville 1992

G Björn Dählie NOR 2:03:41,5
S Maurilio De Zolt ITA 2:04:39,1
B Giorgio Vanzetta ITA 2:06:42,1

Lillehammer 1994

G Vladimir Smirnov KZK 2:07:20,3
S Mika Myllylae FIN 2:08:41,9
B Sture Sivertsen NOR 2:08:49,0

4x10-km-Staffel Männer

Garmisch-Partenkirchen 1936

G FIN 2:41:33,0
Sulo Nurmela, Klaes Karppinen,
Matti Lähde, Kalle Jalkanen
S NOR 2:41:39,0
Oddbjörn Hagen, Olaf Hoffsbakken,
Sverre Brodahl, Bjarne Iversen
B SWE 2:43:03,0
John Berger, Erik Larsson,
Artur Häggblad, Martin Matsbo

St. Moritz 1948

G SWE 2:32:08,0
Nils Östensson, Nils Täpp, Gunnar Eriksson,
Martin Lundström
S FIN 2:41:06,0
Lauri Silvennoinen, Teuvo Laukkanen,
Sauli Rytky, August Kiuru
B NOR 2:44:33,0
Erling Evensen, Olav Ökern, Reidar Nyborg,
Olav Hagen

Oslo 1952

G FIN 2:20:16,0
Heikki Hasu, Paavo Lonkila,
Urpo Korhonen, Tapio Mäkelä
S NOR 2:23:13,0
Magnar Estenstad, Mikal Kirkholt,
Martin Stokken, Hallgeir Brenden
B SWE 2:24:13,0
Nils Täpp, Martin Lundström,
Sigurd Andersson, Enar Josefsson

Cortina d'Ampezzo 1956

G URS 2:15:30,0
Fyodor Terentyev, Pavel Kolchin,
Nikolai Anikin, Vladimir Kuzin
S FIN 2:16:31,0
August Kiuru, Jorma Kortelainen,
Arvo Viitanen, Veikko Hakulinen
B SWE 2:17:42,0
Lennart Larsson, Gunnar Samuelsson,
Per-Erik Larsson, Sixten Jernberg

Squaw Valley 1960

G FIN 2:18:45,6
Toimi Alatalo, Eero Mäntyranta,
Väinö Huhtala, Veikko Hakulinen
S NOR 2:18:46,4
Harald Grönningen, Hallgeir Brenden,
Einar Östby, Håkon Brusveen
B URS 2:21:21,6
Anatoli Shelyukhin, Alexei Kusnezov,
Gennadi Vaganov, Nikolai Anikin

Innsbruck 1964

G SWE 2:18:34,6
Karl-Åke Asph, Janne Stefansson,
Assar Rönnlund, Sixten Jernberg

S FIN 2:18:42,4
Väinö Huhtala, Arto Tiainen, Kalevi Laurila, Eero Mäntyranta
B URS 2:18:46,9
Ivan Utrobin, Gennadi Vaganov, Igor Voronchikhin, Pavel Kolchin

Grenoble 1968

G NOR 2:08:33,5
Pål Tyldum, Harald Grönningen, Odd Martinsen, Ole Ellefsäter
S SWE 2:10:13,2
Jan Halvarsson, Bjarne Andersson, Gunnar Larsson, Assar Rönnlund
B FIN 2:10:56,7
Kalevi Oikarainen, Hannu Taipale, Kalevi Laurila, Eero Mäntyranta

Sapporo 1972

G URS 2:04:47,94
Vladimir Voronkov, Yuri Skobov, Fyodor Simashev, Vyacheslav Vedenin
S NOR 2:04:57,06
Pål Tyldum, Oddvar Brå, Ivar Formo, Johannes Harviken
B SUI 2:07:00,06
Alfred Kälin, Albert Giger, Alois Kälin, Eduard Hauser

Innsbruck 1976

G FIN 2:07:59,72
Matti Pitkänen, Juha Mieto, Pertti Teurajärvi, Arto Koivisto
S NOR 2:09:58,36
Pål Tyldum, Einar Sagstuen, Ivar Formo, Odd Martinsen
B URS 2:10:51,46
Yevgeni Belyaev, Nikolai Bazhukov, Sergei Savelyev, Ivan Garanin

Lake Placid 1980

G URS 1:57:03,46
Yevgeni Belyaev, Vassili Rochev, Nikolai Bashukov, Nikolai Zimyatov
S NOR 1:58:45,77
Lars-Erik Eriksen, Per Knut Åland, Ove Aunli, Oddvar Brå
B FIN 2:00:00,18
Harri Kirvesniemi, Pertti Teurajärvi, Matti Pitkänen, Juha Mieto

Sarajevo 1984

G SWE 1:55:06,3
Thomas Wassberg, Benny Kohlberg, Jan Bo Ottosson, Gunde Svan
S URS 1:55:16,5
Alexander Batyuk, Alexander Zavyalov, Vladimir Nikitin, Nikolai Zimyatov
B FIN 1:56:31,4
Harri Kirvesniemi, Juha Mieto, Kari Ristanen, Aki Karvonen

Calgary 1988

G SWE 1:43:58,6
Jan Bo Ottosson, Thomas Wassberg, Gunde Svan, Torgny Mogren
S URS 1:44:11,3
Vladimir Smirnov, Vladimir Sakhnov, Mikhail Devyatyarov, Alexei Prokurorov
B TCH 1:45:22,7
Radim Nýc, Václav Korunka, Pavel Benc, Ladislav Svanda

Albertville 1992

G NOR 1:39:26,0
Terje Langli, Vegard Ulvang, Kristen Skjeldal, Björn Dählie
S ITA 1:40:52,7
Giuseppe Pulie, Marco Albarello, Giorgio Vanzetta, Silvio Fauner
B FIN 1:41:22,9
Mika Kuusisto, Harri Kirvesniemi, Jari Räsänen, Jari Isometsä

Lillehammer 1994

G ITA 1:41:15,0
Maurilio De Zolt, Marco Albarello, Giorgio Vanzetta, Silvio Fauner
S NOR 1:41:15,4
Sture Sivertsen, Vegard Ulvang, Thomas Alsgaard, Björn Dählie
B FIN 1:42:15,6
Mika Myllylae, Harri Kirvesniemi, Jari Räsänen, Jari Isometsä

Bilanz 4x10-km-Staffel Männer

Land	G	S	B
1. FIN	4	3	5
2. SWE	4	1	3
3. URS	3	2	3
4. NOR	2	7	1
5. ITA	1	1	–
6. SUI	–	–	1
TCH	–	–	1

Nordische Kombination Männer

Chamonix 1924

G Thorleif Haug NOR 18,906
S Thoralf Strömstad NOR 18,219
B Johan Gröttumsbraten NOR 17,854

St. Moritz 1928

G Johan Gröttumsbraten NOR 17,833
S Hans Vinjarengen NOR 15,303
B John Snersrud NOR 15,021

Bilanz Nordische Kombination Männer

Land	G	S	B
1. NOR	9	5	6
2. GDR	3	–	4
3. FIN	1	5	1
4. FRA	1	1	–
FRG	1	1	–
SUI	1	1	–
7. GER	1	–	1
8. URS	–	1	2
9. AUT	–	1	1
SWE	–	1	1
11. JPN	–	1	–
12. POL	–	–	1

Bilanz Nordische Kombination Männer Mannschaft

Land	G	S	B
1. JPN	2	–	–
2. FRG	1	–	–
3. NOR	–	2	–
4. SUI	–	1	1
5. AUT	–	–	2

Lake Placid 1932

G Johan Gröttumsbraten NOR 446,00
S Ole Stenen NOR 436,05
B Hans Vinjarengen NOR 434,60

Garmisch-Partenkirchen 1936

G Oddbjörn Hagen NOR 430,30
S Olaf Hoffsbakken NOR 419,80
B Sverre Brodahl NOR 408,10

St. Moritz 1948

G Heikki Hasu FIN 448,80
S Martti Huhtala FIN 433,65
B Sven Israelsson SWE 433,40

Oslo 1952

G Simon Slåttvik NOR 451,621
S Heikki Hasu FIN 447,500
B Sverre Stenersen NOR 436,335

Cortina d'Ampezzo 1956

G Sverre Stenersen NOR 455,000
S Bengt Eriksson SWE 437,400
B Franciszek Gasienica-Gron POL 436,800

Squaw Valley 1960

G Georg Thoma GER 457,952
S Tormod Knutsen NOR 453,000
B Nikolai Gusakov URS 452,000

Innsbruck 1964

G Tormod Knutsen NOR 469,28
S Nikolai Kiselyov URS 453,04
B Georg Thoma GER 452,88

Grenoble 1968

G Franz Keller FRG 449,04
S Alois Kälin SUI 447,99
B Andreas Kunz GDR 444,10

Sapporo 1972

G Ulrich Wehling GDR 413,340
S Rauno Miettinen FIN 405,505
B Karl-Heinz Luck GDR 398,800

Innsbruck 1976

G Ulrich Wehling GDR 423,39
S Urban Hettich FRG 418,90
B Konrad Winkler GDR 417,47

Lake Placid 1980

G Ulrich Wehling GDR 432,20
S Jouko Karjalainen FIN 429,50
B Konrad Winkler GDR 425,32

Sarajevo 1984

G Thomas Sandberg NOR 422,595
S Jouko Karjalainen FIN 416,900
B Jukka Ylipulli FIN 410,825

Calgary 1988

G Hippolyt Kempf SUI 432,230
S Klaus Sulzenbacher AUT 429,375
B Allar Levandi URS 422,590

Albertville 1992

G Fabrice Guy FRA 0
S Sylvain Guillaume FRA 48,4
B Klaus Sulzenbacher AUT 1:06,3

Lillehammer 1994

G Fred Boerre Lundberg NOR 0
S Takanori Kono JPN 1:17,5
B Bjarte Engen Vik NOR 1:18,3

Nordische Kombination Männer Mannschaft

Calgary 1988

G FRG 792,08
Thomas Müller, Hans-Peter Pohl, Hubert Schwarz
S SUI 791,40
Fredy Glanzmann, Hippolyt Kempf, Andreas Schaad
B AUT 785,90
Hansjörg Aschenwald, Günther Csar, Klaus Sulzenbacher

Albertville 1992

G JPN 0
Reiichi Mikata, Takanori Kono, Kenji Ogiwara
S NOR 1:26,4
Knut Tore Apeland, Fred Boerre Lundberg, Trond Elden
B AUT 1:40,1
Klaus Ofner, Stefan Kreiner, Klaus Sulzenbacher

Lillehammer 1994

G JPN 0
Takanori Kono, Masaharu Abe, Kenji Ogiwara
S NOR 4:49,1
Knut Tore Apeland, Bjarte Engen Vik, Fred Boerre Lundberg
B SUI 7:48,1
Hippolyt Kempf, Jean-Yves Cuendet, Andreas Schaad

Skispringen 90 m Männer

Chamonix 1924

G Jacob Tullin Thams NOR 18,960
S Narve Bonna NOR 18,689
B Anders Haugen USA 17,916

St. Moritz 1928

G Alf Andersen NOR 19,208
S Sigmund Ruud NOR 18,542
B Rudolf Burkert TCH 17,937

Lake Placid 1932

G Birger Ruud NOR 228,1
S Hans Beck NOR 227,0
B Kaare Walberg NOR 219,5

Garmisch-Partenkirchen 1936

G Birger Ruud NOR 232,0
S Sven Eriksson[1] SWE 230,5
B Reidar Andersen NOR 228,9

St. Moritz 1948

G Petter Hugsted NOR 228,1
S Birger Ruud NOR 226,6
B Thorleif Schjelderup NOR 225,1

Oslo 1952

G Arnfinn Bergmann NOR 226,0
S Torbjörn Falkanger NOR 221,5
B Karl Holmström SWE 219,5

Cortina d'Ampezzo 1956

G Antti Hyvärinen FIN 227,0
S Aulis Källakorpi FIN 225,0
B Harry Glaß GER 224,5

Squaw Valley 1960

G Helmut Recknagel GER 227,2
S Niilo Halonen FIN 222,6
B Otto Leodolter AUT 219,4

Innsbruck 1964

G Veikko Kankkonen FIN 229,9
S Toralf Engan NOR 226,3
B Torgeir Brandtzäg NOR 222,9

Grenoble 1968

G Jiri Raska TCH 216,5
S Reinhold Bachler AUT 214,2
B Baldur Preiml AUT 212,6

Sapporo 1972

G Yukio Kasaya JPN 244,2
S Akitsugu Konno JPN 234,8
B Seiji Aochi JPN 229,5

Innsbruck 1976

G Hans-Georg Aschenbach GDR 252,0
S Jochen Danneberg GDR 246,2
B Karl Schnabl AUT 242,0

Lake Placid 1980

G Anton Innauer AUT 266,3
S Manfred Deckert GDR 249,2
S Hirokazu Yagi JPN 249,2

Sarajevo 1984

G Jens Weißflog GDR 215,2
S Matti Nykänen FIN 214,0
B Jari Puikkonen FIN 212,8

Calgary 1988

G Matti Nykänen FIN 229,1
S Pavel Ploc TCH 212,1
B Jiri Malec TCH 211,8

Albertville 1992

G Ernst Vettori AUT 222,8
S Martin Höllwarth AUT 218,1
B Toni Nieminen FIN 217,0

Lillehammer 1994

G Espen Bredesen NOR 282,0
S Lasse Ottesen NOR 268,0
B Dieter Thoma GER 260,5

Bilanz Skispringen 90 m Männer

Land	G	S	B
1. NOR	7	7	4
2. FIN	3	3	2
3. AUT	2	2	3
4. GDR	2	2	-
5. JPN	1	1	2
TCH	1	1	2
7. GER	1	-	2
8. SWE	-	1	1
9. USA	-	-	1

Skispringen 120 m Männer

Innsbruck 1964

G Toralf Engan NOR 230,7
S Veikko Kankkonen FIN 228,9
B Torgeir Brandtzäg NOR 227,2

Grenoble 1968

G Vladimir Belousov URS 231,3
S Jiri Raska TCH 229,4
B Lars Grini NOR 214,3

Sapporo 1972

G Wojciech Fortuna POL 219,9
S Walter Steiner SUI 219,8
B Rainer Schmidt GDR 219,3

Bilanz Skispringen 120 m Männer

Land	G	S	B
1. FIN	4	1	1
2. AUT	1	3	2
3.NOR	1	2	2
4. GER	1	-	-
POL	1	-	-
URS	1	-	-
7. GDR	-	1	2
8. TCH	-	1	1
9. SUI	-	1	-
10. YUG	-	-	1

1) Sven Eriksson nahm später den Namen seines Heimatortes Selånger an.

Innsbruck 1976

G Karl Schnabl AUT 234,8
S Anton Innauer AUT 232,9
B Henry Glaß GDR 221,7

Lake Placid 1980

G Jouko Törmänen FIN 271,0
S Hubert Neuper AUT 262,4
B Jari Puikkonen FIN 248,5

Sarajevo 1984

G Matti Nykänen FIN 231,2
S Jens Weißflog GDR 213,7
B Pavel Ploc TCH 202,9

Calgary 1988

G Matti Nykänen FIN 224,0
S Erik Johnsen NOR 207,9
B Matjaz Debelak YUG 207,7

Albertville 1992

G Toni Nieminen FIN 239,5
S Martin Höllwarth AUT 227,3
B Heinz Kuttin AUT 214,8

Lillehammer 1994

G Jens Weißflog GER 274,5
S Espen Bredesen NOR 266,5
B Andreas Goldberger AUT 255,0

Bilanz Skispringen 120 m Männer Mannschaft

Land	G	S	B
1. FIN	2	–	–
2. GER	1	–	–
3. AUT	–	1	1
4. JPN	–	1	–
YUG	–	1	–
6. NOR	–	–	1
7. TCH	–	–	1

Bilanz 5 km Langlauf Frauen

Land	G	S	B
1. FIN	4	3	1
2. URS	3	3	4
3. RUS	1	–	–
SWE	1	–	–
5. EUN	–	1	1
6. ITA	–	1	–
NOR	–	1	–
8. TCH	–	–	3

Skispringen 120 m Männer Mannschaft

Calgary 1988

G FIN 634,4
Matti Nykänen, Ari-Pekka Nikkola, Tuomo Ylipulli, Jari Puikkonen
S YUG 625,5
Primoz Ulaga, Matjaz Zupan, Matjaz Debelak, Miran Tepes
B NOR 596,1
Ole Eidhammer, Jon Inge Kjörum, Ole Fidjestöl, Erik Johnsen

Albertville 1992

G FIN 644,4
Toni Nieminen, Ari-Pekka Nikkola, Mika Laitinen, Risto Laakkonen
S AUT 642,9
Martin Höllwarth, Heinz Kuttin, Ernst Vettori, Andreas Felder
B TCH 620,1
Tomás Goder, Frantisek Jez, Jaroslav Sakala, Jiri Parma

Lillehammer 1994

G GER 970,1
Hans-Jörg Jäkle, Christof Duffner, Dieter Thoma, Jens Weißflog
S JPN 956,9
Jinya Nishikata, Takanobu Okabe, Moriaki Kasai, Masahiko Harada
956,9
B AUT 918,9
Heinz Kuttin, Christian Moser, Stefan Horngacher, Andreas Goldberger

5 km Langlauf Frauen

Innsbruck 1964

G Klavdiya Boyarskikh URS 17:50,5
S Mirja Lehtonen FIN 17:52,9
B Alevtina Kolchina URS 18:08,4

Grenoble 1968

G Toini Gustafsson SWE 16:45,2
S Galina Kulakova URS 16:48,4
B Alevtina Kolchina URS 16:51,6

Sapporo 1972

G Galina Kulakova URS 17:00,50
S Marjatta Kajosmaa FIN 17:05,50
B Helena Sikolová TCH 17:07,32

Innsbruck 1976

G Helena Takalo FIN 15:48,69
S Raisa Smetanina URS 15:49,73
B Nina Baldycheva URS 16:12,82

Lake Placid 1980

G Raisa Smetanina URS 15:06,92
S Hilkka Riihivuori-Kuntola FIN 15:11,96
B Kvetoslava Jeriová TCH 15:23,44

Sarajevo 1984

G Marja-Liisa Hämäläinen FIN 17:04,0
S Berit Aunli NOR 17:14,1
B Kvetoslava Jeriová TCH 17:18,3

Calgary 1988

G Marjo Matikainen FIN 15:04,0
S Tamara Tikhonova URS 15:05,3
B Vida Venciene URS 15:11,1

Albertville 1992

G Marjut Lukkarinen FIN 14:13,8
S Lyubov Yegorova EUN 14:14,7
B Yelena Välbe EUN 14:22,7

Lillehammer 1994

G Lyubov Yegorova RUS 14:08,8
S Manuela Di Centa ITA 14:28,3
B Marja-Liisa Kirvesniemi-Hämäläinen FIN 14:36,0

Jagdrennen Frauen

Albertville 1992

G Lyubov Yegorova EUN 40:07,7
S Stefania Belmondo FIN 40:31,8
B Yelena Välbe EUN 40:51,7

Lillehammer 1994

G Lyubov Yegorova RUS 41:38,1
S Manuela Di Centa ITA 41:46,4
B Stefania Belmondo ITA 42:21,1

15 km Langlauf Frauen

Albertville 1992

G Lyubov Yegorova EUN 42:20,8
S Marjut Lukkarinen ITA 43,29,9
B Yelena Välbe EUN 43:42,3

Lillehammer 1994

G Manuela Di Centa ITA 39:44,5
S Lyubov Yegorova RUS 41:03,0
B Nina Bavriluk RUS 41:10,4

30 km Langlauf Frauen

Albertville 1992

G Stefania Belmondo ITA 1:22:30,1
S Lyubov Yegorova EUN 1:22:52,0
B Yelena Välbe EUN 1:24:13,9

Lillehammer 1994

G Manuela Di Centa ITA 1:25:41,6
S Marit Wold NOR 1:25:57,8
B Marja Liisa Kirvesniemi-Hämäläinen FIN[1] 1:26:13,6

3x5-/4x5-km-Staffel Frauen[2]

Cortina d'Ampezzo

G FIN 1-09:01,0
Mirja Hietamies, Siiri Rantanen, Sirkka Polkunen
S URS 1:09:28,0
Lyubov Kozyreva, Radya Yeroshina, Alevtina Kolchina
B SWE 1:09:48,0
Irma Johansson, Anna-Lisa Eriksson, Sonja Edström

Squaw Valley 1960

G SWE 1:04:21,4
Irma Johansson, Britt Strandberg, Sonja Ruthström-Edström
S URS 1:05:02,6
Mariya Gusakova, Radya Yeroshina, Lyubov Baranova-Kozyreva
B FIN 1:06:27,5
Siiri Rantanen, Eeva Ruoppa, Toini Pöysti

Innsbruck 1964

G URS 59:20,2
Alevtina Kolchina, Yevdokiya Mekshilo, Klavdiya Boyarskikh
S SWE 1:01:27,0
Britt Strandberg, Barbro Martinsson, Toini Gustafsson
B FIN 1:02:45,1
Senja Pusula, Toini Pöysti,Mirja Lehtonen

Grenoble 1968

G NOR 57:30,0
Inger Aufles, Babben Enger-Damon, Berit Mördre
S SWE 57:51,0
Toini Gustafsson, Barbro Martinsson, Britt Strandberg
B URS 58:13,6
Alevtina Kolchina, Rita Achkina, Galina Kulakova

Sapporo 1972

G URS 48:16,15
Alevtina Olyunina, Lyubov Mukhacheva, Galina Kulakova
S FIN 49:19,37
Helena Takalo, Hilkka Kuntola, Marjatta Kajosmaa
B NOR 49:51,49
Inger Aufles, Aslaug Dahl, Berit Mördre

Innsbruck 1976

G URS 1:07:49,75
Raisa Smetanina, Nina Baldycheva, Zinaida Amosova, Galina Kulakova
S FIN 1:08:36,57
Marjatta Kajosmaa, Hilkka Kuntola, Liisa Suihkonen, Helena Takalo

Bilanz Jagdrennen Frauen

Land	G	S	B
1. EUN	1	-	1
2. RUS	1	-	-
3. ITA	-	1	1
4. FIN	-	1	-

Bilanz 15 km Langlauf Frauen

Land	G	S	B
1. ITA	1	1	-
2. EUN	1	-	1
3. RUS	-	1	1

Bilanz 30 km Langlauf Frauen

Land	G	S	B
1. ITA	2	-	-
2. EUN	-	1	1
3. NOR	-	1	-
4. FIN	-	-	1

1) Es war die sechste Medaille für die Finnin, die 1984, 1988 und 1994 drei Gold- und drei Bronzemedaillen im Langlauf gewann.
2) 3x5 km 1956 bis 1972, 4x5 km ab 1976

Bilanz 3x5-/4x5-km-Staffel Frauen

Land	G	S	B
1. URS	4	3	1
2. NOR	2	3	2
3. FIN	1	2	4
4. SWE	1	2	1
5. GDR	1	–	1
6. EUN	1	–	–
RUS	1	–	–
8. TCH	–	1	–
9. ITA	–	–	2

Bilanz Nicht mehr ausgetragene Wettbewerbe Nordischer Skisport Frauen

Land	G	S	B
1. URS	7	8	4
2. FIN	3	3	4
3. SWE	1	–	1
4. GDR	1	–	–
5. NOR	–	1	3

1) Mit dieser Goldmedaille wurde Lyubov Yegorova die erfolgreichste olympische Wintersportlerin aller Zeiten. Insgesamt holte sie sechs Gold- und drei Silbermedaillen (1992 und 1994).

B GDR 1:09:57,95
Barbara Petzold, Monika Debertshäuser, Sigrun Krause, Veronika Schmidt

Lake Placid 1980

G GRD 1:02:11,10
Veronika Hesse-Schmidt, Marlies Rostock, Carola Anding, Barbara Petzold
S URS 1:03:18,30
Galina Kulakova, Nina Baldycheva, Nina Rocheva, Raisa Smetanina
B NOR 1:04:13,50
Brit Pettersen, Anette Böe, Marit Myrmäl, Berit Aunli

Sarajevo 1984

G NOR 1:06:49,7
Brit Pettersen, Inger Helene Nybråten, Anne Jahren, Berit Aunli
S TCH 1:07:34,7
Dagmar Svubová, Blanka Pauli, Gabriela Svobodová, Kvetoslava Jeriová
B FIN 1:07:36,7
Marjo Matikainen, Eija Hyytiäinen, Pirkko Määttä, Marja-Liisa Hämäläinen

Calgary 1988

G URS 59:51,1
Svetlana Nageykina, Nina Gavriluk, Tamara Tikhonova, Anfissa Reztsova
S NOR 1:01:33,0
Trude Dybendahl, Marit Wold, Anne Jahren, Marianne Dahlmo
B FIN 1:01:53,8
Pirkko Määttä, Marja-Liisa Kirvesniemi-Hämäläinen, Marjo Matikainen, Jaana Savolainen

Albertville 1992

G EUN 59:34,8
Yelena Välbe, Raisa Smetanina, Larisa Lazutina, Lyubov Yegorova
S NOR 59:56,4
Solveig Pedersen, Inger Helene Nybråten, Trude Dybendahl, Elin Nilsen
B ITA 1:00:25,9
Bice Vanzetta, Manuela Di Centa, Gabriella Paruzzi, Stefania Belmondo

Lillehammer 1994

G RUS 57:12,5
Yelena Välbe, Larisa Lasutina, Nina Gavriluk, Lyubov Yegorova[1)]
S NOR 57:42,6
Trude Dybendahl, Inger Helene Nybraaten, Elin Nilsen, Anita Moen
B ITA 58:42,6
Bice Vanzetta, Manuela Di Centa, Gabriella Paruzzi, Stefania Belmondo

Nicht mehr ausgetragene Wettbewerbe Frauen

10 km Langlauf Frauen

Oslo 1952

G Lydia Wideman FIN 41:40,0
S Mirja Hietamies FIN 42:39,0
B Siiri Rantanen FIN 42:50,0

Cortina d'Ampezzo 1956

G Lyubov Kozyreva URS 38:11,0
S Radya Yeroshina URS 38:16,0
B Sonja Edström SWE 38:23,0

Squaw Valley 1960

G Mariya Gusakova URS 39:46,6
S Lyubov Baranova-Kozyreva URS ... 40:04,2
B Radya Yeroshina URS 40:06,0

Innsbruck 1964

G Klavdiya Boyarskikh URS 40:24,3
S Yevdokiya Mekshilo URS 40:26,6
B Mariya Gusakova URS 40:46,6

Grenoble 1968

G Toini Gustafsson SWE 36:46,5
S Berit Mördre NOR 37:54,6
B Inger Aufles NOR 37:59,9

Sapporo 1972

G Galina Kulakova URS 34:17,82
S Alevttina Olyunina URS 34:54,11
B Marjatta Kajosmaa FIN 34:56,45

Innsbruck 1976

G Raisa Smetanina URS 30:13,41
S Helena Takalo FIN 30:14,28
B Galina Kulakova URS 30:38,61

Lake Placid 1980

G Barbara Petzold GDR 30:31,54
S Hilkka Riihivuori-Kuntola FIN 30:35,05
B Helena Takalo FIN 30:45,25

Sarajevo 1984

G Marja-Liisa Hämäläinen FIN 31:44,20
S Raisa Smetanina URS 32:02,90
B Brit Pettersen NOR 32:12,71

Calgary 1988

G Vida Venciene URS 30:08,3
S Raisa Smetanina URS 30:17,0
B Marjo Matikainen FIN 30:20,5

20 km Langlauf Frauen

Sarajevo 1984

G Marja-Liisa Hämäläinen FIN 1:01:45,0
S Raisa Smetanina URS 1:02:26,7
B Anne Jahren NOR 1:03:13,6

Calgary 1988

G Tamara Tikhonova URS 55:53,6
S Anfissa Reztsova URS 56:12,8
B Raisa Smetanina URS 57:22,1

Biathlon

10 km Männer[1]

Lake Placid 1980

G Frank Ullrich GDR ....(2) 32:10,69
S Vladimir Alikin URS ....(0) 32:53,10
B Anatoli Alyabyev URS ....(1) 33:09,16

Sarajevo 1984

G Eirik Kvalfoss NOR ....(2) 30:53,8
S Peter Angerer FRG ....(1) 31:02,4
B Matthias Jacob GDR ....(0) 31:10,5

Calgary 1988

G Frank-Peter Roetsch GDR ....(1) 25:08,1
S Valeri Medvedtsev URS ....(0) 25:23,7
B Sergei Chepikov URS ....(0) 25:29,4

Albertville 1992

G Mark Kirchner GER ....(0) 26:02,3
S Ricco Groß GER ....(1) 26:18,0
B Harri Eloranta FIN ....(0) 26:26,6

Lillehammer 1994

G Sergei Chepikov RUS ....(0) 28:07,0
S Ricco Groß GER ....(0) 28:13,0
B Sergei Tarasov RUS ....(1) 28:27,4

20 km Männer[1]

Squaw Valley 1960

G Klas Lestander SWE ....(0) 1:33:21,6
S Antti Tyrväinen FIN ....(4) 1:33:57,7
B Alexander Privalov URS ....(6) 1:34:54,2

Innsbruck 1964

G Vladimir Melanin URS ....(0) 1:20:26,8
S Alexander Privalov URS ....(0) 1:23:42,5
B Olav Jordet NOR ....(12)1:24:38,8

Grenoble 1968

G Magnar Solberg NOR ....(0) 1:13:45,9
S Alexander Tikhonov URS ....(2) 1:14:40,4
B Vladimir Gundartsev URS ....(2) 1:18:27,4

Sapporo 1972

G Magnar Solberg NOR ....(2) 1:15:55,50
S Hansjörg Knauthe GDR ....(1) 1:16:07,60
B Lars-Göran Arwidson SWE ....(2) 1:16:27,03

Innsbruck 1976

G Nikolai Kruglov URS ....(2) 1:14:12,26
S Heikki Ikola FIN ....(2) 1:15:54,10
B Alexander Yelizarov URS .....(3) 1:16:05,57

Lake Placid 1980

G Anatoli Alyabyev URS ....(0) 1:08:16,31
S Frank Ullrich GDR ....(3) 1:08:27,79
B Eberhard Rösch GDR ....(2) 1:11:11,73

Sarajevo 1984

G Peter Angerer FRG ....(2) 1:11:52,7
S Frank-Peter Roetsch GDR ......(3) 1:13:21,4
B Eirik Kvalfoss NOR ....(5) 1:14:02,4

Calgary 1988

G Frank-Peter Roetsch GDR ....(3) 56:33,3
S Valeri Medvedtsev URS ....(2) 56:54,6
B Johann Passler ITA ....(2) 57:10,1

Albertville 1992

G Yevgeni Redkin EUN ....(0) 57:34,4
S Mark Kirchner GER ....(3) 57:40,8
B Mikael Löfgren SWE ....(2) 57:59,4

Lillehammer 1994

G Sergei Tarasov RUS ....(3) 57:25,3
S Frank Luck GER ....(3) 57:28,7
B Sven Fischer GER ....(2) 57:41,9

Bilanz 10 km Männer

Land	G	S	B
1. GDR	2	–	1
2. GER	1	2	–
3. RUS	1	–	1
4. NOR	1	–	–
5. URS	–	2	2
6. FRG	–	1	–
7. FIN	–	–	1

Bilanz 20 km Männer

Land	G	S	B
1. URS	3	3	3
2. NOR	2	–	2
3. GDR	1	3	1
4. SWE	1	–	2
5. EUN	1	–	–
FRG	1	–	–
RUS	1	–	–
8. GER	–	2	1
9. FIN	–	2	–
10. ITA	–	–	1

1) Die Angaben in den Klammern sind die Schießfehler.

Bilanz Staffel Männer

Land	G	S	B
1. URS	6	–	–
2. GER	2	–	–
3. FIN	–	2	–
NOR	–	2	–
5. FRG	–	1	2
GDR	–	1	2
7. EUN	–	1	–
RUS	–	1	–
9. SWE	–	–	2
10. FRA	–	–	1
ITA	–	–	1

Bilanz Biathlon Frauen

Land	G	S	B
1. CAN	2	–	1
2. GER	1	3	1
3. EUN	1	1	2
4. FRA	1	1	1
5. RUS	1	–	–
6. BLR	–	1	–
7. FRA	–	–	1

1) Die Angaben in den Klammern sind die Schießfehler.

Staffel Männer[1)]

Grenoble 1968

G URS ....(2) 2:13:02,4
Alexander Tikhonov, Nikolai Puzanov, Viktor Mamatov, Vladimir Gundartsev
S NOR ....(5) 2:14:50,2
Ola Wärhaug, Olav Jordet, Magnar Solberg, Jon Istad
B SWE ....(0) 2:17:26,3
Lars-Göran Arwidson, Tore Eriksson, Olle Petrusson, Holmfrid Olsson

Sapporo 1972

G URS ....(3) 1:51:44,92
Alexander Tikhonov, Rinnat Safin, Ivan Byakov, Viktor Mamatov
S FIN ....(3) 1:54:37,25
Esko Saira, Juhani Suutarinen, Heikki Ikola, Mauri Röppänen
B GDR ....(4) 1:54:57,67
Hansjörg Knauthe, Joachim Meischner, Dieter Speer, Horst Koschka

Innsbruck 1976

G URS ....(0) 1:57:55,64
Alexander Yelizarov, Ivan Byakov, Nikolai Kruglov, Alexander Tikhonov
S FIN ....(2) 2:01:45,58
Carl Henrik Flöjt, Esko Saira, Juhani Suutarinen, Heikki Ikola
B GDR ....(5) 2:04:08,61
Karl-Heinz Menz, Frank Ullrich, Manfred Beer, Manfred Geyer

Lake Placid 1980

G URS ....(0) 1:34:03,27
Vladimir Alikin, Alexander Tikhonov, Vladimir Barnashov, Anatoli Alyabyev
S GDR ....(3) 1:34:56,99
Mathias Jung, Klaus Siebert, Frank Ullrich, Eberhard Rösch
B FRG ....(2) 1:37:30,26
Franz Bernreiter, Hans Estner Peter Angerer, Gerhard Winkler

Sarajevo 1984

G URS ....(2) 1:38:51,7
Dimitri Vasilyev, Yuri Kashkarov, Algimantas Salna, Sergei Bulygin
S NOR ....(2) 1:39:03,9
Odd Lirhus, Eirik Kvalfoss, Rolf Storsveen, Kjell Söbak
B FRG ....(1) 1:39:05,1
Ernst Reiter, Walter Pichler, Peter Angerer, Fritz Fischer

Calgary 1988

G URS ....(0) 1:22:30,0
Dimitri Vasilyev, Sergei Chepikov, Alexander Popov, Valeri Medvedtsev
S FRG ....(0) 1:23:37,4
Ernst Reiter, Stefan Höck, Peter Angerer, Fritz Fischer
B ITA ....(0) 1:23:51,5
Werner Kiem, Gottlieb Taschler, Johann Passler, Andreas Zingerle

Albertville 1992

G GER ....(0) 1:24:43,5
Ricco Groß, Jens Steinigen, Mark Kirchner, Fritz Fischer
S EUN ....(0) 1:25:06,3
Valeri Medvedtsev, Alexander Popov, Valeri Kiriyenko, Sergei Chepikov
B SWE ....(0) 1:25:38,2
Ulf Johansson, Leif Andersson, Tord Wiksten, Mikael Löfgren

Lillehammer 1994

G GER ....(0) 1:30:22,1
Ricco Groß, Frank Luck, Mark Kirchner, Sven Fischer
S RUS ....(2) 1:31:23,6
Valeri Kiriyenko, Vladimir Drachev, Sergei Tarasov, Sergei Chepikov
B FRA ....(1) 1:32:31,3
Thierry Dussère, Patrice Bailly-Salins, Lionel Laurent, Hervé Flandin

7,5 km Frauen[1)]

Albertville 1992

G Anfissa Reztsova EUN ....(3) 24:29,2
S Antje Misersky GER ....(2) 24:45,1
B Yelena Belova EUN ....(2) 24:50,8

Lillehammer 1994

G Myriam Bedard CAN ....(2)26:08,8
S Svetlana Paramygina BLR ....(2)26:09,9
B Valentina Tserbe UKR ....(0)26:10,0

15 km Frauen[1]

Albertville 1992

G Antje Misersky GER ....(1) 51:47,2
S Svetlana Pecherskaya EUN ....(1) 51:58,5
B Myriam Bédard CAN ....(2) 52:15,0

Lillehammer 1994

G Myriam Bédard CAN ....(2) 52:06,6
S Anne Briand FRA ....(3) 52:53,3
B Uschi Disl GER ....(3) 53:15,3

Staffel Frauen[1]

Albertville 1992

G FRA ....(0) 1:15:55,6
Corinne Niogret, Véronique Claudel, Anne Briand
S GER ....(1) 1:16:18,4
Uschi Disl, Antje Misersky, Petra Schaaf
B EUN ....(2) 1:16:54,6
Yelena Belova, Anfissa Reztsova, Yelena Melnikova

Lillehammer 1994

G RUS ....(0) 1:47:19,5
Nadeshda Talanova, Natalia Smytina, Luissa Moskova, Anfissa Reztsova
S GER ....(6) 1:51:16,5
Uschi Disl, Antje Hervey-Misersky, Simone Greiner-Petter-Memm, Petra Schaaf
B FRA ....(1) 1:52:28,3
Corinne Niogret, Véronique Claudel, Delphyne Heymann, Anne Briand

Alpiner Skisport

Abfahrt Männer

St. Moritz 1948

G Henri Oreiller FRA 2:55,0
S Franz Gabl AUT 2:59,1
B Karl Molitor SUI 3:00,3
Rolf Olinger SUI 3:00,3

Oslo 1952

G Zeno Colo ITA 2:30,8
S Othmar Schneider AUT 2:32,0
B Christian Pravda AUT 2:32,4

Cortina d'Ampezzo 1956

G Toni Sailer AUT 2:52,2
S Raymond Fellay SUI 2:55,7
B Anderl Molterer AUT 2:56,2

Squaw Valley 1960

G Jean Vuarnet FRA 2:06,0
S Hans-Peter Lanig GER 2:06,5
B Guy Perillat FRA 2:06,9

Innsbruck 1964

G Egon Zimmermann AUT 2:18,16
S Leo Lacroix FRA 2:18,90
B Wolfgang Bartels GER 2:19,48

Grenoble 1968

G Jean-Claude Killy FRA 1:59,85
S Guy Perillat FRA 1:59,93
B Jean-Daniel Daetwyler SUI 2:00,32

Sapporo 1972

G Bernhard Russi SUI 1:51,43
S Roland Collombin SUI 1:52,07
B Heini Messner AUT 1:52,40

Innsbruck 1976

G Franz Klammer AUT 1:45,73
S Bernhard Russi SUI 1:46,06
B Herbert Plank ITA 1:46,59

Lake Placid 1980

G Leonhard Stock AUT 1:45,50
S Peter Wirnsberger AUT 1:46,12
B Steve Podborski CAN 1:46,62

Bilanz Abfahrt Männer

Land	G	S	B
1. AUT	5	3	5
2. FRA	3	3	2
3. SUI	2	5	3
4. USA	2	–	–
5. ITA	1	–	1
6. GER	–	1	1
7. NOR	–	1	–
8. CAN	–	–	2

1) Die Angaben in den Klammern sind die Schießfehler.

Sarajevo 1984

G Bill Johnson USA 1:45,59
S Peter Müller SUI 1:45,86
B Anton Steiner AUT 1:45,95

Calgary 1988

G Pirmin Zurbriggen SUI 1:59,63
S Peter Müller SUI 2:00,14
B Franck Piccard FRA 2:01,24

Albertville 1992

G Patrick Ortlieb AUT 1:50,37
S Franck Piccard FRA 1:50,42
B Günther Mader AUT 1:50,47

Lillehammer 1994

G Tommy Moe USA 1:45,75
S Kjetil-André Aamodt NOR 1:45,79
B Edward Podivinsky CAN 1:45,87

Slalom Männer

Bilanz Slalom Männer

Land	G	S	B
1. AUT	5	2	2
2. ITA	2	4	1
3. USA	1	3	1
4. FRA	1	1	3
5. NOR	1	1	1
6. SUI	1	–	1
SWE	1	–	1
8. ESP	1	–	–
9. FRG	–	1	–
JPN	–	1	–
11. LIE	–	–	2
12. SLO	–	–	1

St. Moritz 1948

G Edy Reinalter SUI 2:10,3
S James Couttet FRA 2:10,8
B Henri Oreiller FRA 2:12,8

Oslo 1952

G Othmar Schneider AUT 2:00,0
S Stein Eriksen NOR 2:01,2
B Guttorn Berge NOR 2:01,7

Cortina d'Ampezzo 1956

G Toni Sailer AUT 3:14,7
S Chiharu Igaya JPN 3:18,8
B Stig Sollander SWE 3:20,2

Squaw Valley 1960

G Ernst Hinterseer AUT 2:08,9
S Matthias Leitner AUT 2:10,3
B Charles Bozon FRA 2:10,4

Innsbruck 1964

G Pepi Stiegler AUT 2:11,13
S Bill Kidd USA 2:11,27
B James Heuga USA 2:11,52

Grenoble 1968

G Jean-Claude Killy FRA 1:39,73
S Herbert Huber AUT 1:39,82
B Alfred Matt AUT 1:40,09

Sapporo 1972

G Fernandez Ochoa ESP 1:49,27
S Gustav Thöni ITA 1:50,28
B Roland Thöni ITA 1:50,30

Innsbruck 1976

G Piero Gros ITA 2:03,29
S Gustav Thöni ITA 2:03,73
B Willi Frommelt LIE 2:04,28

Lake Placid 1980

G Ingemar Stenmark SWE 1:44,26
S Phil Mahre USA 1:44,76
B Jacques Lüthy SUI 1:45,06

Sarajevo 1984

G Phil Mahre USA 1:39,41
S Steve Mahre USA 1:39,62
B Didier Bouvet FRA 1:40,20

Calgary 1988

G Alberto Tomba ITA 1:39,47
S Frank Wörndl FRG 1:39,53
B Paul Frommelt LIE 1:39,84

Albertville 1992

G Finn Christian Jagge NOR 1:44,39
S Alberto Tomba ITA 1:44,67
B Michael Tritscher AUT 1:44,85

Lillehammer 1994

G Thomas Stangassinger AUT 2:02,02
S Alberto Tomba ITA 2:02,17
B Jure Kosir SLO 2:02,53

Riesenslalom Männer

Bilanz Riesenslalom Männer

Land	G	S	B
1. SUI	3	4	2
2. ITA	3	–	–
3. FRA	2	–	–
4. AUT	1	5	7
5. NOR	1	–	1
SWE	1	–	1
7. GER	1	–	–
8. LIE	–	1	1
9. LUX	–	1	–
YUG	–	1	–

Oslo 1952

G Stein Eriksen NOR 2:25,0
S Christian Pravda AUT 2:26,9
B Anton Spiß AUT 2:28,2

Cortina d'Ampezzo 1956

G Toni Sailer AUT 3:00,1
S Anderl Molterer AUT 3:06,3
B Walter Schuster AUT 3:07,2

Squaw Valley 1960

G Roger Staub SUI 1:48,3
S Pepi Stiegler AUT 1:48,7
B Ernst Hinterseer AUT 1:49,1

Innsbruck 1964

G François Bonlieu FRA 1:46,71
S Karl Schranz AUT 1:47,09
B Pepi Stiegler AUT 1:48,05

Grenoble 1968

G Jean-Claude Killy FRA 3:29,28
S Willy Favre SUI 3:31,50
B Heini Messner AUT 3:31,83

Sapporo 1972

G Gustav Thöni ITA 3:09,62
S Edmund Bruggmann SUI 3:10,75
B Werner Mattle SUI 3:10,99

Innsbruck 1976

G Heini Hemmi SUI 3:26,97
S Ernst Good SUI 3:27,17
B Ingemar Stenmark SWE 3:27,41

Lake Placid 1980

G Ingemar Stenmark SWE 2:40,74
S Andreas Wenzel LIE 2:41,49
B Hans Enn AUT 2:42,51

Sarajevo 1984

G Max Julen SUI 2:41,18
S Jure Franko YUG 2:41,41
B Andreas Wenzel LIE 2:41,75

Calgary 1988

G Alberto Tomba ITA 2:06,37
S Hubert Strolz AUT 2:07,41
B Pirmin Zurbriggen SUI 2:08,39

Albertville 1992

G Alberto Tomba ITA 2:06,98
S Marc Girardelli LUX 2:07,30
B Kjetil-André Aamodt NOR 2:07,82

Lillehammer 1994

G Markus Wasmeier GER 2:52,46
S Urs Kälin SUI 2:52,48
B Christian Mayer AUT 2:52,58

Super G Männer

Calgary 1988

G Franck Piccard FRA 1:39,66
S Helmut Mayer AUT 1:40,96
B Lars-Börje Eriksson SWE 1:41,08

Albertville 1992

G Kjetil-André Aamodt NOR 1:13,04
S Marc Girardelli LUX 1:13,77
B Jan Einar Thorsen NOR 1:13,83

Lillehammer 1994

G Markus Wasmeier GER 1:32,53
S Tommy Moe USA 1:32,61
B Kjetil-André Aamodt NOR 1:32,93

Bilanz Super G Männer

Land	G	S	B
1. NOR	1	–	2
2. FRA	1	–	–
GER	1	–	–
4. AUT	–	1	–
LUX	–	1	–
USA	–	1	–
7. SWE	–	–	1

Alpine Kombination Männer

Garmisch-Partenkirchen 1936

G Franz Pfnür GER 99,25
S Adolf Gustav Lantschner GER 96,26
B Emile Allais FRA 94,69

St. Moritz 1948

G Henri Oreiller FRA 3,27
S Karl Molitor SUI 6,44
B James Couttet FRA 6,95

Calgary 1988

G Hubert Strolz AUT 36,55
S Bernhard Gstrein AUT 43,45
B Paul Accola SUI 48,24

Albertville 1992

G Josef Polig ITA 14,58
S Gianfranco Martin ITA 14,90
B Steve Locher SUI 18,16

Lillehammer 1994

G Lasse Kjus NOR 3:17,53
S Kjetil-André Aamodt NOR 3:18,55
B Harald Nielsen NOR 3:19,14

Bilanz Alpine Kombination Männer

Land	G	S	B
1. NOR	1	1	1
2. AUT	1	1	–
GER	1	1	–
ITA	1	1	–
5. FRA	1	–	2
6. SUI	–	1	2

Abfahrt Frauen

St. Moritz 1948

G Hedy Schlunegger SUI 2:28,3
S Trude Beiser AUT 2:29,1
B Resi Hammerer AUT 2:30,2

Oslo 1952

G Trude Jochum-Beiser AUT 1:47,1
S Mirl Buchner GER 1:48,0
B Giuliana Minuzzo ITA 1:49,0

Bilanz Abfahrt Frauen

Land	G	S	B
1. AUT	4	4	5
2. SUI	4	3	1
3. GER	2	1	–
4. FRG	2	–	–
5. CAN	1	–	2
6. USA	–	3	2
7. FRA	–	1	–
LIE	–	1	–
9. ITA	–	–	2
10. TCH	–	–	1

Bilanz Slalom Frauen

Land	G	S	B
1. SUI	3	1	1
2. USA	3	1	1
3. FRA	2	3	2
4. AUT	1	2	1
5. FRG	1	1	1
6. CAN	1	1	–
ITA	1	1	–
8. LIE	1	–	2
9. GER	–	1	2
10. NZL	–	1	–
YUG	–	1	–
12. ESP	–	–	1
SLO	–	–	1
URS	–	–	1

Cortina d'Ampezzo 1956
G Madeleine Berthod SUI[1] 1:40,7
S Frieda Dänzer SUI 1:45,4
B Lucile Wheeler CAN 1:45,9

Squaw Vallay 1960
G Heidi Biebl GER 1:37,6
S Penny Pitou USA 1:38,6
B Traudl Hecher AUT 1:38,9

Innsbruck 1964
G Christl Haas AUT 1:55,39
S Edith Zimmermann AUT 1:56,42
B Traudl Hecher AUT 1:56,66

Grenoble 1968
G Olga Pall AUT 1:40,87
S Isabelle Mir FRA 1:41,33
B Christl Haas AUT 1:41,41

Sapporo 1972
G Marie-Theres Nadig SUI 1:36,68
S Annemarie Pröll AUT 1:37,00
B Susan Corrock USA 1:37,68

Innsbruck 1976
G Rosi Mittermaier FRG 1:46,16
S Brigitte Totschnig AUT 1:46,68
B Cindy Nelson USA 1:47,50

Lake Placid 1980
G Annemarie Moser-Pröll AUT 1:37,52
S Hanni Wenzel LIE 1:38,22
B Marie-Theres Nadig SUI 1:38,36

Sarajevo 1984
G Michela Figini SUI 1:13,36
S Maria Walliser SUI 1:13,41
B Olga Charvatova TCH 1:13,53

Calgary 1988
G Marina Kiehl FRG 1:25,86
S Brigitte Oertli SUI 1:26,91
B Karen Percy CAN 1:26,62

Albertville 1992
G Kerrin Lee-Gartner CAN 1:52,55
S Hilary Lindh USA 1:52,61
B Veronika Wallinger AUT 1:52,64

Lillehammer 1994
G Katja Seizinger GER 1:35,93
S Picabo Street USA 1:36,59
B Isolde Kostner ITA 1:36,85

Slalom Frauen

St. Moritz 1948
G Gretchen Frazer USA[2] 1:57,2
S Antoinette Meyer SUI 1:57,7
B Erika Mahringer AUT 1:58,0

Oslo 1952
G Andrea Lawrence Mead USA 2:10,6
S Ossi Reichert GER 2:11,4
B Mirl Buchner GER 2:13,3

Cortina d'Ampezzo 1956
G Renée Colliard SUI 1:52,3
S Regina Schöpf AUT 1:55,4
B Evgenia Sidorowa URS 1:56,7

Squaw Valley 1960
G Anne Heggtveit CAN 1:49,6
S Betsy Snite USA 1:52,9
B Barbara Henneberger GER 1:56,6

Innsbruck 1964
G Christine Goitschel FRA 1:29,86
S Marielle Goitschel FRA 1:30,77
B Jean Marlene Saubert USA 1:31,36

Grenoble 1968
G Marielle Goitschel FRA 1:25,86
S Nancy Greene CAN 1:26,15
B Annie Famose FRA 1:27,89

Sapporo 1972
G Barbara Cochran USA 1:31,24
S Danielle Debernard FRA 1:31,26
B Florence Steurer FRA 1:32,69

Innsbruck 1976
G Rosi Mittermaier FRG 1:30,54
S Claudia Giordani ITA 1:30,87
B Hanni Wenzel LIE 1:32,20

Lake Placid 1980
G Hanni Wenzel LIE 1:25,09
S Christa Kinshofer FRG 1:26,50
B Erika Hess SUI 1:27,89

Sarajevo 1984
G Paoletta Magoni ITA 1:36,47
S Perrine Pelen FRA 1:37,38
B Ursula Konzett LIE 1:37,50

1) Am Tag ihres Olympiasieges feierte Madeleine Berthod ihren 25. Geburtstag. Von der Konkurrenz trennten sie Welten.
2) Gretchen Frazer (* 1919, † 1994) wäre schon 1940 eine Olympiafavoritin gewesen.

Calgary 1988

G Vreni Schneider SUI 1:36,69
S Mateja Svet YUG 1:38,37
B Christa Kinshofer FRG 1:38,40

Albertville 1992

G Petra Kronberger AUT 1:32,68
S Annelise Coberger NZL 1:33,10
B Bianca Fernandez Ochoa ESP 1:33,35

Lillehammer 1994

G Vreni Schneider SUI 1:56,01
S Elfi Eder AUT 1:56,35
B Katja Koren SLO 1:56,61

Riesenslalom Frauen

Oslo 1952

G Andrea Lawrence Mead USA 2:06,8
S Dagmar Rom AUT 2:09,0
B Mirl Buchner GER 2:10,0

Cortina d'Ampezzo 1956

G Ossi Reichert GER 1:56,5
S Josefine Frandl AUT 1:57,8
B Dorothea Hochleitner AUT 1:58,2

Squaw Valley 1960

G Yvonne Rüegg SUI 1:39,9
S Penny Pitou USA 1:40,0
B Guiliana Chenal-Minuzzo ITA 1:40,2

Innsbruck 1964

G Marielle Goitschel FRA 1:52,24
S Christine Goitschel FRA 1:53,11
S Jean Marlene Saubert USA 1:53,11

Grenoble 1968

G Nancy Greene CAN 1:51,97
S Annie Famose FRA 1:54,61
B Fernande Bochatay SUI 1:54,74

Sapporo 1972

G Marie-Theres Nadig SUI 1:29,90
S Annemarie Pröll AUT 1:30,75
B Wiltrud Drexel AUT 1:32,35

Innsbruck 1976

G Kathy Kreiner CAN 1:29,13
S Rosi Mittermaier FRG 1:29,25
B Danielle Debernard FRA 1:29,95

Lake Placid 1980

G Hanni Wenzel LIE 2:41,66
S Irene Epple FRG 2:42,12
B Perrine Pelen FRA 2:42,41

Sarajevo 1984

G Debbie Armstrong USA 2:20,98
S Christin Cooper USA 2:21,38
B Perrine Pelen FRA 2:21,40

Calgary 1988

G Vreni Schneider SUI 2:06,49
S Christa Kinshofer FRG 2:07,42
B Maria Walliser SUI 2:07,72

Albertville 1992

G Pernilla Wiberg SWE 2:12,74
S Anita Wachter AUT 2:13,71
S Diann Roffe USA 2:13,71

Lillehammer 1994

G Deborah Compagnoni ITA 2:30,97
S Martina Ertl GER 2:32,19
B Vreni Schneider SUI 2:32,97

Bilanz Riesenslalom Frauen

Land	G	S	B
1. SUI	3	–	3
2. USA	2	2	2
3. CAN	2	–	–
4. FRA	1	2	3
5. GER	1	1	1
6. ITA	1	–	1
7. LIE	1	–	–
SWE	1	–	–
9. AUT	–	4	2
10. FRG	–	3	–

Super G Frauen

Calgary 1988

G Sigrid Wolf AUT 1:19,03
S Michela Figini SUI 1:20,03
B Karen Percy CAN 1:20,29

Albertville 1992

G Deborah Compagnoni ITA 1:21,22
S Carole Merle FRA 1:22,63
B Katja Seizinger GER 1:23,19

Lillehammer 1994

G Diann Roffe USA 1:22,15
S Svetlana Gladisheva RUS 1:22,44
B Isolde Kostner ITA 1:22,45

Bilanz Super G Frauen

Land	G	S	B
1. ITA	1	–	1
2. AUT	1	–	–
3. USA	1	–	–
4. FRA	–	1	–
SUI	–	1	–
RUS	–	1	–
7. CAN	–	–	1
GER	–	–	1

Alpine Kombination Frauen

Garmisch-Partenkirchen 1936

G Christl Cranz GER[1] 97,06
S Käthe Grasegger GER 95,26
B Laila Schou Nilsen NOR 93,48

1) Christl Cranz (* 1914) gewann 12 alpine Ski-Weltmeisterschaften 1934 bis 1939 und noch zwei inoffizielle 1941.

Bilanz Alpine Kombination Frauen

Land	G	S	B
1. AUT	3	1	1
2. GER	1	1	–
3. SWE	1	–	–
4. SUI	–	2	1
5. USA	–	1	–
6. FRA	–	–	1
NOR	–	–	1
SLO	–	–	1

St. Moritz 1948

G Trude Beiser AUT 6,58
S Gretchen Frazer USA 6,95
B Erika Mahringer AUT 7,04

Calgary 1988

G Anita Wachter AUT 29,25
S Brigitte Oertli SUI 29,48
B Maria Walliser SUI 51,28

Albertville 1992

G Petra Kronberger AUT 2,55
S Anita Wachter AUT 19,39
B Florence Masnada FRA 21,38

Lillehammer 1994

G Pernilla Wiberg SWE 3:05,16
S Vreni Schneider SUI 3:05,29
B Alenka Dovzan SLO 3:06,64

Lillehammer 1994

G Stine Lise Hattestad NOR 25,97
S Elizabeth McIntyre USA 25,89
B Yelisaveta Koshevnikova RUS 25,81

Springen Frauen

Lillehammer 1994

G Lina Cheryasova UZB 166,84
S Marie Lindgren SWE 165,88
B Hilde Synnöve Lid NOR 164,13

Trickski, Freistilski

Bilanz Trickski Gesamt

Land	G	S	B
1. CAN	1	1	1
FRA	1	1	1
USA	1	1	1
4. NOR	1	–	2
5. SUI	1	–	–
UZB	1	–	–
7. RUS	–	1	1
8. EUN	–	1	–
SWE	–	1	–

Buckelpiste Männer

Albertville 1992

G Edgar Grospiron FRA 25,81
S Olivier Allamand FRA 24,87
B Nelson Carmichael USA 24,82

Lillehammer 1994

G Jean-Luc Brassard CAN 27,24
S Sergei Shtshuplezov RUS 26,90
B Edgar Grosprion FRA 26,64

Springen Männer

Lillehammer 1994

G Andreas Schönbächler SUI 234,67
S Philippe Laroche CAN 228,63
B Lloyd Langlois CAN 222,44

Buckelpiste Frauen

Albertville 1992

G Donna Weinbrecht USA 23,69
S Yelisaveta Koshevnikova EUN 23,50
B Stine Lise Hattestad NOR 23,04

Eishockey

Männer

Antwerpen 1920

G CAN[1)]
Wally Byron, Konrad Johannesson, Robert Benson, Allan Woodman, Slim Halderson, Frank Frederickson, Mike Goodman, Chris Fridfinnson
S USA
Raymond Bonney, Cyril Weidenborner, George Geran, J. Edward Fitzgerald, Frank Goheen, Leon Tuck, Anthony Conroy, Herb Drury, Joseph McCormick, Lawrence McCormick, Frank Synott
B TCH
Jan Peka, Karel Wälzer, Jan Palous, Otakar Vindys, Karel Hartmann, Vilém Loos, Josef Sroubek, Karel Pesek

Chamonix 1924

G CAN[2)]
Duncan Munro, W. Beattie Ramsay, Harry Watson, Reginald Smith, Albert McCaffery, Cyril Slater, Harold McMunn, Jack Cameron, Ernest Collett
S USA
Alphonse Lacroix, Irving Small, Clarence Abel, Herb Drury, Justin McCarthy, Willard Rice, John Lyons, Frank Synott, John Langley
B GBR
Colin Carruthers, Eric Carruthers, Ross Cuthbert, Edward Pitblado, Hamilton Jukes, William Anderson, Lorne Carr-Harris, Blane Sexton, George Holmes, Guy Clarkson

1) Kanada gewann gegen die Tschechoslowakei 15:0, gegen die USA 2:0 und gegen Schweden (Vierter) 12:1.
2) Kanada siegte gegen die Tschechoslowakei 30:0, gegen Schweden 22:0, gegen die Schweiz 33:0, gegen Großbritannien 19:2 und gegen die USA 6:2.

St. Moritz 1928

G CAN
Joseph Sullivan, Ross Taylor, Louis Hudson, David Trottier, Norbert Mueller, Hugh Plaxton, Frank Sullivan, Frank Fisher, Herbert Plaxton, Roger Plaxton, Charles Delahay

S SWE
Nils Johansson, Kurt Sucksdorff, Carl Abrahamsson, Henry Johansson, Emil Bergman, Wilhelm Petersén, Gustaf Johansson, Birger Holmquist, Sigfrid Öberg, Ernst Karlberg, Bertil Linde, Erik Larsson

B SUI
Arnold Martignoni, Charles Fasel, Mezzi Andreossi, Giannin Andreossi, Robert Breiter, Bibi Torriani, Luzius Rüedi, Albert Geromini, Fritz Kraatz, Heini Meng, Anton Morosani, Louis Dufour

Lake Placid 1932[1)]

G CAN
William Cockburn, Hugh Sutherland, Roy Hinkel, Walter Monson, Victor Lindquist, Romeo Rivers, Harold Simpson, Norman Malloy, Aliston Wise, Clifford Crowley, Albert Duncanson, George Garbutt, Kenneth Moore, Stanley Wagner

S USA
Franklin Farrell, John Garrison, Osborne Anderson, John Chase, Douglas Everett, Winthrop Palmer, John Bent, John Cookman, Joseph Fitzgerald, Edwin Frazier, Gerald Hallock, Robert Livingston, Francis Nelson, Gordon Smith

B GER
Walter Leinweber, Alfred Heinrich, Erich Römer, Rudi Ball, Martin Schröttle, Gustav Jaenecke, Erich Herker, Werner Korff, Marquardt Slevogt, Georg Strobl

Garmisch-Partenkirchen 1936

G GBR
James Foster, Carl Erhardt, Gordon Dailley, Archibald Stinchcombe, Edgar Brenchley, John Coward, James Chappell, Alexander Archer, John Davey, James Borland, Robert Wyman, John Kilpatrick

S CAN
Dinty Moore, Arthur Nash, Herman Murray, Walter Kitchen, Raymond Milton, David Neville, Kenneth Farmer-Horn, Hugh Farquharson, Maxwell Deacon, Alexander Sinclair, William Thomson, James Haggarty, Ralph Saint Germain

B USA
Thomas Moon, Francis Shaughnessy, Philip LaBatte, Frank Stubbs, John Garrison, Paul Rowe, John Lax, Gordon Smith, Elbridge Ross, Francis Spain, August Kammer

St. Moritz 1948

G CAN
Murray Dowey, Bernard Dunster, John Lecompte, Henri André Laperrière, Wallace Halder, George Mara, Reginald Schroeter, Thomas Hibberd, Albert Renaud, Jean Gravelle, Patrick Guzzo, Irving Taylor

S TCH
Bohumil Modry, Zdenek Jarkovsky, Miroslav Sláma, Josef Trousílek, Premysl Hajny, Vilibald Slovík, Oldrich Zábrodsky, Miloslav Pokorny, Ladislav Troják, Vladimír Zábrodsky, Stanislav Konopásek, Václav Rozinák, Jaroslav Drobny, Karel Stibor, Gustav Bubník, Vladimír Bouzek

B SUI
Hans Bänninger, Reto Perl, Emil Handschin, Ferdinand Cattini, Hans Cattini, Heinrich Boller, Hans Dürst, Walter Dürst, Bibi Torriani, Gebhard Poltera, Ulrich Poltera, Hans-Martin Trepp, Beat Rüedi, Alfred Bieler, Heini Lohrer, Werner Lohrer, Otto Schubiger

Oslo 1952

G CAN[2)]
Eric Paterson, Ralph Hansch, John Davies, Robert Meyers, Allan Purvis, William Dawe, Donald Gauf, Robert Watt, George Abel, Bruce Dickson, David Miller, Francis Sullivan, Louis Secco, William Gibson, Gordon Robertson, Thomas Pollock

S USA
Richard Desmond, Donald Whiston, Allen Van, Joseph Czarnota, Robert Rompre, Gerald Kilmartin, Kenneth Yackel, Leonard Ceglarski, Reuben Bjorkman, John Noah, Andre Gambucci, James Sedin, Clifford Harrison, Arnold Oss, John Mulhem

B SWE
Thord Flodqvist, Lars Svensson, Åke Andersson, Rune Johansson, Sven Thunman, Göte Almqvist, Lars Björn, Åke Lassas, Göte Blomqvist, Gösta Johansson, Erik Johansson, Stig Andersson, Hans Andersson, Lars Pettersson, Hans Öberg, Sven Johansson, Holger Nurmela

Bilanz Eishockey

Land	G	S	B
1. URS	7	1	1
2. CAN	6	4	2
3. USA	2	6	1
4. SWE	1	2	4
5. GBR	1	–	1
6. EUN	1	–	–
7. TCH	–	4	4
8. FIN	–	1	1
9. SUI	–	–	2
10. FRG	–	–	1
GER	–	–	1

1) nur vier Mannschaften am Start; Polen wurde Vierter

2) Kanada reichte ein 3:3 gegen die USA zum Olympiasieg.

Cortina d'Ampezzo 1956

G URS
Nikolai Puchkov, Grigori Mkrtychan, Nikolai Sologubov, Dimitri Ukolov, Ivan Tregubov, Genrikh Sidorenkov, Alfred Kuchevsky, Yevgeni Babich, Viktor Shuvalov, Vsevolod Bobrov, Yuri Krylov, Alexander Uvarov, Valentin Kuzin, Yuri Pantyukhov, Alexei Guryshev, Nikolai Khlystov, Viktor Nikiforov

S USA
Willard Ikola, Donald Rigazio, Richard Rodenhiser, Daniel McKinnon, Edward Sampson, John Matchefts, Richard Meredith, Richard Dougherty, Kenneth Purpur, John Mayasich, William Cleary, Wellington Burtnett, Wendell Anderson, Eugene Campbell, Gordon Christian, Weldon Olson, John Petroske

B CAN
Denis Brodeur, Keith Woodall, Floyd Martin, Howard Lee, Arthur Hurst, John Mc Kenzie, James Logan, Paul Knox, Donald Rope, Byrle Klinck, William Colvin, Gérald Théberge, Alfred Horne, Charles Brooker, George Scholes, Robert White, Kenneth Laufman

Squaw Valley 1960

G USA[1]
John McCartan, Laurence Palmer, Robert Owen, John Kirrane, John Mayasich, Rodney Paavola, Richard Rodenhiser, Paul Johnson, Weldon Olson, Roger Christian, William Christian, Thomas Williams, Eugene Grazia, Richard Meredith, William Cleary, Robert Cleary, Robert McVey

S CAN
Harold Hurley, Donald Head, Harry Sinden, John Douglas, Darryl Sly, Maurice Benoit, George Samolenko, Robert Attersley, Fred Etcher, Clifford Pennington, Robert Forhan, Robert McKnight, Floyd Martin, Kenneth Laufman, Donald Rope, James Connelly, Robert Rousseau

B URS
Nikolai Puchkov, Yevgeni Yorkin, Nikolai Sologubov, Yuri Baulin, Nikolai Karpov, Genrikh Sidorenkov, Alfred Kuchevsky, Veniamin Alexandrov, Alexander Almetov, Konstantin Loktev, Mikhail Bychkov, Vladimir Grebennikov, Yuri Tsitsinov, Stanislav Petukhov, Yevgeni Groshev, Viktor Yakushev, Viktor Pryazhnikov

Innsbruck 1964

G URS
Viktor Konovalenko, Boris Saizev, Vitali Davydov, Eduard Ivanov, Alexander Ragulin, Viktor Kuzkin, Konstantin Loktev, Alexander Almetov, Veniamin Alexandrov, Yevgeni Mayorov, Vyacheslav Starshinov, Boris Mayorov, Leonid Volkov, Viktor Yakushev, Anatoli Firsov, Oleg Saizev, Stanislav Petukhov

S SWE
Kjell Svensson, Lennart Häggroth, Gert Blomé, Nils Johansson, Roland Stoltz, Bert-Ola Nordlander, Nils Nilsson, Ronald Pettersson, Lars-Eric Lundvall, Eilert Määttä, Anders Andersson, Ulf Sterner, Carl-Göran Öberg, Sven Johansson, Uno Öhrlund, Hans Mild, Lennart Johansson

B TCH
Vladimir Dzurilla, Vladimir Nadrchal, Rudolf Potsch, Frantisek Tikal, Frantisek Gregor, Stanislav Sventek, Ladislav Smíd, Vlastimil Bubnik, Jaroslav Walter, Miroslav Vlach, Jirí Dolana, Jirí Holík, Josef Cerny, Stanislav Pryl, Josef Golonka, Jaroslav Jirik, Jan Klapác

Grenoble 1968

G URS
Viktor Zinger, Viktor Konovalenko, Vitali Davydov, Oleg Saizev, Viktor Blinov, Alexander Ragulin, Igor Romishevsky, Viktor Kuzkin, Boris Mayorov, Viktor Polupanov, Yevgeni Mishakov, Anatoli Firsov, Anatoli Ionov, Vladimir Vikulov, Yevgeni Zimin, Vyacheslav Starshinov, Yuri Moiseyev, Veniamin Alezandrov

S TCH
Vladimír Dzurilla, Vladimír Nadrchal, Oldrich Machac, Josef Horesovsky, Jan Suchy, Karel Masopust, Frantisek Sevcík, Jan Havel, Petr Hejma, Jan Hrbaty, Jirí Kochta, Jirí Holík, Josef Cerny, Václav Nedomansky, Josef Golonka, Jaroslav Jirik, Jan Klapác, Frantisek Pospisil

B CAN
Kenneth Broderick, Wayne Stephenson, Marshall Johnston, Barry MacKenzie, Brian Glennie, Paul Conlin, Terrence O'Malley, Ted Hargreaves, Raymond Cadieux, Francis Huck, Morris Mott, Stephen Monteith, Gary Dincen, Herbert Pinder, William MacMillan, Danny O'Shea, Roger Bourbonnais, Gerry Pinder

1) Torhüter John McCartan rettete den USA den 3:2-Sieg über die UdSSR.

Sapporo 1972

G URS
Vladislav Tretyak, Alexander Pashkov, Vitali Davydov, Viktor Kuskin, Alexander Ragulin, Gennadi Tsygankov, Vladimir Lutchenko, Valeri Vasilyev, Igor Romishevsky, Yevgeni Mishakov, Alexander Maltsev, Alexander Yakushev, Vladimir Vikulov, Anatoli Firsov, Valeri Kharlamov, Yuri Blinov, Boris Mikhaylov, Vladimir Petrov, Vladimir Shadrin, Yevgeni Zimin

S USA
Michael Curran, Peter Sears, Walter Olds, Thomas Mellor, Frank Sanders, James McElmury, Charles Brown, Richard McGlynn, Ronald Naslund, Robert Ftorek, Stuart Irving, Kevin Ahearn, Henry Boucha, Craig Sarner, Timothy Shehy, Keith Christiansen, Mark Howe

B TCH
Vladimír Dzurilla, Jirí Holecek, Vladimír Bednár, Rudolf Tajcnár, Oldrich Machac, Frantisek Pospísil, Josef Horesovsky, Karel Vohralík, Václav Nedomansky, Jirí Holík, Jaroslav Holík, Jirí Kochta, Eduard Novák, Richard Farda, Josef Cerny, Vladimír Martinec, Ivan Hlinka, Bohuslav Stastny

Innsbruck 1976

G URS
Vladislav Tretyak, Alexander Sidelnikov, Alexander Gusev, Vladimir Lutchenko, Sergei Babinov, Yuri Lyapkin, Valeri Vasilyev, Gennadi Tsygankov, Sergei Kapustin, Viktor Shalimov, Alexander Maltsev, Boris Alexandrov, Boris Mikhaylov, Alexander Yakushev, Vladimir Petrov, Valeri Kharlamov, Vladimir Shadrin, Viktor Zhluktov

S TCH
Jirí Holecek, Jirí Crha, Oldrich Machac, Milan Chalupa, Frantisek Pospísil, Miroslav Dvorák, Milan Kajkl, Jirí Bubla, Milan Novy, Vladimír Martinec, Jirí Novák, Bohuslav Stastny, Jirí Holík, Ivan Hlinka, Eduard Novák, Jaroslav Pouzar, Bohuslav Ebermann, Josef Augusta

B FRG
Erich Weißhaupt, Toni Kehle, Rudolf Thanner, Josef Völk, Udo Kießling, Stefan Metz, Klaus Auhuber, Ignaz Berndaner, Rainer Philipp, Lorenz Funk, Wolfgang Boos, Ernst Köpf, Ferenc Vozar, Walter Köberle, Erich Kühnhackl, Alios Schloder, Martin Hinterstocker, Franz Reindl

Lake Placid 1980

G USA
James Craig, John O'Callahan, William Baker, Kenneth Morrow, Michael Ramsey, Robert Suter, David Christian, David Silk, Mark Johnson, Robert McClanahan, John Harrington, Mark Pavelich, William Schneider, Steven Christoff, Neal Broten, Mike Eruzione, Eric Strobel, Mark Wells, Phil Verchota

S URS
Vladislav Tretyak, Vladimir Myshkin, Alexei Kasatonov, Vyacheslav Fetisov, Valeri Vasilyev, Sergei Starikov, Zinetula Bilyaletdinov, Vassili Pervukhin, Boris Mikhaylov, Vladimir Petrov, Valeri Kharlamov, Sergei Makarov, Vladimir Golikov, Alexander Golikov, Alexander Maltsev, Yuri Lebedyev, Vladimir Krutov, Alexander Skvortsov, Viktor Zhluktov, Helmuts Balderis

B SWE
Pelle Lindbergh, William Löfqvist, Sture Andersson, Jan Eriksson, Thomas Eriksson, Tomas Jonsson, Tommy Samuelsson, Mats Waltin, Ulf Weinstock, Bo Berglund, Håkan Eriksson, Leif Holmgren, Bengt Lundholm, Per Lundqvist, Harald Lückner, Lars Molin, Lennart Norberg, Mats Näslund, Dan Söderström, Mats Åhlberg

Sarajevo 1984

G URS
Vladislav Tretyak[1], Vladimir Myshkin, Vyacheslav Fetisov, Alexei Kasatonov, Sergei Makarov, Igor Larionov, Vladimir Krutov, Vassili Pervukhin, Zinetula Bilyaletdinov, Sergei Shepelev, Alexander Gerasimov, Andrei Khomutov, Igor Stelnov, Sergei Starikov, Nikolai Drozdetsky, Viktor Tyumenev, Alexander Kozhevnikov, Alexander Skvortsov, Vladimir Kovin, Mikhail Vasilyev

S TCH
Jaromír Sindel, Jirí Králík, Milan Chalupa, Jaroslav Benák, Jirí Lála, Vladimír Kyhos, Frantisek Cerník, Arnold Kadlec, Miloslav Horava, Igor Liba, Dárius Rusnák, Vincent Lukác, Radoslav Svoboda, Eduard Uvíra, Pavel Richter, Vladimír Ruzicka, Vladimír Caldr, Jirí Hrdina, Dusan Pasek, Jaroslav Korbela

B SWE
Rolf Ridderwall, Göte Wälitalo, Michael Thelvén, Bo Ericson, Jens Öhling,

1) Das war Torhüter Tretyaks dritte Goldmedaille nach 1972 und 1976 und einer silbernen 1980.

Per-Erik Eklund, Peter Gradin, Thomas Åhlén, Mats Thelin, Håkan Södergren, Mats Waltin, Tommy Jan Mörth, Göran Lindblom, Håkan Nordin, Tomas Sandström, Håkan Eriksson, Thom Eklund, Michael Hjälm, Thomas Rundqvist, Mats Hessel

Calgary 1988

G URS
Sergei Mylnikov, Vitali Samoylov, Ilya Byakin, Igor Stelnov, Vyacheslav Fetisov, Alexei Gusarov, Alexei Kasatonov, Sergei Starikov, Vyacheslav Bykov, Sergei Yashin, Valeri Kamensky, Sergei Svetlov, Alexander Chernykh, Andrei Khomutov, Igor Larionov, Andrei Lomakin, Sergei Makarov, Alexander Mogilnyi, Anatoli Semyonov, Alexander Kozhevnikov, Igor Kravchuk, Vladimir Krutov

S FIN
Jarmo Myllys, Jukka Tammi, Timo Blomqvist, Kari Eloranta, Jyrki Lumme, Jukka Virtanen, Arto Ruotanen, Reijo Ruotsalainen, Simo Saarinen, Kari Suikkanen, Raimo Helminen, Iiro Järvi, Esa Keskinen, Erkki Laine, Kari Laitinen, Erkki Lehtonen, Reijo Mikkolainen, Janne Ojanen, Timo Susi, Pekka Tuomisto, Teppo Numminen, Jari Torkki

B SWE
Peter Lindmark, Peter Åslin, Anders Bergman, Peter Andersson, Anders Eldebrink, Lars Ivarsson, Lars Karlsson, Mats Kihlström, Tommy Samuelsson, Mikael Andersson, Bo Berglund, Jonas Bergkvist, Peter Eriksson, Michael Hjälm, Mikael Johansson, Lars Molin, Lars-Gunnar Pettersson, Thomas Rundqvist, Ulf Sandström, Håkan Södergren, Jens Öhling, Thomas Eriksson, Thom Eklund

Albertville 1992

G EUN
Sergei Bautin, Igor Boldin, Nikolai Borshchevsky, Vyacheslav Butsayev, Vyacheslav Bykov, Yevgeni Davydov, Darus Kasparaitis, Yuri Khmylyov, Andrei Khomutov, Andrei Kovalenko, Alexei Kovalyov, Igor Kravchuk, Vladimir Malakhov, Dimitri Mironov, Sergei Petrenko, Vitali Prokhorov, Mikhail Shtalenkov, Andrei Trefilov, Alexei Zhamnov, Dimitri Yushkevich, Alexei Zhitnik, Sergei Zubov

S CAN
David Archibald, Todd Brost, Sean Burke, Kevin Dahl, Curt Giles, David Hannan, Gordon Ross Hynes, Fabian Joseph, Joseph Juneau, Trevor Kidd, Patrick Lebeau, Chris Lindberg, Eric Lindros, Kent Manderville, Adrian Plavsic, Daniel Ratushny, Bradley Schlegel, Wally Schreiber, Randy Smith, David Tippet, Brian Tutt, Jason Wooley

B TCH
Patrik Augusta, Petr Bríza, Leo Gudas, Miloslav Horava, Petr Hrbek, Otakar Janecky, Tomás Jelínek, Drahomír Kadlec, Kamil Kasták, Robert Lang, Igor Liba, Ladislav Lubina, Frantisek Prochazka, Petr Rosol, Bedwich Scerban, Jirí Slégr, Richard Smehlík, Robert Svehla, Oldrich Svoboda, Radek Toupal, Petr Veselovsky, Richard Zemlicka

Lillehamer 1994

G SWE
Håkan Algotsson, Tommy Salo, Tomas Jonsson, Christian Due-Boje, Leif Rohlin, Magnus Svensson, Frerik Stillman, Kenny Jönsson, Roger Johansson, Patrik Juhlin, Roger Hansson, Håkan Loob, Stefan Örnskog, Niklas Eriksson, Daniel Rydmark, Jonas Bergkvist, Jörgen Jönsson, Peter Forsberg, Charles Berglund, Andreas Dackell, Mats Näslung, Patric Kjellberg

S CAN
Corey Hirsch, Adrian Aucoin, Derek Mayer, Werenka Brad, Ken Lovsin, Mark Astley, David Harlock, Chris Therien, Bradley Schlegel, Todd Hlushko, Fabian Joseph, Paul Kariya, Dwayne Norris, Greg Johnson, Brian Savage, Wallace Schreiber, Todd Warriner, Greg Parks, Jean-Yves Roy, Christopher Kontos, Petr Nedved

B FIN
Jukka Tammi, Jarmo Myllis, Marko Kiprusov, Vesa Hämäläinen, Timo Jutila, Pasi Sormunen, Janne Laukkanen, Hannu Virta, Mika Strömberg, Janne Ojanen, Esa Keskinen, Antero Koivu, Marko Palo, Raimo Helminen, Mika Alatalo, Ville Peltonen, Kalervo Lehtinen, Sami Kapanen, Tero Lehterä, Petri Varis, Mika Nieminen, Miko Matti Mäkälä

Eiskunstlauf

Männer

London 1908

G Ulrich Salchow SWE 7
S Richard Johansson SWE 10
B Per Thoren SWE 14

Antwerpen 1920

G Gillis Grafström SWE 7
S Andreas Krogh NOR 18
B Martin Stixrud NOR 24,5

Chamonix 1924

G Gillis Grafström SWE 10
S Willy Böckl AUT 13
B Georges Gautschi SUI 23

St. Moritz 1928

G Gillis Grafström SWE 12
S Willy Böckl AUT 13
B Robert van Zeebroeck BEL 27

Lake Placid 1932

G Karl Schäfer AUT 9
S Gillis Grafström SWE 13
B Montgomery Wilson CAN 24

Garmisch-Partenkirchen 1936

G Karl Schäfer AUT 7
S Ernst Baier GER[1] 24
B Felix Kaspar AUT 24

St. Moritz 1948

G Dick Button USA 10
S Hans Gerschwiler SUI 23
B Edi Rada AUT 33

Oslo 1952

G Dick Button USA 9
S Helmut Seibt AUT 23
B James Grogan USA 24

Cortina d'Ampezzo 1956

G Hayes Alan Jenkins USA 13
S Ronald Robertson USA 16
B David Jenkins USA[2] 27

Squaw Valley 1960

G David Jenkins USA[2] 10
S Karol Divin TCH 22
B Donald Jackson CAN 31

Innsbruck 1964

G Manfred Schnelldorfer GER 13
S Alain Calmat FRA 22
B Scott Allen USA 26

Grenoble 1968

G Wolfgang Schwarz AUT 13
S Timothy Wood USA 17
B Patrick Pera FRA 31

Sapporo 1972

G Ondrej Nepela TCH 9
S Sergei Chetverukhin URS 20
B Patrick Pera FRA 28

Innsbruck 1976

G John Curry GBR 11
S Vladimir Kovalyov URS 28
B Toller Cranston CAN 30

Lake Placid 1980

G Robin Cousins GBR 13
S Jan Hoffmann GDR 15
B Charles Tickner USA 28

Sarajevo 1984

G Scott Hamilton USA 3,4
S Brian Orser CAN 5,6
B Jozef Sabovcik TCH 7,4

Calgary 1988

G Brian Boitano USA 3,0
S Brian Orser CAN 4,2
B Viktor Petrenko URS 7,8

Albertville 1992

G Viktor Petrenko EUN 1,5
S Paul Wylie USA 3,5
B Petr Barna TCH 4,0

Lillehammer 1994

G Alexei Urmanov RUS 1,5
S Elvis Stojko CAN 3,0
B Philippe Candeloro FRA 6,5

Nicht mehr ausgetragene Wettbewerbe Männer

Figurenlaufen Männer

London 1908

G Nikolai Panin-Kolomenkin RUS .... (5) 219
S Arthur Cumming GBR .... (10) 164
B George Hall-Say GBR .... (15) 104

Bilanz Eiskunstlauf Männer

Land	G	S	B
1. USA	6	3	4
2. SWE	4	2	1
3. AUT	3	3	2
4. GBR	2	–	–
5. TCH	1	1	2
6. GER	1	1	–
7. EUN	1	–	–
RUS	1	–	–
9. CAN	–	3	3
10. URS	–	2	1
11. FRA	–	1	3
12. NOR	–	1	1
SUI	–	1	1
14. GDR	–	1	–
15. BEL	–	–	1

1) startete 1936 auch im Paarlauf
2) Bruder von Hayes Alan Jenkins

Bilanz Eiskunstlauf Frauen

Land	G	S	B
1. USA	6	6	7
2. GDR	3	1	1
3. NOR	3	–	–
4. GBR	2	1	3
5. AUT	1	4	1
6. CAN	1	2	1
7. NED	1	2	–
8. SWE	1	1	1
9. UKR	1	–	–
10. GER	–	1	–
JPN	–	1	–
12. CHN	–	–	1
FRA	–	–	1
FRG	–	–	1
TCH	–	–	1
URS	–	–	1

Frauen

London 1908
G Madge Syers GBR 5
S Elsa Rendschmidt GER 11
B Dorothy Greenhough-Smith GBR 15

Antwerpen 1920
G Magda Julin SWE 12
S Svea Noren SWE 12,5
B Theresa Weld USA[1] 15,5

Chamonix 1924
G Herma Planck-Szabo AUT 7
S Beatrix Loughran USA 14
B Ethel Muckelt GBR 26

St. Moritz 1928
G Sonja Henie NOR 8
S Fritzi Burger AUT 25
B Beatrix Loughran USA 28

Lake Placid 1932
G Sonja Henie NOR 7
S Fritzi Burger AUT 18
B Maribel Vinson USA 23

Garmisch-Partenkirchen 1936
G Sonja Henie NOR 7,5
S Cecilia Colledge GBR 13,5
B Vivi-Anne Hulten SWE 28

St. Moritz 1948
G Barbara Ann Scott CAN 11
S Eva Pawlik AUT 24
B Jeanette Altwegg GBR 28

Oslo 1952
G Jeanette Altwegg GBR 14
S Tenley Albright USA 22
B Jacqueline du Bief FRA 24

Cortina d'Ampezzo 1956
G Tenley Albright USA 12
S Carol Heiss USA 21
B Ingrid Wendl AUT 39

Squaw Valley 1960
G Carol Heiss USA 9
S Sjoukje Dijkstra NED 20
B Barbara Ann Roles USA 26

Innsbruck 1964
G Sjoukje Dijkstra NED 9
S Regine Heitzer AUT 22
B Petra Burka CAN 25

Grenoble 1968
G Peggy Flemming USA 9
S Gabi Seyfert GDR 18
B Hana Maskova TCH 31

Sapporo 1972
G Beatrix Schuba USA 9
S Karen Magnussen CAN 23
B Janet Lynn USA 27

Innsbruck 1976
G Dorothy Hamill USA 9
S Dianne de Leeuw NED 20
B Christine Errath GDR 28

Lake Placid 1980
G Anett Pötzsch GDR 11
S Linda Fratianne USA 16
B Dagmar Lurz FRG 28

Sarajevo 1984
G Katarina Witt GDR 3,2
S Rosalyn Sumners USA 4,6
B Kira Ivanova URS 9,2

Calgary 1988
G Katarina Witt GDR 4,2
S Elizabeth Manley CAN 4,6
B Debi Thomas USA 6,0

Albertville 1992
G Kristi Yamaguchi USA 1,5
S Midori Ito JPN 4,0
S Nancy Kerrigan USA 4,0

Lillehammer 1994
G Oksana Bayul UKR 2,0
S Nancy Kerrigan USA 2,5
B Lu Chen CHN 5,0

Paare

London 1908
G GER ....(5) 56,0
Anna Hübler, Heinrich Burger
S GBR ....(10) 51,5
Phyllis Johnson, James Johnson

1) wagte als erste Sprünge während ihres Laufes

B GBR ....(13) 48,0
Madge Syers, Edgar Syers

Antwerpen 1920

G FIN ....(7) 80,75
Ludowika Jakobsson, Walter Jakobsson
S NOR ....(15,5) 72,75
Alexia Bryn, Yngwar Bryn
B GBR ....(25) 66,25
Phyllis Johnson, Basil Williams

Chamonix 1924

G AUT ....(9) 74,50
Helene Engelmann, Alfred Berger
S FIN ....(18,5) 71,75
Ludowika Jakobsson, Walter Jakobsson
B FRA ....(22) 69,25
Andrée Joly, Pierre Brunet

St. Moritz 1928

G FRA ....(14) 100,50
Andrée Brunet-Joly, Pierre Brunet
S AUT ....(17) 99,25
Lilli Scholz, Otto Kaiser
B AUT ....(29) 93,25
Melitta Brunner, Ludwig Wrede

Lake Placid 1932

G FRA ....(12) 76,7
Andrée Joly, Pierre Brunet
S USA ....(16) 77,5
Beatrix Loughran, Sherwin Badger
B HUN ....(20) 76,4
Emilia Rotter, Laszlo Szollas

Garmisch-Partenkirchen 1936

G GER ....(11) 103,3
Maxi Herber, Ernst Baier
S AUT ....(19,5) 102,7
Ilse Pausin, Erik Pausin
B HUN ....(32,5) 97,6
Emilia Rotter, Laszlo Szollas

St. Moritz 1948

G BEL ....(17,5) 123,5
Micheline Lannoy, Pierre Baugniet
S HUN ....(26) 122,2
Andrea Kekessey, Ede Kiraly
B CAN ....(3) 121,0
Suzanne Morrow, Wallace Diestelmeyer

Oslo 1952

G GER ....(11,5) 102,6
Ria Falk, Paul Falk
S USA ....(17,5) 100,6
Karol Kennedy, Michael Kennedy
B HUN ....(31) 97,4
Marianna Nagy, Laszlo Nagy

Cortina d'Ampezzo 1956

G AUT ....(14) 101,8
Elisabeth Schwarz, Kurt Oppelt
S CAN ....(16) 101,9
Frances Dafoe, Norris Bowden
B HUN ....(32) 99,3
Marianna Nagy, Laszlo Nagy

Squaw Vally 1960

G CAN ....(7) 80,4
Barbara Wagner, Robert Paul
S GER ....(19) 76,8
Marika Kilius, Hans-Jürgen Bäumler
B USA ....(27,5) 76,2
Nancy Ludington, Ronald Ludington

Innsbruck 1964

G URS ....(13) 104,4
Lyudmila Belousova, Oleg Protopopov
S GER ....(15) 103,6
Marika Kilius, Hans-Jürgen Bäumler
B CAN ....(35,5) 98,5
Debbi Wilkes, Guy Revell

Grenoble 1968

G URS ....(10) 315,2
Lyudmila Belousova, Oleg Protopopov
S URS ....(17) 312,3
Tatyana Zhuk, Alexander Gorelik
B FRG ....(30) 304,4
Margot Glockshuber, Wolfgang Danne

Sapporo 1972

G URS ....(12) 420,4
Irina Rodnina, Alexei Ulanov
S URS ....(15) 419,4
Lyudmila Smirnova, Andrei Suraykin
B GDR ....(29) 411,8
Manuela Groß, Uwe Kagelmann

Innsbruck 1976

G URS ....(9) 140,54
Irina Rodnina, Alexander Saizev
S GDR ....(21) 136,35
Romy Kerner, Rolf Oesterreich
B GDR ....(34) 134,57
Manuela Groß, Uwe Kagelmann

Bilanz Paarlauf

Land	G	S	B
1. URS	7	4	1
2. GER	3	2	–
3. AUT	2	2	1
4. FRA	2	–	1
5. CAN	1	1	4
6. EUN	1	1	–
FIN	1	1	–
RUS	1	1	–
9. BEL	1	–	–
10. USA	–	3	2
11. HUN	–	1	4
12. GDR	–	1	3
13. GBR	–	1	2
14. NOR	–	1	–
15. FRG	–	–	1

Lake Placid 1980

G URS ....(9) 147,26
Irina Rodnina, Alexander Saizev
S URS ....(19) 143,80
Marina Cherkasova, Sergei Shakray
B GDR ....(33) 140,52
Manuela Mager, Uwe Bewersdorff

Sarajewo 1984

G URS 1,4
Yelena Valova, Oleg Vasilev
S USA 2,8
Kitty Carruthers, Peter Carruthers
B URS 3,8
Larisa Seleznyova, Oleg Makarov

Calgary 1988

G URS 1,4
Yekaterina Gordeyeva, Sergei Grinkov
S URS 2,8
Yelena Valova, Oleg Vasilev
B USA 4,2
Jill Watson, Peter Oppegard

Albertville 1992

G EUN 1,5
Natalia Mishkutyonok, Artur Dmitriyev
S EUN 3,0
Yelena Bechke, Denis Petrov
B CAN 4,5
Isabelle Brasseur, Lloyd Eisler

Lillehammer 1994

G RUS 1,5
Yekaterina Gordeyeva, Sergei Grinkov
S RUS 3,0
Natalia Mishkutyonok, Artur Dmitriyev
B CAN 4,5
Isabelle Brasseur, Lloyd Eisler

Eistanz Paare

Innsbruck 1976

G URS ....(9) 209,92
Lyudmila Pakhomova, Alexander Gorshkov
S URS ....(20) 204,88
Irina Moiseyeva, Andrei Minenkov
B USA ....(27) 202,64
Colleen O'Connor, James Millns

Lake Placid 1980

G URS ....(13) 205,48
Natalia Linichuk, Gennadi Karponosov
S HUN ....(14) 204,52
Krisztina Regöczy, Andras Sallay
B URS ....(27) 201,86
Irina Moiseyeva, Andrei Minenkov

Sarajevo 1984

G GBR 2,0
Jayne Torville, Christopher Dean
S URS 4,0
Natalia Bestemyanova, Andrei Bukin
B URS 7,0
Marina Klimova, Sergei Ponomarenko

Calgary 1988

G URS 2,0
Natalia Bestemyanova, Andrei Bukin
S URS 4,0
Marina Klimova, Sergei Ponomarenko
B CAN 6,0
Tracy Wilson, Robert McCall

Albertville 1992

G EUN 2,0
Marina Klimova, Sergei Ponomarenko
S FRA 4,4
Isabelle Duchesnay, Paul Duchesnay
B EUN 5,6
Maya Usova, Alexander Zhulin

Lillehammer 1994

G RUS 3,4
Oksana Gritchuk, Yevgeni Platov
S RUS 3,8
Maya Usova, Alexander Zhulin
B GBR 4,8
Jayne Torville, Christopher Dean

Bilanz Eistanz

Land	G	S	B
1. URS	3	3	2
2. RUS	1	1	–
3. EUN	1	–	1
GBR	1	–	1
5. FRA	–	1	–
HUN	–	1	–
7. CAN	–	–	1
USA	–	–	1

Eisschnellauf

500 m Männer

Chamonix 1924

G Charles Jewtraw USA 44,0
S Oskar Olsen NOR 44,2
B Roald Larsen NOR 44,8
Clas Thunberg FIN 44,8

St. Moritz 1928

G Clas Thunberg FIN 43,4
Bernt Evensen NOR 43,4
B John Farrell USA 43,6
Roald Larsen NOR 43,6
Jaakko Friman FIN 43,6

Lake Placid 1932

G Jack Shea USA 43,4
S Bernt Evensen NOR ....–
B Alexander Hurd CAN ....–

Garmisch-Partenkirchen 1936

G Ivar Ballangrud NOR 43,4
S Georg Krog NOR 43,5
B Leo Freisinger USA 44,0

St. Moritz 1948

G Finn Helgesen NOR 43,1
S Ken Bartholomew USA 43,2
Thomas Byberg NOR 43,2
Robert Fitzgerald USA 43,2

Oslo 1952

G Ken Henry USA 43,2
S Donald McDermott USA 43,9
B Arne Johansen NOR 44,0
Gordon Audley CAN 44,0

Cortina d'Ampezzo 1956

G Yevgeni Grishin URS 40,2
S Rafael Grach URS 40,8
B Alv Gjestvang NOR 41,0

Squaw Valley 1960

G Yevgeni Grishin URS 40,2
S William Disney USA 40,3
B Rafael Grach URS 40,4

Innsbruck 1964

G Terry McDermott USA 40,1
S Yevgeni Grishin URS 40,6
Vladimir Orlov URS 40,6
Alv Gjestvang NOR 40,6

Grenoble 1968

G Erhard Keller FRG 40,3
S Magne Thomassen NOR 40,5
Terry McDermott USA 40,5

Sapporo 1972

G Erhard Keller FRG 39,44
S Hasse Börjes SWE 39,69
B Valeri Muratov URS 39,80

Innsbruck 1976

G Yevgeni Kulikov URS 39,17
S Valeri Muratov URS 39,25
B Daniel Immerfall USA 39,54

Lake Placid 1980

G Eric Heiden USA 38,03
S Yevgeni Kulikov URS 38,37
B Lieuwe de Boer NED 38,48

Sarajevo 1984

G Sergei Fokichev URS 38,19
S Yoshihiro Kitazawa JPN 38,30
B Gaétan Boucher CAN 38,39

Calgary 1988

G Uwe-Jens Mey GDR 36,45
S Jan Ykema NED 36,76
B Akira Kuroiwa JPN 36,77

Albertville 1992

G Uwe-Jens Mey GER 37,14
S Toshiyuki Kuroiwa JPN 37,18
B Junichi Inoue JPN 37,26

Lillehammer 1994

G Alexander Golubyev RUS 36,33
S Sergei Klevshenya RUS 36,39
B Manabu Horii JPN 36,53

1000 m Männer

Innsbruck 1976

G Peter Mueller USA[1] 1:19,32
S Jörn Didriksen NOR 1:20,45
B Valeri Muratov URS 1:20,57

Lake Placid 1980

G Eric Heiden USA 1:15,18
S Gaétan Boucher CAN 1:16,68
B Frode Rönning NOR 1:16,91
Vladimir Lobanov URS 1:16,91

Bilanz
500 m Männer

Land	G	S	B
1. USA	5	5	3
2. URS	4	5	2
3. NOR	3	6	4
4. FRG	2	–	–
5. RUS	1	1	–
6. FIN	1	–	2
7. GDR	1	–	–
GER	1	–	–
9. JPN	–	2	3
10. NED	–	1	1
11. SWE	–	1	–
12. CAN	–	–	3

1) Peter Mueller ist der Ehemann der Eisschnelläuferin Leah Poulos, die drei Silbermedaillen gewann.

Bilanz 1000 m Männer

Land	G	S	B
1. USA	3	–	–
2. URS	1	1	3
3. CAN	1	1	–
4. GER	1	–	–
5. NOR	–	1	2
6. BLR	–	1	–
GDR	–	1	–
KOR	–	1	–
9. JPN	–	–	1
RUS	–	–	1

Sarajevo 1984

G Gaétan Boucher CAN 1:15,80
S Sergei Khlebnikov URS 1:16,63
B Kai Arne Engelstad NOR 1:16,75

Calgary 1988

G Nikolai Gulyaev URS .... 1:13,03 OR
S Uwe-Jens Mey GDR 1:13,11
B Igor Shelesovski URS 1:13,19

Albertville 1992

G Olaf Zinke GER 1:14,85
S Kim Yoon-Man KOR 1:14,86
B Yukinori Miyabe JPN 1:14,92

Lillehammer 1994

G Dan Jansen USA[1] 1:12,13
S Igor Shelesovski BLR 1:12,72
B Sergei Klevshenya RUS 1:12,85

Bilanz 1500 m Männer

Land	G	S	B
1. NOR	7	7	6
2. URS	4	2	2
3. NED	2	4	3
4. USA	2	1	–
5. FIN	2	–	2
6. CAN	1	1	1
7. GDR	1	–	–
8. SWE	–	1	1
9. AUT	–	–	1

1500 m Männer

Chamonix 1924

G Clas Thunberg FIN 2:20,8
S Roald Larsen NOR 2:22,0
B Sigurd Moen NOR 2:25,6

St. Moritz 1928

G Clas Thunberg FIN 2:21,1
S Bernt Evensen NOR 2:21,9
B Ivar Ballangrud NOR 2:22,6

Lake Placid 1932

G Jack Shea USA 2:57,5
S Alexander Hurd CAN .... –
B Willy Logan CAN .... –

Garmisch-Partenkirchen 1936

G Charles Mathiesen NOR 2:19,2
S Ivar Ballangrud NOR 2:20,2
B Birger Wasenius FIN 2:20,9

St. Moritz 1948

G Sverre Farstad NOR 2:17,6
S Åke Seyffarth SWE 2:18,1
B Odd Lundberg NOR 2:18,9

Oslo 1952

G Hjalmar Andersen NOR 2:20,4
S Wim van der Voort NED 2:20,6
B Roald Aas NOR 2:21,6

Cortina d'Ampezzo 1956

G Yevgeni Grishin URS 2:08,6
Yuri Mikhaylov URS 2:08,6
B Toivo Salonen FIN 2:09,4

Squaw Valley 1960

G Roald Aas NOR 2:10,4
Yevgeni Grishin URS 2:10,4
B Boris Stenin URS 2:11,5

Innsbruck 1964

G Ants Antson URS 2:10,3
S Kees Verkerk NED 2:10,6
B Villy Haugen NOR 2:11,2

Grenoble 1968

G Kees Verkerk NED 2:03,4
S Ard Schenk NED 2:05,0
Ivar Eriksen NOR 2:05,0

Sapporo 1972

G Ard Schenk NED 2:02,96
S Roar Grönvold NOR 2:04,26
B Göran Claeson SWE 2:05,89

Innsbruck 1976

G Jan Egil Storholt NOR 1:59,38
S Yuri Kondakov URS 1:59,97
B Hans van Helden NED 2:00,87

Lake Placid 1980

G Eric Heiden USA 1:55,44
S Kay Arne Stenshjemmet NOR 1:56,81
B Terje Andersen NOR 1:56,92

Sarajevo 1984

G Gaétan Boucher CAN 1:58,36
S Sergei Khlebnikov URS 1:58,83
B Oleg Bozhyev URS 1:58,89

Calgary 1988

G André Hoffmann GDR 1:52,06
S Eric Flaim USA 1:52,12
B Michael Hadschieff AUT 1:52,31

Albertville 1992

G Johann Olav Koss NOR 1:54,81
S Ådne Söndrål NOR 1:54,85
B Leo Visser NED 1:54,90

Lillehammer 1994

G Johann Olav Koss NOR 1:51,29
S Rintje Ritsma NED 1:51,99
B Falko Zandstra NED 1:52,38

1) Bei vier olympischen Spielen (1984, 1988, 1992 und auch 1994) scheiterte Medaillenfavorit Dan Jansen im 500-m-Lauf, ehe er im letzten Rennen seiner Karriere Gold über die 1000 m gewann

5000 m Männer

Chamonix 1924
G Clas Thunberg FIN 8:39,0
S Julius Skutnabb FIN 8:48,4
B Roald Larsen NOR 8:50,2

St. Moritz 1928
G Ivar Ballangrud NOR 8:50,5
S Julius Skutnabb FIN 8:59,1
B Bernt Evensen NOR 9:01,1

Lake Placid 1932
G Irving Jaffee USA 9:40,8
S Edward Murphy USA ....–
B Willy Logan CAN ....–

Garmisch-Partenkirchen 1936
G Ivar Ballangrud NOR 8:19,6
S Birger Wasenius FIN 8:23,3
B Antero Ojala FIN 8:30,1

St. Moritz 1948
G Reidar Liaklev NOR 8:29,4
S Odd Lundberg NOR 8:32,7
B Göthe Hedlund SWE 8:34,8

Oslo 1952
G Hjalmar Andersen NOR 8:10,6
S Kees Broekman NED 8:21,6
B Sverre Haugli NOR 8:22,4

Cortina d'Ampezzo 1956
G Boris Shilkov URS 7:48,7
S Sigge Ericsson SWE 7:56,7
B Oleg Goncharenko URS 7:57,5

Squaw Valley 1960
G Viktor Kosichkin URS 7:51,3
S Knut Johannesen NOR 8:00,8
B Jan Pesman NED 8:05,1

Innsbruck 1964
G Knut Johannesen NOR 7:38,4
S Per Ivar Moe NOR 7:38,6
B Fred Anton Maier NOR 7:42,0

Grenoble 1968
G Fred Anton Maier NOR 7:22,4
S Kees Verkerk NED 7:23,2
B Petrus Nottet NED 7:25,5

Sapporo 1972
G Ard Schenk NED 7:23,61
S Roar Grönvold NOR 7:28,18
B Sten Stensen NOR 7:33,39

Innsbruck 1976
G Sten Stensen NOR 7:24,48
S Piet Kleine NED 7:26,47
B Hans van Helden NED 7:26,54

Lake Placid 1980
G Eric Heiden USA 7:02,29
S Kay Arne Stenshjemmet NOR 7:03,28
B Tom Erik Oxholm NOR 7:05,59

Sarajevo 1984
G Tomas Gustafson SWE 7:12,28
S Igor Malkov URS 7:12,30
B René Schöfisch GDR 7:17,49

Calgary 1988
G Tomas Gustafson SWE 6:44,63
S Leo Visser NED 6:44,98
B Gerard Kemkers NED 6:45,92

Albertville 1992
G Geir Karlstad NOR 6:59,97
S Falko Zandstra NED 7:02,28
B Leo Visser NED 7:04,96

Lillehammer 1994
G Johann Olav Koss NOR 6:34,96
S Kjell Storelid NOR 6:42,68
B Rintje Ritsma NED 6:43,94

Bilanz 5000 m Männer

Land	G	S	B
1. NOR	9	6	6
2. SWE	2	1	1
3. URS	2	1	1
4. USA	2	1	-
5. NED	1	5	6
6. FIN	1	3	1
7. CAN	-	-	1
GDR	-	-	1

10 000 m Männer

Chamonix 1924
G Julius Skutnabb FIN 18:04,8
S Clas Thunberg FIN 18:07,8
B Roald Larsen NOR 18:12,2

Lake Placid 1932
G Irving Jaffee USA 19:13,6
S Ivar Ballangrud NOR ....–
B Frank Stack CAN ....–

Garmisch-Partenkirchen 1936
G Ivar Ballangrud NOR 17:24,3
S Birger Wasenius FIN 17:28,2
B Max Stiepl AUT 17:30,0

Bilanz 10 000 m Männer

Land	G	S	B
1. SWE	5	1	3
2. NOR	4	7	5
3. NED	3	3	3
4. USA	2	-	-
5. FIN	1	3	1
6. URS	1	1	1
7. AUT	-	1	1
8. CAN	-	-	1
GDR	-	-	1

St. Moritz 1948

G Åke Seyffarth SWE 17:26,3
S Lauri Parkkinen FIN 17:36,0
B Pentti Lammio FIN 17:42,7

Oslo 1952

G Hjalmar Andersen NOR 16:45,8
S Kees Broekman NED 17:10,6
B Carl-Erik Asplund SWE 17:16,6

Cortina d'Ampezzo 1956

G Sigge Ericsson SWE 16:35,9
S Knut Johannesen NOR 16:36,9
B Oleg Goncharenko URS 16:42,3

Squaw Valley 1960

G Knut Johannesen NOR 15:46,6
S Viktor Kosichkin URS 15:49,2
B Kjell Bäckman SWE 16:14,2

Innsbruck 1964

G Jonny Nilsson SWE 15:50,1
S Fred Anton Maier NOR 16:06,0
B Knut Johannesen NOR 16:06,3

Grenoble 1968

G Johnny Höglin SWE 15:23,6
S Fred Anton Maier NOR 15:23,9
B Örjan Sandler SWE 15:31,8

Sapporo 1972

G Ard Schenk NED 15:01,35
S Kees Verkerk NED 15:04,70
B Sten Stensen NOR 15:07,08

Innsbruck 1976

G Piet Kleine NED 14:50,59
S Sten Stensen NOR 14:53,30
B Hans van Helden NED 15:02,02

Lake Placid 1980

G Eric Heiden USA 14:28,13
S Piet Kleine NED 14:36,03
B Tom Erik Oxholm NOR 14:36,60

Sarajevo 1984

G Igor Malkov URS 14:39,90
S Tomas Gustafson SWE 14:39,95
B René Schöfisch GDR 14:46,91

Calgary 1988

G Tomas Gustafson SWE 13:48,20
S Michael Hadschieff AUT 13:56,11
B Leo Visser NED 14:00,55

Albertville 1992

G Bart Veldkamp NED 14:12,12
S Johann Olav Koss NOR 14:14,58
B Geir Karlstad NOR 14:18,13

Lillehammer 1994

G Johann Olav Koss NOR[1] 13:30,55
S Kjell Storelid NOR 13:49,25
B Bart Veldkamp NED 13:56,73

Bilanz Kurzbahn Männer

Land	G	S	B
1. KOR	4	1	1
2. ITA	1	1	–
3. CAN	–	2	1
4. USA	–	1	–
5. AUS	–	–	1
GBR	–	–	1
JPN	–	–	1

1) Bei seinem Weltrekordlauf von 13:30,55 überrundete er den Olympiasiebten Frank Dittrich (GER), der noch deutschen Rekord (14:04,33) lief.

Kurzbahn 500 m Männer

Lillehammer 1994

G Ji-Hoon Choe KOR
S Mirko Vuillermin ITA
B Nicholas Gooch GBR

Kurzbahn 1000 m Männer

Albertville 1992

G Ki-Hoon Kim KOR
S Frederic Blackburn CAN
B Joon-Ho Lee KOR

Lillehammer 1994

G Ki-Hoon Kim KOR
S Ji-Hoon Choe KOR
B Marc Gagnon CAN

Kurzbahn 5000-m-Staffel Männer

Albertville 1992

G KOR
Ki-Hoon Kim, Joon-Ho Lee, Ji-Soo Mo, Jae-Kun Song
S CAN
Frederic Blackburn, Michele Daignault, Sylvain Gagnon, Mark Lackie
B JPN
Yuichi Akasaka, Tatsuyoshi Ishihara, Tashinobu Kawai, Tsutomo Kawasaki

Lillehammer 1994

G ITA
Maurizio Carnino, Orazio Fagone, Hugo Herrnhof, Mirko Vuillermin

S USA
Randall Bartz, John Coyle, Eric Flaim[1], Andrew Gabel
B AUS
Steven Bradbury, Kieran Hansen, Andrew Murtha, Richard Nizielski

Nicht mehr ausgetragene Wettbewerbe Männer

Strecken-Addition Männer

Chamonix 1924

G Clas Thunberg FIN 5,5
S Roald Larsen NOR 9,5
B Julius Skutnabb FIN 11,0

500 m Frauen

Squaw Valley 1960

G Helga Haase GER 45,9
S Natalia Donchenko URS 46,0
B Jeanne Ashworth USA 46,1

Innsbruck 1964

G Lidiya Skoblikova URS 45,0
S Irina Yegorova URS 45,4
B Tatyana Sidorova URS 45,5

Grenoble 1968

G Lyudmila Titova URS 46,1
S Mary Meyers USA 46,3
Dianne Holum USA 46,3
Jennifer Fish USA 46,3

Sapporo 1972

G Anne Henning USA 43,33
S Vera Krasnova URS 44,01
B Lyudmila Titova URS 44,45

Innsbruck 1976

G Sheila Young USA 42,76
S Cathy Priestner CAN 43,12
B Tatyana Averina URS 43,17

Lake Placid 1980

G Karin Enke GDR 41,78
S Leah Poulos-Mueller USA 42,26
B Natalia Petruseva URS 42,42

Sarajevo 1984

G Christa Rothenburger GDR 41,02
S Karin Enke GDR 41,28
B Natalia Shive URS 41,50

Calgary 1988

G Bonnie Blair USA 39,10
S Christa Rothenburger GDR 39,12
B Karin Kania-Enke GDR 39,24

Albertville 1992

G Bonnie Blair USA 40,33
S Ye Qiaobo CHN 40,51
B Christa Luding-Rothenburger GER 40,57

Lillehammer 1994

G Bonnie Blair USA 39,25
S Susan Auch CAN 39,61
B Franziska Schenk GER 39,70

Bilanz 500 m Frauen

Land	G	S	B
1. USA	5	4	1
2. URS	2	3	5
3. GDR	2	2	1
4. GER	1	–	2
5. CAN	–	2	–
6. CHN	–	1	–

1000 m Frauen

Squaw Valley 1960

G Klara Guseva URS 1:34,1
S Helga Haase GER 1:34,3
B Tamara Rylova URS 1:34,8

Innsbruck 1964

G Lidiya Skoblikova URS 1:33,2
S Irina Yegorova URS 1:34,3
B Kaija Mustonen FIN 1:34,8

Grenoble 1968

G Carry Geijssen NED 1:32,6
S Lyudmila Titova URS 1:32,9
B Dianne Holum USA 1:33,4

Sapporo 1972

G Monika Pflug FRG 1:31,40
S Atje Keulen-Deelstra NED 1:31,61
B Anne Henning USA 1:31,62

Innsbruck 1976

G Tatyana Averina URS 1:28,43
S Leah Poulos USA 1:28,57
B Sheila Young USA 1:29,14

Lake Placid 1980

G Natalia Petruseva URS 1:24,10
S Leah Poulos-Mueller USA 1:25,41
B Sylvia Albrecht GDR 1:26,46

Bilanz 1000 m Frauen

Land	G	S	B
1. URS	4	2	2
2. USA	2	2	4
3. GDR	2	2	1
4. NED	1	1	–
5. FRG	1	–	–
6. GER	–	2	1
7. CHN	–	1	1
8. FIN	–	–	1

1) Flaim war 1988 Olympiazweiter im 1500-m-Lauf (Normalbahn).

Sarajevo 1984
G Karin Enke GDR ... 1:21,61
S Andrea Schöne-Mitscherlich GDR ... 1:22,83
B Natalia Petruseva URS ... 1:23,21

Calgary 1988
G Christa Rothenburger GDR ... 1:17,65
S Karin Kania-Enke GDR ... 1:17,70
B Bonnie Blair USA ... 1:18,31

Albertville 1992
G Bonnie Blair USA ... 1:21,90
S Ye Qiaobo CHN ... 1:21,92
B Monique Garbrecht GER ... 1:22,10

Lillehammer 1994
G Bonnie Blair USA[1] ... 1:18,74
S Anke Baier GER ... 1:20,12
B Ye Qiaobo CHN ... 1:20,22

Sarajevo 1984
G Karin Enke GDR ... 2:03,42
S Andrea Schöne-Mitscherlich GDR ... 2:05,29
B Natalia Petruseva URS ... 2:05,78

Calgary 1988
G Yvonne van Gennip NED ... 2:00,68
S Karin Kania-Enke GDR ... 2:00,82
B Andrea Schöne-Mitscherlich GDR ... 2:01,49

Albertville 1992
G Jacqueline Börner GER ... 2:05,87
S Gunda Niemann GER ... 2:05,92
B Seiko Hashimoto JPN ... 2:06,88

Lillehammer 1994
G Emese Hunyadi AUT ... 2:02,19
S Svetlana Fedotkina RUS ... 2:02,69
B Gunda Niemann GER ... 2:03,41

Bilanz 1500 m Frauen

Land	G	S	B
1. URS	3	–	3
2. NED	2	3	2
3. GDR	1	2	2
4. GER	1	1	1
5. FIN	1	1	–
USA	1	1	–
7. AUT	1	–	–
8. POL	–	1	1
9. RUS	–	1	–
10. JPN	–	–	1

Bilanz 3000 m Frauen

Land	G	S	B
1. URS	3	2	–
2. NED	3	–	2
3. GDR	1	4	2
4. GER	1	1	1
5. NOR	1	–	1
6. RUS	1	–	–
7. FIN	–	1	1
AUT	–	1	1
USA	–	1	1
10. PRK	–	1	–

1) Dies war Bonnie Blairs fünfte Goldmedaille seit 1988; dazu kommt noch eine bronzene (1000 m 1988).
2) Dianne Holum wurde 1975 die Trainerin von Eric Heiden.

1500 m Frauen

Squaw Valley 1960
G Lidiya Skoblikova URS ... 2:25,2
S Elwira Seroczynska POL ... 2:25,7
B Helena Pilejczyk POL ... 2:27,1

Innsbruck 1964
G Lidiya Skoblikova URS ... 2:22,6
S Kaija Mustonen FIN ... 2:25,5
B Berta Kolokoltseva URS ... 2:27,1

Grenoble 1968
G Kaija Mustonen FIN ... 2:22,4
S Carry Geijssen NED ... 2:22,7
B Christina Kaiser NED ... 2:24,5

Sapporo 1972
G Dianne Holum USA[2] ... 2:20,85
S Stien Baas-Kaiser NED ... 2:21,05
B Atje Keulen-Deelstra NED ... 2:22,05

Innsbruck 1976
G Galina Stepanskaya URS ... 2:16,58
S Sheila Young USA ... 2:17,06
B Tatyana Averina URS ... 2:17,96

Lake Placid 1980
G Annie Borckink NED ... 2:10,95
S Ria Visser NED ... 2:12,35
B Sabine Becker GDR ... 2:12,38

3000 m Frauen

Squaw Valley 1960
G Lidiya Skoblikova URS ... 5:14,3
S Valentina Stenina URS ... 5:16,9
B Eevi Huttunen FIN ... 5:21,0

Innsbruck 1964
G Lidiya Skoblikova URS ... 5:14,9
S Valentina Stenina URS ... 5:18,5
S Han Pil-Hwa PRK ... 5:18,5

Grenoble 1968
G Ans Schut NED ... 4:56,2
S Kaija Mustonen FIN ... 5:01,0
B Christina Kaiser NED ... 5:01,3

Sapporo 1972
G Stien Baas-Kaiser NED ... 4:52,14
S Dianne Holum USA ... 4:58,67
B Atje Keulen-Deelstra NED ... 4:59,91

Innsbruck 1976
G Tatyana Averina URS ... 4:45,19
S Andrea Mitscherlich GDR ... 4:45,23
B Lisbeth Korsmo NOR ... 4:45,24

Lake Placid 1980
G Björg Eva Jensen NOR ... 4:32,13
S Sabine Becker GDR ... 4:32,79
B Beth Heiden USA ... 4:33,77

Sarajevo 1984

G Andrea Schöne-Mitscherlich GDR . . .4:24,79
S Karin Enke GDR 4:26,33
B Gabi Schönbrunn GDR 4:33,13

Calgary 1988

G Yvonne van Gennip NED 4:11,94
S Andrea Schöne-Mitscherlich GDR . . .4:12,09
B Gabi Schönbrunn GDR 4:16,92

Albertville 1992

G Gunda Niemann GER 4:19,90
S Heike Warnicke GER 4:22,88
B Emese Hunyadi AUT 4:24,64

Lillehammer 1994

G Svetlana Bashanova RUS 4:17,43
S Emese Hunyadi AUT 4:18,14
B Claudia Pechstein GER 4:18,34

5000 m Frauen

Calgary 1988

G Yvonne van Gennip NED 7:14,13
S Andrea Schöne-Mitscherlich GDR . . .7:17,12
B Gabi Schönbrunn GDR 7:21,61

Albertville 1992

G Gunda Niemann GER 7:31,57
S Heike Warnicke GER 7:37,59
B Claudia Pechstein GER 7:39,80

Lillehammer 1994

G Claudia Pechstein GER 7:14,37
S Gunda Niemann GER 7:14,88
B Hiromi Yamamoto JPN 7:19,68

Kurzbahn 500 m Frauen

Albertville 1992

G Cathy Turner USA
S Yan Li CHN
B Ok-Sil Hwang PRK

Lillehammer 1994

G Cathy Turner USA
S Yanmei Zang CHN
B Amy Peterson USA

Kurzbahn 1000 m Frauen

Lillehammer 1994

G Lee-Kyung Chun KOR
S Nathalie Lambert CAN
B So-Hee Kim KOR

Kurzbahn 3000-m-Staffel Frauen

Albertville 1992

G CAN
Angela Cutrone, Sylvie Daigle,
Nathalie Lambert, Annie Perreault
S USA
Darcie Dohnal, Amy Peterson,
Cathy Turner, Nicole Ziegelmeyer
B EUN
Julia Allagulova, Natalia Issakova,
Viktoria Taranina, Yulia Vlasova

Lillehammer 1994

G KOR
Lee-Kyung Chun, So-Hee Kim,
Yoon-Mi Kim, Hye-Kyung Won
S CAN
Christine-Isabel Boudrias, Isabelle Charest,
Sylvie Daigle, Nathalie Lambert
B USA
Karen Cashman, Amy Peterson,
Cathy Turne‹, Nicole Ziegelmeyer

Bilanz 5000 m Frauen

Land	G	S	B
1. GER	2	2	1
2. NED	1	–	–
3. GDR	–	1	1
4. JPN	–	–	1

Bobsport

Zweierbob Männer

Lake Placid 1932

G USA 8:14,74
Hubert Stevens, Curtis Stevens[1)]
S SUI 8:16,28
Reto Capadrutt, Oscar Geier
B USA 8:29,15
John Heaton, Robert Minton

Garmisch-Partenkirchen 1936

G USA 5:29,29
Ivan Brown, Alan Washbond
S SUI 5:30,64
Fritz Feierabend, Joseph Beerli
B USA 5:33,96
Gilbert Colgate, Richard Lawrence

St. Moritz 1948

G SUI 5:29,2
Felix Endrich, Fritz Waller
S SUI 5:30,4
Fritz Feierabend, Paul Eberhard
B USA 5:35,3
Fred Fortune, Schuyler Carron

Oslo 1952

G GER 5:24,54
Anderl Ostler, Lorenz Nieberl[2)]
S USA 5:26,89
Stanley Benham, Patrick Martin
B SUI 5:27,71
Fritz Feierabend, Stephan Waser

Cortina d'Ampezzo 1956

G ITA 5:30,14
Lamberto Dalla Costa, Giacomo Conti
S ITA 5:31,45
Eugenio Monti, Renzo Alverà
B SUI 5:37,46
Max Angst, Harry Warburton

Innsbruck 1964

G GBR 4:21,90
Anthony Nash, T. Robin Dixon
S ITA 4:22,02
Sergio Zardini, Romano Bonagura
B ITA 4:22,63
Eugenio Monti, Sergio Siorpaes

Grenoble 1968

G ITA 4:41,54
Eugenio Monti, Luciano de Paolis
S FRG 4:41,54
Horst Floth, Pepi Bader[3)]
B ROM 4:44,46
Ion Panturu, Nicolae Neagoe

Sapporo 1972

G FRG 4:57,07
Wolfgang Zimmerer, Peter Utzschneider
S FRG 4:58,84
Horst Floth, Pepi Bader
B SUI 4:59,33
Jean Wicki, Edy Hubacher

Innsbruck 1976

G GDR 3:44,42
Meinhard Nehmer, Bernhard Germeshausen
S FRG 3:44,99
Wolfgang Zimmerer, Manfred Schumann
B SUI 3:45,70
Erich Schärer, Josef Benz

Lake Placid 1980

G SUI 4:09,36
Erich Schärer, Josef Benz
S GDR 4:10,93
Bernhard Germeshausen,
Hans-Jürgen Gerhardt
B GDR 4:11,08
Meinhard Nehmer, Bogdan Musiol

Sarajevo 1984

G GDR 3:25,56
Wolfgang Hoppe, Dietmar Schauerhammer
S GDR 3:26,04
Bernhard Lehmann, Bogdan Musiol
B URS 3:26,16
Zintis Ekmanis, Vladimir Alexandrov

Calgary 1988

G URS 3:53,48
Janis Kipurs, Vladimir Kozlov
S GDR 3:54,19
Wolfgang Hoppe, Bogdan Musiol
B GDR 3:54,64
Bernhard Lehmann, Mario Hoyer

Albertville 1992

G SUI 4:03,26
Gustav Weder, Donat Acklin
S GER 4:03,55
Rudolf Lochner, Markus Zimmermann
B GER 4:03,63
Christoph Langen, Günther Eger

Bilanz Zweierbob Männer

Land	G	S	B
1. SUI	4	4	4
2. GDR	2	3	2
3. ITA	2	2	2
4. USA	2	1	3
5. FRG	1	3	–
6. GER	1	1	1
7. URS	1	–	1
8. GBR	1	–	–
9. ROM	–	–	1

1) Die Brüder Stevens aus Lake Placid heizten die Kufen ihres Bobs mit dem Feuer eines Lötkolbens an.
2) Ostler/Nieberl fuhren mit ihrem 16 Jahre alten Schlitten viermal Bestzeit.
3) Nur dank der besten Einzelzeit in den vier Durchgängen gewann Monti die Goldmedaille vor den in der Addition zeitgleichen Floth/Bader. Pepi Baders Vater war Anderl Ostler (* 1921, † 1988).

Lillehammer 1994

G SUI 3:30,81
Gustav Weder, Donat Acklin
S SUI 3:30,86
Reto Götschi, Guido Acklin
B ITA 3:31,01
Günther Huber, Stefano Ticci

Viererbob Männer[1)]

Chamonix 1924

G SUI 5:45,54
Eduard Scherrer, Alfred Neveu, Alfred Schläppi, Heinrich Schläppi
S GBR 5:48,83
Ralph Broome, Thomas Arnold, Alexander Richardson, Rodney Soher
B BEL 6:02,29
Charles Mulder, René Mortiaux, Paul van den Broeck, Victor Verschueren, Henri Willems

St. Moritz 1928

G USA 3:20,5
William Fiske[2)], Nion Tucker, Geoffrey Mason, Clifford Gray, Richard Parke
S USA 3:21,0
Jennison Heaton[3)], David Granger, Lyman Hine, Thomas Doe, Jay O'Brien
B GER 3:21,9
Hanns Kilian, Valentin Krempl, Hans Heß, Sebastian Huber, Hans Nägle

Lake Placid 1932

G USA 7:53,68
William Fiske[2)], Edward Eagan[4)], Clifford Gray, Jay O'Brien
S USA 7:55,70
Henry Homburger, Percy Bryant, F. Paul Stevens, Edmund Horton
B GER 8:00,04
Hanns Kilian, Max Ludwig, Hans Mehlhorn, Sebastian Huber

Garmisch-Partenkirchen 1936

G SUI 5:19,85
Pierre Musy, Arnold Gartman Charles Bouvier, Joseph Beerli
S SUI 5:22,73
Reto Capadrutt, Hans Aichele, Fritz Feierabend, Hans Bütikofer
B GBR 5:23,41
Frederick McEvoy, James Cardno, Guy Dugdale, Charles Green

St. Moritz 1948

G USA 5:20,1
Francis Tyler, Patrick Martin, Edward Rimkus, William D'Amico
S BEL 5:21,3
Max Houben, Alfred Mansveld, Louis-Georges Niels, Jacques Mouvet
B USA 5:21,5
James Bickford, Thomas Hicks, Donald Dupree, William Dupree

Oslo 1952

G GER 5:07,84
Anderl Ostler, Friedrich Kuhn, Lorenz Nieberl, Franz Kemser
S USA 5:10,48
Stanley Benham, Patrick Martin, Howard Crossett, James Atkinson
B SUI 5:11,70
Fritz Feierabend, Albert Madörin, André Filippini, Stephan Waser

Cortina d'Ampezzo 1956

G SUI 5:10,44
Franz Kapus, Gottfried Diener, Robert Alt, Heinrich Angst
S ITA 5:12,10
Eugenio Monti, Ulrico Girardi, Renzo Alverà, Renato Mocellini
B USA 5:12,39
Arthur Tyler, William Dodge, Charles Butler, James Lamy

Innsbruck 1964

G CAN 4:14,46
Victor Emery, Peter Kirby, Douglas Anakin, John Emery
S AUT 4:15,48
Erwin Thaler, Adolf Koxeder, Josef Nairz, Reinhold Durnthaler
B ITA 4:15,60
Eugenio Monti, Sergio Siorpaes, Benito Rigoni, Gildo Siorpaes

Grenoble 1968

G ITA 2:17,39
Eugenio Monti, Luciano De Paolis, Roberto Zandonella, Mario Armano
S AUT 2:17,48
Erwin Thaler, Reinhold Durnthaler, Herbert Gruber, Josef Eder
B SUI 2:18,04
Jean Wicki, Hans Candrian, Willi Hofmann, Walter Graf

Bilanz Viererbob Männer

Land	G	S	B
1. SUI	5	4	4
2. USA	3	3	2
3. GDR	3	2	1
4. GER	2	1	3
5. ITA	1	2	1
6. AUT	1	2	–
7. CAN	1	–	–
8. BEL	–	1	1
GBR	–	1	1
10. FRG	–	–	2
11. URS	–	–	1

1) 1924 und 1928 durften im Viererbob auch fünf Männer sitzen.
2) Der Amerikaner William Fiske war 16 Jahre alt, als er seine erste Goldmedaille gewann; er starb als Fliegerleutnant 1940 nach einer Verwundung beim Einsatz in der British Royal Air Force gegen Deutschland.
3) Jennison Heaton (* 1903, † 1971) war zudem 1928 Olympiasieger im Skeleton.
4) Eagan war 1920 auch Olympiasieger im Boxen. Er ist der einzige Sportler, der bei Winter- und Sommerspielen eine Goldmedaille gewann.

Bilanz Rennrodeln Männer			
Land	G	S	B
1. GDR	4	2	3
2. GER	3	1	1
3. AUT	1	2	1
4. ITA	1	1	1
5. FRG	–	2	1
6. URS	–	1	2

1) Wolfgang Hoppe gewann bei vier Olympischen Spielen sechs Medaillen (2-3-1).

2) Von 81 (28-26-27) Medaillen im Rennrodeln 1964 bis 1994 gewannen deutsche Olympiafahrer 54 (19-17-18).

Sapporo 1972

G SUI 4:43,07
Jean Wicki, Hans Leutenegger, Werner Camichel, Edy Hubacher
S ITA 4:43,83
Nevio De Zordo, Adriano Frassinelli, Corrado Dal Fabbro, Gianni Bonichon
B FRG 4:43,92
Wolfgang Zimmerer, Stefan Gaisreiter, Walter Steinbauer, Peter Utzschneider

Innsbruck 1976

G GDR 3:40,43
Meinhard Nehmer, Jochen Babock, Bernhard Germeshausen, Bernhard Lehmann
S SUI 3:40,89
Erich Schärer, Ulrich Bächli, Rudolf Marti, Josef Benz
B FRG 3:41,37
Wolfgang Zimmerer, Peter Utzschneider, Bodo Bittner, Manfred Schumann

Lake Placid 1980

G GDR 3:59,92
Meinhard Nehmer, Bernhard Germeshausen, Bogdan Musiol, Hans-Jürgen Gerhardt
S SUI 4:00,87
Erich Schärer, Ulrich Bächli, Rudolf Marti, Josef Benz
B GDR 4:00,97
Horst Schönau, Roland Wetzig, Detlef Richter, Andreas Kirchner

Sarajevo 1984

G GDR 3:20,22
Wolfgang Hoppe, Roland Wetzig, Dietmar Schauerhammer, Andreas Kirchner
S GDR 3:20,78
Bernhard Lehmann, Bogdan Musiol, Ingo Voge, Eberhard Weise
B SUI 3:21,39
Silvio Giobellina, Heinz Stettler, Urs Salzmann, Rico Freiermuth

Calgary 1988

G SUI 3:47,51
Ekkehard Fasser, Kurt Meier, Marcel Fässler, Werner Stocker
S GDR 3:47,58
Wolfgang Hoppe, Dietmar Schauerhammer, Bogdan Musiol, Ingo Voge
B URS 3:48,26
Janis Kipurs, Guntis Osis, Yuris Tone, Vladimir Kozlov

Albertville 1992

G AUT 3:53,90
Ingo Appelt, Harald Winkler, Gerhard Haidacher, Thomas Schroll
S GER 3:53,92
Wolfgang Hoppe, Bogdan Musiol, Axel Kühn, René Hannemann
B SUI 3:54,13
Gustav Weder, Donat Acklin, Lorenz Schindelholz, Curdin Morell

Lillehammer 1994

G GER 3:27,78
Harald Czudaj, Karsten Brannasch, Olaf Hampel, Alexander Szeli
S SUI 3:27,84
Gustav Weder, Donat Acklin, Kurt Meier, Domenico Semeraro
B GER 3:28,01
Wolfgang Hoppe[1], Ulf Hielscher, René Hannemann, Carsten Embach

Rennrodeln[2]

Männer

Innsbruck 1964

G Thomas Köhler GER 3:26,77
S Klaus Bonsack GER 3:27,04
B Hans Plenk GER 3:30,15

Grenoble 1968

G Manfred Schmid AUT 2:52,48
S Thomas Köhler GDR 2:52,66
B Klaus-Michael Bonsack GDR 2:53,33

Sapporo 1972

G Wolfgang Scheidel GDR 3:27,58
S Harald Ehrig GDR 3:28,39
B Wolfram Fiedler GDR 3:28,73

Innsbruck 1976

G Dettlef Günther GDR 3:27,688
S Josef Fendt FRG 3:28,196
B Hans Rinn GDR 3:28,574

Lake Placid 1980

G Bernhard Glass GDR 2:54,796
S Paul Hildgartner ITA 2:55,372
B Anton Winkler FRG 2:56,545

Sarajevo 1984

G Paul Hildgartner ITA 3:04,258
S Sergei Danilin URS 3:04,962
B Valeri Dudin URS 3:05,012

Calgary 1988

G Jens Müller GDR 3:05,548
S Georg Hackl FRG 3:05,916
B Yuri Charchenko URS 3:06,274

Albertville 1992

G Georg Hackl GER 3:02,363
S Markus Prock AUT 3:02,669
B Markus Schmidt AUT 3:02,942

Lillehammer 1994

G Georg Hackl GER 3:21,571
S Markus Prock AUT 3:21,584
B Armin Zöggeler ITA 3:21,833

Doppelsitzer Männer

Innsbruck 1964

G AUT 1:41,62
Josef Feistmantl, Manfred Stengl
S AUT 1:41,91
Reinhold Senn, Helmut Thaler
B ITA 1:42,87
Walter Außersdorfer, Siegfried Mair

Grenoble 1968

G GDR 1:35,85
Klaus-Michael Bonsack, Thomas Köhler
S AUT 1:36,34
Manfred Schmid, Ewald Walch
B FRG 1:37,29
Wolfgang Winkler, Fritz Nachmann

Sapporo 1972

G ITA 1:28,35
Paul Hildgartner, Walter Plaikner
GDR 1:28,35
Horst Hörnlein, Reinhard Bredow
B GDR 1:29,16
Klaus-Michael Bonsack, Wolfram Fiedler

Innsbruck 1976

G GDR 1:25,604
Hans Rinn, Norbert Hahn
S FRG 1:25,889
Hans Brandner, Balthasar Schwarm
B AUT 1:25,919
Rudolf Schmid, Franz Schachner

Lake Placid 1980

G GDR 1:19,331
Hans Rinn, Norbert Hahn
S ITA 1:19,606
Peter Gschnitzer, Karl Brunner
B AUT 1:19,795
Georg Fluckinger, Karl Schrott

Sarajevo 1984

G FRG 1:23,620
Hans Stanggassinger, Franz Wembacher
S URS 1:23,660
Yevgeni Belousov, Alexander Belyakov
B GDR 1:23,887
Jörg Hoffmann, Jochen Pietzsch

Calgary 1988

G GDR 1:31,940
Jörg Hoffmann, Jochen Pietzsch
S GDR 1:32,039
Stefan Krauße, Jan Behrendt
B FRG 1:32,274
Thomas Schwab, Wolfgang Staudinger

Albertville 1992

G GER 1:32,053
Stefan Krauße, Jan Behrendt
S GER 1:32,239
Yves Mankel, Thomas Rudolph
B ITA 1:32,298
Hansjörg Raffl, Norbert Huber

Lillehammer 1994

G ITA 1:36,720
Kurt Brugger, Wilfried Huber
S ITA 1:36,769
Hansjörg Raffl, Norbert Huber ....
B GER 1:36,945
Stefan Krauße, Jan Behrendt

Bilanz Doppelsitzer Männer

Land	G	S	B
1. GDR	5	1	2
2. ITA	2	2	2
3. AUT	1	2	2
4. FRG	1	1	2
5. GER	1	1	1
6. URS	–	1	–

Frauen

Innsbruck 1964

G Ortrun Enderlein GER 3:24,67
S Ilse Geisler GER 3:27,42
B Helene Thurner AUT 3:29,56

Grenoble 1968

G Erica Lechner ITA 2:28,66
S Christa Schmuck FRG 2:29,37
B Angelika Dünhaupt FRG 2:29,66

Bilanz Rennrodeln Frauen

Land	G	S	B
1. GDR	4	5	3
2. ITA	2	–	–
3. GER	1	2	1
4. AUT	1	1	2
5. URS	1	–	1
6. FRG	–	1	2

Sapporo 1972

G Anna-Maria Müller GDR 2:59,18
S Ute Rührold GDR 2:59,49
B Margit Schumann GDR 3:59,54

Innsbruck 1976

G Margit Schumann GDR 2:50,621
S Ute Rührold GDR 2:50,846
B Elisabeth Demleitner FRG 2:51,056

Lake Placid 1980

G Vera Sosulya URS 2:36,537
S Melitta Sollmann GDR 2:37,657
B Ingrida Amantova URS 2:37,817

Sarajevo 1984

G Steffi Martin GDR 2:46,570
S Bettina Schmidt GDR 2:46,873
B Ute Weiß GDR 2:47,248

Calgary 1988

G Steffi Walter-Martin GDR 3:03,973
S Ute Oberhoffner-Weiß GDR 3:04,105
B Cerstin Schmidt GDR 3:04,181

Albertville 1992

G Doris Neuner AUT 3:06,696
S Angelika Neuner AUT 3:06,769
B Susi Erdmann GER 3:07,115

Lillehammer 1994

G Gerda Weissensteiner ITA 3:15,517
S Susi Erdmann GER 3:16,276
B Andrea Tagwerker AUT 3:16,652

Nicht mehr ausgetragene Sportarten

Skeleton Männer

St. Moritz 1928

G Jennison Heaton USA[1] 3:01,8
S John Heaton USA[2] 3:02,8
B David Earl of Northesk GBR 3:05,1

St. Moritz 1948

G Nino Bibbia ITA .5:23,2
S John Heaton USA[2] 5:24,6
B John Crammond GBR 5:25,1

1) Jennison Heaton gewann 1928 auch eine Silbermedaille im Viererbob.
2) John Heaton (* 1908) war 1932 zudem Olympiadritter im Zweierbob.

Die erfolgreichsten olympischen Medaillengewinner

Rang	Name	G	S	B	Sportart	Zeitraum
1	Ray Ewry USA	10	–	–	Leichtathletik	1900–1908
2	Larisa Latynina URS	9	5	4	Turnen	1956–1964
3	Paavo Nurmi FIN	9	3	–	Leichtathletik	1920–1928
4	Mark Spitz USA	9	1	1	Schwimmen	1968–1972
5	Sawao Kato JPN	8	3	1	Turnen	1968–1976
6	Matt Biondi USA	8	2	1	Schwimmen	1984–1992
7	Carl Lewis USA	8	1	–	Leichtathletik	1984–1992
8	Nikolai Andrianov URS	7	5	3	Turnen	1972–1980
9	Boris Shakhlin URS	7	4	2	Turnen	1956–1964
10	Vera Cáslavská TCH	7	4	–	Turnen	1960–1968
11	Viktor Chukarin URS	7	3	1	Turnen	1952–1956
12	Aladar Gerevich HUN	7	1	2	Fechten	1932–1960
13	Edoardo Mangiarotti ITA	6	5	2	Fechten	1936–1960
14	Hubert van Innis BEL	6	3	–	Bogenschießen	1900–1920
	Lyubov Yegorova URS	6	3	–	nordischer Skisport	1992–1994
16	Akinori Nakayama JPN	6	2	2	Turnen	1968–1972
17	Gert Fredriksson SWE	6	1	1	Kanusport	1936–1960
18	Reiner Klimke GER/FRG	6	–	2	Reiten	1964–1988
19	Pal Kovacs HUN	6	–	1	Fechten	1936–1960
20	Nedo Nadi ITA	6	–	–	Fechten	1912–1920
	Rudolf Karpati HUN	6	–	–	Fechten	1948–1960
	Lidiya Skoblikova URS	6	–	–	Eisschnellauf	1960–1964
	Kristin Otto GDR	6	–	–	Schwimmen	1988
	Vitali Sheherbo GUS	6	–	–	Turnen	1992
25	Takashi Ono JPN	5	4	4	Turnen	1952–1964
26	Carl Osburn USA	5	4	2	Sportschießen	1912–1924
27	Agnes Keleti HUN	5	3	2	Turnen	1952–1956
28	Matin Sheridan USA	5	3	1	Leichtathletik	1904–1908
	Nadia Comaneci ROM	5	3	1	Turnen	1976–1980
30	Ville Ritola FIN	5	3	–	Leichtathletik	1924–1928
	Björn Dählie NOR	5	3	–	nordischer Skisport	1992–1994
32	Polina Astachova URS	5	2	3	Turnen	1956–1964
33	Konrad Stäheli SUI	5	2	1	Sportschießen	1900
34	Yukio Endo JPN	5	2	–	Turnen	1960–1968
35	Mitsuo Tsukahara JPN	5	1	3	Turnen	1968–1976
36	Charles Daniels USA	5	1	2	Schwimmen	1904–1908
37	Willis Augustus Lee USA	5	1	1	Sportschießen	1920
	Clas Thunberg FIN	5	1	1	Eisschnellauf	1924–1928
	Hans Günter Winkler GER/FRG	5	1	1	Reiten	1956–1976
40	Louis Richardet SUI	5	1	–	Sportschießen	1900–1906
	Anton Heida USA	5	1	–	Turnen	1904
	Ole Andreas Lilloe-Olsen NOR	5	1	–	Sportschießen	1920–1924
	Don Schollander USA	5	1	–	Schwimmen	1964–1968
	Nelli Kim URS	5	1	–	Turnen	1976–1980
45	Alfred Lane USA	5	–	1	Sportschießen	1912–1920
	Johnny Weissmuller USA	5	–	1	Schwimmen	1924–1928
	Bonnie Blair USA	5	–	1	Eisschnellauf	1988–1994
48	Morris Fisher USA	5	–	–	Sportschießen	1920–1924
	Eric Heiden USA	5	–	–	Eisschnellauf	1980
50	Raisa Smetanina URS/EUN	4	5	1	nordischer Skisport	1976–1992

Aladar Gerevich
(*1910, †1991) gewann bei sechs Olympiateilnahmen fünfmal eine Goldmedaille, 1948 zwei.

Konrad Stäheli
hält den Rekord mit acht Medaillen bei einer Olympiateilnahme.

Rang	Name	G	S	B	Sportart	Zeitraum
51	Dawn Fraser AUS	4	4	–	Schwimmen	1956–1964
	Kornelia Ender GDR	4	4	–	Schwimmen	1972–1976
53	Sixten Jernberg SWE	4	3	2	nordischer Skisport	1956–1964
	Lyudmila Turishcheva URS	4	3	2	Turnen	1968–1976
55	Otto Olson NOR	4	3	1	Sportschießen	1920–1924
	Georges Miez SUI	4	3	1	Turnen	1924–1936
57	Ivan Patzaichin ROM	4	3	–	Kanusport	1968–1984
58	Roland Matthes GDR	4	2	2	Schwimmen	1968–1976
	Galina Kulakova URS	4	2	2	nordischer Skilauf	1968–1980
60	Einar Liberg NOR	4	2	1	Sportschießen	1908–1924
	Ivar Ballangrud NOR	4	2	1	Eisschnellauf	1928–1936
62	James Lightbody USA	4	2	–	Leichtathletik	1904–1906
	Gulbrand Skatteboe NOR	4	2	–	Sportschießen	1906–1912
	Lucien Gaudin FRA	4	2	–	Fechten	1920–1928
	Christian d'Oriola FRA	4	2	–	Fechten	1948–1956
	Giuseppe Delfino ITA	4	2	–	Fechten	1952–1964
	Olga Korbut URS	4	2	–	Turnen	1972–1976
	Birgit Fischer-Schmidt GDR/GER	4	2	–	Kanusport	1980–1992
69	Henry Taylor GBR	4	1	3	Schwimmen	1906–1920
70	Lloyd Spooner USA	4	1	2	Sportschießen	1920
71	Max Decugis FRA	4	1	1	Tennis	1900–1920
	Murray Rose AUS	4	1	1	Schwimmen	1956–1960
	Yelena Belova URS	4	1	1	Fechten	1968–1980
	Viktor Sidyak URS	4	1	1	Fechten	1968–1980
	Gunde Svan SWE	4	1	1	nordischer Skisport	1984–1988
76	Ramon Fonst CUB	4	1	–	Fechten	1900–1904
	Myer Prinstein USA	4	1	–	Leichtathletik	1900–1906
	Melvin Sheppard USA	4	1	–	Leichtathletik	1908–1912
	Hannes Kolehmainen FIN	4	1	–	Leichtathletik	1912–1920
	Oreste Puliti ITA	4	1	–	Fechten	1920–1928
	Charles Pahud de Mortanges NED	4	1	–	Reiten	1924–1932
	Emil Zatopek TCH	4	1	–	Leichtathletik	1948–1952
	Valentin Muratov URS	4	1	–	Turnen	1952–1956
	Yevgeni Grishin URS	4	1	–	Eisschnellauf	1956–1960
	Alexander Tichonov URS	4	1	–	Biathlon	1968–1980
	John Naber USA	4	1	–	Schwimmen	1976
	Nikolai Zimyatov URS	4	1	–	nordischer Skisport	1980–1984
	Ecaterina Szabo ROM	4	1	–	Turnen	1984
	Matti Nykänen FIN	4	1	–	nordischer Skisport	1984–1988
	Ian Ferguson NZL	4	1	–	Kanusport	1984–1988
	Vladimir Artyomov URS	4	1	–	Turnen	1988
	Evelyn Ashford USA	4	1	–	Leichtathletik	1984–1992
	Janet Evans USA	4	1	–	Schwimmen	1988–1992
	Krisztina Egerszegy HUN	4	1	–	Schwimmen	1988–1992
	Johann Olav Koss NOR	4	1	–	Eisschnellauf	1992–1994
96	Eric Lemming SWE	4	–	3	Leichtathletik	1906–1912
97	Györzö Kulcsar HUN	4	–	2	Fechten	1964–1976
98	Carl Schuhmann GER	4	–	1	Ringen/Turnen/Gewichtheben	1896
	Giorgio Zampori ITA	4	–	1	Turnen	1912–1924
	Joseph Jackson USA	4	–	1	Sportschießen	1912–1920
101	Alvin Kraenzlein USA	4	–	–	Leichtathletik	1900
	Archie Hahn USA	4	–	–	Leichtathletik	1904–1906
	Jenö Fuchs HUN	4	–	–	Fechten	1908–1912
	Paul Radmilovic GBR	4	–	–	Schwimmen/Wasserball	1908–1920
	Jesse Owens USA	4	–	–	Leichtathletik	1936

Carl Schuhmann
(* 1869, † 1946) gewann Medaillen in drei Sportarten und war zudem noch Olympiaachter im Weitsprung.

Rang	Name	G	S	B	Sportart	Zeitraum
	Fanny Blankers-Koen NED	4	–	–	Leichtathletik	1948
	Harrison Dillard USA	4	–	–	Leichtathletik	1948–1952
	Paul Elvström DEN	4	–	–	Segeln	1948–1960
	Patricia McCormick USA	4	–	–	Schwimmen/Wasserspringen	1952–1956
	Henri Saint Cyr SWE	4	–	–	Reiten	1952–1956
	Carlo Pavesi ITA	4	–	–	Fechten	1952–1960
	Betty Cuthbert AUS	4	–	–	Leichtathletik	1956–1964
	Al Oerter USA	4	–	–	Leichtathletik	1956–1968
	Lasse Viren FIN	4	–	–	Leichtathletik	1972–1976
	Viktor Krovopuskov URS	4	–	–	Fechten	1976–1980
	Bärbel Eckert GDR	4	–	–	Leichtathletik	1976–1980
	Thomas Wassberg SWE	4	–	–	nordischer Skisport	1980–1988
	Vladimir Salnikov URS	4	–	–	Schwimmen	1980–1988
	Greg Louganis USA	4	–	–	Schwimmen/Wasserspringen	1984–1988
	Tamas Darnyi HUN	4	–	–	Schwimmen	1988–1992
	Nicole Uphoff FRG/GER	4	–	–	Reiten	1988–1992
122	Alexander Dityatin URS	3	6	1	Turnen	1976–1980
123	Zoltan von Halmay HUN	3	5	1	Schwimmen	1904–1908
124	Giulio Gaudini ITA	3	4	2	Fechten	1928–1936
125	Vilhelm Carlberg SWE	3	4	1	Sportschießen	1906–1924
	Roger Ducret FRA	3	4	1	Fechten	1920–1928
	Philippe Cattiau FRA	3	4	1	Fechten	1920–1936
	Karin Enke GDR	3	4	1	Eisschnellauf	1980–1988
129	Alfred Swahn SWE	3	3	3	Sportschießen	1908–1924
130	Veikko Hakulinen FIN	3	3	1	nordischer Skisport	1952–1960
131	Andrea Pollack GDR	3	3	–	Schwimmen	1976–1980
132	Hermann Weingärtner GER	3	2	2	Turnen	1896
	Eero Mäntyranta FIN	3	2	2	nordischer Skisport	1960–1968
134	George Eyser USA	3	2	1	Turnen	1904
	Ralph Rose USA	3	2	1	Leichtathletik	1904–1912
	Harald Natvig NOR	3	2	1	Sportschießen	1920–1924
	Vladimir Naslymov URS	3	2	1	Fechten	1968–1980
	Renate Stecher GDR	3	2	1	Leichtathletik	1972–1976
	Li Ning CHN	3	2	1	Turnen	1984
	Michael Groß FRG	3	2	1	Schwimmen	1984–1988
	Daniela Silivas ROM	3	2	1	Turnen	1988
	Vegard Ulvang NOR	3	2	1	nordischer Skisport	1988–1994
143	John Flanagan USA	3	2	–	Leichtathletik	1900–1908
	Alberto Braglia ITA	3	2	–	Turnen	1906–1912
	Paoa Duke Kahanamoku USA	3	2	–	Schwimmen	1912–1924
	Jack Beresford GBR	3	2	–	Rudern	1920–1936
	Alberto Tomba ITA	3	2	–	alpiner Skisport	1988–1994
148	Shirley Strickland AUS	3	1	3	Leichtathletik	1948–1956
149	Oscar Swahn SWE	3	1	2	Sportschießen	1908–1920
	Johan Gröttumsbraten NOR	3	1	2	nordischer Skisport	1924–1932
	Leon Stukelj YUG	3	1	2	Turnen	1924–1936
	Konrad Frey GER	3	1	2	Turnen	1936
	Alfred Schwarzmann GER	3	1	2	Turnen	1936–1952
154	Giancarlo Cornaggia-Medici ITA	3	1	1	Fechten	1928–1936
	Veikko Huhtanen FIN	3	1	1	Turnen	1948
	Malvin Whitfield USA	3	1	1	Leichtathletik	1948–1952
	Dezsö Gyarmati HUN	3	1	1	Wasserball	1948–1964
	Shane Gould AUS	3	1	1	Schwimmen	1972
	Paul MacDonald NZL	3	1	1	Kanusport	1984–1988
	Jackie Joyner-Kersee USA	3	1	1	Leichtathletik	1984–1992

Patricia McCormick
(*1930) wurde acht Monate vor Melbourne 1956 Mutter eines Sohnes; ihre Tochter Kelly Ann (*1960) gewann vom Brett 1984 Silber und 1988 Bronze.

Ingrid Krämer
war 1960 die erste nichtamerikanische Olympiasiegerin im Brettspringen. Zwischen 1920 und 1956 gewannen die Amerikanerinnen von 24 möglichen 22 Medaillen.

Rang	Name	G	S	B	Sportart	Zeitraum
	Anfissa Reztsova URS/EUN/RUS	3	1	1	nord. Skisport/Biathlon	1988–1994
	Vreni Schneider SUI	3	1	1	alpiner Skisport	1988–1994
163	Alfred Flatow GER	3	1	–	Turnen	1896
	Harry Hillman USA	3	1	–	Leichtathletik	1904–1908
	Aldo Nadi ITA	3	1	–	Fechten	1920
	Gillis Grafström SWE	3	1	–	Eiskunstlauf	1920–1932
	Romeo Neri ITA	3	1	–	Turnen	1928–1932
	Franco Riccardi ITA	3	1	–	Fechten	1928–1936
	Ria Mastenbroek NED	3	1	–	Schwimmen	1936
	Leslie Claudius IND	3	1	–	Hockey	1948–1960
	Udham Singh IND	3	1	–	Hockey	1952–1964
	Albert Azaryan URS	3	1	–	Turnen	1956–1960
	Chris von Saltza USA	3	1	–	Schwimmen	1960
	Tamara Press URS	3	1	–	Leichtathletik	1960–1964
	Ingrid Krämer GDR/GER	3	1	–	Wasserspringen	1960–1964
	Sharon Stouder USA	3	1	–	Schwimmen	1964
	Wyomia Tyus USA	3	1	–	Leichtathletik	1964–1968
	Charles Hickcox USA	3	1	–	Schwimmen	1968
	Ard Schenk NED	3	1	–	Eisschnellauf	1968–1972
	Vladyslav Tretyak URS	3	1	–	Eishockey	1972–1984
	Bernhard Germeshausen GDR	3	1	–	Bobsport	1976–1980
	Caren Metschuk GDR	3	1	–	Schwimmen	1980
	Nancy Hogshead USA	3	1	–	Schwimmen	1984
	Tomas Gustafson SWE	3	1	–	Eisschnellauf	1984–1988
	Valerie Brisco-Hooks USA	3	1	–	Leichtathletik	1984–1988
	Olga Brysgina URS/EUN	3	1	–	Leichtathletik	1988–1992
	Steven Lewis USA	3	1	–	Leichtathletik	1988–1992
	Jens Weißflog GDR/GER	3	1	–	nordischer Skisport	1984–1994
	Mark Kirchner GER	3	1	–	Biathlon	1992–1994
190	Marja-Liisa Hämäläinen-Kirvesniemi FIN	3	–	4	nordischer Skisport	1984–1994
	Rüdiger Helm GDR	3	–	3	Kanusport	1976–1980
192	Dennis Fenton USA	3	–	2	Sportschießen	1920–1924
	Tibor Berczelly HUN	3	–	2	Fechten	1936–1952
	Paavo Altonen FIN	3	–	2	Turnen	1948–1952
195	Reginald Frank Doherty GBR	3	–	1	Tennis	1900–1908
	Ugo Frigerio ITA	3	–	1	Leichtathletik	1920–1924
	Thorleif Haug NOR	3	–	1	nordischer Skisport	1924
	Endre Kabos HUN	3	–	1	Fechten	1932–1936
	György Karpati HUN	3	–	1	Schwimmen/Wasserball	1952–1964
	Wilma Rudolph USA	3	–	1	Leichtathletik	1956–1960
	Jim Montgomery USA	3	–	1	Schwimmen	1976
	Meinhard Nehmer GDR	3	–	1	Bobsport	1976–1980
	Mary T. Meagher USA	3	–	1	Schwimmen	1984–1988
	Dimitri Bilozerchev URS	3	–	1	Turnen	1988
205	Paul Masson FRA	3	–	–	Radsport	1896
	Georges de la Falaise FRA	3	–	–	Fechten	1900–1906
	George Wilkinson GBR	3	–	–	Schwimmen/Wasserball	1900–1912
	Paul Pilgrim USA	3	–	–	Leichtathletik	1904–1906
	Francesco Verri ITA	3	–	–	Radsport	1906
	Enrico Bruna ITA	3	–	–	Rudern	1906
	Giorgio Cesana ITA	3	–	–	Rudern	1906
	Emilio Fontanella ITA	3	–	–	Rudern	1906
	Charles Smith GBR	3	–	–	Wasserball	1908–1920

Rang	Name	G	S	B	Sportart	Zeitraum
	Daniel Norling SWE	3	–	–	Reiten/Turnen	1908–1920
	Norman Ross USA	3	–	–	Schwimmen	1920
	Ethelda Bleibtrey USA	3	–	–	Schwimmen	1920
	Karl Frederick USA	3	–	–	Sportschießen	1920
	Ollie Schriver USA	3	–	–	Sportschießen	1920
	John B. Kelly USA	3	–	–	Rudern	1920–1924
	Paul Costello USA	3	–	–	Rudern	1920–1928
	Carl Westergren SWE	3	–	–	Ringen	1920–1932
	Clarence Houser USA	3	–	–	Leichtathletik	1924–1928
	Martha Norelius USA	3	–	–	Schwimmen	1924–1928
	Adolph van der Voort van Zijp NED	3	–	–	Reiten	1924–1928
	Sonja Henie NOR	3	–	–	Eiskunstlauf	1928–1936
	Frank Wykoff USA	3	–	–	Leichtathletik	1928–1936
	Dhyan Chand IND	3	–	–	Hockey	1928–1936
	Helen Madison USA	3	–	–	Schwimmen	1932
	Ivar Johansson SWE	3	–	–	Ringen	1932–1936
	Robert Charpentier FRA	3	–	–	Radsport	1936
	Laszlo Rajcsanyi HUN	3	–	–	Fechten	1936–1952
	Jehan Buhan FRA	3	–	–	Fechten	1948–1952
	Laszlo Papp HUN	3	–	–	Boxen	1948–1956
	Ranganandhan Francis IND	3	–	–	Hockey	1948–1956
	Balbir Singh IND	3	–	–	Hockey	1948–1956
	Randhir Singh Gentle IND	3	–	–	Hockey	1948–1956
	Hjalmar Andersen NOR	3	–	–	Eisschnellauf	1952
	Toni Sailer AUT	3	–	–	alpiner Skisport	1956
	Bobby Morrow USA	3	–	–	Leichtathletik	1956
	Glenn Davis USA	3	–	–	Leichtathletik	1956–1960
	Vyacheslav Ivanov URS	3	–	–	Rudern	1956–1964
	Peter Snell NZL	3	–	–	Leichtathletik	1960–1964
	Viktor Shdanovich URS	3	–	–	Fechten	1960–1964
	Klavdiya Boyarskikh URS	3	–	–	nordischer Skisport	1964
	Stephen Clark USA	3	–	–	Schwimmen	1964
	Vitali Davydov URS	3	–	–	Eishockey	1964–1972
	Anatoli Firsov URS	3	–	–	Eishockey	1964–1976
	Viktor Kuskin URS	3	–	–	Eishockey	1964–1976
	Alexander Ragulin URS	3	–	–	Eishockey	1964–1976
	Jean-Claude Killy FRA	3	–	–	alpiner Skisport	1968
	Debbie Meyer USA	3	–	–	Schwimmen	1968
	Sandra Neilson USA	3	–	–	Schwimmen	1972
	Melissa Belote USA	3	–	–	Schwimmen	1972
	Irina Rodnina URS	3	–	–	Eiskunstlauf	1972–1980
	Ulrich Wehling GDR	3	–	–	nordischer Skisport	1972–1980
	Siegfried Brietzke GDR	3	–	–	Rudern	1972–1980
	Ulrike Richter GDR	3	–	–	Schwimmen	1976
	Pertti Karppinen FIN	3	–	–	Rudern	1976–1984
	Barbara Krause GDR	3	–	–	Schwimmen	1980
	Rica Reinisch GDR	3	–	–	Schwimmen	1980
	Vladimir Parfenovich URS	3	–	–	Kanusport	1980
	Ambrose Gaines USA	3	–	–	Schwimmen	1984
	Rick Carey USA	3	–	–	Schwimmen	1984
	Tracy Caulkins USA	3	–	–	Schwimmen	1984
	Steven Redgrave GBR	3	–	–	Rudern	1984–1992
	Yevgeni Sadovyi EUN	3	–	–	Schwimmen	1992
	Ki Hoon Kim KOR	3	–	–	Kurzbahn-Eisschnellauf	1992–1994

Stephen Clark konnte sich bei den amerikanischen Olympiaqualifikationen nicht für ein Einzelrennen qualifizieren, gewann aber mit den US-Staffeln drei Goldmedaillen; dabei erzielte er als Startschwimmer der 4x100-m-Freistilstaffel Weltrekord mit 52,9 sec.

Anhang

Die Mitglieder des IOC

Mitglied Nr. 1–50

1894–1925	Baron Pierre de Coubertin FRA
1894–1913	Ernest Callot FRA
1894–1897	Demetrius Bikelas GRE
1894–1900	Alexander von Butowski RUS
1894–1920	Viktor Gustaf Balck SWE
1894–1925	William Milligan Sloane USA
1894–1943	Jiri Guth-Jarkovsky BOH/1918: TCH
1894–1907	Ferenc Kemeny HUN
1894–1898	Lord Odo Ampthill GBR
1894–1906	Clarence Herbert GBR
1894–1907	José Benjamin Zubiaur ARG
1894–1905	Leonard A. Cuff NZL
1894–1894	Graf Lucchesi Palli ITA
1894–1900	Graf Maxime de Bousies BEL
1894–1898	Herzog von Andria Caraffa ITA
1895–1909	Willibald Karl August Gebhardt GER
1897–1925	Graf Alexander Mercati GRE
1897–1927	Robert Stuart de Courcy Laffan GBR
1897–1919	Graf Eugène Brunetta d'Usseaux ITA
1898–1924	Baron Fredrik Willem van Tuÿll de Serooskerken NED
1899–1903	Archambauld Graf de Talleyrand-Périgord GER
1899–1906	Niels Holbeck DEN
1899–1902	Prinz George Bibesco ROM
1899–1937	Baron Godefroy de Blonay SUI
1900–1904	Theodore Stanton USA
1900–1904	Caspar Whitney USA
1900–1911	Hébrard de Villeneuve FRA
1900–1908	Prinz Sergei Belioselski von Belioselsk RUS
1900–1913	Henri Graf de Ribeaupierre RUS
1900–1948	Graf Clarence von Rosen SWE
1901–1905	Prinz Eduard zu Salm-Horstmar GER
1901–1907	Sir Howard Vincent GBR
1901–1931	Miquel de Beistegui MEX
1901–1902	Edouard Reyntiens BEL
1902–1921	Meijorado del Campo Marquis de Villemajor ESP
1902–1913	Graf Caesar von Wartensleben GER
1903–1942	Graf Henri de Baillet-Latour BEL
1903–1908	James Hyde USA
1903–1922	Carlos de Candamo PER
1904–1920	Graf Albert Bertier de Sauvigny FRA

1905–1909	Graf Egbert Hoyer von der Asseburg GER
1905–1932	Richard Coombes AUS
1905–1909	Alexander Prinz von Solms-Braunfels AUT
1905–1907	Heinrik Graf Angell NOR
1906–1912	Dimiter Zokoff BUL
1906–1913	Lord Desbourough of Taplow GBR
1906–1912	Graf Antonio de Lancastre POR
1906–1912	Torben Grut DEN
1907–1910	Manuel Quintana ARG
1907–1938	Graf Geza Andrassy HUN

51–100

1907–1908	Thomas Heftey NOR
1908–1920	Allison Armour USA
1908–1920	Baron Reinhold von Willebrand FIN
1908–1909	Prinz Scipio Borghese ITA
1908–1940	Albert Gautier Graf Vignal MON
1908–1927	Johann Tidemann Sverre NOR
1908–1949	Georges Plagino ROM
1908–1910	Prinz Simon Trubetzkoi RUS
1908–1930	Selim Sirrey Bey Tarcan TUR
1909–1914	Freiherr Karl von Venningen GER
1909–1915	Andrea Theodore Cooke GBR
1909–1946	Julius von Muzsa HUN
1909–1913	Attilio Brunialti ITA
1909–1938	Jigoro Kano JPN
1910–1919	Graf Adalbert von Sierstorpff GER
1910–1963	Angelo Bolanaki EGY/1933:GRE
1910–1929	Maurice Pescatore LUX
1910–1933	Prinz Leon Urusoff RUS/1918: Exil in FRA
1911–1921	Prinz Otto von Windischgrätz AUT
1911–1920	Sir John Hanbury Williams CAN
1911–1917	Evert Jansen Wendell USA
1911–1913	Abel Ballif FRA
1911–1919	Napoleon Garcia CHI
1911–1919	Rudolf Graf Colloredo Mansfeld AUT
1912–1940	Carlos Graf de Penha Garcia POR
1912–1921	Fritz Hansen DEN
1912–1948	Svetomir Djukic SER/1918: YUG
1913–1944	Albert Glandaz FRA
1913–1920	Duke of Somerset GBR
1913–1938	Edouard-Emile Baron de Laveleye BEL
1913–1915	Georges Duperron RUS
1913–1938	Raoul de Rio Branco BRA
1913–1929	Dimiter Stankoff BUL
1913–1919	Sydney Farrar CUB
1913–1939	Carlo Montu ITA
1914–1919	Adolf Graf v. Arnim-Muskau GER
1914–1950	Melchior Graf de Polignac FRA
1919–1941	Pedro Jaime Matheu Zentral-amerika
1919–1929	Eduardo Dorn y Alsua ECU
1919–1922	Barton Sumter Weeks USA
1919–1930	Graf Giorgio Guglielmi ITA
1920–1922	Carlos Silva Vildosola CHI
1920–1948	Ernst Krogius FIN
1920–1933	Justinien Graf de Clary FRA
1920–1925	Arthur Marryatt NZL
1920–1927	Dorabi Jamshi Tata IND
1920–1943	Henry Nourse RSA
1920–1946	Franjo Bucar YUG
1920–1952	Sigfrid Edström SWE
1921–1946	James Merrick CAN

101–150

1921–1923	Nizzam Edine Khoi IRI
1921–1933	Reginald John Kentish GBR
1921–1923	Horacio Ecchevarrieta ESP
1921–1922	Prinz Etienne Lubomirski POL
1921–1937	Francisco Ghigliani URU
1922–1932	Marcelo de Alvera ARG
1922–1957	Chengting Wang CHN/1947: TPE
1922–1931	Ivar Nyholm DEN
1922–1954	Santiago Baron de Güell ESP
1922–1948	William May Garland USA
1922–1936	Charles H. Sherrill USA
1922–1951	John Joseph Keane IRL
1923–1929	Oakley Earl of Cadogan GBR
1923–1957	Alfredo Benavides PER
1923–1930	Prinz Kasimir Lubomirski POL
1923–1939	José Matte Gormaz CHI (1928–1933 Exil)
1923–1938	Porfirio Franca y Alvarez CUB
1923–1949	Ricardo Camillo Aldao ARG
1923–1961	Arnaldo Guinle BRA
1923–1962	Ferreira Santos BRA
1923–1924	José Carlos de Guadeloupe MEX
1924–1957	Pieter Wilhelmus Scharroo NED
1924–1933	Seiichi Kishii JPN
1924–1927	Jorge Gomez de Parada MEX
1924–1938	Theodor Lewald GER
1924–1929	Oskar Ruperti GER
1924–1927	Prinz Shamad Khan IRI
1924–1944	James Taylor AUS
1924–1928	Martin Haudeck AUT
1924–1927	Jacobo Herzog von Alba ESP
1925–1927	David Kinley USA
1925–1943	Alphert Baron Schimmelpenninck NED
1925–1953	Graf Alberto Bonacossa ITA
1925–1927	Joseph Pentland Frith NZL
1925–1930	Georgios Averoff GRE
1926–1956	Adolf Friedrich Herzog zu Mecklenburg GER
1926–1947	Janis Dikmanis LAT
1927–1936	Ernest Lee Jahncke USA
1927–1933	George Kemp Lord Rochdale GBR
1927–1950	Sir Thomas Fearnley NOR

Fortsetzung auf Seite 740 ▷

Die Olympischen Spiele und die Weltpolitik

Jahr	Ereignis
1894	Am ersten olympischen Kongreß (16. bis 24. Juni 1894), der am 23. Juni die Wiedereinführung der Olympischen Spiele beschließt, nehmen 78 Delegierte aus neun Ländern teil: Belgien, Frankreich, Griechenland, Großbritannien, Italien, Rußland, Schweden, Spanien und die USA.
1896	Sportler aus 13 Ländern beteiligen sich an den ersten Olympischen Spielen moderner Zeitrechnung in Athen; sieben dieser Länder haben zu diesem Zeitpunkt noch kein Olympisches Komitee: Bulgarien, Chile, Dänemark, Italien, Österreich, Schweden und die Schweiz. Ein Ire und ein Australier starten in Athen in der britischen Mannschaft. Obwohl Ungarn zur k.u.k.-Donaumonarchie Österreich-Ungarn gehört, treten die Ungarn mit einer eigenen Mannschaft an.
1900	Böhmen, bislang ein Teil von Österreich-Ungarn, nimmt mit eigenem Team an den Spielen von Paris teil. Auch die Ungarn demonstrieren Selbständigkeit. Österreich hat immer noch kein Olympiakomitee. In der Mannschaft der USA stehen zwei Kanadier. Ein persischer Prinz kommt mit der italienischen Mannschaft.
1904	Die Ungarn nehmen in St. Louis teil; die Böhmen fehlen. In der britischen Mannschaft stehen nur Iren. Die farbigen Südafrikaner Lentauw und Yamasami bestreiten den Marathonlauf.
1906	Bei den Zwischenspielen in Athen sind Böhmen, Österreicher und Ungarn vertreten; damit stellt die k.u.k.-Donaumonarchie drei Mannschaften. Die angereisten russischen Sportler gehen nicht an den Start. Die Finnen, die dem russischen Zarenreich angeliedert sind, starten mit eigener Mannschaft. Türken tauchen in einer internationalen Fußballmannschaft auf, die am Olympiaturnier teilnimmt.
1908	Böhmen, Finnen und Ungarn sind in London wieder mit eigenen Mannschaften vertreten. Unter der britischen Flagge starten im Feldhockey-Turnier Mannschaften von England, Irland, Schottland und Wales. Serbische Sportler sind akkreditiert, gehen aber nicht an den Start.
1908–1912	Australien und Neuseeland bilden unter der Bezeichnung »Australasia« ein gemeinsames Team.
1912	Esten und Letten starten in der russischen Mannschaft und gewinnen Medaillen. Serbische Sportler sind am Start.
1918	Durch den Zusammenschluß (30. Oktober 1918) der Provinzen Böhmen, Mähren, Schlesien und Slowakien entsteht die Tschechoslowakei, die sofort ein Olympiakomitee bildet. Polen gründen ein olympisches Komitee.
1920	Die Kriegsverlierer Deutschland, Österreich, Ungarn, Bulgarien und die Türkei werden nicht zu den Spielen in Antwerpen eingeladen. Die Esten – noch ohne Olympiakomitee – erscheinen in Antwerpen. Die Tschechoslowakei startet mit großer Mannschaft.
1922	Irland wird selbständig (11. Dezember 1922).
1924	Iren, Letten und Litauer erstmals mit eigener Mannschaft in Paris. Von den Kriegsverlierern des Ersten Weltkriegs ist nur noch Deutschland von den Spielen ausgeschlossen. Russische Exilanten sind olympisch nicht zugelassen; die UdSSR steht olympisch noch abseits.
1928	Der Algerier Boughera El Quafi siegt im Marathonlauf für Frankreich. Deutschland nimmt wieder an den Spielen teil. Rhodesien erscheint auf der olympischen Szene.
1929	Serbien heißt offiziell Jugoslawien.
1932	China tritt auf.
1936	In der japanischen Mannschaft starten Koreaner; Kee-Chung Son (japanisch: Kitei Son) wird Olympiasieger im Marathonlauf.
1948	Korea erscheint mit eigener Mannschaft in London. Sportler von den Bahamas und aus Nigeria starten im britischen Olympiateam. Die Kriegsverlierer Deutschland und Japan sind von den Winter- und Sommerspielen ausgeschlossen.
1951	Die Olympiakomitees der UdSSR und des Saarlandes werden anerkannt; die Aufnahme der DDR erfolgt nur unter der Bedingung, daß mit dem Olympiakomitee für Deutschland (Bundesrepublik) eine gemeinsame Mannschaft für 1952 gebildet wird.
1952	Deutschland erscheint mit einer bundesdeutschen Mannschaft in Oslo und Helsinki; die vom IOC provisorisch anerkannte DDR tritt nicht an.

Jahr	Ereignis
1952	Das Saargebiet ist mit eigener Mannschaft in Helsinki vertreten.
	Letzte Olympiateilnahme Chinas vor der Teilung des Landes
1956	In Cortina d'Ampezzo Auftritt der ersten gesamtdeutschen Olympiamannschaft
	Wegen der Zulassung von China-Taipeh (auch: Republik China, Taiwan oder Formosa) boykottiert die Volksrepublik China die Spiele von Melbourne.
	Wegen der gewaltsamen Niederschlagung des Ungarn-Aufstandes durch die Sowjetunion und wegen der Sueskrise bleiben Ägypten, die Niederlande, Spanien, die Schweiz, Liechtenstein und Libanon den Spielen in Australien fern.
1957	Goldküste nennt sich Ghana.
	Malaya jetzt Malaysia.
1958–1961	Ägypten und Syrien bilden die Vereinigte Arabische Republik (VAR).
1960	Barbados, Jamaika und Trinidad starten unter der Bezeichnung Westindien (auch: Antillen) in Rom.
	Team der VAR in Rom.
	Belgisch-Kongo wird selbständig und teilt sich.
1963	Malaysia entsteht aus Malaya, Sarawak, Sabah (auch: Nordborneo) und Singapur; Singapur scheidet 1965 wieder aus. Malaya (seit 1953), Singapur (seit 1947) und Nordborneo (seit 1956) haben Olympiakomitees.
1964	Nordrhodesien nimmt unter diesem Namen an den Olympischen Spielen in Tokio teil; während der Spiele wird die britische Kolonie selbständig und nennt sich Sambia.
	Unter dem Namen Tanganyika nimmt Tansania an den Spielen in Tokio teil.
	Trinidad nennt sich Trinidad and Tobago.
	Die Volksrepublik Kongo startet in Tokio.
	Rhodesien, seit 1928 olympisch, nimmt letztmals unter diesem Namen an den Spielen teil. Die britische Kolonie wird selbständig und nennt sich Zimbabwe.
	In Tokio gibt es zum sechsten und letzen Mal eine gesamtdeutsche Olympiamannschaft.
1964–1988	Südafrika wird von den Olympischen Spielen ausgeschlossen.
1966	Britisch-Guayana nennt sich nur noch Guyana.
	Betschuanaland heißt jetzt Botswana, nimmt aber erst 1980 an den Olympischen Spielen teil.
1968	Zwei deutsche Mannschaften in Grenoble und Mexiko City.
	Die Sportler der Republik Kongo erscheinen in Mexiko, treten aber danach unter Zaire auf.
1968–1988	DDR-Mannschaften bei Olympischen Spielen
1971	Die Demokratische Republik Kongo heißt offiziell Zaire.
1972	Dahomey (früher: Französisch-Westafrika) erscheint in München, nennt sich ab 1975 Benin.
	Das 1948 unabhängig gewordene Ceylon wird in Sri Lanka umbenannt.
	Vietnam, seit 1952 dabei, wird nur von Südvietnam vertreten.
	Obervolta startet in München, heißt aber anschließend Burkina Faso.
1980	Aus Protest gegen den Einmarsch der Sowjets in Afghanistan boykottieren u. a. die USA, Kanada, Japan, die Türkei, Norwegen und die Bundesrepublik Deutschland die Spiele in Moskau.
1981	Britisch-Honduras heißt fortan Belize.
1984	Die UdSSR, alle europäischen Ostblockländer (mit Ausnahme Rumäniens) und andere sozialistische Länder boykottieren die Spiele von Los Angeles.
	Brunei wird olympisch, nimmt aber noch nicht an den Spielen teil.
1989	Burma tauft sich um in Myanmar.
	Im Zuge des Zerfalls der UdSSR entstehen Olympiakomitees in Georgien und Rußland.
1990	Die Demokratische Republik Jemen und die Volksrepublik Jemen schließen sich zu einem Jemen zusammen.
	Olympiakomitees in Kasachstan, Armenien, Turkmenistan und Ukraine
1991	Olympiakomitees in Weißrußland, Kirgistan, Moldavien (alle früher UdSSR), Kroatien, Slowenien und Namibia
1992	Die frühere UdSSR startet unter der Bezeichnung GUS (Gemeinschaft Unabhängiger Staaten; engl. CIS, frz. EUN) in Albertville und Barcelona.
	Jugoslawische Sportler treten unter dem Zeichen IOP (Independant Olympic Participant, Unabhängiger Olympiateilnehmer) an.
	Bosnien-Herzegowina wird olympisch anerkannt.
	Neue Olympiakomitees in Aserbeidschan, Usbekistan, Tadschikistan, Bosnien-Herzegowina und Mazedonien
	Die Tschechoslowakei erscheint letztmals mit einer Olympiamannschaft.
1993	Die Tschechoslowakei trennt sich in Tschechische Republik (CZE) und Slowakei (SVK).
1994	Palästina wird provisorisch anerkannt.

Fortsetzung
von Seite 737 ▷

1928–1930	Manoel Falco Marquis de Pons ESP
1928–1933	Miquel Moises Saenz MEX
1928–1932	Friit Akel EST
1928–1939	Theodor Schmidt AUT
1928–1930	Lord John Freyberg NZL
1928–1939	George McLaren Brown CAN
1928–1939	Ignacy Matuszewski POL
1929–1964	Karl Ritter von Halt GER
1929–1944	Stefan Tschapratschikov BUL
1929–1933	Don Alfredo Ewing CHI

151–200

1929–1957	Lord Clarence Aberdare GBR
1930–1933	Kremelattin Sami Pascha TUR
1930–1931	Augusto Turati ITA
1930–1933	Nicolas Politis GRE
1931–1952	Fernando Graf de Vallelano ESP
1931–1933	Cecil J. Wray NZL
1931–1945	Stanislaus Ruppert POL
1932–1952	Axel Prinz von Dänemark DEN
1932–1966	Guru Dutt Sondhi IND
1932–1952	Horacio Bustos Moron ARG
1932–1964	Paolo Graf Thaon di Revel ITA
1933–1981	Brownlon Marquess of Exeter GBR
1933–1950	Sir Noel Curtis-Bennett GBR
1933–1952	Rachid Saffet Atabinen TUR
1933–1951	Sir Harold Luxton AUS
1933–1936	Yotaro Sugimura JPN
1934–1967	Sir Arthur Porritt NZL
1934–1967	Francois Pietri FRA
1934–1948	Michimasa Graf Sojeschima JPN
1934–1968	Mohammed Taher Pascha EGY/ 1952: Exil in der Schweiz
1934–1973	Segura Marte Gomez MEX
1936–1980	Jorge Vargas PHI
1936–1980	Franz-Josef Fürst von Liechtenstein LIE
1936–1972	Avery Brundage USA
1936–1939	Jijesawa Prinz Tokugawa JPN
1936–1942	Joakim Puhk EST
1937–1948	Frederic René Coudert FRA
1937–1939	Henri Guisan SUI
1937–1956	Joaquim Serratosa Cibils URU
1938–1942	Walter von Reichenau GER
1938–1969	Miquel Moenck CUB
1938–1955	Antonio Prado BRA
1938–1967	Johann Wilhelm Rangell FIN
1939–1957	Gaston Baron de Trannoy BEL
1939–1951	Giorgio Vaccaro ITA
1939–1950	Matsuo Nagai JPN
1939–1967	Shinjoru Takaishi JPN
1939–1939	A.V. Lindbergh RSA
1939–1949	Nikolaus von Horthy HUN
1939–1955	Xianxi Kong CHN/ 1947: Volksrepublik China
1946	Großherzog Jean von Luxemburg LUX
1946–1975	Hugh Richard Weir AUS
1946–1955	Rodolphe William Seeldrayers BEL
1946–1951	John Coleridge Patteson CAN
1946–1965	Joseph Gruss TCH
1946–1970	Armand Emile Massard FRA
1946–1964	Charles Ferdinand Pahud de Mortanges NED
1946–1965	Benedikt G. Waage ISL
1946–1956	José Joaquim Pontes POR
1946–1951	Johannes Dowsett RSA

201–250

1946–1982	Reginald Honey RSA
1946–1968	Albert Mayer SUI
1946–1965	Jean Ketseas GRE
1947–1969	Manfred Mautner Ritter von Markhof AUT
1947–1958	Schu-Ji Tung CHN
1947–1967	Sidney Dawes CAN
1947–1992	Raja Balindhra Singh IND
1948–1965	Bo Ekelund SWE
1948–1961	Jerzy Loth POL
1948–1959	Stanko Bloudek YUG
1948–1961	Ferenc Mezö HUN
1948–1952	Enrique Barbosa Baeza CHI
1948–1968	John Jewett Garland USA
1948–1966	Ole-Christian Ditlef-Simonson NOR
1948–1952	Miquel Ydigoras Fuentes GUA
1948–1976	Erik Baron von Frenckell FIN
1949–1950	Prinz Rainier III. von Monaco MON
1949–1956	Ahmed E. H. Jaffar PAK
1950–1964	Prinz Pierre von Monaco MON
1950–1969	Ryotora Azuma JPN
1950–1951	James Brooks Parker USA
1951–1988	Lord Luke GBR
1951–1990	Jean R. M. Comte de Beaumont FRA
1951–1992	Giorgio de Stefani ITA
1951–1988	Konstantin Andrianov URS
1951–1974	Lewis Luxton AUS
1952–1987	Vladimir Stoitscheff BUL
1952–1980	Lord Mike Killanin IRL
1952–1987	Gabriel Gemayel LIB
1952–1971	José de Clark Flores MEX
1952–1971	Alexei Romanov URS
1952–1959	Enrique Alberdi ARG
1952–1986	Julio Gerlein-Comelin COL
1952–1985	Pedro Ybarra MacMahon Baron de Güell ESP
1952–1985	Douglas Roby USA
1952–1967	Augustin Sosa PAN
1952–1970	Gustaf Dyrssen SWE
1952–1968	Julio Bustamente VEN

1955–1985 Aljandro Rivera Bascur CHI
1955–1984 Suat Erler TUR
1955–1960 Ki Pong Lee KOR
1955–1980 Prinz Gholam Reza Pahlawi IRI
1955 Alexandru Sipercu ROM
1956–1991 Willi Daume GER/FRG
1957–1962 Saul Ferreira Pires POR
1958–1964 Prinz Albert von Lüttich BEL
1958–1982 Eduardo Dibos PER
1959 Syed Walid Ali PAK
1959–1977 Ivar Emil Vind DEN
1960–1990 Reginald Stanley Alexander KEN

251–300

1960–1987 Boris Bakrac YUG
1960–1977 Mario L. Negri ARG
1960–1992 Abdelmersch Touny EGY
1961 Wlodzimierz Reczek POL
1961 Hadji Mohammed Benjelloun MAR
1963–1985 Ade Ademola NGR
1963–1989 Raoul Perreira de Castro POR (1975/76 ruhende Mitgliedschaft)
1963 Joao Havelange BRA
1963 Marc Hodler SUI
1963–1975 Alfredo Inciarte URU
1963–1974 Konstantin[1] Herzog von Sparta GRE
1964–1983 Arpad Csanadi HUN
1964 Prinz Alexandre de Merode BEL
1964 Silvio de Magalhaes Padilha BRA
1964–1981 Giulio Onesti ITA
1964–1977 Herman A. van Karnebeek NED
1964–1966 Sang Beck Lee KOR
1965–1969 Amadou Barry SEN
1965 Gunnar Ericsson SWE
1965–1981 Frantisek Kroutil TCH
1965–1980 Pyrros Lappas GRE
1965 Mohammed Mzali TUN
1966 Juan Antonio Samaranch ESP
1966–1971 Georg von Opel GER/FRG
1966–1971 Prinz Georg Wilhelm von Hannover GER/FRG
1966–1980 Heinz Schöbel GER/GDR
1966 Jan Staubo NOR
1967–1977 Key Jung Chang KOR
1967–1981 Paavo Honkajuuri FIN
1967–1982 Prinz Tsuneyoshi Takeda JPN
1967–1989 James Worrall CAN
1968 Augustin Carlos Arroyo ECU
1968–1981 José Berracasa VEN
1968–1982 Abdel Mohammed Halim SUD
1968–1976 Hamengko Buwono IX. INA
1968–1971 René Rakotobe MAD
1969–1976 Rudolf Nemetschke AUT
1969–1988 Masaji Kijokawa JPN
1969–1987 Lancelot Cross NZL
1969–1990 Raymond Gafner SUI
1969 Louis Guirandou N'Diaye CIV
1969–1994 Virgilio de Leon PAN
1970–1994 Maurice Herzog FRA
1970–1976 Sven Thofelt SWE
1970–1987 Henry Hsu TPE
1971–1974 Prabas Charusathiara THA
1971 Vitali Smirnov URS/EUN/RUS
1971–1987 Ydnekatschu Tessema ETH
1972–1988 Berthold Beitz FRG
1972–1994 Pedro Ramirez Vazquez MEX

301–350

1973 Roy Anthony Bridge JAM
1973–1992 Manuel Gonzalez Guerra CUB
1973 Ashwini Kumar IND
1973 Keba M'Baye SEN
1974–1989 Dawee Chullasapya THA
1974–1990 Eduardo Hay MEX
1974–1981 David Henry McKenzie AUS
1974–1986 Julian K. Roosevelt USA
1974 Mohammed Zerguini ALG
1975–1977 Epaminondas Petralias GRE
1976–1992 Matts Carlgren SWE
1977–1994 Kevin O'Flanagan IRL
1976 Peter Tallberg FIN
1976 José D. Valleriano Veracierte URU
1977–1988 Roberto Guillermo Peper ARG
1977 Kevan Gosper AUS
1977 Philipp von Schöller AUT
1977–1983 Taik Soo Kim KOR
1977 Niels Holst-Sörensen DEN
1977–1989 Dadang Suprayogi INA
1977 Basher Mohamed Attarabulsi LBA
1977 Lamine Keita MLI
1977 Shagdarjev Magvan MGL
1977–1986 Cornleis Kerdel NED
1977–1990 German Rieckehoff PUR
1978 René Essomba CMR
1978 Datuk Seri Hamzah MAS
1978–1993 Kim Yu Sun PRK
1978–1986 Nicolas Nissiotis GRE
1978 Richard Pound CAN
1981 Vladimir Cernusak TCH/1993: SVK
1981 Nicolaos Filaretos GRE
1981 Pirjo Häggman FIN (erste Frau im IOC)
1981 Schenliang He CHN
1981–1991 Günther Heinze GDR
1981 Flor Isava Fonseca VEN
1981–1990 Fahid Al-Ahmed Al-Sabah KUW
1892 Franco Carraro ITA
1982 Philip Walter Coles AUS
1982 Ivan Dibos PER
1982–1993 Mary Glen-Haig GBR
1982 Chiharu Igaya JPN

1) 1964–67 König von Griechenland

1983	Zein Abdel Gadir SUD
1983	Prinz Faisal Abdul Aziz KSA
1983	Anani Matthia TOG
1983	Napoleon Munoz Pena DOM
1983	Pal Schmitt HUN
1983–1985	Zhong Kyu Park KOR
1984	Prinzessin Nora von Liechtenstein LIE
1984	David Sikkulumi Sibandse SWZ

351–400

1984–1988	Turgut Atakol TUR
1985	Henry Adefope NGR
1985	Francisco Elizalde PHI
1985	Carlos Ferrer ESP
1985–1991	Robert Helmick USA
1985	Albert von Monaco MON
1986	Un Yong Kim KOR
1986	Charalambis Nikolao GRE
1986	Anita Defrantz USA
1986	Jean-Claude Ganga CGO
1987	Ivan Slavkov BUL
1987	Anton Geesink NED
1987–1995	Slobodan Filipovic YUG
1987	Seiuli Paul Wallwork ASA
1988	Prinzessin Anne von England GBR
1988	Fidel Mendoza Carrasquilla COL
1988–1992	Marat Gramov URS
1988	Tay Wilson NZL
1988	Ching Kuo Wuh TPE
1988	Ram Ruhee MRI
1988	Sinan Erdem TUR
1988	Willi Kaltschmitt Lujan GUA
1988	Francis Were Nyangweso UGA
1988	Boris Stankovic YUG
1989	Ferreira Lima Bello POR
1989	Walther Tröger GER
1990	Philippe Chatrier FRA
1990	Carol Anne Letheren CAN
1990	Shunichiro Okano JPN
1990	Richard Carrion PUR
1990	Nat Indrapana THA
1990	Charles Mukora KEN
1990	Antonio Rodriguez ARG
1991	Denis Oswald SUI
1991	Jacques Rogge BEL
1991	Mario Vazquez Rana MEX
1991	Thomas Bach GER
1992	Primo Nebiolo ITA
1992–1994	Olaf Poulsen NOR
1992	Santander Fantini CHI
1992	Ahmad Al-Fahad Al-Sabah KUW
1994	James Easton USA
1994	Craig Reedie GBR
1994	Bob Hasan INA
1994	Mario Pescante ITA
1994	Gerhard Heiberg NOR
1994	Arne Ljungqvist SWE
1994	Austin Llewellyn Sealy BAR
1994	Robin Mitchell FIJ
1994	Ibrahim Diallo GUI

401–405

1994	Alec Gilady ISR
1994	Shamil Tarpischew RUS
1994	Valeri Borsov UKR
1995	René Fasel SUI
1995	Jean-Claude Killy FRA
1995	Sam Ramsamy RSA
1995	Reynaldo Gonzalez Lopez CUB
1995	Olegario Vazquez Rana MEX
1995	Antun Vrdoljak CRO
1995	Patrick Hickey IRL
1995	Tono Khouri LIB
1995	Vera Cáslavská CZE
1995	Yuri Titov RUS
1995	Mustafa Larfaoui ALG

Die längsten IOC-Mitgliedschaften

Jahre	Name	Zeitraum
53	Angelo Bolanaki EGY/GRE	1910–1963
49	Jiri Guth-Jarkovsky BOH/TCH	1894–1943
	Großherzog Jean von Luxemburg	seit 1946
48	Graf Clarence von Rosen SWE	1900–1948
	Marquess of Exeter GBR	1933–1981
45	Raja Balindra Singh of Patiala IND	1947–1992
44	Jorge B. Vargas PHI	1936–1980
	Franz-Joseph von Liechtenstein	1936–1980
41	Georges Plagino ROM	1908–1949
	Ferreira Santos BRA	1923–1964
	Giorgio de Stefani ITA	1951–1992
40	Alexandru Sipercu ROM	seit 1955
39	Henri de Baillet-Latour BEL	1903–1942
	Marte Gomez MEX	1934–1973
	Graf Jean de Beaumont FRA	1951–1990
38	Godefroy de Blonay SUI	1899–1937
	Arnaldo Guinle BRA	1923–1961
37	Julius von Muzsa HUN	1909–1946
	Svetomir Djukic SER/YUG	1912–1949
	Lord Luke of Pavenhem GBR	1951–1988

Die Amtsträger des IOC

Präsidenten

1894–1896	Demetrius Bikelas GRE
1896–1925	Baron Pierre de Coubertin FRA
1925–1942	Graf Henri de Baillet-Latour BEL
1942–1952	Sigfrid Edström SWE
1952–1972	Avery Brundage USA
1972–1980	Lord Mike Killanin IRL
1980	Juan Antonio Samaranch ESP

Stellvertreter Coubertins

1904	Willibald K. A. Gebhardt GER
	Ferenc Kemeny HUN
1906	Graf Eugène Brunetta d'Usseaux ITA
1916–1921	Baron Godefroy de Blonay SUI

Vizepräsidenten

1921–1937	Baron Godefroy de Blonay SUI
1937–1942	Sigfrid Edström SWE
1946–1952	Avery Brundage USA
1952–1968	Armand Massard FRA
1954–1966	Marquess of Exeter GBR
1966–1970	Konstantin Andrianov URS
1966–1970	José de Clark Flores MEX
1968–1972	Lord Mike Killanin IRL
1970–1974	Graf Jean de Beaumont FRA
1970–1975	Herman van Karnebeek NED
1972–1976	Willi Daume FRG
1974–1978	Juan Antonio Samaranch ESP
1975–1979	Magalhaes Padilha BRA
1976–1980	Mohammed Mzali TUN
1978–1982	Vitali Smirnov URS
1979–1983	Masaji Kiyokawa JPN
1980–1984	Louis Guirandou N'Diaye CIV
1982–1986	Alexandru Sipercu ROM
1983–1987	Ashwini Kumar IND
1984–1988	Berthold Beitz FRG
1986–1990	Prinz Alexandre de Merode BEL
1987–1991	Richard Pound CAN
1988–1992	Keba M'Baye SEN
1989–1993	Schenliang He CHN
1990–1994	Kevan Gosper AUS
1991–1995	Vitali Smirnov URS/EUN/RUS
1992	Un Yong Kim KOR
1993	Marc Hodler SUI
1994	Prinz Alexandre de Merode BEL
1995	Pal Schmitt HUN

Mitglieder des Exekutivausschusses

1921–1942	Graf Henri de Baillet-Latour BEL
1921–1937	Baron Godefroy de Blonay SUI
1921–1952	Sigfrid Edström SWE
1921–1923	Jiri Guth-Jarkovsky TCH
1921–1950	Graf Melchior de Polignac FRA
1921–1931	Charles H. Sherrill USA
1926–1931	Reginald John Kentish GBR
1927–1937	Theodor Lewald GER
1931–1951	Lord Clarence Aberdare GBR
1935–1952	Graf Alberto Bonacossa ITA
1937–1972	Avery Brundage USA
1937–1945	Karl Ritter von Halt GER
1946–1953	Pieter Willem Scharroo NED
1950–1968	Armand Massard FRA
1951–1970	Marquess of Exeter GBR
1952–1956	Prinz Axel von Dänemark DEN
1952–1964	Mohammed Taher Pascha EGY
1953–1957	Miquel A. Moenck CUB
1954–1960	Graf Paolo Thaon di Revel ITA
1956–1961	Sir Arthur Porritt NZL
1956–1961	Vladimir Stoitscheff BUL
1957–1963	Karl Ritter von Halt GER
1958–1962	Bo Ekelund SWE
1960–1964	Ryotora Azuma JPN
1960–1962	Ferreira Santos BRA
1961–1965	Guru Dutt Sondhi IND
1962–1974	Konstantin Andrianov URS
1963–1971	José de Clark Flores MEX
1963–1967	Ivar Emil Vindh DEN
1964–1968	Giorgio de Stefani ITA
1964–1968	Gabriel Gemayel LIB
1966–1970	Syed Wajid Ali PAK
1967–1980	Lord Mike Killanin IRL
1968–1974	Graf Jean de Beaumont FRA
1968–1975	Herman van Karnebeek NED
1969–1973	Sir Ade Ademola NGR
1970–1979	Magalhaes Padilha BRA
1970–1978	Juan Antonio Samaranch ESP
1970–1974	Prinz Tsuneyoshi Takeda JPN
1972–1976	Willi Daume FRG
1973–1980	Mohammed Mzali TUN
1974–1983	Vitali Smirnov URS
1974–1978	James Worrall CAN
1975–1979	Arpad Csanadi HUN
1976–1983	Masaji Kiyokawa JPN
1976–1980	Graf Jean de Beaumont FRA
1978–1982	Sir Lancelot Cross NZL
1978–1984	Louis Guirandiu N'Diaye CIV
1979	Juan Antonio Samaranch ESP
1979–1986	Alexandru Siperco ROM
1980–1984	Virgilio de Leon PAN
1980–1987	Ashwini Kumar IND
1980–1990	Prinz Alexandre de Merode BEL
1981–1983	Arpad Csanadi HUN
1981–1986	Julian K. Roosevelt USA
1983–1991	Richard Pound CAN
1983–1988	Magalhaes Padilha BRA
1984–1988	Berthold Beitz FRG
1984–1992	Keba M'Baye SEN
1985–1989	Marc Hodler SUI

Der Exekutivausschuß
Coubertin gehörte nie der Exekutive an; 1942 übernahm Edström nach dem Tode Baillet-Latours die Präsidentschaft, die 1946 dann offiziell bestätigt wurde; Ritter von Halt war das erste IOC-Mitglied, das zweimal in die Exekutive berufen wurde (1937 und 1957); zweimal in der Exekutive waren später auch de Beaumont, Samaranch, Csanadi, Padilha, Smirnov, Hodler, Pound, Kumar, M'Baye und Schenliang He; die erste dritte Wahl schaffte Smirnov 1991; als erste Frau im Vorstand erschien Fonseca 1990. Die Exekutive war immer eine wechselnde Größe zwischen vier und elf Mitgliedern; den »Exekutivrekord« hält mit 31 Jahren in Serie Edström; eine so lange Dienstzeit ist nach den 1960 eingeführten Regeln nicht mehr möglich.

1) auch Direktor, Sekretär, Generaldirektor, Kanzler

1985–1993	Schenliang He CHN
1986–1994	Kevan Gosper AUS
1986–1990	Vitali Smirnov URS
1987–1991	Chiaru Igaya JPN
1988–1992	Gunnar Ericsson SWE
1988	Un Yong Kim KOR
1989–1991	Robert Helmick USA
1990–1994	Flor Isava Fonseca VEN
1990	Marc Hodler SUI
1991	Vitali Smirnov EUN/RUS
1991	Pal Schmitt HUN
1992	Richard Pound CAN
1992	Ashwini Kumar IND
1992	Anita DeFrantz USA
1993	Keba M'Baye SEN
1994	Schenliang He CHN
1994	Prinz Alexandre de Merode BEL
1995	Kevan Gosper AUS

Generalsekretäre[1)]

1894–1896	Baron Pierre de Coubertin FRA
1896–1906	Baron Godefroy de Blonay SUI
1906–1907	Graf Eugene Brunetta d'Usseaux ITA
1907–1922	Jiri Guth-Jarkovsky BOH/TCH
1922–1925	Fred Auckenthaler SUI
1925–1940	André Berdez SUI
1940–1942	Werner Klingeberg GER
1942–1946	Lydie Zanchi SUI
1946–1964	Otto Mayer SUI
1965–1966	Eric Jonas SUI
1966	Myriam Meuwly SUI
1966–1969	Johan Westerhoff NED
1969–1985	Monique Berlioux FRA
1985	François Carrard SUI

Sportdirektoren

1968–1973	Artur Takacs YUG
1973–1978	Henry Banks GBR
1978–1983	Arpad Csanadi HUN
1983–1990	Walther Tröger GER
1990	Gilbert Felli SUI

1) auch Direktor, Sekretär, Generaldirektor, Kanzler
2) Bei NOKs, die es heute nicht mehr gibt, wird der Zeitraum ihres Bestehens genannt.

Die Nationalen Olympischen Komitees

Ländername	IOC-Kürzel	Gründung des NOK[2)]	Olympia-debüt
Afghanistan	AFG	1935	1936
Ägypten	EGY	1910	1906
Albanien	ALB	1958	1972
Algerien	ALG	1963	1964
Amerikanisch-Samoa	ASA	1987	1988
Andorra	AND	1971	1976
Angola	ANG	1979	1980
Antigua	ANT	1966	1976
Antillen	ATL	1959–1961	1960
Äquatorial-Guinea	GEQ	1980	1984
Argentinien	ARG	1923	1920
Armenien	ARM	1990	1994
Aruba	ARU	1985	1988
Aserbeidschan	AZE	1992	1994
Äthiopien	ETH	1948	1956
Australien	AUS	1895	1896
Bahamas	BAH	1952	1952
Bahrain	BRN	1978	1984
Bangladesch	BAN	1979	1968
Barbados	BAR	1955	1968
Belgien	BEL	1906	1900
Belize (bis 1981 Britisch-Honuras)	BIZ	1968	1984
Benin (bis 1975 Dahomey)	BEN	1962	1972
Bermuda	BER	1935	1936
Bhutan	BHU	1983	1984
Birma/Burma	BIR	(siehe Myanmar)	
Böhmen	BOH	1900–1918	1900
Bolivien	BOL	1932	1936
Borneo (seit 1963 Malaysia)	BOR	1956–1964	1956
Bosnien-Herzegowina	BIH	1992	1994
Botswana	BOT	1978	1980
Brasilien	BRA	1935	1920
Britisch-Honduras	BHO	1968–1976	1968
Brit. Jungfern-Inseln	IVB	1980	1984
Brunei	BRU	1984	–
Bulgarien	BUL	1923	1896
Bundesrepublik Deutschland	FRG	1949–1989	1952
Burkina Faso (bis 1972 Obervolta)	BUR	1965	1972
Burundi	BDI	1990	1992
Cayman-Inseln	CAY	1973	1976
Chile	CHI	1934	1896
China	CHN	1910–1945, 1979	1932
Cook Islands	COK	1986	1988

Costa Rica	CRC	1953	1936
Côte d'Ivoire	CIV	1962	1964
Dahomey (seit 1975 Benin)	DAH	1962–1975	1972
Dänemark	DEN	1905	1896
DDR	GDR	1951–1988	1956
Deutschland	GER	1895	1896
Dominica	DMA	1987	–
Dominikanische Rep.	DOM	1946	1964
Dschibuti	DJI	1983	1984
Ecuador	ECU	1948	1968
El Salvador	ESA	1949	1968
Elfenbeinküste	(siehe Côte d'Ivoire)		
Estland	EST	1923–1941, 1991	1920
Fidschi-Inseln	FIJ	1949	1956
Finnland	FIN	1907	1906
Frankreich	RA	1894	1896
Gabun	GAB	1965	1972
Gambia	GAM	1972	1984
Gemeinschaft Unabhängiger Staaten	GUS	1991–1992	1992
Georgien	GEO	1989	1994
Ghana (bis 1957 Goldküste)	GHA	1952	1960
Grenada	GRN	1984	1984
Griechenland	GRE	1894	1896
Großbritannien	GBR	1905	1896
Guam	GUM	1976	1988
Guatemala	GUA	1947	1952
Guinea	GUI	1964	1968
Guyana (bis 1966 Britisch-Guayana)	GUY	1935	1948
Haiti	HAI	1914	1900
Honduras	HON	1956	1968
Hongkong	HGK	1950	1952
Indien	IND	1927	1900
Indonesien	INA	1946	1952
Irak	IRQ	1948	1948
Iran	IRI	1947	1900
Irland	IRL	1922	1896
Island	ISL	1921	1908
Israel	ISR	1933	1952
Italien	ITA	1908	1896
Jamaika	JAM	1936	1948
Japan	JPN	1911	1912
Jemen	YEM	1989	1992
Jemen, Arab. Republik	YAR	1981–1989	1988
Jemen, Volksrepublik	YMD	1981–1989	1988
Jordanien	JOR	1957	1980
Jugoslawien (bis 1929 Serbien)	YUG	1929–1991	1920
Jungfern-Inseln	ISV	1967	1968
Kaimanen	(siehe Cayman-Inseln)		
Kamerun	CMR	1963	1964
Kamputschea (bis 1976 Kambodscha)	CAM	1956	1956
Kanada	CAN	1904	1900
Kapverdische Inseln	CPV	1989	–
Kasachstan	KZK	1990	1994
Katar	QAT	1979	1984
Kenia	KEN	1955	1956
Kirgistan	KGZ	1991	1994
Kolumbien	COL	1936	1932
Komoren	COM	1979	–
Kongo	CGO	1964	1968
Kongo-Brazzaville	COB	1964–1968	1964
Korea	KOR	1946	1948
Kroatien	CRO	1991	1992
Kuwait	KUW	1957	1968
Laos	LAO	1975	1980
Lesotho	LES	1971	1972
Lettland	LAT	1922–1941, 1991	1924
Libanon	LEB	1947	1948
Liberia	LBR	1954	1956
Libyen	LBA	1962	1968
Liechtenstein	LIE	1935	1936
Litauen	LTU	1937–1941, 1991	1924
Luxemburg	LUX	1912	1900
Madagaskar	MAD	1963	1964
Malawi	MAW	1968	1972
Malaysia (bis 1957 Malaya)	MAS	1953	1956
Malediven	MDV	1985	1988
Mali	MLI	1962	1964
Malta	MLT	1928	1928
Marokko	MAR	1959	1960
Mauretanien	MTN	1962	1984
Mauritius	MRI	1971	1984
Mazedonien	MKD	1992	–
Mexiko	MEX	1923	1924
Moldavien	MLD	1991	1994
Monaco	MON	1907	1920
Mongolei	MGL	1961	1964
Mosambik	MOZ	1979	1980
Myanmar (bis 1989 Birma/Burma)	MYA	1947	1984
Namibia	NAM	1991	1992
Nepal	NEP	1962	1964
Neuseeland	NZR	1911	1908
Nicaragua	NCA	1959	1968
Niederlande	NED	1912	1900
Niederländ. Antillen	AHO	1931	1952
Niger	NIG	1964	1964
Nigeria	NGR	1951	1952
Nordkorea	PRK	1953	1972
Nordrhodesien	NRO (siehe Sambia)		
Norwegen	NOR	1900	1900
Obervolta	VOL (siehe Burkina Faso)		
Oman	OMA	1982	1984
Österreich	AUT	1908	1896
Pakistan	PAK	1948	1948

Ländername	IOC-Kürzel	Gründung des NOK[1]	Olympia-debüt
Palästina	PLE	1994	–
Panama	PAN	1934	1928
Papua-Neuguinea	PNG	1973	1976
Paraguay	PAR	1970	1968
Peru	PER	1924	1900
Philippinen	PHI	1911	1924
Polen	POL	1918	1924
Portugal	POR	1909	1912
Puerto Rico	PUR	1958	1948
Rhodesien (seit 1964 Zimbabwe)	RHO	1928–1964	1928
Ruanda	RWA	1984	1984
Rumänien	ROM	1914	1900
Rußland	RUS	1896–1918, 1989	1900
Saarland	SAR	1950–1957	1952
Saint Kitts and Nevis	SKN	1986	-
Sambia (bis 1964 Nordrhodesien)	ZAM	1964	1968
Samoa	SAM	1983	1984
Santa Lucia	LCA	1987	–
São Tomé und Principe	STP	1937	1948
Saudi-Arabien	KSA	1964	1972
Schweden	SWE	1913	1896
Schweiz	SUI	1912	1896
Senegal	SEN	1961	1964
Serbien (ab 1929 Jugoslawien)	SER	1912–1929	1912
Seychellen	SEY	1979	1980
Sierra Leone	SLE	1964	1968
Singapur	SIN	1947	1948
Slovenien	SLO	1991	1992
Slowakei	SVK	1993	1994
Solomonen	SOL	1983	1984
Somalia	SOM	1959	1972
Spanien	ESP	1924	1900
Sri Lanka (bis 1972 Ceylon)	SRI	1937	1948
St. Vincent und die Grenadinen	VIN	1982	1988
Südafrika	RSA	1904	1904
Sudan	SUD	1956	1960
Surinam	SUR	1959	1968
Swasiland	SWZ	1971	1972
Syrien	SYR	1948	1952
Tadschikistan	TJK	1992	1994
Taiwan (auch: China-Taipeh)	TPE	1960	1956
Tanganyika (seit 1968 Tansania)	TAG	1964–1968	1964
Tansania	TAN	1968	1968
Thailand	THA	1948	1952
Togo	TOG	1963	1972
Tonga	TGA	1963	1984
Trinidad und Tobago	TRI	1946	1948
Tschad	CHA	1963	1964
Tschechische Rebublik	CZE	1992	1994
Tschechoslowakei	TCH	1918–1993	1920
Tunesien	TUN	1957	1960
Türkei	TUR	1908	1906
Turkmenistan	TKM	1990	1994
UdSSR	URS	1951–1991	1952
Uganda	UGA	1950	1956
Ukraine	UKR	1990	1994
Unabhängiger Olympiateilnehmer unter IOC-Protektion	IOP	1991–1992	1992
Ungarn	HUN	1895	1896
Uruguay	URU	1923	1924
USA	USA	1894	1896
Usbekistan	UZB	1992	1994
Vanuatu	VAN	1987	1988
Venezuela	VEN	1935	1948
Vereinigte Arabische Emirate	UAE	1979	1984
Vereinigte Arabische Republik	UAR	1958–1961	1960
Vietnam	VIE	1976	1956
Weißrußland	BLR	1991	1994
Yemen	(siehe Jemen)		
Zaire (bis 1971 Kongo)	ZAI	1963	1964
Zentralafrika	CAF	1964	1968
Zimbabwe (bis 1964 Rhodesien)	ZIM	1964	1928
Zypern	CYP	1974	1980

1) Bei NOKs, die es heute nicht mehr gibt, wird der Zeitraum ihres Bestehens genannt.

Die Präsidenten der NOKs (Auswahl)

Deutschland

1895–1896	Philipp Ernst zu Hohenlohe-Schillingsfürst
1899–1900	Aribert von Anhalt
1903–1905	Eduard M. V. Friedrich zu Salm-Horstmar[1]
1905–1909	Egbert Hoyer von der Asseburg[1]
1909–1916	Victor Adolf Theophil von Podbielski
1916–1919	Ulrich von Oertzen
1919–1934	Theodor Lewald[1]
1934–1943	Hans von Tschammer und Osten
1943–1944	Arno Breitmeyer
1944–1945	Karl Ritter von Halt[1]
1949–1951	Adolf Friedrich zu Mecklenburg[1]
1951–1961	Karl Ritter von Halt[1]
1961–1992	Willi Daume[1]
1992	Walther Tröger[1]

DDR

1951–1955	Kurt Edel
1955–1973	Heinz Schöbel[1]
1973–1990	Manfred Ewald

Saarland

1950–1957	Erwin Müller

Österreich

1908–1912	Balduin Groller
1912–1918	Otto Herschmann
1918–1929	Martin Haudek[1]
1929–1938	Theodor Schmidt[1]
1938–1945	(Deutschland angeschlossen)
1946–1954	Josef Gerö
1956–1969	Heinrich Drimmel
1969–1972	Heinz Pruckner
1973–1990	Kurt Heller
1990	Leopold Wallner

Schweiz

1912–1915	Godefroy de Blonay[1]
1915–1921	Marcel Meyer de Stadelhofen
1921	Paul Reinbold
1921–1922	Arthur Fonjallaz
1923–1937	William Hirschy
1937–1965	Marcel Henninger
1965–1985	Raymond Gafner[1]
1985	Daniel Plattner

Belgien

1906–1923	Edouard de Laveleye[1]
1923–1942	Henri de Baillet-Latour[1]
1942–1945	Albert de Ligne
1945–1955	Rodolphe William Seeldrayers[1]
1955–1965	Victor Boin
1965–1990	Raoul Mollet
1990	Adrien Vanden Eede

Frankreich

1894–1910	Pierre de Coubertin[1]
1911–1912	Duvigneau de Lanneau
1912–1913	Albert Glandaz[1]
1913–1933	Justinien de Clary[1]
1933–1967	Armand Massard[1]
1967–1972	Jean de Beaumont[1]
1972–1978	Claude Collard
1978–1992	Nelson Paillou
1992	Henri Serandour

Italien

1907–1920	Carlo Compans de Brichanteau
1920–1921	Carlo Montu[1]
1921–1923	Francesco Mauro
1923–1925	Aldo Finzi
1925–1928	Lando Feretti
1928–1930	Augusto Turati[1]
1930–1931	Iti Bacci
1931–1933	Leandro Arpinati
1933–1939	Achille Starace
1939–1940	Rino Parenti
1940–1943	Raffaele Manganiello
1943	Alberto Bonacossa[1]
1943–1944	Ettore Rossi
1944	Puccio Pucci
1944–1978	Giulio Onesti[1]
1978–1987	Franco Carraro[1]
1987–1990	Arrigo Gattai
1990	Mario Pescante[1]

Tschechoslowakei/Böhmen

1896–1929	Jiri Guth-Jarkovsky[1]
1929–1951	Josef Gruss[1]
1951–1954	Vilem Mucha
1954–1958	Vaclav Pleskot
1958–1967	Frantisek Vodslon
1967–1970	Emanuel Bosak
1970–1972	Richard Nejezchleb
1972–1988	Antonin Himl
1988–1990	Jindrich Polednik
1992	Vera Cáslavská

UdSSR

1951–1983	Konstantin Andrianov[1]
1983–1990	Marat Gramov[1]
1990–1992	Vitali Smirnov[1]

Großbritannien

1905–1913	Lord Desborough of Taplow[1]
1913–1919	Duke of Somerset[1]

1) IOC-Mitglied

1919–1920	Lord Downham
1920–1922	Robert Stuart de Courcy Laffan[1]
1922–1927	Earl Cadogan[1]
1927–1931	Lord Rochdale[1]
1931–1935	Harold Bowden
1935–1936	Graf Portal
1936–1966	Lord Burghley (1956: Marquess of Exeter)[1]
1966–1980	Lord Rupert Nevill
1980–1991	Arthur Gold
1991	Craig Reedie[1]

Australien

1894–1905	Leonard Cuff[1]
1905–1920	Richard Coombes[1]
1920–1946	James Taylor[1]
1946–1973	Harold Alderson
1973–1977	Edgar Tanner
1977–1985	Sydney Grange
1985–1990	Kevan Gosper[1]
1990	John Coates

USA

1894–1900	William Milligan Sloane[1]
1900–1904	Albert Goodwill Spalding
1904–1906	David Francis
1906–1910	Caspar Whitney[1]
1910–1912	Frederick Pratt
1912–1920	Robert M. Thompson
1920–1924	Gustavus Town Kirby
1924–1926	Robert M. Thompson
1926–1927	William M. Prout
1927–1928	Douglas MacArthur
1928–1952	Avery Brundage[1]
1952–1965	Kenneth L. Wilson
1965–1969	Douglas Roby[1]
1969–1971	Franklin L. Orth
1971–1973	Clifford H. Buck
1973–1977	Philip O. Krumm
1977–1981	Robert J. Kane
1981–1985	William Simon
1985	John B. Kelly
1985–1990	Robert Helmick[1]
1990	Ernest Hybl
1991	Leroy Walker

1) IOC-Mitglied

Die 34 internationalen Federationen des olympischen Sports

1. Badminton
IBF/International Badminton Federation
gegr.: 1934, 122 Mitglieder (1995)

Präsidenten

1934–1955	George Thomas GBR
1955–1957	J. Punkett-Dillon IRL
1957–1959	Bruce Hay GBR
1959–1961	A. C. J. van Vossen DEN
1961–1963	J. D. M. McCallum IRL
1963–1965	N. P. Kristensen DEN
1965–1969	D. L. Bloomer USA
1969–1971	H. F. Chilton USA
1971–1974	Fredy A. Sonneville INA
1974–1976	S. Wyatt NZL
1976–1981	Stig Mohlin SWE
1981–1984	Craig Reedie GBR[1]
1984–1986	P.-E. Nielsen DEN
1986–1990	I. D. Palmer NZL
1990–1993	A. E. Jones GBR
1993	(Dame) Lu Schengrong CHN

Generalsekretäre

1934–1937	F. W. Hickson GBR
1938–1976	H. A. E. Scheele NED
1976–1987	H. Valken NED
1987–1992	V. S. Rowan GBR
1992	David Shaw GBR

2. Baseball
IBA/International Baseball Association
gegr.: 1938, 89 Mitglieder (1995)

Präsident: Aldo Notari ITA (1995)
Generalsekretär: Richard W. Case USA (1995)

3. Basketball
FIBA/Federation Internationale de Basketball
gegr.: 1932, 198 Mitglieder (1995)

Präsidenten

1932–1948	Leon Bouffard SUI
1948–1960	Willard N. Greim USA
1960–1968	Antonio dos Reis Carbeiro BRA
1968–1976	Abdel Moneim Wahby EGY
1976–1984	Gonzalo G. Puyatt II PHI
1984–1990	Robert Busnel FRA
1990	George E. Killian USA

Generalsekretäre

1932–1976	William Jones GBR
1976	Boris Stankovic YUG[1]

Biathlon (siehe Moderner Fünfkampf/Biathlon)

4. Bobsport

FIBT/Federation Internationale de Bobsleigh et de Tobogganing
gegr.: 1923, 48 Mitglieder (1995)

Präsidenten

1923–1960	Renaud de la Frégeoliere FRA
1960–1980	Amilcare Rotta ITA
1980–1994	Klaus Kotter GER
1994	Robert Storey CAN

Generalsekretäre

1960–1972	Cesare Bonvini ITA
1972	Ermanno Gardella ITA

5. Bogenschießen

FITA/Federation Internationale de Tir a l'Arc
gegr.: 1931, 103 Mitglieder (1995)

Präsidenten

1931–1931	Myczyslaw Fularski POL
1931–1939	Bronislaw Pierzchala POL
1939–1946	–
1946–1949	Paul Demare FRA
1949–1957	Henry Kjellson SWE
1957–1961	Oscar Kessels BEL
1961–1977	Inger K. Frith
1977–1991	Francesco Gnecchi-Ruscone ITA
1991	James Easton USA[1]

Generalsekretäre

1931–1935	Julian Lisniewski POL
1935–1937	–
1937–1939	Stanislas Mazanowski POL
1939–1946	–
1946–1949	Pierre Lambeau BEL
1949–1961	Lars Ekegren SWE
1961–1962	Sylvain Mansell GBR
1962–1965	Robert Harvey GBR
1965–1977	Douglas Thompson GBR
1977–1979	Bernard Doulens SUI
1979–1981	Nino Oddo ITA
1981	Giuseppe Cinnirella ITA

6. Boxen

AIBA/International Amateur Boxing Association
gegr.: 1946, 182 Mitglieder (1995)

Präsidenten

1946–1962	Emile Grémaux FRA
1962–1974	H. R. Russell GBR
1974–1978	Nikolai Denisov URS
1978–1986	Donald Hull USA
1986	Anwar Chowdry PAK

Generalsekretäre

1946–1962	H. R. Russell GBR
1962–1974	Henry Banks GBR
1974–1986	Anwar Chowdry PAK
1986	Karl-Heinz Wehr GER

7. Curling

WCF/World Curling Federation
gegr.: 1966, 31 Mitglieder (1995)

Präsidenten

1966–1969	Allan Cameron SCO
1969–1979	Colin A. Campbell CAN
1979–1982	Sven A. Eklund SWE
1982–1985	Clifton Thompson CAN
1985–1988	Philip Dawson SCO
1988–1990	Donald F. Barcome USA
1990	Günther Hummelt AUT

Generalsekretäre

1966–1984	Robin Welsh SCO
1984–1986	James Aitken SCO
1986–1987	Brian Alderman SCO
1987–1988	Bill Watt SCO
1988–1992	Bruce Guild SCO
1992	Mike Thomson SCO

8. Eishockey

IIHF/International Ice Hockey Federation
gegr.: 1908, 50 Mitglieder (1995)

Präsidenten

1908–1912	Louis Magnus FRA
1912–1914	Adrien van den Bulcke BEL
1914	Louis Magnus FRA
1914	B. M. Patton GBR
1914–1920	Adrien van den Bulcke BEL
1920–1922	Max Sillig SUI
1922–1947	Paul Loicq BEL
1947–1948	Fritz Kraatz SUI
1948–1951	George Hardy CAN
1951–1954	Fritz Kraatz SUI
1954–1957	Walter Brown USA
1957–1960	John Francis Ahearne GBR
1960–1963	Robert LeBel CAN
1963–1966	John Francis Ahearne GBR

1) IOC-Mitglied

1966–1969	Thayer Tutt USA
1969–1975	John Francis Ahearne GBR
1975–1994	Günther Sabetzki GER
1994	René Fasel SUI[1)]

Generalsekretäre

1978–1986	Walter Wasservogel AUT
1986	Jan-Ahe Edvinsson SWE

9. Eislauf
ISU/International Skating Union
gegr.: 1892, 64 Mitglieder (1995)

Präsidenten

1892–1894	William Mulier NED
1895–1924	Viktor Gustaf Balck SWE[1)]
1925–1937	Ulrich Salchow SWE
1937–1945	Gerrit van Laer NED
1946–1953	Herbert J. Clarke GBR
1953–1967	James Koch SUI
1967	Ernest Labin AUT
1967–1980	Jacques Favart FRA
1980–1993	Olav Poulsen NOR[1)]
1993	Ottavio Cinquanta ITA

Generalsekretäre

1892–1894	Ary Prins NED
1895–1899	Alfons Bernhardt SWE
1899–1921	Alex Lindman SWE
1821–1925	August Anderberg SWE
1925–1937	Sven Sandstedt SWE
1937–1946	Wim van Haaften NED
1946	August Anderberg SWE
1947–1951	G. F. C. Witt NED
1951–1975	Georg Häsler SUI
1975	Beat Häsler SUI

10. Fechten
FIE/Federation Internationale d'Escrime
gegr.: 1913, 95 Mitglieder (1995)

Präsident: René Roch FRA (1995)
Generalsekretär: Jenö Kamuti (HUN)

11. Fußball
FIFA/Federation Internationale de Football Association
gegr.: 1904, 168 Mitglieder (1995)

Präsidenten

1904–1906	Robert Guerin FRA
1906–1918	Daniel Burley Woolfall ENG
1918–1921	–
1921–1954	Jules Rimet FRA
1954–1955	Rodolphe William Seeldrayers BEL[1)]
1956–1961	Arthur Drewry ENG
1961–1974	Stanley Rous ENG
1974	Joao Havelange BRA[1)]

Generalsekretäre

1904–1906	Louis Muehlinghausen BEL
1906–1931	Carl Anton Willem Hirschman NED
1931–1950	Ivo Schricker GER
1951–1960	Kurt Gassmann SUI
1961–1981	Helmut Käser SUI
1981	Joseph S. Blatter SUI

12. Gewichtheben
IWF/International Weightlifting Federation
gegr.: 1907, 156 Mitglieder (1995)

Präsidenten

1907–1912	Richard Preuß GER
1912–1920	Peter Tatics HUN
1920–1923	Jules Rosset FRA
1923–1924	Willem J. M. Linden NED
1924–1937	Jules Rosset FRA
1937–1941	Willem J. M. Linden NED
1941–1946	–
1946–1952	Jules Rosset FRA
1952	Dietrich Wortmann USA
1952–1960	Bruno Nyberg FIN
1960–1972	Clarence Johnson USA
1972	Gottfried Schödl AUT

Generalsekretäre

1912–1920	Moritz Csanadi HUN
1920–1924	Joseph Duchateau FRA
1924–1938	Andre Bourdonnay-Schweich FRA
1938–1960	Eugene Gouleau FRA
1960–1976	Oscar State GBR
1976	Tamas Ajan HUN

13. Handball
IHF/International Handball Federation
gegr.: 1946 (Vorgänger 1928), 136 Mitgl. (1995)

Präsidenten

1928–1930	Avery Brundage USA[1)]
1930–1945	Karl Ritter von Halt GER[1)]
1946–1950	Gösta Björk SWE
1950–1971	Hans Baumann SUI
1971–1984	Paul Högberg SWE
1984	Erwin Lanc AUT

Generalsekretäre

1946–1950	Carl Philipp Borgh SWE
1950–1972	Albert Wagner SUI
1972–1989	Max Rinkenburger GER
1989	Raymond Hahn FRA

1) IOC-Mitglied

14. Hockey
FIH/Federation Internationale de Hockey
gegr.: 1924, 120 Mitglieder (1995)

Präsidenten

1924–1926	Paul Leautey FRA
1926–1932	Franz Reichel FRA
1932–1936	Marcel Bellin du Coteau FRA
1936–1945	Georg Evers GER
1945–1946	Robert Liegeois BEL
1946–1966	L. J. Quarles van Ufford NED
1966–1983	René G. Frank BEL
1984	Etienne Glichitsch FRA

Generalsekretäre

1924–1929	Francisco Botella ESP
1929–1950	Albert Demaurex SUI
1950–1966	René G. Frank FRA
1966–1984	Etienne Glichitsch FRA
1984–1993	Juan Angel Calzado de Castro ESP
1994	Els van Breda Vriesman NED

15. Judo
IJF/International Judo Federation
gegr.: 1951, 168 Mitglieder (1995)

Präsident: Luis Baguena ESP (1995)
Generalsekretär: Hedi Dhouib TUN (1995)

16. Kanusport
FIC/Federation Internationale de Canoe
gegr.: 1924, 86 Mitglieder (1995)

Präsidenten

1924–1925	Franz Reinicke GER
1925–1928	Paul Wulff DEN
1928–1932	Franz Reinicke GER
1932–1945	Max W. Eckert GER
1946–1949	Jonas Aschier SWE
1950–1954	Harald Jespersen DEN
1954–1960	Karel Popel TCH
1960–1981	Charles de Coqueremont FRA
1981	Sergio Orsi ITA

Generalsekretäre

1932–1938	Paul Dürsch GER
1938–1945	Josef Denk GER
1946–1972	Olov Verner SWE
1972–1981	Sergio Orsi ITA
1981	Caslav Veljic YUG
	Otto Bonn SUI

17. Leichtathletik
IAAF/International Amateur Athletic Federation
gegr.: 1912, 204 Mitglieder (1995)

Präsidenten

1912–1946	Sigfrid Edström SWE[1)]
1946–1976	Marquess of Exeter GBR[1)]
1976–1981	Adrian Paulen NED
1981	Primo Nebiolo ITA[1)]

Generalsekretäre

1912–1914	Kristian Hellström SWE
1914–1930	Hilding Kjellman SWE
1930–1946	Bo Ekelund SWE[1)]
1946–1952	Ernest Holt GBR
1953–1970	Donald Pain GBR
1970–1976	Fredrick Holder GBR
1976–1991	John Holt GBR
1991	Istvan Gyulai HUN

18. Moderner Fünfkampf und Biathlon
UIPMB/Union Internationale de Pentathlon Moderne et Biathlon
gegr.: 1948, 72 Mitglieder (1995)

Präsidenten

1948–1949	Tor Wibon SWE
1949–1960	Gustaf Dyrssen SWE[1)]
1960–1988	Sven Thofelt SWE[1)]
1988–1992	Igor Nowikov URS
1992–1994	Anders Besseberg NOR
1994	Klaus Schormann GER

Generalsekretäre

1948–1960	Sven Thofelt SWE[1)]
1960–1988	Torsten Grut SWE
1988–1992	Dieter Krickow GER
1992	Eric Boek NED

19. Radsport
UCI/Union Cycliste Internationale
gegr.: 1900, 167 Mitglieder (1995)

Präsidenten

1900–1922	Emile de Beuklaeer BEL
1922–1936	Leon Breton FRA
1936–1939	Max Burgi SUI
1939–1947	Alban Collignon BEL
1947–1958	Achille Joinard FRA
1958–1981	Adriano Rodoni ITA
1981–1992	Luis Puig ESP
1992	Hein Verbruggen NED

Generalsekretäre

1901–1941	Paul Rousseau FRA
1946–1947	Victor Breyer FRA

1) IOC-Mitglied

1947–1969	René Chesal FRA
1969–1982	Michel Jekiel POL
1982	Jean-Pierre Dick BEL

FIAC (Amateur-Verband innerhalb der UCI)

Präsidenten

1965–1981	Adriano Rodoni ITA
1981	Luis Puig ESP
1981–1982	Valeri Sysoyev URS
1982	Michel Jekiel POL

20. Reiten
FEI/Federation Equestre Internationale
gegr.: 1921, 106 Mitglieder (1995)

Präsidenten

1921–1927	Baron du Teil FRA
1927–1929	Gerrit Johannes Maris NED
1929–1931	Karel Quarles van Ufford NED
1931–1935	Guy V. Henry USA
1935–1936	Max Freiherr von Holzing-Berstett GER
1936–1939	Karel Quarles van Ufford NED
1939–1946	Magnus Rydman FIN
1946–1954	Gaston Baron du Trannoy BEL[1]
1954–1964	Prinz Bernhard der Niederlande NED
1964–1986	Philip Herzog von Edinburgh GBR
1986–1994	Prinzessin Anne von England GBR[1]
1994	Prinzessin Dona Pilar de Borbon ESP

Generalsekretäre

1921–1952	Georges Hector FRA
1952–1956	Roger Moermans d'Emaus BEL
1956–1976	Henry de Menten de Horne BEL
1976–1992	Fritz O. Widmer SUI
1992	Etienne Allard SUI

21. Rennrodeln
FIL/Federation Internationale de Luge de Course
gegr.: 1957, 41 Mitglieder (1995)

Präsidenten

1953–1994	Bert Isatitsch AUT
1994	Josef Fendt GER

Generalsekretäre

1971–1994	Jan Steler POL/FRA
1994	Svein Romstad USA

22. Ringen
FILA/Federation Internationale de Lutte Associations
gegr.: 1907, 132 Mitglieder (1995)

Präsidenten

1907–1912	Richard Preuß GER
1913–1921	Peter Tatics HUN
1921–1924	Einar Raberg SWE
1924–1930	Alfred Brüll HUN
1930–1952	Victor Smeds FIN
1952–1970	Roger Coulon FRA
1971	Milan Ercegan YUG

Generalsekretär: Michel Dusson FRA (1995)

23. Rudern
FISA/Federation Internationale des Societes d'Aviron
gegr.: 1892, 94 Mitglieder (1995)

Präsidenten

1892–1901	Leonardio Capuccio ITA
1901–1922	Graf Vialardi di Verrone ITA
1922–1923	Mario Rossi ITA
1923–1924	Henri Manuel SUI
1924–1926	Eugene Baud SUI
1926–1949	Rico Fioroni SUI
1949–1958	Gaston Mullegg SUI
1958–1989	Thomas Keller SUI
1989	Denis Oswald SUI[1]

Generalsekretäre

1924–1925	Henri Manuel SUI
1925–1927	Louis Choisy SUI
1927–1928	Jacques Roellin SUI
1928–1949	Gaston Mullegg SUI
1949–1952	Henri Montandon SUI
1952–1954	Karl Müller SUI
1954–1956	Walter Blaser SUI
1956–1977	Charles Riolo SUI
1977–1989	Denis Oswald SUI[1]
1989	John Boultbee NZL

24. Schießen
UIT/Union Internationale de Tir
gegr.: 1907, 148 Mitglieder (1995)

Präsidenten

1907–1925	Pierre Francois Daniel Merrillon FRA
1925–1927	–
1927–1947	Jean Carnot FRA
1947–1960	Erik Carlsson SWE
1960–1976	Kurt Hasler SUI
1976–1980	Georg Andrew Vichos GRE
1980	Olegario Vazquez Rana MEX[1]

1) IOC-Mitglied

Generalsekretäre
1907–1928 Florimond Lermusiaux FRA
1928–1930 Jean Micaigne FRA
1930–1947 André Parmentier FRA
1947–1960 Karl August Larsson SWE
1960–1980 Ernst Zimmermann GER
1980 Horst G. Schreiber GER

25. Schwimmen
FINA/Federation Internationale deNation Amteur
gegr.: 1908, 155 Mitglieder (1995)

Präsidenten
1908–1924 G. W. Hearn GBR
1924–1928 Erik Bergvall SWE
1928–1932 E. G. Drigny
1932–1936 Walter Binner GER
1936–1948 Harold Fern GBR
1948–1952 René de Rave BEL
1952–1956 Mario L. Negri ARG
1956–1960 Jan de Vries NED
1960–1964 Max Ritter USA
1964–1968 William Berge Phillips AUS
1968–1972 Javier Ostos MEX
1972–1976 Harold Henning USA
1976–1980 Javier Ostos MEX
1980–1984 Ante Lambasa YUG
1984–1988 Robert Helmick USA[1)]
1988 Mustapha Larfaoui ALG[1)]

Generalsekretäre
1908–1932 G. W. Hearn GBR
1932–1940 Leo Donath HUN
1940–1946 Harold Fern GBR
1946–1952 Max Ritter USA
1956–1964 Bertil Sällfors SWE
1964–1968 Koji Abe JPN
1968–1972 Masaji Kiyokawa JPN[1)]
1972–1976 Harold Henning USA
1972–1976 Paul P. Hauch CAN
1976–1984 Robert Helmick USA[1)]
1984–1988 Allan Harvey CAN
1988–1992 Ross Wales USA
1992 Gunnar Werner SWE

26. Segeln
IYRU/International Yacht Racing Union
gegr.: 1907, 113 Mitglieder (1995)

Präsidenten
1907–1944 B. Heckstall-Smith GBR
1944–1946 –
1946–1955 Ralph G. Gore GBR
1955–1969 Peter Scott GBR
1969–1986 Beppe Croce ITA
1986–1994 Peter Tallberg FIN[1)]
1994 Paul Henderson CAN

Generalsekretäre
1907–1944 B. Heckstall-Smith GBR
1944–1946 –
1946–1965 Francis Usborne GBR
1965–1987 Nigel Hacking GBR
1987 Mike Evans GBR

27. Skisport
FIS/Federation Internationale de Ski
gegr.: 1910, 86 Mitglieder (1995)

Präsidenten
1910–1914 Johannes Dahl NOR
1914–1924 Hassa Horn NOR
1924–1934 Ivar Holmquist SWE
1934–1951 Nicolai Ramm Östgaard NOR
1951 Marc Hodler SUI[1)]

Generalsekretäre
1916–1924 Carl Gröndahl NOR
1924–1926 Carl Nordenson SWE
1926–1934 Carl Gustav Daid Hamilton SWE
1934–1938 Ingvald Smith-Kjelland NOR
1938–1949 Jacob de Rytter-Kjelland NOR
1949–1951 Einar Bergsland NOR
1951–1961 Arnold Käch SUI
1961–1979 Sigge Bergmann SWE
1979 Gian-Franco Kasper SUI

28. Softball
ISF/International Softball Federation
gegr.: 1952, 90 Mitglieder (1995)

Präsident: Don Porter USA (1995)
Generalsekretär: Andrew Loechner USA (1995)

29. Taekwondo
WTF/The World Taekwando Federation
gegr.: 1973, 144 Mitglieder (1995)

Präsident: Un Yong Kim KOR[1)] (1973)
Generalsekretär: Kum Hong Lee KOR (1995)

30. Tennis
ITF/International Tennis Federation
gegr.: 1913, 190 Mitglieder (1995)

Präsident: Brian Tobin AUS (1995)
Generalsekretär: Deborah Jevans AUS (1995)

1) IOC-Mitglied

31. Tischtennis
ITTF/International Table Tennis Federation
gegr.: 1926, 166 Mitglieder (1995)

Präsidenten
1926–1967 Ivor Montagu GBR
1967–1979 Roy Evans GBR
1979–1994 Ichiro Ogimura JPN
1994 Nils Bergström SWE

Generalsekretäre
1947–1957 Marcel Corbillon FRA
1957–1967 Roy Evans GBR
1967–1977 A. K. Vint GBR
1977–1990 Anthony Brooks GBR
1990 Albert Shipley GBR
(1947–1979 ebenfalls im Amt: W. J. Pope, GBR; Ake Eldh, SWE; Koji Goto, JPN; Hisao Kido, JPN)

32. Triathlon
ITU/International Triathlon Union
gegr.: 1989, 94 Mitglieder (1995)

Präsident: Les McDonald CAN (1987)
Generalsekretär: Didier Lehenaff CAN (1987)

33. Turnen
FIG/Federation Internationale de Gymnastique
gegr.: 1881, 117 Mitglieder (1995)

Präsidenten
1881–1924 Nicolas Cuperus BEL
1924–1933 Charles Cazalet FRA
1933–1939 Adam Zamoyski POL
1946–1956 Graf Coblet d'Alviella BEL
1956–1966 Charles Thöni SUI
1966–1967 Arthur Gander SUI
1976 Juri Titov URS/RUS[1)]

Generalsekretäre
1896–1900 Cyrille Wachmar FRA
1900–1906 Johann Dahlmann DEN
1906–1926 Aloyse Kayser LUX
1926–1930 Francois Blomart BEL
1930–1938 Hubert Clement LUX
1938–1960 Charles Thöni SUI
1960–1990 Max Bangerter SUI
1990 Norbert Büche SUI

34. Volleyball
FIVB/Federation Internationale de Volleyball
gegr.: 1947, 210 Mitglieder (1995)

Präsidenten
1947–1984 Paul Libaud FRA
1984 Ruben Acosta MEX

Generalsekretäre
1947–1959 Julien Lenoir FRA
1959–1978 Henry Aujard FRA
1978–1982 Anghel Barachki BUL
1982 Chadly Zouiten TUN

1) IOC-Mitglied

Abkürzungsverzeichnis

AFG	Afghanistan
AHO	Niederländische Antillen
ALB	Albanien
ALG	Algerien
AND	Andorra
ANG	Angola
ANT	Antigua und Barbuda
ARG	Argentinien
ARM	Armenien
ARU	Aruba
ASA	Amerikanisch-Samoa
ATL	Antillen
AUS	Australien
AUT	Österreich
AZE	Aserbeidschan
BAH	Bahamas
BAN	Bangladesch
BAR	Barbados
BDI	Burundi
BEL	Belgien
BEN	Benin (bis 1975 Dahomey DAH)
BER	Bermuda
BHO	Britisch-Honduras
BHU	Bhutan
BIH	Bosnien-Herzegowina
BIR	Birma/Burma (seit 1989 MYA)
BIZ	Belize (bis 1981 Britisch-Honduras)
BLR	Weißrußland
BOH	Böhmen
BOL	Bolivien
BOR	Borneo (seit 1963 Malaysia MAS)
BOT	Botswana
BRA	Brasilien
BRN	Bahrain
BRU	Brunei
BUL	Bulgarien
BUR	Burkina Faso (bis 1972 Obervolta VOL)
CAF	Zentralafrika
CAM	Kamputschea (bis 1976 Kambodscha)
CAN	Kanada
CAY	Kaimanen
CGO	Kongo
CHA	Tschad
CHI	Chile
CHN	Volksrepublik China
CIS	siehe GUS
CIV	Elfenbeinküste
CMR	Kamerun
COB	Kongo-Brazzaville
COK	Cook Islands
COL	Kolumbien
COM	Komoren
CPV	Kapverdische Inseln
CRC	Costa Rica
CRO	Kroatien
CYP	Zypern
CZE	Tschechische Rebublik
DAH	Dahomey (ab 1975 Benin BEN)
DEN	Dänemark
DJI	Dschibuti
DMA	Dominica
DOM	Dominikanische Republik
ECU	Ecuador
EGY	Ägypten
ESA	El Salvador
ESP	Spanien
EST	Estland
ETH	Äthiopien
EUN	Gemeinschaft Unabhängiger Staaten, Nachfolger der UdSSR
FIJ	Fidschi-Inseln
FIN	Finnland
FRA	Frankreich
FRG	Bundesrepublik Deutschland
GAB	Gabun
GAM	Gambia
GBR	Großbritannien
GDR	DDR
GEO	Georgien
GEQ	Äquatorial-Guinea
GER	Deutschland
GHA	Ghana (bis 1957 Goldküste)
GRE	Griechenland
GRN	Grenada
GUA	Guatemala
GUI	Guinea
GUM	Guam
GUS	siehe EUN
GUY	Guyana
HAI	Haiti
HGK	Hongkong
HOL	siehe NED
HON	Honduras
HUN	Ungarn
INA	Indonesien
IND	Indien
IOP	Unabhängiger Olympiateilnehmer unter IOC-Protektion
IRI	Iran
IRL	Irland
IRQ	Irak
ISL	Island
ISR	Israel
ISV	Jungfern-Inseln
ITA	Italien
IVB	Brit. Jungfern-Inseln
JAM	Jamaika
JOR	Jordanien
JPN	Japan
KEN	Kenia
KGZ	Kirgistan
KOR	Südkorea
KSA	Saudi-Arabien
KUW	Kuwait
KZK	Kasachstan
LAO	Laos
LAT	Lettland
LBA	Libyen
LBR	Liberia
LCA	Santa Lucia
LES	Lesotho
LIB	Libanon
LIE	Liechtenstein
LTU	Litauen
LUX	Luxemburg
MAD	Madagaskar
MAR	Marokko
MAS	Malaysia (bis 1957 Malaya)
MAW	Malawi
MDV	Malediven
MEX	Mexiko
MGL	Mongolei
MKD	Mazedonien
MLD	Moldavien
MLI	Mali
MLT	Malta
MON	Monaco
MOZ	Mosambik
MRI	Mauritius
MTN	Mauretanien
MYA	Myanmar (bis 1989 Birma/Burma BIR)
NAM	Namibia
NCA	Nicaragua
NED	Niederlande
NEP	Nepal
NGR	Nigeria
NIG	Niger
NOR	Norwegen
NRO	Nordrhodesien, siehe Sambia ZAM
NZL	Neuseeland
OMA	Oman
PAK	Pakistan
PAN	Panama
PAR	Paraguay
PER	Peru
PHI	Philippinen
PLE	Palästina
PNG	Papua-Neuguinea
POL	Polen
POR	Portugal
PRK	Nordkorea
PUR	Puerto Rico
QAT	Katar
RHO	Rhodesien (seit 1964 Zimbabwe ZIM)
ROM	Rumänien
RSA	Südafrika
RUS	Rußland
RWA	Ruanda
SAF	Südafrika, siehe RSA
SAM	Samoa
SAR	Saarland
SEN	Senegal
SER	Serbien (ab 1929 Jugoslawien YUG)
SEY	Seychellen
SIN	Singapur
SKN	Saint Kitts und Nevis
SLE	Sierra Leone
SLO	Slovenien
SMR	San Marino
SOL	Solomonen
SOM	Somalia
SRI	Sri Lanka (bis 1972 Ceylon)
STP	São Tomé und Príncipe
SUD	Sudan
SUI	Schweiz
SUR	Surinam
SVK	Slowakei
SWE	Schweden
SWZ	Swasiland
SYR	Syrien
TAG	Tanganyika (ab 1968 Tansania)
TAN	Tansania
TCH	Tschechoslowakei
TGA	Tonga
THA	Thailand
TJK	Tadschikistan
TKM	Turkmenistan
TOG	Togo
TPE	Taiwan (auch: China-Taipeh)
TRI	Trinidad und Tobago
TUN	Tunesien
TUR	Türkei
UAE	Vereinigte Arabische Emirate
UAR	Vereinigte Arabische Republik
UGA	Uganda
UKR	Ukraine
URS	UdSSR
URU	Uruguay
USA	Vereinigte Staaten von Amerika
UZB	Usbekistan
VAN	Vanuatu
VEN	Venezuela
VIE	Vietnam
VIN	St. Vincent und die Grenadinen
VOL	Obervolta (seit 1972 Burkina Faso BUR)
YAR	Arabische Republik Jemen
YEM	Jemen
YMD	Volksrepublik Jemen
YUG	Jugoslawien (siehe auch Serbien SER)
ZAI	Zaire (bis 1971 Kongo)
ZAM	Sambia (siehe auch Nordrhodesien)
ZIM	Zimbabwe (bis 1964 Rhodesien)

Register

Das Register nennt alle im Buch erwähnten Personen. Fett gesetzte Seitenzahlen verweisen auf Abbildungen. Die Einträge in der Übersicht der Medaillengewinner und im Anhang sind durch kursive Seitenzahlen gekennzeichnet.

A

B

D

E

F

G

H

I

J

K

L

M

O

P

Q

R

S

T

U

V

W

X

Y

Z

Bildquellenverzeichnis

© für die Fotos:
Presse-Foto Baumann, Ludwigsburg (2); Bettmann Archive, New York/USA (105); Deutsche Presse-Agentur, Frankfurt (39); Fritz Fenzl, München (2); Albrecht Gaebele, Untersteinbach (1); Harenberg Verlag, Dortmund (240); Horstmüller Pressebilderdienst, Düsseldorf (22); Rainer Martini / LOOK, München (32); Max Mühlberger, München (3); Hans Rauchensteiner, München (1); Verlag Der Ringer, Niedernberg (1); Karl Adolf Scherer, Erzhausen (3); Pressebild Schirner, Meerbusch (77); World Wide Photos, London (1)

Trotz größter Sorgfalt konnten die Urheber des Bildmaterials nicht in allen Fällen ermittelt werden. Es wird gegebenenfalls um Mitteilung gebeten.